आर. गुप्ता® कृत

पॉपुलर मास्टर गाइड

मध्य प्रदेश

माध्यमिक शिक्षक पात्रता परीक्षा

(Middle School Teacher Eligibilty Test)

सामाजिक विज्ञान शिक्षक

पद हेतु

• **भाग-अः** सामान्य हिन्दी; सामान्य अंग्रेजी; सामान्य ज्ञान व समसामयिक घटनाक्रम, तार्किक एवं आंकिक योग्यता; शिक्षाशास्त्र (Pedagogy) • **भाग-बः** सामाजिक विज्ञान

मध्य प्रदेश कर्मचारी चयन मण्डल, भोपाल

द्वारा आयोजित

RPH संपादक मंडल

द्वारा संपादित

रमेश पब्लिशिंग हाउस, नई दिल्ली

प्रकाशक

ओ.पी. गुप्ता, **रमेश पब्लिशिंग हाउस**

प्रशासनिक कार्यालय

12-H, न्यू दरियागंज रोड, ऑफिसर्स मेस के सामने,
नई दिल्ली-110002 ✆ 23275224, 23245124

E-mail: info@rameshpublishinghouse.com
For Online Shopping: www.rameshpublishinghouse.com

विक्रय केन्द्र

- बालाजी मार्किट, नई सड़क, दिल्ली-110006 ✆ 23282525 📱 9354373464
- 4457, नई सड़क, दिल्ली-110006

Book Code: R-1997

ISBN: 978-93-87918-80-1

मूल्य: ₹ 430

मुद्रकः दीपक ऑफसैट, दिल्ली

अनुक्रमणिका

* भाग-अ के लिए

** भाग-ब के लिए

परीक्षा की योजना

1. सभी प्रश्न अनिवार्य होंगे।
2. पात्रता परीक्षा हेतु 150 अंकों का एक प्रश्न-पत्र होगा। परीक्षा की अवधि 2.30 घंटे होगी।
3. पात्रता परीक्षा के सभी प्रश्न बहुविकल्पीय (MCQ—Multiple Choice Questions) प्रकार के होंगे, जिनके चार विकल्प होंगे और एक विकल्प सही होगा।
4. प्रत्येक प्रश्न 1 अंक का होगा। ऋणात्मक मूल्यांकन होगा। प्रति 4 प्रश्नों के गलत उत्तर पर 1 अंक काटा जाएगा।
5. प्रश्न-पत्र के दो भाग होंगे। भाग-अ एवं भाग-ब। भाग-अ, सभी के लिए अनिवार्य होगा। भाग-ब के अंतर्गत शामिल विषयों में से किसी एक विषय का चयन करना होगा।
6. **भाग-अ** के 4 खंड होंगे जिनमें अंकों का अधिभार निम्नानुसार होगाः

भाग	विषयवस्तु	प्रश्नों की संख्या	कुल अंक
1.	सामान्य हिन्दी	08	08
2.	सामान्य अंग्रेजी	05	05
3.	सामान्य ज्ञान व समसामयिक घटनाक्रम, तार्किक एवं आंकिक योग्यता	07	07
4.	शिक्षाशास्त्र (Pedagogy)	10	10
	कुल	**30**	**30**

7. **भाग-ब** 120 अंक का होगा एवं इस प्रश्न-पत्र में 120 बहुविकल्पीय प्रश्न पूछे जायेंगे।

विषयवस्तु	प्रश्नों की संख्या	कुल अंक
सामाजिक विज्ञान	120	120

8. विषयवस्तु का स्तर
   - प्रश्न-पत्र के भाग-अ में सामान्य ज्ञान व समसामयिक घटनाक्रम, तार्किक एवं आंकिक योग्यता, शिक्षाशास्त्र (Pedagogy) की विषयवस्तु का स्तर हायर सेकेण्डरी स्कूल स्तर के छात्र के मानसिक स्तर के समकक्ष होगा। हिन्दी व अंग्रेजी की विषयवस्तु का स्तर हायर सेकेण्डरी स्कूल परीक्षा के समकक्ष होगा।
   - प्रश्न-पत्र के भाग-ब की विषयवस्तु का स्तर स्नातक स्तर के समकक्ष होगा। इस प्रश्न-पत्र में प्रश्न म.प्र. राज्य के कक्षा 9 एवं 10 के प्रचलित पाठ्यक्रम की विषयवस्तु पर आधारित होंगे लेकिन इनका कठिनाई स्तर एवं संबद्धता (लिंकेज) स्नातक स्तर का होगा। प्रश्न-पत्र की अवधारणा, समस्या समाधान और शिक्षाशास्त्र (Pedagogy) की समझ पर आधारित होंगे।

पिछले प्रश्न-पत्र (हल सहित)

मध्य प्रदेश–माध्यमिक स्कूल (Middle School) शिक्षक पात्रता परीक्षा, 2019*

(सामाजिक विज्ञान शिक्षक पद हेतु)

बाल विकास व शिक्षाशास्त्र (Child Development & Pedagogy)

1. एक शिक्षक के रूप में, आप एक समावेशी कक्षा में किस प्रकार की रणनीति का पालन करेंगे?

A. उपर्युक्त सभी

B. केवल सहकर्मी शिक्षण

C. केवल सहकारी शिक्षा

D. केवल सहयोगात्मक शिक्षा

2. मनोदशाओं, स्वभाव, प्रेरणाओं और अन्य लोगों की इच्छाओं पर उचित प्रतिक्रिया देने की क्षमता वाले व्यक्ति में अच्छा ______ स्वभाव होता है।

A. अंतराबैयक्तिक

B. अंतर्वैयक्तिक

C. प्रकृतिवादी

D. स्थानिक

3. एक बच्चा किस प्रकार का शिक्षार्थी है, जो कक्षा के दौरान नोट्स लेकर और परीक्षा से पहले ऊँचे स्वर में पढ़कर बेहतर सीखता है?

A. पठन/लेखन शिक्षार्थी (सीखने वाला)

B. दृश्य शिक्षार्थी

C. संज्ञानात्मक शिक्षार्थी

D. वर्णनात्मक शिक्षार्थी

4. बच्चों को कोई नियम या संरचना न देने से किस प्रकार की अभिभावक शैली की विशेषता बताई जाती है?

A. उलझा हुआ B. अनुमोदक

C. आधिकारिक D. अधिकारवादी

5. किसी व्यक्ति का नाम पता हो लेकिन तत्काल याद नहीं आने पर किस घटना का अनुभव है?

A. टिप-ऑफ-द-टौंग घटना

B. मान्यता त्रुटि

C. भूलना

D. पुनर्प्राप्ति संकेत

6. कौन-सा सिद्धांत इस पर ध्यान केंद्रित करता है कि नई जानकारी का किस हद तक मानसिक रूप से विश्लेषण किया जाता है?

A. सूचना-प्रक्रियाकरण सिद्धांत

B. संबंधपरक विश्लेषणात्मक सिद्धांत

C. प्रक्रियाकरण सिद्धांत के स्तर

D. गहरे स्तर का प्रक्रियाकरण सिद्धांत

7. आवेगता (इम्पल्सविटि) निम्नलिखित विकार की एक विशेषता है।

A. भोज्य विकार

B. ध्यान अभाव सक्रियता विकार

C. अधिगम विकार

D. पश्च अभिघातजन्य विकार

8. निम्नलिखित में से कौन एक अधिगम सिद्धांतकार नहीं है?

A. एडवर्ड एल थॉर्नडाइक

B. ई. एरिक्सन

C. बी.एफ. स्किनर

D. इवान पावलोव

9. वाइगोत्सकी के अनुसार, वयस्क ______ तकनीकों का उपयोग करके नए ज्ञान के साथ अपने ज्ञान का निर्माण करके एक बच्चे को सीखने में मदद कर सकते हैं।

A. स्काफफोल्डिंग

B. मनोवैज्ञानिक

C. समीपस्थ विकास

D. इथोलॉजिकल

10. जेरोम ब्रूनर के अनुसार, ______ प्रतिनिधित्व में एन्कोडिंग एक्शन आधारित जानकारी शामिल होती है और इसे हमारी स्मृति में संग्रहीत किया जाता है।

A. ऐतिहासिक B. अलंकारिक

C. इनएक्टिव D. प्रतीकात्मक

---

* Exam held on 05 March, 2019.

11. जॉन डेवी के अनुसार, शिक्षक अधिगम की प्रक्रिया में एक ______ की भूमिका निभाता है।
A. मार्गदर्शक B. सूत्रधार
C. साथी D. दर्शनशास्त्री

12. 'शून्य अस्वीकृति का सिद्धांत' का अर्थ है-
A. किसी भी दिव्यांग बच्चे को शिक्षा के अवसर से वंचित नहीं किया जाएगा।
B. किसी भी दिव्यांग बच्चे के साथ भेदभाव नहीं किया जाएगा।
C. किसी भी दिव्यांग बच्चे को प्रवेश नहीं दिया जाएगा।
D. किसी भी दिव्यांग बच्चे को नियमित विद्यालय संरचना में नहीं दिया जा सकता है।

13. बड़े पाँच व्यक्तित्व लक्षणों को ______ के नाम से भी जाना जाता है।
A. ब्रूक स्केल B. रीवर स्केल
C. ओसियन स्केल D. कनोई स्केल

14. वह प्रसिद्ध मनोवैज्ञानिक जिसने आनुवंशिक ज्ञान-पद्धति शास्त्र के अध्ययन की स्थापना की, जो इस प्रक्रिया की व्याख्या करता है कि किस प्रकार व्यक्ति जीवनपर्यन्त जन्म से संज्ञानात्मक रूप से विकसित होते हैं, वे हैं:
A. अर्नाल्ड गेसेल
B. बी.एफ. स्किनर
C. होवार्ड गार्डनर
D. जीन पियाजे

15. शरीर में कोशिकाएं जो मस्तिष्क से और उसके लिए जानकारी का संचालन करती हैं, निम्न होती हैं:
A. प्रजनन कोशिकाएं
B. मांसपेशीय कोशिकाएं
C. तंत्रिका कोशिकाएं
D. रक्त कोशिकाएं

16. किसी अन्य व्यक्ति के दृष्टिकोण को ग्रहण करना है:
A. भूमिका दबाव (रोल स्ट्रैन)
B. भूमिका निर्माण (रोल मेकिंग)
C. भूमिक दूरी (रोल डिस्टेंस)
D. भूमिका लेना (रोल टेकिंग)

17. किस संवेदन को विकसित होने में अधिकतम समय लगता है?
A. सूंघना B. श्रव्यता
C. स्वाद D. दृष्टि

18. निम्नलिखित में से कौन-सा कोहलबर्ग के अनुसार उत्तर-लोकसंगत नैतिकता में तर्क का अंतिम चरण है?
A. सार्वलौकिक नैतिक मूल्यों की नैतिकता
B. समझौते की नैतिकता
C. दण्ड और आज्ञा की ओर अनुकूलन
D. सामाजिक सहानुभूति और विवेक

19. ______ बच्चों को शिक्षित करने के लिए ग्रेड त्वरण की सिफ की जाती है।
A. साधारण B. वंचित
C. प्रतिभाशाली D. पिछड़े

20. फ्रायड के अनुसार, हिस्टीरिया शब्द का अर्थ है:
A. जानवरों का एक फोबिया
B. लोगों का एक फोबिया
C. मानसिक आघात के लिए शारीरिक प्रतिक्रिया
D. भावनात्मक आघात के लिए शारीरिक प्रतिक्रिया

21. व्यवहारवाद इनके द्वारा संस्थापित किया गया था:
A. टोलमन B. जॉन बी. वाट्सन
C. बी.एफ. स्किनर D. थार्नडाइक

22. निम्नलिखित में से क्या निर्देश के विचार-पद्धति की एक विशेष नहीं है?
A. शिक्षार्थियों को सविमर्श चिंतन के लिए प्रशिक्षित कि जाता है।
B. इसमें प्रतिस्पर्धी सहयोग शामिल है।
C. यह निर्देश की एक मौखिक और लिखित पद्धति है।
D. यह एक सामूहिक केंद्रित प्रक्रिया है।

23. किसी की नाक का आकार इसके द्वारा निर्धारित होता है:
A. भूगोल B. पर्यावरण
C. आनुवंशिकता D. संस्कृति

24. अधिगम पर ध्यान केंद्रित किया जाना चाहिए:
A. बच्चा क्या अधिगम कर रहा है
B. प्रदर्शन
C. नौकरी प्राप्त करना
D. अंक/ग्रेड

25. जीन पियांजे के अनुसार, ______ के दौरान बच्चों में अमू तर्क और तर्क कौशल विकसित होता है।
A. मूर्त संक्रियात्मक अवस्था
B. अमूर्त संक्रियात्मक अवस्था
C. पूर्व-संक्रियात्मक अवस्था
D. आनंद

26. वह विंधि जो उन तथ्यों पर आधारित होती है कि छात्र सामूहिक गतिविधि और सहयोग सीखते हैं:
A. समस्या-समाधान
B. प्रयोजना
C. प्रदर्शन
D. विचार-विमर्श

27. समावेशी शिक्षण के लिए आवश्यक है कि विद्यालय, ______ के नकारात्मक रूपों के प्रभाव से मुक्त हों।
A. असंतुलन B. अवकलन
C. विविधता D. पक्षपात

28. भोजन का एक व्यावसायिक विज्ञापन हमारे मुंह में लार का उत्पादन करता है। इसकी वजह _______ है।
A. ऑपरेंट कंडीशनिंग
B. प्रतीक अधिगम
C. क्लासिकल कंडीशनिंग
D. गुप्त अधिगम

29. तनाव नकारात्मक रूप से सीखने को प्रभावित करता है।
A. शिक्षार्थियों को कार्य करने के लिए प्रेरित करना
B. अपने व्यवहार में सुधार करने के लिए शिक्षार्थियों को पढ़ाना।
C. साथियों के साथ उनकी समस्याओं पर चर्चा करने के लिए शिक्षार्थियों को प्रोत्साहित करना।
D. एड्रेनालाईन जारी करना।

30. _______ नेत्रहीन लोगों को उंगली की सिरे (फिंगरटिप) और विशेष साधन के उपयोग द्वारा पढ़ने और लिखने में सहायता करता है।
A. लुवास
B. ब्रेल
C. विचार पुस्तकें (आइडिया बुक्स)
D. विचार प्रारंभक (आइडिया स्टार्टर)

भाषा-I सामान्य हिन्दी (General Hindi)

निर्देश (प्र.सं. 31 से 45): *गद्यांश को पढ़कर निम्नलिखित प्रश्नों में* ***सबसे उचित*** *विकल्प चुनिए।*

गद्यांश

माधवदास ने अपनी संगमरमर की नयी कोठी बनवाई है। उसके सामने बहुत सुहावना बगीचा भी लगवाया है। उनको कला से बहुत प्रेम है। धन की कमी नहीं है और व्यसन छू नहीं गया है। सुन्दर अभिरुचि के आदमी हैं। फूल-पौधे, रकाबियों से हौजों में लगे फव्वारों में उछलता हुआ पानी उन्हें बहुत अच्छा लगता है। समय भी उनके पास काफी है। शाम को जब दिन की गरमी ढल जाती है और आसमान कई रंग का हो जाता है तब कोठी के बाहर चबूतरे पर तख्त डलवाकर मसनद के सहारे वह गलीचे पर बैठते हैं और प्रकृति की छटा निहारते हैं। इनमें मानो उनके मन को तृप्ति मिलती है। मित्र हुए तो उनसे विनोद-चर्चा करते हैं, नहीं तो पास रखे हुए फर्शी हुक्के की सटक को मुँह में दिए ख्याल ही ख्याल में संध्या को स्वप्न की भांति गुजार देते हैं।

31. 'मन की तृप्ति' कहने से क्या तात्पर्य है?
A. संतुष्टि B. विलाप
C. क्रोध D. असंतुष्टि

32. 'आसमान' का पर्यायवाची शब्द नहीं है?
A. नभ B. अम्बर
C. क्षीर D. आकाश

33. 'फूल' का पर्यायवाची शब्द नहीं है?
A. सुमन B. मेघ
C. कुसुम D. पुष्प

34. 'गलीचा' से क्या तात्पर्य है?
A. कालीन या सूत के धागे से बना मोटा बिछावन
B. चटाई या प्लास्टिक शीट
C. गीले कपड़े
D. सूत की ओढ़ने वाली चादरं

35. 'चबूतरा' शब्द निम्न में से क्या है?
A. विदेशी B. तत्सम
C. तद्भव D. देशज

36. शाम के समय का दृश्य कैसा होता है?
A. केवल आसमान कई रंग का हो जाता है
B. केवल दिन की गर्मी ढल जाती है
C. दिन की गर्मी ढल जाती है और आसमान कई रंग का हो जाता है; दोनों
D. दिन की गर्मी बढ़ जाती है

37. अभिरुचि में अभि क्या है?
A. प्रत्यय B. कारक
C. लिंग D. उपसर्ग

38. माधवदास किस प्रकार के आदमी हैं?
A. सुन्दर अभिरुचि वाले
B. बुरी आदतों वाले
C. निर्धन लेकिन विनोदप्रिय
D. कठोर और अनुशासन प्रिय

39. माधवदास की कोठी के सामने क्या था?
A. जंगल B. जलाशय
C. महल D. बगीचा

40. माधवदास को क्या बहुत अच्छा लगता है?
A. फव्वारों में उछलता हुआ पानी
B. चबूतरे पर बैठना
C. मसनद लगाना
D. प्रकृति की छटा निहारना

41. माधवदास को किस चीज से प्रेम था?
A. कोठी B. संगमरमर
C. कला D. बगीचा

42. माधवदास आर्थिक रूप से कैसे है?

A. अक्षम B. धनी
C. निर्धन D. असहाय

43. मसनद के सहारे गलीचे पर कौन बैठता है?

A. मित्र
B. माधवदास
C. माधवदास के परिवारजन
D. माधवनदास

44. मसनद का प्रयोग किस रूप में होता है?

A. लिहाफ के रूप में
B. चादर के रूप में
C. गद्दे के रूप में
D. तकिये के रूप में

45. किसने अपनी कोठी संगमरमर की बनवाई?

A. माधवदास B. माधवनदास
C. माघवदास D. माधवादास

निर्देश (प्र.सं. 46 से 60): *पद्यांश को पढ़कर निम्नलिखित प्रश्नों में सबसे सही विकल्प चुनिए।*

पद्यांश

पावस ऋतु थी, पर्वत प्रदेश,
पल-पल परिवर्तित प्रकृति-वेश।

मेखलाकर पर्वत अपार
अपने सहस्त्र दृग-सुमन फाड़,
अवलोक रहा है बार-बार
नीचे जल में निज महाकार,

जिसके चरणों में पला ताल
दर्पण-सा फैला है विशाल!

गिरि का गौरव गाकर झर-झर
मद में लनस-नस उत्तेजित कर
मोती की लड़ियों-सी सुन्दर
झरते हैं झाग भरे निर्झर!

46. कवि को हजारों फूल किसकी तरह लग रहे हैं?

A. मोती की लड़ियों की तरह
B. पहाड़ की आँखों की तरह
C. बहते झरने की तरह
D. दर्पण की तरह

47. पर्वत का पर्यायवाची शब्द है:

A. केवल पहाड़ B. केवल शैल
C. केवल अचल D. उपरोक्त सभी

48. झरने किसके गौरव का गान कर रहे हैं?

A. तालाब B. नदी
C. दर्पण D. पर्वत

49. झरने की तुलना किससे की गई है?

A. तालाब से B. मोती कीं लड़ियों से
C. हजारों पुष्प से D. दर्पण से

50. कवि ने तालाब की समानता किससे दिखाई है?

A. आंधी से B. ऋतु से
C. दर्पण से D. पर्वत से

51. पावस ऋतु में प्रकृति में कौन-सा परिवर्तन आता है?

A. केवल पर्वत के नीचे फैले तालाबों में पर्वतों की परछाई दिखाई पड़ती है।
B. केवल रंग-बिरंगे फूल खिल जाते हैं।
C. केवल मौसम हर वक्त बदलता है।
D. उपरोक्त सभी

52. पावस ऋतु में प्रकृति का रूपः

A. बहुत गर्मी पड़ती है। B. भयानक हो जाता है।
C. हर क्षण बदलता है। D. नहीं बदलता है।

53. 'सुमन' का अर्थ क्या है?

A. फल B. अनाज
C. सब्जी D. पुष्प

54. 'सहस्त्र दृग-सुमन' कहने से क्या आशय है?

A. इनमें से कोई नहीं
B. पहाड़ों पर खिले हजारों फूलों से
C. पहाड़ की गन्दगी से
D. फूलों के मुरझाने से

55. 'सहस्त्र' का आशय क्या है?

A. करोड़ों B. सैंकड़ों
C. हजारों D. लाखों

56. 'सहस्त्र' शब्द निम्न में से क्या है?

A. विदेशी B. देश्रज
C. तत्सम D. तद्भव

57. 'पावस' ऋतु से क्या तात्पर्य है?

A. वसंत ऋतु B. ग्रीष्म ऋतु
C. वर्षा ऋतु D. शीत ऋतु

58. 'अवलोक रहा है बार-बार' में अवलोक से आशय है?

A. सुनना B. बोलना
C. देखना D. छूना

59. 'मद' से यहाँ अभिप्राय है?

A. विनय B. विलाप
C. विरोध D. मस्ती

60. मोती शब्द निम्न में से क्या है?

A. पुल्लिंग B. स्त्रीलिंग
C. उभयलिंग D. नपुंसकलिंग

LANGUAGE-II GENERAL ENGLISH

rections (Qs. 61 to 64): *Read the poem carefully and swer the questions given below:*

"You are old, Father William", the young man said,
"And your hair has become very white,
And yet you incessantly stand on your head,
Do you think, at your age, it is right?"
"In my youth", Father William replied to his son,
"I feared it might injure the brain.
But, now that I'm perfectly sure I have none,
Why, I do it again and again."
"You are old," said the youth, "as I mentioned before,"
And have grown most uncommonly fat;
"Yet you turn a back somersault in at the door,
Pray, what is the reason for that?"
"In my youth," said the sage, as he shook his grey locks,
"I kept all my limbs very supple,
By the use of this ointment, one shilling a box.
Allow me to sell you a couple."

– Lewis Carroll

1. A word similar to the word 'incessant' in the poem would be:
A. continuous B. periodical
C. ending D. interrupted

2. How would you most likely describe father William?
A. A young, healthy sage
B. An old, fat sage
C. An old, fit, grey-haired sage
D. An old, fat, grey-haired sage

3. What is the 'it' Father William is referring to in the given line?

I feared it might injure the brain
A. putting on excessive weight
B. having grey hair
C. trying a somersault
D. standing on your head

4. What most likely do you think is the objective of Father William?
A. To show the boy how healthy he is
B. To show the boy his agility
C. To prove to the boy that he is still young
D. To impress the boy and make a sale

5. Choose the appropriate pronouns for the given sentence.

______ aunt had a three-year-old daughter when ______ lost ______ husband.
A. His, they, her
B. Her, they, their
C. My, she, her
D. Their, she, his

66. Fill in the blank with the correct option in the given sentence:

The man was completely devastated and felt ______ all the time, after the death of his wife.
A. longingly B. longed
C. lonely D. loneliness

67. Which of the following options best combines the following sentences?

He is very old. He cannot walk.
A. He is old and he cannot walk.
B. He is too old to walk.
C. He is very old enough not to walk.
D. He is so old but cannot walk.

68. Choose appropriate articles for the given sentence:

Jaipur is ______ beautiful place to visit provided you have ______ proper information of places.
A. a, the
B. an, no article required
C. the, a
D. no article required, a

69. Choose the appropriate option that rewrites the given sentence in its active voice.

Their lessons are being learnt by them.
A. They are learning their lessons.
B. They are learning lessons.
C. They were learning their lessons.
D. They learnt their lessons.

70. Choose the appropriate synonym for the highlighted word in the given sentence.

I paid her a compliment on her getting the first place in the university examination.
A. flattery B. tip
C. praise D. reward

71. Choose the appropriate tenses to fill in the blanks in the given sentence:

We can ______ out now. It ______ any more.
A. went, didn't rain
B. going, doesn't rain
C. go, isn't raining
D. never go, isn't raining

72. Choose the appropriate antonym for the highlighted word in the given sentence.

That mistake was a result of crass incompetence!

A. careful B. insensitive
C. vulgar D. refined

73. Choose the appropriate conjunction for the following sentence:

He showed a lot of promise in his new job ______ his manager gave him a quick promotion.

A. because B. as
C. and D. but

74. Choose the appropriate prepositions for the given sentence:

Let's be straight ______ each other and don't jump ______ conclusions.

A. against, for B. with, to
C. at, through D. for, into

75. Choose an appropriate modal for the given sentence:

______ you pass me some salt, please?

A. Might B. Must
C. Could D. Should

76. Choose the option that best explains the highlighted expression:

Your little brother has a pain in the neck.

A. a toddler B. a chatter box
C. a big bore D. a big nuisance

77. Choose the option that best transforms the sentence into its Indirect form:

'Beware of pickpockets,' said a huge notice.

A. A huge notice instructed us to be aware of pickpockets.
B. A huge notice is warning all the public to beware.
C. A huge notice warned us to beware of pickpockets.
D. A huge notice has claimed us to beware of pickpockets.

78. Choose the option that substitutes the given phrase appropriately.

That branch of physics dealing with movement and force:

A. Static B. Dynamics
C. Electricity D. Energy

79. Read the sentence carefully and choose the option that has an error in it:

We were officially notified of the newly public holidays.

A. officially notified
B. of the newly public holidays.
C. We were
D. No error

80. Read the sentence carefully and choose the optio that has an error in it:

Just before he died, my friend who writes book published his second book.

A. my friend who writes books
B. published his second book.
C. No error
D. Just before he died

81. Change the given statement to indirect speech.

"If you refuse to hand over the car, I will cancel it registration," said the officer to the woman.

A. If you refused to hand over the car, I woul cancel its registration said the officer to th women.
B. The officer told the woman that if she refused t hand over the car, he would cancel it registration.
C. The officer told the woman that if she refuse t hand over the car, he would cancel it registration.
D. The officer warned the women that if she refuse to hand over the car, he will cancel it registration.

Directions (Qs. 82 to 85): *Read the following passage an answer the question given below:*

When you buy a car, examine carefully the importan features of the model you are considering. Many a buye of the latest models have got into trouble by buying a ca too broad or too long for his garage. Furthermore, a longe car is much harder to manoeuvre in traffic and much mor difficult to park. Another feature is the comfort afforded Are the seats nice and durably upholstered? Is there enoug glass area to give the driver a good view in all directions particularly the rear? It should be remembered that th heavier and more powerful a car is, the more expensive i will be to operate. High-powered motors require expensiv high-octane petrol. The greater weight means greater tyr wear and enlarged brakes. The old cliché is still true; it i not initial cost but the upkeep which matters!

82. It is very expensive to maintain a large car becaus it ______.

A. is heavy
B. needs more durable upholstery
C. needs changing its tyres more frequently
D. requires more space for parking

83. The author favours a car with a wide glass area so that the driver can ______.

A. enjoy the scene outside while driving
B. display his beautiful upholstery with pride
C. have a good view of all sides
D. roll down the glass panes to get enough fresh ai

84. The size of the car should be in accordance with ______.
A. the width of the road where the buyers lives
B. the size of the garage the buyer has
C. the volume of the traffic on the road
D. the money one can afford to pay

85. According to the author, two factors that the buyer of a new car should keep in mind are:
A. Its upholstery and glass area
B. Its colour and upholstery
C. Its size and comfort
D. Its price and size

86. Fill in the blank with the correct opotion in the sentence:

She acted as a peace-- between her squabbling children.
A. --sign
B. --ful
C. --fully
D. --maker

87. Fill in the blank with the correct option in the given sentence:

When I make a mistake, I am said to --calculate.
A. mis-- B. dis--
C. over-- D. un--

88. Fill in the blank with the most appropriate preposition in the given sentence.

Turn the lights ______ outside. We don't need them.
A. in B. on
C. at D. off

89. Choose the most appropriate determiner for the given sentence.

He gave ______ of us advice about our present goal.
A. each B. every
C. much D. the whole

90. Choose the right tag:

It rained this morning, ______?
A. is it B. isn't it
C. did it D. didn't it

सामाजिक विज्ञान

91. निम्नलिखित में से कौन-सी दुनिया की सबसे संकीर्ण जलडमरूमध्य (जलसंधि) है?
A. दार्दानेल्ज जलसंधि
B. फोवो जलसंधि
C. बाबा-अल-मन्देब
D. टार्टर की जलसंधि

92. निम्नलिखित को मिलाएं:

1.	दीन-ए-इलाही	(*a*) अबुल फजल
2.	राम चरित मानस	(*b*) तुलसी दास
3.	ऐन-ए-अक़बरी	(*c*) बाबर
4.	तुज्क-ए-बाबरी	(*d*) अकबर

	1	2	3	4
A.	(*d*)	(*b*)	(*a*)	(*c*)
B.	(*d*)	(*a*)	(*b*)	(*c*)
C.	(*b*)	(*c*)	(*d*)	(*a*)
D.	(*c*)	(*a*)	(*b*)	(*d*)

93. निम्नलिखित शिक्षा केद्रों का स्थानों के साथ मिलान करें:

1.	नालंदा	(*a*) बंगाल
2.	सोमपुरा	(*b*) कश्मीर
3.	जगदला	(*c*) बिहार
4.	शारदा पीठ	(*d*) बांग्लादेश

	1	2	3	4
A.	(*a*)	(*b*)	(*c*)	(*d*)
B.	(*c*)	(*d*)	(*a*)	(*b*)
C.	(*c*)	(*b*)	(*a*)	(*d*)
D.	(*c*)	(*b*)	(*d*)	(*a*)

94. नाटकीय रूपांतर का प्रमुख नुकसान ______ है।
A. यह सभी विषयों और प्रसंगों के लिए उपयुक्त नहीं है।
B. यह समूह सामंजस्य में सुधार करता है।
C. यह आत्मविश्वास को बढ़ावा देता है।
D. यह आत्म-अभिव्यक्ति के लिए अवसर प्रदान करता है।

95. निम्नलिखित में से कौन एक प्रारंभिक जैन साहित्य का हिस्सा नहीं है?
A. बृहतकल्पसूत्र
B. आचारांगसूत्र
C. थेरीगाथा
D. सूत्रकृतांग

96. गुप्तों ने चांदी के सिक्के प्रचलित किये, जिन्हें कहा जाता है:
A. कर्षापण
B. दिनारा
C. पाना
D. रुपाका

97. चुनाव आयोग चुनावों के निषेध करने का आदेश कब देता है?
A. प्रतिद्वंदियों के बीच हाथापाई के मामले में।
B. बूथ कब्जा होने की स्थिति में।
C. यदि किसी मान्यता प्राप्त पार्टी से नामित उम्मीदवार की नामांकन की अंतिम तिथि के बाद किसी भी समय मृत्यु हो जाती है।
D. अगर कोई नई पार्टी चुनाव लड़ने में शामिल होती है।

98. एक सामाजिक विज्ञान शिक्षक ने एक वस्तुनिष्ठ प्रकार की परीक्षा उन्नत की है, लेकिन उसे परीक्षा की विश्वसनीयता पर संदेह है। इस परीक्षण की विश्वसनीयता सुनिश्चित करने के लिए क्या किया जाना चाहिए?
A. परीक्षण की लंबाई कम करें
B. प्रश्नों की संख्या बढ़ाएं
C. परीक्षण-पुनःपरीक्षण विधि का प्रयास
D. परीक्षण के दो हिस्सों में विभाजित करें

99. किस वर्ष में भारत ने चीनी आक्रमण का सामना किया?
A. 1955 B. 1964
C. 1962 D. 1965

100. एक ओर मंत्रिपरिषद् और दूसरी ओर संसद के साथ-साथ राष्ट्रपति के बीच एक कड़ी के रूप में कौन कार्य करता है?
A. उपराष्ट्रपति
B. प्रधानमंत्री
C. कैबिनेट सचिव
D. संसदीय सचिव

101. निम्नलिखित में से किसे आधुनिक सामाजिक विज्ञान का वास्तुकार माना जाता है?
A. अगस्टे कॉम्टे
B. जेम्स हाई
C. इमाइल दुर्खीम
D. चार्ल्स बेयर्ड

102. मूल से ओड़िआ भाषा में रामायण और महाभारत का अनुवाद किसने किया?
A. फकीर मोहन
B. मधुसूदन राव
C. राधा नाथ रे
D. लक्ष्मी नाथ बेंजबरुआ

103. अकबर के 'नवरत्न' का हिस्सा कौन नहीं था?
A. बीरबल B. राजा टोडर मल
C. राजा भार मल D. तानसेन

104. योजना आयोग के अध्यक्ष कौन होते हैं?
A. नियंत्रक और महालेखा परीक्षक
B. वाणिज्य मंत्री
C. प्रधानमंत्री
D. वित्त मंत्री

105. एक सामाजिक समूह में सदस्यों के बीच संबंधों का आक[...] करने के लिए एक तकनीक के रूप में किसने समाजमिति [...] विकास किया?
A. जे.एल. मोरेनो
B. मैक्स वेबर
C. हेनरी मुर्रे
D. जॉन वी. माइकल

106. हरमन्दिर साहिब में अकाल तख्त का निर्माण निम्न द्वारा कि[...] गया था:
A. गुरु नानक
B. गुरु अंगद
C. गुरु हरगोविंद
D. गुरु गोविंद

107. ______ एक देश द्वारा एक वर्ष में आयात और निर्यात [...] सभी मालों की मात्रा है।
A. प्रशुल्क B. व्यापार परिमाण
C. कोटा D. व्यापार-प्रतिरोध

108. ______ का तात्पर्य सरकार के गंभीर अभ्यारोपण से है, हालां[...] इसके लिए मंत्रिपरिषद् के इस्तीफे की आवश्यकता नहीं है।
A. कटौती प्रस्ताव
B. अविश्वास प्रस्ताव
C. कार्यस्थगन प्रस्ताव
D. निन्दा प्रस्ताव

109. ______ समाज अपने सभी सदस्यों की जरूरतों को पूरा कर[...] के बारे में चिंताशील रहता है।
A. समानाधिकारवादी
B. संभ्रांतवादी
C. वर्ग उन्मुख
D. सांप्रदायिक

110. ______ देश के लोगों के ज्ञान कौशल और क्षमताओं को बढ़ा[...] की एक प्रक्रिया है।
A. मानव संसाधन
B. मानव पूंजी निर्माण
C. भौतिक पूंजी निर्माण
D. पूंजी निर्माण

111. वह उद्योग जो मशीनी औजारों का उत्पादन करता है, जो बद[...] में, उपभोग के उद्देश्य से अन्य वस्तुओं का उत्पादन करने [...] लिए उपयोग किये जाते हैं।
A. राजकोषीय माल
B. पूँजीगत माल
C. उपभोक्ता वस्तुएं
D. खराब होने वाला माल

12. ऋग्वेद संहिता में इसके एक-चौथाई भजनों को इनके लिए दर्शाया गया है:

A. अग्नि B. इंद्र

C. रुद्र D. मारुत

13. केंद्र सरकार और राज्य सरकार दोनों के लिए सामान्य हित के मामले या विषय _______ सूची में शामिल होते हैं।

A. समवर्ती

B. संघ

C. राज्य

D. एकसमान

14. भारत सरकार ने ग्रामीण वित्त व्यवस्था में शामिल सभी संस्थानों की गतिविधियों के समन्वय के लिए _______ की स्थापना की है।

A. राष्ट्रीय कृषि और ग्रामीण विकास बोर्ड

B. राष्ट्रीय कृषि विज्ञान और ग्रामीण विकास बोर्ड

C. राष्ट्रीय कृषि और ग्रामीण विकास बैंक

D. राष्ट्रीय कृषि पुनर्निर्माण विकास बैंक

15. वंदे मातरम् गीत पहली बार 1882 में किस अवतरण में प्रकाशित हुआ था?

A. आनंद मठ

B. उपर्युक्त में से कोई नहीं

C. गीतांजलि

D. गीता रहस्य

116. सीखने की विधि जिसमें छात्रों को एक अनिर्णित प्रश्न दिया जाता है और वे निष्कर्ष पर पहुंचने के लिए जांच विधियों को डिजाइन करते हैं। अधिगम की इस पद्धति को _______ के रूप में जाना जाता है।

A. विरूपण जाँच

B. निर्देशित जाँच

C. खुली जाँच

D. संरचित जाँच

117. महात्मा गांधी की मौलिक शिक्षा का मुख्य सिद्धांत है:

A. शिक्षा को एक मजबूत मनुष्य का विकास करना चाहिए।

B. शिक्षा आत्मनिर्भर होनी चाहिए।

C. शिक्षा क्षेत्र की सांस्कृतिक और सामाजिक विरासत पर आधारित होनी चाहिए।

D. शिक्षा गतिविधि-केंद्रित होनी चाहिए।

118. विशेष रूप से विदेशी देशों से एक बाहरी ठेकेदार को नियुक्त करने की प्रक्रिया, जिससे कि कार्य को निष्पादित किया जा सके _______ के रूप में परिभाषित की जाती है।

A. बाह्य स्थल वित्तपोषण

B. विदेशी वित्तपोषण

C. बाह्य स्थान स्रोतन

D. बहिः स्रोतन

119. निम्नलिखित में से क्या मूल्यांकन की एक विशेषता नहीं है?

A. इसका तात्पर्य एक व्यवस्थित प्रगति से है।

B. यह एक सतत प्रक्रिया है।

C. यह हमेशा माना जाता है कि शैक्षिक उद्देश्यों को पहले पहचाना और परिभाषित किया गया है।

D. यह व्यक्तित्व परिवर्तन पर जोर नहीं देता है।

120. निम्नलिखित में से क्या विकट सोच कौशल की एक विशेषता नहीं है?

A. अधिक समय लेने वाला और परिश्रमी होना

B. साधन संपन्न और रचनात्मक होना

C. व्यवस्थित और वियोजक होना

D. यथोचित और तर्क संगत होना

121. निम्नलिखित में से कौन योगात्मक मूल्यांकन के कार्य के रूप में शामिल नहीं है?

A. प्रोत्साहन

B. चयनित करना

C. विभेदकारी

D. श्रेय देना

122. कबीर के बारे में कौन-सा कथन सही है?

(*i*) कबीर दास रामानंद के शिष्य थे।

(*ii*) कबीर मुस्लिम बुनकर परिवार से थे।

(*iii*) कबीर का मानना था कि ईश्वर एक है और लोग बस उसे विभिन्न नामों से पूजते हैं।

A. सब सही हैं B. केवल (*ii*)

C. केवल (*iii*) D. केवल (*i*)

123. किस भूकम्पीय तरंग की सबसे तेज गति होती है?

A. पी-तरंगें

B. एस-तरंगें

C. एल-तरंगें

D. टी-तरंगें

124. भारत सरकार का कौन-सा कार्यक्रम हर घर में हर वित्तीय वर्ष में एक सौ दिन की गारंटी वाला रोजगार प्रदान करके ग्रामीण परिवारों को आजीविका सुरक्षा देने का वादा करता है?

A. जवाहर रोजगार योजना (जे.आर.वाई)

B. सम्पूर्ण ग्रामीण रोजगार योजना (एस.जी.आर.वाई)

C. एकीकृत ग्रामीण विकास कार्यक्रम (आई.आर.डी.पी)

D. महात्मा गांधी राष्ट्रीय ग्रामीण रोजगार गारंटी अधिनियम (मनरेगा)

125. मूलभूत स्तर पर भारत की संसद का लघु रूप क्या है?

A. ग्राम पंचायत

B. ग्राम सभा

C. ब्लॉक पंचायत

D. जिला परिषद्

126. निम्नलिखित में से क्या सेन्ट्रल बैंक ऑफ इंडिया का कार्य नहीं है?
A. विदेशी मुद्रा भंडार का अभिरक्षक
B. ग्रामीण गरीबों के लिए प्रत्यक्ष लाभ योजना का संचालन
C. बैंकरों का बैंक
D. ऋण (क्रेडिट) का नियंत्रक

127. निम्नलिखित देशों में से कौन-सा देश, मुक्त बाजार आर्थिक प्रणाली का अनुसरण करता है?
A. क्यूबा B. दक्षिण अफ्रीका
C. चीन D. संयुक्त राज्य अमेरिका

128. सूचना का अधिकार अधिनियम पारित करने के लिए किस सामूहिक आधारित संगठन की पहल हुई?
A. मानवाधिकार पहल के लिए राष्ट्रीय अभियान
B. महान वैधीकरण आंदोलन भारत
C. मजदूर किसान शक्ति संगठन
D. स्व-सम्मान आंदोलन

129. भारत सरकार द्वारा किस आयोग को राष्ट्र के लिए बेहतर बनाने हेतु माध्यमिक शिक्षा प्रणाली में बदलाव लाने के लिए नियुक्त किया था?
A. मुदालियार B. श्रीकृष्णा
C. रामास्वामी D. कोठारी

130. दो देशांतारों के बीच कितना सम अंतर होता है?
A. 2 मिनट B. 12 मिनट
C. 8 मिनट D. 4 मिनट

131. संवैधानिक संशोधन के माध्यम से स्थानीय सरकारों को कितने 'विषय' सौंपे गये हैं?
A. 10 B. 19
C. 39 D. 29

132. निम्नलिखित में से कौन दर्शनशास्त्र के व्यवहारमूलक विद्यालय का एक परिणाम हैः
A. परियोजना (प्रोजेक्ट विधि)
B. परिचर्चा
C. टीम शिक्षण
D. स्रोत विधि

133. विभिन्न श्रेणियों में राष्ट्रीय आय के आनुपातिक आवंटन को दिखाने के लिए आप किस आरेखीय निरूपण को चुनना चाहेंगे?
A. प्रवाह आरेख B. टाइम लाइम आरेख
C. बार आरेख D. पाई आरेख

134. राष्ट्रीय पाठ्यचर्या की रूपरेखा, 2005 इस बात पर जोर देती है कि स्कूल में सामाजिक विज्ञान को बच्चे के जीवन में निम्न द्वारा जोड़ना चाहिएः
A. कक्षा के बाहर का वास्तविक जीवन
B. कक्षा के भीतर जीवन
C. कक्षा में पाठ्यपुस्तकें
D. शिक्षक की अपेक्षा

135. निम्नलिखित शासकों में से किसके द्वारा ऐहोल शिलालेख लिखि मानी जाती है?
A. खारवेल
B. बिम्बिसार
C. रुद्रदमन
D. पुलकेशीन द्वितीय

136. निम्नलिखित में से कौन-सी एक वृक्षारोपण फसल है?
A. गन्ना B. काजू
C. कपास D. लाल मिर्च

137. मानदंड-संदर्भित मूल्यांकन का तात्पर्य _______ है।
A. पूर्व निर्धारित मानदंडों के एक सेट के आधार पर मूल्यांक करना
B. किसी भी मनमाने मानदंडों के मूल्यांकन के बिना आयोजि करना
C. प्रारंभिक परीक्षण करने के बाद मूल्यांकन करना
D. मूल्यांकन के बाद परीक्षण तंत्र के रूप में प्रशासित

138. एक संगठन के सहयोग से निम्नलिखित देशों में से किसमें, पृथ्व विज्ञान मंत्रालय ने भारतीय मौसम विभाग आधुनिकीकरण कार्यक्र की आधारशिला के रूप में 'प्रोजेक्ट वर्समिना' प्रारम्भ किया है
A. फ्रांस B. रूस
C. अमेरिका D. जर्मनी

139. सतत और व्यापक मूल्यांकन ने मूल्यांकन प्रणाली को ______ के रूप में रूपांतरित कर दिया है।
A. बहुत सारे विवरणों को शामिल करके और अधिक जटि
B. केवल शैक्षिक क्षेत्रों के लिए अधिक व्यापक
C. अस्पष्ट, क्योंकि छात्र के सटीक रैंक का पता नहीं लगाय जा सकता है
D. एक छात्र के पूर्ण व्यक्तित्व के विषय में अधिक चिंतनशील

140. निम्नलिखित में से किस राज्य से प्राचीन भारत का ताम्र पाषाण युग (चाल्कोलिथिक) स्थल इनामगाँव संबंधित है?
A. महाराष्ट्र
B. राजस्थान
C. कर्नाटक
D. गुजरात

141. भारतीय राष्ट्रीय कांग्रेस के निम्न में से किस सत्र में मौलिक अधिकार और राष्ट्रीय आर्थिक नीति पर संकल्प पारित किये गये?
A. फैजपुर, 1936
B. लाहौर, 1929
C. कराची, 1931
D. बेलगाम, 1934

142. ब्रिटिश भारत के विरुद्ध पहला जन आंदोलन थाः
A. गैर-सहकारी आंदोलन
B. स्वदेशी आंदोलन
C. भारत छोड़ो आंदोलन
D. खिलाफत आंदोलन

143. मार्गोसा तेल निम्नलिखित में से किस पेड़ से प्राप्त होता है?
A. फाइकस
B. बबूल
C. नीम
D. बांस

144. निम्नलिखित में से कौन-सी विश्व की सबसे बड़ी आद्रभूमि प्रणाली (वेटलैंड सिस्टम) है?
A. एवरग्लेड्स (यूएसए)
B. ओकावांगो (बोत्सवाना)
C. पेंटानल (दक्षिण अमेरिका)
D. कैमरग (फ्रांस)

145. निम्नलिखित में से मृदा का वैज्ञानिक अध्ययन क्या कहलाता है?
A. सॉइलोलॉजी
B. पेडागॉजी
C. पेडोलॉजी
D. ओंटोलॉजी

146. ग्रीनलैंड, निम्नलिखित में से किसके अधिकार-क्षेत्र में आता है?
A. डेनिश
B. नार्वेजियन
C. अमेरिका
D. डच

147. भारत में किस वर्ष में 'प्रोजेक्ट टाइगर' आरम्भ किया गया था?
A. 1973 B. 1974
C. 1971 D. 1972

148. मराठा राजा के रूप में शिवाजी महाराज का उत्तराधिकारी कौन बना?
A. शाहजी B. शाहुजी I
C. राजाराम I D. संभाजी भोसले

149. समुद्र तल तक फैली ठंडी परत को क्या कहा जाता है?
A. उपर्युक्त में से कोई नहीं
B. एपिलिमनियन परत
C. थर्मोक्लाइन परत
D. हाइपोलिमनियन परत

150. सामाजिक अधिगम सिद्धांत ______ के द्वारा पेश किया गया था।
A. सिगमंड फ्रॉयड B. कार्ल युग
C. कार्ल सी. रोजर्स D. अल्बर्ट बंडुरा

उत्तरमाला

1	2	3	4	5	6	7	8	9	10
A	B	A	B	A	C	B	B	A	B
11	12	13	14	15	16	17	18	19	20
C	A	C	D	C	D	D	A	C	D
21	22	23	24	25	26	27	28	29	30
B	C	C	A	B	B	D	C	A	B
31	32	33	34	35	36	37	38	39	40
A	C	B	A	D	C	D	A	D	A
41	42	43	44	45	46	47	48	49	50
C	B	B	D	A	B	D	D	B	C
51	52	53	54	55	56	57	58	59	60
D	C	D	B	C	C	C	C	D	A
61	62	63	64	65	66	67	68	69	70
A	D	D	D	C	C	B	A	A	C
71	72	73	74	75	76	77	78	79	80
C	D	C	B	C	D	C	B	B	A
81	82	83	84	85	86	87	88	89	90
B	C	C	B	C	D	A	D	A	D
91	92	93	94	95	96	97	98	99	100
D	A	B	A	C	D	C	C	C	B
101	102	103	104	105	106	107	108	109	110
C	A	C	C	A	C	B	D	A	B

111	112	113	114	115	116	117	118	119	120
*	B	A	C	A	B	B	D	D	A
121	**122**	**123**	**124**	**125**	**126**	**127**	**128**	**129**	**130**
C	A	A	D	B	B	D	C	A	D
131	**132**	**133**	**134**	**135**	**136**	**137**	**138**	**139**	**140**
D	A	D	A	D	B	A	A	D	A
141	**142**	**143**	**144**	**145**	**146**	**147**	**148**	**149**	**150**
C	B	C	C	C	A	A	D	D	D

बाल विकास एवं शिक्षा शास्त्र

CHILD DEVELOPMENT AND PEDAGOGY

1. विकास एवं अधिगम में अंतः संबद्धता (Child Development and Its Relation with Learning)

विकास एक निरंतर चलायमान प्रक्रिया है। इसकी प्रकृति नदी जल के अविरल प्रवाह के समान है। इसमें बालक के व्यक्तित्व का विकास–शारीरिक, क्रियात्मक, संज्ञानात्मक, भाषायी, संवेगात्मक एवं सामाजिक आदि जैसे विभिन्न कारकों के सहयोग से सम्पन्न होता है। विकास की इस प्रक्रिया में रुचि, आदत, दृष्टिकोण, जीवन-मूल्य, स्वभाव, व्यक्तित्व, व्यवहार आदि सकारात्मक प्रभाव डालते हैं।

बाल विकास के अवधारणात्मक मुद्दे (Concept of Child Development)

(*i*) बालक के गर्भ में आने के बाद निरंतर प्रगति होती रहती है। इस प्रगति का विभिन्न आयु एवं अवस्था के दौरान स्वरूप रूपांतरित होता रहता है।

(*ii*) ऐसा देखा गया है कि बालकों में पाई जानेवाली व्यक्तिगत विभिन्नताएं उसके आनुवंशिक एवं परिवेशजन्य परिस्थिति से प्रेरित होती है।

(*iii*) बालक के जीवन-मूल्य, स्वभाव, आदत, रुचि, दृष्टिकोण एवं व्यवहार आदि में जन्म के समय से ही सदैव परिवर्तन आते रहते हैं। इनका विभिन्न आयु वर्ग एवं अवस्था में स्वरूप भिन्न-भिन्न होता है। साथ ही परिवर्तन की प्रक्रिया की प्रकृति में भी भिन्नता होती है।

(*iv*) जन्म से पूर्व एवं जन्म के बाद से परिपक्व होने तक बालक में होने वाले परिवर्तन की प्रकृति में भिन्नता होती है।

(*v*) बालक में होने वाले परिवर्तन उसकी आयु के साथ घनिष्ठ रूप से जुड़े होते हैं।

(*vi*) यह बात भी बिल्कुल सत्य है कि समय-समय पर बालक में होने वाले परिवर्तन उसके व्यक्तित्व एवं व्यवहार को प्रभावित करते हैं।

(*vii*) पूर्व में घटित परिवर्तनों के आधार पर बालक के भविष्य में होने वाले परिमाणात्मक एवं गुणात्मक परिवर्तनों की भी भविष्यवाणी की जा सकती है।

(*viii*) सभी बालकों में वृद्धि एवं विकास संबंधी परिवर्तनों में एकरूपता नहीं होती बल्कि उसमें अन्तर होता है।

(*ix*) बालकों में समयानुसार एवं आयु व अवस्था अनुसार होने वाले परिवर्तनों के लिए कुछ कारक जिम्मेदार होते हैं। इन कारकों में मुख्यतः लैंगिक, परिवेशजन्य एवं अवस्था से संबद्ध होते हैं।

बाल विकास के सिद्धांत (Principles of Child Development)

बालको में होने वाले शारीरिक एवं मानसिक विकास कुछ विशेष प्रकार के सिद्धांतों पर आधारित होते हैं। ये सिद्धांत ही बाल विकास के सिद्धांत कहलाते हैं। बाल विकास से संबद्ध कुछ महत्त्वपूर्ण सिद्धांत निम्न हैं:

(*i*) **निरंतरता का सिद्धांत (Principle of Continuity):** इस सिद्धांत के अनुसार विकास एक न रुकने वाली प्रक्रिया है। यह प्रक्रिया माँ के गर्भ से शुरू होकर मृत्युपर्यंत चलती रहती है। मनुष्य का जीवन नगण्य आकार से प्रारंभ होकर व्यक्तित्व के सभी पक्षों–शारीरिक, सामाजिक एवं मानसिक आदि का संपूर्ण विकास इसी निरंतरता के गुण के कारण भली-भांति प्राप्त करता है।

(*ii*) **विकास का सामान्य से विशेष की ओर का सिद्धांत (Development Proceeds from General to Specific Responses):** विकास की प्रक्रिया में सबसे पहले सामान्य क्रियाओं के दर्शन होते हैं उसके बाद विशिष्ट क्रियाओं का स्थान आता है। उदाहरणार्थ–बालक अपने हाथों से कुछ चीज पकड़ने से पहले इधर-उधर यूं ही हाथ मारने या फैलाने की चेष्टा करता है। इसी प्रकार शुरू में एक नवजात शिशु के रोने और चिल्लाने में उसके सभी अंग-प्रत्यंग भाग लेते हैं। परंतु बाद में वृद्धि और विकास की प्रक्रिया के परिणामस्वरूप ये क्रियाएं उसकी आँखों और वाक्तंत्र तक सीमित हो जाती हैं। भाषा विकास के क्रम में बालक सबसे सामान्य शब्द ही सीखता है। पहले-पहल वह सभी व्यक्तियों को 'पापा' कहकर संबोधित करता है, इसके पश्चात ही वह अपने पिता को 'पापा' कहकर संबोधित करना सीखता है।

(*iii*) **विकास की दिशा का सिद्धांत (Principle of Developments Directions):** इस सिद्धांत के अनुसार विकास की प्रक्रिया पूर्व निश्चित दिशा में आगे बढ़ती है। विकास की प्रक्रिया की यह दिशा व्यक्ति के वंशानुगत एवं वातावरण-जन्य कारकों से प्रभावित होती है। इसके अनुसार बालक सबसे पहले अपने सिर और भुजाओं की गति पर नियंत्रण करना सीखता है और उसके बाद फिर टांगों को। इसके बाद ही वह अच्छी तरह बिना सहारे के खड़ा होना और चलना सीखता है।

(*iv*) **वैयक्तिक भिन्नता का सिद्धांत (Principle of Individual Difference):** इस सिद्धांत के अनुसार बालकों का विकास और वृद्धि उनकी अपनी वैयक्तिकता के अनुरूप होती है। वे अपनी स्वाभाविक गति से ही वृद्धि और विकास के विभिन्न क्षेत्रों में आगे बढ़ते हैं और इसी कारण उनमें पर्याप्त विभिन्नताएं देखने को मिलती हैं। कोई भी एक बालक वृद्धि एवं विकास की दृष्टि से किसी अन्य बालक के समरूप नहीं होता। विकास के इस सिद्धांत के कारण ही कोई बालक अत्यंत मेधावी, कोई बालक सामान्य तथा कोई बालक पिछड़ा या मंद होता है।

(*v*) **विकास के क्रम की समरूपता (Uniformity of Pattern):** यह सिद्धांत इस बात की ओर संकेत करता है कि विकास की गति में एक समानता न होने तथा पर्याप्त वैयक्तिक अंतर पाए जाने के बाद भी विकास के क्रम में कुछ समरूपता के दर्शन होते हैं। इस क्रम में एक ही जाति विशेष सदस्यों में कुछ एक जैसी समानताएं देखने को मिलती हैं।

(*vi*) **एकीकरण का सिद्धांत (Principle of Integration):** विकास की प्रक्रिया एकीकरण के सिद्धांत का पालन करती है। इस सिद्धांत के अनुसार बालक पहले संपूर्ण अंग को फिर अंग के भागों को चलाना सीखता है। इसके बाद वह उन भागों को एकीकृत करना सीखता है। सामान्य से विशेष की ओर बढ़ते हुए विशेष प्रतिक्रियाओं तथा चेष्टाओं को इकट्ठे रूप में प्रयोग में लाना सीखता है। उदाहरणार्थ–एक बालक पहले पूरे हाथ को, फिर अंगुलियों को एक साथ चलाना सीखता है।

(*vii*) **वृद्धि एवं विकास का सिद्धांत (Principle of Growth and Development):** इस सिद्धांत के अनुसार वृद्धि और विकास की क्रिया वंशानुक्रम और वातावरण का संयुक्त परिणाम है। अन्य शब्दों में वृद्धि और विकास की प्रक्रिया में वंशानुक्रम जहाँ आधार का कार्य करता है वहाँ वातावरण इस आधार पर बनाए जाने वाले व्यक्तित्व संबंधी भवन के लिए आवश्यक सामग्री एवं अनुकूलता जुटाने में सहयोग देता है। अतः वृद्धि और विकास की प्रक्रियाओं में इन दोनों को समान महत्व दिया जाना आवश्यक हो जाता है।

(*vii*) **वृद्धि एवं विकास की गति की दर में असमरूपता का सिद्धांत (Rate of Growth and Development is not Uniform):** विकास की प्रक्रिया जीवनपर्यंत चलती रहती है, किन्तु इस प्रक्रिया में विकास की गति सदैव एक समान नहीं होती। शैशवावस्था के शुरू के वर्षों में यह गति कुछ तीव्र होती है, परन्तु बाद के वर्षों में यह मंद पड़ जाती है। पुनः किशोरावस्था के प्रारंभ में इस गति में तेजी से वृद्धि होती है परन्तु यह अधिक समय तक नहीं बनी रहती। इस प्रकार स्पष्ट है कि वृद्धि और विकास की गति में उतार-चढ़ाव आते ही रहते हैं। किसी भी अवस्था में यह एक जैसी नहीं रह पाती।

विकास एवं वृद्धि में अंतर (Difference between Growth and Development)

विकास	वृद्धि
1. विकास का प्रयोग परिमाणात्मक एवं व्यावहारिक परिवर्तनों के लिए होता है।	1. वृद्धि का प्रयोग केवल परिमाणात्मक परिवर्तनों के लिए होता है।
2. विकास एक निरंतर चलने वाली प्रक्रिया है तथा यह बालक के परिपक्व होने के बाद भी चलती रहती है।	2. वृद्धि की प्रक्रिया आजीवन नहीं चलती और बालक के परिपक्व होने के साथ रूक जाती है।
3. विकास का व्यापक संदर्भ में प्रयोग किया जाता है तथा वृद्धि इसी का एक अंग है।	3. वृद्धि विकास की प्रक्रिया का एक चरण है तथा इसका क्षेत्र सीमित होता है।
4. बालक में विकास के लिए वृद्धि आवश्यक नहीं है।	4. बालक की शारीरिक वृद्धि हो रही है तो यह आवश्यक नहीं है कि उसका विकास भी हो रहा है।

विकास की अवस्था का वर्गीकरण (Different Stages of Human Development)

मानव जीवन विभिन्न अवस्थाओं (Stages) से होते हुए आगे बढ़ता है। यह बात बिल्कुल सत्य है कि विकास की एक अवस्था से दूसरी अवस्था के मध्य विकास के समय तथा दर के सापेक्ष व्यक्ति निश्चित रूप से भिन्न होते हैं। यह देखा जा सकता है कि कुछ व्यवहार प्रारूप तथा कुछ कौशल एक विशिष्ट अवस्था में अधिक आसानी से एवं सफलतापूर्वक सीखे जाते हैं। व्यक्ति की ये उपलब्धियां विकास की उस अवस्था के लिए एक सामाजिक अपेक्षा बन जाती है। इन्हें विकासात्मक कार्य (Development Tasks) कहते हैं।

विद्वानों ने मानव विकास की विभिन्न अवस्थाओं का वर्गीकरण प्राचीन एवं आधुनिक विचारधारा के आधार पर किया है–

प्राचीन विचारधारा

इस विचारधारा के अनुसार भारतीय मनीषियों ने मानब विकास की अवस्था को सात कालों में बांटा है–

	अवस्था		काल
1.	गर्भावस्था	–	गर्भ धारण करने से जन्म तक।
2.	शैशवावस्था	–	जन्म से 5 वर्ष तक।
3.	बाल्यावस्था	–	5 से 12 वर्ष तक।
4.	किशोरावस्था	–	12 से 18 वर्ष तक।
5.	युवावस्था	–	18 से 25 वर्ष तक।
6.	प्रौढ़ावस्था	–	25 से 55 वर्ष तक।
7.	वृद्धावस्था	–	55 वर्ष से मृत्युपर्यंत।

आधुनिक विचारधारा

इस विचारधारा के अनुसार अधिकतर विद्वानों ने मानव विकास की अवस्था को चार कालों में बांटा है–

	अवस्था		काल
1.	शैशवावस्था	–	जन्म से 6 वर्ष तक।
2.	बाल्यावस्था	–	6 से 12 वर्ष तक।
3.	किशोरावस्था	–	12 से 18 वर्ष तक।
4.	वयस्कावस्था	–	18 वर्ष से मृत्युपर्यंत।

आधुनिक विचारधारा के तहत शिक्षा की दृष्टि से प्रथम तीन अवस्थाएं ही महत्वपूर्ण हैं। इसलिए शिक्षा मनोविज्ञान में इन्हीं तीन अवस्थाओं में होने वाले मानव विकास का अध्ययन किया जाता है।

शैशवावस्था (Infancy)

(*i*) जन्म से छः वर्ष तक की अवस्था को शैशवावस्था कहा जाता है। इसमें जन्म से तीन वर्ष तक बच्चों का शारीरिक व मानसिक विकास तेजी से होता है।

(*ii*) इस काल में जिज्ञासा की एवं दोहराने की तीव्र प्रवृत्ति बच्चों में पाई जाती है।

(*iii*) यह काल भाषा सीखने की सर्वोत्तम अवस्था है।

(*iv*) इस काल में बच्चों का समाजीकरण भी प्रारम्भ हो जाता है अथवा शिक्षा की दृष्टि से भी यह काल सर्वाधिक महत्वपूर्ण माना जाता है।

शैशवावस्था के विकास के विभिन्न आयाम एवं अधिगम से उनका संबंध (Various Stages of Infancy and Its Relationship with Learning)

पेशीय विकासः नवजात शिशुओं की पेशीय (शारीरिक) क्रियाएं प्रतिवर्त (reflexes) से संचालित होती है। ये आनुवंशिक रूप से प्राप्त अतिजीविता तंत्र हैं तथा बाद के पेशीय विकास के लिए ये आधारभूत इकाइयां हैं। नवजात शिशुओं को सीखने के अवसर मिलने के पहले प्रतिवर्त अनुकूल तंत्र के रूप में कार्य करते हैं। नवजात शिशुओं में पाए जाने वाले कुछ प्रतिवर्त जैसे–खांसना, पलक झपकाना तथा जम्हाई लेना, जीवनपर्यंत बने रहते हैं। कुछ दूसरे प्रतिवर्त मस्तिष्क की कार्यप्रणाली के परिपक्व होने तथा व्यवहार पर ऐच्छिक नियंत्रण के विकसित हो जाने पर विलुप्त हो जाते हैं।

संवेदी योग्यताएंः नवजात शिशु जन्म के मात्र कुछ घंटे के बाद ही अपनी मां की आवाज को पहचान सकते हैं एवं उनमें अन्य संवेदी क्षमताएं भी होती हैं। वे (नवजात शिशु) कुछ उद्दीपकों, जैसे–चेहरों को अन्य उद्दीपकों की तुलना में देखना पसंद करते हैं, यद्यपि यह पसंद जीवन के प्रथम कुछ महीनों में परिवर्तित होती है। प्रौढ़ों की तुलना में नवजात शिशुओं की दृष्टि कम आंकी गई है। छठे महीने तक इसमें सुधार होता है और लगभग एक वर्ष की उम्र तक दृष्टि लगभग प्रौढ़ों के समान हो जाती है। नवजात शिशु सामान्यतया रंग विभेदन में अपूर्ण होते हैं एवं पूर्ण रंग विभेदन दृष्टि 3 माह की आयु तक विकसित होती है।

नवजात शिशु जैसे-जैसे विकसित होते हैं उनकी ध्वनि की दिशा निर्धारण दक्षता में सुधार होता है। नवजात शिशु स्पर्श के प्रति अनुक्रिया करते हैं एवं वे पीड़ा की अनुभूति भी कर सकते हैं। घ्राण एवं स्वाद की दोनों क्षमताएं भी नवजात शिशुओं में होती हैं।

संज्ञानात्मक विकास : शैशवावस्था में संज्ञानात्मक विकास के विषय में जीन पियाजे (Jean Piaget) ने इस बात पर बल दिया है कि बच्चे संसार के बारे में अपनी समझ की रचना सक्रिय रूप से करते हैं। परिवेश से सूचनाएं उनके मन में मात्र प्रवेश ही नहीं करती हैं बल्कि जैसे-जैसे बच्चे बड़े होते हैं अतिरिक्त सूचनाएं अर्जित की जाती हैं और नए विचारों को अंतर्निहित करने के लिए वे अपने चिंतन का अनुकूलन करते हैं, क्योंकि इससे संसार के बारे में उनकी समझ में सुधार होता है। पियाजे का मानना था कि शैशवावस्था से लेकर किशोरावस्था तक बच्चों का मन विचारों की अवस्थाओं की एक श्रृंखला से गुजरता है।

शिशुओं में वाचिक संप्रेषण का आधार उपस्थित रहता है। शिशुओं में 3 से 6 माह की आयु के बीच बबलाने से स्वरीकरण का प्रारंभ होता है।

सामाजिक-संवेगात्मक विकास : शिशु जन्म से ही सामाजिक प्राणी होता है। एक शिशु परिचित चेहरों को वरीयता देना प्रारम्भ कर देता है और कूकने एवं किलकारी भरने के द्वारा माता-पिता की उपस्थिति के प्रति अनुक्रिया करता है। छः से आठ माह की आयु तक वे अधिक गतिशील हो जाते हैं एवं अपनी माता के साथ रहना पसंद करने लगते हैं, जब वे नए चेहरे को देखकर डर जाते हैं या पीड़ा की अभिव्यक्ति करते हैं। माता-पिता या देख-रेख करने वाले से पुनः मिलने पर वे मुस्कराहट या आलिंगन से अपने भाव का प्रदर्शन करते हैं। शिशु एवं उनके माता-पिता (पालनकर्ता) के बीच स्नेह का जो सांवेगिक बंधन विकसित होता है उसे आसक्ति (attachment) कहते हैं।

बाल्यावस्था (Childhood)

(*i*) छः से बारह वर्ष तक की अवस्था को बाल्यावस्था कहा जाता है।

(*ii*) इस काल में बच्चा शारीरिक रूप से विकसित होता है।

(*iii*) शैशवावस्था की तुलना में बाल्यावस्था में बच्चों में सीखने की गति मन्द हो जाती है, किन्तु उनके सीखने का क्षेत्र विस्तृत हो जाता है।

(*iv*) इस काल के बाद बच्चे पढ़ाई में रूचि लेने लगते हैं तथा उनमें चिन्तन एवं तर्क शक्तियों का विकास भी होता है।

(*v*) इस अवस्था में बच्चों की शिक्षा के लिए विभिन्न विधियों का प्रयोग करना चाहिए।

बाल्यावस्था के विकास के विभिन्न आयाम एवं अधिगम से उनका संबंध (Various Stages of Childhood and Its Relationship with Learning)

पेशीय विकासः बाल्यावस्था के प्रारम्भ के वर्षों में स्थूल पेशीय कौशलों के अंतर्गत् भुजाओं एवं पैरों का उपयोग करना तथा अधिक विश्वास तथा उद्देश्यपूर्ण ढंग से परिवेश में घूमना-फिरना सम्मिलित है। सूक्ष्म पेशीय कौशलों–उंगली निपुणता तथा नेत्र-हस्त समन्वय में पूर्व-बाल्यावस्था में अत्यधिक सुधार होता है। इस अवधि में बच्चे के बाएं अथवा दाएं हाथ के लिए वरीयता का भी विकास होता है।

संज्ञानात्मक विकास : बच्चे में वस्तु स्थायित्व के संप्रत्यय (Concept) को सीखने की योग्यता उसे वस्तुओं को निरूपित करने के लिए मानसिक प्रतीकों का उपयोग करने में सक्षम बनाती है। परन्तु इस अवस्था में बच्चों में उस योग्यता का अभाव होता है जो उन्हें शारीरिक रूप से किए गए कार्यों को मानसिक रूप से करने की सुविधा प्रदान करती है। पूर्व-बाल्यावस्था में संज्ञानात्मक विकास पियाजे के पूर्व-संक्रियात्मक विचार की अवस्था पर ध्यान केंद्रित करता है। जो वस्तु भौतिक रूप से उपस्थित नहीं है उसे मानसिक रूप से निरूपित करने की योग्यता बच्चा प्राप्त करता है।

सामाजिक-संवेगात्मक विकास : स्व, लिंग तथा नैतिक विकास बच्चों के सामाजिक-संवेगिक विकास के महत्वपूर्ण आयाम हैं। बाल्यावस्था के प्रारम्भिक वर्षों में 'स्व' में कुछ महत्वपूर्ण विकास होते हैं। समाजीकरण के कारण बच्चा यह बोध विकसित कर लेता है कि वह कौन है और वह अपनी पहचान किसकी तरह बनाना चाहता है। विकसित हो रहे स्वतंत्रता के बोध के कारण बच्चे कार्यों को अपने तरीके से करते हैं। इसके विपरीत, यदि उन्हें यह अनुभव कराया जाता है कि उनके प्रश्न अनुपयोगी हैं तथा उनके द्वारा खेले गए खेल मूर्खतापूर्ण हैं तो सम्भव है कि बच्चों में स्वयं के द्वारा प्रारम्भ की गई क्रियाओं के प्रति दोष-भावना विकसित होगी, जो बच्चों के बाद के जीवन में भी बनी रह सकती है। पूर्व-बाल्यावस्था में आत्मबोध स्वयं की शारीरिक विशेषताओं के आधार पर परिभाषित करने तक सीमित रहता है। मध्य एवं विलंबित बाल्यावस्था में बच्चे में सम्भवतः स्वयं को अपनी आंतरिक विशेषताओं के आधार पर परिभाषित करने की सम्भावना बढ़ जाती है। स्वयं को मानसिक विशेषताओं के आधार पर परिभाषित करने के अतिरिक्त बच्चों के आत्म-विवरण के अन्तर्गत् स्व का सामाजिक पक्ष भी आता है। बच्चे सम्भवतः इसके बारे में भी सोच सकते हैं कि वे दूसरों की तुलना में क्या कर सकते हैं अथवा क्या नहीं कर सकते हैं। यह विकासात्मक परिवर्तन एक व्यक्ति के रूप में दूसरों से स्वयं की भिन्नता स्थापित करने में सहायक होता है।

नैतिक विकास : बच्चे के विकास का दूसरा महत्वपूर्ण पक्ष है मानवीय क्रियाओं के सही या गलत होने के मध्य अन्तर करना, अपराध बोध की अनुभूति करना, स्वयं को दूसरे व्यक्ति के स्थान पर रखकर देखना तथा जब दूसरे लोग कठिनाई में होते हैं तो उनकी मदद करना सीखते हैं, ये सभी नैतिक विकास के घटक हैं। बच्चे जिस प्रकार संज्ञानात्मक विकास की विभिन्न अवस्थाओं से गुजरते हैं, लॉरेंस कोहल्बर्ग (Lawrence Kohlberg) के अनुसार, वैसे ही वे नैतिक विकास की विभिन्न अवस्थाओं से गुजरते हैं। ये अवस्थाएं आयु से संबद्ध होती हैं। कोहल्बर्ग के अनुसार अलग-अलग उम्र में बच्चे सही एवं गलत के बारे में भिन्न-भिन्न प्रकार से विचार करते हैं। छोटा बच्चा अर्थात् नौ वर्ष की आयु के पहले, बाह्य एवं प्रभावी व्यक्तियों के संदर्भ में चिंतन करता है। उसके (बच्चे) अनुसार कोई कार्य गलत है क्योंकि उसके लिए वह दंडित किया जाता है। जब बच्चा बड़ा (पूर्व-किशोरावस्था) होता है, वह दूसरों द्वारा स्थापित नियमों जैसे–माता-पिता अथवा समाज के नियमों के द्वारा नैतिक तर्कशक्ति विकसित करता है। बच्चे इन नियमों को स्वयं के नियमों के रूप में स्वीकृत करते हैं। प्रवीण बनने तथा दूसरों की स्वीकृति प्राप्त करने के लिए इनको आत्मसात कर लिया जाता है। बच्चे इन नियमों को ऐसे सुनिश्चित दिशा-निर्देश के रूप में देखते हैं जिनका अनुसरण किया जाना चाहिए। इस अवस्था में नैतिक चिंतन अपेक्षाकृत अटल होते हैं। जब वे बड़े होते हैं तो वे धीरे-धीरे व्यक्तिगत नैतिक संहिता या नियमावली विकसित कर लेते हैं।

किशोरावस्था (Adolescence)

(*i*) बारह से अठारह वर्ष तक की अवस्था को किशोरावस्था कहा जाता है।

(*ii*) इस अवस्था में किशोर-किशोरियों की बुद्धि का पूर्ण विकास हो जाता है, उनकी स्मरण शक्ति बढ़ जाती है एवं उनके ध्यान केन्द्रित करने की क्षमता भी बढ़ जाती है।

(*iii*) इस अवस्था में नशा या अपराध की ओर उन्मुख होने की संभावना रहती है।

(*iv*) इस अवस्था में किशोरों की लम्बाई एवं भार दोनों में वृद्धि होती है।

(*v*) इस अवस्था में मित्र बनाने की प्रवृत्ति तीव्र होती है एवं मित्रता में प्रगाढ़ता भी इस दौरान सामान्य सी बात है।

(*vi*) यौन समस्या इस अवस्था में सबसे बड़ी समस्या होती है।

किशोरावस्था के विकास के विभिन्न आयाम एवं अधिगम से उनका संबंध (Various Stages of Adolescence and Its Relationship with Learning)

शारीरिक विकास : यौवनारंभ या लैंगिक परिपक्वता बाल्यावस्था के अंत को तथा किशोरावस्था के प्रारंभ को इंगित करती है जो संवृद्धि दर एवं लैंगिक विशेषताओं दोनों में ही आकस्मिक परिवर्तनों के द्वारा परिभाषित होती है, परन्तु यौवनारंभ अचानक उत्पन्न होने वाली घटना नहीं है बल्कि यह एक क्रमिक प्रक्रिया का अंग है। यौवनारंभ की अवस्था में स्रावित होने वाले हार्मोन के कारण मूल एवं गौण लैंगिक लक्षण विकसित होते हैं। मूल लैंगिक लक्षणों के अंतर्गत् वे लक्षण आते हैं जो प्रजनन से प्रत्यक्ष रूप से जुड़े हैं तथा गौण लैंगिक लक्षणों के अंतर्गत लैंगिक परिपक्वता को प्राप्त कर लेने के लक्ष्य या संकेत आते हैं। त्वरित संवृद्धि, चेहरों पर बालों का उगना तथा स्वर में परिवर्तन आदि से लड़कों में यौवनारंभ से संबंधित परिवर्तन प्रदर्शित होता है। लड़कियों की ऊंचाई में तीव्र संवृद्धि प्रायः मासिक धर्म प्रारंभ होने के लगभग दो वर्ष पहले शुरू होती है। लड़कों में 12 या 13 वर्ष की उम्र में तथा लड़कियों में 10 या 11 वर्ष की उम्र में शारीरिक विकास में तीव्र संवृद्धि प्रारम्भ होती है। यौवनारंभ अनुक्रम में परिवर्तन का पाया जाना एक सामान्य प्रक्रिया है। इसमें आनुवंशिकता एवं परिवेश दोनों की ही महत्वपूर्ण भूमिका हो सकती है।

किशोरावस्था में होने वाले शारीरिक विकास के साथ अनेक मानसिक परिवर्तन भी होते हैं। यौवनारंभ के आस-पास किशोर विपरीत लिंगी सदस्यों एवं यौन संबंधी मामलों में अधिक रुचि का प्रदर्शन करते हैं एवं यौन-अनुभूतियों के प्रति उनमें एक नई जागरुकता विकसित होती है। कामुकता या यौन संबंधी विषयों पर अधिक ध्यान देना अनेक कारकों के कारण होता है; जैसे—जैविक परिवर्तनों के प्रति सजगता तथा समकक्षियों, माता-पिता एवं समाज द्वारा कामुकता पर अधिक बल देना। इसके बावजूद अनेक किशोरों में काम-व्यवहार के प्रति उपयुक्त ज्ञान का अभाव होता है अथवा उनमें इसके प्रति अनेक भ्रांतियां होती हैं। यौन एक ऐसा विषय है जिस पर माता-पिता बच्चों से परिचर्या करने में कठिनाई का अनुभव करते हैं, इसलिए किशोर यौन संबंधी मामलों में गोपनीयता बरतने लगते हैं जो सूचनाओं के आदान-प्रदान तथा संप्रेषणीयता को कठिन बना देता है। एड्स एवं यौन-संक्रमित अन्य रोगों के खतरे के कारण वर्तमान समय में किशोरों में कामुकता के प्रति अधिक ध्यान दिया जा रहा है।

यौन पहचान का विकास यौन-उन्मुखता को परिभाषित करता है एवं काम-व्यवहार को निर्देशित करता है। इस रूप में यह किशोरों के लिए महत्वपूर्ण विकासात्मक कार्य बन जाता है। अपने शारीरिक परिपक्वता को स्वीकार करना किशोरावस्था में एक दूसरा महत्वपूर्ण विकासात्मक कार्य है। यह बात ध्यान रखने योग्य है कि यौवनारंभ की अवस्था में शारीरिक परिवर्तनों के साथ-साथ संज्ञानात्मक एवं सामाजिक परिवर्तन भी होते हैं।

संज्ञानात्मक विकासात्मक परिवर्तन : किशोर के विचार अधिक अमूर्त, तर्कपूर्ण एवं आदर्शवादी होते हैं। अपने तथा दूसरों के विचारों का एवं दूसरे उनके बारे में क्या सोचते हैं इसका मूल्यांकन करने में वे अधिक सक्षम हो जाते हैं। किशोरों में तर्कशक्ति की विकसित हो रही योग्यता उन्हें संज्ञानात्मक एवं सामाजिक सजगता का एक नया स्तर प्रदान करती है। किशोरावस्था के दौरान किशोर का चिंतन वास्तविक मूर्त अनुभवों के बारे में अधिक अमूर्त रूप से चिंतन एवं तर्क प्रारंभ कर देते हैं। अमूर्त होने के अतिरिक्त किशोरों के विचार आदर्शवादी भी होते हैं। किशोर स्वयं तथा दूसरों की आदर्श विशेषताओं के बारे में सोचना प्रारम्भ कर देते हैं तथा स्वयं की दूसरों से तुलना इन आदर्श मानकों के आधार पर करते हैं। विकास की प्रारंभिक अवस्था से गुजर रहे बच्चों द्वारा प्रयुक्त प्रयत्न त्रुटि उपागम के विपरीत समस्या समाधान करने में किशोरों का चिंतन अधिक व्यवस्थित होता है। वे कार्य करने के संभावित तरीकों 'कुछ चीजें वैसे ही क्यों हो रही हैं' के बारे में सोचते हैं एवं क्रमबद्ध तरीके से समाधान ढूंढ़ते हैं। पियाजे (Piaget) ने इस प्रकार के तर्कपूर्ण चिंतन को परिकल्पनात्मक निगमनात्मक तर्कशक्ति (hypothetical deductive reasoning) कहा है।

तर्कपूर्ण विचार नैतिक तर्कशक्ति के विकास को भी प्रभावित करते हैं। सामाजिक नियमों को निरपेक्ष मानक नहीं माना जाता है एवं नैतिक चिंतन कुछ लचीलापन प्रदर्शित करता है। किशोर वैकल्पिक नैतिक संहिता को जानते हैं, विकल्पों की खोज करते हैं, और उसके बाद एक व्यक्तिगत नैतिक संहिता का निश्चय करते हैं।

एक पहचान का निर्माण करना : आप कौन हैं और आपके मूल्य, प्रतिबद्धता एवं विश्वास क्या हैं यही पहचान है। अपने माता-पिता से अलग अपनी एक पहचान स्थापित करना किशोरों का एक प्रमुख कार्य है। किशोरावस्था में विलग्नता या अनासक्ति की एक प्रक्रिया व्यक्ति को वैयक्तिक विश्वासों का एक ऐसा पुंज विकसित करने में सक्षम बनाती है जो अद्वितीय रूप से उनका अपना होता है। एक पहचान प्राप्त करने की प्रक्रिया में किशोर अपने माता-पिता के साथ तथा स्वयं अपने अंदर द्वंद्व का अनुभव कर सकते हैं। वे किशोर जो परस्पर-विरोधी पहचानों की समस्या को सुलझा सकते हैं वे एक नए आत्मबोध को विकसित कर लेते हैं। वे किशोर जो इस पहचान के संकट से उबर पाने में सक्षम नहीं होते हैं वे भ्रमित हो जाते हैं।

किशोरावस्था में पहचान का निर्माण अनेक कारकों से प्रभावित होता है। सांस्कृतिक पृष्ठभूमि, पारिवारिक तथा सामाजिक मूल्य, सजातीय पृष्ठभूमि तथा सामाजिक-आर्थिक स्तर ये सभी समाज में एक स्थान प्राप्त करने के लिए किशोरों द्वारा किए गए प्रयास पर प्रभावी रहते हैं। जब किशोर घर से बाहर अधिक समय व्यतीत करने लगते हैं तो पारिवारिक सम्बन्ध कम महत्वपूर्ण हो जाते हैं और वे समकक्षियों के सहयोग एवं स्वीकृति की प्रबल आवश्यकता विकसित कर लेते हैं। समकक्षियों के साथ अधिक अंतः क्रिया उन्हें अपने सामाजिक कौशलों को

सुधारने तथा भिन्न-भिन्न प्रकार के सामाजिक व्यवहारों को परखने का अवसर प्रदान करती है। समकक्षी तथा माता-पिता ये दो शक्तियां हैं जिनका किशोरों पर विशेष प्रभाव पड़ता है। समय-समय पर माता-पिता के साथ संघर्षपूर्ण परिस्थितियां समकक्षियों के साथ तादात्म्य स्थापित करने की प्रवृत्ति को बढ़ाती है। परन्तु सामान्यतया समकक्षी एवं माता-पिता अनुपूरक का कार्य करते हैं और किशोरों की भिन्न आवश्यकताओं की पूर्ति करते हैं। व्यावसायिक प्रतिबद्धता किशोरों की पहचान निर्माण को प्रभावित करने वाला एक दूसरा कारक है।

बाल मनोविज्ञान (Child Psychology)

बाल मनोविज्ञान "मनोविज्ञान की एक शाखा है, जिसके अन्तर्गत बालकों के व्यवहार, स्थितियों, समस्याओं तथा उन सभी कारणों का अध्ययन किया जाता है, जिनका प्रभाव बालक के व्यवहार एवं विकास पर पड़ता है।"

बाल मनोविज्ञान की परिभाषा (Definitions of Child Psychology)

क्रो एवं क्रो: "बाल मनोविज्ञान एवं वैज्ञानिक अध्ययन है, जिसमें बालक के जन्म के पूर्व काल से लेकर उसकी किशोरावस्था तक का अध्ययन किया जाता है।"

बाल मनोविज्ञान की अध्ययन विधियाँ (Approaches or Methods of Understanding Child Psychology)

(*i*) **निरीक्षण विधि (Observation Method):** निरीक्षण का अर्थ होता है अवलोकन करना। इस विधि से हम बच्चों के व्यवहार पर निगरानी रख सकते हैं एवं उनकी गतिविधियों की भी कई प्रकार से जानकारी मिल जाती है। उदाहरण—अगर कोई बालक अपनी आँखें लाल करे, मुठिठ्याँ भींचे या दाँत किटकिटाये तो इसका अर्थ यह है कि वह क्रोधित अवस्था में है। निरीक्षण विधि हमें बालकों के व्यवहार और व्यक्तित्व के बारे में उचित निष्कर्ष निकालने में काफी मदद कर सकती है।

(*ii*) **प्रयोगात्मक विधि (Experimental Method):** प्रयोगात्मक विधि में परीक्षण और प्रयोगों के आधार पर व्यवहार एवं क्रियाओं आदि का अध्ययन किया जाता है। इस विधि में प्रयुक्त मनोवैज्ञानिक प्रयोगों के लिए कम से कम दो व्यक्तियों–प्रयोगकर्त्ता (Experimentor) तथा प्रयोज्य (Subject) की आवश्यकता पड़ती है। इस विधि में बालकों का एक वर्ग नियंत्रित रहता है एवं एक प्रयोगात्मक, दोनों वर्गों से प्राप्त परिणामों की तुलना कर निष्कर्ष निकाला जाता है।

(*iii*) **समाजमिति विधि (Sociometric Method):** इस विधि में किसी समाजमितीय परीक्षण का उपयोग किया जाता है। कौन बालक कितना अधिक सामाजिक है, समूह विशेष में उसका क्या स्थान है, समूह के सदस्यों से वह कितना अधिक या कम मेलजोल बढ़ाता है, उनके साथ काम करना, पढ़ना, खेलना-कूदना आदि पसंद करता है—इन बातों का पता लगाने के लिए मनोविज्ञान में जिस विधि का प्रयोग किया जाता है, उसे समाजमिति विधि का नाम दिया जाता है।

(*iv*) **प्रश्नावली विधि (Questionnaire Method):** इस विधि में बालकों के व्यवहार का अध्ययन करने के लिए, उनके व्यवहार सम्बन्धी कुछ प्रश्न तैयार किए जाते हैं। इन प्रश्नों के उत्तर बालक उसके माता-पिता, अभिभावक एवं शिक्षक से प्राप्त कर इसके आधार पर निष्कर्ष निकाला जाता है। इस विधि के साथ एक समस्या यह है कि बच्चे कई प्रश्नों का उत्तर ठीक से नहीं दे पाते।

(*v*) **उपचारात्मक विधि (Clinical Method):** इस विधि का प्रयोग समस्यात्मक बालकों के व्यवहार सम्बन्धी मूल कारणों का पता लगाकर उसका उचित उपचार करने के लिए किया जाता है। उपचार के लिए पहले बालक के व्यवहार का अध्ययन किया जाता है, उसके बाद इस अध्ययन के आधार पर समस्याओं को वर्गीकृत किया जाता है।

अभ्यास प्रश्न

1. सीखने की प्रक्रिया के अन्तर्गत शिक्षा मनोविज्ञान अध्ययन करता है :
A. प्रेरणा व पुनर्बलन के प्रभाव का अध्ययन
B. वंशानुक्रम व वातावरण का अध्ययन
C. ध्यान व रुचि का अध्ययन
D. वैयक्तिक भेदों का अध्ययन

2. शिक्षा मनोविज्ञान एक विज्ञान है :
A. मानव व्यवहार का
B. मानव सिद्धान्तों का
C. शैक्षिक सिद्धान्तों का
D. मानव की व्यक्तिगत विभिन्नताओं का

3. एक समूह की बनावट का अध्ययन करने में प्रयुक्त होती है :
A. प्रश्नावली विधि B. साक्षात्कार विधि
C. व्यक्ति इतिहास विधि D. समाजमिति विधि

4. शैशवावस्था में बालक में पाया जाता है :
A. अनुकरण करना B. सहयोग लेना
C. आश्रितता D. इनमें से सभी

5. बाल्यावस्था में मस्तिष्क का विकास हो जाता है?
A. 60% B. 80%
C. 90% D. 50%

6. संवेगात्मक विकास में किस अवस्था में तीव्र परिवर्तन होता है?
A. शिशु अवस्था B. युवावस्था
C. बाल्यावस्था D. किशोरावस्था

7. वृद्धि और विकास है :
A. एक-दूसरे के विरोधी
B. एक-दूसरे से समान
C. एक-दूसरे के पूरक
D. इनमें से कोई नहीं

8. शिशु का विकास प्रारम्भ होता है :
A. जन्म के पश्चात् B. किशोरावस्था में
C. बाल्यकाल में D. गर्भकाल में

9. शिक्षक का सर्वोच्च कर्त्तव्य है, वह–
A. अपने समुदाय की सेवा करे
B. प्रधानाचार्य के आदेशों का अनुसरण करें
C. छात्रों का कल्याण करें
D. शिक्षकों की मंडली में रहें

10. बालक के विकास की कौन-सी अवस्था में उचित यौन शिक्षा की आवश्यकता होती है?
A. शिशु अवस्था B. बाल्यावस्था
C. किशोरावस्था D. प्रौढ़ावस्था

11. वह कौन-सा कथन है जहाँ बच्चे के 'संज्ञानात्मक' विकास को सबसे बेहतर तरीके से परिभाषित किया जा सकता है?
A. विद्यालय एवं कक्षा पर्यावरण
B. सभागार
C. घर
D. खेल का मैदान

12. "विकास कभी न समाप्त होने वाली प्रक्रिया है।" यह विचार किससे सम्बन्धित है?
A. निरंतरता का सिद्धांत
B. एकीकरण का सिद्धांत
C. अंतःक्रिया का सिद्धांत
D. अंतःसम्बन्ध का सिद्धांत

13. बच्चों की शिक्षा प्रारम्भ होती है:
A. प्राथमिक विद्यालय से B. बालवाड़ी से
C. घर से D. समाज से

14. विकास की प्रक्रिया में .... जीवनमूल्यों, व्यक्तित्व, व्यवहार इत्यादि का विकास भी शामिल है।
(*i*) दृष्टिकोणों (*ii*) स्वभाव
(*iii*) रूचियों (*iv*) आदतों
A. (*i*) एवं (*ii*)
B. (*i*), (*ii*) एवं (*iii*)
C. (*ii*), (*iii*) एवं (*iv*)
D. ये सभी

15. प्राथमिक स्तर पर एक अच्छे शिक्षक में सबसे महत्वपूर्ण विशेषता है :
A. पढ़ाने की उत्सुकता
B. धैर्य और दृढ़ता
C. विषयों के ज्ञान में दक्षता
D. शिक्षण-पद्धतियों के ज्ञान की दक्षता

16. सभी बच्चों का स्वस्थ शारीरिक विकास सभी प्रकार के विकास की पहली शर्त है। इसके लिए किन मूल आवश्यकताओं पर ध्यान देना आवश्यक है?
(*i*) पौष्टिक आहार
(*ii*) शारीरिक व्यायाम
(*iii*) मनोवैज्ञानिक-सामाजिक जरूरतों
A. केवल (*i*) B. (*i*) एवं (*ii*)
C. (*i*) एवं (*iii*) D. ये सभी

17. मानव विकास की किस अवस्था में बच्चों के सीखने की गति सर्वाधिक होती है?
A. बाल्यावस्था B. शैशवावस्था
C. प्रौढ़ावस्था D. किशोरावास्था

18. जब किशोर में किसी वस्तु, समस्या या परिस्थिति के लिए निजी स्तर पर निर्णय लेने की क्षमता का विकास परिपक्व होने लगता है, तो इस विकास को कहते हैं?
A. भाषायी विकास
B. संज्ञानात्मक विकास
C. सामाजिक विकास
D. मनोगत्यात्मक विकास

19. मानव विकास कुछ विशेष सिद्धान्तों पर आधारित है। निम्नलिखित कौन-सा मानव विकास का सिद्धान्त नहीं है?
A. आनुक्रमिकता B. सामान्य से विशिष्ट
C. प्रतिवर्ती D. निरन्तरता

20. निचली कक्षाओं में शिक्षण की खेल-पद्धति मूलरूप से आधारित है:
A. शारीरिक शिक्षा कार्यक्रमों के सिद्धांत पर
B. शिक्षण-पद्धतियों के सिद्धांतों पर
C. विकास एवं वृद्धि के मनोवैज्ञानिक सिद्धांतों पर
D. शिक्षण के समाजशास्त्रीय सिद्धांतों पर

21. निम्नलिखित में से किसका विकास अधिक होगा?
A. शारीरिक रूप से विकलांग बालक
B. सामाजिक-आर्थिक रूप से सम्पन्न बालक
C. आर्थिक रूप से सम्पन्न बालक
D. उपरोक्त में से कोई नहीं

22. बालक के व्यक्तित्व के सर्वांगीण विकास के लिए यह आवश्यक है कि उसके .... की जानकारी शिक्षक को हो।
A. मित्रों B. व्यवहार
C. ज्ञान D. कक्षा के साथियों

23. "विकास प्राणी में प्रगतिशील परिवर्तन है, जो निश्चित लक्ष्यों की ओर निरन्तर होता रहता है।" यह कथन किसका है?

A. हरलॉक
B. जीन पियाजे
C. ड्रेवर
D. फ्रायड

24. मानव बुद्धि एवं विकास की समझ शिक्षक को .... योग्य बनाती है।

A. निष्पक्ष रूप से अपने शिक्षण-अभ्यास
B. शिक्षण के समय शिक्षार्थियों के संवेगों पर नियंत्रण बनाए रखने
C. विविध शिक्षार्थियों के शिक्षण के बारे में स्पष्टता
D. शिक्षार्थियों को यह बताने कि वे अपने जीवन को कैसे सुधार सकते हैं?

25. बालक के व्यवहार में परिवर्तन के लिए व्यवहार अध्ययन की किस विधि का सहारा लिया जाता है?

A. साक्षात्कार विधि
B. प्रश्नावली विधि
C. उपचारात्मक विधि
D. प्रयोगात्मक विधि

26. व्यक्ति में कोई आकस्मिक परिवर्तन नहीं होता है, यह किस सिद्धान्त द्वारा किया जाता है?

A. विकास क्रम का सिद्धान्त
B. विकास दिशा का सिद्धान्त
C. निरन्तर विकास का सिद्धान्त
D. परस्पर सम्बन्ध का सिद्धान्त

27. निम्नलिखित में से कौन-सा बाल-अपराध का कारण हो सकता है?

A. पारिवारिक
B. सामाजिक
C. शारीरिक
D. ये सभी

28. विकास के सम्बन्ध में निम्नलिखित में से कौन-सा कथन सत्य नहीं है?

A. विकास की प्रक्रिया एक निश्चित दिशा में होती है
B. वृद्धि और विकास की क्रिया वंशानुक्रम और वातावरण का संयुक्त परिणाम है
C. किसी बच्चे में वृद्धि और विकास की गति को ध्यान में रखकर उसके आगे बढ़ने की दिशा और स्वरूप के बारे में भविष्यवाणी नहीं की जा सकती है।
D. विकास हमेशा सामान्य से विशेष की ओर चलता है।

29. चरित्र का विकास होता है:

A. इच्छाशक्ति द्वारा
B. बर्ताव एवं व्यवहार द्वारा
C. नैतिकता द्वारा
D. इनमें से सभी

30. प्राथमिक शिक्षक के लिए बाल मनोविज्ञान का ज्ञान आवश्यक है, क्योंकि

A. यह बच्चों को अनुशासित बनाने में सहायता करता है
B. परीक्षा के परिणाम में उन्नति होती है
C. यह बच्चों को अभिप्रेरित करने के लिए सुविधाजनक तरीका बन जाता है
D. यह बच्चों के व्यवहार को समझने में शिक्षक की सहायता करता है

31. आपके विचार में शिक्षा का उद्देश्य होना चाहिए:

A. बालकों का सर्वांगीण विकास
B. शिक्षा ग्रहण करने के बाद नौकरी
C. छात्रों को साक्षर बनाना
D. छात्रों की मानसिक योग्यता का विकास

32. सार्थक अधिगम की प्रक्रिया विकास की किस अवस्था से आरम्भ होती है?

A. किशोरावस्था से
B. वयस्कावस्था से
C. शैशवावस्था से
D. बाल्यावस्था से

33. आपकी कक्षा का एक छात्र, नैतिक शारीरिक विकास की दृष्टि से काफी पिछड़ा हुआ है। आपको विकास के निम्नलिखित में से किस आयाम में नैतिकता के पिछड़ने की चिन्ता हो सकती है?

(*i*) संवेगात्मक विकास
(*ii*) बौद्धिक विकास
(*iii*) सामाजिक विकास

A. केवल (*i*)
B. केवल (*ii*)
C. (*i*) एवं (*iii*)
D. ये सभी

उत्तरमाला

1	2	3	4	5	6	7	8	9	10
A	A	D	D	C	D	C	D	C	C
11	**12**	**13**	**14**	**15**	**16**	**17**	**18**	**19**	**20**
A	A	C	D	B	D	B	B	C	C
21	**22**	**23**	**24**	**25**	**26**	**27**	**28**	**29**	**30**
B	B	C	C	C	C	D	C	D	D
31	**32**	**33**							
A	C	D							

2. वंशानुक्रम एवं वातावरण का प्रभाव (Influence of Heredity and Environment)

बालक के विकास की प्रक्रिया में विभिन्न बाह्य और आंतरिक कारकों का महत्त्वपूर्ण योगदान होता है। बालक के विकास को प्रभावित करने वाले प्रमुख बाह्य कारक हैं– सामाजिक-आर्थिक स्थिति विशेषक एवं वातावरण-जन्य विशेषक आदि। जबकि बालक के विकास को प्रभावित करने वाले प्रमुख आंतरिक कारक हैं–शारीरिक विशेषक, बौद्धिक विशेषक, संवेगात्मक विशेषक, सामाजिक विशेषक, वंशानुगत विशेषक आदि।

वंशानुक्रम की परिभाषाएँ (Definitions of Heredity)

(*i*) **एच ए पेटरसन एवं वुडवर्थः** ''व्यक्ति अपने माता-पिता के माध्यम से पूर्वजों की जो विशेषताएं प्राप्त करता है, उसे वंशानुक्रम कहते हैं।''

(*ii*) **बी एन झाः** ''वंशानुक्रम व्यक्ति की जन्मजात विशेषताओं का पूर्ण योग है।''

(*iii*) **जेम्स ड्रेवरः** ''शारीरिक तथा मानसिक विशेषताओं का माता-पिता से सन्तानों में हस्तान्तरण होना वंशानुक्रम है।''

वंशानुक्रम का प्रभाव (Effect of Heredity)

वंशानुक्रम माता-पिता से संतान को प्राप्त होने वाले गुणों का नाम है। एक व्यक्ति के वंशानुक्रम में वे सब शारीरिक बनावटें, शारीरिक विशेषताएं, क्रियाएं या क्षमताएं सम्मिलित रहती हैं जिन्हें वह माता-पिता तथा अपने पूर्वजों या प्रजाति से प्राप्त करता है। वंशानुक्रम का बालक पर प्रभाव निम्न रूप से पड़ता है–

1. **शारीरिक विशेषक :** इसके अंतर्गत् मनुष्य का शरीर, उसके अंगों का आनुपातिक गठन, स्वास्थ्य, रूप-रंग, ज्ञानेन्द्रियों का दिखाई देने वाला रूप तथा कर्मेंद्रियों का गठन आदि सब आ जाते हैं। इनमें से अलग-अलग व्यक्ति अलग-अलग बातों को देखकर प्रभावित होते हैं। बालक के रंग-रूप, आकार, शारीरिक गठन, ऊँचाई इत्यादि के निर्धारण में उसके आनुवंशिक गुणों का महत्त्वपूर्ण हाथ होता है। बालक के आनुवंशिक गुण उसकी वृद्धि एवं विकास को भी प्रभावित करते हैं। यदि बालक के माता-पिता गोरे हैं तो उनका बच्चा गोरा ही होगा, किंतु यदि माता-पिता काले हैं तो उनके बच्चे काले ही होंगे। इसी तरह से माता-पिता के अन्य गुण भी बच्चे में आनुवंशिक रूप से पाए जाते हैं। इसके कारण कोई बच्चा अति प्रतिभाशाली एवं सुंदर हो सकता है एवं कोई अन्य बच्चा शारीरिक एवं मानसिक रूप से कमजोर।

   ऐसा भी प्रायः देखा जाता है कि जो बालक जन्म से ही दुबले-पतले, कमजोर, बीमार तथा किसी शारीरिक बाधा से पीड़ित रहते हैं, उनकी तुलना में सामान्य एवं स्वस्थ बच्चे का विकास अधिक होता है। शारीरिक कमियों का स्वास्थ्य ही नहीं वृद्धि एवं विकास पर भी प्रतिकूल प्रभाव पड़ता है। असंतुलित शरीर, मोटापा, कम ऊंचाई, शारीरिक कुरूपता इत्यादि बालक के असामान्य व्यवहार के कारण होते हैं। कई बार किसी दुर्घटना के कारण भी शरीर को क्षति पहुंचती है। इस क्षति का बालक के विकास पर प्रतिकूल प्रभाव पड़ता है।

2. **बौद्धिक विशेषक :** इसके अंतर्गत बालक की योग्यता, कल्पनाशक्ति, विचारशक्ति एवं तर्कशक्ति, किसी समस्या के समाधान हेतु निर्णयात्मक बुद्धि, बदलती हुई परिस्थितियों में समायोजनात्मक निर्णय, आदि सभी कुछ आ जाते हैं।

   बौद्धिक विशेषक को अधिगम अर्थात् सीखने की योग्यता, समायोजन योग्यता, निर्णय लेने की क्षमता आदि के रूप में परिभाषित किया जाता है। जिस बालक के सीखने की गति अधिक होती है, उसका मानसिक विकास भी तीव्र गति से होगा। बालक अपने परिवार, समाज एवं विद्यालय में अपने आपको किस तरह समायोजित करता है यह उसकी बुद्धि पर निर्भर करता है।

   गोडार्ड जैसे विचारकों का मत है कि मंद-बुद्धि माता-पिता की संतान मंद-बुद्धि और तीव्र-बुद्धि माता-पिता की संतान तीव्र-बुद्धि वाली होती है। मानसिक क्षमता के अनुकूल ही बालक में संवेगात्मक क्षमता का विकास होता है। बालक में जिस प्रकार के संवेगों का जिस रूप में विकास होगा वह उसके सामाजिक, मानसिक, नैतिक, शारीरिक तथा भाषा संबंधी विकास को पूरी तरह प्रभावित करने की क्षमता रखता है। यदि बालक अत्यधिक क्रोधित या भयभीत रहता है अथवा यदि उसमें ईर्ष्या एवं वैमनस्य की भावना अधिक होती है तो उसके विकास की प्रक्रिया पर इन सबका प्रतिकूल प्रभाव पड़ना स्वाभाविक ही है। संवेगात्मक रूप से असंतुलित बालक पढ़ाई में या किसी अन्य गंभीर कार्यों

में ध्यान नहीं दे पाते, फलस्वरूप उनका मानसिक विकास भी प्रभावित होता है। बुद्धि की श्रेष्ठता प्रजाति के कारण भी होती है।

नैतिक/चारित्रिक विशेषक

नैतिकता के अंतर्गत् वे सभी गुण आ जाते हैं, जो स्वार्थ को छोड़कर दूसरों की भलाई का भी ध्यान रखते हैं। इनमें सच बोलना, हिंसा न करना, भ्रष्टाचार से दूर रहना, व्यभिचार को बुरा समझना, दूसरों पर दया करना आदि सभी गुण आ जाते हैं। यदि गहराई से विचार किया जाए तो मनुष्य के बाह्य रूप का दूसरों पर इतना प्रभाव नहीं पड़ता है, जितना कि उसके आंतरिक गुणों का और विशेषकर उसकी नैतिक विचारधारा का।

डगडेल नामक एक मनोवैज्ञानिक ने अपने प्रयोगों के आधार पर यह बताया है कि माता-पिता के चरित्र का प्रभाव भी उसके बच्चे पर पड़ता है। व्यक्ति के चरित्र में उसके वंशानुगत कारकों का प्रभाव स्पष्ट तौर पर देखा जाता है। इसलिए बच्चे पर वंशानुगत कारकों का प्रभाव स्वाभाविक ही है।

वातावरण (Environment)

वातावरण में शामिल प्रत्येक घटक व्यक्ति के जीवन को आरंभ से ही प्रभावित करते हैं। गर्भावस्था से लेकर जीवनपर्यंत अनेक प्रकार की घटनाएं व्यक्ति के व्यक्तित्त्व एवं उसके विकास को प्रभावित करती हैं। गर्भावस्था के दौरान एक स्त्री को मानसिक एवं शारीरिक स्वास्थ्य बनाए रखने के लिए इसलिए सलाह दी जाती है कि उससे न केवल गर्भ के अंदर बालक के विकास पर असर पड़ता है बल्कि आगे के विकास की बुनियाद भी मजबूत होती है। यदि माता का स्वास्थ्य अच्छा न हो तो उसके बच्चे के अच्छे स्वास्थ्य की आशा कैसे की जा सकती है? यदि बच्चे का स्वास्थ्य अच्छा न होगा तो उसके विकास पर प्रतिकूल असर पड़ना स्वाभाविक है।

जीवन में घटने वाली प्रत्येक घटनाएं किसी न किसी रूप में बालक के जीवन को प्रभावित करती हैं। यदि बालक के साथ सहज और ठीक व्यवहार हुआ है तो उसके विकास की गति सही होती है अन्यथा उसके विकास पर प्रतिकूल प्रभाव पड़ता है। प्रायः ऐसा देखा जाता है कि जो मां अपने बच्चे को बचपन में छोड़ देती है वह बच्चा मां के प्यार के लिए तड़पता है। ऐसी स्थिति में बच्चे का सर्वांगीण विकास नहीं हो पाता है। जीवन में घटने वाली कुछ घटनाओं का भी बालक के विकास पर प्रतिकूल प्रभाव पड़ता है। बालक का जन्म किस परिवेश में हुआ, वह किस परिवेश में तथा कैसे लोगों के साथ रह रहा है, इन सब का प्रभाव बालक के विकास पर पड़ता है। परिवेश, प्रदूषण, भौतिक सुविधाओं की उपलब्धता आदि से संबद्ध बातें भी बालक के विकास को प्रभावित करती हैं।

बालक के विकास पर उसके सामाजिक एवं आर्थिक कारकों का भी प्रभाव पड़ता है। गरीब परिवार के बच्चों को विकास के लिए सीमित अवसर ही उपलब्ध हो पाते हैं। उनकी आर्थिक दुर्बलता उन्हें अच्छी शिक्षा और अच्छे परिवेश से वंचित करती हैं। ऐसे में उनका संतुलित विकास नहीं हो पाता है। दूसरी ओर सामाजिक एवं आर्थिक संसाधनों की प्रचुरता के कारण शहरी बच्चों का सर्वांगीण विकास संतुलित रूप से होता है।

वातावरण की परिभाषाएँ (Definitions of Environment)

(*i*) **वुडवर्थः** "वातावरण में वे समस्त बाह्य तत्व आ जाते हैं जिन्होंने जीवन प्रारम्भ करने के समय से व्यक्ति को प्रभावित किया है।"

(*ii*) **जिसबर्टः** "जो किसी एक वस्तु को चारों ओर से घेरे हुए है तथा उस पर प्रत्यक्ष प्रभाव डालता है वह वातावरण होता है।"

(*iii*) **सी सी पार्कः** "मनुष्य एक विशेष स्थान पर विशेष समय पर जिन सम्पूर्ण परिस्थितियों से घिरा हुआ है, उसे वातावरण कहा जाता है।"

वातावरण का प्रभाव (Effect of Environment)

व्यक्ति के व्यक्तित्व के विभिन्न क्षेत्रों पर वातावरण के पड़ने वाले कुछ महत्त्वपूर्ण प्रभावों को निम्न रूप से देखा जा सकता है–

1. **शारीरिक संरचना :** व्यक्ति की शारीरिक संरचना पर वंशानुक्रम का तो प्रभाव पड़ता ही है किंतु इस पर वातावरण के प्रभाव को भी स्पष्ट रूप से देखा जा सकता है। पहाड़ी क्षेत्र के लोगों का कद प्रायः छोटा होता है जबकि मैदानी क्षेत्रों में रहने वाले लोगों का शरीर लंबा एवं गठीला होता है। इतना ही नहीं पीढ़ी दर पीढ़ी से निवास स्थलों में परिवर्तन करने वाले पहाड़ी एवं मैदानी क्षेत्र के लोगों के कद एवं रंग में अंतर भी देखने को मिलता है। यह अंतर वातावरण के प्रभाव के कारण होता है।
2. **प्रजातीय श्रेष्ठता :** कभी-कभी ऐसा देखा जाता है कि कुछ प्रजातियों में बौद्धिक श्रेष्ठता वंशानुगत न होकर वातावरण से प्रभावित होता है। ऐसा इसलिए होता है कि उनके पास श्रेष्ठ सामाजिक, शैक्षिक एवं सांस्कृतिक वातावरण उपलब्ध है। यदि किसी विद्वान एवं महान व्यक्ति के बच्चे को ऐसी जगह छोड़ दिया जाए जहां का शैक्षिक, सांस्कृतिक एवं सामाजिक वातावरण उचित न हो तो उसका अपने पिता की तरह महान बनना बहुत ही कठिन हो सकता है।
3. **व्यक्तित्त्व विकास :** किसी भी व्यक्ति के व्यक्तित्त्व निर्माण में वंशानुक्रम की अपेक्षा वातावरण का अधिक प्रभाव पड़ता है। कोई भी व्यक्ति उपयुक्त वातावरण में रहकर अपने व्यक्तित्त्व का निर्माण करके आगे बढ़ सकता है और महान बन सकता है। ऐसे अनेक उदाहरण ऐतिहासिक एवं वर्तमान जीवन में देखने को मिलते हैं जिसमें निर्धन परिवार में जन्म लिए और पले-बढ़े व्यक्तियों ने अपने परिश्रम एवं लगन से श्रेष्ठ सफलताएं प्राप्त की है।

4. **बालक का सर्वांगीण विकास :** बालक के सर्वांगीण विकास में वातावरण का बहुत योगदान होता है। बालक के शारीरिक, मानसिक, सामाजिक एवं संवेगात्मक विकास आदि पर वातावरण का सकारात्मक प्रभाव देखने को मिलता है। इस बात की पुष्टि 'एवेरॉन के जंगली बालक' के उदाहरण से होती है। इस बालक को जन्म के बाद एक भेड़िया उठा ले गया था और उसका पालन-पोषण जंगली पशुओं के बीच में हुआ था। कुछ शिकारियों ने उसे सन् 1799 ई. में पकड़ लिया। उस समय उसकी आयु ग्यारह अथवा बारह वर्ष की थी। उसकी आकृति पशुओं-सी हो गई थी। वह उनके समान ही हाथ-पैर से चलता था। वह कच्चा मांस खाता था एवं उसमें मनुष्य के समान बोलने एवं विचारने की शक्ति नहीं थी। उसको मनुष्य के समान सभ्य और शिक्षित बनाने के सभी प्रयास विफल हुए।

5. **मानसिक विकास : गोर्डन** नामक मनोवैज्ञानिक का मत है कि उचित सामाजिक और सांस्कृतिक वातावरण न मिलने पर मानसिक विकास की गति धीमी हो जाती है। उसने यह बात नदियों के किनारे रहने वाले बच्चों का अध्ययन करके सिद्ध की। इन बच्चों का वातावरण गंदा और समाज के अच्छे प्रभावों से दूर था। अध्ययन में यह बात सामने आई कि गंदे एवं समाज के अच्छे प्रभावों से दूर रहने के कारण बच्चों के मानसिक विकास पर प्रतिकूल असर पड़ा था।

वंशानुक्रम एवं वातावरण के उपर्युक्त वर्णन से स्पष्ट है कि ये एक-दूसरे के पूरक एवं सहायक हैं। जिस प्रकार स्कूटर के लिए इंजन एवं पेट्रोल का समान महत्त्व है उसी प्रकार किसी बालक के उचित विकास के लिए वंशानुक्रम एवं वातावरण का समान रूप से महत्त्व है। इस तरह दोनों एक दूसरे के सहायक एवं सहयोगी हैं। वस्तुतः बालक के संपूर्ण व्यवहार की सृष्टि, वंशानुक्रम और वातावरण की अंतःक्रिया द्वारा होती है। उपर्युक्त बातों से स्पष्ट है कि शिक्षा की किसी भी योजना में वंशानुक्रम और वातावरण को एक-दूसरे से पृथक नहीं किया जा सकता। जिस तरह आत्मा और शरीर का संबंध है, उसी तरह वंशानुक्रम और वातावरण का भी संबंध है। इस प्रकार स्पष्ट है कि बालक के सम्यक् एवं संतुलित विकास के लिए वंशानुक्रम एवं वातावरण दोनों का संयोग अनिवार्य है।

अभ्यास प्रश्न

1. वातावरण के अन्तर्गत आते हैं :
A. हवा B. प्रकाश
C. जल D. इनमें से सभी

2. सामाजिक स्थिति वंशानुक्रमणीय :
A. होती है B. नहीं होती
C. कुछ होती है D. बिल्कुल नहीं होती

3. वंश का बुद्धि पर प्रभाव देखने के लिए सैनिकों के वंशज का अध्ययन किया :
A. स्पियरमैन ने B. गोडार्ड ने
C. न्यूमैन ने D. शेल्डन ने

4. प्रतिभाशाली बालक जो होते हैं :
A. जन्मजात B. बाद में
C. आनुवंशिक D. इनमें से कोई नहीं

5. आनुवंशिकता को .... सामाजिक संरचना माना जाता है।
A. गत्यात्मक B. स्थिर
C. प्राथमिक D. गौण

6. गणवेश (यूनीफार्म) का विद्यालयों में प्रचलन इसलिए होता है ताकिः
A. बालक सुन्दर दिखते हैं
B. विद्यालय को आर्थिक लाभ होता है
C. छात्रों के गुम होने की सम्भावना नहीं होती है
D. छात्रों में एकात्मकता झलकती है

7. छात्रों को उनकी प्रगति के विषय में जानकारी देने से, छात्रः
A. प्रसन्न हो जाते हैं B. अच्छा कार्य करते हैं
C. हतोत्साहित हो जाते हैं D. नियमित हो जाते हैं

8. छात्रों के शिक्षण में नैतिक शिक्षा का क्या महत्त्व है?
A. नैतिक शिक्षा वर्तमान-परिवेश में आवश्यक है
B. नैतिक शिक्षा छात्रों में उत्सुकता पैदा करती है
C. नैतिक शिक्षा चरित्र विकास के लिए आवश्यक है
D. नैतिक शिक्षा से मनुष्य महापुरुष बनता है

9. छात्रों में नैतिकता का विकास करने हेतु आप क्या आवश्यक समझते हैं?
A. धार्मिक प्रवचन
B. परिवार का वातावरण
C. पूजा-पाठ करना
D. प्रत्येक अवसर पर उन्हें अच्छे-बुरे का अंतर बताना

10. पर्यावरण-शिक्षा को शालाओं में पाठ्यक्रम का अंग बनाना उपयुक्त है, क्योंकि–
A. पर्यावरण से बचना मुश्किल है
B. पर्यावरण जीवन का महत्वपूर्ण अंग है
C. इससे पर्यावरण प्रदूषण पर प्रभाव पड़ेगा
D. इससे शिक्षकों को रोजगार मिलेगा

11. वंशानुक्रम तथा वातावरण परस्पर है–
(*i*) निर्भर (*ii*) पूरक
(*iii*) सहयोगी

A. केवल (*i*) B. केवल (*iii*)
C. केवल (*ii*) D. ये सभी

12. माता-पिता से सन्तानों को प्राप्त होने वाले गुणों को कहते हैं–
A. वंश B. वातावरण
C. वंशानुक्रम D. ये सभी

13. किसी बालक का शारीरिक लक्षण प्रभावित होता है–
A. केवल माता के डीएनए से
B. केवल पिता के डीएनए से
C. माता एवं पिता दोनों के डीएनए से
D. इनमें से कोई नहीं

14. निम्नलिखित में से कौन मानव विकास को सर्वाधिक प्रभावित करते हैं–
A. वृद्धि B. कौशल
C. रोग D. वंशानुक्रम एवं वातावरण

15. व्यक्तित्व एवं बुद्धि में वंशानुक्रम की–
A. नाममात्र की भूमिका है
B. महत्वपूर्ण भूमिका है
C. अपूर्वानुमेय भूमिका है
D. आकर्षक भूमिका है

16. आपकी कक्षा की एक छात्रा बुद्धि से श्रेष्ठ है किन्तु शरीर से कमजोर है। आप उसकी माता से मिलते हैं तथा देखते हैं कि उसकी माता भी बुद्धि से तो श्रेष्ठ है लेकिन शरीर से कमजोर है। आपके अनुसार इसका कारण हो सकता है–
A. पिछले कई वर्षों की बीमारी
B. वंशानुक्रम का प्रभाव
C. पौष्टिक भोजन का अभाव
D. उपरोक्त में से कोई नहीं

17. विद्यालय में 'पर्यावरण शिक्षा' से आपका अभिप्राय है–
A. छात्रों में पर्यावरण का ज्ञान हो जाए
B. छात्रों का मनोरंजन हो
C. छात्रों पर अतिरिक्त बोझ डालना
D. पर्यावरण को दूषित होने से बचाया जा सके

18. किस मनोवैज्ञानिक के अनुसार माता-पिता के चरित्र का प्रभाव उसके बच्चे पर पड़ता है।
A. ड्रेवर B. डगडेल
C. वुडवर्थ D. जिसबर्ट

19. 'प्रत्येक छात्र स्वयं से भिन्न है'। इस तथ्य का मुख्य कारण क्या है?
(*i*) भौतिक वातावरण
(*ii*) वंशानुक्रम
(*iii*) सामाजिक वातावरण
A. केवल (*ii*) B. (*ii*) केवल (*iii*)
C. (*i*) केवल (*iii*) D. ये सभी

20. आनुवंशिकता (वंशानुक्रम) को .... सामाजिक संरचना माना जाता है।
A. गत्यात्मक B. स्थिर
C. प्राथमिक D. गौण

उत्तरमाला

1	2	3	4	5	6	7	8	9	10
B	A	B	A	B	D	B	C	D	B
11	**12**	**13**	**14**	**15**	**16**	**17**	**18**	**19**	**20**
D	C	C	D	A	B	D	B	D	B

3. समाजीकरण की प्रक्रिया एवं पियाजे, कोहलबर्ग एवं वाइगोत्सकी के सिद्धांत (Socialization Process and Principles of Piaget, Kohlberg and Vygotsky)

समाजीकरण का अर्थ (Meaning of Socialization)

समाजीकरण एक प्रक्रिया है जिसके द्वारा व्यक्ति सामाजिक प्राणी बनता है। अन्य शब्दों में, समाजीकरण एक ऐसी प्रक्रिया है जिसके द्वारा व्यक्ति को समाज अपनी परम्पराओं, मान्यताओं तथा आदर्शों के अनुसार बनाता है तथा स्वीकृति प्रदान करता है। इस प्रकार समाजीकरण का अर्थ उस प्रक्रिया से है जिसके द्वारा व्यक्ति अन्य व्यक्तियों से अन्तः प्रक्रिया करता हुआ सामाजिक आदतों, विश्वासों, रीति-रिवाजों तथा परम्पराओं एवं अभिवृत्तियों (Attitudes) को सीखता है। इस प्रक्रिया के द्वारा व्यक्ति जन-कल्याण की भावना से प्रेरित होते हुए अपने आपको अपने परिवार, पड़ोस तथा अन्य सामाजिक वर्गों के अनुकूल बनाने का प्रयास करता है जिससे वह समाज का एक श्रेष्ठ, उपयोगी तथा उत्तरदायी सदस्य बन जाये तथा उक्त सभी सामाजिक संस्थाएं तथा वर्ग उसकी प्रशंसा करते रहें।

समाजीकरण की परिभाषा (Definitions of Socialization)

विभिन्न विद्वानों द्वारा दी गयी समाजीकरण की परिभाषाएं इस प्रकार हैं–

- **वाटसन (Watson):** "समाजीकरण एक सामाजिक तथा मनोवैज्ञानिक प्रक्रिया है।"
- **सोरोकिन (Sorokin):** "समाजीकरण सांस्कृतिक तथा वैचारिक कारकों के अन्तरीकरण की प्रक्रिया है।"
- **ड्रेवर (Drever):** "समाजीकरण वह प्रक्रिया है जिसके द्वारा व्यक्ति अपने सामाजिक वातावरण से समायोजन करता है और सामाजिक मान्यता प्राप्त करके वह समाज का मान्य, सहयोगी तथा कुशल सदस्य बनता है।"
- **रॉस (Ross):** "समाजीकरण सहयोग करने वाले व्यक्तियों में सामूहिक भावना का विकास करता है और उनमें एक साथ कार्य करने की इच्छा तथा क्षमता में वृद्धि करता है।"

बालक का समाजीकरण करने वाले तत्त्व (Factors of Socialization in Children)

बालक जन्म के समय कोरा पशु होता है। जैसे-जैसे वह समाज के अन्य व्यक्तियों तथा सामाजिक संस्थाओं के सम्पर्क में आकर विभिन्न प्रकार की सामाजिक क्रियाओं में भाग लेता रहता है वैसे-वैसे वह अपनी पाश्विक प्रवृत्तियों पर नियंत्रण करते हुए सामाजिक आदर्शों तथा मूल्यों को सीखता रहता है। बालक के समाजीकरण की प्रक्रिया निरन्तर चलती ही रहती है। बालक में सामाजिकता का विकास करने या उसके समाजीकरण में उसका परिवार, पड़ोस, स्कूल, समाज, धर्म, उसके साथी बहुत महत्त्वपूर्ण भूमिका निभाते हैं

(*i*) **परिवार (Family):** बालक के समाजीकरण की प्रक्रिया का प्रारंभ परिवार में होता है। जैसे-जैसे बालक बड़ा होता है वैसे-वैसे वह अपने माता-पिता तथा अन्य सदस्यों के सम्पर्क में आते हुए प्रेम, सहानुभूति तथा सहयोग जैसे कई सामाजिक गुणों को सीखता है। साथ ही साथ, वह अपने परिवार के आदर्शों, परम्पराओं तथा मान्यताओं को भी धीरे-धीरे सीख लेता है।

(*ii*) **स्कूल (School):** परिवार के बाद स्कूल एक ऐसा स्थान है जहाँ बालक का समाजीकरण होता है। स्कूल में रहते हुए जहाँ बालक को एक ओर कई विषयों की शिक्षा द्वारा सामाजिक नियमों का ज्ञान होता है वहीं दूसरी ओर उसमें स्कूल की विभिन्न योजनाओं में भाग लेते हुए विभिन्न सामाजिक गुणों का भी विकास होता है।

(*iii*) **पड़ोस (Neighbourhood):** जिस प्रकार बालक परिवार में रहकर अपने सामाजिक गुणों का ज्ञान प्राप्त करता है, उसी प्रकार वह पड़ोस में रहने विभिन्न सदस्यों के संपर्क में रहते हुए कई सामाजिक गुणों को प्राप्त करता है। यदि पड़ोस अच्छा होगा तो बालक का सामाजिक विकास भी अच्छा होगा और यदि पड़ोस खराब होगा, तो बालक का विकास भी निश्चित तौर पर अच्छा नहीं होगा। यही कारण है कि अच्छे परिवार के लोग अच्छे पड़ोस में रहना पसन्द करते हैं।

(*iv*) **समाज (Community):** बालक के समाजीकरण में, समाज भी एक अहम् भूमिका निभाता है। प्रत्येक समाज विभिन्न साधनों के द्वारा बालक का समाजीकरण करता है, इन साधनों के अन्तर्गत राष्ट्रीय एवं जातीय परम्पराएँ, संस्कृति, कला, इतिहास इत्यादि आते हैं।

(*v*) **बालक के साथी (Colleague):** बालक के समाजीकरण में उसके साथी भी एक महत्वपूर्ण भूमिका निभाते हैं। प्रत्येक बालक अपने साथियों के साथ खेलता है, पढ़ता है। वह

खेलते या पढ़ते समय हर तरह के भेद-भाव से ऊपर उठकर दूसरे बालकों के साथ आनन्द प्राप्त करता है।

(*vi*) **धर्म (Religion):** प्रत्येक धर्म के कुछ संस्कार, परंपराएँ तथा मूल्य होते हैं। जैसे-जैसे बालक अपने धर्म तथा अन्य धर्मों के संपर्क में आता है, वैसे-वैसे वह सभी बातों को स्वाभाविक रूप से सीखता है।

समाजीकरण में परिवार एवं माता-पिता की भूमिका (Role of Family and Parents in Socialization of Children)

(*i*) बच्चा सबसे पहले परिवार में जन्म लेकर परिवार का सदस्य बनता है। उसका सबसे अधिक सम्बन्ध उसकी माँ से होता है। माँ उसकी तरह-तरह से रक्षा करती है, इससे बच्चे के मन में सुरक्षा की भावना उत्पन्न होती है, जो आगे चलकर उसके विकास में सहायता देती है।

(*ii*) परिवार में बच्चे को यह ज्ञान प्राप्त होता है कि उसे कौन-कौन से कार्य करने चाहिए और कौन से नहीं। इससे बच्चा यह सीखता है कि समाज में क्या अच्छा है, क्या बुरा।

(*iii*) परिवार में एक से अधिक सदस्य रहते हैं। प्रत्येक सदस्य के अलग व्यवहार, रूचि, भावनाएँ आदि होती हैं तथा हर एक सदस्य के साथ बच्चे को घनिष्ठ सम्बन्ध स्थापित करना होता है। इस अनुकूलन के दौरान उसमें सहनशीलता का गुण भी आ जाता है।

(*iv*) यदि परिवार में सहयोग की भावना हो, तो बालक में भी सहयोग की भावना का विकास होता है। बच्चे की यही भावना उसके बाहृय समाज से व्यवहार में भी झलकती है।

(*v*) अच्छे परिवारों के बच्चे भी सामान्यतः अच्छे ही होते हैं जबकि विभिन्न समस्याओं से ग्रसित परिवारों के बच्चे झगडालू अथवा अपने परिवार के सदस्यों की प्रकृति के अनुरूप होते हैं।

बालक के समाजीकरण में बाधक तत्त्व (Factors Effecting Socialization in Children)

मैस्लो और मिटिलमैन (Maslow and Mittleman) के अनुसार, बालक के समाजीकरण में बाधा पहुँचाने वाले तत्त्व इस प्रकार हैं–

1. **बाल्यकालीन परिस्थितियाँ**– जैसे–माता-पिता का प्यार न मिलना, माता-पिता में सदैव कलह, विधवा माँ, पक्षपात, एकाकीपन तथा अनुचित दण्ड आदि।
2. **सांस्कृतिक परिस्थितियाँ**–जैसे–जाति, वर्ग, धर्म आदि से सम्बंध रखने वाली पूर्वधारणायें आदि।
3. **तात्कालिक परिस्थितियाँ**–जैसे–निराशा, अपमान, अभ्यास, अनियमितता, कठोरता, परिहांस और भाई-बहन, मित्र, पड़ोसी आदि की ईर्ष्या।
4. **अन्य परिस्थितियाँ**–जैसे–शारीरिक हीनता, निर्धनता, असफलता, शिक्षा की कमी, आत्मविश्वास का अभाव तथा आत्म-निर्भरता की कमी आदि।

समाजीकरण की प्रक्रिया में शिक्षक की भूमिका (Role of Teacher in Socialization of Children)

बालक के समाजीकरण की प्रक्रिया में परिवार के बाद स्कूल और स्कूल में विशेष रूप से शिक्षक आता है। प्रत्येक समाज के कुछ विश्वास, दृष्टिकोण, मान्यताएं, कुशलताएं और परम्पराएं होती हैं, जिनको 'संस्कृति' के नाम से पुकारा जाता है। यह संस्कृति एक पीढ़ी से दूसरी पीढ़ी को हस्तान्तरित की जाती है और समाज के लोगों के आचरण को प्रभावित करती है। शिक्षक का सर्वश्रेष्ठ कार्य है–इस संस्कृति को बालक को प्रदान करना। यदि वह यह कार्य नहीं करता है तो बालक का समाजीकरण नहीं कर सकता है। शिक्षक, माता-पिता के साथ बालक के चरित्र और व्यक्तित्त्व का विकास करने में अति महत्त्वपूर्ण कार्य करता है। फिर भी, शिक्षक और माता-पिता एक-दूसरे से दूर रहते हैं और सम्पर्क में नहीं आते। परिणाम यह होता है कि शिक्षक, बालक की रुचियों, मनोवृत्तियों आदि को नहीं समझ पाता है। इसलिए वह बालक का समाजीकरण उचित दिशा में करने में असफल होता है। इसलिए यह अति आवश्यक है कि शिक्षक और माता-पिता एक-दूसरे के घनिष्ठ सम्पर्क में रहें और एक ही प्रकार के विश्वासों और दृष्टिकोणों को अपनाकर बालक का उचित दिशा में समाजीकरण करें।

कक्षा और खेल के मैदान में, साहित्यिक और सांस्कृतिक क्रियाओं में शिक्षक सामाजिक व्यवहार के आदर्श प्रस्तुत करता है। बालक अपनी अनुकरण की मूल प्रवृत्ति के कारण शिक्षक के ढंगों, कार्यों, आदतों और रीतियों का अनुकरण करता है। अतः शिक्षक को सदैव सतर्क रहना चाहिए, उसे कोई ऐसा अनुचित कार्य या व्यवहार नहीं करना चाहिए, जिसका बालक के ऊपर गलत प्रभाव पड़े। अतः बालक के समाजीकरण की प्रक्रिया को तीव्र गति प्रदान करने के लिए शिक्षक को निम्नलिखित बातों को ध्यान में रखना चाहिए–

1. **अभिभावक-शिक्षक सहयोग**– समाजीकरण की प्रक्रिया को तीव्र गति प्रदान करने के लिए शिक्षक का सर्वप्रथम कार्य यह है कि वह बालक के माता-पिता से सम्पर्क स्थापित करके उसकी रुचियों तथा मनोवृत्तियों के विषय में ज्ञान प्राप्त करे एवं उन्हीं के अनुसार उसे विकसित होने के अवसर प्रदान करे।
2. **संस्कृति का हस्तान्तरण**– कुछ परम्परायें, रीति-रिवाज, मान्यतायें, विश्वास तथा दृष्टिकोण होते हैं जिन्हें संस्कृति की संज्ञा दी जाती है। शिक्षक का कर्त्तव्य है कि बालक को भारतीय संस्कृति का ज्ञान दे जिससे उसका उचित समाजीकरण हो जाये।
3. **सामाजिक आदर्श**– शिक्षक को चाहिये कि वह कक्षा तथा खेल के मैदानों एवं सांस्कृतिक और साहित्यिक क्रियाओं

में बालक के सामने सामाजिक आदर्शों को प्रस्तुत करे। इन आदर्शों का अनुकरण करके बालक का समाजीकरण धीरे-धीरे हो जायेगा।

4. **स्कूल की परम्परायें–** स्कूल की परम्पराओं का बालक के समाजीकरण पर गहरा प्रभाव पड़ता है। अतः शिक्षक को चाहिये कि वह बालक का स्कूल की परम्पराओं में विश्वास उत्पन्न करे तथा उसे उन्हीं के अनुसार कार्य करने के लिए प्रोत्साहित करे।
5. **सामूहिक कार्य को प्रोत्साहन–** शिक्षक को चाहिये कि वह स्कूल में विभिन्न सामाजिक योजनाओं के द्वारा बालकों को सामूहिक क्रियाओं में सक्रिय रूप से भाग लेने के अवसर प्रदान करे। इन क्रियाओं में भाग लेने से उसका समाजीकरण स्वतः ही हो जायेगा।
6. **अन्तर-सांस्कृतिक भावना का विकास–** स्कूल में विभिन्न परिवारों के बालक शिक्षा प्राप्त करने आते हैं। इन विभिन्न परिवारों से आये हुए बालकों की संस्कृतियाँ भी अलग-अलग होती हैं। शिक्षक को चाहिए कि वह बालक में अन्तर-सांस्कृतिक भावना का विकास करे जिससे वह केवल अपनी संस्कृति को ही अच्छा न समझे वरन् विभिन्न संस्कृतियों का आदर करना भी सीख जाये।
7. **स्वस्थ प्रतियोगिता की भावना–** बालक के समाजीकरण में प्रतियोगिता का महत्त्वपूर्ण स्थान होता है। पर ध्यान देने की बात है कि बालक के समाजीकरण के लिए स्वस्थ प्रतियोगिता का होना ही अच्छा है। अतः शिक्षक को बालक में स्वस्थ प्रतियोगिता की भावना विकसित करनी चाहिये।

इस प्रकार हम कह सकते हैं कि शिक्षक बालक के समाजीकरण को प्रभावित करता है। शिक्षक के स्नेह, पक्षपात, बुरे व्यवहार, दण्ड आदि का बालकों पर कुछ न कुछ प्रभाव पड़ता है और उसका सामाजिक विकास उत्तम या विकृत हो जाता है। यदि शिक्षक, मित्रता और सहयोग में विश्वास करता है तो बच्चों में भी इन गुणों का विकास होता है। यदि शिक्षक छोटी-छोटी बातों पर बच्चों को दण्ड देता है, तो उनके समाजीकरण में संकीर्णता आ जाती है। यदि शिक्षक अपने छात्रों के प्रति सहानुभूति रखता है, तो छात्रों का समाजीकरण सामान्य रूप से होता है।

प्याजे, कोहलबर्ग एवं व्यगोट्स्की (Piaget, Kohlberg and Vygotsky)

बाल विकास के वृद्धि एवं विकास का अध्ययन एवं समझ बाल शिक्षा के शिक्षण का महत्त्वपूर्ण अंग है। दो बालक एक समान नहीं होते। बाल विकास के विभिन्न प्रतिरूपों, यथा–शारीरिक, संज्ञात्मक, सामाजिक एवं संवेदनात्मक रूप से एक-दूसरे से अलग-अलग होते हैं।

विकास की विभिन्न अवस्था में बालकों में विशेष प्रकार के गुण एवं विशेषताएं देखने को मिलती है। इस संदर्भ में विभिन्न मनोवैज्ञानिकों ने विकास की विभिन्न अवस्थाओं के संबंध में अलग-अलग प्रकार के सिद्धांतों का प्रतिपादन किया है। विकास की विभिन्न अवस्थाओं से संबद्ध सिद्धांतों में जीन प्याजे (Jean Piaget), लॉरेंस कोहलबर्ग (Lawrence Kohlberg) एवं लेव व्यगोट्स्की (Lev Vygotsky) द्वारा प्रतिपादित सिद्धांत विशेष रूप से उल्लेखनीय हैं।

जीन प्याजे का विकास अवस्था से संबद्ध सिद्धांत (Principle of Jean Piaget's Stages of Development)

स्विट्जरलैंड निवासी जीन प्याजे ने अपने सिद्धांत के तहत मुख्यतः बालक के मानसिक विकास पर ध्यान केंद्रित किया है। उसका यह मानना है कि ज्ञानात्मक विकास की अवस्थाओं में एक क्रम होता है। हम बाद की अवस्थाओं की योग्यता समय से पूर्व प्राप्त नहीं कर सकते। उदाहरणार्थ– जैसे 5 वर्ष के बालक को M.Sc. स्तर की भौतिकी नहीं पढ़ाई जा सकती।

विकास के विभिन्न चरण/अवस्था (Different Stages of Development)

जीन प्याजे ने विकास की पांच अवस्थाओं का उल्लेख किया है, जो निम्नवत् हैं–

(*i*) **इन्द्रिय गामक आग्रहण की अवस्था (0-2 वर्ष):** यह अवस्था शिशु की उल्टी-सीधी हरकतों से आरंभ होती है और फिर बच्चा अभ्यास एवं संयोजन (इंद्रियजनित गामक अंगों– Sensori motor organ) द्वारा इस अवस्था तक आता है। दो वर्ष की समाप्ति पर जब बच्चा विभिन्न वस्तुओं के बीच में संयोजन करना सीख लेता है तो आरंभिक प्रत्यय का विकास होता है।

(*ii*) **सांकेतिक एवं पूर्व प्रत्ययी विचारों की अवस्था (2-4 वर्ष):** इस अवस्था में बच्चे के मस्तिष्क में विचार आने लगते हैं और चौथे वर्ष के अंत तक वह संकेतों का प्रयोग करने लगता है।

(*iii*) **स्वजनित विचारों की अवस्था (4-8 वर्ष):** इस अवधि में बालक विभिन्न प्रत्ययों को विभिन्न परिस्थितियों में प्रयोग कर सकता है अर्थात् उसके अंदर सामान्यीकरण की क्षमता आ जाती है।

(*iv*) **मूर्त क्रिया की अवस्था (8-12 वर्ष):** इस अवधि में बालक अपना ध्यान रूकी हुई अवस्था से हटा सकता है अर्थात् वह अपने वर्तमान अनुभवों के आधार पर अपने भविष्य को पहचान सकता है।

(*v*) **औपचारिक (अमूर्त) क्रिया की अवस्था (12-18 वर्ष):** इस अवस्था में बालक की चिंतन प्रक्रिया संश्लेषणात्मक तथा एकीकृत हो जाती है। बालक की चिंतन प्रक्रिया का मार्गदर्शन यथार्थ द्वारा किया जाता है। यह अवधि परिकल्पना के परीक्षण द्वारा अपने शीर्ष पर पहुंचती है।

लॉरेंस कोहलबर्ग का नैतिक विकास अवस्था से संबद्ध सिद्धांत (Lawrence Kohlberg's Theory of Moral Development)

बालक में चरित्र निर्माण या नैतिक विकास के संदर्भ में लॉरेंस कोहलबर्ग ने अपने खोज एवं अनुसंधान के आधार पर यह निष्कर्ष निकाला है कि बालकों में नैतिकता के विकास की कुछ निश्चित एवं सार्वभौमिक अवस्थाएं पाई जाती हैं। ये अवस्थाएं हैं–

1. पूर्व-नैतिक अवस्था (Pre-moral stage)— 4 से 10 वर्ष तक।
2. परंपरागत नैतिक अवस्था (Conventional morality stage)— 10 से 13 वर्ष तक।
3. आत्म अंगीकृत नैतिक मूल्य अवस्था (Self accepted moral principles stage)—13 वर्ष से प्रौढ़ावस्था तक।

कोहलबर्ग द्वारा प्रतिपादित उपर्युक्त वर्गीकरण को विस्तृत रूप से पांच वर्गों में रखा जा सकता है–

(*i*) **पूर्व नैतिक अवस्था (Amoral Stage) :** यह अवस्था जन्म से लेकर दो वर्ष की आयु तक विद्यमान रहती है। इस अवस्था में बालक से नैतिकता एवं चारित्रिक मूल्यों आदि से संबद्ध बातों के विषय में किसी तरह की आशा करना बेमानी है, क्योंकि इस अवस्था में यह बातें उसकी समझ से बाहर होती है। इस अवस्था में उसे अपनी इच्छाओं, भावनाओं एवं संवेगों पर नियंत्रण करना नहीं आता और परिणामस्वरूप वह अपनी मर्जी के अनुसार इच्छित व्यवहार करता है।

(*ii*) **स्वकेंद्रित अवस्था (Self-Centred Stage) :** यह अवस्था 3 से 6 वर्ष तक होती है। इस अवस्था में बालक की सभी व्यावहारिक क्रियाएं अपनी वैयक्तिक आवश्यकताओं और इच्छाओं की पूर्ति के चारों ओर केंद्रित रहती हैं। उसके लिए वही नैतिक होता है जो उसके अपने कल्याण से जुड़ा होता है।

(*iii*) **परंपराओं को धारण करने की अवस्था (Conforming Conventional Stage) :** यह अवस्था सात वर्ष से किशोरावस्था के प्रारंभिक काल तक होती है। इस अवस्था का बालक सामाजिकता के गुणों को धारण करता है। ऐसे में उसमें समाज निर्मित नियमों एवं परंपराओं के धारण करने संबंधी नैतिकता का विकास होता है। इस अवस्था में उसे अच्छाई-बुराई का ज्ञान हो जाता है तथा वह यह समझने लगता है कि किस तरह के व्यवहार से दूसरे को हानि तथा ठेस पहुंच सकती है।

(*iv*) **आधारहीन आत्म चेतनावस्था (Irrational Conscientious Stage) :** यह अवस्था किशोरावस्था से जुड़ी हुई है। इस अवस्था में बालकों का सामाजिक, शारीरिक तथा मानसिक विकास अपनी चरम पर होता है तथा उसमें आत्म-चिन्तन का प्रादुर्भाव होता है। इस अवस्था में उसमें 'मैं' भावना अर्थात् मैं ऐसा व्यवहार करता हूँ, यह मेरा आचरण है आदि की उसे अनुभूति होने लगती है। साथ ही उसमें अपने आचरण, व्यवहार एवं व्यक्तिगत गुणों-अवगुणों के प्रति आलोचनात्मक प्रवृत्ति का भी विकास होता है। पूर्णता की चाह उसमें स्वयं से असंतुष्ट रहने का मार्ग प्रशस्त करती है। यह असंतुष्टि ही उसे समाज में होने वाली गलत कार्यों के प्रति विद्रोही रूख अपनाने के लिए प्रेरित करती है।

(*v*) **आधारयुक्त आत्मचेतना अवस्था (Rational Conscientious stage) :** यह नैतिक विकास की चरम अवस्था है। इसका विकास बालक के भली-भांति परिपक्वता ग्रहण करने के बाद होता है। इस अवस्था में जिस प्रकार के नैतिक आचरण और चारित्रिक मूल्यों की बात व्यक्ति विशेष से की जाती है उसके पीछे केवल उसकी भावनाओं का प्रवाह मात्र ही नहीं होता बल्कि वह अपनी मानसिक शक्तियों का उचित प्रयोग करते हुए अच्छी तरह सोच-समझकर किसी व्यवहार या आचरण विशेष को अपने व्यक्तिगत गुणों में शामिल करता है।

लेव व्यगोट्स्की का सामाजिक विकास से संबद्ध सिद्धांत (Social Development Theory of Lev Vygotsky)

सोवियत रूस निवासी लेव व्यगोस्ट्स्की द्वारा प्रतिपादित इस सिद्धांत में यह बताया गया है कि बालक के सभी प्रकार के विकास में उसके सामाजिक परिवेश का विशेष योगदान होता है। व्यगोट्स्की ने बताया कि समाज से अंतः क्रिया के परिणामस्वरूप ही बालक में विभिन्न प्रकार का विकास होता है। समाज में उसे जिस तरह की सुविधाएं उपलब्ध होंगी उसका विकास भी उसी प्रकार का होगा। सभी प्रकार की सुविधाओं की अनुपलब्धता की स्थिति में उसके विकास पर प्रतिकूल असर पड़ेगा।

जन्म के समय शिशु का व्यवहार सामाजिकता से काफी दूर होता है। वह अत्यधिक स्वार्थी होता है। उसे केवल अपनी शारीरिक आवश्यकताओं की पूर्ति करने की चाहत होती है। वह दूसरों की आवश्यकताओं और हित चिंतन के विषय में एकदम नहीं सोचता है। उस आयु में वह निर्जीव पदार्थों, यथा– गुड्डे-गुड़ियों, खिलौनों, मूर्तियों तथा सजीव पदार्थों, यथा– पशु-पक्षी व मनुष्य आदि में अंतर नहीं समझ पाता। शिशुओं के सामाजिक संपर्क का दायरा बहुत ही सीमित होता है। अतः सामाजिक विकास के दृष्टिकोण से उनसे बहुत आशा नहीं की जा सकती। बाल्यावस्था में प्रवेश करने के साथ ही अधिकांश बालक विद्यालय जाना प्रारंभ कर देते हैं और अब उनका सामाजिक दायरा बहुत विस्तृत होता चला जाता है।

जब बालक बाल्यावस्था से किशोरावस्था में प्रवेश करता है तो उसमें लिंग संबंधी चेतना तीव्र हो जाती है। इस आयु

में अधिकतर किशोर-किशोरियां अपने वय-समूह के सक्रिय सदस्य होते हैं। किशोरों में समूह के प्रति यह भावना अब केवल टोली या गिरोह विशेष तक ही सीमित नहीं रहती बल्कि यह विद्यालय, समुदाय, प्रांत और राष्ट्र तक व्यापक बन जाती है। इस अवस्था में सहानुभूति, सहयोग, सद्भावना, परोपकार और त्याग में अच्छा सामंजस्य देखने को मिलता है। किशोरावस्था को संवेगों की अभिव्यक्ति की अवस्था कहा जाता है। इस अवस्था में विशिष्ट रुचियों और सामाजिक संपर्कों का क्षेत्र भी अत्यधिक विस्तृत होता है। वैयक्तिक विशेषताओं के अतिरिक्त संस्कृति, परिवार की सामाजिक और आर्थिक स्थिति, यौन संबंधी स्वतंत्रता और जानकारी आदि सामाजिक रुचियों और सामाजिक संबंधों को प्रभावित करती है।

अभ्यास प्रश्न

1. "बालक में सामाजिक भावना का विकास जन्मजात होता है।" क्या आप इस कथन से–
A. पूर्णतः सहमत हैं
B. सम्भवतः सहमत हैं
C. असहमत हैं
D. कुछ सीमा तक सहमत हैं

2. सामाजिक परिवर्तन का कारक (Factor) है–
A. धर्म B. शिक्षा
C. विकास D. समाज

3. विद्यालय समाजीकरण के क्षेत्र में न केवल इसका अभिकरण है (Agency) अपितु वह समाज की सांस्कृतिक प्रगति का है–
A. संरक्षक B. संशोधक
C. आलोचक D. समर्थक

4. बच्चे का समाजीकरण तब होता है जब वह समाज के व्यवहार-प्रतिमानों (Behavioural Pattern) को–
A. स्वीकार करें
B. उनसे समायोजन कर लें
C. उपरोक्त A और B
D. उपरोक्त में से कोई नहीं

5. बालक के समाजीकरण (Socialization) हेतु शिक्षा का यह कार्य है–
A. शिक्षक अभिभावक सहयोग विकसित करना
B. संस्कृति का हस्तान्तरण (Transmission of Culture) का प्रयास करना
C. वैज्ञानिक व तकनीकी प्रगति से अवगत कराना
D. उपरोक्त A और B

6. बालकों में समाजीकरण की प्रक्रिया तीव्र करने हेतु निम्नांकित उपाय प्रभावी होते हैं–
A. अनुशासनहीन बालकों को दण्ड देना
B. अनुशासनहीन बालकों का सामाजिक बहिष्कार करना
C. शिक्षक अभिभावक सहयोग
D. उपरोक्त सभी

7. "शिक्षा युवक पीढ़ी का विधिवत् समाजीकरण है।" यह परिभाषा किसने दी है?
A. बोगार्डस (Bogardus)
B. बैण्डिस (Bandis)
C. स्मिथ (Smith)
D. दुर्खीम (Durkheim)

8. वे विद्यालय बालकों के समाजीकरण में असफल रहते हैं जो–
A. धर्म विशेष के आधार पर संचालित हैं
B. जाति विशेष के आधार पर संचालित हैं
C. भाषा विशेष के शिक्षण पर जोर देते हैं
D. उपरोक्त सभी

9. बालक के समाजीकरण के विद्यालय का यह पक्ष विशेष प्रभावी होता है–
A. खेल-कूद की सुविधा
B. अनुकूल पर्यावरण (Environment)
C. शाला-भवन
D. शाला-उपकरण

10. निम्नलिखित में से कौन-सी सामाजिक संस्था बालक को मातृभाषा सिखाती है?
A. परिवार B. पड़ोस
C. विद्यालय D. सामाजिक वर्ग

11. वेश-भूषा, रहन-सहन, आहार, धर्म, भाषा, तथा रीति-रिवाज इत्यादि व्यक्तित्व के कैसे निर्धारक हैं?
A. जैविक B. सांस्कृतिक
C. सामाजिक D. मनोवैज्ञानिक

12. निम्न में से कौन-सा बच्चे की सामाजिक-मनोवैज्ञानिक आवश्यकताओं के साथ संबद्ध ***नहीं*** है?
A. संवेगात्मक सुरक्षा की आवश्यकता
B. शरीर से अपशिष्ट पदार्थों का नियमित रूप से बाहर निकलना
C. सान्निध्य (संगति) की आवश्यकता
D. सामाजिक अनुमोदन अथवा सराहना की आवश्यकता

13. सबसे अधिक गहन और जटिल समाजीकरण होता है
A. पूर्व बाल्यावस्था के दौरान
B. प्रौढ़ावस्था के दौरान
C. व्यक्ति के पूरे जीवन में
D. किशोरावस्था के दौरान

14. पियाजे के अनुसार, निम्नलिखित में से कौन-सी अवस्था में बच्चा अमूर्त संकल्पनाओं के विषय में तार्किक चिंतन करना आरंभ करता है?

A. औपचारिक-संक्रियात्मक अवस्था (11 वर्ष एवं ऊपर)
B. संवेदी-प्रेरक अवस्था (जन्म-02 वर्ष)
C. पूर्व-संक्रियात्मक अवस्था (02-07 वर्ष)
D. मूर्त-संक्रियात्मक अवस्था (07-11 वर्ष)

15. पियाजे के अनुसार बौद्धिक विकास में आत्मसात्करण (Assimilation) एवं कौन-सी अन्य प्रक्रिया महत्वपूर्ण हैं?
A. आत्म-संज्ञान (Self-cognition)
B. समंजन (Accommodation)
C. कल्पना (Imagination)
D. प्रत्यक्षीकरण (Perception)

16. छात्रों में नैतिकता का विकास करने हेतु आप क्या आवश्यक समझते हैं?
A. धार्मिक प्रवचन
B. परिवार का वातावरण
C. पूजा-पाठ करना
D. प्रत्येक अवसर पर उन्हें अच्छे-बुरे का अंतर बताना

17. पियाजे के अनुसार विकास की पहली अवस्था (जन्म से लगभग 2 वर्ष आयु) के दौरान बच्चा .... सबसे बेहतर सीखता है।
A. अमूर्त तरीके से चिंतन द्वारा
B. भाषा के नए अर्जित ज्ञान के अनुप्रयोग द्वारा
C. इंद्रियों के प्रयोग द्वारा
D. निष्क्रिय (neutral) शब्दों को समझने के द्वारा

18. समाज तभी उन्नति कर सकता है जब बालिका-शिक्षा को बालक-शिक्षा से–
A. कम महत्व दिया जाए
B. समान महत्व दिया जाए
C. अधिक महत्व दिया जाए
D. इनमें कोई सम्बन्ध नहीं है

19. शिक्षक ही समाज को उन्नति के मार्ग पर ले जा सकता है, क्योंकि वह–
A. अपनी बात कम और समाज की बात अधिक सोचता है
B. भावी नागरिकों को सही मार्ग दिखा सकता है
C. समाज के प्रति समर्पित होता है
D. भी एक सामाजिक प्राणी है

20. नैतिक मूल्य नियमावली का अर्थ है–
A. कुछ निश्चित मापदण्ड जिनका पालन व्यवस्था विशेष में कार्यरत सभी व्यक्ति करते हैं
B. आदर्शों एवं सिद्धांतों का सूची-पत्र जिसे किसी व्यवसाय के प्रत्येक सदस्य पर लागू किया जाता है
C. ऐसे निश्चित मापदण्ड जिनका अनुमोदन उच्च अधिकारी करते हैं किन्तु पालन निम्न स्तर के कर्मचारी करते हैं
D. किसी व्यावसायिक जगत की एक आवश्यक बुराई है

21. वाइगोत्सकी के सिद्धान्त का निहितार्थ है–
A. प्रारम्भिक व्याख्या के बाद कठिन सवालों को हल करने में बच्चे की सहायता न करना
B. सहयोगात्मक समस्या-समाधान
C. प्रत्येक विद्यार्थी को व्यक्तिगत रूप से दत्त कार्य देना
D. बच्चे उन बच्चों की संगति में श्रेष्ठतम रूप से सीख सकते हैं जिनका बुद्धि-लब्धांक उनके बुद्धि-लब्धांक से कम होता है।

22. वाइगोत्सकी बच्चों के सीखने में निम्नलिखित में से किस कारक की महत्वपूर्ण भूमिका पर बल देते हैं?
A. सामाजिक B. नैतिक
C. शारीरिक D. आनुवंशिक

23. "बच्चे दुनिया के बारे में अपनी समझ का सृजन करते हैं।" इस सिद्धांत का श्रेय .... को जाता है।
A. पियाजे B. स्किनर
C. पावलॉव D. कोह्लबर्ग

24. पियाजे के अनुसार, निम्नलिखित में से कौन-सी अवस्था में बच्चा अमूर्त संकल्पनाओं के विषय में तार्किक चिन्तन करना आरंभ करता है?
A. मूर्त-संक्रियात्मक अवस्था (07-11 वर्ष)
B. संवेदी-प्रेरक अवस्था (जन्म-02 वर्ष)
C. औपचारिक-संक्रियात्मक अवस्था (11 वर्ष से ऊपर)
D. पूर्व-संक्रियात्मक अवस्था (02-07 वर्ष)

25. मानसिक विकास की औपचारिक संक्रियात्मक अवस्था की मुख्य विशेषता है–
A. मूर्त चिन्तन B. अमूर्त चिन्तन
C. सामाजिक चिन्तन D. अहम्-केन्द्रित चिन्तन

26. विचार न केवल भाषा को निर्धारित करते हैं बल्कि उसे आगे भी बढ़ाते हैं। यह विचार किसके द्वारा रखा गया।
A. जीन पियाजे B. कोह्लबर्ग
C. वाइगोत्सकी D. पावलॉव

27. बालक के समाजीकरण की प्रक्रिया कब प्रारंभ होती है?
A. जन्म से B. जन्म के 3 वर्ष के बाद
C. किशोरावस्था में D. वयस्क होने के बाद

28. सीबीएसई द्वारा प्रस्तावित समूह-परियोजना गतिविधि .... का एक सशक्त साधन है।
A. सामाजिक भागीदारिता को सुगम बनाने
B. शिक्षकों के भार को हल्का करने
C. रोजमर्रा के शिक्षण से होने वाले तनाव को दूर करने
D. अनेकता में एकता की संकल्पना का प्रचार-प्रसार करने

29. समाजीकरण है–
A. सामाजिक मानदण्डों में परिवर्तन
B. शिक्षक एवं पढ़ाए गए के बीच सम्बन्ध
C. समाज के आधुनिकीकरण की प्रक्रिया
D. समाज के मानदण्डों के साथ अनुकूलन

30. सबसे अधिक गहन और जटिल समाजीकरण होता है–
A. किशोरावस्था के दौरान
B. पूर्व बाल्यावस्था के दौरान
C. प्रौढ़ावस्था के दौरान
D. व्यक्ति के पूरे जीवन में

31. बच्चों के समाजीकरण में शिक्षक की भूमिका होती है–
A. उनका बौद्धिक विकास करना
B. उन्हें गृह-कार्य देना
C. उनके आर्थिक प्रयोग में सहयोग करना
D. उन्हें साम्प्रदायिक शिक्षा प्रदान करना

32. पियाजे के अनुसार, संज्ञानात्मक विकास के किस चरण पर बच्चा 'वस्तु स्थायित्व' को प्रदर्शित करता है?
A. मूर्त संक्रियात्मक चरण
B. औपचारिक संक्रियात्मक चरण
C. संवेदी-प्रेरक चरण
D. पूर्व संक्रियात्मक चरण

33. कोहलबर्ग के अनुसार, सही और गलत के प्रश्न के बारे में निर्णय लेन में शामिल चिन्तन-प्रक्रिया को कहा जाता है–
A. सहयोग की नैतिकता B. नैतिक तर्कणा
C. नैतिक यथार्थवाद D. अनैतिक यथार्थवाद

34. वह स्तर जिसमें बच्चा किसी वस्तु एवं घटना के बारे में तार्किक रूप से सोचना शुरू करता है, कहा जाता है
A. औपचारिक अवस्था B. पूर्व क्रियात्मक अवस्था
C. संवेदन प्रणोद अवस्था D. मूर्त क्रियात्मक अवस्था

35. छोटे शिक्षार्थियों को कक्षा-कक्ष में समवयस्कों के साथ अन्तः क्रिया करने के लिए प्रोत्साहित करना चाहिए, जिससे
A. वे एक-दूसरे से प्रश्नों के उत्तर सीख सके
B. वे पढ़ने के दौरान सामाजिक कौशल सीख सके
C. पाठ्यक्रम को बहुत जल्दी पूरा किया जा सके
D. शिक्षक कक्षा-कक्ष को बेहतर तरीके से नियन्त्रित कर सकें

36. समाजीकरण की प्रक्रिया में उन .... को प्राप्त किया जाता है, जिन्हें समाज में महत्व दिया जाता है।
A. मानकों B. मूल्यों
C. विश्वासों D. ये सभी

37. किसी बालक के समाजीकरण में धर्म का महत्व है–
(*i*) आदर्शों में (*ii*) अनुकरण में
(*iii*) संस्कार में
A. केवल (*i*) B. केवल (*ii*)
C. केवल (*iii*) D. ये सभी

38. शिक्षकों को यह सलाह दी जाती है कि वे अपने शिक्षार्थियों को सामूहिक गतिविधियों में शामिल करें क्योंकि सीखने को सुगम बनाने के अतिरिक्त, ये .... में सहायता करती है।
A. दुश्चिंता B. समाजीकरण
C. मूल्य द्वन्द्व D. आक्रामकता

39. किसी बच्चे में समाजीकरण का प्रथम तत्व निम्नलिखित में से कौन-सा है?
A. परिवार B. अस्पताल
C. विद्यालय D. खेल का मैदान

40. पियाजे के अनुसार, ... वर्ष से कम आयु के बालकों में संज्ञानात्मक परिपक्वता का अभाव पाया जाता है?
A. 6 B. 9
C. 10 D. 12

41. वाइगोत्सकी के अनुसार, किसी बालक के विकास में सबसे महत्वपूर्ण योगदान निम्न में से किसका होता है?
A. परिवार का B. विद्यालय का
C. धर्म का D. समाज का

42. निम्नलिखित में कौन-सी संज्ञानात्मक क्रिया की दी गई सूचना के विश्लेषण के लिए प्रयोग में लाई जाती है?
A. वर्णन करना B. पहचान करना
C. अन्तर करना D. वर्गीकृत करना

43. कृतिका अक्सर घर में ज्यादा बात नहीं करती, लेकिन विद्यालय में वह काफी बात करती है। यह दर्शाता है कि–
A. विद्यालय हर समय बच्चों को खूब बात करने का अवसर देता है
B. शिक्षकों की यह माँग होती है कि बच्चे विद्यालय में खूब बात करे
C. कृतिका को अपना घर बिल्कुल पसन्द नहीं
D. उसके विचारों को विद्यालय में मान्यता मिलती है

44. कोहलबर्ग के अनुसार सही और गलत के बारे में बच्चे .... चिन्तन नहीं करते हैं।
A. अलग आयु में अलग तरीके से
B. अलग चरणों में समान तरीके से
C. सन्दर्भ के अनुसार
D. अभिभावकों द्वारा प्रदत्त निर्देशों के अनुसार

उत्तरमाला

1	2	3	4	5	6	7	8	9	10
C	B	A	C	D	C	D	D	B	A
11	**12**	**13**	**14**	**15**	**16**	**17**	**18**	**19**	**20**
B	B	D	D	B	D	C	B	B	C
21	**22**	**23**	**24**	**25**	**26**	**27**	**28**	**29**	**30**
B	A	A	A	B	C	A	A	D	A
31	**32**	**33**	**34**	**35**	**36**	**37**	**38**	**39**	**40**
A	D	B	B	B	D	D	B	A	A
41	**42**	**43**	**44**						
D	C	D	A						

4. बालकेंद्रित एवं प्रगतिशील शिक्षा की अवधारणा (Concept of Child-centered and Progressive Education)

बालकेंद्रित शिक्षा (Child-centred Education)

बालकेंद्रित शिक्षा, शिक्षा की वह विधा है जिसमें बालक की आयु और समझ को देखते हुए बालक की शिक्षा के लिए व्यवस्था की जाती है। दूसरे शब्दों में, बालक के मनोविज्ञान को समझते हुए शिक्षा की व्यवस्था करना एवं उसकी कठिनाइयों को दूर करना ही बालकेंद्रित शिक्षा है। विभिन्न कालों में शिक्षा का स्वरूप भिन्न-भिन्न रहा है। प्राचीन काल में जहां शिक्षा का उद्देश्य बालकों के मस्तिष्क में मात्र कुछ जानकारी भरना समझा जाता था वहीं आधुनिक काल में बालक का सर्वांगीण विकास शिक्षक का परम उद्देश्य बताया गया है। इस कार्य के लिए शिक्षक को बाल मनोविज्ञान की जानकारी जरूर होनी चाहिए। शिक्षक के लिए बाल मनोविज्ञान की उपयोगिता इसलिए भी जरूरी है ताकि वह इसका प्रयोग शिक्षा संबंधी विभिन्न क्षेत्रों यथा– अनुशासन, व्यवहार, जागरूकता आदि के क्षेत्र में कर सके। इससे यह स्पष्ट होता है कि एक शिक्षक को शिक्षा तथा छात्रों के प्रति क्या अभिवृति (Attitude) होनी चाहिए।

बाल-केंद्रित शिक्षा की मुख्य विशेषताएं (Characteristics of Child-centered Education)

बाल-केंद्रित शिक्षा की प्रकृति के कुछ भिन्न होने के कारण इसकी कुछ अलग प्रकार की विशेषताएं हैं। बाल-केंद्रित शिक्षा की मुख्य विशेषताएं निम्नवत् हैं–

1. **बालकों को ठीक से समझना (Perceive to Children):** जब से मनोविज्ञान ने शिक्षा के क्षेत्र में प्रवेश किया है, शिक्षा का स्वरूप बाल-केंद्रित हो गया है। अब प्रत्येक बालक की ओर व्यक्तिगत रूप से अध्ययन-अध्यापन प्रक्रिया में ध्यान दिया जाता है। आज शिक्षा का उद्देश्य बालक के ऊपर ज्ञान थोपना नहीं वरन् उसका एकमात्र उद्देश्य बालक में निहित शक्तियों का विकास करना है। इस तरह बालक के व्यक्तित्व का सर्वांगीण विकास करना ही आज की शिक्षा का अंतिम उद्देश्य है।

   ऐसे में इस बात की आवश्यकता है कि शिक्षक को बालकों के मनोविज्ञान की जानकारी हो, अन्यथा वह उन्हें क्या सिखाएगा कहना बहुत मुश्किल है। अतः शिक्षक को बालक के व्यवहार के मूलाधारों, आवश्यकताओं, मानसिक स्तर, रुचियों, योग्यताओं, व्यक्तित्त्व आदि का विस्तृत ज्ञान होना चाहिए। व्यवहार के मूलाधारों का ज्ञान तो सबसे अधिक आवश्यक है, क्योंकि शिक्षा का उद्देश्य ही बालक के व्यवहार को परिमार्जित करना है। अतः शिक्षा बालक की प्रेरणाओं, संवेगों एवं मूल प्रवृत्तियों पर आधारित होनी चाहिए। व्यवहार के इन मूलाधारों को नई दिशा में मोड़ा जा सकता है, इनका शोधन किया जा सकता है, इनको बालक में से निकाला जा सकता है। इसलिए सफल शिक्षक उसे ही माना जाता है जो इसका शोधीकरण का प्रयास करता है। बालक जो कुछ सीखता है, उससे उसकी आवश्यकताओं का बड़ा निकट संबंध है। प्रायः ऐसा पाया गया है कि स्कूल में पिछड़े हुए समस्याग्रस्त बालकों में से अधिकतर ऐसे होते हैं, जिनकी आवश्यकताएं स्कूल में पूरी नहीं होती। इसलिए वे सड़कों पर लगे बिजली के बल्बों को फोड़ते हैं, स्कूल से भाग जाते हैं। आस-पड़ोस के लोगों को तंग करते हैं; आवारागर्दी करते हैं और मोहल्ले के बच्चों को पीटते हैं। मनोविज्ञान के ज्ञान के अभाव में शिक्षक मारपीट द्वारा बच्चों के उन दोषों को दूर करने का प्रयत्न करता है, परंतु बालकों को समझने वाला शिक्षक यह जानता है कि इन दोषों का मूल उनकी शारीरिक, सामाजिक अथवा मनोवैज्ञानिक आवश्यकताओं में ही कहीं न कहीं है।

2. **शिक्षण पद्धति (Teaching Method):** शिक्षा शास्त्र शिक्षक को यह बताता है कि बालकों को क्या पढ़ाया जाए, परंतु असली समस्या यह है कि किस प्रकार पढ़ाया जाए। इस समस्या के समाधान में बाल मनोविज्ञान ही वह माध्यम है जो शिक्षक को सहायता करता है। बाल मनोविज्ञान सीखने की प्रक्रिया, विधियों, महत्त्वपूर्ण कारकों, लाभदायक और हानिकारक दशाओं, रुकावटों सीखने का वक्र तथा प्रशिक्षण संक्रमण आदि विभिन्न तत्त्वों से परिचित कराता है। इनसे प्राप्त ज्ञान से शिक्षक बालकों को सीखने में सहायता कर सकता है। शिक्षा मनोविज्ञान शिक्षण की विधियों का भी मनोवैज्ञानिक विश्लेषण करता है और उनमें सुधार के उपाय बतलाता है। बाल-केंद्रित शिक्षा में शिक्षण विधि को प्रयोग में लाते समय बाल-मनोविज्ञान को ही आधार बनाया जाता है।

3. **मूल्यांकन एवं परीक्षण विधि (Evaluation and Test):** शिक्षण से ही शिक्षक की समस्या हल नहीं हो जाती।

उसे बालकों के ज्ञान और विकास का मूल्यांकन और परीक्षण करना होता है। मूल्यांकन से परीक्षार्थी की उन्नति का पता चलता है। शिक्षा की प्रक्रिया में शिक्षक और शिक्षार्थी बराबर यह जानना चाहते हैं कि वे कहां प्रगति कर रहे हैं और यदि उनको सफलता अथवा असफलता मिली है तो क्यों और उसमें क्या परिवर्तन किए जा सकते हैं। इस तरह के सभी प्रकार के प्रश्नों के समाधान में मूल्यांकन के साथ-साथ विभिन्न प्रकार के परीक्षणों और मापों की भी आवश्यकता पड़ती है। इस तरह स्पष्ट है कि बाल-केंद्रित शिक्षा में बालक का मूल्यांकन बाल-मनोविज्ञान के माध्यम से किया जाता है।

4. **पाठ्यक्रम की प्रकृति (Syllabus) :** समाज और व्यक्ति की आवश्यकताओं की पूर्ति को ध्यान में रखते हुए स्कूल के पाठ्यक्रम की प्रकृति व्यक्तिगत विभिन्नताओं, प्रेरणाओं, मूल्यों और सीखने के सिद्धांतों के मनोवैज्ञानिक ज्ञान पर आधारित होनी चाहिए। बालकेंद्रित शिक्षा में इस बात का विशेष ध्यान रखा जाता है कि पाठ्यक्रम की प्रकृति का विकास बालक की आवश्यकताओं उसकी आयु एवं विशेष अवस्थाओं आदि जैसे उसके विशेष गुण के अनुरूप ही हो।
5. **व्यवस्थापन एवं अनुशासन का प्रयोग (Management and Discipline) :** बालकेंद्रित शिक्षा में कक्षा एवं विद्यालय में अनुशासन एवं व्यवस्था बनाए रखने के लिए भी बाल मनोविज्ञान सहायक के रूप में कार्य करता है।
6. **प्रयोग एवं अनुसंधान (Practical and Research) :** बाल-केन्द्रित शिक्षा में बालकों को प्रयोग एवं अनुसंधान की ओर ले जाने के लिए बाल मनोविज्ञान का सहारा लिया जाता है। नई समस्याओं को सुलझाने के लिए शिक्षक को स्वयं प्रयोग करते रहना चाहिए और उससे निकले निष्कर्षों का उपयोग करना चाहिए।

प्रगतिशील शिक्षा (Progressive Education)

प्रगतिशील शिक्षा पारंपरिक शिक्षा की प्रतिक्रिया का परिणाम है। अमेरिकी मनोवैज्ञानिक **जॉन डीवी** (John Dewey) का प्रगतिशील शिक्षा के विकास में विशेष योगदान रहा है। प्रगतिशील शिक्षा का तात्पर्य शिक्षा का एकमात्र उद्देश्य बालक की शक्तियों का विकास है। वैयक्तिक विभिन्नता के अनुरूप शिक्षण प्रक्रिया में भी अंतर रखकर इस उद्देश्य को पूरा किया जा सकता है।

बालक में विभिन्न शक्तियों का विकास किस प्रकार से होगा, इसके लिए कोई सामान्य सिद्धांत निश्चित नहीं किया जा सकता, क्योंकि भिन्न-भिन्न रुचियों और योग्यताओं के बालकों में विकास भिन्न-भिन्न प्रकार से होता है। अध्यापक को बालक की योग्यताओं पर दृष्टि रखते हुए उसे निर्देश देना चाहिए। प्रगतिशील शिक्षा इस बात का बोध कराता है कि शिक्षा बालक के लिए है न कि बालक शिक्षा के लिए। अतः शिक्षा का उद्देश्य ऐसा वातावरण तैयार करना होना चाहिए ताकि प्रत्येक बालक को सामाजिक विकास का पर्याप्त अवसर मिले। प्रगतिशील शिक्षा का मुख्य उद्देश्य लोकतंत्रीय मूल्यों की स्थापना करना है ताकि बालकों में लोकतंत्रीय मूल्यों का विकास हो सके। शिक्षा के द्वारा हम ऐसे समाज का निर्माण करना चाहते हैं जिसमें व्यक्ति-व्यक्ति में कोई भेद न हो, सभी पूर्ण स्वतंत्रता और सहयोग से काम कर सकें। प्रत्येक व्यक्ति को अपनी स्वाभाविक प्रवृत्तियों, इच्छाओं और आकांक्षाओं के अनुसार विकसित होने का अवसर मिले तथा सभी को समान अधिकार दिए जाएं। ऐसे समाज का निर्माण तभी हो सकता है जबकि व्यक्ति और समाज के हित में कोई मौलिक अंतर न माना जाए। शिक्षा के द्वारा मनुष्य में परस्पर सहयोग और सामंजस्य की स्थापना होनी चाहिए। इस तरह प्रगतिशील शिक्षा का मुख्य उद्देश्य बालक के व्यक्तित्व का विकास करना और शिक्षा के माध्यम से लोकतंत्र की स्थापना करना है।

प्रगतिशील शिक्षा में मुख्य जोर शिक्षण विधि की व्यावहारिकता पर दिया जाता है। इस शिक्षण विधि में बालक के स्वयं करके सीखने की प्रक्रिया पर जोर दिया जाता है। इस शिक्षण विधा में बालक के जीवन, क्रियाओं और विषयों में एकता स्थापित की जाती है। यह बालक के जीवन की क्रियाओं को समग्र रूप से विकसित करने पर जोर देता है।

इस शिक्षा पद्धति में बालक की रुचि को महत्त्व दिया जाता है। जॉन डीवी ने प्रगतिशील शिक्षा के तहत शिक्षा में दो तत्त्वों को विशेष रूप से महत्त्वपूर्ण माना है– **प्रथम** रुचि एवं **द्वितीय** प्रयास। शिक्षक को बालक की स्वाभाविक रुचियों को समझकर उसके लिए उपयोगी कार्यों की व्यवस्था करनी चाहिए। बालक को स्वयं कार्यक्रम बनाने का अवसर दिया जाना चाहिए ताकि वे अपनी रुचियों के अनुसार कार्यक्रम बना सकें। ऐसा करने से उनमें किसी तरह का भय या दबाव नहीं रहेगा और वे कार्यक्रम को रुचि के अनुसार बना सकेंगे। फलतः स्कूल क्रिया आत्म-क्रिया बन सकेगी। जॉन डीवी के शिक्षा संबंधी इन विचारों के आधार पर ही आगे चलकर प्रोजेक्ट-प्रणाली का जन्म हुआ। प्रोजेक्ट-प्रणाली में यह उल्लेख किया गया कि बालक को ऐसे काम दिए जाने चाहिए कि उनमें स्फूर्ति, आत्म-विश्वास, आत्म-निर्भरता और मौलिकता का विकास हो सके।

प्रगतिशील शिक्षा में शिक्षक को सम्मानजनक और महत्त्वपूर्ण स्थान दिया गया है तथा इस बात का उल्लेख किया गया है कि शिक्षक समाज का सेवक है। इस शिक्षा पद्धति में शिक्षक से यह आशा की गई है कि वह विद्यालय में ऐसे वातावरण का निर्माण करे कि उसमें पल-बढ़कर बालक का सामाजिक व्यक्तित्त्व विकसित हो सके और वह लोकतंत्र का एक सफल एवं योग्य नागरिक बन सके। जॉन डीवी ने शिक्षक की महत्ता को और ऊँचाई देते हुए उसे ईश्वर का प्रतिनिधि तक कह दिया है। विद्यालय में स्वतंत्रता और समानता के मूल्य को बनाए रखने के लिए शिक्षक को स्वयं को बालक से बड़ा नहीं समझना चाहिए। शिक्षक को कभी भी अपनी आज्ञाओं एवं उपदेशों के माध्यम से अपने विचारों और प्रवृत्तियों को बालकों पर थोपने का प्रयास नहीं करना चाहिए। उसे बालकों का भली-भांति

परीक्षण करके उनकी रुचियों, योग्यताओं एवं गतिविधियों के अनुरूप कार्यों में लगाना चाहिए। इस प्रकार विद्यालय में शिक्षा बालकों की व्यक्तिगत विभिन्नताओं को ध्यान में रखकर दी जानी चाहिए। इस विधि से अध्यापन करने से विद्यालय के संचालन में कठिनाई बहुत कम होती है।

प्रगतिशील शिक्षा में अनुशासन का भी महत्त्वपूर्ण स्थान है लेकिन अनुशासन के नाम पर बालक की स्वाभाविक प्रवृत्तियों को कुंठित करने के प्रयास को अनुचित माना गया है। सही मायने में देखा जाए तो अनुशासन केवल बालक के निजी व्यक्तित्व से संबंधित न होकर उसकी सामाजिक परिस्थितियों से भी घनिष्ठ रूप से जुड़ा हुआ है। सच्चा अनुशासन एक प्रकार से सामाजिक अनुशासन है और यह बालक के विद्यालय के सामूहिक कार्यों में भाग लेने से उत्पन्न होता है। विद्यालय में ऐसे वातावरण का निर्माण किया जाना चाहिए ताकि बालक परस्पर सहयोग से रहने का अभ्यास कर सकें। विद्यालय में एक से उद्देश्य लेकर शारीरिक, सामाजिक, बौद्धिक एवं नैतिक कार्यों में एक साथ भाग लेने से बालकों में अनुशासन का भाव उत्पन्न होता है और उनमें नियमित रूप से कार्य करने की आदत विकसित होती है। विद्यालयों में होने वाले कार्यक्रमों का बालक के चरित्र-निर्माण में महत्त्वपूर्ण योगदान है। बालक को प्रत्यक्ष रूप से उपदेश न देकर उसे सामाजिक परिवेश उपलब्ध कराया जाना चाहिए और उसके सामने ऐसे उदाहरण प्रस्तुत किए जाने चाहिए ताकि उसमें आत्मानुशासन उत्पन्न हो और वह सही अर्थों में सामाजिक प्राणी बन सके। यह बात बिल्कुल ठीक है कि विद्यालय में शांतिपूर्ण वातावरण होने से काम अधिक अच्छा होता है किंतु शांति एकमात्र साधन है, साध्य नहीं। शिक्षक को अपनी ओर से बालकों को उनकी प्रवृत्तियों के अनुसार विविध प्रकार के कार्यों में लगाए रखना चाहिए और यदि इस प्रक्रिया से कभी-कभी कुछ अशांति भी उत्पन्न हो तो उसे दूर करने के लिए बालक की क्रियाओं पर रोक-टोक करना अनुचित है। आत्मानुशासन उत्पन्न करने में उत्तरदायित्व की भावना का विशेष महत्त्व है। उत्तरदायित्व का भाव उत्पन्न करने के लिए विद्यालय का अधिकतर कार्य स्वयं विद्यार्थियों को सौंप दिया जाना चाहिए। इनमें भाग लेने से उनमें अनुशासन की भावना उत्पन्न होती है।

वर्तमान में शिक्षा को अनिवार्य और सार्वभौमिक बनाने पर जो जोर दिया जा रहा है वह मुख्यतः प्रगतिशील शिक्षा के सिद्धांतों के ही समान है। शिक्षा का लक्ष्य व्यक्तित्व का विकास है और प्रत्येक व्यक्ति को उसके व्यक्तित्व का विकास करने के लिए शिक्षा प्राप्त करने का अवसर दिया जाना चाहिए। आधुनिक शिक्षा में वैज्ञानिक और सामाजिक प्रवृत्ति के जो तत्त्व विद्यमान हैं उनमें प्रगतिशील शिक्षा का योगदान है। इसके अनुसार शिक्षा एक सामाजिक आवश्यकता है। इसका लक्ष्य व्यक्ति और समाज दोनों का विकास है। इससे व्यक्ति का बौद्धिक, नैतिक, सामाजिक और शारीरिक विकास होता है।

सर्वशिक्षा अभियान (SSA)

सर्वशिक्षा अभियान भारत सरकार द्वारा 2000-01 में प्रारंभ किया गया था। इस अभियान के अन्तर्गत 'सब पढ़ें सब बढ़ें' का नारा दिया गया है। सर्वशिक्षा अभियान के अन्तर्गत निम्नलिखित लक्ष्य निर्धारित किए गए थे–

1. वर्ष 2003 तक सभी बच्चों को विद्यालय में लाना।
2. वर्ष 2007 तक 5 वर्ष की आयु वाले सभी बच्चों की प्राथमिक शिक्षा पूरी करवाना।
3. वर्ष 2010 तक 8 वर्ष की आयु वाले सभी बच्चों की प्रारम्भिक शिक्षा पूरी करवाना।

सर्वशिक्षा अभियान की उपलब्धियाँ इस प्रकार रही–

1. स्कूल दाखिला अनुपात जो 1950-51 में 31.1 प्रतिशत था 2003-04 में बढ़कर 85 प्रतिशत हो गया।
2. प्रथम कक्षा से 8वीं कक्षा तक पढ़ने वाली सभी लड़कियाँ एवं अनुसूचित जाति के लगभग 6 करोड़ बच्चों को निःशुल्क पाठ्य-पुस्तकें वितरित की गई।
3. 2001 के बाद लगभग 2 लाख नए स्कूल खोले गए। लगभग 5 लाख नए शिक्षकों की नियुक्ति की गई।
4. यद्यपि सर्वशिक्षा अभियान के फलस्वरूप विद्यालय छोड़ने वाले बच्चों की संख्या में भारी कमी लाने में सफलता प्राप्त हुई है, किन्तु वर्ष 2010 तक यह सफलता लक्षित अनुपात तक प्राप्त नहीं हुई है।

मध्याह्न भोजन योजना (Mid Day Meal Scheme)

1. 15 अगस्त, 1995 को पोषाहार समर्थन के राष्ट्रीय कार्यक्रम मध्याह्न भोजन योजना की शुरूआत की गई।
2. इस योजना के अन्तर्गत पहली से पाँचवीं कक्षा तक के बच्चों को 80 प्रतिशत उपस्थिति पर प्रतिमाह 3 किग्रा गेहूँ अथवा चावल दिए जाने की व्यवस्था की गई थी। किन्तु इस योजना का पूर्ण लाभ छात्र को न प्राप्त होकर उसके परिवार को मिल जाता था, इसलिए 1 सितम्बर 2004 से पके-पकाए भोजन उपलब्ध कराने की योजना आरंभ कर दी गई।
3. इस योजना के अन्तर्गत विद्यालयों में मध्यावकाश में छात्र-छात्राओं को सप्ताह में 4 दिन चावल से बने भोज्य पदार्थ तथा 2 दिन गेहूँ से बने भोज्य पदार्थ दिए जाने की व्यवस्था की गई है।

अभ्यास प्रश्न

1. किसी बालक की शैक्षिक प्रगति दिन-प्रतिदिन गिरावट की ओर जा रही है। इसका निम्न में से प्रमुख कारण होगाः

A. वह धन कमाने लगा है

B. वह गलत संगत में पड़ गया है

C. अध्यापक ठीक से नहीं पढ़ाते हैं

D. बालक की पढ़ने में रुचि नहीं है

2. वर्तमान में नारी-शिक्षा के सन्दर्भ में आपका मानना है कि–
A. यह पर्याप्त तथा उपयोगी है
B. यह अपर्याप्त एवं असम्बन्धित है
C. यह अभी और थोड़ा विकास चाहतीं है
D. इस पर व्यय नहीं करना चाहिए

3. साक्षरता अभियान में आप किस प्रकार अपना योगदान दे सकते हैं?
A. नौकरी करके
B. स्वयं को साक्षर करके
C. साक्षरता का महत्व बताकर
D. दो निरक्षर व्यक्तियों को साक्षर करके

4. एक अच्छा अध्यापक बनने के लिए आवश्यक है :
A. समृद्ध परिवेश और ऊँची पहुँच
B. व्यक्तिगत प्रयास और उपयुक्त प्रशिक्षण
C. स्वस्थ शरीर और खानदानी संपन्नता
D. उपयुक्त शिक्षा और आर्थिक संपन्नता

5. आपकी कक्षा का एक विद्यार्थी प्रायः विद्यालय में विलम्ब से आता है ऐसी दशा में आप :
A. उसे दण्ड देकर सुधारने का प्रयास करेंगे/करेंगी
B. उसके अभिभावकों को इसकी जानकारी देंगे/देंगी
C. विलम्ब से आने का कारण जानकर उसके निराकरण का प्रयास करेंगे/करेंगी
D. प्रधानाचार्य से उसकी शिकायत करेंगे/करेंगी

6. आपके विचार से शिक्षा के स्तरोन्नयन के लिए सर्वाधिक आवश्यक है–
A. विद्यालय को पूरी सुविधा प्रदान करना
B. अध्यापक को उच्च वेतनमान देना
C. छात्र-अभिभावक-अध्यापक संबंध सुदृढ़ करना
D. शिक्षण अधिगम प्रक्रिया को प्रभावी बनाना

7. नवोदय विद्यालय प्रारम्भ किए गए हैं–
A. ग्रामीण बच्चों के लिए
B. गरीब बच्चों के लिए
C. मन्द बुद्धि बच्चों के लिए
D. प्रतिभाशाली ग्रामीण बच्चों के लिए

8. नवोदय विद्यालयों में बालकों को प्रवेश दिया जाता है–
A. कक्षा तृतीय से B. कक्षा पंचम् से
C. कक्षा षष्ठम् से D. कक्षा नवम् से

9. राष्ट्रीय शैक्षिक अनुसंधान व प्रशिक्षण परिषद् (NCERT) का मुख्यालय है–
A. इलाहाबाद B. नई दिल्ली
C. चेन्नई D. मुम्बई

10. पाठ्यक्रम निर्माण में किस बात को मुख्य रूप से ध्यान में रखा जाता है?
A. छात्रों को B. शिक्षा के उद्देश्यों को
C. पाठ्य पुस्तकों को D. शिक्षण विधियों को

11. मूल्यांकन का क्षेत्र है :
A. सीमित B. असीमित
C. संकुचित D. व्यापक

12. वस्तुनिष्ठ परीक्षण के निर्माण में समय लगता है :
A. अधिक B. कम
C. कठिन D. सरल

13. राष्ट्रीय शिक्षा नीति (1986) में ग्रामीण क्षेत्रों को अच्छी शिक्षा उपलब्ध कराने हेतु निम्नांकित विद्यालयों का प्रावधान है–
A. सैनिक विद्यालय B. नवोदय विद्यालय
C. केन्द्रीय विद्यालय D. बुनियादी शिक्षा विद्यालय

14. ''ऑपरेशन ब्लैक बोर्ड'' (Operation Black Board) कार्यक्रम का उद्देश्य प्राथमिक शिक्षा का निम्नांकित पक्ष सबल करना है–
A. गुणवत्ता (Quality)
B. परिमाण (Quantity)
C. शिक्षण सामग्री (Teaching Aids)
D. उपरोक्त सभी

15. ''सर्वशिक्षा अभियान'' का यह उद्देश्य है–
A. सार्वभौमिक शाला में नामांकन
B. नगरीय क्षेत्र में सार्वभौमिक प्राथमिक शिक्षा
C. सार्वभौमिक प्राथमिक शिक्षा
D. उपरोक्त सभी

16. प्रतिभाशाली बालकों को निम्नांकित सहायता भी दी जा सकती है–
A. विशिष्ट कक्षा या विद्यालय में शिक्षा
B. प्रभावी निर्देशन (Guidance)
C. वैयक्तिक (Individualize) शिक्षण
D. उपरोक्त सभी

17. विशेष रूप से प्राथमिक स्तर पर विद्यार्थियों की सीखने सम्बन्धी समस्याओं को संबोधित करने का सबसे बेहतर तरीका है–
A. महँगी और चमकदार सहायक सामग्री का प्रयोग करना
B. सरल और रोचक पाठ्य-पुस्तकों का प्रयोग करना
C. कहानी-कथन पद्धति का प्रयोग करना
D. अक्षमता के अनुरूप विभिन्न शिक्षण-पद्धतियों का प्रयोग करना

18. आकलन को 'उपयोगी और रोचक' प्रक्रिया बनाने के लिए .... के प्रति सचेत होना चाहिए।
A. विद्यार्थियों को बुद्धिमान या औसत शिक्षार्थी की उपाधि देना
B. शैक्षिक और सह-शैक्षिक क्षेत्रों में विद्यार्थी के सीखने के बारे में जानकारी प्राप्त करने के लिए विविध तरीकों का प्रयोग करना

C. प्रतिपुष्टि (फीडबैक) देने के लिए तकनीकी भाषा का प्रयोग करना
D. अलग-अलग विद्यार्थियों में तुलना करना

19. मूल्यांकन (assessment) का मुख्य उद्देश्य होना चाहिए
A. यह निर्णय लेना कि क्या विद्यार्थी को अगली कक्षा में प्रोन्नत किया जाना चाहिए
B. सीखने में होने वाली कमियों का निदान और उपचार करना
C. शिक्षार्थियों की त्रुटियाँ निकालना
D. शिक्षार्थियों की उपलब्धि को मापना

20. मैं चाहता हूँ प्राथमिक कक्षा में सभी विद्यार्थी:
A. अध्यापक की तरफ ध्यान दें
B. पठन अथवा लेखन करें
C. अध्यापक से अन्तर्क्रिया करें
D. शान्तिपूर्वक अपना कार्य करें

21. भारत में माध्यमिक शिक्षा का सबसे दुर्बल पक्ष है–
A. अनुपयुक्त परीक्षा प्रणाली
B. अयोग्य शिक्षकों का होना
C. राजनीतिक हस्तक्षेप
D. शिक्षा का व्यवसायोन्मुखी न होना

22. शिक्षण-प्रशिक्षण के सन्दर्भ में पी.टी.टी. (P.T.T.) का अर्थ है–
A. प्री टेस्टिंग फॉर टीचर्स ट्रेनिंग
B. प्री सर्विस टीचर्स ट्रेनिंग
C. फिजिकल ट्रेनिंग फॉर टीचर्स
D. A तथा C दोनों ही

23. नवोदय विद्यालयों के शिक्षकों का व्यय वहन किया जाता है–
A. राज्य सरकार द्वारा
B. केन्द्र सरकार द्वारा
C. A तथा B दोनों ही
D. उपर्युक्त में से किसी के भी द्वारा नहीं

24. अनौपचारिक शिक्षा की व्यवस्था की गई है–
A. 6 से 11 वर्ष के बालकों के लिए
B. 9 से 14 वर्ष के बालकों के लिए
C. 15 से 35 आयु वर्ग के लिए
D. उपरोक्त में से किसी के लिए भी नहीं

25. कक्षा 6-10 तक की शिक्षा कहलाती है–
A. उच्चतर माध्यमिक शिक्षा
B. माध्यमिक शिक्षा
C. उच्च प्राथमिक शिक्षा
D. उपरोक्त में से कोई नहीं

26. भारतीय संविधान में कितने वर्ष के बच्चों के लिए अनिवार्य और निःशुल्क शिक्षा प्रदान करने का प्रावधान है?
A. 5 से 10 वर्ष तक के
B. 6 से 12 वर्ष तक के
C. 6 से 14 वर्ष तक के
D. 8 से 14 वर्ष तक के

27. राष्ट्रीय शिक्षा नीति के अन्तर्गत अनौपचारिक शिक्षा कार्यक्रम चलाया जा रहा है–
A. उन बच्चों के लिए जिन्होंने विद्यालय जाना छोड़ दिया है
B. विद्यालय विहीन टोले के बच्चों के लिए
C. काम-काजी बच्चों के लिए
D. उपर्युक्त सभी के लिए

28. 'बाल केन्द्रित शिक्षा' के लिए निम्नलिखित में से कौन-सा कारक आधार है?
A. वैयक्तिक अन्तर
B. बाल अधिकार
C. सभी बच्चे सभी सन्दर्भों में समान होते हैं
D. बच्चों की निःशुल्क और अनिवार्य शिक्षा का अधिकार अधिनियम, 2009

29. प्राथमिक स्तर पर एक शिक्षक में निम्न में से किसे सबसे महत्वपूर्ण विशेषता मानना चाहिए?
A. पढ़ाने की उत्सुकता
B. धैर्य और दृढ़ता
C. शिक्षण-पद्धतियों और विषयों के ज्ञान में दक्षता
D. अति मानक भाषा में पढ़ाने में दक्षता

30. शिक्षण के अधिगम पर बल देने वाला परिवर्तन हो सकता है–
A. परीक्षा परिणामों पर केन्द्रित होकर
B. बाल-केन्द्रित शिक्षा-पद्धति अपनाकर
C. रटने को प्रोत्साहित करके
D. अग्र शिक्षण की तकनीक अपनाकर

31. निम्नलिखित में से कौन-सी प्रगतिशील शिक्षा की विशेषता है?
A. समय-सारणी और बैठने की व्यवस्था में लचीलापन
B. केवल प्रस्तावित पाठ्य-पुस्तकों पर आधारित अनुदेश
C. परीक्षाओं में अच्छे अंक प्राप्त करने पर बल
D. बार-बार ली जाने वाली परीक्षाएँ

32. जब बच्चा 'फेल' होता है, तो इसका तात्पर्य है कि
A. बच्चा पढ़ाई के योग्य नहीं है
B. बच्चे ने उत्तरों को सही तरीके से याद नहीं किया है
C. बच्चे को प्राइवेट ट्यूशन लेनी चाहिए थी
D. व्यवस्था फेल हुई है

33. प्रोजेक्ट प्रणाली का प्रयोग निम्नलिखित में से किस शिक्षा-पद्धति के अन्तर्गत किया जाता है?
A. पारम्परिक शिक्षा B. प्रगतिशील शिक्षा
C. वैदिक शिक्षा D. इनमें से कोई नहीं

34. बाल-केन्द्रित शिक्षा का समर्थन निम्नलिखित में से किस विचारक द्वारा किया गया?
A. बी एफ स्किनर B. जॉन डीवी
C. एरिक इरिकसन D. चार्ल्स डार्विन

35. किस शिक्षा के अन्तर्गत पिछड़े हुए और मन्दबुद्धि तथा प्रतिभाशाली बालकों के लिए शिक्षा का विशेष पाठ्यक्रम देने का प्रयास किया जाता है?
A. प्रगतिशील शिक्षा
B. नवीन शिक्षा
C. बाल-केन्द्रित शिक्षा
D. सर्वशिक्षा

36. जॉन डीवी द्वारा समर्थित "लैब विद्यालय" के उदाहरण हैं–
A. फैक्ट्री विद्यालय
B. प्रगतिशील विद्यालय
C. पब्लिक विद्यालय
D. सामान्य विद्यालय

उत्तरमाला

1	2	3	4	5	6	7	8	9	10
B	B	D	B	C	C	D	C	B	B
11	**12**	**13**	**14**	**15**	**16**	**17**	**18**	**19**	**20**
A	A	D	A	C	D	D	B	D	C
21	**22**	**23**	**24**	**25**	**26**	**27**	**28**	**29**	**30**
D	D	C	B	B	C	D	D	B	B
31	**32**	**33**	**34**	**35**	**36**				
A	D	B	B	C	B				

5. बुद्धि निर्माण एवं उसके सिद्धांत (Construct of Intelligence and Its Principles)

आमतौर पर बुद्धि का प्रयोग प्रज्ञा, प्रतिभा, ज्ञान एवं समझ इत्यादि जैसे अनेक अर्थों में किया जाता है। यह वह शक्ति है, जो हमें समस्याओं का समाधान करने एवं उद्देश्यों को प्राप्त करने में सक्षम बनाती है।

बुद्धि की परिभाषा को उसके लक्षणों के आधार पर मुख्यतः पांच वर्गों में बांटा गया है–

1. सीखने की योग्यता।
2. समन्वित परिभाषा।
3. समस्या समाधान की योग्यता।
4. अमूर्त चिंतन की योग्यता।
5. समायोजन की योग्यता।

1. सीखने की योग्यता

सीखने की योग्यता के आधार पर निम्न विद्वानों ने बुद्धि की परिभाषा इस प्रकार दी है–

(*i*) **बकिंघम** के अनुसार, "सीखने की योग्यता बुद्धि है।"

(*ii*) **मैक्डूगल** के अनुसार, "बुद्धि जन्मजात प्रवृति को अतीत के अनुभव के प्रकाश में सुधारने की योग्यता है।"

(*iii*) **डियर बोर्न** के अनुसार, "बुद्धि सीखने या अनुभव का लाभ उठाने की योग्यता है।"

2. समन्वित परिभाषा

समन्वित परिभाषा के आधार पर निम्न विद्वानों ने बुद्धि की परिभाषा इस प्रकार दी है–

(*i*) **रेक्सनाइट** के अनुसार, "बुद्धि वह मानसिक योग्यता है जिसके द्वारा हम किसी उद्देश्य की पूर्ति या किसी समस्या का समाधान करने के लिए संबंधित वस्तुओं एवं विचारों को सोचते हैं।"

(*ii*) **वेक्सलर** के अनुसार, "बुद्धि व्यक्ति की संपूर्ण शक्तियों का भोग या सार्वभौमिक योग्यता है जिसके द्वारा वह उद्देश्यपूर्ण कार्य करता है, तर्कपूर्ण ढंग से सोचता है तथा प्रभावपूर्ण ढंग से वातावरण के साथ संपर्क स्थापित करता है।"

3. समस्या समाधान की योग्यता

समस्या समाधान की योग्यता के आधार पर निम्न विद्वानों ने बुद्धि की परिभाषा इस प्रकार दी है–

(*i*) **रेक्सनाइट** के अनुसार, "बुद्धि वह योग्यता है जो लक्ष्य की पूर्ति तथा समस्या समाधान के निमित्त हमारे मन में विचारों को जाग्रत करती है।"

(*ii*) **बर्ट** के अनुसार, "बुद्धि में अच्छी तरह निर्णय करने, समझने तथा तर्क करने की योग्यता है।"

4. अमूर्त चिंतन की योग्यता

अमूर्त चिंतन की योग्यता के आधार पर निम्न विद्वानों ने बुद्धि की परिभाषा इस प्रकार दी है–

(*i*) **स्पीयरमैन** के अनुसार, "बुद्धि सामवर्धिक चिंतन है।"

(*ii*) **विने** के अनुसार, "किसी समस्या को समझना, उसके विषय में तर्क करना तथा किसी निश्चित निर्णय पर पहुंचना बुद्धि की आवश्यक क्रियाएं हैं।"

(*iii*) **टरमन** के अनुसार, "एक व्यक्ति उसी अनुपात में बुद्धिमान है जिसमें वह अमूर्त चिंतन करने की योग्यता रखता है।"

5. समायोजन की योग्यता

समायोजन की योग्यता के आधार पर निम्न विद्वानों ने बुद्धि की परिभाषा इस प्रकार दी है–

(*i*) **कालविन** के अनुसार, "एक व्यक्ति उसी अनुपात में बुद्धि प्रकट करता है जिस अनुपात में वह अपने नए वातावरण में समायोजित होने की क्रिया सीख चुका है या सीख सकता है।"

(*ii*) **स्टर्न** के अनुसार, "नवीन परिस्थितियों में अपने विचारों को समायोजित करने की क्षमता बुद्धि है।"

(*iii*) **क्रूज** के अनुसार, "बुद्धि नवीन एवं विभिन्न परिस्थितियों में अच्छी तरह से समायोजन करने की योग्यता है।"

(*iv*) **बर्ट** के अनुसार, "सापेक्षतया नवीन परिस्थितियों में समायोजन करने की योग्यता को बुद्धि कहते हैं।"

विद्यालय में बुद्धि परीक्षणों के लाभ (Benefits of Intelligence in School)

1. **चुनाव हेतु :** विभिन्न विषयों, कारणों, छात्रवृत्तियों या सहगामी क्रियाओं में चयन के लिए बुद्धि-लब्धि (IQ) के आधार पर बुद्धि-परीक्षणों का चयन किया जाता है।

2. **मार्गदर्शन हेतु :** बालकों को शैक्षणिक और व्यावसायिक निर्देशन के लिए मार्गदर्शन हेतु बुद्धि परीक्षण की आवश्यकता होती है।

3. **बालकों का वर्गीकरण :** विद्यालयों में बालकों के वर्गीकरण के लिए इन परीक्षणों की उपयोगिता रहती है।

बुद्धि के सिद्धांत (Theories of Intelligence)

बुद्धि से संबद्ध विभिन्न पक्षों, यथा–बुद्धि क्या है और इसका निर्माण कैसे हुआ है? आदि प्रश्नों का उत्तर मनोवैज्ञानिक खोजने के लिए सदैव तत्पर रहे हैं। फलतः बुद्धि के उन्होंने अनेक सिद्धांत प्रतिपादित किए जो बुद्धि के स्वरूप का पर्याप्त विवरण देते हैं। इनमें से कुछ प्रमुख सिद्धांत निम्न प्रकार से हैं–

1. एक खंड का सिद्धांत।
2. दो खंड का सिद्धांत।
3. तीन खंड का सिद्धांत।
4. बहुखंड का सिद्धांत।
5. मात्रा सिद्धांत।

1. एक खंड का सिद्धांत (Uni-Factor Theory) : इस सिद्धांत के प्रतिपादक टर्मन और स्टर्न हैं। इनके अनुसार बुद्धि अखंड और अविभाज्य है। इस प्रकार इन्होंने बुद्धि को एक अखंड और अविभाज्य इकाई माना है।

2. दो खंड का सिद्धांत (Two-Factor Theory) : इस सिद्धांत के प्रतिपादक स्पीयरमैन हैं। उनके अनुसार, प्रत्येक व्यक्ति में दो तरह की बुद्धि होती है–सामान्य और विशिष्ट अर्थात् बुद्धि के दो तत्व होते हैं:

(*i*) सामान्य योग्यता।

(*ii*) विशिष्ट योग्यता।

(*i*) **सामान्य योग्यता :** स्पीयरमैन के अनुसार, "सामान्य योग्यता सब व्यक्तियों में कम या अधिक मात्रा में मिलती है।" इसकी मुख्य विशेषताएं हैं–

- यह प्रत्येक व्यक्ति में भिन्न होती है।
- यह उसके सभी मानसिक कार्यों में प्रयोग की जाती है।
- यह भाषा, विज्ञान, दर्शन आदि में सामान्य सफलता प्रदान करती है।
- यह योग्यता व्यक्ति में जन्मजात होती है।
- यह उसमें सदैव एक-सी रहती है।
- यह जिस व्यक्ति में जितनी अधिक होती है उतना ही वह अधिक सफल होता है।

(*ii*) **विशिष्ट योग्यताएं :** इन योग्यताओं का संबंध व्यक्ति के विशिष्ट कार्यों से होता है। इनकी मुख्य विशेषताएं हैं:

- ये योग्यताएं विभिन्न व्यक्तियों में विभिन्न और अलग-अलग मात्रा में होती है।
- जिस व्यक्ति में जो योग्यता अधिक होती है उसी से संबंधित कुशलता में वह विशेष अर्जित करता है।
- योग्यताएं अनेक और एक-दूसरे से स्वतंत्र होती हैं।
- ये योग्यताएं भाषा, विज्ञान, दर्शन आदि में विशेष सफलता प्रदान करती है।
- विभिन्न योग्यताओं का संबंध विभिन्न कुशल कार्यों में होता है।
- ये योग्यताएं अर्जित की जा सकती हैं।

3. तीन खंड का सिद्धांत (Tri-Factor Theory) : दो खंड का सिद्धांत प्रतिपादित करने के बाद स्पीयरमैन ने बुद्धि का एक खंड और बताया। उसने इसका नाम सामूहिक खंड या तत्त्व रखा। उसने इस खंड में ऐसी योग्यताओं को स्थान दिया जो सामान्य योग्यता से श्रेष्ठ और विशिष्ट योग्यताओं से निम्न होने के कारण उनके मध्य का स्थान ग्रहण करती हैं।

4. बहुखंड (Multi Factor) : स्पीयरमैन के बुद्धि के सिद्धांत पर आगे कार्य करके मनोवैज्ञानिकों ने 'बहुखंड का सिद्धांत' प्रतिपादित किया।

कैली ने अपनी पुस्तक में बुद्धि को निम्नलिखित खण्डों या योग्यताओं का समूह बताया है:

- शारीरिक योग्यता
- सामाजिक योग्यता
- शाब्दिक योग्यता
- संगीतात्मक योग्यता
- यांत्रिक योग्यता
- सांख्यिकीय योग्यता
- गामक योग्यता
- स्थानं संबंधी विचार योग्यता
- रुचि

थर्स्टन ने अपनी पुस्तक में बुद्धि के 13 खंड या तत्त्व बताएं हैं। अन्य शब्दों में उसने बुद्धि को 13 मानसिक योग्यताओं का समूह बताया है।

5. मात्रा सिद्धांत (Theory of Quantity) : इस सिद्धांत के प्रतिपादक **थॉर्नडाइक** हैं। वह सामान्य मानसिक योग्यता के समान किसी तत्त्व को स्वीकार नहीं करते। उनके अनुसार मस्तिष्क का गुण स्नायु तंतुओं की मात्रा पर निर्भर करता है। इसका अभिप्राय है कि बुद्धि उतनी ही अच्छी होती है जितने अधिक मस्तिष्क और स्नायुमंडल के संबंध होते हैं।

आधुनिक विचारधारा को व्यक्त करने हेतु **हिवटमर** ने कहा है कि "यह कहने के बजाय कि व्यक्ति में बुद्धि है यह कहना अधिक उपयुक्त है कि वह अधिक बुद्धिमत्तापूर्ण व्यवहार करता है।"

बुद्धि के प्रकार (Types of Intelligence)

कुछ विद्वानों ने (विशेषतः थॉर्नडाइक एवं गैरिट) बुद्धि का वर्गीकरण निम्न प्रकार से किया है–

थॉर्नडाइक के अनुसार बुद्धि का वर्गीकरण

(*i*) **अमूर्त बुद्धि :** अमूर्त बुद्धि ज्ञानोपार्जन के लिए प्रयोग की जाती है। शब्दों, प्रतीकों, समस्या-समाधान आदि के रूप में अमूर्त रूप में अमूर्त बुद्धि का प्रयोग किया जाता है।

(*ii*) **सामाजिक बुद्धि :** इस बुद्धि के द्वारा व्यक्ति समाज में समायोजन करता है। विभिन्न व्यवसायों में सफलता प्राप्त करता है।

(*iii*) **मूर्त/यांत्रिक बुद्धि :** इस बुद्धि की सहायता से व्यक्ति यंत्रों तथा भौतिक वस्तुओं का परिचालन करता है। ऐसे व्यक्ति इंजीनियर, मैकेनिक, तकनीशियन आदि होते हैं।

गैरिट के अनुसार बुद्धि का वर्गीकरण

(*i*) **मूर्त/यांत्रिक बुद्धि :** इस बुद्धि का संबंध यंत्रों और मशीनों से होता है। जिस व्यक्ति में यह बुद्धि होती है वह यंत्रों और मशीनों के कार्य में विशेष रुचि लेता है। अतः इस बुद्धि के व्यक्ति अच्छे कारीगर मैकेनिक, इंजीनियर, औद्योगिक कार्यकर्त्ता आदि होते हैं।

(*ii*) **अमूर्त बुद्धि :** इस बुद्धि का संबंध पुस्तकीय ज्ञान से होता है। जिस व्यक्ति में यह बुद्धि होती है, वह ज्ञान का अर्जन करने में विशेष रुचि लेता है। अतः इस बुद्धि के व्यक्ति अच्छे वकील, डॉक्टर, दार्शनिक, चित्रकार, साहित्यकार आदि होते हैं।

(*iii*) **सामाजिक बुद्धि :** इस बुद्धि का संबंध व्यक्तिगत और सामाजिक कार्यों से होता है। जिस व्यक्ति में यह बुद्धि होती है, वह मिलनसार, सामाजिक कार्यों में रुचि लेने वाला और मानव-संबंध के ज्ञान से परिपूर्ण होता है। अतः इस बुद्धि के व्यक्ति अच्छे मंत्री, व्यवसायी, कूटनीतिज्ञ और सामाजिक कार्यकर्त्ता होते हैं।

बुद्धि की विशेषताएँ (Characteristics of Intelligence)

(*i*) बुद्धि एक जन्मजात शक्ति है।

(*ii*) बुद्धि विभिन्न योग्यताओं का समूह है।

(*iii*) बुद्धि में आत्म निरीक्षण की शक्ति होती है।

(*iv*) लिंग की भिन्नता के कारण, बुद्धि में कोई भिन्नता नहीं आती।

(*v*) किशोरावस्था के समाप्त हो जाने तक बुद्धि का विकास रूक जाता है।

(*vi*) वंश का बुद्धि पर प्रभाव पड़ता है।

बुद्धि-लब्धि (Intelligence Quotient)

बुद्धि-लब्धि से बालक या व्यक्ति की सामान्य योग्यता के विकास की गति मालूम पड़ती है।

कोल एवं **ब्रूस** के अनुसार, ''बुद्धि-लब्धि से यह ज्ञात होता है कि बालक या व्यक्ति की सामान्य योग्यता के विकास की गति कैसी है।''

कोल एवं **ब्रूस** के अनुसार, ''बुद्धि-लब्धि से यह ज्ञात होता है कि बालक की मानसिक योग्यता में किस गति से विकास हो रहा है।

मानसिक आयु ज्ञात करने का विचार प्रारंभ करने का श्रेय **बिने** को है। **टर्मन** ने बिने के विचार को स्वीकार कर परीक्षण किया और इस निष्कर्ष पर पहुंचा कि मानसिक आयु बालक के मानसिक विकास की बुद्धि के बारे में नहीं बता सकती। इस गति को मालूम करने के लिए टर्मन ने बुद्धि-लब्धि निकालने का सूत्र दिया :

$$\text{बुद्धि-लब्धि} = \frac{\text{मानसिक आयु}}{\text{वास्तविक आयु}} \times 100$$

उदाहरण– यदि बालक की मानसिक आयु 20 वर्ष तथा वास्तविक आयु 16 वर्ष है तो उसकी बुद्धिं-लब्धि 125 होगी, जैसे–

$$\text{बुद्धि-लब्धि} = \frac{20}{16} \times 100 = 125$$

टर्मन ने बुद्धि-लब्धि का वर्गीकरण निम्नलिखित प्रकार से किया है :

बुद्धि-लब्धि	बुद्धि का प्रकार
140 से अधिक	प्रतिभाशाली
120 से 140	अति श्रेष्ठ बुद्धि
110-120	श्रेष्ठ बुद्धि
90-110	सामान्य बुद्धि
80-90	मंद बुद्धि
70-80	क्षीण-बुद्धि
70 से कम	निश्चित क्षीण बुद्धि
50-70	अल्प बुद्धि
20 या 25 से 50	मूर्ख बुद्धि
20 या 25 से कम	महामूर्ख

बुद्धि और ज्ञान में अंतर (Difference between Intelligence and Knowledge)

बुद्धि	ज्ञान
(*i*) बातों का जानकर उसका उपयोग करना, बुद्धि है।	बातों का जानना, ज्ञान है।
(*ii*) यह जन्मजात शक्ति है।	यह अर्जित शक्ति है।
(*iii*) बुद्धि से ज्ञान का विकास होता है।	अधिक ज्ञान से बुद्धि का विकास नहीं होता है।

मानसिक आयु (Mental Age)

मानसिक आयु व्यक्ति की मानसिक परिपक्वता की ओर संकेत करती है। एक व्यक्ति की मानसिक आयु जितनी अधिक होती है तो यह माना जाता है कि उसकी विभिन्न मानसिक योग्यताओं का विकास उतना ही अधिक हुआ है अथवा परिपक्व है।

उदाहरणार्थ– यदि 7 वर्ष का बच्चा 12 वर्ष के बच्चे के लिए निर्मित बुद्धि परीक्षण उतनी ही कुशलता से करता है जितना 12 वर्ष का बच्चा करता है तो 7 वर्ष के बच्चे की मानसिक आयु 12 वर्ष होगी और यदि 12 वर्ष का बच्चा 7 वर्ष के बच्चे के लिए निर्धारित परीक्षण को कर पाता है परंतु 12 वर्ष के बच्चों के लिए निर्धारित परीक्षण को नहीं कर पाता तो उसकी मानसिक आयु 7 वर्ष होगी। इस प्रकार मानसिक आयु व्यक्ति के द्वारा प्राप्त विकास की सीमा की वह अभिव्यक्ति है जो एक आयु-विशेष में प्रत्याशित उसके कार्य-निष्पादन के रूप में किया जाता है।

बुद्धि परीक्षाओं का वर्गीकरण (Classification of Intelligence Test)

बुद्धि परीक्षाओं को सामान्य रूप से दो वर्गों में विभाजित किया जाता है :

1. **वैयक्तिक बुद्धि परीक्षा :** यह परीक्षा एक समय में एक व्यक्ति की ली जाती है।
2. **सामूहिक बुद्धि परीक्षा :** यह परीक्षा एक समय में अनेक व्यक्तियों की ली जाती है।

बुद्धि परीक्षा के रूप

1. **भाषात्मक परीक्षा :** यह परीक्षा यह ज्ञात कराती है कि व्यक्ति को लिखने-पढ़ने का कितना ज्ञान है।
2. **क्रियात्मक परीक्षा :** इस परीक्षा विधि में वास्तविक वस्तुओं का प्रयोग किया जाता है तथा परीक्षार्थियों से कुछ समस्यापूर्ण कार्य करने के लिए कहा जाता है।

बुद्धि परीक्षा की उपयोगिता

1. **बालकों की क्षमता के अनुसार कार्य :** बुद्धि परीक्षाओं द्वारा बालकों की सामान्य योग्यता और मानसिक आयु को ज्ञात करके यह अनुमान लगाया जाता है कि उनमें कार्य करने की कितनी क्षमता है।
2. **बालकों की व्यावसायिक योग्यता का ज्ञान :** बुद्धि परीक्षाओं के द्वारा बालकों की व्यावसायिक योग्यताओं का अनुमान लगाया जाता है ताकि उनकी योग्यता के अनुसार व्यवसाओं का चयन करने हेतु परामर्श दिया जा सके।
3. **बालकों की विशिष्ट योग्यताओं का ज्ञान :** बालकों की विशिष्ट योग्यताओं को प्राप्त करके, उनको उचित शैक्षिक निर्देशन दिया जा सकता है।
4. **बालकों का वर्गीकरण :** बुद्धि परीक्षाओं के आधार पर कक्षा के बालकों को तेज बुद्धि, मन्द बुद्धि और साधारण बुद्धि वाले बालकों में विभाजित करके, उनको अलग-अलग शिक्षा दी जा सकती है।

बहुआयामी बुद्धि (Multi-Dimensional Intelligence)

केली एवं थर्सटन नामक मनोवैज्ञानिकों ने बताया कि बुद्धि का निर्माण प्राथमिक, मानसिक योग्यताओं के द्वारा होता है। केली के अनुसार, बुद्धि का निर्माण इन योग्यताओं से होता है–वाचिक योग्यता, गामक योग्यता, सांख्यिकी योग्यता, यांत्रिक योग्यता, सामाजिक योग्यता, संगीतात्मक योग्यता, स्थानिक संबंधों के साथ उचित ढंग से व्यवहार करने की योग्यता, रुचि और शारीरिक योग्यता। थर्सटन का मत है कि बुद्धि इन प्राथमिक मानसिक योग्यताओं का समूह होता है–प्रत्यक्षीकरण संबंधी योग्यता, तार्किक व वाचिक योग्यता, सांख्यिकी योग्यता, स्थानिक या दृश्य योग्यता, समस्या समाधान की योग्यता, स्मृति संबंधी योग्यता, आगमनात्मक योग्यता और निगमनात्मक योग्यता। वैसे तो अधिकतर मनोवैज्ञानिकों ने केली एवं थर्सटन के बुद्धि के सिद्धांतों की आलोचना की, किंतु अधिकतर मनोवैज्ञानिकों ने यह भी माना कि बुद्धि का बहुआयामी होना निश्चित तौर पर संभव है। बहुआयामी बुद्धि होने के कारण ही कुछ लोग कई प्रकार के कौशलों में निपुण होते हैं।

अभ्यास प्रश्न

1. बच्चों की वृद्धि के अनुरूप, उनकी रुचियाँ–
A. बहुमुखी हो जाती हैं
B. सुदृढ़ व सीमित हो जाती हैं
C. अपेक्षाकृत अनियमित दिशा में अग्रसर होती है
D. प्रकृति व संख्या में पहले के समान रहती है

2. क्षीण बुद्धि बच्चों की बुद्धिलब्धि (IQ) होती है–
A. 70-80 के मध्य B. 70 से कम
C. 50 से कम D. 80-90 के मध्य

3. एक बालक की बुद्धि-लब्धि 150 है तो वह बालक कहलायेगा :
A. मन्दबुद्धि B. पिछड़ा
C. प्रतिभाशाली D. असंतुलित

4. बुद्धि-लब्धि (IQ) का संबंध है :
A. ज्ञान से B. विवेक से
C. तर्क से D. बुद्धि से

5. बुद्धि-लब्धि (IQ) को ज्ञात करने का सूत्र किस मनोवैज्ञानिक ने दिया है?
A. थर्स्टन B. स्टर्न
C. स्पीयरमैन D. बिने

6. बुद्धि-लब्धि (IQ) निकालने का सही फार्मूला है :

A. $\frac{\text{वास्तविक आयु}}{\text{मानसिक आयु}} \times 100$

B. $\frac{\text{मानसिक आयु}}{\text{वास्तविक आयु}} \times 100$

C. $\frac{\text{मानसिक आयु}}{100} \times$ वास्तविक आयु

D. $\frac{\text{वास्तविक आयु}}{\text{मानसिक आयु}}$

7. मन्द-बुद्धि बालकों के तादात्मीकरण या निदान की (Diagnosis) विधियाँ हैं–

A. उपलब्धि-परीक्षण (Achievement Tests)

B. मानकीकृत नैदानिक परीक्षण (Standardized)

C. उपरोक्त A. और B.

D. उपरोक्त में से कोई नहीं

8. सामूहिक बुद्धि-परीक्षणों का विकास 1917 में किस नाम से हुआ?

A. आर्मी बीटा (Army Bita)

B. आर्मी गामा (Army Gama)

C. आर्मी अल्फा (Army Alfa)

D. आर्मी ओमेगा (Army Omega)

9. "द्वि-तत्व सिद्धान्त" (Two Factor Theory) किससे सम्बन्धित सिद्धान्त है?

A. व्यक्तित्व B. अभिवृत्ति

C. बुद्धि D. अभिरुचि

10. ज्ञान प्राप्त करने की जो विधियाँ मानी जाती हैं, उसमें से निम्न में जो विधि नहीं है, वह है–

A. सत्ता B. व्यक्तिगत अनुभव

C. निगमन विधि D. ज्ञान

11. निम्न में से कौन-सा बुद्धिमान बच्चे का लक्षण ***नहीं*** है?

A. वह जो प्रवाहपूर्ण एवं उचित तरीके से संप्रेषण करने की क्षमता रखता है–

B. वह जो अमूर्त रूप से सोचता रहता है

C. वह जो नए परिवेश में स्वयं को समायोजित कर सकता है

D. वह जो लंबे निबंधों को बहुत जल्दी रटने की क्षमता रखता है

12. एक शिक्षक को अपने विद्यार्थियों की क्षमताओं को समझने का प्रयास करना चाहिए। निम्नलिखित में से कौन-सा क्षेत्र इस उद्देश्य के साथ संबद्ध है?

A. सामाजिक दर्शन B. मीडिया-मनोविज्ञान

C. शिक्षा-मनोविज्ञान D. शिक्षा-समाजशास्त्र

13. बच्चों के बौद्धिक विकास की चार विशिष्ट अवस्थाओं की पहचान की गई

A. एरिकसन द्वारा B. स्किनर द्वारा

C. पियाजे द्वारा D. कोहलबर्ग द्वारा

14. किसके अनुसार "बुद्धि, ज्ञान अर्जन करने की क्षमता है"?

A. वुडवर्थ B. टर्मन

C. वुडरो विल्सन D. रॉस

15. मानसिक आयु का प्रत्यय किसने दिया था?

A. बिने साइमन B. स्टर्न

C. टर्मन D. सिरिल बर्ट

16. बुद्धि का एक शक्ति सिद्धान्त किसने दिया है?

A. हैजालिट B. थार्नडाइक

C. स्पीयरमैन D. टर्मन

17. निम्नलिखित में से किन परिवारों के अध्ययन से बुद्धि आनुवांशिक मानी गई?

A. कालीकारक वंश B. फ्यूक्स परिवार

C. एडवर्ड्स वंश D. ये सभी

18. द्वि शक्ति (Two Factor) सिद्धांत के प्रतिपादक कौन थे?

A. स्पीयरमैन B. बिने

C. थार्नडाइक D. केटल

19. परिवार के वातावरण में निम्नलिखित में से किसका बौद्धिक विकास पर सबसे अधिक प्रभाव पड़ता है?

A. माता-पिता का चरित्र

B. माता-पिता और बालकों का सम्बन्ध

C. माता-पिता के परस्पर सम्बन्ध

D. परिवार का आर्थिक स्तर

20. गिलफोर्ड ने कारक विश्लेषण के आधार पर कितने कारकों का अस्तित्व प्राप्त कर लिया है?

A. 10 B. 25

C. 80 D. 50

21. मूर्त बुद्धि का अच्छा उदाहरण कौन-सा नहीं है?

A. इंजीनियर B. मैकेनिक

C. कारीगर D. दार्शनिक

22. टर्मन ने बुद्धि को क्या माना है?

A. समायोजन की योग्यता

B. अमूर्त चिन्तन की योग्यता

C. बहु-आयाम सिद्धांत

D. पदानुक्रमिक सिद्धांत

23. बुद्धि के सामूहिक परीक्षण किस प्रकार के होते हैं?

A. पेपर पेंसिल B. मौखिक

C. प्रयोगात्मक D. उपर्युक्त सभी

24. व्यक्तित्व अध्ययन की विषयगत विधि कौन-सी है?

A. हस्तरेखा अध्ययन B. समाजमिति

C. रोर्शा परीक्षण D. निर्धारणमान

25. बुद्धि लब्धि का क्या अर्थ है?

A. बुद्धि लब्धि आयु के साथ बढ़ती है।

B. बुद्धि लब्धि आयु के साथ घटती है।

C. बुद्धि लब्धि में परिवर्तन आता रहता है।

D. बुद्धि लब्धि घटती या बढ़ती नहीं है।

26. प्रतिभाशाली बालकों की बुद्धि-लब्धि प्रसार क्या है?

A. 90-100 B. 110-120

C. 80-90 D. 140 एवं ऊपर

27. बालक की मूल शक्तियों का प्रधान कारक क्या है?

A. वातावरण B. वंशानुक्रम

C. आर्थिक स्थिति D. सामाजिक स्थिति

28. निम्न में से कौन बुद्धि का प्रकार नहीं है?
A. मानसिक बुद्धि B. मूर्त बुद्धि
C. अमूर्त बुद्धि D. सामाजिक बुद्धि

29. टर्मन के अनुसार, सामान्य बुद्धि-लब्धि कितनी है?
A. 80-90 B. 90-110
C. 110-120 D. 120-140

30. बुद्धि का द्वि-तत्व सिद्धांत किसने दिया?
A. गिलफोर्ड B. स्टर्न
C. स्पीयरमैन D. बिने

31. सामूहिक बुद्धि परीक्षण का विकास 1972 में किस नाम से हुआ?
A. आर्मी बीटा B. आर्मी गामा
C. आर्मी एल्फा D. आर्मी ओमेगा

32. बुद्धि मॉडल की संरचना किसके द्वारा प्रस्तुत की गयी है?
A. स्पीयरमैन B. पियाजे
C. गिलफोर्ड D. थार्नडाइक

33. एक शिक्षक के लिए छात्र की बुद्धि-लब्धि की उपयोगिता निम्न में से किसमें है?
A. छात्र की उन्नति करने में
B. छात्र से शैक्षिक प्रत्याशा का मूल्यांकन करने में
C. छात्रों की ग्रेड प्रतिस्थापन करने में
D. पाठ्यक्रम के प्रकरणों को सुनिश्चित करने में

34. मानसिक आयु किसकी माप होती है?
A. मानसिक परिपक्वता
B. मानसिक वृद्धि दर
C. जन्मजात मानसिक शक्ति
D. उसकी आयु वर्ग के समकक्ष अन्य बालकों के बौद्धिक स्तर के समान

35. निम्नलिखित में से कौन-सा सिद्धान्त बुद्धि में अनेक कारक मानता है?
A. एक शक्ति सिद्धांत B. विशिष्ट शक्ति सिद्धांत
C. बहु-शक्ति सिद्धांत D. द्वि-शक्ति सिद्धांत

36. बुद्धि के एक शक्ति सिद्धांत के अनुसार बुद्धि की योग्यता निम्नलिखित में से कैसी है?
A. अकेली B. अनेक
C. कई D. दो

37. यदि एक 12 वर्ष के बालक की मानसिक आयु केवल 10 है, तो शिक्षक को क्या करना चाहिए?
A. छात्र को निम्न कक्षा में स्थानांतरित कर दे ताकि उसको पढ़ाई करने में कठिनाई न हो
B. छात्र में मंद गति से पढ़ने वाले बालकों के समूह में स्थानांतरित कर दें
C. जब तक कि उसका ठीक से परीक्षण न कर लें कोई भी अन्तिम निर्णय न लें।
D. प्रधानाचार्य को संस्तुति करें कि उसके लिए विशेष कक्षा का प्रबन्ध करें।

38. 16 वर्षीय बच्चा बुद्धि-लब्धि परीक्षण में 75 अंक प्राप्त करता है, उसकी मानसिक आयु .... वर्ष होगी।
A. 15 B. 12
C. 08 D. 14

39. निम्नलिखित में से कौन-सी बुद्धि की परिभाषा नहीं है?
A. बुद्धि, कार्य करने की एक विधि है
B. बुद्धि, ज्ञान अर्जन करने की क्षमता है
C. जीवन की अपेक्षाकृत नवीन परिस्थितियों से अपना सामंजस्य करने की व्यक्ति की योग्यता ही बुद्धि है
D. राजनीतिक, आर्थिक एवं सामाजिक शक्ति प्राप्त करने के लिए प्रयुक्त उक्ति बुद्धि है

40. यदि किसी बालक की मानसिक आयु 12 वर्ष एवं वास्तविक आयु 10 वर्ष हो, तो उसका बुद्धि-लब्धांक कितना होगा?
A. 120 B. 100
C. 124 D. 130

41. मनोवैज्ञानिक बिने किस देश के थे?
A. जर्मनी B. फ्रांस
C. अमेरिका D. रूस

42. अशाब्दिक बुद्धि परीक्षणों में शब्दों के स्थान पर किसका प्रयोग होता है?
A. रूप रेखाओं B. चित्रों
C. ज्यामितीय आकृतियों D. ये सभी

43. निम्नांकित में से कौन-सा सिद्धान्त गिलफोर्ड का बुद्धि सम्बन्धी है?
A. द्वि-आयाम सिद्धान्त B. त्रि-आयाम सिद्धान्त
C. बहु-आयाम सिद्धान्त D. पदानुक्रमिक सिद्धान्त

उत्तरमाला

1	2	3	4	5	6	7	8	9	10
A	C	C	D	B	B	C	C	C	D
11	**12**	**13**	**14**	**15**	**16**	**17**	**18**	**19**	**20**
D	C	C	C	D	A	D	A	B	C
21	**22**	**23**	**24**	**25**	**26**	**27**	**28**	**29**	**30**
D	B	A	A	D	D	B	A	B	C
31	**32**	**33**	**34**	**35**	**36**	**37**	**38**	**39**	**40**
C	C	A	A	B	A	C	B	D	A
41	**42**	**43**							
B	D	B							

6. भाषा और विचार (Language and Thought)

भाषा (Language)

भाषा व्यक्ति के भावों को अभिव्यक्त करने का माध्यम है। मनुष्य पशु से श्रेष्ठ इसलिए है, क्योंकि उसके पास एक भाषा है जिसे लोग समझ सकते हैं। पशु-पक्षियों की भी भाषा होती है किंतु उसे कोई समझ नहीं पाता। गूंगे-बहरे लोग भी अपने भावों को समझाने के लिए शरीर के अंगों का सहारा लेते हैं जिसे उसकी शरीर की भाषा कहा जाता है। भाषा एक ऐसा माध्यम है जिससे मनुष्य समाज में अपना एक पृथक स्थान बनाता है जो उसके व्यक्तित्त्व के निर्माण में महत्त्वपूर्ण भूमिका निभाती है। इस तरह स्पष्ट है कि भाषा जन्म के साथ उत्पन्न होती है। बच्चा जन्म के बाद रोता है जो उसकी प्रथम भाषा है। सही अर्थों में भाषा भावों के संप्रेषण का एक माध्यम है। भाषा बौद्धिक क्षमता को भी अभिव्यक्त करती हैं।

प्रायः हम लोग वाणी एवं भाषा दोनों को एक-दूसरे का पर्यायवाची समझते हैं और उसका प्रयोग करते हैं किंतु दोनों में बहुत अंतर होता है। भाषा एवं वाणी को हरलॉक ने निम्न रूप में स्पष्ट किया है–

''भाषा में संप्रेषण के वे सभी साधन आते हैं जिसमें विचारों और भावों को प्रतीकात्मक बना दिया जाता है जिससे कि अपने विचारों और भावों को एक-दूसरे से अर्थपूर्ण ढंग से कहा जा सके।''

''वाणी भाषा का एक स्वरूप है जिसमें अर्थ को दूसरों को व्यक्त करने के लिए कुछ ध्वनियों या शब्द उच्चारित किए जाते हैं।''

इस तरह कहा जा सकता है कि वाणी भाषा का एक विशिष्ट ढंग है। यह मनोक्रियात्मक कौशल है। वाणी केवल मांसपेशियों तथा वाचिक तंत्र में सहायक ही नहीं है अपितु इसका मानसिक पात है–जिसमें कुछ अर्थ जुड़ा रहता है। सभी बच्चों की आवाज वाणी नहीं है, वाणी वह होती है जिसमें पर्याप्त नियंत्रण होता है। बिना नियंत्रण और अर्थ के बोली गई वाणी को 'तोता वाणी' कह सकते हैं। वाणी अर्थयुक्त होती है तथा जिस समाज में बोली जाए उसे सभी लोग समझ सकें। इन दोनों कसौटियों का वाणी में होना आवश्यक है। भाषा व्यापक संकल्पना है। वाणी, भाषा का माध्यम है, भाषा कोई भी हो सकती है, यथा–फ्रेंच, अरबी, अंग्रेजी एवं फारसी इत्यादि। भाषा अर्थहीन भी हो सकती है जिसमें संकेत, हाव-भाव एवं अन्य बहुत-सी चीजें आती हैं। पक्षी और पशु की भी एक भाषा है, कहा जाता है कि पशु-पक्षियों के पास वाणी नहीं होती है। इन बातों का निष्कर्ष यह है कि वाणी वह मनोक्रियात्मक माध्यम है जिससे उसके समुदाय के लोग समझते हैं और प्रभावित होते हैं। **उदाहरणार्थ–**

ऐसी वाणी बोलिए मन का आपा खोय।
औरन को शीतल करे आपहु शीतल होय।।

अर्थात् वाणी में विचार, भाव, मानसिक संचेतना आदि गुण निहित होते हैं जो किसी व्यक्ति और समाज को प्रभावित कर सकते हैं। भाषा में ही वाणी सन्निहित होती है। आदिम मानव भी अपने विचारों का आदान-प्रदान करता था उसमें शरीर का संकेत, गले की आवाज, चिल्लाना अथवा विभिन्न प्रकार की आवाजें (अलग-अलग कार्यों के लिए) करना भी एक भाषा थी लेकिन धीरे-धीरे भाषा विज्ञान का विकास हुआ इसे व्यवस्थित नियम युक्त एवं संगठित किया गया।

भाषा का महत्त्व (Importance of Language)

भाषा किसी व्यक्ति के व्यक्तित्व के आईने के समान है। व्यक्ति का जैसा व्यक्तित्व होगा उसी प्रकार की उसकी भाषा होगी। भाषा से ही व्यक्ति को समाज में सम्मान और अपमान मिलता है। इस तरह भाषा में आकर्षण एवं विकर्षण दोनों गुण होते हैं। भाषा के महत्त्व को निम्न प्रकार से स्पष्ट किया जा सकता है :

1. **शैक्षिक उपलब्धि के महत्त्व :** कक्षा में जिन बालकों की भाषा एवं उच्चारण जितना अच्छा होता है उनकी शैक्षिक उपलब्धि भी उतनी ही अच्छी होती है। भाषा के माध्यम से ही एक छात्र अपनी कक्षा से संबद्ध समस्याओं को छात्रों एवं अध्यापकों के सामने स्पष्टता से रखकर उसे समझ सकता है लेकिन जिसकी भाषा कम प्रभावशाली है उस पर कोई ध्यान नहीं देता है। प्रायः देखा जाता है कि जिसकी भाषा और लिखावट कमजोर है वे कक्षा में अन्य छात्रों से कम अंक प्राप्त करते हैं। यद्यपि उनकी बौद्धिक क्षमता में उनमें कोई कमी नहीं होती है।
2. **सामाजिक मूल्यांकन में सहजता :** बालक समाज में क्या बोलता है? कैसे बोलता है? इसका मूल्यांकन समाज के लोग सामाजिक पृष्ठभूमि में करते हैं। उसकी भाषा ही उसकी योग्यता स्तर तथा यौन उपयुक्तता की मानदण्ड होती है। इससे बालक के भावों एवं विचारों का मूल्यांकन होता है।

3. **इच्छाओं और आवश्यकताओं की पूर्ति में सहायक :** भाषा व्यक्ति को अपनी आवश्यकता, इच्छा, पीड़ा अथवा मनोभाव दूसरे के समझ व्यक्त करने की क्षमता प्रदान करती है जिससे दूसरा व्यक्ति सरलता से उसकी आवश्यकता को समझ कर तत्संबंधी समाधान प्रदान करता है। उदाहरणार्थ–एक बालक यदि केवल रोता है अपने मनोभावों तथा आवश्यकताओं (भूख) को दूसरे के सामने व्यक्त नहीं कर पाता है तो माता-पिता को उसे समझने में कठिनाई होती है। लेकिन वही जब अपनी जुबान से बोल कर दूध या भोजन की मांग करता है तो तुरन्त इसकी पूर्ति हो जाती है और उसे संतुष्टि मिलती है।
4. **दूसरे के विचारों को प्रभावित करने में सहायक :** जिन बच्चों की भाषा प्रिय, मधुर एवं ओजस्वी होती है वे अपने समूह, परिवार अथवा समाज के व्यक्तियों को प्रभावित करते हैं। लोग उन्हीं को अधिक महत्त्व देते हैं जिनका व्यवहार प्रभावपूर्ण होता है।
5. **ध्यान आकर्षित करने में उपयोगी :** सभी बालक चाहते हैं कि लोग उनकी ओर ध्यान दें इसलिए वे अभिभावकों से प्रश्न पूछकर, कोई समस्या प्रस्तुत करके तथा विभिन्न तरीकों का प्रयोग कर उनका ध्यान अपनी ओर खींचते हैं। जो बच्चे चुपचाप रहते हैं या बोलते नहीं उनकी कभी-कभी उपेक्षा हो जाती है।
6. **आत्म-मूल्यांकन में महत्त्व :** बालक जब समाज में बोलता है तो उसके सुनने वालों की उसके प्रति क्या प्रतिक्रिया होती है, दूसरे लोग उसके विषय में क्या समझते हैं उनकी भाषा को सुनकर बालक स्वयं का मूल्यांकन करता है कि लोग उससे प्रभावित हैं या नहीं। समाज का दृष्टिकोण उसके प्रति किस प्रकार का है।
7. **सामाजिक संबंध के लिए महत्त्व :** वाणी से अपने भावों को बालक समाज में अभिव्यक्त करता है जिससे विचारों, भावों को लोग समझते हैं। इससे समाज के बीच आपसी ताल-मेल विकसित होता है जो बच्चे खुलकर अपने विचारों एवं भावों को दूसरों के सामने रखते हैं। उन्हें समाज में सबसे अधिक स्वीकृति मिलती है। दूसरे बालक उसी बालक के साथ उठना-बैठना, खेलना तथा मित्रता करना पसंद करते हैं जिनकी अभिव्यक्ति होती है। और जो अंतर्मुखी होते हैं उनके मित्र भी नहीं होते हैं। बालक अपनी भाषा के द्वारा ही समाज में अच्छा संबंध बनाता है। इसी के द्वारा वैयक्तित्त्व एवं सामाजिक समायोजन होता है।

भाषा के विकास के मुख्य सिद्धांत (Theory of Language Development)

मनुष्य की भाषा किस प्रकार विकसित होती है? उसकी प्रक्रिया क्या है? शब्दों का अर्थों में किस प्रकार समावेश होता है इसको जानने के लिए भाषा विकास के सिद्धांतों को समझना आवश्यक है। मनुष्य बोलने की योग्यता किस प्रकार अर्जित करता है। इस विषय पर विद्वानों ने अपने अध्ययन के आधार पर निम्न सिद्धांतों का प्रतिपादन किया है–

1. **अनुबंधन का सिद्धांत (Theory of Conditional) :** भाषा विकास में अनुबंधन या साहचर्य का बहुत योगदान है। शैशवावस्था में जब बच्चे शब्द सीखते हैं तो सीखना अमूर्त नहीं होता है। वरन किसी मूर्त वस्तु से जोड़कर उन्हें शब्दों की जानकारी दी जाती है। उदाहरण पेंसिल कहने के साथ उन्हें पेंसिल दिखाया जाता है, पानी या दूध कहने पर उन्हें पानी या दूध दिखाया जाता है, चाचा या ताऊ के संकेत के सहारे प्रत्यक्ष रूप से बताया जाता है। इससे बच्चे उस विशिष्ट वस्तु या व्यक्ति से साहचर्य स्थापित कर लेते हैं और अभ्यास हो जाने पर संबंधित वस्तु या व्यक्ति की उपस्थिति पर संबंधित शब्द से संबोधित करते हैं। उद्दीपक और प्रतिक्रिया के बीच संबंध स्थापित होने को ही अनुबंधन कहा जाता है। इसलिए छोटी कक्षाओं में लिखवाने के लिए शिक्षा उपकरणों का प्रयोग किया जाता है। स्किनर का कहना है कि अनुबंधन द्वारा भाषा विकास की प्रक्रिया को सरल बनाया जा सकता है।
2. **चोमस्की का भाषा अर्जित करने का सिद्धांत (Chomsky Theory for Language Acquire) :** चोमस्की का कहना है कि बच्चे शब्दों की निश्चित संख्या से कुछ निश्चित नियमों का अनुकरण करते हुए वाक्यों का निर्माण करना सीख जाते हैं। इन शब्दों से नए-नए वाक्यों एवं शब्दों का निर्माण होता है। इन वाक्यों का निर्माण बच्चे जिन नियमों के अंतर्गत करते हैं, उन्हें चोमस्की ने जेनेरेटिव की संज्ञा प्रदान की है।
3. **परिपक्वता का सिद्धांत (Theory of Maturity) :** परिपक्वता से तात्पर्य है भाषा अवयवों एवं स्वरों पर नियंत्रण होना। बोलने में जिह्वा, गला, तालू, होठ, दांत तथा स्वर यंत्र आदि जिम्मेदार होते हैं। इनमें किसी भी प्रकार की कमजोरी या कमी वाणी को प्रभावित करतो है। इन सभी अंगों में जब परिपक्वता होती है तो भाषा पर नियंत्रण होता है और अभिव्यक्ति अच्छी होती है। विद्वानों के मतानुसार भाषा का विकास स्वरयंत्र की परिपक्वता पर निर्भर करती है, जिनकी स्वरयंत्र में परिपक्वता नहीं होती है, वे शब्दों का उच्चारण नहीं कर पाते हैं। गूंगे व्यक्तियों में स्वर यंत्रों का विकास नहीं होता इसलिए उनमें बोलने की क्षमता नहीं होती है।
4. **अनुकरण का सिद्धांत (Theory of Imitation) :** शर्ली, कर्टी, चैपिनीज तथा वैलेन्टाइन आदि मनोवैज्ञानिकों ने अनुकरण के द्वारा भाषा सीखने का अध्ययन किया है। इनका विचार है कि बालक अपने परिवारजनों तथा साथियों की भाषा का अनुकरण करके सीखता है जैसी

भाषा जिस समाज या परिवार या समूह में बोली जाती है बच्चे उसी भाषा को सीखते हैं। यदि भाषा में किसी प्रकार का दोष है तो अनुकरण से बच्चे वह भी सीख लेते हैं। अतः इस बात का ध्यान रखना चाहिए कि बच्चे दोषपूर्ण भाषा न सीखने पाएं। बच्चे शिष्टाचार के साथ अश्लील एवं अशिष्ट शब्दों का भी अनुकरण कर लेते हैं। इसे सामाजिक अधिगम भी कहा जाता है। बालक समाज से ही विशाल शब्दों का भंडार सीखता है। साथ ही बोलने के तौर-तरीके भी वह समाज से ही सीखता है।

उपरोक्त बातों से स्पष्ट है कि बालक समाज, परिवार तथा विद्यालय से शब्दों एवं वाक्यों का संग्रह करते हैं। इन शब्दों को वे गठित एवं व्यवस्थित करते हैं। इनकी समझ पैदा करते हैं और अंत में इन्हीं शब्दों के आधार पर नवीन वाक्यों की रचना करते हैं।

भाषा के विकास की मुख्य अवस्थाएं (Important Stages of Language Development)

भाषा के विकास की अवस्थाओं को मुख्यतः दो वर्गों में बांटा गया है–

(*i*) भाषा का प्रारंभिक रूप–रोना, बलबलाना, हाव-भाव या संकेत आदि।

(*ii*) वास्तविक भाषा की अभिव्यक्ति–आकलन या बोध शक्ति, शब्द भंडार, वाक्य निर्माण, शुद्ध उच्चारण आदि।

भाषा के विकास को प्रभावित करने वाले मुख्य कारक (Effecting Factors of Language Development)

सभी बालकों में भाषायी विकास एक समान नहीं होता है। किसी में भाषायी विकास तीव्रता से तो किसी में मंदता से होता है। भाषायी विकास पर कुछ तत्त्वों का प्रभाव पड़ता है, इनमें प्रमुख तत्त्व निम्नलिखित हैं–

(*i*) **व्यक्तित्त्व :** कुछ अध्ययनों में यह पाया गया है कि जो बच्चे उत्साही होते हैं उनमें भाषायी विकास शांत स्वभाव के बच्चों से अधिक होता है। फुर्तीले, चुस्त एवं बहिर्मुखी स्वभाव वाले बच्चों का भाषा विकास तीव्र होता है।

(*ii*) **परिपक्वता :** आवश्यक परिपक्वता के अभाव में भी भाषा का विकास प्रभावित होता है। हरलॉक का कहना है कि भाषा का प्रशिक्षण देते समय इस बात का ध्यान रखना चाहिए कि बच्चों में आवश्यक परिपक्वता आ चुकी है या नहीं। भाषा विकास में फेफड़े, स्वरयंत्रों, जीभ, दांत, तालू, होठ तथा वाणी केंद्र (मस्तिष्क में स्थित होता है) का परिपक्व होना आवश्यक है। ये अंग जितने अधिक परिपक्व होते हैं भाषा विकास उतना ही अधिक होता है।

(*iii*) **सामाजिक-आर्थिक स्तर :** प्रायः ऐसा देखा जाता है कि जिन बालकों का सामाजिक-आर्थिक स्तर निम्न होता है वे देर से बोलना सीखते हैं। जरसील्ड एवं गैसिल आदि जैसे मनोवैज्ञानिकों के अध्ययन से इस बात की पुष्टि हुई कि उच्च वर्ग के शिशु जल्दी बोलना सीखते हैं, अधिक बोलते हैं तथा उनका उच्चारण भी शुद्ध होता है। डेविस, आल्सटाईन, स्कील्स आदि जैसे मनोवैज्ञानिकों ने अनाथ बच्चों के अध्ययन से पाया कि इन बच्चों में भाषायी विकास कम होता है। इनका शब्द भंडार भी कम होता है। प्रायः यह भी देखा जाता है कि ग्रामीण क्षेत्र में पढ़ने वाले बच्चों की शाब्दिक क्षमता शहरो या अन्य पब्लिक स्कूल में पढ़ने वाले बच्चों से कम होती है।

(*iv*) **स्वास्थ्य :** जिन बच्चों का स्वास्थ्य जितना अच्छा होता है उनमें भाषा विकास की गति उतनी तीव्र होती है क्योंकि सामाजिक समूहों से उन्हें अच्छी प्रेरणा मिलती है, वे बच्चे अपने समूह के साथ खेलते हैं, अंतःक्रिया करते हैं, लेकिन बीमार बच्चे समूह में खेल नहीं पाते। शारीरिक अवयवों का भी विकास बाधित होता है। स्मिथ ने बच्चों की भाषा पर बीमारी के प्रभावों का अध्ययन करके निष्कर्ष निकाला कि बीमार बच्चों में भाषायी विकास की गति धीमी होती है। इसी प्रकार का अध्ययन लॉवेल और मारकेल ने भी किया और पाया कि जो बच्चे लंबी अवधि तक बीमार रहते हैं उनमें भाषायी विकास कमजोर होता है।

(*v*) **प्रशिक्षण की विधियाँ :** अधिनायकवादी प्रशिक्षण जिसमें बच्चों की भावनाओं का ख्याल नहीं रखा जाता है एवं किसी चीज को डांट कर सिखाया जाता है तो ऐसे प्रशिक्षण में भाषा का विकास नहीं होता। जिस परिवार या विद्यालय में लोकतांत्रिक विधियों का प्रयोग होता है, बालक को स्वतंत्रता होती है, उसमें भाषा का विकास तीव्रता से होता है। भाषा सिखाने के लिए मूर्त से अमूर्त, सरल से कठिन, ज्ञात से अज्ञात की ओर चलने के सिद्धांतों का पालन करना चाहिए। उदाहरणार्थ–मातृभाषा से अंग्रेजी सिखाई जाए तो आसान होता है। एक साथ एक भाषा का प्रशिक्षण हो लेकिन यह देखा जा रहा है कि भारतवर्ष के आधुनिक पब्लिक स्कूलों में शिशुओं को एक साथ दो से अधिक भाषाएं सिखाई जाती हैं जो उचित नहीं हैं। मातृभाषा का पूर्ण ज्ञान हो जाए तो उस भाषा की सहायता से दूसरी भाषा सिखाना उचित होता है।

(*vi*) **द्वि-भाषावाद :** यदि कोई द्विभाषा-भाषी परिवार है, उदाहरणार्थ–पिता हिन्दी बोलने वाला और माता शुद्ध बांग्ला बोलने वाली हो तो ऐसे में बच्चों का भाषा विकास प्रभावित होता है क्योंकि बच्चे भ्रमित हो जाते हैं कि वे कौन-सी भाषा सीखें। वर्तमान समय में यह देखा जा रहा है कि बच्चों की भाषा क्षमता क्षीण होती

जा रही है तथा उसका बड़ा ही स्पष्ट कारण है कि हिन्दी भाषा-भाषी परिवार में उत्पन्न हुए बच्चों का 3 वर्ष की आयु में अंग्रेजी स्कूलों में प्रवेश करा दिया जाता है। इन स्कूलों में अंग्रेजी के अतिरिक्त दूसरी भाषा बोली ही नहीं जाती है और जैसे ही बालक स्कूल से घर में कदम रखता है वहां हिन्दी और भोजपुरी के अतिरिक्त अंग्रेजी की पृष्ठभूमि ही नहीं है। ऐसी स्थिति में बालक कौन-सी भाषा सीखे यह उसके सामने दुविधा होती है। अंग्रेजी भाषा का विकास हिन्दी पृष्ठभूमि में नहीं हो सकता। अतः भाषा विकास अवरुद्ध हो जाता है या इसमें अपेक्षित सफलता नहीं मिलती।

(*vii*) **बहुजन्मता :** किए गए एक अध्ययन में यह पाया गया है कि यदि एक साथ अधिक संतानें उत्पन्न होती हैं तो उनमें भाषायी विकास विलंब से होता है। इसका कारण है कि बच्चे एक-दूसरे का अनुकरण करते हैं और दोनों ही अपरिपक्व होते हैं। उनमें उपयुक्त प्रतिमान नहीं मिल पाता। उदाहरणार्थ–यदि एक बच्चा गलत उच्चारण करता है तो उसकी नकल करके दूसरा भी वैसा ही उच्चारण करेगा।

(*viii*) **लिंगीय भिन्नता :** वाणी विकास में लिंग का प्रभाव भी स्पष्ट दृष्टिगोचर होता है। इरविन और चेन ने लिंगीय भेद का अध्ययन करके निष्कर्ष निकाला कि प्रथम वर्ष में बालक एवं बालिकाओं की भाषा में अंतर नहीं होता लेकिन दूसरे वर्ष से बालिकाओं की क्षमता बालकों से अधिक हो गई। बालिकाओं का भाषा प्रवाह बालकों से अच्छा रहा। बालिकाएं जल्दी बोलना भी सीखती हैं, जहां बालक छोटे-छोटे वाक्य बोलते हैं वहीं लड़कियां बड़े वाक्यों को बोलने में सक्षम हो जाती हैं। बालिकाएं बालकों की अपेक्षा शुद्ध उच्चारण करती हैं।

(*ix*) **बुद्धि :** हरलॉक के अनुसार, जिन बच्चों की बुद्धि-लब्धि (I.Q.) उच्च होती है उनमें भाषा विकास अपेक्षाकृत कम बुद्धि वालों से अच्छा होता है। इरविन और स्पाईकर के मतानुसार बुद्धि-लब्धि और भाषा संबंधी योग्यता में घनिष्ठ संबंध है। टरमैन, फिशर और यम्बा का मानना है कि तीव्र बुद्धि बालकों का उच्चारण और शब्द भंडार अधिक होता है। प्रायः देखा जाता है कि प्रतिभाशाली बालक अपनी अवस्था के बालकों से पहले बोलना सीख लेते हैं, उनके शब्द भंडार की क्षमता भी सामान्य बालकों से अधिक होती है तथा वे बहुत स्पष्ट और शुद्ध उच्चारण भी करते हैं।

(*x*) **परिवार का आकार :** अकेला बालक या छोटे परिवार में बालक की भाषा शक्ति का विकास बड़े आकार के परिवार से अच्छा होता है क्योंकि छोटे परिवार में माता-पिता बच्चे के प्रशिक्षण उनसे वार्तालाप पर अधिक ध्यान दे पाते हैं जबकि बड़े परिवार में समय कम मिलता है।

(*xi*) **संवेगात्मक तनाव :** जिन बच्चों के संवेगों का कठोरता से दमन कर दिया जाता है ऐसे बच्चों में भाषा विकास देर से होता है। उदाहरणार्थ–यदि एक वर्ष के शिशु को सौतेली मां कटु या कठोर स्वभाव की मिल जाए और बात-बात पर उसे झिड़कती, डांटती, पीटती तथा उपेक्षित करती रहे तो बालक का विकास प्रभावित हो जाता है तथा वह देर में एवं अस्पष्ट बोलता है।

भाषा दोष एवं उसके प्रकार (Language Error and Its Types)

यदि बालक अपने स्वर यंत्रों पर नियंत्रण नहीं कर पाता है तो उसमें भाषा दोष उत्पन्न हो जाता है। ऐसे बालक समाज से कतराने लगते हैं। इनमें हीनता की भावना विकसित हो जाती है, ये अकेले में रहते हैं तथा किसी के सामने बोलने में झिझकते हैं। भाषा दोष का प्रभाव बालक के जीवन के अन्य क्षेत्रों पर भी पड़ता है। उनकी शैक्षिक उपलब्धि भी प्रभावित होती है। इन बालकों को पिछड़ा बालक कहा जाता है। भाषा दोष के मुख्य प्रकार निम्नवत् हैं–

1. अस्पष्ट उच्चारण,
2. ध्वनि परिवर्तन,
3. तीव्र अस्पष्ट,
4. हकलाना, और
5. तुतलाना।

चिंतन/विचार (Thought)

चिंतन विचार करने की वह मानसिक प्रक्रिया है, जो किसी समस्या के कारण आरंभ होती है और उसके अंत तक चलती रहती है। विभिन्न विद्वानों ने चिंतन की परिभाषा भिन्न-भिन्न प्रकार से दी है। कुछ विद्वानों द्वारा चिंतन की परिभाषा निम्न प्रकार से दी गई है–

रॉस के अनुसार, "चिंतन, मानसिक क्रिया का ज्ञानात्मक पहलू है या मन की बातों से संबंधित मानसिक क्रिया है।"

रायबर्न के अनुसार, "चिंतन, इच्छा-संबंधी प्रक्रिया है, जो किसी असंतोष के कारण आरंभ होती है और प्रयास एवं त्रुटि के आधार पर चलती हुई उस अंतिम स्थिति पर पहुंच जाती है, जो इच्छा को संतुष्ट करती है।"

वेलेण्टाइन के अनुसार, "चिंतन शब्द का प्रयोग उस क्रिया के लिए किया जाता है, जिसमें शृंखलाबद्ध विचार किसी लक्ष्य या उद्देश्य की ओर अविराम गति से प्रवाहित होते हैं।"

उपर्युक्त दी गई परिभाषाओं से स्पष्ट है कि चिंतन मानसिक क्रिया का ज्ञानात्मक पथ है। चिंतन की प्रक्रिया किसी विशेष उद्देश्य की ओर परिलक्षित होती है। इसमें इच्छा तथा असंतोष अत्यंत महत्त्वपूर्ण हैं क्योंकि इच्छा तथा असंतोष मनुष्य को चिंतन के लिए बाध्य करते हैं।

चिंतन के प्रकार (Types of Thought)

चिंतन के मुख्यतः चार प्रकार हैं–

1. **कल्पनात्मक चिंतन :** इस चिंतन का संबंध पूर्व-अनुभवों पर आधारित भविष्य से होता है। जब माता-पिता बाजार जाते हैं तब बालक कल्पना करता है कि वे वहां से लौटने पर उसके लिए टॉफी लाएंगें। इस चिंतन में भाषा और नाम का प्रयोग नहीं किया जाता है।
2. **तार्किक चिंतन :** अमेरिकी मनोवैज्ञानिक जॉन डीवी ने तार्किक चिंतन को विचारात्मक चिंतन की संज्ञा दी है। यह सबसे उच्च प्रकार का चिंतन है। इसका संबंध किसी समस्या के समाधान से होता है।
3. **प्रत्ययात्मक चिंतन :** इस चिंतन का संबंध पूर्व-निर्मित प्रत्ययों से होता है, जिनकी सहायता से भविष्य के किसी निश्चय पर पहुंचा जाता है। कुत्ते को देखकर बालक अपने मन में प्रत्यय का निर्माण कर लेता है। अतः जब वह भविष्य में कुत्ते को फिर देखता है तब वह उसकी ओर संकेत करते हुए कहता है–'कुत्ता'। इस चिंतन में भाषा और नाम का प्रयोग किया जाता है।
4. **प्रत्यक्षात्मक चिंतन :** यह निम्न स्तरीय चिंतन है। अतः यह विशेष रूप से पशुओं और बालकों में पाया जाता है। इस चिंतन का संबंध पूर्व अनुभवों पर आधारित वर्तमान की वस्तुओं से होता है। माता-पिता के बाजार से लौटने पर यदि बालक को उनसे काफी दिनों तक टॉफी मिलती रहती है तो जब भी वे बाजार से लौटते हैं, तभी टॉफी का विचार उसके मस्तिष्क में आ जाता है और वह दौड़ता हुआ उनके पास जाता है।

चिंतन तथा भाषा (Thought and Language)

चिंतन प्रक्रिया प्रतीक और चिन्हों के आधार पर चलती है। प्रतीक और चिन्हों का आधार भाषा होती है। चिंतन के समय बालक के अंदर आंतरिक भाषण होता है। कई बार चिंतन करते समय बालक बोलने लगता है। कुछ अध्ययनों में यह देखा गया है कि जिस बालक में भाषा की योग्यता जितनी अधिक होती है उसमें चिंतन की योग्यता भी उसी रूप में उतनी अधिक होती है क्योंकि भाषा-वृद्धि के साथ-साथ बालकों में ज्ञान-वृद्धि होती है और ज्ञान-वृद्धि से चिंतन शक्ति का भी विकास होता है। भाषा के द्वारा बालक चिंतन को व्यक्त भी कर सकता है। बालक भाषा के द्वारा अपने अथवा दूसरों के चिंतन को रेकार्ड कर सकता है। इस प्रकार वह अपने चिंतन का दूसरों को लाभ दे सकता है तथा दूसरों के चिंतन का स्वयं लाभ उठा सकता है। अतः कहा जा सकता है कि चिंतन के लिए भाषा आवश्यक ही नहीं अपितु उसे व्यक्त करने का साधन भी है। भाषा के अभाव में चिंतन को व्यक्त करना कठिन है। जहां भाषा से चिंतन का विकास होता है वहां चिंतन भाषा को भी विकसित करता है। अतः कहा जा सकता है कि चिंतन और भाषा दोनों में घनिष्ठ संबंध है।

पहले ऐसा माना जाता था कि विचार प्रतिमा रहित या सहित होते हैं। परंतु आज यह माना जाता है कि विचार दोनों प्रकार के होते हैं–प्रतिमा रहित भी और प्रतिमा सहित भी। चिंतन के लिए यद्यपि भाषा बहुत आवश्यक है परंतु भाषा के बिना भी चिंतन संभव है क्योंकि व्यक्ति उन वस्तुओं के संबंध में भी चिंतन करते देखा गया है, जिनका कि वह नाम तक नहीं जानता है। कभी-कभी चिंतन को स्पष्ट करने के लिए भाषा पर्याप्त नहीं होती है, इस अवस्था में चिंतन को चित्रों और मॉडल के द्वारा व्यक्त किया जाता है।

चिंतन तथा कल्पना में अन्तर
(Difference between Thought and Imagination)

चिंतन	कल्पना
1. इसकी सहायता से बालक समस्या के विभिन्न पहलुओं को समझने की कोशिश करता है, क्योंकि इन पहलुओं को समझे बिना समस्या का समाधान संभव नहीं हो सकता।	1. इसमें समस्या के समाधान की परिस्थिति को नए-नए रूपों में देखा जाता है।
2. इसमें तर्क की प्रधानता होती है। समस्या समाधान में तर्क की सहायता से सूक्ष्म पहलुओं को जाना जाता है।	2. इसमें तर्क का अभाव होता है।
3. बालक में चिंतन बहुधा समस्या की उपस्थिति पर आरंभ होता है। अर्थात् जब बालक के सामने कोई समस्या आती है तभी उसमें चिंतन की प्रक्रिया होती है, व्यर्थ में बालक चिंता नहीं करता है।	3. कल्पना के लिए परिस्थिति या समस्या की विशेष आवश्यकता नहीं होती है।
4. चिंतन में समस्या समाधान में प्रयत्न और भूल की क्रिया रहती है।	4. कल्पना में प्रयत्न और भूल का अभाव होता है।
5. यह वास्तविकता से संबंधित होता है।	5. कल्पना का संबंध वास्तविकता से भी हो सकता है और नहीं भी।

चिंतन का विकास (Development of Thought)

चिंतन का विकास भाषा के विकास के कुछ समय बाद प्रारंभ हो जाता है। लगभग एक-दो वर्ष की अवस्था में बालक में चिंतन का विकास प्रारंभ हो जाता है। बालक में सर्वप्रथम प्रत्यक्षात्मक चिंतन का विकास प्रारंभ होता है। बालक के चारो ओर जो मूर्त वस्तुएं और उत्तेजनाएं होती है, सर्वप्रथम वह उनके संबंध में चिंतन प्रारंभ करता है। उदाहरणार्थ–मेज, कुर्सी, खिलौने तथा परिवार के सदस्यों आदि के संबंध में वह सर्वप्रथम चिंतन प्रारंभ करता है। पियाजे का विचार है कि

लगभग सात वर्ष की अवस्था तक बालक की प्रवृत्ति आत्मकेंद्रित प्रकार की होती है। अतः बालक अपने स्वयं के संबंध में ही चिंतन अधिक करता है। उसमें इस अवस्था के चिंतन में तार्किकता का अभाव होता है। लगभग पांच-छः वर्ष की अवस्था से बालक में कल्पनात्मक तथा प्रत्ययात्मक चिंतन प्रारंभ हो जाती है। वुडवर्थ ने इन दोनों प्रकार के चिंतनों को विचारात्मक चिंतन कहा है। बालक में इस अवस्था में प्रतीकों के माध्यम से भी चिंतन का अभाव होता है। लगभग सात वर्ष की अवस्था से लगभग पंद्रह वर्ष की अवस्था तक चिंतन का तीव्र गति से विकास होता है। आयु बढ़ने के साथ-साथ चिंतन में तर्क की प्रधानता भी बढ़ती जाती है।

3 से 7 वर्ष की अवस्था के बालकों के चिंतन में पियाजे ने निम्नलिखित विशेषताएं बताई हैं–

(*i*) इस समय उनके चिंतन का स्तर निम्न होता है। वे अधिकतर जीवन से संबंधित बातों पर चिंतन करते हैं।

(*ii*) उनके चिंतन में तार्किक संगति का अभाव पाया जाता है। इस आयु के बालकों में कार्य-कारण संबंध नहीं दिखाई देता है।

(*iii*) एक ही घटना के आधार पर सामान्यीकरण करना। अन्य शब्दों में, इस आयु के बालक एक घटना के आधार पर ही निष्कर्ष निकालते हैं। वह पूर्ण घटनाओं-अनुभवों का लाभ नहीं उठा पाते हैं।

(*iv*) इस आयु वर्ग के बालकों के चिंतन की प्रवृत्ति आत्म-केंद्रित प्रकार की होती है। अन्य शब्दों में, उनके चिंतन का विषय स्वयं के संबंध में होता है।

(*v*) इस आयु वर्ग का बालक अपने वातावरण के चारों ओर स्थित वस्तुओं को चाहे वह सजीव हो या निर्जीव सभी को चेतनामय या सजीव समझता है। अन्य शब्दों में, उसके चिंतन में जीववाद पाया जाता है।

क्रो और **क्रो** के अनुसार, चिंतन की योग्यता सफल जीवन के लिए आवश्यक है। अतः संरक्षकों और शिक्षकों को चाहिए कि बालकों में इस योग्यता के विकास पर ध्यान दें। चिंतन की योग्यता के विकास में निम्नलिखित उपाय सहायक हैं–

(*i*) बालकों को चिंतन के लिए प्रोत्साहित और प्रेरित करना चाहिए। बालकों के भाषा ज्ञान को उच्च करने के उपाय करने चाहिए जिससे वह समय-समय पर अपने विचारों की अभिव्यक्ति कर सके।

(*ii*) बालकों की रुचियों के विकास पर ध्यान देना चाहिए। रुचियों के अभाव में चिंतन योग्यता कठिनाई से विकसित हो पाती है।

(*iii*) शिक्षक और माता-पिता को बालकों को नवीन बातों की समय-समय पर अर्थात् उनकी आयु के अनुसार जानकारी देनी चाहिए जिससे उनमें चिंतन का विकास सुचारु रूप से चल सके।

(*iv*) बालकों को उनकी आयु के अनुसार समस्या का समाधान करना भी माता-पिता और शिक्षकों को सिखलाना चाहिए क्योंकि समस्या समाधान से भी चिंतन विकसित होता है।

(*v*) तर्क एवं वाद-विवाद की भी चिंतन योग्यता के विकास में महत्त्वपूर्ण भूमिका है, इनको भी सिखाने के अवसर देने चाहिए।

(*vi*) बालकों को ऐसा प्रेरक वातावरण समय-समय पर उपलब्ध कराना चाहिए जिससे वे चिंतन के महत्त्व को समझें और योग्यता को बढ़ाने के लिए प्रदत्त वातावरण का लाभ उठा सकें।

(*vii*) बालकों को उनकी आयु के अनुसार समय-समय पर ऐसे कार्य सौंपे जाने चाहिए जिससे उनमें उत्तरदायित्व की भावना का विकास हो सके और उत्तरदायित्व के निर्वाहन हेतु चिंतन के लिए प्रेरित हो सकें।

अभ्यास प्रश्न

1. वह खेल जिसमें बालक स्वयं कुछ बनाता है :
A. रचनात्मक B. काल्पनिक
C. स्वतन्त्र D. इनमें से कोई नहीं

2. भाषा विकास के क्रम में अंतिम क्रम (सोपान) है :
A. ध्वनि पहचानना
B. ध्वनि उच्चारण
C. शब्दोच्चारण
D. भाषा विकास की पूर्णावस्था

3. सृजनात्मक चिन्तन होता है–
A. उच्च अपसारी चिन्तन
B. अभिसारी चिन्तन
C. भाषा विकास
D. मूल्यांकन

4. किसी बच्चे के चिन्तन में आयु के बढ़ने के साथ-साथ किसकी प्रधानता बढ़ती है?
A. तर्क की B. सामान्यीकरण
C. आत्मकेन्द्रीकरण D. जीववाद की

5. कई पदों के योग से बने कौन-से पदबन्ध कहलाते हैं?
A. वाक्य B. शब्द
C. मुहावरे D. वाक्यांश

6. किसी बच्चे में चिन्तन का प्रमुख कारण क्या है?
(*i*) समस्या समाधान करना
(*ii*) निर्णय लेने की भावना
(*iii*) वातावरण के प्रति चैतन्य समायोजन करने हेतु
A. केवल (*i*) B. केवल (*iii*)
C. (*i*) एवं (*ii*) D. ये सभी

7. सार्थक शब्दों का व्यवस्थित समूह जिससे अपेक्षित अर्थ प्रकट हो .... कहलाता है।

A. रूपिम B. पदबन्ध
C. स्वनिम D. वाक्य

8. चिन्तन अनिवार्य रूप से है एक

A. संज्ञानात्मक गतिविधि B. मनोगतिक प्रक्रिया
C. मनोवैज्ञानिक परिघटना D. भावात्मक व्यवहार

9. सृजनात्मकता मुख्य रूप से .... से सम्बन्धित है।

A. मॉडलिंग B. अनुकरण
C. अभिसारी D. अपसारी चिन्तन

10. एक विद्यार्थी कहता है, "उसका दादा आया है।" एक शिक्षक होने के नाते आपकी प्रतिक्रिया होनी चाहिए।

A. अच्छा, उसके दादाजी आए हैं
B. बच्चे, आप सही वाक्य नहीं बोल रहे
C. "दादा आया है" की जगह पर "दादाजी आए हैं" कहना चाहिए
D. आप अपनी भाषा पर ध्यान दीजिए

11. थ, फ, च ध्वनियाँ है

A. स्वनिम B. रूपिम
C. लेखीम D. शब्दिम

12. भाषा में अर्थ की सबसे छोटी इकाई .... है।

A. संकेत प्रयोग विज्ञान (प्रैगमैटिक्स)
B. रूपिम
C. स्वनिम
D. वाक्य

13. निम्नलिखित में से कौन-सी समस्या-समाधान की वैज्ञानिक पद्धति का पहला चरण है?

A. प्राक्कल्पना का निर्माण करना
B. प्राक्कल्पना का परीक्षण करना
C. समस्या के प्रति जागरूकता
D. प्रासंगिक जानकारी को एकत्र करना

14. चिन्तन में .... शामिल हैं।

A. प्रतिमा, कल्पना, संकल्पना, प्रतिज्ञप्ति
B. कल्पना, भाषा, संकल्पना, प्रतिज्ञप्ति
C. प्रतिमा, भाषा, संकल्पना, प्रतिज्ञप्ति
D. प्रतिमा, संकल्पना, कल्पना, प्रतिज्ञप्ति

15. चिन्तन के सूचना प्रक्रमण सिद्धान्त में निम्नलिखित चरण आते हैं–

(*i*) प्रतिक्रिया क्रियान्वयन (*ii*) प्रतिक्रिया चयन
(*iii*) पूर्व-प्रक्रमण (*iv*) श्रेणीकरण

A. (*ii*), (*iv*), (*iii*), (*i*) B. (*iii*), (*i*), (*iv*), (*ii*)
C. (*iv*), (*iii*), (*ii*), (*i*) D. (*iii*), (*iv*), (*ii*), (*i*)

16. भाषा विकास में सहयोग करने का कौन-सा तरीका गलत है?

A. बच्चे को बिना टोके प्रकरण पर बात करना
B. उसकी अपनी भाषा के प्रयोग को अमान्य करना
C. उसके प्रयोगों का समर्थन करना
D. भाषा के प्रयोग के अवसर उपलब्ध कराना

17. "मैडम चाय खाती है" वाक्य

A. वाक्य-विन्यास की दृष्टि से सही है लेकिन अर्थ-विज्ञान की दृष्टि से गलत है
B. अर्थ-विज्ञान की दृष्टि से सही है लेकिन वाक्य-विन्यास की दृष्टि से गलत है
C. अर्थ-विज्ञान एवं वाक्य-विन्यास दोनों की दृष्टि से गलत है
D. अर्थ-विज्ञान एवं वाक्य-विन्यास दोनों की दृष्टि से सही है

18. निम्नलिखित में से कौन-सी विशेषता समस्या-समाधान का विशेष चिन्ह है?

A. समस्या मौलिक होती है
B. समस्या कथन में संकेत अन्तर्निहित रूप से दिया जाता है
C. समस्या केवल एक सिद्धान्त पर आधारित होती है
D. सही उत्तर प्राप्त करने का सामान्यतः एक उपागम होता है

19. बच्चे द्वारा 'संकल्पना-निर्माण' के सम्बन्ध में निम्नलिखित में से कौन-सा कथन सही है?

A. संकल्पनाएँ संवेगात्मक रूप से सुव्यवस्थित होती हैं
B. संकल्पनाएँ विकास की एक निश्चित संरचनात्मक व्यवस्था होती है
C. संकल्पनाओं की प्रकृति पदानुक्रमिक नहीं होती
D. संकल्पनाएँ वैयक्तिक नहीं होती

20. शिक्षक .... के अलावा निम्नलिखित सभी को करते हुए समस्या समाधान को विद्यार्थियों के लिए मजेदार बना सकता है।

A. मुक्त अन्त वाली सामग्री उपलब्ध कराने
B. मुक्त खेल के लिए समय देने
C. सृजनात्मक चिन्तन के लिए असीमित अवसर उपलब्ध कराने
D. जब विद्यार्थी से कोई कार्य कराने की कोशिश कर रहे हों, तो उनसे परिपूर्णता की अपेक्षा करने

उत्तरमाला

1	2	3	4	5	6	7	8	9	10
A	D	A	A	A	D	D	A	D	A
11	**12**	**13**	**14**	**15**	**16**	**17**	**18**	**19**	**20**
A	C	C	C	D	B	A	B	B	D

7. समाज निर्माण में लिंग की भूमिका (Role of Gender in Social Construct)

व्यक्ति एवं व्यक्ति, समुदाय एवं समुदाय, जाति एवं जाति के बीच पाई जाने वाली भिन्नता एक वैश्विक घटना है। ऐसे में एक प्रश्न उठता है कि आखिर ये भेद क्यों है एवं इसके लक्षण क्या हैं? इस प्रकार के भेदों का मापन शारीरिक तथा मनोवैज्ञानिक आधार पर किस प्रकार किया जाए?

लिंग और उसकी भूमिका (Role of Gender)

जब वर्ग भेद की चर्चा की जाती है जो उसके गुण-दोष एवं लक्षण आदि की भी चर्चा जरूरी है। इस वर्ग का कुछ आधार भी हो सकता है। यथा–व्यक्तित्व, सामाजिक-आर्थिक स्तर, जाति, लिंग अवस्था आदि। यदि हम इन समूहों के मध्य व्याप्त वर्गीकरण अथवा भेदों को जानने की रुचि रखते हैं तो हमें दैनिक जीवन की समस्याओं को सुलझाने में सहायता मिलती है।

वर्तमान परिदृश्य में समानता की मांग सामयिक मुद्दा है। इस समानता का तात्पर्य नकारात्मक न होकर सकारात्मक है। यहां समानता का तात्पर्य समान शैक्षिक योग्यता, समान क्षमता, समान अधिकार, समान कुशलता तथा पढ़ाई एवं कार्य के समान अवसर से है। अन्य शब्दों में कहा जा सकता है कि हम स्त्री-पुरुष में वर्ग के आधार पर लिंग भेद को मान्यता नहीं देते हैं। लिंग भेद का सिद्धांत मूलतः भेद पर ही आधारित है, अर्थात् स्त्री तथा पुरुष में कुछ भेद पाए जाते हैं भले ही हम कहें कि इनके बीच सामाजिक तथा शैक्षिक आधार पर कोई भेद नहीं है। इस भेद से एक महत्त्वपूर्ण प्रश्न उत्पन्न होता है कि क्या महिलाएं शारीरिक लक्षण, कौशल, जीवन मूल्य, दक्षता के आधार पर पुरुषों से कुछ भिन्न हैं अथवा नहीं? यदि इस आधार पर इनमें कोई भिन्नता नहीं पाई जाती है तो इस बात की जांच-पड़ताल आवश्यक है कि क्यों इनके साथ कुछ क्षेत्रों में भेद-भाव किया जाता है?

लैंगिक भेद-भाव (Gender Differentiation)

मनोविज्ञान के अध्ययन के क्षेत्र में लिंग भेद पर आधारित विषय अन्य विषयों की तुलना में काफी रुचिकर विषय हैं। शिक्षा, वैवाहिक संबंधों की सफलता, रहन-सहन तथा कार्यक्षेत्र संबंधी अनेक सामाजिक समस्याओं का संबंध इनकी सफलता से संबद्ध है। अनेक शिक्षाविदों तथा शिक्षा मनोवैज्ञानिकों ने महिला तथा पुरुषों की उपलब्धि की तुलना को अपने अनुसंधान का विषय-वस्तु बनाया है। इन्होंने अपने नमूनों (samples) को दो भागों–महिला और पुरुष में बांटा है। इन शोधों से प्राप्त तथ्यों के अनुसार सामाजिक तथा शारीरिक आधार पर महिला और पुरुष में भिन्नता है। इस अनुसंधान का मुख्य लक्ष्य था महिला और पुरुष के भेद को लिंग व्यवहार के आधार पर समुचित रूप से समझना। इस अनुसंधान का आधार सामान्यतः मनोवैज्ञानिक ही था। ये तथ्य इस अवधारणा की पुष्टि करते हैं कि शारीरिक बनावट के अनुसार स्त्री-पुरुष के संवेगों में भी अंतर होता है। हालांकि इस भेद का आधार सामाजिक न होकर लक्षण विशेष पर आधारित अनुसंधान है जिसमें बाह्य कारकों तथा अन्य लक्षणों के अंतःसंबंधों के परस्पर संबंधों को भी जानने एवं समझने का प्रयत्न किया गया है।

इन वर्ग भेदों में कौन-से मुख्य हैं और कौन-से गौण यह कहना बहुत मुश्किल है। जहां तक सामान्य बुद्धि की बात है वहां महिला और पुरुष वर्गों में समानता देखने को मिलती है। इनमें भेद कुछ विशेष योग्यताओं या लक्षणों को लेकर है। सामान्यतः पुरुषों में महिलाओं की तुलना में तर्क करने, वस्तुओं में समानता संबंधी खोज करने तथा सामान्य ज्ञान के क्षेत्र में कुछ श्रेष्ठता के संकेत पाए जाते हैं। पुरुष जहां स्थानिक संबंध की दृष्टि से भेद की सूक्ष्मता को पहचानने में अधिक सक्षम है वहां शाब्दिक अभिक्षमता तथा स्मरण शक्ति के क्षेत्र में महिलाएं अधिक सक्षम हैं। अनुसंधानों से यह बात भी सामने आयी है कि छात्राओं का भाषायी विकास छात्रों की तुलना में अल्पायु से ही अधिक होता है। अनुसंधानों से इस बात की भी पुष्टि हुई है कि विद्यालयपूर्व आयु वर्ग की बालिकाओं की शब्दावली इस आयुवर्ग के बालकों की तुलना में अधिक सक्षम होती है। इतना ही नहीं छात्राओं की पठन गति भी छात्रों से अधिक होती है। सामान्यतः दोनों वर्गों की बुद्धि अथवा शैक्षिक क्षमता में इतना भेद नहीं होता है कि वे किसी प्रदत्त कार्य को न्यूनाधिक क्षमता से सम्पन्न न करें। इन तथ्यों के आधार पर यही निष्कर्ष निकलता है कि शैक्षिक कार्यक्रम तथा पाठ्यक्रम के समायोजन के समय छात्र-छात्राओं में कोई भेदभाव नहीं बरतना चाहिए। छात्र-छात्राओं की पाठ्यचर्या में अंतर जन्मजात बौद्धिक स्तर के कारण नहीं होता है। उनमें अंतर का मुख्य कारण भावी जीवन की आवश्यकताओं के अनुसार निर्धारित होता है।

शैक्षिक अभ्यास (Educational Practice)

वर्तमान सामाजिक ढांचे में भी लड़की एवं लड़के में भिन्नता देखने को मिलती है। समाज लड़की को लड़के से कमतर आंकता है तथा उसे निश्चित रूढ़िगत कामों में लगा देता है। शिक्षण के दौरान शिक्षक भी लड़कियों पर अवांछित टिप्पणी

करते हैं जो शिक्षण की नीति के प्रतिकूल है। ऐसे शिक्षकों में प्रायः यह धारणा होती है कि लड़कियों के लिए ऐसी शिक्षा व्यवस्था होनी चाहिए जो उन्हें सद्गृहिणी तथा आदर्श माता बनने के लिए प्रेरक का कार्य करे। इस प्रकार का विचार न केवल व्यक्तित्त्व की भिन्नता संबंधी गुणों की अवहेलना करता है अपितु इस तथ्य की भी उपेक्षा करता है कि बालक-बालिकाओं को कुछ समान कौशल सिखाने की भी आवश्यकता है। जैसा कि पहले भी बताया जा चुका है कि बालक तथा बालिकाएं कुछ क्षेत्रों या योग्यताओं में अवश्य भिन्न हैं और इन क्षेत्रों में ये एक-दूसरे से आगे भी निकल जाते हैं। इसी आधार पर जन्मजात योग्यताओं के अधिकतम विकास के लिए विशेष शिक्षण रीति-नीति अपनाने की आवश्यकता है तथा अभाव के क्षेत्र को भी प्रबल करने के लिए विशेष पद्धतियों का आश्रय लेने की आवश्यकता है। एक अध्यापक को अध्यापक के नाते लिंग भेद आधारित भावना के विरुद्ध साहसिक कदम उठाना चाहिए। इसके साथ-साथ लड़के-लड़कियों के बीच पाए जाने वाले वास्तविक भेदों को भी पहचानना तथा उन्हें स्वीकार करना चाहिए। साथ ही साथ अध्ययन के समय उसी प्रकार की रीति-नीति का उपयोग करना चाहिए।

आज भी लड़कियों के प्रति सामाजिक दृष्टिकोण परंपरागत ही है। इसका महत्त्वपूर्ण प्रमाण उनके प्रति अपनाए जाने वाले व्यवहार और उनकी शिक्षा-दीक्षा के संबंध में देखने को मिलता है। यद्यपि ये बातें सभी जगह लागू नहीं होती किंतु यह प्रायः देखा जाता है। इस संबंध में भी वर्ग भेद पर्याप्त रूप से देखने को मिलता है। समाज के उच्च वर्ग की अपेक्षा निम्न वर्ग से आने वाली लड़कियों के संदर्भ में इस स्तर पर और भी भेद पाया जाता है। अनुसूचित जातियों, अनुसूचित जनजातियों तथा अन्य अभावग्रस्त व सुविधाविहीन सामाजिक स्तर से आने वाली लड़कियों को कुछ अन्य टिप्पणियों से भी दो-चार होना पड़ता है, जैसे- यह कि ये अभावग्रस्त परिवारों से हैं तथा यह कि ये आर्थिक दृष्टि से पिछड़े तथा दलित हैं। ऐसे में ये बातें उन्हें शैक्षिक तथा सामाजिक दृष्टिकोण से विकसित बनने में बाधा उत्पन्न करता है। इतना ही नहीं इस समुदाय के लोग यह भी सोचते हैं कि लड़कियों की पढ़ाई पर किए जाने वाले खर्च को यदि उनके विवाह पर खर्च किया जाए तो वह अधिक लाभप्रद और उपयोगी होगा। हालांकि वर्तमान में कई राज्य सरकारों ने लड़कियों की शिक्षा के लिए अनेक कल्याणकारी योजनाओं का शुभारंभ किया है फिर भी लड़कियों की एक बड़ी आबादी अभी भी विद्यालय तक नहीं पहुंच पाई है। ऐसे में लड़कियों की शिक्षा से संबंधित विभिन्न पहलुओं, यथा—सामाजिक, शैक्षिक एवं आर्थिक पर चिंतन करना शिक्षक का महत्त्वपूर्ण दायित्व बन जाता है।

अभ्यास प्रश्न

1. वैदिक काल में स्त्री-शिक्षा के प्रमाण स्वरूप निम्नांकित विदुषी महिला के नाम उल्लेखनीय है–

A. अपाला B. गार्गी

C. घोषा D. उपरोक्त सभी

2. अभिरुचि, अभिवृत्ति, उपलब्धि तथा लैंगिक कौन-सी विभिन्नताओं के क्षेत्र हैं?

A. व्यक्ति की आंतरिक विभिन्नताएँ

B. सामाजिक विभिन्नताएँ

C. वैयक्तिक विभिन्नताएँ

D. चारित्रिक विभिन्नताएँ

3. 'पुरुष स्त्रियों की अपेक्षा ज्यादा बुद्धिमान् होते हैं।' यह कथन

A. लैंगिक पूर्वाग्रह को प्रदर्शित करता है

B. बुद्धि के भिन्न पक्षों के लिए सही है

C. सही है

D. सही हो सकता है

4. लड़कियों को घर के काम-काज में अधिक ध्यान देने के लिए कहना किस को दर्शाता है?

A. रूढ़िबद्धता B. प्रगतिशील चिन्तन

C. मनोवैज्ञानिक चिन्तन D. मनोवैज्ञानिक प्रकृति

5. छात्र एवं छात्राओं के बीच लैंगिक प्रभावों को कम करने के लिए उपयुक्त उपाय है

(*i*) छात्राओं को छात्रों के समान अधिकार देना।

(*ii*) छात्राओं को छात्रों के समान कार्य के समान अवसर उपलब्ध कराना।

(*iii*) छात्राओं को छात्रों के समान शैक्षिक योग्यता की समानता उपलब्ध करना

A. केवल (*i*) B. केवल (*iii*)

C. केवल (*ii*) D. ये सभी

6. ''भारत की 2011 की जनगणना (बाल्य आयु वर्ग) में लिंग अनुपात 2001 की जनगणना के अनुसार 927 से घटकर 914 ही रह गया है।'' इसका सर्वाधिक प्रमुख कारण निम्नलिखित में से क्या हो सकता है?

A. लैंगिक भेदभाव

B. स्त्री शिक्षा को बढ़ाबा देना

C. स्त्री-शिक्षा में कमी

D. स्त्रियों का खराब स्वास्थ्य

7. एक अच्छी पाठ्य-पुस्तक .... से बचाती है।

A. लैंगिक पूर्वाग्रह B. लैंगिक संवेदनशीलता

C. लैंगिक समानता D. सामाजिक उत्तरदायित्व

8. कक्षा-कक्ष में शिक्षक और विद्यार्थी किस प्रकार जेण्डर को .... करते हैं? यह सीखने के वातावरण ....।

A. परिभाषित; को कम प्रभावी बनाता है

B. व्याख्यायित; पर कोई प्रभाव नहीं डालता

C. निर्मित; पर प्रभाव नहीं डालता
D. रूपान्तरित; को क्षुब्ध करता है

9. सामाजिक भूमिकाओं के कारण न कि जीव वैज्ञानिक सम्पत्ति के कारण सौंपी गई विशिष्टताएँ .... कहलाती है।
A. जेंडर भूमिका रूढ़िबद्धता
B. जेंडर भूमिका दबाव
C. जेंडर भूमिका अभिवृत्ति
D. जेंडर भूमिका नेदानिकी

10. समाजीकरण में सम्मिलित हैं–सांस्कृतिक संचरण और ....।
A. संवेगात्मक समर्थन उपलब्ध कराना
B. बच्चों को लेबलों में समायोजित करना
C. वैयक्तिक व्यक्तित्व विकास
D. विद्रोहियों को निरूत्साहित करना

11. विद्यालय में लिंग भेदभाव से बचने का सर्वोत्तम तरीका हो सकता है
A. विद्यालय में लिंग भेदभाव को दूर करने के लिए नियम बनाना और कड़ाई से उसका पालन करवाना
B. संगीत प्रतियोगिता के लिए लड़कियों की अपेक्षा लड़कों का चयन करना
C. शिक्षकों द्वारा उनके लिंग-पक्षपातपूर्ण व्यवहारों का अधिसंज्ञान
D. पुरूष एवं महिला शिक्षकों को समान संख्या में भर्ती करना

12. छात्राओं के निजी संसार पर किसका प्रभाव पड़ता है?
(*i*) सामाजिक मान्यताओं का
(*ii*) लैंगिक भेद-भाव का
(*iii*) परिवार में उनके स्थान का
A. केवल (*iii*) B. केवल (*i*)
C. (*ii*) एवं (*i*) D. ये सभी

13. विज्ञान के प्रयोगों में, सामान्यतः लड़के उपकरणों का नियंत्रण अपने हाथों में लेते हैं और लड़कियों से आँकड़ों को रिकॉर्ड करने अथवा बर्तनों को धोने के लिए कहते हैं। यह प्रकृति यह दर्शाती है कि–
A. लड़कियाँ बेहतरीन अवलोकनकर्ता होती हैं और बिना किसी गलती के आँकड़ों का रिकॉर्ड रखती हैं
B. पुरूष और स्त्री की रूढ़िबद्ध भूमिकाएँ विद्यालय में भी होती है
C. लड़के उपकरणों को ज्यादा कुशलता से सम्भाल सकते हैं क्योंकि वे इस प्रकार के कार्यो को करने में प्राकृतिक रूप से सक्षम होते हैं
D. लड़कियाँ नाजुक होने के कारण ऐसे काम करना पसन्द करती हैं, जिनमें ऊर्जा की खपत कम होती है

14. मोनिका, जो गणित की शिक्षिका है, पूजा से एक प्रश्न पूछती है। पूजा से कोई उत्तर न मिलने पर वह तुरन्त करन से दूसरा प्रश्न पूछती है। जब उसे महसूस होता है कि करन उत्तर बनाने में संघर्ष कर रहा है, तो वह अपने प्रश्न के शब्दों को बदलती है। मोनिका की यह प्रवृत्ति यह प्रदर्शित करती है कि वह
A. इस तथ्य से पूर्णतः परिचित है कि पूजा सवालों के जवाब देने के योग्य नहीं है
B. अपने सवाल के प्रति थोड़ा घबरा गई है
C. पूजा को किसी उलझनपूर्ण स्थिति में नहीं डालना चाह रही है
D. करन का पक्ष लेकर लिंग भूमिकाओं में रूढ़िबद्धता को बढ़ावा दे रही है

15. कक्षा में जेंडर रूढ़िबद्धता से बचने के लिए एक शिक्षक को
A. लड़के-लड़कियों को एकसाथ अपारम्परिक भूमिकाओं में रखना चाहिए
B. लड़कों को जोखिम उठाने और निर्भीक बनने के लिए प्रोत्साहित करना
C. कुश्ती में भाग लेने के लिए लड़कियों को निरूत्साहित करना
D. 'अच्छी लड़की', 'अच्छा लड़का' कहकर शिक्षार्थियों के अच्छे कार्य की सराहना करनी चाहिए

16. राज्य स्तर की एक एकल-गायन प्रतियोगिता के लिए विद्यार्थियों को तैयार करते समय, एक विद्यालय लड़कियों को वरीयता देता है। यह दर्शाता है–
A. प्रगतिशील चिन्तन B. लैंगिक पूर्वाग्रह
C. वैश्विक प्रवृत्तियाँ D. प्रयोजनात्मक उपागम

17. पूर्व माध्यमिक कक्षाओं में छात्राएँ, छात्रों की अपेक्षा अधिक कुशल होती हैं–
A. पठन गति में B. बुद्धि में
C. शैक्षिक अभिक्षमता में D. ये सभी

18. एक अध्यापक को अपनी शैक्षिक क्रियाओं के अभियोजन के समय जातीय भेदभाव के सन्दर्भ में अपनी शिक्षण प्रक्रिया में क्या अपनाना चाहिए?
A. कठोरता व लचीलापन दोनों
B. न कठोरता न ही लचीलापन
C. लचीलापन
D. कठोरता

19. लैंगिक भेदभाव को दूर करने के लिए शिक्षा व्यवस्था में आवश्यक उपाय है
A. छात्र-छात्राओं के लिए विशिष्ट प्रावधान
B. छात्र-छात्राओं के लिए समान प्रावधान
C. छात्र-छात्राओं के लिए असमान प्रावधान
D. उपरोक्त में से कोई नहीं

20. आदिवासी जाति की छात्राओं के शिक्षण में आने वाली प्रमुख समस्या है
A. उनका उच्च सामाजिक स्तर

B. उनका मजबूत आर्थिक स्तर
C. सुविधाओं की अपर्याप्तता
D. उपरोक्त में से कोई नहीं

21. एक अध्यापक को अपनी कक्षा में निम्न में से किस तथ्य को नकारना चाहिए?
A. छात्र-छात्राओं के व्यवहार सम्बन्धी विकारों को
B. छात्र-छात्राओं के झगड़ों से सम्बन्धित मुद्दों को
C. छात्र-छात्राओं के पठन सम्बन्धी विकारों को
D. छात्र-छात्राओं के मध्य लैंगिक भेदभाव को

22. किसी व्यक्ति की व्यक्तिगत विभिन्नता के क्षेत्र हैं
A. शारीरिक संरचना
B. मानसिक योग्यताएँ
C. लिंग भेद
D. उपरोक्त सभी

उत्तरमाला

1	2	3	4	5	6	7	8	9	10
D	C	A	A	D	A	A	C	A	C
11	**12**	**13**	**14**	**15**	**16**	**17**	**18**	**19**	**20**
C	D	B	D	A	B	A	C	B	C
21	**22**								
D	D								

8. अधिगम का मूल्यांकन (Evaluation of Learning)

चूंकि शिक्षा का संबंध बच्चे के सर्वांगीण विकास (शारीरिक, सामाजिक, बौद्धिक एवं भावनात्मक आदि) से है। इसलिए बच्चे के विकास के सभी पहलुओं को आंके जाने की आवश्यकता है। वर्तमान समय में हम बच्चे को पूरे रूप में नहीं आंकते, बल्कि विशिष्ट क्षेत्रों में केवल उसकी शैक्षिक उपलब्धियों का मूल्यांकन करते हैं। हम शिक्षार्थी का मूल्यांकन बुनियादी रूप से उसके परीक्षा परिणामों के आधार पर करते हैं। हम सीखने के लिए किए गए प्रयास, कार्य निष्पादन, अभिवृत्तियों का और जो कुछ सीखा गया है, उसका उपयोग विभिन्न स्थितियों में करने की योग्यता का मूल्यांकन नहीं करते और न ही हम उनका मूल्यांकन इस आधार पर करते हैं कि वे तकनीकें कितनी प्रभावकारी रूप से कार्य करती हैं अथवा विभिन्न सिद्धांतों का मूल्यांकन कितने विवेचनात्मक ढंग से करते हैं।

इस प्रक्रिया के स्वरूप को अधिक व्यापक बनाने के लिए महत्त्वपूर्ण है कि बच्चे की शिक्षा-प्राप्ति का निर्धारण कक्षा के अंदर और बाहर हर प्रकार की स्थितियों और वातावरण में किया जाए। यह जरूरी है कि मूल्यांकन की प्रक्रिया सूचना प्रदान करने के तरीके और उस प्रत्युत्तर (Feedback) का भाग हो कि स्कूल और अध्यापक शिक्षा के प्रत्याशित परिणाम प्राप्त करने में किस हद तक सफल हुए हैं।

विद्यालय आधारित मूल्यांकन (School Based Evaluation)

विद्यालय आधारित मूल्यांकन विद्यालय शिक्षा बोर्डों द्वारा ली जाने वाली परीक्षाओं के विपरीत, स्कूल स्तर पर किया जाता है। यह मूल्यांकन विद्यालय द्वारा विकसित अनुसूची और बोर्ड द्वारा जारी किए गए मार्ग-निर्देशों के अनुसार अध्यापकों द्वारा किया जाता है। यद्यपि यह मूल्यांकन हमेशा विद्यालय के स्तर पर किया जाता रहा है, किंतु इस प्रणाली में कुछ त्रुटियां उत्पन्न हो गई हैं। इन त्रुटियों के मुख्य कारण निम्न हो सकते हैं :

(*i*) मूल्यांकन के स्थान एवं शिक्षा की प्रक्रिया में इसके महत्त्व के बारे में अध्यापकों की गलत धारणा।

(*ii*) बाह्य परीक्षा की प्रथा का अनुकरण जो सामान्य रूप से सत्र के अंत में ली जाती है।

वर्तमान दौर में मूल्यांकन की विद्यालय-आधारित प्रणाली में, मूल्यांकन के प्रयोजन का केंद्र-बिंदु बदल गया है। अब इसमें तत्परता परीक्षण, विकास की जांच परख, संज्ञानात्मक, भावात्मक और मनो-प्रेरक क्षेत्रों में कार्य निष्पादन का बार-बार सुनियोजित और प्रभावकारी तरीके से मूल्यांकन किया जाना शामिल है।

अन्य शब्दों में, विद्यालय-आधारित मूल्यांकन बाल-केंद्रित, विद्यालय-केंद्रित और बहुआयामी मूल्यांकन होता है। यह सही मायने में शिक्षार्थी के सर्वतोमुखी विकास का सूत्रपात करता है। यह विद्यालय के अंदर और विद्यालय के बाहर दोनों जगहों पर जीवन में सभी प्रकार की शिक्षा प्राप्ति को प्रोत्साहित करता है। यह बाल-केंद्रित होता है, क्योंकि यह विकास के वैयक्तिक स्वरूप की दृष्टि से विद्यार्थी को एक अद्वितीय अस्तित्व मानता है। यह अपनी शिक्षा के पहले से निर्धारित लक्ष्यों और उद्देश्यों को प्राप्त करने के लिए शिक्षार्थी का एक अलग व्यक्तित्व के रूप में, अन्य शिक्षार्थियों की तुलना में केवल उसकी स्थिति के रूप में नहीं बल्कि प्रत्येक बच्चे की अपनी वैयक्तिक योग्यताओं, प्रगति और विकास के आधार पर निर्माण करता है।

विद्यालय आधारित मूल्यांकन की विशेषताएं (Characteristics of School Based Evaluation)

I. विद्यार्थी से संबद्ध विशेषताएं

(*i*) यह पारंपरिक प्रणाली से अधिक विस्तृत, अधिक व्यापक और सतत होता है।

(*ii*) इसका मुख्य लक्ष्य शिक्षार्थी को सुनियोजित अधिगम और विकास की ओर उन्मुख करने में सहायता देना होता है।

(*iii*) यह भविष्य के जिम्मेदार नागरिक के रूप में शिक्षार्थी की आवश्यकताओं का ध्यान रखता है।

(*iv*) यह अधिक पारदर्शी, भविष्यात्मक और शिक्षार्थियों, अध्यापकों और माता-पिता के बीच सहयोजन की अधिक गुंजाइश मुहैया कराने वाला होता है।

(*v*) यह शिक्षार्थी को अपनी क्षमता का बेहतर तरीके से उपयोग करने में सहायता देता है।

II. अध्यापक से संबद्ध विशेषताएं

विद्यालय आधारित प्रणाली में अध्यापकों को अपने विद्यार्थियों के बारे में निम्नलिखित बातें जानने का अवसर मिलता है–

(*i*) वे क्या सीखते हैं?

(*ii*) वे कैसे सीखते हैं?

(*iii*) इकट्ठा सीखने में उन्हें किस प्रकार की कठिनाइयों अथवा सीमाओं का सामना करना पड़ता है?

(*iv*) बच्चे क्या सोचते हैं?

(*v*) बच्चे क्या महसूस करते हैं?

(*vi*) उनकी रुचियां और प्रवृत्तियां क्या हैं?

(*vii*) यह अध्यापकों को ऐसे तरीकों को ढूंढने के लिए पैनी दृष्टि प्रदान करता है, जो अलग-अलग शिक्षार्थियों के लिए अपनी समस्याओं और कठिनाइयों का समाधान करने में सहायक सिद्ध हो सकते हैं।

सतत् और व्यापक मूल्यांकन (CCE)

सतत् और व्यापक मूल्यांकन का तात्पर्य विद्यार्थियों के विद्यालय आधारित मूल्यांकन की उस प्रणाली के बारे में है, जिसमें विद्यार्थियों के विकास के सभी पहलुओं की ओर ध्यान दिया जाता है।

'सतत्' शब्द का उद्देश्य इस बात पर बल देना है कि बच्चों की 'संवृद्धि और विकास' के अभिज्ञात पहलुओं का मूल्यांकन एक घटना होने के बजाए एक सतत् प्रक्रिया है, जो अध्यापन-शिक्षा-प्राप्ति की संपूर्ण प्रक्रिया के अंदर निर्मित है और शैक्षिक सत्र की समूची अवधि में फैली होती है। इसका अर्थ है निर्धारण की नियमितता, यूनिट परीक्षण की आवृत्ति, शिक्षा-प्राप्ति की कमियों का निदान, सुधारात्मक उपायों का उपयोग, पुनः परीक्षण और अध्यापकों और छात्रों के स्व-मूल्यांकन के लिए उन्हें घटनाओं के प्रमाण का फीडबैक।

'व्यापक' का अर्थ है कि यह योजना विद्यार्थियों की संवृद्धि और विकास के शैक्षिक और सह-शैक्षिक दोनों क्षेत्रों को समाहित करने का प्रयास करती है। चूंकि योग्यताएं, अभिवृत्तियां और अभिरुचियां अपने आपको लिखित शब्दों से भिन्न अन्य रूपों में प्रकट करती हैं, इसलिए इस शब्द में विभिन्न प्रकार के साधनों और तकनीकों (परीक्षण और गैर-परीक्षण) के उपयोग और शिक्षा-प्राप्ति के क्षेत्रों में शिक्षार्थियों के विकास को आंकने के लक्ष्यों का उल्लेख किया गया है, यथा–

(*i*) ज्ञान,

(*ii*) समझना/बोध,

(*iii*) अनुप्रयोग,

(*iv*) विश्लेषण,

(*v*) मूल्यांकन और

(*vi*) सृजन।

इस प्रकार स्पष्ट है कि सतत एवं व्यापक मूल्यांकन एक पाठ्यचर्या संबंधी पहल है, जिसमें परीक्षण के स्थान पर संपूर्णवादी शिक्षा प्राप्ति पर जोर दिए जाने का प्रयास किया जाता है। इसका लक्ष्य अच्छे स्वास्थ्य, उपयुक्त कौशलों और वांछनीय गुणवत्ता वाले और इसके अलावा शैक्षिक उत्कृष्टता वाले अच्छे नागरिकों का निर्माण करना है।

सतत एवं व्यापक मूल्यांकन का उद्देश्य (Objective of Continuous and Comprehensive Evaluation (CCE))

(*i*) संज्ञानात्मक, मनोप्रेरक (साइकोमोटर) और प्रभावकारी कौशलों का विकास करने में सहायता देना।

(*ii*) चिंतन की प्रक्रिया पर जोर देना और कंठस्थ करने पर बल न देना।

(*iii*) मूल्यांकन को अध्यापन-शिक्षा-प्राप्ति की प्रक्रिया का अभिन्न अंग बनाना।

(*iv*) मूल्यांकन का उपयोग नियमित निदान और उसके बाद उपचारात्मक अनुदेश के आधार पर विद्यार्थियों की उपलब्धियों और अध्यापन-शिक्षा-प्राप्ति की कार्यनीतियों में सुधार करने के लिए करना।

(*v*) कार्य-निष्पादन का वांछित स्तर बनाए रखने के लिए मूल्यांकन का उपयोग एक गुणवत्ता नियंत्रण साधन के रूप में करना।

(*vi*) किसी कार्यक्रम की सामाजिक उपयोगिता, वांछनीयता अथवा प्रभावकारिता निर्धारित करना और शिक्षार्थी, शिक्षा-प्राप्ति की प्रक्रिया और शिक्षा-प्राप्ति के वातावरण के बारे में उपर्युक्त निर्णय लेना।

(*vii*) अध्यापन और शिक्षा-प्राप्ति की प्रक्रिया को शिक्षार्थी-केंद्रित क्रियाकलाप बनाना।

अधिगम का मूल्यांकन (Learning Evaluation)

अधिगम के मूल्यांकन में उपलब्ध प्रमाणों के साथ कार्य करना शामिल है, जो स्टाफ और व्यापक मूल्यांकन समुदाय को विद्यार्थियों की प्रगति की जांच करने और इस सूचना का अनेक तरीकों से इस्तेमाल करने में समर्थ बनाता है। मूल्यांकन के दो स्तर हैं– (*i*) रचनात्मक मूल्यांकन (Formative Assessment) एवं (*ii*) सारांशात्मक मूल्यांकन (Summative Assessment)।

(*i*) **रचनात्मक मूल्यांकन (Formative Assessment) :** इस मूल्यांकन को सीखने/अधिगम का मूल्यांकन भी कहा जाता है। इसका उपयोग अध्यापक द्वारा विद्यार्थी की प्रगति को एक ऐसे वातावरण में मॉनीटर करने के लिए किया जाता है, जो घबड़ाहट पैदा करने वाला न हो और प्रोत्साहन देने वाला हो। इसमें विद्यार्थी को नियमित प्रत्युत्तर मुहैया कराना और उसे अपने कार्य-निष्पादन पर विचार करने, सलाह प्राप्त करने और उसमें सुधार करने का अवसर प्रदान करना शामिल है। इसमें विद्यार्थियों को स्व-मूल्यांकन करने अथवा अपने समकक्षों का मूल्यांकन करने की कसौटियां तय करने के एक आवश्यक भाग के रूप में शामिल किया जाता है। यदि इसे प्रभावकारी रूप से उपयोग में लाया जाए तो यह बच्चे के आत्म-सम्मान को बढ़ाते हुए और अध्यापक के कार्य भार को घटाकर, विद्यार्थी के कार्य निष्पादन में जबरदस्त सुधार कर सकता है।

इस प्रकार, रचनात्मक मूल्यांकन कार्य-संपादन अथवा शिक्षा प्रदान करने की प्रक्रियाओं और शिक्षा-प्राप्ति के क्रियाकलापों में उपयुक्त संशोधन करने के बारे में निर्णय लेने के लिए अध्यापकों और विद्यार्थियों दोनों को निरंतर प्रत्युत्तर (Feedback) मुहैया कराने के लिए शिक्षा की अवधि के दौरान किया जाता है।

रचनात्मक मूल्यांकन की विशेषताएं :

(*a*) यह नैदानिक एवं उपचारात्मक है।

(b) यह प्रभावकारी प्रत्युत्तर की व्यवस्था करता है।

(c) यह विद्यार्थियों को स्वयं अपनी शिक्षा प्राप्ति में सक्रिय रूप से शामिल होने के लिए मंच उपलब्ध कराता है।

(d) यह अध्यापकों को मूल्यांकन के परिणाम को ध्यान में रखते हुए उन्हें अध्यापन को समायोजित करने में समर्थ बनाता है।

(ii) **सारांशात्मक मूल्यांकन (Summative Assessment) :** यह मूल्यांकन शिक्षा पाठ्यक्रम के समाप्त होने पर किया जाता है। सारांशात्मक मूल्यांकन यह मापता अथवा जोड़ता है कि विद्यार्थी ने पाठ्यक्रम से क्या सीखा है। यह मुख्य रूप से एक श्रेणीकृत (Graded) परीक्षण होता है, अर्थात् इसमें एक पैमाने के अनुसार अथवा ग्रेडों के एक सेट के अनुसार अंक दिए जाते हैं।

वह मूल्यांकन, जो मुख्यतः सारांशात्मक प्रकृति का होगा, अपने आप में बच्चे की संवृद्धि और उसके विकास का कोई संगत एवं युक्तिसंगत पैमाना नहीं होगा। अधिक-से-अधिक यह एक समय-विशेष पर उपलब्धि के स्तर को प्रमाणित करता है। कागज-पेंसिल परीक्षण बुनियादी रूप से निर्धारण अथवा मूल्यांकन का एक-एक बार अपनाया जाने वाला तरीका है और किसी बच्चे के विकास के बारे में केवल इसका सहारा लेना न केवल अनुचित है, बल्कि अवैज्ञानिक भी है। केवल शैक्षिक पहलुओं पर ध्यान देते हुए परीक्षा में प्राप्त अंक पर बहुत जोर देने से, बच्चे यह मान लेते हैं कि मूल्यांकन (निर्धारण) शिक्षा प्राप्ति से भिन्न है, जिसका परिणाम 'सीखो और भूल जाओ' लक्षण होता है। सारांशात्मक मूल्यांकन प्रणाली पर आवश्यकता से अधिक जोर देने से अस्वास्थ्यकर प्रतियोगिता को प्रोत्साहन मिलने के अलावा शिक्षार्थियों पर बहुत अधिक दबाव पड़ता है और उनमें चिंता उत्पन्न होती है। इसी कारण से सतत् और व्यापक विद्यालय आधारित मूल्यांकन संकल्पना का प्रादुर्भाव हुआ है।

सारांशात्मक मूल्यांकन की विशेषताएं :

(a) शिक्षा-प्राप्ति का निर्धारण।

(b) सामान्य रूप से विद्यार्थियों द्वारा किसी यूनिट अथवा सेमेस्टर के समाप्त होने पर उसका सारांश प्रदर्शित करने के लिए किया जाता है, जो उन्होंने सीखा हो अथवा न सीखा हो।

(c) इस मूल्यांकन के तरीके अधिकतर विद्यार्थियों के कार्य का मूल्यांकन करने के पारंपरिक तरीके होते हैं।

अधिगम के मूल्यांकन की विशेषताएं (Characteristics of Learning Evaluation)

(i) यह मूल्यांकन शिक्षा-प्राप्ति के बाद किया जाता है।

(ii) सूचना अध्यापक द्वारा एकत्र की जाती है।

(iii) सूचना को सामान्य रूप से अंकों अथवा ग्रेडों में रूपांतरित किया जाता है।

(iv) अन्य विद्यार्थियों के कार्य-निष्पादन के साथ तुलना की जाती है।

(v) इसके पहले प्राप्त की गई शिक्षा पर नजर डालता है।

अधिगम के अच्छे मूल्यांकन के मानदंड (Norms of Good Learning Evaluation)

(i) वे युक्तिसंगत होते हैं (ठोस मानदंडों पर आधारित)।

(ii) वे विश्वसनीय होते हैं (मूल्यांकन और पद्धति का सही होना)।

(iii) वे तुलनीय होते हैं (जब उनकी तुलना अन्य विभागों अथवा विद्यालयों में की गई जांच-परख से की जाती है, तो वे ठीक पाए जाते हैं)।

अधिगम के मूल्यांकन के प्रयोजन/उद्देश्य (Objective of Learning Evaluation)

अधिगम के मूल्यांकन का सार यह है कि सारांशात्मक मूल्यांकन को किसी विशेष समय पर विषय-वस्तु के मानदंडों की तुलना में विद्यार्थी की शिक्षा को मापने का एक साधन समझा जाए।

सतत् और व्यापक मूल्यांकन की विशेषताएं (Characteristics of CCE)

(i) सतत् और व्यापक मूल्यांकन में 'सतत्' पहलू के तहत मूल्यांकन के 'सतत्' और 'आवधिक' पहलू का ध्यान रखा जाता है।

(ii) निरंतरता का अर्थ है शिक्षा के प्रारंभ में विद्यार्थियों का निर्धारण या स्थापन मूल्यांकन और शिक्षण प्रक्रिया के दौरान रचनात्मक मूल्यांकन, जो मूल्यांकन की बहुविध तकनीकों का उपयोग करके अनौपचारिक रूप से किया जाता है।

(iii) नियतकालिकता का अर्थ है कार्य-निष्पादन का मूल्यांकन जो यूनिट/अवधि के समाप्त होने पर बार-बार किया जाता है (सारांशात्मक)।

(iv) सतत् और व्यापक मूल्यांकन का 'व्यापक' संघटक बच्चे के व्यक्तित्व के सर्वतोमुखी विकास के निर्धारण का ध्यान रखता है। इसमें विद्यार्थियों के विकास के शैक्षिक और इसके अलावा सह-शैक्षिक पहलुओं का निर्धारण शामिल है।

(v) शैक्षिक पहलुओं में पाठ्यक्रम के क्षेत्र अथवा विषय-सापेक्ष क्षेत्र शामिल होते हैं, जबकि सह-शैक्षिक पहलुओं में जीवन-कौशल, सह-पाठ्यचर्या अभिवृत्तियां और मूल्य शामिल होते हैं।

(vi) शैक्षिक क्षेत्रों में निर्धारण, निरंतर और नियतकालिक रूप में मूल्यांकन की बहुविध तकनीकों का इस्तेमाल करके

अनौपचारिक और औपचारिक रूप से किया जाता है। नैदानिक मूल्यांकन यूनिट/परीक्षा के समाप्त होने पर किया जाता है। कुछ यूनिटों में घटिया कार्य निष्पादन के कारणों का पता नैदानिक परीक्षणों का उपयोग करते हुए लगाया जाता है। इसके बाद उपयुक्त रूप से हस्तक्षेप किया जाता है और कार्रवाई की जाती है और तत्पश्चात् पुनः परीक्षण किए जाते हैं।

(*vii*) सह-शैक्षिक क्षेत्रों में निर्धारण निर्धारित मानदंडों के आधार पर बहुविध तकनीकों का इस्तेमाल करते हुए किया जाता है, जब जीवन-कौशलों का मूल्यांकन, मूल्यांकन के सूचकों और जांच सूचियों के आधार पर किया जाता है।

सतत् और व्यापक मूल्यांकन : विचार एवं व्यवहार (CCE : Thought and Behaviour)

अध्यापन-शिक्षा-प्राप्ति प्रक्रिया में, मूल्यांकन से शैक्षिक और सह-शैक्षिक पहलुओं का ध्यान रखने की अपेक्षा की जाती है। यदि कोई किसी क्षेत्र में कमजोर है तो नैदानिक मूल्यांकन किया जाना चाहिए और उपचारी उपाय अपनाए जाने चाहिएं। सतत् मूल्यांकन समय-समय पर बच्चे, अध्यापकों और माता-पिता को उपलब्धि के बारे में जागरूक बनाने में सहायता देता है। यदि उपलब्धि में कोई कमी हुई हो तो वे उसके संभावित कारणों की जांच कर सकते हैं और शिक्षा के उस क्षेत्र में जिसमें अधिक जोर देने की आवश्यकता हो उपचारी उपाय कर सकते हैं।

बहुत बार ऐसा होता है कि कुछ वैयक्तिक कारणों, पारिवारिक समस्याओं अथवा समायोजन की समस्याओं के कारण बच्चे अपने अध्ययन की उपेक्षा करना शुरू कर देते हैं जिसके परिणामस्वरूप उनकी उपलब्धि में अचानक गिरावट आ जाती है। यदि अध्यापक, बच्चे और माता-पिता को उपलब्धि में अचानक आई गिरावट का पता न चले तो बच्चे द्वारा अपने अध्ययन की उपेक्षा लंबे समय तक की जाती रहती है और इसके परिणामस्वरूप उपलब्धि घटिया हो जाती है और बच्चे की शिक्षा-प्राप्ति में स्थायी रूप से त्रुटि रह जाती है।

सतत् और व्यापक मूल्यांकन का मुख्य जोर विद्यार्थियों की निरंतर संवृद्धि पर और उनका बौद्धिक, भावनात्मक, शारीरिक, सांस्कृतिक और सामाजिक विकास सुनिश्चित करने पर होता है और इसलिए यह विद्यार्थी की केवल शैक्षिक उपलब्धियों को आंकने तक सीमित नहीं होगा। इस मूल्यांकन का उपयोग शिक्षार्थियों को अन्य कार्यक्रमों के लिए अभिप्रेरित करने, सूचना प्रदान करने, प्रत्युत्तर (Feedback) की व्यवस्था करने और शिक्षा-प्राप्ति में सुधार करने के लिए अनुवर्ती कार्रवाई करने और शिक्षार्थी के विवरणों की एक व्यापक तस्वीर प्रस्तुत करने के एक साधन के रूप में करता है।

सतत् और व्यापक मूल्यांकन के महत्त्वपूर्ण कार्य (Important Functions of CCE)

(*i*) यह अध्यापक को प्रभावकारी कार्यनीतियां आयोजित करने में सहायता देता है।

(*ii*) सतत् और व्यापक मूल्यांकन शिक्षार्थी की प्रगति की सीमा और मात्रा को नियमित रूप से आंकने में सहायता देता है (विशिष्ट शैक्षिक और सह-शैक्षिक क्षेत्रों के संदर्भ में योग्यता और उपलब्धि)।

(*iii*) सतत् और व्यापक मूल्यांकन कमजोरियों का निदान करने का कार्य करता है और अध्यापक को अलग-अलग शिक्षार्थियों की शक्तियों और कमजोरियों और उसकी आवश्यकताओं का पता लगाने में सहायता देता है। यह अध्यापक को तत्काल प्रत्युत्तर (Feedback) मुहैया कराता है, जो यह फैसला कर सकता है कि कोई विशेष यूनिट अथवा संकल्पना समूची कक्षा को फिर से पढ़ाए जाने की आवश्यकता है अथवा केवल कुछ शिक्षार्थियों को उपचारी शिक्षा की आवश्यकता है।

(*iv*) सतत् और व्यापक मूल्यांकन के द्वारा, बच्चे अपनी शक्तियों और कमजोरियों को जान सकते हैं। यह बच्चों को अध्ययन की अच्छी आदतें विकसित करने, गलतियों को सुधारने और क्रियाकलापों को वांछित लक्ष्य प्राप्त करने की दिशा में मोड़ने के लिए अभिप्रेरित कर सकता है। इससे शिक्षार्थी को शिक्षा के उन क्षेत्रों को निर्धारित करने में सहायता मिलती है, जिनमें अधिक जोर दिए जाने की आवश्यकता हो।

(*v*) सतत् और व्यापक मूल्यांकन अभिरुचियों और प्रवृत्ति वाले क्षेत्र अभिज्ञात करता है। यह अभिवृत्तियों और मूल्य प्रणालियों में होने वाले परिवर्तनों का पता लगाने में सहायता देता है।

(*vi*) यह विषयों, पाठ्यक्रमों और जीवनवृतियों (Carrier) के चुनाव के बारे में, भविष्य के लिए फैसला करने में सहायता देता है।

(*vii*) यह शैक्षिक और सह-शैक्षिक क्षेत्रों में विद्यार्थियों की प्रगति के बारे में सूचना/रिपोर्ट देता है और इस प्रकार शिक्षार्थी की भावी सफलताओं के बारे में पूर्वानुमान लगाने में सहायता देता है।

शिक्षार्थी के पढ़ाई स्तर के मूल्यांकन के लिए उचित प्रश्न-पत्र की आवश्यकता (Need of Right Question-paper for Evaluating the Student)

किसी भी शिक्षार्थी के पढ़ाई के स्तर की जांच में एक अच्छे प्रश्न-पत्र की महत्त्वपूर्ण भूमिका होती हैं। इस प्रश्न-पत्र के माध्यम से ही शिक्षक शिक्षार्थियों के विकास का मूल्यांकन करता है। एक प्रश्न-पत्र के निम्न कार्य होते हैं–

(*i*) यह उच्च उपलब्धि प्राप्त छात्रों एवं निम्न उपलब्धि प्राप्त छात्रों के बीच अंतर स्पष्ट करता है।

(*ii*) यह प्राप्तांकों के आधार पर शिक्षार्थी के वर्गीकरण में सहायक होता है।

(*iii*) यह शिक्षार्थी के शैक्षिक-प्रारूप का संपूर्णता में मूल्यांकन करने का महत्त्वपूर्ण माध्यम है।

उपर्युक्त बातों से स्पष्ट है कि प्रश्न-पत्र एक शिक्षार्थी के मूल्यांकन प्रक्रिया का महत्त्वपूर्ण अंग है। प्रश्न-पत्र निर्माण में कुछ खास बातों का ध्यान आवश्यक है, यथा– प्रश्न-पत्र अपने पूर्व निर्धारित प्रकार्यों पर खरा उतरे, प्रश्न-पत्र एक सृजनात्मक कार्य है। अतः एक निर्धारित योजना के अनुसार प्रश्नों का संकलन करना चाहिए।

परंपरागत प्रश्न-पत्र के दोष (Errors in Traditional Question Paper)

एक अच्छे प्रश्न-पत्र का निर्माण काफी श्रम-साध्य, समयबद्ध एवं सुनियोजित प्रक्रिया है। वर्तमान में अध्यापक जो प्रश्न-पत्र तैयार करते हैं वह प्रायः पारंपरिक प्रश्नों का ही अनुसरण करते हैं। इन पारंपरिक प्रश्नों में कमियां पाई जाती है। पारंपरिक प्रश्नों में निम्न प्रकार की कमियां पाई जाती हैं–

(*i*) पारंपरिक प्रश्न-पत्रों में घिसे-पिटे प्रश्नों की अधिकता रहती है। ये प्रश्न प्रायः निबंधात्मक एवं पाठ्य-पुस्तकोन्मुखी होते हैं। इस प्रकार के प्रश्न छात्रों की समस्याओं व उनकी वास्तविक क्षमताओं का मूल्यांकन करने में सक्षम साबित नहीं होते।

(*ii*) पारंपरिक प्रश्नों का प्रकार निबंधात्मक होने से प्रश्नों की संख्या कम होती है जिससे वे पाठ्यक्रम का अधिकांश भाग पूरा नहीं कर पाते।

(*iii*) कुछ प्रश्न ऐसे होते हैं जिनसे विद्यार्थियों में जानकारियों का स्मरण तथा कंठस्थ करने की प्रवृत्ति को बढ़ावा मिलता है। ऐसे प्रश्नों में पाठ्यक्रम समग्र रूप से समाहित नहीं होते। साथ ही ऐसे प्रश्न छात्रों की समझ और कौशल की जांच करने में समर्थ नहीं होते।

(*iv*) 'व्याख्या करें', 'स्पष्ट करें', 'आप क्या जानते हैं', 'संक्षिप्त टिप्पणी लिखिए', 'संक्षिप्त विवरण दें', विवेचना करें' आदि जैसे निर्देशक शब्द किसी भी प्रश्न-पत्र को अस्पष्ट बना देते हैं। ऐसे प्रश्नों में छात्र प्रायः यह निश्चित नहीं कर पाते कि क्या उत्तर देना है। परीक्षक स्वयं छात्रों से पूछे गए प्रश्नों के स्वरूप के बारे में असमंजस में रहते हैं। समान प्रकृति के प्रश्नों के लिए विभिन्न परीक्षकों द्वारा छात्रों को दिए गए अंकों में बहुत भिन्नता होती है। ऐसे में परीक्षा में छात्र का मूल्यांकन दोषपूर्ण हो जाता है।

(*v*) पारंपरिक प्रश्नों में प्रतीकों और आकृतियों के परिकलन (Calculation) और भौतिक कौशल पर अत्यधिक बल रहता है जबकि गणितीय ज्ञान और उनके अनुप्रयोग आदि से संबद्ध प्रश्नों पर एकदम ध्यान नहीं दिया जाता है।

(*vi*) पारंपरिक प्रश्नों में बहुधा विकल्प भी दिए जाते हैं और कहा जाता है कि सभी प्रश्नों के अंक समान तथा छात्र 10 या 12 प्रश्नों में से कोई 5 या 6 प्रश्न कर सकते हैं। इससे छात्रों में केवल चुने गए महत्त्वपूर्ण विषयों की तैयारी करने की प्रवृत्ति विकसित होती है तथा शेष को बिना किसी खतरे के छोड़ देने की स्वतंत्रता मिलती है।

प्रश्न-पत्रों के दोषों को दूर करने के उपाय (Solution for Removing Errors in Question Papers)

(*i*) निर्देशात्मक प्रकृति के प्रश्नों में अस्पष्टता नहीं होनी चाहिए।

(*ii*) अंक देने की प्रक्रिया वस्तुनिष्ठ होनी चाहिए। इसके लिए परीक्षकों को कुंजी (Key) तथा अंक देने की योजना भी उपलब्ध कराई जानी चाहिए।

(*iii*) प्रश्न-पत्र को इस तरह से तैयार किया जाना चाहिए कि छात्रों का विभिन्न कोणों से मूल्यांकन किया जा सके।

(*iv*) प्रश्नों को तैयार करने में उसकी भाषा की सरलता तथा स्पष्टता का विशेष ध्यान रखा जाना चाहिए ताकि विद्यार्थी को यह पता चले कि प्रश्न के उत्तर में क्या लिखना है।

(*v*) प्रश्न लघु-उत्तरीय प्रकार (Short Answer Type) और अति लघु-उत्तरीय प्रकार (Very Short Answer Type) का होना चाहिए। इससे पूरे पाठ्यक्रम से प्रश्न पूछने में सहूलियत होती है और छात्रों में समग्र अध्ययन की प्रवृत्ति का विकास होता है। कुछ निबंधात्मक प्रकार (Essay Type) के प्रश्न भी पूछे जा सकते हैं।

(*vi*) निम्नलिखित में से किन्हीं 5 या 6 प्रश्न का उत्तर दीजिए जैसे प्रकार के प्रश्न पूछने से बचना चाहिए। यदि जरूरी है तो प्रश्न के भीतर ही विकल्प देना चाहिए। ऐसा करने से छात्रों में चयनात्मक अध्ययन की प्रवृत्ति का ह्रास होता है और वे समग्र अध्ययन की ओर प्रवृत्त होते हैं।

एक अच्छे प्रश्न-पत्र की विशेषताएं/गुण (Characteristics of Good Question Paper)

(*i*) विश्वसनीयता।

(*ii*) वैधता।

(*iii*) प्रयोज्यता।

(*iv*) परिणामों की व्याख्या।

(*v*) प्रारूप।

अभ्यास प्रश्न

1. करके सीखना अधिक उपयोगी है क्योंकि–
A. यह अधिक रुचिकर है
B. कक्षा का अनुशासन बनता है
C. इससे बच्चे व्यस्त रहते हैं
D. बच्चे क्रियाशील पसन्द करते हैं

2. सीखने के मुख्य नियमों के अतिरिक्त गौण नियम भी हैं जो मुख्य नियमों को विस्तार देते हैं। गौण नियम हैं :
A. प्रयत्न व भूल का नियम
B. बहुप्रतिक्रिया नियम
C. अभ्यास का नियम
D. प्रभाव का नियम

3. निम्न में से जो अधिगम के स्थानान्तरण का सिद्धान्त नहीं है, वह है :
A. समान अंशों का सिद्धान्त
B. असमान अंशों का सिद्धान्त
C. सामान्यीकरण का सिद्धान्त
D. द्विपक्षीय सिद्धान्त

4. सीखना प्रभावित होता है :
A. मन से B. आत्मा से
C. वृद्धि से D. प्रेरणा से

5. अधिगम हेतु अभिप्रेरित करने में शिक्षार्थी की निन्दा की अपेक्षा प्रंशसा करना अधिक प्रभावी होता है क्योंकि निंदा उसे
A. भयभीत कर देती है
B. हतोत्साहित कर देती है
C. अपमानित कर देती है
D. उपरोक्त सभी

6. सीखना समृद्ध हो सकता है यदि–
A. कक्षा में अधिक-से-अधिक शिक्षण-सामग्री का प्रयोग किया जाए
B. शिक्षक विभिन्न प्रकार के व्याख्यान और स्पष्टीकरण का प्रयोग करें
C. कक्षा में आवधिक परीक्षाओं पर अपेक्षित ध्यान दिया जाए
D. वास्तविक दुनिया से उदाहरणों को कक्षा में लाया जाए जिसमें विद्यार्थी एक-दूसरे से अंतःक्रिया करें और शिक्षक उस प्रक्रिया को सुगम बनाए

7. सीखने का वह सिद्धांत जो पूर्ण रूप से और केवल '*अवलोकनीय व्यवहार*' पर आधारित है, सीखने के .... सिद्धांत से सम्बद्ध है।
A. व्यवहारवादी B. रचनावादी
C. संज्ञानवादी D. विकासवादी

8. निम्नलिखित में से किस कथन को 'सीखने' के लक्षण के रूप में ***नहीं*** माना जा सकता?
A. व्यवहार का अध्ययन सीखना है
B. अन-अधिगम (unlearning) भी सीखने का एक हिस्सा है
C. सीखना एक प्रक्रिया है जो व्यवहार में मध्यस्थता करती है
D. सीखना ऐसी चीज है जो कुछ अनुभवों के परिणामस्वरूप घटित होती है

9. निम्नलिखित में से कौन-सा कथन 'सीखने' के बारे में सही है?
A. सीखने के किसी भी चरण पर सीखना संवेगात्मक कारकों से प्रभावित नहीं होता।
B. सीखना मूल रूप से मानसिक क्रिया है।
C. बच्चों द्वारा की गई त्रुटियाँ यह संकेत करती है कि किसी तरह का सीखना नहीं हुआ।
D. सीखना उस वातावरण में प्रभावी होता है जो संवेगात्मक रूप से सकारात्मक हो और शिक्षार्थियों को संतुष्ट करने वाला हो।

10. निम्नलिखित में से कौन-सा रचनात्मक आकलन (Formative Assessment) के लिए उचित उपकरण ***नहीं*** है?
A. सत्र परीक्षा B. प्रश्नोत्तरी और खेल
C. दत्त कार्य D. मौखिक प्रश्न

11. विद्यार्थी के अधिगम का मूल्यांकन प्रमुख रूप से होना चाहिए:
A. सतत एवं व्यापक प्रक्रिया से
B. प्रत्येक सत्र के अन्त में
C. प्रत्येक पाठ के अन्त में
D. वार्षिक प्रक्रिया से

12. निबन्धात्मक प्रश्नों के स्थान पर वस्तुनिष्ठ प्रश्न विद्यालयों में क्यों पूछे जाते हैं?
A. छात्रों को समय का महत्त्व दर्शाने के लिए
B. कम समय में ज्यादा काम करने के लिए
C. ज्यादा प्रश्नों का उत्तर जानने के लिए
D. उत्तर-पुस्तिका हल करने में आसानी होती है

13. कक्षा में छात्र अगर आपके प्रश्न का उत्तर न दे सके तो–
A. शिक्षक को स्वयं उस उत्तर को बताना चाहिए
B. उसी प्रश्न को फिर अलग ढंग से पूछना चाहिए
C. उसी प्रश्न को कक्षा में बार-बार पूछना चाहिए
D. स्वयं उत्तर देकर छात्र से याद करवाना चाहिए

14. प्रयोगात्मक परीक्षाएं आयोजित करने का मुख्य उद्देश्य है–
A. विषय ज्ञान का आकलन करना
B. अवलोकन और यथार्थता की कार्यकुशलता की जाँच करना

C. तथ्यों को दोहराने की क्षमता की जाँच करना
D. फार्मूला और स्लाइड में पहचान करने की योग्यता की जाँच करना

15. सतत् और व्यापक मूल्यांकन के लिए तार्किक आधार है
A. शिक्षकों पर बोझ बढ़ाना
B. मानव व्यक्तित्व की समग्र प्रकृति
C. आकलन के अवसरों की अधिकता
D. सीखने के एक से अधिक पक्षों का आकलन

16. क्रिस्टिना अपनी कक्षा को क्षेत्र-भ्रमण पर ले जाती है और वापस आने पर अपने विद्यार्थियों के साथ भ्रमण पर चर्चा करती है। यह .... की ओर संकेत करता है।
A. आकलन का सीखना
B. सीखने के लिए आकलन
C. सीखने का आकलन
D. आकलन के लिए सीखना

17. सतत् और व्यापक मूल्यांकन की योजना में व्यापक शब्द .... के अलावा निम्नलिखित के द्वारा समर्थित किया जाता है।
A. बहुबुद्धि सिद्धान्त
B. एल एल थर्स्टन का प्राथमिक मानसिक योग्यताओं का सिद्धांत
C. सूचना प्रक्रमण सिद्धान्त
D. जेपी गिलफोर्ड का बुद्धि-संरचना का सिद्धांत

18. जब एक बावर्ची खाना पकाते समय खाने को चखता है, तो वह .... के समान है।
A. सीखने के लिए आकलन
B. सीखने का आकलन
C. आकलन और सीखना
D. सीखने के रूप में आकलन

19. सतत् और व्यापक मूल्यांकन .... पर बल देता है।
A. सीखने को किस प्रकार अवलोकित, रिकॉर्ड और सुधारा जाए इस प्रक्रिया
B. शिक्षण के साथ परीक्षाओं का सामंजस्य
C. सीखने को सुनिश्चित करने के लिए व्यापक स्केल पर निरन्तर परीक्षण
D. बोर्ड परीक्षाओं की अनावश्यकता

20. विद्यार्थियों के पोर्टफोलियो के लिए सामग्री का चयन करते समय .... का .... जरूर होना चाहिए।
A. विद्यार्थियों, बहिष्करण
B. अन्य शिक्षकों, समावेशन
C. विद्यार्थियों, समावेशन
D. अभिभावकों, समावेशन

21. सतत् और व्यापक मूल्यांकन .... होता है।
A. परीक्षा-आधारित B. निष्पादन-आधारित
C. विद्यार्थी-केन्द्रित D. अंक-आधारित

22. सीखने के लिए आकलन निम्नलिखित का ध्यान है सिवाय
A. विद्यार्थियों की त्रुटियाँ
B. विद्यार्थियों की आवश्यकताएँ
C. विद्यार्थियों की क्षमताएँ
D. विद्यार्थियों की अधिगम-शैलियाँ

23. एक शिक्षक प्रश्न-पत्र बनाने के बाद यह जाँच करता है कि क्या प्रश्न परीक्षण के विशिष्ट उद्देश्यों की परीक्षा ले रहे हैं। वह मुख्य रूप से प्रश्न-पत्र की/के .... बारे में चिन्तित है।
A. सम्पूर्ण विषय-वस्तु को शामिल करने
B. वैधता
C. विश्वसनीयता
D. प्रकार

24. सृजनात्मक उत्तरों के लिए आवश्यक है
A. प्रत्यक्ष शिक्षण एवं प्रत्यक्ष प्रश्न
B. विषय-वस्तु पर आधारित प्रश्न
C. एक अत्यन्त अनुशासित कक्षा
D. मुक्त-उत्तर वाले प्रश्न

25. मूल्यांकन का मुख्य उद्देश्य होना चाहिए
A. यह निर्णय लेना कि क्या विद्यार्थी को अगली कक्षा में प्रोन्नत किया जाना चाहिए
B. शिक्षार्थियों की त्रुटियाँ निकालना
C. शिक्षार्थियों की उपलब्धि को मापना
D. सीखने में होने वाली कमियों का निदान और उपचार करना

26. जब बच्चा फेल होता है, तो इसका तात्पर्य है कि
A. व्यवस्था फेल हुई है
B. बच्चे को प्राइवेट ट्यूशन लेनी चाहिए थी
C. बच्चे ने उत्तरों को सही तरीके से याद नहीं किया है
D. बच्चा पढ़ाई के लिए योग्य नहीं है

27. बच्चे के मूल्यांकन के लिए प्रश्न एक अच्छा तरीका है, किन्तु प्रश्न पूछते समय इस बात का ध्यान रखा जाना आवश्यक है कि इसमें एक अच्छे प्रश्न की अधिक विशेषताएँ अवश्य हों। एक अच्छे प्रश्न की विशेषता है–
A. प्रश्न में उत्तर की सीमा और क्षेत्र का उल्लेख किया जाना चाहिए
B. यह उद्देश्य पर आधारित होना चाहिए
C. प्रश्न परीक्षण किए जाने वाले विषय क्षेत्र से सम्बन्धित होना चाहिए
D. ये सभी

28. निम्नलिखित में से कौन-सा रचनात्मक आकलन के लिए उचित उपकरण नहीं है?
A. प्रश्नोत्तरी और खेल B. दत्त कार्य
C. मौखिक प्रश्न D. सत्र परीक्षा

29. शिक्षार्थियों को .... के लिए प्रोत्साहित नहीं करना चाहिए

A. कक्षा के अन्दर और बाहर अधिक-से-अधिक प्रश्न पूछने

B. शिक्षक जो पूछ सकते हैं उन सभी प्रश्नों के उत्तर याद करने

C. अधिक-से-अधिक पाठ्य-सहगामी क्रियाओं में हिस्सा लेने

D. समूह कार्य में दूसरे शिक्षार्थियों के साथ सक्रिय रूप से अन्तःक्रिया करने

30. विद्यार्थियों का सही मूल्यांकन करने वाले अच्छे प्रश्न-पत्र में निम्नलिखित में से कौन-सी विशेषता होनी चाहिए?

(*i*) वस्तुनिष्ठता (*ii*) व्यापकता

(*iii*) वैधता (*iv*) विश्वसनीयता

A. (*i*) एवं (*iii*) B. (*ii*) एवं (*iv*)

C. (*i*) एवं (*iv*) D. ये सभी

31. .... के अतिरिक्त निम्नलिखित सभी सीखने के रूप में आकलन को बढ़ावा देते हैं।

A. अवसर लेने हेतु शिक्षार्थियों के लिए सुरक्षित वातावरण का निर्माण करना

B. जितनी सम्भावना हो शिक्षार्थियों का लगातार परीक्षण लेना

C. शिक्षार्थियों को आन्तरिक पृष्ठपोषण लेने के लिए कहना

D. पढ़ाए गए विषय पर मनन करने के लिए शिक्षार्थियों को कहना

32. .... के अलावा निम्नलिखित घटना रिकॉर्ड की विशेषताएँ हैं।

A. यह बच्चे के व्यक्तिगत विकास अथवा सामाजिक अन्तःक्रियाओं को वर्णित करता है

B. यह घटनाओं का सही वर्णन है

C. यह व्यवहार का व्यक्तिनिष्ठ साक्ष्य है और इसलिए वह शैक्षणिक क्षेत्र के लिए प्रतिपुष्टि उपलब्ध नहीं कराता

D. यह पर्याप्त विस्तार से पूर्ण तथ्यात्मक प्रतिवेदन है

33. विद्यालय-आधारित आकलन मुख्य रूप से किस सिद्धांत पर आधारित होता है?

A. विद्यालय, बाह्य परीक्षा निकायों की अपेक्षा ज्यादा सक्षम है

B. किसी भी कीमत पर विद्यार्थियों को अच्छे ग्रेड मिलने चाहिए

C. बाह्य परीक्षकों की अपेक्षा शिक्षक अपने विद्यार्थियों की क्षमताओं को बेहतर जानते हैं

D. आकलन बहुत किफायती होना चाहिए

34. सीखने .... आकलन, आकलन और अनुदेश के बीच .... के दृढ़ीकरण द्वारा सीखने को प्रभावित करता है।

A. का, अन्तर B. का, भिन्नता

C. के लिए, सम्बन्धों D. के लिए, अन्तर

35. निम्नलिखित में कौन-सा वस्तुनिष्ठ प्रश्न है?

A. सत्य या असत्य B. निबन्धात्मक

C. अति लघु उत्तरीय D. लघु उत्तरीय

उत्तरमाला

1	2	3	4	5	6	7	8	9	10
D	B	B	D	D	D	A	A	D	A
11	**12**	**13**	**14**	**15**	**16**	**17**	**18**	**19**	**20**
D	C	D	B	D	B	D	A	A	C
21	**22**	**23**	**24**	**25**	**26**	**27**	**28**	**29**	**30**
C	B	A	D	C	A	D	D	B	D
31	**32**	**33**	**34**	**35**					
B	C	C	C	A					

9. समावेशी शिक्षा और विशेष समझ वाले बच्चों की आवश्यकताओं की अवधारणा (Concept of Inclusive Education and Understanding Children with Special Need)

समावेशी शिक्षा का अर्थ (Meaning of Inclusive Education)

असमर्थ बालकों को सामान्य बालकों के साथ-साथ विशेष सेवाएँ प्रदान करना समावेशी शिक्षा कहलाती है। समावेशी शिक्षा उस विद्यालयी शिक्षा व्यवस्था की ओर संकेत करती है, जो उनकी शारीरिक, बौद्धिक, सामाजिक या अन्य विभिन्न योग्यता स्थितियों को ध्यान में रखे बगैर सभी बच्चों को शामिल करती है। इस शिक्षा के अन्तर्गत सभी विशेष शैक्षिक आवश्यकता वाले विद्यार्थियों को विद्यालय में प्रवेश को रोकने की कोई प्रक्रिया नहीं होनी चाहिए। समावेशन की नीति को हर स्कूल और सारी शिक्षा व्यवस्था में व्यापक रूप से लागू किए जाने की आवश्यकता है। निर्धन, वंचित, अनुसूचित जाति एवं जनजाति तथा असंगठित घर से आने वाला बच्चा स्वतन्त्र अध्ययन में सबसे अधिक कठिनाई का अनुभव करता है। इसलिए इनके सफल समावेशन के लिए इस प्रकार के विशेष रूप से जरूरतमंद बच्चों की शिक्षा का प्रबन्ध दूसरे सामान्य बच्चों के साथ होना चाहिए।

अनुसूचित जाति वर्ग से संबद्ध छात्र (SC Classes Students)

भारत की सामाजिक संरचना में अनुसूचित जातियां समाज के सबसे निचले पायदान पर हैं। इन्हें परंपरागत रूप से निम्न कोटि का समझा जाता है। यह वर्ग सामाजिक एवं शैक्षिक रूप से बेहद पिछड़ा हुआ है। भारतीय संविधान में इस वर्ग के जातियों के विकास के उद्देश्य से "राज्य स्तरीय नीतियों में दिशा-निर्देशन के सिद्धांत" द्वारा सकारात्मक कार्यक्रमों के योजना तत्त्वों को प्रस्तुत किया गया है। अनुसूचित जाति, उन जातियों को कहा जाता है जिन्हें परम्परागत रूप से भारत में अछूत समझा जाता है। इस जाति के लोग निम्नस्तरीय समझे जाने वाले कार्यों, यथा– सफाई करना, झाड़ू लगाना, मृत पशुओं को उठाना, मैला साफ करना, जूता बनाने आदि का कार्य करते हैं। ये जातियां गांवों के एक किनारे निवास करती हैं। भारतीय धार्मिक ग्रंथों में इन्हें अंत्यज, पेरियार अछूत कहा गया है।

इस जाति के लोग ऐसे पेशे से संबद्ध हैं जिन्हें ऊपर की जाति के लोग घृणित समझते हैं। इन्हें कुछ दशक पहले तक सार्वजनिक जन-सुविधाओं, यथा- तालाब, कुंआ तथा मंदिर तक जाने की अनुमति नहीं थी। यद्यपि इस स्थिति में अब काफी परिवर्तन आ चुका है। फिर भी इनकी शैक्षिक स्थिति में बहुत अधिक सुधार नहीं आ पाया है। ये आज भी सामाजिक गतिशीलता से वंचित हैं। आज भी अनुसूचित जाति के लोग परंपरागत कार्यों को छोड़कर अन्य कुशल कार्य शुरू करने अथवा अपनाने में समर्थ नहीं हो पाए हैं। फलतः यह समुदाय आज भी जीवन के लगभग प्रत्येक क्षेत्र में पिछड़ा हुआ है।

भारत में 'शिक्षा' राज्य के अनेक दायित्वों में से एक है। अनुसूचित जाति के लोगों को सामाजिक गतिशीलता प्रदान करने के लिए, राज्य स्तर पर अनेक कल्याणकारी और विकासशील योजनाओं का निर्माण किया गया है। कुछ प्रमुख योजनाएं इस प्रकार हैं–

1. **विद्यार्थियों के लिए मैट्रिक के बाद छात्रवृत्ति :** इस योजना का उद्देश्य अनुसूचित जाति वर्ग के उन विद्यार्थियों को आर्थिक सहायता प्रदान करना है जो मैट्रिक के बाद या सेकेंडरी के बाद की शिक्षा के लिए अध्ययनरत हैं ताकि वह अपनी शिक्षा पूरी कर सकें। इस वित्तीय सहायता के अंतर्गत् विभिन्न श्रेणियों के पाठ्यक्रमों के लिए रखरखाव भत्ता, संस्थानों द्वारा वसूल की गई अनिवार्य अप्रति देय शुल्क का भुगतान, किताब बैंक और अन्य भत्ते शामिल हैं। यह छात्रवृत्ति केवल भारत में अध्ययन के लिए ही उपलब्ध है तथा यह आवेदकों से संबद्ध राज्यों एवं केंद्रशासित प्रदेशों के सरकारों की ओर से दी जाती है।
2. **विद्यार्थियों की योग्यता बढ़ाना :** इस कार्यक्रम का उद्देश्य आवासीय विद्यालयों में शिक्षा के माध्यम से चहुंमुखी विकास के लिए सुविधाएं उपलब्ध कराकर अनुसूचित जातियों के विद्यार्थियों की योग्यता बढ़ाना है। इसके तहत 9वीं से 12वीं कक्षाओं तक पढ़ रहे अनुसूचित जाति के विद्यार्थियों की योग्यता बढ़ाना है। इसके लिए निम्नलिखित उपायों को अमल में लाना प्रस्तावित है– (*i*) उनकी शैक्षणिक कमियों को दूर करना, (*ii*) उनकी योग्यता बढ़ाकर व्यावसायिक कोर्सों में प्रवेश करने हेतु प्रोत्साहन, (*iii*) उनमें आत्मबल एवं आत्म-निर्भरता का निर्माण करना।
3. **लक्षित समूह :** इस समूह के अंतर्गत् 9वीं कक्षा से 12वीं कक्षा में अध्ययन करने वाले अनुसूचित जातियों के विद्यार्थी आते हैं। 15,000 रुपए की आर्थिक सहायता प्रतिवर्ष प्रति विद्यार्थी को उपलब्ध करवाने के मद्देनजर राज्यों और केंद्रशासित प्रदेशों से शत-प्रतिशत

सहायता पैकेज के तौर पर मुहैया करवाई जाती है। अनुसूचित जाति के विकलांग विद्यार्थियों को कई विशेष भत्ते दिए जाते हैं, जैसे पाठक भत्ता, परिवहन भत्ता, मार्गरक्षण भत्ता इत्यादि।

4. **निःशुल्क कोचिंग व्यवस्था :** इस योजना का उद्देश्य विभिन्न प्रतियोगी परीक्षाओं में बैठने के इच्छुक अनुसूचित जाति वर्ग के छात्रों को परीक्षाओं के लिए तैयार करना है। इस निःशुल्क कोचिंग में संघ लोक सेवा आयोग की ग्रुप ए और ग्रुप बी की परीक्षाएं, कर्मचारी चयन आयोग, रेलवे भर्ती बोर्डों, राज्य लोक सेवा आयोग, बैंकों की अफसर ग्रेड परीक्षाओं, बीमा कंपनियां, पीएसयू (PSU) और निजी क्षेत्र में रोजगार हेतु नौकरी केंद्रित कोर्सों के लिए प्रशिक्षण दिए जाते हैं ताकि विद्यार्थी इन परीक्षाओं में सफलता के लिए दक्षता प्राप्त कर सकें।

   यह कार्यक्रम राज्य सरकारों/केंद्रशासित प्रदेशों के प्रशासकों द्वारा संचालित प्रसिद्ध कोचिंग संस्थानों और निजी क्षेत्र की संस्थानों द्वारा चलाया जाता है।

5. **बाबू जगजीवन राम छात्रावास योजना :** इस योजना का उद्देश्य अनुसूचित जाति के बालक और बालिकाओं को छात्रावास की सुविधा मुहैया कराना है जो माध्यमिक, उच्चतर माध्यमिक स्कूलों, कॉलेजों और विश्वविद्यालयों में पढ़ रहे हैं। इस योजना के तहत नए छात्रावासों के निर्माण तथा वर्तमान छात्रावासों के विस्तार के लिए राज्य विश्वविद्यालयों/संस्थानों को पात्रता के आधार पर केंद्रीय सहायता दी जाती है जबकि गैर-सरकारी संगठन (NGO) और निजी क्षेत्र के डीम्ड विश्वविद्यालयों की केवल मौजूदा छात्रावास सुविधाओं के विस्तार के लिए सहायता मिल सकती है।

अनुसूचित जनजाति वर्ग से संबद्ध छात्र (ST Classes Students)

भारत में अनुसूचित जनजाति उन लोगों को कहा जाता है, जो प्रायः छोटे और बिखरे हुए गांवों, ठाणियों एवं जंगलों में निवास करते हैं। इस वर्ग के लोग प्रायः सामान्य पहुँच से दूर रहते हैं जिससे इन्हें प्रतिदिन की सुविधाएं, यथा– भोजन, वस्त्र, आश्रय एवं शिक्षा आदि मुहैया होने में कठिनाई होती है।

इस वर्ग के छात्रों को पढ़ाते समय शिक्षक को कुछ विभिन्न तथ्यों यथा– उनकी भाषा और समझ एवं मानसिक स्तर का विशेष ध्यान रखना चाहिए। इस वर्ग के छात्रों के शिक्षा के खराब स्तर का कारण सामाजिक एवं आर्थिक हैं। ये कारण निम्न प्रकार से हैं–

(*i*) विद्यालय में इस वर्ग के छात्रों की कम संख्या होना।
(*ii*) इस वर्ग की शिक्षा का प्रचार-प्रसार न होना।
(*iii*) इनके शिक्षण के प्रति शिक्षकों का उदासीन रवैया।
(*iv*) इस वर्ग में व्याप्त घोर गरीबी।
(*v*) पाठ्यपुस्तकों में इस वर्ग की स्थानीय बातों एवं उदाहरणों का समावेश का न होना।
(*v*) इस वर्ग का बौद्धिक रूप से पिछड़ा होना।

इस वर्ग के शैक्षिक उत्थान के लिए सरकार द्वारा निम्न कार्यक्रम चलाए जा रहे हैं :

1. **बालक-बालिकाओं के लिए छात्रावासों की योजना :** इस योजना के तहत केंद्र सरकार इस वर्ग के लिए नए छात्रावासों के निर्माण और वर्तमान छात्रावासों के विस्तार हेतु सहायता देती है। इस योजना के तहत बालकों के छात्रावास निर्माण खर्च का वहन केंद्र एवं राज्य सरकारें 50 : 50 के अनुपात में करती हैं। जबकि बालिकाओं के छात्रावास निर्माण के लिए राज्य/केंद्रशासित प्रदेशों में संपूर्ण लागत केंद्र सरकार द्वारा वहन किया जाता है। केंद्रशासित प्रदेश एवं नक्सल प्रभावित क्षेत्रों में छात्रावास निर्माण का पूरा खर्च केंद्र सरकार वहन करती है। छात्रावास के निर्माण का उत्तरदायित्व संबद्ध राज्य/केंद्रशासित प्रदेश की है। इस प्रकार के छात्रावासों में सीटों की संख्या 100 होती हैं।

2. **आश्रम विद्यालयों की स्थापना :** इस प्रकार के विद्यालयों की स्थापना जनजातीय उपयोजना (TSP) वाले क्षेत्रों में की गई है। आश्रम विद्यालय योजना का उद्देश्य अनुसूचित जनजाति के विद्यार्थियों के लिए उनके परिचित वातावरण में आवासीय विद्यालयों की स्थापना करना है ताकि जनजातीय विद्यार्थियों में साक्षरता दर बढ़ाई जा सके और उनकी साक्षरता दर देश के अन्य लोगों की साक्षरता दर के बराबर लाई जा सके। इस योजना के तहत खर्च होने वाली धनराशि में राज्य एवं केंद्र दोनों की आधी-आधी (50 : 50) भागीदारी होती है जबकि केंद्रशासित प्रदेश में पूरा खर्च केंद्र वहन करता है।

3. **विद्यार्थियों की मेरिट का उन्नयन :** इस योजना का उद्देश्य 10वीं कक्षा और 12वीं कक्षा के अनुसूचित जनजाति के विद्यार्थियों को विशेष कोचिंग उपलब्ध कराना है जिससे वे इंजीनियरिंग और मेडिकल जैसे व्यावसायिक पाठ्यक्रमों में प्रवेश के लिए तैयारी कर सकें। राज्य/केंद्रशासित प्रदेशों में यह योजना शत-प्रतिशत केंद्रीय सहायता से मुहैया कराई जा रही है।

4. **विद्यार्थियों के लिए मैट्रिक पश्चात छात्रवृत्ति :** इस योजना का उद्देश्य अनुसूचित जनजाति के छात्रों को पंजीकृत पाठ्यक्रमों में मैट्रिक के बाद अध्ययन के लिए प्रोत्साहन देना है। इस योजना में पेशेवर, तकनीकी, गैर-पेशेवर तथा गैर-तकनीकी सभी स्तर के पाठ्यक्रमों को सम्मिलित किया गया है। इसमें दूरस्थ शिक्षा के लिए पत्राचार पाठ्यक्रम को भी सम्मिलित किया गया है। केंद्र की शत-प्रतिशत सहायता से इसका संचालन राज्यों/केंद्रशासित प्रदेशों द्वारा किया जाता है।

5. **व्यावसायिक प्रशिक्षण :** इस योजना का उद्देश्य जनजातीय युवाओं में रोजगार/स्वरोजगार के अवसर प्राप्त करने के लिए कौशल विकसित करना है। इस योजना को राज्य सरकारों, केंद्रशासित प्रदेशों के प्रशासन, संस्थाओं या संगठनों के जरिए सरकार द्वारा स्थापित स्वायत्तशासी निकाय, शैक्षिक और अन्य संस्थान जैसे स्थानीय निकाय, सहकारी समितियों और गैर-सरकारी संगठनों (NGO) द्वारा लागू किया जाता है। प्रत्येक व्यावसायिक प्रशिक्षण केंद्र की क्षमता 100 है जिसमें 50 लोगों के लिए छात्रावास की सुविधा भी शामिल है। क्षेत्र में उपलब्ध रोजगार केंद्र पांच व्यावसायिक प्रशिक्षण पाठ्यक्रम चलाता है। प्रत्येक जनजातीय बालक/बालिका को उनकी रुचि के दो कार्यों का प्रशिक्षण दिया जाता है। प्रत्येक पाठ्यक्रम की अवधि तीन महीने है। प्रशिक्षु को छह माह बाद उपनगरीय क्षेत्र के एक प्रशिक्षक शिल्पी से छह माह के लिए संबद्ध कर दिया जाता है ताकि वह प्राप्त प्रशिक्षण का व्यावहारिक प्रयोग कर सके। प्रत्येक पाठ्यक्रम के लिए यह अवधि तीन महीने की है। इसमें प्रशिक्षु को मासिक स्टाइपेंड और प्रशिक्षण सामग्री उपलब्ध कराई जाती है।

विशेष आवश्यकताओं वाले छात्र (Children with Special Need)

विशेष या असाधारण छात्रों से संबंधित शिक्षा को विशिष्ट शिक्षा भी कहा जाता है। शिक्षा के क्षेत्र में हम अनेक छात्रों अथवा बालकों को सामान्य बालकों से उच्च तथा अनेक को निम्न स्तर का पाते हैं। ऐसे दोनों प्रकार के बालक असाधारण या विशेष बालक कहे जाते हैं। शैक्षिक दृष्टि से बालक जिनके लिए सामान्य विद्यालयों की सुविधाएं पर्याप्त हो, सामान्य बालक समझे जाते हैं। बालकों अथवा छात्रों में वैयक्तिक भिन्नताएं होती हैं। जब ये वैयक्तिक भिन्नताएं इतनी गंभीर हो जाती हैं कि वे विद्यालय के सामान्य कक्षागत शिक्षण से लाभान्वित नहीं हो पाते और उनके लिए किसी विशिष्ट शिक्षा की आवश्यकता प्रतीत हो तो ऐसे छात्र या विद्यार्थी विशेष आवश्यकताओं वाले छात्र कहलाते हैं। ऐसे छात्रों को एक सामूहिक संज्ञा, शब्दों अथवा उप-वाक्य द्वारा संबोधित किया जा सकता है; जैसे–प्रतिभाशाली, विकलांग, मंदगति से सीखने वाला, बुद्धिमान आदि।

समायोजन (Adjustment)

मनुष्य जिस परिवेश में रह रहा है उसको उस परिवेश के अनुसार खुद को ढालना या अनुकूलित करना होता है। अतः किसी प्रतिकूल मनोभौतिक परिस्थितियों में स्वयं को अनुकूलित करना ही समायोजन (Adjustment) कहलाता है। यह समायोजन घर में माता-पिता तथा परिवार के अन्य सदस्यों के साथ समाज में मित्रों, सगे-संबंधियों आदि के साथ जरूरी है तो पाठशाला में शिक्षकों के साथ।

उपर्युक्त वर्णन के अनुसार समायोजन को इस तरह परिभाषित किया जा सकता है– "समायोजन एक अनवरत प्रक्रिया है जिसके द्वारा व्यक्ति स्वयं तथा अपने वातावरण के बीच अधिकाधिक सामंजस्य स्थापित करने की दृष्टि से अपने व्यवहार को परिवर्तित करता है।

समायोजन के विभिन्न रूप (Various Forms of Adjustment)

समायोजन के मुख्यतः तीन रूप होते हैं–

1. शिक्षक एवं शिक्षार्थियों के बीच।
2. शिक्षार्थियों एवं शिक्षार्थियों के बीच।
3. शिक्षार्थियों एवं शिक्षकों का वातावरण के साथ।

प्रतिभावान बालक अथवा छात्र (Talented Child Or Student)

प्रतिभावान/प्रतिभाशाली बालकों को विभिन्न मनोवैज्ञानिकों ने भिन्न-भिन्न दृष्टिकोण (Approach) से परिभाषित किया है। विभिन्न उपागमों/दृष्टिकोणों पर आधारित कुछ परिभाषाएं निम्नवत् हैं–

(*i*) **बुद्धि-लब्धि (I.Q.) उपागम–** इस उपागम के तहत प्रतिभाशाली बालक को बुद्धि-लब्धि की एक निश्चित क्षमता के अंतर्गत् माना जाता है। टरमैन ने प्रतिभाशाली बालकों के अध्ययन द्वारा निष्कर्ष निकाला कि ऐसे बालकों की बुद्धि-लब्धि 140 या इससे ऊपर होती है। अन्य मनोवैज्ञानिक 120 से 140 व उच्च बुद्धि-लब्धि वालों को ऐसा बालक होना मानते हैं।

(*ii*) **सामाजिक संभाव्यता उपागम–** इस उपागम के तहत प्रतिभावान शब्द उस बालक के लिए प्रयुक्त होता है जो अपनी आयु वर्ग में किसी एक योग्यता में श्रेष्ठ हो, जिससे वह हमारे समाज में जीवन के कल्याण व गुणवत्ता में उत्कृष्ठ योगदान करने वाला बन सके।

(*iii*) **सांख्यिकीय उपागम–** इस उपागम के अनुसार किसी बुद्धि परीक्षण में प्राप्त अंकों के आधार पर उच्चतम (Top most) 2 से 3 प्रतिशत बालकों को प्रतिभाशाली माना जाता है।

विशेषताएं (Characteristics)

डॉ. एस. एस. चौहान ने टरमैन (Terman) द्वारा किए गए अनुसंधान के आधार पर प्रतिभाशाली बालकों की विशेषताएं बताई है जो निम्नवत् हैं–

(*i*) **शारीरिक–** ऐसे बालक अपने वर्ग या समूह में औसत बुद्धि-लब्धि (I.Q.) वाले बालकों की अपेक्षा अच्छी शारीरिक विशेषता रखते हैं व उनका स्वास्थ्य अच्छा होता है।

(*ii*) **मानसिक–** प्रतिभाशाली बालक पठन, भाषा, गणितीय तर्क, विज्ञान, साहित्य व कला में उत्कृष्टता प्रदर्शित करते हैं। उनमें तर्क सामान्यीकरण व बोध की क्षमता अधिक होती है।

(*iii*) **अभिरुचियां–** ऐसे बालकों की विविध अभिरुचियां होती है। वे अच्छी पुस्तकों का अधिक मात्रा में सरलता से अध्ययन करना सीख लेते हैं तथा अमूर्त विषयों में रुचि लेते हैं।

(*iv*) **सामाजिक–** ऐसे बालकों में अहंकार की भावना कम होती है। साथ ही वे विश्वसनीय व कर्त्तव्यनिष्ठ अधिक होते हैं। उनमें सामाजिक अभिवृत्तियां व चारित्रिक गुण व्यापक होता है। वे संवेगात्मक परीक्षणों में अधिक अंक प्राप्त करते हैं।

(*v*) **अन्य विशेषताएं–** प्रतिभावान बालक सामान्य बालकों की तुलना में अच्छा प्रदर्शन करते हैं। शोध अध्ययनों से इस बात की पुष्टि निम्न रूप में हुई है–

(*a*) उच्च श्रेणी प्राप्त करना।
(*b*) अधिक सकारात्मक अभिवृत्तियां रखना।
(*c*) अधिकाधिक पाठ्यक्रम एवं सहभागी क्रियाकलापों में भाग लेना।
(*d*) अमूर्त विचारों में अधिक रुचि लेना।
(*e*) खेल-कूदों में उत्कृष्टता दिखाना।
(*f*) सुसमायोजित होना।
(*g*) अपने साथी मित्रों से अच्छे संबंध होना।
(*h*) अधिक आत्मविश्वासी होना।
(*i*) अधिक अंहशक्ति (Ego-Strength)।
(*j*) अधिक पठन योग्यता।
(*k*) अधिक वैयक्तिक स्वतंत्रता की भावना।
(*l*) बाह्य पर्यावरण के प्रति परिपक्व अनुक्रिया करना

किसी विशेष शैक्षिक क्षेत्र में उच्च स्तरीय योग्यता वाले बालक (Skilled Student in Special Field of Education)

कुछ बालक जो बौद्धिक व शैक्षिक रूप से तो सामान्य बालकों के समान होते हैं किंतु वे अन्य किसी विशिष्ट क्षेत्र में, यथा–कला, संगीत, यांत्रिकी आदि में विशिष्ट योग्यता रखते हैं। ऐसे प्रतिभासंपन्न बालकों की पहचान अभिभावक, शिक्षक, खेल-अनुदेशक, निर्देशन विशेषज्ञ आदि निम्न विधियों से कर सकते हैं–

(*i*) विद्यालय प्रगति अभिलेख
(*ii*) शिक्षकों के अभिमत
(*iii*) कक्षागत व्यवहार का अवलोकन
(*iv*) शिक्षकों द्वारा मूल्यांकन
(*v*) बुद्धि परीक्षण
(*vi*) पुस्तकालयाध्यक्ष का अभिमत
(*vii*) साक्षात्कार
(*viii*) अभिरुचि/अभिक्षमता परीक्षण

शैक्षिक कार्यक्रम (Educational Programme)

प्रतिभावान बालकों के लिए निम्न शैक्षिक कार्यक्रम अपनाया जाना चाहिए–

(*i*) **गतिवर्द्धन–** गतिवर्द्धन का अर्थ शैक्षिक कार्यक्रमों के द्वारा बालकों को दी जाने वाली ऐसी प्रगति से है जो उसे औसत से कम आयु में प्राप्त होती है। समान आयु के बालकों के साथ कक्षा में बैठाए जाने पर यह प्रतिभाशाली बालक शिक्षक द्वारा दिए गए कार्य को आसानी व शीघ्रता से पूरा कर लेते हैं। अतः इनके स्तर का कार्य देने के लिए आवश्यक हो जाता है कि उन्हें उस कक्षा में रखा जाए जिसका कार्य वह औसत प्रतिभा वाले बालकों के समान ही पूरा कर सकें। गतिवर्द्धन का औचित्य इस बात से भी प्रकट होता है कि प्रतिभाशाली बालकों को उनकी योग्यता को अधिकतम विकास तथा चुनौतीपूर्ण कार्य करने का अवसर मिलता है। साथ ही अभिभावकों के समय, शक्ति व धन की बचत होती है। इस तरह गतिवर्द्धन द्वारा विद्यार्थियों को निम्न क्षेत्र में लाभ पहुंचाया जा सकता है–

(*a*) निर्धारित आयु से पूर्व विद्यालय में प्रवेश।
(*b*) उसकी बौद्धिक व शैक्षिक योग्यताओं के आधार पर एक ही वर्ष में दो या दो से अधिक कक्षाओं के पाठ्यक्रम का अध्ययन।
(*c*) सामान्य से कम समय एवं आयु में किसी पाठ्यक्रम को उत्तीर्ण कर सकने की अनुमति।

(*ii*) **संवर्धित पाठ्यक्रम**–कोलेनिक्स के शब्दों में–"संवर्धन का तात्पर्य बालक को अधिक उच्च स्तर के अत्यंत विविधतापूर्ण अनुभव तथा कार्यों को करने का अवसर दिया जाए।" प्रतिभाशाली बालकों को पाठ्यक्रम में आवश्यक परिवर्तन कर उच्च कठिनाई के कार्य नियोजित किए जाएं। संवर्धन दो प्रकार से किया जा सकता है–(*a*) व्यक्तिगत तथा (*b*) समूहोन्मुख।

(*iii*) **विशेष कक्षाएं तथा विद्यालय–** प्रतिभाशाली बालकों को शिक्षण से लाभान्वित करने के लिए उन्हें विशेष कक्षाओं तथा विद्यालयों में पृथक से शिक्षा देना वांछनीय है। इसके लिए विस्तृत पाठ्यक्रम, अतिरिक्त क्रियाकलाप, प्रायोगिक कार्य आदि की व्यवस्था की जाती है।

(*iv*) **अन्य कार्यक्रम–** उपरोक्त सहायता के अतिरिक्त भारतीय परिस्थितियों के अनुकूल प्रतिभाशाली बालकों को निम्न प्रकार की सहायता भी दी जा सकती है–

(*a*) प्रभावी निर्देशन कार्यक्रम।
(*b*) विद्यालय कार्यक्रमों को वैयक्तिक व नमनीय बनाना।
(*c*) योग्यता के आधार पर वर्गीकरण।
(*d*) अतिरिक्त पाठ्यक्रम को बनाकर।
(*e*) विशिष्ट विषयों के विशेष पाठ्यक्रम बनाकर।
(*f*) प्रतिभाशाली बालकों हेतु ग्रीष्मावकाश काल में विद्यालय चलाकर।
(*g*) वैकल्पिक विषयों में नमनीयता लाकर।
(*h*) ऐसे छात्रों हेतु विशिष्ट अतिरिक्त कक्षाएं आयोजित कर।

सृजनात्मक बालक अथवा छात्र (Creative Child or Student)

सृजनात्मकता की संकल्पना एवं अर्थ को विभिन्न विद्वानों ने भिन्न-भिन्न प्रकार से परिभाषित किया है। कुछ प्रमुख विद्वानों की परिभाषाएं निम्नवत् हैं–

स्टेन (Sten)– जब किसी कार्य का परिणाम उत्तम हो जो किसी निश्चित समय पर उचित या उपयोगी या संतोषप्रद स्वीकार किया जाए, वह सृजनात्मक कार्य कहलाता है।

बैरन (Baron)– पूर्व में विद्यमान पदार्थों या तत्त्वों को मिलाकर नया योग बनाने की क्षमता ही सृजनशीलता है।

जेम्स ड्रेवर (James Drever)– सृजनशीलता मूलतः नई वस्तु की रचना की योग्यता है, कल्पना के प्रयोग की योग्यता है जबकि विचारों व बिम्बो के नूतन मिश्रण से कोई रचना आत्मप्रेरित करनी हो तथा विचार संश्लेषण की योग्यता भी है जबकि मानसिक कार्य केवल विचारों का योगमात्र न हो।

गिलफोर्ड (J.P Guilford)– सृजनात्मकता, कभी सृजन की योग्यता की, कभी सृजनात्मक उत्पादन की और कभी सृजनात्मक उत्पादनशीलता का द्योतक है।

विशेषताएं (Characteristics)

विभिन्न विद्वानों ने सृजनात्मक बालकों की अलग-अलग विशेषताएं बताई हैं। इनमें से कुछ चुने हुए विद्वानों द्वारा दी गई विशेषताएं निम्नवत् हैं–

बैरन (Baron) के अनुसार ये विशेषताएं निम्न हैं–

(*i*) सृजनात्मक बालक किसी समस्या का निर्णय स्वयं एवं स्वतंत्र रूप से करता है।
(*ii*) एक ही समय अनेक विचारों पर केंद्रित रखने की योग्यता
(*iii*) जटिल घटनाओं को प्राथमिकता।
(*iv*) ऐसे बालक स्वयं की बात पर आग्रह अधिक करते हैं
(*v*) विभिन्न तत्त्वों के एकीकरण की योग्यता द्वारा उसमें समायोजन करने की क्षमता होती है।
(*vi*) ऐसे बालकों में उच्च मानसिक शक्ति स्तर पाया जाता है।
(*vii*) ये अवरोधों का अभाव तथा कल्पना की स्वतंत्रता प्रदर्शित करते हैं।

टोरेंस (Torrance) ने बैरन के (*ii*) एवं (*iv*) के अतिरिक्त अन्य विशेषताएं बताई हैं–

(*i*) मौलिकता
(*ii*) विनोद प्रियता
(*iii*) जिज्ञासा
(*iv*) संवेदनशीलता

गिलफोर्ड (Guilford) ने निम्न विशेषताएं बताई हैं–

(*i*) दूरदर्शिता
(*ii*) समस्या से संबद्ध तथ्यों को पुनः परिभाषित करने की योग्यता
(*iii*) दूसरों को प्रभावित करने की योग्यता
(*iv*) समन्वय करने की क्षमता

डॉ. एस. एस. चौहान ने निम्न विशेषताएं बताई हैं–

(*i*) दृढ़ विश्वास का साहस
(*ii*) अंतर्दृष्टिवान
(*iii*) काल्पनिक
(*iv*) खतरा उठाने को उत्सुक
(*v*) कार्य में निष्ठा

शैक्षिक कार्यक्रम (Educational Programme)

सृजनात्मक बालकों के लिए निम्न शैक्षिक कार्यक्रम अपनाया जाना चाहिए–

(*i*) **कक्षा-कक्ष प्रक्रिया**– बालकों में सृजनात्मक चिंतन का विकास करने हेतु और सृजनात्मक बालकों के शिक्षण हेतु कक्षा-कक्ष प्रक्रिया की ओर विशेष ध्यान देना चाहिए। शिक्षक विश्वकोश (Educator's Encyclopaedia) में स्मिथ ने निम्न कक्षा-कक्ष क्रियाओं पर जोर दिया है–
(*a*) अध्यापक का कम प्रभाव,
(*b*) व्यक्ति भिन्नता को पहचानना,
(*c*) बालकों को अपनी सीमाओं के अंतर्गत् अपनी गति के अनुसार विकास करने देना,
(*d*) विद्यार्थियों की सहभागिता को प्रोत्साहन देना,
(*e*) असफलता के लिए दण्ड का भय दूर करना।

(*ii*) **पाठ्यक्रम**– बालकों में सृजनात्मकता को प्रोत्साहित करने हेतु पाठ्यक्रम को विशिष्ट बनाना जरूरी है। आजकल प्रचलित पाठ्यक्रम सामान्य बालकों को ध्यान में रखकर बनाया जाता है। सृजनात्मकता को ध्यान में रखकर उक्त पाठ्यक्रम में परिवर्तन करना चाहिए। पाठ्यक्रम ऐसा होना चाहिए जिससे मौलिक विचारों, धारा प्रवाहिता, लोच और अत्यधिक स्पष्टीकरण को बढ़ावा मिले। अधिक-से-अधिक सूचनाओं को पाठ्यक्रम के माध्यम से देना चाहिए, क्योंकि सूचनाओं के आधार पर ही विचार जन्म लेते हैं।

(*iii*) **अवरोधक तत्त्वों को दूर करना**– सृजनात्मक बालकों के शिक्षण और सृजनात्मकता के विकास के लिए अवरोधक तत्त्वों को दूर करना और शिक्षण की यथोचित विधियों और तकनीकों का प्रयोग करना उचित होगा। इन अवरोधक तत्त्वों में प्रमुख हैं–
(*a*) सामाजिक-आर्थिक
(*b*) मनोवैज्ञानिक
(*c*) चारित्रिक।

(*iv*) **सहायक तत्त्वों को बढ़ावा**– आलमशाह ने सृजनात्मकता को बढ़ावा देने अथवा सहायक के रूप में कार्य करने वाले निम्न चार प्रमुख तत्त्व बताएं हैं– (*a*) प्रेरणा (*b*) ग्रहणशीलता (*c*) योग्यता, (*d*) चयनात्मकता।

(*v*) **शैक्षिक साधन और सामग्री**– बालकों में सृजनात्मकता का विकास करने के लिए कुछ विशेष शैक्षिक साधन और सामग्री होनी चाहिए। इन शैक्षिक साधन और सामग्री में

कार्य पुस्तकें, निर्देशन पुस्तकें तथा विचार पुस्तकें उल्लेखनीय हैं। इसके अतिरिक्त दृश्य-श्रव्य सामग्री भी इसके लिए विकसित की जा सकती है।

विशेष रूप से अक्षम छात्र (Special Cases of Incapable Student)

ऐसे छात्रों को निम्न श्रेणियों में बांटा जा सकता है :

1. मानसिक रूप से विकलांग छात्र
2. दृष्टि बाधित छात्र
3. दृष्टिहीन छात्र
4. बधिर छात्र
5. शारीरिक रूप से विकलांग छात्र

1. मानसिक रूप से विकलांग छात्र (Mentally Disabled Children/Student)

सामान्यतः मानसिक विकलांगता वो विकलांगता है जो औसत से निम्न मानसिक कार्यक्षमता का उल्लेख करती है। इसका आरंभ बालक के विकास की अवधि में होता है और यह निम्न में से एक या अधिक से अनुकूल व्यवहार की कमी द्वारा संबंधित रहती है–

(*i*) परिपक्वता, (*ii*) अधिगम, (*iii*) सामाजिक समायोजन।

स्किनर ने मानसिक रूप से विकलांगों को अनेक नाम दिए हैं, यथा–अल्पबुद्धि (Mentally Deficient), विकल बुद्धि (Mentally Handicapped), धीमी गति से सीखने वाले (Slow Learners), पिछड़े हुए (Backward) और मूढ़ (Dull)।

क्रो और क्रो के अनुसार : "जिन बालकों की बुद्धि-लब्धि (I.Q) 70 से कम होती है, उन्हें मंदबुद्धि कहते हैं।"

स्किनर के अनुसार : "प्रत्येक कक्षा के छात्रों को एक वर्ष में शिक्षा का एक निश्चित कार्यक्रम पूरा करना पड़ता है। जो छात्र उसे पूरा कर लेते हैं उनको 'सामान्य छात्र' कहा जाता है। जो छात्र उसे पूरा नहीं कर पाते उनको 'मंदबुद्धि छात्र' की संज्ञा दी जाती है। विद्यालयों में यह धारणा बहुत लंबे समय से चली आ रही है और अब भी है।"

पोलक व पोलक के अनुसार : "मंदबुद्धि बालक को अब क्षीण बुद्धि बालकों के समूह में नहीं रखा जाता है, जिनके लिए कुछ भी नहीं किया जा सकता। अब हम यह स्वीकार करते हैं कि उनके व्यक्तित्व के उतने ही विभिन्न पहलू होते हैं, जितने सामान्य बालकों के व्यक्तित्त्व के होते हैं।"

मानसिक रूप से पिछड़े बालकों की पहचान (Identifying the Mental Backwardness of Children)

मानसिक रूप से पिछड़े बालकों की पहचान के निम्न लक्षण हैं–

(*i*) वे प्रायः शारीरिक रूप से अयोग्य होते हैं।
(*ii*) वे संवेगात्मक रूप से अस्थिर होते हैं।
(*iii*) इनकी शैक्षिक निष्पत्ति निम्न होती है।
(*iv*) इनकी पहचान व्यक्तित्व अध्ययन से भी हो जाती है।
(*v*) इनकी पहचान निम्न बुद्धि-लब्धि (Below I.Q) द्वारा की जा सकती है।
(*vi*) निम्न शैक्षिक तथा शारीरिक आलेख भी इनकी पहचान में सहायक होते हैं।

मानसिक पिछड़ेपन के आधार (Basis of Mental Backwardness)

मानसिक पिछड़ेपन के मुख्यतः तीन आधार हैं–शैक्षिक, सामाजिक और व्यावहारिक।

शैक्षिक

(*i*) ऐसे बालक सूक्ष्म चिंतन के योग्य नहीं होते हैं।
(*ii*) शैक्षिक क्षमता में वह अपने आयु समूह से बहुत नीचे होते हैं।

सामाजिक

(*i*) सामाजिक व्यवहार में कुशल नहीं होते हैं।
(*ii*) व्यक्तिगत व सामाजिक उत्तरदायित्वों को वहन नहीं कर पाते हैं।

व्यावहारिक

(*i*) अधिगम की क्षमता कम होती है।
(*ii*) संवेदनात्मक दोष होते हैं।

विशेषताएं (Characteristics)

विभिन्न विद्वानों ने मंदबुद्धि बालकों की भिन्न-भिन्न विशेषताओं का उल्लेख किया है–

(1) **क्रो एवं क्रो** के अनुसारः
(*i*) संवेगात्मक और सामाजिक असमायोजन।
(*ii*) विद्यालय में असफलताओं के कारण निराशा।
(*iii*) दूसरों को मित्र बनाने की अधिक इच्छा।
(*iv*) दूसरों के द्वारा मित्र बनाए जाने की कम इच्छा।

(2) **फ्रैड्रसन** के अनुसारः
(*i*) आत्मविश्वास का अभाव
(*ii*) 50 से 70 या 75 तक बुद्धि-लब्धि (I.Q.)।
(*iii*) बहुधा भावावेशपूर्ण व्यवहार।
(*iv*) विभिन्न अवसरों, यथा–प्रेम, भय, मौन, चिंता, विरोध, पृथकता या आक्रमण पर विभिन्न प्रकार का व्यवहार।

(3) **स्किनर** के अनुसार :
(*i*) सीखी हुई बात को नई परिस्थितियों में प्रयोग करने में कठिनाई।
(*ii*) व्यक्ति और घटनाओं के प्रति ठोस और विशिष्ट प्रतिक्रियाएं।
(*iii*) मान्यताओं के संबंध में अटल विश्वास।
(*iv*) दूसरों की चिंता न करके केवल अपनी चिंता।

(*v*) किसी बात का निर्णय करने में परिस्थितियों की अवहेलना।

(*vi*) कार्य और कारण के संबंध में असंगत धारणाएं।

शिक्षण की पद्धतियां (Methods of Teaching)

मंदबुद्धि बालक की शिक्षा का वही स्वरूप होना चाहिए, जो पिछड़े बालक की शिक्षा का है। इनकी शिक्षा के लिए निम्न व्यवस्था होनी चाहिए–

(*i*) छोटे समूहों में शिक्षा
(*ii*) अध्ययन के विषय
(*iii*) हस्तशिल्पों की शिक्षा
(*iv*) अच्छे शिक्षकों की नियुक्ति
(*v*) सांस्कृतिक विषयों की शिक्षा
(*vi*) विशिष्ट विद्यालयों की स्थापना
(*vii*) विशिष्ट कक्षाओं की स्थापना
(*viii*) विशिष्ट विद्यालयों का संगठन
(*ix*) विशेष शिक्षण विधियों का प्रयोग
(*x*) विशेष पाठ्यक्रम का निर्माण

इनके माध्यम से मंदबुद्धि बालकों की शिक्षा को व्यावहारिक रूप प्रदान कर सकते हैं जो उनको किसी कार्य में दक्ष करके जीवनयापन करने के योग्य बनाती है।

संवर्द्धन कार्यक्रम (Development Programme)

जब बालक सामान्य स्कूल पाठ्यक्रम से किसी भी प्रकार से लाभान्वित नहीं होता तो उसे आवासीय स्कूल में भेजा जाता है जहाँ एक भली प्रकार बनाई गई निर्देशन योजना उनके सामाजिक सामंजस्य को प्रभावित करती है। इस प्रकार के बालकों के लिए शैक्षिक पाठ्यक्रम उतने ही सतर्क रूप से तैयार करना चाहिए जितना कि उन बालकों के लिए जो विशेष कक्षाओं में रखे जाते हैं।

मानसिक रूप से पिछड़े बालकों के लिए शैक्षिक व्यवस्था स्पष्ट, प्रबंधित तथा भली प्रकार निर्देशित होनी चाहिए। वहां पढ़ाई का हर सामान उपस्थित होना चाहिए तथा साथ ही कक्षाओं का प्रबंध होना चाहिए।

उपचारी कार्यक्रम (Remedial Programme)

मानसिक रूप से पिछड़े बालकों की आवश्यकताएं अधिकतर कानून द्वारा ऐसे अध्यापकों, मनोवैज्ञानिकों, मनोचिकित्सकों तथा व्यावसायिक सेवाओं द्वारा पूरी की जा रही है जो इस क्षेत्र में शिक्षित हैं। प्रायः सभी राज्यों ने ऐसे कानून बनाए हैं जो कि मानसिक अक्षम बालक के सुधार, उपचार तथा शिक्षा में सहायक हैं।

पिछले लगभग 50 वर्षों में मानसिक रूप से पिछड़े बालकों की उन्नति के लिए कानून, मेडिकल अनुसंधान, मनोविज्ञान तथा शैक्षिक क्षेत्र में बहुत उन्नति हुई है। इस क्षेत्र में किए गए कार्यों का वर्णन निम्नवत् है–

(*i*) **मनोविज्ञान**– मानसिक पिछड़ेपन पर महत्वपूर्ण मनोवैज्ञानिक अनुसंधान हुए हैं। कुछ अनुसंधान बालकों की प्रमुख तथा गौण विशेषताओं से संबंधित हैं। बालकों की मानसिक उन्नति पर वातावरण के प्रभाव का भी अध्ययन हो रहा है। इनमें से कुछ अध्ययन फ्रीमैन, सीलस तथा शैमिट द्वारा हुए हैं।

(*ii*) **कानून**– कानून द्वारा संस्थाओं को आर्थिक सहायता दी जाती है। कानूनों द्वारा विशेष स्कूलों की व्यवस्था, उनमें भर्ती, अध्यापकों का प्रशिक्षण आदि की सुविधा रहती है।

(*iii*) **मेडिकल अनुसंधान**–इस क्षेत्र में हो रहे अनुसंधान मानसिक स्तर की उन्नति की ओर संकेत करते हैं। इस प्रकार के अध्ययन दो बातों से संबंधित हैं–(*a*) मनोवेगात्मक पिछड़ेपन पर बेनजीड्राइन उपचार (*b*) मानसिक पिछड़ेपन पर गुलूटामी एसिड का प्रभाव। मेडिकल क्षेत्र के ये दोनों अनुसंधान शैक्षिक तथा मनोवैज्ञानिक दृष्टि से बहुत महत्त्वपूर्ण हैं।

(*iv*) **शैक्षिक समस्याएं**– न्यूयॉर्क का विशेष शिक्षा विभाग 1940 से पाठ्यक्रम तथा विधियों पर अनुसंधान कर रहा है। इन अनुसंधानों के परिणामों को मानसिक रूप से पिछड़े बालकों के शैक्षिक कार्यक्रम में सुझाव के रूप में लेना चाहिए।

2. दृष्टि बाधित छात्र (Visually Impaired Students)

दृष्टि बाधित बालक सामान्य से कम, निम्न या शून्य दृष्टि वाले होते हैं। इन बालकों की समस्या यह होती है कि वे कक्षा में श्याम-पट्ट (Black Board) पर अंकित लेख या दृश्य सहायक सामग्री को तथा अपनी पुस्तक पठन में कठिनाई का अनुभव करते हैं। ऐसे बालकों के लिए निम्न सावधानियां रखनी चाहिए–

(*i*) उन्हें कंजरवेशन (Conservation) कक्षाओं में पढ़ाना चाहिए जहां बड़े छापे की पुस्तकें व बड़े आकार की दृश्य सामग्री का प्रयोग किया जाता है।

(*ii*) ऐसे छात्रों को कक्षा में श्याम-पट्ट (Black Board) के निकट बैठना चाहिए।

(*iii*) उनकी दृष्टि की जांच कर उन्हें चश्मा लगाने की सलाह देनी चाहिए।

(*iv*) चिकित्सक से उनका उपचार कराना चाहिए।

(*v*) उनमें उचित रूप से पढ़ने-लिखने की विधि विकसित करनी चाहिए।

विशेषताएं (Characteristics)

(*i*) ऐसे बालक जो औसत दृष्टि वाले बालकों से भिन्न हैं, परन्तु जिनका मेडिकल रूप से इलाज हो सकता है, सामान्य बालकों के साथ पढ़ सकते हैं।

(*ii*) ऐसे बालक जिनमें कि अत्यंत गंभीर दृष्टि दोष है इनका उपचार मेडिकल सहायता तथा चश्मे से करने पर भी वे सामान्य बालकों के साथ पढ़कर यथोचित लाभ नहीं उठा सकते। फिर भी उनके पास इतनी दृष्टि है कि वे उन साधनों से उचित लाभ उठा सकते हैं जो कि अन्धे बालकों को दिए जाते हैं।

(*iii*) ऐसे बालक, जो कि मेडिकल इलाज तथा चश्में की सहायता मिलने पर भी शैक्षिक तथा व्यावसायिक रूप से दृष्टिहीन हैं।

बाधित की मात्रा

दृष्टि बाधा की मात्रा के लिहाज से बहुत कम देखने वाले बालकों को चार वर्गों में बांटा गया है–

(*i*) ऐसे बालक, जिनकी दृष्टि एक्यूटी (Visual Acuity) 20/70 तथा 20/200 के बीच है।

(*ii*) ऐसे बालक जो गंभीर तथा बढ़ने वाली दृष्टि संबंधी कठिनाइयों से पीड़ित हैं।

(*iii*) ऐसे बालक जो नेत्र संबंधी रोगों से पीड़ित हैं या ऐसे रोगों से जो दृष्टि को प्रभावित करते हैं।

(*iv*) ऐसे बालक, जो कि उपरोक्त बालकों में सम्मिलित नहीं हैं और जिनके पास औसत मस्तिष्क है तथा जो डॉक्टरों तथा शिक्षाशास्त्रियों के अनुसार कम देखने वाले बालकों को दिए गए साधनों तथा सामान द्वारा अधिक लाभान्वित हो सकते हैं।

शैक्षिक कार्यक्रम (Educational Programme)

(*i*) **विशेष कक्षाओं का आयोजन**– कम देखने वाले बालकों (दृष्टि बाधित) को शिक्षा देने का सबसे अच्छा तरीका विशेष कक्षाओं का आयोजन है। एक विद्यालय में ऐसे बालकों की संख्या 1 से 500 तक होती है। अध्यापक इस बात का निर्णय करे कि क्या उनके लिए विशेष कक्षा का आयोजन किया जाए तथा कौन-कौन सी सुविधाएं प्रदान की जाए। इस कक्षा में विभिन्न श्रेणियों के बालक हो सकते हैं। गांवों में भी आंशिक रूप से देखने वाले बालकों के लिए विशेष कक्षा का प्रबंध होना चाहिए।

(*ii*) **सहकारिता योजना**– पृथकीकरण अब आधुनिक शैक्षिक सिद्धांतों के अनुरूप नहीं है। अतः एक सहकारिता योजना का विकास किया गया है जिसके द्वारा कम देखने वाले बालक अपने कार्य एक विशेष सामान से युक्त एक योग्य शिक्षक के अंतर्गत करते हैं। अन्य कार्यक्रमों के लिए वे अन्य औसत बालकों के साथ मिल जाते हैं।

(*iii*) **पाठ्यक्रम**– कम देखने वाले और औसत बालकों का पाठ्यक्रम एक-सा होता है। अध्यापकों को इस ओर ध्यान देना चाहिए कि ऐसा कोई भी कार्य अधिक न करवाया जाए जिससे आंखों पर अधिक जोर पड़े।

(*iv*) **शैक्षिक माध्यम**– एक औसत बालक के लिए किताब 10 या 12 पॉइण्ट (Point) टाइप में होती है, पर आंशिक देखने वाले बालकों के लिए किताब 18 या 24 पॉइण्ट (Point) टाइप में होती है। प्रिंट साफ तथा विस्तृत होना चाहिए। दो शब्दों के बीच जगह होनी चाहिए। सफेद कागज पर काली स्याही से लिखा होना चाहिए। हाशिया तथा चित्र एवं मानचित्र पर काली स्याही से लिखा होना चाहिए। आर्ट तथा क्राफ्ट के लिए ऐसा सामान प्रयुक्त होना चाहिए कि आंखों पर अधिक जोर न पड़े। मशीनी तरीके, जैसे–टाइपराइटर, रेडियो आदि का प्रयोग होना चाहिए। साथ ही ऐसे बालकों को टाइपराइटर के छूने की विधि बतानी चाहिए।

(*v*) **रोशनी**– प्राकृतिक तथा बनावटी दोनों प्रकार की रोशनी सभी बालकों के लिए महत्व रखती है। कम देखने वाले बालकों के लिए यह और भी अधिक महत्व रखती है। ऐसे बालकों का कमरा हर स्थान से पूर्णरूप से रोशनीयुक्त होना चाहिए तथा उनमें चमक नहीं होनी चाहिए। भूरे तथा हरे बोर्ड में प्रत्यावर्तन अधिक होता है। अतः उनका प्रयोग करना चाहिए।

(*vi*) **फर्नीचर** : एक स्थान से दूसरे स्थान तक ले जा सकने वाले फर्नीचर से बालक उसे किसी भी स्थान पर ले जाकर पढ़ सकते हैं। फर्नीचर का रंग हल्का होना चाहिए।

3. दृष्टिहीन छात्र (Blind Students)

वे बालक जिनकी दृष्टि एक्यूटी 20/200 होती है तो उन्हें शैक्षिक कार्य के लिए नेत्रहीन समझा जाता है। इससे कम होने पर अथवा इसी प्रकार की कोई अन्य अक्षमता होने पर बालक दृष्टिहीन समझे जाते हैं। दृष्टिहीन बालक को अपनी अन्य इन्द्रियों पर निर्भर रहना पड़ता है। जिन बालकों में बहुत कम दृष्टि होती है वे रंगों का भेद कर सकते हैं। एक बालक को तभी दृष्टिहीन मानना चाहिए जबकि डॉक्टर ने उसकी ऐसी स्थिति बतायी हो। डाक्टर द्वारा बताए गए चश्में को पहनने से इनकी दृष्टि में सुधार हो सकता है समय-समय पर आंखों की परीक्षा लेना भी जरूरी है। अध्यापक को देखना चाहिए कि बालक ने चश्मा पहना है अथवा नहीं, चश्मा ठीक दशा में है अथवा नहीं। चूंकि दृष्टिहीन बालक हमेशा अपनी अन्य इंद्रियों पर निर्भर रहता है, उसकी अन्य इंद्रियों के स्वास्थ्य की परवाह करनी चाहिए।

दृष्टिहीन बालकों की समस्या अधिक विकट होती है। वे सामान्य विद्यालय व सामान्य कक्षाओं में शिक्षित होने में अधिक असुविधा का सामना करते हैं। उन्हें विद्यालय में आने-जाने, लिखने-पढ़ने जैसी क्रियाओं में दूसरों की सहायता लेनी पड़ती है। वे दूसरे व्यक्तियों के उपहास के पात्र बनते हैं जिससे उनमें हीन भावना का उदय होता है। ऐसे बालकों की शिक्षा में निम्न बिंदु उल्लेखनीय है–

(*i*) ऐसे बालकों के लिए पृथक एवं विशिष्ट विद्यालय होने चाहिए।

(ii) इन्हें ब्रेल (Braille) पद्धति से शिक्षित करना चाहिए, जिनमें एक मोटे कागज पर कुछ बिन्दु उभार कर उनके स्पर्श द्वारा दृष्टिहीन बालकों को अक्षर व लिपि का ज्ञान कराया जाता है।

(iii) उन्हें संगीत या हस्तकला में प्रशिक्षण दिया जाना चाहिए।

(iv) उन्हें टंकण (Typing) का प्रशिक्षण भी दिया जा सकता है।

(v) उन्हें समुचित सहानुभूति की अपेक्षा होती है।

दृष्टिहीन छात्रों के लिए शैक्षिक सुविधाएं (Educational Facilities for Blind Students)

(i) **सामान्य विद्यालय–** एक सामान्य दृष्टिहीन बालक सामान्य स्कूल में प्रवेश कर सकता है। इस अवस्था में उसे इस योग्य होना चाहिए कि वह कपड़े आदि स्वयं पहन सके। उसे नहाना और अपनी शारीरिक आवश्यकताओं की पूर्ति करना आना चाहिए। उसे जाने पहचाने वातावरण में चलने की आदत होनी चाहिए। उसे अपने आयु-वर्ग के बालकों से बोलना और उन्हें दोस्त बनाने आना चाहिए। इस संबंध में बालकों को किण्डरगार्टन में भेजने से अच्छे परिणाम निकलने चाहिए।

(ii) **ब्रेल कक्षाएं–** दृष्टिहीन बालकों के लिए स्कूल जाने से तात्पर्य अंधों के स्कूल जाने से है। वहाँ ऐसे बालकों को विशेष कक्षाओं में पढ़ाया जाता है। इन्हें ब्रेल कक्षा (Braille Class) कहते हैं। ब्रेल कक्षाओं तथा दृष्टिहीन बालकों के लिए स्कूल की व्यवस्था इसलिए की जाती है ताकि वे सामाजिक वातावरण से समायोजन कर सकें। आवासीय स्कूल भी बालकों की कक्षा से दूसरी कक्षा के लिए शिक्षा देता है। ब्रेल कक्षाएं ऐसी सहायता देती हैं जिनसे सामान्य कक्षा की पढ़ाई को समझ सकें। ये दोनों ही प्रकार की पढ़ाई अपनी उद्देश्य पूर्ति में सफल हो सकती हैं। ब्रेल कक्षाओं में एक कुशल अध्यापक 10 या 12 विद्यार्थियों को वह विषय पढ़ाता है जो वे अन्य बालकों के साथ नहीं पढ़ सकते। अन्य कार्यों के लिए वे सामान्य बालकों के साथ मिल जाते हैं। उन्हें हाथ में कार्य, शारीरिक शिक्षा तथा संगीत की शिक्षा भी दी जाती है। ब्रेल कक्षाओं के लिए ब्रेल पुस्तकों की आवश्यकता होती है। अमेरिका में ये ब्रेल कक्षाएं American Printing House for the Blind से पुस्तकें प्राप्त करती हैं।

(iii) **विशेष विधियां–** दृष्टिहीन बालक की शिक्षा के समय यह ध्यान में रखना चाहिए कि वह एक सामान्य बालक है। अधिकतर मामलों में उसका बढ़ता हुआ ज्ञान, वृद्धि, संवेग तथा इच्छाएं अन्य बालकों की तरह है। दृष्टि दोष प्रत्येक बालक में भिन्न होता है। यदि बालक में थोड़ी दृष्टि है और अध्यापक उसे दृष्टिहीन समझता है तो इसका बालक पर प्रतिकूल प्रभाव पड़ेगा। दृष्टि एक्यूटी (Visual Acuity) सदा दृष्टि क्षमता को नहीं बताती। अक्सर कम दृष्टि वाले बालक अपनी दृष्टि का अच्छा उपयोग करते हैं। घर के वातावरण, सीखने की तत्परता एवं सीखने की क्षमता का इस पर प्रभाव पड़ता है। एक अंधे बालक की शिक्षा के लिए दो चीजों–(i) विशेष सामान तथा माध्यम और (ii) पढ़ाने के विशेष सिद्धांतों का प्रयोग आवश्यक है।

4. बधिर-छात्र (Deaf Students)

कानों के द्वारा सुनने में बाधा से उत्पन्न अयोग्यता व्यक्ति विशेष को श्रवण विकलांग बनाती है। यह विकलांगता ऐसे बालकों की श्रवण शक्ति दोषयुक्त होने से उन्हें शाब्दिक या बोलकर अभिव्यक्त करने में असमर्थ बनाती है। यही कारण है कि बहरे लोग गूंगे (Dumb) भी होते हैं। अतः सामान्य स्कूलों में शैक्षिक शिक्षण की अपेक्षा श्रवण विकलांगों की शिक्षा हेतु पृथक गूंगे-बहरों के विशिष्ट विद्यालयों की व्यवस्था की जाती है। जहां प्रशिक्षित अध्यापक विशिष्ट उपकरणों की सहायता से उनका विशिष्ट शिक्षण करते हैं।

प्रकार– बहरेपन अथवा श्रवण बाधिता को प्रायः दो प्रकारों में बांटा जाता है–

(i) बधिर या बहरे (Deaf), (ii) ऊंचा सुनने वाले (Hard of Hearing)। इन दोनों प्रकारों में भाषा को सीखने की योग्यता भिन्न-भिन्न होती है। ऊंचा सुनने वालों को श्रवण सहायक यंत्रों (Hearing Aids) की सहायता से शिक्षित किया जा सकता है किन्तु बधिरों की जिन्होंने कभी वाणी या भाषा सुनी ही नहीं, शिक्षा व्यवस्था विशिष्ट प्रकार की होती है।

विशेषताएं (Characteristics)

(i) बधिर या कम सुनने वाले श्रवण क्षतियुक्त बालक वे हैं जिन्होंने बोलने से पहले ही श्रवण शक्ति खो दी है। इस प्रकार के छात्रों के लिए विशेष प्रकार के शिक्षण की आवश्यकता होती है।

(ii) विद्यालय में कुछ बालक ऐसे होते हैं जिन्हें किसी न किसी प्रकार का और किसी न किसी स्तर का श्रवण दोष होता है।

(iii) श्रवण शक्ति बालक को अध्यापक द्वारा कही गई बातें सुनाई देती है। श्रवण शक्ति मौखिक संदेशवहन, अधिगम, मानसिक विकास और भाषा विकास का सबसे सशक्त साधन है। श्रवण बाधित बालक इन साधनों से लाभ नहीं उठा पाता।

(iv) कक्षा में बैठे श्रवण क्षतियुक्त बालकों को प्रभावशाली ढंग से उन विधियों से शिक्षा दी जा सकती है जिनसे सामान्य श्रवण योग्यता वाले बालक को देते हैं।

(v) बधिर बालकों की पहचान उनसे बोलने पर हो सकती है। परन्तु उनकी पहचान श्रवण यंत्रों के द्वारा करना उचित होगा।

(vi) श्रवण क्षतियुक्त बालकों की पहचान श्रवण यंत्रों, यथा श्रवणमापक तथा अन्य तकनीकों से की जाती है।

(*vii*) विद्यालय में श्रवण क्षतियुक्त बालक कई दिनों तक अध्यापक की दृष्टि में नहीं आता। अध्यापक को उसका पता तभी होगा जब वह बालक से अधिकतम अंतःक्रिया (Interaction) करेगा। जबकि अधिक संख्या वाली कक्षा में ऐसा होना संभव नहीं है। अतः बालकों के प्रवेश के समय ही उनका परीक्षण करवा लेना उचित है।

(*viii*) माता-पिता को बालक के जन्म के तीन महीने पश्चात् चिकित्सक द्वारा अपने बालक की श्रवण शक्ति की जांच अवश्य करा लेनी चाहिए। विद्यालय में प्रवेश दिलाते समय उन्हें अध्यापक को बालक की श्रवण स्थिति से अवगत करा देना चाहिए।

शैक्षिक कार्यक्रम (Educational Programme)

श्रवण बाधितों के शैक्षिक कार्यक्रमों को चार वर्गों– (1) संप्रेषण तकनीकें, (2) शिक्षण तकनीकें, (3) शैक्षिक सुविधाएं तथा (4) औपचारिक सुविधाएं में बांटा गया है।

(1) **संप्रेषण तकनीकें**– श्रवण क्षतियुक्त बालक के संबंध में सबसे बड़ी कठिनाई संप्रेषण के संबंध में है। अतः उसे भली प्रकार शिक्षित करने के लिए निम्न विशेष संप्रेषण तकनीकें अपनाई जानी चाहिए–

(*i*) **चिन्ह भाषा**– बधिर और अत्यधिक ऊंचा सुनने वाले बालकों के लिए चिन्ह भाषाओं का प्रचलन है, यथा–A. चिह्नित अंग्रेजी, (*b*) अमेरिकन चिह्न भाषा, (*c*) अंगुली वर्णमाला। ये चिन्ह भाषाएं एक-दूसरे से भिन्न होती हैं।

(*ii*) **ओष्ठ पठन**– ओष्ठ पठन में बालकों को ओठों के हिलाने और गति के आधार पर वर्णों और शब्दों को पढ़ने की शिक्षा दी जाती है।

(*iii*) **संकेत भाषा**– संकेत भाषा में ओठों को पढ़ने के साथ हाथ से मुंह के पास ही संकेत दिए जाते हैं। संकेत उसी भाषा के होते हैं जिसमें कि बोला जाता है। संकेत भाषा के लाभ निम्नवत् हैं–

(*a*) इसमें उसी व्याकरण का प्रयोग होता है जो बोली जाती है।

(*b*) इससे बालक सुनने वाले लोगों के साथ आसानी से संप्रेषण कर सकता है।

(*iv*) **स्पर्श विधि**– इसमें स्पर्श द्वारा कही गई बात को समझने का प्रावधान होता है।

(*v*) **गतिविधि**– इसमें शरीर से विभिन्न गतियां करवाकर बधिर बालकों के संप्रेषण में सहायता दी जाती है।

(*vi*) **प्रवर्धक प्रयोग**– ध्वनि प्रवर्धक यंत्रों का प्रयोग उन बालकों के लिए उपयोगी हो सकता है जो सामान्य से थोड़ा ऊंचा सुनते हैं।

(2) **शिक्षण तकनीकें**– श्रवण क्षतियुक्त बालकों के लिए निम्न शिक्षण तकनीकें अपनाई जानी चाहिए–

(*i*) शिक्षण विषय-वस्तु को सहायक सामग्री की सहायता से पढ़ाया जाना चाहिए। आकृतियां, चित्र, संकेत, शब्द, इशारे इत्यादि सहायक सामग्री प्रयोग की जा सकती है।

(*ii*) शिक्षक को बीच-बीच में प्रश्न पूछना अनिवार्य है। इससे यह पता लग सकता है कि बालक पढ़ाई गई बात को कितना समझ रहा है।

(*iii*) विलसन के अनुसार श्रवण क्षतियुक्त बालक को एक नोट लेने वाला व्यक्ति (Note-taker) प्रदान किया जाना चाहिए।

(*iv*) श्रवण क्षतियुक्त बालकों के लिए एक विशेष अध्यापक नियुक्त किया जाना चाहिए जो प्रशिक्षण प्राप्त हो।

(*v*) श्रवण क्षतियुक्त बालकों की अधिगम कमियों की ओर विशेष ध्यान दिया जाना चाहिए ताकि यह पता चले कि वे शब्दों को ठीक लिखते और बोलते हैं अथवा नहीं।

(*vi*) श्रवण क्षतियुक्त बालकों के लिए तकनीकी कार्यक्रम बनाने चाहिए। रोचेस्टर तकनीक विज्ञान संस्थान में इस तरह के प्रोग्राम उपलब्ध हैं।

(3) **श्रवण क्षतियुक्त बालकों की शैक्षिक सुविधाएं**– श्रवण क्षतियुक्त बालकों को दिन-प्रतिदिन के क्रियाकलाप में भली प्रकार से सहायता देने के लिए निम्न सुविधाएं दी जानी चाहिए–

(*i*) दृश्य-श्रव्य (Audio-Visual) संकेत सामग्री श्रवण क्षतियुक्त बालक के लिए अत्यंत लाभदायक सिद्ध हो सकती है। टेलीफोन में ध्वनि प्रवर्धक (Sound Amplifier) लगाने से बालक टेलीफोन पर बातचीत कर सकते हैं। आजकल बालकों के लिए टेलीफोन, टाइपराइटर और कंप्यूटर यंत्र बनाया गया है। इसमें टेलीफोन पर वार्ता टाइप होकर स्क्रीन में दिख जाती है। इससे बधिर बालक टेलीफोन पर वार्ता कर सकते हैं। यदि इसी प्रकार के अन्य यंत्र भी विद्यालयों में उपलब्ध कराएं जा सकें तो वे श्रवण क्षतियुक्त बालकों के लिए लाभप्रद होंगे।

(*ii*) वीडियो टेप्स का प्रयोग लाभकारी सिद्ध होता है।

(*iii*) फिल्म का प्रयोग किया जाना चाहिए।

(*iv*) उन सभी बालकों को कक्षा-कक्ष (Class-room) में समूह श्रवण सहायक (Group Hearing Aids) प्रदान किए जाने चाहिए जो किसी भी प्रकार की श्रवण क्षतियुक्तता से पीड़ित हैं।

(*v*) अध्यापक द्वारा ओवरहेड प्रोजेक्टर का प्रयोग अत्यंत अच्छा है।

(*vi*) श्रवण क्षतियुक्त बालकों को अजायबघर, ऐतिहासिक इमारतों, प्रसिद्ध स्थानों आदि जैसे सूचनाप्रद स्थलों पर भ्रमण के लिए ले जाना चाहिए।

5. शारीरिक रूप से विकलांग छात्र (Physically Disabled Students)

जब तक शरीर स्वस्थ नहीं होगा तब तक मनुष्य सामान्य रूप से कार्य नहीं कर सकता। शारीरिक स्वास्थ्य उसके कार्य व विकास को प्रभावित करता है। शारीरिक अक्षम अथवा अपंग बालक शारीरिक रूप से विकलांग कहलाते हैं। अपंग बालक चिरकालिक बीमार बालकों से संख्या में कहीं अधिक होते हैं। ऐसे बालक निरंतर असफल होते हैं और अंत में विद्यालय आना छोड़ देते हैं। अपंग और बीमार दोनों ही प्रकार के बालक विशिष्ट बालकों की श्रेणी में आते हैं। अतः वे विशेष शिक्षा के अधिकारी हैं।

विकलांगता का अर्थ व परिभाषा (Meaning or Definition of Disabled)

महेश भार्गव एवं भावना लवनिया के शब्दों में – "शैक्षिक दृष्टि से विकलांगता किसी भी प्रकार की निर्योग्यता हो सकती है जो बालक विशेष को औसत बालकों की भांति शिक्षा ग्रहण करने में असमर्थ बनाती है। ऐसे बालक सामान्य शिक्षा पद्धति से लाभान्वित नहीं हो पाते। उनके लिए अतिरिक्त सहायता विशिष्ट शिक्षण की आवश्यकता होती है।"

बाल गोविंद तिवारी के शब्दों में – "विकलांगता एक ऐसी स्थिति है जो किसी भी व्यक्ति को किसी भी अवस्था में उसके सामान्य व्यवहार, कार्य शक्ति, विचार एवं नियमित कृत्य को न्यूनाधिक प्रभावित कर आंगिक, मानसिक, सामाजिक व भावात्मक असंतुलन उत्पन्न कर देती है।"

विकलांगता के प्रकार (Types of Disabled)

(*i*) मेरुदण्ड का वक्र,
(*ii*) मेरुदण्डीय द्विशाखी,
(*iii*) मांसपेशीय डायसट्रॉफी,
(*iv*) लूले-लंगड़े, हथकटे,
(*v*) एक या इससे अधिक अंगों का लकवा,
(*vi*) पांवफिरा,
(*vii*) प्रमस्तिष्कीय पक्षाघात,
(*viii*) विकृत नितंब।

विशेषता (Characteristics)

एक बीमार बालक वह है जो काफी लंबे समय से बीमार है कुछ बालक काफी लंबे समय तक बीमार से ग्रस्त रहते हैं। इन बीमारियों में कुछ प्रमुख हैं–(*i*) दमा, (*ii*) मिर्गी, (*iii*) हृदय रोग, (*iv*) सूखा रोग, (*v*) तपेदिक, (*vi*) रक्त-अल्पता, (*vii*) श्वेत रक्तता (*viii*) धवल रोग, (*ix*) कैंसर, (*x*) मधुमेह, (*xi*) आमवातिक ज्वर, (*xii*) कृमिकोषीय तंतुशोच, (*xiii*) हंसिया-कोशिका खून की कमी।

कुछ बीमारियों के सामान्य लक्षण (Symptoms of Some Disease)

बालकों में विभिन्न प्रकार की बीमारियों के लक्षण भिन्न-भिन्न होते हैं। इनमें से कुछ सामान्य लक्षण निम्नवत् हैं–

(*i*) शरीर का पीला पड़ जाना।
(*ii*) थका-थका सा रहना।
(*iii*) अधिकतर समय थकान का अनुभव होना।
(*iv*) सांस लेने में कठिनाई का अनुभव होना।
(*v*) शैक्षिक उपलब्धि का निम्न होना।
(*vi*) स्वभाव में चिड़चिड़ापन होना।

शैक्षिक कार्यक्रम (Educational Programme)

शारीरिक विकलांग बालक, सामान्य बालक से अधिगम की सामर्थ्य की दृष्टि से कम होता है। अतः ऐसे बालकों की शिक्षा व्यवस्था भी विशिष्ट प्रकार की होनी चाहिए। इनमें से कुछ बालक तो सामान्य विद्यालयों की सामान्य कक्षाओं में शिक्षा प्राप्त करने में कठिनाई का अनुभव नहीं करते जबकि गंभीर रूप से शारीरिक विकलांग बालकों के लिए पृथक विशिष्ट कक्षाओं तथा विशिष्ट आवासीय विद्यालयों (Residential Schools) की व्यवस्था किया जाना आवश्यक होता है। शारीरिक विकलांग बालकों की शिक्षा हेतु निम्न उपाए अपनाए जाने चाहिए–

(*i*) **उपचार सुविधा–** अपंग तथा बीमार बालकों के उपचार के लिए समुचित व्यवस्था की जानी चाहिए। समय-समय पर उन्हें योग्य व कुशल चिकित्सक को दिखाना चाहिए। ऐसे बालकों के उपचार के लिए यदि अलग से कोष (Fund) की व्यवस्था की जाए तो और भी अच्छा होगा क्योंकि ऐसे बालकों को समय-समय पर चिकित्सालय में भर्ती करने की भी आवश्यकता पड़ सकती है। ऐसी स्थिति में उन्हें विद्यालय से समय-समय पर अनुपस्थित होना पड़ सकता है। अतः उपस्थिति संबंधी छूट दी जानी चाहिए। इस अनुपस्थिति का नकारात्मक प्रभाव उनके शैक्षिक ज्ञान और उपलब्धि पर पड़ सकता है। अतः ऐसे बालकों के लिए सफलता के मापदंड सामान्य बालक के समान नहीं बनाने चाहिए। ऐसे में इन बालकों के समुचित सामाजिक और संवेगात्मक विकास की ओर ध्यान देना शिक्षक का कर्त्तव्य है।

(*ii*) **विशिष्ट भ्रमणशील अध्यापक–** भ्रमणशील अध्यापकों (Visiting Teachers) में मनोविज्ञानशास्त्री, उच्चारण सुधारक, समाजसेवी, चिकित्सक आदि की सेवाएं शारीरिक विकलांगों को विद्यालयों में परामर्श व निर्देशन देने हेतु ली जानी चाहिए जो समय-समय पर इन विद्यालयों में भ्रमण कर सके।

(*iii*) **विशिष्ट कक्षाएं–** सामान्य विद्यालयों में कम विकलांग बालक/बालिकाओं हेतु पृथक कक्षा में विशिष्ट शिक्षण (Social Teaching) की व्यवस्था होनी चाहिए जिससे उनका उपचारात्मक शिक्षण (Remedial Teaching) हो सके। उन्हें विशिष्ट सहायक यंत्रों के उपयोग व प्रयोग का प्रशिक्षण भी दिया जाना चाहिए।

(*iv*) **विकलांग विद्यालय–** गंभीर रूप से विकलांग बालक-बालिकाओं हेतु पृथक विद्यालयों की व्यवस्था वांछनीय व अपरिहार्य है। ऐसे विद्यालयों में वैज्ञानिक विधि से शिक्षण, प्रशिक्षित अध्यापक, आवासीय व्यवस्था, खेल व मनोरंजन व्यवस्था, आजीविकोपयोगी उद्योगों का प्रशिक्षण, पुनर्वास, रुचिकार्य आदि का प्रावधान किया जाना चाहिए।

(*v*) **विशिष्ट पाठ्यक्रम–** विकलांग बालक/बालिकाओं की विकलांगता, सामर्थ्य, अभिरुचि व स्तर के अनुकूल विशिष्ट पाठ्यक्रम निर्मित कर उसे प्रभावी किया जाना चाहिए।

(*vi*) **अतिरिक्त कक्षा–** अतिरिक्त कक्षा उन अपंग तथा रोगी बालकों के लिए आयोजित की जा सकती है जो नियमित कक्षाओं से पूर्णतया लाभान्वित नहीं हो पाते। अतः विकलांग बालकों तथा रोगी बालकों के लिए स्कूल के उपरांत अथवा छुट्टियों के दिन भी थोड़े समय के लिए कक्षाओं का आयोजन करना चाहिए। इस प्रकार अध्यापक बालकों की व्यक्तिगत, सामाजिक तथा संवेगात्मक समस्याओं को समझा कर उन्हें हल कर सकेगा।

(*vii*) **जनमानस में अभिवृत्ति परिवर्तन–** प्रायः विकलांग बालकों को लोग हेयदृष्टि से देखते हैं। उन्हें दया योग्य, दान योग्य, भार तथा मजाक का पात्र समझा जाता है। यह भी समझा जाता है कि वे हर प्रकार के तिरस्कार को सह लेंगे। इस प्रकार की भावना विकलांग तथा रोगी बालकों में हीन भावना व निराशा भर देती है। अतः यह आवश्यक है कि जनमानस में व्याप्त इस अभिवृत्ति में परिवर्तन लाया जाए।

(*viii*) **समाजीकरण–** विकलांग और रोगी बालकों के समाजीकरण के लिए उन्हें ऐसे अवसर प्रदान किए जाने चाहिए जिससे वे अपने हम उम्र तथा अन्य लोगों से हिल-मिल सकें। यह कार्य पाठ्येत्तर क्रियाओं द्वारा संभव हो सकता है। उनसे विभिन्न प्रकार की मनोरंजक क्रियाएं करवायी जानी चाहिए। विकलांग व रोगी बालकों के मनोरंजन के लिए कुछ विशेष कार्यक्रम, यथा–सम्मेलन, गोष्ठी, सांस्कृतिक गायन आदि आयोजित किए जा सकते हैं। इस क्षेत्र में गैर-सरकारी संगठनों (NGOs) को भी प्रयास करना चाहिए। इसके लिए शिक्षक को इन संगठनों को प्रोत्साहित करना चाहिए।

अभ्यास प्रश्न

1. बालक के व्यक्तिगत अध्ययन की मनोवैज्ञानिक विधि है :
A. रेटिंग स्केल B. प्रश्नावली विधि
C. केस स्टेडी D. प्रायोगिक विधि

2. सृजनशील बालकों का लक्षण है :
A. समस्याओं के प्रति सजगता का अभाव
B. गतिशील चिन्तन का अभाव
C. अनमनीयता
D. जिज्ञासा

3. दृष्टिहीन बालकों को शिक्षण दिया जाता है :
A. दृश्य-श्रव्य सामग्री द्वारा B. टंकण द्वारा
C. ब्रेल पद्धति द्वारा D. गाने-बजाने द्वारा

4. वंचित वर्ग के बालकों के अन्तर्गत आते हैं :
A. दृष्टिहीन व अपंग बालक
B. मन्दबुद्धि व हकलाने वाले बालक
C. पूर्ण बधिर या आंशिक बधिर बालक
D. उपर्युक्त सभी

5. विकलांग बालकों के अन्तर्गत आते हैं :
A. नेत्रहीन बालक
B. शारीरिक विकलांग बालक
C. गूंगे तथा बहरे बालक
D. इनमें से सभी

6. प्रतिभाशाली बालक जो होते हैं :
A. जन्मजात B. बाद में
C. आनुवंशिक D. इनमें से कोई नहीं

7. मानसिक रूप से पिछड़े बालकों की विशेषता होती है :
A. संवेगात्मक रूप से अस्थिर
B. सीमित रुचि वाले
C. निरन्तर अव्यवस्था का होना
D. उपर्युक्त सभी

8. अच्छी शिक्षा-प्रणाली में निम्नांकित अनुशासन श्रेष्ठ होता है–
A. कठोर अनुशासन
B. आत्मानुशासन
C. स्वतंत्र अनुशासन
D. उपरोक्त में से कोई नहीं

9. विकलांगों (Handicapped) को शिक्षा के समान अवसर देने हेतु निम्नांकित उपयोगी है–
A. सामान्य शिक्षा प्रणाली में विशेष प्रयास किया जाये
B. विशिष्ट विद्यालयों में उन्हें पृथक शिक्षा दी जाये
C. उपरोक्त A और B
D. उपरोक्त में से कोई नहीं

10. समुदाय शिक्षा का इस प्रकार का अभिकरण होता है–
A. अनौपचारिक B. औपचारिक
C. निरोपचारिक D. इनमें से कोई नहीं

11. शिक्षा के वैयक्तिक एवं सामाजिक उद्देश्यों में यह होना वांछनीय है–
A. प्रतिद्वंद्विता B. प्रतियोगिता
C. समन्वय D. उपरोक्त सभी

12. समायोजन द्वारा निम्नांकित से उत्पन्न (Tension) तनाव कम होता है–
A. कुंठा B. द्वन्द्व
C. विरोध D. उपरोक्त सभी

13. निम्न में से कौन-सा शिक्षार्थियों में सृजनात्मकता का पोषण करता है?
A. प्रत्येक शिक्षार्थी की अंतर्जात प्रतिभाओं का पोषण करने एवं प्रश्न करने के अवसर उपलब्ध कराना
B. विद्यालयी जीवन के प्रारंभ से उपलब्धि के लक्ष्यों पर बल देना
C. परीक्षा में अच्छे अंकों के लिए विद्यार्थियों की कोचिंग करना
D. अच्छी शिक्षा के व्यावहारिक मूल्यों के लिए विद्यार्थियों का शिक्षण

14. पाँचवीं कक्षा के 'दृष्टिबाधित' विद्यार्थी–
A. के माता-पिता और मित्रों द्वारा उसे दैनिक कार्यों को करने में सहायता की जानी चाहिए
B. के साथ कक्षा में सामान्य रूप से व्यवहार किया जाना चाहिए और श्रव्य सी.डी. के माध्यम से सहायता उपलब्ध कराई जानी चाहिए
C. के साथ कक्षा में विशेष व्यवहार किया जाना चाहिए
D. को निचले स्तर के कार्य करने की छूट मिलनी चाहिए

15. विशेष आवश्यकता वाले बच्चों को शिक्षा उपलब्ध कराई जानी चाहिए
A. विशेष विद्यालयों में विशेष बच्चों के लिए विकसित पद्धतियों द्वारा
B. विशेष विद्यालयों में
C. विशेष विद्यालयों में विशेष शिक्षकों द्वारा
D. अन्य सामान्य बच्चों के साथ

16. 'डिस्लेक्सिया' किससे सम्बन्धित है?
A. गणितीय विकार B. पठन विकार
C. व्यवहार-सम्बन्धी विकार D. मानसिक विकार

17. सृजनात्मक शिक्षार्थी वह है जो
A. परीक्षा में हर बार अच्छे अंक प्राप्त करने के योग्य है
B. पार्श्व (लेट्रल) चिंतन और समस्या-समाधान में अच्छा है
C. ड्राइंग और पेंटिंग में बहुत विलक्षण है
D. बहुत बुद्धिमान् है

18. निःशक्त बच्चों के लिए समेकित शिक्षा की केंद्रीय प्रायोजित योजना का उद्देश्य है .... में निःशक्त बच्चों को शैक्षिक अवसर उपलब्ध कराना।
A. मुक्त विद्यालयों
B. 'ब्लाइंड रिलीफ एसोसिएशन' के विद्यालयों
C. नियमित विद्यालयों
D. विशेष विद्यालयों

19. सृजनात्मक उत्तरों के लिए आवश्यक है
A. मुक्त-उत्तर वाले प्रश्न
B. एक अत्यंत अनुशासित कक्षा
C. प्रत्यक्ष शिक्षण एवं प्रत्यक्ष प्रश्न
D. विषय-वस्तु आधारित प्रश्न

20. विद्यालय में छात्रों के लिए शैक्षिक भ्रमण क्यों आवश्यक है?
A. छात्रों का घूमने में मन लगता है
B. छात्रों पर पढ़ाई का बोझ न पड़े
C. छात्रों को प्रत्यक्ष संपर्क से स्थाई ज्ञान होता है
D. छात्र का मनोरंजन होता है

21. अनुसूचित जाति के बालकों की प्रमुख समस्या है–
A. जन सुविधाओं का उपयोग करने का पूर्ण अधिकार
B. समाज में इनका उच्च स्थान
C. ऊँची जाति के लोगों का इनसे घृणा करना
D. ये सभी

22. अनुसूचित जनजाति के बालकों की प्रमुख समस्या है–
A. अधिकतर परिवारों का गरीब होना
B. उनकी जाति में शिक्षा का प्रचार-प्रसार कम होना
C. विद्यालय में उनकी जाति के छात्रों की संख्या का कम होना
D. उपरोक्त सभी

23. एक अध्यापक को महत्त्व देना चाहिए
A. सभी को समान रूप से
B. अनुसूचित जनजाति के छात्रों को
C. अनुसूचित जाति के छात्रों को
D. पिछड़ी पृष्ठभूमि के छात्रों को

24. दृष्टि दोष वाले छात्रों में निम्न में से कौन-सा विकार नहीं पाया जाता है?
A. आँखों को बार-बार मलना
B. सिरदर्द की शिकायत रहना
C. आँखों के बहुत निकट लाकर पुस्तक को पढ़ना
D. शरीर के अंगों में अवांछित हलचल रहना

25. एक शारीरिक विकलांग बालक के लिए विद्यालय में निम्नलिखित में से क्या आवश्यक रूप से होना चाहिए?
A. बालक के लिए आवास का प्रबन्ध
B. बालक के लिए निःशुल्क शिक्षा का प्रबन्ध
C. बालक के लिए भोजन का प्रबन्ध
D. बालक के लिए कक्षा-कक्ष में प्रवेश की उचित सुविधा का प्रबन्ध

26. आपकी कक्षा की एक छात्रा मोनिका, जो मानसिक तौर पर एक पिछड़ी हुई बालिका है। आप उसको निम्न में से किस प्रकृति में रखेंगे?
A. निष्ठावान B. संवेदनशील
C. शक्तिशाली D. अनुशासनहीन

27. निम्न में से क्या प्रतिभाशाली बालक का संकेत है?
A. अभिव्यक्ति में नवीनता
B. जिज्ञासा
C. सृजनात्मक विचार
D. ये सभी

28. एक शिक्षक होने के नाते पिछड़े बालकों के प्रति आपका दृष्टिकोण होना चाहिए–
A. सहानुभूतिपूर्ण B. उपेक्षापूर्ण
C. कठोर D. इनमें से कोई नहीं

29. प्रतिभाशाली बालक की इन्द्रियाँ होती हैं
A. तीव्र B. उदात्त
C. सामान्य D. इनमें से कोई नहीं

30. वे बालक जो सामाजिक, भावात्मक, शैक्षिक आदि पक्षों में सामान्य बालकों से भिन्न होते हैं। उन्हें कहा जा सकता है–
A. क्रोधी बालक B. विशिष्ट बालक
C. अपराधी बालक D. विकलांग बालक

31. किसी समस्यात्मक बालक की विशेषता नहीं है–
A. चोरी करना B. झूठ बोलना
C. क्रोध करना D. आज्ञा का पालन करना

32. समायोजन का लक्षण निम्न में से कौन-सा नहीं है?
A. सामाजिकता B. अनुकूल वातावरण
C. असन्तुलन D. सन्तुष्टि

33. वंचित वर्ग के बालकों के अन्तर्गत कैसे बालक आते हैं?
A. मन्द-बुद्धि व हकलाने वाले बालक
B. पूर्ण बधिर या आंशिक बधिर
C. अन्ध व अपंग बालक
D. ये सभी

34. बहरे बच्चे को पढ़ाने की विधि कौन-सी है?
A. अंगुलिवाचन B. मौनवाचन
C. आत्मीकरण D. ये सभी

35. मन्द बुद्धि बालकों की विशेषता निम्न में कौन-सी नहीं हैं?
A. शारीरिक दोष
B. मौलिकता
C. सीखने की मन्द गति
D. अमूर्त चिन्तन का अभाव

36. व्यक्ति की पहचान करने में निम्न में से क्या सहायक हैं?
A. बाहृय विभिन्नताएँ
B. व्यक्ति की शिक्षा
C. व्यक्ति का मानसिक स्वास्थ्य
D. ये सभी

37. निम्न में से क्या बोलने के दोष से संबंधित नहीं है–
A. अशुद्ध उच्चारण
B. आवाज की समस्या
C. तेज बोलने वाले
D. हकलाना व तुतलाना

38. ब्रेल लिपि का प्रयोग किसके लिए किया जाता है?
A. श्रवण दोष युक्त बालकों के लिए
B. अन्धे बालकों के लिए
C. विकलांग बालकों के लिए
D. इनमें से कोई नहीं

39. श्रवण क्षतियुक्त बालकों की शिक्षा निम्न में से किसके द्वारा नहीं दी जा सकती?
A. ओष्ठ पाठन B. संकेत भाषा
C. चिन्ह भाषा D. संगीत भाषा

40. बालकों के समस्यात्मक व्यवहार के उपचार हेतु कौन-कौन सी विधियों का प्रयोग किया जा सकता है?
A. परिवार उपचार विधि
B. विद्यालय उपचार विधि
C. सरकार उपचार विधि
D. ये सभी

उत्तरमाला

1	2	3	4	5	6	7	8	9	10
C	D	C	D	A	D	D	B	C	A
11	**12**	**13**	**14**	**15**	**16**	**17**	**18**	**19**	**20**
C	D	A	B	D	B	B	C	A	C
21	**22**	**23**	**24**	**25**	**26**	**27**	**28**	**29**	**30**
C	D	A	D	D	B	D	D	A	B
31	**32**	**33**	**34**	**35**	**36**	**37**	**38**	**39**	**40**
D	C	D	C	B	A	C	B	D	B

10. अधिगम और शिक्षाशास्त्र (Learning and Pedagogy)

बच्चों का स्कूल में प्रदर्शन (Performance of Children in School)

ऐसा अक्सर सुनने, पढ़ने एवं देखने में आता है कि विद्यालय में बहुत से बच्चे पढ़ने के लिए प्रवेश तो ले लेते हैं परन्तु उनमें से कुछ बच्चों के लिए शिक्षण प्रक्रिया की मांग को पूरा कर पाना बहुत कठिन होता है। परिणामतः इनका स्कूलों में प्रदर्शन अच्छा नहीं हो पाता और ये बीच में ही पढ़ाई छोड़ देते हैं। बच्चों के अपने स्कूलों में अच्छा प्रदर्शन न कर पाने के लिए अनेक कारक जिम्मेवार हो सकते हैं; जैसे परिवार की गरीबी, सांस्कृतिक विश्वास और मानक, पर्यावरणीय प्रभाव एवं स्वास्थ्य आदि। उपर्युक्त कारकों में से कुछ बालक के स्वयं के व्यक्तित्व से जुड़े होते हैं तो कुछ का संबंध सामाजिक और शैक्षिक परिवेश से होता है। उन कारकों में से कुछ प्रमुख निम्नवत हैं–

(*i*) **तत्परता की कमी :** कोई भी कार्य बिना इच्छा के संभव नहीं है। ठीक यही स्थिति अधिगम के साथ है। इस तरह स्पष्ट है कि सीखने की चाह ही वास्तव में तत्परता है। स्कूली स्तर पर छात्रों में तत्परता की कमी पाई जाती है। यही कारण है कि बच्चे स्कूल में अच्छा प्रदर्शन नहीं कर पाते।

(*ii*) **अभ्यास की कमी :** एक बात सर्वदा सत्य है कि अभ्यास व्यक्ति को निपुण एवं कुशल बनाता है। यह बात एक लोक प्रचलित दोहे से स्पष्ट है– **''करत-करत अभ्यास के जड़मति होत सुजान। रसरी आवत-जात ते शिल पर परत निशान।''** अर्थात् निरंतर अभ्यास करने से जड़ अर्थात् मूर्ख आदमी भी सुजान (ज्ञानी) हो जाता है ठीक उसी तरह जिस तरह कि शिल (पत्थर) पर रस्सी के निरंतर आने-जाने से उस पर निशान बन जाता है।

उपर्युक्त दोहा इस बात की ओर संकेत करता है कि यदि सीखी गई चीज़ों का बार-बार अभ्यास किया जाए तो सीखने वालों की स्मृति उस चीज के विषय में स्थाई हो जाती है। स्कूल में बच्चे दिए गए कार्यों का बार-बार दुहराव या पुनरावृत्ति या पुनरावलोकन नहीं करते। परिणामतः वे कुछ समय के बाद उसे भूल जाते हैं जिसके कारण स्कूल में उनका प्रदर्शन गिर जाता है।

(*iii*) **शारीरिक तथा मानसिक स्वास्थ्य :** स्कूल में अच्छे प्रदर्शन के लिए छात्रों का शारीरिक तथा मानसिक रूप से स्वस्थ होना अत्यंत आवश्यक होता है। यदि कोई छात्र शारीरिक या मानसिक रूप से पूर्ण स्वस्थ नहीं है, तो उसके स्कूली-प्रदर्शन में गिरावट आ जाती है।

(*iv*) **परिवेश की उपयुक्तता :** स्कूल में बच्चों के मानसिक व शारीरिक विकास के लिए अनुकूल परिवेश एक आवश्यक एवं अत्यंत महत्त्वपूर्ण कारक है। छात्रों से अच्छा प्रदर्शन तभी लिया जा सकता है जब उन्हें स्कूल में एक अच्छा परिवेश दिया जाए। यदि स्कूल में अच्छा तथा छात्रों के अनुकूल परिवेश नहीं होगा, तो उनके प्रदर्शन में गिरावट आ जाएगी।

(*v*) **शिक्षण की विधि :** अध्यापक की शिक्षण विधि का भी छात्रों पर सीधा एवं सकारात्मक प्रभाव पड़ता है। स्कूल स्तर पर शिक्षक को छात्रों को सिखाने में सरल तथा प्रयोग सिद्ध विधियों का प्रयोग करने के साथ प्रदर्शन विधि को अपनाना चाहिए जिससे कि छात्रों की स्मृति में उसका प्रभाव लंबे समय तक रह सके। यदि अध्यापक शिक्षण विधि को छात्र नहीं समझ पाते, तो वह स्कूली स्तर पर असफल हो जाते हैं तथा उनका प्रदर्शन गिर जाता है।

शिक्षण एवं अधिगम की आधारभूत प्रक्रियाएं (Teaching and Learning Process)

शिक्षण की प्रक्रिया (Teaching Process)

शिक्षण एक उद्देश्यपूर्ण प्रक्रिया है। उसका सीखने से घनिष्ठ संबंध है। यही कारण है कि आधुनिक युग में शिक्षण व सीखना (Teaching and Learning) को एक ही संकल्पना माना जाता है। किसी भी पाठ्यवस्तु को शिक्षक विचारहीन (Thoughtless) स्थिति से लेकर विचारपूर्ण (Thoughtful) स्थिति तक तीन स्तरों पर प्रस्तुत करता है–

1. स्मृति स्तर (Memory Level)
2. बोध स्तर (Understanding Level)
3. चिंतन स्तर (Reflective Level)

1. स्मृति स्तर (Memory Level)

स्मृति एक विचारहीन स्थिति है। यह शिक्षण की प्रारंभिक अवस्था है। स्मृति एक मानसिक प्रक्रिया है जो प्रत्येक प्राणी में किसी न किसी मात्रा में पाई जाती है। जब व्यक्ति किसी

वस्तु, पदार्थ अथवा स्थान को देखता है तो उसे वस्तु, पदार्थ अथवा स्थान की प्रतिमा अथवा चित्र उसके दिमाग में बन जाते हैं। इन संचित चिन्हों अथवा पूर्व समय में सीखी हुई बातों को याद करना ही स्मृति कहलाती है।

स्मृति के विभिन्न सोपान (Various Steps of Memory)

(*i*) **अधिगम :** स्मृति अधिगम अथवा अनुभवों के अंकित होने पर आधारित होती है। अतः स्मृति की पहली अवस्था किसी वस्तु अथवा तथ्य के सीखने की है। सीखने का कार्य चेतन मन करता है। इसी अवस्था में जीवन के अनुभव मानसिक संस्कारों के रूप में मस्तिष्क में अंकित हो जाते हैं और आवश्यकता पड़ने पर पुनः वर्तमान चेतना में आ जाते हैं।

(*ii*) **पुनः स्मरण :** सीखे हुए अनुभवों को चेतना में लाना पुनःस्मरण कहलाता है। व्यक्ति की स्मृति का अच्छा अथवा बुरा होना उसके भूतकालीन अनुभवों को पुनःस्मरण करने पर ही निर्भर करता है कि उसने कितनी ही अच्छी तरह क्यों न सीखा हो यदि आवश्यकता पड़ने पर उसे कुछ याद नहीं आता तो वह व्यर्थ है। सीखी हुई बातों को चेतना में लाने के लिए मनोवैज्ञानिकों ने कुछ नियमों के पालन को आवश्यक बताया है, ये नियम हैं–

(*a*) समानता का नियम।
(*b*) सहचारिता का नियम।
(*c*) विरोध का नियम।
(*d*) लगातार रुचि का नियम।
(*e*) प्राथमिकता का नियम।
(*f*) नवीनता का नियम।
(*g*) प्रबलता का नियम।
(*h*) पुनरावृति का नियम।

(*iii*) **पहचान :** किसी वस्तु अथवा व्यक्ति को देखकर यह बता देना कि हमने उसे पहले भी कभी देखा है पहचान कहलाती है। पहचान एक मानसिक प्रक्रिया है जिसके द्वारा हम किसी वस्तु अथवा व्यक्ति के संपर्क में आकर यह बता देते हैं कि क्या वस्तु है अथवा कौन व्यक्ति है तथा उससे हमारा परिचय कब हुआ। पहचान और पुनःस्मरण का वही संबंध है जो मस्तिष्क का शरीर से है।

(*iv*) **धारण :** सीखे हुए पाठ्यक्रम अथवा संस्कारों को मस्तिष्क में स्थाई रूप से बनाए रखना धारण कहलाता है। धारण करने की शक्ति प्रत्येक व्यक्ति में अलग-अलग मात्रा में पाई जाती है। जो व्यक्ति किसी बात को जितने अधिक समय तक अपने मस्तिष्क में धारण करता है उसकी स्मृति उतनी ही अच्छी कहलाती है। प्रौढ़ व्यक्तियों की अपेक्षा किशोरों तथा किशोरियों की धारण शक्ति अधिक होती है। धारण शक्ति चार बातों पर निर्भर करती है–

(*a*) स्वास्थ्य, (*b*) मस्तिष्क,
(*c*) रुचि तथा (*d*) चिंतन।

अच्छी स्मृति की विशेषताएं
(Characteristics of Good Memory)

(*i*) **शीघ्र अधिगम**–एक अच्छी स्मृति की विशेषता यह है कि कोई भी तथ्य सरलतापूर्वक तथा शीघ्रता से याद हो जाए। अतः केवल उन विद्यार्थियों की स्मृति को अच्छा कहा जाता है जो किसी तथ्य को शीघ्रता से सीख लेते हैं।

(*ii*) **पुनःस्मरण में शीघ्रता**–जो विद्यार्थी किसी बात को याद करके उसे पुनःस्मरण करते समय अपनी चेतना में उसे आसानी से और शीघ्रता से ज्यों का त्यों ले आते हों, जैसा कि उन्होंने सीखा था, वे अच्छी स्मृति वाले विद्यार्थी माने जाते हैं।

(*iii*) **धारण का स्थायित्व**–जिन विद्यार्थियों को सीखी हुई बातें अधिक देर तक याद रहती हैं। उनकी स्मृति अच्छी कही जाती है। इसके विपरीत ऐसे विद्यार्थियों की स्मृति को अच्छा नहीं कहा जा सकता जो किसी बात को याद तो जल्दी कर लेते हों परंतु उसे मस्तिष्क में अधिक देर तक धारण करने में असमर्थ हों।

(*iv*) **उपयोगिता**–कुछ विद्यार्थी ऐसे होते हैं जिन्हें बहुत कुछ याद होता है परंतु अवसर पड़ने पर उन्हें अप्रासंगिक सामग्री याद आती रहती है। केवल उन विद्यार्थियों की स्मृति अच्छी मानी जाती है जिन्हें अवसर के अनुसार उचित सामग्री याद आ जाती है अथवा जो आवश्यकतानुसार अनुभवों तथा प्रतिभाओं को तुरंत पहचान लेते हैं।

(*v*) **व्यर्थ की बातों को भूलना**–अच्छी स्मृति होने के लिए व्यर्थ की बातों को भूलना परम आवश्यक है। परीक्षा के समय व्यर्थ की बातों के याद आने से विद्यार्थियों को लाभ नहीं होता।

2. बोध स्तर (Understanding Level)

बोध स्तर एक विचारपूर्ण स्थिति है। यह स्मृति स्तर के शिक्षण से आगे की अवस्था है। बोध स्तर के शिक्षण के लिए यह आवश्यक है कि शिक्षण पहले स्मृति स्तर पर हो चुका हो। बोध स्तर के शिक्षण में शिक्षक यह प्रयास करता है कि विद्यार्थियों के बौद्धिक व्यवहारों को विकसित करने के लिए अधिक-से-अधिक अवसर प्रदान किए जाएं। इससे उनमें सामान्यीकरण, सूझ-बूझ तथा समस्याओं को सुलझाने के लिए आवश्यक क्षमताएं विकसित हो जाती हैं। बोध स्तर का शिक्षण करते समय शिक्षक तथा विद्यार्थी दोनों ही पाठ के विकास में सक्रिय रूप से भाग लेते हैं।

बोध स्तर के शिक्षण का सोपान
(Educational Steps of Understanding Level)

बोध स्तर के शिक्षण सोपान का प्रतिपादन मौरीसन (Morrison) ने किया। अतः इसे मौरीसन के शिक्षण प्रतिमान की संज्ञा दी जाती है। मौरीसन ने इस सोपान के प्रारूप का वर्णन निम्न चार पक्षों में किया है–

(*i*) उद्देश्य (*ii*) संरचना
(*iii*) सामाजिक प्रणाली (*iv*) मूल्यांकन प्रणाली।

(*i*) **उद्देश्य**–मौरीसन के अनुसार बोध स्तर के शिक्षण का उद्देश्य यह है कि विद्यार्थी प्रत्यय (Concept) का स्वामित्व प्राप्त कर ले। बोध स्तर के शिक्षण में शिक्षक पाठ्यवस्तु के स्वामित्व पर बल देता है जिससे विद्यार्थियों के व्यक्तित्व में वांछित परिवर्तन हो जाए।

(*ii*) **संरचना**–मौरीसन ने बोध स्तर के शिक्षण की व्यवस्था को पांच सोपानों में विभाजित किया जिनका अनुसरण करते हुए शिक्षक बोध स्तर के लिए शिक्षण तथा अधिगम की परिस्थितियां उत्पन्न कर सकता है। इस प्रतिमान के पांच सोपानों का क्रम है–

(*a*) अन्वेषण। (*b*) प्रस्तुतीकरण। (*c*) परिपाक।
(*d*) व्यवस्था। (*e*) वर्णन।

(*iii*) **सामाजिक प्रणाली**–बोध स्तर के शिक्षण में सामाजिक प्रणाली विभिन्न सोपानों में बदलती रहती है। प्रस्तुतीकरण सोपान में शिक्षक अधिक क्रियाशील रहते हुए विद्यार्थियों के व्यवहार को स्मृति स्तर की भांति नियंत्रित करता है तथा आवश्यक प्रेरणा भी देता है। परिपाक कालांश में शिक्षक और विद्यार्थी दोनों क्रियाशील रहते हैं। शिक्षक विद्यार्थियों को आवश्यक निर्देश देता है तथा विद्यार्थी स्वतः प्रेरित होते हुए तन्मयता के साथ कार्य करते हैं। इस प्रकार बोध स्तर के शिक्षण में बाह्य तथा आंतरिक दोनों प्रकार की प्रेरणा का प्रयोग किया जाता है।

(*iv*) **मूल्यांकन प्रणाली**–बोध स्तर के शिक्षण में सामाजिक प्रणाली बदलती रहती है। अभ्यास में प्रयोग करने के लिए विद्यार्थियों को प्रस्तुतीकरण की परीक्षा पास करनी पड़ती है। व्यवस्था तथा वर्णन में प्रवेश करने के लिए उन्हें अभ्यास परीक्षा पास करनी होती है। इस प्रकार बोध स्तर के शिक्षण के विभिन्न सोपानों में मौखिक तथा लिखित दोनों प्रकार की परीक्षाएं होती हैं।

बोध स्तर के शिक्षण की सीमाएं (Limitations of Understanding Level in Education)

(*i*) इसमें पाठ्यवस्तु के स्वामित्व पर बल दिया जाता है, मानवीय व्यवहार को ध्यान में नहीं रखा जाता है।

(*ii*) पाठ्यवस्तु के स्वामित्व से विद्यार्थियों के भावात्मक तथा क्रियात्मक पक्षों का विकास न होकर ज्ञानात्मक पक्ष का ही विकास हो सकता है।

(*iii*) शिक्षण के इस प्रतिमान द्वारा विद्यार्थियों को पाठ्यवस्तु का गहनता के साथ बोध कराया जा सकता है। अतः इस प्रतिमान द्वारा शुद्ध अधिगम प्राप्त होता है।

(*iv*) मौरीसन द्वारा दिया हुआ शिक्षण का यह प्रतिमान मनोवैज्ञानिक तथा व्यावहारिक दृष्टि से प्रभावात्मक प्रतिमान माना जाता है।

बोध स्तर के शिक्षण को प्रभावशाली बनाने के लिए सुझाव

(*i*) बोध स्तर के प्रत्येक सोपान का अनुसरण क्रमबद्ध रूप में समुचित ढंग से किया जाना चाहिए।

(*ii*) बोध स्तर के शिक्षण की समस्याओं पर विचार करते हुए शिक्षक को उनके समाधान हेतु उचित प्रयास करना चाहिए।

(*iii*) पाठ्य-वस्तु में तल्लीन होते हुए शिक्षक को समय-समय पर मनोवैज्ञानिक प्रेरणा भी देनी चाहिए।

(*iv*) बोध स्तर के शिक्षण में विद्यार्थियों को उस समय प्रवेश दिया जाए जब वे पहले स्मृति स्तर के शिक्षण की परीक्षा पास कर लें।

3. चिंतन स्तर (Reflective Level)

शिक्षण का अंतिम स्तर चिंतन स्तर है। इसमें स्मृति तथा बोध दोनों सम्मिलित हैं। चिंतन स्तर के शिक्षण के लिए यह आवश्यक है कि व्यवस्था स्मृति तथा बोध दोनों स्तर पर हो चुकी हो। चिंतन स्तर के शिक्षण का तात्पर्य 'समस्या केन्द्रित' शिक्षण से है। इसमें कक्षा का वातावरण खुला हुआ होता है। शिक्षक विद्यार्थियों के सामने ऐसी समस्या उत्पन्न करता है कि विद्यार्थियों में काफी मानसिक तनाव पैदा हो जाता है जिससे वे स्वयं प्रेरित होते हुए सक्रिय होकर समस्या को सुलझाने के लिए अपनी संकल्पनाएं बनाकर इसका परीक्षण करना प्रारंभ कर देते हैं। अंत में एक समय ऐसा आता है कि समस्या सुलझ जाती है। संक्षेप में चिंतन स्तर का शिक्षण विद्यार्थियों के बौद्धिक व्यवहार को विकसित करने के अवसर प्रदान करते हुए उनमें सृजनात्मक क्षमताएं विकसित करने में सहयोग प्रदान करता है।

चिंतन स्तर के शिक्षण को स्पष्ट करते हुए बिग्गी महोदय ने ठीक ही लिखा है– "चिंतन स्तर पर कक्षा में अधिक सजीव, प्रेरणादायी, सक्रिय, आत्मलोचनात्मक तथा संवेदनशील वातावरण उत्पन्न किया जाता है। यह वातावरण नवीन तथा मौलिक चिंतन को खुला अवसर प्रदान करता है। इस प्रकार का शिक्षण बोध स्तर के शिक्षण की अपेक्षा अधिक उत्पादक होता है।"

चिंतन स्तर के शिक्षण का सोपान (Educational Steps of Reflective Level)

चिंतन स्तर के शिक्षण सोपान को प्रतिपादित करने का श्रेय हण्ट (Hunt) को है। इसलिए इस शिक्षण सोपान को 'हण्ट का शिक्षण सोपान' (Hunt's Model of Teaching) की संज्ञा दी जाती है। हण्ट के चिंतन स्तर के प्रतिमान के प्रारूप का वर्णन निम्न सोपान के तहत किया जा सकता है–

(*i*) उद्देश्य
(*ii*) संरचना
(*iii*) सामाजिक प्रणाली
(*iv*) मूल्यांकन प्रणाली।

(*i*) **उद्देश्य**– चिंतन स्तर के शिक्षण के निम्न तीन उद्देश्य हैं–

(*a*) विद्यार्थियों की स्वतंत्र तथा मौलिक चिंतन शक्ति को विकसित करना।

(*b*) विद्यार्थियों में समस्या समाधान की क्षमता विकसित करना।

(*c*) विद्यार्थियों में आलोचनात्मक तथा सृजनात्मक चिंतन विकसित करना।

(*ii*) **संरचना–** चिंतन स्तर के शिक्षण की संरचना का प्रारूप का वर्गीकरण व्यक्तिगत तथा सामाजिक दोनों प्रकार की प्रकृति को ध्यान में रखते हुए निम्नवत चार सोपानों में की जाती है–

(*a*) पहले में शिक्षक विद्यार्थियों के सामने समस्यात्मक परिस्थिति उत्पन्न करता है।

(*b*) दूसरे में विद्यार्थी समाधान हेतु उपकल्पना बनाते हैं। स्मरण रहे कि एक समस्या के समाधान हेतु एक से अधिक उपकल्पनाएं भी बनाई जा सकती है।

(*c*) तीसरे में विद्यार्थी उपकल्पनाओं की पुष्टि के लिए आवश्यक प्रदत्तों का संकलन करते हैं। इन प्रदत्तों के आधार पर यह निर्णय किया जाता है कि बनाई हुई उपकल्पना समस्या के समाधान में सहायता कर सकती है अथवा नहीं!

(*d*) चौथे में उपकल्पना का परीक्षण किया जाता है। इस परीक्षा के आधार पर निर्णय निकाले जाते हैं, जो विद्यार्थियों के मौलिक विचार होते हैं।

(*iii*) **सामाजिक प्रणाली–** चिंतन स्तर के शिक्षण में कक्षा का वातावरण पूर्ण रूप में स्वतंत्र और खुला हुआ होता है। ऐसे वातावरण में शिक्षक का स्थान गौण होता है तथा विद्यार्थी का मुख्य। इस स्तर पर शिक्षक के तीन प्रमुख कार्य होते हैं–

(*a*) विद्यार्थियों के सामने समस्या उत्पन्न करना।

(*b*) शिक्षण के समय वाद-विवाद तथा सेमीनार आदि का प्रयोग करना, तथा

(*c*) विद्यार्थियों के आकांक्षा स्तर को ऊंचा उठाना।

(*iv*) **मूल्यांकन प्रणाली :** चिंतन स्तर के शिक्षण की निष्पत्तियों के लिए वस्तुनिष्ठ परीक्षा उपयोगी नहीं होती। विद्यार्थियों की क्षमताओं का उचित मूल्यांकन केवल निबंधात्मक परीक्षाओं के द्वारा ठीक प्रकार से किया जा सकता है। चिंतन स्तर की परीक्षा लेते समय मुख्यतः निम्न बातों का ध्यान रखा जाना चाहिए–

(*a*) विद्यार्थियों की अभिवृत्तियों तथा विश्वासों का मूल्यांकन करना चाहिए।

(*b*) उनकी अधिगम की क्रियाओं में तल्लीनता की जांच करनी चाहिए।

(*c*) इस बात का भी मूल्यांकन करना चाहिए कि विद्यार्थियों की आलोचनात्मक तथा सृजनात्मक क्षमताओं का विकास कितना हुआ है।

हण्ट के चिंतन स्तर के शिक्षण सोपान की सीमाएं (Hunt's Limitation of Reflective Level in Education)

(*i*) इस स्तर पर शिक्षण समस्या केन्द्रित होता है।

(*ii*) इस स्तर के शिक्षण में केवल सामूहिक वाद-विवाद को ही प्रभावशाली युक्ति समझा जाता है।

(*iii*) इस स्तर का शिक्षण केवल पाठ्यक्रम, पाठ्यवस्तु तथा पाठ्य पुस्तक तक ही सीमित नहीं किया जा सकता।

(*iv*) इस स्तर के शिक्षण में विद्यार्थी अपने शिक्षक की खुलकर आलोचना कर सकते हैं।

(*v*) स्मृति तथा बोध स्तरों की भांति चिंतन स्तर में किसी निश्चित कार्यक्रम का अनुसरण नहीं किया जा सकता।

(*vi*) इस स्तर के शिक्षण की व्यवस्था केवल उच्च कक्षा के विद्यार्थियों के लिए ही की जा सकती है क्योंकि चिंतन स्तर के शिक्षण में आयु तथा परिपक्वता का विशेष महत्त्व होता है।

चिंतन स्तर के शिक्षण को प्रभावशाली बनाने हेतु हण्ट के सुझाव

(*i*) शिक्षक को विद्यार्थियों के सामने ऐसी समस्यात्मक परिस्थितियां उत्पन्न करनी चाहिए कि सभी विद्यार्थियों में मौलिक तथा सृजनात्मक चिंतन विकसित हो जाए।

(*ii*) शिक्षण के समय विद्यार्थियों के सामने ऐसा स्वतंत्र तथा खुला हुआ वातावरण होना चाहिए कि वे वाद-विवाद में सक्रिय रूप से भाग लेकर समस्या को सुलझा सकें।

(*iii*) शिक्षक को विद्यार्थियों के सामने समस्या को इस प्रकार से उत्पन्न करना चाहिए कि वे इसकी अनुभूति करके आवश्यक उपकल्पनाएं बना सकें।

(*iv*) शिक्षक को चाहिए कि वह विद्यार्थियों का आकांक्षा स्तर (Level of Aspiration) को ऊंचा उठाए।

(*v*) शिक्षक को चाहिए कि वह विद्यार्थियों को चिंतन के शिक्षण स्तर में प्रवेश उसी समय दें जब वे स्मृति तथा बोध स्तर की परीक्षाओं में सफल हो चुके हों।

(*vi*) शिक्षक को इस स्तर के चारों सोपानों का अनुसरण सतर्कता के साथ करना चाहिए।

अधिगम की प्रक्रिया (Learning Process)

क्रिया-प्रतिक्रिया निर्देशित सभी व्यवहार प्राणी में परिवर्तन तथा संशोधन लाते रहते हैं। इस तरह का व्यवहार परिवर्तन, अधिगम कहलाता है।

अधिगम में दो पूरक प्रक्रियाएं—विभेदीकरण व विशिष्टीकरण सम्मिलित होती हैं। विभेदीकरण पूर्ण को इसके खंडों या घटकों में बांटने की प्रक्रिया है तथा विशिष्टीकरण जो घटकों को संयुक्त कर समष्टि अथवा अखंड बनाने की प्रक्रिया है। उदाहरणार्थ– यदि एक सीखने वाले बालक को खिलौना दिया जाता है तो वह खिलौना के पुर्जे को खोलकर विखंडित कर देता है। इस कार्य से बच्चा खिलौना के अलग-अलग टुकड़े करके ढांचे अथवा उसकी कार्यविधियों को समझने का प्रयत्न करता है। इसके बाद बच्चा सभी टुकड़े को पुनः वापस में जोड़कर खिलौना बनाने का प्रयत्न कर सकता है।

अधिगम की मुख्य विशेषताएं (Characteristics of Learning)

(*i*) **अधिगम की प्रकृति का व्यक्तिगत होना :** प्राय ऐसा देखा जाता है कि कुछ बच्चे बहुत शीघ्रता से सीख जाते हैं तथा कुछ धीरे-धीरे सीखते हैं। वास्तव में, सीखने की गति प्रत्येक व्यक्ति में भिन्न-भिन्न होती है।

एक कक्षा में प्रत्येक छात्र स्वयं में अद्वितीय होते हैं तथा प्रत्येक छात्र की अपनी-अपनी समस्याएं, आवश्यकताएं, लक्ष्य, आकांक्षाएं, रुचियां, पसंद-नापसंद होती हैं। व्यक्तित्व के गुणों में इन अंतरों के कारण विद्यार्थियों की सीखने की गति व मात्रा में भिन्नता होती है। अधिगम व्यक्ति की उसकी संपूर्ण परिस्थिति के साथ परस्पर संक्रिया का फल है। कोई छात्र किसी एकाकी उद्दीपन के संदर्भ की अपेक्षा संपूर्ण अधिगम परिस्थिति के प्रति अनुक्रिया द्वारा सीखता है। इसके अतिरिक्त अधिगम अवस्था में अधिगमकर्ता के व्यक्तित्व के सभी तीनों पक्षों– शारीरिक पक्ष, मानसिक पक्ष व संवेगात्मक पक्ष प्रभावित होते हैं। अतः एक अधिगम परिस्थिति का सावधानी से निर्माण करते समय एक अच्छा प्राध्यापक जहां एक ओर पर्यावरण का ध्यान रखता है वहीं दूसरी ओर उन सभी अभिप्रेरणात्मक कारकों का ध्यान रखता है जो अधिगमकर्त्ता को प्रभावित कर सकते हैं।

(ii) **अधिगम एक निरंतर एवं सक्रिय प्रक्रिया के रूप में :** मान लिया जाए कि एक अध्यापक अपनी कक्षा के बालकों से यह अपेक्षा करता है कि वे गणित की दो से गुणा करने की प्रक्रिया सीखने के लिए दस तक का पहाड़ा (Table) याद करें। जहां तक इस अवस्था के अधिगम के उद्देश्य का प्रश्न है हम इसे सही एवं स्पष्ट रूप से समझते हैं। ऐसी अवस्था में उद्देश्य की प्राप्ति विचारणीय मुद्दा है। संभवतः अध्यापक को एक-एक करके क्रमशः सभी पहाड़ों को बोलना चाहिए और विद्यार्थियों को उन्हें दोहराने के लिए कहना चाहिए। इस प्रक्रिया को निरंतर दुहराने से कुछ समय बाद बच्चे इन 'पहाड़ों' को कण्ठस्थ कर लेंगे। बच्चे इस प्रक्रिया में जितना अधिक प्रयत्न करेंगे उतनी ही अच्छी प्रकार से उन्हें पहाड़े याद होंगे। अर्थात् पहाड़े याद करना बच्चे के प्रयत्न पर निर्भर करता है। इस प्रकार हम पाते हैं कि अधिगम एक सक्रिय तथा निरंतर चलने वाली प्रक्रिया है।

(iii) **अधिगम का लक्ष्य एवं प्रयोजन केंद्रित होना :** प्रत्येक व्यक्ति अपने जीवन में किसी न किसी लक्ष्य की प्राप्ति का इच्छुक होता है। ये लक्ष्य ऐसे भी हो सकते हैं कि जो तुरंत प्राप्य हों अथवा ऐसे जो कुछ समय पश्चात् प्राप्त हो सकें। इनको हम क्रमशः अल्पावधिक लक्ष्य तथा दीर्घकालीन लक्ष्य कहते हैं। यदि इन लक्ष्यों का स्पष्ट और निश्चित रूप में कथन कर दिया जाए तो अधिगमकर्ता के लिए अधिगम अर्थपूर्ण तथा सप्रयोजन होगा।

(iv) **अधिगम का स्वरूप समीक्षात्मक अथवा सृजनात्मक होना :** अधिगम पूर्व प्राप्त अनुभवों का योगमात्र नहीं है अपितु यह अधिगमकर्त्ता को ज्ञान व अनुभवों का एक सृजनात्मक संश्लेषण है। इस अर्थ में अधिगम कार्य करने की एक नई विधि है और इसका उद्देश्य है उच्च स्तर का चिंतन करना जिसे सृजनात्मक अथवा समीक्षात्मक चिंतन कह सकते हैं। यहां सृजनात्मक चिंतन का प्रयोग पूर्ण तकनीकी रूप में न होकर मानसिक प्रक्रिया से संबद्ध है।

अधिगम के संबंध में **क्रो** एवं **क्रो** (Crow and Crow) ने भी मानसिक प्रक्रियाओं की ओर संकेत दिया है। उनके अनुसार समीक्षात्मक चिंतन में निम्नलिखित प्रक्रियाएं शामिल हैं–

(i) **दिशा :** इस प्रक्रिया में अधिगमार्थी की रुचि व उसका ध्यान एक लक्ष्य की ओर होता है।

(ii) **चयन :** यह वह प्रक्रिया है जिसमें अधिगमार्थी उन पूर्व अनुभूतियों का अनुस्मरण तथा चयन करता है जो उसके लिए नई अधिगम परिस्थिति को समझने में सार्थक होती है।

(iii) **व्याख्या :** इस प्रक्रिया के अन्तर्गत् अधिगमार्थी विभिन्न प्रकार की उपलब्ध सूचनाओं के मध्य संबंध देखने का प्रयत्न करता है।

(iv) **अंतर्दृष्टि :** इस प्रक्रिया के दौरान सीखने वाला अपनी नई अनुभूतियों के मध्य संबंधों की पहचान करता है।

(v) **समालोचना :** यह वह प्रक्रिया है जिसके अंतर्गत् नए मानसिक प्रारूपों का निर्माण या समीक्षा कर ढूंढे गए समाधान का मूल्यांकन किया जाता है।

(vi) **सृजन :** इसके अंतर्गत् नई मानसिक संरचनाओं का निर्माण होता है।

अधिगम को प्रभावित करने वाले बालकों से संबद्ध कारक (Factors Affecting Learning Related to Children)

अधिगम एक व्यापक प्रक्रिया है। बालक जब प्रथम बार विद्यालय में प्रवेश करता है तो उस पर घर का वातावरण छाया रहता है। विद्यालय प्रांगण में आने पर उसके मन में अनेक जिज्ञासाएं उठती हैं जिनको वह शांत करना चाहता है। उसे नवीन वातावरण में समायोजन करना होता है। ऐसी स्थिति में अधिगम क्रिया अनेक कारकों से प्रभावित होती है जो निम्नवत् हैं–

(i) **बालक :** किसी भी क्रिया को सीखने का एक केंद्र बिंदु होता है। शिक्षा का उद्देश्य बालक का सर्वांगीण विकास करना है। इस दृष्टि से बालकों की रुचि, योग्यता, क्षमता, व्यक्तिगत भेद, बुद्धि आदि के आधार पर संपन्न की गई क्रिया प्रभावशाली सिद्ध हो सकती है। बालक शिक्षण-प्रक्रिया का आधार है इसलिए उसके अभाव में अधिगम की कल्पना भी नहीं की जा सकती।

(ii) **शैक्षिक पृष्ठभूमि :** अधिगम पर इस बात का बहुत प्रभाव पड़ता है कि सीखने वालें की शैक्षिक योग्यता क्या है? यदि छात्र किसी विषय में पिछड़ा है तो उस विषय से संबंधित नवीन ज्ञान सीखने में उसे कठिनाई

का सामना करना पड़ेगा। यदि किसी छात्र की एक विषय में शैक्षिक योग्यता सामान्य से अधिक है तो छात्र उस विषय में नया ज्ञान सुगमता से सीख लेता है।

(iii) **सीखने की इच्छा :** बालकों को नया ज्ञान देने से पूर्व यह नितांत आवश्यक है कि उनमें सीखने के प्रति जिज्ञासा उत्पन्न की जाए क्योंकि ऐसा होने पर विद्यार्थी प्रतिकूल परिस्थितियों में भी किसी बात को सीखने में सफल हो जाता है। सीखने की इच्छा के अतिरिक्त छात्रों का आकांक्षा स्तर भी उच्च कोटि का होना चाहिए जिससे बालक कठिन तथ्यों को भी आसानी से समझ सके।

(iv) **अधिगम प्रक्रिया :** किसी क्रिया को किस प्रकार से संपादित किया जाता है, इससे भी अधिगम प्रभावित होता है। यद्यपि मनोवैज्ञानिक अधिगम की प्रक्रिया के संपादन पर एक मत नहीं हैं, फिर भी यह बात अपनी जगह सत्य है कि बालक किसी भी क्रिया को अपने ही ढंग से ग्रहण करता है, चाहे अधिगम की प्रक्रिया किसी भी ढंग से क्यों न संपादित की जाए।

(v) **परिपक्वता :** अधिगम की प्रक्रिया को बालक की शारीरिक एवं मानसिक परिपक्वता अधिक प्रभावी बनाती है। छोटी कक्षाओं में बालक की मांसपेशियों को मजबूत बनाने की ओर ध्यान दिया जाता है ताकि वे पेन, किताब आदि को पकड़ना सीख जाए। उन्हें व्याकरण एवं पहाड़े आदि का ज्ञान भी इसी दृष्टि से बाद में कराया जाता है। बहुत-सी चीजें बालक तभी सीख पाता है जब उसमें परिपक्वता आ जाती है चाहे हम उसे कितना भी प्रशिक्षण क्यों न दें।

(vi) **बुद्धि :** तीव्र बुद्धि वाला छात्र किसी भी ज्ञान को शीघ्रता एवं सरलता से सीख लेता है तथा मंदबुद्धि वाले छात्र को सामान्य बुद्धि वाले छात्र के साथ भी सीखने में बाधा रहती है। बुद्धि-लब्धि (I.Q.) शैक्षिक लब्धि में उच्च सकारात्मक सह-संबंध होता है। अधिगम प्रक्रिया का बुद्धि सबसे महत्त्वपूर्ण घटक है।

(vii) **सीखने वाले की मनोवृत्ति :** यदि किसी विषय के प्रति छात्र की नकारात्मक मनोवृत्ति है तो शिक्षक चाहे जितना परिश्रम करे छात्र के अधिगम में उन्नति होने की संभावना नहीं होती है। इसके विपरीत यदि सीखने वाले की किसी विषय के प्रति सकारात्मक मनोवृत्ति है तो वह सरलता से उस विषय को सीख जाता है। किसी विषय के प्रति सीखने वाले का रुझान बहुत महत्त्वपूर्ण होता है।

(viii) **सीखने का समय तथा अवधि :** यदि छात्र अधिक देर तक किसी क्रिया को करता रहता है तो वह थकान का अनुभव करने लगता है और थकान अनुभव होने से उसके अधिगम की प्रक्रिया में शिथिलता उत्पन्न हो जाती है। विद्यालयों में समय-सारणी (Time Table) बनाते समय इस बात का ध्यान रखा जाता है कि पहले कठिन विषय तथा बाद में सरल विषय पढ़ाया जाए। मध्यावकाश की व्यवस्था इसी उद्देश्य से की जाती है

(ix) **अभिप्रेरणा :** सीखने की प्रक्रिया में अभिप्रेरणा (Motivation) का महत्त्वपूर्ण योगदान है। यदि बालक को किसी नवीनतम ज्ञान अथवा कार्य सीखने के लिए प्रेरित नहीं किया जाता है तो वह उस प्रक्रिया में रुचि नहीं लेगा। अभिप्रेरणा से सीखने की इच्छा प्रबल हो जाती है। अभिप्रेरणा उत्पन्न करने के लिए यह आवश्यक है कि बालक को उसका लक्ष्य स्पष्ट कर दिया जाए।

(x) **शारीरिक व मानसिक स्वास्थ्य :** सीखने से पहले बालक का शारीरिक एवं मानसिक रूप से स्वस्थ रहना भी नितांत आवश्यक है, क्योंकि बालक के ध्यान, रुचि व एकाग्रता पर उसका प्रभाव पड़ता है। किसी भी प्रकार की मानसिक विकृति, शारीरिक रुग्णता तथा मानसिक तनाव का प्रत्यक्ष प्रभाव बालकों के अधिगम पर प्रतिकूल रूप से पड़ता है। शारीरिक एवं मानसिक रूप से अस्वस्थ बालक शीघ्र ही थक जाते हैं।

अधिगम को प्रभावित करने वाले शिक्षकों से संबद्ध कारक (Factors Affecting Learning Related to Teachers)

अधिगम को प्रभावित करने वाले विभिन्न प्रकार के कारकों में से शिक्षकों से संबद्ध कारक भी महत्वपूर्ण हैं, ये कारक निम्नवत् हैं–

(i) **विषय की जानकारी :** अध्यापक का किसी विषय से संबंधित ज्ञान अनुभव एवं योग्यता आदि छात्रों के अधिगम को प्रत्यक्ष रूप से प्रभावित करते हैं। यदि अध्यापक को अपने विषय की जानकारी नहीं है तो वह छात्रों को बहुत कुछ जानकारी नहीं दे सकता। इसके विपरीत, यदि अध्यापक को अपने विषय का सटीक ज्ञान है तो वह आत्मविश्वास के साथ छात्रों को नवीन ज्ञान देने में सक्षम होगा तथा उसका शिक्षण प्रभावी होगा।

(ii) **शिक्षण विधि :** शिक्षण विधि का सीधा संबंध अधिगम प्रक्रिया से होता है। साथ ही प्रत्येक शिक्षक का पढ़ाने का तरीका भी भिन्न होता है तथा सभी छात्र एक ही विधि से नहीं सीख पाते। शिक्षण की विधि जितनी अधिक वैज्ञानिक एवं प्रभावशाली होगी उतनी ही सीखने की प्रक्रिया सरल एवं लाभप्रद होगी। बच्चों के संदर्भ में खेल विधि द्वारा सिखाना, करके सिखाना, निरीक्षण द्वारा सिखाना, योजना विधि द्वारा सिखाना, खोज विधि द्वारा सिखाना आदि का अपना अलग-अलग महत्व है।

(iii) **शिक्षक का व्यवहार :** शिक्षक का व्यवहार छात्रों के सीखने को प्रत्यक्ष रूप से प्रभावित करता है। शिक्षक में एक आदर्श शिक्षक के सभी गुण होने चाहिए। उसके व्यवहार में सहानुभूति, सहयोग, समानता, शिक्षण कला

में निपुणता, मृदुभाषी, संयत आदि गुण निहित हैं तो छात्र कक्षा वातावरण में सहज रूप से सब कुछ सीख सकेंगे। लेकिन यदि शिक्षक का व्यवहार अत्यंत कठोर है तो छात्र उसके कक्षा से अनुपस्थित रहते हैं। साथ ही अध्यापक को सभी छात्रों से एक जैसा ही व्यवहार करना चाहिए ताकि छात्रों के मन में उसके प्रति दुर्भावना पैदा न हो।

(*iv*) **व्यक्तित्व :** शिक्षक का व्यक्तित्व सफल शिक्षण का आधार होता है। इस दृष्टि से शिक्षक का व्यक्तित्व आकर्षक एवं अत्यंत प्रभावशाली होना चाहिए। उसे अपने कार्यों एवं व्यवहार में संतुलन बनाए रखते हुए छात्रों पर एक अनूठी छाप छोड़नी चाहिए। छात्र जाने-अनजाने शिक्षक के व्यवहार से बहुत-सी बातें स्वयं ही सीख लेते हैं। कहा भी गया है कि शिक्षक छात्रों के लिए श्रेष्ठ प्रेरणा का काम करता है। इस दृष्टि से एक अध्यापक को आत्मविश्वासी दृढ़ इच्छाशक्ति वाला, कर्त्तव्यनिष्ठ, निरोगी, श्रेष्ठ रुचियों एवं अभिरुचियों वाला होना चाहिए।

(*v*) **व्यक्तिगत भेदों की जानकारी :** प्रत्येक छात्र की बुद्धि, रुचि, योग्यता, क्षमता, अभिवृत्ति आदि अलग-अलग होती है। इन्हीं विशेषताओं के कारण कुछ छात्र अध्यापक द्वारा प्रदत्त ज्ञान को आसानी से आत्मसात कर लेते हैं और कुछ देर से करते हैं या बिल्कुल ही नहीं कर पाते। सामान्यतः एक कक्षा में अध्यापक को तीन प्रकार के छात्रों का सामना करना होता है–मेधावी, सामान्य तथा पिछड़े हुए बालक और इन्हीं के अनुरूप उसे अपने शिक्षण की व्यवस्था करनी होती है। व्यक्तिगत भेद अध्यापक को छात्र के समझने में पूरा-पूरा सहयोग देते हैं।

(*vi*) **मनोविज्ञान की जानकारी :** ऐसा कहा जाता है कि एक अध्यापक को मनोविज्ञान का ज्ञान अनिवार्य है। इस संदर्भ में यह बात बिल्कुल स्पष्ट हो जाती है कि जब तक एक अध्यापक को मनोविज्ञान के सिद्धांतों का ज्ञान नहीं होता तब तक वह इन सिद्धांतों का शिक्षा में प्रयोग कर उसे प्रभावी नहीं बना सकता। उसे बाल विकास प्रक्रिया, वंशानुक्रम, व्यक्तिगत विभेद, प्रेरणा, सीखने के सिद्धांत आदि का ज्ञान होना चाहिए। निःसंदेह आधुनिक शिक्षा के मनोविज्ञान ने एक नई दिशा प्रदान की है।

(*vii*) **अनुशासन :** शिक्षा मनोविज्ञान के सिद्धांतों के प्रचलन के कारण आज यह धारणा गलत साबित हो गई है कि 'डण्डा हाथ से छूटा और बालक बिगड़ा'। अब यह अनुभव किया जाने लगा है कि डण्डे, मारपीट, भय एवं आतंक के बल पर कक्षा में स्थायी अनुशासन की स्थापना नहीं की जा सकती। यह हो सकता है कि छात्र तुरंत कुछ समय के लिए अनुशासित हो जाएं लेकिन कुछ समय बाद वह अपनी पुरानी प्रवृत्तियों पर पुनः लौट जाएंगे। मनोवैज्ञानिक परीक्षणों ने यह सिद्ध कर दिया है कि छात्र अपराध करने पर दण्ड से डरते नहीं। लेकिन इसका अर्थ यह नहीं कि छात्र को मनमानी करने दी जाए। उसे उसके अपराध के अनुकूल दण्ड अवश्य दिया जाना चाहिए।

(*viii*) **पाठ्य-सहगामी क्रियाएं :** शिक्षा के क्षेत्र में मनोविज्ञान के योगदान के रूप में आज पाठ्यक्रम में अनेक महत्त्वपूर्ण सहगामी क्रियाओं को यथोचित स्थान दिया जाता है। पहले यह समझा जाता था कि पढ़ाई के अतिरिक्त क्रियाओं का आयोजन करने से छात्र अपना बहुमूल्य समय नष्ट करते हैं। लेकिन, अब यह विचार बदल गया है। परिणामतः वाद-विवाद प्रतियोगिता, निबंध-लेखन, कहानी, कविता, अन्त्याक्षरी प्रतियोगिता, बालचर शिक्षा, भ्रमण, छात्र-संघ, खेल-कूद, अभिनय तथा नाटक, संगीत आदि इसी प्रकार की अन्य क्रियाओं को पाठ्यक्रम में स्थान देने के कारण बालकों के सर्वांगीण विकास में बहुत सहयोग मिलता है।

(*ix*) **बालक केंद्रित शिक्षा :** बाल मनोविज्ञान ने आज शिक्षा की धारा एवं संकल्पना को पूरी तरह से बदल दिया है। प्राचीन काल में शिक्षा का केंद्र बालक न होकर अध्यापक था। बालक की आवश्यकताओं, रुचियों, अभिरुचियों एवं दृष्टिकोणों की परवाह किए बिना ही शिक्षण का केंद्र बिंदु बालक हो गया। अतः शिक्षक के लिए यह आवश्यक है कि वह जो भी ज्ञान छात्रों को प्रदान करे वह उनकी रुचियों, क्षमताओं एवं स्तर के अनुकूल होना चाहिए।

(*x*) **समय-सारणी :** शिक्षा मनोविज्ञान के कारण ही विद्यालयों में समय-सारणी बनाते समय ध्यान रखा जाता है कि कौन-सा विषय पहले लिया जाए और कौन-सा बाद में। पहले बालकों की थकान, विश्राम एवं अवधान पर कोई ध्यान नहीं रखा जाता था लेकिन अब इन सभी पहलुओं पर विशेष ध्यान दिया गया है। खेल के समय तथा दूसरी विविध क्रियाओं के आयोजन की भी व्यवस्था समय-चक्र में सूक्ष्म रूप से कर ली जाती है। साथ ही समय-सारणी बनाते समय मौसम, बालकों की योग्यता, रुचि एवं व्यक्तिगत विभेदों आदि पर भी ध्यान दिया जाना चाहिए।

उपरोक्त बातों से स्पष्ट है कि जब तक शिक्षक यह नहीं जानेंगे कि पढ़ाना क्या है तथा छात्र यह नहीं जानेगा कि सीखना क्या है तब तक अधिगम प्रक्रिया को चलाना असंभव है। इन दो प्रश्नों के उत्तर में विषय-वस्तु या पाठ्यक्रम का उल्लेख अपेक्षित है। क्रिया-कलाप, उद्देश्य तथा पाठ्यक्रम का व्यवस्थापन अथवा संगठन अधिगम-प्रक्रिया की प्रकृति के निर्धारक हैं। यद्यपि कक्षा में अधिगम परिस्थितियों को व्यवस्थित करने संबंधी निर्देश शिक्षक को पाठ्यक्रम द्वारा उपलब्ध करा दिए जाते हैं, परंतु यह तो शिक्षक के चातुर्य

अथवा उपाय कौशल पर निर्भर करता है कि शिक्षक उसका कितनी बुद्धिमत्ता से उपयोग करते हैं। इस तरह शिक्षक की उपाय कुशलता एक और महत्त्वपूर्ण घटक है जो शिक्षक के विद्यार्थियों के अधिगम को प्रभावित करती है।

अधिगम/सीखने के प्रमुख तरीके (Important Ways of Learning)

सीखना मानव के व्यवहार में परिवर्तन है और यह परिवर्तन विभिन्न नियमों के माध्यम से संभव हो पाता है। सीखने की प्रक्रिया में सामाजिक वातावरण एवं वंशानुक्रमण अपनी महत्त्वपूर्ण भूमिका निभाते हैं। सीखने के प्रमुख तरीके निम्नवत् हैं–

(*i*) **अनुकरण के माध्यम से सीखना :** प्रायः सभी बालकों में अनुकरण की प्रवृत्ति पाई जाती है और यह अनुकरण की प्रवृत्ति उसे सीखने की ओर प्रेरित करती है। विद्वानों का मानना है कि अनुकरण द्वारा सीखना भूल एवं प्रयास द्वारा सीखने की तुलना में उच्च कोटि का सीखना है। इस नियम द्वारा सीखने में वह दूसरों के अनुभवों का लाभ उठाता है। इस नियम द्वारा सीखने के लिए बुद्धि की आवश्यकता अधिक होती है।

हेगाटी ने अनुकरण द्वारा सीखने के विषय में एक प्रयोग किया। उसने लोहे की एक खोखली नली में केला डाल दिया और भूखे बंदर को कमरे में बंद करके उसे उस केले वाली खोखली को कमरे में डाल दिया। बंदर उस नली को बार-बार जमीन पर पटक कर उस केले को निकालने का प्रयास करने लगा किंतु उसे कामयाबी नहीं मिली। तभी बंदर ने देखा कि उसके पास एक छोटा-सा डंडा पड़ा हुआ है। उसने उस डंडे को उठाया और नली के अंदर डाल कर केला बाहर निकाल लिया और उसे खा गया। पहले बंदर द्वारा किए जा रहे प्रयास को एक दूसरे बंदर को भी दूर से दिखाया जा रहा था। थोड़ी देर बाद इसी प्रकार की नली में केला डालकर दूसरे बंदर के सामने डाला गया। दूसरे बंदर ने तुरंत ही डंडे की मदद से उस केले को बाहर निकाल कर खा लिया। इस परीक्षण से स्पष्ट हो जाता है कि पहले बंदर ने भूल एवं प्रयास के माध्यम से लक्ष्य तक पहुंचने में सफलता पाई जबकि दूसरे बंदर ने पहले बंदर का अनुकरण कर तुरंत लक्ष्य तक पहुंचने में सफलता पा ली। इस प्रकार **हेगाटी** ने स्पष्ट किया कि अनुकरण द्वारा सीखना, सीखने की एक महत्त्वपूर्ण विधि है।

(*ii*) **भूल एवं प्रयास के माध्यम से सीखना :** भूल एवं प्रयास के नियम का प्रतिपादक **थॉर्नडाइक** को माना जाता है। उन्होंने चूहों और बिल्लियों पर अनेक परीक्षण करने के पश्चात् यह पाया कि मानव और पशु दोनों ही भूल एवं प्रयास के तरीके से सीखते हैं। किसी कार्य को करने के लिए पहले प्रयास किया जाता है और यह आवश्यक नहीं है कि प्रथम प्रयास में ही वह कार्य पूरा हो जाए। क्योंकि उसमें कोई न कोई भूल हो जाने की संभावना रहती है और कार्य में सफलता नहीं मिलती। अब इसे दोहराया जाता है और दोबारा करते समय पहली भूल को ध्यान में रखते हुए प्रयास किया जाता है। जैसे-जैसे प्रयास किया जाता है पुरानी भूलों में कमी आती जाती है और कार्य संपन्न हो जाता है। इस प्रकार बार-बार प्रयास करने पर सीखने की प्रक्रिया पूर्ण हो जाती है और यह कार्य ठीक प्रकार से होने लगता है। प्रयास एवं भूल में मानव प्रेरणायुक्त होता है और अपने निश्चित लक्ष्य तक पहुंचने की ओर अग्रसर होता है। यद्यपि प्राणी का लक्ष्य अस्पष्ट होता वह अपने इस अस्पष्ट लक्ष्य को प्राप्त करने के लिए बार-बार प्रयास करता है। असफलता मिलने पर पुनः प्रयास करता है और अंत में अपने लक्ष्य तक पहुंच जाता है। सही लक्ष्य तक पहुंच जाना ही सीखने की प्रक्रिया को पूर्ण करता है। उदाहरणार्थ–मनुष्य का टाइप सीखना, गणित के सवाल निकालना, साइकिल चलाना सीखना आदि भूल एवं प्रयास द्वारा सीखने के कुछ ऐसे ही उदाहरण हैं।

(*iii*) **सूझ-बूझ के माध्यम से सीखना :** सूझ-बूझ के माध्यम से सीखने के सिद्धांत का प्रतिपादक **कोहलर** था। इस सिद्धांत के अनुसार मानव पहले परिस्थितियों का पूर्ण अवलोकन करता है। उसके बारे में सोचता है और फिर क्रियाओं के माध्यम से उसे सीखने का प्रयास करता है। कोई भी प्राणी जब किसी नवीन वातावरण में आता है तो उसका संबंध विभिन्न तत्वों के साथ स्थापित होता है। वह वातावरण को भलीभांति समझता है और फिर उसी के अनुरूप प्रतिक्रिया करता है। वातावरण को जानना एवं समझना उसकी सूझ-बूझ पर पर निर्भर करता है। सूझ-बूझ का यह सिद्धांत पशुओं की तुलना में मानवों पर अधिक लागू होता है। इस सिद्धांत को सिद्ध करने के लिए **कोहलर** ने चिम्पैंजियों पर परीक्षण किया। उसने एक चिम्पैंजी को पिंजड़े में बंद कर दिया और कुछ दूरी पर पिंजड़े से बाहर केले टांग दिए। पिंजड़े में दो बांस भी डाल दिए। केले पिंजड़े से इतनी दूरी पर थे कि चिम्पैंजी के हाथ वहां तक नहीं पहुंच पा रहे थे। चिम्पैंजी ने जब देखा कि उसके हाथ केले तक नहीं पहुंच पा रहे हैं तो उसने एक डंडे के सहारे केलों तक पहुंचने का प्रयास किया। लेकिन चिम्पैंजी को जब उसमें भी सफलता नहीं मिली तो वह कुछ सोचता रहा और कुछ देर के बाद उसने दोनों डंडों को आपस में जोड़ा और उनकी सहायता से उसने केलों को पिंजड़े में खींच कर खा लिया। इस तरह स्पष्ट है कि सूझ-बूझ के सिद्धांत में बुद्धि का होना आवश्यक है। यह परीक्षण चिम्पैंजी पर इसलिए

किया गया क्योंकि चिम्पैंजी में थोड़ी-बहुत बुद्धि होती है। उसने अपनी सूझ-बूझ का इस्तेमाल कर केलों को खाने में सफलता प्राप्त की।

(iv) **आंशिक एवं पूर्ण तरीकों द्वारा सीखना :** इस विधि से छात्रों को समस्या का पूर्ण ज्ञान कराया जाता है, जिससे प्रथम बार में छात्रों को उस समस्या के बारे में कुछ न कुछ ज्ञान हो जाता है।

(v) **सामूहिक तरीके के माध्यम से सीखना :** मानव एक सामाजिक प्राणी है। समाज से बाहर उसका कोई अस्तित्व नहीं है। अतः वह समाज में रहते हुए समूह में बहुत कुछ सीखता है। समूहों में रहते हुए उसका ज्ञान प्राप्त करना ही सामूहिक सीखना कहलाता है। प्रोजेक्ट डाल्टन तथा बेसिक विधि, वर्कशॉप विधि, वाद-विवाद, सेमीनार विधि आदि सीखने की सामूहिक विधियों के अच्छे उदाहरण हैं।

अभ्यास प्रश्न

1. अधिगम में शिक्षार्थी को उसके परिणामों से अवगत कराने से उसे इसके द्वारा अभिप्रेरण (Motivation) मिलता है–
A. असफलता की सूचना
B. सफलता की सूचना
C. प्रतिपुष्टि (Feedback) द्वारा पुनर्बलन (Reinforcement)
D. निंदा व प्रशंसा

2. अधिगम के सिद्धान्तों (Theory of Learning) में निम्नांकित प्रमुख है–
A. साहचर्यवाद (Association)
B. शास्त्रीय अनुबन्ध (Classical Conditioning)
C. क्रियाप्रसूत अनुबन्ध (Operant Conditioning)
D. उपरोक्त सभी

3. व्यक्तित्व के निर्माण का फ्रायड (Freud) के अनुसार कौन सा सिद्धान्त है–
A. मनोविश्लेषण सिद्धान्त (Psychoanalytic Theory)
B. प्रारूप सिद्धान्त (Type Theory)
C. विशेषक सिद्धान्त (Trait Theory)
D. उपरोक्त सभी

4. "व्यक्तित्व, व्यक्ति के व्यवहार का समग्र गुण है।" व्यक्तित्व (Personality) की यह परिभाषा निम्नांकित ने दी है–
A. वुडवर्थ (Woodworth)
B. वैलेन्टिन (Valentine)
C. बोरिंग (Boring)
D. वारेन (Warran)

5. निम्न में से कौन-से कथन को सीखने की प्रक्रिया की विशेषता ***नहीं*** मानना चाहिए?
A. सीखना एक व्यापक प्रक्रिया है
B. सीखना लक्ष्योन्मुखी होता है
C. अन-अधिगम भी सीखने की प्रक्रिया है
D. शैक्षिक संस्थान ही एकमात्र स्थान है जहाँ अधिगम प्राप्त होता है

6. व्यक्तिगत शिक्षार्थी एक-दूसरे से ...... में भिन्न होते हैं
A. विकास-क्रम
B. विकास की सामान्य क्षमता
C. वृद्धि एवं विकास के सिद्धांतों
D. विकास की दर

7. विद्यार्थियों के सीखने में जो रिक्तियाँ रह जाती हैं उनके निदान के बाद .... होना चाहिए।
A. सभी पाठों को व्यवस्थित रूप से दोहराना
B. शिक्षार्थियों और अभिभावकों को उपलब्धि के बारे में बताना
C. समुचित उपचारात्मक कार्य
D. सघन अभ्यास कार्य

8. एक छात्र की शिक्षण-अधिगम में सक्रिय भागीदारी होती है यदि वहः
A. सम्बन्धित प्रश्न पूछता है
B. शिक्षक के प्रश्नों के उत्तर देता है
C. दूसरों के विचारों पर प्रतिक्रिया व्यक्त करता है
D. उपर्युक्त सभी करता है

9. उत्तम अधिगम के लिए आवश्यक है–
A. शिक्षक व्याख्यानों तथा अधिगम परीक्षणों की
B. छात्रों द्वारा अप्रत्यक्ष रूप से अधिगमित सांस्कृतिक प्रतिमानों की
C. छात्रों द्वारा शैक्षिक सांस्कृतिक पक्षों के व्यवहारिक प्रशिक्षण की
D. छात्रों को अपनी पाठ्य-पुस्तकों की सामग्री को दैनिक रूप से रटने की

10. स्मृति की सर्वश्रेष्ठ प्रणाली कौन-सी है?
A. पहचानना B. पुनर्स्मरण करवाना
C. पुनर्संरचना D. पुनः याद करना

11. स्मृति मापने हेतु सरलतम प्रणाली प्रयुक्त की गई।
A. आकृति B. पुनः याद करना
C. अभ्यास D. पहचान

12. स्मृति का हस्तक्षेप सिद्धांत प्रतिपादित किया था–
A. मिलर ने B. बैटलटालट ने
C. एबिनगास ने D. मेकगोक ने

13. "सीखने के पश्चात् उस बात को याद रखना या उसे पुनः प्रस्तुत करना स्मृति कहलाता है"–यह कथन किसका है?
A. फ्रायड B. मिलर
C. स्टाऊट D. वुडवर्थ

14. स्मृति का पहला अंग कौन-सा है?
A. पुनः स्मरण B. सीखना
C. पहचान D. धारणा

15. सामाजिक अधिगम का सिद्धांत इनमें से किसने दिया–
A. बंडूरा B. थार्नडाइक
C. पॉवलाव D. स्कीनर

16. लिखना उदाहरण है–
A. मौखिक अधिगम
B. प्रेरक एवं संवेदी अधिगम
C. प्रेरक अधिगम
D. संवेदी अधिगम

17. शिक्षण-अधिगम की प्रक्रिया में बच्चों के ज्ञानार्जन का मुख्य तरीका है–
A. अनुकरण द्वारा अधिगम
B. करके सीखना
C. अनुभव द्वारा अधिगम
D. उपरोक्त सभी

18. एक शिक्षक को बच्चों को सिखाते समय ध्यान देना चाहिए–
A. शिक्षण पद्धति एवं निर्देशन पर
B. बालकों के वर्गीकरण पर
C. कक्षा के आकार पर
D. उपरोक्त सभी

19. 'अनुकरण द्वारा अधिगम' का नियम किसके द्वारा प्रतिपादित किया गया?
A. स्कीनर B. थॉर्नडाइक
C. हेंगाटी D. कोहलर

20. किसी कक्षा कक्ष में सीखने को प्रभावित करने वाला महत्वपूर्ण घटक है–
A. कक्षा-कक्ष का प्रशासनिक वातावरण
B. कक्षा-कक्ष का आर्थिक वातावरण
C. कक्षा-कक्ष का सामाजिक वातावरण
D. कक्षा-कक्ष का मनोवैज्ञानिक वातावरण

21. शिक्षण अधिगम के अन्तर्गत शिक्षक का प्रमुख कार्य है–
A. बालक को पढ़ाना
B. बालक का ज्ञानवर्धन करना
C. बालक को सीखने के लिए अभिप्रेरित करना
D. बालक को अच्छे संस्कारों में डालना

22. निम्नलिखित में से सीखना किस प्रकार की गतिविधि है?
A. सामाजिक B. व्यक्तिगत
C. व्यवहारिक D. उपरोक्त सभी

23. आपकी कक्षा में बच्चों का प्रदर्शन निरन्तर गिरता जा रहा है, इसका प्रमुख कारण हो सकता है
A. अभ्यास की कमी B. तत्परता
C. अनुकूल वातावरण D. इनमें से कोई नहीं

24. बच्चों में सीखने के लिए आवश्यक नियम है–
A. रटने का नियम
B. तत्परता का नियम
C. व्यवस्थित अधिगम प्रक्रिया नियम
D. बहुप्रतिक्रिया नियम

उत्तरमाला

1	2	3	4	5	6	7	8	9	10
C	D	A	A	D	D	C	D	C	A
11	12	13	14	15	16	17	18	19	20
B	D	D	B	A	B	D	D	C	D
21	22	23	24						
C	A	A	B						

11. बच्चा एक समस्या समाधानकर्त्ता तथा वैज्ञानिक अन्वेषक के रूप में (Child as a Problem-solver and a Scientific Investigator)

समस्या समाधान का अर्थ (Meaning of Problem Solving)

समस्या समाधान का अर्थ है कठिनाइयों पर विजय प्राप्त करके लक्ष्य को प्राप्त करना। यदि हम किसी निश्चित लक्ष्य पर पहुँचना चाहते हैं, पर किसी कारणवश नहीं पहुँच पाते, तब हमारे सामने एक समस्या खड़ी हो जाती है। यदि हम इस कठिनाई पर विजय प्राप्त करके अपने लक्ष्य पर पहुँच जाते हैं, तो हम अपनी समस्या का समाधान कर लेते हैं। कुछ समस्याओं का हल करने में कम समय लगता है और कुछ में अधिक। किसी समस्या का समाधान करने के लिए यदि समुचित साधन उपलब्ध नहीं होते तो समाधान का विकल्प देखना पड़ता है।

बच्चा एक समस्या समाधानकर्त्ता के रूप में (Child as a Problem Solver)

विद्यालय शिक्षा के दौरान एक बच्चे के समक्ष अनेक समस्याएं आती हैं तथा उसका समाधान भी उसे ही ढूँढना होता। ऐसे में बच्चों को इस स्तर के योग्य बनाने के लिए आवश्यक है कि उनके व्यक्तित्व का विकास इस प्रकार से किया जाए कि वह सभी प्रकार की परिस्थितियों का सही ढंग से सामना कर सकें। व्यक्तित्व का विकास निम्नलिखित तरीकों के माध्यम से किया जा सकता है–

(*i*) **आत्म पहचान का गुण विकसित करके :** इस तरीके के तहत बच्चों को ऐसे काम दिए जाने चाहिए जिनमें सफलता निश्चित हो। इन कामों को करने से बच्चे में आत्म-विश्वास बढ़ता है जो जिन्दगी में प्रसन्नता व सहयोग की भावना को बढ़ाता है। बच्चे का जन्मदिन मनाना चाहिए। इससे बच्चे की आत्म-अनुमोदन तथा सामाजिक अनुमोदन की भावना को संतुष्टि मिलती है समय-समय पर बच्चे के काम की प्रशंसा करनी चाहिए तथा छोटी-छोटी बातों पर भी उन्हें पुरस्कृत करना चाहिए जिससे कि वह भविष्य में अपनी समस्याओं का समाधान स्वयं कर सकें।

(*ii*) **स्वयं की कमियों को स्वीकार करना और सिखाकर दूर करना :** बच्चों में यह भावना पैदा करनी चाहिए कि कोई भी व्यक्ति संपूर्ण नहीं है। इसीलिए अपनी कमियों को मुस्कुराते हुए स्वीकार करना चाहिए तथा उन्हें दूर करने का प्रयत्न करना चाहिए। इसके लिए बच्चे को इससे संबंधित कहानियां सुनानी चाहिए। इसके अतिरिक्त कुछ रचनात्मक कार्यक्रम का भी आयोजन किया जाना चाहिए। उदाहरणार्थ–नाटक दिखाना एवं कठपुतली नृत्य आदि। बच्चे के गुणों की खुलकर प्रशंसा करनी चाहिए ताकि बच्चा अपनी कमियों को भूलकर अपनी प्रतिभा को निखार सके।

(*iii*) **स्वावलंबी बनने के लिए प्रेरित करके :** बच्चे को आत्मनिर्भर बनाने के लिए हमेशा प्रेरित करते रहना चाहिए। इसके लिए बच्चे को कहानियां सुनानी चाहिए, नाटक दिखाने चाहिए, लड़कियों को गुड़िया को कपड़े पहनाने, सफाई करने, कंघी करने जैसे काम करने देने चाहिए इससे बच्चों में आत्मनिर्भरता बढ़ती है। बच्चों को चुनौतीपूर्ण व उत्तरदायित्व वाले काम सौंपने चाहिए जिससे कि वह समस्याओं के समाधानों का हल सही दिशा में निकालने के लिए सक्षम हो सकें।

बच्चा एक वैज्ञानिक अन्वेषक के रूप में (Child as a Scientific Investigator)

किसी भी छात्र की समझ की सही जांच तब होती है जब वह समाज में रहकर सीखता है तथा अपने स्वयं के ज्ञान को एक अन्वेषक के रूप में प्रयोग करता है। एक बच्चे को वैज्ञानिक अन्वेषक के रूप में निम्नलिखित प्रकार से विकसित किया जा सकता है–

(*i*) किसी बच्चे को दैनिक जीवन में आने वाले व्यक्तियों के व्यवसाय के बारे में समझाने का प्रयास करना चाहिए। यथा–डॉक्टर, डाकिया, वकील, बढ़ई व सुनार आदि।

(*ii*) बच्चों को अलग-अलग जगहों पर भ्रमण के लिए ले जाना चाहिए ताकि वे भ्रमण के माध्यम से कुछ नए प्रकार के चीजों के संबंध में सोच सकें।

(*iii*) बच्चों को दुकान-दुकान आदि का खेल खेलना चाहिए ताकि वे खेल-खेल में दुकानदारी आदि के व्यवसाय आदि के बारे में जान सकें।

(*iv*) ऐसा उपाय करना चाहिए ताकि बच्चे वैज्ञानिक यंत्रों, धातुओं, वायु संचार आदि के बारे में स्वयं जानकारी प्राप्त कर सकें। ऐसा करने से उनमें (बच्चों में) एक वैज्ञानिक सोच के साथ-साथ अलग-अलग विषयों का अन्वेषण करने का गुण भी उत्पन्न होने लगता है।

अभ्यास प्रश्न

1. .... के अतिरिक्त निम्नलिखित समस्या समाधान की प्रक्रिया के चरण हैं–
A. सम्भावित युक्तियों को खोजना
B. समस्या को छोटे हिस्सों में बाँटना
C. समस्या की पहचान
D. परिणामों की आशा करना

2. बच्चों की सीखने की प्रक्रिया में माता-पिता को ...... भूमिका निभानी चाहिए।
A. अग्रोन्मुखी B. नकारात्मक
C. तटस्थ D. सहानुभूतिपूर्ण

3. चिन्तन तथा तर्क का उद्देश्य है–
A. संवेग को समाप्त करना
B. समस्या को जटिल बनाना
C. संज्ञान का अन्त करना
D. समस्या का समाधान करना

4. अधिगमकर्ता का स्व-नियमन का क्या अर्थ है?
A. विद्यार्थियों के व्यवहार के लिए विनियमों का निर्माण करना
B. विद्यार्थी निकाय द्वारा बनाए गए नियम एवं विनियम
C. अपने सीखने का स्वयं अनुवीक्षण करने की योग्यता
D. स्व-अनुशासन और नियन्त्रण

5. शिक्षार्थियों का 'आत्म नियमन' .... की ओर संकेत करता है।
A. स्व-अनुशासन और नियंत्रण
B. विद्यार्थियों के व्यवहार के लिए विनियम बनाना
C. अपने सीखने का स्वयं पर्यवेक्षण करने की उनकी योग्यता
D. विद्यार्थी-निकाय द्वारा बनाए गए नियम-विनियम

6. विद्यार्थियों के सीखने में जो रिक्तियाँ रह जाती हैं उनके निदान के बाद .... होना चाहिए।
A. समुचित उपचारात्मक कार्य
B. शिक्षार्थियों और अभिभावकों को उपलब्धि के बारे में बताना
C. सभी पाठों को व्यवस्थित रूप में दोहराना
D. सघन अभ्यास कार्य

7. सीमा ने हाथ से दाल और चावल खाना सीख लिया है। जब उसे दाल और चावल दिए जाते हैं तो वह दाल-चावल मिलाकर खाने लगती है। उसने चीजों को करने के लिए अपने स्कीम में दाल और चावल खाने को .... कर लिया है।
A. समुचितता B. अनुकूलित
C. समायोजित D. अंगीकार

8. शिक्षकों को अपने विद्यार्थियों की त्रुटियों का अध्ययन करना चाहिए क्योंकि वे प्रायः .... की ओर संकेत करते हैं।
A. भिन्न प्रकार की पाठ्यचर्या की आवश्यकता
B. योग्यताओं के अनुसार समूह बनाने हेतु दिशा-निर्देश
C. आवश्यक उपचारात्मक युक्तियों
D. उनके ज्ञान की सीमा

9. "समस्या-समाधान किसी लक्ष्य की प्राप्ति में बाधा डालती प्रतीत होती कठिनाइयों पर विजय पाने की प्रक्रिया है।" निम्न में से यह कथन किसका है?
A. स्टेनले B. स्किनर
C. पियाजे D. पावलॉव

10. बच्चों द्वारा की जाने वाली त्रुटियों के सम्बन्ध में निम्नलिखित में से कौन-सा कथन सत्य है?
A. यदि एक शिक्षक कक्षा-कक्ष में सभी बच्चों की त्रुटियों को सुधारने योग्य नहीं है तो यह संकेत करता है कि शिक्षक-शिक्षा की व्यवस्था असफल है।
B. स्वयं बच्चों द्वारा त्रुटियों को सुधारा जा सकता है इसलिए शिक्षक को उन्हें तुरन्त ही नहीं सुधारना चाहिए।
C. प्रत्येक त्रुटि को सुधारने में बहुत अधिक समय लगेगा तथा एक शिक्षक के लिए थकान वाला होगा
D. एक शिक्षक को प्रत्येक त्रुटि पर ध्यान नहीं देना चाहिए अन्यथा पाठ्यक्रम पूरा नहीं होगा।

11. एक शिक्षिका अपने शिक्षार्थियों को सदैव इस रूप में सहायता करती है कि वे एक विषय-क्षेत्र से प्राप्त ज्ञान को दूसरे विषय-क्षेत्रों के ज्ञान के साथ जोड़ सकें। इससे .... को बढ़ावा मिलता है।
A. वैयक्तिक भिन्नताओं
B. शिक्षार्थी-स्वायत्तता
C. ज्ञान के सह-सम्बन्ध एवं अन्तरण
D. पुनर्बलन

12. इरफान खिलौनों को तोड़ता है और उसके पुर्जो को देखने के लिए उन्हें अलग-अलग कर देता है। आप क्या करेंगे?
A. उसके जिज्ञासु स्वभाव को प्रोत्साहित करेंगे और उसकी ऊर्जा को सही दिशा में संचारित करेंगे
B. उसे समझाएँगे कि खिलौनों को तोड़ना नहीं चाहिए
C. इरफान को खिलौनों से कभी भी नहीं खेलने देंगे
D. उस पर हमेशा नजर रखेंगे

उत्तरमाला

1	2	3	4	5	6	7	8	9	10
B	A	D	C	C	A	B	C	B	A
11	**12**								
C	A								

12. संवेग और अभिप्रेरण (Emotion and Motivation)

संवेग (Emotion)

जब हम किसी विषय के बारे में बार-बार सोचते हैं तो हमारी राग-द्वेषात्मक मनोवृत्ति और प्रबल हो उठती है। बार-बार सोचे गए विषय को या तो हम प्रेम की दृष्टि से अथवा घृणा की दृष्टि से देखने लगते हैं। हमारी यह राग-द्वेषात्मक मनोवृत्ति और प्रबल हो उठती है। बार-बार सोचे गए विषय को या तो प्रेम की दृष्टि से अथवा घृणा की दृष्टि से देखने लगते हैं। हमारी यह राग-द्वेषात्मक मनोवृत्ति संवेग (Emotion) के कारण बनती है। संवेग भावों से उत्पन्न होता है। जब तक किसी विषय के संबंध में हमारे भाव सामान्य रहते हैं, संवेगों की उत्पत्ति नहीं होती है। जब उस विषय के भाव प्रबल हो जाते हैं, तब संवेग की उत्पत्ति होती है। भाव हमारे मन पर धीरे-धीरे प्रभाव डालता है। परंतु किसी प्रकार के संवेग के उत्पन्न होने पर हमारे मन में भारी उथल-पुथल हो जाती है।

संवेग की कुछ परिभाषाएं (Definitions of Emotion)

जरशील्ड के अनुसार, "संवेग शब्द किसी भी प्रकार के आवेश में आने से भड़क उठने अथवा उत्तेजित होने की दशा को सूचित करता है।"

मैक्डूगल के अनुसार, "संवेग एक प्रकार का अनुभव है जो किसी न किसी मूल प्रवृत्तीय क्रिया से संबद्ध होता है।"

क्रो एवं क्रो के अनुसार, "संवेग, व्यक्ति के आंतरिक समायोजन, मानसिक एवं शारीरिक-भौतिक अवस्थाओं से प्रभावित होकर उसके बाह्य व्यवहार में दिखाई देने वाला प्रभावशाली अनुभव है।"

वुडवर्थ के अनुसार, "संवेग जीव की उत्तेजनायुक्त अवस्था है।

निष्कर्ष (Result)

(*i*) प्रत्येक संवेग किसी न किसी मूल प्रवृत्ति या भावना से अवश्य ही संबद्ध होता है।

(*ii*) संवेग मानव की परिवर्तित आंतरिक भावना का बाह्य रूप होता है।

(*iii*) प्रत्येक संवेग किसी न किसी क्रिया से किसी रूप में अवश्य ही संबद्ध होता है।

उपर्युक्त निष्कर्ष के आधार पर हम कह सकते हैं कि "किसी ज्ञात (प्रमुखतः) या अज्ञात (कभी-कभी) कारण से हमारी मनोदशा को प्रभावित करने वाले अस्थायी भाव, संवेग कहलाते हैं।"

संवेग की विशेषताएं/लक्षण (Characteristics of Emotion)

(*i*) प्रत्येक संवेग का संबंध किसी न किसी मूल प्रवृत्ति से होता है।

(*ii*) संवेगों का उभार सकारण होता है।

(*iii*) संवेग क्षणिक एवं अस्थायी होते हैं।

(*iv*) संवेग परिवर्तनशील होते हैं।

(*v*) संवेग सार्वभौमिक होते हैं।

(*vi*) संवेगों की तीव्रता वैयक्तिक अधिक होती है।

(*vii*) संवेगों की उत्पत्ति का कारण बाह्य जगत् से संबद्ध होता है।

(*viii*) संवेग मानव के व्यवहार को प्रभावित करते हैं।

संवेगों को प्रभावित करने वाले कारक (Factors Affecting Emotion)

निम्न कारक किसी न किसी रूप में संवेगों को प्रभावित करते हैं–

(*i*) वातावरण, (*ii*) मानसिक सक्रियता, (*iii*) शारीरिक स्वास्थ्य, (*iv*) वैयक्तिक रुचियां, (*v*) अभिवृत्तियां एवं मूल्य।

संवेगों से प्रभावित होने वाले कारक (Factors Affected by Emotion)

जिस प्रकार कुछ कारक संवेगों को प्रभावित करते हैं ठीक उसी प्रकार संवेग भी कुछ कारकों से प्रभावित होते हैं। ये कारक हैं–(*i*) शारीरिक स्वास्थ्य, (*ii*) मानसिक स्वास्थ्य, (*iii*) वाणी, (*iv*) सामाजिकता एवं अधिगम।

संवेग के विभिन्न प्रकार (Types of Emotion)

संवेगों का संबंध मूल प्रवृत्तियों से होता है। चौदह मूल-प्रवृत्तियों के चौदह संवेग हैं, जो इस प्रकार हैं–

1. भय, 2. घृणा, 3. करुणा एवं दुःख, 4. आश्चर्य, 5. आत्माभिमान, 6. भूख, 7. कृतिभाव, 8. क्रोध, 9. वात्सल्य, 10. कामुकता, 11. आत्महीनता, 12. एकाकीपन, 13. अधिकार भावना, 14. आमोद।

संवेग एवं शिक्षा में इसका महत्व (Importance of Emotion in Education)

शिक्षक, बालकों के संवेगों के प्रति ध्यान देकर उनका किस प्रकार हित कर सकते हैं, यह निम्नलिखित बातों से स्पष्ट हो जाता है–

(i) शिक्षक, बालकों की मानसिक शक्तियों के मार्ग को प्रशस्त करके, उन्हें अपने अध्ययन में अधिक क्रियाशील बनाने की प्रेरणा प्रदान कर सकता है।

(ii) शिक्षक, बालकों के संवेगों को परिष्कृत करके उनको समाज के अनुकूल व्यवहार करने की क्षमता प्रदान कर सकता है।

(iii) शिक्षक, बालकों के संवेगों का विकास करके, उनमें उत्तम विचारों, आदर्शों, गुणों और रुचियों का निर्माण कर सकता है।

(iv) शिक्षक, बालकों को अपने संवेगों पर नियंत्रण करने की विधियां बताकर उनको शिष्ट और सभ्य बना सकता है।

(v) शिक्षक, बालकों के संवेगों को जाग्रत करके, पाठ में उनकी रुचि उत्पन्न कर सकता है।

(vi) शिक्षक, बालकों के संवेगों का ज्ञान प्राप्त करके, उपयुक्त पाठ्यक्रम का निर्माण करने में सफलता प्राप्त कर सकता है।

(vii) शिक्षक, बालकों में उपयुक्त संवेगों को जाग्रत करके, उनको महान कार्यों को करने की प्रेरणा दे सकता है।

अभिप्रेरण (Motivation)

अभिप्रेरण में वे सब आंतरिक अवस्थाएं आ जाती है जो किसी क्रिया को छोड़ती है या उसको बनाए रखती है। प्रेरक (Motive) उद्दीपन (Stimulus) से भिन्न होता है, क्योंकि वह उत्तेजना के प्रकट होने के पहले से ही उपस्थित होता है। यदि आंतरिक अभिप्रेरणा न हो तो बाह्य उद्दीपन कितना भी तीव्र होने पर अनुक्रिया उत्पन्न नहीं कर सकता है।

अभिप्रेरणा एक प्रकार की शक्ति है जो छात्रों को अध्ययन तथा अन्य कार्यों को करने का जोश तथा रुचि उत्पन्न करती है। व्यक्ति जो भी कार्य करता है उसमें किसी न किसी प्रकार की अभिप्रेरणा की भूमिका आवश्यक होती है। अध्यापक के समक्ष यह बहुत बड़ी समस्या होती है कि छात्रों को किस प्रकार अधिक-से-अधिक अभिप्रेरित किया जाए। अध्यापक इसके लिए अनेक उपाय करता है। अभिप्रेरणा अधिगम के लिए कोई आवश्यक शर्त नहीं है परंतु फिर भी यह अधिगम प्रक्रिया को गतिशीलता प्रदान करती है। इसे ''सीखने का हृदय'' (Heart of Learning), ''सीखने का स्वर्ण पथ'' (Golden Road of Learning), तथा ''सीखने का मुख्य कारक'' (Important Factor of Learning) कहा गया है।

अभिप्रेरणा की कुछ परिभाषाएं (Definitions of Motivation)

स्किनर के अनुसार, ''अभिप्रेरणा, अधिगम का सर्वोच्च राजमार्ग है।''

बर्नार्ड के अनुसार, ''उत्प्रेरणा, शिक्षा में मनोविज्ञान की मूलभूत समस्या है।''

कैले के अनुसार, ''अधिगम की कुशल कला में उत्प्रेरणा केंद्रीय कारक है।''

निष्कर्ष (Result)

(i) उत्प्रेरणा और अधिगम का सीधा संबंध है।

(ii) उत्प्रेरणा किसी आंतरिक शक्ति का उभार है।

(iii) प्राणी या मनुष्य के अंदर निहित वे सभी तत्व जो उसके बाह्य व्यवहार को प्रभावित करते हैं, आंतरिक तत्व या आंतरिक शक्तियां कहलाती हैं। इनमें मूल प्रवृत्तियां, मन, बुद्धि, चित्त एवं अहंकार सभी आंतरिक शक्तियां हैं।

प्रेरणा के भेद (Types of Motivation)

प्रेरणा के दो भेद हैं–

(i) **सकारात्मक प्रेरणा (Positive Motivation):** इस प्रेरणा में बालक किसी कार्य को अपनी स्वयं की इच्छा से करता है। इस कार्य को करने से उसे सुख और संतोष प्राप्त होता है। इस प्रेरणा को आंतरिक प्रेरणा भी कहते हैं।

(ii) **नकारात्मक प्रेरणा (Negative Motivation):** इस प्रेरणा में बालक किसी कार्य को अपनी स्वयं की इच्छा से न करके, किसी दूसरे की इच्छा या बाह्य प्रभाव के कारण करता है। इस कार्य को करने से उसे किसी वांछनीय या निश्चित लक्ष्य की प्राप्ति होती है। इस प्रेरणा को बाह्य प्रेरणा भी कहते हैं।

प्रेरणा की प्रमुख विधियां (Main Process of Motivation)

मरसेल ने लिखा है कि प्रेरणा यह निश्चित करती है कि लोग कितनी अच्छी तरह से सीख सकते हैं और कितनी देर तक सीख सकते हैं। अतः उनको प्रेरणा प्रदान की जानी आवश्यक है। ऐसा निम्नांकित विधियों का प्रयोग करके किया जा सकता है–

(i) **रुचि (Interest):** प्रेरणा प्रदान करने की पहली विधि है बालकों की पाठ में रुचि उत्पन्न करना। अतः अध्यापक को पढ़ाए जाने वाले पाठ को बालक की रुचियों से संबंधित करना चाहिए। इस संबंध में प्रेसी, रॉबिन्स व हॉरक्स का कहना है कि ''रुचि, छात्रों का ध्यान आकर्षित करने का प्रथम उपाय है।''

(*ii*) **सफलता (Success):** सफलता के संबंध में फ्रैंडसन का विचार है कि सीखने के सफल अनुभव अधिक सीखने की प्रेरणा देते हैं।

(*iii*) **सामूहिक कार्य (Collective Work):** प्रेरणा प्रदान करने की इस विधि में बालकों को सामूहिक कार्यों में भाग लेने के लिए प्रोत्साहित किया जाता है।

(*iv*) **आवश्यकता का ज्ञान (Required Knowledge):** इस विधि के अंतर्गत् यह माना जाता है कि बालकों की मुख्य आवश्यकताएं उसके सीखने में उद्दीपन का कार्य करती हैं।

(*v*) **प्रशंसा (Admiration):** उचित समय और स्थान पर प्रयोग किए जाने पर प्रशंसा, प्रेरणा का एक महत्त्वपूर्ण कारक है।

(*vi*) **कक्षा का वातावरण (Environment of Class):** अच्छा शिक्षक प्रभावशाली प्रेरणा के लिए शिक्षण-सामग्री से संपन्न अर्थपूर्ण और निरंतर परिवर्तनशील कक्षा-कक्ष के वातावरण पर निर्भर रहता है।

(*vii*) **सामाजिक वर्गों में भाग (Participate in Social Group):** यह बालकों और युवकों को प्रेरणा देने की साधारणतया सबसे प्रभावशाली विधि है। यह बालकों को उन अर्थपूर्ण सामाजिक कार्यक्रमों में रचनात्मक कार्य करने का अवसर देता है जिनको व्यक्ति और समाज दोनों महत्त्वपूर्ण समझते हैं।

(*viii*) **प्रतिद्वन्द्विता (Competitor):** इसके अनुसार शिक्षाशास्त्र के संपूर्ण इतिहास में प्रतिद्वन्द्विता को प्रेरणा प्रदान करने के लिए प्रयोग किया गया है।

(*ix*) **खेल-विधि का प्रयोग (Use of Playing Method):** इस विधि के अनुसार बालकों को शिक्षा देने के लिए खेल-विधि का प्रयोग किया जाता है। अतः शिक्षक को खेल-विधि का प्रयोग करके बालकों को शिक्षा देनी चाहिए।

(*x*) **परिणाम का ज्ञान (Knowledge of Result):** इस विधि के अनुसार यह माना जाता है कि प्रेरणा, परिणामों के तात्कालिक ज्ञान से प्राप्त होती है।

प्रेरणा में योगदान देने वाले मुख्य कारक (Factors Contributing to Motivation)

(*i*) **प्रोत्साहन (Encouragement):** प्रोत्साहन लक्ष्य तक पहुंचने के साधन होते हैं। इनका स्वरूप पुरस्कार के रूप में भी हो सकता है और संकेत के रूप में भी। जब ये किसी ऐसे उद्दीपक से जुड़ जाते हैं, जो इनकी उपस्थिति बताता है तो ये प्राणी को उत्तेजित कर देते हैं अर्थात् व्यक्ति के व्यवहार को उभारते हैं और उसे गति प्रदान करते हैं। हल एवं स्पेन्स मानते हैं कि यूँ तो प्राणी का व्यवहार मूलतः चालक द्वारा संचालित होता है लेकिन वे ये भी मानते हैं कि कभी-कभी आत्म-प्रोत्साहन प्रेरणा का कार्य करता है। स्कीनर कहते हैं कि पुनर्बलन ही प्रोत्साहन है, अर्थात् धनात्मक तथा ऋणात्मक पुनर्बलन ही प्रोत्साहन का काम करते हैं। धनात्मक पुनर्बलन धनात्मक पुरस्कार होता है तथा ऋणात्मक पुनर्बलन ऋणात्मक पुरस्कार होता है।

(*ii*) **दण्ड (Punishment):** दण्ड एक उद्दीपन के समान है, जिससे व्यक्ति बचने का प्रयास करता है अथवा उससे दूर भागना चाहता है। दण्ड के संबंध में विचार व्यक्त करते हुए बोम्पस स्मिथ कहते हैं कि "विद्यालयी दण्ड प्रतिशोध नहीं होता है। इसका उद्देश्य प्रशिक्षण है। सर्वप्रथम अपराधी का प्रशिक्षण। दूसरे, उसके अवलोकन से अन्य बालकों का प्रशिक्षण। साथ ही उसे तथा दूसरों को पुनः अपराध करने से बचाना है।"

(*iii*) **उत्तेजना (Excitement):** यह किसी प्राणी की उत्तेजित होने की सामान्य अवस्था है। इस संबंध में डोनाल्ड हैब ने विचार व्यक्त करते हुए कहा है कि "उत्तेजना अथवा जागरूकता शक्ति प्रदान करती है लेकिन दिशा-निर्देश प्रदान नहीं करती। यह इंजन के समान है लेकिन उसका मार्ग परिवर्तित करने वाला साधन नहीं।"

उत्तेजना व्यक्ति की सक्रियता का आवश्यक कारक माना गया है। इसके तीन स्तर हैं–उच्च, मध्य एवं निम्न। व्यक्ति को यह उत्तेजना दो स्रोतों (बाह्य एवं आंतरिक) से मिलती है।

(*iv*) **आकांक्षा (Ambition):** आकांक्षा का उत्तेजना स्तर से सीधा संबंध है। हम उस स्थिति में उत्तेजित हो उठते हैं जब हम देखते कुछ और हैं और देखना कुछ चाहते हैं। जो हम देख रहे होते हैं वह Perception है और जो हम देखना चाहते हैं वह Expectancy है। जब इन दोनों के मध्य अंतर (Discrepancy) हो जाता है तो हम उत्तेजित हो उठते हैं।

मैक्लेलैंड ने अपना विचार प्रकट करते हुए कहा है कि P तथा E में अंतर अधिक होने पर हमें दुःख होता है एवं अंतर कम होने पर सुख प्राप्त होता है। इसलिए अंतर (Discrepancy) का एक निश्चित स्तर घटना तथा आशाओं के बीच रखना चाहिए। पूर्व अनुमानित संतोष को हम Valance कहते हैं तथा वास्तविक संतोष को Valuel। इस प्रकार कोई व्यक्ति जिस बल से कार्य करता है वह Expectancy और Valance का गुणनफल होता है।

अर्थात् $F = E \times V.$

अभ्यास प्रश्न

1. मोटीवेशन शब्द की उत्पत्ति हुई है, लैटिन भाषा के :
A. मी धातु से
B. मोट धातु से
C. मोटम धातु से
D. मोम धातु से

2. अभिप्रेरणा को प्रभावित करने वाले कारक हैं :
A. आवश्यकताएं
B. आकांक्षा स्तर एवं रुचि
C. संवेगात्मक स्थिति
D. इनमें से सभी

3. अभिप्रेरणा (Motivation) का स्रोत निम्नांकित होता है–
A. पर्यावरणीय (Environmental)
B. आंतरिक (Intrinsic)
C. बाह्य (Extrinsic)
D. उपरोक्त B और C

4. निम्नलिखित में से किस मनोवैज्ञानिक ने प्रेरणा का मनोविश्लेषण सिद्धान्त प्रस्तुत किया?
A. एल्फ्रेड एडलर
B. सिगमंड फ्रायड
C. सी. जी. युंग
D. विलियम मैक्डुगल

5. ....को एक अभिप्रेरित शिक्षण का संकेतक माना जाता है।
A. शिक्षक द्वारा दिया गया उपचारात्मक कार्य–
B. विद्यार्थियों द्वारा प्रश्न पूछना
C. कक्षा में एकदम खामोशी
D. कक्षा में अधिकतम उपस्थिति

6. सीखने की प्रक्रिया में, अभिप्रेरणा–
A. पिछले सीखे हुए को नए अधिगम से अलग करती है
B. शिक्षार्थियों को एक दिशा में सोचने के योग्य बनाती है
C. शिक्षार्थियों में सीखने के प्रति रुचि का विकास करती है
D. शिक्षार्थियों की स्मरण-शक्ति को पैना बनाती है

7. 'संवेगात्मक विरेचन' का अर्थ है–
A. संवेगात्मक दमन को सहन करने की योग्यता को बढ़ाना
B. संवेगात्मक दमन से बाहर निकालना
C. बहुत अधिक अवसादग्रस्त महसूस करना
D. संवेगों को दबाना

8. निम्न में से कौन-सा बच्चे की सामाजिक-मनोवैज्ञानिक आवश्यकताओं के साथ सम्बद्ध नहीं है?
A. सान्निध्य (संगीत) की आवश्यकता
B. शरीर से अपशिष्ट पदार्थों का नियमित रूप से बाहर निकलना
C. संवेगात्मक सुरक्षा की आवश्यकता
D. सामाजिक अनुमोदन अथवा सराहना की आवश्यकता

9. व्यवहार का 'करना' पक्ष .... में आता है।
A. सीखने के भावात्मक क्षेत्र
B. सीखने के संज्ञानात्मक क्षेत्र
C. सीखने के मनोवैज्ञानिक क्षेत्र
D. सीखने के गतिक (कोनेटिव) क्षेत्र

10. निम्नलिखित में से कौन-सी विशेषता आन्तरिक रूप से अभिप्रेरित बच्चों के लिए सही नहीं है?
A. वे कार्य करते समय उच्च स्तर की ऊर्जा प्रदर्शित करते हैं
B. उन्हें कार्य करने में आनन्द आता है
C. ये हमेशा सफल होते हैं
D. वे चुनौती भरे कार्यों को पसन्द करते हैं

11. एक विद्यार्थी मेडिकल कॉलेज में दाखिला लेने के लिए कठिन परिश्रम करता है ताकि वह प्रवेश परीक्षा में उत्तीर्ण हो सके। यह विद्यार्थी .... रूप में अभिप्रेरित है।
A. बाह्य
B. आन्तरिक
C. आनुभविक
D. वैयक्तिक

12. आन्तरिक रूप से अभिप्रेरित विद्यार्थी–
A. के लिए औपचारिक शिक्षा की आवश्यकता नहीं है
B. का बाह्य रूप से अभिप्रेरित विद्यार्थी की तुलना में अभिप्रेरणा स्तर कम होता है
C. के लिए बाह्य पुरस्कार उसकी अभिप्रेरणा को बनाए रखने के लिए पर्याप्त नहीं है
D. के लिए पुरस्कार की बिल्कुल भी आवश्यकता नहीं है

13. ब्लूम की टेक्सोनॉमी .... की पदानुक्रमिक व्यवस्था है।
A. संज्ञानात्मक उद्देश्यों
B. पठन कौशल
C. पाठ्यचर्या सम्बन्धी घोषणाओं
D. उपलब्धि लक्ष्यों

14. किशोरों के सन्दर्भ में निम्नलिखित में से कौन-सा कथन सर्वाधिक उचित है?
A. चिन्तन का मूर्त क्रियाओं में प्रदर्शित होना
B. बुद्धि लब्धांक में अकस्मात् वृद्धि
C. संवेगात्मक प्रोत्थान की घटना बढ़ जाती है
D. पढ़ाई के प्रति लापरवाह रवैया

15. "संवेग जीव की उत्तेजनायुक्त अवस्था है।" यह कथन किसका है।
A. पियाजे
B. वुडवर्थ
C. ड्रेवर
D. स्किनर

16. अभिप्रेरणा के सिद्धान्तों के अनुसार, एक शिक्षक .... के द्वारा सीखने को संवर्द्धित कर सकता है।
A. विद्यार्थियों से बहुत उच्च अपेक्षाएँ रखने
B. विद्यार्थियों से किसी प्रकार की अपेक्षाएँ न रखने
C. अपेक्षाओं का एक रूप स्तर रखने
D. विद्यार्थियों से वास्तविक अपेक्षाएँ रखने

17. निम्नलिखित में से कौन-सा सीखने के लिए अधिकतम रूप से अभिप्रेरित करता है?
A. असफलता से बचने के लिए अभिप्रेरण
B. बाह्य कारक
C. लक्ष्यों को प्राप्त करने में व्यक्तिगत सन्तुष्टि
D. बहुत सरल या कठिन लक्ष्यों का चयन करने की प्रवृत्ति

18. निम्नलिखित में से कौन-सा अधिगम को अधिकतम करने के लिए सर्वाधिक उचित है?
A. समान सांस्कृतिक पृष्ठभूमि वाले शिक्षार्थियों को एक कक्षा में रखना चाहिए ताकि मत वैभिन्न से बचा जा सके
B. शिक्षार्थियों में वैयक्तिक भिन्नता को सहज बनाने के लिए समान शिक्षार्थियों के जोड़ बनाए जा सकते हैं
C. शिक्षिका को अपनी संज्ञानात्मक शैली के साथ-साथ अपने शिक्षार्थियों की संज्ञानात्मक शैली की पहचान करनी चाहिए
D. अधिकतम परिणाम लाने के लिए शिक्षक केवल एक अधिगम शैली पर ध्यान केन्द्रित करता है

19. .... के अतिरिक्त निम्नलिखित सभी तथ्य संकेत करते हैं कि बच्चा कक्षा में संवेगात्मक और सामाजिक रूप से समायोजित है।
A. हम उम्र साथियों के साथ प्रतियोगिता पर दृढ़तापूर्वक ध्यान केन्द्रित करना
B. क्रोध तथा हर्ष दोनों को प्रभावी रूप से प्रबन्धित करना
C. चुनौतीपूर्ण कार्यों पर ध्यान केन्द्रित करना और उन्हें दृढ़तापूर्वक करते रहना
D. हमउम्र साथियों के साथ मधुर सम्बन्धों का विकास

20. गौरव को बच्चों को पढ़ाना अच्छा लगता है इसलिए वह बी.एड. की प्रवेश परीक्षा के लिए खूब मेहनत करता है। वह .... अभिप्रेरित है।
A. सक्रिय रूप से
B. बौद्धिक रूप से
C. बाह्य रूप से
D. आन्तरिक रूप से

21. उपलब्धि अभिप्रेरणा है–
A. असफलता से बचने की प्रवृत्ति
B. बिना विचारे, जल्दबाजी में कार्य करने की प्रवृत्ति
C. सफलता व असफलता को समान रूप से स्वीकार करने की तत्परता
D. चुनौतीपूर्ण कार्य करने में डटे रहने की प्रवृत्ति

22. जब बच्चे की दादी उसे उसकी माँ की गोद से लेती है, तो बच्चा रोने लगता है। बच्चा .... के कारण रोता है।
A. अजनबी दुश्चिंता
B. संवेगात्मक दुश्चिंता
C. सामाजिक दुश्चिंता
D. वियोग दुश्चिंता

23. निम्नलिखित में से कौन-सा कथन 'सीखने' के बारे में सही है?
A. सीखने के किसी भी चरण पर सीखना संवेगात्मक कारकों से प्रभावित नहीं होता
B. बच्चों द्वारा की गई त्रुटियाँ यह संकेत करती है कि किसी तरह का सीखना नहीं हुआ
C. सीखना उस वातावरण में प्रभावी होता है जो संवेगात्मक रूप से सकारात्मक हो और शिक्षार्थियों को सन्तुष्ट करने वाला हो
D. सीखना मूल रूप से मानसिक क्रिया है

24. अधिगम के प्रक्रम में अभिप्रेरण
A. नए सीखने वालों में अधिगम के लिए
B. एकदिशीय रूप से सोचने में सीखने वालों को प्रस्तुत करता है
C. पुराने अधिगम से नए अधिगम को विभेदित करता है
D. सीखने वालों की स्मृति को तेज बनाता है

25. "उत्प्रेरणा, शिक्षा में मनोविज्ञान की मूलभूत समस्या है।" यह कथन किसका है–
A. स्किनर
B. कैले
C. बर्नार्ड
D. क्रो एवं क्रो

26. विद्यालय में विद्यार्थियों को कैसे अभिप्रेरित करना उचित है?
A. चुने हुए अध्ययन द्वारा
B. प्रासंगिक अध्ययन द्वारा
C. गहन अध्ययन द्वारा
D. सस्वर अधिगम द्वारा

27. प्रेरणा का मुख्य कारक नहीं है–
A. प्रोत्साहन
B. आकांक्षा
C. आत्माभिमान
D. उत्तेजना

28. मानव की ऐसी अवस्था को क्या कहेंगे जो व्यवहार को लक्ष्य की ओर निर्देशित करती है?
A. संवेग
B. अभिप्रेरणा
C. स्मृति
D. इनमें से कोई नहीं

उत्तरमाला

1	2	3	4	5	6	7	8	9	10
C	D	D	C	B	C	A	B	B	C
11	12	13	14	15	16	17	18	19	20
B	C	A	C	B	A	C	C	A	D
21	22	23	24	25	26	27	28		
D	B	C	A	C	C	C	B		

13. अधिगम में योगदान करने वाले कारक (Factors Contributing to Learning)

अधिगम में योगदान करने वाले कारकों को मुख्यतः दो वर्गों में रखा गया है–I. व्यक्तिगत कारक एवं II. वातावरणीय कारक।

I. व्यक्तिगत कारक (Individual Factors)

(i) **व्यक्तिगत रुचियां (Individual Interest):** व्यक्तिगत रुचियां भी अधिगम प्रक्रिया में योगदान करने वाला एक महत्त्वपूर्ण कारक है। यदि किसी क्रियाकलाप में छात्र की रुचि उत्पन्न हो जाए तो शिक्षक उस दिशा में अधिक प्रयास कर सकते हैं। प्रयास किए बिना सीखना संभव नहीं है। यदि विद्यार्थी शिक्षक के शिक्षण एवं कक्षा के क्रियाकलापों में रुचि लेते हैं तो वे कभी भी अवरोध, थकान तथा ऊब महसूस नहीं करते। प्रायः ऐसा देखा गया है कि वास्तव में थकान अधिगम क्रियाओं में रुचि की कमी से पैदा होती है। अधिक मात्रा में तथा अच्छी गुणवत्ता से अधिगम की प्राप्ति हेतु विद्यालयों में रुचि का सहारा लेना आवश्यक है।

(ii) **शारीरिक क्रियाशील (Physical Work):** थकान मानसिक या शारीरिक होती है और थकान का अभ्यास करने वाला छात्र अधिगम की प्रक्रिया को कम कर देता है दूसरी शारीरिक क्रियाशीलता अधिगम प्रक्रिया में सहायक होती है तथा इसकी गति को तीव्र कर देती है।

(iii) **व्यक्तिगत अभिप्रेरणा (Individual Motivation):** अभिप्रेरणा अधिगम प्रक्रिया का मुख्य केंद्र है तथा अधिगम प्रक्रिया का एक महत्त्वपूर्ण कारक है। यह किसी व्यक्ति में किसी कार्य को करने की इच्छा जाग्रत करती है। पर्याप्त व्यक्तिगत अभिप्रेरणा विद्यार्थी को केवल किसी ऐसी क्रिया में व्यस्त ही नहीं रखती, जिसकी परिणति अधिगम में हो, बल्कि अधिगम को स्थायी बनाने तथा उसकी दिशा निर्दिष्ट करने का कार्य भी करती है। प्रायः दो प्रकार की व्यक्तिगत अभिप्रेरणाएं होती हैं–आंतरिक और बाह्य अभिप्रेरणाएं।

(iv) **संवेदीकरण तथा प्रत्यक्षीकरण (Sensible and Perceptuality):** विद्यार्थी के सामान्य स्वास्थ्य के अतिरिक्त संवेदना तथा प्रत्यक्षीकरण ऐसे मनोवैज्ञानिक कारक हैं जो अधिगम में सहायता करते हैं। संवेदना प्रत्यक्षीकरण के केंद्र में होती है। प्राणी में पांच संवेदी अंग होते हैं, यथा–त्वचा, कान, जिहृवा, आंखें तथा नाक। ये संवेदी अंग (ज्ञानेन्द्रियां) ज्ञान के द्वार होते हैं और वातावरण में स्थित विभिन्न उद्दीपनों के प्रत्यक्षीकरण में सहायक होते हैं। इनमें से किसी भी संवेदी अंग में किसी भी प्रकार का दोष हो जाने पर अधिगम का प्रभाव पड़ता है और अंततोगत्वा उससे ज्ञानार्जन भी प्रभावित होता है। उदाहरणार्थ–दृष्टि में दोष; जैसे मायोपिया (दूरदृष्टि दोष), हाइपरमैट्रोपिया (निकट दृष्टि दोष), स्टीकमेटिज्म (भेंगापन) इत्यादि के कारण सिर दर्द, चक्कर आना तथा अध्ययन में सामान्य रूप से अरुचि होना आदि।

(v) **अभिवृत्ति (Attitude):** अधिगम की प्रक्रियां विद्यार्थी की अभिवृत्ति से ही प्रभावित होती है। यदि वह पढ़ाई जाने वाली वस्तु के प्रति सजग हो तथा उसके प्रति रुचि रखता हो तो वह निश्चित रूप से इसके प्रति उचित अभिवृत्ति (Attitude) रखेगा। ऐसी अभिवृत्ति उसे अधिगम परिस्थितियों को जल्दी प्रसन्नतापूर्वक कम समय में तथा प्रभावी ढंग से सीखने में सहायता करता है। इसके विपरीत यदि वह पढ़ाई जाने वाली वस्तु में ध्यान नहीं देता या रुचि नहीं लेता तो इसकी अभिवृत्ति नकारात्मक हो जाती है। यह सामान्य अधिगम की प्रक्रिया में अवांछनीय दबाव तथा तनाव उत्पन्न करके सहज अधिगम में बाधा डालता है।

(vi) **आवश्यकताएं (Necessity):** विद्यार्थियों की जब तक शारीरिक आवश्यकताएं संतुष्ट न हो जाएं तब तक विद्यालयों में उनसे किसी भी प्रकार के बौद्धिक चिंतन की अपेक्षा नहीं की जा सकती है। एक गरीब विद्यार्थी जो कक्षा में भूखा है उसका ध्यान अध्ययन की अपेक्षा खाने की ओर अधिक केंद्रित होगा। इसी प्रकार कक्षा में बहुत ठंडा या गर्मी या कुर्सियों पर बैठने वाले विद्यार्थियों की संख्या अधिक होने पर अच्छे अधिगम की आशा नहीं की जा सकती है। इसी तरह से सुरक्षा और सम्मान की आवश्यकताएं अधिगम परिस्थितियों में शक्तिशाली प्रेरक के रूप में कार्य करती है। यदि एक विद्यार्थी अपने शिक्षक से डरता है या विद्यालयों में अधिक पिटाई किए जाने के कारण असुरक्षित महसूस

करता है या किसी अन्य प्रकार के दण्ड से भयभीत है तो वह सीख नहीं पाता। इसी तरह यदि उसे उत्साही संवर्धन तथा स्नेह की आवश्यकता बहुत उत्तेजक होती है तो बच्चे का अधिगम प्रभावी होता है।

(*vii*) **आयु तथा परिपक्वता (Age and Maturity):** अधिगम प्रत्यक्ष रूप से आयु तथा परिपक्वता पर निर्भर करता है। जब तक व्यक्ति सीखने के प्रति पर्याप्त रूप से परिपक्व नहीं होता तब तक अधिगम निष्पन्न नहीं होता। कुछ विद्यार्थी छोटी उम्र में ही अधिक सीख लेते हैं जबकि कुछ विद्यार्थी उसी पाठ्य-वस्तु को सीखने में अधिक देर लगाते हैं।

वास्तविक आयु के साथ-साथ मानसिक आयु भी बढ़ती जाती है और लगभग 16 वर्ष की आयु में यह वृद्धि रुक जाती है। आयु में वृद्धि का अभिप्राय बौद्धिक परिपक्वता से होता है। जिसके द्वारा कठिन समस्याओं का समाधान करने में सहायता मिलती है। परिपक्वन का नियम हमें इस बात की चेतावनी देता है कि विद्यार्थियों को जबरदस्ती तब तक अधिगम नहीं करवाना चाहिए जब तक कि वह विशिष्ट कौशलों के सीखने लायक परिपक्व न हो जाए। अध्यापकों को यह सिद्धांत उन अभिभावकों को भी समझाना चाहिए जो अपने बच्चों को बहुत ही जल्दी विद्यालय भेजने में अत्यधिक महत्वाकांक्षी तथा अत्यधिक उत्साही होते हैं।

(*viii*) **बुद्धि (Intelligence):** अधिगम प्रक्रिया में बुद्धि एक महत्वपूर्ण कारक है। बुद्धि जो बुद्धि-परीक्षा के आधार पर I.Q. के रूप में निदर्शित की गई है, सीखने से संबंधित होती है। प्रायः वे विद्यार्थी जिनका I.Q. अधिक होता है वे जल्दी सीखते हैं लेकिन विद्यार्थी का उच्च I.Q. होने मात्र से यह गारंटी नहीं होती कि उसका सीखना भी तेजी से होगा, बल्कि विद्यार्थी की आवश्यकताएं, रुचियां, अभिप्रेरणाएं तथा सिखाई जाने वाली विधियां भी महत्त्वपूर्ण होती हैं।

II. वातावरणीय कारक (Environmental Factors)

वातावरण के लिए 'पर्यावरण' शब्द का भी प्रयोग किया जाता है। पर्यावरण दो शब्दों से मिलकर बना है–'परि' + 'आवरण'। 'परि' का अर्थ है चारों ओर एवं 'आवरण' का अर्थ है 'ढकने वाला'। इस प्रकार पर्यावरण या वातावरण का अर्थ चारों ओर से ढके या घेरे हुए है। अतः हम कह सकते हैं कि व्यक्ति के चारों ओर जो कुछ है, वह उसका वातावरण है। इसमें वे सब तत्व सम्मिलित किए जा सकते हैं जो व्यक्ति के जीवन और व्यवहार को प्रभावित करते हैं।

वातावरण की कुछ परिभाषाएं (Definitions of Environment)

बोरिंग, लैंगफील्ड व वेल्ड के अनुसार, "जीन्स के अलावा व्यक्ति को प्रभावित करने वाली वस्तु वातावरण है।"

वुडवर्थ के अनुसार, "वातावरण में वे सब बाह्य तत्व आ जाते हैं जिन्होंने व्यक्ति को जीवन आरंभ करने के समय से प्रभावित किया है।"

डगलस व हॉलैंड के अनुसार, "वातावरण शब्द का प्रयोग उन सब बाह्य शक्तियों, प्रभावों और दशाओं का सामूहिक रूप से वर्णन करने के लिए किया जाता है, जो जीवित प्राणियों के जीवन स्वभाव, व्यवहार, बुद्धि विकास एवं परिपक्वता पर प्रभाव डालते हैं।"

रॉस के अनुसार, "वातावरण वह बाहरी शक्ति है जो हमें प्रभावित करती है।"

जिस्बर्ट के अनुसार, "वातावरण वह हर वस्तु है जो किसी अन्य वस्तु को घेरे हुए है और उस पर सीधे अपना प्रभाव डालती है।"

निष्कर्ष (Result)

(*i*) वातावरण किसी एक तत्व का नहीं अपितु एक समूह तत्व का नाम है।

(*ii*) यह वह हर वस्तु है जो व्यक्ति को प्रभावित करती है।

(*iii*) इसमें बाह्य तत्व आते हैं।

(*iv*) वातावरण व्यक्ति को प्रभावित करने वाला तत्व है।

उपरोक्त बातों से स्पष्ट है कि अधिगम की प्रक्रिया में विभिन्न प्रकार के वातावरण संबंधी कारकों का योगदान होता है। गर्भकाल के समय से ही बच्चे पर वातावरण का प्रभाव पड़ता है। मां की शारीरिक, मानसिक, संवेगात्मक दशाएं मां के गर्भ में पल रहे भ्रूण के विकास को प्रभावित करती हैं। बच्चे के जन्म के बाद से बाह्य वातावरण प्रारंभ होता है। बाह्य वातावरण घर, विद्यालय तथा पास-पड़ोस के चारों ओर के वातावरण से संबंधित होता है। इन स्थानों में बच्चा परिवार के सदस्यों, अध्यापकों, साथियों सहपाठियों, पड़ोसियों के साथ अंतःक्रिया करता है तथा उनके साथ संबंध स्थापित करता है। समाज के सदस्य तथा अपने चारों ओर के सदस्यों के साथ के संबंधों का बच्चे के विकास तथा सीखने के ढंग पर प्रभाव पड़ता है। अधिगम की प्रक्रिया में वातावरण में योगदान करने वाले महत्त्वपूर्ण कारक निम्नवत् हैं–

(*i*) **नजदीकी वातावरण (Close Environment):** अधिगम की प्रक्रिया में आस-पास का वातावरण बहुत महत्त्वपूर्ण योगदान देता है। वातावरण को मुख्यतः तीन रूपों प्राकृतिक, सामाजिक एवं सांस्कृतिक में बांटा गया है–

(*a*) **प्राकृतिक वातावरण (Natural Environment):** इसके अंतर्गत जलवायु तथा वायुमंडलीय दशाएं आती हैं। ये दशाएं अधिगम को प्रत्यक्ष रूप से प्रभावित करती हैं। यह पाया गया है कि अधिक ताप तथा आर्द्रता मानसिक क्षमता को कम करते हैं जिससे अधिगम प्रक्रिया रुक जाती है। दूसरी ओर गर्म स्थानों में रहने वाले व्यक्तियों की

बौद्धिक निष्पत्ति तथा सृजनात्मकता बहुत कम होती है इस तरह सुबह का समय हमेशा ही जटिल कार्यों को करने के लिए उचित माना जाता है। आर्द्रता तथा तापमान के बढ़ने के कारण मानसिक क्षमता कम हो जाती है। अतः हम कह सकते हैं कि अधिगम प्रक्रिया में प्राकृतिक वातावरण एक महत्त्वपूर्ण कारक है।

(*b*) **सामाजिक वातावरण (Social Environment):** घर, विद्यालय तथा बच्चे के आवासीय वातावरण से संबंधित होता है। घर की भौतिक दशाएं, यथा–बड़ा परिवार, छोटा परिवार, अपर्याप्त रोशनदान, अनुपयुक्त प्रकाश, अधिक या कम तापमान, रेडियो तथा टेलीविजन के प्रयोग के कारण शोरगुल वाला घर, शोरगुल वाला पड़ोस लगातार संबंधियों तथा मित्रों का आगमन विद्यार्थी के बौद्धिक अधिगम को प्रभावित करता है।

(*c*) **सांस्कृतिक वातावरण (Cultural Environment):** संस्कृति का प्रभाव सामाजिक तथा शैक्षिक संस्थाओं में सहज रूप से प्रतिबिंबित होता है। इसलिए बच्चे का सीखना संस्कृति की मांग तथा अपेक्षाओं के ऊपर बहुत कुछ निर्भर करता है। उदाहरणार्थ–एक कृषि आधारित समुदाय की शैक्षिक प्रक्रियाएं उन कौशलों के विकास पर केंद्रित होती हैं जो कृषि समुदाय के लिए आवश्यक होती है।

(*ii*) **अध्यापक के साथ संबंध (Relation with Teacher):** अधिगम प्रक्रिया में शिक्षक एक महत्त्वपूर्ण घटक है। वह विद्यार्थी के व्यवहार निर्माण में महत्त्वपूर्ण भूमिका अदा करता है। वह जिस तरह पढ़ाता है तथा कक्षा में विद्यार्थियों की व्यवस्था जिस प्रकार करता है उसका उनके अधिगम पर प्रभाव पड़ता है। अतः यदि एक विद्यार्थी के संबंध शिक्षक से अच्छे होंगे तो इस प्रकार का वातावरण अधिगम में सहायक होगा।

(*iii*) **संचार माध्यम (Communication Medium):** सूचनाओं के आदान-प्रदान के एक घटक के रूप में संचार माध्यम का महत्वपूर्ण स्थान है। ये अधिगम प्रक्रिया के तहत अच्छे वातावरण को तैयार करने में अपना विशेष योगदान दे सकते हैं। संचार माध्यमों से अधिगम को सुगम बनाया जा सकता है। संचार माध्यम मुख्यतः दो प्रकार के होते हैं–मुद्रित संचार माध्यम तथा अमुद्रित संचार माध्यम। मुद्रित संचार माध्यम कम खर्चीले होते हैं तथा एक अच्छे शैक्षिक वातावरण को तैयार करने में इनका योगदान प्रारंभ से लिया जा रहा है। दूसरी ओर अमुद्रित संचार माध्यम महंगे होते हैं। लेकिन अधिगम प्रक्रिया को सहज बनाने में इन्होंने काफी योगदान दिया है। उदाहरण के लिए फिल्म तथा उद्दीपनों का प्रयोग प्रायः विद्यार्थियों को वास्तविक जीवन या प्रयोगशाला जैसी अधिगम परिस्थितियां प्रस्तुत करने के लिए किया जाता है।

(*iv*) **अभिभावकों के साथ संबंध (Relation with Guardian):** विद्यार्थी की अधिगम प्रक्रियाओं में माता-पिता के साथ सम्बन्ध भी महत्वपूर्ण भूमिका अदा करता है। यदि बच्चे तथा माता-पिता के संबंध आपसी सम्मान और विश्वास पर आधारित होते हैं तो वह बच्चों को अच्छा स्वस्थ वातावरण प्रदान करते हैं, जिसके फलस्वरूप बच्चा अधिक सीखता है। दूसरी ओर विघटित तथा अस्वस्थ वातावरण विद्यार्थी के अधिगम में विपरीत प्रभाव डालता है। विद्यार्थी के सीखने में ऊर्ध्वगामी गतिशीलता सीखने में प्रतिरोध उत्पन्न करती है। ऐसे परिवारों में बच्चे अपने आपको असमायोजित महसूस करते हैं। अतः अभिभावकों के साथ अच्छा संबंध एक ऐसा वातावरण तैयार करता है जो अधिगम प्रक्रिया में सहायक होता है।

(*v*) **साथियों के साथ संबंध (Relation with Friends):** मित्रों के साथ स्वस्थ संबंध भी अधिगम में एक अच्छे वातावरण के निर्माण हेतु महत्वपूर्ण भूमिका अदा करते हैं। कक्षा, विद्यालय तथा समाज में विद्यार्थी-विद्यार्थी के बीच संबंध एक विशेष प्रकार के संवेगात्मक वातावरण का निर्माण करते हैं। यह वातावरण उनके आपसी संबंधों पर निर्भर करता है। अच्छे सौहार्दपूर्ण आपसी संबंध कक्षा में अधिक सीखने तथा अधिक प्रतिस्पर्धा करने में तनावमुक्त वातावरण का निर्माण करते हैं।

वातावरण का महत्व (Importance of Environment)

(*i*) बालक अपने परिवार, पड़ोस, मुहल्ले और खेल के मैदान में अपना पर्याप्त समय व्यतीत करता है और इससे प्रभावित होता है। शिक्षक इन स्थानों के वातावरण को ध्यान में रखकर ही बालक का उचित पथ-प्रदर्शन करता है।

(*ii*) अनुकूल वातावरण में जीवन का विकास होता है और व्यक्ति उत्कर्ष की ओर बढ़ता है। इस बात को समझने वाला शिक्षक अपने छात्रों की रुचियों, प्रवृत्तियों और क्षमताओं के अनुकूल वातावरण प्रदान करके उनको उत्कर्ष की ओर बढ़ने में सहायता दे सकता है।

(*iii*) वातावरण बालक के विकास की दशा निश्चित करता है। वातावरण ही निश्चित करता है कि बालक बड़ा होकर अच्छा या बुरा, चरित्रवान, संयमी या व्यभिचारी, व्यापारी या साहित्यकार, देशप्रेमी या देशद्रोही बनेगा। इस तथ्य पर मनन करने वाला शिक्षक अपने छात्रों के लिए ऐसे वातावरण का सृजन कर सकता है जिससे उनका विकास उचित दिशा में हो सके।

(*iv*) वातावरण के महत्व को समझने वाला शिक्षक, विद्यालय में बालकों के लिए ऐसा वातावरण उपस्थित कर सकता है, जिससे उनमें विचारों की उचित अभिव्यक्ति, शिष्ट

सामाजिक व्यवहार, कर्त्तव्यों और अधिकारों का ज्ञान, स्वाभाविक प्रवृत्तियों पर नियंत्रण आदि गुणों का अधिकतम विकास हो।

(*v*) **रुथ बैंडिक्ट के अनुसार,** व्यक्ति जन्म से ही एक निश्चित सांस्कृतिक वातावरण में रहता है और उसके आदर्शों के अनुरूप ही आचरण करता है। इस तथ्य को जानने वाला शिक्षक बालक को अपना सांस्कृतिक विकास करने में योगदान दे सकता है।

(*vi*) **सोरेन्सन के अनुसार,** शिक्षक का उत्तम वातावरण बालकों की बुद्धि और ज्ञान की वृद्धि में प्रशंसनीय योग देता है। इस बात की जानकारी रखने वाला शिक्षक अपने छात्रों के लिए उत्तम शैक्षिक वातावरण प्रदान करने की चेष्टा कर सकता है।

(*vii*) प्रत्येक समाज का एक विशिष्ट वातावरण होता है। बालक को इसी समाज के वातावरण से अपना अनुकूलन करना पड़ता है। इस बात से भलीभांति परिचित होने वाला शिक्षक, विद्यालय को लघु समाज का रूप प्रदान करके बालकों को अपने वृहत् समाज के वातावरण से अनुकूलन करने की शिक्षा दे सकता है।

(*viii*) यूनेस्को (UNESCO) के कुछ विशेषज्ञों का कथन है कि वातावरण का बालकों की भावनाओं पर व्यापक प्रभाव पड़ता है और इससे उनके चरित्र का निर्माण भी होता है। इस कथन में विश्वास करके शिक्षक बालकों के लिए ऐसे वातावरण का निर्माण कर सकता है, जिससे न केवल उनकी भावनाओं का संतुलित विकास हो, बल्कि उनके चरित्र का भी निर्माण हो।

अभ्यास प्रश्न

1. व्यक्तिगत शिक्षण (Individual Teaching) क्यों आवश्यक होता है?
- A. व्यक्तिगत भेदों के कारण
- B. वंशानुक्रम के कारण
- C. पर्यावरण के कारण
- D. उपरोक्त सभी

2. एक शिक्षक अपने लोकतांत्रिक स्वभाव के कारण विद्यार्थियों को पूरी कक्षा में कहीं भी बैठने की अनुमति देता है। कुछ शिक्षार्थी एक-साथ बैठते हैं और चर्चा करते हैं या सामूहिक पठन करते हैं। कुछ चुपचाप बैठकर अपने-आप पढ़ते हैं। एक अभिभावक को यह पसंद नहीं आता। इस स्थिति से निबटने का निम्न में से कौन-सा तरीका सबसे बेहतर हो सकता है?
- A. अभिभावकों को प्रधानाचार्य से अनुरोध करना चाहिए कि वे उनके बच्चे का अनुभाग बदल दें
- B. अभिभावकों को शिक्षक पर विश्वास व्यक्त करना चाहिए और शिक्षक के साथ समस्या पर चर्चा करनी चाहिए
- C. अभिभावकों को उस विद्यालय से अपने बच्चे को निकाल लेना चाहिए
- D. अभिभावकों को प्रधानाचार्य से शिक्षक की शिकायत करनी चाहिए

3. भारतीय समाज की बहुभाषिक विशेषता को .... देखा जाना चाहिए।
- A. विद्यार्थियों को सीखने के लिए अभिप्रेरित करने हेतु शिक्षक-योग्यता की चुनौती के रूप में
- B. शिक्षार्थियों के लिए विद्यालयी जीवन को एक जटिल अनुभव के रूप में बनाने के एक कारक के रूप में
- C. शिक्षण-अधिगम प्रक्रिया में बाधा के रूप में
- D. विद्यालयी जीवन को समृद्ध बनाने के संसाधन के रूप में

4. पर्यावरण-शिक्षा को शालाओं में पाठ्यक्रम का अंग बनाना उपयुक्त है, क्योंकि–
- A. पर्यावरण से बचना मुश्किल है
- B. पर्यावरण जीवन का महत्वपूर्ण अंग है
- C. इससे पर्यावरण प्रदूषण पर प्रभाव पड़ेगा
- D. इससे शिक्षकों को रोजगार मिलेगा

5. ''वातावरण वह बाहरी शक्ति है जो हमें प्रभावित करती है।'' यह कथन किसका है
- A. जिस्बर्ट
- B. वुडवर्थ
- C. स्किनर
- D. रॉस

6. शिक्षार्थी जो पहले सीख चुके हैं उसकी पुनरावृत्ति और प्रत्यास्मरण में शिक्षार्थियों की मदद करना महत्वपूर्ण है क्योंकि
- A. पूर्व पाठों को दोहराने का यह एक प्रभावी तरीका है
- B. यह शिक्षार्थियों की स्मृति को बढ़ाता है जिससे सीखना सुदृढ़ होता है
- C. यह किसी भी कक्षा-अनुदेशन के लिए सुविधाजनक शुरुआत है
- D. नई जानकारी को पूर्व जानकारी से जोड़ना सीखने को समृद्ध बनाता है

7. एक शिक्षिका अपनी कक्षा को शैक्षिक भ्रमण पर ले जाती है–
- A. छात्रों को मनोरंजन कराने के लिए
- B. छात्रों के माता-पिता को संतुष्ट करने के लिए
- C. प्रत्यक्ष अवलोकन हेतु बच्चों को अवसर उपलब्ध कराने के लिए

D. विद्यालय में रोजाना शिक्षण से अवकाश उपलब्ध कराने के लिए

8. बालकों में अधिगम की प्रक्रिया में योगदान करने वाला महत्वपूर्ण कारक है–

A. अभिप्रेरणा
B. बालक की आयु
C. वातावरण
D. उपर्युक्त सभी

9. कौन-सा कारक बच्चों में अधिकतम अधिगम प्रचार हेतु आवश्यक है?

A. कक्षा-कक्ष में अधिकाधिक कार्य
B. लेखन-कार्य की अधिकता
C. गृह-कार्य की अधिकता
D. अध्ययन के प्रति उनकी वैयक्तिक रुचि

10. वह कौन-सा स्थान है जहाँ बच्चे के संज्ञानात्मक विकास को सबसे बेहतर तरीके से परिभाषित किया जा सकता है?

A. घर
B. खेल का मैदान
C. विद्यालय एवं कक्षा पर्यावरण
D. सभागार

11. कौन-सा मिलान उचित है?

A. संवेगात्मक विकास – परिपक्वता
B. सामाजिक विकास – वातावरण
C. शारीरिक विकास – वातावरण
D. संज्ञानात्मक विकास – परिपक्वता

12. आपकी कक्षा का एक छात्र गुटका खाकर आता है। आप किसे उसकी इस हरकत का जिम्मेदार मानेंगे?

A. कक्षा में स्वयं को सबसे अलग दिखाने का उसका तरीका
B. उसकी अन्तः इच्छा
C. उसका सामाजिक वातावरण
D. उसका आपके प्रति द्वेष

13. बच्चों में अधिगम की प्रक्रिया में योगदान देने वाला कारक है–

A. बालक की आयु
B. वातावरण
C. अभिप्रेरणा
D. उपर्युक्त सभी

14. अच्छा अध्यापक वह है जो–

A. सादा जीवन व्यतीत करता हो
B. अपने विद्यार्थियों से सच्ची लगन रखता हो
C. अपने विषय में प्रवीण हो
D. मेधावी व परिश्रमी हो

15. छोटी उम्र के बच्चों को अधिक योग्य बनाने के लिए आपको किस तरह का व्यवहार करना चाहिए?

A. उन्हें अच्छे वातावरण में रखना चाहिए
B. उन्हें दूसरों की नकल करने से बचाना चाहिए
C. उन्हें अधिक प्यार करना चाहिए
D. उन्हें कड़ी मेहनत के लिए कहना चाहिए

16. कक्षा में शांत वातावरण तभी रह सकता है, जब–

A. मनोरंजक कहानियाँ सुनाई जाए
B. केवल छात्रों का सहयोग हो
C. अध्यापक और छात्रों में परस्पर सहयोग हो
D. कठोर अनुशासन हो

उत्तरमाला

1	2	3	4	5	6	7	8	9	10
A	B	D	B	D	D	C	D	A	C
11	**12**	**13**	**14**	**15**	**16**				
B	C	D	B	A	C				

सामाजिक अध्ययन

SECTION a

इतिहास (HISTORY)

कब, कहां और कैसे

अन्य देशों की भांति, भारत का इतिहास व्यापक स्वरूप में अपने भूगोल पर आधारित रहा है। आरंभ में भारत को चार पहचान योग्य इकाइयों में विभाजित किया गया था—उत्तर की पहाड़ियां, मध्यवर्ती मैदान, दक्षिण में प्रायद्वीप तथा सागरों और घाटों के बीच स्थित पूर्व और पश्चिम के लम्बे और संकरे मैदान। ऊंचे-ऊंचे पर्वतों, गहरी नदियों, रेगिस्तानों और घने वनों के कारण यहां अलगाव बना रहा। परंतु मैदानों और प्रायद्वीपीय भागों में व्यापक परिवर्तनों की शुरुआत हुई। पर्वतों द्वारा उपलब्ध करायी गयी घेराबंदी ने एक अलग तरह की सभ्यता को फूलने-फलने का अवसर प्रदान किया। हालांकि महत्त्वाकांक्षी राजा और अन्य क्षेत्रों की घुमन्तू और खानाबदोश जातियां अनेक बार यहां आए और अपना प्रभाव छोड़ गए। परंतु अनेक लोग यहीं बस गए तथा यहां की सभ्यता में रच-बस गए।

व्यापक, भौगोलिक भिन्नताओं के अलावा भारत की जनसंख्या भी काफी अधिक रही है। लोग एक-दूसरे से तो दूर-दूर बसे ही हैं, उनकी जातियां, नस्ल, धर्म, भाषा और संस्कृति भी अलग-अलग रही हैं। इन विभिन्नताओं के बावजूद यहां एकता की प्रगाढ़ भावना रही है। 19वीं शताब्दी में प्रशासन की एकरूप प्रणाली, संचार के प्रभावी साधनों और शिक्षा के कारण एकता की भावना काफी मजबूत हो गयी। धर्मग्रंथों और पुराणों में इस बात के विवरण मिलते हैं कि प्राचीन काल में भी यहां एकता की सशक्त भावनाएं रही हैं।

आरंभिक मानव

भारत में हजारों वर्ष पूर्व भी लोग रहे होंगे पर चूंकि इतिहास तथ्यों और रिकार्डों पर आधारित है, अतः हमें इस बारे में जो आरंभिक प्रमाण मिलते हैं वह पाषाण काल के हैं। इस युग में मानव पत्थर के टुकड़ों का इस्तेमाल करता था जिनमें लकड़ियों या हड्डियों के दस्ते लगे होते थे। उस समय का मानव खानाबदोश था तथा उसे कृषि, बर्तनकला और संभवतः आग की जानकारी नहीं थी। नीग्रो नस्ल जो ठिगनी होती थी, और उनकी चमड़ी का रंग गहरा तथा नाक चौड़ी होती थी, को पाषाणकालीन मानव का पूर्वज माना जाता है।

सैकड़ों-हजारों वर्षों के बाद मानव ने प्रकृति की शक्तियों को नियंत्रित करने का ज्ञान और कौशल प्राप्त किया। इस नव पाषाण काल में भारत में एक विशिष्ट प्रकार की उच्चतर सभ्यता का विकास हुआ। पत्थर के औजारों को काफी नुकीला बनाया गया तथा उन्हें पॉलिश भी किया गया, जिनका विभिन्न कार्यों के लिए इस्तेमाल किया जाता था। उन्होंने खेती की तथा अनाज और फल उगाए। वे घर्षण से आग उत्पन्न करने की कला तथा पशुओं को पालने का गुर सीख चुके थे। वे गुफाओं में रहते थे जहां की दीवारों को उन्होंने शिकार के दृश्यों और नृत्य को चित्रित कर सजाया। वे बर्तन बनाने तथा बुनाई करने की कला भी सीख लिए थे। चित्रित गुफाओं, मृतकों के मकबरों और पत्थर के औजार बनाने वाली कार्यशालाओं के रूप में तथा नव पाषाण युग के मानव के संबंध में रिकार्ड भारत के विभिन्न भागों से प्राप्त किए गए हैं। पाषाण काल और नव पाषाण काल के मानव को प्राग्-ऐतिहासिक कहा जाता है क्योंकि इसके बारे में न तो निश्चित जानकारी है और न ही इसका कोई लिखित दस्तावेज है।

मानव ने अपने विकास के साथ धातुओं का इस्तेमाल करना सीखा। औजारों और हथियारों में अब पत्थरों का स्थान तांबे ने ले लिया, हालांकि कुछ दिनों तक दोनों साथ-साथ बने रहे। अगले सौ वर्षों में लोहे का इस्तेमाल भी आरंभ हो गया। हालांकि दक्षिण भारत में पाषाण युग के तुरंत बाद ही लोहे का इस्तेमाल आरंभ हो गया था। बाद में कांसे का भी इस्तेमाल किया जाने लगा जो तांबे से कहीं अधिक मजबूत था तथा औजारों और हथियारों के

निर्माण हेतु अधिक उपयुक्त था। धातुओं के विकास के बाद के काल के संबंध में इतिहासकारों के पास ढेरों दस्तावेज हैं जिनकी सहायता से वे व्यक्ति और उसकी जीवन-शैली के बारे में काफी जानकारी प्राप्त कर सकते हैं। भारत में ताम्र युग के दौरान सिंधु घाटी सभ्यता का उदय हुआ।

प्राचीन भारतीय इतिहास की जानकारी मुख्यत: तीन स्रोतों से मिलती है जो इस प्रकार हैं—पुरातात्विक स्रोत, साहित्यिक स्रोत तथा विदेशी यात्रियों का विवरण।

पुरातात्विक स्रोत

पुरातात्विक स्रोत के अंतर्गत मुख्यत: अभिलेख, सिक्के, स्मारक, भवन, मूर्तियाँ, चित्रकला इत्यादि आते हैं। पुरातात्विक स्रोतों में अभिलेखों से प्राप्त जानकारी सर्वाधिक महत्वपूर्ण मानी जाती है। अभिलेख अधिकांशत: स्तम्भों, शिलाओं, ताम्रपत्रों, मुद्राओं, पात्रों, मूर्तियों एवं गुहाओं में खुदे हुए मिलते हैं। मध्य एशिया के बोगजकोई नामक स्थान से सर्वाधिक प्राचीन अभिलेख प्राप्त हुआ है जो लगभग 1400 ई॰पू॰ का है। इस अभिलेख में इन्द्र, मित्र, वरुण और नासत्य आदि वैदिक देवताओं के नाम मिलते हैं। भारत में सबसे प्राचीन अभिलेख अशोक के हैं जो तीसरी शताब्दी ई॰पू॰ का है।

मास्की, गुर्जरा (म॰प्र॰), निट्ठर, उदेगोलम से प्राप्त अभिलेखों में अशोक के नाम का स्पष्ट उल्लेख है। इस अभिलेखों से अशोक के धम्म व राजस्व के आदर्श पर प्रकाश पड़ता है। अशोक के अभिलेख मुख्यत: ब्राह्मी, खरोष्ठी तथा आरमेइक लिपियों में मिलते हैं जिसमें अधिकांशत: ब्राह्मी लिपि में खुदे हुए हैं। ब्राह्मी लिपि को बायें से दायें की ओर लिखा जाता है। पश्चिमोत्तर प्रांत में प्रयुक्त होने वाली खरोष्ठी लिपि दायें से बायीं ओर लिखी जाती थी। लघमान एवं शरेकुना से प्राप्त अशोक के अभिलेख यूनानी एवं आरमेइक लिपियों में है। अशोक के अभिलेख संपूर्ण भारत में पाये गये हैं। अशोक के सभी अभिलेखों का विषय प्रशासनिक रहा है, केवल रूम्मनदेई अभिलेख का विषय आर्थिक है। अशोक के अभिलेखों का निर्माण चुनार (उ॰प्र॰) के बलुआ पत्थर द्वारा होता था। प्रारंभिक अभिलेख (गुप्त काल से पूर्व) प्राकृत भाषा में हैं परन्तु गुप्त तथा गुप्तोत्तर काल के अधिकतर अभिलेख संस्कृत में हैं। मौर्योतर एवं गुप्तकाल के अभिलेखों को दो भागों—सरकारी तथा व्यक्तिगत अभिलेखों में बाँटा जाता है। सरकारी अभिलेख या तो दरबारी कवियों द्वारा लिखी गई प्रशस्तियाँ हैं या भूमि-अनुदान पत्र।

प्रशस्तियों वाले अभिलेख में समुद्रगुप्त का प्रयाग प्रशस्ति अभिलेख है। यह अशोक के स्तंभ लेख पर लिखा हुआ है। इसमें गुप्त नरेश समुद्रगुप्त की विजयों एवं नीतियों का उल्लेख मिलता है।

इसी प्रकार के अन्य अभिलेख हैं—राजा भोज का ग्वालियर प्रशस्ति, खारवेल का हाथी गुम्फा अभिलेख, शकक्षत्रप रुद्रदामन का जूनागढ़ अभिलेख, सातवाहन नरेश पुलुमावि का नासिक गुहालेख, मालव नरेश यशोवर्मन का मंदसौर अभिलेख, चालुक्य नरेश पुलकेशिन द्वितीय का ऐहोल अभिलेख, स्कन्दगुप्त का भितरी तथा जूनागढ़ लेख, बंगाल के शासक विजयसेन का देवपाड़ा अभिलेख इत्यादि। यवन राजदूत हेसिसियोगोडोरस का वेसनगर (विदिशा) से प्राप्त गरुड़ स्तंभ लेख में द्वितीय शताब्दी ई॰पू॰ में भारत में भागवत धर्म के विकसित होने के साक्ष्य प्राप्त हुए हैं। यह गैर-सरकारी या व्यक्तिगत अभिलेखों में सर्वाधिक महत्वपूर्ण हैं। मध्य प्रदेश के एरण से प्राप्त वाराह प्रतिमा पर हूणराज तोरमाण के लेखों का विवरण है। मैसूर (कर्नाटक) से सर्वाधिक अभिलेख प्राप्त हुए हैं। पर्सिपोलिस और बेहिस्तून अभिलेखों से ज्ञात होता है कि ईरानी सम्राट दारा (दारयवहु) ने सिन्धु घाटी को अधिकृत कर लिया था। सर्वप्रथम 1837 ई॰ में जेम्स प्रिंसेप ने ब्राह्मी लिपि में लिखित अशोक के अभिलेखों को पढ़ा था। कुछ अभिलेख मंदिरों की दीवारों या मूर्तियों पर उत्कीर्ण मिले हैं जिनसे मूर्तिकला और वास्तुकला के विकास की जानकारी मिलती है। साथ ही तत्कालीन धार्मिक स्थिति के विषय में भी ज्ञान होता है।

सिक्कों के अध्ययन को मुद्राशास्त्र कहा जाता है। भारत में प्राचीनत्तम सिक्कों का प्रचलन 500 ई॰पू॰ के लगभग हुआ। अनेक प्रकार के चिन्ह वाले इन सिक्कों को आहत सिक्का कहा जाता था जो अधिकांशत: चांदी से निर्मित होते थे। आहत मुद्राओं की सबसे पुरानी निधियाँ पूर्वी उत्तर प्रदेश और मगध में प्राप्त हुई हैं। आरंभिक सिक्के अधिकांशत: चाँदी के हैं, ये सिक्के पंच मार्क कहलाते थे। इन सिक्कों पर पेड़, मछली, सांड, हाथी, अर्द्धचन्द्र आदि आकृतियाँ उत्कीर्ण हैं।

सर्वाधिक सिक्के मौर्योत्तर काल के प्राप्त हुए हैं। सोने के सिक्कों का प्रचलन सर्वप्रथम इण्डो-ग्रीक ने प्रारम्भ किया। उन्होंने द्वि-भाषीय सिक्कों को भी प्रचलन में लिया। उन्होंने ऐसे सिक्कों का प्रयोग प्रारम्भ किया जिसका संबंध निश्चित रूप से किसी राजा से जोड़ा जा सकता था। कुषाणों के द्वारा सबसे अधिक संख्या में ताम्र सिक्के जारी किये गये। तस्वीर वाले सिक्कों का प्रारम्भ इण्डो-ग्रीक द्वारा हुआ। कुषाण राजाओं ने दीनार की तरह के स्वर्ण सिक्के जारी किए। कैडफीसेज प्रथम ने ताम्र सिक्के जारी किए, जिस पर हेराइक्लस (कृष्ण) की आकृति अंकित थी। कैडफीसेज द्वितीय (विम कैडफीसेज) ने स्वर्ण सिक्के जारी किए, जिस पर भगवान शिव एवं नंदी की आकृति अंकित थी। सातवाहनों ने सीसे के सर्वाधिक सिक्के प्रचलित किए। गुप्त शासकों ने सोने के सर्वाधिक सिक्के प्रचलित किए। सर्वप्रथम लेख वाले स्वर्ण सिक्के इण्डो-ग्रीक शासकों ने प्रचलित किये थे। चंद्रगुप्त द्वितीय ने चांदी और सोने के शेर और घुड़सवार अंकित सिक्के जारी किए। स्कंद गुप्त (417-73 ई॰) ने तीन प्रकार के स्वर्ण सिक्के (धनुषधारी, लक्ष्मी और घुड़सवार) जारी किए। कुमार गुप्त के सिक्कों पर कार्तिकेय, मयूर तथा गरुड़ की आकृति अंकित थी। मौर्य काल में कर्सपण (आहत चाँदी और ताम्र) मानक सिक्का था। सातवाहनों ने चार धातुओं—चाँदी, ताँबा, पोटीन और सीसा के सिक्के जारी किए जिसमें सीसा के सिक्के प्रचलन में ज्यादा थे।

कनिष्क के सिक्कों से उसके बौद्ध धर्म का अनुयायी होने का प्रमाण मिलता है। समुद्रगुप्त को उसके सिक्कों पर वीणा बजाते हुए दिखाया गया है। उनके कुछ सिक्कों में 'यूप' निर्मित है तथा कुछ में 'अश्वमेध पराक्रम' शब्द खुदा है जिससे समुद्रगुप्त द्वारा अश्वमेध यज्ञ कराये जाने का प्रमाण मिलता है। गुप्त वंश के ही चंद्रगुप्त द्वितीय विक्रमादित्य द्वारा चलाये गये 'व्याघ्र शैली' के चाँदी के सिक्के से सम्राट की शकों पर विजय प्रमाणित होती है। सातवाहन शासकों के सिक्कों पर निर्मित जहाज की आकृति से अनुमान लगाया जाता है कि इनके समय में सामुद्रिक व्यापार का प्रचलन था। सातवीं सदी के बाद अधिक संख्या में गधैया पैसों का प्रचलन था जो पश्चिमी उत्तर प्रदेश, राजस्थान एवं गुजरात में पाये जाते थे। इन सिक्कों द्वारा यह ज्ञात होता है कि मध्यकालीन भारत में जरथ्रुस्ट पूजा का प्रभाव था। सिक्कों पर मातृदेवी का अंकन नहीं मिलता। सिक्कों से पितृसत्तात्मक समाज की जानकारी मिलती है।

साहित्यिक स्रोत

साहित्यिक स्रोतों को दो वर्गों में विभाजित किया जा सकता है–

(i) धार्मिक साहित्य

(ii) लौकिक साहित्य या धर्मेत्तर साहित्य

प्राचीनकाल से ही भारत के धर्म-प्रधान देश होने के कारण यहाँ प्राय: तीन धार्मिक धाराएँ–वैदिक, जैन एवं बौद्ध प्रभावित हुई। वैदिक धर्मग्रंथ को ब्राह्मण धर्मग्रंथ भी कहा जाता है।

ब्राह्मण धर्मग्रंथ

'ब्राह्मण साहित्य' में सर्वाधिक प्राचीन 'वेद' है, जिसका संकलन महर्षि कृष्णद्वैपायन व्यास द्वारा माना जाता है। वेद शब्द का अर्थ 'ज्ञान', महत्ज्ञान अर्थात् 'पवित्र एवं आध्यात्मिक ज्ञान है। भारतीय परंपरा में वेदों को अपौरुषेय तथा नित्य माना जाता है। वेदों से ही हमें आर्यों के विषय में प्रारम्भिक जानकारी मिलती है।

ब्राह्मण

इसमें धार्मिक कर्मकाण्डों, याज्ञिक रीतियों, उपासना पद्धतियों तथा संहिता की व्याख्या से संबंधित मंत्र है। इन ग्रंथों की रचना यज्ञकर्त्ता को यज्ञ की विधि-विधान, औचित्य तथा महत्व से अवगत कराने के लिए की गई थी। इसी कारण से इसमें यज्ञों की उपयोगिता और क्रमबद्ध विकास का वर्णन किया गया है। ऐतरेय ब्राह्मण में राज्याभिषेक के नियम तथा राज्याभिषेक करवाने वाले राजाओं के नामों का उल्लेख मिलता है। शतपथ ब्राह्मण में गंधार, कैकेय, कुरु, पांचाल, कोसल, विदेह आदि राजाओं का उल्लेख मिलता है। ब्राह्मण ग्रंथों को ब्रह्म साहित्य भी कहा जाता है।

उपनिषद्

'उपनिषद्' शब्द का अर्थ है गुरु के समीप रहकर ज्ञानार्जन या विचार-विमर्श करना। यह वैदिक काल का प्रमुख दार्शनिक ग्रंथ है, जिसमें मुख्य रूप से शाश्वत आत्मा, सर्वशक्तिमान ब्रह्म, आत्मा एवं परमात्मा के बीच संबंध तथा विश्व की उत्पत्ति से संबंधित रहस्यवादी सिद्धान्तों का विवरण दिया गया है। इसमें वैदिक कर्मकाण्डों तथा यज्ञ पर आधारित हिंसा की आलोचना की गई है, जबकि सम्यक् विश्वास तथा सम्यक् ज्ञान पर जोड़ दिया गया है। इन्हें वैदिक साहित्य का अंतिम भाग होने के कारण 'वेदांत' भी कहा जाता है।

बौद्ध साहित्य

महात्मा बुद्ध के परिनिर्वाण के उपरान्त आयोजित विभिन्न बौद्ध संगीतियों में संकलित किये गये त्रिपिटक संभवत: सर्वाधिक प्राचीन धर्मग्रंथ हैं। इतिहासकार बूलर एवं रीज डेविड्ज महादेय ने 'पिटक' का शाब्दिक अर्थ टोकरी बताया है। त्रिपिटक से ईसा पूर्व की भारत के सामाजिक व धार्मिक जीवन के विषय में जानकारी मिलती है। इन पिटकों की रचना पाली भाषा में की गई है।

जैन साहित्य

जैन साहित्य से प्राचीन वर्ण-व्यवस्था, आर्थिक गतिविधियों, नगर एवं समुद्री व्यापार आदि की जानकारी मिलती है। जैनियों के धार्मिक ग्रंथ अर्धमागधी भाषा में लिखे गये। ये धार्मिक ग्रंथ छठी सदी के लगभग गुजरात स्थित वल्लभी में संकलित किये गये। जैन ग्रंथ 'परिशिष्ट पर्व तथा 'भद्रबाहु-चरित' से चंद्रगुप्त मौर्य के जीवन की प्रारंभिक तथा उत्तरकालीन घटनाओं का उल्लेख मिलता है। हेमचंद्र-कृत 'परिशिष्ट पर्व' की रचना ईसा की बारहवीं शताब्दी के लगभग हुई। पूर्व मध्यकालीन जैन ग्रंथों में हरिभद्र सूरि की 'समरादित्य कथा' (705-775), उद्योतन सूरि की 'कुवलय माला (778 ई०), जिनेश्वर सूरि की 'कथाकोष प्रकरण', जिनसेन की 'आदि पुराण' (9वीं सदी), आदि से तत्कालीन भारतीय समाज की सामाजिक, धार्मिक स्थिति का ज्ञान होता है।

लौकिक साहित्य

इस प्रकार के साहित्य के अंतर्गत ऐतिहासिक एवं समसामयिक ग्रंथ आते हैं। इस प्रकार के साहित्य से राजनीतिक तथा सांस्कृतिक इतिहास की जानकारी मिलती है। लौकिक साहित्य के अंतर्गत प्रमुख ऐतिहासिक स्रोत कौटिल्य, कृत 'अर्थशास्त्र' है। यह भारत का प्रथम राजनीतिक ग्रन्थ है। लगभग 6,000 श्लोकों वाले इस ग्रंथ से मौर्यकालीन राजनीतिक, सामाजिक, आर्थिक एवं धार्मिक स्थिति की स्पष्ट जानकारी मिलती है। 15 खण्डों में विभाजित इस ग्रंथ का द्वितीय एवं तृतीय खंड सर्वाधिक प्राचीन है। सर्वप्रथम 1904 ई० में आर० शाम शास्त्री ने इसकी पाण्डुलिपि की खोज की।

विदेशी यात्रियों के विवरण

भारतीय साहित्य के अतिरिक्त विदेशी साहित्य भी भारतीय इतिहास के पुनर्निर्माण में सहायता प्रदान करता है। इन ग्रंथों का महत्व इसीलिए बढ़ जाता है, क्योंकि अधिकांश भारतीय साहित्य की निश्चित तिथि तय करना दुष्कर है। इसके अलावा, चूँकि अधिकांश ग्रंथ धार्मिक भावना या किसी

निश्चित उद्देश्य से प्रेरित होकर लिखे गये थे, इसलिए वे पूर्णत: निरपेक्ष नहीं है। फलत: इससे सही स्थिति की जानकारी नहीं मिल पाती। ऐसी स्थिति में हमें विदेशी यात्रियों के विवरणों की तरफ ध्यान देना पड़ता है। वे यात्री निश्चित समय में भारत आये, उन्होंने यहाँ की व्यवस्था को स्वयं देखा एवं उसका वर्णन किया। अत: अनेक त्रुटियों के बावजूद ये ग्रंथ तिथिक्रम के आधार पर ज्यादा प्रामाणिक प्रतीत होते हैं। भारत के संबंध में जिन विदेशियों ने लिखा है उनमें ईरानी, यूनानी, रोमन, चीनी, तिब्बती, अरब एवं मुसलमान यात्रियों एवं लेखकों के विवरण महत्वपूर्ण हैं।

इनकों तीन भागों में बाँट सकते हैं–

(A) यूनानी-रोमन लेखक

(B) चीनी लेखक

(C) अरबी लेखक

यूनानी लेखकों को तीन भागों में बाँटा जा सकता है–

(i) सिकन्दर के पूर्व के यूनानी लेखक।

(ii) सिकन्दर के समकालीन लेखक।

(iii) सिकन्दर के बाद के लेखक।

सिकन्दर के पूर्व के यूनानी लेखकों में हिकेटिअस मिलेटस, केसिअस, टेसियस, हेरोडोट्स इत्यादि हैं। हेरोडोट्स जिसे 'इतिहास का पिता' कहा जाता है। इन्होंने 5वीं शताब्दी ई॰पू॰ में 'हिस्टोरिका' नामक पुस्तक की रचना की जिसमें भारत और फारस के बीच संबंधों का वर्णन किया गया है। टॉलेमी की ज्योग्राफी जो लगभग 140 ई॰ के बीच सिकंदरिया में लिखी गई, से नक्शा बनाने के सिद्धान्त, भारत तथा उसके पड़ोसी क्षेत्रों के बारे में जानकारी, सिंधु से लेकर गंगा के मुहाने पर स्थित नगरों के बारे में जानकारी मिलती है। यूनानी भाषा की एक अन्य पुस्तक पेरिप्लस ऑफ दि इथ्रियन सी, जिसकी रचना 100 ई॰ के लगभग किसी अज्ञात ग्रीक नाविक ने की थी, 'समुद्री व्यापार की गाइड' के रूप में मानी जाती है। इस पुस्तक में भारतीय बंदरगाहों से बाहर भेजी जाने वाली वस्तुओं का विवरण है।

चीनी लेखक

चीनी लेखकों के विवरण से भी भारतीय इतिहास पर प्रचुर प्रभाव पड़ता है। सभी चीनी यात्री बौद्ध मतानुयायी थे। वे भारत में इस धर्म के विषय में कुछ विशेष जानकारी के लिए ही आये थे। चीनी बौद्ध यात्रियों में से प्रमुख थे–फाह्यान, ह्वेनसांग, ह्युली, इत्सिंग, मात्वानलिन, चाऊ-जू-कुआ आदि। फाह्यान गुप्त सम्राट चंद्रगुप्त द्वितीय विक्रमादित्य (375-415 ई॰) के शासनकाल में भारत आया। वह करीब 14 वर्ष तक भारत में रहा। इसने तत्कालीन भारत की राजनीतिक स्थिति को महत्व न देते हुए बौद्ध धर्म की स्थिति के बारे में लिखा। ह्वेनसांग कन्नौज के राजा हर्षवर्धन (606-647 ई॰) के शासनकाल में भारत आया। इसने करीब 10 वर्षों तक भारत में भ्रमण किया। इसने 6 वर्षों तक नालंदा विश्वविद्यालय में अध्ययन किया। उसकी भारत यात्रा का वृत्तान्त 'सी-यू-की' नाम के ग्रंथ से जाना जाता है, जिसमें करीब 138 देशों के यात्रा विवरण का जिक्र मिलता है। इससे हर्षकालीन सामाजिक, धार्मिक, राजनैतिक स्थिति पर प्रकाश पड़ता है।

अरब यात्रियों के विवरण

पूर्व मध्यकालीन भारत के समाज और संस्कृति के विषयों में हमें सर्वप्रथम अरब व्यापारियों एवं लेखकों से विवरण प्राप्त होता है। इन व्यापारियों और लेखकों में मुख्य हैं–अलबरूनी, सुलेमान, अलमसूदी। अलबरूनी जो अबूरिहान नाम से भी जाना जाता था, सर्वाधिक प्रतिष्ठित अरब लेखकों में है। यह महमूद गजनवी के साथ भारत आया था। इसने भारत की सभ्यता और संस्कृति का विस्तृत उल्लेख अपने ग्रंथ 'तहकीक-उल-हिंद' अर्थात् किताबुल हिंद में किया। इसमें राजपूतकालीन समाज, धर्म, रीति-रिवाज आदि पर सुन्दर प्रकाश डाला है। इस किताब के द्वारा प्राचीन भारत में गणित, भौतिकी, रसायन शास्त्र, ज्योतिष, भूगोल, दर्शन, रीति रिवाज, धार्मिक क्रियाओं पर प्रकाश डाला है।

वस्तुनिष्ठ प्रश्न

1. सिकन्दर के भारत अभियान के समय उसके साथ कई लेखक भी आये थे, निम्नलिखित में से कौन सिकन्दर का समकालीन नहीं है :

A. अरिस्टोबुलस B. नियार्कस
C. यूनेनीस D. इनमें से कोई नहीं

2. राजतरंगिणी में 7826 श्लोक हैं, जो तरंगों में संगठित हैं। तरंगों की संख्या है :

A. चार B. दस
C. बारह D. आठ

3. निम्नलिखित लेखकों में से किसने प्रसिद्ध स्मृति ग्रन्थ याज्ञवल्क्य स्मृति पर टीका नहीं लिखी :

A. विश्वरूप B. विज्ञानेश्वर
C. अपरार्क D. जीमूतवाहन

4. चीनी यात्रियों के भारत भ्रमण की श्रृंखला में सुंगयुन का उल्लेख प्राप्त होता है। वह बौद्ध ग्रन्थों की खोज में भारत आया था, उसके भारत आने का समय था :

A. 518 ई॰ B. 629 ई॰
C. 642 ई॰ D. 817 ई॰

5. 'कश्मीर का अकबर' कहे जाने वाले शासक जैनुल आबदीन ने कल्हण की राजतरंगिणी का फारसी में अनुवाद कराया था। फारसी में यह किस नाम से प्रसिद्ध हैं ?

A. मंजुल बहरीन B. दास्ताने कश्मीर
C. बिहरुल अस्मार D. इनमें से कोई नहीं

6. निम्नलिखित ग्रन्थों में से किसमें गुप्तकालीन प्रशासन एवं नीतियों का उल्लेख प्राप्त होता है :

A. स्मृति चन्द्रिका

B. पराशर माधव

C. कामन्दकीय नीतिशास्त्र

D. नीतिशतकम

7. निम्नलिखित में से वह कौन-सा ग्रन्थ है जिसके आधार पर मैथ्यू अर्नाल्ड ने 'लाइट ऑफ एशिया' नामक ग्रंथ का प्रणयन किया।

A. अंगुत्तर निकाय B. महापरिनिब्बानसुत

C. ललित विस्तर D. बुद्धचरित

8. ह्वेनसांग के विवरणों में निम्नलिखित में से किसका उल्लेख नहीं मिलता ?

A. कान्यकुब्ज B. नालन्दा

C. प्रयाग D. इनमें से कोई नहीं

9. निम्नलिखित में से किस ग्रंथ में यह विवरण प्राप्त होता है कि पुष्यमित्र शुंग ने कई यज्ञ किये थे :

A. पाणिनि के व्याकरण में

B. यास्क के निरुक्त में

C. हेमचन्द्र के परिशिष्ट पर्वन में

D. पतंजलि के महाभाष्य में

10. वाक्पतिराज प्रणीत गौडवहो एक प्राकृत काव्य है। इस प्रसिद्ध ऐतिहासिक पुस्तक की विषयवस्तु है :

A. कन्नौज नरेश यशोवर्द्धन की विजयों का वर्णन

B. मालवा का समग्र इतिहास

C. दक्षिण भारत का इतिहास

D. इनमें से कोई नहीं

11. कृष्ण द्वैपायन वेदव्यास ने प्रसिद्ध 'महाभारत' ग्रन्थ का प्रणयन किया। सामान्यत : वह स्थल कौन-सा माना जाता है, जहाँ बैठकर व्यास ने इस ग्रन्थ का प्रणयन किया था ?

A. हिमालय

B. उत्तराखण्ड में बदरिका आश्रम

C. काञ्ची में

D. इनमें से कोई नहीं

12. निम्नलिखित को सही सुमेलित कीजिए :

(a) कुमारगुप्त प्रथम (1) मन्दसौर अभिलेख

(b) स्कन्द गुप्त (2) जूनागढ़ अभिलेख

(c) ईशानवर्मा (3) हरहा अभिलेख

(d) हुविष्क (4) मथुरा अभिलेख

	(a)	(b)	(c)	(d)
A.	1	2	3	4
B.	2	3	4	1
C.	4	1	2	3
D.	3	4	1	2

13. अभिलेखों से प्राचीन भारतीय इतिहास के विविध पक्ष प्रकाशित होते हैं, निम्नलिखित में से किस अभिलेख से हमें कनिष्क के बारे में जानकारी प्राप्त होती है :

A. मधुवन अभिलेख

B. मानिक्याला अभिलेख

C. मथुरा अभिलेख

D. पुरुष अभिलेख

14. निम्नलिखित में किस अभिलेख को संस्कृत भाषा में उत्कीर्ण किया गया है :

A. रुद्रदामन का गिरनार अभिलेख

B. साहगौरा का अभिलेख

C. बोगजकोई अभिलेख

D. इनमें से कोई नहीं

15. निम्नलिखित में से किन ताम्र पत्रों में भूमिदान का उल्लेख प्राप्त होता है ?

A. बाँसखेड़ा एवं मधुबन

B. हस्तिन एवं संक्षोभ

C. पुण्ड्र का ताम्रपत्र

D. इन्दौर ताम्रपत्र

उत्तरमाला

1	2	3	4	5	6	7	8	9	10
D	D	D	A	C	C	C	D	D	A
11	**12**	**13**	**14**	**15**					
B	A	B	A	B					

आरंभिक समाज एवं संस्कृतियां

ज्यों-ज्यों मानव अपने जीवन में प्रगति करता गया और ज्ञान प्राप्त करता गया, नयी संस्कृतियां और सभ्यताएं सामने आती गईं। सभ्यता का विकास एकसमान ढंग से नहीं हुआ। विश्व के कुछ हिस्सों में इसकी शुरुआत लगभग ई०पू० 4,000 वर्ष पहले हुई, जबकि कई अन्य स्थलों पर सभ्यता का विकास कई हजार वर्ष बाद हुआ।

अधिकांश सभ्यताएं नदी घाटियों में विकसित हुईं क्योंकि वहां उनके फूलने-फलने की सभी आदर्श स्थितियां मौजूद थीं। सिंचाई के लिए तथा पीने के लिए वहां जल प्रचुर मात्रा में उपलब्ध था और भूमि भी काफी उपजाऊ थी। नदियों का इस्तेमाल परिवहन की दृष्टि से काफी श्रेष्ठ था। इसके कारण अतिरिक्त खाद्यान्नों और पशुओं के व्यापार को बढ़ावा मिला। इस तरह व्यापार और वाणिज्यिक गतिविधियों का आरंभ हुआ। चूंकि खेती करना सीख जाने के बाद उसे भोजन और शिकार की तलाश में भटकने से मुक्ति मिल गयी थी। अत: अब उसके पास निरीक्षण करने और विचार करने का भरपूर समय था। इसके कारण विज्ञान, अभियांत्रिकी, गणित, वास्तुशिल्प, मूर्तिकला, संगीत, नृत्य और चित्रकला का विकास हुआ।

तांबा और कांसे की खोज तथा उनका बहुविध इस्तेमाल मानव के विकास में मील का पत्थर साबित हुआ। धातु पत्थरों की तुलना में कहीं अधिक मजबूत और लचीला होता है जिन्हें औजार, हथियार व अन्य वस्तुएं बनाने के लिए मनचाहा आकार दिया जा सकता है। सबसे पहले तांबे की खोज की गई और कुछ समय तक तांबे और पत्थर का अस्तित्व साथ-साथ बना रहा। इस काल को ताम्रप्रस्तर युग कहते हैं। कुछ समय बाद मानव तांबे में टिन या जस्ता का मिश्रण कर मिश्र धातु कांसा बनाने में सफल रहा जो कहीं अधिक सख्त था। इस प्रकार औजार, हथियार तथा वस्तुएं बनाने में यह काफी उपयोगी साबित हुआ। चूंकि पहली सभ्यता के विकास में कांसे का प्रमुख योगदान रहा अत: इस युग को कांस्य युग कहा जाता है।

अब से 4,500 वर्ष पहले भारत में सिंधु नदी की घाटी, चीन में ह्वांग हो घाटी, मैसोपोटामिया (इराक) में टिगरिस यूफ्रेटस की घाटियां, मिस्र में नील घाटी और भूमध्य तथा एजियन सागर के आसपास के क्षेत्र सभ्यता के प्रमुख केन्द्र बन गए थे। प्रत्येक सभ्यता ने अपने स्वयं के धार्मिक विश्वासों, राजनीतिक और सामाजिक पद्धतियों, कला एवं विज्ञान तथा व्यापार एवं वाणिज्य का विकास किया।

हालांकि ये सभी सभ्यताएं बहुत बड़े भौगोलिक क्षेत्र में फैली हुई थीं, परंतु उनके बीच अनेक समानताएं भी मौजूद थीं। इन सभी के अंतर्गत खेती के लिए एक बहुत बड़ा क्षेत्र उपलब्ध था। उन्होंने नहरों की एक बेहतर प्रणाली का विकास कर लिया था। इन सभी सभ्यताओं में एक केन्द्रीय सत्ता का अस्तित्व रहा जिसकी इच्छा सब पर लागू होती थी। चूंकि भोजन उत्पादन के लिए सभी व्यक्तियों के संलग्न रहने की आवश्यकता समाप्त हो गयी इसलिए अनेक नए व्यवसायों का उदय हुआ। इसने कार्यों के विभाजन तथा विशेषज्ञताओं को जन्म दिया। गांवों ने विकसित होकर नगरों और शहरों का रूप ले लिया। इस प्रकार जीवन और जटिल होता गया तब कानून और व्यवस्था बनाए रखने के लिए एक अत्यन्त विकसित संगठन सरकार का उदय हुआ। सभी सभ्यताएं व्यापारिक गतिविधियों में भी संलग्न रहीं। उनकी अपनी लिपियां भी थीं।

सिन्धु घाटी सभ्यता

मौजूदा भारतीय उपमहाद्वीप के उत्तर-पश्चिम क्षेत्रों में ई०पू० 2700 से 2350 तक सिन्धु घाटी सभ्यता का अस्तित्व रहा। इसके कुछ शहर सिंधु नदी की घाटियों में स्थित थे। यह सभ्यता किसी भी अन्य सभ्यता की तुलना में कहीं अधिक बड़े क्षेत्र में फैली हुई थी। ब्लूचिस्तान, सिंध, पंजाब, हरियाणा, गुजरात, राजस्थान और पश्चिमी उत्तर प्रदेश में की गई खुदायी से इस सभ्यता के प्रमाण प्राप्त हुए हैं। इस घाटी की भूमि अत्यन्त उपजाऊ थी और सुदूर पश्चिम के खेतिहर आकर इन इलाकों में बस गये। बाढ़ के जल को नियंत्रित करने के लिए उन्होंने नहरें बनायीं जिससे खेती और अधिक लाभप्रद हो गयी। हड़प्पा, मोहनजोदड़ो, लोथल, बनवाली और चन्हूदड़ो प्राचीन शहर थे। इनमें से पहले दो प्रमुख नगर थे जो बेहतरीन और योजनाबद्ध तरीके से बनाए गए थे और यहां की जनसंख्या भी काफी अधिक थी। वे दो वर्ग किलोमीटर क्षेत्र में फैले हुए थे।

सिन्धु घाटी सभ्यता के सभी शहर वृहत् योजनानुसार बसाए गए थे। सड़कें चौड़ी और सीधी थीं जो एक-दूसरे को समकोण पर काटती थीं। घर पक्की ईंटों से बनाए गए थे तथा वे एक से अधिक मंजिल वाले थे। नालियों की व्यवस्था काफी बढ़िया थी। सामुदायिक स्नान के लिए बड़े-बड़े स्नानागार और जलाशय बनाए गए थे जिसमें नीचे उतरने के लिए सीढ़ियां मौजूद थीं। अतिशय अनाजों को संग्रहित करने के लिए अनाज भंडार-गृह भी प्रसिद्ध थे। सिंधु घाटी के नगरों को ग्रिड प्रणाली के आधार पर निर्मित किया गया था जहां प्रत्येक मुख्य सड़क समानांतर थी और घरों से निकलने वाले गलियारे गलियों में आकर मिलते थे।

सिन्धु घाटी सभ्यता की मुख्य फसलें थीं—गेहूं, जौ, मटर और कपास। बर्तन बनाने के लिए पहिए का इस्तेमाल किया जाता था। लोग घरों में पालतू पशु रखते थे। धातुकर्म, मूर्तिकला और चित्रकारी खासा लोकप्रिय थीं। सिंधु घाटी के व्यापारी अन्य सभ्यताओं खासतौर से मेसोपोटामिया के साथ वस्तुओं का आदान-प्रदान करते थे। सिंधु घाटी में सरकार की व्यवस्था के बारे में अधिक जानकारी नहीं है क्योंकि इसके अभिलेखों को अभी अच्छी तरह से पढ़ा नहीं जा सका है। चूंकि यहां महल नहीं पाए गए हैं, अत: यह माना जाता है कि यहां किसी राजा के बजाय साधारण व्यक्ति का शासन रहा होगा। हालांकि विभिन्न शहरों की योजना में एकरूपता की मौजूदगी केन्द्रीय प्रशासन की ओर इंगित करती है।

लोग शिव व देवी के आरंभिक रूपों की पूजा करते थे। वे धार्मिक स्नानों में भाग लेते थे। मृतकों का दाह-संस्कार करने और उन्हें कब्र में गाड़ने की प्रथा थी। सिंधु नदी के तट पर यह सभ्यता लगभग 1,000 वर्ष तक फूली-फली, परंतु ईसापूर्व 1700 में संभवत: भूकंप और बाढ़ के कारण शहर नष्ट हो गए। उत्तर-पश्चिम में रहने वाले आर्य यहां आ बसे और इन शहरों का और भी विनाश हुआ।

मेसोपोटामिया की सभ्यता

उत्तर में अर्मेनिया के पठार और दक्षिण में फारस की खाड़ी से घिरी टिगरिस और यूफ्रेटस नदी की घाटियों में इस सभ्यता का विकास हुआ। ये क्षेत्र फिलहाल सीरिया और इराक के अंतर्गत आते हैं। इसके उत्तरी हिस्से को असीरिया और दक्षिणी हिस्से को बेबीलोनिया कहते थे। बेबीलोनिया के उत्तरी भाग को अक्काद कहते थे तथा दक्षिणी भाग सुमेर था। प्राचीन समय में इन क्षेत्रों में महान् सभ्यताएं फूली-फलीं।

मेसोपोटामिया की सभी सभ्यताओं को उनके शहरों से भली प्रकार जाना जाता है। इन नगरों का नामकरण वहां रहने वाले नागरिकों ने अपने इष्ट देवताओं के नाम पर किया था। क्षेत्र पर अधिकार प्राप्त करने हेतु या सिंचाई सुविधाओं पर कब्जा करने के लिए ये शहर एक-दूसरे से लड़ते रहते थे। वक्त गुजरने के साथ-साथ कई नगरों की सत्ता और उनकी महत्ता भी परिवर्तित होती रही। बाढ़ों को नियंत्रित करने हेतु मेसोपोटामिया के लोगों ने बारहमासी सिंचाई की प्रणाली विकसित कर ली थी। नदियों के किनारे काफी ऊंचे थे, अत: नहरें इस तरह निकाली गई थीं कि यदि नदी का पानी तेज गति से इन नहरों में बह निकले तब भी तट को कोई नुकसान न हो। ये नहरें काफी चौड़ी होती थीं जिसमें नौकाएं चलायी जा सकती थीं। अत: सिंचाई के साथ-साथ परिवहन की भी सुविधा बहाल हो गई।

सबसे पहली सभ्यता का विकास सुमेर में हुआ। ईसापूर्व लगभग 4,000 वर्ष पहले उन्होंने अपने मंदिर अथवा उपासनागृह बनाए। चूंकि यह इलाका काफी उपजाऊ था, अत: उन्हें अच्छी फसल मिल जाती थी। कुछ लोगों के पास अन्य गतिविधियों के लिए भी समय था। अत: कला और कौशल के अनेकों प्रारूप सामने आए।

सुमेर की सभ्यता की सर्वप्रथम उपलब्धि लिपि का आविष्कार रही। फन्नी के आकार वाली इस लिपि को क्यूनिइ फार्म (खूंटी या फन्नी लिपि) कहते हैं। वे चिकनी मिट्टी की बनी प्लेटों पर सरकंडों के नुकीले सलाई से लिखते थे। उत्खनन के दौरान इस तरह की अनेकों पट्टियां मिली हैं जिसमें व्यवसाय के दस्तावेज, पत्र, शाही फरमान, धार्मिक आख्यान और कहानियां आदि उत्कीर्ण हैं।

सुमेर की सभ्यता की एक अन्य महत्त्वपूर्ण देन साठवें अंश की गिनती की प्रणाली है। इस प्रणाली के तहत् वे 1 के लिए संकेत बनाकर और जितनी बार आवश्यक हो उसे दोहरा कर 1 से 9 तक की गिनती लिखते थे। इसी प्रकार के 10 के गुणकों को प्रस्तुत करने के लिए 10 के लिए निर्धारित संकेत को दोहराते थे।

उनके पास 1 के संकेत की तरह ही 60 का संकेत था हालांकि इसका आकार कुछ बड़ा रखा जाता था। 60 की गणना वाली इस प्रणाली का अब कोई खास महत्त्व नहीं रह गया है पर इसका इस्तेमाल समय को मिनटों और सेकेंडों में विभाजित करने तथा वृत्त को 360 डिग्री में विभाजित करने के लिए किया जाता है।

बेबीलोन के लोगों की खगोलविद्या और ज्यामिति में विशेष रुचि थी। ज्यामिति में मेसोपोटामियावासियों ने उस सिद्धांत की खोज कर ली थी जिसे बाद में 'पैथागोरस का सिद्धांत' कहा गया। तारों, सूर्य और चन्द्रमा का अध्ययन कर उन्होंने आकाश को 12 भागों में विभाजित किया था। उन्होंने चन्द्र पंचांग का आविष्कार किया। बेबीलोन को उसके झूलते हुए बगीचों के लिए जाना जाता है हालांकि वहां अनेक सड़कें, पुल और नहरें भी मौजूद थीं। उन्होंने सिक्के गढ़े तथा माप-तौल की प्रणाली का इस्तेमाल किया। तारों और ग्रहों का अध्ययन करने के लिए वेधशालाएं बनायी गईं।

असीरिया की सभ्यता ईसापूर्व 1600 में फूली-फली। चूंकि असीरियाई योद्धा थे, अत: उन्होंने अस्त्र-शस्त्रों का विकास किया; एक बहुत बड़ी सेना रखी और उसे समाज में एक विशिष्ट दर्जा दिया। लोग मूर्तियों की खासतौर से असीर (सूर्य) की पूजा करते थे। उन्होंने आकर्षक इमारतें बनायीं तथा शेरों, सांडों और अन्य शिकार संबंधी दृश्यों की मूर्तियां बनायीं। मेसोपोटामिया के शहर योजनाबद्ध तरीके से बनाए गए थे और उनके तीन प्रमुख भाग थे—पवित्र क्षेत्र, ऊंचे स्थल पर दीवारों से घिरा शहर और बाहरी शहर। राजा को पृथ्वी पर ईश्वर का प्रतिनिधि माना जाता था जबकि दासों को, जो अकसर युद्धबंदी होते थे, समाज के सबसे निचले तबके में रखा गया था।

कृषि मेसोपोटामिया के लोगों का मुख्य व्यवसाय था। वे खेत जोतने के लिए पशुओं का इस्तेमाल करते थे। वे भेड़ की खाल से बने वस्त्र पहनते थे। उन्होंने मिट्टी के बर्तन बनाने के लिए कुम्हार की चाक का इस्तेमाल किया तथा बाद में पहिये को रथ में लगाया जाने लगा। ईसापूर्व 2500 तक वे धातु के बारे में काफी तकनीकी जानकारी प्राप्त कर चुके थे। मेसोपोटामिया के लोगों की समृद्धि उनके व्यापार पर आधारित थी। कीमती पत्थर, लकड़ी, सोना, चांदी और अन्य धातुएं खरीदने के लिए उन्होंने अनाजों का

निर्यात किया । इमारतों में रंगीन टाइलों का प्रथम बार इस्तेमाल मेसोपोटामिया के लोगों ने ही किया था। उन्हें कॉलम (खानों), तोरण और मीनारों की भी जानकारी थी।

मिस्त्र की सभ्यता

मिस्त्र को 'नील नदी का उपहार' कहा जाता है, क्योंकि नील नदी शताब्दियों से इस इलाके में उपजाऊ काली मिट्टी को परत दर परत जमा करती रही है। इस क्षेत्र के किसानों ने ईसापूर्व 5000 से 4000 के बीच खेती करने का कौशल जान लिया था। इसके साथ ही स्थायी आवास की अवधारणा सामने आयी, जिसके फलस्वरूप बाद में गांवों का और कुछ और बाद रजवाड़ों का जन्म हुआ।

मिस्त्र का इतिहास तीन खण्डों में विभाजित है। प्राचीन काल को पिरामिड काल भी कहा जाता है। इस काल के दौरान मेम्फिस राजधानी हुआ करती थी जहां कला, धर्म और विज्ञान के क्षेत्र में प्रगति हुई। यह युग ईसापूर्व 3000 से 2000 में समाप्त हो गया। मध्य युग के दौरान इसके आरंभिक वर्षों में काफी तेज गति से प्रगति हुई पर ईसापूर्व 18वीं शताब्दी में एक खानाबदोश जनजाति हायकू ने मिस्त्र पर आक्रमण कर दिया। हालांकि मिस्त्र के राजाओं ने खोई हुई भूमि फिर से प्राप्त कर ली थी और नए रजवाड़ों की स्थापना की। यह काल मिस्त्र की सभ्यता का स्वर्ण युग बन गया जो ईसापूर्व 1000 ई. तक उस समय तक बरकरार रहा जब वहां के शासक काफी कमजोर हो गए और शत्रुओं ने उन पर आक्रमण कर दिया।

प्राचीन मिस्त्र के राजा-फराहो महान् वास्तुकार थे। उन्होंने अनेकों विशालकाय भवन बनवाए। हालांकि उनके महल और जनसाधारण के भवन अब मौजूद नहीं हैं, परंतु उनके कौशल और ज्ञान की गवाही देने के लिए पिरामिड आज भी मौजूद हैं। करीब 30 बड़े और अन्य कई छोटे-छोटे पिरामिड हैं जो प्राचीन विश्व के आश्चर्यों में से एक हैं। ये पिरामिड फराहो राजाओं के मकबरे हैं जहां उन्हें कीमती वस्तुओं के साथ दफन कर दिया जाता था। मिस्त्रवासी पुनर्जन्म में विश्वास रखते थे। अत: वे रसायनों का लेप लगाकर अपने राजाओं के शवों (ममियों) को सुरक्षित रखते थे।

मिस्त्र के वास्तुशिल्प का एक अन्य उदाहरण नरसिंह है जो एक मिथकीय पशु है जिसका धड़ शेर का और सिर मानव का है। प्रत्येक नरसिंह को एक ही बड़ी चट्टान से बनाया जाता था। मिस्त्र के मंदिर भी अत्यन्त शानदार हैं।

सूर्य मिस्त्रवासियों का सर्वप्रमुख देवता था। उनके यहां अन्य देवता भी थे, जैसे दूसरे विश्व का राजा, बाढ़ का देवता, चन्द्रमा व अन्य स्थानीय देवता जिन्हें गीदड़, गाय आदि के संकेत चिन्हों से प्रस्तुत किया जाता था। फराहो आरंभ में ईश्वर के पुजारी होते थे पर बाद में उनकी ही पूजा की जाने लगी तथा उनके नाम से पूजाघर बनाए जाने लगे। ये राजा काफी निर्दयी और अत्याचारी होते थे जो मुख्य प्रशासक और धर्म प्रमुख की भूमिका निभाते थे। सलाह के लिए मंत्रियों की नियुक्ति की जाती थी। देश को इकाइयों में विभाजित किया गया था तथा विवाद लिखित कानून के आधार पर हल किए जाते थे। महिलाओं को समाज में काफी ऊंचा दर्जा दिया गया था।

कृषि लोगों का सर्वप्रमुख व्यवसाय थी। साल भर फसल उगाने के लिए उन्होंने नहरें बनवायीं। ईसापूर्व लगभग 3000 ई. में वे खेतों को जोतने के लिए बैलों का उपयोग करते थे। उन्होंने बकरी, कुत्ते और सूअर जैसे पशुओं को पाला। वे रथ खींचने के लिए घोड़ों का इस्तेमाल करते थे। वे सन के बने हुए वस्त्र पहनते थे। उन्होंने खूबसूरत फर्नीचरों व पत्थर के पात्रों का निर्माण किया। वे कांच बनाने की कला में भी दक्ष थे। मिस्त्रवासी विलासपूर्ण जीवन व्यतीत करते थे और विलास सामग्रियों का आयात करते थे।

मिस्त्रवासियों ने एक लिपि का भी आविष्कार किया, जिसे हाइरोग्लिफ (चित्र लिपि) कहते हैं। उन्होंने अंकों की दशमलव प्रणाली का विकास किया। वे ज्यामिति और अंकगणित का काफी उम्दा ज्ञान रखते थे। मिस्त्रवासियों ने 365 दिनों पर आधारित पंचांग का विकास किया। उन्होंने पेपिरस अथवा कागज बनाने की तकनीक का विकास किया। ईसापूर्व 1000 ई. में मिस्त्र की सभ्यता का अंत हो गया। उन्होंने गणित में दशमलव प्रणाली का इस्तेमाल किया।

चीन की सभ्यता

चीन में सभ्यता के प्रथम केंद्र का विकास ह्वांग-हो नदी घाटी में ईसापूर्व 2000 पहले हुआ। ह्वांग-हो को 'चीन का शोक' कहते हैं क्योंकि यह नदी बार-बार अपना किनारा बदलती रही और घरों, खेतों और नहरों को नुकसान पहुंचाती रही। ईसापूर्व 1600 के आसपास शोंग राजवंश की स्थापना हुई। ईसापूर्व 14वीं शताब्दी में इन राजाओं ने वहां एक उच्च स्तर की संस्कृति का विकास किया जो कि अन्य सभ्यता केंद्रों के समतुल्य है।

चीनी सभ्यता की समृद्धि का मुख्य आधार कृषि रही। उन्होंने बाढ़ से होने वाली तबाही को कम करने के लिए व्यापक सिंचाई प्रणाली का विकास कर लिया था। चीनी लोग सन और सिल्क के बने वस्त्र पहनते थे। चीनी लोगों ने रेशम कीट पालन की शुरुआत की तथा वे रेशम के धागे से वस्त्रों की बुनायी करते थे।

चीनियों ने पीतल के अलावा लोहे का भी इस्तेमाल सीखा। इसने उन्हें खेतों की उपज बढ़ाने तथा विभिन्न प्रकार के औजारों और हथियारों को बनाने में भरपूर मदद की। चीनी लोग कलात्मक तथा हस्तशिल्प की वस्तुएं बनाने में माहिर थे। वे इनका भारत व अन्य स्थलों को निर्यात करते थे। उन्होंने मिट्टी के शानदार पात्र बनाने तथा उसमें चमक लाने का कौशल प्राप्त कर लिया था। पॉर्सलिन से बनी वस्तुओं को आज भी चीनी मिट्टी के पात्र कहते हैं।

उत्तर-पश्चिम से हूणों की ओर से आक्रमण से अपने साम्राज्य को सुरक्षित रखने के उद्देश्य से इस काल में चीनी शासकों ने चीन की महान् दीवार का निर्माण करवाया। चीनियों ने सर्वप्रथम विस्फोटकों का विकास किया तथा आग्नेय अस्त्रों में इनका इस्तेमाल किया। चीनी सभ्यता की एक और प्रमुख उपलब्धि कागज का विकास रहा। उन्होंने आइडियोग्राप (भावचित्र) लिपि का आविष्कार किया जहां प्रत्येक विचार को प्रस्तुत करने के लिए एक संकेत

होता है। चीनी पंचांग सौर और चन्द्र पंचांग का मिलाजुला रूप है। उन्होंने अंतरिक्ष विज्ञान में भी काफी प्रगति की। उनके भवन जिनमें मंदिर भी शामिल हैं, मिट्टी, लकड़ी और मिट्टी से बनी ईंटों से बनाए गए थे। उन्होंने स्याही और छपायी खाने का निर्माण किया। उन्होंने कागज की मुद्रा तथा चाय को दुनिया के समक्ष प्रस्तुत किया।

बौद्ध धर्म चीन में भारत से पहुंचा। आरंभ में पूर्वजों की पूजा का प्रचलन था। उनका आत्मा के अस्तित्व में विश्वास था तथा वे मृतक को कब्र में दफनाते समय फर्नीचर, मिट्टी के बर्तन व अन्य वस्तुएं भी गाड़ देते थे। लाओत्से और कन्फ्यूशियस प्रमुख चीनी दार्शनिक थे। वे अपने राजाओं के पूर्वजों को ईश्वर के रूप में पूजते थे तथा उन्होंने अनेक पगोड़ा मंदिरों का निर्माण करवाया।

यूनान की सभ्यता

यूनानी एजियन सागर के क्षेत्र में पहुंचे और ईसापूर्व 600 तक वे फ्रांस के दक्षिण से लेकर काला सागर तक अपनी संस्कृति का विस्तार कर चुके थे। उनके अनेकों देवी-देवता थे जिनकी मानव सदृश्य कल्पना की गई थी हालांकि वे अधिक शक्तिशाली और अमर थे। ईसापूर्व 800 तक उन्हें लिखने की कला कां कोई ज्ञान नहीं था। परन्तु वे अपने जीवन की कहानियों को लोकगान और नृत्य-नाटिकाओं के माध्यम से अगले तक पहुंचाते थे। हालांकि लिपि के आविष्कार ने उन्हें विविध क्षेत्रों में अपना ज्ञान बढ़ाने में सहायता की। होमर एक प्रसिद्ध कवि था जिसने 'इलियाड' और 'ओडिसी' की रचना की।

यूनान में नगर-राज्यों का अस्तित्व था। हर नगर अपने आस-पास की भूमि पर शासन करता था तथा अक्सर अपने पड़ोसियों के साथ युद्धरत रहता था। स्पार्टा, एथेंस, मकदूनिया और अन्य नगर-राज्यों के बीच कई सामान्य विशेषताएं थीं, परन्तु उनके अपने-अपने विशिष्ट लक्षण थे। स्पार्टा के निवासी सख्त अनुशासनों का पालन करते थे तथा पारिवारिक जीवन और अध्ययन के लिए उनके यहां कतई गुंजाइश नहीं थी। दूसरी तरफ, एथेंसवासियों ने प्रजातांत्रिक व्यवस्था का अनुभव किया तथा व्यापार और संस्कृति को समृद्ध बनाया। मकदूनिया ने तब ख्याति प्राप्त की जब उसका शासक सिकंदर विश्व विजय के अभियान पर निकला और भारत की सीमा तक एक बहुत बड़े क्षेत्र पर अपना नियंत्रण स्थापित कर लिया। सिकंदर ने अलेक्जेंड्रिया नामक शहर की स्थापना की जो यूनानी सभ्यता के पतन के बाद एक लंबे समय तक यूनानी संस्कृति और शिक्षा का केन्द्र रहा।

यूनानी सभ्यता के अंतर्गत दास प्रथा का प्रचलन था। वहां दास बहुतायत में थे जो अधिकांश कार्य करते थे तथा जिन्हें कुछ सोचने और करने के लिए भी समय उपलब्ध नहीं था। बाकी लोगों के लिए जिन्दगी बेहद आसान और मौज-मस्ती से भरी थी। वे संगीत और शराब के शौकीन थे और आमोद-प्रमोद में व्यस्त रहते थे। यूनानी सभ्यता के अंतर्गत साहित्य, नाटक, थिएटर और दर्शन का अच्छा विकास हुआ। सुकरात, प्लेटो और अरस्तू यूनान के महान् दार्शनिक थे। यूक्लिड और पैथागोरस महान् गणितज्ञ थे, जबकि हिप्पोक्रेटस को औषधि विज्ञान का जनक माना गया है। यहां विज्ञान, खगोलविद्या, वास्तुशिल्प और मूर्तिकला का भी काफी विकास हुआ।

यूनानियों ने समुद्र की यात्राएं कीं तथा उनके पास नौवहन की पूरी व्यवस्था थी जिसने इस सभ्यता के विस्तार में महत्त्वपूर्ण भूमिका निभाई। यूनानी बहुत अच्छे वास्तुकार और कलाकार थे जिन्होंने अनेक शानदार मंदिरों का निर्माण किया। यूनानियों ने ही सर्वप्रथम ओलंपिक खेलों की शुरुआत की, जिसे आधुनिक ओलंपिक का पूर्वज कहा जा सकता है। यूनानियों ने नई खोजें कीं। नगर-राज्यों के बीच आपसी युद्धों के कारण यूनान की सभ्यता का अंत हो गया तथा ईस्वी सन् दूसरी शताब्दी में रोम ने इस पर कब्जा कर लिया तथा संसार में पहली बार कानून के शासन तथा प्रजातंत्र की शुरुआत की।

रोम की सभ्यता

रोम शहर की स्थापना ईसापूर्व 1000 में की गई थी और इसकी मुख्य भाषा लैटिन थी। भारत-यूरोपीय समुदायों और यूनानियों के यहां आकर बसने की प्रक्रिया के साथ ही ईसापूर्व लगभग 600 में रोम की सभ्यता का विकास आरंभ हुआ। आरंभ में रोम में एक राजा होता था, साथ ही एक एसेम्बली और एक सीनेट भी होती थी। परंतु छठी शताब्दी के अंत तक यहां गणराज्य की स्थापना की गई। एक गणराज्य के रूप में रोम ने अपना विस्तार किया तथा संपूर्ण इटली, दक्षिण-पश्चिम यूरोप के कुछ हिस्सों, उत्तरी अफ्रीका और पश्चिम एशिया को अपने नियंत्रण में ले लिया।

रोम में दास प्रथा अपने वीभत्स रूप में विद्यमान थी। दासों को मानवोचित् जीवन से बेदखल कर उनसे पशुओं जैसा कार्य लिया जाता था, जबकि अन्य रोमवासी सुविधाभोगी जीवन व्यतीत करते थे। चूंकि दासों की ओर से विद्रोह को कुचलने के लिए और युद्ध करने के लिए बहुत बड़ी सेना की आवश्यकता थी, अत: सैनिक नेताओं ने समाज में महत्त्व प्राप्त कर लिया।

रोम ने पूर्वी सभ्यताओं और यूरोप के बीच संपर्क सूत्र का कार्य किया। रोम ने अपना भी कुछ विशिष्ट योगदान दिया जिसमें कानून और शासन के सिद्धांत सबसे प्रमुख हैं। कानूनों ने पर्यटन को बढ़ावा दिया तथा व्यापार को भी आगे बढ़ाया। आरंभ में जिन सड़कों को सेना के इस्तेमाल के लिए बनाया गया था, उनका इस्तेमाल वस्तुओं की ढुलाई के लिए किया जाने लगा।

रोमवासियों द्वारा विकसित लैटिन भाषा यूरोप के सभी शिक्षित लोगों की भाषा बन गई। रोम की सभ्यता ने अपने साहित्य, दर्शन, विज्ञान, कला और वास्तुशिल्प का विशिष्ट रूप से विकास किया।

महीनों के नाम यथा जुलाई, अगस्त, सितम्बर, अक्टूबर, नवंबर और दिसम्बर जिनका आज इस्तेमाल किया जाता है, रोम की सभ्यता की ही देन है। रोमवासियों का शासन सुव्यवस्थित और संगठित था। लोगों का मुख्य व्यवसाय कृषि था, परंतु व्यापारी और कलाकार भी काफी फूले-फले। बृहस्पति, मंगल, मिनर्वा आदि उनके देवता थे तथा यहां धार्मिक सहिष्णुता का माहौल था।

रोमवासियों को उनके द्वारा बनाए गए कानून के लिए जाना जाता है। रोम की सड़कें और पुल विश्वविख्यात हैं। वे वास्तुशिल्प में भी माहिर थे। रोम में कला और साहित्य का काफी विकास हुआ। जूलियस सीजर और अगस्टस् रोम के प्रमुख शासक थे।

उपनिवेशवाद द्वारा प्रजातंत्र के नष्ट हो जाने, दास प्रथा पर अत्यधिक बल दिए जाने तथा राजनीतिक विवादों को जन्म देने के कारण रोम की सभ्यता का पतन आरंभ हो गया। चूंकि कृषि और उद्योगों को दासों के भरोसे छोड़ दिया गया था अत: उत्पादकता का स्तर निम्न बना रहा। ईसाइयत के आगमन ने भी रोमन साम्राज्य को कमजोर बनाया क्योंकि वहां के हताश-निराश लोगों ने इसका आश्रय लिया। आज भी रोम ईसाई धर्म का मुख्य केन्द्र बना हुआ है क्योंकि पोप यहीं पर मौजूद हैं।

वस्तुनिष्ठ प्रश्न

1. हड़प्पा सभ्यता की विशेषता निम्न में से कौन-सी है?
A. स्नानागार B. धार्मिक जीवन
C. नगर नियोजन D. अन्नागार

2. कौन-सी फसल हड़प्पा संस्कृति के लोगों को अज्ञात प्रतीत होती है?
A. चावल B. कपास
C. रागी D. यव

3. सिंधु सभ्यता में कुंभकारों के भट्ठों के अवशेष कहां मिलते हैं?
A. हड़प्पा B. काली बंगा
C. मोहन जोदड़ों D. लोथल

4. निम्नलिखित नगरों में से क्षेत्रफल में कौन सबसे अधिक विस्तृत था?
A. मोहन जोदड़ों B. हड़प्पा
C. धौलावीरा D. काली बंगा

5. चंद्र पंचांग का निर्माण किस सभ्यता के लोगों ने किया?
A. सिंधु सभ्यता B. मेसोपोटामिया सभ्यता
C. मिस्र की सभ्यता D. चीन की सभ्यता

6. मेसोपोटामिया के लोगों का मुख्य व्यवसाय था–
A. कृषि B. पशुपालन
C. व्यापार D. गृह निर्माण

7. मिस्रवासियों का सर्वप्रमुख देवता कौन था?
A. इंद्र B. अग्नि
C. सूर्य D. ब्रह्मा

8. चीन की आरंभिक सभ्यता किस नदी घाटी में विकसित हुई?
A. सिकियांग नदी B. ह्वांग-हो नदी
C. ब्रह्मपुत्र नदी D. पीली नदी

9. स्पार्टा और एथेंस किस सभ्यता के प्रमुख नगर थे?
A. यूनान की सभ्यता B. चीन की सभ्यता
C. मिस्र की सभ्यता D. मेसोपोटामिया की सभ्यता

10. रोम शहर की स्थापना कब हुई?
A. 800 ई.पू. B. 1000 ई.पू.
C. 1200 ई.पू. D. 1100 ई.पू.

उत्तरमाला

1	2	3	4	5	6	7	8	9	10
C	C	C	A	B	A	C	B	A	B

प्रथम कृषक एवं पशुपालक

प्रस्तर युग

पृथ्वी की उत्पत्ति लगभग चार अरब वर्ष प्राचीन स्वीकार की जाती है। जीवों की उत्पत्ति बहुत बाद में मानी गई है और मनुष्य की उत्पत्ति इस पृथ्वी पर लगभग 20 लाख वर्ष पूर्व मानी जाती है। मानव सभ्यता के विकास में पाषाणों का बहुत महत्व रहा। पाषाण से मनुष्य ने भोजन संग्रहित किया, पाषाण से ही आवास बनाया, पाषाण से ही कला सीखी, पाषाण से ही आविष्कार किए। प्राचीनतम कलाकृतियाँ पाषाणों पर पाषाणों से उत्कीर्ण प्राप्त होती हैं। पाषाण से ही मानव ने आविष्कारों की ऊर्जा 'अग्नि' प्राप्त की। समस्त औजार, हथियार और आश्रय मानव ने पाषाणों से ही प्राप्त किए, इसी से आरंभिक मानव के इतिहास को 'पाषाण युग' के नाम से जाना गया है। पाषाण युग में शनैः-शनैः क्रमिक रूप से मानव का जीवन अधिक व्यवस्थित होने लगा। भारत में पुरापाषाणयुगीन सभ्यता का विकास हिमयुग या प्लाइस्टोसीन युग से हुआ। मानव द्वारा प्रयोग में लाये गये पत्थर के उपकरणों की बनावट तथा जलवायु में होने वाले परिवर्तन के आधार पर पाषाण युग को तीन भागों में बाँटा जा सकता है–

(*i*) पुरापाषाण काल (20 लाख ई॰पू॰-9000 ई॰पू॰)
(*ii*) मध्य पाषाण काल (9000 ई॰पू॰-4000 ई॰पू॰)
(*iii*) नवपाषाण काल (6000 ई॰पू॰-2000 ई॰पू॰)

(*i*) पुरापाषाण काल (Paleolithic Age)

यूनानी भाषा में Palaios प्राचीन एवं Lithes पाषाण के अर्थ में प्रयुक्त होता था। इन्हीं शब्दों के आधार पर 'पाषाण काल' शब्द बना। यह काल आखेटक एवं खाद्य-संग्राहक काल के रूप में भी जाना जाता है। इस काल में मनुष्य अपना जीवन-यापन मुख्यतया खाद्यान्न संग्रह व पशुओं का शिकार करके करता था। इस काल में–'चापर-चापिंग' (पेबुला) परंपरा के अंतर्गत गोल पत्थरों को तोड़कर हथियार बनाये गये, जिसके अवशेष पंजाब की सोहन नदी घाटी से मिलते हैं। इस काल का मानव पर्वत की कन्दराओं में रहता था, ऐसे शैलाश्रय प्राप्त हुए हैं। इस काल के मानव के औजार और हथियार कुल्हाड़ी, पत्थर, तक्षणी, खुरचनी, छेदनी आदि थे जो परिष्कृत व तीक्ष्ण नहीं थे।

पुरापाषाण काल में उपलब्ध पशु जिनसे मानव परिचित था–बंदर, हिरण, बकरी, भैंस, गाय-बैल, नील गाय, सूअर, बारहसिंगा, गैंडा, हाथी आदि थे, जिनके अवशेष शैलाश्रय की कलाकृतियों से उपलब्ध होते हैं। इस काल का मानव कछुओं एवं मछलियों से भी परिचित था। पुरापाषाण काल का मानव विभिन्न प्रकार के फलों, पुष्पों, कन्दमूल से परिचित था। पुरापाषाण युग के मानव द्वारा प्रयुक्त होने वाले हथियारों के स्वरूप और जलवायु में होने वाले परिवर्तनों के आधार पर इसे तीन वर्गों में बाँटा जा सकता है–

(क) निम्न पुरापाषाण काल (25,00,000-1,00,000 ई॰पू॰)
(ख) मध्य पुरापाषाण काल (1,00,000-40,000 ई॰पू॰)
(ग) उच्च पुरापाषाण काल (40,000-10,000 ई॰पू॰)

(*ii*) मध्य पाषाण काल (Mesolithic Age)

मध्य पाषाण-युग संक्रान्ति काल था। 19वीं शताब्दी के उत्तरार्द्ध में फ्रांस के 'मॉस द अनिल' नामक स्थान से कुछ ऐसे उपकरण प्रकाश में आए, जिन्होंने इस धारणा की पुष्टि की कि पुरापाषाण-युग और नवपाषाण-युग के मध्य अंतराल था। वस्तुतः यह काल नव पाषाण-युग का अग्रगामी था। भारत में अब से करीब 800 वर्ष पूर्व, हिमयुग के समाप्त होने और नूतन काल के आरंभ होने के साथ ही मध्य पाषाणकालीन संस्कृत का उदय हुआ। मध्य पाषाणकालीन भी सर्वाधिक महत्वपूर्ण था, 'मनुष्य को पशुपालक बनाना। मध्य पाषाण काल में आखेट के क्षेत्र में भी परिष्कार हुआ, व तीक्ष्ण व परिष्कृत औजारों का प्रयोग किया जाने लगा था। इस काल में तिकोने धार वाले हथियार, नुकीले औजार प्रयोग किए जाने लगे थे।

(*iii*) नवपाषाण युग (Neolithic Age)

यूनानी भाषा में Neo शब्द नवीन के अर्थ में प्रयुक्त होता है, इसीलिए इस काल को 'नव पाषाण काल' भी कहा जाता है। प्रागैतिहासिक काल में मानव विकास की सबसे प्रमुख सीढ़ी नवपाषाणकालीन संस्कृति थी। यद्यपि कालक्रम के हिसाब से यह युग काफी छोटा है। तथापि सारे क्रांतिकारी परिवर्तन इसी युग में हुए।

सबसे पहला और स्पष्ट प्रमाण मेहरगढ़ (सिंध और बलूचिस्तान) से मिलता है। संभवत:, इस जगह 7000 वर्ष ई॰पू॰ में ही कृषि उत्पादन आरंभ हो चुका था। यहाँ से 5000 ई॰पू॰ में ही गेहूँ और जौ की विभिन्न प्रजातियों के उगाये जाने का प्रमाण मिलता है। उत्तर-पश्चिम क्षेत्र में नवपाषाणयुगीन सभ्यता की प्रमुख विशेषता गेहूँ और जौ का उत्पादन, कच्ची ईटों के आयताकार मकान, बड़े पैमाने पर पशुपालन आदि हैं। उत्तर-पश्चिम क्षेत्र में 5000 ई॰पू॰ के बाद से मृद्भाण्डों के अवशेष प्राप्त हुए हैं जो भारत में उपलब्ध प्राचीनतम है। कश्मीर में बुर्जहोम, गुफकराल नवपाषाण युग के प्रमुख केन्द्र थे। असम व मेघालय में नवपाषाणयुगीन महत्वपूर्ण स्थल प्राप्त हुए हैं। इस क्षेत्र से प्राप्त मृद्भांड विशिष्ट हैं जिन्हें रस्सी से चिन्हित किया गया है और मोती चिपकाए गए हैं। नवपाषाण काल में मानव ने सबसे पहली बार कृषि करना सीखा। कृषि कर्म ने अनाज के संग्रह, भोजन की पद्धति हेतु मृदभाण्डों का निर्माण प्रारम्भ किया। कृषि-कर्म की आवश्यकताओं के अनुरूप प्रस्तर उपकरण अधिक धारधार व सुघड़ बनने लगे। उन पर पॉलिश भी की जाने लगी। अनाज उत्पादन से जीवन में स्थायित्व की प्रवृत्ति उत्पन्न हुई तथा ग्राम संस्कृति की स्थापना हुई। जनसंख्या में वृद्धि हुई और बड़ी संख्या में बस्तियाँ बसाई गईं। श्रम विभाजन, पुरुष-स्त्री में विभेद इसी समय से प्रकट होते हैं।

इसी समय विभिन्न व्यवसायों में दक्षता प्राप्त किए हुए व्यवसायियों का अलग वर्ग तैयार होने लगा, जैसे–कुम्हार, बढ़ई, कृषक इत्यादि। उत्पादन के कार्यों में पुरुष वर्ग ही महत्वपूर्ण भूमिका निभाने लगा, फलत: धीरे-धीरे मातृसत्तात्मक समाज का स्वरूप पितृसत्तात्मक बनने लगा। दक्षिण भारत के कुछ कब्रगाहों में मृतकों के प्रति सम्मान प्रकट करने के उद्देश्य से बड़े-बड़े पत्थर लगा दिए जाते थे, जो महापाषाण (Megaliths) के नाम से जाने जाते हैं। वस्तुत: नवपाषाणिक ग्राम्य संस्कृतियों ने ही कांस्ययुगीन शहरी सभ्याताओं के उदय का मार्ग प्रशस्त कर दिया।

ताम्र युग

सिंधु घाटी की सभ्यता के अपकर्ष काल में भारत के कुछ भागों में ताँबे के सीमित प्रयोग से कुछ कृषक बस्तियाँ विकसित हो रही थीं, यद्यपि इन बस्तियों के लोगों के अधिकांश उपकरण प्रस्तर के ही थे। इन बस्तियों में स्थानीय प्रवृत्तियों का प्राबल्य रहा, इसलिए इन्हें सिंधु सभ्यता नाम न देकर पृथक्-पृथक् क्षेत्रों की संस्कृतियों को उनके स्थल नामों से जाना गया है।

ताँबे का सर्वप्रथम प्रयोग लगभग 5000 ई॰पू॰ में किया गया था। ताम्र पाषाण काल के लोग प्रमुखत: ग्रामीण समुदाय के थे। भारत में ताम्र पाषाण काल के मुख्य क्षेत्र दक्षिण-पूर्वी राजस्थान (अहार एवं गिलुंड), पश्चिमी मध्य प्रदेश (मालवा, कयथा एवं एरण)। पश्चिमी महाराष्ट्र में अहमदनगर के जौर्वे, नेवासा, दैमाबाद, चन्दौली, सोनगाँव, इनामगाँव, ये सभी स्थल जोर्वे संस्कृति के हैं। इस काल में मनुष्य गेहूँ, धान व दाल की कृषि करने में प्रवीण हो गया था। अहार के लोग पत्थर निर्मित गृहों में रहते थे। दैमाबाद में कांसे की निर्मित वस्तुएँ प्राप्त हुई हैं। नवदाटोली के उत्खनन में सभी अनाजों के साक्ष्य मिले हैं। इस काल के लोग वस्त्र निर्माण से भिज्ञ थे। इस काल के लोग मातृ देवी की पूजा करते थे और वृषभ धार्मिक संप्रदाय का प्रतीक था।

कांस्य युग

विश्व स्तर पर करीब 3000 ई॰पू॰ के आसपास से कांस्य युग का प्रारंभ होता है। इस युग में ताम्र उपकरणों के स्थान पर काँसे का व्यवहार प्रारंभ हुआ, जो ताँबे की अपेक्षा ज्यादा टिकाऊ और कठोर था। आधुनिक उत्खननों से ज्ञात होता है कि करीब 2000-1700 ई॰पू॰ के मध्य सिंधु घाटी और उसके बाहर–राजस्थान, हरियाणा, पंजाब, गुजरात, पश्चिमी उत्तर प्रदेश, एक विकसित शहरी सभ्यता का विकास हुआ। इस संस्कृति के दौरान अनेक शहरों का उदय हुआ, जैसे–हड़प्पा, मोहनजोदड़ो, लोथल, कालीबंगा, बनवाली इत्यादि।

लौह युग

लगभग 1400 ई॰पू॰ के आसपास एशिया माइनर में लोहे की खोज ने मानव-जीवन में एक क्रांतिकारी परिवर्तन ला दिया। उत्तर भारत में ताम्र काल के बाद लौह काल प्रारंभ हुआ तथा मगध का उत्कर्ष इसका प्रमाण है। दक्षिण भारत में पाषाण काल के पश्चात् लौह-काल आया। दक्षिण भारत में स्वतंत्र रूप से लोहे को खोजा गया और उसका बहुत बाद में प्रयोग किया गया। छठी शताब्दी ई॰पू॰ में पूर्वी उत्तर प्रदेश व पश्चिमी बिहार में लोहे का अधिकाधिक प्रयोग होने लगा, इससे अतिरिक्त उपज व अन्य आर्थिक परिवर्तन हुए, विविध शिल्पों का उदय हुआ, क्षेत्रीय भावना जाग्रत हुई। सामान्यत: यह माना जाता है कि भारत में आर्यों के आगमन के साथ ही लोहे का प्रचलन प्रारम्भ हुआ। उत्तर वैदिक (1000-600 ई॰पू॰) काल से लोहे के प्रयोग का प्रमाण साहित्यिक एवं पुरातात्विक साक्ष्यों से मिलता है। लगभग 1000 ई॰पू॰ से गांधार, बलूचिस्तान, पूर्वी पंजाब, पश्चिमी उत्तर प्रदेश, राजस्थान इत्यादि क्षेत्रों से लोहे के उपयोग के प्रमाण मिलने लगते हैं।

वस्तुनिष्ठ प्रश्न

1. पुरापाषाण काल में शवाधान की निम्न में से कौन-सी पद्धतियाँ प्रचलित थीं?
   I. शवों को गाड़ना
   II. मानव के साथ कुत्तों को गाड़ना
   III. स्त्री एवं पुरुष को एक साथ गाड़ना
   IV. शवों को खुले मैदान में छोड़ देना

   नीचे दिए गए कूटों के आधार पर सही उत्तर का चयन करें:

   कूटः

   A. केवल I　　B. I, II और IV
   C. I और IV　　D. I, II, III और IV

2. नवपाषाण काल की धार्मिक प्रथा के संबंध में निम्न में से कौन से अभिलक्षण स्पष्ट रूप से परिलक्षित होते हैं?
   I. मातृदेवी की पूजा
   II. बलि प्रथा
   III. मंदिर का निर्माण
   IV. देवताओं का पृथक्करण

   कूटः

   A. केवल I　　B. I और II
   C. I, II और III　　D. इनमें से कोई नहीं

3. प्राचीनतम कृषक बस्ती है :
   A. मेहरगढ़　　B. बुर्जहोम
   C. गुफकराल　　D. भीमवेटका

4. मनुष्य की कब्र में कुत्ते को भी साथ दफनाएं जाने के साक्ष्य प्राप्त हैं :
   A. कोल्डीहवा　　B. बुर्जहोम
   C. भीमबेटका　　D. चिरांद

5. सभी अनाजों के साक्ष्य उत्खनन में प्राप्त हुए हैं :
   A. अहार　　B. चिरांद
   C. नवदाटोली　　D. हड़प्पा

6. ताम्र पाषाण काल के लोग किसकी पूजा करते थे?
   A. ब्रह्मा　　B. विष्णु
   C. इन्द्र　　D. मातृदेवी

7. सिन्धु क्षेत्र का प्राचीन नाम था :
   A. सिन्धु घाटी　　B. हड़प्पा
   C. मेलुहा　　D. सैन्धव

8. ताँबे से बनी हुई एक इक्का गाड़ी कहाँ से प्राप्त हुई है ?
   A. रंगपुर　　B. लोथल
   C. मोहनजोदड़ो　　D. हड़प्पा

9. मानव ने सबसे पहली बार कृषि करना सीखा :
   A. पुरापाषाण काल में
   B. नवपाषाण काल में
   C. लौह काल में
   D. ताम्र-काँस्य युग में

10. हड़प्पा संस्कृति का स्थल 'मांडा' किस नदी के तट पर स्थित था?
    A. सिन्धु नदी　　B. चिनाव नदी
    C. रावी नदी　　D. झेलम नदी

उत्तरमाला

1	2	3	4	5	6	7	8	9	10
B	A	A	B	C	D	C	D	B	B

आरंभिक नगर

सिंधु सभ्यता

सिंधु सभ्यता की खोज का श्रेय रायबहादुर दयाराम साहनी को दिया जाता है, जिन्होंने तत्कालीन पुरातत्व सर्वेक्षण विभाग के महानिदेशक सर जॉन मार्शल के निर्देशन में 1921 ई. में इस स्थल की खुदाई करवाई। 1922 ई. में राखलदास बनर्जी के नेतृत्व में एक अन्य प्रमुख स्थल मोहनजोदड़ो की खोज हुई। इस नवीनतम स्थल के प्रकाश में आने के बाद यह मान लिया गया कि यह सभ्यता संभवतः सिंधु नदी की घाटी तक ही सीमित है, अतः इसका नाम **'सिंधु घाटी की सभ्यता'** रखा गया।

इस सभ्यता के लिए साधारणतः तीन नामों का प्रयोग होता है– 'सिंधु घाटी की सभ्यता, 'सिंधु-सभ्यता और 'हड़प्पा सभ्यता' । इन तीनों शब्दों का एक ही अर्थ है। इनमें से प्रत्येक शब्द की एक विशिष्ट पृष्ठभूमि है। कालांतर में अनुसंधान से जब यह प्रमाणित हो गया कि यह सभ्यता स्वयं सिंधु घाटी की सीमाओं के पार दूर-दूर तक फैली हुई है (यथा–राजस्थान, हरियाणा, पूर्वी पंजाब और गुजरात आदि) तब इस सभ्यता के सही-सही भौगोलिक विस्तार का संकेत देने के लिए 'सिन्धु घाटी की सभ्यता' शब्दावली अपर्याप्त सिद्ध हुई। अतः इसके लिए **'हड़प्पा सभ्यता'** जैसे गैर-भौगोलिक शब्द के प्रयोग का निर्णय किया गया। पुरातात्विक साहित्य में साधारणतः किसी अज्ञात संस्कृति का नामकरण उस स्थल के नाम पर कर दिया जाता है जहां पहले-पहल उसे पहचाना जाता है। इस सभ्यता का नामकरण 'हड़प्पा सभ्यता' इसी प्रचलित प्रथा का अनुसरण है।

इस सभ्यता का काल 2500-1800 ई.पू. तक माना गया है। भारतीय उपमहाद्वीप में इस सभ्यता के लगभग 1000 स्थलों का पता चला है। इनमें से कुछ हड़प्पा संस्कृति की आरंभिक अवस्था के हैं, कुछ परिपक्व अवस्था के और कुछ उत्तर अवस्था के हैं। इन स्थलों में से केवल 6 को ही नगर की संज्ञा दी गई है जहां परिपक्व और उन्नत हड़प्पा संस्कृति के दर्शन होते हैं। ये 6 स्थल हैं–हड़प्पा, मोहनजोदड़ो, चन्हूदड़ों, लोथल, कालीबंगा, एवं बनवाली, हिसार। हड़प्पा सभ्यता के सुतकागेंडोर और सूरकोतड़ा जैसे समुद्रतटीय नगरों में भी इस संस्कृति की परिपक्व अवस्था दिखाई देती हैं। इन दोनों की विशेषता है एक-एक नगर-दुर्ग का होना। उत्तर हड़प्पा अवस्था गुजरात के काठियावाड़ प्रायद्वीप में रंगपुर और रोजड़ी स्थलों पर पाई गई है। हड़प्पा सभ्यता का समूचा क्षेत्र एक त्रिभुज के आकार का हैं। इसका पूरा क्षेत्रफल लगभग 1,299,600 वर्ग कि.मी. है। अब तक इस सभ्यता के अवशेष पाकिस्तान के पंजाब, सिंध और बलूचिस्तान और भारत के पंजाब, गुजरात, राजस्थान, हरियाणा, पश्चिमी उत्तर प्रदेश जम्मू-कश्मीर के भागों में पाए जा चुके हैं। इस सभ्यता का सर्वाधिक पश्चिमी पुरास्थल सुतकागेंडोर (बलूचिस्तान), पूर्वी स्थल आलमगीरपुर (मेरठ–उ.प्र.) उत्तरी पुरास्थल मांडा (जम्मू-कश्मीर) और दक्षिणी पुरास्थल दायमाबाद (महाराष्ट्र) है।

नगर योजना

हड़प्पा सभ्यता की सर्वाधिक महत्त्वपूर्ण विशेषता थी–इसकी नगर योजना प्रणाली। इस सभ्यता के महत्त्वपूर्ण स्थलों के नगर निर्माण में समरूपता थी। नगरों के भवनों के बारे में विशिष्ट बात यह थी कि ये जाल की तरह विन्यस्त थे। यहां के प्राप्त नगरों के अवशेषों से पूर्व और पश्चिम दिशा में दो टीले मिले हैं। पूर्व दिशा में स्थित टीले पर नगर या फिर आवास क्षेत्र के साक्ष्य मिलते हैं जबकि पश्चिम के टीले पर गढ़ी अथवा दुर्ग (Citadel) के साक्ष्य मिले हैं। लोथल एवं सूरकोतड़ा के दुर्ग और नगर क्षेत्र दोनों एक ही रक्षा प्राचीर से घिरे हैं।

यहाँ प्राप्त मकानों के अवशेष से स्पष्ट होता है कि प्रत्येक मकान के बीच में एक आंगन होता था। आंगन के चारो ओर चार-पांच कमरे, रसोईघर एवं स्नानागार के साथ बने होते थे। स्नानागार गली की ओर बने होते थे। घरों के दरवाजे एवं खिड़कियाँ सड़क की ओर न खुलकर पिछवाड़े की ओर खुलती थी। भवन निर्माण में प्रयुक्त ईंटों का आकार तीन प्रकार का था। ईंटों के निर्माण का निश्चित अनुपात 4 : 2 : 1 था। यहां पर मिले भवन अलंकरण रहित हैं, केवल कालीबंगा में फर्श के निर्माण में अलंकृत ईंट का प्रयोग किया गया है। इस सभ्यता में सड़कों का जाल नगर को कई भागों में विभाजित करता था। सड़के पूर्व से पश्चिम एवं उत्तर से दक्षिण की ओर जाती हुई एक-दूसरे को समकोण पर काटती थीं। सड़कों का निर्माण मिट्टी से किया गया था। सड़कों के दोनों ओर नालियों का निर्माण पक्की ईंटों द्वारा किया गया था और इन नालियों में थोड़ी-थोड़ी दूर पर 'मेन होल' बनाए गए थे।

हड़प्पा सभ्यता का क्षेत्रीय विस्तार
1. सिंध क्षेत्र – मोहनजोदड़ो, आमरी, कोटदीजी, रहमान ढ़ेरी, अल्हादीनों, चन्हूदड़ो, अलीमुराद, झूकर, झांगर, गाजीशाह आदि।

2. **बलूचिस्तान** – मेहरगढ़, किली गुल मुहम्मद, राणाघुंडई, डाबरकोट, बालाकोट, अंजीरा आदि।
3. **अफगानिस्तान** – मुंडीगक, सोरतघई/सुर्तघई।
4. **पश्चिम पंजाब** – हड़प्पा, जलीलपुर, संघनवाला, गंवेरीवाला आदि।
5. **गुजरात** – धौलावीरा, लोथल, सूरकोतड़ा, भगवतराव, रंगपुर, रोजड़ी, देसलपुर, प्रभाषपाट्टन/प्रभाषपट्टनम।
6. **राजस्थान** – कालीबंगा, शीशवल, बाड़ा, हनुमानगढ़, मिथल छुपास।
7. **उत्तर प्रदेश** – आलमगीरपुर, मानपुर, बड़गांव, हुलास।
8. **हरियाणा** – बनवाली, राखीगढ़ी, भगवानपुरा।
9. **पंजाब** – रोपड़, सरायखोल, कोटला निहंग खान, बाड़ा, ढ़ेर माजरा आदि।

धार्मिक जीवन

हड़प्पा सभ्यता के धार्मिक जीवन के बारे में हमें अधिकांश जानकारी पुरातात्विक स्त्रोंतों से मिलती है। इन स्त्रोंतों में मुख्य हैं–मूर्तियां, मुहरें, मृदभांड, पत्थर तथा अन्य पदार्थों से निर्मित लिंग तथा चक्र की आकृति, ताम्र फलक, कब्रिस्तान आदि। हड़प्पा संस्कृति में कहीं से किसी भी मंदिर के अवशेष नहीं मिले हैं। मोहनजोदड़ो एवं हड़प्पा से भारी मात्रा में प्राप्त मृण्मूर्तियों में से एक स्त्री मृण्मूर्ति के गर्भ में से एक पौधा निकलता हुआ दिखाया गया है। ऐसा प्रतीत होता है कि हड़प्पा सभ्यता के लोग धरती को उर्वरता की देवी मानकर इसकी पूजा करते थे। मोहनजोदड़ो से प्राप्त एक सील पर तीन मुखवाला एक पुरुष ध्यान की मुद्रा में बैठा हुआ है। उसके सिर पर तीन सींग हैं, उसके बायीं ओर एक गैंडा और भैंसा है तथा दायीं ओर एक हाथी, एक व्याघ्र एवं हिरण है। इस चित्र से ऐसा प्रतीत होता है कि आज के भगवान शिव की पूजा उस समय **पशुपति** के रूप में होती थी।

हड़प्पा एवं मोहनजोदड़ो से मिले पत्थर के बने लिंग एवं योनि से उनकी पूजा के प्रचलन में होने का भी प्रमाण मिलता है। लिंग-पूजा हड़प्पा काल में शुरू हुई और आगे चलकर हिन्दू समाज में पूजा की एक विशिष्ट विधि मानी जाने लगी। वृक्ष-पूजा के प्रमाण मोहनजोदड़ो से प्राप्त एक सील पर बने पीपल की डालों के मध्य देवता से मिलता है। इस वृक्ष की पूजा आज तक जारी है। हड़प्पा सभ्यता में पशु-पूजा का भी प्रचलन था। कई पशु सीलों (मुहरों) पर अंकित हैं। इनमें सबसे महत्त्व का है कूबड़वाला सांड। आज भी जब ऐसा सांड गलियों में चलता है तो धर्मात्मा हिन्दू इसे रास्ता दे देते हैं। अधिक मात्रा में प्राप्त ताबीजों से ऐसा लगता है कि इस सभ्यता के लोग भूत-प्रेत एवं तंत्र-मंत्र में विश्वास करते थे। अग्नि-पूजा के प्रचलन का भी प्रमाण इस सभ्यता से प्राप्त हुआ है। लोथल एवं कालीबंगा में हवन कुंडों एवं यज्ञ वेदियों के साक्ष्य अग्निपूजा की ओर संकेत करते हैं। धार्मिक कृत्यों से स्पष्ट होता है कि इस सभ्यता के निवासी वृक्ष, पशु और मानवस्वरूप में देवताओं की पूजा करते थे, परंतु वे अपने इन देवताओं के लिए मंदिर नहीं बनाते थे।

आर्थिक जीवन

हड़प्पा सभ्यता के लोगों का आर्थिक जीवन मुख्यतः कृषि, पशुपालन, शिल्प-उद्योग एवं व्यापार-वाणिज्य पर निर्भर था। सिंधु तथा उसकी सहायक नदियों द्वारा प्रतिवर्ष लाई गई उपजाऊ जलोढ़ मिट्टी कृषि कार्य हेतु महत्त्वपूर्ण थी। इन उपजाऊ मैदानों में मुख्य रूप से गेहूँ और जौ की खेती की जाती थी। अभी तक नौ फसलें पहचानी गई हैं- चावल (केवल गुजरात के लोथल से और संभवतः राजस्थान से भी) जौ की दो किस्में, गेहूँ की तीन किस्में, कपास, खजूर, तरबूज, मटर और एक ऐसी किस्म जिसे **'ब्रासिका जुंसी'** की संज्ञा दी गई है। इसके अतिरिक्त मटर, सरसों, तिल एवं कपास की भी खेती होती थी। लोथल में खुदाई से धान एवं बाजरे की खेती के अवशेष मिले हैं।

इस काल में खेती के कार्यों में प्रस्तर एवं कांस्य धातु के बने औजार प्रयुक्त होते थे। ऐसा प्रतीत होता है कि हड़प्पा के लोग लकड़ी के हल का प्रयोग करते थे। संभवतः इस सभ्यता के लोगों ने ही सर्वप्रथम कपास उगाना प्रारंभ किया। इसीलिए यूनानी लोगों ने इस प्रदेश को **'सिंडोन'** कहा। लोथल से आटा पीसने की पत्थर की चक्की के दो पाट मिले हैं। पेड़-पौधों में पीपल, खजूर, नीम एवं केला उगाने के साक्ष्य मिले हैं। इस सभ्यता में मुख्य पालतू पशुओं में डील और बिना डील वाले बैल, भैंस, गाय, भेड़-बकरी, कुत्ते, गदहे, खच्चर और सुअर, आदि प्रमुख थे। हाथी और घोड़े पालने के साक्ष्य प्रमाणित नहीं हो सके हैं। लोथल एवं रंगपुर से घोड़े की मृण्मूर्तियों के अवशेष मिले हैं। सुरकोतड़ा से सैंधव कालीन घोड़े के अस्थिपंजर के अवशेष मिले हैं। कुछ पशु-पक्षियों जैसे बंदर, खरगोश, हिरण, मुर्गा, मोर, तोता, उल्लू के अवशेष खिलौनों और मूर्तियों के रूप में मिले हैं।

शिल्प-उद्योग के तहत बड़े पैमाने पर समानांतर फलकों का उत्पादन, मनके बनाने की कला और सेलखड़ी की आयताकार मोहरें बनाने की तकनीक शामिल थी। धातुओं में सोना, चांदी, टिन, सीसा और तांबा ज्ञात थे। इस समय तांबे में टिन मिलाकर कांसा तैयार किया जाता था। संभवतः कास्य शिल्पियों (कसेरों) का समाज में महत्त्वपूर्ण स्थान था। कसेरों के अतिरिक्त राजगीरों एवं आभूषण निर्माताओं का समुदाय भी समाज में सक्रिय था। सैंधव सभ्यता में सूती वस्त्र का भी उल्लेख मिलता है। इस समय कुम्हार के चाक से निर्मित मृदभांड काफी प्रचलित थे, जिन पर गाढ़ी लाल चिकनी मिट्टी पर काले रंग की ज्यामितीय एवं प्रकृति से जुड़े डिजाइन बनाए जाते थें। चन्हूदड़ों तथा लोथल में मनके बनाने का कार्य होता था। चन्हूदड़ों में सेलखड़ी मुहरें तथा चर्ट के बटखरे भी तैयार किए जाते थे। बालाकोट तथा लोथल में सीप उद्योग अपने विकसित अवस्था में था।

हड़प्पाई लोग सिंधु सभ्यता क्षेत्र के भीतर पत्थर, धातु शल्क आदि का व्यापार करते थे। लेकिन वे जो वस्तुएं बनाते थे उसके लिए जरूरी कच्चा माल उनके नगरों में उपलब्ध नही था। अतः उन्हें बाह्य देशों से व्यापारिक सम्पर्क भी स्थापित करना पड़ा। तैयार माल की खपत अपने क्षेत्रों में नहीं हो पाती

थी। अतः उन वस्तुओं का निर्यात बाह्य देशों को करना पड़ा। इस प्रकार कच्चे माल की आवश्यकता और तैयार माल की खपत की आवश्यकता ने व्यापारिक संबंधों को प्रगाढ़ बनाया।

इस काल में व्यापार धातु के सिक्कों पर आधारित न होकर वस्तु विनियम प्रणाली पर आधारित था। व्यापारिक वस्तुओं की गांठो पर शिल्पियों एवं व्यापारियों द्वारा आपनी मुहर की छाप होती थी तथा दूसरी ओर भेजे जाने वाले का निशान अंकित होता था। व्यापारिक कार्यों में नाप-तौल एवं वाट-माप का भी प्रयोग होता था। वाट का आकार घनाकार, वर्तुलाकार, बेलनाकार, शंक्वाकार एवं ढोलाकार था। तौल की इकाई संभवतः 16 के अनुपात में थी, जैसे- 16, 64, 160, 320 और 640।

इस सभ्यता के लोग यातायात के रूप में दो एवं चार पहियों वाली बैलगाड़ी अथवा भैंसागाड़ी का उपयोग करते थे। मोहनजोदड़ो से प्राप्त एक मुहर पर अंकित नाव का चित्र एवं लोथल से मिली मिट्टी का खिलौना नाव से यह अनुमान लगाया जाता है कि इस सभ्यता के लोग आंतरिक एवं बाह्य व्यापार में मस्तूल वाली नावों का प्रयोग करते थे।

मेसोपोटामिया (इराक) और सिंधु सभ्यता के बीच व्यापारिक संबंधों के विषय में अभिलेखीय साक्ष्य मिलते हैं। मेसोपोटामियाई साहित्य में प्रयुक्त शब्द **'मेलूहा'** सिंधु घाटी क्षेत्र का प्राचीन भाग है।

विभिन्न क्षेत्रों से आयात किया गया कच्चा माल

कच्चा माल	क्षेत्र
टिन	ईरान एवं अफगानिस्तान
तांबा	खेतड़ी (राजस्थान एवं बलूचिस्तान)
चांदी	ईरान एवं अफगानिस्तान
सोना	अफगानिस्तान, फारस एवं दक्षिण भारत
लाजवर्त	मेसोपोटामिया (इराक)
सेलखड़ी	बलूचिस्तान, राजस्थान एवं गुजरात
नीलरत्न	बदख्शां
नीलमणि	महाराष्ट्र
हरितमणि	दक्षिण एशिया
शंख तथा कौड़ियां	सौराष्ट्र एवं दक्षिणी भारत
सीसा	ईरान, अफगानिस्तान एवं राजस्थान
शिलाजीत	हिमालय क्षेत्र

स्त्री मृण्मूर्तियां अधिक मिलने से ऐसा अनुमान लगाया जाता है कि सैंधव समाज मातृसत्तात्मक था। इस सभ्यता के लोग युद्ध प्रिय कम शांतिप्रिय अधिक थे। इस सभ्यता के लोग भोजन के रूप में गेहूं, जौ, खजूर एवं भेड़, सुअर एवं मछली के मांस को पसंद करते थे। घर में बर्तनों के रूप में मिट्टी एवं धातु से बने दोनों प्रकार के बर्तनों का प्रयोग होता था। वस्त्र के रूप में सूती एवं ऊनी दोनों प्रकार के वस्त्र प्रयोग होने के साक्ष्य मिले हैं। स्त्री और पुरुष दोनों वर्ग आभूषण प्रेमी थे। पुरुष वर्ग दाढ़ी एवं मूछ का शौकीन था। मनोरंजन के साधनों में मछली पकड़ना, शिकार करना, पशु-पक्षियों को आपस में लड़ाना, चौपड़, पासा खेलना आदि शामिल थे।

- शवों की अंत्येष्टि क्रिया तीन प्रकार से की जाती थी-
  1. पूर्ण समाधिकरण
  2. आंशिक समाधिकरण
  3. दाह संस्कार

हड़प्पाई लिपि का सर्वाधिक पुराना नमूना 1853 ई. में मिला था पर स्पष्टतः यह लिपि 1923 तक प्रकाश में आई। इस लिपि में कुल मिलाकर 250 से 400 तक चित्राक्षर (Pictograph) हैं और चित्र के रूप में लिखा हर अक्षर किसी ध्वनि, भाव या वस्तु का सूचक है। यह लिपि वर्णात्मक नहीं बल्कि मुख्यतः चित्र-लेखात्मक है। हड़प्पाई लिपि सभी जगह छोटे आकार में है और साधारणतः यह सेलखड़ी की आयताकार मोहरों, तांबे की गुटिकाओं इत्यादि पर देखने को मिलते हैं। लिखावट सामान्यतया बाईं से दाईं ओर है। यह लिपि अभी तक पढ़ी नहीं जा सकी है। इसका एक कारण यह है कि कहीं कोई द्विभाषिक शिलालेख नहीं मिला है। इस लिपि में प्राप्त सबसे बड़े लेख में करीब 17 चिन्ह हैं।

हड़प्पा सभ्यता के स्थलों से संबद्ध मुख्य तथ्य

क्र.स.	प्रमुख स्थल	खोजकर्ता	वर्ष	नदी/सागर तट
1.	हड़प्पा	माधोस्वरूप वत्स एवं दयाराम साहनी	1921	रावी नदी
2.	मोहनजोदड़ो	राखलदास बनर्जी	1922	सिंधु नदी
3.	रोपड़	यज्ञदत्त शर्मा	1953	सतलज नदी
4.	लोथल	ए. रंगनाथ राव	1954	भोगवा नदी
5.	कालीबंगा	ब्रजवासी लाल एवं अमलानंद घोष	1953	घग्घर नदी
6.	रंगपुर	माधोस्वरूप वत्स एवं रंगनाथ राव	1931-1953	मांदर नदी
7.	चन्हूदड़ो	एन. गोपाल मजूमदार	1931	सिंधु नदी
8.	सुरकोतड़ा	जगपति जोशी	1964	———
9.	बनवाली	रविंद्र सिंह विष्ट	1973	सरस्वती नदी
10.	आलमगीरपुर	यज्ञदत्त शर्मा	1958	हिंडन नदी
11.	कोटदीजी	फजल अहमद	1953	सिंधु नदी
12.	सुतकागेंडोर	ऑरिल स्ट्राइन एवं जॉर्ज एफ. डेल्स	1927	दाश्क नदी

वस्तुनिष्ठ प्रश्न

1. हड़प्पा के अवशेषों को देखने वाले प्रथम व्यक्ति थे-
A. चार्ल्स मैसोन B. दयाराम साहनी
C. डॉ॰ व्हीलर D. एम॰ एस॰ वत्स

2. हड़प्पा में उत्खनन कार्य किसने प्रारंभ करवाया?
A. दयाराम साहनी
B. डॉ॰ व्हीलर
C. जे॰ पी॰ जोशी
D. एम॰ एस॰ वत्स

3. लोथल का गोदीवाड़ा एक नहर के जरिए किस नदी से अच्छी तरह जुड़ा हुआ था?
A. नर्मदा B. भीमा
C. भोगव D. ताप्ती

4. निम्नलिखित में से कौन सर्वाधिक मानक हड़प्पाई उत्पाद थे?
A. मृदभांड B. मृणमूर्तिकाएँ
C. ईंटें D. प्रतिमाएँ

5. हड़प्पा संस्कृति का समूचा क्षेत्र है, एक-
A. वृत्ताकार क्षेत्र B. वर्गाकार क्षेत्र
C. टेढ़ी-मेढ़ी बनावट D. तिकोना क्षेत्र

6. खेत जोते जाने का साक्ष्य सर्वप्रथम कहाँ से प्राप्त होता है?
A. हड़प्पा B. कालीबंगन
C. रोपड़ D. रंगपुर

7. निम्नांकित में से किस हड़प्पाई नगर में घरों के दरवाजे मुख्य सड़कों पर खुलते थे?
A. लोथल B. सुरकोतड़ा
C. चन्हुदड़ो D. बनवाली

8. निम्नांकित किस फसल के लिए किसी भी सिन्धु स्थल से कोई प्रमाण नहीं मिला है?
A. जौ B. गन्ना
C. चावल D. मटर

9. हड़प्पाई मुहरों के उत्पादन में कौन-सी प्रक्रिया प्रयुक्त होती थी?
A. चाँपना B. गढ़ना
C. काटना D. ढालना

10. अधिकांश हड़प्पाई मृद्भाण्ड थे-
A. बहुरंगी B. काले चित्रित
C. लाल चित्रित D. सादे

11. अधिकांश सिन्धु मृण्मूर्त्तिकाएँ थीं-
A. हस्त निर्मित
B. एक ही साँचे में निर्मित
C. आड़ी से कटी
D. छेनी से तराशी हुई

12. निम्नांकित कौन-सी धातु विश्व में सर्वप्रथम भारत में प्रकट हुई?
A. ताँबा B. सोना
C. टिन D. चाँदी

13. ऊँट की हड्डियाँ कहाँ से पायी गयी हैं?
A. कालीबंगन B. लोथल
C. हड़प्पा D. मोहनजोदड़ो

14. निम्नांकित किस स्थल से एक गैंडे के वास्तविक अवशेष मिले हैं?
A. अमरी B. कोटदीजी
C. सुरकोतड़ा D. बनवाली

15. सिन्धु सभ्यता की धार्मिक मूर्त्तियों में शामिल थीं-
I. मुहरे एवं मुद्राएँ II. मूर्त्तियाँ और प्रतिमाएँ
III. मृणमूर्त्तिकाएँ IV. ताबीज और पट्टिकाएँ
नीचे दिए गए कूटों से उत्तर का चयन कीजिए-
A. I और II B. I, II और III
C. I, III एवं IV D. उपर्युक्त सभी

16. निम्नांकित में से हड़पाई मुहरों के प्राचीनतम पूरोगामी कौन थीं?
A. मेहरगढ़ से प्राप्त मुहरें।
B. अमरी से प्राप्त प्रस्तर-मुहरें।
C. कालीबंगन से प्राप्त मृणपट्टिकाएँ।
D. कोटदीजी से प्राप्त ताम्र पट्टिकाएँ।

उत्तरमाला

1	2	3	4	5	6	7	8	9	10
A	A	C	C	D	B	A	B	C	D
11	**12**	**13**	**14**	**15**	**16**				
A	D	A	A	D	A				

आरंभिक राज्य

बुद्ध के समय **16** बड़े-बड़े राज्यों का उल्लेख मिलता है, जिन्हें महाजनपद कहा जाता है। छठी शताब्दी ई. पू. के बड़े-बड़े ये राज्य अधिकतर विंध्य के उत्तर में थे और पश्चिमोत्तर सीमाप्रांत से बिहार तक फैले हुए थे। **सोलह महाजनपदों में अश्मक ही एक ऐसा जनपद था जो दक्षिण भारत में गोदावरी नदी के किनारे स्थित था।**

इन महाजनपदों का उल्लेख बौद्ध ग्रंथ **अंगुतर निकाय** में भी मिलता है। जैन गंथ **भगवती सूत्र** में भी इन महाजनपदों का उल्लेख कुछ नामांतर के साथ मिलता हैं। सोलह महाजनपदों में मगध, कोशल, वत्स और अवंति संभवतः अधिक शक्तिशाली थे।

महाजनपदः एक नजर में

महाजनपद	राजधानी
1. अंग	चम्पा
2. मगध	गिरिव्रज (राजगृह)
3. काशी	वाराणसी
4. कोशल	श्रावस्ती/अयोध्या
5. वज्जि	विदेह एवं मिथिला
6. मल्ल	कुशावती (कुशीनगर)
7. चेदि	शक्तिमती
8. वत्स	कौशाम्बी
9. कुरु	इन्द्रप्रस्थ
10. पांचाल	उत्तर पंचाल-अहिच्छत्र दक्षिण पांचाल-काम्पिल्य
11. मत्स्य	विराट नगर
12. शूरसेन	मथुरा
13. अश्मक	पोतन या पोटली
14. अवन्ति	उत्तरी अवन्ति-उज्जयिनी दक्षिणी अवन्ति-महिष्मती
15. गांधार	तक्षशिला
16. कम्बोज	हाटक

ये महाजनपद दो प्रकार के थे—राजतंत्रात्मक राज्य एवं गणतंत्रात्मक राज्य। अंग, मगध, काशी, कोशल, चेदि, वत्स, कुरु, पांचाल, मत्स्य, शूरसेन, अश्मक, अवंति, गांधार तथा कंबोज राजतंत्रात्मक राज्य थे जबकि वज्जि और मल्ल गणतंत्रात्मक राज्य थे। गणतंत्रात्मक राज्यों का शासन राजा द्वारा न होकर गण अथवा संघ द्वारा होता था। आधुनिक युग में गणतंत्र प्रजातंत्र का समानार्थी है किन्तु प्राचीन युग के गणतंत्र को आधुनिक अर्थ में कुलीनतंत्र या निरंकुश तंत्र कह सकते हैं क्योंकि इसमें शासन की शक्ति संपूर्ण जनता के हाथों में न होकर किसी कुल विशेष के प्रमुख व्यक्तियों के हाथों में होती थी। बौद्ध ग्रंथों में गणतंत्रात्मक राज्यों को गणसंघ भी कहा गया है।

बौद्ध ग्रंथों में वर्णित गणराज्य

1. कपिलवस्तु के शाक्य	2. रामग्राम के कोलीय
3. पावा के मल्ल	4. कुशीनारा के मल्ल
5. मिथिला के विदेह	6. पिप्पलीवन के मोरिय
7. सुमसुमारगिरि के भग्ग/मग्ग	8. अलकप्प के बुलि
9. केसपुत्त के कलाम	10. वैशाली के लिच्छवि

मगध का उदय

छठी शताब्दी ई. पू. में मगध एक छोटा-सा राज्य था लेकिन यहाँ की प्राकृतिक दशा, भौगोलिक कारण तथा यहां के योग्य एवं महत्त्वाकांक्षी राजाओं ने मगध को एक साम्राज्य के रूप में परिवर्तित कर दिया। इस राज्य के उत्थान में अनेक वंश के राजाओं का योगदान था। प्राचीन भारत में जिस साम्राज्यवाद का विकास हो रहा था उस ओर मगध ने सबसे पहले कदम बढ़ाया। इस बात की पुष्टि सभी प्राचीन ब्राह्मण तथा जैन स्त्रोतों से भी होती है।

मगध के चारों ओर प्राकृतिक सुरक्षा के साधन थे और निकटवर्ती जंगलों में पाई जाने वाली गजसेना से उसे पर्याप्त बल मिला। इसके साथ ही मगध के आस-पास पाई गई लोहे की खानों से भांति-भांति के अस्त्र-शस्त्र बनाकर आर्य जातियों को जंगलों को साफ करने में सहायता मिली और नए उद्योग-धंधों को बढ़ावा मिला। गंगा नदी के पास होने के कारण व्यापारिक सुविधाएं बढ़ी और आर्थिक दृष्टि से मगध का महत्त्व बहुत बढ़ गया।

हर्यक वंश

मगध के हिरयण्क वंश (हर्यक वंश) के शासक बिम्बिसार के शासनकाल में मगध ने खूब उन्नति की। वह बुद्ध का समकालीन था। उसके द्वारा विजय और विस्तार की शुरू की गई नीति अशोक की कलिंग विजय के साथ समाप्त हुई। बिम्बिसार ने वैवाहिक संबंधों से भी अपनी स्थिति को मजबूत

किया। उसने तीन विवाह किए। विभिन्न राजकूलों से वैवाहिक संबंधों के कारण बिम्बिसार को बड़ी राजनैतिक प्रतिष्ठा मिली और इस प्रकार मगध राज्य को पश्चिम और उत्तर की ओर फैलाने का मार्ग प्रशस्त हो गया।

मगध की असली शत्रुता अवंति से थी, जिसकी राजधानी उज्जैन में थी। इसके राजा चंडप्रद्योत महासेन की बिम्बिसार से लड़ाई हुई थी, किन्तु दोनों अंत में दोस्त बन गए। गंधार से भी बिम्बिसार के राजनयिक संबंध थे। इस प्रकार विजय और कूटनीति से बिम्बिसार ने मगध को ई.पू. छठी सदी में सबसे अधिक शक्तिशाली राज्य बना दिया। मगध की पहली राजधानी राजगीर में थी, उस समय इसे गिरिव्रज कहते थे। यह स्थल पांच पहाड़ियों से घिरा हुआ था और उनके खुले भागों को पत्थरों की दीवारों से चारों ओर से घेर दिया गया था। इस तरह राजगीर एक अभेध्य दुर्ग हो गया था।

बिम्बिसार के उत्तराधिकारी अजातशत्रु (492–460 ई.पू.) ने अपने समूचे शासनकाल में विस्तार की आक्रामक नीति से काम लिया। उसके शासनकाल में मगध का वैभव अपने चरमोत्कर्ष पर पहुंच गया था। अजातशत्रु ने अनेक समकालीन राज्यों को पराजित किया और उन्हें मगध साम्राज्य में मिला लिया। अजातशत्रु को वैशाली को नष्ट करने में लगभग सोलह वर्ष का लंबा समय लगा। इस प्रकार काशी जिसे वह पहले ही विजित कर चुका था, और अब वैशाली को जीतने के बाद उसका साम्राज्य और विस्तृत हो गया। अजातशत्रु की तुलना में अवंति का शासक अधिक शक्तिशाली था। अवंति के राजाओं ने कौशांबी के वत्सों को हराया था और अब वे मगध पर हमला करने की धमकी दे रहे थे। इसी खतरे का सामना करने के लिए अजातशत्रु ने राजगीर की किलेबंदी की। किलेबंदी की दीवारों के अवशेष आज भी देखने को मिलते हैं। परंतु अजातशत्रु के जीवनकाल में अवंति को मगध पर हमला करने का अवसर नहीं मिला।

अजातशत्रु के बाद उदयिन् (460–440 ई.पू.) मगध की गद्‌दी पर बैठा। उसके शासन की महत्त्वपूर्ण घटना यह है कि उसने पटना में गंगा और सोन के संगम पर एक किला बनवाया। इसका मुख्य कारण पटना का मगध साम्राज्य के केंद्र में अवस्थित होना था। एक नए नगर के रूप में पाटलिपुत्र की स्थापना उदयिन् की ही देन है। उदयिन् का उदयभद्र के रूप में भी उल्लेख मिलता है। उदयिन् के बाद यह राजवंश दुर्बल हो गया और सत्ता शिशुनाग वंश के हाथों में चली गई।

शिशुनाग वंश

शिशुनाग वंश (412-365 ई.पू.) के शासक शिशुनाग की सर्वाधिक महत्त्वपूर्ण सफलता थी अवंति के शक्ति को तोड़ना। शिशुनाग ने अवंति और वत्सराज को जीतकर मगध साम्राज्य का विस्तार उत्तरी भारत में मालवा से बंगाल तक कर दिया। शिशुनाग ने वैशाली को अपनी राजधानी बनाया। शिशुनाग के बाद इस वंश का अगला शासक कालाशोक या काकवर्ण हुआ। इसने वैशाली के स्थान पर पुनः पाटलिपुत्र को अपनी राजधानी बनाया। इसके समय में वैशाली में द्वितीय बौद्ध संगीति का आयोजन हुआ। इसकी मृत्यु के उपरांत इसके उत्तराधिकारियों ने लगभग 22 वर्ष तक शासन किया। शिशुनागों के बाद मगध पर नंद वंश का शासन शुरू हुआ।

नंद वंश

नंद वंशीय शासक मगध के सबसे शक्तिशाली शासक सिद्ध हुए। इनका शासन इतना शक्तिशाली था कि सिकंदर भी इनके साम्राज्य की ओर बढ़ने की हिम्मत न कर सका। महापद्‌मनंद संभवतः शूद्र जाति का था। पुरणों में उसे 'सर्वक्षत्रान्तक (सभी क्षत्रियों का नाश करने वाला)' और 'द्वितीय परशुराम' कहा गया है। नंद वंश के सबसे शक्तिशाली शासक महापद्‌मनंद ने कलिंग को जीत कर मगध की शक्ति को बढ़ाया। विजय स्मारक के रूप मे वह कलिंग से जिन की मूर्ति उठा लाया था। इस वंश का अंतिम शासक घनानंद था जिसे चंद्रगुप्त मौर्य ने चाणक्य के सहयोग से अपदस्थ कर मगध पर अपना शासन स्थापित किया।

वस्तुनिष्ठ प्रश्न

1. किस बौद्ध ग्रंथ में सोलह महाजनपद के विषय में जानकारी मिलती है?

A. दिव्यावदान B. महावंश
C. अंगुतर निकाय D. खुद्‌दक निकाय

2. निम्न में से किन राज्यों में गणतंत्रात्मक शासन व्यवस्था थी?

A. वत्स एवं अवंति
B. कोशल और मगध
C. कुरु और पांचाल
D. वज्जि और मल्ल

3. किस शासक को श्रेणिक का जाता था?

A. बिम्बिसार B. अजातशत्रु
C. उदयिन् D. इनमें से कोई नहीं

4. सूची-I को सूची-II से सुमेलित करते हुए दिए गए कूट से उत्तर चुनिए-

सूची-I (महाजनपद)	*सूची-II (राजधानी)*
(a) कंबोज	1. विराटनगर
(b) मत्स्य	2. हाटक
(c) अवन्ति	3. काम्पिल्य
(d) पांचाल	4. उज्जयिनी

कूटः

	(a)	*(b)*	*(c)*	*(d)*
A.	2	1	4	3
B.	1	2	3	4
C.	3	1	4	2
D.	4	3	2	1

5. निम्न में से किस जैन ग्रंथ में सोलह महाजनपदों की जानकारी मिलती है?

A. कल्पसूत्र B. भगवती सूत्र
C. आचारांग सूत्र D. इनमें से कोई नहीं

6. निम्न में से किस राज्य को अजातशत्रु ने मगध साम्राज्य में मिलाना था?

A. काशी तथा वज्जिसंघ
B. वत्स तथा अवंति
C. गांधार तथा शूरसेन
D. अंग और कोशल

7. ग्रीक लेखकों द्वारा किस शासक को अंग्रमीज' कहा गया है?

A. बिम्बिसार B. उदयिन्
C. महापद्मनंद D. इनमें से कोई नहीं

8. किस शासक ने मगध की राजधानी राजगृह से पाटलिपुत्र स्थानांतरित की?

A. अजातशत्रु B. शिशुनाग
C. उदयिन् D. घनानंद

9. मगध साम्राज्य के उत्कर्ष के निम्न में से कौन-कौन से कारण थे?

A. भौगोलिक स्थिति
B. सामारिक स्थिति
C. योग्य एवं शक्तिशाली शासक
D. उपरोक्त सभी

10. शिशुनाग के समय मगध साम्राज्य की राजधानी कहाँ थी?

A. पाटलिपुत्र B. राजगृह
C. वैशाली D. वाराणसी

11. मगध के निम्न में से किस शासक ने वैवाहिक संबधों द्वारा अपनी राजनीतिक स्थिति मजबूत की?

A. अजातशत्रु B. बिम्बिसार
C. उदयिन D. शिशुनाग

12. अजातशत्रु किस धर्म का अनुयायी था?

A. जैन धर्म B. बौद्ध धर्म
C. हिन्दू धर्म D. शैव धर्म

13. पाटलिपुत्र (वर्तमान पटना) की स्थापना का श्रेय किस मगध शासक को है?

A. बिम्बिसार B. घनानंद
C. उदयिन D. सर्वानंद

14. नंद वंश के किस शासक को 'द्वितीय परशुराम' कहा जाता है?

A. महापद्मनंद B. घनानंद
C. उदयिन D. सर्वानंद

15. नंद वंश के किस शासक को कलिंग पर आक्रमण कर वहां जिन की मूर्ति (जैन मूति) लाने का श्रेय है?

A. घनानंद B. बिम्बिसार
C. महापद्मनंद D. अजातशत्रु

16. नंद वंश के किस शासक को पराजित कर चंद्रगुप्त मौर्य ने मगध में मौर्य साम्राज्य की स्थापना की?

A. महापद्मनंद
B. घनानंद
C. सर्वानंद
D. इनमें से कोई नहीं

17. निम्न में से किस वंश को मगध का प्रारंभिक शासक माना जाता है?

A. वृहद्रथ वंश B. हर्यक वंश
C. नंद वंश D. शिशुनाग वंश

18. निम्न में से कौन-सा महाजनपद गोदावरी नदी के किनारे अवस्थित था?

A. शूरसेन B. अस्मक
C. मल्ल D. गांधार

19. पुष्करसारिन निम्न में से कहां का शासक था?

A. गांधार B. वज्जि
C. कुरु D. कंबोज

20. 'आधुनिक वाराणसी' निम्न में से किस महाजनपद की राजधानी थी?

A. कौशल B. काशी
C. वत्स D. अंग

उत्तरमाला

1	2	3	4	5	6	7	8	9	10
C	D	A	A	B	A	D	C	D	C
11	**12**	**13**	**14**	**15**	**16**	**17**	**18**	**19**	**20**
B	B	C	A	D	B	A	B	A	B

नए विचारों का उदय

उत्तर भारत की मध्य गंगा घाटी क्षेत्र में ई. पू. छठी शताब्दी में अनेक धार्मिक संप्रदायों का उदय हुआ। अनेक मत तथा दर्शनों के प्रादुर्भाव ने बौद्धिक आंदोलन का रूप ग्रहण कर लिया। विभिन्न मतों के अनुयायी संन्यासी घूम-घूमकर अपने जीवन-दर्शन का सामान्य-जन में प्रचार तथा एक-दूसरे के दर्शन का खंडन भी करते थे। इस बौद्धिक आंदोलन का केंद्र मगध था। इस काल में जहां एक ओर इस क्षेत्र में विशाल साम्राज्य की नींव पड़ रही थी वहीं दूसरी ओर इसी क्षेत्र में पुरातन जीवन-दर्शन अर्थात् वैदिक जीवन-दर्शन के विरोध में ये धार्मिक आंदोलन चल रहे थे। यह भी कम महत्त्वपूर्ण बात नहीं है कि इसी तरह के बौद्धिक आंदोलन के प्रमाण अन्य देशों, यथा- चीन, ईरान तथा यूनान में भी मिलते हैं, जो पुरातन मान्यताओं को चुनौती दे रहे थे।

भारत में इस आंदोलन के प्रत्यक्ष एवं परोक्ष कारण थे, जो तत्कालीन, सामाजिक एवं आर्थिक परिवर्तनों में निहित थे। इन परिवर्तनों से प्राचीन वैदिक परंपरा की धार्मिक तथा सामाजिक मान्यताएं तथा जीवन-प्रणाली के अनेक तत्त्व केवल रूढ़ि बनकर रह गए थे एवं सामाजिक विकास में बाधक सिद्ध होने लगे थे। ई. पू. छठी शताब्दी में प्रचलित विभिन्न धार्मिक संप्रदायों, यथा- आजीवक/भाग्यवादी, घोर अक्रियावादी, उच्छेदवादी/भौतिकवादी, नित्यवादी, संदेहवादी, जैन और बौद्ध का उदय हुआ। इन धार्मिक संप्रदायों ने पुरातन वैदिक-ब्राह्मण धर्म के अनेक दोषों पर प्रहार किया। इसीलिए इन धर्मों को सुधारवादी आंदोलन भी कहा गया है। **इन सुधारवादी धार्मिक आंदोलनों में जैन एवं बौद्ध धर्म अधिक लोकप्रिय एवं चिरस्थायी रहे।**

जैन धर्म

जैन शब्द 'जिन' से बना है जिसका अर्थ है-विजेता अर्थात् जिसने इंद्रियों को जीत लिया है। भगवतीसूत्र, कल्पसूत्र तथा परशिष्ट पर्वन नामक ग्रंथ में प्रारंभिक जैन धर्म का इतिहास मिलता है। जैन धर्म में तीर्थंकर का अर्थ संसार सागर से पार कराने के लिए औरों को मार्ग बताने वाला होता है। जैन धर्म में कुल 24 तीर्थंकरों के होने की बात कही गई है। ऋषभदेव को जैन धर्म के संस्थापक, प्रवर्तक एवं पहले तीर्थंकर के रूप में जाना जाता है। दो जैन तीर्थंकरों पार्श्वनाथ एवं वर्धमान के अतिरिक्त परंपरा में उल्लिखित शेष सभी तीर्थंकर पौराणिक हैं। पार्श्वनाथ जैन धर्म के 23वें एवं प्रथम ऐतिहासिक तीर्थंकर थे। इन्हें जैन धर्म को सुनियोजित और सुव्यवस्थित कर उसके ज्ञान एवं दर्शन के तत्त्व को वास्तविक प्रवर्तन का श्रेय प्राप्त है। इनके अनुयायियों को निर्ग्रंथ कहा गया है। पार्श्वनाथ ने 4 महाव्रतों का प्रतिपादन किया था, जो इस प्रकार थे–**अहिंसा, सत्य, अपरिग्रह** एवं **अस्तेय**। इनमें सर्वाधिक महत्त्व इन्होंने अहिंसा पर दिया। पार्श्वनाथ ने कायाक्लेश एवं तपश्चर्या से ही मोक्ष प्राप्ति की बात कही। इन्होंने भिक्षुओं को सफेद वस्त्र पहनने की सलाह दी। **पार्श्वनाथ** के **समर्थकों में केशि** प्रमुख थे।

महावीर स्वामी जैन धर्म के वास्तविक संस्थापक एवं 24वें तीर्थंकर थे। इनके बचपन का नाम वर्धमान था। वे वर्ण के क्षत्रिय एवं जाति के ज्ञातृक/शातृक थे। महावीर स्वामी 23वें तीर्थंकर पार्श्वनाथ के शिष्य थे। कैवल्य (ज्ञान) प्राप्त हो जाने के बाद महावीर स्वामी को **'केवलिन' 'जिन' (विजेता), 'अर्हत' (पूज्य/योग्य) एवं निर्ग्रन्थ (बंधन रहित)** जैसी उपाधियां मिली। **बौद्ध साहित्य में महावीर स्वामी को निगंठनाथ पुत्र कहा गया है।** जैन ग्रंथ आचारंग सूत्र में महावीर स्वामी की तपस्या तथा कायाक्लेश का वर्णन मिलता है। अपने पूर्वगामी तीर्थंकर पार्श्वनाथ द्वारा दिए गए 4 महाव्रतों में महावीर ने पांचवा व्रत **ब्रह्मचर्य** जोड़ा।

जैन धर्म में विभिन्न प्रकार के व्रत

पंचमहाव्रत

1. **अहिंसाः** सभी प्रकार की मानसिक, वाचिक एवं कायिक हिंसा से बचने की बात कही गई है। यह जैन धर्म का सर्वाधिक महत्त्वपूर्ण व्रत है।
2. **सत्य व अमृषाः** इसमें सदा सत्य एवं मधुर बोलने की बात कही गई है।
3. **अपरिग्रहः** इसमें सब प्रकार के सम्पत्ति अर्जन से भिक्षुओं को बचने की बात कही गई है।
4. **अस्तेयः** इसमें अनुमति के बिना किसी दूसरे की संपत्ति ग्रहण करने से बचने की बात कही गई है।
5. **ब्रह्मचर्यः** इसमें भिक्षुओं को पूर्ण ब्रह्मचर्य व्रत का पालन करने की बात कही गई है। गृहस्थ जीवन व्यतीत करने वाले जैनियों के लिए उपर्युक्त व्रतों की कठोरता में कमी करके उसे **'अणुव्रत'** नाम दिया गया।

- जैन धर्म में पूर्व जन्म के कर्मफल को समाप्त करने एवं इस जन्म के कर्मफल से बचने के लिए **त्रिरत्नों** के पालन की बात कही गई है। ये त्रिरत्न हैं-

1. **सम्यक श्रद्धाः** सत् में विश्वास।

2. सम्यक् ज्ञानः शंका विहीन तथा वास्तविक ज्ञान।

3. सम्यक् आचरणः बाह्य जगत के विषयों के प्रति सम दुःख-सुख भाव से उदासीनता ही सम्यक् आचरण हैं।

उपर्युक्त त्रिरत्नों का पालन करने से कर्मों का जीवों की ओर बहाव रुक जाता है। इसे **संवर** कहते हैं। जब जीव में पहले से किए गए कर्म का प्रभाव समाप्त होने लगता है तो उसे **निर्जरा** कहते हैं। जब जीव से कर्म की प्राप्ति का अवशेष बिल्कुल समाप्त हो जाता है तब वह मोक्ष की प्राप्ति कर लेता है। जैन धर्म में अज्ञानता के कारण जीव का कर्म की ओर आकर्षित होने को **आस्त्रव** कहते हैं। जैन धर्म में मोक्ष एवं निर्वाण प्राप्ति के लिए कठिन तपस्या एवं कायाक्लेश की बात की गई है। कायाक्लेश के अंतर्गत् उपवास के द्वारा शरीर को समाप्त करने का विधान **सल्लेखना (आत्महत्या)** कहलाता है। इसी विधान द्वारा चंद्रगुप्त मौर्य ने श्रवणबेलगोला में शरीर का परित्याग किया था।

जैन धर्म में मोक्ष या निर्वाण के उपरांत जीव के जीवन-मरण के चक्र से मुक्त होने की स्थिति को **अंत चतुष्ट्य** कहा गया है। अंत चतुष्ट्य में शामिल तत्त्व हैं–अनंत ज्ञान, अनंत दर्शन, अनंत वीर्य तथा अनंत सुख। जैन धर्म के अनुसार सृष्टि का निर्माता ईश्वर नहीं है अपितु यह संसार 6 द्रव्यों–जीव, पुद्‌गल (भौतिक तत्त्व), धर्म, अधर्म, आकाश एवं काल से निर्मित है। ये द्रव्य विनाश की संभावना से परे एवं शाश्वत हैं। जैन दर्शन में ज्ञान के तीन स्त्रोत माने गए हैं–प्रत्यक्ष, अनुमान तथा तीर्थंकरों के वचन। ज्ञान संबंधी जैन सिद्धांत की अपनी विशिष्टता है। इसके अनुसार दृष्टिकोण की भिन्नता के कारण हर ज्ञान को सात विभिन्न स्वरूपों में व्यक्त किया जा सकता है– 1. है, 2. नहीं है, 3. है और नहीं, 4. कहा नहीं जा सकता, 5. है किन्तु कहा नहीं जा सकता, 6. नहीं है और कहा नहीं जा सकता, और 7. है, नहीं है और कहा नहीं जा सकता। इस सप्तभंगी ज्ञान को **स्याद्‌वाद** तथा **अनेकांतवाद** भी कहते हैं। स्याद्‌वाद, मूलतः ज्ञान की सापेक्षता का सिद्धांत (Relative Theory of Knowledge) है।

महावीर स्वामी ने पावा में अपने 11 ब्राह्मण अनुयायियों के साथ **जैन संघ** की स्थापना की। उन्होंने प्रत्येक गण (समूह) का गणधर (प्रधान) इन्हीं 11 ब्राह्मणों में से एक-एक को बनाया। सभी गणधर अपने समूह के साथ महावीर स्वामी के नेतृत्व में धर्म प्रचार में संलग्न हुए। **जैन संघ** के सदस्य 4 वर्गों में विभक्त थे–प्रथम भिक्षु, दूसरे भिक्षुणी, तीसरे श्रावक तथा चौथे श्राविका। इनमें भिक्षु तथा भिक्षुणी तो संन्यासी होते थे किन्तु श्रावक तथा श्राविका गृहस्थ-जीवन बिताते थे।

बौद्ध धर्म

बौद्ध धर्म के प्रवर्तक बुद्ध या सिद्धार्थ का जन्म कपिलवस्तु के लुंबनी नामक ग्राम में शाक्य क्षत्रिय कुल में 563 ई. पू. में हुआ था। इनके पिता शुद्धोधन शाक्य गण के मुखिया थे, माता महामाया कोलियवंशीय थीं। बुद्ध के जन्म के कुछ दिन बाद ही इनकी माता महामाया का देहांत हो गया और इनका पालन-पोषण मौसी प्रजापति गौतमी द्वारा किया गया। 16 वर्ष की अवस्था में सिद्धार्थ का विवाह शाक्य कुल की कन्या यशोधरा से हुआ, जिसके अन्य नाम बिम्बा, गोपा तथा भद्रकच्छा/भद्रकच्छना भी हैं। सिद्धार्थ से यशोधरा को एक पुत्र उत्पन्न हुआ जिसका नाम **'राहुल'** था। सांसारिक दुःखों से दुखी होकर सिद्धार्थ ने 29 वर्ष की अवस्था में गृह त्याग दिया। सिद्धार्थ के गृह त्याग की घटना को बौद्ध ग्रंथों में **'महाभिनिष्क्रमण'** कहा गया है। गृह त्याग के बाद सिद्धार्थ सर्वप्रथम सांख्य दर्शन के आचार्य अलारकलाम के वैशाली के नजदीक स्थित आश्रम गए। यहां से सिद्धार्थ पुनः **उरुवेला (बोधगया)** चले गए। उरुवेला में सिद्धार्थ ने बिना अन्न-जल ग्रहण किए 6 वर्ष तक कठिन तपस्या की जिसके बाद 35 वर्ष की आयु में वैशाख पूर्णिमा की रात पीपल के वृक्ष के नीचे उन्हें ज्ञान प्राप्त हुआ। ज्ञान प्राप्ति के बाद सिद्धार्थ को **'बुद्ध'** के रूप में जाना जाने लगा। बुद्ध का एक अन्य नाम **'तथागत'** भी मिलता है जिसका अर्थ है–सत्य है ज्ञान जिसका। महात्मा बुद्ध को शाक्य मुनि के रूप में भी वर्णित किया गया है। बुद्ध के प्रथम शिष्य दो बंजारे- तपस्सु और मिल्लक थे।

उरुवेला से बुद्ध सारनाथ आए एवं यहाँ पर उन्होंने पाँच ब्राह्मण संन्यासियों को अपना **प्रथम उपदेश** दिया, जिसे बौद्ध ग्रंथों में **धर्म चक्र प्रवर्तन** के नाम से जाना जाता है। **सारनाथ में बुद्ध ने इन 5 संन्यासियों के साथ बौद्ध संघ की स्थापना की।** प्रथम पांच शिष्यों के अतिरिक्त अनेक वैश्यों के साथ बनारस (वाराणसी) का यश नामक धनी व्यापारी भी बौद्ध होकर संघ का सदस्य बना। बुद्ध ने संघ के सदस्यों को विभिन्न क्षेत्रों में जाकर धर्म प्रचार करने का आदेश दिया। स्वयं बुद्ध ने भी इसके बाद आजीवन धर्म का प्रचार किया।

बौद्ध ग्रंथों में मगध के शासक बिंबिसार, अजातशत्रु, कोशल नरेश प्रसेनजित् आदि राजाओं को बुद्ध का अनुयायी बताया गया है। राजपरिवारों के अनेक सदस्यों ने भी बौद्ध धर्म स्वीकार किया। पूर्वोत्तर भारत के अनेक क्षत्रिय गणराज्यों ने उनके धर्म को संरक्षण तथा प्रोत्साहन ही नहीं दिया वरन् उसमें दीक्षित भी हुए। बुद्ध के पिता, उनकी मौसी महाप्रजापति गौतमी तथा पत्नी और पुत्र ने भी इनके धर्म को स्वीकार किया। बाद में शाक्य गणराज्य के राजा भद्रिक, उसके सहयोगी आनंद, अनुरूद्ध, उपालि तथा देवदत्त ने भी बौद्ध धर्म अपनाया। बुद्ध के नजदीकी शिष्यों में आनंद, उपालि, सारिपुत्र, मौद्‌गल्यायन एवं देवदत्त थे। आनंद के बहुत आग्रह पर ही महात्मा बुद्ध ने बौद्ध संघ में नारियों के प्रवेश की अनुमति दी। **बौद्ध संघ में प्रवेश पाने वाली पहली नारी महात्मा बुद्ध की मौसी प्रजापति गौतमी थी, जिन्हें वैशाली में बौद्ध संघ में प्रवेश दिया गया।** महात्मा बुद्ध ने अपने उपदेश मगध, कोशल, वैशाली, कौशांबी एवं अन्य अनेक राज्यों में दिए, बुद्ध ने अपने जीवन के सर्वाधिक उपदेश कोशल देश की राजधानी **'श्रावस्ती'** में दिए।

महात्मा बुद्ध ने अपने जीवन के अंतिम समय में **'पावा'** में चुंद नामक सुनार के घर भोजन किया। इस कारण वे उदर विकार से पीड़ित हुए। इसी अवस्था में कुशीनगर आए और 483 ई.पू. में 80 वर्ष की अवस्था में इनकी मृत्यु हुई। **उनकी मृत्यु को बौद्ध ग्रंथों में महापरिनिर्वाण की संज्ञा दी गई है।** बुद्ध की मृत्यु के बाद इनके शरीर के अवशेषों को आठ भागों में बांटकर उस पर आठ स्तूपों का निर्माण कराया गया।

बौद्ध धर्म के अंतर्गत् सभी दुःख का कारण मूलरूप से तृष्णा (लालसा या पिपासा) को माना गया है। बौद्ध धर्म का मूलाधार **'चार आर्य सत्य'** हैं। इस धर्म के सारे सिद्धांत तथा बाद में विकसित विभिन्न दार्शनिक मतवादों के ये ही आधार हैं। ये चार आर्य सत्य हैं– **दुःख, दुःख समुदाय, दुःख निरोध तथा दुःख निरोध गामिनी-प्रतिपदा (दुःख निवारक मार्ग)।** बुद्ध ने सांसारिक दुःखों से मुक्ति हेतु अष्टांगिक मार्ग की बात कही। ये साधन हैं- 1. सम्यक् दृष्टि, 2. सम्यक् संकल्प, 3. संम्यक् वाणी, 4. सम्यक् कर्मात, 5. सम्यक् आजीव, 6. सम्यक् व्यायाम, 7. सम्यक् स्मृति और 8. सम्यक् समाधि। बुद्ध के अनुसार इन अष्टांगिक मार्गो के पालन करने के उपरांत मनुष्य की भव-तृष्णा नष्ट हो जाती है और उसे निर्वाण प्राप्त हो जाता है। इस तरह अष्टांगिक मार्ग दुःख निवारक मार्ग (दुःख निरोध-गामिनी प्रतिपदा) है। बुद्ध ने अष्टांगिक मार्ग के अंतर्गत् अधिक सुखपूर्ण जीवन व्यतीत करना या अधिक काया-क्लेश में संलग्न होना-दोनों को वर्जित किया है। उन्होंने इस संबंध में **मध्यम प्रतिपदा (मार्ग)** का उपदेश दिया है।

'प्रतीत्यसमुत्पाद' महात्मा के उपदेशों का सार एवं उनकी संपूर्ण शिक्षाओं का आधार-स्तंभ हैं। प्रतीत्य-समुत्पाद का अर्थ है कि संसार की सभी वस्तुएँ कार्य और कारण पर निर्भर करती है। प्रतीत्य (किसी वस्तु के होने पर) समुत्पाद (किसी अन्य वस्तु की उत्पत्ति), प्रतीत्य समुत्पाद का यही दर्शन है। बौद्ध धर्म में संसार में व्याप्त हर तरह के दुःखों का सामूहिक नाम **'जरामरण'** दिया गया है। जरामरण के चक्र के 12 क्रम हैं- 1. अविद्या, 2. संस्कार, 3. विज्ञान, 4. नाम-रूप, 5. षडायतन, 6. स्पर्श, 7. वेदना, 8. तृष्णा, 9. उपादान, 10. भव, 11. जाति, और 12. जरामरण। जीवन-चक्र के इन 12 चक्रों में से प्रथम दो पूर्वजन्म से संबंधित हैं तथा अंतिम दो भावी जीवन और शेष वर्तमान जीवन से संबंध रखते हैं। बौद्ध धर्म का परम लक्ष्य **'निर्वाण'** है, जिसका अर्थ हैं **'दीपक का बुझ जाना'** अर्थात्-जीवन-मरण के चक्र से मुक्त हो जाना । महात्मा बुद्ध के अनुसार मनुष्य निर्वाण इसी जीवन में प्राप्त करता है जबकि महापरिनिर्वाण मृत्यु के बाद ही संभव है। महात्मा बुद्ध ने निर्वाण प्राप्ति को सरल बनाने के लिए 10 शीलों पर विशेष बल दिया। ये शील हैं– 1. अहिंसा, 2. सत्य, 3. अस्तेय, (चोरी न करना) 4. व्यभिचार से बचना, 5. शराब का सेवन न करना, 6. असमय भोजन न करना, 7. सुखप्रद बिस्तर पर न सोना, 8. धन संचय न करना, तथा 9. स्त्रियों का संसर्ग न करना।

सामान्य लोगों के लिए बुद्ध ने जिस धर्म का उपदेश दिया उसे **उपासक धर्म** कहा गया है। वह भिक्षु धर्म से भिन्न था। बौद्ध ग्रंथ **'दीग्घनिकाय'** के **'सीहनादसुत'** में इस धर्म (उपासक) का विवरण प्राप्त होता है। बुद्धघोष ने इसे **'गेहविजय'** अर्थात् गृहस्थों के लिए आचरण की संज्ञा दी है। उपासक धर्म के प्रमुख लक्षण हैं- अहिंसा, प्राणियों पर दया, सत्यभाषण, माता-पिता की सेवा, गुरुजनों का सम्मान, ब्राह्मणों-श्रमणों को दान, मित्रों, परिचितों, संबंधियों आदि के साथ अच्छा बर्ताव इत्यादि। ये सभी बातें सभी धर्मों में समान रूप से श्रद्धेय मानी जाती हैं। बौद्ध धर्म में संघ का भी महत्त्वपूर्ण स्थान है। यह **त्रिरत्न-बुद्ध, संघ** और **धम्म** का एक अनिवार्य अंग है। बौद्ध संघ का गठन गणतांत्रिक प्रणाली पर आधारित था। संघ में न तो बड़े-छोटे का कोई भेद था और न ही बुद्ध ने अपना कोई उत्तराधिकारी ही नियुक्त किया, वरन् धर्म तथा विनय को ही शास्ता (शासक) माना।

संघ के कार्य संपादन के लिए एक निश्चित विधान था, जो गणतांत्रिक आधार पर निर्मित था। संघ की सभा में प्रस्ताव (नत्ति) का पाठ होता था। प्रस्ताव पाठ को **'अनुसावन'** कहते थे। संघ में प्रवेश पाने को **'उपसंपदा'** कहा जाता था। संघ के अधिवेशन के लिए कम-से-कम 20 भिक्षुओं की उपस्थिति आवश्यक थी।

बौद्ध धर्म ईश्वर और आत्मा को नहीं मानता है। इस बात को हम भारत के धर्मों के इतिहास में एक क्रांति कह सकते हैं। यह विशेषतः निम्न वर्णों का समर्थन पा सका, क्योंकि इसमें वर्ण-व्यवस्था की निंदा की गई है। ब्राह्मण धर्म की तुलना में अधिक उदार होने के कारण समाज का बड़ा वर्ग इस धर्म की ओर आकर्षित हुआ। आम लोगों की भाषा पालि को अपनाने से भी बौद्ध धर्म के प्रचार को बल मिला। इससे आम जनता में बौद्ध धर्म का प्रचार आसान हुआ।

ब्राह्मण-प्रधान समाज में वैश्यों का स्थान तृतीय कोटि में था, प्रथम और द्वितीय कोटियों में क्रमशः ब्राह्मण और क्षत्रिय आते थे। स्वभावतः वे ऐसे किसी धर्म की खोज में थे जहाँ उनकी सामाजिक स्थिति सुधरे। वैश्वों ने महावीर और गौतम बुद्ध दोनों की उदारतापूर्वक सहायता की।

दोनों धर्मों में अहिंसा पर जोर दिया गया है। फलतः व्यापार-वाणिज्य में उन्नति का मार्ग प्रशस्त हुआ। जैन धर्म में युद्ध और कृषि दोनों वर्जित हैं, क्योंकि दोनों में जीवों की हिंसा होती है। फलतः जैन धर्मावलंबियों ने अपना ध्यान व्यापार-वाणिज्य की ओर केंद्रित किया जिससे इस काल में इसमें उन्नति हुई।

बौद्ध धर्म के अनुसार दरिद्रता ही घृणा, क्रूरता और हिंसा की जननी है। इन बुराइयों को दूर करने के लिए बुद्ध ने उपदेश दिया कि किसानों को बीज और अन्य सुविधाएँ मिलनी चाहिए, व्यापारियों को धन मिलना चाहिए और श्रमिकों को मजदूरी मिलनी चाहिए। इन उपायों की अनुशंसा सांसारिक दरिद्रता को दूर करने के लिए की गई। बुद्ध के इन उपदेशों ने एक प्रकार से व्यावसायिक वातावरण को तैयार किया।

वस्तुनिष्ठ प्रश्न

1. जैन धर्म का वास्तविक संस्थापक किसे माना जाता है?
A. पार्श्वनाथ B. ऋषभदेव
C. महावीर D. नेमिनाथ

2. जैन परम्परा के अनुसार जैन धर्म में कुल कितने तीर्थंकर हुए?
A. 25 B. 23
C. 20 D. 24

3. जैन धर्म के प्रथम तीर्थंकर के रूप में किसे जाना जाता है?
A. महावीर स्वामी को B. ऋषभदेव को
C. पार्श्वनाथ को D. अजितनाथ को

4. महावीर स्वामी "यती" कब कहलाए?
A. घर त्यागने के बाद
B. इन्द्रियों को जीतने के बाद
C. ज्ञान प्राप्त करने के बाद
D. उपरोक्त में से कोई नहीं

5. सूची-I को सूची-II से सुमेलित करें-

सूची-I	***सूची-II***
(a) महावीर का जन्म	1. वैशाली
(b) महावीर की मृत्यु	2. कुण्डग्राम
(c) महावीर को ज्ञान की प्राप्ति	3. पावापुरी
(d) महावीर का सर्वाधिक प्रभाव	4. जुम्भिक ग्राम के समीप

	(a)	*(b)*	*(c)*	*(d)*
A.	1	2	3	4
B.	2	3	1	4
C.	2	3	4	1
D.	2	4	3	1

6. राजगृह में महावीर स्वामी ने सर्वाधिक निवास किस ऋतु में किया?
A. ग्रीष्म ऋतु B. वर्षा ऋतु
C. शीत ऋतु D. बसंत ऋतु

7. "स्यादवाद" किस धर्म का मूलाधार था?
A. बौद्ध धर्म B. जैन धर्म
C. वैष्णव धर्म D. शैव धर्म

8. आदि जैन ग्रंथों की भाषा क्या थी?
A. संस्कृत B. पालि
C. प्राकृत D. अपभ्रंश

9. जैन मत का सर्वाधिक प्रचार-प्रसार किस समुदाय में हुआ?
A. शासक वर्ग B. किसान वर्ग
C. व्यापारी वर्ग D. शिल्पी वर्ग

10. महावीर के निर्वाण के बाद जैन संघ का अगला अध्यक्ष कौन हुआ?
A. गोशाल B. मल्लिनाथ
C. सुधर्मन D. वज्र स्वामी

11. जैन धर्म के पाँच व्रतों में सर्वाधिक महत्त्वपूर्ण व्रत कौन-सा है?
A. अहिंसा B. अस्तेय
C. अपरिग्रह D. ब्रह्मचर्य

12. जैन धर्म "श्वेताम्बर" एवं "दिगम्बर" सम्प्रदायों में कब विभाजित हुआ?
A. चन्द्रगुप्त मौर्य के काल में
B. अशोक के काल में
C. कनिष्क के काल में
D. इनमें से कोई नहीं

13. महावीर स्वामी ने पाँचवे व्रत के रूप में क्या जोड़ा?
A. अहिंसा B. अस्तेय
C. अपरिग्रह D. ब्रह्मचर्य

14. महावीर स्वामी का अपने दामाद जामालि से किस सिद्धांत पर मतभेद हुआ?
A. अहिंसा B. स्यादवाद
C. क्रियामाणकृत D. ब्रह्मचर्य

15. जैन धर्म के विषय में कौन-सा कथन सत्य नहीं हैं?
A. जैन धर्म में देवताओं का अस्तित्व स्वीकार किया गया है।
B. वर्ण व्यवस्था की निन्दा की गयी है।
C. पूर्व जन्म के आधार पर मनुष्य का जन्म उच्च या निम्न कुल में होता है।
D. जैन धर्म ने अपने को स्पष्टतः ब्राह्मण धर्म से अलग नहीं किया।

16. महात्मा बुद्ध को किस नदी के तट पर ज्ञान प्राप्त हुआ?
A. निरंजना B. ऋजुपालिका
C. गंगा D. यमुना

17. किस शासक ने बोधिवृक्ष को कटवाया था?
A. पुष्यमित्र शुंग B. मिहिरकुल
C. शशांक D. महमूद गजनवी

18. भारत में पूजित पहली मानव प्रतिमा कौन-सी थी?
A. भगवान बुद्ध की
B. इन्द्र भगवान की
C. महावीर स्वामी की
D. वासुदेव कृष्ण की

उत्तरमाला

1	**2**	**3**	**4**	**5**	**6**	**7**	**8**	**9**	**10**
C	D	B	A	C	B	B	C	C	C
11	**12**	**13**	**14**	**15**	**16**	**17**	**18**		
B	A	D	C	B	A	C	A		

प्रथम साम्राज्य

मौर्य वंश

मौर्य वंश की स्थापना, चंद्रगुप्त मौर्य ने चाणक्य की सहायता से अंतिम नंदवंशीय शासक घनानंद को पराजित कर 322 ई. पू. में की। मौर्य राजवंश के विषय में जानकारी के प्रमुख स्त्रोत हैं- ब्राह्मण साहित्य, बौद्ध साहित्य, जैन साहित्य, विदेशी यात्रियों के विवरण एवं पुरातत्त्व आदि। अशोक के शिलालेखों की कुल संख्या 14 है जो विभिन्न स्थानों से प्राप्त हुए हैं। इन्हें वृहद् शिलालेख भी कहा जाता है। सर्वप्रथम 1837 में जेम्स प्रिंसेप ने इन्हें पढ़ने में सफलता प्राप्त की।

क्र.स.	शिलालेख	खोज का वर्ष	लिपि
1.	शहबाजगढ़ी (पाकिस्तान)	1836	खरोष्ठी
2.	मानसेहरा (पाकिस्तान)	1889	खरोष्ठी
3.	गिरनार (गुजरात)	1822	ब्राह्मी
4.	धौली (उड़ीसा)	1837	ब्राह्मी
5.	कालसी (उत्तराखण्ड)	1837	ब्राह्मी
6.	जौगढ़ (उड़ीसा)	1850	ब्राह्मी
7.	सोपारा (महाराष्ट्र)	1882	ब्राह्मी
8.	एर्रगुडी (आंध्र प्रदेश)	1916	ब्राह्मी

नोटः *धौली एवं जौगढ़ के शिलालेखों को **'पृथक कलिंग प्रज्ञापान** अथवा **'पृथक कलिंग शिलालेख'** कहा जाता है। इनसे कलिंग राज्य के प्रति अशोक के शासन की नीति की जानकारी मिलती है।*

अशोक के अभिलेख खरोष्ठी और ब्राह्मी नामक दो लिपियों में प्राप्त होते हैं। खरोष्ठी लिपि उर्दू की भांति दाएं से बाएं लिखी जाती थी। अशोक के अधिकांश अभिलेख ब्राह्मी लिपि में हैं जबकि उसकी भाषा प्राकृत है। **ब्राह्मी लिपि** ही भारत की **सबसे प्राचीन लिपि** है। यह बाएं से दाएं लिखी जाती थी। मानसेहरा एवं शहबाजगढ़ी (दोनों पाकिस्तान में स्थित हैं) के शिलालेख **खरोष्ठी लिपि** में हैं। कंधार एवं तक्षशिला के शिलालेख **द्विभाषी** है जो ग्रीक एवं आरमाइक लिपि में हैं। कंधार के पास **''शार-ए-कुना''** नामक स्थान से ग्रीक तथा आरमाइक में लिखा गया द्विभाषी अभिलेख मिला है।

चन्द्रगुप्त मौर्य

चंद्रगुप्त मौर्य (322-298 ई.पू.) भारतीय इतिहास में पहला महान सम्राट था। ग्रीक साहित्य में उसे **सैंड्रोकोट्स** के नाम से जाना जाता है। सर्वप्रथम विलियम जोन्स ने **सैंड्रोकोट्स** की पहचान चंद्रगुप्त मौर्य के रूप में की। चंद्रगुप्त मौर्य ने अपने गुरु विष्णुगुप्त अथवा चाणक्य की सहायता से नंद वंश के अंतिम शासक घनानंद को हराकर मौर्य साम्राज्य की स्थापना की। मगध के राजसिंहासन पर बैठकर चंद्रगुप्त ने एक ऐसे साम्राज्य की नींव डाली जो पूरे भारत में फैला था।

चंद्रगुप्त मौर्य ने उत्तर-पश्चिमी भारत को सिकंदर के उत्तराधिकारियों से मुक्त कर, नंदों का उन्मूलन कर, सेल्यूकस को पराजित कर संधि के लिए बाध्य कर जिस साम्राज्य की स्थापना की उसकी सीमाएं उत्तर-पश्चिम में ईरान सीमा से लेकर दक्षिण में वर्तमान उत्तरी कर्नाटक एवं पूर्व में मगध से लेकर पश्चिम में सोपारा तथा सौराष्ट्र तक विस्तृत थी। प्लूटार्क और जस्टिन का कथन है कि चंद्रगुप्त मौर्य ने छः लाख की सेना लेकर संपूर्ण भारतवर्ष को रौंद डाला तथा उस पर अपना अधिकार कर लिया।

चंद्रगुप्त एक कुशल योद्धा, सेनानायक तथा विजेता के साथ-साथ एक योग्य शासक भी था। चंद्रगुप्त के शासनकाल में भारत ने पहली बार राजनीतिक एकता प्राप्त की तथा चक्रवर्ती सम्राट का आदर्श चरितार्थ हुआ। चंद्रगुप्त के मुख्य सलाहकार और गुरु कौटिल्य ने चक्रवर्ती क्षेत्र को साकार रूप दिया। **कौटिल्य के अनुसार चक्रवर्ती क्षेत्र के अन्तर्गत् हिमालय से हिन्द महासागर तक सारा भारतवर्ष है।** इसके काल में राजतंत्र के सिद्धांत की विजय हुई । इस युग में गणराज्यों का ह्रास होने लगा और शासन सत्ता अत्यधिक केंद्रित हो गई।

चंद्रगुप्त ने अपने मुख्य सलाहकार कौटिल्य की सहायता से ऐसी शासन-व्यवस्था का निर्माण किया जो उस समय के अनुकूल थी। यह शासन-व्यवस्था एक हद तक मगध के पूर्वगामी शासकों द्वारा विकसित शासन तंत्र पर आधारित थी किन्तु इसका श्रेय चंद्रगुप्त और कौटिल्य की सृजनात्मक क्षमता को जाता है।

चंद्रगुप्त के शासन की मुख्य विशेषताएं थीं–**सत्ता का अति-केंद्रीकरण, विकसित अधिकारी तंत्र, उचित न्याय-व्यवस्था, नगर-शासन, कृषि, शिल्प उद्योग, संचार, वाणिज्य एवं व्यापार की वृद्धि के लिए राज्य द्वारा किए गए उपाय।** चंद्रगुप्त के बाद बिंदुसार गद्दी पर बैठा, जिसके शासन की महत्त्वपूर्ण एवं विशेष बात है यूनानी राजाओं के साथ निरंतर संबंध। उसका पुत्र अशोक मौर्य राजाओं में सबसे महान हुआ।

अशोक

अशोक पहला भारतीय राजा हुआ जिसने अपने अभिलेखों के सहारे सीधे अपनी प्रजा को संबोधित किया। उसके अभिलेख भारत में प्राकृत भाषा के सबसे पुराने निदर्श प्रस्तुत करते हैं। ये अभिलेख शिलाओं पर, पत्थर के पॉलिशदार शीर्षयुक्त स्तंभों पर, गुहाओं में और एक मामले में मिट्टी के कटोरे पर भी खुदे हुए हैं। इन अभिलेखों में राजा के आदेश सूचित किए गए हैं। प्राकृत में रचित अशोक के ये अभिलेख साम्राज्य भर के अधिकांश भागों में ब्राह्मी लिपि में लिखित हैं। किन्तु पश्चिमोत्तर भाग में ये खरोष्ठी और आरमाइक लिपियों में है और अफगानिस्तान में इनकी भाषा और लिपि आरमाइक और यूनानी दोनों है।

इन अभिलेखों से अशोक के जीवनवृत, उसकी आंतरिक और परराष्ट्रीय/अंतर्राष्ट्रीय नीति तथा उसके राज्य के विस्तार की जानकारी मिलती है। अशोक की गृह एवं विदेश नीति बौद्ध धर्म के आदर्श से प्रेरित है। गद्दी संभालने के बाद उसने केवल एक युद्ध किया जो कलिंग युद्ध के नाम से प्रसिद्ध है। इस युद्ध में हुए जानमाल की अपार क्षति ने अशोक को द्रवित कर दिया। अतः उसने दूसरे राज्यों पर भौतिक विजय पाने की नीति छोड़कर सांस्कृतिक विजय पाने की नीति अपनाई।

कलिंग युद्ध के परिणामस्वरूप अशोक बौद्ध हो गया। परंपरा बताती है कि वह बौद्ध भिक्षु हो गया। बौद्धों को अपार दान दिया और बौद्ध धर्म-स्थानों की यात्रा की। उसकी इस यात्रा का संकेत अभिलेखों में आए **धर्मयात्रा** शब्द से भी मिलता है। अशोक ने लोगों को **'जियो और जीने दो'** का पाठ पढ़ाया। उसने जीवों के प्रति दया और बांधवों के प्रति सद्व्यवहार की सीख दी। उसके उपदेशों का उद्देश्य सहिष्णुता के आधार पर तत्कालीन समाज-व्यवस्था को बनाए रखना था। इस तरह वह शांतिवादी नीति की ओर अग्रसर हुआ।

अशोक प्राचीन विश्व के इतिहास का सबसे महान धर्म प्रचारक शासक था। उसने अपनी आस्था के प्रति बड़े ही उत्साह और निष्ठा से काम किया। उसने देश में राजनैतिक एकता स्थापित की और एक धर्म, एक भाषा और प्रायः एक लिपि के सूत्र में सारे देश को बांध दिया। उसके लगभग सभी अभिलेख एक ही लिपि ब्राह्मी में हैं। देश के एकीकरण में उसने ब्राह्मी, खरोष्ठी, आरमाइक और यूनानी सभी लिपियों का सम्मान किया। स्पष्टतः उसने यूनानी, प्राकृत और संस्कृत जैसी भाषाओं को और विविध धार्मिक संप्रदायों को समन्वित किया। अशोक ने धार्मिक सहनशीलता की नीति अपनाई। उसने प्रजा पर बौद्ध धर्म लादने की चेष्टा नहीं की, प्रत्युत उसने हर संप्रदाय के लिए दान दिए। उसने धर्म प्रचार के कार्य में अपार उत्साह दिखाया। साम्राज्य के सुदूरवर्ती भागों में भी उसने अपने अधिकारियों को तैनात किया। इससे प्रशासन-कार्य में लाभ हुआ और साथ ही विकसित गंगा के मैदानी क्षेत्रों और पिछड़े दूरवर्ती प्रदेशों के बीच सांस्कृतिक संपर्क बढ़ा।

शुंग वंश

मौर्य साम्राज्य को पुष्यमित्र शुंग ने अंतिम रूप से 185 ई.पू. में नष्ट कर दिया। वह अंतिम मौर्य शासक वृहद्रथ का एक सेनापति था। सूत्रों के अनुसार उसने लोगों के सामने वृहद्रथ को मार डाला और बलपूर्वक पाटलिपुत्र का राजसिंहासन हड़प लिया। शुंग वंश द्वारा पाटलिपुत्र और मध्य भारत में शासन किया गया। इन्होंने (शुंग वंश) ब्राह्मणमार्गीय जीवन-पद्धति का पुनरारंभ दिखाने के लिए कई वैदिक यज्ञ किए।

वस्तुनिष्ठ प्रश्न

1. चन्द्रगुप्त का उल्लेख सबसे पहले किस अभिलेख में मिलता है?
A. अशोक का बराबर पहाड़ी गुहा अभिलेख
B. नागार्जुनी पहाड़ी में दशरथ का गुहा अभिलेख
C. अशोक का जूनागढ़ शिला अभिलेख
D. रुद्रदामन प्रथम का जूनागढ़ शिलालेख

2. निम्नलिखित में कौन सुमेलित नहीं है?
A. कलिंग - जौगढ़
B. दक्षिणापथ - सुवर्णगिरि
C. अवन्तिराज - उज्जैन
D. उत्तरापथ - तक्षशिला

3. मौर्यकालीन रथों की पताकाओं का रंग क्या था?
A. सफेद B. नीला
C. लाल D. हरा

4. अशोक के शिलालेखों तथा उनकी ब्राह्मीलिपि के बारे में सर्वप्रथम किसने रहस्योद्घाटन किया?
A. एलेकजेन्डर कनिंघम B. मैक्समूलर
C. जेम्स प्रिन्सेप D. मार्टिमर व्हीलर

5. अशोक का नवीनतम प्राप्त शिलालेख है?
A. कन्धार द्विभाषी शिलालेख
B. सन्नताई शिलालेख
C. मास्की शिलालेख
D. भाब्रू शिलालेख

6. दशरथ का नागार्जुनी पहाड़ी गुहा अभिलेख किस जगह पर स्थित है?
A. जूनागढ़ B. नागार्जुनकोंडा
C. बराबर D. राजगीर

7. निम्न में से किस राजा के बारे में कहा जाता है कि उसने **"दोनों समुद्रों के बीच की भूमि"** को जीता?
A. अशोक B. चन्द्रगुप्त मौर्य
C. बिन्दुसार D. अजातशत्रु

8. निम्नलिखित में से किस शिलालेख को अशोक द्वारा प्रसारित नहीं किया गया?
A. जूनागढ़ शिलालेख

B. भाब्रू शिलालेख
C. कलिंग शिलालेख
D. दिल्ली-टोपरा स्तम्भ लेख

9. कन्धार शिलालेख किस लिपि में लिखे गए थे?
A. खरोष्ठी
B. ग्रीक
C. आरमाइक
D. (A) और (B) दोनों

10. निम्नांकित में से किस स्थान पर सभी वृहत्त और लघुस्तम्भ लेखों की प्रतिलिपियाँ पायी गयी हैं?
A. साँची
B. इलाहाबाद
C. सारनाथ
D. रूम्मिनदेई

11. साँची स्तूप का निर्माण कराया था–
A. दशरथ
B. संप्रति
C. अशोक
D. बिन्दुसार

12. मानसेहरा तथा शाहबाजगढ़ी स्थित अशोक के शिलालेखों में प्रयुक्त लिपि क्या है?
A. आरमाइक
B. ग्रीक
C. खरोष्ठी
D. ब्राह्मी

13. निम्नांकित किस बौद्ध साहित्यिक स्रोत से मौर्यों के बारे में जानकारी नहीं मिलती–
A. महापरिनिब्बान सुत्त
B. दीपवंश
C. महावंश
D. अशोकावदान

14. मौर्यकालीन साहित्यिक स्रोतों में सर्वाधिक महत्त्वपूर्ण स्रोत कौन है?
A. पुराण
B. विशाखदत्त का मुद्राराक्षस
C. कौटिल्य का अर्थशास्त्र
D. मेगास्थनीज की इण्डिका

15. निम्नलिखित किस क्षेत्र पर चन्द्रगुप्त मौर्य ने विजय नहीं प्राप्त की थी ?
A. कर्नाटक
B. महाराष्ट्र
C. कलिंग
D. आन्ध्र

16. मौर्यों का कालक्रम किस घटना से सम्बद्ध है?
A. सिकन्दर का आक्रमण
B. महावीर की मृत्यु
C. बुद्ध की मृत्यु
D. अशोक का राज्याभिषेक वर्ष

17. नन्द नरेश के साथ चन्द्रगुप्त मौर्य के युद्ध का वर्णन किसमें मिलता है?
A. मुद्राराक्षस
B. परिशिष्ट पर्वण
C. महावंश
D. उपर्युक्त सभी

18. किस जैन ग्रन्थ में वर्णित है कि चन्द्रगुप्त ने अपने जीवन के अन्तिम दिनों में जैनधर्म अंगीकृत कर लिया था?
A. रत्नमालिका
B. जयधवल
C. परिशिष्ट पर्वण
D. द्रव्य-संग्रह

19. सौराष्ट्र में चन्द्रगुप्त मौर्य की विजय का प्रमाण मिलता है-
A. रुद्रदामन के जूनागढ़ शिलालेख से
B. अशोक के गिरनार शिलालेख से
C. अशोक के सोपारा शिलालेख से
D. कलिंग शिलालेख से

20. निम्नलिखित में से किस बौद्ध ग्रंथ में अशोक की **"धम्म यात्राओं"** की चर्चा है?
A. दिव्यावदान
B. महावंश
C. वंशथपकाशिनि
D. चूलवंश

उत्तरमाला

1	2	3	4	5	6	7	8	9	10
D	A	A	C	B	C	C	A	D	B
11	**12**	**13**	**14**	**15**	**16**	**17**	**18**	**19**	**20**
C	C	D	C	C	C	D	C	A	A

सुदूर प्रदेश से संबंध

इंडो-ग्रीक

206 ई॰पू॰ में भारत पर प्रथम ग्रीक आक्रमण डेमेट्रियस के वंश के द्वारा किया गया। डेमेट्रियस ने "साकल" को अपनी राजधानी बनाया एवम् उसने भारतीयों की उपाधियाँ धारण की। उसने यूनानी और खरोष्ठी लिपि में अपने सिक्के चलाए। पुनः यूक्रेटाइड्स भी बैक्ट्रिया विजय के पश्चात् भारत की ओर बढ़ा और भारत के कुछ क्षेत्र को जीतकर 'तक्षशिला' को अपनी राजधानी बनाया। इस प्रकार भारत में यवन साम्राज्य दो कुलों–ड्रेमेट्रियस और यूक्रेटाइटस में बंट गया।

डेमेट्रियस वंश का सबसे प्रसिद्ध शासक मिनान्डर था। पेरिप्लस के अनुसार मिनान्डर के सिक्के भड़ोच के बाजार में काफी मात्रा में प्रचलित थे। मिनान्डर और बौद्ध भिक्षु नागसेन के बीच हुई संवाद 'मिलिन्दपन्हो' में संकलित है। मिनान्डर एक अकेला ग्रीक शासक था जिसने विद्वानों को संरक्षण प्रदान किया। इन्डो-ग्रीक शासकों के सिक्के उनकी वंशावली की जानकारी देते हैं।

इण्डो-ग्रीक शासकों ने प्रारंभ में सिक्कों पर यूनानी लिपि का प्रयोग किया और उसके पश्चात् खरोष्ठी और ब्राह्मी लिपि का प्रयोग किया।

शक

भारत में प्रवेश करने से पहले शक काफी समय तक पार्थियन शासकों द्वारा शासित 'सुक्रस्तान' में रहते थे। शक मूलतः मध्य एशिया की एक पर्यटनशील जाति थे। जो खर नदी के उत्तरी प्रदेश में निवास करते थे। शक लोगों ने सिंधु घाटी में घुसने के लिए सामान्य रूप से प्रचलित खैबर दर्रे की जगह 'बोलन दर्रे' का प्रयोग किया। शक राजा अपने आपको 'क्षत्रप' कहते थे। शकों की भारत में दो शाखाएँ थीं:

(i) उत्तरी क्षत्रप– तक्षशिला और मथुरा।

(ii) पश्चिमी क्षत्रप– नासिक और उज्जैन।

उत्तरी क्षत्रप का भारत का संभवतः प्रथम शक शासक 'माउस या मग' था जिन्होंने अधिकांश ताँबे और कुछ मात्रा में चाँदी के सिक्के चलाये। नासिक के शक (पश्चिमी क्षत्रप) में क्षहरात वंश का शासन था। इसका पहला शासक 'भूमक' था। भूमक ने अपने सिक्कों पर खरोष्ठी और ब्राह्मी दोनों लिपियों का प्रयोग किया। भूमक के उत्तराधिकारी 'नहपान' के बारे में जानकारी न सिर्फ चाँदी और ताँबे के सिक्के वरन अभिलेखों से भी उसके बारे में जानकारी मिलती है। उज्जैन की शक शाखा में कदमंक वंश का शासन था। इस वंश का संस्थापक 'चष्टण' था। चष्टण ने अपने अभिलेखों में 'शक संवत' का प्रयोग किया था। यह अपने कुल का एकमात्र शासक था जिसने अपने सिक्कों पर यूनानी, खरोष्ठी और ब्राह्मी तीनों लिपियों का प्रयोग किया। रुद्रदामन इस वंश का सबसे प्रसिद्ध शासक था। रुद्रदामन ने 'महाक्षत्रप' की उपाधि धारण की। इन्होंने जूनागढ़ अभिलेख शुद्ध और उत्कृष्ट संस्कृत में लिखवाये। रुद्रदामन के जूनागढ़ अभिलेख से ज्ञात होता है कि इन्होंने प्रजा से अतिरिक्त कर लिये बगैर सुदर्शन झील की मरम्मत करवायी थी।

सातवाहन

पुराणों में सातवाहन वंश को 'आंध्रजातीय' तथा 'आंध्रभृत्य' कहा गया है। सातवाहन वंश की स्थापना सिमुक ने 60 ई॰पू॰ में की थी। सर्वमान्य विचार से सातवाहनों का मूल निवास-स्थान महाराष्ट्र का प्रतिष्ठान स्थल था तथा सिमुक प्रथम सातवाहन शासक था। शातकर्णी प्रथम ने गोदावरी तट पर स्थित 'प्रतिष्ठान' नगर को अपनी राजधानी बनाया था।

सातवाहन शक्ति का तीन सदियों (300 वर्ष) तक निरन्तर उत्कर्ष होता रहा, इतने दीर्घकाल तक भारतीय इतिहास के किसी भी अन्य राजवंश ने अबाध रूप से शासन नहीं किया। शातकर्णी प्रथम ने मालव शैली में गोल-मुद्राएँ तथा अपनी पत्नी के नाम पर रजत मुद्राएँ प्रचलित कराई थीं। गौतमीपुत्र शातकर्णी का साम्राज्य उत्तर में मालवा से लेकर दक्षिण में कर्णाटक तक फैला हुआ था। गौतमीपुत्र शातकर्णी के बाद उसका पुत्र वशिष्ठीपुत्र पुलमावि (130 ई॰-154 ई॰ तक) राजा बना। संभवतः उसने आंध्रप्रदेश विजय किया था अतः उसे प्रथम आंध्र सम्राट भी कहा जाता है। सातवाहनों ने सीसा के सिक्के बहुतायत से प्रचलित किए थे तथा पोटीन, ताँबे व काँसे के भी सिक्के जारी किए थे। ब्राह्मणों को भूमिदान अथवा जागीरें देने वाले प्रथम शासक सातवाहन थे।

सातवाहन काल में शिल्प एवं वाणिज्य में हुई उन्नति के फलस्वरूप शिल्पी एवं वणिक दोनों ने बौद्ध धर्म के निमित्त उदारतापूर्वक दान दिए। भड़ौच सातवाहन काल का प्रमुख अन्तर्राष्ट्रीय बंदरगाह एवं व्यापारिक केन्द्र था। सातवाहन काल में निर्मित दक्कन की सभी गुफाएँ बौद्ध धर्म से संबंधित हैं। यह काल दक्षिण में बौद्ध धर्म के लिए सर्वाधिक गौरवशाली युग था।

कुषाण

कुषाण जिन्हें 'यूची' या 'तोखरी' भी कहते हैं, मौर्योत्तरकालीन भारत पर शासन करने वाले पहले ऐसे शासक जिनके साम्राज्य की सीमाएँ सुदूर मध्य एशिया, ईरान, अफगानिस्तान एवं पाकिस्तान तक फैली थीं। कुषाणों के इतिहास के बारे में जानकारी चीनी ग्रंथों, अश्वघोष के ग्रंथ बुद्धचरित, नागार्जुन के माध्यमिक सूत्र तथा चीनी यात्री ह्वेनसांग के विवरणों से मिलती है।

यूची नामक कबीले का नेता कुजुल कडफिसेज ने यूची कबीले की 5 अन्य शाखाओं को अपने नेतृत्व में कुंईसोग अथवा कुषाण समुदाय के नाम से संगठित किया। कुजुल कडफिसेज द्वारा चलाये गये चोटी के सिक्के रोम सिक्कों की नकल के थे।

विम कडफिसेस या कडफिसेस द्वितीय

- कुजुल कडफिसेस का उत्तराधिकारी विम कडफिसेस ने सिंधु नदी को पार कर तक्षशिला और पंजाब पर भी कब्जा कर लिया। इसने बड़ी मात्रा में सोने तथा ताँबे के सिक्के जारी करवाये जिसमें एक ओर यूनानी और दूसरी ओर खरोष्ठी लिपि खुदी थी। विम कडफिसेस के सिक्कों पर नंदी, शिव और त्रिशूल की आकृति खुदी होने से यह अनुमान लगाया जाता है कि वह शैवमतानुयायी था। प्लिनी के अनुसार विम का तत्कालीन रोमन साम्राज्य से व्यापारिक संबंध था इसने संभवतः 65 ई॰ से 78 ई॰ तक शासन किया।

कनिष्क

विम और कनिष्क का संबंध ज्ञात नहीं है संभवतः यह कुषाण वंश का तीसरा शासक था। इसके राज्यरोहण की सर्वाधिक मान्य तिथि 78 ई॰ ही मानी जाती है। 78 ई॰ को ही एक नया संवत 'शक संवत्' चलाया। कनिष्क के राज्यारोहण के समय उसके साम्राज्य की सीमायें अफगानिस्तान सिंध, बैक्ट्रिया एवं पार्थिया तथा भारत में मगध तक फैली हुई थी। पाटलिपुत्र को जीतकर वहाँ से प्रसिद्ध विद्वान् अश्वघोष, बुद्ध का भिक्षापात्र तथा एक अनोखा कुक्कुट प्राप्त किया था। राजतरंगिणी के अनुसार कनिष्क ने कश्मीर को जीतकर वहाँ पर 'कनिष्कपुर' नामक नगर बसाया। अपने चरमोत्कर्ष के समय कनिष्क के साम्राज्य की सीमाएँ गंगा, सिंधु और ऑक्सस तक फैल गईं।

कनिष्क बौद्ध धर्म की महायान शाखा का अनुयायी था। इसने कश्मीर के कुण्डल वन में चौथी बौद्ध संगीति का आयोजन किया जिसकी अध्यक्षता वसुमित्र तथा उपाध्यक्षता अश्वघोष ने की। पार्श्व तथा नागार्जुन जैसे विद्वानों ने इसमें हिस्सा लिया। इस संगीति में बौद्ध ग्रंथ 'त्रिपिटक' पर एक टीका लिखी गई जिसे 'महाविभाषा' नाम दिया गया, इसे बौद्ध धर्म का विश्वकोष भी कहा जाता है।

वस्तुनिष्ठ प्रश्न

1. सातवाहन वंश का संस्थापक कौन था ?

A. शातकर्णी B. पुलुमावी
C. सिमुक D. गौतमीपुत्र शातकर्णी

2. सातवाहनों ने आरम्भिक दिनों में अपना शासन कहाँ शुरू किया ?

A. महाराष्ट्र B. सौराष्ट्र
C. प्रतिष्ठान D. आंध्र प्रदेश

3. किस अभिलेख से ज्ञात होता है, कि कलिंग नरेश खारवेल ने सातवाहन नरेश शातकर्णी प्रथम को परास्त किया ?

A. हाथीगुम्फा B. जूनागढ़
C. नानाघाट D. नासिक

4. भूमिदान का प्रथम उल्लेख कहाँ मिलता है ?

A. मौर्यों के समय में
B. शुंगों के समय में
C. सातवाहनों के समय में
D. गुप्तों के समय में

5. किस सातवाहन नरेश ने 'गाथासप्तशती' नामक महत्वपूर्ण कृति की रचना की ?

A. गौतमीपुत्र शातकर्णी B. वाशिष्ठीपुत्र पुलुमावी
C. हाल D. सिमुक

6. सातवाहनों के समय में सर्वाधिक सिक्के किस धातु के बने ?

A. सीसा B. पोटीन
C. ताँबा D. स्वर्ण

7. सूची-I को सूची-II को सुमेलित कीजिए।

सूची-I	*सूची-II*
(*a*) मिनान्डर	(1) शक
(*b*) रुद्रदामन प्रथम	(2) ग्रीक
(*c*) गोन्दोफिर्नस	(3) पार्थियाई
(*d*) कुजुल कडफिसस	(4) कुषाण

	(a)	(b)	(c)	(d)
A.	1	2	3	4
B.	2	1	3	4
C.	4	3	2	1
D.	2	3	1	4

8. भारत में किस वंश के शासकों ने सर्वप्रथम सोने के सिक्के जारी किए ?

A. पार्थियन B. कुषाण
C. शक D. हिन्द-यवन

9. किस राजा के शासनकाल में ईसाई धर्म-प्रचारक 'सेंट थॉमस' भारत आया ?

A. मिनाण्डर B. रुद्रदामन
C. गोन्दोफिर्नस D. कनिष्क

10. किस कुषाण शासक ने सर्वाधिक स्वर्ण मुद्रायें जारी कीं ?

A. कडफिसस प्रथम B. कडफिसस द्वितीय
C. कनिष्क D. विम कडफिसस

11. किस वंश के शासकों ने 'क्षत्रप प्रणाली' का प्रयोग किया ?

A. कुषाणों ने B. हिन्द-यवनों ने
C. ईरानियों ने D. शकों ने

12. प्रसिद्ध रेशम मार्ग पर किस वंश के शासकों का अधिकार था ?

A. मौर्यों का B. शकों का
C. कुषाणों का D. गुप्तों का

13. सर्वप्रथम रोम के साथ किन लोगों का व्यापार प्रारम्भ हुआ?

A. कुषाणों का
B. तमिल एवं चेरों का
C. वाकाटकों का
D. शकों का

14. किस शासक ने शकों का उन्मूलन कर विजय के उपलक्ष्य में सर्वप्रथम चाँदी के सिक्के जारी किए?

A. गोन्दोफिर्नस
B. मिनान्डर
C. चंद्रगुप्त विक्रमादित्य
D. कनिष्क

15. भारत में कुषाणकालीन मूर्तियों का सबसे बड़ा संग्रहालय निम्न में से कहाँ पर है ?

A. कोलकाता B. दिल्ली
C. मुम्बई D. मथुरा

उत्तरमाला

1	2	3	4	5	6	7	8	9	10
C	A	A	C	C	A	B	D	C	B
11	**12**	**13**	**14**	**15**					
A	C	B	C	D					

राजनीतिक विकास

वैदिक काल एवं राजनीति

ऋग्वैदिक काल में ग्राम, विश और जन ये उच्चतर इकाई थे। ग्राम संभवतः कई परिवारों के समूह को कहते थे। **'ग्रामणी'** ग्राम का प्रधान होता था। विश कई गाँवों का समूह था। इसका प्रधान **विशपति** कहलाता था। अनेक विशों का समूह जन होता था। जन के अधिपति को जनपति या राजा कहा जाता था। ऋग्वेद में देश या राज्य के लिए **'राष्ट्र'** शब्द का उल्लेख है किन्तु उस काल में यह प्रकट न हो सका। ऋग्वेद में 'जन' शब्द का उल्लेख 275 बार मिलता है जबकि जनपद शब्द का उल्लेख एक बार भी नहीं मिलता।

ऋग्वेदिक युग में राजा भूमि का स्वामी था। वह प्रधानतः युद्ध का नेता होता था तथा व्यक्तिगत रूप से युद्धों में भाग लेता था। पुरोहित, सेनानी तथा ग्रामीण इन तीनों का उल्लेख ऋग्वेद में मिलता है। इस काल में जनतांत्रिक संस्थाओं का विकास हुआ। जिनमें **सभा, समिति तथा विदथ** प्रमुख हैं। **सभाः** यह श्रेष्ठ एवं अभिजात लोगों की संस्था थी। **समितिः** यह केंद्रीय राजनीतिक संस्था (सामान्य जनता की प्रतिनिधि सभा) थी। समिति राजा की नियुक्ति, पदच्युत करने व उस पर नियंत्रण रखती थी। समिति का सभापति **'ईशान'** कहलाता था। **विदथः** यह आर्यों की प्राचीन संस्था थी। इसे जनसभा भी कहा जाता था।

ऋग्वैदिक काल में कबीले पर शासन करने वाला राजा अब उस प्रदेश पर शासन करने लगा। **राष्ट्र** शब्द जो प्रदेश का सूचक है पहली बार इस काल में प्रकट हुआ । आरंभ में पांचाल एक कबीले का नाम था परंतु बाद में वह प्रदेश का नाम हो गया। उत्तरवैदिक काल में **पांचाल** सर्वाधिक विकसित राज्य था। शतपथ बाह्मण में इन्हें वैदिक सभ्यता का सर्वश्रेष्ठ प्रतिनिधि कहा गया है। उत्तरवैदिक काल में राजतन्त्र ही शासन का आधार था पर कहीं-कहीं पर गणराज्यों के भी उदाहरण मिलते हैं। सभा एवं समिति इस समय राजा के निरंकुशता पर रोक लगाती थी। ऐतरेय ब्राह्मण में ही राज्य की उत्पत्ति या राजा की दैवी उत्पत्ति संबंधी विवरण मिलता है। अब राजा सामान्य उपाधियों के स्थान पर राजाधिराज, सम्राट, एकराट जैसी उपाधियां धारण करता था। अथर्ववेद में परीक्षित को **'मृत्युलोक का देवता'** बताया गया है। उत्तरवैदिक काल में नियमित करों की प्रतिष्ठा स्थापित हुई। यजुर्वेद में राज्य के उच्च पदाधिकारियों को **'रत्नी'** कहा गया है। ये राजपरिषद् के सदस्य थे। विभागाध्यक्षों में **सेनानी,** सेनापति, **सूत** (रथ सेना का नायक), **ग्रामणी** (गाँव का मुखिया) **संग्रहीता;** कोषाध्यक्ष तथा **भागदधु** (अर्थमंत्री) अर्थ करों को वसूलने वाला आदि के नाम मिलते हैं।

स्थपति तथा **शतपति** नामक दो प्रांतीय पदाधिकारियों के नाम मिलते हैं। स्थपति **सीमांत प्रदेश** का प्रशासक अथवा न्यायाधिकारी तथा शतपति 100 ग्रामों के समूह का अधिकारी था। उत्तरवैदिक काल में जनतांत्रिक संस्थाओं का विकास हुआ। इन संस्थाओं में **सभा तथा समिति** मुख्य थीं।

- **सभाः** यह **श्रेष्ठ जनों** की संस्था थी। अथर्ववेद में सभा को **नरिष्ठा** कहा गया है।
- **समितिः** यह राज्य की **केंद्रीय संस्था** थी। जिसे जनसामान्य की संस्था भी कहते थे। समिति की अध्यक्षता राजा स्वयं करता था। समिति की अध्यक्षता करने वाले को **ईशान** कहा जाता था।

उत्तरवैदिक काल में विदथ का उल्लेख नहीं मिलता। इस काल में राजा कोई स्थायी सेना नहीं रखता था। उत्तरवैदिक काल में **बलि** एक **नियमित कर** हो गया जबकि इसके पूर्व यह स्वेच्छाचारी कर था।

मौर्य प्रशासन

मौर्य का राजशासन धर्म, व्यवहार, राजनीति और चरित्र से ऊपर था। कौटिल्य ने सप्तांग के सिद्धांत का वर्णन किया है जो किसी भी राज्य को चलाने के लिए आवश्यक है ये सात तत्व हैं :

1. स्वामिन (राजा), 2. अमात्य (मंत्री का उच्चाधिकारी), 3. जनपद (प्रवेश और आबादी), 4. दुर्ग (किला), 5. कोष (खजाना), 6. बल (सेना), 7. मित्र (सहयोगी)।

केंद्रीय शासन प्रणाली राजतंत्रात्मक थी जिसमें राजा समस्त शक्तियों का स्वामी होता था तथा प्रजा को अपने पुत्र के समान समझता था। राजा की सहायता के लिए एक मंत्रिपरिषद की व्यवस्था की गई थी, जिसमें 12 से लेकर 20 मंत्री रहते थे।

मंत्रिपरिषद् : शासन का मेरुदण्ड था। कौटिल्य के अनुसार, राजा को मंत्रिपरिषद् की सलाह से काम करना चाहिए। मंत्रिपरिषद् में 12 से 20 सदस्य होते थे। इसमें पुरोहित, महामंत्री, सेनापति आदि थे। राज्य के सर्वोच्च अधिकारी 'मंत्री' कहलाते थे। ये उच्चकोटि के मंत्री और सलाहकार थे इनकी संख्या 3 या 4 थी। मंत्रियों का वेतन 12,000 पण वार्षिक था।

राजस्व प्रशासनः समाहर्ता राजस्व प्रशासन का प्रमुख अधिकारी था जो राज्य के समस्त राजस्व का संकलन करता था। वह 'अक्षपटलाध्यक्ष' के कार्यों का निरीक्षण एवं समस्त आय-व्यय पर निगरानी रखता था।

सैन्य विभागः मौर्यों के पास एक विशाल सेना थी। सेनापति इसका प्रधान अधिकारी होता था। कौटिल्य ने विभिन्न सैनिकों का उल्लेख किया है, जैसे–पारंपरिक सैनिक, भाड़े का सैनिक, वन्य जनजातियों के सैनिक इत्यादि। मेगास्थनीज ने सेना के रख-रखाव के लिए छह समितियों का उल्लेख किया है जिसमें प्रत्येक समिति में पांच सदस्य होते हैं।

1. नौ सेना समिति, 2. पैदल सेना से संबंधित समिति, 3. सैनिक यातायात से संबंधित समिति, 4. हस्त सेना से संबंधित समिति, 5. रथ सेना से संबंधित समिति, 6. अश्व सेना से संबंधित समिति।

न्याय प्रशासनः कौटिल्य दो प्रकार के न्यायालयों की चर्चा करते हैं–

1. **धर्म स्थानीयः** दीवानी अदालतें थीं। इसका प्रमुख मुख्य न्यायाधीश होता था जिसे 'धर्माधिकारिनी' कहा जाता था। इस न्यायालय का न्याय निर्णय 'तीन धर्मस्थ' तथा 'तीन अमात्य' मिलकर करते थे।
2. **कंटक शोधनः** दूसरे न्यायाधीश तीन प्रदेष्टि तथा तीन अमात्य मिलकर करते थे।

नगर प्रशासनः नगर का प्रमुख नगराध्यक्ष (कौटिल्य के अनुसार) कहा जाता था। नगर के प्रशासन को परिषदों के द्वारा चलाया जाता था (मेगास्थनीज) जिसे 'अष्टयनेमी' कहा जाता था। मेगास्थनीज नगर प्रशासन से संबंधित छह समितियों का उल्लेख करते हैं जिसमें पाँच-पाँच सदस्य होते थे।

गुप्त प्रशासन

गुप्त सम्राटों के समय में गणतंत्रीय राजव्यवस्था का पतन हुआ। गुप्त प्रशासन राजतंत्रात्मक व्यवस्था पर आधारित था। देवत्व का सिद्धांत गुप्तकालीन शासकों में प्रचलित था। राजपद वंशगत था, परंतु राजसत्ता ज्येष्ठाधिकार की अटल प्रथा के अभाव में सीमित थी। राजगद्दी हमेशा ज्येष्ठ पुत्र को ही नहीं मिलती थी। गुप्त सम्राट न्याय, सेना एवं दीवानी विभाग का प्रधान होता था। प्रजा अपने राजा को पृथ्वी पर ईश्वर के प्रतिनिधि के रूप में स्वीकार करती थी। प्रयाग प्रशस्ति में समुद्रगुप्त को पृथ्वी पर शासन करने वाला ईश्वर का प्रतिनिधि कहा गया है। गुप्त सम्राट परमदेवता, परमभट्टारक, महाराजाधिराज, पृथ्वीपाल, परमेश्वर, सम्राट, एकाधिकार एवं चक्रवर्तिन, जैसी उपाधियाँ धारण करते थे। इससे संकेत मिलता है कि गुप्त राजाओं ने अपने साम्राज्य के अंदर छोटे-छोटे राजाओं पर शासन किया। साम्राज्य के अधिकतर भाग सामंतों के अधीन थे। वे सम्राट के दरबार में स्वयं उपस्थित होकर सम्मान निवेदन करते, नजराना चढ़ाते और विवाहार्थ अपनी पुत्री समर्पित करते। इसके बदले उन्हें अपने क्षेत्र पर अधिकार का सनद मिलता था।

गुप्तकाल में रानियों को परमभट्टारिका, परमभट्टारिकाराज्ञी एवं महादेवी जैसी उपाधियां दी गईं। प्रशासन के कुशल संचालन हेतु सम्राट द्वारा एक मंत्रिमंडल गठित किया जाता था। कुशल प्रशासन के लिए विशाल गुप्त साम्राज्य को कई प्रांतों में बांटा गया था। **प्रांतों को देश, भुक्ति अथवा अवनी कहा जाता था।** भुक्ति के प्रशासक को 'उपरिक' व 'उपरिक महाराज' कहा जाता था। सीमा प्रांतों के प्रशासक 'गोप्ता' कहलाते थे। इन पदों पर राजकुमार या राजवंश से संबंधित व्यक्ति को ही नियुक्त किया जाता था। इनकी नियुक्ति प्रांतों में पाँच वर्ष के लिए की जाती थी।

भुक्ति का विभाजन जनपदों में किया गया था। जनपदों को 'विषय' कहा जाता था, जिसका प्रधान अधिकारी 'विषयपति' होता था। विषयपति के सहयोग हेतु एक समिति होती थी। इनके सदस्यों को 'विषयमहत्तर' कहा जाता था, जिनमें निम्न वर्ग के लोग सदस्य होते थे। 1. नगर श्रेष्ठि (पूँजीपति वर्ग का नेता), 2. सार्थवाह (विषय के व्यापारियों का नेता), 3. प्रथम कुलिक (शिल्पियों व व्यवसायियों का मुखिया), 4. प्रथम कायस्थ (मुख्य लेखक)। अभिलेखों को सुरक्षित रखने वाले अधिकारी को 'प्रस्तपाल' कहा जाता था। विषय वीथियों में बंटे थे और वीथियों गाँवों में। नगरों का प्रशासन नगर महापालिकाओं द्वारा चलाया जाता था। 'पुरपाल' नगर का मुख्य अधिकारी होता था। नगर के शासन के लिए नियुक्त समिति को संभवतः 'पौर' कहा जाता था। प्रशासन की सबसे छोटी इकाई 'ग्राम' होती थी। ग्राम के प्रशासन का संचालन 'ग्राम सभा' द्वारा होता था। ग्राम सभा का मुखिया 'ग्रामिक' कहलाता था एवं सदस्यों को 'महत्तर' कहा जाता था। 'महत्तर' ग्राम के प्रतिष्ठित एवं कुलीन व्यक्तियों का प्रतिनिधित्व करते थे। **कुछ गुप्तकालीन अभिलेखों में ग्राम सभा को 'ग्राम जनपद' एवं 'पंचमंडली' कहा गया है।** गुप्तकाल में सम्राट साम्राज्य का सर्वोच्च न्यायाधीश होता था। इसके अतिरिक्त मुख्य न्यायाधीश एवं अनेक न्यायाधीश होते थे। इस काल में अनेक विधि-ग्रंथ संकलित किए गए। पहली बार दीवानी और फौजदारी कानून भली-भाँति परिभाषित और पृथक्कृत हुए।

व्यापारियों एवं व्यवसायियों की श्रेणी होती थी। ये श्रेणियाँ श्रेणी धर्म के आधार पर अपने विवादों का निपटारा करती थीं। **'पूग'** नगर में निवास करने वाली विभिन्न जातियों की समिति होती थी। **'कुल'** समान परिवारों के सदस्यों की समिति होती थी। समितियाँ राज्य द्वारा मान्यता प्राप्त थीं। ये समितियाँ आपसी विवाद में निर्णय देती थीं। इस काल के प्रशासन की एक मुख्य विशेषता यह थी कि इस समय वेतनों की अदायगी नकद में न देकर सामान्यतः भूमि अनुदान के रूप में की जाती थी। गुप्तकाल में नकद वेतन केवल सैनिक सेवाओं के लिए दिया जाता था।

इस काल में दो प्रकार का भूमि अनुदान प्रचलन में था। **प्रथम प्रकार का भूमि अनुदान** अग्रहार कहलाता था एवं केवल ब्राह्मणों को दिया जाता था। इसके तहत आनेवाली भूमि कर-मुक्त होती थी। **दूसरे प्रकार का भूमि अनुदान** वह होता था जिसे राजा अपने अधिकारियों को उनकी सेवा के बदले उपहार के रूप में देता था।

वस्तुनिष्ठ प्रश्न

1. निम्नलिखित में से कौन राजनीतिक इकाइयों को आरोही क्रम में दर्शाता है?
A. कुल, जन, विश, ग्राम, राष्ट्र
B. कुल, जन, ग्राम, विश, राष्ट्र
C. कुल, ग्राम, विश, जन, राष्ट्र
D. कुल, ग्राम, जन, विश, राष्ट्र

2. वैदिक राजा की सहायता करने वाला सबसे महत्वपूर्ण अधिकारी था–
A. पुरोहित B. सेनानी
C. ग्रामणी D. ब्रजपति

3. वैदिक काल में शासन व्यवस्था का सामान्य स्वरूप क्या था ?
A. राजतंत्र B. अल्पतंत्र
C. गणतंत्र D. लोकतंत्र

4. वैदिक समाज में राजत्व के विकास का मुख्य कारण था–
A. समाज की पैतृक व्यवस्था
B. युद्ध का भय
C. नए प्रदेश जीतने की इच्छा
D. समाज को व्यवस्थित बनाना

5. निम्नलिखित में से कौन-सा उत्तर-वैदिक कालीन राज्य महत्त्वपूर्ण नहीं था?
A. कुरू-पांचाल B. गान्धार
C. कोसल D. विदेह

6. बिन्दुसार की मृत्यु के समय अशोक कहाँ का वायसराय था?
A. तक्षशिला B. उज्जैन
C. सौराष्ट्र D. तोसाली

7. मौर्य प्रशासन के श्रेणी क्रम में प्रादेशिक से ठीक नीचे के अधिकारी को क्या कहा जाता था?
A. राजुक B. स्थानिक
C. समाहर्त्ता D. युक्त

8. पश्चिमी प्रान्त के प्रशासक के रूप में अशोक ने किस फारसवासी की नियुक्ति की?
A. तुसस्प B. जस्टिन
C. प्लूटार्क D. सुनासेपाह

9. निम्नांकित में से कौन-सा यूनानी शासक अशोक का समकालीन नहीं था?
A. एन्टिगोनस गोनाटस
B. टोलेमी तृतीय फिलाडेल्फस
C. एन्टिओकस प्रथम
D. एन्टिओकस द्वितीय

10. मौर्य राज्य का **"अक्षपटलाध्यक्ष"** था–
A. खदानों का अधीक्षक
B. राजपरिवारों से संबंधित मामलों का निरीक्षक
C. महालेखापाल
D. शाही अंगरक्षकों का प्रधान

11. मौर्य प्रशासन में **"रूपदर्शक"** था–
A. रंगमंच का प्रबंधक
B. सोना-चाँदी का परीक्षक
C. पंचमार्क सिक्कों का परीक्षक
D. गणिकाओं का अधीक्षक

12. निम्नांकित किस शिलालेख में अशोक के लिए **"मगध का प्रियदर्शी राजा"** (पियदस्सी राजा मगध) शब्दों का प्रयोग किया गया है ?
A. कौशांबी का लघु शिलालेख
B. मास्की शिलालेख
C. भाब्रू शिलालेख
D. सारनाथ स्तम्भ लेख

13. अशोक के किस शिलालेख से युद्ध और हिंसा के कारण जनित उसकी व्यथा प्रकट होती है?
A. धौली और जौगढ़
B. शाहबाजगढ़ी और सोपारा
C. मास्की और भाब्रू
D. मानसेहरा और गिरनार

14. मौर्य काल में पारंपरिक सैनिकों को क्या कहा जाता था?
A. भृतक B. मौल
C. वर्द्धकी D. अटविवाल

15. मौर्यकालीन "कंटक शोधन" थे–
A. राजकीय कोषागार B. दीवानी अदालतें
C. फौजदारी अदालतें D. पुलिस थाने

उत्तरमाला

1	2	3	4	5	6	7	8	9	10
C	A	A	B	B	B	A	A	C	C
11	12	13	14	15					
C	C	A	B	C					

विज्ञान एवं संस्कृति

भारतीय धर्म एवं दर्शन

युक्तिपूर्वक तत्व ज्ञान प्राप्त करने का प्रयत्न दर्शन कहलाता है। दर्शन को ही अध्यात्म विद्या, ब्रह्मविद्या अथवा अन्वीक्षिकी विद्या माना जाता है। आध्यात्मिक, अधिभौतिक तथा अधिवैदिक इन त्रयतापों से आत्यन्तिक तथा ऐकान्तिक निवृत्ति प्राप्त करना दर्शन का प्रमुख लक्ष्य है।

भारतीय दार्शनिक ग्रंथों में प्रारंभ में पूर्व पक्ष तथा अंत में उत्तर पक्ष होता है। पूर्व पक्ष में विरोधी मत की विवेचना होती है तथा इसमें अनेक शंकायें उठायी जाती हैं, किंतु उत्तर पक्ष में दार्शनिक अपने सिद्धान्त का प्रतिपादन तथा उन शंकाओं का समाधान करता है तथा यह सिद्ध करता है कि तर्कसंगत होने के कारण उसका मत ही सर्वश्रेष्ठ तथा सर्वमान्य है।

भारतीय दर्शन के दो विभाग हैं– आस्तिक व नास्तिक।

आस्तिक– वेदों पर आस्था रखने वाला।

नास्तिक– वेदों पर आस्था न रखने वाला।

मीमांसा तथा सांख्य आस्तिक दर्शन है किन्तु ईश्वर को नहीं मानते।

आस्तिक दर्शन

1.	सांख्य	–	कपिल
2.	योग	–	पतंजलि
3.	न्याय	–	गौतम (अक्षपाद)
4.	वैशेषिक	–	कणाद (उलूक)
5.	पूर्व मीमांसा	–	जैमिनि
6.	उत्तर मीमांसा	–	बादरायण

नास्तिक दर्शन

1. चार्वाक (लोकायत)
2. जैन
3. बौद्ध

दर्शनों में उत्कृष्टतम् स्थान 'वेदांत' को दिया गया है।

गुप्तकाल में विज्ञान एवं संस्कृति

विश्वविश्रुत नाटक अभिज्ञान शाकुंतलम तथा रघुवंश महाकाव्य के रचयिता कालिदास, मृच्छकटिकम् नाटक के लेखक शूद्रक, मुद्राराक्षस नाटक के लेखक विशाखदत्त तथा सुविख्यात कोषाकार अमरसिंह गुप्त काल में ही हुए। रामायण, महाभारत, (विशेषकर वायुपुराण) तथा मनुसंहिता अपने वर्तमान रूप में गुप्त काल में ही बनी। महान् गणितज्ञ आर्यभट्ट (जन्म 476 ई०), वाराहमिहिर (505-87 ई०) तथा ब्रह्मगुप्त (जन्म 598 ई०) ने गणित तथा ज्योतिष विज्ञान के विकास में बहुत बड़ा योगदान किया। इसी काल में दशमलव प्रणाली का आविष्कार हुआ जो बाद में अरबों के माध्यम से यूरोप तक पहुँची। व्यावहारिक ज्ञान के क्षेत्र में विश्व को भारत की यह सबसे बड़ी देन मानी जाती है। गुप्त काल में वास्तुकला, चित्रकला तथा धातुविज्ञान के प्रमाण झाँसी और कानपुर के गुप्तकालीन अवशेषों, अजंता की गुफा संख्या 16 तथा 17 की चित्रकारी, मेहरौली (दिल्ली में स्थित राजा चंद्र के लौहस्तंभ, नालंदा में 80 फुट ऊँची बुद्ध की ताँबे की मूर्ति तथा सुल्तानगंज स्थित साढ़े सात फुट ऊँची बुद्ध की ताँबे की प्रतिमा से मिलता है।

गुप्तकालीन कला

कला और साहित्य के विकास की दृष्टि से गुप्त काल को भारतीय इतिहास का स्वर्ण युग कहा जाता है। स्थापत्य और चित्रकला के क्षेत्र में, विकास की चरम सीमा गुप्त काल में प्राप्त होती है। हिन्दू-मंदिरों का प्रारंभ 'गर्भगृह' के साथ हुआ, जिसमें देवमूर्ति रखी जाती थी। गुप्त काल से मंदिर सामान्यत: ईंट या लकड़ी के स्थान पर पत्थर के बनने लगे थे। पत्थर के प्रयोग से स्मारकीय शैली का विचार उत्पन्न हुआ। गुप्त काल में मंदिर निर्माण कला का जन्म हुआ था, उसका पूर्ण विकास नहीं हुआ था।

गुप्तयुगीन वास्तु कला के सर्वोत्तम उदाहरण मंदिर हैं। इस काल में मंदिरों की छतें अधिकांशत: सपाट होती थीं, किन्तु शिखरयुक्त मंदिरों का निर्माण भी प्रारंभ हो चुका था। प्रधान शिखरों के साथ गौड़ शिखरों का निर्माण भी प्रारंभ हो गया था। मंदिर का निर्माण चबूतरे के

ऊपर किया जाता था। मंदिर के दरवाजे पर बने चौखट पर गंगा और यमुना की आकृतियाँ उत्कीर्ण मिलती हैं जो गुप्त काल की अपनी विशेषता हैं। गुप्त काल के मंदिरों में नागोद राज्य में स्थित भूमरा का शिव मंदिर, जबलपुर जिले में तिग्वा का विष्णु मंदिर, नचना का पार्वती मंदिर, देवगढ़ का दशावतार मंदिर, खोह का मंदिर, भीतर गाँव (कानपुर) का मंदिर, सिरपुर का लक्ष्मण मंदिर, विदिशा के समीप उदयगिरि का विष्णु मंदिर। भीतर गाँव के मंदिर का निर्माण ईंटों से जुड़ा है। इसकी छत पिरामिड के आकार की है। इसका निर्माण विष्णु के सम्मान में हुआ था।

गुप्तकालीन मूर्तिकारों ने मोटे उत्तरीय वस्त्र का प्रदर्शन किया। गुप्त युग की तीन बुद्ध मूर्तियाँ हैं: 1. सारनाथ की बुद्ध मूर्ति, 2. मथुरा की बुद्ध मूर्ति, 3. सुल्तानगंज की बुद्ध मूर्ति। क्लासिकी शिल्प की उच्चतम उपलब्धि सारनाथ में पायी गयी बुद्ध की मूर्तियों में देखने को मिलती है। गुप्त काल की शिल्प कला का जन्म अधिकांशतया मथुरा शैली द्वारा स्थापित प्रतिमाओं से हुआ है। विष्णु की प्रसिद्ध प्रतिमा देवगढ़ का दशावतार मंदिर है। इस 'अनन्तशायी' मूर्ति में विष्णु को शेषनाग की शैय्या पर दर्शाया गया है।

वस्तुनिष्ठ प्रश्न

1. किस वाकाटक नरेश ने चार बार अश्वमेध यज्ञ किया?
A. सर्वसेन B. रूद्रसेन द्वितीय
C. प्रवरसेन प्रथम D. प्रवरसेन द्वितीय

2. हरिविजय नामक प्राकृत काव्य ग्रंथ की रचना किस वाकाटक नरेश ने की?
A. प्रवरसेन प्रथम B. प्रवरसेन द्वितीय
C. पृथ्वीसेन प्रथम D. सर्वसेन

3. हर्षवर्धन का दरबारी कवि कौन था?
A. भारवि B. दिवाकर
C. बाणभट्ट D. इनमें से कोई नहीं

4. निम्नांकित कौन-सी रचना बाणभट्ट की है?
A. कादम्बरी B. हर्षचरित
C. उपरोक्त दोनों D. इनमें से कोई नहीं

5. प्राकृत काव्य ग्रंथ "सेतुबन्ध" की रचना किस वाकाटक नरेश ने की थी?
A. प्रवरसेन प्रथम B. प्रवरसेन द्वितीय
C. दामोदर सेन D. पृथ्वीसेन प्रथम

6. हर्ष के समय भारत यात्रा पर आए बौद्ध यात्री ह्वेनसांग का प्रवास काल क्या था?
A. 606-612 ई॰ B. 630-645 ई॰
C. 635-647 ई॰ D. इनमें से कोई नहीं

7. हर्षवर्धन के शासन वाले किस क्षेत्र को दानक्षेत्र के नाम से जाना गया?
A. प्रयाग B. कन्नौज
C. इलाहाबाद D. कश्मीर

8. निम्नलिखित किस ग्रंथ में भूमि अनुदान का अधिकार केवल राजा को दिया गया है?
A. मनुस्मृति B. मिताक्षरा
C. दायभाग D. उपर्युक्त सभी

9. सिंह विष्णु के दरबार में संस्कृत का महान कवि था–
A. दण्डी B. भवभूति
C. भारवि D. कालिदास

10. नरसिंह वर्मन प्रथम के दरबार में संस्कृत का महान विद्वान रहता था–
A. दण्डी B. भारवि
C. उपरोक्त दोनों D. इनमे से कोई नहीं

11. पल्लव शासक नरसिंह वर्मन प्रथम ने निम्नलिखित किस मंदिर का निर्माण करवाया?
A. महाबलीपुरम् के तटीय मंदिर
B. कांचीपुरम् का कैलाशनाथ मंदिर
C. महाबलीपुरम् का सात पैगोडा या रथ मंदिर
D. उपरोक्त सभी

12. एलोरा स्थित प्रसिद्ध "कैलाश मंदिर" का निर्माण किस राष्ट्रकूट नरेश ने करवाया?
A. कृष्ण प्रथम B. कृष्ण तृतीय
C. इन्द्र तृतीय D. अमोघवर्ष

उत्तरमाला

1	2	3	4	5	6	7	8	9	10
C	D	C	C	B	B	A	B	C	A
11	12								
C	A								

नए राजा और राज्य

पुष्यभूति वंश

छठी शताब्दी ई० में दिल्ली के निकट थानेश्वर में पुष्यभूति से, जो शिव का उपासक था, इस वंश का प्रारंभ हुआ। इस वंश में तीन राजा हुए– प्रभाकरवर्धन और उसके दो पुत्र राज्यवर्धन तथा हर्षवर्धन। प्रभाकरवर्धन की मृत्यु पर उसके सिंहासन पर उसका बड़ा पुत्र राज्यवर्धन बैठा। किन्तु राज्याभिषेक के बाद ही उसे युद्धों में फँस जाना पड़ा और बंगाल के शासक शशांक द्वारा उसक वध कर दिया गया। राज्यवर्धन की हत्या के बाद उसका यशस्वी छोटा भाई हर्षवर्धन (606-47 ई०) शासक हुआ, जिसने चालीस वर्ष तक राज्य करके अपनी कीर्ति का विस्तार किया। वह निःसंतान था, अतः उसकी मृत्यु के बाद पुष्यभूति वंश का अंत हो गया।

हर्षवर्धन

जिस समय हर्ष सिंहासन पर बैठा, स्थिति अत्यन्त संकटपूर्ण थी। गौड़ (बंगाल) के राजा शशांक ने उसके बड़े भाई राज्यवर्धन का वध कर डाला था और उसकी छोटी बहन राज्यश्री अपने प्राणों की रक्षा के लिए किसी अज्ञात स्थान पर चली गई थी। हर्षवर्धन ने शीघ्र ही अपनी बहन को ढूँढ निकाला और कामरूप के राजा भास्कर वर्मा से संधि करने के बाद गौड़ के शशांक के विरुद्ध एक बड़ी सेना भेज दी।

दक्षिण में उसकी सेनाओं को लगभग 620 ई० में चालुक्य राजा पुलकेशिन द्वितीय ने नर्मदा के तट से पीछे खदेड़ दिया, परन्तु वस्तुतः वह अपने राज्यकाल में बराबर युद्ध करता रहा और उसके द्वारा अंतिम लड़ाई 643 ई० में गंजाम में छेड़ने का उल्लेख मिलता है। इस प्रकार उसने विशाल साम्राज्य की स्थापना की, जिसकी सीमाएँ उत्तर में हिमाच्छादित पर्वतों तक, दक्षिण में नर्मदा नदी के तट तक, पूर्व में गंजाम तथा पश्चिम में बल्लभी तक विस्तृत थीं। कन्नौज इस विशाल साम्राज्य की राजधानी थी।

हर्ष ने महाराजाधिराज की पदवी धारण की थी। उसने चीनी सम्राट से दोस्ताना संबंध स्थापित कर रखा था। वह शिव और सूर्य के साथ-साथ बुद्ध की भी उपासना करता था। बाद में उसका झुकाव महायान बौद्ध धर्म की ओर अधिक हो गया। उसने अपने साम्राज्य में यात्रियों, दीन-दुखियों तथा रोगियों की सेवा-सुविधा के लिए जगह-जगह पर धर्मशाला, कुआँ, चिकित्सालय आदि का प्रबंध कर रखा था। हर्षवर्धन प्रचुर मात्रा में दान देता था और पाँच वर्षों में राज्यकोष में जो धन एकत्र होता था, उसे प्रयाग में गंगा और यमुना के संगम पर एक महोत्सव करके दान कर डालता था।

चीनी यात्री ह्वेनसांग 643 ई० में इस प्रकार के छठे महोत्सव में सम्मिलित हुआ था। हर्षवर्धन उच्च कोटि का कवि भी था। उसने संस्कृत में नागानंद, रत्नावली तथा प्रियदर्शिका नाम से तीन नाटकों की रचना की है। कादंबरी और हर्षचरित के लेखक बाण, सुभाषितावली के रचयिता मयूर और विद्वान् चीनी यात्री ह्वेनसांग को उसने आश्रय प्रदान किया था।

राष्ट्रकूट वंश

सातवाहन वंश के नागनिका के 'नानाघाट अभिलेख' में महरठियों का उल्लेख मिलता है। अशोक के अभिलेख में रठिकों का उल्लेख है। इस वंश की स्थापना दंतिदुर्ग ने लगभग 736 ई० में की थी। उसने 'नासिक' को अपनी राजधानी बनाया था। इसके उपरांत इन शासकों ने 'मान्यखेत' (आधुनिक मानखंड) को अपनी राजधानी बनाया। दंतिदुर्ग के बाद कृष्ण प्रथम इस वंश का राजा हुआ। इसने एलोरा के सुप्रसिद्ध 'कैलाशनाथ मंदिर' का निर्माण कराया। छठा शासक अमोघवर्ष धर्मभीरु और शांतिप्रिय राजा था, जिसने लगभग 64 वर्षों तक राज्य किया। उसी ने 'मान्यखेत' को राष्ट्रकूटों की राजधानी बनाया।

गुर्जर-प्रतिहार वंश

संभवतः 'गुर्जर-प्रतिहार' अपने प्रारंभिक दौर में स्थानीय अधिकारी थे जो कालांतर में राजस्थान और गुजरात में शासक वंश बनकर उभरे। हरिश्चंद्र प्रतिहार वंश का संस्थापक था। इसकी ब्राह्मण और क्षत्रिय दो पत्नियाँ थीं। ब्राह्मण पत्नी से उत्पन्न पुत्र मालवा पर तथा क्षत्रिय

पत्नी से उत्पन्न पुत्र जोधपुर पर शासन कर रहे थे। इस वंश का प्रथम उल्लेखनीय शासक *नागभट्ट प्रथम* (730-756 ई०) था। इसने अरब के सिंध शासकों का गुजरात में राज्य विस्तार करने की महत्वाकांक्षा पर पानी फेर दिया।

वत्सराज के बाद उसका पुत्र नागभट्ट-II (800-833 ई० में) गुर्जर-प्रतिहारों का राजा हुआ। इसकी माता का नाम सुंदर देवी था। इस वंश का वास्तविक शासक मिहिर भोज प्रथम को ही माना जाता है। इसने 'आदि वाराह' की उपाधि धारण की थी। महेन्द्रपाल प्रथम मिहिर भोज का पुत्र था, जो 'कर्पूर मंजरी' नाटक के रचयिता महाकवि राजशेखर का शिष्य और संरक्षक था। इसने मगध और बंगाल पर विजय प्राप्त की।

गहड़वाल (राठौर) वंश

लगभग 1050 ई० में प्रतिहार राज्य पूर्ण रूप से समाप्त हो गया और उसके स्थान पर गहड़वाल वंश का उदय हुआ। यशोविग्रह इस वंश का संस्थापक था। इस वंश का सर्वप्रथम स्वतंत्र शासक चंद्रदेव (1080-1100) था। गहड़वाल वंश का सबसे प्रतापी राजा गोविन्दचंद्र (1114-1154 ई०) था। इसने 'अश्वपति, गजपति, नरपति-राजत्रयाधिपति की उपाधि धारण की थी। गोविन्दचंद्र ने बंगाल के पालों से मगध जीता तथा मालवा पर भी अधिकार कर लिया।

शाकम्भरी का चाहमान (चौहान) वंश

चाहमान वंश की एक शाखा ने 7वीं सदी में शाकम्भरी में अपना राज्य स्थापित किया। इस शाखा की स्थापना का श्रेय वासुदेव को दिया जाता है। इस वंश का सर्वप्रमुख राजा दुर्लभ राज प्रथम (8वीं सदी उत्तरार्ध) था। यह प्रतिहार वंश के वत्सराज का सामंत था। सिंहराज (9वीं सदी पूर्वार्द्ध) ने ही सर्वप्रथम 'महाराजाधिराज' की उपाधि धारण की।

इस वंश का सबसे बड़ा राजा विग्रहराज चतुर्थ (1153-1163 ई०) था। इसी ने तोमर वंश से ढिल्लिका (दिल्ली) छीनी थी। (विजौलिया लेख से) इसकी उपाधि थी-महाराजाधिराज परमेश्वर। उसकी सभा में 'सोमदेव' नामक विद्वान् रहता था, जिसने 'ललित विग्रहराज' नामक ग्रंथ लिखा। विग्रहराज चतुर्थ ने गुजरात के कुमार पाल को हराया तथा नडडुल, चित्तौड़, जालौर आदि को जीता। पृथ्वीराज III जिसे 'पृथ्वीराज चौहान' तथा 'रायपिथौरा' के नाम से भी जाना जाता है, 'चौहान' वंश का सबसे शक्तिशाली राजा हुआ।

जेजाक भुक्ति के चंदेल

प्रतिहार वंश के पतन के बाद मध्य भारत में चंदेल वंश का उदय हुआ। ये चंद्रवंशी क्षत्रिय थे। इनका मूल प्रदेश बुन्देलखण्ड था। प्रारंभ में ये गुर्जर- प्रतिहारों के सामंत थे। जनश्रुति के अनुसार इस वंश का सर्वप्रथम ऐतिहासिक राजा चंद्रवर्मन है, परन्तु अभिलेखों के अनुसार नवीं शताब्दी के आरंभ में 'नानुक' चंदेल द्वारा इस वंश की स्थापना की गई। जो प्रतिहारों के मुखिया को विनष्ट कर जेजाक भुक्ति (आधुनिक बुंदेलखंड) के दक्षिणी भाग का स्वामी बन गया था।

मालवा के परमार वंश

दसवीं सदी के प्रारंभ में जब प्रतिहारों का आधिपत्य मालवा से समाप्त हो गया, तब वहाँ परमार शक्ति का उदय हुआ। इनकी राजधानी 'धारा नगरी' थी। इस वंश का प्रथम स्वतंत्र शासक सीयक-II था। इसका संघर्ष मान्यखेत के राष्ट्रकूटों से हुआ। इसने सौराष्ट्र के चालुक्यों तथा मालवा के उत्तर-पश्चिम में स्थित हूणों को पराजित किया।

मुंज (973-995 ई०) अपने वंश का बड़ा ही पराक्रमी राजा था। इस राजा के अनेक नाम मिलते हैं-वाक्पति, उत्पलराज इत्यादि। भोज परमार (1000-1055 ई०) इस वंश का सबसे प्रसिद्ध लोकप्रिय राजा था। भोज ने उज्जैन की जगह 'धारा' को अपनी राजधानी बनाया।

चोल राजवंश

राजराज प्रथम (985-1012 ई.)

इनके शासन के तीस वर्ष चोल साम्राज्य के सर्वाधिक गौरवशाली वर्ष थे। इसने अपने पितामह परान्तक प्रथम की 'लौह एवं रक्त' की नीति का पालन करते हुए 'राजराज' की उपाधि ग्रहण की। श्रीलंका के राजा महेन्द्र पंचम को परास्त कर वहाँ एक नया प्रांत 'मुम्डिचोल मंडलम' की स्थापना की। श्रीलंका की राजधानी अनुराधापुर को बर्बाद कर दिया और 'पोलोन्नरवा' को अपनी राजधानी बनाया।

राजेन्द्र प्रथम (1012-42 ई०)

राजेंद्र प्रथम ने अपने पुत्र विक्रमचोल के नेतृत्व में गंगा घाटी में सैन्य-अभियान भेजा। विक्रमचोल ने कलिंग के पूर्वी गंग शासक एवं बंगाल के पाल शासक महीपाल को पराजित किया। इस अभियान का उद्देश्य गंगा का पवित्र जल लाना था। गंगाघाटी के अभियान की सफलता पर राजेन्द्र प्रथम ने 'गंगैकोण्डचोल की उपाधि धारण की तथा इस विजय की स्मृति में 'गंगैकोण्डचोलपुरम' नाम की नई राजधानी का निर्माण करवाया।

वस्तुनिष्ठ प्रश्न

1. सम्भवत: पाल राजाओं की राजधानी थी:
A. कन्नौज B. पाटलिपुत्र
C. ताम्रलिप्ति D. मुंगेर

2. प्रतिहार वंश का महानतम शासक था:
A. दन्तिदुर्ग B. वत्सराज
C. भोज (मिहिरभोज) D. नागभट्ट द्वितीय

3. निम्नलिखित में से किस राजपूत वंश की उत्पत्ति तथाकथित अग्निकुल से नहीं हुई थी?
A. चन्देल B. परिहार
C. चाहमान D. चालुक्य

4. निम्नलिखित शासक राजवंशों को उनकी राजधानियों के साथ सुमेलित कीजिए:

(*a*) गुजरात के चालुक्य	1. त्रिपुरी
(*b*) चेदि के कलचुरी	2. अन्हिलवाड़
(*c*) मालवा के परमार	3. अजमेर
(*d*) शाकम्भरी के चाहमान	4. धारा

	(*a*)	(*b*)	(*c*)	(*d*)
A.	1	2	3	4
B.	2	1	4	3
C.	2	3	4	1
D.	4	1	2	3

5. सेन वंश के शासकों का मूल प्रदेश क्या था?
A. उड़ीसा B. मध्य भारत
C. कामरूप D. दक्कन

6. राजेन्द्र चोल द्वारा विजित कोसले-नाडु की स्थिति किस नदी के तट पर थी?
A. गोदावरी B. सरयू
C. महानदी D. ताप्ती

7. पूर्व मध्यकालीन दक्षिण भारतीय राजतंत्र में उड़न कुट्टम शब्द का तात्पर्य था:
A. चोल राज्य में लघु ग्रामों का एक समूह
B. चोलों के अंतर्गत अधिकारियों का एक समूह
C. होयसल राज्य में लगने वाला एक कर
D. चोलों द्वारा संपोषित नौसेना

8. महाक्षपलिक निम्नांकित का प्रभारी अधिकारी था:
A. रथ B. नौसना
C. लेखा D. पदाति

9. किस चोल शासक ने राष्ट्रकूटों से तोण्डैमण्डलम छीन लिया था?
A. परान्तक-I B. सुन्दरचोल
C. राजराज-I D. कुलोत्तुंग-I

10. चोल प्रशासकीय व्यवस्था में सभा:
A. ग्राम अदालत थी।
B. अग्रहारों में वयस्क लोगों का समुदाय थी।
C. मंदिर की व्यवस्था के लिए सभी जातियों के लोगों की एक समिति थी।
D. नाट्टारों की एक समिति थी।

11. सूची-I को सूची-II से सुमेलित कीजिए और सूचियों के नीचे दिए गए कूट के उपयोग से सही उत्तर का चयन कीजिए:

सूची-I	***सूची-II***
(*a*) प्रतिहार	1. सुवर्णगिरि
(*b*) चालुक्य	2. चंद्रावती
(*c*) चाहमान	3. अनहिलपाटक
(*d*) परमार	4. कान्यकुब्ज
	5. कल्याणी

	(*a*)	(*b*)	(*c*)	(*d*)
A.	2	3	4	1
B.	4	3	1	2
C.	1	2	4	5
D.	3	5	2	4

12. निम्नलिखित में से कौन एक सही सुमेलित है?
A. उरैयूर – मसाले B. कोरके – मोती
C. वंजी – रेशम D. कांची – हाथी दाँत

13. चोल साम्राज्य के बारे में निम्नलिखित में से क्या सत्य हैं?
A. नरकेशरी की उपाधि धारण करने वाले विजयालय ने चोल साम्राज्य की स्थापना की।
B. विजयालय ने तंजौर को अपनी राजधानी बनाया।
C. विजयालय प्रारंभ में पल्लवों का एक सामन्ती सरदार था।
D. उपर्युक्त तीनों कथन सत्य हैं।

14. राजराज ने श्रीलंका के महेन्द्र पंचम को पराजित कर उसे चोल साम्राज्य में मिला लिया, उसने इसका नवीन नामकरण किया:
A. मुण्डिचोलमण्डलम B. पोल्लननरूवा
C. अनुराधापुर D. तिरुन्नवेल्ली

15. निम्नलिखित उपाधियों में से कौन-सी परान्तक प्रथम द्वारा धारित नहीं की गई?
A. मदुराईकोंड B. मदुरान्तक
C. संग्राम राघव D. जयगोंड

उत्तरमाला

1	**2**	**3**	**4**	**5**	**6**	**7**	**8**	**9**	**10**
D	C	A	B	D	C	B	C	B	B
11	**12**	**13**	**14**	**15**					
D	B	D	A	D					

दिल्ली के सुल्तान

इस्लाम की प्रेरणा से प्राप्त एकता की भावना से ऊर्जा और उत्साह प्राप्त कर अरबों ने 8वीं शताब्दी में सिंध पर अधिकार कर लिया। परन्तु अगले 300 वर्षों तक उन्हें आगे बढ़ने में सफलता नहीं मिली। 11वीं शताब्दी में गजनी के सुल्तान महमूद ने भारत पर तीव्र आक्रमण किए। हालांकि वह कला और कलाकृतियों का संरक्षक था, परंतु ऐसा प्रतीत होता है कि भारत पर आक्रमण करने के पीछे उसका उद्देश्य शासकों के मनोबल को ध्वस्त करना और देश की संपत्ति को लूटना था। पंजाब में उसकी विजय और गुजरात में प्रवेश के कारण महत्त्वपूर्ण राजनीतिक प्रभाव उत्पन्न हुए। इस आक्रमण ने पश्चिमी आक्रमणकारियों के लिए भारत पर आक्रमण करने का रास्ता खोल दिया और चूंकि उस समय भारत में शक्तिशाली साम्राज्य नहीं था, अत: देश उनके शिकंजे में चला गया और अनेक शताब्दियों तक विदेशी शासन के अधीन रहा।

भारत पर एक महत्त्वपूर्ण आक्रमण मोइजुद्दीन मुहम्मद बिन सेम या मुहम्मद गौरी की ओर से हुआ। उसने 1175 में मुल्तान पर विजय के साथ ही अपने भारतीय अभियान की शुरुआत की। विदेशियों से गठजोड़ कर उसने अपने कदम दिल्ली की ओर बढ़ाए, जहां उस वक्त पृथ्वीराज चौहान शासन कर रहा था। थानेश्वर के निकट तराईन के प्रथम युद्ध में पृथ्वीराज ने उसे करारी शिकस्त दी, परन्तु एक वर्ष बाद ही वह पूरी तैयारी के साथ फिर लौटा। इस बार पृथ्वीराज चौहान की किस्मत दगा दे गई। उसे हार का सामना करना पड़ा तथा बाद में उसकी हत्या कर दी गई। इसने उत्तरी भारत में मुसलमानों के प्रभुत्व को स्थापित किया।

गुलामवंश

चूंकि मोहम्मद गौरी का कोई पुरुष उत्तराधिकारी नहीं था, अत: उसकी मृत्यु के पश्चात् उसके प्रांतीय वायसरायों ने अपने संबद्ध अधिकार क्षेत्रों में अपनी सत्ता स्थापित कर ली। कुतुबुद्दीन भारतीय प्रदेश का शासक बन गया और और तेरहवीं शताब्दी के आरंभ में गुलाम वंश की स्थापना की। वास्तव में वह तुर्किस्तान का गुलाम था, जो शासक बन बैठा। अत: उसके द्वारा भारत में स्थापित राजवंश को गुलाम वंश कहा जाता है। वह एक महान् योद्धा, एक सक्षम प्रशासक व शक्तिशाली सम्राट था। इस्लाम के प्रति उसका समर्पण भाव उल्लेखनीय था तथा वह अपनी दानवीरता के लिए प्रसिद्ध था। उसने कुतुबमीनार का निर्माण आरंभ करवाया। 1210 ई. में उसकी मृत्यु हो गई। चूंकि उसके उत्तराधिकारी सक्षम नहीं थे, अत: बदायूं के गवर्नर इल्तुतमिश ने दिल्ली की गद्दी हथिया ली। बगदाद के खलीफा तक उसके शासन के प्रशंसक थे। कुतुबुद्दीन ने जिन इलाकों पर विजय प्राप्त की थी उसने उसे एकीकृत किया और एक सघन साम्राज्य की स्थापना की। कुछ बाहरी प्रांतों को छोड़कर संपूर्ण भारत उसके साम्राज्य के अंतर्गत था। एक महान् योद्धा होने के साथ-साथ, वह कला और साहित्य का बड़ा प्रशंसक भी था। उसने कुतुबमीनार का निर्माण संपन्न करवाया। अपने पुत्रों की सत्ता पर दावेदारी को ठुकरा कर उसने अपनी पुत्री रजिया को अपना उत्तराधिकारी घोषित किया। रजिया ने 1236 में गद्दी संभाली, पर उसे कुलीन जनों के जबर्दस्त विरोध का सामना करना पड़ा जो कभी नहीं चाहते थे कि कोई महिला उन पर शासन चलाए। अत: उन्होंने उसके खिलाफ विरोधियों को संगठित किया। रजिया अपनी कूटनीति का इस्तेमाल कर अपने शत्रुओं से निपटने में सफल रही इस तरह, वह भारत की पहली महिला मुस्लिम शासक बनी। हालांकि उसका शासन लंबी अवधि तक कायम नहीं रह सका। इसका कारण यह था कि उसने विद्रोहियों का उन्मूलन करने के लिए अबसीनियाई गुलामों को अतिशय समर्थन दिया जिससे कुलीन जन अत्यन्त क्रुद्ध हो गए। 1240 में उसकी हत्या हो गई और इसके साथ ही उसके साढ़े तीन वर्ष के शासनकाल की समाप्ति हो गई। रजिया की हत्या के बाद कुछ समय तक अस्त-व्यस्तता और आशंकाओं का दौर रहा।

1265 ई. में गयासुद्दीन बलबन ने दिल्ली का तख्त हासिल कर लिया। इस समय तक राजकोष कंगाली की अवस्था में पहुंच चुका था। मंगोल भी निरंतर आक्रमण कर रहे थे और सत्ता के प्राधिकार के बारे में लोगों को शंकाए होने लगी थीं। बलबन ने एक शक्तिशाली सेना का संगठन किया और क्षेत्र में चुस्त व्यवस्था कायम की। लुटेरों और अराजक तत्वों के लिए उसका एक ही जवाब था तलवार। उसने मंगोलों को आगे बढ़ने से रोकने के उपाय किए। उसने दिल्ली सल्तनत की शक्ति और प्रतिष्ठा को पुनर्स्थापित करने का भरसक प्रयत्न किया। एक सुल्तान के रूप में बलबन को अंदरूनी समस्याओं के साथ-साथ बाहरी खतरों का भी सामना करना पड़ा। वह अपनी व्यक्तिगत शक्तियों के कारण 20 वर्षों तक शासन करने में सफल रहा। 1286 में उसके निधन के साथ ही गुलाम राजवंश का अंत हो गया।

खिलजी वंश

13वीं शताब्दी के अंत में जलालुद्दीन फिरोज ने खिलजी राजवंश की स्थापना की। परन्तु खिलजी वंश का सबसे प्रख्यात शासक अलाउद्दीन था, जिसने 1296 में दिल्ली के सिंहासन पर कब्जा कर लिया। उसके शासनकाल में मुस्लिम रियासत का दक्षिण में मैसूर और पश्चिम में गुजरात सहित देश के विभिन्न भागों में बहुत तेजी से विस्तार हुआ।

परंपराओं को तोड़ते हुए उसने बिना मौलवियों और उलेमाओं की सलाह लिए, राजनीतिक मामलों पर निर्णय लिया। उसने केन्द्र में एक शक्तिशाली सरकार की स्थापना की और शराब एवं मादक द्रव्यों के सेवन तथा जुआ पर सख्ती से प्रतिबंध लगा दिया। साथ ही उसने एक प्रभावशाली जासूसी निकाय की स्थापना की। उसने सेना, राजस्व और अर्थव्यवस्था में सुधार की प्रक्रिया का आरंभ किया। हालांकि अलाउद्दीन हिन्दुओं के प्रति दुराग्रह रखता था। इस स्वेच्छाचारी और महत्त्वाकांक्षी शासक की 1316 ई. में मृत्यु हो गई और चूंकि उसने न तो अपने जनरलों को न ही अपने पुत्रों को इस बात की अनुमति दी थी कि वे राजनीतिक और सैन्य मामलों पर अपनी पकड़ विकसित कर सकें। अत: उसके उत्तराधिकारी उसके शासन को आगे नहीं बढ़ा सके और इस प्रकार उसकी मृत्यु के कुछ वर्ष बाद ही खिलजी वंश का पतन हो गया।

तुगलक वंश

कुलीन जनों के समर्थन से गयासुद्दीन तुगलक की उपाधि के तहत् गाजी मलिक ने 1320 ई. में दिल्ली की सत्ता संभाली और तुगलक राजवंश की स्थापना की। हालांकि वह दयालु और उदारवादी प्रवृत्ति वाला व्यक्ति था, फिर भी उसने प्रशासनिक सुधार किए और धन की फिजूलखर्ची पर नियंत्रण लगाया। उसने सैनिक प्रभुत्व और साम्राज्यवादी नीतियों का पालन किया, परंतु 1325 ई. में उसकी मृत्यु हो गई। गयासुद्दीन का उत्तराधिकारी मोहम्मद बिन तुगलक एक असाधारण व्यक्ति था। कुछ इतिहासकारों ने उसे अति बुद्धिमान, दूरदर्शी और परोपकारी राजा माना है, जबकि अन्य लोगों ने उसे झक्की, कल्पनावादी, और प्रजापीड़क ठहराया है। उसे साहित्य, कला, दर्शन और औषधियों का अच्छा ज्ञान था पर उसे व्यावहारिक ज्ञान नहीं था, और न ही सामान्य बुद्धिमत्ता थी। वह अपनी राजधानी को दिल्ली से हटाकर दौलताबाद (देवगिरि) ले गया तथा प्रतीक वाली मुद्रा प्रचलित की। उसकी योजनाएं व्यावहारिक कसौटी पर खरी नहीं उतरीं और अन्ततः उसके राज्य में अव्यवस्था का बोलबाला हो गया। अपनी कठोर नीतियों के बावजूद वह अधिक सफल नहीं हो पाया और 1351 ई. में उसकी मृत्यु हो गई। फिरोज तुगलक उसका उत्तराधिकारी बना। वह एक धर्मान्ध व्यक्ति था जिसने हिन्दुओं पर मुकदमे चलाए। वह एक महान् निर्माता था, जिसने जौनपुर, फतेहाबाद, फिरोजपुर और फिरोजाबाद जैसे शहरों का निर्माण करवाया। न्यायिक प्रशासन हेतु उसने कुरान के कानूनों का समावेश किया। उसमें प्रेम और दया के मानवीय गुण भी मौजूद थे तथा उसके 38 वर्ष के शासन में शांति और समृद्ध रही।

लोदी वंश

अफगानों की लोदी जनजाति से संबद्ध बहलुल खान 1451 ई. में दिल्ली की गद्दी पर बैठा और सैयद राजवंश को नेस्तनाबूद कर लोदी वंश की स्थापना की। सैयद राजवंश जिसने 37 वर्षों तक शासन किया, और उसने चार शासकों को जन्म दिया, परंतु इनमें से कोई भी इतना शक्तिशाली नहीं निकला कि सत्ता में टिका रह सके। अपने साहस, ऊर्जा और युक्तियों से उसने भारत में मुस्लिम शक्ति की प्रतिष्ठा को पुनर्स्थापित किया। उसने अनेक छोटे-छोटे इलाकों के जागीरदारों और शासकों को मजबूर किया कि वे उसकी सत्ता को स्वीकार करें। 1489 ई. में उसकी मृत्यु के पश्चात् सिकन्दरशाह की उपाधि के तहत् निजाम खान ने दिल्ली की सत्ता पर अधिकार कर लिया। उसने अपने साम्राज्य को शक्तिशाली बनाया तथा सेनापतियों की शक्ति को कुचल दिया। वह लोदी शासकों में से सबसे काबिल शासक था। एक शक्तिशाली, साहसी, दृढ़ और ईमानदार प्रशासक होने के साथ-साथ वह एक अच्छा इंसान था, जिसके मन में गरीबों के प्रति दया थी। वह बुद्धिजीवियों का आदर करता था और निष्पक्ष न्याय में उसकी गहरी आस्था थी। उसका उत्तराधिकारी इब्राहिम लोदी चिड़चिड़े स्वभाव का था और युक्तियों से रहित था। हालांकि युद्ध संबंधी मामलों में उसकी प्रतिभा अद्वितीय थी, फिर भी उसने कुलीन जनों को नाराज कर दिया। इन कुलीन जनों और अन्य प्रांतों के सेनापतियों ने काबुल के शासक को आक्रमण हेतु आमंत्रित किया जिसके कारण अंततः दिल्ली सल्तनत का पतन हो गया तथा भारत में नए तुर्की शासन की स्थापना का मार्ग प्रशस्त हुआ।

वस्तुनिष्ठ प्रश्न

1. दिल्ली सल्तनत के अन्तर्गत कुल कितने राजवंशों ने शासन किया?

A. तीन B. चार

C. दो D. पाँच

2. गोरी की मृत्यु के बाद किस उपाधि के साथ ऐबक सिंहासन पर बैठा?

A. मलिक B. सिपहसालार

C. A और B दोनों D. वलीअहद

3. ऐबक ने प्रारंभिक दिनों में 'लाहौर' को अपनी राजधानी क्यों बनाया?

A. सुरक्षा की दृष्टि से।

B. गजनी और भारत पर एक साथ शासन करने के लिए।

C. लाहौर की जनता की माँग के कारण।

D. उपर्युक्त सभी।

4. ऐबक ने अपनी स्थिति को मजबूत करने के लिए अपने प्रतिद्वन्द्वियों के साथ किस तरह का सम्बन्ध स्थापित किया?

A. वैवाहिक B. कूटनीतिक

C. राजनीतिक D. उपर्युक्त सभी

5. इल्तुतमिश सल्तनत का प्रथम शासक था जिसने शुद्ध अरबी पद्धति पर आधारित चलाया–

A. त्योहार B. सिक्का

C. लिपि D. उपर्युक्त सभी

6. सुल्तान के पद और प्रतिष्ठा में वृद्धि हेतु रजिया ने पर्दा त्याग कर धारण किया–

A. कुबा (कोट) B. कुलाह (टोपी)
C. A और B दोनों D. पुरुष शासकों के वस्त्र

7. पहली बार दिल्ली सल्तनत की सीमाओं में घुस कर आक्रमण किया–

A. अफगानों ने B. ख्वारिज्म शासकों ने
C. मंगोलों ने D. दक्षिण के शासकों ने

8. सर्वप्रथम मंगोलों ने दिल्ली सल्तनत के किस प्रदेश पर 1241 ई॰ में आक्रमण किया?

A. लाहौर B. पंजाब
C. चंदेरी D. उपर्युक्त कोई नहीं

9. निम्नलिखित में किसे भारतीय मुसलमान कहा गया?

A. कुतलुग खाँ B. किचलू खाँ
C. एतगीन D. रायहान

10. सुल्तान नासिरुद्दीन की मृत्यु के बाद कौन दिल्ली के तख्त पर बैठा?

A. जलालुद्दीन खिलजी B. गयासुद्दीन बलबन
C. शम्सुद्दीन अली D. उपर्युक्त में से कोई नहीं

11. बलबन ने अपनी किस समस्या के समाधान को प्राथमिकता दी?

A. आतंरिक विद्रोह।
B. आतंरिक संगठन।
C. मंगोल आक्रमण से साम्राज्य की सुरक्षा।
D. तुर्क (गुलाम) सरदारों के संगठन 'चालीसा' का दमन।

12. बलबन के राजत्व सिद्धान्त का स्वरूप प्रभावित था–

A. टर्की से B. फारस से
C. चीन से D. उपर्युक्त कोई नहीं

13. जलालुद्दीन फिरोज खिलजी ने एक नवीन राजवंश की स्थापना की जिसे कहा गया–

A. तुर्क वंश B. सैय्यद वंश
C. अफगान वंश D. खिलजी वंश

14. 'खिलजी' नामक स्थान जहाँ पर फिरोज खिलजी के पूर्वजों ने निवास किया था, कहाँ पर स्थित है?

A. अफगानिस्तान B. पाकिस्तान
C. ईरान D. भारत

15. जलालुद्दीन ने फिरोज खिलजी के सिंहासन पर अधिकार किया–

A. वंशानुगत आधार पर
B. षड्यंत्र द्वारा
C. चुनाव द्वारा
D. शक्ति के आधार पर

16. अलाउद्दीन ने अपना राज्याभिषेक करवाया–

A. किलोखरी में B. लाल महल में
C. सीरी के किले में D. उपर्युक्त कहीं नहीं

17. अलाउद्दीन खिलजी किस उपाधि के साथ सिंहासन पर बैठा?

A. सिकंदर-ए-सानी।
B. अबुल-मुजफ्फर सुल्तान अलाउद्दीन मुहम्मदशाह खिलजी।
C. यास्मिन-उल-खिलाफत-नासिरी अमीरी-उल-मिमुनिन।
D. सुल्तान अलाउद्दीन खिलजी।

18. हिन्दुओं के प्रति अलाउद्दीन की नीति किस प्रकार की थी?

A. उदारता की B. कठोरता की
C. उदासीनता की D. उपर्युक्त कोई नहीं

उत्तरमाला

1	2	3	4	5	6	7	8	9	10
D	C	A	A	B	C	C	B	D	B
11	12	13	14	15	16	17	18		
C	B	D	A	C	B	B	B		

स्थापत्य कला

दिल्ली सल्तनत की स्थापत्य कला हिंदू पद्धति तथा मुसलमानी पद्धति के मिश्रण से विकसित हुई है। हिंदू पद्धति शहतीरी शिल्प कला (त्रावियत शैली) पर तथा मुस्लिम पद्धति अरकुष्ट शैली पर आधारित है।

त्रावियत शैली (हिन्दू शैली) : स्तंभ एवं बल्ली का प्रयोग, भरपूर अलंकरण तथा आड़ी एवं खड़ी रेखाओं का प्रयोग किया जाता था।

अरकुष्ट शैली (मुस्लिम शैली) : मेहराव एवं गुंबद का प्रयोग, अलंकरण पर जोर, मानव आकृति एवं पशु आकृति से परहेज, सुलेखन, घंटे का चित्र स्वास्तिक इत्यादि, ज्यामिति डिजाइनों का प्रचलन। मेहराब व गुंबद इस्लाम की देन नहीं है बल्कि यह रोम में विकसित हुई। मुस्लिमों ने इसे वेजेटाइन साम्राज्य से सीखा। भारत में भी मेहराब एवं गुंबद की जानकारी थी किन्तु इसका प्रयोग नहीं के बराबर होता था तथा इसे वैज्ञानिक ढंग से निर्मित नहीं किया जाता था। इस्लामी एवं हिंदू स्थापत्य में दो समानता–खुले आँगन का होना तथा अलंकरण तथा सजावट पर ज्यादा बल दिया जाना–इन समानताओं के कारण मंदिरों को मस्जिद में परिवर्तित करना संभव हुआ।

कुतुबुद्दीन ऐबक :

1. अजमेर में 'ढाई दिन का झोपड़ा'–नामक मस्जिद का निर्माण करवाया जो प्रारंभ में बौद्ध मठ था।
2. दिल्ली में 'कुव्वत-उल-इस्लाम मस्जिद' का निर्माण करवाया जो प्रारंभ में बौद्ध मठ था एवं तत्पश्चात् विष्णु मंदिर में तब्दील कर दिया गया था।
3. 'किला-ए-रायपिथौरा' का निर्माण करवाया।
4. 'कुतुबमीनार' का निर्माण सूफी संत कुतबद्दीन बख्तियार काकी की स्मृति में शुरू करवाया जिसे इल्तुतमिश ने पूरा किया।

इल्तुतमिश :

1. दिल्ली के पास 'नासीरुद्दीन के मकबरा' का निर्माण अपने पुत्र नासीरुद्दीन महमूद की स्मृति में करवाया। इसे 'सुल्तानगढ़ी' के नाम से भी जाना जाता है।
2. कुव्वत–उल-इस्लाम मस्जिद के पीछे इल्तुतमिश ने 'अपने मकबरे' का निर्माण करवाया। यह भारत में अपने ढंग का सबसे प्राचीन मकबरा है।
3. इसके अतिरिक्त इल्तुतमिश ने हौजे–शम्सी, ईदगाह, बदायूँ की जामा मस्जिद और नागौर में अंतरकिन के दरवाजा का निर्माण करवाया।

बलबन : बलबन का मकबरा प्रथम ऐसा स्थापत्य जिसमें वैज्ञानिक ढंग से गुम्बद का निर्माण किया गया है।

खिलजी स्थापत्य : इनका स्थापत्य सल्जुक तुर्क से प्रभावित था। पहली बार निरंतर रूप में वैज्ञानिक ढंग से मेहराब एवं गुंबद का प्रयोग प्रारंभ हुआ।

अलाउद्दीन खिलजी :

1. दिल्ली में 'कैशिक-ए-शीरी' का निर्माण करवाया।
2. कुतुबमीनार के पास 'अलाई दरवाजे' का निर्माण करवाया।
3. दिल्ली में 'हजार सितन' नामक महल बनावाया।
4. हौजे अलाई तथा 'हौज खास' नामक तालाब का निर्माण करवाया।
5. निजामुद्दीन औलिया के दरगाह के अहाते में 'जमात-ए- खाना मस्जिद' का निर्माण करवाया। यह मस्जिद पूर्णतः, इस्लामी शैली में निर्मित प्रथम स्थापत्य था।

तुगलक स्थापत्य : भारतीय एवं इस्लामी शैली का अधिक समन्वय तथा मजबूती के लिए सलामी (ढलुआ दीवार) का प्रयोग प्रारम्भ। निर्माण के लिए अच्छे सामान की जगह मलबे का अधिकाधिक प्रयोग हुआ जो राज्य की आर्थिक कठिनाइयों की ओर ध्यान खींचता है। इसके काल में स्थापत्य में सादगी की ओर वापस लौटने की प्रवृत्ति प्रारम्भ हुई।

गयासुद्दीन तुगलक :

1. दिल्ली के पास 'तुगलकाबाद नगर' की स्थापना की। यहाँ एक दुर्ग का निर्माण करवाया जो 'दुर्ग छप्पन कोट' के नाम से जाना जाता है।
2. तुगलकाबाद में उसने 'अपना मकबरा' बनवाया।

मुहम्मद बिन तुगलक :

1. रायपिथौरा और सीरी के मध्य 'जहाँपनाह नगर' की स्थापना करवायी।
2. 'विजयमंडल भवन' का निर्माण करवाया।
3. 'आदिल शाह के किले' का निर्माण करवाया।
4. 'हजार सितारों के महल' का निर्माण करवाया।
5. शेख निजामुद्दीन 'औलिया का मकबरा' बनवाया।

फिरोजशाह तुगलक :

1. दिल्ली में 'कुश्क-ए-फिरोजाबाद' नामक इमारत का निर्माण करवाया।
2. 'कुश्क-ए-शिकार' नामक महल बनवाया।
3. दिल्ली में 'फिरोजशाह कोटला नामक दुर्ग' का निर्माण करवाया।
4. दिल्ली में 'हौज-ए-खास' के निकट फिरोज ने अपना मकबरा बनवाया।
5. कबीरउद्दीन औलिया के मकबरे का निर्माण प्रारंभ करवाया जिसे नसीरुद्दीन मुहम्मद ने पूरा करवाया। इसे लाल 'गुंबद' के नाम से भी जाना जाता है।
6. जौनपुर, फिरोजाबाद, फतेहाबाद, हिसार आदि नगरों का निर्माण करवाया।
7. 'खिड़की मस्जिद' का निर्माण करवाया।
8. 'हौज खास की जामा मस्जिद' का निर्माण करवाया।

सैय्यद वंश का स्थापत्य :

खिज्र खाँ–'खिजराबाद नगर' की स्थापना की।
मुबारक शाह–'मुबारकबाद नगर' की स्थापना की।
शाह आलम–दिल्ली में 'मुबारकशाह के मकबरे' का निर्माण करवाया।

- दिल्ली में 'मुहम्मदशाह के मकबरे' का निर्माण करवाया।
- लोदी स्थापत्य राजस्थानी एवं गुजराती शैली के छज्जे, मंडप एवं गुफाओं के प्रतीकों का प्रयोग। ऊँचे चबूतरे पर इमारतों का निर्माण। स्थापत्य का उद्यानों के बीच निर्माण। अष्टकोणीय आकार एवं दोहरी मीनारों का प्रयोग प्रारंभ हुआ।

सिकंदर लोदी :

1. बहलोल लोदी के मकबरे का निर्माण।
2. मोती मस्जिद, बड़े खाँ तथा छोटे खाँ की समाधियाँ, बड़ा गुंबद, पोती के गुंबद का निर्माण करवाया।

- **इब्राहिम लोदी** : 'सिकंदर लोदी के मकबरे' का निर्माण करवाया।

सल्तनतकालीन स्थापत्य कला एक नजर में

निर्माणकार्य	निर्माणकर्ता	स्थान
कुव्वत-उल-इस्लाम मस्जिद	कुतुबुद्दीन ऐबक	दिल्ली
कुतुबमीनार	कुतुबुद्दीन ऐबक एवं इल्तुतमिश	दिल्ली
अढ़ाई दिन का झोपड़ा	कुतुबुद्दीन ऐबक	अजमेर
सुल्तानगढ़ी अथवा नासिरुद्दीन का मकबरा	इल्तुतमिश	दिल्ली
इल्तुतमिश का मकबरा	इल्तुतमिश	दिल्ली
जामा मस्जिद	इल्तुतमिश	बदायूँ
अतारकिन का दरवाजा	इल्तुतमिश	नागौर (जोधपुर)
बलबन का मकबरा	बलबन	दिल्ली
लाल महल	बलबन	दिल्ली
अलाई दरवाजा	अलाउद्दीन खिलजी	दिल्ली
जमात खाना मस्जिद	अलाउद्दीन खिलजी	दिल्ली
हजार सितून (स्तंभ)	अलाउद्दीन खिलजी	दिल्ली
उषा मस्जिद	मुबारक खिलजी	बयाना (भरतपुर)
तुगलकाबाद	गयासुद्दीन तुगलक	दिल्ली
गयासुद्दीन तुगलक का मकबरा	गयासुद्दीन तुगलक	दिल्ली
शेख निजामुद्दीन औलिया का मकबरा	तुगलक काल	दिल्ली
आदिलाबाद	मुहम्मद तुगलक	दिल्ली
जहाँपनाह	मुहम्मद तुगलक	दिल्ली
फिरोज शाह का मकबरा	फिरोज तुगलक	दिल्ली
खान-ए-जहाँ तेलंगान्नी का मकबरा	जूनाशाह	दिल्ली
कबीरुद्दीन औलिया का मकबरा (लाल गुम्बद)	तुगलक काल	दिल्ली
काली मस्जिद	जूनाशाह खानेजहाँ	दिल्ली
खिर्की मस्जिद	जूनाशाह खानेजहाँ	दिल्ली
मुबारक सैय्यद का मकबरा	अलाउद्दीन आलमशाह	दिल्ली
बहलोल लोदी का मकबरा	लोदी काल	दिल्ली
सिकन्दर लोदी का मकबरा	इब्राहिम लोदी	दिल्ली
मोठ की मस्जिद	सिकन्दर लोदी के प्रधान मंत्री मियाँ भुवा	दिल्ली

वस्तुनिष्ठ प्रश्न

1. सल्तनत काल में निर्मित प्रथम इमारत कौन थी?
A. अढ़ाई दिन का झोपड़ा।
B. कुव्वत-उल-इस्लाम मस्जिद।
C. कुतुब मीनार।
D. मुहम्मद गोरी का मकबरा।

2. कुतुबुद्दीन ऐबक ने 1197 में किसकी स्मृति में 'कुव्वत-उल-इस्लाम मस्जिद' का निर्माण कराया?
A. तराईन के द्वितीय युद्ध में पृथ्वी राज चौहान के पराजय की स्मृति में।
B. भारत में मुस्लिम राज्य की स्थापना की स्मृति में।
C. A और B दोनों।
D. उपर्युक्त कोई नहीं।

3. निम्नलिखित निर्माण कार्यों में किससे कुतुबुद्दीन ऐबक सम्बन्धित नहीं है?
A. कुव्वत-उल-इस्लाम
B. अढ़ाई दिन का झोपड़ा
C. कुतुबमीनार
D. सुल्तानगढ़ी का मकबरा

4. अढ़ाई दिन का झोपड़ा स्थित है–
A. दिल्ली B. अजमेर
C. लाहौर D. काबुल

5. निम्नलिखित में किसे सल्तनत काल का प्रथम मकबरा माना जाता है?
A. इल्तुतमिश का मकबरा
B. ऐबक का मकबरा
C. सुल्तानगढ़ी का मकबरा
D. उपर्युक्त कोई नहीं

6. भारत में 'मकबरा निर्माण शैली' का जन्मदाता किसे माना जाता है?
A. ऐबक B. इल्तुतमिश
C. बलबन D. रजिया

7. 'लाल महल' नामक किले का निर्माण किसने करवाया?
A. बलबन B. रजिया
C. नासिरुद्दीन महमूद D. इनमें से कोई नहीं

8. निम्नलिखित इमारतों में किसका निर्माण मुहम्मद तुगलक द्वारा करवाया गया?
A. जहाँपनाह नगर B. आदिलाबाद का किला
C. बारहखम्भा D. उपर्युक्त सभी

9. फिरोज शाह तुगलक ने टोपरा और मेरठ से लाये गये अशोक के स्तम्भ को कहाँ पर स्थापित कराया?
A. फतेहाबाद B. हिसार
C. फिरोजशाह कोटला D. फिरोजाबाद

10. निम्नलिखित मस्जिदों में किसका निर्माण फिरोज तुगलक ने नहीं करवाया?
A. खिर्की मस्जिद B. काली मस्जिद
C. बेगमपुरी मस्जिद D. मोठ की मस्जिद

उत्तरमाला

1	2	3	4	5	6	7	8	9	10
B	A	D	B	C	A	A	D	C	D

साम्राज्य निर्माण

बाबर

मुगल वंश का संस्थापक बाबर (1526-1530) था। वह मध्य एशिया स्थित फरगना का शासक था। बाबर एवं बाद के मुगल शासक तुर्क सुन्नी मुसलमान थे। बाबर ने मुगल वंश की स्थापना के साथ ही पद-पादशाही की स्थापना की, जिसके तहत शासक को बादशाह कहा जाता था। बाबर अपने पिता की तरफ से तैमूर (तुर्क) का तथा माता की तरफ से चंगेज खां (मंगोल) का वंशज था। उसके पिता का नाम उमरशेख मिर्जा तथा माता का नाम कुतलुगनिगार खानम था। बाबर द्वारा भारत पर पांच बार आक्रमण किया गया। भारत पर उसने पहला आक्रमण 1519 में किया, परंतु उसका प्रथम महत्त्वपूर्ण आक्रमण 1526 में हुआ।

बाबर द्वारा लड़े गए प्रमुख युद्ध

1. **पानीपत का प्रथम युद्ध (1526):** इसमें बाबर ने इब्राहिम लोदी को हराकर भारत में मुगल वंश की स्थापना की।
2. **खानवा का युद्ध (1527):** इसमें बाबर ने राणा सांगा को हराया।
3. **चंदेरी का युद्ध (1528):** इसमें बाबर ने मेदिनी राय को हराया।
4. **घाघरा का युद्ध (1529):** इसमें बाबर ने अफगान सरदार महमूद लोदी को पराजित किया।

नोट- *खानवा युद्ध में विजय के बाद बाबर ने **'गाजी'** की उपाधि धारण की।*

पानीपत के प्रथम युद्ध में बाबर ने पहली बार तुगलमा युद्ध नीति एवं तोपखाने का प्रयोग किया था। उस्ताद अली एवं मुस्तफा बाबर के दो प्रसिद्ध तोपची थे जिन्होंने इस युद्ध में भाग लिया था। बाबर को मुबईयान नामक पद्यशैली का जन्मदाता माना जाता है। उसने तुर्की भाषा में अपनी आत्मकथा 'तुजुक-ए-बाबरी' लिखी जिसे बाद में अब्दुर्रहीम खानखाना ने फारसी में 'बाबरनामा' के नाम से अनुवादित किया।

हुमायूँ

बाबर का उत्तराधिकारी हुमायूं (1530-1556) था। दिल्ली की गद्दी पर बैठने से पहले हुमायूं बदख्शां का सूबेदार था। अपने राज्याभिषेक के बाद हुमायूं ने अपना राज्य अपने तीन भाइयों (कामरान, असकरी एवं हिंदाल) में बांट दिया जो कि उसकी सबसे बड़ी राजनीतिक भूल साबित हुई। हुमायूं ने दिल्ली के निकट **'दीन पनाह'** नगर की स्थापना (1533) की। हुमायूं का प्रमुख शत्रु शेरशाह सूरी था। जिसने उसे चौसा के युद्ध (1539) में परास्त किया और 1540 ई. में कन्नौज (बिलग्राम) के युद्ध में पराजित करके भारत से बाहर चले जाने के लिए बाध्य कर दिया। अपने निर्वासन काल के दौरान हुमायूं प्रारंभ में अमरकोट के राणा वीरसाल के यहां तथा अंततः ईरान के शाह के यहां रहा। निर्वासन के समय हुमायूं ने हिंदाल के आध्यात्मिक गुरु फारसवासी शिया मीर बाबा दोस्त ऊर्फ मीर अली की पुत्री हमीदाबानो बेगम से 29 अगस्त, 1541 को निकाह कर लिया। कालांतर में हमीदा से ही अकबर जैसे महान सम्राट का जन्म हुआ। हुमायूं ने 1555 में पंजाब के सूरी शासक सिकंदर को पराजित कर पुनः दिल्ली की गद्दी पर बैठा। जनवरी, 1556 में दीन पनाह भवन में स्थित पुस्तकालय की सीढ़ियों से गिरने के कारण उसकी मृत्यु हो गई। हुमायूं द्वारा लड़े गए चार प्रमुख युद्धों का क्रम है- देवरा (1531), चौसा (1539), बिलग्राम (1540) एवं संरहिंद का युद्ध (1555)।

शेरशाह सूरी

सूर साम्राज्य का संस्थापक अफगान वंशीय शेरशाह सूरी (1540-1545) था। **शेरशाह द्वारा स्थापित अफगान साम्राज्य भारत में द्वितीय अफगान साम्राज्य था। जबकि प्रथम अफगान साम्राज्य की स्थापना बहलोल लोदी के द्वारा की गई थी।** बहलोल लोदी का पौत्र इब्राहिम लोदी प्रथम अफगान साम्राज्य का अंतिम शासक था जिसे पानीपत के प्रथम युद्ध (1526) में बाबर ने पराजित कर मुगल वंश की स्थापना की थी। शेरशाह का प्रारंभिक नाम 'फरीद खां' था। उसे शेरखान की उपाधि बाबर खान लोहानी ने दी थी। शेरशाह के पिता हसन खां जौनपुर के एक छोटे जमींदार थे। शेरशाह ने बड़ा होने पर अपने पिता द्वारा सासाराम, खवासपुर के परगने को प्राप्त किया जो उसके अधिकार में 1497 से लेकर 1518 तक रहा। शेरशाह ने अपने अधिकारों की रक्षा एवं शक्ति के विस्तार के लिए बिहार के सुल्तान मुहम्मद शाह नुहानी के यहां नौकरी कर ली। 1539 में चौसा का एवं 1540 में बिलग्राम/कन्नौज का युद्ध जीतने के बाद वह दिल्ली की गद्दी पर बैठा। उत्तर भारत में सूरवंश के द्वितीय अफगान साम्राज्य के संस्थापक शेर खाँ ने अपने राज्याभिषेक के समय 'शेरशाह' की उपाधि ग्रहण

की। आगे चलकर उसने इसी नाम से खुतबे पढ़वाए एवं सिक्के ढलवाए।

अकबर

अकबर (1556-1605) का जन्म हुमायूं के प्रवासकाल के दौरान 1542 में अमरकोट के राणा वीरसाल के महल में हुआ। अकबर की मां का नाम हमीदाबानो बेगम था। अकबर का राज्याभिषेक फरवरी, 1556 को पंजाब के कलानौर नामक स्थान पर हुआ। उसने 1560 तक बैरम खां के संरक्षण में शासन किया। सिंहासन पर बैठते ही अकबर ने बैरम खां की सहायता से 1556 में पानीपत के द्वितीय युद्ध में हेमू 'विक्रमादित्य' को हराया। अकबर ने बैरम खां के संरक्षण से मुक्त होकर (1561 में) अपने पहले सैन्य अभियान में मालवा के शासक बाजबहादुर को पराजित किया। 1576 में 'हल्दीघाटी' के प्रसिद्ध युद्ध में अकबर के सेनापति राजा मानसिंह ने मेवाड़ के शासक महाराणा प्रताप को पराजित किया। अकबर ने आगरा से कुछ दूरी (लगभग 36 किमी) पर 1575 में फतेहपुर सीकरी नामक नगर की स्थापना की और उसमें प्रवेश के लिए 'बुलंद दरवाजा' बनवाया। बुलंद दरवाजा अकबर ने गुजरात जीतने के उपलक्ष्य में बनवाया था। फतेहपुर सीकरी में ही धार्मिक परिचर्चा हेतु उसने इबादतखाने की स्थापना की। अकबर ने सभी धर्मों के उत्तम सिद्धांतों को लेकर दीन-ए-इलाही या तौहीद-ए-इलाही नामक नए धर्म की स्थापना की। इस धर्म का पुरोहित अकबर था। दीन-ए-इलाही को स्वीकारने वाला प्रथम एवं अंतिम हिंदू शासक बीरबल था।

जहाँगीर

जहांगीर (1605-1627) के बचपन का नाम सलीम था। अकबर के उत्तराधिकारी के रूप में नवंबर, 1605 को नुरुद्दीन मुहम्मद जहांगीर बादशाह गाजी की उपाधि धारण कर गद्दी पर बैठा। जहांगीर को न्याय की जंजीर के लिए याद किया जाता है। यह जंजीर सोने की बनी थी, जो आगरे के किले के शाहबुर्ज एवं यमुना-तट पर स्थित पत्थर के खंभे में टंगवाई गई थी।

सिंहासन पर बैठते ही जहांगीर को अपने बड़े पुत्र खुसरो के विद्रोह (1605) का सामना करना पड़ा। जहांगीर ने उसे पकड़वा कर अंधा करवा दिया। सिखों के 5वें गुरु, गुरु अर्जुनदेव को शाहजादे खुसरो की सहायता करने के कारण जहांगीर ने फांसी लगवा दी। जहांगीर के शासनकाल में मुगल चित्रकला चरमोत्कर्ष पर थी।

शाहजहां

जहांगीर के बाद उसका पुत्र शाहजहां (1627-1657) मुगल सिंहासन पर बैठा। शाहजहां (खुर्रम) का विवाह आसफ खां की पुत्री अरजुमंदबानो बेगम से हुआ, जिसे शाहजहां ने मलिका-ए-जमानी की उपाधि प्रदान की। 1631 में प्रसव पीड़ा के कारण उसकी मृत्यु हो गई। शाहजहां ने दिल्ली के निकट शाहजहांनाबाद नगर की स्थापना की और राजधानी आगरा से इस स्थान पर परिवर्तित की। इसे आजकल पुरानी दिल्ली के नाम से जाना जाता है। इसी में उसने सुरक्षा दुर्ग का निर्माण कराया जिसे 'लाल किला' या 'किला मुबारक' के नाम से जाना जाता है। उसने इसी किले में दीवान-ए-आम व दीवान-ए-खास का निर्माण करवाया।

शाहजहां ने स्वयं अपना व अपनी बेगम मुमताज महल का मकबरा आगरा में बनवाया जो 'ताजमहल' के नाम से प्रसिद्ध है। ताजमहल का वास्तुविद् उस्ताद ईशा खां था। इसके निर्माण में प्रयुक्त होने वाला संगमरमर राजस्थान के मकराना से मंगवाया गया था।

औरंगजेब

औरंगजेब ने उलेमा वर्ग की सलाह के अनुसार इस्लामी ढंग से शासन किया। वह सुन्नी धर्म को मानता था, उसे **जिन्दापीर** कहा जाता था। उसने झरोखा दर्शन की प्रथा एवं नवरोज मनाने पर रोक लगा दी। औरंगजेब ने हिन्दू त्योहारों को सार्वजनिक रूप से मनाए जाने पर प्रतिबंध लगा दिया। उसने राज्य में सार्वजनिक रूप से नृत्य तथा संगीत पर भी प्रतिबंध लगा दिया यद्यपि व्यक्तिगत जीवन में वह एक कुशल वीणा वादक था।

औरंगजेब के समय में मुगल साम्राज्य क्षेत्रफल की दृष्टि से चरमोत्कर्ष पर था। यह काबुल से लेकर चटगांव तक तथा कश्मीर से लेकर कावेरी नदी तक विस्तृत था। औरंगजेब ने अपनी बेगम के आग्रह पर ताजमहल की प्रतिकृति का निर्माण करवाया जिसे बीवी का मकबरा या द्वितीय ताजमहल के नाम से जाना जाता है। यह औरंगाबाद में स्थित है। 1707 में औरंगजेब की मृत्यु हो गई। उसका मकबरा औरंगाबाद में स्थित है।

उत्तरवर्ती मुगल शासक

शासक	*शासनकाल*
• बहादुरशाह I	1707-1712
• जहांदारशाह	1712-1713
• फर्रूखसियर	1713-1719
• मोहम्मद शाह 'रंगीला'	1719-1748
• अहमदशाह	1748-1754
• आलमगीर II	1754-1759
• शाहआलम II	1759-1806
• अकबर II	1806-1837
• बहादुरशाह II	1837-1857

वस्तुनिष्ठ प्रश्न

1. पानीपत के प्रथम युद्ध में किस सल्तनतकालीन शासक को परास्त कर बाबर ने भारत में मुगल सत्ता की स्थापना की?
A. सिकंदर लोदी B. इब्राहिम लोदी
C. खिज्र खाँ D. बहलोल लोदी

2. बाबर था–
A. मंगोल B. अफगान
C. चगताई तुर्क D. उपर्युक्त कोई नहीं

3. बाबर का भारत पर प्रथम सैन्य अभियान किसके विरुद्ध था?
A. लोदियों के B. युसुफजाइयों के
C. पंजाब के विरुद्ध D. उपर्युक्त सभी

4. मेवाड़ के राणा सांगा और बाबर के बीच हुए युद्ध को किस नाम से जाना जाता है?
A. हल्दी घाटी का युद्ध
B. पानीपत का द्वितीय युद्ध
C. खानवा का युद्ध
D. चौसा का युद्ध

5. बाबर ने अपनी आत्मकथा 'तुजुक-ए-बाबरी' की रचना किस भाषा में की?
A. अरबी B. तुर्की
C. फारसी D. उर्दू

6. हुमायूँ ने प्रथम सैन्य अभियान के तहत आक्रमण किया–
A. चुनार पर B. कालिंजर पर
C. मालवा पर D. गुजरात पर

7. चौसा का मैदान निम्नलिखित में किस नदी के किनारे स्थित था?
A. गोमती B. गंगा
C. कर्मनासा D. सोन

8. शेरशाह को भारत में 'द्वितीय अफगान राज' का संस्थापक माना जाता है। यह सम्मान उसे किसे पराजित करने पर मिला?
A. दौलत खाँ लोदी B. हुमायूँ
C. बाबर D. उपर्युक्त कोई नहीं

9. 'हजरते आला की उपाधि के साथ शेर खाँ कहाँ का शासक बना?
A. दक्षिणी बिहार B. बंगाल
C. चुनार D. आगरा

10. रायसीन के दुर्ग को जिसे शेरशाह ने चालाकी और धोखे से जीता उसका तत्कालीन शासक कौन था?
A. पूरनमल B. मालदेव
C. कुम्भा D. विक्रमाजीत सिंह

11. अकबर के 'दीन-ए-इलाही' धर्म का मुख्य पुरोहित कौन था?
A. बीरबल B. अकबर
C. अबुल फजल D. उपरोक्त कोई नहीं

12. राज्याभिषेक के समय जहाँगीर ने उपाधि ग्रहण की–
A. नुरुद्दीन मुहम्मद जहाँगीर
B. नुरद्दीन 'मुहम्मद जहाँगीर बादशाह' गाजी
C. बादशाह मुहम्मद जहाँगीर गाजी
D. उपर्युक्त कोई नहीं

13. जहांगीर के सैन्य अभियानों की महत्वपूर्ण उपलब्धि थी–
A. मेवाड़ की विजय B. दक्कन की विजय
C. कंधार की विजय D. उपर्युक्त सभी

14. शाहजहाँ का निम्नलिखित में किस सिख गुरु से संघर्ष हुआ?
A. हरेराम B. हरकिशन
C. हरगोविन्द D. उपर्युक्त कोई नहीं

15. औरंगजेब ने मुगलों के दक्षिण सूबों की राजधानी किसे बनाया?
A. इलिचपुर B. बुरहानपुर
C. औरंगाबाद D. दौलताबाद

उत्तरमाला

1	2	3	4	5	6	7	8	9	10
B	C	B	C	B	B	C	B	A	A
11	12	13	14	15					
C	B	A	C	C					

सामाजिक परिवर्तन

सामाजिक संरचना

शक्तिशाली अमीरों एवं उनके समूहों की गतिविधियों का निर्धारण जातीय निष्ठा एवं जातीय समूह विशेष के प्रति विशेष लगाव तथा व्यक्तिगत स्वार्थों की पूर्ति हेतु महत्वाकांक्षी कार्यों के द्वारा होता था। इस्लामी धर्माचार्यों तथा शरीअत कानून के रूढ़िवादी व्याख्याकारों को 'उलेमा' कहा जाता था।

शरीअत के मान्य व्याख्याकार होने के कारण उलेमा दो महत्वपूर्ण कार्य करते थे–

(i) उलेमा धार्मिक विषयों को प्रभावित करने वाले नीतिगत मामलों में सुल्तान के सलाहकार थे।

(ii) राज्य के न्यायिक पदों पर उनका वास्तविक एकाधिकार था।

सल्तनत काल में अमीर वर्ग दो समूहों में विभक्त थे– *(i)* तुर्कीदास अमीर *(ii)* गैर-तुर्की (ताजिक) अमीर वर्ग जो कुलीन वर्ग के विदेशी थे। सादात अमीर मंगोल मूल की संस्था थे। व्यापारियों के समूह को 'सल्तनत काल' में तुज्जार-ए-खास कहा जाता था। हिन्दुस्तान में लोदी शासक स्वयं ही एक व्यापारी थे।

मुगल काल में उच्च वर्ग के लोगों में मनसबदार, जागीरदार, जमींदार तथा राजकीय संरक्षण प्राप्त सरकारी अधिकारी होते थे। यह वर्ग ऐश्वर्य एवं विलासिता का जीवन व्यतीत करता था। बादशाह व राज्य के बड़े-बड़े सरदारों (शासक वर्ग) के हरम में हजारों स्त्रियाँ, रखैलें, दासियाँ रहती थी। मुगलकालीन समाज में पर्दा-प्रथा, बाल-विवाह, विधवा-विवाह का निषेध, बहु-विवाह, दहेज प्रथा आदि अनेक सामाजिक कुरीतियाँ विद्यमान थीं।

मुगलकाल में जनसाधारण में किसान, दस्तकार एवं श्रमिक थे। भूमिहीन किसान व श्रमिक अछूत कहलाते थे। मुगलकालीन कृषक वर्ग तीन वर्गों में विभाजित था–

(i) **खुदकाश्त**–वे कृषक, जिनकी भूमि उसी ग्राम में थी जहाँ के वे मूल निवासी थे। इन्हें भूमि पर स्थायी व वंशानुगत स्वामित्व प्राप्त था।

(ii) **पाहीकाश्त**–जिनको दूसरे गाँवों में जाकर अस्थायी रूप से बटाईदार के रूप में कृषि करनी होती थी।

(iii) **मुजारियान**–कृषक, मजदूर थे।

गैर काश्तकार वर्गों में उद्योगों के व्यापारी लोग (जुलाहे, रंगरेज, लुहार, बढ़ई, छोटे दुकानदार आदि) सम्मिलित थे। विभिन्न प्रकार के शिल्पकार (कुम्हार, पत्थर तराशने वाले जौहरी आदि) गाँवों, कस्बों, शहरों में रहते थे।

ग्रामीण समाज

सल्तनत काल में प्रत्येक परगने में आमिल एवं मुन्सिफ महत्वपूर्ण अधिकारी नियुक्त थे। आमिल प्रशासनिक अधिकारी था। मुन्सिफ राजस्व विभाग का प्रधान था। सौ गाँवों के समूह का शासक–'अमीर-ए-सदा' होता था। गाँव के मुख्य अधिकारी पटवारी (लेखाकार), चौधरी, खुत, मुकद्दम (मुखिया) थे। खालसा क्षेत्र का प्रभारी शहना कहलाता था।

मुगलकालीन सामाजिक जीवन के संबंध में अधिक विस्तृत सूचनाएं उपलब्ध हैं। नगरीय जीवन के संबंध में मुख्यतः यूरोपीय यात्रियों के वृतांत, व्यापारिक कंपनियों के विपत्र तथा ग्रामीण जीवन के संबंध में मुगल प्रशासनिक दस्तावेज इस सूचना की प्राप्ति में सहायक हैं। मुगलकालीन समाज की संरचना सल्तनतकाल से बहुत भिन्न नहीं थी, सिवाय इसके कि इस काल में जैनों की स्थिति में कुछ परिवर्तन आए थे, सिक्ख एक नए और महत्त्वपूर्ण सम्प्रदाय के रूप में उभरे एवं ईसाइयों की संख्या भी बढ़ी थी। हिन्दू समाज में पूर्ववत् जाति पर आधारित विभाजन बने रहे।

भक्ति आंदोलन के प्रभाव में जाति-प्रथा का खंडन करने वाले संतों का पदार्पण भी हुआ। उनके द्वारा नए संप्रदायों की स्थापना भी हुई जिनके सदस्य जाति-प्रथा के सिद्धांतों को नहीं मानते थे परंतु इसका प्रभाव अत्यंत सीमित रहा। मुस्लिम समाज का स्वरूप भी पूर्ववत् बना रहा केवल विदेशी मुसलमानों में ईरानियों की संख्या और प्रभाव में उल्लेखनीय वृद्धि हुई। मुगलकाल में समाज में महिलाओं की स्थिति पहले की तुलना में सुधरी थी। इस काल में अनेक विदुषी और प्रभावशाली महिलाओं की चर्चा मिलती है, जो हिन्दू और मुस्लिम दोनों वर्गों से संबद्ध थी। यथा- जहांआरा, नूरजहां, गुलबदन बेगम, चाँदबीबी, दुर्गावती और ताराबाई। परंतु सामान्यतः महिलाओं को अनेक असुविधाओं का सामना करना पड़ता था।

दासों की स्थिति में इस काल में और गिरावट आयी। दासों को अब मात्र सेवक के रूप में अथवा घरेलू काम-काज

के सहायक के रूप में प्रयोग किया जाने लगा। मुगलकाल में शिक्षा के क्षेत्र में विशेष प्रगति हुई। सबसे महत्त्वपूर्ण परिवर्तन यह आया कि मदरसों के पाठ्यक्रम में धर्म के अतिरिक्त गणित, दर्शन एवं साहित्य आदि का महत्त्व बढ़ा। हिन्दू और मुस्लिम समाज के बीच संपर्क से एक मिली-जुली परंपरा का प्रारंभ हुआ।

सूफी आंदोलन

इस आंदोलन की शुरुआत 10वीं शताब्दी में मुसलमानों के बीच हुई। हालांकि तपश्चर्या, उपवास और प्राणायाम जैसे उनके कर्मकांडों के बारे में कहा जाता है कि वे हिन्दू और बौद्ध धर्म की योग क्रिया से प्रभावित हैं। कुछेक आरंभिक सूफियों ने प्रेम को आत्मा और परमात्मा के बीच बंधन के रूप में प्रचारित किया। 12वीं शताब्दी में सूफी 12 भागों में विभाजित हो गए जिनका विस्तृत वर्गीकरण इस्लाम धर्म के अनुयायियों सहरा और इससे अलग वर्ग बेशारा के रूप में किया गया है। बेशारा घुमक्कड़ संत थे। कुछ प्रमुख सूफी संत थे–ख्वाजा मोईनुद्दीन चिश्ती, बख्तियार काकी, निजामुद्दीन औलिया और नासीरुद्दीन चिराग-ए-दिल्ली। सुहरावर्दी से संबद्ध संत अभावग्रस्त जीवन व्यतीत नहीं करना चाहते थे और यहां तक कि उनमें से कुछ संतों ने धर्मोपदेशक की गद्दी भी प्राप्त की।

भक्ति आंदोलन

इस आंदोलन के अनुयायियों ने आत्मा और परमात्मा के बीच आध्यात्मिक संबंधों पर बल दिया। भक्ति आंदोलन का वास्तविक उभार 7वीं और 12वीं शताब्दी के बीच दक्षिण भारत में हुआ और 15वीं तथा 16वीं शताब्दी में यह अत्यन्त लोकप्रिय हो गया। नामदेव, रामानंद, रविदास, कबीर, साधना, सेन, नानक और मीराबाई भक्ति आंदोलन के अग्रगण्य अनुयायी थे।

वस्तुनिष्ठ प्रश्न

1. 15वीं एवं 16वीं शताब्दी में जिन धार्मिक आंदोलन का भारत भूमि पर उदय हुआ, उनमें प्रमुख थे–

A. भक्ति आन्दोलन
B. सूफी आन्दोलन
C. A और B दोनों
D. इस्लामिक आंदोलन

2. सूफी और भक्ति आन्दोलन जैसे समानान्तर धार्मिक आन्दोलन ने तत्कालीन भारतीय समाज की निम्नलिखित बुराइयों में किससे मुक्त कराया?

A. सैद्धांतिक विश्वास
B. कर्मकाण्ड एवं जातिवाद
C. साम्प्रदायिक घृणा
D. उपरोक्त सभी

3. मध्ययुगीन सूफी आंदोलन के बारे में कौन-सा कथन सही नहीं है?

A. यह इस्लाम धर्म का ही शान्तिपूर्ण अभियान था।
B. यह धर्म मानव मात्र की समानता पर बल देता था।
C. इसका उद्देश्य विश्व बंधुत्व के उच्च आदर्शों पर चलने के लिए उपदेश भी देना था।
D. उपर्युक्त कोई नहीं।

4. भारत में सूफी आंदोलन की शुरुआत किस शताब्दी के आस-पास मानी जाती है?

A. बारहवीं B. पन्द्रहवीं
C. तेरहवीं D. चौदहवीं

5. फारस में सूफी आन्दोलन की शुरुआत कब हुई?

A. 500 ई. B. 800 ई. पू.
C. 1100 ई. D. 9वीं शताब्दी

6. भारत में सूफी मत के विकास में निम्नलिखित में किस धर्म का योगदान महत्वपूर्ण था?

A. हिन्दू धर्म B. बौद्ध धर्म
C. जैन धर्म D. उपर्युक्त सभी

7. निम्नलिखित में किसे प्रारम्भिक सूफी सन्त माना जाता है?

A. रबिया (महिला)
B. मंसूर-बिन्-हल्लाज
C. A और B दोनों
D. ख्वाजा मोईनुद्दीन चिश्ती

8. निम्नलिखित सूफी संतों में किसने स्वयं को 'अनवहक' (मैं ईश्वर हूँ) घोषित किया?

A. रबिया
B. मंसूर-बिन-हल्लाज
C. ख्वाजा मोईनुद्दीन चिश्ती
D. उपर्युक्त कोई नहीं

9. किस सूफी सिलसिले द्वारा नामित उत्तराधिकारी को कहा जाता था–

A. मुरीद B. पीर
C. वली D. खानकाह

10. निम्नलिखित जोड़ों में कौन सही नहीं है?

A. खानकाह - सूफी संतों का आश्रम
B. मुरीद - सूफी गुरु का शिष्य
C. महदी - मोक्षदाता
D. पीर - पैगम्बर मुहम्मद का उत्तराधिकारी

11. सूफी साधकों को ईश्वर प्राप्ति अथवा 'वस्ल' के लिए कितनी अवस्थाओं से गुजरना होता था?

A. 10 B. 15
C. 20 D. 5

12. सूफी सम्प्रदाय के जुड़ा 'समा' शब्द सूचक है–

A. ईश्वर के प्रति आत्मसमर्पण
B. संगीतमय इबादत

C. आचरण की शुद्धता
D. उपर्युक्त कोई नहीं

13. गुरु नानक के धर्म की संकल्पना क्या था?
A. अति व्यावहारिक
B. नैतिक
C. उपरोक्त A और B दोनों
D. नितान्त आध्यात्मिक

14. अपने प्रारंभिक दिनों में सर्वप्रथम सूफी आंदोलन कहाँ फला-फूला?
A. बल्ख (खुरासान) B. मिस्र
C. इराक D. उपर्युक्त सभी

15. भारतीय संदर्भ में अबुल फजल द्वारा कुल कितने सूफी सिलसिलों का उल्लेख किया गया?
A. 10 B. 15
C. 14 D. 20

16. भारत में चिश्ती सिलसिले की स्थापना किसके द्वारा की गई?
A. ख्वाजा मोईनुद्दीन चिश्ती
B. ख्वाजा अबूअब्दाल चिश्ती
C. शेख निजामुद्दीन औलिया
D. ख्वाजा कुतुबुद्दीन बख्यितयार कांकी

17. भारत भूमि पर स्थापित अति महत्वपूर्ण सिलसिले थे–
A. चिश्ती B. सुहरावर्दी
C. A और B दोनों D. नक्शबंदी

18. भारत में किस सूफी सिलसिले को सर्वाधिक लोकप्रियता मिली?
A. कादिरी B. चिश्ती
C. सुहरावर्दी D. उपर्युक्त सभी

19. चिश्ती सिलसिले का मुख्य केन्द्र था–
A. नारनौल B. हासी
C. सरवर D. अजमेर

20. निम्नलिखित सूफी संतों में किसे 'चिराग-ए-दिल्ली' के नाम से जाना जाता था?
A. शेख हमीदुद्दीन
B. शेख नासिरुद्दीन
C. कुतुबुद्दीन बख्तियार काकी
D. उपर्युक्त कोई नहीं

उत्तरमाला

1	2	3	4	5	6	7	8	9	10
C	D	D	A	D	C	C	B	C	D
11	**12**	**13**	**14**	**15**	**16**	**17**	**18**	**19**	**20**
A	B	C	D	C	A	C	B	D	B

क्षेत्रीय संस्कृतियां

क्षेत्रीय समाज

विजयनगर साम्राज्य में स्त्रियों की स्थिति कुछ सम्मानजनक थी। कुछ स्त्रियाँ प्रसिद्ध साहित्यकार भी थीं। संगीत व नृत्य उनकी शिक्षा के अंग थे। वे राजकीय पदों पर व सेना में नियुक्त थीं। विजयनगर साम्राज्य में समाज में एक पत्नीत्व की प्रथा थी। मन्दिरों में देवपूजा में संलग्न स्त्रियाँ देवदासी कहलाती थीं। विजयनगर साम्राज्य में गायिकाओं का महत्वपूर्ण स्थान था। विजयनगर साम्राज्य में सतीप्रथा के अन्तर्गत सती होने वाली स्त्री की स्मृति में सतीकल या महसतीकल (महासतीगुल्ल) स्थापित हुए हैं। विजयनगर में देवदासी प्रथा के प्रचलन की सूचना 'पायेस', नामक विदेशी यात्री देता है। 1354 ई० के एक अभिलेख में 'मालगौडा' नामक एक महिला के सती होने का प्रमाण (1354 A.D)। वेश्यावृत्ति, बाल-विवाह एवं दहेज प्रथा का प्रचलन। विधवा विवाह को प्रोत्साहित करने के लिए विवाह करने वालों को विवाह कर से मुक्त रखा गया। गडप्रेद–युद्ध में वीरता प्रदर्शित करने वाले को दिया जाने वाला सम्मान। साम्प्रदायिक विवाद के मामले में राज्य का हस्तक्षेप होता था।

क्षेत्रीय साहित्य

सुधारवादी आंदोलनों ने भारत के विभिन्न भागों में भारतीय साहित्य के विकास को बहुत प्रोत्साहन दिया। भारतीय इस्लामी संसर्ग से उर्दू भाषा का जन्म हुआ। पुराणपंथी विद्वान् संस्कृत में लिखते रहे परंतु ब्राह्मणों की प्रतिष्ठा में कमी से संस्कृत भाषा को भी आघात पहुँचा। इस प्रकार हिन्दी, बंगाली, मराठी आदि का आधार इस युग में बना। तेलगु का विकास विजयनगर में तथा मराठी का बहमनी और बीजापुर राज्यों में हुआ। बंगाल के नुसरत शाह ने महाभारत तथा रामायण का बंगाली में अनुवाद करवाया। मलधर वासु (गुजराज खाँ) ने भागवत का बंगाली में अनुवाद किया। मलिक मुहम्मद जायसी ने हिन्दी में पदमावत लिखा। उन्होंने मसनवी नामक फारसी रूप को काफी बढ़ावा दिया। पश्चिमी उत्तर प्रदेश में खड़ी बोली और ब्रजभाषा हिन्दी के निर्माण का आधार बनी। चंदबरदाई का पृथ्वी राज रासो, सारंगधर का हम्मीर भाषा जगनायक का आल्हा खंड आदि इसी भाषा में लिखे गये। मैथिली साहित्य के विकास में विद्यापति ठाकुर ने बड़ा सहयोग दिया। राजदरबारों के संरक्षण से भी साहित्य के विकास में बड़ी सहायता मिली। साहित्य की दृष्टि से यह काल दो प्रकार से महत्वपूर्ण था मुसलमानों के आने से ऐतिहासिक ग्रंथों की रचना प्रारंभ हुई जिसकी ओर हिन्दुओं ने ध्यान नहीं दिया था तथा दूसरे विभिन्न प्रादेशिक भाषाओं का आधार तैयार हुआ।

क्षेत्रीय शैलियाँ

विभिन्न प्रान्तों में भी कई उल्लेखनीय इमारतों का निर्माण इसी युग में हुआ था, जिसकी वास्तु-रचना दिल्ली के शासकों की शिल्प रचना से भिन्न है। जौनपुर की शर्की सुल्तानों की अधिकांश इमारतें हिन्दू इमारतों के अवशेषों पर निर्मित की गई हैं। इसलिए उनकी कला में हिन्दू तथा इस्लामी शैलियों का अच्छा समन्वय है। यहाँ की मस्जिदों में मीनारों का अभाव है। जौनपुर की कुछ मस्जिदें जैसे अटाला मस्जिद (पूर्व में अटाला देवी का मन्दिर था), फोर्ट मस्जिद, झंझोरी मस्जिद, जामा मस्जिद तथा लाल दरवाजा आदि प्रमुख हैं। जौनपुर की मस्जिदों की रचना-शैली मुहम्मद बिन तुगलक द्वारा बनवाई गई दिल्ली की बेगमपुरी मस्जिद (जामा मस्जिद) से अत्यधिक प्रभावित है। इब्राहीम शाह शर्की ने अटाला मस्जिद को पूर्ण करवाया तथा झंझोरी मस्जिद का निर्माण करवाया। हुसैनशाह शर्की ने जामी मस्जिद तथा लाल दरवाजा मस्जिद का निर्माण करवाया।

मालवा राज्य की पुरानी राजधानी धार में बिल्कुल पुराने भवनों के अवशेषों से दो मस्जिदें बनाई गईं। इन मस्जिदों के गुम्बद एवं स्तम्भ हिन्दू ढंग के थे। प्रसिद्ध इमारतें माण्डू का किला, महमूद खिलजी द्वारा निर्मित सात मंजिलों वाला विजय स्तम्भ, बाजबहादुर तथा रानी रूपमती के महल आदि हैं। माण्डू में हुशंगशाह द्वारा निर्मित जामी मस्जिद उसका मकबरा, हिण्डोला महल तथा सुल्तान महमूद प्रथम द्वारा निर्मित जहाज महल इस्लामी शैली के सुन्दर नमूने हैं।

बंगाल ने अलग ढंग की स्थापत्य शैली का विकास किया। इनमें ईंट, बाँस, गौड़ पत्थर तथा काठ का प्रचुर मात्रा में प्रयोग किया गया है। नुसरत शाह ने गौड़ में बड़ा सोना मस्जिद को पूरा करवाया तथा कदम रसूल मस्जिद का निर्माण करवाया। गौड़ में निर्मित प्रमुख इमारतें हैं–दाखिला दरवाजा, छोटा सोना मस्जिद, बड़ा सोना मस्जिद, दरसवारी का मकबरा, लोटन मस्जिद आदि। स्थापत्य कला का प्रमुख केन्द्र पाण्डुआ था जहाँ सिकन्दरशाह द्वारा निर्मित अदीना मस्जिद भारत में सबसे विशाल मुस्लिम

इमारत है। बंगाल के स्थापत्य काल की मुख्य विशेषता खम्भों पर नुकीले मेहराबों का प्रयोग, हिन्दी प्रतीकों और हिन्दू वक्र-रेखाओं को इस्लामी स्वरूप प्रदान करना है।

गुजरात में हिन्दू तथा मुस्लिम कला का सबसे अच्छा समन्वय हुआ। मुसलमानों के आगमन से पहले ही वहाँ एक श्रेष्ठ स्वदेशी शैली थी। गुजरात शैली की मुख्य विशेषता है–पतले मीनार, पत्थर पर उत्कृष्ट नक्काशी और अलंकृत कोष्ठक। अहमदशाह प्रथम ने 1411 ई. में अहमदाबाद नगर की स्थापना की तथा वहाँ जामी मस्जिद का निर्माण करवाया। महमूद बेगड़ा ने चम्पानेर, जूनागढ़ और खेड़ा में रानीपिसारी का रौजा, नगीना मस्जिद आदि मस्जिदों का निर्माण करवाया।

दक्कन के बहमनी सल्तनत ने अपनी एक अलग शैली विकसित की जिस पर फारस के वास्तुशिल्प का प्रत्यक्ष प्रभाव है। अलाउद्दीन बहमनशाह ने गुलबर्गा में जामी मस्जिद तथा महमूद गवाँ ने बीदर में एक मदरसे का निर्माण करवाया। बहमनी राज्य के विघटन के फलस्वरूप बीदर, गोलकुण्डा, बीजापुर, अहमदनगर तथा बराबर राज्य में भी इमारतें बनीं। कुली कुतुबशाह (गोलकुण्डा) ने अनेक इमारतों का निर्माण करवाया, इनमें से सर्वाधिक प्रसिद्ध चार मीनार है। यह 1591 ई. में बनी थी। कुतुबशाही साम्राज्य की प्रारम्भिक राजधानी गोलकुण्डा हीरों का विश्व प्रसिद्ध बाजार था। बीजापुरी वास्तुशिल्प में कुछ विशेष स्वरूपों का विकास हुआ। इनमें गुम्बद अर्द्धवृत्ताकार रूप के हो गए थे, तथा छज्जे का चलन हो गया था। अलीशाह की जामी मस्जिद बीजापुर की प्रारम्भिक इमारतों में से है। इब्राहीम आदिल शाह प्रथम के द्वारा निर्मित इब्राहीम रोजा दूसरी महत्वपूर्ण इमारत है। मुहम्मद आदिलशाह का मकबरा गोल गुम्बज विश्व प्रसिद्ध है। मुहम्मद कुली (1580-1612 ई.) हैदराबाद नगर का संस्थापक और दक्कनी उर्दू में लिखित प्रथम गजल-संग्रह 'दीवान' का लेखक था।

प्रान्तीय शैली के अंतर्गत निर्मित महत्वपूर्ण भवन एक नजर में

भवन	निर्माणकर्ता	शैली
अटाला देवी मस्जिद	इब्राहिम शाह शर्की	जौनपुर शैली
जामी मस्जिद	हुसैन शाह शर्की	जौनपुर शैली
झँझरी मस्जिद	इब्राहिम शाह शर्की	जौनपुर शैली
पाण्डुआ की अदीना मस्जिद	सिकन्दर शाह	बंगाल शैली
मांडू का किला	हुशंग शाह	मालवा शैली
बाज बहादुर एवं रूपमती का महल	नासिरुद्दीन शाह	मालवा शैली
हुशंगशाह का मकबरा	महमूद प्रथम	मालवा शैली
हिंडोला महल	हुशंगशाह	मालवा शैली
जहाज महल	गयासुद्दीन खिलजी	मालवा शैली
कुश्क महल	महमूद खिलजी-I	मालवा शैली
जामा मस्जिद	अहमदशाह	गुजरात शैली
अहमदशाह का मकबरा	मुहम्मदशाह	गुजरात शैली
जामा मस्जिद (श्रीनगर)	सिकन्दर (बुतशिकन)	कश्मीर शैली

वस्तुनिष्ठ प्रश्न

1. निम्नलिखित में से किस शासक को बंगाल के पालों की श्रेष्ठता को नष्ट करने का श्रेय जाता है?
A. ध्रुव B. अमोघवर्ष
C. विजयसेन D. कुलोतुंग

2. कश्मीर का वह कौन प्रसिद्ध शासक था जिसे मार्तण्ड मन्दिर के निर्माण का श्रेय है ?
A. जयपीड विनयादित्य
B. ललितादित्य मुक्तापीड
C. अवन्ति वर्मन
D. इनमें से कोई नहीं

3. प्रसिद्ध अरब यात्री सुलेमान निम्नलिखित में से किसके समय में भारत आया ?
A. मिहिर भोज B. महीपाल
C. दन्तिदुर्ग D. देवपाल

4. जौनपुर में स्थित अटाला मस्जिद पहले अटाला देवी का प्रसिद्ध मन्दिर था, इसका निर्माण करवाया था :
A. विजयचन्द B. विग्रहराज चतुर्थ
C. गोविन्दचन्द D. जयचन्द

5. निम्नलिखित में से किसे सहस्रालिग तालाब के निर्माण का श्रेय है?
A. भोज परमार
B. वाक्पति मुंज
C. जयसिंह सिद्धराज
D. विग्रहराज चतुर्थ

6. प्रसिद्ध शासक कुमार पाल ने किसके प्रभाव में आकर जैन धर्म ग्रहण कर लिया था ?

A. जिनसेन B. गुणभद्र

C. हेमचन्द्र D. नागार्जुन

7. निम्न में से कौन गुजरात शैली की विशेषता नहीं है?

A. पतले मीनार

B. पत्थर पर उत्कृष्ट नक्काशी

C. अलंकृत कोष्ठक

D. ढलवां दीवार

8. महमूद गवां ने किस स्थान पर एक मदरसे की स्थापना की थी?

A. बीदर B. गुलबर्गा

C. गोलकुंडा D. अहमदनगर

9. गोल गुम्बद के नाम से प्रसिद्ध इमारत किस शासक का मकबरा है?

A. अलाउद्दीन खिलजी

B. इब्राहिम आदिलशाह I

C. मुहम्मद आदिलशाह

D. अलीशाह

10. मालवा के प्रसिद्ध विजय स्तंभ की स्थापना किस शासक ने करवाई थी?

A. महमूद खिलजी B. सुल्तान मुहम्मद

C. फिरोज खिलजी D. नुसरत शाह

उत्तरमाला

1	2	3	4	5	6	7	8	9	10
C	B	D	A	C	C	D	A	C	A

कंपनी राज्य की स्थापना

भारत में आने वाले यूरोपीय मुख्यतः व्यापारी थे। प्रारंभ में वे व्यापारी के रूप में आए लेकिन यहां की तत्कालीन परिस्थितियों ने उन्हें अपने आर्थिक हितों की पूर्ति के लिए अपना राज्य स्थापित करने के लिए प्रेरित किया।

पुर्तगाली

भारत में आने वाले यूरोपियों में **पुर्तगाली** प्रथम थे। 1498 में **वास्को-डि-गामा** के भारत आगमन से पुर्तगालियों एवं भारत के मध्य व्यापार के क्षेत्र में एक नए युग का शुभारंभ हुआ। इसके बाद धीरे-धीरे पुर्तगालियों का भारत आने का क्रम जारी हो गया। 20 मई, 1498 में वास्को-डि-गामा ने भारत के पश्चिमी तट पर स्थित कालीकट बंदरगाह पहुँचकर भारत एवं यूरोप के मध्य नए समुद्री मार्ग की खोज की। **फ्रांसिस्को द अल्मेडा** भारत में प्रथम पुर्तगाली वायसराय बनकर 1505 में आया। इसने सामुद्रिक नीति को अधिक महत्त्व दिया तथा हिन्द महासागर में पुर्तगालियों की स्थिति को मजबूत करने का प्रयत्न किया। वह 1509 तक भारत में रहा।

अल्मेडा के बाद अल्फांसो द अल्बुकर्क 1509 में पुर्तगालियों का वायसराय बनकर भारत आया। उसने 1510 में बीजापुर के शासक यूसूफ आदिलशाह से गोवा को छीनकर अपने अधिकार में कर लिया। पुर्तगालियों की आबादी को बढ़ाने के उद्देश्य से अल्बुकर्क ने भारतीय स्त्रियों से विवाह को प्रोत्साहन दिया। **भारत में पुर्तगाली साम्राज्य का वास्तविक संस्थापक अल्बुकर्क को माना जाता है।** पुर्तगालियों ने गोवा को अपनी सत्ता एवं संस्कृति के महत्त्वपूर्ण केंद्र के रूप में स्थापित किया। पुर्तगालियों ने अपनी व्यापारिक कोठी (फैक्ट्री) कोचीन में खोली। अपनी शक्ति के विस्तार के साथ ही पुर्तगालियों ने भारतीय राजनीति में भी हस्तक्षेप करना प्रारंभ कर दिया। फलतः कालीकट के राजा से इनकी शत्रुता बढ़ी। पुर्तगालियों के भारत आगमन से तंबाकू की खेती, जहाज निर्माण एवं प्रिंटिग प्रेस का सूत्रपात (1556) हुआ।

डच

पुर्तगालियों की ही तरह **डच** भी भारत में व्यापार के लिए आए थे। दक्षिण-पूर्व एशिया के मसाला बाजारों में सीधा प्रवेश प्राप्त करना ही डचों का महत्त्वपूर्ण उद्देश्य था। डच लोग हॉलैंड के निवासी थे। भारत में **'डच ईस्ट इंडिया कंपनी'** की स्थापना 1602 में हुई। 1596 में भारत आनेवाला **प्रथम डच नागरिक** कारनेलिस डेहस्तमान था। भारत में डचों की महत्त्वपूर्ण व्यापारिक कोठियां थी- मुसलीपट्टम (1605), पुलीकट (1610), सूरत (1616), विमलीपट्टम, चिनसुरा, कासिम बाजार, कड़ा नगर, पटना, बालासोर, नागपट्टम, कोचीन आदि। डच लोग मुख्यतः मसाले, नील, कच्चे रेशम, शीशा, चावल व अफीम का व्यापार भारत से करते थे। डचों का भारत में अंतिम रूप से पतन 1759 में अंग्रेजों एवं डचों के मध्य हुए 'वेदरा के युद्ध' से हुआ।

यूरोपीय व्यापारिक कंपनियाँ

कंपनी	*स्थापना वर्ष*
पुर्तगाली ईस्ट इंडिया कंपनी	1498 ई.
अंग्रेजी ईस्ट इंडिया कंपनी	1600 ई.
डच ईस्ट इंडिया कंपनी	1602 ई.
डैनिश ईस्ट इंडिया कंपनी	1616 ई.
फ्रांसीसी ईस्ट इंडिया कंपनी	1664 ई.
स्वीडिश ईस्ट इंडिया कंपनी	1731 ई.

अंग्रेज

ईस्ट इंडिया कंपनी की स्थापना (1600 ई.) ब्रिटिश सरकार द्वारा कुछ व्यापारियों को चार्टर प्रदान करने के साथ हुई। जेम्स प्रथम के राजदूत टॉमस रो ने जहांगीर से सूरत में व्यापारिक कोठी (फैक्ट्री) खोलने तथा व्यापार करने की आज्ञा प्राप्त कर ली थी। अंग्रेजों द्वारा प्रथम व्यापारिक कोठी सूरत में 1608 में खोली गई। 1611 ई. दक्षिण-पश्चिम समुद्रतट पर सर्वप्रथम अंग्रेजों ने मुसलीपट्टम में व्यापारिक कोठी की स्थापना की। बम्बई (अब मुम्बई), सूरत, मद्रास तथा हुगली को शामिल करके अंग्रेजों ने इन्हें प्रेसीडेंसी शहर बना दिया।

1698 में अंग्रेजी ईस्ट इंडिया कंपनी ने तीन गांव–सुतानाटी, कोलिकत्ता, एवं गोविंदपुर की जमींदारी 1200 रुपए भुगतान कर प्राप्त की और यहां पर फोर्ट विलियम का निर्माण किया। कालांतर में यही कलकत्ता (अब कोलकाता) नगर कहलाया, जिसकी नींव जॉब चॉर्नाक ने रखी। 1757 में प्लासी के युद्ध में क्लाइव ने बंगाल के नवाब सिराजुद्दौला को हराकर भारत में अंग्रेजी राज्य की नींव रखी। बक्सर के युद्ध (1764) में अंग्रेजों ने शाहआलम II (मुगल सम्राट), शुजाउद्दौला (अवध का नवाब) और मीर कासिम (बंगाल का नवाब) की संयुक्त सेनाओं को हराकर अंग्रेजी साम्राज्य को दिल्ली तक विस्तृत कर दिया।

1818 में अंग्रेजों ने मराठा शक्ति को पूर्णतया समाप्त कर दिया तथा 1849 के चिलियानवाला के युद्ध में सिख शक्ति का अंत करके पंजाब समेत पूरे भारत कों अपने राज्य में मिला लिया।

डेन

डेनमार्क की डैनिश ईस्ट इंडिया कंपनी की स्थापना 1616 में हुई थी। इस कंपनी ने त्रावणकोर (तमिलनाडु) और सेरामपुर (बंगाल) में अपनी व्यापारिक कोठियां स्थापित की थी। 1845 में डेनों ने अपनी भारतीय वाणिज्यिक कंपनी को अंग्रेजों को बेच दिया।

फ्रांसीसी

भारत में सबसे अंत में **फ्रांसीसियों** का प्रवेश हुआ। भारत में प्रथम फ्रांसीसी कोठी फ्रैंकों कैरों द्वारा सूरत में 1648 में स्थापित की गई। फ्रांसिस मार्टिन ने 1674 में पांडिचेरी (अंब पुडुचेरी) की स्थापना की। 1742 में डूप्ले नामक फ्रेंच गवर्नर भारत में आया। वह बहुत महत्त्वाकांक्षी था परंतु वांडीवाश के युद्ध (1760) में उसे क्लाइव के कारण अंग्रेजों से पराजय देखनी पड़ी। अंग्रेजी सेना का नेतृत्व सर आयर कूट के हाथ में था।

बंगाल में अंग्रेजी प्रभुत्व

अलवर्दी खाँ के पश्चात् उसका नाती सिराजुद्दौला 1756 में बंगाल का नवाब बना। सिराजुदौला के संबंध अंग्रेजों के साथ निम्न तीन कारणों से शत्रुतापूर्ण हो गए थे :

- अंग्रेज नवाब की सत्ता की अवहेलना कर उसके विरुद्ध षड्यंत्र में लिप्त थे।
- नवाब की बिना अनुमति के फोर्ट विलियम की किलेबन्दी कर रहे थे।
- सम्राट फर्रुखसियर द्वारा प्रदत्त व्यापार का विशेष अधिकार दस्तक (Free Pass) का कंपनी के कर्मचारी अपने निजी व्यापार में दुरुपयोग कर रहे थे।

अंग्रेजों को उनकी दुश्मनी तथा उद्दण्डता को नियंत्रित करने के लिए नवाब सिराजुद्दौला ने मई 1756 ई॰ में कासिम बाजार पर आक्रमण कर अधिकार कर लिया। 15 जून, 1756 ई॰ को नवाब सिराजुद्दौला ने कलकत्ता पर आक्रमण कर अधिकार कर लिया। कलकत्ता का गवर्नर ड्रेक फुल्टा द्वीप भाग गया, मिस्टर हॉलवेल कुछ सहयोगियों के साथ बन्दी बना लिया गया। 20 जून, 1756 ई॰ को फोर्ट विलियम के पतन के पश्चात् 146 अंग्रेज बन्दियों को एक छोटी कोठरी में बन्द कर दिया गया। 21 जून को प्रातःकाल मात्र 23 व्यक्ति ही जीवित थे, इस घटना को काल कोठरी की घटना (Black hole tragedy) कहा जाता है। अंग्रेजों द्वारा कलकत्ता पर पुनः अधिकार करने हेतु अक्टूबर 1756 ई॰ में मद्रास से राबर्ट क्लाइव के नेतृत्व में सैन्य दस्ता भेजा गया, एडमिरल वाट्सन क्लाइव का सहयोगी था। क्लाइव ने 2 जून, 1757 को कलकत्ता पर पुनः अधिकार कर लिया। 9 जून, 1757 को कपंनी व नवाब सिराजुद्दौला के बीच अलीनगर की सन्धि सम्पन्न हो गयी।

अलीनगर की सन्धि नवाब सिराजुद्दौला की निर्बलता का प्रतीक थी, अतः अंग्रेज नवाब विरोधी कार्यवाहियों में सक्रिय हुए। नवाब विरोधी षड्यंत्र में मीर जाफर, राय दुर्लभ, जगत सेठ, अमीचन्द्र अंग्रेजों से मिले हुए थे। मीर जाफर को बंगाल का नवाब बनाने का निश्चय किया गया था। नवाब विरोधी षड्यंत्र अन्ततः प्लासी के युद्ध में परिणत हुआ। प्लासी नदिया जिले में गंगा नदी तट पर स्थित है।

प्लासी का युद्ध

प्लासी के युद्ध में अंग्रेज सेना (1100 यूरोपीय तथा 200 बन्दूकची) का नेतृत्व क्लाइव ने किया था तथा नवाब की सेना (4500 सैनिक) का नेतृत्व तीन राजद्रोही (मीर जाफर, यारलतीफ खाँ, रायदुर्लभ) कर रहे थे। 23 जून, 1757 को प्लासी नामक स्थान पर दोनों पक्षों के बीच संघर्ष हुआ। षड्यंत्र के कारण नवाब की हार हुई। नवाब की तरफ से मीर मदन तथा मोहनलाल ने बहादुरी से लड़ाई लड़ी। भयभीत नवाब सिराजुद्दौला महल की ओर भागे अन्ततः उसकी हत्या कर दी गई। 28 जून, 1757 ई॰ को मीर जाफर को बंगाल का नवाब बनाया गया।

प्लासी के युद्ध का महत्व

1. प्लासी में हुई अंग्रेजों की विजय से, भारत में अंग्रेजों की विजय का मार्ग प्रशस्त हुआ।
2. अंग्रेज भारतीयों की विश्वासघाती प्रवृत्ति और राजनीतिक अदूरदर्शिता से अवगत हुए।
3. बंगाल के नवाब का ब्रिटिश कम्पनी के कर्मचारियों पर नियंत्रण समाप्त हो गया।
4. अंग्रेजों को आर्थिक लाभ हुआ। बंगाल उनके लिए दुधारू गाय बन गया।
5. बंगाल जो भारत का सर्वाधिक सम्पन्न प्रदेश था, कंगाली के कगार तक पहुँच गया था।

बक्सर का युद्ध

मीर कासिम ने नवाब के पद से हटते ही अंग्रेज विरोधी गठबन्धन बनाया, जिसमें मुगल सम्राट शाहआलम द्वितीय एवं अवध का नवाब शुजाउद्दौला सम्मिलित थे। 22 अक्टूबर, 1764 ई॰ को बक्सर में अवध के नवाब मुगल सम्राट व मीर कासिम की संयुक्त सेना की अंग्रेजी सेना (हेक्टर मुनरो के नेतृत्व में) से टक्कर हो गई। इस लड़ाई में अंग्रेजों की निर्णायक जीत हुई। बक्सर की लड़ाई ने अंग्रेजी सेना की श्रेष्ठता प्रमाणित कर दी। बक्सर की लड़ाई ने बंगाल, बिहार व उड़ीसा पर कम्पनी

का पूर्ण प्रभुत्व स्थापित कर दिया, साथ ही अवध अंग्रेजों की दया का पात्र बन गया। पी॰ ई॰ राबर्ट्स के अनुसार, "प्लासी की अपेक्षा बक्सर को भारत में अंग्रेजी प्रभुता की जन्मभूमि मानना कहीं अधिक उपयुक्त है।

बक्सर के युद्ध का महत्व

1. प्लासी की लड़ाई ने अंग्रेजों की प्रभुता बंगाल में स्थापित की, परन्तु बक्सर की लड़ाई ने कम्पनी को एक अखिल भारतीय शक्ति का रूप दे दिया।
2. मई 1765 ई॰ में क्लाइव दूसरी बार बंगाल का गवर्नर बनकर आया।
3. बंगाल में द्वैध शासन प्रारम्भ हुआ और अंग्रेज बंगाल, बिहार और उड़ीसा के वास्तविक शासक बन गए।
4. बंगाल का नवाब अंग्रेजों पर आश्रित हो गया और मुगल बादशाह उनका पेंशन भोगी। इस प्रकार अंग्रेजों की प्रतिष्ठा में वृद्धि हुई।
5. अंग्रेजों ने सैन्य-शक्ति और सैन्य संचालन की श्रेष्ठता को सिद्ध किया।

वस्तुनिष्ठ प्रश्न

1. यूरोपीय व्यापारिक कंपनियों के भारत आगमन का क्रम क्या है?
A. पुर्तगाली, ब्रिटिश, डच, फ्रांसीसी।
B. पुर्तगाली, फ्रांसीसी, डच, ब्रिटिश।
C. पुर्तगाली, डच, ब्रिटिश, फ्रांसीसी।
D. ब्रिटिश, पुर्तगाली, डच, फ्रांसीसी।

2. व्यापारिक उद्देश्य से भारत आने वाला प्रथम यूरोपीय कौन था?
A. अल्वारेज कैब्राल
B. वास्को-डि-गामा
C. हेनरीक
D. इनमें से कोई नहीं

3. वास्को-डि-गामा भारत में सर्वप्रथम किस बंदरगाह पर पहुँचा?
A. कालीकट B. कोचीन
C. विशाखापट्टनम D. गोवा

4. डचों ने भारत में अपनी प्रथम बस्ती कहाँ पर बसायी?
A. मच्छलीपट्टनम B. कोचीन
C. सूरत D. पुलीकट

5. डचों ने अपने स्वर्ण निर्मित ''पैगोडा'' सिक्के कहाँ से जारी किए?
A. पुलीकट B. बालासोर
C. कालीकट D. सूरत

6. 1599 ई॰ में ब्रिटेन में पूर्व के साथ व्यापार के लिए निम्नलिखित में किस संस्था का गठन किया गया?
A. ईस्ट इंडिया कम्पनी
B. मर्चेन्ट्स एड्वेन्चर
C. मर्चेन्ट्स ग्रुप
D. उपरोक्त कोई नहीं

7. ''ईस्ट इंडिया कंपनी'' का तात्कालिक उद्देश्य क्या था?
A. सूरत में एक व्यापारिक कोठी की स्थापना।
B. पूर्वी द्वीप समूह से मसाले तथा कालीमिर्च की प्राप्ति।
C. भारतीय बाजारों में ब्रिटेन से लाए गए माल को खपाना।
D. उपरोक्त सभी।

8. भारत में आने वाला प्रथम अंग्रेज कौन था?
A. कैप्टन हॉकिन्स
B. सर टामस मुनरो
C. उपरोक्त दोनों
D. जौन मिल्डेन हॉल

9. जेम्स प्रथम के पत्र के साथ कैप्टन हौकिन्स ने आगरा में किस मुगल बादशाह से मुलाकात की?
A. अकबर B. जहाँगीर
C. शाहजहाँ D. इनमें से कोई नहीं

10. अंग्रेजों ने अपना प्रथम कारखाना कहाँ पर स्थापित किया?
A. हुंगली B. स्वाल्ली
C. सूरत D. मच्छलीपट्टनम्

11. निम्नांकित में कौन तुर्की भाषा का ज्ञाता था?
A. सर टामस रो B. कैप्टन मिडल्टन
C. कैप्टन वेस्ट D. कैप्टन हौकिन्स

12. दक्षिण में अंग्रेजों ने अपनी प्रथम फैक्ट्री कहाँ पर स्थापित की?
A. मद्रास B. अर्मागांव
C. विशाखापट्टनम D. मच्छलीपट्टनम्

उत्तरमाला

1	2	3	4	5	6	7	8	9	10	11	12
C	B	A	A	A	B	B	A	B	C	D	D

ग्रामीण जीवन और समाज

औपनिवेशिक काल से पूर्व भारतीय ग्रामीण जीवन एवं समाज का मुख्य आधार कृषिजन्य अर्थव्यवस्था थी। लेकिन अंग्रेजों ने यहां परंपरागत कृषि ढांचे को नष्ट कर दिया और अपने लाभ के लिए भू-राजस्व निर्धारण और संग्रहण के नए तरीके लागू किए। इन्होंने अनेक भू-धारण पद्धतियां (Land Tenure System) लागू की जिनमें मुख्य थीं- स्थायी बंदोबस्त् या जमींदारी व्यवस्था, रैय्यतवाड़ी एवं महालवाड़ी व्यवस्था।

स्थायी भूमि बंदोबस्त

1. इसके अंतर्गत् पूरे ब्रिटिश भारत के क्षेत्रफल का लगभग 19% हिस्सा शामिल था। यह व्यवस्था बंगाल, बिहार, उड़ीसा तथा उत्तर प्रदेश के वाराणसी तथा उत्तरी कर्नाटक के क्षेत्रों में लागू थी।
2. इस व्यवस्था के अंतर्गत् जमींदार जिन्हें भू-स्वामी के रूप में मान्यता प्राप्त थी, को अपने क्षेत्रों में भू-राजस्व की वसूली कर दसवां अथवा ग्यारहवां हिस्सा अपने पास रखना होता था और शेष हिस्सा कंपनी के पास जमा कराना होता था।

रैय्यतवाड़ी व्यवस्था

1. भारत में भू-राजस्व वसूली हेतु अंग्रेजों द्वारा लागू की गई यह दूसरी व्यवस्था थी। इस व्यवस्था के तहत कुल ब्रिटिश भारत के भू-क्षेत्र का 51% हिस्सा शामिल था। थामस मुनरो और कैप्टन रीड को इस व्यवस्था का जन्मदाता माना जाता है।
2. 1792 में इस व्यवस्था को सर्वप्रथम तमिलनाडु के 'बारामहल' जिले में लागू किया गया। तमिलनाडु के अलावा यह व्यवस्था मद्रास, मुम्बई के कुछ हिस्से, पूर्वी बंगाल, असम (अब असोम), कुर्ग के कुछ हिस्से में लागू की गई।
3. इस व्यवस्था में कृषक ही भू-स्वामी होता था जिसे भूमि की कुल उपज का 55% से 33% के बीच लगान कंपनी को अदा करना होता था।
4. इस व्यवस्था में लगान की वसूली कठोरता से की जाती थी तथा लगान की दर भी काफी ऊंची थी। परिणामतः कृषक महाजनों के चंगुल में फंसता गया जो कालांतर में महाजन और किसानों के मध्य संघर्ष का कारण बना।

महालवाड़ी व्यवस्था

1. यह व्यवस्था ब्रिटिश भारत के कुल क्षेत्रफल के 30% हिस्से पर लागू थी। इस व्यवस्था के तहत दक्कन के कुछ जिले, उत्तर भारत (संयुक्त प्रांत) आगरा, अवध, मध्य प्रांत तथा पंजाब के कुछ हिस्से शामिल थे।
2. इस व्यवस्था में भू-राजस्व का निर्धारण 'महाल' या समूचे ग्राम के उत्पादन के आधार पर किया जाता था और महाल के समस्त कृषक भू-स्वामियों के भू-राजस्व का निर्धारण संयुक्त रूप से किया जाता था, जिसमें गांव के लोग अपने मुखिया या प्रतिनिधियों के द्वारा एक निर्धारित समय सीमा के अंदर लगान की अदायगी की जिम्मेदारी अपने ऊपर लेते थे।
3. इस व्यवस्था में लगान का निर्धारण अनुमान पर आधारित था और इसकी विसंगतियों का लाभ उठाकर कंपनी के अधिकारी अपनी जेब भरने लगे। फलतः ग्रामीण समुदाय का विखंडन परिणाम के रूप में सामने आया। सामाजिक दृष्टि से विनाशकारी एवं आर्थिक दृष्टि से यह व्यवस्था विफल सिद्ध हुई।

कृषि का वाणिज्यीकरण

भारत में ब्रिटेन की औपनिवेशिक नीतियों का एक और परिणाम था। 1813 के बाद अर्थात् इंग्लैंड की औद्योगिक क्रान्ति पूर्ण हो जाने पर ब्रिटिश अर्थव्यवस्था में भारत का स्थान और भूमिका बदल गई। अब वह एक मंडी और कच्चे माल के स्रोत के रूप में उपयोगी था। भारत ऐसी फसलें पैदा करने के लिए बाध्य हो गया जिनको आसानी से बाजार में बेचा जा सके, इन फसलों को 'नकदी फसल' कहा गया।

विदेशी पूँजी ने भी 'नकदी फसल' को ही अपने निवेश हेतु चुना। चाय, कॉफी, जूट, नील, अफीम इसी प्रकार की फसलें थीं। चाय, कॉफी आदि के बागान पूर्ण रूप से विदेशी पूँजी के नियंत्रण में थे। किसी भारतीय ने इनके उत्पादन को हाथ में नहीं लिया था। बिहार में तो किसानों को यूरोपियन जमींदार के द्वारा नील पैदा करने के लिए मजबूर किया जाता था। इस प्रकार यह एक तरह का बलात् व्यवसायीकरण था।

डेनियल एच॰ बुकानन के अनुसार, "नील के साथ भारतीयों की अत्यन्त कटु स्मृतियाँ जुड़ी हुई हैं। यह शब्द उन्हें याद दिलाता है–अंग्रेजों की लालसा, बेईमानी और निर्मम शोषण की"।

व्यापार के उद्देश्य से नकद फसलों के उत्पादन को ही कृषि के वाणिज्यीकरण का नाम दिया जाता था। कृषि के इस वाणिज्यीकरण ने भी किसान के शोषण एवं उत्पीड़न की प्रक्रिया को तीव्र किया। वाणिज्यीकरण का तात्पर्य था विश्व बाजार के लिए कृषि उत्पादन। इस स्थिति में अन्तर्राष्ट्रीय कीमतों एवं व्यापार के उतार-चढ़ाव का सीधा असर किसानों पर पड़ने लगा।

ए॰ आर॰ देसाई के अनुसार-"वाणिज्यीकरण के कारण किसान धीरे-धीरे (मध्यस्थ) व्यापारियों पर निर्भर होता गया, और अपनी बेहतर माली हालत के कारण व्यापारियों ने किसान की गरीबी का पूरा लाभ उठाया।"

वाणिज्यीकरण ने कृषि के क्षेत्र में विशिष्टीकरण को बढ़ावा दिया। भारत में यातायात के साधनों का विकास वाणिज्यीकरण का एक मुख्य कारण था। इस विकास के कारण यह संभव हो गया कि अब प्रत्येक क्षेत्र हर फसल को पैदा न करके उसी विशेष फसल को पैदा करे जो उस क्षेत्र के लिए सबसे ज्यादा उपयुक्त है।

भारतीय कृषि के वाणिज्यीकरण में भू-राजस्व की अधिकता की महत्वपूर्ण भूमिका थी। किसान अत्यधिक भू-राजस्व को अदा करने के लिए साहूकारों से अधिक ब्याज पर रुपया उधार लेता था। परिणाम स्वरूप, फसल तैयार होने पर उसे कम कीमत पर बेचना पड़ता था।

वस्तुनिष्ठ प्रश्न

1. निम्नांकित किस पुस्तक में भारत की औपनिवेशिक अर्थव्यवस्था के विभिन्न चरणों का उल्लेख मिलता है?
A. इंडिया टुडे।
B. इंग्लैण्ड डेब्ट टू इंडिया।
C. दास कैपिटल।
D. पावर्टी एण्ड अनब्रिटिश रूल इन इंडिया।

2. निम्नांकित में कौन-सा "औपनिवेशिक लूट का काल" माना जाता है?
A. 1757–1772 को B. 1757–1813 को
C. 1757 को D. इनमें से कोई नहीं

3. भारत में ब्रिटिश उपनिवेशवाद के प्रथम चरण को किसने "खुली और बेशर्म लूट का काल" कहा?
A. पर्सिवल स्पीयर B. एडम स्मिथ
C. जी. गैरेट D. एडवर्ड थाम्सन

4. वाणिज्यीकरण का सर्वाधिक प्रभाव पड़ा–
A. चाय
B. रबड़
C. उपरोक्त A और B दोनों
D. कपास

5. भारतीय कृषि का वाणिज्यीकरण कब हुआ?
A. 19वीं सदी के उत्तरार्द्ध।
B. 19वीं सदी के पूर्वार्द्ध।
C. 20वीं सदी के पूर्वार्द्ध।
D. इनमें से कोई नहीं।

6. अंग्रेजी शासन के अधीन भारत की बढ़ती हुई निर्धनता की पुष्टि निम्नांकित किस तथ्य से होती है?
A. किसानों की बढ़ती हुई ऋणग्रस्तता।
B. बार-बार पड़ने वाले अकाल एवं उनके विनाशकारी परिणाम।
C. भारत की बढ़ती हुई जनसंख्या।
D. उपरोक्त सभी।

7. भारत में दस्तकारी उद्योग के विनाश का परिणाम हुआ–
A. खेती योग्य भूमि पर जनसंख्या का भार बढ़ा।
B. देश के ग्रामीणीकरण में वृद्धि।
C. उपरोक्त A और B दोनों।
D. मशीनीकरण का विकास।

8. निम्नलिखित में किसके उत्पादन के लिए अंग्रेजों ने भारतीय को मजबूर किया?
A. नील
B. अफीम
C. उपरोक्त A और B दोनों
D. चाय

9. सन् 1890-1947 ई॰ तक के काल को "कृषि की स्थिरता का काल" किसने कहा?
A. खम्बाटा B. वी.के.आर.बी. राव
C. डिग्बी D. डेनियल थारनर

10. ब्रिटिश ईस्ट इंडिया कंपनी को बंगाल, बिहार और उड़ीसा की दीवानी कब प्राप्त हुई?
A. 1651 ई॰ B. 1757 ई॰
C. 1765 ई॰ D. 1764 ई॰

उत्तरमाला

1	2	3	4	5	6	7	8	9	10
A	B	A	C	A	B	C	C	D	C
11									
B									

उपनिवेशवाद और जनजातीय समाज

जनजाति विद्रोह की तीव्रता विभिन्न क्षेत्रों में अलग-अलग थी। जनजातियों की प्रतिक्रिया समय-समय पर हिंसक विद्रोह के रूप में सामने आयी तथा कभी-कभी इसने सामाजिक धार्मिक सांस्कृतिक सुधार के स्वरूप भी ग्रहण किये।

प्रमुख जनजातीय विद्रोह

1. **अहोम विद्रोह**–असम में 1930 ई० में गोमधर कुँवर के नेतृत्व में यह विद्रोह हुआ। वर्मा युद्ध के पश्चात् अपने क्षेत्र को कंपनी द्वारा हथियाने जाने के प्रयास के विरुद्ध उन्होंने विद्रोह किया।
2. **भील बगावत (1817-19)**–खानदेश क्षेत्र में रहने वाले भीलों ने अंग्रेजों द्वारा इस पर अधिकार किये जाने एवं कुशासन के विरुद्ध विद्रोह किया।
3. **चुआर विद्रोह (1768)**–मिदनापुर के आदिवासियों ने बढ़े हुए भूमिकर एवं आर्थिक शोषण के खिलाफ विद्रोह किये। जगन्नाथ धल एवं गंगा नारायण ने इसका नेतृत्व किया।
4. **हो आंदोलन (1820, 1822, 1832)**–छोटा नागपुर एवं सिंहभूमि क्षेत्रों के हो जनजातियों ने अंग्रेजों द्वारा अपनी भूमि पर कब्जा किये जाने के विरुद्ध बगावत की।
5. **खासी विद्रोह**–असम और सिलहट को जोड़ने वाली सड़क निर्माण के विरोध में जैंतिया गारो पहाड़ियों के खासियों ने राजा तीरथ सिंह एवं बारमानिक के नेतृत्व में विद्रोह किया।
6. **खोंड विद्रोह (1846-48, 1855, 1914)**–उड़ीसा में खोंडमल के खोड़ो ने डोरा बिसाई एवं छेकरी बिसाई (1846) के नेतृत्व में खर्दा पर ब्रिटिश कब्जे एवं कुशासन के विरुद्ध बगावत कर दी।
7. **कच्छा नागा**–1832 में ब्रिटिश कुशासन के विरुद्ध असम-चचार क्षेत्र के कच्छा नागाओं ने शंभूदन के नेतृत्व में विद्रोह किया।
8. **कोल बगावत**–ब्रिटिश शासन द्वारा आदिवासी भूमि के सिखों एवं मुसलमानों के हाथों में हस्तांतरित किये जाने के विरोध में कोलों ने बुद्धो भगत के नेतृत्व में विद्रोह किया।
9. **मुंडा विद्रोह**–अंग्रेजी प्रशासन द्वारा छोटा नागपुर मुंडा आदिवासियों ने अपने धार्मिक नेता को परेशान किये जाने के कारण बिरसा मुंडा के नेतृत्व में विद्रोह किया।
10. **नायकदा विद्रोह (1858-59, 1869)**–पंचमहल के नायकदाओं ने धार्मिक राज्य स्थापित करने के उद्देश्य से रूपसिंह एवं जोरिय भगत के नेतृत्व में बगावत की।
11. **रोम्पा बगावत (1840, 1845, 1858, 1879-80, 1922-22)**–रोम्पा क्षेत्र में कोया आदिवासियों ने बढ़े हुए कर जबरन उगाही तथा खड़िया व्यापारियों एवं महाजनों के विरुद्ध विद्रोह किया।
12. **संथाल विद्रोह (1855-56, 1914)**–बिहार में राजमहल पहाड़ियों के संथालों ने सिद्धू एवं कान्हू के नेतृत्व में बाहरी लोगों (दीकू) के विरुद्ध विद्रोह किया। व्यापक सैनिक कार्यवाही एवं संथाल परगना नामक एक नये जिले के निर्माण के बाद विद्रोह दब गया।
13. **थाडोई कूकी बगावत (1917-19)**–मणिपुर के कूकियों ने ब्रिटिश कुशासन के विरुद्ध जोनडोनंग एवं उनकी भतीजी रानी गैडिनल्यू के नेतृत्व में विद्रोह किया।
14. **ओरांव विद्रोह (1914-15)**–जात्रा भगत ने बिहार के छोटानागपुर में एकेश्वरवादी विद्रोह का नेतृत्व किया। भगत ने इस विद्रोह को अंग्रेजों को बाहर निकालने के उद्देश्य से एक रेडिकल राजनीतिक आंदोलन के रूप में परिवर्तित किया।
15. **बघेरा विद्रोह (1818-19)**–ब्रिटिश सत्ता थोपे जाने एवं कुशासन के विरुद्ध ओकहा मंडल के बघेरों ने विद्रोह किया एवं अंग्रेजी क्षेत्रों में भी प्रवेश किया।
16. **रामोसी विद्रोह**–पश्चिमी घाट के पहाड़ी आदिम- वासियों ने चित्तर सिंह के नेतृत्व में ब्रिटिश कुशासन के कारण विद्रोह किया। महाराष्ट्र में वासुदेव फड़के के नेतृत्व में रामोसियों एवं धागराओं के एक दल ने हिंदू राज स्थापित करने का प्रयास किया। फड़के के गिरफ्तार होने के बाद भी दौलत रामोसी के नेतृत्व में रामोसी डकैतों का एक दल 1833 तक सक्रिय रहा।

वस्तुनिष्ठ प्रश्न

1. 1766-72 के चुआर विद्रोह का प्रमुख़ कारण क्या था?
A. जंगलों की कटाई पर रोक
B. लगान में वृद्धि
C. अकाल
D. B एवं C दोनों

2. करमशाह एवं टीपू ने किस आंदोलन का नेतृत्व किया?
A. चुआर विद्रोह B. कोल विद्रोह
C. पागलपंथी विद्रोह D. भील विद्रोह

3. निम्न में से कौन-सा आंदोलन पश्चिमी भारत में हुआ?
A. भील विद्रोह B. कोल विद्रोह
C. चुआर विद्रोह D. खासी विद्रोह

4. निम्न में से सही विकल्प का चयन कीजिए–
A. कोल विद्रोह — 1839
B. संन्यासी विद्रोह — 1763
C. चुआर विद्रोह — 1775
D. संथाल विद्रोह — 1822

5. संन्यासी आन्दोलन का मुख्य कारण क्या था?
A. धार्मिक मामलों में सरकारी हस्तक्षेप
B. जमींदारों और किसानों की बेदखली
C. संन्यासियों के पूजा-पाठ पर प्रतिबंध
D. अंग्रेज सेना की ज्यादती

6. कौन-सा विद्रोह 1816 से 1832 तक चला?
A. रम्पा विद्रोह B. संथाल विद्रोह
C. कोल विद्रोह D. कच्छ विद्रोह

7. किस विद्रोह के नेता सिद्धू और कान्हू थे?
A. कोल B. संथाल
C. रम्पा D. कच्छ

8. संथाल विद्रोह का कारण थाः
A. धार्मिक B. सामाजिक
C. आर्थिक D. सैनिक

9. 1824 से 1828 तक गुजरात में कौन-सा विद्रोह हुआ?
A. रम्पा विद्रोह B. कोलियों का विद्रोह
C. संथाल विद्रोह D. भील विद्रोह

10. मुण्डा विद्रोह किस इलाके में हुआ?
A. आसाम B. आन्ध्र
C. गुजरात D. उड़ीसा एवं रांची

11. सूची-I को सूची-II से सुमेलित कीजिए और सूचियों के नीचे दिए गए कूटों की सहायता से सही उत्तर का चयन कीजिएः

सूची-I: जनजातियां जिन्होंने ब्रिटिशराज के विरुद्ध विद्रोह किया
(a) खोंद (b) संथाल
(c) कोल (d) मुंडा

सूची-II विद्रोह का वर्ष
1. 1820 2. 1846
3. 1855 4. 1895

	(a)	(b)	(c)	(d)
A.	3	1	2	4
B.	3	2	1	4
C.	2	1	4	3
D.	1	3	2	4

12. निम्नलिखित विद्रोहों में से कौन एक 1816 में आरम्भ हुआ और 1832 तक चला?
A. कोल विद्रोह B. खासी विद्रोह
C. कच्छ विद्रोह D. नयकड विद्रोह

उत्तरमाला

1	2	3	4	5	6	7	8	9	10
D	C	A	B	B	D	B	C	B	D
11	**12**								
D	A								

1857 का विद्रोह

विद्रोह के कारण

1. **राजनीतिक कारण**
   - डलहौजी की डौक्ट्रिन ऑफ लैप्स (गोद निषेध प्रथा) जिसके अंतर्गत सतारा, नागपुर, झाँसी का विलय ब्रिटिश साम्राज्य के अधीन कर दिया गया था।
   - कुशासन के आरोप में डलहौजी द्वारा अवध तथा हैदराबाद का विलय कर दिया गया।
   - पेंशन एवं उपाधियों की समाप्ति की घोषणा।
   - पंजाब और सिंध का कूटनीति द्वारा विलय।
   - पंजाब, पीगू और सिक्किम का विजय द्वारा विलय।
   - कुलीन भारतीय तथा जमींदारों के साथ अंग्रेजों ने बुरा व्यवहार किया।
   - अंग्रेजों द्वारा नौकरियों में अपनायी जाने वाली भेद-भावपूर्ण नीति।
2. **आर्थिक कारण**
   - अंग्रेजों की शोषण नीति एवं करों में वृद्धि।
   - भारतीय हस्तशिल्प उद्योग एवं व्यापार का पूर्ण पतन।
   - भारतीय धन का निष्कासन।
   - बैंटिक द्वारा माफी तथा इनाम की भूमि छीन लेने से भारतीय जमींदार दरिद्र तथा कंगाल हो गए।
3. **धार्मिक कारण**
   - ब्रिटिश सरकार ने ईसाई धर्म के प्रचार हेतु ईसाई मिशनरियों को सहयोग दिया।
   - 1833 के चार्टर अधिनियम द्वारा भारत में ईसाई धर्म के प्रचार की अनुमति।
   - अंग्रेज अपनी इस नीति के अनुसार अधिकांश भारतीयों को ईसाई बनाकर भारत में अपने साम्राज्य को सुदृढ़ करना चाहते थे।
4. **सामाजिक कारण**
   - बैंटिक द्वारा सती-प्रथा पर प्रतिबंध तथा कैनिंग द्वारा विधवा-विवाह की अनुमति ने तत्कालीन रूढ़िवादी वर्ग को आन्दोलित किया।
   - अंग्रेजों द्वारा शिक्षा के क्षेत्र में पाश्चात्य सभ्यता, संस्कृति, भाषा एवं साहित्य के विकास पर अधिक ध्यान दिया।
   - रेल, तार, डाक क्षेत्र में किए गये कार्यों से रूढ़िवादी रुष्ट हो गये।
5. **सैनिक कारण**
   - अवध के विलय ने सैनिकों की भावनाओं को आहत किया, क्योंकि सेना में साधारणत: अवध, उत्तर-पश्चिम प्रांतों से सैनिक आये थे।
   - 1854 में डाकघर अधिनियम पारित कर सैनिकों की नि:शुल्क डाक सुविधा समाप्त कर दी गई।
   - सेना में भारतीयों को उच्च पदों से दूर रखना, कम वेतन और सुविधा देना।
   - 1856 के कैनिंग 'सामान्य सेना भर्ती अधिनियम' के द्वारा भावी सैनिकों को कहीं भी सरकार द्वारा भेजे जाने पर युद्ध के लिए जाने की बात स्वीकार करना।
   - एनफील्ड राइफल के कारतूस के ऊपरी भाग को मुँह से काटना पड़ता था, जिसमें गाय तथा सूअर की चर्बी का प्रयोग होता था। हिन्दू व मुसलमान दोनों सिपाहियों ने इसके प्रयोग से इंकार किया।
6. **तात्कालिक कारण**
   - चर्बी वाले कारतूस का प्रयोग।

विद्रोह के परिणाम

- ईस्ट इंडिया कम्पनी के शासन का अंत करके भारत का शासन ब्रिटिश क्राउन (शासन) को हस्तान्तरित कर दिया गया।
- इंग्लैंड में भारत राज्य सचिव की नियुक्ति हुई।
- क्षेत्र विस्तार की नीति को त्यागकर स्थानीय राजाओं को उनके गौरव एवं अधिकारों को वापस करने, धार्मिक शोषण समाप्त करने तथा सेवाओं में बिना भेद-भाव के नियुक्ति की बात कही गयी।
- 1861 में भारतीय जनपद सेवा अधिनियम बनाया गया।
- भारतीयों के साथ समानता के व्यवहार का आश्वासन दिया गया।
- 1857 के विद्रोह के बाद सेना के पुनर्गठन के लिए स्थापित 'पील कमीशन' की सिफारिशों के अनुसार सेना में भारतीय सैनिकों की तुलना में ब्रिटिश सैनिकों की संख्या में वृद्धि की गई। सैनिकों की

भर्ती के लिए 'रायल आयोग' गठित किया गया। विद्रोह की समाप्ति के बाद अंग्रेजी सरकार ने भारतीयों में जातीय कटुता एवं साम्प्रदायिक भावना को जगाया। सरकार ने हिन्दुओं और मुसलमानों में 'फूट डालो और राज करो' की नीति को छोड़कर आर्थिक शोषण को अपनी नीति बनाया।

विद्रोह की असफलता के कारण

- विद्रोह स्थानीय, असंगठित तथा सीमित था।
- विद्रोहियों के पास साधनों का नितांत अभाव था।
- अवध, रूहेलखंड तथा उत्तरी भारत के सामन्तों ने विद्रोह का नेतृत्व किया वहीं पटियाला, जींद, ग्वालियर एवं हैदराबाद के राजाओं ने विद्रोह को कुचलने में अंग्रेजों का साथ दिया।
- नाना साहब हार गये व 1859 में नेपाल चले गए।
- तांत्या टोपे की 1859 में विश्वासघात करके हत्या कर दी गई।
- अवध की बेगम को भी नेपाल में छिपना पड़ा।
- शिक्षित वर्ग इस विद्रोह में पूर्ण उदासीन रहा।
- राष्ट्रीय भावना का अभाव था, क्योंकि भारतीय समाज के सभी वर्गों का सहयोग विद्रोह को नहीं मिला।
- विद्रोहियों में अनुभव, संगठन क्षमता तथा मिलकर कार्य करने की भावना का अभाव था।
- सैन्य दुर्बलता तथा सैन्य नेतृत्व क्षमता की कमी।
- विद्रोहियों के पास उचित नेतृत्व, ठोस लक्ष्य एवं स्पष्ट योजना का अभाव था।
- अंग्रेजों के आवागमन एवं संचार के साधनों ने भी विद्रोह को दबाने में मदद की।

वस्तुनिष्ठ प्रश्न

1. अंग्रेजी सेना के भारतीय सिपाहियों ने पहली बार कब अपने अंग्रेज सैन्य अधिकारियों के विरुद्ध विद्रोह किया?
A. बक्सर के युद्ध (1764 ई.) के समय।
B. प्रथम आंग्ल अफगान युद्ध के समय।
C. प्लासी के युद्ध के समय (1757 ई.)।
D. 1857 की क्रांति के समय।

2. निम्नलिखित सैन्य-विद्रोहों में कौन सुमेलित नहीं है?
A. वेल्लोर मठ विद्रोह - 1806 ई.
B. गोविन्दगढ़ विद्रोह - 1825 ई.
C. बैरकपुर विद्रोह - 1824 ई.
D. शोलापुर विद्रोह - 1838 ई.

3. 1844-45 का गदकरी विद्रोह किनके विरुद्ध था?
A. साहूकारों
B. अंग्रेजी सरकार
C. कोल्हापुर के महाराजा
D. उपरोक्त B और C दोनों

4. ब्रिटिश सेना में सेवारत भारतीय सैनिकों का पहला सैनिक विद्रोह कहाँ हुआ?
A. पटना B. बैरकपुर
C. वेल्लोर D. मेरठ

5. निम्नलिखित में कौन-सा स्थान 1857 के विद्रोह का केन्द्र बिन्दु नहीं था?
A. बरेली B. झाँसी
C. आरा D. मद्रास

6. 1857 के शुरू में अशान्ति के प्रथम संकेत कहाँ दिखाई दिए?
A. अवध B. बंगाल
C. मेरठ D. बिहार

7. कानपुर में कत्लेआम के लिए कौन उत्तरदायी थे?
A. नाना साहिब B. तांत्या टोपे
C. अजीमुल्लाह D. नाना के सैनिक

8. विद्रोह के किस मुख्य केन्द्र पर अंग्रेजों ने सर्वप्रथम पुनः अधिकार किया?
A. दिल्ली B. झाँसी
C. कानपुर D. लखनऊ

9. राजस्थान में सैन्य विद्रोह का सर्वाधिक महत्वपूर्ण केन्द्र कौन था?
A. नसीराबाद B. कोटा
C. अजमेर D. जैसलमेर

10. झाँसी में अफसरों की अवज्ञा करने तथा हिंसा एवं कत्ल करने के लिए सिपाहियों को किसने उकसाया?
A. रानी लक्ष्मीबाई B. दामोदर राव
C. लक्ष्मण राव D. तांत्या टोपे

11. अप्रैल, 1858 में किस विद्रोही की गिरफ्तारी के साथ विद्रोह को समाप्त हुआ माना जा सकता है?
A. कुँवर सिंह B. नाना साहिब
C. बेगम हजरत महल D. तांत्या टोपे

12. उड़ीसा तथा छोटानागपुर से विद्रोह में भाग लेने वाले अधिकांश लोग थे?
A. आदिम जनजातियाँ B. भूतपूर्व शासक
C. भू-स्वामी D. उपरोक्त सभी

13. निम्नलिखित में किन वर्गों ने 1857 के विद्रोह का समर्थन नहीं किया?
A. किसान और दस्तकार
B. नवोदित मध्यम वर्ग
C. देशी राज्यों के शासक
D. अभिजात वर्ग और जमींदार

14. उत्तर प्रदेश में 1857 के विद्रोह के अधिकांश असैनिक नेता किस वर्ग से संबंधित थे?

A. भू-स्वामी B. शासक
C. किसान D. व्यवसायी

15. 1857 के विद्रोह को निम्नलिखित किस स्थान पर मौलवियों एवं पंडितों ने समान रूप से प्रोत्साहन किया?

A. असम B. राजस्थान
C. बिहार D. बंगाल

16. 1857 के विद्रोह का वह कौन नेता था जिसने विद्रोह के दौरान फ्रांस के सम्राट नेपोलियन तृतीय को तीन पत्र भेजे?

A. सम्राट बहादुरशाह द्वितीय
B. तांत्या टोपे
C. नाना साहिब
D. रानी लक्ष्मीबाई

17. 1857 के विद्रोह को राष्ट्रीय स्वतंत्रता संग्राम कहना उपयुक्त नहीं है, क्योंकि–

A. 1857 में भारत राजनीतिक दृष्टि से एक राज्य नहीं था।
B. सामान्य मातृभूमि के प्रति निष्ठा रखने की बजाय विद्रोह के नेता अपनी व्यक्तिगत निष्ठाओं से अधिक प्रेरित थे।
C. उपरोक्त A और B दोनों।
D. ''राष्ट्रीय'' और ''राष्ट्रवाद'' शब्दों से लोग अभी तक अनभिज्ञ थे।

18. असम में 1857 के विद्रोह का नेता कौन था?

A. दीवान मणिराम दत्त
B. पुरन्दर सिंह
C. पिलाली बरूआ
D. कंडार पेशेवर सिंह

19. 1857 के विद्रोह के दौरान कंपनी के प्रति निष्ठावान नहीं रहने वाले शासक थे–

A. बंगाल के जमींदार
B. कश्मीर का राजा गुलाब सिंह
C. डूंगरपुर का महाराजा जसवंत सिंह
D. सतलज के इस पार के सिख सरदार

20. 10 मई, 1857 को सैनिकों ने कहाँ विद्रोह शुरू किया?

A. कानपुर B. मेरठ
C. लखनऊ D. बैरकपुर

उत्तरमाला

1	2	3	4	5	6	7	8	9	10
A	B	D	C	D	B	D	A	B	C
11	**12**	**13**	**14**	**15**	**16**	**17**	**18**	**19**	**20**
D	D	B	A	C	C	C	A	C	B

महिला एवं समाज सुधार

ईसाई मिशनरी

भारत में ईसाई मिशनरियों ने शिक्षा तथा सामाजिक सुधार के क्षेत्र में काफी योगदान किया। ईसाई मिशनरियों ने अंग्रेजी और स्थानीय भाषाओं में शिक्षा संस्थाएँ खोलीं। 1830 ई. में अलेक्जेंडर डफ ने कलकत्ता (अब कोलकाता) में एक अंग्रेजी विद्यालय स्थापित किया। मिशनरियों के इन कार्यों से प्रेरित होकर मैकाले ने 1833 ई. में अंग्रेजी को शिक्षा का माध्यम बनाया। ईसाई मिशनरियाँ स्त्री-शिक्षा के प्रसार में भी सक्रिय रहीं। 1849 में बेथुन द्वारा कलकत्ता में बालिकाओं के लिए अंग्रेजी स्कूल खोला गया।

सामाजिक क्षेत्र में भी ईसाई मिशनरियों का योगदान महत्वपूर्ण रहा है। उन्होंने सती प्रथा, जाति प्रथा तथा अस्पृश्यता के खिलाफ आवाज उठाई। उन्होंने बाल-विवाह और बहु-विवाह का भी विरोध किया। उन्होंने सहमति उम्र विधेयक के पारित करने में बड़ा योगदान दिया। ईसाई मिशनरियों ने कुष्ठागार तथा अस्पतालों आदि की स्थापना की।

ब्रह्म समाज

हिन्दू धर्म में पहला सुधार आन्दोलन ब्रह्म समाज था, जिसकी स्थापना 1828 ई. में कलकत्ता में राजा राममोहन राय ने की। सती प्रथा के विरुद्ध संघर्ष तथा 1829 में विलियम बैंटिक के हाथों ''सती प्रथा अवैध'' विधेयक को पारित करवाया। स्त्रियों के हक के लिए संघर्ष किया। बहुपत्नी प्रथा, विधवा स्त्रियों की अधम स्थिति आदि के विरोध में संघर्ष।

केशव चन्द्र सेन ने नेटिव मैरिज एक्ट बनाने की प्रेरणा दी (1872)। केशव चन्द्र सेन ने ब्रह्म विवाह को कानूनी बनाया–वर की उम्र 18 वर्ष, वधू की उम्र 14 वर्ष। राजा राममोहन राय ने दिसम्बर 1823 में लार्ड एमहर्स्ट को एक पत्र लिखा जिसमें सरकार से उदारवादी शिक्षा अपनाने का आग्रह किया।

आर्य समाज

इसकी स्थापना स्वामी दयानन्द सरस्वती ने की थी। सामाजिक क्षेत्र में उन्होंने छुआछूत, जन्मजात जाति, बाल-विवाह आदि पर प्रहार किया। वे पहले सुधारक थे जिन्होंने शूद्र तथा स्त्री को वेद पढ़ने तथा ऊँची शिक्षा प्राप्त करने के लिए आन्दोलन चलाया। वे वर्ण व्यवस्था जन्म से नहीं कर्म से मानते थे।

उन्नीसवीं शताब्दी में सामाजिक सुधार

सती प्रथा पर पाबंदी

1829 के 17वें नियम के अनुसार विधवाओं को जीवित जलाना अवैध घोषित कर दिया गया और विधवा को जलाना संदोष मानव हत्या माना गया। यह नियम पहले केवल बंगाल के लिए था लेकिन 1830 में वह बम्बई और मद्रास में भी लागू कर दिया गया।

शिशु हत्या बन्द

1795 के बंगाल नियम XXI और 1804 के नियम 3 से शिशु हत्या को साधारण हत्या के बराबर मान लिया गया।

विधवा पुनर्विवाह

ईश्वर चन्द्र विद्यासागर के प्रयत्नों के फलस्वरूप 1856 में हिन्दू विधवा पुनर्विवाह अधिनियम (1856 का अधिनियम 15) से विधवा विवाह को वैध मान लिया गया तथा उनसे उत्पन्न हुए बालक को वैध घोषित किया गया। 1899 में 'प्रोफेसर कर्वे' ने 'विधवा आश्रम' स्थापित किया।

स्त्रियों की दशा में सुधार

1906 ई. में बम्बई में, प्रो. डी.के. कर्वे ने ''भारतीय स्त्री विश्वविद्यालय'' की स्थापना की। 1872 के एक कानून द्वारा जिसे 'सिविल मैरिज एक्ट' कहते हैं, विवाह की उम्र कन्याओं के लिए 14 वर्ष और लड़कों के लिए 18 वर्ष निश्चित की गई तथा बहुपत्नी प्रथा को भी समाप्त कर दिया गया। 1891 में 'बी.एम. मालाबारी' के प्रयत्नों के फलस्वरूप ''सम्पत्ति आयु अधिनियम'' पारित किया गया जिसने 12 वर्ष से कम आयु की कन्याओं के विवाह पर प्रतिबंध लगा दिया। 1930 में 'शारदा अधिनियम' द्वारा कन्याओं की न्यूनतम आयु 14 वर्ष और युवकों की न्यूनतम आयु 18 वर्ष विवाह के लिए निश्चित की गई।

वस्तुनिष्ठ प्रश्न

1. भारत के धार्मिक-सामाजिक मामलों के प्रति प्रारम्भ में ब्रिटिश सरकार की नीति क्या थी?
A. आवश्यक सुधार
B. सुविचारित निन्दा
C. गंभीर हस्तक्षेप
D. सद्भावनापूर्ण तटस्थता

2. सामाजिक सुधार के क्षेत्र में राजा राममोहन राय का कौन-सा महत्वपूर्ण योगदान था?

A. विधवा विवाह का विरोध
B. सती प्रथा का समर्थन
C. जाति-पाँति का विरोध
D. पाश्चात्य शिक्षा का समर्थन

3. गवर्नर-जनरल बैंटिक के समय में निम्नलिखित में कौन-सा सुधार कार्य नहीं किया गया?
A. दास प्रथा की समाप्ति।
B. सती प्रथा पर प्रतिबन्ध।
C. ठगी प्रथा की समाप्ति।
D. धर्मांतरण के कारण होने वाली निर्योग्यताओं का निवारण।

4. निम्नलिखित किस कारण से "ब्रह्म समाज" में फूट पड़ी?
A. बालविवाह
B. वेदों की अकाट्यता
C. उपासना में भक्तिभाव को लेकर
D. देवत्व की एकात्मकता

5. रानाडे ने किसके सहयोग से "विधवा आश्रम संघ" की स्थापना की?
A. ईश्वर चन्द्र विद्यासागर
B. आर.जी. भण्डारकर
C. डी.के. कर्वे
D. विष्णु शास्त्री

6. "दक्कन एजुकेशन सोसाइटी की स्थापना 1884 ई. में किसके द्वारा की गयी?
A. गोपाल कृष्ण गोखले
B. बाल गंगाधर तिलक
C. एम.जी. रानाडे
D. उपरोक्त कोई नहीं

7. स्वामी विवेकानन्द ने किस क्षेत्र में अधिक कार्य नहीं किया?
A. धार्मिक B. राजनीतिक
C. सामाजिक D. सांस्कृतिक

8. "दुर्बलता किसी भी रूप में हो वह एक अभिशाप है।" यह कथन किसका है?
A. स्वामी विवेकानन्द B. रामकृष्ण परमहंस
C. स्वामी दयानन्द D. राजा राममोहन राय

9. निम्नलिखित किस घटना से ईश्वर चन्द्र विद्यासागर का घनिष्ठ संबंध था?
A. सती प्रथा B. पर्दा प्रथा
C. विधवा विवाह D. शिशु वध

10. 1906 ई. में बम्बई में प्रथम भारतीय महिला विश्वविद्यालय की स्थापना किसने की थी?
A. आत्माराम पाण्डुरंग
B. महादेव गोविन्द रानाडे
C. आर.जी. भण्डारकर
D. डी.के. कर्वे

11. सती प्रथा समाप्ति का विरोध करने वाला भारतीय नेता कौन था?
A. राधाकान्त देव B. राजा राममोहन राय
C. देवेन्द्र नाथ टैगोर D. केशव चन्द्र सेन

12. भारत में किसकी प्रेरणा से महिला आन्दोलन शुरू हुआ?
A. रमाबाई रानाडे
B. हीराबाई टाटा
C. श्रीमती एनी बेसेन्ट
D. श्रीमती राधा बाई सुब्बारायन

13. स्त्री शिक्षा की दिशा में प्रथम प्रयास किसके द्वारा किया गया?
A. डी.के. कर्वे
B. ईश्वर चन्द्र विद्यासागर
C. बहरामजी मालाबारी
D. ईसाई मिशनरीज

14. निम्नलिखित में कौन सुमेलित नहीं है?
A. सिविल मैरिज एक्ट – 1872
B. दासता अवैध घोषित – 1843
C. कलकत्ता तरूण स्त्री सभा – 1819
D. हिन्दू विधवा पुनर्विवाह अधिनियम – 1859

15. "आर्य महिला समाज" की स्थापना किसके द्वारा की गयी?
A. रमाबाई रानाडे B. सिस्टर निवेदिता
C. सरोजनी नायडू D. एनी बेसेन्ट

उत्तरमाला

1	2	3	4	5	6	7	8	9	10
D	D	A	B	C	C	B	A	C	D
11	**12**	**13**	**14**	**15**					
A	A	D	D	A					

जाति प्रथा के विरुद्ध आंदोलन

बीसवीं शताब्दी के सामाजिक सुधार

श्री महादेव गोविंद रानाडे ने 1887 में 'भारतीय राष्ट्रीय सामाजिक सम्मेलन' की स्थापना की। 1903 में 'बम्बई समाज सुधारक' की स्थापना की गई। मद्रास में मिसेज ऐनी बेसेंट ने एक 'हिन्दू सम्मेलन' स्थापित किया। 1932 में "अखिल भारतीय अस्पृश्यता-निवारक संघ" बनाया गया, और बाद में इसका नाम "हरिजन सेवा संघ" रख दिया गया। 1926 में "अखिल भारतीय महिला संघ" स्थापित किया गया। 1928 में कांग्रेस ने एक प्रस्ताव पारित किया जिसमें जाति प्रथा उन्मूलन की बात कही गई।

आधुनिक भारत में निम्न जातीय आन्दोलन

न्यायदल–1917 में श्री.पी. त्यागराज तथा डॉ. टी.एम. नैयर ने "प्रथम इत्तर ब्राह्मण संस्था" गठित की जिसका नाम "दक्षिण भारतीय उदारवादी संघ" रखा गया जिसे कालांतर में "न्यायदल" कहा जाने लगा। 1937 में रामास्वामी नैकर (1879-1973) को न्यायदल का सभापति चुना गया। नैकर को उनके अनुयायी उसे तंतै (पिता) तथा 'पेरियार' (महान आत्मा) के नाम से पुकारते थे। अन्नादुरै तथा द्रविड़ मुन्नेत्र कड़गम (डी.एम.के.)– श्री सी.एन. अन्नादुरै ने 1944 में न्याय दल का नाम बदलकर द्रविड़ कड़गम (द्रविड़ संघ) कर दिया। 1949 में दल का विभाजन हो गया और अन्नादुरै ने अपने दल का नाम 'द्रविड़ मुन्नेत्र कड़गम' (द्रविड़; प्रगतिवादी संघ–डी.एम.के.) रखा।

1964 के आम चुनावों में इस दल ने तमिलनाडु में प्रथम द्रमुक सरकार बनाई जिसमें अन्नादुरै मुख्यमंत्री बने। नारायण गुरु तथा एस.एन.डी.पी.–नारायण गुरु ने केरल तथा केरल के बाहर कई स्थानों पर "एस.एन.डी.पी." (श्री नारायण धर्म परिपालन योगम्) नाम की संस्था तथा उसकी शाखाएँ स्थापित की।

भीमराव अम्बेडकर

भीमराव अम्बेडकर का जन्म 14 अप्रैल, 1891 को एक 'महार कुल' में हुआ था। तीनों गोलमेज सम्मेलनों (1930-32) में अछूतों के प्रतिनिधि बनकर भाग लिया। 17 अगस्त, 1932 को दलित वर्गों के लिए अलग निर्वाचन मंडल का प्रावधान। लेकिन गाँधी के साथ "पूना समझौता" (1932) जिसमें दलित वर्गों के लिए साधारण वर्ग में ही सीटों का आरक्षण। अम्बेडकर ने भारतीय राष्ट्रीय कांग्रेस की स्वतंत्रता की माँग का विरोध किया और कहा कि भारत में अंग्रेजी साम्राज्य बना रहे ताकि दलित वर्गों के हितों की रक्षा हो सके।

अप्रैल 1942 में उन्होंने "अनुसूचित जातीय संघ" की स्थापना की। उन्होंने घोषणा की कि अनुसूचित जातियाँ हिन्दू धर्म को पूर्ण रूप से त्याग देंगी और वह स्वयं अपने बहुत से अनुयायियों के साथ बौद्ध बन गए।

कांग्रेस ने अम्बेडकर को संविधान सभा का सदस्य मनोनीत किया। अम्बेडकर का योगदान भारतीय संविधान बनाने तथा संविधान सभा में मार्गदर्शन के लिए तथा 'हिन्दू कोड विधेयक' के पारित करने में अविस्मरणीय है।

गांधी और छुआछूत का आंदोलन

1917 से पूर्व कांग्रेस इस मुद्दे को उठाने से बचती रही, लेकिन 1917 में कांग्रेस ने पहली बार छुआछूत के विरोध में एक प्रस्ताव पारित किया। राष्ट्रीय नेताओं में गाँधीजी प्रथम ऐसे नेता थे जिन्होंने छुआछूत के विरोध में आवाज उठाई। 1923 में कांग्रेस ने छुआछूत की समाप्ति के लिए लोगों को शिक्षित करने तथा हिन्दुओं की विभिन्न जातियों के बीच कुरीति के खिलाफ जागरण पैदा करने का कार्यक्रम चलाया। इसी समय केरल में मंदिर प्रवेश को लेकर आन्दोलन हुआ।

हरिजन उत्थान

सत्यशोधक समाज

1. 1827 में पूना में शूद्र माली परिवार में ज्योतिबा फुले का जन्म हुआ।
2. 1875 में ज्योतिबा गोविंदराव फुले द्वारा शुरू किया गया।
3. ब्राह्मणवाद और उसकी कुरीतियों के विरुद्ध आवाज उठाना इसका मुख्य उद्देश्य था।
4. इन्होंने मूर्ति पूजा, कर्मकांडों, पुजारियों के वर्चस्व, कर्म, पुनर्जन्म और स्वर्ग के सिद्धांतों का विरोध किया।
5. इन्होंने हिन्दुओं के पवित्र लेखों और ग्रन्थों को नकारा।
6. 1885 ई० में इसारा में कृषक वर्ग की आर्थिक स्थिति पर अपने विचारों को प्रकाशित किया।
7. अपने विचारों का प्रसार दैनिक दीनबंधु में व अपनी पुस्तकों गुलामगीरी और सेनकारयन्वा असुधा द्वारा किया।
8. फुले ने भारतीय राष्ट्रीय कांग्रेस का विरोध किया क्योंकि यह कृषकों की समस्याओं को हल करने में असमर्थ थी।
9. ज्योतिबा फुले की मृत्यु के पश्चात् कोल्हापुर के छत्रपति शाहू महाराज द्वारा यह समाज चलता रहा।

10. 1954 में फुले प्रथम भारतीय था जिसने अछूतों के लिए स्कूल खुलवाया।
11. यह एक ब्राह्मण विरोधी संस्था थी।

जस्टिस पार्टी

1. 1916 में मद्रास में इसकी स्थापना की गई।
2. इसका वास्तविक नाम दक्षिण भारतीय लिबरल फेडरेशन था।
3. इसके संस्थापक टी॰एन॰ नायर, पी॰ त्यागराजा और सी॰ जनेसा मुरलीधर थे।
4. जस्टिस नेताओं की प्रारंभिक माँगें राज्य की विधान परिषद् में सीटों का आरक्षण थी।
5. बाद में इस माँग का विस्तार कर इसमें शिक्षा, लोक नियुक्तियों और स्थानीय निकायों में रियायत को शामिल किया गया।
6. इसका सामाजिक आधार गैर ब्राह्मण जमींदार और शहरी क्षेत्र के व्यापारी वर्ग थे। यह उन जमींदारों और व्यापारियों के राजनैतिक उद्देश्य के लिए काम करती थी।
7. वेलाल (तमिल),रेड्डी (तेलगू) और कम्मा (तेलगू) आदि जातियाँ ब्राह्मणों के विरोध में शामिल थीं।

आत्मसम्मान आन्दोलन

1. ई॰ वी॰ रामास्वामी नायकर जो कि पेरियार के नाम से प्रसिद्ध थे, ने इसकी शुरुआत की।
2. इन्होंने हरिजनों को सहयोग दिया और वायकोम के सत्याग्रह का नेतृत्व किया।
3. इन्होंने मनु धर्म शास्त्रों और रामायण को जलाने की वकालत की।
4. हिन्दू रूढ़िवादिता का खंडन किया।
5. 1925 में अपना एक अखबार कुदी-अरासु निकाला और एक उग्र समाज सुधारक के रूप में जाने गए।
6. पेरियार ने धर्म के साथ-साथ ब्राह्मणों के आधिपत्य और जाति प्रथा पर आक्रमण किया।
7. विधवा-विवाह और परिवार नियोजन जैसे मुद्दों पर बल दिया।
8. आत्म सम्मान लीग 1944 में जस्टिस पार्टी के साथ मिलकर द्रविड़ कड़गम बनी।

श्री नारायण धर्म परिपालन योगम

1. 1902 ई॰ में केरल में इसकी स्थापना हुई।
2. इसके संस्थापक नानु असन थे जो नारायण गुरु के नाम से प्रसिद्ध थे।
3. इसका उद्देश्य ईझवा जाति के अधिकार को सुनिश्चित करना था।
4. मंदिर प्रवेश इसका मुख्य कार्यक्रम था।
5. इसका मुख्य नारा था– एक जाति, एक धर्म, एक ईश्वर।

वस्तुनिष्ठ प्रश्न

1. "मैं एक जाति, एक धर्म और एक ईश्वर में विश्वास करता हूँ।" यह कथन किसका है?
A. स्वामी विवेकानन्द B. राजा राममोहन राय
C. नारायण गुरु D. स्वामी दयानन्द

2. छुआछूत के खिलाफ आवाज उठाने वाला प्रथम राष्ट्रीय नेता कौन था?
A. बाल गंगाधर तिलक B. महात्मा गाँधी
C. रामास्वामी नायकर D. डॉ. बी.आर. अम्बेडकर

3. कांग्रेस ने छुआछूत के खिलाफ अपने किस वर्ष के अधिवेशन में एक प्रस्ताव पारित किया था?
A. 1916 B. 1917
C. 1920 D. 1932

4. निम्नलिखित में किसने "वायकोम सत्याग्रह" को नेतृत्व प्रदान किया?
A. के.पी. केशवमेनन
B. ई.वी. रामास्वामी नायकर
C. उपरोक्त दोनों
D. टी.के. माधवन

5. केरल का "योगक्षेम संगठन" था–
A. निम्न जाति के एझवा और पुलैया का
B. उच्च जाति के नम्बूदरी ब्राह्मणों का
C. नायर जाति का
D. उपरोक्त कोई नहीं

6. अखिल भारतीय हरिजन संघ (1932 ई॰) की स्थापना किसने की?
A. बी.आर. अम्बेडकर B. महात्मा गाँधी
C. बी.आर. शिन्दे D. ज्योतिबा फुले

7. "बहिष्कृत भारत" नामक पत्र का सम्पादक कौन था?
A. बी.आर. अम्बेडकर B. ज्योतिबा फुले
C. महात्मा गाँधी D. उपरोक्त कोई नहीं

8. निम्नलिखित किस आन्दोलन में गाँधीजी ने मध्यस्थ की भूमिका निभाई?
A. वायकोम सत्याग्रह B. गुरुवायूर सत्याग्रह
C. अरव्विपुरम् आन्दोलन D. उपरोक्त कोई नहीं

उत्तरमाला

1	2	3	4	5	6	7	8
C	B	B	C	B	B	A	A

राष्ट्रीय आंदोलन

कांग्रेस का उदय

मुम्बई में देशभर के 72 प्रतिनिधियों की बैठक के दौरान दिसम्बर 1885 में भारतीय राष्ट्रीय कांग्रेस का गठन हुआ। एक अवकाश प्राप्त अंग्रेज अधिकारी ए.ओ.ह्यूम ने कांग्रेस की स्थापना में महत्वपूर्ण भूमिका अदा की। उनका विचार था कि यह राष्ट्रवादी नेताओं के लिए कवच का कार्य करेगा। कांग्रेस के प्रथम अध्यक्ष डब्ल्यू.सी. बनर्जी थे। ब्रिटिश सरकार ने कांग्रेस की स्थापना में मदद की। कांग्रेस का प्रमुख लक्ष्य देश के विभिन्न भागों के नेताओं को एक मंच पर लाना, सामाजिक, धार्मिक और प्रांतीय पूर्वाग्रहों को समाप्त करना, राष्ट्रीय एकता को मजबूत करना, सरकार के समक्ष जन-समर्थक मांगें रखना, लोगों को शिक्षित करना तथा देश में जनमत का निर्माण करना था।

राष्ट्रीय जागरूकता की दृष्टि से कांग्रेस एक शक्तिशाली अभिकरण साबित हुई। इसने प्रत्येक वर्ष अलग-अलग स्थानों पर राष्ट्रीय अधिवेशनों का आयोजन करना आरंभ कर दिया। इसकी सदस्यता लगातार बढ़ती रही और अनेक नए नेता संगठन में शामिल हो गए। इसकी जड़ें गांवों तक भी पहुंच गईं और धीरे-धीरे कुछ वर्षों में यह भारतीय लोगों की प्रतिनिधि संस्था बन गई। कांग्रेस के शैशवकाल में कलकत्ता (कोलकाता) में 1886 के सत्र के दौरान दादाभाई नौरोजी, मद्रास में 1887 के सत्र के दौरान बदरुद्दीन तैयबजी और 1888 में इलाहाबाद सत्र के दौरान जार्ज यूल इसके अध्यक्ष रहे।

मध्यवर्ती अवस्था : कांग्रेस के आरंभिक 20 वर्षों के दौरान उस पर उदारवादी राजनीतिज्ञों का दबदबा रहा। उन्होंने धीरे-धीरे सुधारों को लागू करने और सरकार तथा प्रशासन में अधिक प्रतिनिधित्व दिए जाने की मांग की। मध्यवर्ती अवस्था के युग में कांग्रेस ने लोकसेवाओं में भारतीयों के लिए अधिक प्रतिनिधित्व की मांग की। सुधारों पर बल दिया तथा विधायिका की शक्ति में वृद्धि किए जाने की वकालत की। उसने भूमि राजस्व व्यवस्था और सरकार की आर्थिक नीतियों में भी परिवर्तन की मांग की ताकि भारतीय उद्योगों का बेहतर तरीके से संचालन किया जा सके। कांग्रेस ने अभिव्यक्ति की स्वतंत्रता, शिक्षा के प्रचार-प्रसार, कल्याणकारी कार्यक्रमों के विस्तार और भारत का शोषण बंद किए जाने की भी जोरदार मांग उठायी। इस काल में कांग्रेसी नेताओं ने पश्चिमी विचारों पर आधारित स्वशासित भारत की परिकल्पना की। ये सभी नेता उच्च शिक्षित थे और समाज के उच्च तबके से संबद्ध थे। उनका विश्वास था कि कांग्रेस की मांगों के औचित्य का परीक्षण करने के लिए अंग्रेज सरकार से अनुरोध किया जा सकता है तथा उसे इन्हें स्वीकार करना चाहिए। अत: उन्होंने प्रस्ताव पारित किए, याचिकाएं तैयार कीं और ब्रिटिश सरकार को प्रभावित करने का प्रयास किया, पर उनकी इस नरमी और सदाशयता से भरी गतिविधियों पर सरकार ने कतई ध्यान नहीं दिया। आरंभ में अंग्रेज सरकार ने कांग्रेसी नेताओं का समर्थन किया पर जल्द ही उसने विरोधी रुख अपना लिया। कांग्रेस की लोकप्रियता और शक्ति बढ़ने से ब्रिटिश सरकार सकते में आ गई और उसने इसके खिलाफ दुष्प्रचार करना आरंभ कर दिया। सरकारी कर्मचारियों को कांग्रेस के सत्रों में भाग लेने से प्रतिबंधित कर दिया गया। अंग्रेजों ने भारतीयों को धर्म के आधार पर विभाजित करने का प्रयास किया था तथा पूर्ववर्ती अंग्रेज नागरिकों को वरीयता देने लगे। हालांकि मध्यवर्ती नेतागण अधिक सफलता नहीं प्राप्त कर सके और लोगों के विश्वास तथा उनकी इच्छाओं को अच्छी तरह से अभिव्यक्त नहीं कर पाए, फिर भी उनके प्रयासों की सराहना की जानी चाहिए। उन्होंने व्यापक राजनीतिक जागरूकता उत्पन्न करने, लोगों के बीच राष्ट्रवाद की भावनाएं भरने, ब्रिटिश उपनिवेश के असली चेहरे को उजागर करने में सफलता पाई और सबसे बढ़कर उन्होंने एक मजबूत मंच प्रदान किया जिस पर राष्ट्रीय आंदोलन का अपार विकास हो सकता था।

उग्रपंथ का उदय

कांग्रेस की युवा पीढ़ी मध्यवर्ती कांग्रेसी नेताओं की नीतियों को लेकर अधीर होने लगी। बंगाल में विपिनचंद्र पाल, महाराष्ट्र में लोकमान्य बाल गंगाधर तिलक और पंजाब में लाला लाजपतराय उग्रपंथी नेता के रूप में उभरे जिन्होंने सशस्त्र राष्ट्रवाद का मंत्र फूंका।

शक्तिशाली रूस पर जापान की विजय जैसी अंतरराष्ट्रीय घटनाओं ने तथा बंगाल के विभाजन ने भारत में उग्रपंथ के विकास पर बल दिया। इसने कांग्रेस के भीतर भी परस्पर विवादों को जन्म दिया जिसने कारण 1907 के सूरत अधिवेशन में इसका विखंडन हो गया। उग्रपंथी नेताओं ने ब्रिटिश शासन की व्याख्या एक अभिशाप के रूप में की तथा पूरी तरह उसके खिलाफ हो गए। समझौता और मेल-मिलाप की मध्यवर्ती नेताओं की नीतियों के विपरीत उग्रपंथी नेताओं ने पूर्ण स्वराज्य की मांग की। अपने उद्देश्य की पूर्ति के लिए उन्होंने विरोध का धैर्यपूर्ण उपाय अपनाया जैसे कि स्वदेशी आंदोलन ताकि अंग्रेजों के लिए भारत में शासन करना असंभव हो जाए। उन्होंने अधिक-से-अधिक लोगों को अपने समर्थन में जुटाने का प्रयास किया। वे कष्ट उठाने तथा बलिदान देने के लिए भी तैयार थे। 1907 के विभाजन के बाद लगातार 8 वर्षों तक कांग्रेस की प्रभावशीलता जाती रही परंतु

1916 में लखनऊ सत्र के दौरान नरमपंथियों और उग्रपंथियों ने एक बार फिर हाथ मिलाने का फैसला किया।

बंगाल का विभाजन

20वीं शताब्दी के आरंभ में बंगाल ब्रिटिश साम्राज्य का सबसे बड़ा प्रांत था जिसमें बंगाल, बिहार और उड़ीसा के कुछ हिस्से शामिल थे। यह बहाना बनाते हुए कि इतने बड़े प्रांत का प्रशासन चलाना काफी मुश्किल होगा, ब्रिटिश सरकार ने इसे विभाजित करने का फैसला किया। फिर भी बंगाल से गैर-बंगाली क्षेत्रों को अलग करने के विपरीत सरकार ने 1905 में पूर्वी बंगाल को अलग करने का फैसला किया। इसका वास्तविक उद्देश्य राष्ट्रवाद की शक्तियों को कमजोर करना था क्योंकि बंगाल में राष्ट्रवादी आंदोलन काफी मजबूत हो चुका था। इसका दूसरा लक्ष्य हिन्दुओं और मुसलमानों के बीच विद्वेष के बीज बोना था क्योंकि नए प्रांत में मुसलमानों की बहुलता थी। राष्ट्रीय नेता और आवाम जल्द ही उनके कुत्सित इरादों को समझ गए और उन्होंने विभाजन की योजना का विरोध किया। नरमपंथी और उग्रपंथी दोनों वर्गों के नेताओं ने इस विभाजन के खिलाफ आंदोलन छेड़ दिया। विभाजन के दिन को शोक दिवस के साथ-साथ एकता और भाईचारा दिवस के रूप में भी मनाया गया। जोर-शोर से विदेशी वस्तुओं का बहिष्कार आरंभ कर दिया गया और स्वदेशी को बढ़ावा दिया गया। लोगों से कहा गया कि वे सरकार के साथ सहयोग नहीं करें। लोगों को विभाजित करने के सरकार के प्रयासों को धक्का लगा तथा बंगाल का विभाजन राष्ट्रवाद के विकास का महत्त्वपूर्ण कारक बन गया। अंततः लोगों के दबाव के आगे झुकते हुए सरकार ने बंगाल के विभाजन को रद्द कर दिया।

मार्ले-मिंटो सुधार

उत्तेजित उग्रपंथियों को शांत करने के लिए 1909 में ब्रिटिश सरकार ने मार्ले-मिंटो सुधारों की घोषणा की जिसमें जन-सामान्य के लिए मामलों के निर्धारण में शिक्षित भारतीयों को सरकार में अधिक-से-अधिक प्रतिनिधित्व देने की बात कही गई। अतः कार्यकारी और विधायिका परिषदों में भारतीयों का प्रतिनिधित्व बढ़ाया गया। इस अधिनियम के तहत् सामुदायिक प्रतिनिधित्व की शुरुआत की गई। इस अधिनियम को लोगों की भागीदारी बढ़ाने के संबंध में सकारात्मक माना गया, परंतु इसमें निहित "बांटो और शासन करो" की नीतियों के कारण भारतीय जनमानस ने इसे ठुकरा दिया।

क्रांतिकारी आंदोलन

नरमपंथियों और उग्रपंथियों के अलावा कुछ और क्रांतिकारी समूह भी थे जो बल प्रयोग द्वारा अंग्रेज शासन को उखाड़ फेंकना चाहते थे। उन्होंने स्वयं को गुप्त संगठन के रूप में संगठित कर रखा था और वे बंगाल और महाराष्ट्र में विशेष रूप से सक्रिय थे। वे कभी-कभी अलोकप्रिय अंग्रेज अधिकारियों, भारतीय कर्मचारियों और अंग्रेज सरकार के लिए काम करने वाले लोगों पर आक्रमण भी कर देते थे। उनके विदेशों में भी संबंध थे। 20वीं शताब्दी के कुछ प्रमुख क्रांतिकारी थे—खुदीराम बोस, लाला हरदयाल, वी.डी. सावरकर, रासबिहारी बोस, वी.वी.एस. अय्यर और एम.एन. राव। भगतसिंह, चंद्रशेखर आजाद, रामप्रसाद बिस्मिल, अशफाकउल्ला खान, रोशन सिंह, बी.के. दत्त, राजगुरु, सूर्यसेन और सुखदेव ने भी क्रांतिकारी तरीकों का इस्तेमाल किया।

मुस्लिम लीग

जब अंग्रेज भारत में आए उस वक्त यहां मुसलमानों का शासन था। अतः अंग्रेजों ने उन्हें अपना मुख्य शत्रु माना और उनके साथ भेदभाव बरता। हालांकि जब राष्ट्रीय आंदोलन ने जोर पकड़ा तब अंग्रेजों ने अपना रास्ता बदल लिया। उन्होंने उनसे यह कहकर कि वे सरकार के प्रति विश्वसनीयता का सबूत दें उनका मन जीतने का प्रयास किया। कुछ राष्ट्रीय नेताओं द्वारा धार्मिक विश्वासों और प्रतीकों का इस्तेमाल किए जाने के कारण भी मुसलमान राष्ट्रीय आंदोलन से अलग रहे। 1906 ई. में अंग्रेजों से पहले के मुसलमान नेताओं ने अखिल भारतीय मुस्लिम लीग की स्थापना की। अपने उदय के समय मुस्लिम लीग ने घोषणा की कि उसका उद्देश्य सरकार के प्रति विश्वसनीयता को बढ़ावा देना तथा मुसलमानों के हितों की सुरक्षा करना और उसे आगे बढ़ाना है। हालांकि 1913 में उसने घोषणा की कि उसका लक्ष्य स्वशासन की प्राप्ति है।

होमरूल आंदोलन

जब ब्रिटेन प्रथम विश्वयुद्ध में व्यस्त था तब बाल गंगाधर तिलक और एनी बेसेंट जैसे भारतीय नेताओं ने राष्ट्रीय आंदोलन में नयी जान फूंकने का निर्णय किया। संवैधानिक तरीकों से ब्रिटिश साम्राज्य के अंतर्गत स्वशासन की प्राप्ति तथा इस उद्देश्य के लिए लोगों को शिक्षित और जनमत को संगठित करने के लिए देशभर में होमरूल लीग की स्थापना की गई। इस आंदोलन के नेताओं ने देश भर का दौरा किया। नेताओं की गतिविधियों को कुचलने के लिए ब्रिटिश सरकार ने कठोर कदम उठाए। तिलक पर मुकदमा चलाया गया और उनके पंजाब और दिल्ली में प्रवेश करने पर रोक लगा दी गई। एनी बेसेंट और उनके सहयोगियों को नजरबंद कर दिया गया।

लखनऊ समझौता

1916 ई. में स्वशासन अथवा स्वराज की प्राप्ति के लिए एक साथ मिलकर काम करने के लिए कांग्रेस और मुस्लिम लीग ने लखनऊ में एक समझौता किया। मुसलमानों के इस भ्रम का निराकरण करते हुए कि उन्हें उचित प्रतिनिधित्व नहीं दिया जा रहा है, कांग्रेस ने परिषद् में उनके लिए पृथक् प्रतिनिधित्व की मांग मान ली। 1916 ई. में कांग्रेस की नरमपंथी और उग्रपंथी शाखाएं फिर से एकजुट हो गईं।

गांधीजी का आगमन

प्रथम विश्वयुद्ध की समाप्ति के पश्चात् 1915 में महात्मा गांधी के दक्षिण अफ्रीका से लौटने के बाद राष्ट्रीय आंदोलन में एक महत्त्वपूर्ण मोड़ आया। टॉलस्टाय और रस्किन से प्रभावित गांधीजी ने सत्य और अहिंसा पर आधारित संघर्ष की नई पद्धति और दर्शन का प्रतिपादन किया। जल्द ही सकारात्मक प्रतिरोध अथवा सत्याग्रह लोगों के स्वतंत्रता संघर्ष का मुख्य हथियार बन गया। वह आम आदमी के सच्चे प्रतिनिधि बन गए और उनकी ही बिरादरी में शामिल हो गए। किसी भी अन्य नेता ने जनता के साथ इस तरह

की घनिष्ठता स्थापित नहीं की थी। 1917 में गांधीजी नील की खेती करने वाले किसानों की समस्या का समाधान करने हेतु उत्तर बिहार में चम्पारन पहुंचे। अंग्रेज इन किसानों के प्रति दमनात्मक रवैया अपनाए हुए थे। 1918 में अहमदाबाद में टेक्सटाइल्स मिल मालिकों के खिलाफ उन्होंने श्रमिकों की तर्कसंगत मांगों का समर्थन किया और इसके फलस्वरूप स्थानीय मुद्दों में जन-सामान्य की भागीदारी को स्वीकार कर लिया गया। अंततः गांधीजी स्वतंत्रता संग्राम के सबसे महानतम् नेता के रूप में उभर कर सामने आए।

जलियांवाला बाग जनसंहार

दो राष्ट्रीय नेताओं सत्यपाल और डा. सैफुद्दीन किचलू की गिरफ्तारी के खिलाफ विरोध जताने के लिए 13 अप्रैल, 1919 को अमृतसर में जलियांवाला बाग में जनसामान्य की एक बैठक आयोजित की गई। यह बाग अथवा पार्क तीन ओर से ऊंची दीवारों से घिरा था और इसमें प्रवेश हेतु एक संकीर्ण गलियारा ही उपलब्ध था। यह बैठक शांतिपूर्ण ढंग से चल रही थी और युवा, बुजुर्ग, बच्चे और महिलाएं सभी शामिल थे। इसी बीच वहां जनरल डायर नामक एक अंग्रेज अधिकारी अपनी टुकड़ी के साथ आ धमका। बिना कोई चेतावनी दिए उसने अपने सैनिकों को आदेश दिया कि वे निहत्थे लोगों पर गोलियों की बौछार कर दें। इस गोलीबारी में लगभग 1,000 लोग मारे गए, जबकि सैकड़ों अन्य घायल हो गए। इस जनसंहार ने भारतीय लोगों की भावनाओं को उद्वेलित कर दिया जिसका जवाब सरकार ने और भी क्रूरतापूर्वक कार्रवाइयों से दिया। दिवंगत लोगों को श्रद्धांजलि देने के लिए 1919 में कांग्रेस के सत्र का आयोजन अमृतसर में किया गया। इस जनसंहार के प्रति विरोध प्रकट करने के लिए कविवर रवीन्द्रनाथ टैगोर ने अपनी नाइट की उपाधि का परित्याग कर दिया।

खिलाफत आंदोलन

प्रथम विश्वयुद्ध के समाप्त होने के बाद जहां तुर्की पराजित देशों की कतार में खड़ा था, वहीं ब्रिटेन विजेताओं के बीच खड़ा मुस्करा रहा था। तुर्की और उसके शासक खलीफा को ब्रिटेन की ओर से अन्याय का सामना करना पड़ा। चूंकि खलीफा मुसलमानों के धार्मिक प्रमुख थे, अतः ब्रिटिश सरकार पर इस अन्याय को वापस लेने हेतु दबाव डालने के लिए 1920 में दो मुसलमान भाइयों मोहम्मद अली और शौकत अली ने एक आंदोलन की शुरुआत की। जल्द ही पंजाब में दमन को रोकने की खातिर तथा स्वराज-प्राप्ति हेतु खिलाफत आंदोलन का राष्ट्रीय आंदोलन में विलय हो गया।

असहयोग आंदोलन

महात्मा गांधी के नेतृत्व में 1920 में कांग्रेस ने असहयोग आंदोलन आरंभ करने का निर्णय किया। यह पहली बार था जबकि कांग्रेस ने प्रत्यक्ष कार्रवाई की नीति पर चलने का निर्णय किया। इसमें उपाधियों और प्रतिष्ठापूर्ण पदों का त्याग करना तथा स्थानीय निकायों में मनोनीत पदों से इस्तीफा देना शामिल था। लोगों का आह्वान किया गया कि वे सरकार के कार्यक्रमों में शामिल न हों तथा सरकारी स्कूलों और कॉलेजों से अपने बच्चों को हटा लें। उनसे सरकारी सेवाओं, अदालतों और अन्य सेवाओं का बहिष्कार करने को भी कहा गया। उनसे कहा गया कि वे स्वदेश में ही बने वस्त्रों व अन्य वस्तुओं का इस्तेमाल करें। असहयोग करने वाले लोगों के लिए सत्य और अहिंसा के सिद्धांतों का पालन करना अत्यन्त आवश्यक था। महात्मा गांधी ने उस स्थिति में पूर्ण स्वराज की प्राप्ति का वायदा किया जबकि लोग पूरे मन से और सच्ची लगन से उनके कार्यक्रमों का अनुसरण करते हैं। असहयोग आंदोलन की विचारधारा ने लोगों को काफी प्रभावित किया तथा हिन्दुओं और मुसलमानों ने आपस में हाथ मिला लिए। इस आंदोलन के अगले चरण में लोगों का आह्वान किया गया कि वे कर चुकाने से इनकार कर दें। यह आंदोलन गुजरात में बारदोली से प्रारंभ हुआ।

असहयोग आंदोलन को मिल रहे व्यापक जनसमर्थन से ब्रिटिश सरकार एकदम से सकते में आ गई। हालांकि कुछ ईर्ष्यालु व्यक्तियों ने पीटे जाने के खिलाफ 22 फरवरी, 1922 को उत्तर प्रदेश में चौरी-चौरा नामक स्थान पर एक पुलिस स्टेशन को जला डाला। थाने के अंदर एक इंस्पेक्टर सहित 22 पुलिसकर्मी आग में जलकर मर गए। इस घटना से गांधीजी को काफी दुःख पहुंचा और उन्होंने इस आंदोलन को वापस ले लिया। गांधीजी के इस कदम की अनेक राष्ट्रीय नेताओं ने आलोचना की और कृतघ्न अंग्रेज सरकार ने गांधीजी को 6 साल की सजा का फरमान सुना दिया। असहयोग आंदोलन अहिंसा और धार्मिक बंधुत्व की भावना पर आधारित एक लोकप्रिय आंदोलन था।

मोपला विद्रोह

मालावार के मोपला 19वीं शताब्दी के मध्य से ही काफी उद्विग्न थे। उनका सबसे जोरदार विद्रोह 1921 में सामने आया जब उन्होंने मोपला अपराधियों को गिरफ्तार करने वाले पुलिस दल पर हमला कर दिया। भारत में चल रहे खिलाफत आंदोलन ने मोपलाओं को यह कार्रवाई करने को प्रेरित किया। दो ताल्लुकों में विद्रोहियों ने अपने प्रशासन की स्थापना की। हिन्दुओं के साथ-साथ अंग्रेज भी मारे गए। विद्रोहियों को दबाने के लिए मार्शल लॉ को लागू कर दिया गया।

स्वराज पार्टी

असहयोग आंदोलन को वापस ले लिए जाने के बाद कांग्रेसी नेताओं के बीच गहरे मतभेद उजागर हो गए। जहां सी.आर. दास, मोतीलाल नेहरू और हकीम अजमल खान चाहते थे कि विधानपरिषदों में शामिल हुआ जाए और उसकी गतिविधियों को बाधित किया जाए वहीं सरदार पटेल, सी. राजगोपालाचारी और राजेन्द्र प्रसाद जैसे नेता भी थे जो इस विचार के पूरी तरह खिलाफ थे। सी.आर. दास के समर्थकों ने 1923 में स्वराज पार्टी का गठन किया जिसे कांग्रेस ने चुनावों में भाग लेने की अनुमति प्रदान कर दी। स्वराज पार्टी ने केन्द्रीय और प्रांतीय विधायिकाओं में बेहतरीन प्रदर्शन किया। अनेक प्रस्ताव पारित कर और लोगों के प्रति जिम्मेदार रवैया अपनाने हेतु ब्रिटिश सरकार पर दबाव डालकर स्वराज पार्टी ने अंग्रेज-विरोधी भावनाओं को जिन्दा रखा। हालांकि 1925 में सी.आर. दास की मृत्यु के बाद विधायिका की राजनीति में कुछ खास करना स्वराजवादियों के लिए काफी कठिन प्रतीत हुआ तथा वे 1926 में विधानमंडल से बाहर निकल आए।

साइमन आयोग

गवर्नमेंट ऑफ इंडिया एक्ट 1919 के कार्यकरण की जांच-पड़ताल करने तथा संविधान में संशोधन किए जाने के संबंध में सुझाव देने हेतु ब्रिटिश सरकार ने 1927 में एक आयोग की नियुक्ति की। इसमें ब्रिटेन की संसद के 7 सदस्य शामिल थे तथा सर जान साइमन इसके अध्यक्ष थे। चूंकि इसमें एक भी भारतीय प्रतिनिधि शामिल नहीं था, अत: कांग्रेस और अन्य भारतीय पार्टियों ने इसका बहिष्कार करने का निर्णय किया। साइमन आयोग जब भारत आया तो उसका स्वागत देशव्यापी विरोध से किया गया। यह आयोग जहां कहीं भी गया उसे हड़ताल, प्रदर्शन और काले झंडों का मुंह देखना पड़ा। इस क्रम में एक व्यापक जनांदोलन का नेतृत्व करते हुए लाला लाजपतराय को लाठियों की जबर्दस्त मार झेलनी पड़ी, जिससे वह उबर नहीं सके और इस घटना के कुछ ही सप्ताह बाद उनका निधन हो गया।

पूर्ण स्वराज्य की मांग

1928 में कांग्रेस ने प्रभुत्वकारी स्थिति की मांग करते हुए एक प्रस्ताव पारित किया जो पूर्ण स्वराज की मांग से कहीं कम था। यह भी घोषणा की गई कि यदि 1929 के अंत तक इस मांग को स्वीकार नहीं किया गया तो कांग्रेस पूर्ण स्वराज्य की मांग करेगी और इस उद्देश्य की प्राप्ति के लिए वह व्यापक आंदोलन चलाएगी। ब्रिटिश सरकार ने कांग्रेस की इस मांग पर कोई ध्यान नहीं दिया। अत: दिसम्बर 1929 में एक प्रस्ताव पारित किया गया जिसमें कहा गया कि कांग्रेस के संविधान में स्वराज शब्द का अर्थ होगा पूर्ण स्वतंत्रता। दिसम्बर 1929 की मध्यरात्रि को कांग्रेस के अध्यक्ष जवाहरलाल नेहरू ने रावी नदी के तट पर तिरंगा फहराया। राष्ट्रीय आंदोलन में हिस्सा ले रहे सभी कांग्रेसियों से कहा गया कि वे भविष्य में होने वाले चुनावों में शिरकत न करें तथा सभी पदारूढ़ सदस्यों से कहा गया कि वे अपने पद से त्यागपत्र दे दें। सविनय अवज्ञा आंदोलन को आरंभ करने का फैसला किया गया, साथ ही यह भी तय किया गया कि कोई भी व्यक्ति अंग्रेज सरकार को कर नहीं चुकाएगा। 26 जनवरी, 1930 को स्वतंत्रता दिवस घोषित किया गया और इसी दिन भारत की जनता ने स्वतंत्रता-प्राप्ति की सौगंध उठायी। इसके बाद साल-दर-साल इसकी पुनरावृत्ति की गई।

सविनय अवज्ञा आंदोलन

गांधीजी की डांडी यात्रा के बाद सविनय अवज्ञा आंदोलन की शुरुआत हुई। यह यात्रा 12 मार्च, 1930 को आरंभ हुई और गांधीजी तथा उनके अनुयायी साबरमती से 200 किलोमीटर का फासला तय कर डांडी पहुंचे। गांधीजी ने नमक बनाकर नमक कानून तोड़ा, जो देशव्यापी विद्रोह का संकेतक था। देशभर में शराब की दुकानों, अफीम के अड्डों और विदेशी वस्त्रों की दुकानों को घेर लिया गया। हजारों सरकारी कर्मचारियों ने अपनी नौकरी को ठोकर मार दी। किसानों ने कर और ऋण चुकाने से साफ-साफ मना कर दिया। गांधीजी की प्रभावशाली अपील से प्रेरित होकर हजारों-हजार महिलाएं सविनय अवज्ञा आंदोलन में शामिल होने के लिए आगे आईं। देश में अब खुले विद्रोह की पृष्ठभूमि तैयार हो चुकी थी। इस आंदोलन को कुचलने के लिए सरकार ने दमनात्मक रवैया अपनाया। अग्रणी नेताओं सहित हजारों कांग्रेसी कार्यकताओं को जेल में ठूंस दिया गया। प्रेस पर प्रतिबंध लगा दिया गया, सार्वजनिक संपत्ति को नुकसान पहुंचाया गया, निर्दोष महिलाओं और पुरुषों को बेदर्दी से पीटा गया तथा सैकड़ों लोग पुलिस की गोलियों से मारे गए। यह आंदोलन देश के कोने-कोने में फैल गया।

इसी बीच साइमन आयोग द्वारा प्रस्तावित सिफारिशों पर विचार करने के लिए अंग्रेज सरकार ने लंदन में प्रथम गोलमेज सम्मेलन का आयोजन किया। चूंकि इसमें कांग्रेस का कोई प्रतिनिधि उपस्थित नहीं हुआ, अत: यह सम्मेलन कोई विशेष परिणाम नहीं उत्पन्न कर सका। कांग्रेस के महत्त्व को समझते हुए ब्रिटिश सरकार ने उसे निमंत्रण दिया कि वह दूसरे गोलमेज सम्मेलन में शामिल हो। 5 मार्च, 1931 को गांधीजी और वायसराय इर्विन के बीच एक समझौता हुआ जिसके तहत् सरकार ऐसे सभी राजनीतिक बंदियों को रिहा करने पर तैयार हो गई जिनके खिलाफ हिंसा का कोई आरोप नहीं था। कांग्रेस ने सविनय अवज्ञा आंदोलन को लंबित करने का निर्णय किया। सरकार द्वारा अपनी प्रतिबद्धता का उल्लंघन करने के बावजूद गांधीजी सम्मेलन में भाग लेने के लिए लंदन गए।

दूसरा गोलमेज सम्मेलन सितम्बर 1931 में लंदन में संपन्न हुआ। गांधीजी कांग्रेस के एकमात्र प्रतिनिधि के रूप में द्वितीय गोलमेज सम्मेलन में शामिल हुए। उन्होंने रक्षा तथा विदेशी मामलों पर नियंत्रण का अधिकार मांगा। अल्पसंख्यकों को प्रतिनिधित्व दिए जाने की मांग पर बिल्कुल मौन की स्थिति थी। एम.ए. जिन्ना, आगा खान और डॉ. अम्बेडकर गांधीजी के साथ कोई भी समझौता करने को इच्छुक नहीं थे। भारतीय राजा भी भारत की स्वतंत्रता के प्रति उदासीन थे। कोई भी समझौता संपन्न नहीं हो सका और बातचीत विफल हो गई। गांधीजी भारत लौट आए और सविनय अवज्ञा आंदोलन पुन: आरंभ हो गया। एक बार फिर से ब्रिटिश सरकार ने दमनात्मक रवैया अपनाया और गांधीजी सहित लाखों लोगों को जेल में डाल दिया। कांग्रेस को अवैध घोषित कर दिया गया। भारी दबाव के बावजूद सविनय अवज्ञा आंदोलन जारी रहा। विदेशी वस्तुओं का बहिष्कार, करों का विरोध, उपाधियों और नौकरियों का त्याग तथा विदेशी वस्तुओं और शराब की दुकानों पर धरने का आयोजन यथावत् जारी रहा। मई 1933 में इस आंदोलन को लंबित कर दिया गया और एक वर्ष बाद इसे पूरी तरह से वापस ले लिया गया। गांधीजी ने भी स्वयं को सक्रिय राजनीति से अलग कर लिया।

सांप्रदायिक पंचाट

अगस्त 1932 में ब्रिटिश सरकार ने महिलाओं को आरक्षण दिए जाने के अलावा मुसलमानों, सिखों, यूरोपीय नागरिकों तथा वंचित वर्गों के लिए पृथक् निर्वाचन मंडल की स्थापना करते हुए सांप्रदायिक पंचाट को लागू करने की घोषणा की।

गांधीजी ने अछूतों के लिए पृथक् निर्वाचन मंडल का जोरदार विरोध किया तथा अपना विरोध जताने के लिए आमरण अनशन पर बैठ गए। इस संदर्भ में पूना में एक समझौता हुआ जिसे पूना समझौता कहते हैं जिसमें इस मुद्दे पर कतिपय संशोधन किए गए।

तीसरा गोलमेज सम्मेलन नवंबर 1932 में लंदन में हुआ जिसमें कांग्रेस ने अपने किसी भी प्रतिनिधि को नहीं भेजा। कुछेक भारतीय नेता और राजा इस सम्मेलन में शामिल हुए। गोलमेज सम्मेलन के तहत् एक निर्णय पर पहुंचा गया तथा लगातार हुई चर्चा ने गवर्नमेंट ऑफ इंडिया एक्ट 1935 के प्रवर्तन का मार्ग प्रशस्त किया।

इस अधिनियम ने अखिल भारतीय परिसंघ बनाने, केन्द्र में दोहरी शासन व्यवस्था स्थापित करने, संघीय अदालत स्थापित करने और प्रांतीय विधानमंडलों को स्वायत्तता दिए जाने का प्रस्ताव किया। इस अधिनियम ने भारत को प्रांतीय स्वायत्तता दिए जाने के संदर्भ में कोई चर्चा नहीं की जो पूर्ण स्वराज से कहीं कमतर स्थिति थी। मतदान का अधिकार केवल 14 प्रतिशत जनसंख्या को प्रदान किया गया।

कांग्रेस ने इस अधिनियम को ठुकरा दिया, परंतु उसने 1937 के प्रांतीय विधान सभाओं के चुनाव में भाग लेने का निर्णय किया। अंग्रेजों द्वारा चालाकी से साम्प्रदायिक और पूर्ववर्ती सरकार समूहों को समर्थन दिए जाने के बावजूद कांग्रेस ने भारी सफलता अर्जित की। उसने 6 प्रांतों में पूर्ण बहुमत प्राप्त किया और तीन पार्टियों के बीच सबसे बड़ी पार्टी के रूप में सामने आई। सभी सीटों पर प्रतिनिधित्व का दावा करने वाली मुस्लिम लीग मुसलमानों के लिए आरक्षित सीटों में से भी केवल एक-तिहाई सीट प्राप्त कर सकी। कांग्रेस ने 11 प्रांतों में से 9 में मंत्रालयों का गठन किया। इन मंत्रालयों ने शिक्षा, आर्थिक सुधारों तथा प्रेस और राजनीतिक गतिविधियों पर से प्रतिबंध उठाने की दिशा में महत्त्वपूर्ण कार्य किया।

भारत छोड़ो आंदोलन

8 अगस्त, 1942 को कांग्रेस ने 'भारत छोड़ो' नामक एक प्रस्ताव पारित किया जिसमें ब्रिटिश सरकार की तुरंत समाप्ति को एक अनिवार्य आवश्यकता बताया गया। साथ ही यह भी कहा गया कि यह स्वतंत्रता और प्रजातंत्र के लिए भी अत्यावश्यक है जिसके लिए संयुक्त राष्ट्र के देश संघर्ष कर रहे हैं।

इस प्रस्ताव में कहा गया कि स्वतंत्र भारत फासीवादी और साम्राज्यवादी ताकतों के विरुद्ध संघर्ष कर रही शक्तियों से हाथ मिला लेगा। महात्मा गांधी ने लोगों को "करो या मरो" का नारा दिया साथ ही उन्हें इस बात के प्रति भी आगाह किया कि यह आंदोलन पूर्णतया अहिंसक होना चाहिए। अगले ही दिन अंग्रेज सरकार ने महात्मा गांधी, जवाहरलाल नेहरू, सरदार पटेल, राजेन्द्र प्रसाद और मौलाना आजाद जैसे अग्रणी नेताओं सहित अनेक नेताओं को गिरफ्तार कर लिया। अपने नेताओं की गिरफ्तारी से हतप्रभ और नेतृत्वविहीन हो गए लोगों ने उन्हें जो कुछ समझ में आया उस तरह से विद्रोह करना आरंभ कर दिया। बार-बार की गोलीबारी और लाठी चार्ज से उत्तेजित होकर कई स्थानों पर जनता ने हिंसक तरीके भी अख्तियार किए। जनसंपत्ति को नुकसान पहुंचाया गया तथा रेल, डाक और टेलीग्राफिक सेवाएं बुरी तरह प्रभावित हुईं। कई स्थानों पर समानांतर सरकारों का गठन किया गया। भारत छोड़ो आंदोलन ब्रिटिश सरकार के खिलाफ एक सर्वप्रिय विद्रोह था। हालांकि सुनिश्चित योजना, अग्रणी नेताओं की गिरफ्तारी, सरकार के उत्पीड़न, मुस्लिम लीग की उदासीनता और द्वितीय विश्वयुद्ध में मित्र शक्तियों के एकजुट हो जाने की वजह से यह आंदोलन विफल हो गया।

वेवेल योजना

क्रिप्स मिशन की असफलता और सभी अग्रणी कांग्रेसी नेताओं की गिरफ्तारी के बाद लगभग 3 वर्षों तक राजनीतिक गतिविधियां ठप्प रहीं। प्रभावशाली नेताओं के जेल चले जाने के बाद कार्यकर्ता काफी हतोत्साहित हो गए और इधर ब्रिटिश सरकार से सहयोग करके मुस्लिम लीग अपने प्रभाव का दायरा बढ़ाने में सफल रही। इसी बीच जेल में बंद गांधीजी ने जिन्ना के साथ संवाद स्थापित कर इस समस्या को सुलझाने का प्रयास किया, पर कोई समझौता नहीं किया जा सका। मई 1944 में स्वास्थ्य संबंधी कारणों के चलते गांधीजी को रिहा कर दिया गया। 1945 में वायसराय वेवेल ने एक योजना की घोषणा की जिसमें वायसराय के अखंड नियंत्रण में केन्द्रीय सरकार में शामिल होने के सिवाय भारत के लिए कोई भी विकल्प नहीं था। भारतीयों को गृह, वित्त और बाह्य मामलों सहित अनेक मंत्रालय दिए जाने की योजना बनाई गई परंतु सर्वोच्च शक्ति के वायसराय में निहित होने की बात भी कही गई। वेवेल की योजना के तहत् कार्यकारी परिषद की 14 प्रस्तावित सीटों में से 6 मुस्लिम लीग को दिए जाने का प्रस्ताव था। हालांकि अलग-अलग कारणों से कांग्रेस और मुस्लिम लीग दोनों ने इस योजना को ठुकरा दिया। अंततः वेवेल ने अपनी योजना को वापस ले लिया।

आजाद हिंद फौज

एक भारतीय क्रांतिकारी रासबिहारी बोस ने आजाद हिंद फौज या भारतीय राष्ट्रीय सेना का गठन किया। उन्होंने ब्रिटिश सेना में शामिल ऐसे हजारों भारतीय सिपाहियों को इसमें शामिल किया जो दक्षिण-पूर्व एशिया पर विजय प्राप्त करते समय जापान द्वारा गिरफ्तार कर लिए गए थे। सुभाषचंद्र बोस जो हिटलर से बातचीत करने जर्मनी गए थे, भारतीय स्वतंत्रता लीग का नेतृत्व करने तथा आजाद हिन्द फौज का पुनर्गठन करने के लिए 1943 में सिंगापुर आ गए। 21 अक्टूबर, 1943 को नेताजी अथवा सुभाषचंद्र बोस ने स्वतंत्र भारत की प्रांतीय सरकार का गठन करने का दावा किया। उत्तर-पूर्वी भारत की ओर से ब्रिटिश सेना पर हमला करने के लिए उन्होंने आई.एन.ए. का नेतृत्व किया। उन्होंने "दिल्ली चलो" और "जयहिन्द" का नारा दिया। हालांकि आई.एन.ए. कुछ आगे बढ़ने में कामयाब हुई, परंतु जापान की मित्र देशों के हाथों चौतरफा पराजय की वजह से उसके अभियान को धक्का लगा। इसके अलावा आई.एन.ए. को भारतीय राष्ट्रवादियों का भी सहयोग नहीं मिला जो मानते थे कि जापान की सरकार भारत की मित्र नहीं हो सकती। हालांकि नेताजी की मृत्यु अब भी संदिग्ध है पर यह कहा गया कि 1945 में एक विमान दुर्घटना में उनकी मृत्यु हो गई।

कैबिनेट आयोग

द्वितीय विश्वयुद्ध की समाप्ति के बाद ब्रिटेन में आम चुनावों में लेबर पार्टी ने सफलता प्राप्त की। 1946 में ब्रिटिश सरकार ने इच्छा जताई कि वह भारत से अपने शासन को समाप्त कर देना चाहती है। उसने कहा कि भविष्य के संविधान की रूपरेखा

निर्धारित करने की जिम्मेदारी स्वयं भारत की होनी चाहिए और बहुसंख्यकों के फैसले में अल्पसंख्यकों को दखल देने का अधिकार नहीं होना चाहिए। शक्तियों के अंतरण के संदर्भ में भारतीय नेताओं से विचार-विमर्श करने के लिए कैबिनेट आयोग को भारत भेजा गया। उसने एक अंतरिम सरकार के गठन का प्रस्ताव किया, साथ ही संविधान सभा का आयोजन करने का भी जिसमें प्रांतीय विधानसभाओं के लिए चुने गए प्रतिनिधियों और भारतीय राज्यों के नियमों के अनुसार नामित व्यक्तियों को सम्मिलित किया जाना था। 2 सितम्बर, 1946 को जवाहरलाल नेहरू ने अंतरिम सरकार का गठन किया। संविधान सभा की बैठक 9 दिसम्बर, 1946 को हुई, परंतु मुस्लिम लीग ने इसका बहिष्कार किया। उसने एक पृथक् राष्ट्र पाकिस्तान की मांग की। ब्रिटिश सरकार ने घोषणा की कि वह जून 1948 से पहले-पहले भारतीय हाथों में शक्तियों का अंतरण कर देगी। इस अधिकार को हस्तगत किए जाने की कार्रवाई की निगरानी करने हेतु मार्च 1947 में लार्ड माउंटबैटन को वायसराय बनाकर भारत भेजा गया। उसने भारत को भारत और पाकिस्तान के बीच विभाजित करने की योजना रखी। उसके प्रस्ताव देशभर में हो रहे सांप्रदायिक दंगों की आलोक में आए थे। विभाजन की घोषणा के बाद दंगे और तीव्र हो गए; खासकर पंजाब में इसने भीषण रूप धारण कर लिया। दंगों में हजारों लोग मारे गए और लाखों लोग बेघर हो गए।

कांग्रेस जिसने संयुक्त भारत के लिए संघर्ष किया था, अंततः इस विभाजन के लिए तैयार हो गई क्योंकि उसने महसूस किया कि स्वतंत्रता प्राप्त करने और स्थिति को और बिगड़ जाने से बचाने का यही एकमात्र रास्ता है। अगस्त 1947 को भारत स्वतंत्र हो गया। पश्चिमी पंजाब, पूर्वी बंगाल, सिंध और उत्तर-पश्चिम सीमा प्रांतों को मिलाकर एक पृथक् राष्ट्र पाकिस्तान का गठन किया। स्वतंत्रता अधिनियम के अंतर्गत बंगाल, असम और पंजाब प्रांतों के सीमा का निर्धारण एक आयोग द्वारा किया जाना था। प्रांतीय स्वशासन को प्रांत के लिए कानून पारित करने का पूरा अधिकार होगा और उस पर ब्रिटिश संसद का कोई भी अधिनियम लागू नहीं होगा। जब तक कि नया संविधान नहीं बन जाता तब तक प्रत्येक प्रांतीय शासन का शासन गवर्नमेंट ऑफ इंडिया एक्ट 1935 के तहत् किया जाएगा और प्रथम दृष्टया संविधान सभा विधानमंडल के रूप में कार्य करेगी। भारतीय सैन्य बलों का भारत और पाकिस्तान के बीच में विभाजन किया जाएगा।

वस्तुनिष्ठ प्रश्न

1. निम्नलिखित किस संस्था को भारतीय राष्ट्रीय कांग्रेस का अग्रदूत माना जाता है?
A. इंडियन एसोसिएशन
B. राष्ट्रीय सम्मेलन
C. इंडियन नेशनल यूनियन
D. भारतीय कांग्रेस

2. किसके प्रयासों से ''भारतीय राष्ट्रीय कांग्रेस की स्थापना हुई?
A. दादाभाई नौरोजी B. ए॰ओ॰ ह्यूम
C. डब्ल्यू॰सी॰ बनर्जी D. जार्ज यूल

3. किस उदारवादी महत्वपूर्ण राष्ट्रीय नेता ने कांग्रेस के प्रथम अधिवेशन में भाग नहीं लिया था?
A. सुरेन्द्रनाथ बनर्जी B. दादाभाई नौरोजी
C. फिरोजशाह मेहता D. बदरुदीन तैयबजी

4. लाला लाजपतराय ने कांग्रेस को किसके ''दिमाग की उपज'' बतलाया था?
A. ए॰ओ॰ ह्यूम
B. तत्कालीन भारत सचिव
C. लार्ड डफरिन
D. व्योमेश चन्द्र बनर्जी

5. कांग्रेस की स्थापना के तुरंत बाद इस पर किस गुट का अधिकार हो गया?
A. क्रान्तिकारी B. उग्रवादी
C. उदारवादी D. उपरोक्त कोई नहीं

6. ''ह्यूम स्वतंत्रता के पुजारी थे।'' –यह कथन किसका है?
A. दादाभाई नौरोजी B. लाला लाजपतराय
C. व्योमेश चन्द्र बनर्जी D. लार्ड डफरिन

7. निम्नलिखित किस राष्ट्रीय नेता को उदारवादी नहीं माना जाता है?
A. सुरेन्द्रनाथ बनर्जी
B. लाला लाजपत राय
C. महादेव गोविन्द रानाडे
D. फिरोजशाह मेहता

8. निम्नांकित में किसकी जाँच हेतु सरकार ने "वैलबाई आयोग" की स्थापना की?
A. सैन्य खर्चों में वृद्धि
B. सरकार द्वारा भारतीय व्यय की समीक्षा
C. भारत सचिव को किस मद से वेतन दी जाए
D. उपरोक्त कोई नहीं

9. "कांग्रेस अपने पतन के कगार पर खड़ी है और भारत में रहते हुए मेरी एक प्रबल अभिलाषा है इसके शान्तिपूर्ण अन्त में सहयोग करना।" –यह कथन किसका है?
A. लार्ड डफरिन
B. लार्ड कर्जन
C. सर सैय्यद अहमद खाँ
D. मुहम्मद अली जिन्ना

10. किस अन्तर्राष्ट्रीय घटना ने भारत में उग्रवादी विचार को पनपने में मदद किया?
A. जापान द्वारा रूस को जीतना
B. इथोपिया द्वारा इटली को जीतना
C. आयरलैंड, रूस, मिस्र, तुर्की तथा चीन की घटनाएँ
D. उपरोक्त सभी

11. स्वराज्य, स्वदेशी तथा बहिष्कार का नारा देने वाला प्रथम राष्ट्रवादी नेता था–
A. अश्विनी कुमार दत्त
B. बाल गंगाधर तिलक
C. गोपालकृष्ण गोखले
D. दादाभाई नौरोजी

12. किसके सुझाव पर बंगाल में विभाजन दिवस को "राखी बन्धन दिवस" के रूप में मनाया गया?
A. रवीन्द्रनाथ टैगोर B. बाल गंगाधर तिलक
C. दादा भाई नौरोजी D. सुरेन्द्र नाथ बनर्जी

13. मुस्लिम लीग ने अपने किस अधिवेशन में पृथक निर्वाचन मंडल की माँग की?
A. कराँची B. लाहौर
C. अमृतसर D. दिल्ली

14. मार्ले-मिण्टो सुधार (1909 ई॰) का वास्तविक उद्देश्य क्या था?
A. भारत में एक उत्तरदायी सरकार की स्थापना की दिशा में प्रयास
B. कांग्रेस के उदारवादी गुट को संतुष्ट करना
C. भारत में साम्प्रदायिकता को उभारना
D. क्रांतिकारी आन्दोलन को समाप्त करना

15. दिल्ली को अंतिम रूप से भारत की राजधानी कब बनाया गया?
A. 1912 ई॰ B. 1911 ई॰
C. 1913 ई॰ D. 1915 ई॰

16. गवर्नर जनरल हार्डिंग पर बम फेंकने की योजना का सूत्रधार कौन था?
A. भाई परमानन्द B. प्रफुल्ल चाकी
C. रासबिहारी बोस D. सचीन्द्र सान्याल

17. "युगान्तर" का सम्पादक कौन था?
A. वारीन्द्र कुमार घोष
B. भूपेन्द्र नाथ दत्त
C. ब्रह्म बांधव उपाध्याय
D. उपरोक्त A और B दोनों

18. अलीपुर षड्यंत्र केस के सरकारी गवाह नरेन्द्र गोसाईं की हत्या किसने की?
A. कन्हाई लाल दत्त
B. सत्येन्द्र बोस
C. वारीन्द्र घोष
D. उपरोक्त A और B दोनों

19. लंदन में "इंडिया होमरूल सोसायटी" की स्थापना किसके द्वारा हुई?
A. वी॰डी॰ सावरकर B. श्यामजी कृष्ण वर्मा
C. लाला हरदयाल D. मदन लाल धींगरा

20. "होम रूल लीग" आन्दोलन की प्रेरणा कहाँ से ली गयी?
A. फ्रांस B. जापान
C. इथोपिया D. आयरलैंड

21. गाँधीजी को "सत्याग्रह" की प्रेरणा निम्नांकित किस पुस्तक से मिली?
A. अनटू हिज लास्ट
B. सिविल डिसओबिडिएंस
C. इंडियन ओपिनियन
D. उपरोक्त कोई नहीं

22. गाँधीजी को "महात्मा" कहकर सर्वप्रथम किसने सम्बोधित किया?
A. दादाभाई नौरोजी B. बाल गंगाधर तिलक
C. रवीन्द्रनाथ टैगोर D. सुभाषचन्द्र बोस

23. जालियाँवाला बाग हत्याकांड के विरोध में "नाइटहुड" की उपाधि किसने वापस कर दी?
A. महात्मा गाँधी B. शंकरन नायर
C. तेज बहादुर सप्रू D. रवीन्द्रनाथ टैगोर

24. "असहयोग" का प्रस्ताव गाँधीजी द्वारा सर्वप्रथम कांग्रेस के किस विशेष अधिवेशन में लाया गया?
A. कलकत्ता (1920) B. नागपुर (1919)
C. बारदोली (1920) D. बम्बई (1919)

25. मार्च, 1923 में स्वराज्य पार्टी की स्थापना कहाँ पर हुई?
A. दिल्ली B. बम्बई
C. इलाहाबाद D. लखनऊ

उत्तरमाला

1	2	3	4	5	6	7	8	9	10
C	B	A	C	C	B	B	B	B	D
11	**12**	**13**	**14**	**15**	**16**	**17**	**18**	**19**	**20**
B	A	C	C	A	C	D	D	B	D
21	**22**	**23**	**24**	**25**					
B	C	D	A	C					

स्वतंत्रता के बाद भारत

शरणार्थियों का पुनर्वास

भारत का दो राष्ट्रों में विभाजन से अनेक तात्कालिक समस्या उत्पन्न हुई। इन सभी समस्याओं में महत्वपूर्ण समस्या थी–विभाजन के साथ भड़कने वाली हिंसा, अपना सबकुछ लुटा कर भारत आए करीब साठ लाख शरणार्थियों की देखभाल और पुनर्वास, सांप्रदायिकता की महामारी का प्रसार और सांप्रदायिक दंगों, शरणार्थियों और कश्मीर को लेकर भारत तथा पाकिस्तान के बीच अमैत्रीपूर्ण संबंध।

विभाजन के दिनों में दोनों देशों के मध्य शरणार्थियों का आवागमन बहुत बड़े पैमाने पर हुआ। पाकिस्तान से भारत में आए 60 लाख शरणार्थियों के पुनर्वास तथा राहत के लिए, जिनका सब कुछ वहीं लुट चुका था, सरकार को अपने ऊपर काफी दबाव का सामना करना पड़ा। पूर्वी बंगाल से आने वाले शरणार्थियों के पुनर्वास की समस्या इसलिए ज्यादा गंभीर थी क्योंकि वहाँ से हिन्दुओं का आना कई वर्षों तक चलता रहा। पश्चिमी पाकिस्तान से आने वाले सभी हिन्दू और सिक्ख एक ही झटके में 1947 में भागकर भारत आ गए। वहीं पूर्वी बंगाल से 1971 तक शरणार्थियों का धीमी रफ्तार से आगमन जारी रहा। इस आवागमन के फलस्वरूप जहाँ भारत आने वाले शरणार्थी 500 करोड़ रुपये की संपत्ति पश्चिमी पाकिस्तान में छोड़ आए थे, वहीं पश्चिमी पाकिस्तान जाने वाले शरणार्थी 100 करोड़ रुपये के लगभग संपत्ति भारत में छोड़ गए थे। भारत आए शरणार्थियों को रहने की जगह की व्यवस्था करना, काम मुहैया कराना और मानसिक सुरक्षा देना एक कठिन एवं दीर्घकालीन काम था।

1950 में लियाकत-नेहरू अनुबन्ध हुआ जिसमें यह बात निहित थी कि पाकिस्तान में रह रहे हिन्दुओं की व भारत में रह रहे मुस्लिमों की अर्थात् अल्पमतों की देखभाल व सुरक्षा दोनों ही देश अपना नैतिक उत्तरदायित्व मानें और दोनों ही देश इन अल्पसंख्यक नागरिकों के साथ समानता का व्यवहार करें एवं उन्हें बहुमत के समान ही मौलिक अधिकार प्रदान करें। परन्तु यह समझौता वास्तविक रूप में लागू न हो सका।

पश्चिमी पंजाब (पाकिस्तान) से आए ढेरों शरणार्थियों को पंजाब, उत्तर प्रदेश, उत्तरांचल (उत्तराखण्ड), हिमाचल प्रदेश, राजस्थान, दिल्ली, हरियाणा इत्यादि राज्यों में बसाया गया वहीं पूर्वी बंगाल से आए शरणार्थियों को सिर्फ पश्चिमी बंगाल या कुछ हद तक आसाम और त्रिपुरा में बसाया गया।

भारतीय रियासतों का विलय

सरदार वल्लभभाई पटेल ने 5 जुलाई, 1947 को भारत सरकार द्वारा कायम किए गए भारतीय रियासतों की देश भक्ति को ललकारते हुए उनसे अनुरोध किया कि वे भारतीय संघ में रक्षा, वैदेशिक मामले एवं संचार व्यवस्था को भारत के अधीनस्थ बनाकर, इसमें सम्मिलित हो जाएं। 15 अगस्त, 1947 तक 136 रियासतें भारत में सम्मिलित हो गईं। कश्मीर ने विलय पत्रों पर 26 अक्टूबर, 1947 को तथा जूनागढ़ एवं हैदराबाद ने 1948 में हस्ताक्षर किए। छोटी-छोटी रियासतें केन्द्र से प्रशासित किसी इकाई या पड़ोस के प्रांतीय प्रशासन में मिला दी गईं। पूर्वी रियासतें उड़ीसा प्रांत और मध्य प्रदेश में मिला दी गईं तथा दक्कन एवं गुजरात की रियासतें बम्बई प्रशासन में मिला दी गई है। एक अन्य प्रक्रिया द्वारा कुछ रियासतों को मिला कर बृहत्तर प्रशासनिक संघ बनाया गया। इस प्रकार काठियावाड़ का संयुक्त राज्य, मत्स्य का संयुक्त राज्य, राजस्थान का संयुक्त राज्य, विंध्य प्रदेश का संयुक्त राज्य तथा पटियाला एण्ड ईस्ट पंजाब स्टेट्स यूनियन (पेप्सू) अर्थात् पटियाला एवं पूर्व पंजाब राज्य संघ के प्रशासन के अधीन हिमाचल प्रदेश आदि का निर्माण हुआ।

इस प्रकार अथक प्रयासों के बाद रियासतों का एकीकरण एवं विलय संभव हो सका। कालांतर में राज्य पुनर्गठन अधिनियम (1956) के द्वारा भाषाई आधार पर प्रांतों का पुनर्गठन किया गया। इस अधिनियम के अनुसार 14 राज्य एवं 6 केंद्र शासित प्रदेश बनाए गए। संप्रति भारत में 28 राज्य एवं 7 केन्द्र शासित प्रदेश हैं।

कश्मीर विवाद की जटिलता

जम्मू-कश्मीर राज्य का 1947 में भारत के साथ विलय हो जाने के पश्चात् भी यह विवादास्पद बना हुआ है। युद्ध-विराम रेखा की स्थापना हो जाने के पश्चात् जो भाग पाकिस्तान के पास चला गया है उसको वह छोड़ने को तैयार नहीं है। अपितु सदैव अन्य भागों पर अधिकार जमाने की चेष्टा में रहता है। इस विवाद को सुलझाने के लिए संयुक्त राष्ट्र संघ में अनेक बार विचार-विमर्श हुआ, किंतु सफलता नहीं मिली। इस क्षेत्र में गतिरोध का एक प्रमुख कारण विदेशी शक्तियों का एकपक्षीय झुकाव है। पाकिस्तान के समर्थक देश यह नहीं चाहते कि इस समस्या का समाधान हो। अतः उसकी जटिलता में वृद्धि होती रहती है।

युद्ध-विराम रेखा की स्थापना के पश्चात् भी इस क्षेत्र में शांति नहीं रही, अपितु अनेक बार इस रेखा का उल्लंघन किया गया। पाकिस्तान सदैव इस क्षेत्र में अशांति बनाए रखने का प्रयत्न करता रहा है। यही नहीं, अपितु दो बार इस क्षेत्र में युद्ध हो चुका है। प्रथम, 1965 में जबकि पाकिस्तान सेना ने छद्म वेश में प्रवेश कर छम्ब, कारगिल, ऊरी आदि क्षेत्रों पर आक्रमण किया। इसका भारतीय सेना ने पूर्ण प्रतिरोध कर अनेक सामरिक महत्व के स्थानों जैसे हाजीपीर दर्रे आदि पर अधिकार कर लिया। 23 सितंबर, 1965 को संयुक्त राष्ट संघ द्वारा सुझाए गए युद्ध-विराम को स्वीकार कर लिया गया। युद्ध समाप्त होने के पश्चात् 10 जनवरी, 1966 को 'ताशकंद समझौता' संपन्न हुआ, जिसके द्वारा दोनों देश युद्ध-स्थिति से पूर्व स्थिति में आ गए।

द्वितीय पाकिस्तानी आक्रमण 3 दिसंबर, 1971 को हवाई आक्रमण के रूप में किया गया। यह संपूर्ण पश्चिमी सीमावर्ती क्षेत्रों पर था। कश्मीर के श्रीनगर, जम्मू, अवंतीपुर, पठानकोट आदि स्थानों पर हवाई आक्रमण किया गया। साथ ही सैनिकों ने छम्ब क्षेत्र पर अत्यधिक शक्तिशाली हमला किया। भारतीय वायुसेना एवं स्थलीय सेना ने सभी आक्रमणों को विफल कर दिया। 16 दिसंबर, 1971 को युद्ध-विराम के पश्चात् जम्मू कश्मीर क्षेत्र में लगभग 765 वर्ग किमी. क्षेत्र में भारत ने तथा लगभग 83 वर्ग किमी क्षेत्र पर पाकिस्तान ने अधिकार कर लिया। 'शिमला समझौता' द्वारा संपूर्ण पश्चिमी सीमा पर सेनाओं को पुनः युद्ध-पूर्व स्थिति में लाने का समझौता हुआ, किंतु जम्मू-कश्मीर में 17 दिसंबर, 1971 की युद्ध-विराम स्थिति को स्वीकार किया गया।

स्पष्ट है, कश्मीर विवाद अत्यधिक जटिल समस्या है जिसका सहज हल संभव नहीं। विवाद के प्रारंभ से अनेक विकल्प प्रस्तुत किए गए, जैसे जनमत-संग्रह, स्वतंत्र कश्मीर, युद्ध-विराम रेखा के सहारे विभाजन या हिन्दू जम्मू तथा बौद्ध लद्दाख भारत को, गिलगित वालटिस्तान पाकिस्तान को तथा पुंछ और कश्मीर घाटी में जनमत संग्रह द्वारा निर्धारण आदि। वास्तव में यह सभी सुझाव एकांगी हैं। कश्मीर की स्वायत्तता से इस क्षेत्र में 'शक्ति शून्यता' आ जाएगा। इसका स्वतंत्र अस्तित्व चीन जैसे विस्तारवादी देश के सम्मुख क्षणिक होगा। वास्तविकता यह है कि कश्मीर भारत का अभिन्न अंग है। भारत सरकार इस क्षेत्र के विकास में अत्यधिक प्रयत्न कर रही है। यहाँ के निवासी भी यह भली प्रकार समझते हैं कि उनका हित भारत के साथ है। यह समस्या मात्र विदेशी राष्ट्रों द्वारा अपने स्वार्थ सिद्ध करने के लिए उलझा दी गई है। धर्म के नाम पर पाकिस्तान अपने देश को ही संयुक्त नहीं रख सका। अतः धर्म की दुहाई इस संबंध में व्यर्थ है। अंत में यही कहा जा सकता है कि यद्यपि यह क्षेत्र एक समस्या बना हुआ है, किंतु वास्तविकता के आधार पर यह भारत का अभिन्न अंग है।

भारतीय संविधान का निर्माण

जुलाई 1945 में इंग्लैंड में नई लेबर सरकार सत्ता में आई तथा लार्ड वेवेल ने भारत के संबंध में सरकार की नीति की घोषणा की तथा यथाशीघ्र संविधान निर्माण-निकाय का गठन करने के लिए सरकार के इरादे की पुष्टि की।

1946 में कैबिनेट मिशन ने संविधान के लिए एक बुनियादी ढाँचे का प्रारूप पेश किया तथा संविधान-निर्माण-निकाय द्वारा अपनाई जाने वाली प्रक्रिया का कुछ विस्तार के साथ निर्धारण किया। ब्रिटिश भारत के प्रांतों को आवंटित 296 स्थानों के लिए चुनाव जुलाई-अगस्त, 1946 तक पूरे कर लिए गए। कांग्रेस को 208 स्थानों पर और मुस्लिम लीग को 73 स्थानों पर विजय प्राप्त हुई। संविधान-निर्माण-निकाय की सदस्य संख्या 385 निर्धारित की गई थी। जिनमें से 292 प्रतिनिधि ब्रिटिश भारत के 11 प्रांतों से तथा 93 प्रतिनिधि भारतीय रियासतों के लिए जाने थे।

14-15 अगस्त, 1947 को देश के विभाजन तथा उसकी स्वतंत्रता के साथ ही, भारत की संविधान सभा, केबिनेट मिशन योजना के बंधनों से मुक्त हो गई और एक पूर्णतया प्रभुतासंपन्न निकाय देश में ब्रिटिश संसद के पूर्ण प्राधिकार तथा उसकी सत्ता की पूर्ण उत्तराधिकारी बन गई। 15 अगस्त, 1947 तक अधिकांश रियासतों के प्रतिनिधि संविधान सभा में आ गए और शेष रियासतों ने भी यथासमय अपने प्रतिनिधि भेज दिए। इस प्रकार संविधान सभा भारत में सभी रियासतों तथा प्रांतों के प्रतिनिधि तथा किसी भी बाहरी शक्ति के आधिपत्य से मुक्त पूर्ण प्रभुत्वसंपन्न निकाय बन गई। संविधान सभा भारत में लागू ब्रिटिश संसद द्वारा बनाए गए किसी भी कानून को, यहाँ तक कि भारतीय स्वतंत्रता ऐक्ट को भी रद्द कर सकती थी या परिवर्तित कर सकती थी।

संविधान सभा का विधिवत् उद्घाटन नियत दिन सोमवार 9 दिसम्बर, 1946 को प्रातः ग्यारह बजे हुआ। नेहरू जी ने 13 दिसम्बर, 1946 को ऐतिहासिक 'उद्देश्य प्रस्ताव' पेश किया। उद्देश्य प्रस्ताव के प्रारूप में भारत के भावी प्रभुत्वसंपन्न लोकतांत्रिक गणराज्य की रूपरेखा दी गई थी। इस प्रस्ताव में संविधान सभा को इसके मार्गदर्शन सिद्धांत तथा दर्शन दिए जिनके आधार पर उसे संविधान का निर्माण करना था। अंततः 22 फरवरी, 1947 को संविधान सभा ने इस प्रस्ताव को स्वीकार कर लिया।

आर्थिक नीतियाँ एवं योजना प्रक्रिया

भारत की आजादी के समय भारत के सामने गरीबी, बेरोजगारी, अल्प-रोजगार, अशिक्षित और अकुशल श्रम, गतिहीन कृषि, अर्ध सामंती संबंध, उद्योगों का अल्प-विकास और अपर्याप्त आधारभूत संरचना जैसी समस्याएँ थीं। इन समस्याओं के निवारण के लिए संगठित और वृहत प्रयासों की आवश्यकता थी। उस काल के श्रमिक आर्थिक विचारों पर सोवियत संघ की सफलताओं का विशेष प्रभाव था। भारतीय स्वतंत्रता आंदोलन में भी उत्तरोत्तर समाजवादी समाज की स्थापना के उद्देश्य को सामने रखा गया था। भारत के प्रथम प्रधानमंत्री पंडित जवाहरलाल नेहरू सहित देश के प्रथम श्रेणी के सभी नेता 1917 के बाद से सोवियत संघ के संगठित व तीव्र विकास से प्रभावित थे। 1929 की विश्वव्यापी मंदी से सोवियत अर्थव्यवस्था के अप्रभावित रहने से उनकी धारणा और भी पुष्ट हुई। यही कारण था कि स्वतंत्र भारत की अर्थव्यवस्था के विकास के लिए आयोजन को आवश्यक माना गया। इन नेताओं का विचार था कि योजना

के माध्यम से निम्न उद्देश्य की पूर्ति की जा सकेगी–

- सभी के लिए समान अवसर,
- गरीबी का उन्मूलन,
- आय और संपत्ति की असमानताओं में कमी,
- मिश्रित अर्थव्यवस्था,
- एकाधिकारिक प्रवृत्तियों और आर्थिक शक्ति के संकेन्द्रण को रोकना एवं
- आर्थिक निर्णयों का आधार निजी लाभ न होकर सामाजिक लाभ होना।

विदेश नीति संबंधी पहल

द्वितीय विश्वयुद्ध के बाद संसार के राज्यों की अन्योन्याश्रित स्थिति तथा तत्संबंधित व्यवस्था के संदर्भ में भारत की विदेश नीति का एक विशिष्ट स्वरूप उभर कर सामने आया। जिस समय भारत स्वतंत्र हुआ, उस समय ''एक विश्व'' की भावना साकार रूप ले चुकी थी। नाभिकीय प्रौद्योगिकी, इलेक्ट्रॉनिक व अंतरिक्ष तथा संचार व्यवस्था की नई प्रगति से क्रांतिकारी परिवर्तन हुए थे। उसी समय 1946 में उपनिवेशीकरण के विघटित होने की प्रक्रिया प्रारंभ हो गई थी। भारत की भाँति सभी नवोदित राष्ट्रों के समक्ष सबसे बड़ी चुनौती यह थी कि वे अपनी सामाजिक-आर्थिक व्यवस्था में व्यापक क्रांतिकारी एवं आमूल परिवर्तन कम-से-कम समय में कर सकें। भारतीय राजनयिकों ने विदेश नीति के तीनों मूलभूत आधार राष्ट्रीय हित, क्षेत्रीय अनिवार्यताएँ एवं विश्व की समस्याएँ, को ध्यान में रखकर विदेश नीति के आधारभूत लक्ष्य निर्धारित किए। ये आधारभूत लक्ष्य निम्न हैं–

1. राष्ट्र का आर्थिक विकास और राजनीतिक स्थिरता, जिससे देश की एकता तथा सामाजिक आर्थिक विकास सुनिश्चित किया जा सके।
2. राष्ट्रीय सुरक्षा, जिससे कि देश की स्वतंत्रता तथा प्रादेशिक अखंडता पर आक्रमण के खतरे को रोका जा सके।
3. आत्मनिर्भरता तथा स्वपोषित औद्योगीकरण जिससे आर्थिक स्वतंत्रता की रक्षा और प्रोत्साहन सुनिश्चित किया जा सके।
4. परस्पर लाभ के लिये दक्षिण एशियाई क्षेत्र में मैत्री, सद्भाव और सहयोग को बढ़ावा दिया जाना।
5. दक्षिण एशियाई क्षेत्रों में आंतरिक मामलों में बड़ी शक्तियों के हस्तक्षेप को रोकना।
6. हिन्द महासागर को शांति क्षेत्र बनाने के प्रयास की संभावना को बढ़ाना और भारत के निकटस्थ समुद्री क्षेत्रों को महाशक्तियों के नौ सैनिक टकराव की स्थिति से बचाने का प्रयास करना।
7. राष्ट्रीय स्वतंत्रता के लिए मुक्ति आंदोलनों व लोकतांत्रिक संघर्षों तथा आत्म-निर्णय के अधिकारों के लिए संघर्षों का समर्थन करना।
8. साम्राज्यवाद तथा उपनिवेशवाद, नस्लवाद, जातीय पृथकतावाद, निरंकुशतावाद और सैन्यवाद का विरोध करना।

वस्तुनिष्ठ प्रश्न

1. लियाकत-नेहरू अनुबंध किस वर्ष हुआ?
A. 1950 B. 1951
C. 1949 D. 1948

2. भाषायी आधार पर राज्यों के पुनर्गठन संबंधी अधिनियम किस वर्ष पारित हुआ?
A. 1951 B. 1952
C. 1954 D. 1956

3. भारत और पाकिस्तान के बीच ताशकंद समझौता किस वर्ष हुआ?
A. 10 मार्च, 1965 B. 10 जनवरी, 1966
C. 21 अप्रैल, 1962 D. 30 अगस्त, 1963

4. भारत में पंचवर्षीय योजना के लागू किए जाने का मुख्य उद्देश्य था–
A. सभी के लिए समान अवसर उपलब्ध कराना
B. गरीबी का उन्मूलन
C. एकाधिकारवादी प्रवृत्तियों को रोकना
D. उपरोक्त सभी

5. देशी रियासतों के भारतीय संघ में विलय में निम्न में से किसने प्रमुख भूमिका निभाई?
A. सरदार पटेल B. वी.पी. मेनन
C. जवाहर लाल नेहरू D. A एवं B दोनों

6. स्वतंत्रता के तुरंत बाद भारत को किस प्रमुख समस्या का सामना करना पड़ा?
A. आर्थिक अस्थिरता
B. गरीबी
C. खाद्यान्न की कमी
D. उपरोक्त सभी

7. गुट निरपेक्ष आंदोलन का पहला अधिवेशन किस वर्ष हुआ?
A. 1948 B. 1961
C. 1960 D. 1971

8. पीएल-480 निम्न में से किन देशों के समूह से संबंधित है?
A. भारत-फ्रांस B. भारत-अमेरिका
C. भारत-रूस D. भारत-रूस-चीन

उत्तरमाला

1	2	3	4	5	6	7	8
A	D	B	D	D	D	B	B

SECTION **b**

भूगोल

भूगोल : सामाजिक अध्ययन एवं विज्ञान के रूप में

भूगोल एक प्रगतिशील विज्ञान है जिसका अध्ययन पृथ्वी की उत्पत्ति के साथ ही प्रारम्भ हो गया था। लेकिन इसकी परिभाषाओं में फेर-बदल होते रहे हैं।

प्रारम्भ में भूगोल का शाब्दिक अर्थ "गोल पृथ्वी" माना जाता था। अंग्रेजी शब्द Geography दो यूनानी शब्दों (Geo + Graphy) से मिलकर बना है। इसमें "Geo" का अर्थ है पृथ्वी और "Graphy" का अर्थ है लिखना या वर्णन करना अर्थात् Geography शब्द का शाब्दिक अर्थ हुआ—पृथ्वी का वर्णन। प्राचीन काल में यूनान और रोम के अनेक विद्वानों ने महत्त्वपूर्ण भौगोलिक वर्णन प्रस्तुत किए। **इरेटोस्थनीज** ने सबसे पहले ज्योग्राफ्रिका अर्थात् 'भूगोल' शब्द का प्रयोग किया था। इसी वजह से इन्हें भूगोल का जन्मदाता माना जाता है। विगत कुछ वर्षों में भूगोल का स्वरूप बदला है तथा इसकी विषय-वस्तु में विस्तार हुआ है। स्ट्रैबो नामक भूगोलवेत्ता ने भूगोल को एक स्वतन्त्र विषय माना था जिसका उद्देश्य लोगों को इस विश्व के स्थल, महासागर, जीव-जन्तुओं, वनस्पतियों तथा पृथ्वी पर देखी जाने वाली प्रत्येक अन्य वस्तु का ज्ञान प्राप्त कराना था। **टॉलमी** के शब्दों में "भूगोल वह आभामय विज्ञान है जो पृथ्वी की झलक स्वर्ग में देखता है।" **हिप्पोक्रेट्स** ने मनुष्य पर पर्यावरण के प्रभाव का वर्णन किया था जबकि **अरिस्टोटल** ने अपनी प्रसिद्ध पुस्तक "पॉलिटिक्स" में राज्य के गठन पर भौगोलिक कारकों के प्रभावों को स्पष्ट किया है। **इमैन्युएल काण्ट** के अनुसार, "भूगोल भूतल का अध्ययन है। यह भूतल के भिन्न-भिन्न भागों में पाई जाने वाली भिन्नता की पृष्ठभूमि में की गई व्याख्या है।"

जर्मन भूगोलवेत्ता ए.वी. हम्बोल्ट तथा कार्ल रिटर ने अपने रिवाजों और विधियों के द्वारा भूगोल के लिए पथ-प्रदर्शक का काम किया है। **हम्बोल्ट** के अनुसार, "भूगोल प्रकृति के अध्ययन से सम्बन्धित विज्ञान है।" जबकि **कार्ल रिटर** के शब्दों में, "भूगोल, विज्ञान का वह भाग है जिसमें भूमण्डल के सभी लक्षणों, घटनाओं और उनके सम्बन्धों का, पृथ्वी को स्वतन्त्र रूप से मानते हुए वर्णन किया जाता है।" आधुनिक भूगोलवेत्ता **पीटर हेगेट** के अनुसार, "भूगोलवेत्ता का सम्बन्ध संरचना तथा पारस्परिक क्रियाओं से होता है जो पृथ्वी तल पर मानव वातावरण के पारिस्थितिक तंत्र (Ecological system) और प्रदेशों (Regions) के स्थानिक तंत्र (Spatial system) की संरचनाओं (Structures) का और पारस्परिक क्रियाओं (Interactions) का अध्ययन करता है।"

आर्थर होम्स (Arthur Homes) के अनुसार, "भूगोल में पृथ्वी के उस भाग का अध्ययन किया जाता है जो मानव के रहने का स्थान है।" **ओ.एच.के. स्पेट** (O.H.K. Spat) के अनुसार, "आधुनिक भूगोल मानव के भौतिक, प्राणि, जैविक तथा सांस्कृतिक पर्यावरण की ओर हमारा ध्यानाकर्षण कराता है। जर्मन भूगोलवेत्ताओं के अनुसार, "भूगोल वह विज्ञान है जो पृथ्वी के विभिन्न प्रदेशों (Landschaft) का अध्ययन करता है।" इंग्लैण्ड के भूगोलवेत्ताओं के अनुसार, भूगोल में भूमि (Land) तथा मानव (Human) की विभिन्न क्रियाओं और उनके पारस्परिक सम्बन्धों का अध्ययन किया जाता है। रूसी भूगोलवेत्ताओं ने भूगोल की पृथ्वी तल के विभिन्न क्षेत्रों में प्राकृतिक और मानवीय तथ्यों की पारस्परिक क्रियाओं द्वारा निर्मित सम्मिश्र समाकल प्रदेशों (Complex Integral Regions) का अध्ययन बताया है।

भूगोल के विकास के विभिन्न कालक्रम

(अ) चिरसम्मत काल (300 ई.पू.—300 ई.)

विभिन्न विद्वान	कथन, खोज
(i) पाइथागोरस : (यूनानी दार्शनिक व गणितज्ञ)	● पृथ्वी का आकार गोलाभ है। ● यह अपने ग्रहों के साथ केन्द्रीय अग्नि के चारों ओर घूमती है।

(ii) हेरोडोटस (484-425 ई.पू.)	● इन्हें ''इतिहास का पिता'' कहा जाता था। ● ''हिस्ट्री'' नामक पुस्तक लिखी। ● सर्वप्रथम बताया कि मिस्र नील नदी की देन है। ● सर्वप्रथम **डेल्टा** शब्द का प्रयोग किया था।
(iii) अरस्तू (384-322 ई.पू.)	● सर्वप्रथम ग्रहण के कारणों की व्याख्या की।
(iv) इरेटोस्थनीज (276-194 ई.पू.)	● सर्वप्रथम पृथ्वी की महान रेखा की लम्बाई दोपहर में सूर्य की स्थिति को आधार मानकर नापी थी।
(v) हिपार्कस (190-120 ई.पू.) (महान खगोलज्ञ)	● सर्व प्रथम भौगोलिक अवस्थिति का निर्धारण अक्षांश एवं देशांतर रेखाओं के आधार पर किया।
(vi) टॉलमी (90 - 168 ई.पू.) (महान खगोलशास्त्री व गणितज्ञ)	● ''ज्योग्राफी '' नामक पुस्तक लिखी। ● मानचित्र निर्माण विज्ञान का विकास किया। ● मानचित्र पर अक्षांश एवं देशांतर रेखाओं को दर्शाया।

(ब) क्रिश्चियन काल (300 ई.—400 ई.)

(i) अल-इदरिसी (1099-1154 ई.)	● मध्यकालीन विश्व की महान भौगोलिक पुस्तक लिखीं। ● भौगोलिक सूचनाओं का संग्रहण किया।
(ii) इब्नबतूता (1304-1377 ई.)	● महत्त्वपूर्ण पुस्तक ''यात्राएं'' लिखी।

(स) पुनर्जागरण काल (14वीं — 16वीं शताब्दी)

(i) मार्को पोलो (1254-1324 ई.)	● यह पहला व्यक्ति था जिसने एशिया के उन सभी भागों का वर्णन किया जिससे होकर वह गुजरा।
(ii) नाविक हेनरी (1394-1460 ई.) या पुर्तगाल का राजकुमार	● विश्व की पहली वेधशाला स्थापित की। ● नौकायन हेतु प्रशिक्षण केन्द्र स्थापित किया। ● तटों, भूमियों, समुद्रों आदि को खोजा, मापा व नामकरण किया।

(द) आधुनिक भूगोल

(i) वेरेनियस (1622-1650 ई.)	● Geographic Generatis नामक पुस्तक लिखी। ● सर्व प्रथम भूगोल को सामान्य व विशेष (क्षेत्रीय) नामक दो भागों में बाँटा ।
(ii) इमेन्युएल कान्ट (1724-1804 ई.)	● इनके अनुसार भूगोल की विषय-वस्तु को तीन समूहों में विभाजित किया जा सकता है। ● (*a*) क्रमबद्ध विज्ञान (*b*) ऐतिहासिक विज्ञान (*c*) भौगोलिक विज्ञान।
(iii) अलेक्जेंडर वॉन हम्बोल्ट (1790-1859 ई.)	● चार्ल्स डार्विन ने हम्बोल्ट के विषय में कहा कि, ''वह महान वैज्ञानिक यात्री था जो कभी नहीं मरेगा।'' ● कॉसमॉस की रचना की।
(iv) कार्ल रिटर (1779-1859 ई.) (आधुनिक भूगोल का पिता)	● ''डाई अर्कुण्डे'' (Die Erdkunde) नामक पुस्तक को लिखा, जिसमें उन्होंने भौतिक परिवेश का मानवीय क्रियाकलाप पर प्रभाव बतलाया है।
(v) इल्सवर्थ हटिंग्टन (1876-1947 ई.)	● महत्त्वपूर्ण कार्य है जलवायु का मानव के अनुवंशिकता एवं सभ्यता पर प्रभाव का वर्णन। ये मानव को निष्क्रिय व प्रकृति को क्रियाशील मानते थे।
(vi) वाइ-डल-डी-ला-ब्लाश (1848—1918 ई.)	● संभववाद के समर्थक व पर्यावरणवाद के विरोधी थे। ● इनके अनुसार, मानव एक सक्रिय अभिकर्त्ता होता है।

भूगोल की विविध शाखाएँ

भौतिक भूगोल, भूगोल की दो प्रमुख शाखाओं में से एक है और इसका अध्ययन भूगोल के केन्द्र को प्रदर्शित करता है। पिछले कुछ दशकों में भौतिक भूगोल की परिभाषा, विषय-क्षेत्र, अध्ययन विधि और उद्देश्यों में अधिकाधिक परिवर्तन हुए हैं। शुरू में भौतिक पर्यावरण के क्रमबद्ध अध्ययन को ही भौतिक भूगोल समझा जाता रहा। दूसरे शब्दों में भौतिक पर्यावरण का अध्ययन ही भौतिक भूगोल है जो कि पृथ्वी के धरातलीय उच्चावच (भू-आकृति विज्ञान), सागर तथा महासागरों (समुद्र विज्ञान) तथा वायु (जलवायु विज्ञान) के विवरणों का अध्ययन करता है।

भूगोल की एक प्रमुख शाखा के रूप में भौतिक भूगोल पर्यावरणीय तत्त्वों के स्थानिक प्रतिरूपों (Spatial Patterns) और स्थानिक सम्बन्धों (Spatial Relationships) का प्रादेशिक परिवेश में अध्ययन करता है और भूतल पर इन प्रतिरूपों के प्रादेशिक प्रारूपों के कारणों की व्याख्या भी करता है और साथ ही स्थान और समय तथा परिवेश (In Spatial and Temporal Contexts) में पर्यावरणीय तत्त्वों के परिवर्तनों की व्याख्या तथा उनके कारणों का अध्ययन करता है। भूगोल के उपक्षेत्रों में निम्नलिखित विषयों का अध्ययन सम्मिलित है—भौतिक भूगोल, मानव भूगोल, आर्थिक भूगोल तथा क्रमबद्ध और क्षेत्रीय भूगोल।

भूगोल की मुख्य शाखाएं व उनकी उप-शाखाएं

भौतिक भूगोल	मानव भूगोल	आर्थिक भूगोल
(1) **भू-आकृति विज्ञान**—इसमें पृथ्वी के धरातल पर पाई जाने वाली स्थलाकृतियों का अध्ययन करते हैं।	(1) **सामाजिक भूगोल**—मानव सम्बन्धित सभी पहलुओं व उनका भौतिक, परिवेश से अन्तर्सम्बन्ध इसमें शामिल हैं।	(1) **कृषि भूगोल**—इसमें कृषि कार्यों पर प्राकृतिक तत्त्व के पड़ने वाले प्रभावों का अध्ययन किया जाता है। इसके अन्तर्गत एक नई शाखा **पोषण भूगोल** का विकास हुआ है।
(2) **जलवायु विज्ञान**—इसमें वायुमण्डल व उसमें होने वाले परिवर्तनों आदि का अध्ययन किया जाता है।	(2) **जनसंख्या भूगोल**—इसमें जनसंख्या के विभिन्न आयामों, यथा—वितरण, घनत्व, गतिशीलता, वृद्धि आदि के अध्ययन को शामिल किया जाता है।	(2) **संसाधन भूगोल**—इसमें संसाधनों के स्थानिक वितरण का अध्ययन किया जाता है।
(3) **समुद्र विज्ञान**—महासागरों की उत्पत्ति, संरचना, तापमान, लवणीयता, सामुद्रिक निक्षेप, तरंग, ज्वार-भाटा व इनके मानव पर पड़ने वाले प्रभावों का अध्ययन करते हैं।	(3) **अधिवास भूगोल**—मानव अधिवासों का विकास, उसका पर्यावरण से सम्बन्ध व उसके विभिन्न प्रकारों का अध्ययन किया जाता है।	(3) **औद्योगिक भूगोल**—इसमें औद्योगिक गतिविधियों के स्थानिक प्रारूपों का अध्ययन किया जाता है।
(4) **जैव भूगोल**—इसमें पेड़-पौधों और जीव-जन्तुओं के आपसी सम्बन्धों के साथ-साथ इन पर भौगोलिक दशाओं के प्रभावों का अध्ययन करते हैं।	(4) **सांस्कृतिक भूगोल**—इसमें समय के साथ परिवर्तनशील विभिन्न सांस्कृतिक क्रियाओं व विधियों का अध्ययन करते हैं।	(4) **परिवहन भूगोल**—इस शाखा में परिवहन तंत्र का विकास व उस पर भूगोल के प्रभाव का अध्ययन किया जाता है।
(5) **पर्वत विज्ञान**—इसमें पर्वतों की उत्पत्ति, संरचना, विकास व उस पर अलग-अलग तरह के प्रभावों का अध्ययन करते हैं।	(5) **राजनैतिक भूगोल**—इसमें विश्व के विभिन्न क्षेत्रों में राजनैतिक संगठन एवं समय के साथ उसमें परिवर्तनों व राजनीति में भौगोलिक तत्त्वों की भूमिका के संबंध में अध्ययन करते हैं।	
(6) **पारिस्थितिकी** (Ecology)—इसमें जीव-जन्तुओं व पेड़-पौधों के पारस्परिक सम्बन्धों का अध्ययन किया जाता है।		
(7) **मृदा भूगोल (Pedology) :** इस शाखा में मृदा की उत्पत्ति, निर्माण, विकास, उसकी विशेषताओं एवं धरती पर उसके प्रादेशिक वितरण का वैज्ञानिक तरीके से अध्ययन किया जाता है।		
(8) **ज्वालामुखी भूगोल**—इसके अन्तर्गत ज्वालामुखी की उत्पत्ति, प्रकृति, निस्सृत पदार्थों का वितरण तथा प्रभावों आदि का वैज्ञानिक रूप से अध्ययन किया जाता है।		

भूगोल में प्रादेशिक संकल्पना

भूगोल में प्रदेशों की संकल्पना का महत्त्व अठारहवीं शताब्दी के प्रारंभ से ही दिया जाने लगा था। इससे पूर्व भी इस शब्द का प्रयोग किया था। भूतल पर विभिन्नताओं का मिलना स्वाभाविक है। यहाँ विभिन्न घटनाक्रम घटित रहते हैं। भूगोल का प्रमुख उद्देश्य भूतल पर पाए जाने वाले विभिन्न घटना दृश्यों के वितरण प्रतिरूप का वैज्ञानिक अध्ययन करना है। प्रदेश संकल्पना में भूगोल में एक नवीन चेतना जागृत की है।

'प्रदेश' का अर्थ एवं परिभाषा

भूगोल में 'प्रदेश' शब्द से तात्पर्य उस क्षेत्रीय इकाई से होता है जिसमें एक या कई तत्वों या लक्षणों (features) की एकरूपता होती है तथा जो दूसरे प्रदेश से भिन्न होता है। प्रदेश भौगोलिक चिन्तन का मूल आधार है, भूगोल में इसका केन्द्रीय स्थान है।

सामान्यतः समान गुण व समान प्रकृति वाले क्षेत्रों को प्रदेश कह दिया जाता है। परन्तु प्रदेश की इस परिभाषा को कठोर सीमा में नहीं बाँधा जा सकता है। अनेक भूगोलवेत्ताओं ने 'प्रदेश' शब्द को निम्न प्रकार से परिभाषित किया है :

1. **टेलर** के अनुसार, ''प्रदेश पृथ्वी तल का इकाई क्षेत्र है।''
2. **एफ.जे. मोर्कहाउस** के अनुसार, ''पृथ्वी तल का वह इकाई क्षेत्र, जो अपने विशिष्ट लक्षणों के कारण अपने समीपवर्ती अन्य इकाई क्षेत्रों से भिन्न होता है, प्रदेश कहलाता है।''
3. **वोल्फगैंग** तथा **जोएर्ग** के अनुसार, ''पृथ्वी धरातल का कोई भाग जहाँ भौतिक दशाओं में समरूपता है, प्रदेश कहलाता है।''
4. **सी. एरोनोवीली** के अनुसार, ''ऐसा भौगोलिक क्षेत्र जिसमें दिए गए सभ्यता के स्तर में पदार्थीय संसाधनों द्वारा इच्छाओं की पूर्ति में जरूरत महसूस होती है, प्रदेश कहलाता है।''
5. **जी.टी. रेनर** के अनुसार, ''प्रदेश वास्तविक तत्व है जिनमें प्रत्येक अपने पड़ोसियों से प्राकृतिक व सांस्कृतिक विविधता व्यक्त करता है।''
6. **ए.जे. हरबर्टसन** के अनुसार, ''प्रदेश, भूतल के निश्चित हिस्से की भूमि, जल, हवा, पेड़-पौधों, जीव-जन्तुओं एवं मानव का संश्लिष्ट है जो कि वहाँ के निश्चित लक्षणों वाले भूतल के स्थानिक संबंधों को एक साथ प्रस्तुत करता है।''
7. **ब्लाश** के अनुसार, ''प्रदेश वह क्षेत्र है जहाँ अनेक असमान दिखाई देने वाली वस्तुएँ साथ-साथ लाई जाती हैं जो कृत्रिम रूप से धीरे-धीरे अपने आप एक सामान्य अस्तित्व धारण कर लेती हैं।''
8. **रिचार्ड होर्टशोर्न** के अनुसार, ''प्रदेश विशिष्ट अवस्थिति वाला एक क्षेत्र है जो कि अन्य क्षेत्रों से बहुत भिन्न होता है। यह भिन्नता के सीमा विस्तार तक फैला होता है।''
9. **वूक्टर** के अनुसार, ''प्रदेश वह क्षेत्र जिसके अन्तर्गत पर्यावरण व जनांकिकीय कारकों के संयोग से आर्थिक व सामाजिक संरचना में एक समरूपता उत्पन्न होती है।''
10. **आर.ई. डिकिन्सन** के अनुसार, ''प्रदेश वह क्षेत्र है जहाँ कि एक विशिष्ट प्रकार की भौतिक दशाएँ विशेष प्रकार के आर्थिक जीवन को विकसित करती हैं।''
11. **आर.के. मुखर्जी** के अनुसार, ''प्रदेश मनुष्यों, आर्थिक ढाँचा और सांस्कृतिक क्रमबद्धता का पारिस्थितिकीय जोड़ है। यह जनसंख्या, संसाधनों और व्यवसायों के वितरण तथा अन्तर्संबंधित सांस्कृतिक व्यवस्था व एकता की एक विश्वसनीय अभिव्यक्ति है।''
12. **आर.एस. प्लाट** के अनुसार, ''प्रदेश भू-लक्षण व दखल (Occupance) की सामान्य समरूपता के आधार पर सीमांकित किया गया क्षेत्र है।''

प्रदेश की विशेषताएँ

विभिन्न परिभाषाओं से स्पष्ट है कि प्रदेश की कोई सर्वमान्य परिभाषा नहीं है। विद्वानों की आम सहमति वाली परिभाषा में प्रदेश की निम्न विशेषताएँ स्पष्ट होती हैं :

1. प्रदेश एक भौगोलिक क्षेत्र (Geographical Area) द्वारा सीमांकि इकाई (unit) होता है।
2. एक प्रदेश में किसी एक या अनेक भौगोलिक तत्वों की समांगता (Homogeneity) होती है।
3. प्रदेश का विस्तार उस सीमा तक रहता है जहाँ तक किसी क्षेत्र की भिन्नता फैली होती है।
4. एक प्रदेश के विशिष्ट लक्षण दूसरे प्रदेश से स्पष्ट, भिन्न होते हैं तथा दोनों प्रदेशों के मध्य सीमा रेखा खींचना कठिन होता है।
5. प्रदेश आकार-विस्तार में किसी भी मापक व प्रकार का हो सकता है।
6. प्रदेश में पदानुक्रमिक व्यवस्था पाई जाती है।
7. प्रदेश का उद्देश्य के आधार पर सीमांकन किया जाता है।
8. प्रदेश का स्वरूप आन्तरिक लक्षणों के निरन्तर क्रियाशील रहने से विकसित होता है। कई विद्वान इसे जड़वत् न मानकर जैविक इकाई के रूप में मानते हैं।
9. प्रदेशों की व्याख्या व वर्गीकरण तथ्यों व सिद्धान्तों के आधार पर किया जाता है। इसके लिए इसका कोई एक निश्चित मापक का आधार तत्व नहीं है।
10. एक जैसे प्रदेशों की समस्याएँ एक समान होनी चाहिए।
11. प्रदेश में एक या अधिक वृद्धि केन्द्र (Growth Centres) होने चाहिए।
12. प्रदेश की आर्थिक संरचना में समरूपता होनी चाहिए।
13. प्रदेश का आकार इतना बड़ा होना चाहिए ताकि संसाधनों का दोहन किया जा सके।
14. प्रदेश एक प्रशासनिक नियन्त्रण में होना चाहिए।
15. प्रदेश के विकास कार्यों में स्थानीय लोगों को भागीदार बनाना चाहिए।
16. भौगोलिक दृष्टि से प्रदेश एक पड़ोसी इकाई (Neighbourhood unit) के रूप में होनी चाहिए जिससे सभी जगह मानव की पहुँच हो।
17. प्रदेश की सीमा चिरस्थायी न होकर समय के साथ परिवर्तनशील होनी चाहिए।

प्रदेशों के प्रकार

प्रदेशों को उनके लक्षणों व कार्यों के आधार पर निम्नलिखित वर्गों में विभक्त किया गया है :

1. एक लाक्षणिक प्रदेश (Single Aspect Regions) : एक लाक्षणिक प्रदेश वे होते हैं जिनमें किसी एक भौगोलिक तत्व की समांगता होती है अर्थात् केवल एक ही पक्ष पर ध्यान दिया जाता है। जैसे—जलवायु के आधार पर जलवायु प्रदेश, वनस्पति के आधार पर वनस्पति प्रदेश, कृषि के आधार पर कृषि प्रदेश आदि। स्पष्ट है कि इसमें एकपक्षीय (लाक्षणिक) समांगकता ही सर्वोपरि है। लेकिन कभी-कभी ऐसे दो क्षेत्र होते हैं जिनमें तत्व की समांगता तो होती है, लेकिन कम होती है। ऐसी स्थिति में ग्रेगरी महोदय का विचार है कि उन्हें भी मिलाकर एक प्रदेश में रखना चाहिए। एक लक्षणीय प्रदेश के उपविभाजन में कुछ कठिनाई होती है। इसका उपविभाजन करने में जटिलता उत्पन्न होती है।

2. बहुलाक्षणिक प्रदेश (Multi Aspect Regions) : जब प्रदेशों के विभाजन में एक से अधिक आधार प्रदेशों के वर्गीकरण में बनाये जाते हैं, तो उन्हें बहुलाक्षणिक प्रदेश कहा जाता है। वैसे अधिकांशत: प्रदेश एक लाक्षणिक प्रदेश ही होते हैं। इनमें एक से अधिक पक्षों पर ध्यान दिया जाता है। इनमें विभिन्न भौगोलिक तत्वों के लक्षण तथा सहसंबंध विकसित होते हैं। जिनमें समांगता पर विचार किया जाता है। ऐसे प्रदेशों में धरातल, जलवायु, वनस्पति, मिट्टी, जीव-जन्तु, कृषि स्वरूप, अधिवास और यातायात जैसे तत्वों में आपसी सहसंबंध होता है। अत: विभाजन में सभी तत्वों पर विचार किया जाता है। उदाहरणार्थ, यदि सूडान प्रदेश को समझना है, तो उपर्युक्त सभी तत्वों पर ध्यान देना होगा। कुछ बहुलाक्षणिक देश ऐसे भी हैं जिनमें लक्षणों के सहसंबंध स्पष्ट नहीं होते हैं। औद्योगिक एवं आर्थिक प्रदेश ऐसे ही हैं इनमें सीमांकन करना कुछ कठिन होता है।

3. समरूपी प्रदेश (Uniform Region) : समरूपी प्रदेश वे होते हैं जिनमें स्थानीय भिन्नताएँ बहुत कम होती हैं अर्थात् उनका रूप लगभग एक समान होता है। इन प्रदेशों में उन तत्वों को अधिक महत्त्व दिया जाता है, जो बार-बार स्वरूपित होते हैं। मानसूनी प्रदेशों में तापमान एवं वर्षा का वितरण समान पाया जाता है। इसी तरह विशेष प्रकार की जलवायु के आधार पर मानवीय कार्यक्षमताओं पर पड़ने वाला प्रभाव इसके अन्तर्गत आता है। प्रदेशों में समरूपता का पाया जाना आंशिक रूप से ही संभव होता है।

4. संग्रथित प्रदेश (Nodal Regions) : ये छोटे व गठित प्रकृति वाले प्रदेश होते हैं जिसका एक केन्द्र होता है। विभिन्न प्रकार के परिवहन एवं यातायात के प्रतिरूपों का जहाँ संगम होता है, उसे मार्ग संगम प्रदेश कहा जाता है। इसी तरह केन्द्रीय व्यावसायिक संगठन (C.B.O.) दुग्ध आपूर्ति क्षेत्र आदि संग्रथित क्षेत्र हैं। ये केन्द्रीय स्थल अपने समीपस्थ क्षेत्रों से भिन्न होते हैं। इस संग्रथित प्रदेश का प्रभाव अपने समीपस्थ क्षेत्र पर पड़ता है। ऐसे क्षेत्र से जितना क्षेत्र संबंधित होता है, उतना ही क्षेत्र उसकी परिसीमा से भी होता है। संग्रथित प्रदेशों का मुख्य उद्देश्य क्षेत्रीय निवासियों को सुविधाएँ प्रदान कराना है। इसका प्रभाव क्षेत्र केन्द्रीय भाग में अधिक रहता है। केन्द्र से बाहर जाने पर प्रभाव क्षेत्र में कमी आती जाती है।

5. सामान्य या जातीय प्रदेश (Generic Region) : सामान्य प्रदेश वह होता है, जो किसी भू-भाग में दिखाई देने वाले सभी प्रकार के तत्वों के सामान्य वितरण पर आधारित वर्गीकरण से संबंध रखता है। इसमें किसी प्रकार के लक्षण की पुरावृत्ति होती है। ऐसे प्रदेश भूतल पर स्थान-स्थान पर पाए जाते हैं, जैसे : मानसूनी प्रदेश, सवाना प्रदेश, भूमध्य सागरीय प्रदेश एवं लावा प्रदेश आदि। जातीय प्रदेशों निर्धारण में भू-आकृति, जलवायु, वनस्पति एवं जीव-जन्तु, मिट्टी, कृषि आदि पक्षों का महत्त्वपूर्ण योगदान रहता है। कोई भी प्रदेश ऐसा नहीं होता है जो सभी प्रकार के समरूपी हो। इसे जातीय प्रदेश इसलिए कहा जाता है, क्योंकि उसके समान ही अन्यत्र वही प्रदेश हो सकता है जैसे-लावा प्रदेश। यह प्रदेश भूतल पर अनेक जगह देखने को मिलता है। सामान्य प्रदेशों की अपनी कोई संहिता नहीं होती है। इसलिए इनके आधार पर विश्व वर्गीकरण की कोई निश्चित योजना बनाना कठिन होता है।

6. विशिष्ट प्रदेश (Specific Region) : विशिष्ट प्रदेश वह प्रदेश होता है जो आकार, नाम, आकृति, संरचना, प्रतिरूप तथा क्रियाओं में अपनी अलग स्थिति रखता हो अर्थात् यह प्रदेश पूर्णत: दूसरे प्रदेश से भिन्न होता है और भूतल पर एक ही जगह पाया जाता है। उदाहरणार्थ, सुन्दर वन, भाबर प्रदेश, रूर बेसिन आदि। इस तरह विशिष्ट प्रदेश सामान्य या जातीय प्रदेश से पूर्णत: विपरीत होते हैं। विशिष्ट प्रदेशों का निर्माण विशेष तत्व जटिलताओं के द्वारा विकसित स्वरूप के आधार पर होता है। इसलिए इन्हें **प्रकरण पर आधारित प्रदेश** भी कहा जाता है। यद्यपि विशिष्ट प्रदेश में कुछ लक्षण ऐसे भी कहते हैं जो अन्य प्रदेशों में भी मिल जाते हैं। फिर भी विशिष्ट प्रदेश की पूर्णत: पुनरावृत्ति नहीं होती है, क्योंकि इसके भौगोलिक लक्षणों का एक अलग या विशिष्ट प्रकार का प्रदेश निर्मित होता है, इसका विस्तार बहुस्तरीय होता है जिसके कारण क्षेत्र सीमित हो जाता है।

7. आकृतिक/रूपात्मक प्रदेश (Formal Regions) : आकृतिक प्रदेश वे हैं जिनमें सर्वत्र किन्हीं लक्षणों की समरूपता अथवा एकरूपता पाई जाती है, जैसे : हिमालय का पर्वतीय प्रदेश, गंगा का मैदान, समुद्रतटीय मैदान आदि। ये प्रदेश कर्मोपलक्षी प्रदेशों से भिन्न होते हैं क्योंकि इनमें एक आकृतिक प्रदेश में कई आर्थिक व्यवसाय हो सकते हैं। अत: स्पष्ट है कि इनमें आर्थिक अथवा कार्य-व्यापार की दृष्टि से संगठन का होना अनिवार्य नहीं है, लेकिन निर्धारित लक्षणों में समरूपता अवश्य होती है। उदाहरणार्थ, गंगा का मैदान, धरातल, जलप्रवाह आदि लक्षणों की दृष्टि एक आकृतिक प्रदेश है, लेकिन यह मैदानी भाग संगठन की दृष्टि से एक समान नहीं है। इस मैदानी भाग को संगठन की समानता की दृष्टि से तराई, दोआब, संगम व डेल्टा आदि भागों में विभक्त किया जा सकता है।

8. नगर प्रदेश (City Region) : किसी बड़े नगर के चारों ओर का जितना क्षेत्र कर्मोपलक्षी संबंधों द्वारा उस महानगर से जुड़ा होता है, और उस नगर के द्वारा प्रभावित होता है, नगर प्रदेश (City Region) कहलाता है। कोलकाता प्रदेश, मुम्बई प्रदेश या टोकिया प्रदेश इसके उदाहरण हैं।

प्रादेशिक परिसीमन की विधियाँ

प्रादेशिक परिसीमन का अर्थ प्रदेश को सीमांकित करना होता है। इस कार्य में भूगोलवेत्ता दो विधियों का प्रयोग करते आए हैं:

A. गुणात्मक विधि (Qualitative Method)

B. मात्रात्मक विधि (Quantitative Method)

A. गुणात्मक विधि : इसका प्रयोग करने के लिए पहले प्रदेशों के कुछ सूचकों (Indicators) को छाँट लेते हैं तत्पश्चात् उन सूचकों के मानचित्र बनाकर उन मानचित्रों को एक दूसरे के ऊपर रखते या अध्यारोपण (Super imposition) करते हैं। इससे विभिन्न सूचकों की सीमाएँ एक-दूसरे के ऊपर ठीक नहीं फिट होतीं। इसलिए अन्तर्वेशन (Interpolation) द्वारा दो प्रदेशों के मध्य सीमा रेखा (Median Boundry) तय कर ली जाती है। यू.एस. में 1955 में **ग्रीन** महोदय ने अध्यारोपण विधि द्वारा न्यूयार्क व बोस्टन नगरों के क्षेत्रों का सीमांकन किया था। उन्होंने परिवहन, संचार, कृषि, मनोरंजन, विनिर्माण, उद्योग, राजस्व, बैंक आदि के सात सूचकों के अलग-अलग मानचित्र उनको एक-दूसरे पर रखा और दोनों नगर-क्षेत्रों के बीच की मध्य सीमा रेखा को अन्तर्वेशन द्वारा खींचा। इस विधि से प्रदेशों के सीमांकन में कुछ अनिश्चितता अवश्य रहती है।

B. मात्रात्मक विधि : प्रदेशों की सीमाएँ निर्धारित करने में अनेक मात्रात्मक विधियों का प्रयोग होने लगा है। इनमें *(i)* दूरी न्यूनतमीकरण (Distance Minimisation), *(ii)* थिसने बहुभुज (Tissen Polygons), *(iii)* ग्राफ सिद्धान्त (Graph Theory) आदि प्रमुख हैं।

वस्तुनिष्ठ प्रश्न

1. तृतीयकल्पी युग का सही अनुक्रम (सर्वाधिक पुरातन से नवीनतम तक) है।

A. अतिनूतन, मध्यनूतन, आदिनूतन, अल्पनूतन
B. आदिनूतन, अल्पनूतन, अतिनूतन, मध्यनूतन
C. अतिनूतन, आदिनूतन, मध्यनूतन, अल्पनूतन
D. आदिनूतन, अल्पनूतन, मध्यनूतन, अतिनूतन

2. सूची-I को सूची-II से सुमेलित कीजिए तथा सूचियों के नीचे दिए हुए कूट का उपयोग कर सही उत्तर चुनिये–

सूची-I (भूवैज्ञानिक महाकल्प)	सूची-II (भूवैज्ञानिक कल्प)
(a) मध्यजीवी	1. तृतीय कल्प
(b) प्राग्जीवी	2. ट्रायेसिक
(c) नूतनजीवी	3. पूर्व कैम्ब्रीयन
(d) पुराजीवी	4. पर्मियन

कूट:

	(a)	*(b)*	*(c)*	*(d)*
A.	3	2	1	4
B.	2	3	1	4
C.	2	3	4	1
D.	3	2	4	1

3. मोहरोविक असांतत्य पृथक करता है-

A. क्रोड़ तथा मैन्टल को
B. पटल तथा मैन्टल को
C. आंतरिक क्रोड़ तथा बाह्य क्रोड़ को
D. साइमा तथा निफे को

4. 'गुटेनवर्ग-वेइचर्ट असांतत्य' पृथक करता है–

A. क्रोड तथा मैन्टल को
B. पटल तथा मैन्टल को
C. आंतरिक क्रोड़ तथा बाह्य क्रोड को
D. बाह्य मैंटल तथा आंतरिक मैंटल को

5. भौगोलिक अध्ययन में शैल शब्द से तात्पर्य है-

A. मिट्टी के नरम और छोटे-छोटे कण
B. मिट्टी के कठोर और छोटे-छोटे कण
C. मिट्टी के कठोर और बड़े-बड़े कण
D. समस्त पदार्थ जिससे भूपटल बना है

6. धरातल का कितना प्रतिशत बेसाल्ट से आच्छादित है?

A. 20 B. 30
C. 40 D. 50

7. सूची-I को सूची-II से सुमेलित कीजिए तथा सूचियों के नीचे दिए हुए कूट का प्रयोग कर सही उत्तर चुनिये–

सूची-I (रचना)	सूची-II (शैल प्रकार)
(a) क्वार्ट्ज तथा फेल्डस्पार	1. बेसाल्ट
(b) क्वार्ट्ज, फेल्डस्पार तथा अभ्रक	2. टफ
(c) संहतीकृत ज्वालामुखी भस्म	3. ग्रेनाइट
(d) फेल्डस्पार, अभ्रक, पाइरॉक्सीनस तथा ऑलिवीन	4. वालुकाश्म

कूट:

	(a)	*(b)*	*(c)*	*(d)*
A.	4	1	2	3
B.	1	2	3	4
C.	3	2	1	4
D.	4	3	2	1

8. प्राप्ति अवस्था के आधार पर निम्न में से कौन स्थलाकृति अन्य से भिन्न है?

A. डाइक B. लैकोलिथ
C. सिल D. परपोषित शंकु

9. जब किसी वलन की एक भुजा अत्यधिक संपीडन के कारण टूटकर दूसरे स्थान पर चली जाती है तो उसे कहते हैं-

A. नापे B. प्रतिवलन
C. शयान वलन D. अवनमन वलन

10. सैन एंड्रियास भ्रंश उदाहरण प्रस्तुत करता है-

A. पार्श्विषय भ्रंश को B. सामान्य भ्रंश को
C. व्युत्क्रम भ्रंश को D. इनमें से कोई नहीं

11. पूनर्युवन निम्नलिखित में से किसका परिचायक है?

A. ज्वालामुखी उद्‌गार
B. निक्षेपण द्वारा किसी स्थल खंड का ऊपर उठना
C. किसी स्थल-खंड क़ा उत्थान
D. किसी स्थल खंड का निमज्जन

12. निम्नलिखित में से कौन-सी प्लेट दक्षिणी अमेरिकी प्लेट के साथ एण्डीज पर्वतों के निर्माण हेतु उत्तरदायी है–

A. कैरीबियन प्लेट B. कोकोस प्लेट

C. नज्का प्लेट D. स्केशिया प्लेट

13. अल्पाइन पर्वत निर्माण घटित हुआ–

A. कैम्ब्रियन युग में

B. पूर्व कैम्ब्रियन युग में

C. परमियन युग में

D. टर्शियरी युग में

14. कथन (A): भौतिक अपक्षरण का सर्वाधिक महत्वपूर्ण एकल कारक चट्टानों में खुले स्थानों में पानी की हिमीभवन/हिमद्रवण क्रिया है।

कारण (R): पुनरावृत्ति तुषार विखंडन के बल को समझने की कुंजी है।

कूटः

A. A और R दोनों सही है और R, A का सही स्पष्टीकरण है।

B. A और R दोनों सही है, परंतु R, A का सही स्पष्टीकरण नहीं है।

C. A सही है, परंतु R गलत है।

D. A गलत है, परंतु R सही है।

15. निम्नलिखित कालिक मापको मे से कौन मेगा भू-आकारिकी से संबंधित है–

A. प्रवणित समय B. चक्रीय समय

C. स्थिर समय D. तात्कालिक समय

उत्तरमाला

1	2	3	4	5	6	7	8	9	10
D	B	B	A	D	A	A	D	A	A
11	**12**	**13**	**14**	**15**					
C	C	D	A	B					

ग्रह : सौरमंडल में पृथ्वी

सौरमंडल

सौरमंडल खगोलीय वस्तुओं (ग्रह, उपग्रह, नक्षत्र, उल्काएं) का समूह है। सूर्य आठ ग्रहों के परिवार का मुखिया है। ये सभी खगोलीय आकृतियां सूर्य के गुरुत्वाकर्षण से बंधी हैं और उसके चारों तरफ चक्कर लगाती हैं।

सूर्य

सूर्य सौरमंडल के केन्द्र में स्थित एक तारा है। यह पृथ्वी का सबसे निकटतम तारा है। इसके बाद का सबसे निकटवर्ती तारा अल्फा सेंचुरी है जो हमसे 4.0×10^{13} किमी. दूर है।

> **सूर्य संबंधी सामान्य आंकड़े**
> **व्यास :** 1.392×10^{6} किमी.
> **आयतन :** पृथ्वी के आयतन का 1.304×10^{6} गुणा
> **तापमान :** दीप्तिमान स्तर पर 6,000° सेल्सियस, क्रोड पर 15,000° सेल्सियस
> **सापेक्षिक घनत्व :** 1.4
> **गुरुत्वाकर्षण खिंचाव :** पृथ्वी के गुरुत्वाकर्षण बल से 28 गुणा अधिक

सूर्य के वायुमंडल के सबसे बाहरी भाग को किरीट (corona) कहते हैं। बैंगनी, जामुनी, नीला, हरा, पीला, नारंगी और लाल रंगों के समुच्चय से किरीट का दृश्यमान क्षेत्र प्रकाश मंडल (फोटोस्फेयर) बना है। यह अधिकांश तारों का सामान्य लक्षण है। फोटोस्फेयर के ठीक ऊपर सूर्य के परिमंडल के स्तर को क्रोमोस्फेयर कहते हैं।

रासायनिक रूप से सूर्य विभिन्न गैसों का समुच्चय है। अन्य सभी तारों की तरह सूर्य भी मुख्य रूप से हाइड्रोजन से बना है जो इसके संपूर्ण द्रव्यमान का लगभग 70 प्रतिशत है। इसका 28 प्रतिशत हिस्सा हीलियम से बना है जबकि शेष 2 प्रतिशत हिस्सा लीथियम से लेकर यूरेनियम तक भारी तत्वों से बना है।

सूर्य के धब्बे सूर्य की सतह पर देखे गए काले निशान हैं । वे काले इसलिए दिखाई पड़ते हैं क्योंकि उनका तापमान सूर्य की सतह के तापमान 6,000° सेल्सियस से 1,500° सेल्सियस कम अर्थात् 4,500° सेल्सियस होता है। इन धब्बों का जीवनकाल कुछ घंटों से लेकर कई एक सप्ताह होता है। प्रत्येक 11 वर्ष के अंतराल में सौर धब्बों की संख्या में अंतर आ जाता है। इस आवधिकता को सौर धब्बा चक्र कहते हैं।

सौरमंडल में सूर्य के अलावा उसके अन्य आठ सदस्य ग्रह हैं– बुध, शुक्र, पृथ्वी, मंगल, बृहस्पति, शनि, यूरेनस और नेपच्यून। ग्रहों के पास अपना स्वयं का प्रकाश नहीं होता और शुक्र और यूरेनस के अलावा सभी ग्रह अपनी धुरी पर पश्चिम से पूर्व की ओर परिक्रमा करते हैं। अनेक उपग्रह संबंधित ग्रह की परिक्रमा करते हैं। अंतरिक्ष में हजारों पुच्छल तारे और करोड़ों उल्काएं भी मौजूद हैं। पृथ्वी का एक ही उपग्रह है 'चन्द्रमा', शनि के पास 60 उपग्रह हैं जबकि बुध और शुक्र का कोई भी उपग्रह नहीं है। सूर्य से पृथ्वी की औसत दूरी 1.496×10^{8} किमी. है। पृथ्वी सूर्य का तीसरा सबसे निकटवर्ती ग्रह है जबकि सौरमंडल का यह पांचवा सबसे बड़ा ग्रह है।

सौरमंडल के अन्य अवयव

धूमकेतु (Comet)

इसे पुच्छल तारा भी कहते हैं क्योंकि यह पूंछदार होते हैं। धूमकेतु ग्रह नहीं होते। ये धूल और गैस के पिण्ड होते हैं। इसका अपना प्रकाश नहीं होता। यह सूर्य के प्रकाश से प्रकाशमान होता है। धूमकेतु एक लम्बोतरी कक्षा में सूर्य की परिक्रमा करता है। जब यह सूर्य के पास से गुजरता है, तो इसकी गैस धुएं में परिवर्तित होने लगती है और इसके साथ कुछ पदार्थ भी मिल जाता है। यही धुआं उसकी पूंछ जैसा दिखाई पड़ता है। हैली का धूमकेतु विख्यात है। यह 76 वर्षों में सूर्य की परिक्रमा पूरी करता है।

टूटते तारे (Meteoroid)

धूमकेतु की गैस में कुछ धूल कण भी होते हैं। ये छोटे-छोटे कण बिखर कर सूर्य की परिक्रमा करने लग जाते हैं। जब ये घर्षण के कारण जल उठते हैं, तो पृथ्वी पर से टूटते तारे जैसे गिरते हुए नजर आते हैं।

क्षुद्रग्रह (Asteroid)

क्षुद्रग्रह धातु के पिण्ड होते हैं और सूर्य की कक्षा में घूमते रहते हैं। आकाश में ऐसे लाखों छोटे-बड़े क्षुद्रग्रह देखे जा सकते हैं। कभी-कभी इनके खण्ड उल्काओं के रूप में पृथ्वी पर गिर पड़ते हैं। ये कई-कई टन वजन के होते हैं।

> **ग्रहों के बारे में कुछ तथ्य**
> - सूर्य के निकटतम, बुध
> - चमकदार वलयों वाला, शनि
> - सर्वाधिक गर्म, शुक्र
> - सबसे ठंडा, नेपच्यून
> - पृथ्वी के निकटतम, शुक्र
> - सबसे अधिक चमकीला, शुक्र
> - रहस्यमय, मंगल
> - सूर्य से सबसे अधिक दूर, नेपच्यून
> - सबसे बड़ा, बृहस्पति
> - सर्वाधिक उपग्रह, बृहस्पति (63)
> - उपग्रह रहित, बुध, शुक्र

पृथ्वी की उत्पत्ति

पृथ्वी की उत्पत्ति के संबंध में सर्वप्रथम तर्कपूर्ण परिकल्पना का प्रतिपादन फ्रांसीसी वैज्ञानिक कास्ते-द-बफन द्वारा 1749 ई. में किया गया। वर्तमान समय में पृथ्वी व अन्य ग्रहों की उत्पत्ति के संदर्भ में दो प्रकार की संकल्पना दी गई है–

1. अद्वैतवादी संकल्पना

(i) **कांट की वायव्य राशि परिकल्पना:** जर्मन दार्शनिक कांट ने 1975 ई. में न्यूटन के गुरुत्वाकर्षण के नियमों पर आधारित वायव्य राशि परिकल्पना (Gaseous Hypothesis) का प्रतिपादन किया। इसके अनुसार एक तप्त एवं गतिशील निहारिका (Nebula) से कई गोल छल्ले अलग हुए, जिनके शीतलन से सौरमंडल के विभिन्न ग्रहों का निर्माण हुआ। पृथ्वी भी इन्हीं में से एक है।

(ii) **लाप्लास की निहारिका परिकल्पना:** फ्रांसीसी विद्वान लाप्लास ने 1796 ई. में कांट के सिद्धांत को संशोधित करते हुए बताया कि एक विशाल तप्त निहारिका से पहले एक ही छल्ला बाहर निकला जो कई छल्लों में विभाजित हो गया। इन्हीं के शीतलन से विभिन्न ग्रहों का निर्माण हुआ जिनमें पृथ्वी भी शामिल है।

2. द्वैतवादी संकल्पना

(i) **चैम्बरलिन व मोल्टन की ग्रहाणु परिकल्पना:** इनके अनुसार ग्रह निर्माण तप्त गैसीय निहारिका से नहीं वरन् ठोस पिंड से हुआ। है। प्रारंभ में दो विशाल तारे थे–सूर्य एवं उसका साथी अन्य तारा। जब यह अन्य विशाल तारा सूर्य के पास पहुँचा तो उसकी आकर्षण शक्ति के कारण सूर्य के धरातल से असंख्य कण अलग हो गए। यही आपास में मिलकर पृथ्वी व अन्य ग्रहों के निर्माण का कारण बने।

(ii) **जेम्स जीन्स (1919 ई.) व जेफरिज (1921ई.) की ज्वारीय परिकल्पना:** पृथ्वी की उत्पत्ति के संबंध में यह आधुनिक परिकल्पनाओं में से एक है। इसके अनुसार सौरमंडल का निर्माण सूर्य एवं एक अन्य तारे के संयोग से हुआ है। सूर्य के निकट इस तारे के आने से सूर्य का कुछ भाग फिलामेंट के रूप में खिंच गया और बाद में टूटकर सूर्य का चक्कर लगाने लगा। यही फिलामेंट सौरमंडल के विभिन्न ग्रहों की उत्पत्ति का कारण बना जिनमें पृथ्वी भी शामिल है।

(iii) **रसेल की द्वैतारक परिकल्पना:** यह सिद्धांत जीन्स व जेफरिज की परिकल्पना में ही एक प्रकार से संशोधन हैं यह सिद्धांत सूर्य और ग्रहों की दूरी तथा ग्रहों के वर्तमान कोणीय संवेग (Angular Momentum) की व्याख्या करने में भी समर्थ है।

(iv) **फ्रेड होयल व लिटिलटन की अभिनव तारा परिकल्पना:** अपनी पुस्तक 'Nature of the Universe' में 1939 ई. में उन्होंने नाभिकीय भौतिकी से संबंधित सिद्धांत देते हुए जीन्स की परिकल्पना में संशोधन करते हुए बताया कि ग्रहों की उत्पत्ति में दो नहीं बल्कि तीन तारों की भूमिका रही है। इस सिद्धांत के अनुसार ग्रहों का निर्माण सूर्य से न होकर उसके साथी तारे के विस्फोट से हुआ। इनका सिद्धांत ग्रहों की आपसी दूरी एवं सूर्य से उनकी दूरी की व्याख्या करने में सर्वाधिक समर्थ है।

(v) **ऑटो शिमड की अंतरतारक धूल परिकल्पना:** रूसी वैज्ञानिक ऑटो शिमड द्वारा 1934 ई. में दी गई इस परिकल्पना में ग्रहों की उत्पत्ति गैस व धूलकणों से मानी गई है। उनके अनुसार जब सूर्य आकाशगंगा के करीब से गुजर रहा था तो उसके अपनी आकर्षण शक्ति से कुछ गैस मेघ तथा धूलकणों को अपनी ओर आकर्षित कर लिया जो सामूहिक रूप से सूर्य की परिक्रमा करने लगे। इन्हीं धूलकणों के संगठित व घनीभूत होने से पृथ्वी व अन्य ग्रहों का निर्माण हुआ।

पृथ्वी: तथ्य तथा आंकड़े

पृथ्वी का द्रव्यमान	5.880×10^{21} टन
पृथ्वी का घनत्व	पानी की अपेक्षा 5.517 गुणा
पृथ्वी का आयतन	1.083×10^{11} घन किमी.
भूमध्यरेखीय परिधि	4.007×10^{4} किमी.
ध्रुवीय व्यास	12,714 किमी.
विषुवतीय व्यास	12,756 किमी.
ध्रुवीय परिधि	4×10^{4} किमी.
अनुमानित आयु	लगभग 4,600 करोड़ वर्ष
भूपृष्ठ	14,89,51,000 वर्ग किमी.
जलीय सतह	36,11,50,000 वर्ग किमी. (71%)
भूसतह का सबसे उच्च बिन्दु	माउंट एवरेस्ट (8,848 मीटर)
भूसतह का सबसे निम्न बिन्दु	मृत सागर का तट (समुद्र तल से 396 मीटर नीचे)
महासागर की सर्वाधिक गहराई	फिलीपींस के पूर्व में मेरियाना ट्रेंच (समुद्र तल से 11,033 मीटर नीचे)

पृथ्वी का आकार

- पृथ्वी का आकार पूर्णरूप से वृत्तीय नहीं है बल्कि अंडाकार है। ऐसा इस वजह से क्योंकि यह ध्रुवों पर चपटी और विषुवत पर उभरी हुई है। पृथ्वी का ध्रुवीय व्यास विषुवतीय व्यास से 42 किलोमीटर छोटा है। अत: पृथ्वी अंडाकार है।

पृथ्वी की गतियां

पृथ्वी सौरमंडल का एक ग्रह है। उसकी दो गतियां हैं–

1. घूर्णन (Rotation) अथवा दैनिक गति
2. परिक्रमण (Revolution) अथवा वार्षिक गति।

घूर्णन गति: पृथ्वी अपनी धुरी पर पश्चिम से पूर्व किसी लट्टू की भांति घूमती है और 24 घंटे में एक चक्कर पूरा कर लेती है। पृथ्वी की दैनिक गति (घूर्णन) के कारण रात और दिन होते हैं।

परिक्रमण गति: पृथ्वी अपनी धुरी/अक्ष पर घूमने के साथ-साथ सूर्य के चारों ओर एक अंडाकार मार्ग पर 365 दिन तथा 6 घंटे में एक चक्कर पूरा करती है। पृथ्वी के इस अंडाकार मार्ग को 'भू-कक्षा' कहते हैं। पृथ्वी की यह गति परिक्रमण गति कहलाती है। इस गति के कारण ऋतु परिवर्तन होता है।

घूर्णन के प्रभाव

पृथ्वी के अपने धुरी पर घूर्णन के कारण :

- दिन और रात होते हैं।
- देशांतर और समय में अंतर आ जाता है।
- वायु और तरंगों की दिशा में परिवर्तन होता है।
- दिन में दो बार समुद्र में लहरें उठती हैं।

परिक्रमण के प्रभाव

- पृथ्वी दीर्घवृत्तीय कक्षा में सूर्य की परिक्रमा करती है। पृथ्वी को एक बार सूर्य का चक्कर लगाने में 365.25 दिन लग जाते हैं।
- एक सामान्य वर्ष 365 दिन का होता है जबकि चार वर्षों में 5 घंटे 45 मिनट और 46 सेकंड एक दिन बना देते हैं और हर चौथा वर्ष अधि वर्ष (लीप ईयर) बन जाता है जिसमें 366 दिन होते हैं।
- ऋतु में परिवर्तन मुख्यत: परिक्रमण की वजह से ही होता है।
- परिक्रमण में मुख्यतः निम्न तरह की अवस्थाएं आती हैं जिनमें ऋतु परिवर्तन होते हैं–

21 जून : इस समय उत्तरी गोलार्द्ध में ग्रीष्मकाल होता है जबकि दक्षिणी गोलार्द्ध में शरदकाल होता है। दोपहर में सूर्य की सीधी किरणें कर्क रेखा पर पड़ती हैं।

22 दिसम्बर : इस समय उत्तरी गोलार्द्ध में शरदकाल और दक्षिणी गोलार्द्ध में ग्रीष्मकाल होता है। दोपहर की सीधी किरणें मकर रेखा पर पड़ती हैं।

सम्पात (Equinox) : 21 मार्च और 23 सितम्बर को पृथ्वी का प्रत्येक भाग सूर्य के सामने आ जाता है और सूर्य ठीक भूमध्य रेखा के ऊपर होता है। इन अवस्थाओं में पृथ्वी के प्रत्येक भाग में रात और दिन बराबर होते हैं। 21 मार्च को वसन्त सम्पात (Vernal equinox) और 23 सितम्बर को शरद सम्पात (autumnal equinox) कहते हैं।

अयनवृत्त

अयनवृत्त या क्रांतिमंडल परिवर्तन बिंदु होते हैं। वे उन समानांतरों का हवाला देते हैं जहां यह मान लिया जाता है कि सूर्य की गति रुक गई है और जैसा भी मामला रहे वह उत्तर या दक्षिण की ओर मुड़ गया है। वे 23° उत्तर समानांतर अथवा कर्क क्रांतिमंडल (रेखा) और 23½° दक्षिण समानांतर अथवा मकर क्रांतिमंडल (रेखा) हैं। दोनों काल्पनिक रेखाएं हैं।

स्थानीय समय : यह पद्धति जिसमें हम समय की माप करते हैं वह सौर दिवस की अवधारणा पर आधारित है। वह समय जब एक स्थान पर सूर्य सबसे ऊंचाई पर होता है तो जमीन में गाड़े गए एक लोहे की राड की छाया सबसे छोटी होती है। इस समय हम अपने घड़ी की सुइयों को 12 पर ले जाते हैं। यह स्थानीय समय को इंगित करेगा।

मानक समय : यदि प्रत्येक स्थान का अपना स्थानीय समय हुआ तो प्रशासन एवं अन्य गतिविधियों में काफी भ्रम उत्पन्न हो जाएगा, अतः सामान्य तौर पर किसी देश के लगभग मध्य में स्थित स्थान के स्थानीय समय को उस देश का मानक समय मान लिया जाता है जो सभी स्थानों के लिए सार्वभौमिक रूप से प्रयुक्त होता है। भारत का मानक समय इलाहाबाद के निकट 82½° पूर्वी देशांतर में स्थित एक स्थान का स्थानीय समय है।

हालांकि रूस, अमेरिका आदि जैसे बड़े देशों में पूरे देश के लिए एक ही मानक समय को माना जाना संभव नहीं है। अत: अनेक प्रकार के मानक समय का चयन किया जाता है जो एक सीमित क्षेत्र में प्रयुक्त होते हैं।

चंद्रमा : चंद्रमा पृथ्वी का एकमात्र प्राकृतिक उपग्रह है। इसका व्यास लगभग 3,480 किमी. है तथा इसका द्रव्यमान पृथ्वी का 1/8वां भाग है। सूर्य के संदर्भ में चंद्रमा की परिक्रमा अवधि 29.53 दिन है। इस अवधि को चन्द्रमास कहते हैं। चंद्रमा को अपने अक्ष पर एक बार घूम जाने में 27.32 दिन का समय लगता है। इस तथ्य का पृथ्वी और चंद्रमा के संबंधों पर महत्त्वपूर्ण प्रभाव पड़ता है। इस संबंध के आलोक में हम पृथ्वी से चंद्रमा की एक जैसी कला देखते हैं। चंद्रमा की सतह का केवल 59 प्रतिशत भाग ही पृथ्वी से प्रत्यक्ष रूप से दिखाई पड़ता है।

पृथ्वी की आन्तरिक बनावट

विभिन्न प्रमाणों के आधार पर पृथ्वी की आन्तरिक बनावट को निम्नलिखित तीन परतों में बाँटा गया है :

I. भूपर्पटी (Crust)

भूपर्पटी, पृथ्वी के सबसे ऊपरी भाग को कहते हैं। यह सबसे हल्की परत है, इसका घनत्व 2.7 है। यह ग्रेनाइट शैलों की बनी है और इसमें सिलिका और एल्युमिनियम तत्त्व अधिकता में पाए जाते हैं। इसी वजह से इसका संक्षिप्त नाम 'सियाल' है, जो दो तत्त्वों (सिलिका + एल्युमिनियम) के प्रथम अक्षरों के मिलने से बना है। यह परत महाद्वीपों के नीचे महासागरों की अपेक्षा अधिक मोटी होती है। इस परत की औसत गहराई 60 किमी. से लेकर 300 किमी, तक होती है। इस परत के ऊपरी भाग को स्थलमण्डल के नाम से जाना जाता है, जिसकी मोटाई 100 किमी. तक होती है और घनत्व 3.5 है। इस परत में पोटैशियम, एल्युमिनियम, सोडियम जैसे एसिडिक पदार्थों की बहुलता होती है। इस परत की निचली सीमा मोहोरोविक अन्तराल द्वारा निर्मित होती है। इस अन्तराल में भूकम्पीय तरंगों की गति अचानक बढ़ जाती है, जिसके आधार पर ए. मोहोरोविक महोदय ने 1909 में भूपर्पटी और मैंटल के बीच एक असम्बद्धता स्थापित की। इसी के नाम पर इसे मोहोरोविक या मोहो असम्बद्धता कहा गया है, जिसकी मोटाई 1000 मी. मानी जाती है। भूकम्पीय तरंगों की गति के आधार पर भूपर्पटियों को दो भागों में बाँटा जाता है ऊपरी भूपर्पटी और निचली भूपर्पटी यद्यपि दोनों भूपर्पटी समान रचना वाली हैं, लेकिन इनके घनत्व क्रमशः 2.7 तथा 3.0 होते हैं जो कि दबाव के कारण है। ऊपरी भूपर्पटी में 'पी' तरंगों की गति 6 किमी. प्रति सेकेण्ड होती है, जो निचली भूपर्पटी में बढ़कर 7 किमी. प्रति सेकेण्ड तक हो जाती है।

II. मैंटल (Mantle)

भूपर्पटी से नीचे की परत मैंटल कहलाती है, जो बेसाल्ट शैलों की बनी है। इसमें सिलिका और मैग्नीशीयम तत्त्व अधिकता में पाए जाते हैं इसलिए इसका संक्षिप्त नाम 'सीमा' है। जो दोनों तत्त्वों (सिलिका + मैग्नीशियम) के प्रथम अक्षरों को जोड़कर बनाया गया है। इसका घनत्व 3.10 से 4.75 तक पाया गया है। यह कुछ ठोस और कुछ गले प्लास्टिक की तरह के पदार्थों का बना है। इसकी गहराई 100 किमी. से 1700 किमी. तक मानी जाती है। इस परत के अन्दर पाइरोस्फीयर या मिश्रित मण्डल पाया जाता है, जिसकी मोटाई 1700 किमी. से लेकर 2900 किमी. के आसपास तक होती है। इसका घनत्व 4.75 से 5.00 तक होता है।

भूकम्पीय तरंगों में अचानक वृद्धि होने से यह सूचित हो जाता है कि मैंटल परत की शुरुआत हो गई है। भूपर्पटी के निचले भाग में जहाँ 'पी' तरंगों की गति 6.8 किमी. प्रति सेकेण्ड होती है, वह गति मैंटल में बढ़कर 7.8 किमी. से 8.2 किमी. प्रति सेकेण्ड हो जाती है। मैंटल को दो ऊपरी और निचले भागों में विभाजित किया जाता है। ऊपरी भाग की गहराई मोहो असम्बद्धता से 800 किमी. तक पाई जाती है और निचले भाग की गहराई 800 किमी. से 2,900 किमी. तक पाई जाती है।

III. क्रोड़ (Core)

पृथ्वी का केन्द्रीय क्रोड़ अत्यधिक घनत्व वाले भारयुक्त खनिज पदार्थों से बना है। इस क्रोड़ पदार्थ को 'निफे' (निकिल + लोहा) कहते हैं। भारी धातुओं और सिलिका-युक्त पदार्थों के मिश्रण से बनी एक मोटी परत पृथ्वी के धात्विक क्रोड़ को बाहरी परतों से अलग करती है। इसका घनत्व 11 है। इसकी मोटाई 2,900 किमी. तक है। इसका विस्तार 6900 किमी. के व्यास में है और प्रचुर मात्रा में लोहे की उपस्थिति इस भाग को चुम्बकीय शक्ति प्रदान करती है। क्रोड़ को दो भागों में बाँटा जाता है :

1. **बाह्य क्रोड़**—इस आन्तरिक परत का विस्तार मैंटल की निचली परत 2900 किमी. से 4980 किमी. तक है। यह निकेल और लोहे को मिलाकर बनती है। इस परत की विशेषता है कि इसमें भूकम्प की एस तरंगें नहीं घुस पाती हैं, जो इस बात का प्रमाण है कि यह द्रव स्थिति में है।
2. **आन्तरिक क्रोड़**—क्रोड़ के इस भाग का विस्तार 4900 किमी. से लेकर 6400 किमी. तक है, जो पृथ्वी का केन्द्र है। इसका घनत्व सबसे ज्यादा है जो 13.5 के आस-पास में होता है और इसमें भूकम्प की 'पी' तरंगों की गति करीब 11.5 किमी. प्रति सेकेण्ड तक हो जाती है।

इस प्रकार पृथ्वी की आन्तरिक संरचना के तीन भाग हैं—भूपर्पटी, मैंटल और क्रोड़। पृथ्वी के कुल आयतन का 5 प्रतिशत भाग भूपर्पटी है, 83 प्रतिशत मैंटल और 16 प्रतिशत भाग क्रोड़ है। क्रोड़ का 80 प्रतिशत भाग लोहा एवं निकेल और 20 प्रतिशत सिलिका होता है।

पृथ्वी की पर्पटी के प्रमुख तत्त्व

संख्या	पदार्थ	वजन के अनुसार %
1.	ऑक्सीजन	46.60
2.	सिलिकन	27.72
3.	एल्युमिनियम	8.13
4.	लौह	5.00
5.	कैलशियम	3.63
6.	सोडियम	2.83
7.	पोटैशियम	2.59
8.	मैग्नीशीयम	2.09
9.	अन्य	1.41

वस्तुनिष्ठ प्रश्न

1. पृथ्वी से सूर्य की औसत दूरी है–
A. 915 लाख मील B. 945 लाख मील
C. 930 लाख मील D. 901 लाख मील

2. पृथ्वी के विषुवत रेखीय व्यास की लंबाई है–
A. 7951 मील B. 7927 मील
C. 7910 मील D. 8000 मील

3. पृथ्वी का आयतन लगभग है–
A. 2000 अरब घन किमी॰ B. 1083 अरब घन किमी॰
C. 1500 अरब घन किमी॰ D. 1750 अरब घन किमी॰

4. भूपर्पटी में सबसे अधिक मात्रा में पाए जाने वाले अधातु हैं–
A. सोडियम B. ऐलुमिनियम
C. लोहा D. सिलिकॉन

5. सूर्यातप पृथ्वी पर पहुँचती है-
A. लघु तरंग के रूप में
B. दीर्घ तरंग के रूप में
C. लघु एवं दीर्घ तरंग के रूप में
D. मध्येम तरंग के रूप में

6. पृथ्वी के धरातल तक सौर विकिरण कितना प्रतिशत भाग प्रत्यक्ष या परोक्ष रूप से पहुँच पाता है और अवशोषित होता है?
A. 61% B. 49%
C. 41% D. 51%

7. पृथ्वी सतह का औसत तापमान होता है-
A. 15ºC B. 16ºC
C. 36ºC D. 41ºC

8. सूर्य के सतह का औसत तापमान होता है-
A. 6000ºC B. 5000ºC
C. 4000ºC D. 3000ºC

9. किसी पदार्थ के ऊष्मा तरंगों के संचार द्वारा सीधे गर्म होने को कहते है-
A. संवहन B. विकिरण
C. अभिवहन D. संचालन

10. पृथ्वी के सौर विकिरण के परावर्तित मात्रा को कहते है-

A. एल्विनों B. नूनाटक

C. एल्बिडो D. कॉंकपिट

11. सौर विकिरण का कितना प्रतिशत भाग वायुमंडल द्वारा अवशोषित होता है?

A. 14% B. 34%

C. 14 + 34 = 48% D. 17 + 48 = 65%

12. पृथ्वी द्वारा अवशोषित सौर विकिरण का कितना प्रतिशत भाग सीधे अंतरिक्ष में चला जाता है?

A. 17% B. 15%

C. 19% D. 21%

उत्तरमाला

1	2	3	4	5	6	7	8	9	10
C	C	B	D	A	D	A	A	B	C
11	12								
C	A								

ग्लोब

परिभाषा

ग्लोब, पृथ्वी का त्रिविमीय (3D) प्रतिरूप है। यह पृथ्वी का वह प्रतिरूप है जो पृथ्वी के स्वरूप को लघु रूप में प्रदर्शित करता है। इसके द्वारा पृथ्वी की सही आकृति को दर्शाने के साथ-साथ स्थल तथा जलीय भागों की स्थिति को भी दर्शाया जाता है। पृथ्वी पर किसी वस्तु की अवस्थिति ग्लोब पर सुनिश्चित स्वीकार्य गणितीय सिद्धांतों पर आधारित काल्पनिक रेखाओं से ज्ञात की जाती है।

अक्षांश

भूपृष्ठ पर विषुवत रेखा (Equator) के उत्तर या दक्षिण में एक याम्योत्तर पर किसी भी बिन्दु की कोणीय दूरी, जो पृथ्वी के केन्द्र से नापी जाती है और अंशों, मिनटों व सेकेण्डों में व्यक्त की जाती है, **अक्षांश** कहलाती है। भूमध्य रेखा 0° का अक्षांश है। अक्षांश भूमध्य रेखा से हर स्थान पर समानान्तर रह कर ध्रुव तक अनेक वृत्तों का निर्माण करता है। अक्षांश रेखाएँ 0° से 90° तक पाई जाती हैं। इस तरह 180° अक्षांश होते हैं। दो अक्षांशों के बीच की दूरी 111 किलोमीटर होती है।

देशान्तर

किसी स्थान की कोणीय दूरी, जो प्रधान याम्योत्तर (0° या ग्रीनविच) के पूर्व व पश्चिम में होती है, देशान्तर कहलाती है। यह इन दोनों में से किसी भी दिशा में 180° तक ही मापी जाती है। भूमध्य रेखा एक वृत्त की परिधि है जिसमें 360° देशान्तर होते हैं, 1° देशान्तर की भूमध्य रेखा पर दूरी 111.32 किलोमीटर है जो ध्रुवों की ओर कम होती जाती है एवं ध्रुवों पर 0 किमी. हो जाती है। अत: देशान्तर रेखाएँ भी 360 डिग्री होती हैं। इन्हें *बृहत् वृत्त* भी कहते हैं। इंगलैण्ड के ग्रीनविच स्थान से गुजरने वाली रेखा को 0° देशान्तर रेखा या ग्रीनविच रेखा कहते हैं। इसके पूर्व में 180° तक सभी देशान्तर पूर्वी देशान्तर और ग्रीनविच देशान्तर से पश्चिम की ओर सभी देशान्तर पश्चिमी देशान्तर कहलाते हैं।

गोलार्द्ध

ग्रीनविच से 180° पूर्व तक *पूर्वी गोलार्द्ध* और 180° पश्चिम तक *पश्चिमी गोलार्द्ध* कहलाता है। चूंकि पृथ्वी की आकृति गोलाकार है और वृत्त को 360° में विभाजित किया जाता है। इस प्रकार 360° घूमने में पृथ्वी को एक दिन-रात अर्थात् 24 घण्टे लगते हैं। अत: 1° की दूरी तय करने में पृथ्वी को 4 मिनट लगते हैं।

समय निर्धारण

पृथ्वी के पश्चिम से पूर्व अपनी धुरी पर घूमने के कारण सूर्योदय पूरब से होता है। अत: पूर्व का समय आगे और पश्चिम का समय पीछे रहता है। इसी कारण पृथ्वी के सभी स्थानों पर भिन्न-भिन्न अक्षांशों पर समय भी अलग-अलग होता है। 15° देशान्तर पर 1 घण्टे का अन्तर आ जाता है। 90° देशान्तर पर 6 घण्टे और 180° देशान्तर पर 12 घण्टे और 360° देशान्तर पर 24 घण्टे का अन्तर रहता है। 180° पूर्व व पश्चिम देशान्तर पर 24 घण्टे अर्थात् 1 दिन-रात का अन्तर हो जाता है।

अन्तर्राष्ट्रीय तिथि रेखा

पृथ्वी पर 180° याम्योत्तर के लगभग साथ-साथ स्थल खण्डों को छोड़ते हुए एक काल्पनिक रेखा निर्धारित की गई है, इसे **अन्तर्राष्ट्रीय तिथि रेखा** कहते हैं। इस रेखा को पार करते समय एक दिन बढ़ा अथवा घटाकर तिथि परिवर्तन किया जाता है। जब कोई जलयान पश्चिम की ओर यात्रा करता है तो एक दिन जोड़ दिया जाता है जैसे सोमवार के स्थान पर मंगलवार और तिथि 27 के स्थान पर 28 मानी जाएगी और जब पूर्व दिशा में यात्रा की जाती है तो एक दिन छोड़ दिया जाता है और वहाँ सोमवार के स्थान पर दूसरा दिन भी सोमवार ही होता है और तिथि भी 27 ही रहती है।

मानक समय

पृथ्वी पर किसी स्थान विशेष का सूर्य की स्थिति से परिकलित समय **स्थानीय समय** कहलाता है। स्थानीय मध्याह्न समय उस क्षण को मानते हैं जब सूर्य आकाश में अपनी उच्चतम स्थिति पर पहुँच जाता है और भूमि पर किसी वस्तु की छाया लघुत्तम होती है, जबकि किसी देश के मध्य से गुजरने वाली याम्योत्तर का माध्य प्रामाणिक समय होता है, जो स्थानीय समय की असुविधा के कारण सम्पूर्ण देश के लिए प्रस्तुत होता है, जैसे– भारत के लिए 82½° (इलाहाबाद के समीप नैनी) याम्योत्तर का समय प्रामाणिक समय माना जाता है।

वस्तुनिष्ठ प्रश्न

1. निम्नलिखित में से कौन-सा गलत मिलान है?
   (क) 23½° द. अक्षांश–कर्क रेखा है
   (ख) 66½° द. अक्षांश–मकर रेखा है
   (ग) 23½° द. अक्षांश–आर्कटिक रेखा है
   (घ) 66½° उ. अक्षांश–अंटार्कटिक रेखा है
   A. केवल क B. ख, ग एवं घ
   C. क एवं घ D. उपर्युक्त सभी
2. उत्तरी ध्रुव हमेशा प्रकाश में रहता है?
   A. 23 सितम्बर से 21 मार्च तक
   B. 21 मार्च से 23 सितम्बर तक
   C. 21 जून से 22 दिसम्बर तक
   D. 21 जून को
3. अन्तर्राष्ट्रीय तिथि रेखा कहाँ-से होकर गुजरती है?
   A. 90° पश्चिमी देशान्तर के ठीक सहारे
   B. 180° पूर्व/पश्चिम के सहारे, परन्तु भू-खण्डों से बचकर
   C. 90° पूर्वी देशान्तर के ठीक सहारे
   D. प्रधान देशान्तर के सहारे, लेकिन भू-खण्डों से बचकर
4. निम्नलिखित युग्मों में से कौन-से युग्म सुमेलित नहीं हैं?
   (क) शीत अयनांत – 22 दिसम्बर
   (ख) ग्रीष्म अयनांत – 21 मार्च
   (ग) पतझड़ विषुव – 21 जून
   (घ) वसंत विषुव – 23 सितम्बर
   A. ख, ग एवं घ B. क, ख एवं ग
   C. क, ख एवं घ D. क एवं घ
5. किस वैज्ञानिक ने पृथ्वी को गेंद के समान गोल बताया?
   A. कॉपरनिकस B. गैलीलियो
   C. इरेटॉस्थनीज D. अरस्तू
6. पृथ्वी अपने किस अक्ष तल पर झुका हुआ कोण बनाती है?
   A. 85° B. $66\frac{1}{2}^{\circ}$
   C. 0° D. $23\frac{1}{2}^{\circ}$
7. जब किसी मध्याह्न रेखा पर उत्तरोत्तर सूर्य दो बार गुजरता है तो उसे कहते हैं–
   A. अधिसौर B. पूर्णसौर
   C. सौर दिवस D. उपर्युक्त में से कोई नहीं
8. कौन-सा शब्द पृथ्वी की सूर्य से निकटतम स्थिति को दर्शाता है?
   A. संक्रान्ति B. विषुव
   C. उपसौर D. अपसौर
9. किस दिन पृथ्वी से सूर्य की दूरी निकटतम होती है?
   A. 3 जनवरी B. 22 दिसम्बर
   C. 21 मार्च D. 4 जुलाई
10. जब फिलीपीन्स में 6 बजे अपराह्न का समय होता है तो उस समय पनामा में क्या समय होगा?
    A. 6 बजे अपराह्न B. 6 बजे पूर्वाह्न
    C. 10 बजे पूर्वाह्न D. 2 बजे अपराह्न
11. मकर संक्रान्ति के समय सूर्य किस स्थान पर सीधा चमकता है?
    A. कर्क रेखा पर B. विषुवत रेखा पर
    C. मकर रेखा पर D. ध्रुवों पर
12. विषुवत् रेखा से ध्रुवों की ओर जाने पर ग्रीष्म काल में दिन की अवधि–
    A. बढ़ती है
    B. घटती है
    C. बराबर रहती है
    D. पहले बढ़ती है और फिर घटती है
13. सौर परिवार के निम्न ग्रहों में से कौन-सा ग्रह सबसे अधिक ठंडा है?
    A. बुध B. पृथ्वी
    C. नैप्च्यून D. मंगल
14. जब सूर्य तथा चन्द्रमा के बीच पृथ्वी आ जाती है तब पड़ता है–
    A. पूर्ण ग्रहण B. सूर्य ग्रहण
    C. चन्द्र ग्रहण D. खण्ड ग्रहण
15. किस दिन सूर्य ग्रहण पड़ता है?
    A. पूर्णिमा के दिन B. पंचमी के दिन
    C. नवमी के दिन D. अमावस्या के दिन

उत्तरमाला

1	2	3	4	5	6	7	8	9	10
B	B	B	A	A	B	C	A	A	A
11	**12**	**13**	**14**	**15**					
C	A	C	C	B					

समग्र पर्यावरण : प्राकृतिक एवं मानवीय

प्राकृतिक रूप से वे घटक जो हमारे चारों ओर उपस्थित या पाए जाते हैं, संयुक्त रूप से उन्हें पर्यावरण कहा जाता है। अन्य शब्दों में, वे परिस्थितियां जिसमें कोई वस्तु या व्यक्ति रहता या विकसित होता है, उन्हें पर्यावरण कहते हैं। पर्यावरण उन सभी प्रभावों का कुल योग है जो जीवन एवं चरित्र के विकास को बदलने एवं निर्धारित करने में सहायक हैं।

आधुनिक वैज्ञानिकों ने पर्यावरण की परिभाषा निम्न प्रकार से दी है–''पर्यावरण उन सभी जैविक तथा अजैविक कारकों का समूह है जो हमारे चारों ओर उपस्थित हैं और किसी रूप में जीवों को प्रभावित करते हैं।

वायुमंडल, जलमंडल, स्थलमंडल एवं जीवमंडल पर्यावरण के चार महत्त्वपूर्ण घटक माने गए हैं। ये चारों घटक अंत: संबंधित होने के साथ-साथ परस्पर अवलंबित हैं तथा इन्हें अलग नहीं किया जा सकता। पर्यावरण के इसी गुण को पर्यावरण की समग्रता कहा जाता है।

प्राकृतिक पर्यावरण एक व्यापक संकल्पना है जो सम्पूर्ण ब्रह्माण्ड की द्योतक है परन्तु सामान्यतया यह केवल पृथ्वी तक ही सीमित है और पूर्णतया पृथ्वी के उन भागों से सम्बन्धित है जो मानव के विविध क्रिया-कलापों से प्रभावित होते हैं।

वायुमंडल

पृथ्वी के चारों ओर हवा के विस्तृत भंडार को वायुमंडल कहते हैं। यह सौर विकिरण की लघु तरंगों को पृथ्वी के धरातल तक आने देता है परंतु पार्थिव विकिरण की लंबी तरंगों के लिए अवरोधक बनता है। इस तरह यह ऊष्मा को रोककर विशाल कांच घर की भांति कार्य करता है जिससे पृथ्वी का औसत तापमन 15ºC बना रहता है।

वायुमंडल के संघटक

वायुमंडल अनेक गैसों का मिश्रण है जिसमें ठोस और तरल पदार्थों के कण असमान मात्राओं में तैरते रहते हैं। वायुमंडल में पाई जाने वाली गैसों में नाइट्रोजन की मात्रा सर्वाधिक (78%) है। जबकि ऑक्सीजन की मात्रा 21% और आर्गन की मात्रा 0.93% है। इसके अतिरिक्त जलवाष्प तथा धूल-कण आदि भी वायुमंडल में पाए जाते हैं।

वायुमंडलीय स्तर

तापमान में विविधता के सामान्य अभिलक्षणों के आधार पर वायुमंडल को निम्न वायुमंडलीय स्तरों में विभाजित किया गया है :

1. ***क्षोभमंडल* :** यह पृथ्वी की सतह के सबसे निकट होता है तथा इसका विस्तार 13 किमी. की ऊंचाई तक होता है। क्षोभमंडल में सामान्य तौर पर ऊंचाई के बढ़ते जाने के साथ तापमान घटता जाता है। यह सभी स्तरों में से सबसे घना होता है तथा इसमें जल वाष्प, नमी और धूलकण मौजूद होते हैं। यह पृथ्वी की जलवायु पर सर्वाधिक असर डालता है क्योंकि वायु के द्रव्यमान का 80 प्रतिशत भाग जिससे वायुमंडल बना है, इसी उपमंडल में केंद्रित होता है।
2. ***क्षोभसीमा* :** यह वह सीमा है जो क्षोभमंडल को उसके अनुवर्ती वायुमंडलीय स्तर से अलग करती है जिसे समतापमंडल कहते हैं।
3. ***समतापमंडल* :** यह एक समान तापमान वाला क्षेत्र है जिसकी सीमा पृथ्वी की सतह से 11 किमी. की ऊंचाई से आरंभ होकर 30 किमी. की ऊंचाई तक विस्तृत है। यह जलवाष्प, बादलों और धूलकणों से मुक्त होता है। समतापमंडल के ऊपरी भाग में काफी मात्रा में ओजोन गैस मौजूद होती है जो सूर्य के घातक पराबैंगनी विकिरणों के प्रभाव से मनुष्यों और जीव-जंतुओं को बचाती है।
4. ***मध्यमंडल* :** यह ओजोन से समृद्ध स्तर वाले समतापमंडल से ऊपर स्थित अत्यंत ठंडा क्षेत्र होता है।
5. ***आयनमंडल* :** यह मध्यमण्डल से ठीक ऊपर अवस्थित होता है जिसका विस्तार पृथ्वी की सतह से 50 किलोमीटर ऊपर से 500 किमी. ऊपर तक होता है। इसमें ऊष्मामंडल और बहिर्मंडल शामिल होते हैं। वायुमंडल की इसी परत से रेडियों की तरंगे परावर्तित होती हैं।
6. ***तापमण्डल* :** यह आयनमंडल के मध्यवर्ती स्तर का निर्माण करता है तथा इसका तापमान 100° से. होता है।
7. ***बहिर्मंडल* :** यह वायुमंडल का सबसे ऊपरी स्तर होता है जहां वायु का घनत्व इतना कम होता है कि ऊपर की ओर सीधी दिशा में उठ रहे वायु कण के किसी अन्य अणु से टकराए बिना लगभग 50 प्रतिशत तक वायुमंडल से सीधे निकल जाने की संभावना होती है।

जलमंडल

पृथ्वी का वह भाग जो जल से ढका है उसे जलमंडल (Hydrosphere) कहते हैं। यह पृथ्वी के सबसे बड़े भाग के

रूप में है, जो पृथ्वी के 70.2% के लगभग है। पृथ्वी के समस्त जलीय स्रोतों, जैसे–महासागर, सागर, नदी, झील, तालाब आदि मिलकर जलमंडल बनाते हैं। जल की प्रकृति के आधार पर जलमंडल दो प्रकार के होते हैं, जिन्हें अलवणीय या स्वच्छ जलीय तथा लवणीय जलस्रोत कहते हैं। वे जलस्रोत जिनके जल में प्राकृतिक रूप से लवण घुले होते हैं उन्हें लवणीय जलस्रोत कहते हैं। इनका जल खारा (Salty) होता है और पीने योग्य नहीं होता है। सागर, महासागर और कुछ झीलों का जल खारा (Salty) होता है। पृथ्वी पर कुल जल का 97% भाग खारा जल के रूप में है, खारे जल में लवण की मात्रा 3% से अधिक होती है।

अलवणीय अथवा स्वच्छ जल (Fresh water) का केवल 3% भाग पृथ्वी पर है। इसमें 2% बर्फ की चादरों के रूप में जमा है जबकि 1% स्वच्छ जल मानव के उपयोग का है। अंटार्कटिका पृथ्वी पर सबसे बड़ा बर्फ का पहाड़ है। गर्मी के दिनों में इसका क्षेत्र सिकुड़ता है और सर्दियों में फैलता है, क्योंकि गर्मियों में इसके किनारों की बर्फ पिघलकर स्थलीय भाग में बदल जाती है और सर्दियों में पुन: जम जाती है। जल-चक्र के द्वारा पृथ्वी पर जल की मात्रा का नियंत्रण होता है। वाष्पीकरण (Evoporation) के द्वारा पृथ्वी का जल वायुमंडल में चला जाता है और वर्षा ओले, बर्फ, ओस तथा पाले के रूप में वापस पृथ्वी पर आता है। पृथ्वी पर अधिकांश स्वच्छ जल भूमिगत जल (Ground water) के रूप में पाया जाता है।

स्थलमंडल

पृथ्वी का समस्त बाह्य भूपटल जिस पर सागर, महासागर, नदी एवं नाले आदि पाए जाते हैं उसे भूमंडल अथवा स्थलमंडल (Lithosphere) कहते हैं। स्थलमंडल की मोटाई लगभग 6.370 किमी अनुमानित की गई। दूसरे शब्दों में, यह कहा जा सकता है कि स्थलमंडल वह भाग है जिस पर हम निवास करते हैं, पेड़-पौधे एवं वनस्पति उगते हैं, जिसके अन्दर अनेक प्राकृतिक संसाधन भरे हैं और यह कणयुक्त ठोस पिण्ड के रूप में है। पृथ्वी का लगभग 30% भाग भूमण्डल के रूप में है। भूमंडल का ऊपरी भाग भू-पटल (Crust) कहलाता है। स्थलमंडल के इसी भाग में खनिज संपदा पाए जाते हैं। भूपटल का तापमान 25-35° सेंटीग्रेड होता है। इस भाग का निर्माण चट्टानों के टूटने से हुआ है। भौगोलिक स्थिति तथा बनावट के आधार पर भूपटल के ऊपरी सतह को मुख्यत: निम्न भागों में बांटा गया है–

1. पर्वत : पर्वत उस भूखण्ड को कहते हैं जो आसपास के क्षेत्र की सतह से बहुत ऊंचा हो। पर्वत समस्त पृथ्वी के क्षेत्रफल के 1/10 भाग पर हैं। पर्वतों का इतिहास पृथ्वी पर हुए क्रान्तिकारी चमत्कारों की रोचक कहानी उपस्थित करता है। विभिन्न कालों में इनकी उत्पत्ति तथा इनका विलयन पृथ्वी पर हुए भौतिक एवं लौकिक परिवर्तनों से हुआ है। सागरों की तलहटी से उठी हुई चट्टानों ने ही अधिकांश पर्वतमालाओं को जन्म दिया है। 2000 फीट से कम ऊंचाई वाले पर्वत 'पहाड़ी' कहलाते हैं।

विश्व की सबसे ऊंची पर्वत चोटियां

नाम	शृंखला	स्थान	ऊंचाई (मीटर)
एवरेस्ट	हिमालय	नेपाल-तिब्बत	8,848
गोडविन आस्टिन(के-2)	कराकोरम	भारत (पाक अधिकृत)	8,611
कंजनजंघा	हिमालय	भारत	8,598
लहोत्से	हिमालय	नेपाल-चीन	8,511
मकालू	हिमालय	तिब्बत-नेपाल	8,481
धौलागिरि	हिमालय	नेपाल	8,172
नंगापर्वत	हिमालय	भारत	8,124
अन्नपूर्णा	हिमालय	नेपाल	8,076
गोंसाईनाथ	हिमालय	तिब्बत	8,013
नंदादेवी	हिमालय	भारत	7,817
एंकोंकागुआ	एंडीज	अर्जेंटीना	6,960
मैक्लि	राकी	यूएसए	6,194
किलीमंजारो	सोलिटरी	तंजानिया	5,888
एलबोरस	काकेशियस	सीआईएस	5,633
विंसम मैसिफ		अंटार्कटिका	5,139

2. पठार : पठार पृथ्वी के ऐसे लम्बे-चौड़े भाग हैं जो पृथ्वी की सतह से ऊपर की ओर उठे होते हैं, परन्तु शिखर पर जाकर प्राय: समतल बन जाते हैं। पठारों की ऊंचाई समुद्र तल से एक हजार और तीन हजार फुट के बीच तक होती है। पठार का क्षेत्रफल हजारों मील होता है। भारत में दक्षिण की उच्च भूमि एक पठार ही है। इसे 'दक्षिण का पठार' कहते हैं।

3. रेगिस्तान : रेगिस्तान ऐसे भू-प्रदेशों को कहते हैं, जहां उपज इतनी कम हो कि उसके सहारे इन्सान अपना निर्वाह न कर

सके। अधिकांश रेगिस्तानों में साल में 5 इंच से भी कम वर्षा होती है। संसार के अधिकांश रेगिस्तान 20° और 35° उत्तरी और दक्षिणी अक्षांश के बीच कर्क रेखा और मकर रेखा के पास हैं। धरती के 20 प्रतिशत भाग पर रेगिस्तान फैले हैं।

विश्व के प्रमुख मरुस्थल

नाम	स्थान
अटकामा	उत्तरी चिली
ब्लैक राक	उत्तर-पश्चिम नेवादा (यूएसए)
गोबी	मंगोलिया
ग्रेट साल्ट लेक	नेवादा के ग्रेट साल्ट लेक के पश्चिम में-उटाह, लाइन, यूएसए
कालाहारी	आरेंज और जाम्बेजी नदियों के बीच दक्षिण अफ्रीका में
सहारा	उत्तरी अफ्रीका
थार (भारत)	मुख्यत: राजस्थान, भारत

4. महाद्वीप : ये ऐसे द्वीप हैं जो आज तो समुद्र से घिरे हैं लेकिन प्राचीन काल में निकटवर्ती बड़े भू-भाग से जुड़े थे। भू-भाग एवं द्वीप के बीच की जमीन धंस जाने के कारण अथवा समुद्र के पानी की सतह के ऊपर उठ जाने के कारण इनका स्थलीय संपर्क टूट गया। एशिया, अफ्रीका, उत्तरी अमेरिका, दक्षिणी अमेरिका, यूरोप, ऑस्ट्रेलिया तथा अंटार्कटिका विश्व के सात महाद्वीप हैं। प्रत्येक महाद्वीप में कई देश हैं।

5. द्वीप : ये ऐसे स्थलीय भाग हैं जो चारों ओर से समुद्री जल से घिरे होते हैं एवं कभी भी इनका किसी महाद्वीप से स्थलीय संपर्क नहीं रहा है। द्वीपों का निर्माण ज्वालामुखी अथवा कोरल के द्वारा होता है द्वीप महाद्वीप के अपेक्षा काफी छोटे होते हैं। ग्रीनलैंड, न्यूगिनी, बोर्नियो, मेडागास्कार (क्षेत्रफल के अनुसार घटते क्रम में) आदि कुछ ऐसे ही द्वीपों के उदाहरण हैं।

प्रमुख द्वीप एव उनसे संबद्ध मुख्य बातें

1. **माजूली**–यह असोम में स्थित विश्व का सबसे बड़ा नदी द्वीप है।
2. **जावा**–इंडोनेशिया में स्थित यह विश्व का सर्वाधिक जनसंख्या वाला द्वीप है।
3. **इंडोनेशिया**–यह विश्व के सबसे बड़े द्वीपों का समूह है।

जीवमंडल

जीवमंडल स्थलमंडल, जलमंडल तथा वायुमंडल के बीच का एक छोटा-सा भाग है। यह वह भाग है जहां जीवन मौजूद है। अन्य शब्दों में, पृथ्वी के चारों ओर का वह क्षेत्र जिसमें जीवन की सम्भावना होती है उसे जैवमंडल (Biosphere) कहते हैं। यहां जीवों की अनेक प्रजातियां पाई जाती हैं जो कि सूक्ष्म जीवों से लेकर बड़े स्तनधारी प्रकार की है। मनुष्य सहित सभी प्राणी जीवित रहने के लिए परस्पर तथा जीवमंडल से जुड़े हुए हैं। जीवों के आवास के आधार पर सम्पूर्ण जीवमंडल को तीन भागों में बांटा गया है, ये हैं–जलमंडल, स्थलमंडल एवं वायुमंडल।

मानवीय पर्यावरण

मानवीय पर्यावरण

मानवीय पर्यावरण का सम्बन्ध मानव समाज से है। मानव ने अपने जीवन को बेहतर बनाने के लिए विभिन्न प्रकार के सम्बन्धों, व्यवस्थाओं तथा नीतियों का निर्धारण किया है। उसके द्वारा निर्मित व्यवस्था सम्बन्ध तथा नीतियां ही मानव पर्यावरण के मुख्य तत्व हैं। मानव ने राजतंत्र, लोकतंत्र, निरंकुशता तथा साम्यवाद जैसे जिन व्यवस्थाओं का विकास किया है वह भी मानवीय पर्यावरण का अंग है। सम्बन्धों में माता-पिता, भाई-बहन, चाचा, ताऊ, नाना-नानी, तथा मित्र आदि आते हैं। नीतियों के अन्तर्गत् वे कायदे-कानून तथा मान्यताएं आती हैं जो समय काल तथा आवश्यकता के आधार पर मानव द्वारा निर्धारित की जाती है।

मानव स्थलमंडल पर निवास करता है तथा यहीं से आर्थिक उपार्जन करता है। वह अपनी आधारभूत जरूरतों के लिए जल जलमंडल से प्राप्त करता है। मानव को जीवित रहने के लिए ऑक्सीजन वायुमंडल से प्राप्त होती है। साथ ही वह अपना भोजन भी जीवमंडल से ही प्राप्त करता है। इस तरह स्पष्ट है कि पर्यावरण के सभी तत्व जो मानव द्वारा प्रभावित होते रहते हैं, मानवीय पर्यावरण हैं। पृथ्वी पर पाए जाने वाले सभी जीवों में मानव सबसे विकसित प्राणी है और इसलिए वह अपनी आवश्यकताओं के अनुसार अपना पर्यावरण बदलता रहता है।

वस्तुनिष्ठ प्रश्न

1. वायुमंडल का सर्वाधिक भाग किस मण्डल में स्थित है?
A. क्षोभमण्डल या परिवर्तन मण्डल में
B. समताप मण्डल में
C. आयन मण्डल में
D. ओजोन मण्डल में

2. सूर्य से विकरित अत्यन्त गर्म पराबैंगनी किरणों को वायुमण्डल के किस भाग द्वारा ग्रहण कर लिया जाता है?
A. परिवर्तन मण्डल B. समताप मण्डल
C. आयन मण्डल D. ओजोन मण्डल

3. कौन-सा मण्डल रेडियो तरंगों को परावर्तित करता है?
A. ओजोन मण्डल B. समताप मण्डल
C. परिवर्तन मण्डल D. आयन मण्डल

4. तापमान की स्थिरता वायुमण्डल की किस परत में पायी जाती है?

A. समताप मण्डल B. क्षोभ मण्डल
C. आयन मण्डल D. बाह्य मण्डल

5. वायुमण्डल की किस पेटी को घोड़े के अक्षांश के नाम से जाना जाता है?
A. उपोष्ण उच्च वायुदाब की पेटी
B. ध्रुवीय उच्च वायुदाब की पेटी
C. विषुवत रेखीय निम्न वायुदाब की पेटी
D. उपध्रुवीय निम्न वायुदाब की पेटी

6. जल वाष्प को जल में परिवर्तित करने की क्रिया को क्या कहा जाता है?
A. वाष्पीकरण B. संवहन
C. विकिरण D. संघनन

7. निम्न में से कौन-सा घटते क्रम में सही ढंग से सजा है?
A. वायुमंडल, जलमंडल, स्थलमंडल, आंतरिकमंडल
B. आंतरिकमंडल, जलमंडल, स्थलमंडल, वायुमंडल
C. जलमंडल, वायुमंडल, स्थलमंडल, आंतरिकमंडल
D. उपर्युक्त में से कोई नहीं

8. सूर्य का मध्य भाग क्या कहलाता है?
A. स्थल मण्डल B. समताप मण्डल
C. वर्ण मण्डल D. प्रकाश मण्डल

9. कहां सूर्य की किरणें कभी भी समकोण पर नहीं होंगी?
A. श्रीनगर B. मुम्बई
C. चेन्नई D. तिरुवनन्तपुरम

10. ऑस्ट्रेलिया में सबसे लम्बा दिन होता है?
A. 21 जून को B. 22 सितम्बर को
C. 22 दिसम्बर को D. 23 मार्च को

11. वायुमण्डल मुख्यतः किससे गर्म होता है?
A. पृथ्वी के विकिरण द्वारा
B. पृथ्वी की गति के घर्षण से
C. सूर्य की सीधी किरणों से
D. पृथ्वी के अन्दर की ऊष्मा से

12. जलवाष्प की मात्रा पर सबसे अधिक प्रभाव किसका पड़ता है?
A. तापमान का B. वायु का
C. वर्षा का D. उपर्युक्त में से किसी का नहीं

13. कौन-सी सूर्यताप की क्रिया धूल कणों द्वारा संपन्न नहीं होती?
A. विकिरण B. प्रकीर्णन
C. अवशोषण D. परावर्तन

14. किसी पदार्थ के ऊर्जा तरंगों के संचार द्वारा सीधे गर्म होने की प्रक्रिया कहलाती है–
A. गुप्त ऊष्मा B. संवहन
C. तापमान प्रतिलोमन D. विकिरण

15. समुद्र तल से ऊपर उठने पर तापमान में क्या होता है?
A. तापमान एक स्थापित दर से घटता-बढ़ता है
B. तापमान बढ़ता है
C. तापमान घटता है
D. तापमान स्थिर रहता है

16. वायुमण्डल को अधिकांश तापमान की प्राप्ति किससे होती है?
A. पार्थिव ऊर्जा से B. सूर्य विकिरण से
C. गुप्त ताप से D. लघु तरंग से

17. यदि पृथ्वी और अन्तरिक्ष के बीच से वायुमण्डल को हटा दिया जाए तो आकाश का रंग कैसा होगा?
A. काला B. लाल
C. नीला D. सफेद

18. निम्नलिखित में से कौन-सा वायुमंडलीय परत सबसे घना है?
A. समतापमंडल
B. क्षोभमंडल
C. आयनमंडल
D. उपर्युक्त में से कोई नहीं

19. नीचे सूची-I वर्षा और सूची-II में उनकी प्रकृतियां दी गई हैं। निम्न कूटों की सहायता से सही जोड़े बनाइये–

सूची-I	सूची-II
(क) बौछारों वाली वर्षा	1. संवहनीय
(ख) तेज हवाओं के साथ होने वाली वर्षा	2. चक्रवातीय
(ग) करीब पूर्णतः शान्त वर्षा	3. मानसूनी
(घ) विनाशकारी वर्षा	4. पर्वतीय

कूट :

	(क)	(ख)	(ग)	(घ)
A.	3	4	2	1
B.	1	4	3	2
C.	2	3	1	4
D.	1	4	2	3

20. पूरे साल एक दिशा में प्रवाहित होने वाली पवनें कहलाती हैं–
A. स्थानीय पवनें B. ध्रुवीय पवनें
C. सामयिक पवनें D. सनातनी पवनें

उत्तरमाला

1	2	3	4	5	6	7	8	9	10
A	D	D	A	A	D	A	A	C	A
11	**12**	**13**	**14**	**15**	**16**	**17**	**18**	**19**	**20**
A	A	A	D	C	B	A	B	A	D

वायु

हमारी पृथ्वी के चारों ओर वायु की एक परत (Layer) पाई जाती है जिसे वायुमंडल कहा जाता है। पृथ्वी पर निवास करने वाले सभी जीव-जन्तुओं एवं पेड़-पौधों के जीवन के लिए वायुमंडल की उपस्थिति आवश्यक है। यदि पृथ्वी पर वायुमंडल नहीं होता तो यहां जीवन का विकास नहीं होता। वायुमंडल में स्थित ओजोन गैस (O_3) की परत सूर्य की हानिकारक पराबैंगनी किरणों से हमारी रक्षा करती है।

वायुमंडलीय गैसें

घटक	सूत्र	द्रव्यमान प्रतिशत
नाइट्रोजन	N_2	78.8
ऑक्सीजन	O_2	20.95
आर्गन	Ar	0.93
कार्बन डाइऑक्साइड	CO_2	0.036
निऑन	Ne	0.002
हीलियम	H_2	0.0005
क्रिप्टे	Kr	0.001
जेनन	Xe	0.00009
हाइड्रोजन	H_2	0.00005
ओजोन	O_3	0.0000001

वायुमंडलीय दाब

वायु एक भौतिक वस्तु है जो कि विभिन्नि गैसों का यांत्रिक मिश्रण होती है, न कि रासायनिक यौगिक। उसका स्वयं का भार (Weight) होता है। इस कारण धरातल पर वायु अपने भार द्वारा दबाव डालती है। धरातल पर या सागर तल पर क्षेत्रफल प्रति इकाई (यथा एक वर्ग इंच या एक वर्ग गज आदि) पर ऊपर स्थित वायुमण्डल की समस्त परतों पर पड़ने वाले भार को ही **'वायुदाब'** कहा जाता है। सागर तल पर वायुदाब सर्वाधिक होता है, जहाँ पर एक वर्ग इंच क्षेत्र पर 14.7 पौंड (1 किग्रा. प्रति वर्ग सेमी.) वायुदाब पाया जाता है। वायुदाब के मापन के लिए इंच, सेमी., मिलीबार (mb) का प्रयोग किया जाता है।

वायुमंडलीय दाब को प्रभावित करने वाले कारक

1. तापमान (Temperature) : तापमान वायुमण्डलीय दाब को सबसे अधिक प्रभावित करता है। अधिक तापमान पाकर वायु भी आकार में फैलती है और हल्की होकर ऊपर की तरफ उठती है। अत: उस स्थान का वायुदाब कम हो जाता है। यही क्रिया ठण्डी वायु होने पर ठीक इसके विपरीत होती है। अत: यह स्पष्ट है कि गर्म हवा हल्की तथा विरल होती है तथा ठण्डी हवा भारी तथा सघन होती है। जब तापमान बढ़ेगा तो वायुदाब घटता है और तापमान के घटने पर वायुदाब बढ़ता है।

2. आर्द्रता (Humidity) : आर्द्रता, वायुदाब को प्रभावित करने में महत्त्वपूर्ण तत्वों में से एक है। आर्द्रतायुक्त वायु हल्की होती है जबकि शुष्क वायु में भार अधिक होता है। साधारण तौर से परीक्षण करने के उपरान्त भी ऐसा पाया जाता है कि आर्द्रतायुक्त वायु धरातल से काफी ऊँचाई तक मिलती है। ऊँचाई पर संघनन के उपरान्त वायु आर्द्रता को रोक नहीं पाती और वर्षा कर देती है।

3. ऊँचाई (Height) : वायुमण्डलीय दाब ऊंचाई के अनुसार घटता-बढ़ता है। जैसे-जैसे वायुमण्डल की ऊंचाई बढ़ती जाती है उतना ही वायुदाब सबसे नीचे वाली परत पर बढ़ता जाता है। यही कारण है कि वायुदाब समुद्र तल पर सबसे अधिक पाया जाता है। अधिक ऊँचाई पर जाने से वायुमण्डलीय दाब में तेजी से कमी आती है, क्योंकि अधिक ऊँचाई पर वायु की परतें विरल हो जाती हैं।

4. पृथ्वी की दैनिक गति (Rotation of the Earth) : पृथ्वी की दैनिक गति वायुदाब को विशेष प्रभावित करती है। भ्रमण करती हुई पृथ्वी धरातल पर दाब का अनुपात सन्तुलित रखती है। घूमती हुई पृथ्वी में प्रत्येक वस्तु को अपनी तरफ आकर्षित करने की शक्ति बढ़ जाती है। समस्त वस्तुओं को पृथ्वी अपने केन्द्र की तरफ आकर्षित करती है। उदाहरण के लिए—भूमध्य रेखा पर अधिक गर्म हवाएँ ऊपर उठकर और ठण्डी होकर 30 से 45° अक्षांशों के मध्य उतर आती हैं फिर बाद में धीरे-धीरे पुन: भूमध्यरेखा की तरफ आ जाती है। यही क्रम ध्रुवीय पवनों का भी होता है।

5. दैनिक परिवर्तन की गति (Divinal Charge) : दैनिक परिवर्तन की गति से यह तात्पर्य है कि दिन और रात के समय वायुमण्डलीय दाब तथा तापमान में क्या परिवर्तन होते हैं? बैरोमीटर में यह परिवर्तन की स्थिति तथा दशा अलग-अलग स्थानों पर अलग-अलग पाई जाती है। दिन के समय स्थल भागों पर निम्न वायुदाब एवं सागर पर उससे विपरीत रहता है तथा रात के समय सागर तल पर वायुदाब में इससे कम उतार-चढ़ाव पाया जाता है। इस तरह बैरोमीटर में पारे का दैनिक उतार-चढ़ाव भूमध्यरेखीय प्रदेशों के निकट ही अधिक पाया जाता है।

6. पृथ्वी की गुरुत्वाकर्षण शक्ति (Gravitational Force of the Earth) : गुरुत्वाकर्षण शक्ति के प्रभाव से जो वायु केन्द्र के समीप होगी उसका दबाव उतना ही अधिक होगा। ध्रुवीय प्रदेश पृथ्वी के केन्द्र के अधिक निकट होने के कारण वायुदाब अधिक रता है तथा भूमध्य रेखा पर वायु पृथ्वी के केन्द्र से दूर रहता है अत: इस कारण भी वहाँ वायुदाब बहुत कम रहता है।

पवनों का वर्गीकरण

पवनों की अवधि के अनुसार उन्हें निम्न वर्गों में वर्गीकृत किया जाता है-

I. स्थाई पवनें, II. अस्थाई पवनें तथा III. मानसून पवनें।

I. स्थाई पवनें

जो पवनें वर्ष भर में एक निश्चित दिशा में और एक निश्चित क्रम में चला करती हैं, उन्हें **स्थाई पवनें** कहते हैं। इन्हें **प्रचलित पवन, निश्चित पवन, सनातनी पवन** या **ग्रहीय पवन** भी कहा जाता है।

(अ) अयनवृत्तीय प्रदेशों की पवनें

अयनवृत्तीय प्रदेशों में सामान्य रूप से 30° उत्तर से 30° दक्षिणी अक्षांशों वाले भाग को सम्मिलित किया जाता है, समस्त अयनवृत्तीय भाग में मौसम सम्बन्धी पवनें समान होती हैं तथा भूमध्य रेखा के समीप डोलड्रम या शान्त पेटी होती है। आधुनिक खोजों से ज्ञात हुआ है कि अयनवृत्तीय पेटी में पहले के सभी गुण नहीं मिलते। उनमें कुछ परिवर्तन मिला है। व्यापारिक पवनें उष्ण कटिबन्धीय सागरों के पूर्वी भाग में अधिक चलती हैं।

(i) डोलड्रम या शान्त पेटी—इसका विस्तार भूमध्य रेखा के दोनों ओर 5° उत्तर व दक्षिण तक पाया जाता है। अधिक गर्मी के फलस्वरूप वायु अधिक उष्ण होकर ऊपर को फैलती है। वायु का प्रवाह भूपृष्ठ से ऊपर आकाश की दिशा में होता है। यहाँ अधिकांश समय पवन शान्त रहती है। इसलिए इसे शान्त पेटी अथवा **डोलड्रम** कहते हैं। वायु के शान्त होने के कारण पवन के चलने की दिशा में अनिश्चितता पाई जाती है, किन्तु वास्तव में शान्त प्रदेश सम्पूर्ण पृथ्वी पर एकसमान पेटी में नहीं फैला हुआ है। इनका विस्तार भिन्न ऋतुओं में परिवर्तित होता रहता है। विषुवत् रेखा के निकट इसके तीन उपक्षेत्र हैं—

- हिन्द प्रशान्त डोलड्रम
- भूमध्य रेखा के निकट अफ्रीका के पश्चिमी किनारे पर
- भूमध्य रेखीय मध्य अमरीका के पश्चिमी किनारे पर

(ii) व्यापारिक पवनें—दोनों गोलार्द्धों में अयनवृत्तीय उच्च वायुदाब से विषुवत्रेखीय निम्न वायुदाब की ओर चलने वाली पवनों को व्यापारिक पवनें या सन्मार्गी हवाएँ कहते हैं। उत्तरी गोलार्द्ध में इनकी दिशा उत्तर-पूर्व से दक्षिण-पश्चिम तथा दक्षिणी गोलार्द्ध में दक्षिण-पूर्व में उत्तर-पश्चिम होती हैं। जब ये पवनें चलती हैं, तो फेरल के नियमानुसार उत्तरी गोलार्द्ध में दाईं ओर दक्षिणी गोलार्द्ध में बाईं ओर मुड़ जाती हैं। उपोष्ण कटिबन्ध में अधिक दाब के कारण पवनें धरातल पर उतरती हैं। नीचे उतरने के कारण ये पवनें शुष्क हो जाती हैं और प्रति चक्रावातीय स्थिति उत्पन्न हो जाती हैं।

(ब) अश्व अक्षांश तथा पछुआ पवनें

(i) अश्व अक्षांश—भूमध्य रेखा में पूरे वर्ष उच्च तापमान के कारण हवाएँ ऊपर उठकर फैलती हैं तथा ठंडी होती हैं। ठंडी होकर ये हवाएँ नीचे उतरने की कोशिश करती हैं, किन्तु ऊपर उठती हुई गर्म हवाएँ में बाधा पहुँचाती हैं, फलतः ये व्यापारिक हवाओं के विपरीत दिशा में प्रवाहित होकर भूमध्य रेखा के दोनों ओर 30°-35° अक्षांशों के मध्य नीचे उतरती हैं। इस कारण यहाँ उच्च वायु दाब बनने के कारण चक्रवाती दशाएँ स्थापित हो जाती हैं, पवन का संचार कम हो जाता है और वायुमण्डल में स्थिरता आ जाती है। इस दशा नावों व जहाजों का खेना बड़ा कठिन हो जाता है।

(ii) पछुआ पवनें—ये पवनें 35° से 60° दोनों अक्षांशों के मध्य चलती हैं। इनकी दिशा परिवर्तनशील और वेग प्रचंड होता है। ये कभी-कभी विशेषतः सर्दियों में झंझा का रूप ग्रहण कर लेती हैं। जबकि दक्षिणी गोलार्द्ध में 40° अक्षांश के बाद पछुआ पवनें सर्दी एवं गर्मी दो ऋतुओं में बड़ी तूफानी होती हैं। अतः 40° द० अक्षांश पर **गरजता चालीसा,** 50° द० अक्षांशों पर **भयंकर पचासा** तथा 60° द० अक्षांश पर **चीखता साठा** कहा जाता है।

(स) ध्रुवीय पवनें

ध्रुवों पर पूर्ण विकसित उच्च वायुदाब क्षेत्र हैं। अंटार्कटिक महाद्वीप तथा स्थायी रूप से हिमाच्छादित आर्कटिक सागर का सर्द प्रभाव तापजनित उच्चदाब को जन्म देता है। आधार के समीप सर्द हवा नीचे बैठती और विषुवत रेखा की ओर बहती है, जो शीघ्रता से पूर्व से पश्चिम की दिशा ले लेती हैं। इन्हें ध्रुवीय पवनें कहा जाता है। उत्तरी गोलार्द्ध में इन्हें **नॉर इस्टर्स** कहा जाता है।

II. अस्थाई या सामायिक पवनें

धरातल पर कुछ ऐसी पवनें चलती हैं जो हमेशा एक ही दिशा में नहीं चलतीं, वरन् समय के अनुसार इनकी दिशा बदलती रहती है। इन पवनों को **अस्थाई पवनें** या **सामायिक पवनें** कहते हैं। **ये दो प्रकार की होती हैं :**

(अ) सामयिक पवनें—ये दिन व रात के क्रम से चलने के कारण दैनिक पवनें भी कहलाती हैं। ये तीन प्रकार की होती हैं :

(i) समुद्री समीर—दि न के समय सूर्यातप के कारण धरातल अत्यन्त गर्म हो जाता है। जलीय भाग अपेक्षाकृत ठण्डा रहता है। अतएव धरातल पर न्यून वायु दाब एवं समद्र पर अधिक दाब रहता है। दिन के समय समुद्र से स्थल की ओर पवनें चलती हैं, जिनका प्रभाव तट से 30 या 40 किमी भीतर तक रहता है। नमीयुक्त होने के कारण ये पवनें तटीय भागों के तापमानों को गिरा देती हैं एवं कुछ वर्षा भी कराती हैं।

(ii) स्थलीय समीर—रात्रि के समय धरातल में ताप का विकिरण अधिक होने के कारण धरातल ठण्डा हो जाता है तथा वहाँ अधिक दाब उत्पन्न होता है। किन्तु समुद्री भाग अपेक्षाकृत गर्म होते हैं तथा वहाँ कम वायु दाब रहता है। अतः पवनें स्थल से समुद्र की ओर चलती हैं जो शुष्क होने के कारण वर्षा नहीं करा पातीं।

(iii) पर्वतीय एवं घाटी समीर—पर्वतों एवं घाटियों के मध्य स्थानीय वायु दाब व्यवस्था के कारण पवनें चलती हैं। रात्रि को पर्वतों की ठण्डी व भारी वायु ढालों से नीचे सरक कर घाटी में उतरती हैं। सम्पीड़न के कारण नीचे उतरती हुई वायु का ताप बढ़ता है, अतएव वह घाटी के तापमानों को गिरा देती है। यह 'पर्वतीय पवन' कहलाती है। दिन के समय घाटी से पर्वत शिखरों की ओर उठने वाली वायु 'घाटी पवन' कहलाती है।

(ब) स्थानीय पवन—किसी स्थान विशेष में चलने वाली, विशेष गुणों से युक्त पवनें **स्थानीय पवन** कहलाती हैं। मूलतः ये दो प्रकार की होती हैं-**गर्म** एवं **ठंडी**। विभिन्न स्थानों पर इन्हें विशेष नामों से पुकारा जाता है।

III. मानसून पवनें

मानसून धरातल पर चलने वाली वे हवाएँ हैं जो ग्रीष्म और जाड़े की ऋतुओं में अपनी प्रवाह दिशा बदल देती हैं। **फ्लीचर-वुल्फ** ने मानसून हवाओं की व्याख्या करते हुए कहा है कि "कुछ महाद्वीपों पर ऐसी हवाएँ चलती हैं जो साल के कुछ मौसम में प्रचलित हवाओं के रूप में बदल जाती हैं। ऐसी हवाओं को मानसून कहा जाता है।"

'मानसून' शब्द मूल रूप से अरबी भाषा के 'मौसिम' शब्द से बना है, जिसका तात्पर्य 'मौसम' से होता है। मानसून शब्द का सर्वप्रथम प्रयोग अरब सागर में चलने वाली पवनों के लिए किया गया, जो ग्रीष्म काल में दक्षिण-पश्चिम से तथा शीतकाल में उत्तर-पूर्व की ओर से चलती हैं। तत्पश्चात् ग्लोब पर मौसमी क्रम से चलने वाली सभी पवनों को मानसून कहा गया। उसी आधार पर संसार के उन सभी भागों की हवा को जिनकी दिशा में ऋतुवत परिवर्तन हो जाता है, मानसून कहा गया।

ग्रीष्मकालीन मानसून—21 मार्च के बाद सूर्य उत्तरायण होने लगता है तथा 21 जून को सूर्य कर्क रेखा पर लम्बवत् होता है। इस अवधि में अधिकतम सूर्यातप प्राप्ति के कारण एशिया में बैकाल झील तथा उ. प. पाकिस्तान में न्यून वायुदाब केन्द्र स्थापित हो जाते हैं, इसके विपरीत दक्षिणी हिन्द महासागर एवं उत्तरी-पश्चिमी आस्ट्रेलिया के निकट तथा जापान के दक्षिण में प्रशांत महासागर में उच्च दाब केन्द्र विकसित होते हैं। महासागरों में स्थित उच्च दाब केन्द्रों से स्थलीय निम्न दाब केन्द्र की ओर पवनें चलने लगती हैं, जो आर्द्र होने के कारण वर्षा कराती हैं।

शीतकालीन मानसून—23 सितम्बर के पश्चात् सूर्य दक्षिणायन होने लगता है तथा 22 दिसम्बर को मकर रेखा पर लम्बवत् चमकता है। इसलिए उत्तरी गोलार्द्ध में पश्चिमी पाकिस्तान के निकट उच्च दाब केन्द्र स्थापित होते हैं। निकटवर्ती सागरीय भागों में निम्न दाब केन्द्र विकसित होते हैं। अत: पवनें स्थल से सागर की ओर चलने लगती हैं। शुष्क होने के कारण ये वर्षा नहीं करा पातीं। मध्य अक्षांशों में चक्रवती तूफान जाड़े के मानसून में कई बाधाएँ खड़ी कर देते हैं। इन तूफानों के कारण कुछ वर्षा हो जाती है।

प्रमुख स्थानीय पवन

सीस्टन—पूर्वी ईरान के सीस्टन प्रान्त में ग्रीष्मकाल में प्रवाहित होने वाली तीव्र उत्तरी पवन, जो कभी-कभी 110 किमी प्रति घण्टा की चाल से चलती है, को सीस्टन कहते हैं। इसे 120 दिन की पवन भी कहा जाता है।

सिमून—सहारा तथा अरब के मरुस्थलीय भागों में बसन्त और ग्रीष्म ऋतु में चलने वाली उष्ण, शुष्क, दमघोटू पवन को सिमून कहते हैं। इन पवनों के साथ सामान्यत: रेत की घनी संहतियाँ उड़ती हैं। जिसके कारण दृश्यता कम या बिल्कुल समाप्त हो जाती हैं। कभी-कभी तो इसके मार्ग में पड़ने वाली बालू टिब्बों की आकृतियाँ भी बदल जाती हैं।

सिराको—सहारा मरुस्थल से उत्तरी अफ्रीका, सिसली तथा दक्षिणी इटली से गुजरने वाली अत्यधिक आर्द्र या काफी शुष्क एवं उष्ण दक्षिणी या दक्षिणी-पूर्वी पवन को सिराको कहते हैं। यह भूमध्य सागर से पूर्व दिशा को जाने वाले अवदाबों से पहले चलती है तथा मरुस्थल से चलने के कारण प्रारम्भ में वह शुष्क होती है और इटली पहुँचते-पहुँचते पर्याप्त नम हो जाती है।

दक्षिणी बर्स्टर—न्यू साउथ वेल्स और आस्ट्रेलिया में प्रवाहित होने वाली प्रबल शुष्क पवन जो यहाँ के तापमान को काफी गिरा देती हैं। इनके अन्तर्गत ध्रुवीय वायुराशियाँ सामान्य तथा गर्म क्षेत्रों में प्रवेश कर जाती हैं।

शामल—इराक, ईरान और अरब के मरुस्थलीय क्षेत्र में गर्म, शुष्क और रेतीली पवनें जो उत्तर व उत्तर-पश्चिम से चलती हैं। ये पवनें जून और जुलाई में निरन्तर चलती हैं। इनकी गति 50 किमी प्रति घण्टा होती है। इनके द्वारा जुलाई में रेतीले तूफान आते हैं। बगदाद में हर वर्ष 5 या इससे अधिक रेतीले तूफान इन्हीं पवनों के द्वारा आ जाते हैं।

तूफान—वायुमण्डल में उत्पन्न अत्यधिक तीव्र विक्षोभ, जिसका प्रभाव विशेषत: समुद्र पर अधिक पड़ता है। यह कई प्रकार का हो सकता है; जैसे—तड़ित तूफान, वर्षा तूफान, ओलों का तूफान, बालू का तूफान तथा धूलि तूफान।

संचित वात—वे पवनें, जो पर्वतों से अवरुद्ध होकर दर्रों तथा उच्च पठारों पर तीव्र वेग से बहती हैं।

बाग्यो—फिलीपींस द्वीप समूहों में चलने वाले उष्ण कटिबन्धीय चक्रवातों को बाग्यो कहते हैं।

बर्ग पवन—दक्षिणी अफ्रीका में शीतकाल में पठारी भाग से समुद्र की ओर प्रवाहित होने वाली कोष्ण व शुष्क पवनों को बर्ग पवन कहते हैं।

बर्फानी तूफान—गतिशील हिम का प्रचण्ड तूफान, जो प्राय: अत्यधिक शीत के साथ आता है, बर्फानी तूफान कहलाता है।

बोरा—मध्य यूरोप में उत्तर-पूर्वी पर्वतों से उत्तरी एड्रियाटिक सागर की ओर प्रचण्ड रूप से प्रवाहित होने वाली अतिशीतल शुष्क पवन को बोरा कहते हैं। यह पवन मध्य यूरोप के उच्च दाब क्षेत्र से भूमध्य सागर में विद्यमान निम्न दाब मे प्राय: शीतकाल में चलती है।

प्रचण्ड पश्चिमी पवन—दक्षिणी गोलार्द्ध में 40° दक्षिणी अक्षांश से 65° दक्षिणी अक्षांशों के मध्य पश्चिम या उत्तर-पश्चिम दिशा से तीव्र शक्तिशाली एवं चिरस्थायी प्रवाहित होने वाली पवनें हैं, जो झंझावत का रूप ग्रहण कर लेती हैं, इन पवनों के प्रवाहन के समय आकाश मेघाच्छादित हो जाते हैं और मौसम नव एवं कठोर हो जाता है जिन अक्षांशों के समीप ये प्रवाहित होते हैं, उन्हें नाविक **'तूफानी चालीसा'** कहते हैं।

टाइफून—पश्चिमी प्रशान्त महासागर के तटीय क्षेत्र और चीन सागर क्षेत्र में आने वाले लघु प्रबल एवं भ्रमिल उष्ण कटिबन्धीय तूफान को टाइफून कहते हैं।

विरासेन—पेरु तथा चिली के पश्चिमी तटों पर चलने वाली समुद्री समीर को विरासेन कहते हैं।

पछुआ या पश्चिमी पवनें—35° से 65° उत्तरी व दक्षिणी अक्षांशों के मध्य उपोष्ण उच्च दाब पेटी से शीतोष्ण निम्न दाब

कटिबन्ध की ओर चलने वाली पवनें, जो उत्तरी गोलार्द्ध से दक्षिणी-पश्चिमी दिशा तथा दक्षिणी गोलार्द्ध में उत्तर-पश्चिम दिशा से चलती हैं।

वातावर्त—स्थानीय तापन तथा ऊपर उठने वाली संवहनीय वायु धाराओं के कारण उत्पन्न तीव्र गति से घूमने वाला एक लघु वात स्तम्भ जो कभी-कभी बहुत होता है। इसके मध्य में एक निम्न दाब क्षेत्र पाया जाता है। रेतीले मरुस्थलों में यह धूलित तूफान का रूप धारण कर लेता है।

विलिवाव—मैगेलन के जल संयोजी में स्थायी रूप से चलने वाली प्रचण्ड पश्चिमी पवनों को विलिवाव कहते हैं।

विलि-विलि—आस्ट्रेलिया के उत्तरी-पश्चिमी तट के समीप उत्पन्न होने वाले उष्ण कटिबन्धनीय तीव्र तूफानों को विलि-विलि कहा जाता है।

पवन—धरातल के समानान्तर गतिशील वायु, जिसकी गति एवं दिशा निश्चित नहीं होती, पवन (Wind) कहलाती है।

जोन्डा—अर्जेन्टीना में कोष्ण शुष्क पवन, जो पश्चिम में एण्डीज पर्वतमालाओं से नीचे मैदानों की ओर चलती है। इसे शीत फॉन (Winter Foehn) भी कहते हैं।

चिनूक—उत्तरी अमरीका के रॉकी पर्वत श्रेणियों के पूर्वी ढाल पर अलबर्टा, पश्चिमी सस्केचवान तथा मोण्टाना राज्यों में ढालों से नीचे की ओर शुष्क व कोष्ण दक्षिणी-पश्चिमी पवनें प्रवाहित होती हैं। बसन्त काल में इनकी गर्मी से तापमान यकायक बढ़ जाता है और हिम पिघलना तेजी से प्रारम्भ हो जाता है। इन्हीं पवनों को चिनूक कहते हैं।

फॉन—उत्तरी आल्पस की घाटियों में कोष्ण अत्यधिक शुष्क पवन, जो किसी पर्वत श्रेणी को पार करके प्रति पवन ढालों पर नीचे की ओर उतरती है, फॉन कहलती है।

ग्रेगाले—दक्षिणी यूरोप में भूमध्यसागरीय क्षेत्र के मध्य भाग में उत्तर-पश्चिम अथवा उत्तर-पूर्व दिशा से शीत ऋतु में प्रवाहित होने वाली पवन को ग्रेगाले कहते हैं।

हबूब—उत्तरी एवं उत्तरी पूर्व सूडान में खारतूम के निकट तेज अंधड़ को हबूब कहते हैं। ये हवाएं मई से सितम्बर माह में दोपहर के बाद सायंकाल तक अधिक चलती हैं। इनमें धूल के कारण दृश्यता कम हो जाती है। कभी-कभी तड़ित झंझा के साथ भारी वर्षा भी होती है।

हरमट्टन—पश्चिमी अफ्रीका में और मुख्यत: सहारा में गर्म, अतिशुष्क और धूलिमय चलने वाली प्रबल उत्तर-पूर्वी पवनों को हरमट्टन कहते हैं। ये पवनें कभी इतनी गर्म एवं शुष्क होती हैं कि वृक्षों के तनों में दरार तक पैदा कर देती हैं। ये ही पवनें गिनी तट पर नम ऊष्मा से लोगों को आराम देती हैं और स्वास्थ्यप्रद हो जाती हैं।

पैम्पेरो—अर्जेन्टीना व उरुग्वे के पैम्पास क्षेत्र में चलने वाली ठण्डी तीव्र ध्रुवीय पवनें, जो सामान्यतया अबदाब क्षेत्र से दक्षिण-पश्चिम या दक्षिण दिशा से प्रवाहित होती हैं। ये पवनें रेखीय चक्रवात का रूप धारण कर लेती हैं। कभी-कभी गर्जन के साथ वर्षा और तड़ित झंझा लाती हैं, जिससे पैम्पास क्षेत्र में धूलि उड़ जाती है। अत: इन्हें पैम्पेरो पवनें कहते हैं।

पापागायो—मैक्सिको के तट पर प्रवाहित होने वाली तीव्र शुष्क और शीतल पवनें, जो जाड़े में तापमान कम कर देती हैं और मौसम साफ हो जाता है।

भूमण्डलीय पवनें—भूमण्डलीय पवनों के अन्तर्गत वायुमण्डल की निचली परत में सौर्यताप के अन्तर के कारण (i) विषुवत्‌रेखीय निम्न दाब की पेटी में चलने वाली हल्की पवनें अर्थात् डोलड्रम व्यापारिक पवनें, (ii) उत्तरी गोलार्द्ध में पछुआ और दक्षिणी गोलार्द्ध में गरजता चालीसा तथा (iii) ध्रुवीय क्षेत्रों में ध्रुवीय पवनें इन्हीं के अन्तर्गत सम्मिलित हैं।

पोनन्त—भूमध्यसागरीय क्षेत्र में (विशेषकर कोर्सिका तट पर तथा भूमध्यसागरीय फ्रांस में) प्रवाहित होने वाली पश्चिमी पवनें जो सामान्यत: ठण्डी होती हैं और जिनसे मौसम शुष्क हो जाता है।

सनातन पवन—किसी निश्चित स्थान अथवा क्षेत्र पर वह पवन जो प्राय: एक ही दिशा विशेष से चलती रहती है, **सनातनी पवन** कहलाती है।

पुर्गा—टुण्ड्रा प्रदेश में अलास्का व साइबेरिया क्षेत्र में प्रचण्ड हिम झंझावात या बर्फानी तूफान जो प्राय: उत्तर-पश्चिम दिशा से आते हैं, **पुर्गा** कहलाते हैं।

सैमून—ईरान में प्रवाहित होने वाली फोहन के प्रकार की उष्ण, शुष्क और अवरोही पवन को **सैमून** कहते हैं।

रेतीला तूफान—मरुस्थल अथवा अर्द्धशुष्क क्षेत्रों में प्रवाहित होने वाली आँधी, जिसके कारण प्राय: भू-पृष्ठ पर तथा लगभग 15 मीटर ऊपर तक सघन धूल और रेत कणों के मेघ उड़ते हैं, इसमें उड़ने वाली बालू का अपरदन प्रभाव अत्यधिक होता है।

सुमात्रा—मलक्का जल संयोजी क्षेत्र में उत्पन्न होने वाली रेखीय चक्रवात, जो दक्षिण-पश्चिमी मानसून की अवधि में साधारणतया रात्रि के समय अचानक बहने लगती है और तड़ित तूफानों (Thunder Storms) का रूप धारण कर लेती है।

टालविण्ड—वह घाटी पवन जो घाटी में अर्थात् पर्वत के पार्श्व पर ऊपर की ओर चल रही है।

टेम्पोरल्स—एक प्रकार की कालिक पवन (मानसून पवन) जो दक्षिण-पश्चिम से तीव्र वेग के साथ ग्रीष्मकाल में मध्य अमरीका के प्रशान्त महासागरीय तट पर चलती है।

तड़ित झंझा—वह तूफान जिसके साथ आकाश में बिजली चमकती है, बादल गरजते हैं, भारी वर्षा होती है तथा कभी-कभी ओले पड़ते हैं। यह उस समय आता है, जब भूमि बहुत गर्म हो जाती है और वायु संवहनीय रूप से ऊपर उठती है और अस्थिरता की चरम दशाएँ उत्पन्न हो जाती हैं तथा आसमान पर कपासी वर्षी मेघ छा जाते हैं।

जूरन—जूरा पर्वत से जेनेवा झील तक रात्रि में बहने वाली शीतल शुष्क पवन जूरन कहलाती है।

लीस्टे—मेडिरा और कनारी द्वीपों के निकटवर्ती क्षेत्र में चलने वाली गर्म शुष्क पवन, जो ग्रीष्मकाल को छोड़कर सभी ऋतुओं में पूर्व से प्रवाहित होती है। इसका उद्भव सहारा में होता है और इसके परिणामस्वरूप पवनें निम्न वायुदाब केन्द्र से पूर्व की ओर चलती है।

लेवेन्ट—पश्चिमी भूमध्य सागर, फ्रांस तथा स्पेन के दक्षिणी तटीय भागों में चलने वाली तीव्र पवनें लेवेन्ट कहलाती हैं। ये पवनें नम आर्द्र और वर्षा प्रदान करने वाली हैं, जो सामान्यतया बसन्त ऋतु में चलती हैं।

काराबुरन—मध्य एशिया के तारिम बेसिन में चलने वाली तीव्र उष्ण उत्तर-पूर्वी हवाओं को काराबुरन कहते हैं, ये हवाएँ सामान्य तथा तेज होती है और धूलि भरे तूफानों को जन्म देती हैं। धूलि से आकाश काला पड़ जाता है। मध्य एशिया के लोयस का मैदान इन्हीं हवाओं द्वारा निक्षेपित धूलि से बना है।

कैटाबेटिक पवनें—यह स्थानीय पवन प्राय: विकिरण द्वारा ठण्डी होकर रात्रि के समय पर्वत ढालों से नीचे की ओर बहती है। यह ठण्डी वायु के प्रवाह से भी उत्पन्न होती है, जो हिम टोपों के ढालों से नीचे चलती है।

थल समीर— रात्रि के समय चलने वाली समीर स्थल के विकिरण द्वारा ठण्डी हो जाने के परिणामस्वरूप कोष्ण सागर की ओर चलती है।

नार्दर—संयुक्त राज्य अमरीका के दक्षिण में टैक्सास व खाड़ी तटीय क्षेत्रों में ठण्डी शुष्क तथा प्रचण्ड वेग से चलने वाली पवनें जो 65 से 95 किमी प्रति घण्टा की गति से चलती है। इन पवनों से 24 घण्टों में तापमान लगभग 20° सें. तक गिर जाता है। इनसे उत्पन्न तड़ित झंझा के फलस्वरूप ओले भी गिरते हैं।

ये एक प्रकार की ध्रुवीय पवनें हैं, जो एक ठण्डी वायु संहति के रूप में उत्तरी अमरीकी महाद्वीप से होकर बिना किसी पर्वतीय अवरोध के दक्षिण तक चली आती हैं।

नॉर वेस्टर पवनें—न्यूजीलैण्ड के दक्षिणी द्वीप में पर्वतों से चलने वाली शुष्क एवं गर्म फॉन सदृश पवनें हैं तथा उत्तरी भारत के मैदानी भागों में ग्रीष्म काल में (अप्रैल से जून तक) चलने वाले चक्रवात है। जो कभी-कभी तीव्र तड़ित झंझा के रूप में भारी वर्षा करते हैं और ओले गिरते हैं। इस ऋतु में बंगाल, असम तथा म्यांमार में होने वाली वर्षा अधिकांशत: इन्हीं पवनों से होती है। असम के चाय बागानों को इन पर्वतों से विशेष लाभ है।

मैस्ट्रो—भूमध्यसागरीय क्षेत्र के मध्यवर्ती भाग में चलने वाला उत्तर-पश्चिमी पवन, जो किसी अवदाब के पश्चिमी भाग में अधिक तीव्र गति से चलता है।

मिस्ट्रल—फ्रांस के मध्य मैसिफ के ठण्डे उच्च पठार से भूमध्य सागर की ओर तीव्र गति से चलने वाली ठण्डी शुष्क उत्तरी-पश्चिमी अथवा उत्तरी हवाएँ, जो मुख्यतया रोन डेल्टा तथा लायन्स की खाड़ी में चलती हैं, मिस्ट्रल कहलाती है। ये ठण्डी हवाएँ मध्यवर्ती यूरोप में उपस्थित शीतकालीन प्रति चक्रवात से भी, पश्चिमी भूमध्यसागरीय बेसिन पर उत्पन्न निम्न दाब क्षेत्र की ओर निचली रोन घाटी से होकर बहती हैं। इन हवाओं की औसत गति 60 किमी प्रति घण्टा होती है। परन्तु कभी-कभी ये 130 किमी प्रति घण्टा की गति से भी चलती है।

नार्ट—मध्य अमरीका के संयुक्त राज्य अमरीका में शीत ऋतु में चलने वाली उत्तरी पवनें, जो शीत ऋतु में चलती हैं। इन पवनों से तापमान में 6° से 9° से. तक की गिरावट आ जाती है। इन पवनों से फलों की फसल को काफी नुकसान होता है।

जेट स्ट्रीम

परिवर्तन (क्षोभ) मण्डल की ऊपरी सीमा में सैंकड़ों कि.मी. की चौड़ी पट्टी में पश्चिम से पूर्व दिशा में प्रवाहित होने वाली परिध्रुवीय प्रबल पवन धारा को **जेट स्ट्रीम** कहा जाता है। इस पवन धारा का संचरण दोनों गोलार्द्धों में 20° अक्षांश से ध्रुवों के बीच 7.5 से 20 कि.मी. की ऊँचाई के मध्य होता है।

चक्रवात

चक्रवात, सामान्यत: निम्न वायुदाब का केन्द्र होता है, जिसके चारों ओर संकेन्द्रीय सम वायुदाब रेखाएँ फैली हुई होती हैं। केन्द्र से बाहर की ओर सभी ओर वायुदाब बढ़ता जाता है। फलस्वरूप सभी दिशाओं से हवाएँ भीतर केन्द्र की ओर प्रवाहित होने लगती हैं, परन्तु फेरल के नियम के अनुसार उत्तरी गोलार्द्ध में ये हवाएँ दाईं ओर तथा दक्षिणी गोलार्द्ध में बाईं ओर मुड़ जाती हैं। अत: ये हवाएँ केन्द्र तक पहुँचने की अपेक्षा उसकी परिक्रमा करने लगती हैं। उत्तरी गोलार्द्ध में इन हवाओं की दिशा घड़ी की सुइयों के विपरीत तथा दक्षिणी गोलार्द्ध में अनुकूल होती है। चक्रवातों की आकृति प्राय: गोलाकार या वी (V) आकार के समान होती है।

प्रति चक्रवात

प्रति चक्रवात वृत्ताकार सम वायुदाब रेखाओं द्वारा घिरा एक ऐसा प्रक्रम है जिसके केन्द्र में वायुदाब उच्चतम होता है और बाहर की ओर क्रमशः घटता जाता है, अत: इसमें हवाएँ केन्द्र से परिधि की ओर चलती हैं। प्रतिचक्रवात भूमध्य रेखीय प्रदेशों में कम उत्पन्न होते हैं। परन्तु उपोष्ण कटिबन्धीय उच्च दाब क्षेत्रों में अधिक उत्पन्न होते हैं। प्रति चक्रवात में मौसम साफ होता है और हवाएँ मन्द गति से चलती हैं।

वस्तुनिष्ठ प्रश्न

1. निम्नलिखित सूची-I को सूची-II में दिये गये तथ्यों से उचित मिलान कीजिए–

सूची-I	सूची-II
(क) समताप रेखाएं	1. कम हवा के दबाव वाली रेखा
(ख) समवर्षा रेखाएं	2. पहाड़ों पर पाई जाने वाली बर्फ की निम्न रेखा
(ग) समदाब रेखाएं	3. समान तापक्रम वाले स्थानों को जोड़ने वाली रेखा

(घ) हिम रेखाएँ	4. समान वर्षा के स्थानों को जोड़ने वाली रेखा
	5. हवा के समान दबाव वाले स्थानों को जोड़ने वाली रेखा

कूट :

	(क)	(ख)	(ग)	(घ)
A.	2	3	4	5
B.	3	4	5	2
C.	1	3	2	4
D.	5	4	2	1

2. कौन-सी स्थायी पवन है?

A. स्थल समीर B. सिंधु समीर

C. मानसून D. पछुआ पवनें

3. व्यापारिक हवाएं किन अक्षांशों के बीच बहती हैं?

A. अश्व अक्षांशों से विषुवत रेखा की ओर

B. भूमध्य रेखा से उष्ण कटिबंध की ओर

C. उष्ण कटिबंध से ध्रुवीय क्षेत्रों की ओर

D. ध्रुवीय क्षेत्रों से उष्ण कटिबंध की ओर

4. अत्यधिक वर्षा प्रदान करने वाले मेघ कौन-से हैं?

A. कपासी मेघ B. वर्षी मेघ

C. स्तरी मेघ D. पक्षाभ मेघ

5. आल्पस पर्वत की उच्च श्रेणियों से उतरकर घाटियों में कौन-सी पवनें बहती हैं?

A. चिनुक B. फोहन

C. बोरा D. सिरोको

6. किसी वायु के निश्चित आयतन पर उसमें उपस्थित आर्द्रता को क्या कहा जाता है?

A. विशिष्ट आर्द्रता B. सापेक्ष आर्द्रता

C. निरपेक्ष आर्द्रता D. उपर्युक्त में से कोई नहीं

7. भारत के उत्तरी राज्यों में शीत ऋतु में वर्षा किस प्रकार होती है?

A. संवहनीय B. चक्रवातीय

C. मानसूनी D. पर्वतीय

8. मानसून शब्द का क्या अर्थ है?

A. पवनों के दिशा का बदलना

B. पवनों का बहुत धीमी गति से बहना

C. पवनों का सदैव एक ही ओर बहना

D. पवनों का बहुत धीमी गति से बहना

9. फेरल के नियम के अनुसार पवनें अपनी दिशा किस ओर बदलती हैं?

A. उत्तरी गोलार्द्ध में बाईं ओर एवं दक्षिणी गोलार्द्ध में दाईं ओर

B. उत्तरी गोलार्द्ध में दाईं ओर तथा दक्षिणी गोलार्द्ध में दाईं ओर

C. उत्तरी गोलार्द्ध में दाईं ओर तथा दक्षिणी गोलार्द्ध में बाईं ओर

D. उत्तरी गोलार्द्ध में बाईं ओर तथा दक्षिणी गोलार्द्ध में दाईं ओर

10. वृष्टि छाया प्रदेश किसे कहा जाता है?

A. पर्वतों के पवन विमुख ढाल को

B. वर्षाविहीन क्षेत्र को

C. पर्वतों के पवनामुख ढाल को

D. पर्वतों के गिरिपद को

11. पछुआ वे अपरिवर्तनीय हवाएं हैं, जो उत्तरी गोलार्द्ध में दक्षिण-पश्चिम से व दक्षिणी गोलार्द्ध में उत्तर-पश्चिम से बहती हैं–

A. भूमध्य रेखा की ओर

B. ध्रुवों की ओर

C. ध्रुवों और भूमध्य सागर के दोनों ओर

D. उपर्युक्त में से किसी भी ओर नहीं

12. उच्च दबाव वाली हवाएं, जो केन्द्र से बाहर की ओर चलती हैं, क्या कहलाती हैं?

A. स्थानीय हवाएँ B. चक्रवात हवाएँ

C. प्रति चक्रवात हवाएँ D. उपर्युक्त में से कोई नहीं

13. निम्नलिखित में संवहन क्या है?

A. यह एक ऐसी प्रक्रिया है, जिसमें ऊर्जा का हस्तांतरण वायु व जल राशियों की गति द्वारा होता है

B. यह प्रक्रिया किसी भी तापमान के क्षेत्र में सम्पन्न होती है

C. यह सौर ऊर्जा के हस्तांतरण की एक अत्यंत सूक्ष्म प्रक्रिया है

D. इनमें से कोई नहीं

14. उस तूफान को क्या कहा जाता है, जिसमें पवनें नीचे से ऊपर की ओर चलती हैं?

A. प्रति चक्रवात B. तड़ित-चक्रवात

C. वाताग्र D. टाइफून

निर्देशः (प्रश्न सं. 15 से 20 तक)

A. (A) तथा (R) दोनों सही हैं, तथा (R), (A) का सही स्पष्टीकरण है।

B. (A) एवं (R) दोनों सही हैं, परन्तु (R), (A) का सही स्पष्टीकरण नहीं है।

C. (A) सही है, परन्तु (R) गलत है।

D. (A) गलत है, परन्तु (R) सही है।

15. **कथन (A) :** विषुवत रेखा के दोनों ओर 5° अक्षांश तक एक निम्न वायुदाब की पेटी पायी जाती है।

कारण (R) : इस डोलड्रम की पेटी में रात के समय संवहन धाराएं चलती हैं।

16. **कथन (A) :** उत्तरी गोलार्द्ध में पवन प्रतिरूप दक्षिणावर्त तथा दक्षिणी गोलार्द्ध में पवन प्रतिरूप वामावर्त होते हैं।

कारण (R) : उत्तरी तथा दक्षिणी गोलार्द्धों में पवन-प्रतिरूपों की दिशाओं का निर्धारण कोरिओलिस प्रभाव से होता है।

17. **कथन (A) :** पश्चिमी यूरोप में वर्षा तटीय क्षेत्रों से आन्तरिक क्षेत्रों की ओर घटती जाती हैं।

18. **कथन (A) :** उष्ण मरुस्थल निरापवाद रूप से व्यापारिक पवन की पट्टियों में महाद्वीपों के पश्चिम की तरफ पाये जाते हैं।

कारण (R) : उष्णकटिबंधीय पट्टियों में जहां व्यापारिक पवन चलते हैं, वर्षा करने वाली आर्द्रतायुक्त हवाओं को रोकने हेतु पश्चिम की तरफ वस्तुतः उच्च स्थल नहीं हैं।

19. **कथन (A) :** प्रति चक्रवाती स्थितियां शीतऋतु में तब बनती हैं, जब वायुमंडलीय दाब उच्च होता है और वायुताप निम्न होता है।

कारण (R) : उत्तर भारत में शीतकालीन वर्षा से निम्न तापों वाली प्रति चक्रवाती स्थितियां पैदा होती हैं।

20. **कथन (A) :** दोनों गोलार्द्धों के 60°-65° अक्षांशों में उच्च दाब के बजाय निम्न दाब पट्टिका होती है।

कारण (R) : निम्न दाब क्षेत्र भूमि पर नहीं, बल्कि महासागरों पर स्थायी होते हैं।

उत्तरमाला

1	2	3	4	5	6	7	8	9	10
B	D	A	B	B	C	B	A	C	A
11	**12**	**13**	**14**	**15**	**16**	**17**	**18**	**19**	**20**
B	C	A	B	C	D	A	B	C	C

जल

जल एक यौगिक है। यह हाइड्रोजन का एक ऑक्साइड है तथा इसका रासायनिक सूत्र H_2O होता है, अर्थात् जल के एक अणु में हाइड्रोजन के दो परमाणु तथा ऑक्सीजन का एक परमाणु होता है। जल द्वारा ही हमारे शरीर का 65 प्रतिशत भाग निर्मित है। जल जीवन के लिए अति आवश्यक घटक है तथा इसके बिना जीवन सम्भव नहीं है।

जल के प्रकृति के आधार पर इसे दो भागों में बांटा जाता है–मृदु जल और खारा/कठोर जल।

मृदु जल : वह जल जो साबुन के विलयन के साथ शीघ्रता से झाग देता है मृदु जल कहलाता है। उदाहरणार्थ–आसुत जल, वर्षा का जल एवं अवलवणीय जल।

कठोर जल : वह जल जो शीघ्रता से साबुन के विलयन के साथ झाग नहीं देता है कठोर जल कहलाता है। उदाहरणार्थ–समुद्र का जल, नदी का जल, कुएं का जल तथा नल का जल।

जल के स्रोत

जल के मुख्यत: दो स्रोत हैं–भूमिगत जल एवं धरातलीय जल।

भूमिगत जल

यह वह जल राशि है जो धरातल के नीचे पाई जाती है तथा उन चट्टानों में स्पंज की भांति संग्रहीत रहती है जो चट्टानें प्रवेश्य होती हैं। भूमिगत जल का दोहन कुएं एवं नलकूप आदि के रूप में किया जाता है। भूमिगत जल के स्रोत हर क्षेत्र में समान नहीं हैं। पंजाब, हरियाणा, उत्तर प्रदेश, बिहार, प. बंगाल एवं तटीय मैदानों में जहां इसकी स्थिति अच्छी है वहीं आग्नेय एवं कायान्तरित शैलों वाले इलाकों (दक्षिणी भारत, छोटानागपुर एवं अरावली) में भूमिगत जल की स्थिति अच्छी नहीं है। वहां भूमिगत जल या तो इन चट्टानों की संधियों में या ऊपरी चट्टानों के अनावृत्तिकरण हुए भागों में मिलता है अथवा नहीं मिलता। अत: इनमें नलकूपों का निर्माण सम्भव नहीं है।

धरातलीय जल

धरातलीय जल स्रोतों में मुख्यत: नदी, झील एवं समुद्री/सागरीय जल मुख्य हैं।

नदी : नदी जल लवणीय जल का उदाहरण है। नदी जल का उपयोग सिंचाई कार्यों के अतिरिक्त उद्योग-धंधों के लिए भी उपयोग होता है। नदी जल को शोधन के पश्चात् पेयजल के रूप में इस्तेमाल किया जाता है।

झील : झीलों से प्राप्त जल का भी सिंचाई एवं पेयजल के रूप में इस्तेमाल किया जाता है।

सागरीय जल : पृथ्वी का दो-तिहाई से अधिक भाग (71.1%) जल से ढका है। इस जल का 97% सागरों से मिलता है, जो खारा (नमकीन, लवणयुक्त) होता है। खारा होते हुए भी महासागरीय जल महत्त्वपूर्ण है क्योंकि वायुमंडल को अधिक जलवाष्प इसी से प्राप्त होता है। ये जलवाष्प बादल बनकर वर्षा करते हैं और पुन: महासागरों में पहुंच जाते हैं। वर्षा जल खारा नहीं होता, भूमि पर गिरकर उससे नमक का अंश प्राप्त कर जब महासागरों में पहुंचता है तो उसमें कुछ खारापन आ जाता है। लाखों करोड़ों वर्षों से महासागरों में वाष्पन और वर्षा जल का पहुंचना जारी है, अत: नमक की मात्रा बढ़ती जा रही है। वाष्पन में नमक का अंश ऊपर नहीं जाता, वह महासागरीय जल में ही पड़ा रहता है।

जल संरक्षण तकनीकें

जल संरक्षण के लिए यह आवश्यक है कि पृथ्वी पर होने वाली वर्षा से जल को प्राप्त करके, उसके अपवाह को नियमित किया जाए तथा जलाशयों में जल का निश्चित भण्डारण करके उससे अधिकतम उपयोगिता प्राप्त की जाए। जैसे ही वर्षा का जल भूतल पर गिरता है, यदि तभी उसकी अधिकाधिक मात्रा को भूमि के अंदर जाने के लिए अनुकूल दशाएँ प्राप्त कराई जाएँ तो इससे जहाँ भूमिगत जल मात्रा में वृद्धि होगी, वहीं वाष्पीकरण कम होगा और मृदा में नमी बनी रहेगी। इसके लिए भूमि पर वृक्षारोपण अति आवश्यक है, क्योंकि वृक्षों की जड़ें जो जल को अवशोषित करती हैं, जिससे भूमि में जल का संचय होता है। वनाच्छादित भूमि पर गिरने वाला जल वहाँ फैले पोषक पदार्थों के अवशोषण द्वारा भूमि में प्रवेश पा जाता है। तीव्र वर्षा जल का सतह पर धीमी गति से प्रवाहित हो पाता है। अत: वन एक ऐसे प्राकृतिक साधन हैं जो अपवाह को नियमित एवं संरक्षित करने में सहायक होते हैं। इसके अतिरिक्त जल संरक्षण के लिए निम्न उपाय आवश्यक हैं :

I. जल का पुनर्वितरण (Redistribution of Water) : कुछ भागों में जल काफी वृहत्त मात्रा में पाया जाता है, जबकि कुछ क्षेत्रों में आवश्यकता से बहुत कम जल उपलब्ध है। अत: यह आवश्यक हो गया है कि जल का पुनर्वितरण किया जाए।

II. भूमिगत जल का विवेकपूर्ण प्रयोग (Rational Use of Underground Water) : पृथ्वी पर अधिकतर जलापूर्ति भूमिगत जल के द्वारा होती है। अत: इसके विवेकपूर्ण प्रयोग वर्षा के जल की कमी की क्षतिपूर्ति कर सकता है। वर्तमान में सिंचाई

के लिए भारत सहित विश्व के विभिन्न देशों में सिंचाई हेतु भूमिगत जल का प्रयोग किया जा रहा है। यह मुख्यत: शुष्क और अर्द्ध शुष्क जलवायु के देशों में जहाँ सतही जल की पूर्ति सीमित है, सिंचाई हेतु प्रयुक्त हो रहा है। वर्तमान में भूमिगत जल के अत्यधिक शोषण अर्थात् नवीनीकरण से अधिक शोषण के परिणामस्वरूप कुछ भागों में प्रतिकूल पारिस्थितिक परिणाम सामने आए हैं, जैसे भूमिगत जल का स्तर (Water level) घट जाना, लवण युक्त जल का अन्तर्वेधन (Intrusion) भूमितल का अवनमन (Subsidence) आदि। अत: जहाँ एक तरफ भूमिगत जल का शोषण नियन्त्रित होना आवश्यक है वहीं दूसरी तरफ भूमिगत जल के नवीनीकरण हेतु वन और मृदा से संबंधित प्राकृतिक तत्वों का क्षरण भी आवश्यक है।

III. भूतापीय जल का प्रयोग (Use of Geothermal Water) : यह एक ऐसे प्रकार का जल है जो पृथ्वी के भीतर से गहरी खुदाई के पश्चात् प्राप्त होता है। इस गर्म जल के द्वारा भूतापीय विद्युत प्लाण्टों को लगाकर विद्युत का निर्माण किया जा सकता है। इन गृहों को गर्म जल की प्राप्ति के लिए तथा पशुधन प्रजनन (Livestock breeding) फार्मों पर उपयोग में लाया जा सकता है।

IV. जल का प्रदूषण से बचाव (Protection of Water from Pollution) : संसार में जनसंख्या की वृद्धि और उद्योगों एवं परिवहन साधनों के तीव्र विकास ने, न केवल जल के उपयोग में अधिक वृद्धि की है बल्कि इसने नदियों, झीलों तथा संसार के समुद्रों तक में प्रदूषण को बढ़ावा दिया है।

वस्तुनिष्ठ प्रश्न

1. पृथ्वी पर उपस्थित जल का कितने प्रतिशत महासागरों में स्थित है?
A. 97% B. 82.9%
C. 80.9% D. 79.8%

2. संसार का सबसे बड़ा महासागर कौन-सा है?
A. प्रशान्त महासागर B. अटलांटिक महासागर
C. आर्कटिक महासागर D. हिन्द महासागर

3. महासागर की जलधाराओं का एक प्रभाव यह होता है कि वे–
A. जल को समान रूप से बांटती हैं
B. तटीय जलवायु को सम बनाती हैं
C. जलीय तापमान का समान वितरण करती हैं
D. उपर्युक्त में से कोई नहीं

4. समुद्री जल के खारे होने का एक महत्त्वपूर्ण लाभ क्या है?
A. इससे समुद्र का पानी नहीं जमता है
B. इससे लोगों को नमक उपलब्ध होता है
C. समुद्र के पानी का घनत्व नीचा हो जाता है
D. उपर्युक्त में से कोई नहीं

5. सामुद्रिक धाराओं की उत्पत्ति के लिए कौन-सा कारक जिम्मेदार नहीं है?
A. महासागरीय तल की बनावट
B. जल के घनत्व में अंतर
C. वायुदाब तथा हवाएं
D. पृथ्वी का गुरुत्वाकर्षण एवं परिभ्रमण

6. महासागरीय लवणता का औसत प्रतिशत क्या है?
A. 30% B. 34%
C. 35% D. 37%

7. महासागर, उच्चावच के आधार पर चार भागों में विभाजित है। इसमें सर्वाधिक क्षेत्र किस उच्चावच द्वारा घिरा हुआ है?
A. महासागरीय गर्त B. गंभीर मैदान
C. महाद्वीपीय मग्नतट D. महाद्वीपीय ढाल

8. निम्नलिखित में से कौन-सी तीन गर्म धाराएं हैं?
A. गल्फ स्ट्रीम, मोजाम्बिक, आयोशिवा
B. क्युरोशिवो, गल्फ स्ट्रीम, मोजाम्बिक
C. कैलीफोर्निया, क्युरोशिवो, क्युराइल
D. गल्फ स्ट्रीम, क्युराइल, क्युरोशिवो

9. समुद्र की गर्म धाराएं–
A. भूमध्य रेखा की ओर जाती हैं
B. कर्क रेखा तथा मकर रेखा के बीच चलती हैं
C. ध्रुवों की ओर जाती हैं
D. उष्ण कटिबंध की ओर जाती हैं

10. उत्तरी अमेरिका में न्यूफाउण्डलैंड के पास का समुद्री भाग सामान्यतया कुहरे से घिरा रहता है। इसका कारण क्या है?
A. इस क्षेत्र से लेब्रोडोर की ठंडी समुद्री धारा बहती है
B. इस क्षेत्र के समीप से गल्फ स्ट्रीम की गर्म समुद्री धारा बहती है
C. इस क्षेत्र के समीप गल्फ स्ट्रीम गर्म धारा एवं लेब्रोडोर ठंडी धारा का मिलन होता है
D. उपर्युक्त में से सभी

11. हम्बोल्ट धारा किस तट के नजदीक से बहती है?
A. अफ्रीका के पूर्वी तट
B. एशिया के पूर्वी तट
C. दक्षिणी अमेरिका के पश्चिमी तट
D. अफ्रीका के पश्चिमी तट

12. उस सागर का नाम बताइए, जिसकी सीमाएं तीन महाद्वीपों को स्पर्श करती हैं?
A. अरब सागर B. कैरेबियन सागर
C. भूमध्य सागर D. लाल सागर

13. कौन-सा महासागर अंग्रेजी S अक्षर की आकृति के समान है?
A. हिन्द महासागर B. अटलांटिक महासागर
C. प्रशान्त महासागर D. आर्कटिक महासागर

14. महाद्वीपों के विस्तृत चबूतरे को सामुद्रिक वैज्ञानिकों ने क्या नाम दिया है ?

A. गहन सागरीय मैदान B. महाद्वीपीय मग्न ढाल
C. महाद्वीपीय मग्न तट D. सामुद्रिक मग्न तट

15. सागरों में जीव-जंतुओं की अस्थियां, मछली के अवशेष, सीप तथा स्पंज आदि के निक्षेप क्या कहलाते हैं?
A. टेरीजेनियस निक्षेप B. सागरीय निक्षेप
C. पैलेजिक निक्षेप D. नेरेटिक निक्षेप

16. कौन-सा तत्त्व सामुद्रिक तापमान के वितरण को सबसे अधिक प्रभावित करता है?
A. समुद्री धाराएं B. प्रचलित पवनें
C. अक्षांश D. स्थल तथा जल का वितरण

17. सागरीय जल की लवणता में सर्वाधिक प्रतिशत किसका होता है?
A. मैग्नीशियम सल्फेट B. कैल्सियम सल्फेट
C. सोडियम क्लोराइड D. मैग्नीशियम क्लोराइड

18. महासागरीय जल में प्रायः कितने प्रकार की गतियां होती हैं?
A. चार B. दो
C. तीन D. पांच

19. प्रत्येक ज्वार के बाद भाटा आने में कितना समय लगता है?
A. 6 घण्टे 13 मिनट B. 6 घण्टे
C. 6 घण्टे 15 मिनट D. 6 घण्टे 52 मिनट

20. विश्व की प्रमुख अवरोधक प्रवालभित्ति (ग्रेट बैरियर रीफ) कहाँ पर स्थित है?
A. ऑस्ट्रेलिया के पूर्वी तट के सहारे
B. उत्तरी अमेरिका के पश्चिमी तट के सहारे
C. ऑस्ट्रेलिया के पश्चिमी तट के सहारे
D. अफ्रीका के पूर्वी तट के सहारे

उत्तरमाला

1	2	3	4	5	6	7	8	9	10
A	A	B	A	A	C	B	B	C	C
11	**12**	**13**	**14**	**15**	**16**	**17**	**18**	**19**	**20**
C	C	B	C	D	C	C	C	A	A

मानव पर्यावरण : अधिवास, परिवहन एवं संचार

मानव ने अपने पर्यावरण के साथ समय के अनुसार तालमेल करके उसे अपने अनुकूल बनाया है। मानव अपने आस-पास में विभिन्न क्रियाएं जैसे–अधिवास, यातायात, संचार आदि करता रहता है जो उसके लिए एक उपयुक्त वातावरण का निर्माण करती है।

अधिवास

अपनी मूलभूत आवश्यकताओं को पूरा करने के लिए मानव समाज को अनेक आर्थिक-सामाजिक संगठनों और संस्थाओं को स्थापित करना पड़ा है। इन संगठनों और संस्थाओं को मूर्त रूप प्रदान करने और भौतिक परिवेश के अनुकूल बनाने में उसे अपने कौशल और पराक्रम में सांस्कृतिक भूदृश्यावली की रचना करनी पड़ी है। सामूहिक और सहकार निवास की भावना ने ऐस भूदृश्य की रचना में सबसे ज्यादा सहयोग प्रदान किया है। पृथ्वी तल पर मानव अधिवासों का निर्माण सांस्कृतिक भूदृश्य की रचना का प्रथम सोपान कहा जाता है।

सिंधु घाटी सभ्यता के प्रतीक हड़प्पा आदि नगरों के खंडहरों से यह ज्ञात होता है कि उस समय का मानव समाज अधिवास रचना में काफी दक्ष हो गया था। आज महानगरों की रचना द्वारा मानव अपने विकास और समृद्धि को प्रदर्शित करने लगा है और भविष्य में अंतरिक्ष अधिवास की भी कल्पना करने लगा है। स्पष्ट है कि आदि काल से आधुनिक काल तक मानव निरन्तर अपने आवास और अधिवास को सुनियोजित और परिष्कृत करता रहा है। आदिवासी जातियां इस दौड़ में पीछे रही हैं क्योंकि उनके लिए आवास और अधिवास मात्र आश्रय हैं, जबकि सभ्य समाज के लिए अधिवास बहुउद्देशीय होता है। अधिवासों की रचना गृह निर्माण से प्रारम्भ होती है जिसके सहयोगी अंग मार्ग, गोदाम, पशुशाला, धार्मिक स्थल, शिक्षा संस्थान, मनोरंजन केंद्र, खेत और खलिहान, बाग और कुआं आदि होते हैं। जिस भूभाग पर इनकी स्थापना होती है अधिवास कहलाता है। इसका चुनाव अनेक मानवीय और भौतिक कारकों को ध्यान में रखकर किया जाता है।

अधिवासों के वर्ग

क्रमागत विकास के आधार पर अधिवासों को चार वर्गों में बाँटा गया है–

1. छोटे अधिवास–ये बिखरे हुए एकाकी गृह होते हैं, जिनका भौगोलिक व्यक्तित्व अति सीमित रहता है।

2. साधारण अधिवास–ये पुरवा या छोटे गाँव होते हैं, जो विकास की प्रारंभिक अवस्था में रहते हैं। समीपवर्ती क्षेत्र से इनका संबंध अत्यंत सीमित होता है। इस तरह के अधिवास अपनी अनेक आवश्यकताओं की पूर्ति के लिए आत्मनिर्भर रहते हैं। आदिवासी गाँव इसका उत्तम उदाहरण है।

3. बृहदाकार अधिवास–बड़े कस्बे और नगर, जिनका धरातलीय विन्यास, उर्ध्वाधर विस्तार सर्वोच्च स्तर पर रहता है।

4. अति बृहदाकार अधिवास–महानगरीय क्षेत्र।

कार्यों के आधार पर मानव अधिवास के दो प्रकार हैं–

1. ग्रामीण अधिवास–ये प्राथमिक कार्यों जैसे–कृषि, पशुपालन, मत्स्य उत्पादन, आखेट आदि से संबंधित होते हैं। विकास क्रम के अनुसार ये एकाकी गृह, पुरवा, लध्वाकार ग्राम और बृहदाकार ग्राम के रूप में मिलते हैं।

2. नगरीय अधिवास–ऐसे अधिवास प्रायः द्वितीयक कार्यों, जैसे–उद्योग-धंधे, निर्माण तथा तृतीयक कार्यों को सम्पादित करते हैं। विकास क्रम के अनुसार ये कस्बों, नगर, महानगर आदि रूपों में मिलते हैं।

भारतीय जनगणना विभाग ने देश में गाँवों का जनसंख्या के आधार पर निम्न प्रकार से वर्गीकरण किया है–

1.	छोटे गाँव या पुरवा	–	1000 से कम जनसंख्या,
2.	मध्यम आकार के गाँव	–	1000 - 2000,
3.	बड़े गाँव	–	2000 - 5000,
4.	अधिक बड़े गाँव	–	5000 - 10,000,
5.	बृहदाकार गाँव	–	10,000 से अधिक जनसंख्या।

परिवहन

परिवहन के विकसित साधन ही किसी देश की उन्नति का पैमाना होते हैं। इसे किसी भी देश की अर्थव्यवस्था की जीवन रेखा कहा जाता है। परिवहन को निम्नलिखित वर्गों में बाँटा जा सकता है:

1. स्थल परिवहन, इसमें दो वर्ग आते हैं—(क) सड़क, (ख) रेल।
2. जल परिवहन, इसमें भी दो वर्ग आते हैं—
   (क) आन्तरिक, (ख) समुद्री।
3. वायु परिवहन।

सड़क परिवहन

1853 में भारत में रेलों के आगमन के बाद ब्रिटिश शासन का ध्यान पूर्णरूप से रेलमार्गों के विकास पर केन्द्रित हो गया। 1922 में गठित भारतीय सड़क विकास समिति, 1934 में भारतीय सड़क कांग्रेस तथा

1943 में नागपुर योजना के गठन से सड़क मार्गों के विकास में तीव्रता आयी। स्वतंत्रता प्राप्ति के पश्चात् तीसरी पंचवर्षीय योजना के दौरान 1961 में नागपुर योजना के आधार पर एक नई 20 वर्षीय सड़क निर्माण योजना बनाई गई।

प्रशासनिक आधार पर सड़कों का विभाजन

राष्ट्रीय राजमार्ग/एक्सप्रेस मार्ग	1,15,530 किलोमीटर
राज्यों के राजमार्ग	1,76,166 किलोमीटर
बड़ी और अन्य जिला सड़कें	53,26,166 किलोमीटर

भारत में प्रशासन के आधार पर निम्नलिखित प्रकार की सड़कों का विकास हुआ है–

1. राष्ट्रीय राजमार्ग–ये ऐसे मार्ग हैं, जो केन्द्र सरकार के अधीन तथा भूवैन्यासिक रूप में देश की लम्बाई-चौड़ाई के अनुसार महत्त्वपूर्ण प्रशासनिक, औद्योगिक तथा व्यापारिक केन्द्रों को जोड़ते हैं। इसी क्रम में राज्य सरकारों द्वारा प्रान्तीय राजमार्ग निर्मित किए जाते हैं। वर्तमान में देश में कुल 1,15,530 कि.मी. लम्बी सड़कें राष्ट्रीय राजमार्ग में शामिल हैं। राष्ट्रीय राजमार्ग संख्या-44 सबसे बड़ा लंबा राजमार्ग है, जो 3,745 किमी. लंबा है। यह श्रीनगर से कन्याकुमारी तक जाता है। राष्ट्रीय राज्य मार्ग सम्पूर्ण सड़क जाल का केवल 2 प्रतिशत है। देश में आर्थिक विकास को बढ़ावा देने के लिए राष्ट्रीय राजमार्ग विकास कार्यक्रम के अन्तर्गत 4/6 लेन वाले राष्ट्रीय राजमार्गों के विकास का व्यापक कार्यक्रम 1999 से आरंभ किया गया है। इसके दो घटक हैं। चार महानगरों को जोड़ने वाले राष्ट्रीय राजमार्गों से संबद्ध स्वर्ण चतुर्भुज योजना। इसके अन्तर्गत कुल 7,498 कि.मी. लम्बे राष्ट्रीय राजमार्ग शामिल हैं। दूसरे घटक के अन्तर्गत श्रीनगर को कन्याकुमारी से तथा सिलचर को पोरबंदर से जोड़ने वाला राष्ट्रीय राजमार्ग शामिल है। इन राजमार्गों की कुल लम्बाई 6,647 कि.मी. है। राष्ट्रीय राजमार्गों की सर्वाधिक लम्बाई महाराष्ट्र में 15,436 किमी. है। इसके बाद क्रमशः राजस्थान में 7,906 किमी., मध्य प्रदेश में 7,854 किमी., कर्नाटक में 6,791 किमी. तथा आन्ध्र प्रदेश में 6,286 किमी. है।

राजमार्गों के विकास के लिए विदेशी पूंजी निवेश आकर्षित करने हेतु सरकार ने कई कदम उठाए हैं, कुछ प्रमुख कदम हैं :

- भूमि अधिग्रहण और पर्यावरण संबंधी क्लियरेंस प्रदान करने की प्रणाली को सरल बनाया गया है।
- निर्माण-संचालन एवं हस्तांतरण के आधार पर परियोजना चलाने के संदर्भ में व्यापक दिशा निर्देश जारी किए गए हैं।
- सरकार परियोजना की कुल लागत पर 40 प्रतिशत का अनुदान देने पर विचार कर रही है।
- सॉफेस्टिकेटेड उपकरणों को मंगाने हेतु आयात शुल्क में छूट दी गई है।
- आयकर में छूट की अवधि को नहीं बढ़ाया गया है।
- विकसित किए गए 4 लेन वाली सड़क पर चुंगी लगाने का फैसला किया गया है।

प्रमुख राष्ट्रीय राजमार्ग

राष्ट्रीय राजमार्ग संख्या	लम्बाई (किमी. में)	विवरण
1.	456	दिल्ली-अम्बाला-अमृतसर होते हुए भारत-पाक सीमा तक
1ए.	663	जालंधर-जम्मू-श्रीनगर-उरी
2.	1,490	दिल्ली-आगरा-इलाहाबाद-कोलकाता
3.	1,161	आगरा-ग्वालियर-नासिक-मुंबई
4.	1,235	थाने-पुणे-बंगलौर-चेन्नई
5.	1,533	कटक-भुवनेश्वर-विशाखापट्टनम-चेन्नई
6.	1,645	धुले-नागपुर-सम्बलपुर-कोलकाता
7.	2,369	वाराणसी-नागपुर-हैदराबाद-बंगलौर-कन्याकुमारी
8.	1,428	दिल्ली-जयपुर-अहमदाबाद-बड़ौदा-मुंबई
8ए	378	अहमदाबाद-काण्डला
10.	403	दिल्ली-फजिलका-भारत-पाक सीमा तक
11.	582	आगरा-जयपुर-बीकानेर
22.	459	अम्बाला, कालका-शिमला से गुजरकर शिपकिला के साथ भारत-पाक सीमा तक
25.	319	लखनऊ-कानपुर-झांसी-शिवपुरी
31ए.	92	शिवोक-गंगटोक
37.	680	गोलपाड़ा-गुवाहाटी-जोरहट-शेखुआघात
39.	436	कुमारगांव-इम्फाल से होकर भारत-म्यांमार सीमा तक
45.	387	चेन्नई-तिरुचिरापल्ली-डिंडिगुल
47.	640	सेलम-कोचीन-तिरुअनंतपुरम-कन्याकुमारी
52.	850	बैठा-तेजपुर-उत्तर लखीमपुर-पासीघाट-सीतापेनी
54.	560	सिलचर-आईजोल-तुईपांग

2. प्रांतीय राजमार्ग–यह राज्यों की प्रमुख सड़कें हैं, जिनका महत्त्व व्यापार और उद्योग की दृष्टि से अधिक है। ये सड़कें राष्ट्रीय राजमार्गों एवं जिला केन्द्रों से मिली हुई हैं। इन सड़कों के निर्माण तथा उनको ठीक दशा में रखने का दायित्व राज्य सरकारों पर होता है। देश में प्रान्तीय राजमार्गों की कुल लम्बाई 1,76,166 कि.मी. है।

3. जनपदीय सड़कें–इन सड़कों का कार्य जिले के आकार के अनुसार मुख्य कस्बों/बाजारों को जिला मुख्यालय से जोड़ना है। प्रान्तीय राजमार्गों के लिए यह सड़कें पूरक का कार्य करती हैं। वर्तमान समय में इनकी कुल लम्बाई 53,26,166 कि.मी. है।

4. ग्रामीण सड़कें–इसके अन्तर्गत ग्रामीण क्षेत्रों में विभिन्न बाजारों/बड़े आकार के गाँवों को जोड़ने वाले मार्ग विकसित किए जा रहे हैं।

5. सीमा सड़क संगठन की सड़कें–देश के सीमांत क्षेत्रों में सैन्य उद्देश्यों की पूर्ति के लिए इस संगठन द्वारा निर्मित और प्रबंधित सड़कें हैं। इस समय 17 राज्यों में ऐसी सड़कें बन रही हैं।

6. अन्य सड़कें–इसके अन्तर्गत नगरीय सड़कें तथा प्रोजेक्ट रोड्स शामिल हैं। प्रोजेक्ट रोड्स के अन्तर्गत वन विभाग, सिंचाई विभाग, विद्युत विभाग, स्टील अथॉरिटी, कोयला खान, गन्ना विकास प्राधिकरण की सड़कें आती हैं।

रेल परिवहन

भारत में सर्वप्रथम 1853 में ग्रेट इण्डियन पेनिन्सुला रेलवे द्वारा मुम्बई और थाणे के बीच 33.6 कि.मी. लम्बा रेलमार्ग बनाया गया। इसके बाद 1853 में दूसरा रेलमार्ग ईस्ट इंडिया कंपनी द्वारा कोलकाता से रानीगंज के मध्य 180 कि.मी. बनाया गया। इस तरह धीरे-धीरे रेलमार्ग की लम्बाई बढ़ने लगी तथा यह 1870 तक 6840 कि.मी. हो गई। 1872-79 के दौरान छोटी लाइनों के विकास पर अधिक ध्यान दिया गया। वर्तमान में 67,368 कि.मी. लम्बा भारतीय रेलमार्ग है। देश का 50% माल परिवहन तथा 75% यात्री परिवहन रेलों द्वारा ही होता है।

रेलवे जोन	मुख्यालय
मध्य रेलवे	मुंबई सेंट्रल
पूर्वी रेलवे	कोलकाता
उत्तर रेलवे	नई दिल्ली
पूर्वोत्तर रेलवे	गोरखपुर
उत्तर-पूर्व सीमांत रेलवे	मालीगांव (गुवाहाटी)
दक्षिण रेलवे	चेन्नई
दक्षिण मध्य रेलवे	सिकंदराबाद
दक्षिण-पूर्व रेलवे	कोलकाता
पश्चिम रेलवे	चर्च गेट, मुंबई
पूर्व-मध्य रेलवे	हाजीपुर
पूर्व-तटवर्ती रेलवे	भुवनेश्वर
उत्तर-मध्य रेलवे	इलाहाबाद
उत्तर-पश्चिम रेलवे	जयपुर
दक्षिण-पूर्व मध्य रेलवे	बिलासपुर
दक्षिण-पश्चिम रेलवे	हुबली
पश्चिम-मध्य रेलवे	जबलपुर
कोलकाता मेट्रो	कोलकाता

जल परिवहन

भारत के जल परिवहन को **दो** भागों में बाँटा जा सकता है–अन्तर्देशीय जल परिवहन तथा सामुद्रिक परिवहन।

अन्तर्देशीय जल परिवहन

इसके अन्तर्गत देश के अंदर विभिन्न नदियों से जल परिवहन की सुविधा का लाभ उठाना है। वर्तमान समय में हमारे देश में कुल 3700 कि.मी. लंबे मार्ग नदी परिवहन हेतु उपयुक्त हैं। अभी तक 2000 कि.मी. तक स्टीमर सेवा उपलब्ध है, जबकि नहरें 4300 कि.मी. तक नौगम्य हैं, किन्तु नहरों में 900 कि.मी. ही नौचालन होता है।

चार अंतर्देशीय जलमार्गों को राष्ट्रीय जलमार्ग घोषित किया गया है; वे हैं–

1. राष्ट्रीय जलमार्ग I, इलाहाबाद से हल्दिया (1620 किमी)।
2. राष्ट्रीय जलमार्ग II, सदिया से धुबरी (ब्रह्मपुत्र नदी में) (891 किमी)।
3. राष्ट्रीय जलमार्ग III, कोट्टापुरम् से कोलम (168 किमी)।
4. राष्ट्रीय जलमार्ग IV, काकीनाड़ा से मरक्काम(1100 किमी)।

प्रमुख बंदरगाह

मुम्बई–यह प्राकृतिक बंदरगाह है। देश का 25% से अधिक व्यापार का संचालन इस बंदरगाह से होता है। यह सालसेट द्वीप के पास 200 वर्ग कि.मी. में विस्तृत है। यूरोप से अधिक निकटता, स्वेज नहर मार्ग तथा उत्तम आशा अंतरीप मार्ग पर इसकी स्थिति, प्राकृतिक एवं विस्तृत पोताश्रय, पृष्ठ प्रदेश से रेल व सड़कों से जुड़ाव तथा इस प्रदेश में कपास, गेहूँ, गन्ना, मूंगफली का विशेष उत्पादन, जलविद्युत विकास हेतु भौगोलिक अनुकूलता, पृष्ठ प्रदेश का सघन जनसंख्या घनत्व इत्यादि ऐसे कारक हैं, जिसके कारण अन्य बंदरगाहों की अपेक्षा इसका अधिक विकास हुआ है।

न्हावाशेवा–मुम्बई बन्दरगाह पर अत्यधिक व्यापार की मात्रा बढ़ने के कारण ही इसके निकट न्हावाशेवा नामक एक बन्दगाह बनाया गया। इस स्थान के निकट से पनबेल-उड़न सड़क तथा आठ किमी. दूर से दीवा-पनबेल-उड़न रेलमार्ग निकलता है। इस प्रकार यह अपने पृष्ठ प्रदेश से गहन व निकट सम्पर्क रखता है। यह बन्दरगाह सभी प्रकार की सुविधाएं रखता है। न्हावाशेवा (जवाहर पोर्ट) के विकसित किए जाने के कारण मुम्बई बन्दरगाह पर निरन्तर जहाजों का दबाव घटा है। साथ ही न्हावाशेवा के व्यापार में निरन्तर वृद्धि होती जा रही है।

कांडला–विभाजन के पश्चात् कराची बंदरगाह की कमी को पूरा करने के लिए इस बंदरगाह की स्थापना की गई, जिसे 1955 में बृहद् बंदरगाह घोषित किया गया। कच्छ की खाड़ी में स्थित इसके पृष्ठ प्रदेश में गुजरात, राजस्थान, पंजाब, हरियाणा एवं जम्मू-कश्मीर राज्य आते हैं। यह प्राकृतिक पोताश्रय है, जहाँ पर बड़े जलयान भी आसानी से ठहर सकते हैं। पृष्ठ प्रदेश में खनिज तेल उद्योग के विकसित होने एवं जामनगर में एशिया के बृहत्तम् तेल शोधक कारखाने की स्थापना के कारण इसका महत्त्व बढ़ गया है। साथ ही इसके पृष्ठ प्रदेश में सीमेंट, रसायन, सूती वस्त्र उद्योग विकसित हुए हैं एवं खाद्यान्नों की प्रधानता है। अहमदाबाद, सूरत औद्योगिक प्रदेश से इसको विकसित होने के लिए अधिक बल मिला है। यहाँ से निर्यात की वस्तुओं में कपास, सूती वस्त्र, मशीनें, उर्वरक, पेट्रोल, गंधक, पोटाश, फास्फेट एवं लम्बे रेशे की कपास आदि हैं।

कोलकाता–स्थापित क्षमता के अनुसार पूर्वी तट पर यह बृहत्तम एवं सम्पूर्ण भारत में द्वितीय बृहत्तम बंदरगाह है, परंतु विविध

कारणों से इसकी स्थापित क्षमता का सम्प्रति मात्र 61% ही प्रयुक्त हो पाता है। वस्तुतः हुगली में जमे अवसाद को निरन्तर साफ करना पड़ता है, जो व्यय साध्य है। यह प्राकृतिक नहीं, अपितु कृत्रिम पोताश्रय है। विदेशी व्यापार के परिमाण के अनुसार इसका चौथा (11%) स्थान है, विदेश व्यापार का परिमाण विभिन्न वर्षों में अस्थिर रहा है। क्षेत्रफल के दृष्टिकोण से इस बंदरगाह का पृष्ठ प्रदेश सबसे अधिक विस्तृत है। इसके अतिरिक्त कोलकाता ग्रैंड ट्रैंक रोड के एक छोर पर स्थित होने के साथ-साथ पूर्वी एवं दक्षिणी पूर्वी रेलवे का मुख्यालय है। अतः देश के विभिन्न भागों से जुड़ा हुआ है। जूट उद्योग का 92% इसके पृष्ठ प्रदेश में ही केन्द्रित है। इस बंदरगाह से प्रमुख निर्यात की वस्तुए इंज़ीनियरिंग का सामान, मशीनें, जूट एवं उसके उत्पाद, चाय, चीनी, लौह-इस्पात, चमड़ा, अभ्रक आदि हैं। आयात में सूत एवं कपास, रासायनिक पदार्थ, उर्वरक, पेट्रोल, रबर का समान, इंजीनियरिंग का सामान एवं मशीनें प्रमुख हैं।

विशाखापटनम–यह बंदरगाह पूर्वी तट के किनारे आन्ध्र प्रदेश में स्थित है। बंदरगाह होने के साथ-साथ यह महानगर भी है। यह प्राकृतिक पोताश्रय है, जहाँ जहाजों की सुरक्षा की प्राकृतिक व्यवस्था है। इसके पृष्ठ प्रदेश में आन्ध्र प्रदेश, उड़ीसा का आन्तरिक भाग, एवं छत्तीसगढ़ आते हैं। यह सड़क एवं रेल मार्ग द्वारा देश के भीतरी भागों से सुसम्बद्ध है। इसे ISO 9002 का प्रमाण मिला है। पाराद्वीप बंदरगाह के अस्तित्व में आने से पूर्व जापान को लौह-अयस्क एवं कोयला तथा मैंगनीज इसी बंदरगाह से निर्यात किया जाता था।

मर्मुगाओ–गोवा राज्य में अरब सागर तट के सहारे स्थित है, जो पूर्णतया प्राकृतिक पोताश्रय है। वस्तुतः मुम्बई बंदरगाह पर भीड़ कम करने के लिए ही इसकी स्थापना हुई थी। इसके पृष्ठ प्रदेश में गोवा के अतिरिक्त पश्चिमी महाराष्ट्र एवं कर्नाटक का पश्चिमी भाग आता है। गोवा का लौह-अयस्क एवं मैंगनीज यहीं से निर्यात किया जाता है। अन्य निर्यात में मछलियां, नारियल एवं उसके उत्पाद तथा मसाले आदि शामिल हैं। आयात में यहाँ रर्वरक, रसायन, खाद्य पदार्थ, कांच के सामान उल्लेखनीय हैं।

पाराद्वीप–पूर्वी समुद्र तट के सहारे, कोलकाता एवं विशाखापटनम के लगभग बीचों-बीच उड़ीसा राज्य में यह बंदरगाह स्थित है, जिसकी संरचना प्राकृतिक है। इसके पृष्ठ प्रदेश में उड़ीसा राज्य एवं झारखंड का खनिज (कोयला, अभ्रक, लौह अयस्क, मैंगनीज, बाक्साइट, ग्रेफाइट) की उत्तम कोटि की राशि है। इन्हीं उत्पादों का यहाँ से निर्यात भी प्रमुख हैं तथा आयात में इंजीनियरिंग के सामान, मशीनें, सूती वस्त्र, उर्वरक, गंधक आदि उल्लेखनीय हैं। सम्पूर्ण राष्ट्र के विदेशी व्यापार का लगभग 5% इस बंदरगाह से होता है। 1995 में इसे बड़े बंदरगाह की श्रेणी में शामिल किया गया।

चेन्नई–भारत के पूर्वी तट पर तमिलनाडु राज्य में स्थित है। यहाँ का तट सपाट है। अतः दिवार का सहारा लेकर अन्य बंदरगाहों से इस प्रदेश की दूरी को देखते हुए यहाँ कृत्रिम पोताश्रय विकसित किया गया है। सामान्यतः यहाँ समुद्र अधिक तरंगित रहता है एवं विशेषतया लौटती मानसून के समय यहाँ तूफान एवं वर्षा के कारण जलयानों के रूकने में कठिनाई होती है। स्थापित क्षमता (150 लाख टन) के अनुसार इसका राष्ट्र में चौथा स्थान है। कन्टेनर, कोयला एवं लोहे के भार को कम करने हेतु 16 कि.मी. उत्तर एन्नौर का नया बंदरगाह (क्षमता 160 लाख टन) निजी क्षेत्र में विकसित हो रहा है। यहाँ से निर्यात की वस्तुओं में मूंगफली, कहवा, तम्बाकू, सिगरेट, नारियल के उत्पाद, चमड़ा आदि प्रमुख हैं। आयात में प्रमुख वस्तुएँ इंजीनियरिंग का सामान, पेट्रोल, रासायनिक पदार्थ, उर्वरक मशीनें आदि हैं।

नया मंगलौर–इस बंदरगाह को सन् 1974 में बृहत् बंदरगाह की श्रेणी में शामिल किया गया। यह मर्मुगाओ (गोवा) एवं कोच्चि के लगभग बीचों-बीच स्थित है। इसके पृष्ठ प्रदेश में कर्नाटक राज्य आता है, जहाँ कहवा, लौह अयस्क, काजू, इलायची, लौह इस्पात, सीमेंट आदि उत्पाद प्रमुख हैं। सम्पूर्ण राष्ट्र का 6% विदेश व्यापार इस बंदरगाह से होता है। इसका महत्त्व दिनों-दिन बढ़ रहा है। अब यह देश का 7वां बड़ा बंदरगाह है। यहाँ से कुद्रमुख के लौह-अयस्क, कहवा, मैंगनीज, काजू, चाय, इमारती लकड़ी आदि का निर्यात होता है। प्रमुख आयात पदार्थ खाद्यान्न, लुग्दी रासायनिक उर्वरक एवं सूत आदि हैं।

कोच्चि–भारत के पश्चिमी तट पर केरल में है। इसके पृष्ठ प्रदेश में तमिलनाडु का द. प. भाग, कर्नाटक के दक्षिणी भाग एवं केरल राज्य आते हैं। यहाँ प्राकृतिक पोताश्रय है तथा बड़े जलयान भी ठहर सकते हैं। इसकी क्षमता से अधिक (104 प्रतिशत) आयात-निर्यात होता है। सम्पूर्ण राष्ट्र के विदेश व्यापार का लगभग 5% इस बंदरगाह से होता है। इसके पृष्ठ प्रदेश के प्रमुख उत्पादों में चावल, नारियल एवं उसके उत्पाद, काजू, कहवा, चाय, मछली, गर्म मसाले, इलायची आदि शमिल हैं तथा इन वस्तुओं का निर्यात भी किया जाता है। आयात में यहाँ गेहूं, सूत, पेट्रोल, धातु के समान, कोयला आदि हैं।

तूतीकोरिन–तमिलनाडु राज्य के दक्षिणी छोर पर एवं भारत के पूर्वी तट पर यह बंदरगाह स्थित है तथा इसके पृष्ठ प्रदेश में तमिलनाडु राज्य के दक्षिणी जिले आते हैं। 1974 में इसे बड़ा बंदरगाह घोषित किया गया। सम्पूर्ण राष्ट्र का लगभग 4% विदेश व्यापार यहाँ से होता है। प्रमुख निर्यात में नमक, मछली, सीमेंट, लिग्नाइट, चावल, चमड़ा, तम्बाकू तथा कहवा आदि शामिल हैं। प्रमुख आयात पदार्थों में सूती वस्त्र, मशीनें उर्वरक आदि शामिल हैं।

प्रमुख वायु मार्ग

वायु मार्गों को तीन वर्गों में रखा गया है। प्रथम श्रेणी में अंतर्राष्ट्रीय वायुमार्ग, द्वितीय में राष्ट्रीय वायुमार्ग एवं तृतीय में दुर्गम क्षेत्रों को सेवा प्रदान करने के लिए वायुदूत सेवा को रखा गया है।

अंतर्राष्ट्रीय वायु मार्ग–इन मार्गों से एयर इण्डिया के विमान चलते हैं। कुछ मार्गों पर नियमित उड़ान होती है, जबकि कुछ पर साप्ताहिक। कुछ प्रमुख मार्गों का विवरण इस प्रकार है–

(i) दिल्ली-रोम–फ्रैंकफर्ट; (ii) मुम्बई-काहिरा-रोम-जेनेवा-लंदन; (iii) दिल्ली-अमृतसर-काबुल-मास्को; (iv) कोलकता-सिंगापुर- टोकियो; (v) कोलकाता-सिंगापुर-सिडनी-पर्थ तथा (vi) मुम्बई-काहिरा -रोम-फ्रैंकफर्ट-लंदन-न्यूयार्क।

राष्ट्रीय वायु मार्ग–इन मार्गों पर इण्डियन एयर लाइंस एवं वायुदूत द्वारा सेवाएं प्रदान की जाती हैं। कुछ प्रमुख मार्ग इस प्रकार हैं–

दिल्ली-मुम्बई; दिल्ली-इलाहाबाद-वाराणसी-कोलकाता; दिल्ली-मंगलौर; दिल्ली-ग्वालियर-नागपुर-हैदराबाद-बंगलौर; दिल्ली-कोलकाता; दिल्ली- अमृतसर-श्रीनगर-लेह; दिल्ली-चंडीगढ़-कुल्लू; दिल्ली-लखनऊ-पटना कोलकाता; कोलकाता-डिब्रूगढ़; कोलकाता-चेन्नई; कोलकाता-गुवाहाटी; कोलकाता-अगरतला-इम्फाल; कोलकाता-बागडोगरा; दिल्ली-कोलकाता- पोर्टब्लेयर; कोलकाता-मुम्बई; कोलकाता-नागपुर-मुम्बई; दिल्ली-कानपुर-वाराणसी-कोलकाता; चेन्नई-बंगलौर-मंगलौर; चेन्नई-कोच्चि; चेन्नई-त्रिवेन्द्रम; मुम्बई-इंदौर-भोपाल-जबलपुर-रायपुर; मुम्बई-हैदराबाद-विशाखापट्नम; मुम्बई-डाबोलिम (गोवा); मुम्बई-भुज-जामनगर; मुम्बई-केराड-पोरबन्दर; मुम्बई-पुणे; मुम्बई-अहमदाबाद-जोधपुर-जयपुर-दिल्ली; मुम्बई-औरगांबाद-उदयपुर-जयपुर-दिल्ली; मुम्बई- हैदराबाद-कोलकाता।

तेल एवं गैस पाइप लाइन

पाइप लाइन लम्बी दूरी के लिए तेल एवं प्राकृतिक गैस के परिवहन का सबसे अच्छा साधन है। वर्तमान में पाइप लाइन द्वारा पेट्रोलियम, पेट्रोलियम उत्पादन एवं प्राकृतिक गैस का परिवहन लम्बी दूरी तक किया जाता है। ठोस पदार्थ भी अर्बुद रूप में पाइप द्वारा परिवहित किए जा सकते हैं। भारतीय तेल लिमिटेड ने प्रथम पाइप लाइन, जो 1167 किमी. थी, असम के नाहरकटिया तेल क्षेत्र से बिहार के बरौनी तेल शोधनशाला तक (1962.68 में) बिछाई गई। शोधित पेट्रोलियम पदार्थों को बरौनी से कानपूर तक पहुंचाने के लिए 1966 में एक पाइप लाइन बिछाई गई। हल्दिया-मौरीग्राम-राजाबन्ध पाइप लाइन बाद के दिनों में बनाई गई।

गुजरात में पाइप लाइन का सघन जाल बिछाया गया है। पहला पाइप लाइन अंकलेश्वर तेल क्षेत्र से कोयली रिफाइनरी तक (1965) में बिछाया गया। बाद में कलोल-साबरमती कच्चे तेल के लिए एवं बम्बई हाई-कोयली पाइप लाइन बिछाई गयी। गैस पाइप लाइन खम्भात एवं धुवरन, अंकलेश्वर एवं बड़ोदरा के बीच भी बिछायी गयी। गैस अथोरिटी ऑफ इंडिया 4,200 किमी. पाइप लाइन का संचालन करती है एवं गैसों का परिचालन शक्तिगृह तक करती है।

मथुरा तेलशोधक को कच्चा तेल 1256 किमी. दूर स्थित बम्बई हाई से पाइप लाइन द्वारा प्राप्त होता है। हजीरा-बिजापुर-जगदीशपुर पाइप लाइन 1730 किमी. लम्बी है, जो गुजरात के हजीरा एवं उत्तर प्रदेश के जगदीशपुर एवं मध्य प्रदेश के बिजापुर तक जाती है।

संचार

संचार के साधनों को दो वर्गों में विभाजित किया जा सकता है—**व्यक्तिगत संचार तंत्र और जनसंचार तंत्र।**

व्यक्तिगत संचार डाक सेवा द्वारा तथा कम्प्यूटर समर्पित दूरसंचार द्वारा संपन्न होता है। यह आधुनिक संचार प्रौद्योगिकी भारतीय अर्थव्यवस्था और समाज के तीव्र विकास के लिए अत्यंत महत्त्वपूर्ण है। इस तंत्र द्वारा इंटरनेट और 'ई मेल' के माध्यम से सारे संसार में अपेक्षाकृत कम लागत पर सूचनाएँ प्राप्त की जा सकती हैं।

जनसंचार के लिए मुद्रण माध्यम तथा इलेक्ट्रॉनिक माध्यम का उपयोग किया जाता है। भारत जैसे राष्ट्र में जनसंचार तंत्र सूचना और शिक्षा प्रदान कर लोगों में राष्ट्रीय नीति और कार्यक्रमों के विषय में जागरुकता पैदा कर महत्त्वपूर्ण भूमिका निभाता है। सूचना और प्रसारण मंत्रालय देश में सूचना और प्रसारण के विकास और नियमन के लिए जिम्मेदार है।

डाक सेवाएं

भारत में शुरुआती डाक व्यवस्था का उपयोग केवल सरकारी कार्यों के लिए होता था, लेकिन 1837 में आम आदमी के लिए भी डाक सेवा सुलभ की जाने लगी। भारतीय डाक विभाग का एक संस्था के रूप में पुनर्गठन 1854 में हुआ, जिसके प्रमुख एक महानिदेशक बनाए गए। धीरे-धीरे डाक सेवाओं का विस्तार किया गया और अनेक नई सेवाओं के जरिए इसमें विविधता आई। देश में डाक सेवाएं 1898 के भारतीय डाकघर अधिनियम के अंतर्गत संचालित होती हैं।

भारतीय डाक नेटवर्क विश्व का सबसे बड़ा नेटवर्क है। 1947 में आजादी के समय देश में कुल 23,344 डाकघर थे। आज देश में कुल 1,55,295 डाकघर हैं, जिनमें 1,38,818 ग्रामीण क्षेत्रों में तथा 16,477 शहरी क्षेत्रों में हैं। डाक नेटवर्क में सात गुना वृद्धि के परिणामस्वरूप भारत विश्व में सबसे बड़ा डाक नेटवर्क रखने वाला देश है।

पिन जोन नम्बर	जिन राज्यों एवं केन्द्र शासित प्रदेशों में आते हैं
1.	दिल्ली, हरियाणा, पंजाब, हिमाचल प्रदेश, चण्डीगढ़
2.	उत्तर प्रदेश, उत्तराखंड
3.	राजस्थान, गुजरात, दमन एवं दीव, दादर एवं नगर हवेली
4.	महाराष्ट्र, गोवा, मध्य प्रदेश, छत्तीसगढ़
5.	आन्ध्र प्रदेश, कर्नाटक
6.	तमिलनाडु, केरल, (पुडुचेरी), लक्षद्वीप
7.	पश्चिम बंगाल, (असोम), अरुणाचल प्रदेश, मेघालय, मिजोरम, नागालैंड, त्रिपुरा, सिक्किम, उड़ीसा, अण्डमान एवं निकोबार द्वीप समूह
8.	बिहार एवं झारखंड

दूरसंचार

ग्राम संचार सेवक (जी.एस.एस.) योजना प्रधानमंत्री द्वारा यह अग्रगामी योजना 24 दिसंबर, 2002 को डाक विभाग से जुड़े ग्रामीण डाकघरों के उन ग्रामीण डाक सेवक डिलिवरी एजेंटों के माध्यम से शुरू की गई, जो मौजूदा एस.टी.डी./आई.एस.डी/ पी.सी.ओ. केंद्र की तर्ज पर बी.एस.एन.एल. के लिए कार्य करने के इच्छुक हैं। इस योजना के अंतर्गत जी.डी.एस.डी.ए. स्वयंसेवक को ग्रामीण संचार सेवक कहा जाता है, जो अपने साथ एक थैले में मोबाइल फिक्स वायरलेस टर्मिनल (एफ.डब्ल्यू.टी.) लेकर चलता है। यह एजेंट गावों में घर-घर जाकर लोगों को जरूरत के मुताबिक टेलीफोन की सुविधा उपलब्ध करता है। एफ.डब्ल्यू.टी. उपकरण बी.एस.एन.एल. द्वारा उपलब्ध कराया गया है।

सेल्युलर सेवाएं: सेल्युलर मोबाइल टेलीफोन सेवा के लिए देश को 19 दूरसंचार परिमंडल सेवा क्षेत्रों और चार मैट्रो सेवा क्षेत्रों में विभाजित किया गया है। प्रत्येक क्षेत्र में तीन निजी ऑपरेटर और सरकारी ऑपरेटर हैं। इस समय देश में सेल्युलर फोन उपभोक्ताओं की संख्या में प्रतिमाह एक मिलियन से अधिक की वृद्धि हो रही है। लाइसेंस शुल्क पूंजी शेयर के रूप में है, जो समायोजित कुल पूंजी का 8 प्रतिशत/10 प्रतिशत/12 प्रतिशत है।

आकाशवाणी

देश में रेडियो जनसंचार का सशक्त माध्यम है। भारत में सन् 1927 में रेडियो प्रसारण का प्रारंभ हुआ। 1936 में इसे ऑल इंडिया रेडियो (ए. आई.आर.) नाम दिया गया। 1957 से यह आकाशवाणी नाम से पुकारा जाने लगा इस समय आकाशवाणी के 208 स्टेशन और 327 प्रसारण केंद्र हैं। ये स्टेशन और प्रसारण केंद्र देश की 99 प्रतिशत जनसंख्या तथा देश के 90 प्रतिशत क्षेत्र को प्रसारण सेवाएं प्रदान करते हैं।

दूरदर्शन

दूरदर्शन भारत का राष्ट्रीय टेलीविजन है। यह संसार के सबसे बड़े क्षेत्रीय प्रसारण संगठनों में से एक है। इसने गांवों और नगरों दोनों में ही लोगों के सामाजिक एवं सांस्कृतिक जीवन को बदल दिया है। दूरदर्शन-I(डी.डी.-I) 1042 स्थल ट्रांसमीटरों के द्वारा देश की 87 प्रतिशत जनसंख्या तक पहुंचता है। यही नहीं 65 अतिरिक्त ट्रांसमीटर भी हैं, जो अन्य चैनलों को स्थानीय सहायता प्रदान करते हैं।

दूरदर्शन का पहला कार्यक्रम 15 सितम्बर, 1959 को प्रसारित किया गया था। यह कार्यक्रम केवल दिल्ली में ही देखा जा सकता था। इसकी नियमित सेवा समाचार बुलेटिनों सहित 1965 में शुरू की गई। 1975 तक दूरदर्शन केवल कुछ नगरों तक ही सीमित था। भारत में उपग्रह प्रौद्योगिकी से संबंधित पहला प्रयोग 1975-76 में सैटेलाइट इंस्ट्रक्शनल टेलीविजन एक्स्पेरिमेंटल (साइट) कार्यक्रम के अंतर्गत किया गया था। देश में राष्ट्रीय कार्यक्रम और रंगीन टेलीविजन की शुरुआत 1982 में ही हो सकी। इसके बाद दूरदर्शन की सुविधाओं में बड़ी तेजी से विस्तार हुआ।

वस्तुनिष्ठ प्रश्न

1. मुम्बई बंदरगाह पर दबाव कम करने के उद्देश्य से किस बंदरगाह का विकास प्रमुख बंदरगाह के रूप में किया गया?

A. मार्मगाओं B. कांडला
C. मंगलौर D. कोचीन

2. निम्नलिखित में से कौन-सा राज्य यात्रियों को ढोने के लिए मुख्यतः वायु परिवहन पर आश्रित है?

A. कर्नाटक
B. असम एवं समीपस्थ पहाड़ी राज्य
C. राजस्थान
D. तमिलनाडु

3. निम्नलिखित में से कौन-सा बंदरगाह लौह-अयस्क के निर्यात को संपन्न नहीं करता है?

A. विशाखापत्तनम B. पारादीप
C. कोलकाता D. मर्मागोआ

4. कांडला बंदरगाह की मुख्य विशेषता क्या है?

A. यह एक गहरा सामुद्रिक बंदरगाह है
B. अन्य भारतीय बंदरगाहों से भिन्न इसका मुक्त व्यापार क्षेत्र है
C. यह काफी हद तक स्थलीय भाग में स्थित है
D. यह पश्चभूमि से अच्छी तरह जुड़ा हुआ है

5. राज्य परिवहन मार्गों की देख-रेख करता है–

A. प्रत्येक राज्य
B. केंद्र सरकार
C. राज्य एवं केन्द्र सरकारें मिलकर
D. राज्य सरकार द्वारा चुनी गयी एजेंसियाँ अथवा निजी कंपनियाँ

6. किस क्षेत्र में रेलवे की अपेक्षा वायु परिवहन सस्ता पड़ता है?

A. विशाल मैदानी भागों में
B. तटीय भागों में
C. पर्वतीय क्षेत्रों में
D. मरूस्थलीय भागों में

7. मुम्बई से मद्रास तक थोक सामानों के परिवहन हेतु क्या सस्ता पड़ेगा?

A. अंतर्जलीय मार्ग B. सड़क मार्ग
C. रेलवे मार्ग D. समुद्री मार्ग

8. किस भारतीय रेल द्वारा सबसे लंबी दूरी तय की जाती है?

A. अमृतसर से मद्रास तक चलने वाली
B. गुवाहाटी से मुम्बई तक चलने वाली
C. गुवाहाटी से त्रिवेंद्रम तक चलने वाली
D. डिब्रूगढ़ से पोरबंदर तक चलने वाली

9. संयुक्त राज्य अमेरिका की तुलना में भारत में वायु परिवहन का अधिक विकास नहीं हो पाने का कारण है–

A. वायु यात्रा पर पड़ने वाला खर्च ज्यादातर भारतीयों की पहुंच से बाहर की चीज है
B. भारत के पास अधिक वायुयान नहीं है
C. वायु परिवहन हेतु भारत में मौसमी एवं जलवायविक दशाएं उपर्युक्त नहीं हैं
D. भारत अच्छे वायुयानों का निर्माण नहीं करता है और प्रायः सभी वाणिज्यिक वायुयान आयात किये जाते हैं

10. निम्नलिखित में से किस राज्य में सड़कें अच्छी नहीं हैं?

A. पंजाब B. तमिलनाडु
C. उड़ीसा D. कर्नाटक

11. निम्नलिखित में से कौन राष्ट्रीय राजमार्ग नहीं है?

A. दिल्ली होते हुए कोलकाता से अमृतसर तक
B. नासिक होते हुए मुंबई से कोलकाता तक

C. हैदराबाद होते हुए पूणे से विजयवाड़ा तक
D. इंदौर होते हुए मुंबई से चेन्नई तक

12. सीमा पर सड़के बनायी जाती हैं–
A. पड़ोसी देशों के साथ व्यापारिक संबंधों को बनाये रखने के लिए
B. पर्यटन के लिए
C. देश की सुरक्षा के लिए
D. अन्य देशों के साथ धार्मिक संबंध बनाने के लिए

13. मनाली से लेह तक बनी विश्व की सबसे ऊंची सड़क कितनी ऊँचाई पर स्थित है?
A. 4000 मीटर B. 4500 मीटर
C. 3500 मीटर D. 5000 मीटर

14. भारत में सर्वाधिक अधात्विक सड़कें पायी जाती हैं–
A. काली मिट्टी वाले क्षेत्र में
B. पूर्वांचल पहाड़ियों में
C. जलोढ़ मैदानों में
D. छोटानागपुर पठार में

15. निम्नलिखित में से किस राज्य में सर्वाधिक सड़कें हैं?
A. प॰ बंगाल B. तमिलनाडु
C. उड़ीसा D. पंजाब

16. भारत में यात्रियों को ढोये जाने वाले माध्यम की सर्वाधिक प्रतिशतता किसकी है?
A. सड़क मार्ग B. रेलवे
C. वायु मार्ग D. जल मार्ग

17. भारतीय रेल प्रणाली है–
A. विश्व की दूसरी सबसे बड़ी प्रणाली
B. विश्व की सबसे बड़ी प्रणाली
C. एशिया की दूसरी सबसे बड़ी प्रणाली
D. यूरेशिया की सबसे बड़ी प्रणाली

18. भारत में प्रथम रेल की शुरुआत किस वर्ष हुई थी?
A. 1853 में B. 1850 में
C. 1855 में D. 1851 में

19. निम्नलिखित में से कौन-सा रेल क्षेत्र सामरिक दृष्टि से काफी महत्त्वपूर्ण है?
A. पश्चिमी रेलवे क्षेत्र B. दक्षिणी-पूर्वी रेलवे क्षेत्र
C. मध्य रेलवे क्षेत्र D. उत्तरी रेलवे क्षेत्र

20. खेतों से मिल तक ईख पहुंचाने के लिए किसान किस मार्ग को अपनाना पसंद करते हैं?
A. रेलवे B. सड़क मार्ग
C. जल मार्ग D. संवाहक क्षेत्र

21. परिवहन का कौन-सा माध्यम सबसे बड़ा सार्वजनिक क्षेत्र का प्रतिष्ठान है?
A. सड़क मार्ग B. रेलवे
C. वायु मार्ग D. जल मार्ग

22. कोंकण रेलवे संयुक्त करता है–
A. मुम्बई-मार्गगाओ को
B. मुम्बई-गोवा को
C. मुम्बई-मंगलौर को
D. मुम्बई-तिरुनेलवेल्ली को

23. भारतीय रेलवे किस लंबाई की पटरियों का सर्वाधिक उपयोग करता है?
A. सामान्य B. लघु
C. ब्रॉड D. मीटर

24. कौन-सी नदी अंतर्जलीय परिवहन में सर्वाधिक योगदान देती है?
A. गंगा एवं दामोदर B. महानदी एवं गोदावरी
C. कृष्णा एवं कावेरी D. नर्मदा एवं ताप्ती

25. ब्रह्मपुत्र कहाँ से कहाँ तक नौगम्य है?
A. गुवाहाटी से जोरहट तक
B. सादिया से धुबरी तक
C. जोरहट से डिब्रूगढ़ तक
D. गुवाहाटी से धुबरी तक

26. बकिंघम नहर किन राज्यों में स्थित है?
A. प॰ बंगाल एवं उड़ीसा
B. आंध्र प्रदेश एवं उड़ीसा
C. आंध्र प्रदेश एवं तमिलनाडु
D. तमिलनाडु एवं कर्नाटक

उत्तरमाला

1	2	3	4	5	6	7	8	9	10
B	B	C	B	A	C	D	C	A	C
11	**12**	**13**	**14**	**15**	**16**	**17**	**18**	**19**	**20**
D	C	A	C	C	A	A	A	D	B
21	**22**	**23**	**24**	**25**	**26**				
B	C	C	A	B	B				

संसाधन : प्राकृतिक एवं मानवीय

पर्यावरण में उपस्थित प्रत्येक घटक किसी न किसी रूप में मानवीय आवश्यकताओं से संबद्ध है। ये घटक मनुष्य की विभिन्न आवश्यकताएं पूरा करती हैं। जब इन घटकों को प्रौद्योगिकी की सहायता से वस्तु का रूप दिया जाता है तो इसे संसाधन कहा जाता है। संसाधनों की उपलब्धता के आधार पर इन्हें दो वर्गों में बांटा जा सकता है–1. मानवीय संसाधन, 2. प्राकृतिक संसाधन।

1. मानवीय संसाधन–उपलब्ध संसाधनों में से मानव एक महत्त्वपूर्ण संसाधन है, क्योंकि यह पर्यावरण में पाए जाने वाले विभिन्न वस्तुओं एवं पदार्थों को प्रसंस्कृत कर उन्हें उपयोग के योग्य बनाता है।

2. प्राकृतिक संसाधन–पर्यावरण में उपस्थित वे वस्तुएं जिन्हें बिना अधिक संसोधन के उपयोग में लाया जा सकता है प्राकृतिक संसाधन कहे जाते हैं। वायु, मृदा, खनिज, जल आदि ऐसे ही प्राकृतिक संसाधन हैं। उत्पत्ति के आधार पर प्राकृतिक संसाधनों को मुख्यत: दो भागों में बांटा जा सकता है–

1. जैव संसाधन (पौधे और जन्तु)
2. अजैव संसाधन (मृदा, चट्टानें और खनिज आदि)

विभिन्न प्रकार के संसाधन

शक्ति संसाधन

शक्ति के संसाधनों को दो वर्गों में रखा जाता है—अनवीनीकरणीय या परंपरागत शक्ति संसाधन तथा नवीनीकरणीय शक्ति संसाधन। अनवीनीकरणीय शक्ति के संसाधनों में कोयला, पेट्रोलियम, प्राकृतिक गैस, थोरियम और यूरेनियम आते हैं। नवीकरणीय शक्ति संसाधनों में जल, सूर्यताप, भूताप, ज्वारीय ऊर्जा, समुद्री तरंगें तथा पवन हैं। इनको गैर परंपरागत शक्ति संसाधन भी कहा जाता है। विश्व में प्राकृतिक शक्ति के पाँच प्रमुख स्थान हैं—खनिज तेल, कोयला, जल विद्युत, प्राकृतिक गैस, परमाणु ऊर्जा। संसार की व्यापारिक ऊर्जा के उत्पादन का 90 प्रतिशत भाग खनिज तेल, कोयले व प्राकृतिक गैस से मिलता है। जल विद्युत शक्ति और परमाणु शक्ति से शेष 10 प्रतिशत भाग पूरा किया जाता है। शक्ति के साधनों का वितरण बहुत असमान है। कुछ देशों जैसे जापान को ऊर्जा की अपनी सम्पूर्ण माँग आयात से पूरी करनी पड़ती है।

शक्ति के साधन	विश्व के कुल योग का प्रतिशत (1984)
खनिज तेल	39.5
कोयला	30.3
प्राकृतिक गैस	19.6
जल विद्युत	6.7
परमाणु शक्ति	3.9
	100

परंपरागत ऊर्जा संसाधन

कोयला

यूरोप की औद्योगिक क्रान्ति का मूल आधार कोयला था। अत: शक्ति के साधनों में कोयले का महत्त्वपूर्ण स्थान है। लेकिन खनिज तेल की खोज और जल विद्युत के आविष्कार से कोयले का महत्त्व धीरे-धीरे कम हो गया है। कोयला एक जैव निक्षेप है। इसकी उत्पत्ति अतीत काल में भूमि में वनों के दब जाने से हुई है। कोयला अवसादी शैलों के अवसादों की परतों के बीच में विभिन्न मोटाई की परतों में मिलता है। कोयला विभिन्न गुणों वाला होता है। इसके गुण पौधों के अवशेषों के कार्बनीकरण पर निर्भर होते हैं। एंथ्रासाइट उत्तम कोटि का क़ोयला है, जिसमें कार्बन का अंश 90 प्रतिशत से लेकर 95 प्रतिशत तक होता है। बिटुमिनस कोयले का खनन और उपभोग सबसे अधिक़ होता है, जिसमें 70 प्रतिशत कार्बन होता है। बिटुमिनस कोयले से कोक बनाया जाता है, जो लौह अयस्क को गलाने के काम आता है। पीट तथा लिग्नाइट निम्न कोटि के कोयले के प्रकार हैं। इन्हें भूरा कोयला भी कहते हैं। इनमें कार्बन की मात्रा 50 प्रतिशत तक होती है।

पेट्रोलियम

पेट्रोलियम या खनिज तेल जैव पदार्थों से बना है, क्योंकि भूगर्भिक काल में जैव पदार्थ अवसादी शैलों की परतों के बीच दब गए थे। खनिज तेल शैलों के रन्ध्रों में रिस जाता है, इसलिए यह पानी और प्राकृतिक गैस के साथ पाया जाता है। खनिज तेल पानी से हल्का होता है। अत: यह पानी पर तैरता रहता है तथा प्राकृतिक गैस तेल के ऊपर होती है। अपने कम घनत्व के कारण तेल अपनतियों में इकट्ठा हो जाता है। खनिज तेल नवीन वलित पर्वत श्रेणियों, तटीय प्रदेशों, अपतटीय प्रदेशों जैसे महाद्वीपीय निमग्न तट में पाया जाता है। खनिज तेल का उपयोग परिवहन के साधनों के संचालन में होता है। इसके अलावा कृत्रिम रबर, विस्फोटक पदार्थ, नाइलोन और रासायनिक पदार्थों के निर्माण में भी इसका उपयोग होता है। तेल का बड़ा सामरिक महत्त्व है, क्योंकि सेनाओं की गतिशीलता और प्रहार शक्ति तेल पर निर्भर करती है। अत: स्थल, जल और वायु परिवहन के लिए तेल का सबसे अधिक महत्त्व है।

प्राकृतिक गैस

वर्तमान युग में शक्ति के संसाधन के रूप में प्राकृतिक गैस का महत्त्वपूर्ण स्थान है। प्राकृतिक गैस तेल के साथ मिलती है।

कुछ कुओं से केवल प्राकृतिक गैस बड़ी मात्रा में निकलती है। घरेलू कार्यों के साथ-साथ प्राकृतिक गैस का उपयोग बिजली के उत्पादन में भी होता है। प्राकृतिक गैस की खोज सर्वप्रथम संयुक्त राज्य अमेरिका में 1820 ई. में की गई थी। आज औद्योगिक और दूसरे क्षेत्रों में प्राकृतिक गैस, शक्ति का लगभग 20 प्रतिशत भाग पूरा करती है।

प्राकृतिक गैस उत्पादन में स्वतन्त्र देशों के राष्ट्रकुल का प्रथम स्थान है। यहाँ पर तेल के क्षेत्रों से गैस निकाली जाती है। संयुक्त राज्य अमेरिका का प्राकृतिक गैस के उत्पादन में दूसरा स्थान है जो कभी पहले स्थान पर हुआ करता था। कनाडा का प्राकृतिक गैस के उत्पादन में तीसरा स्थान है। जहाँ पर तेल के क्षेत्रों से गैस का उत्पादन होता है। सऊदी अरब का भी प्राकृतिक गैस उत्पादन में महत्त्वपूर्ण स्थान है। संसार में इनके उत्पादन में यह चौथे स्थान पर आता है।

जल-विद्युत शक्ति

जल विद्युत का शक्ति के साधनों में प्रमुख स्थान है क्योंकि कोयला और खनिज तेल समाप्त होने वाले साधन हैं, जबकि जल शक्ति (विद्युत) उस समय तक रहेगी जब तक नदियों में पानी बहता रहेगा। बहते हुए जल को ऊँचाई से नीचे गिराकर टरबाइन इंजनों को चलाया जाता है, जिससे बिजली पैदा होती है। इसे जल विद्युत कहते हैं। यह शक्ति का संपूर्ति साधन है। जल विद्युत, ताप विद्युत से सस्ती है, क्योंकि इसके उत्पादन में किसी ईंधन या पदार्थ का उपयोग नहीं होता है।

जल विद्युत का उत्पादन और वितरण, प्रचुर मात्रा में जल का नियमित प्रवाह और जल को ऊपर से नीचे गिराने के लिए जलप्रपात के होने पर निर्भर करता है। इन कारकों के आधार पर जल विद्युत उन्हीं प्रदेशों में पैदा की जाती है, जहाँ पर प्रचुर मात्रा और नियमित प्रवाह वाले जल संसाधन हैं। यह प्रदेश ज्यादातर पर्वतीय और पठारी होते हैं। मैदानी प्रदेशों में कृत्रिम जल प्रपात के जरिए जल विद्युत का उत्पादन किया जाता है। जल विद्युत से विश्व में सभी स्रोतों से उत्पन्न कुल शक्ति का केवल 6.7 प्रतिशत भाग मिलता है।

गैर-परम्परागत ऊर्जा संसाधन

इस श्रेणी में सम्मिलित किए जाने वाले स्रोत बायो गैस, सौर ऊर्जा, पवन ऊर्जा तथा परमाणु ऊर्जा हैं। इनके अतिरिक्त लहरों तथा ज्वार से ऊर्जा प्राप्त करने का प्रयत्न किया जा रहा है। भूतापीय ऊर्जा को भी विकसित करने का प्रयास जारी है।

यूरेनियम

यूरेनियम परमाणु ऊर्जा का महत्त्वपूर्ण संसाधन है। यह एक भारी, कठोर, रेडियोधर्मी एवं सफेद खनिज पदार्थ है। न्यूक्लियर रिऐक्टरों में विद्युत निर्माण करने के लिए ईंधन के रूप में इसका प्रयोग किया जाता है। संसार में सभी स्रोतों से उत्पन्न कुल शक्ति का 3.9 प्रतिशत भाग परमाणु शक्ति से मिलता है। रसायन, इलेक्ट्रोनिक्स सर्जिकल, संयंत्रों, तेज धार वाले औजार तथा डाई बनाने में भी यूरेनियम का प्रयोग किया जाता है।

बायो गैस—गैस ऊर्जा का बहुत ही स्वच्छ स्रोत है। प्राकृतिक गैस जो हाइड्रोकार्बन के रूप में प्राप्त होती है, समाप्त होने वाला स्रोत है। पेट्रोल को भी गैस के रूप में परिवर्तन किया जा सकता है, परंतु यह भी समाप्य संसाधन है।

गाँवों में गोबर का उपलों के रूप में ईंधन के लिए विस्तृत पैमाने पर प्रयोग किया जाता है। इससे उत्तम खाद जो मिट्टी की उर्वरता के लिए आवश्यक है, नष्ट हो जाती है। भारत में गोबर गैस का सफल प्रयोग किया गया है तथा भारत में राष्ट्रीय बायो गैस विकास परियोजना चलाई गई है। इस प्रकार बायो गैस के विस्तार से भारतीय किसानों की ईंधन के साथ-साथ खाद की सुविधा भी प्राप्त हो जाती है। क्योंकि गोबर गैस संयंत्र से निकले हुए गोबर में खाद के गुण विद्यमान रहते हैं। इसके प्रयोग से परम्परागत ऊर्जा के संसाधनों का संरक्षण संभव बनाया जा सकता है। चीन में भी बायो गैस को सफलता मिली है।

सौर ऊर्जा—संसार में अधिकतम मात्रा में पाई जाने वाली तथा कभी न समाप्त होने वाली ऊर्जा सूर्य की ऊर्जा है। सौर ऊर्जा का पानी गर्म करने तथा खाना बनाने के लिए प्रयोग किया जा सकता है। यह ऊर्जा उष्ण कटिबंधीय देशों में वर्ष के अधिकतम भाग में प्रचुरता से उपलब्ध होती है। इस ऊर्जा का फोटोबोल्टाइक सेल बनाने वाले देशों में आस्ट्रेलिया, बेल्जियम, ब्राजील, कनाडा, चीन, भारत, मैक्सिको, यूनाइटेड किंगडम, पूर्व सोवियत संघ एवं स्पेन हैं।

पवन ऊर्जा—पवन ऊर्जा का सफलतापूर्वक प्रयोग सर्वप्रथम नीदरलैंड में बहुत पहले ही किया जा चुका है। पवन वेग से टर्बाइनों को चलाकर विद्युत पैदा करने का कार्य संयुक्त राज्य अमेरिका में किया जा रहा है। 1989 तक कैलिफोर्निया में 9,700 नई टर्बाइन लगाई जा चुकी थीं। कैलिफोर्निया में संयुक्त राज्य अमेरिका की 90% से अधिक पवन उर्जा का उत्पादन होता है। विकासशील देशों के सामने सबसे बड़ी समस्या प्रौद्योगिकी की उपलब्धता है। यह प्रौद्योगीकी बहुत महंगी है तथा इसे उपलब्ध करने में बड़ी मात्रा में पूंजी की आवश्यकता होती है।

भू-तापीय ऊर्जा—भू-तापीय ऊर्जा, ऊर्जा का एक अन्य संचालक संसाधन है। संसार के बहुत-से लोगों में इस प्रकार की ऊर्जा भूगर्भ से प्राप्त की जाती है। इसमें जल पृथ्वी के भीतर से निकलता है, जिससे ऊर्जा प्राप्त की जाती है। ऐसी प्रौद्योगिकी की कमी है, जो भूगर्भ में निहित ताप से ऊर्जा का दोहन कर सके। भविष्य में इसकी संभावनाएं हो सकती हैं।

ज्वार ऊर्जा—समुद्र में लहरें आती हैं तथा ज्वार भी प्रतिदिन आते हैं। इस उठते हुए जल से जल विद्युत उत्पन्न की जा सकती है। इसका प्रचलन अभी बड़े पैमाने पर नहीं हुआ है। परन्तु निकट भविष्य में यह ऊर्जा भी मनुष्य को उपलब्ध होगी।

खनिज संसाधन

प्रकृति ने भारत की धरती को विभिन्न प्रकार के खनिजों का वरदान दिया है। भारत में विविध प्रकार के खनिज पाए जाते हैं पर इनमें से सर्वाधिक महत्त्वपूर्ण हैं—कोयला, मैंगनीज, इल्मेनाइट, अभ्रक, लौह अयस्क और लवण। भारत मैंगनीज, अभ्रक, मोनाजाईट और जिरकान के सप्लाई के मामले में विश्व का प्रमुख स्रोत है।

कोयला : यह महत्त्वपूर्ण ऊर्जा संसाधन, पश्चिम बंगाल

(रानीगंज), झारखंड (झरिया, बोकारो, कर्णपुरा, हजारीबाग, गिरिडीह) में उपलब्ध है। पश्चिम बंगाल और झारखंड लगभग 90 प्रतिशत कोयले का उत्पादन करते हैं। उड़ीसा, आंध्र प्रदेश, असम, छत्तीसगढ़ और मध्य प्रदेश में भी कोयला पाया जाता है। अभी हाल ही में चानो रिखा ब्लॉक (कर्नाटक), रामगढ़ (झारखंड) और रानीगंज (पश्चिम बंगाल) में कोयले के समृद्ध निक्षेपों का पता चला है। विश्व के सर्वाधिक समृद्ध कोयला निक्षेपों में से एक का पता सितम्बर 1963 में सिंगरौली कोयला क्षेत्र (मध्य प्रदेश) में लगाया गया। भारत, बांग्लादेश और श्रीलंका को कोयले का निर्यात करता है। कोयला उत्पादन में भारत का विश्व में तीसरा स्थान है। 1 अप्रैल, 2014 तक भारत में कोयले का 301.56 अरब टन का अनुमानित भंडार मौजूद है। वर्ष 2016-17 में भारत में कोयला एवं लिग्नाइट का कुल उत्पादन क्रमशः 597.5 मिलियन टन तथा 45.1 मिलियन टन अनुमानित किया गया है। वर्ष 2016-17 में कोयले (लिग्नाइट सहित) का उत्पादन 704.4 मिलियन टन रहा। यह वर्ष 2015-16 की तुलना में 3% अधिक है।

लिग्नाइट : लिग्नाइट तमिलनाडु, राजस्थान, गुजरात और कश्मीर में मिलता है। नेवेली में एक लिग्नाइट कारखाना लगाया गया है। देशभर में लिग्नाइट का अनुमानित भंडार 36 अरब टन के आस-पास है।

मैंगनीज : मैंगनीज मध्य प्रदेश, तमिलनाडु, महाराष्ट्र, गुजरात, कर्नाटक और झारखंड में पाया जाता है। मुख्य तौर पर इसका इस्तेमाल इस्पात बनाने में होता है।

तांबा : सिंहभूम तांबा क्षेत्र (झारखंड), दार्जिलिंग (पश्चिम बंगाल), अग्निगुंडला (आंध्र प्रदेश) और खेतड़ी (राजस्थान) तथा मलंझखंड (मध्य प्रदेश) को तांबा निक्षेपों के लिए जाना जाता है।

सोना : सोने की प्रमुख खान कोलार गोल्डफील्ड्स कर्नाटक में स्थित है। इन खदानों का 1956 में राष्ट्रीयकरण किया गया था। सोने के भंडार, आंध्र प्रदेश के चित्तूर और अनंतपुर जिले में भी पाए गए हैं।

अभ्रक : बिहार (गया जिला), झारखंड (हजारीबाग, गिरिडीह), आंध्र प्रदेश (नेल्लोर जिला) और राजस्थान में अभ्रक के निक्षेप मौजूद हैं। राजस्थान अभ्रक का सबसे बड़ा उत्पादक है। इसका सर्वाधिक इस्तेमाल इलेक्ट्रिक और दवा उद्योग में होता है। अभ्रक के उत्पादन में भारत का विश्व में पहला स्थान है।

पेट्रोलियम : पेट्रोलियम पदार्थ डिगबोई, बदरपुर, असम के मसीमपुर और पलहारा क्षेत्र, अंकलेश्वर, मोरान, मुम्बई हाई और पालमपुर (गुजरात) में पाए जाते हैं।

पंजाब के ज्वालामुखी क्षेत्र में भी खुदाई का कार्य किया गया किंतु वहां केवल प्राकृतिक गैसों के भंडार पाए गए। खनिज तेलों और प्राकृतिक गैस की प्राप्ति के लिए जैसलमेर (राजस्थान) में भी खुदाई का कार्य किया गया। कैम्बे, अंकलेश्वर और कलोल (गुजरात), नाहरकटिया, रुद्रसागर, शिवसागर और मोरान (असम) में तेल प्राप्त किया गया है। कैम्बे की खाड़ी के तटीय क्षेत्रों में तेल का पता लगाने के प्रयास किए जा रहे हैं तथा इस उद्देश्य की प्राप्ति के लिए ड्रिलिंग मशीन से युक्त सागर सम्राट नाम का एक बड़ा पोत जापान से खरीदा गया है। फरवरी 1974 में मुंबई हाई में तेलों और प्राकृतिक गैसों के बहुत बड़े भंडार का पता लगाया गया। पश्चिम बंगाल में बकुलतला तथा त्रिपुरा और अरुणाचल प्रदेश में भी तेल पाए जाने की संभावना है। फिर भी भारत की मुख्य आशाएं बंगाल की खाड़ी के तटीय क्षेत्रों और कावेरी बेसिन में तेल की खोज से जुड़ी हुई है। सितम्बर 1979 में मुम्बई हाई के तटीय क्षेत्रों में तेल व प्राकृतिक गैस का पता लगाया गया है। अक्टूबर 1979 में रत्नागिरि में तेल की मौजूदगी का पता लगा तथा पोर्टो नोवा में सितम्बर 1982 में। 2009-10 में घरेलू तेल शोधन क्षमता 177.77 करोड़ मीट्रिक टन वार्षिक थी। इस समय देश में 20 तेल शोधक कारखाने (17 सार्वजनिक क्षेत्र में और तीन निजी क्षेत्र में) काम कर रहे हैं। सार्वजनिक क्षेत्र की 17 रिफाइनरियों में से 8 इंडिया ऑयल कार्पोरेशन लि॰ के स्वामित्व में हैं। दो-दो का स्वामित्व चेन्नई पेट्रोलियम कार्पोरेशन लि॰ (जो इंडिया ऑयल की सहायक कंपनी है), हिन्दुस्तान पेट्रोलियम कार्पोरेशन लि॰, भारत पेट्रोलियम कार्पोरेशन लि॰ और ओ॰एन॰जी॰सी॰ लि॰ के हाथों में है तथा एक-एक बी॰पी॰सी॰एल॰, कोच्चि रिफाइनरीज लि॰ (बीपीसी एल की सहायक कंपनी) नूमालीगढ़ रिफाइनरीज लि॰ (भारत पेट्रोलियम कार्पोरेशन की सहायक) तथा बोंगाइगांव रिफाइनरीज ऐंड पेट्रोलियम इंडियन ऑयल की सहायक के स्वामित्व में है। निजी क्षेत्र की रिफाइनरीज रिलायंस इंडस्ट्रीज लि॰ एवं एस्सार ग्रुप की है।

लोहा : भारत में उच्च श्रेणी का लौह अयस्क (हैमेटाइट) पाया जाता है। ये अयस्क उड़ीसा (क्योंझर, तालचर, बोनेई और मयूरभंज), झारखंड (सिंहभूम जिला), मध्य प्रदेश, कर्नाटक और महाराष्ट्र में पाए जाते हैं। भारत में विश्व के 10 प्रतिशत लौह अयस्क के निक्षेप मौजूद हैं जिसमें हैमेटाइट अयस्क का भंडार 11 बिलियन टन और मैग्नेटाइट का 6 बिलियन टन भंडार है।

वर्तमान समय में भारत दुनिया का तीसरा सबसे बड़ा कच्चा इस्पात उत्पादक देश है।

लवण : यह राजस्थान के साम्भर झील से प्राप्त किया जाता है। इसे समुद्री जल के वाष्पीकरण की क्रिया द्वारा कच्छ, तमिलनाडु, मुंबई और भारत के काठियावाड़ तट से भी प्राप्त किया जाता है। चट्टान के रूप में नमक मंडी (हिमाचल प्रदेश) में मिलता है। भारत न सिर्फ नमक के मामले में आत्मनिर्भर है बल्कि इसका निर्यात भी करता है।

निकेल : भारत में निकेल सुकिन्दा (उड़ीसा) में प्राप्त होता है।

मोनाजाइट : यह केरल के रेतीले तटों में पाया जाता है। भारत विश्व की 88 प्रतिशत मोनाजाइट आवश्यकताओं की पूर्ति करता है। थोरियम की उपस्थिति के कारण इसका उपयोग परमाणु ऊर्जा के उत्पादन में किया जाता है।

बॉक्साइट : मध्य प्रदेश, उड़ीसा, झारखंड तथा जम्मू और कश्मीर में बॉक्साइट की खानें हैं। मुख्य रूप से इसका इस्तेमाल एल्यूमिनियम बनाने के लिए होता है। अधिकांश कारखाने यूपी, केरल, मध्य प्रदेश, पश्चिम बंगाल और झारखंड में केंद्रित हैं। उड़ीसा में बॉक्साइट के विशाल भंडार का पता चला है। यदि उद्योगों को बिजली की पर्याप्त आपूर्ति की जाती है तो यह विशाल निक्षेप अकेले

ही कई दशकों तक एल्यूमीनियम उद्योग की आवश्यकताओं की पूर्ति कर सकता है।

चांदी : चांदी की थोड़ी-बहुत मात्रा कोलार की खानों (कर्नाटक) और मानभूम (झारखंड) से प्राप्त की जाती है।

जिप्सम : यह मुख्य रूप से राजस्थान में पाया जाता है। इसके अलावा इसके निक्षेप तमिलनाडु, यूपी और जम्मू एवं कश्मीर में भी मौजूद हैं। इसका इस्तेमाल सीमेंट और उर्वरकों के निर्माण में होता है।

ग्रेफाइट : ग्रेफाइट मध्य प्रदेश और तमिलनाडु में प्राप्त होता है।

मैग्नेजाइट : यह तमिलनाडु के सेलम जिले में तथा कर्नाटक और राजस्थान में प्राप्त होता है।

जिंक (जस्ता) : यह उदयपुर (राजस्थान) के निकट जवार की खानों में मिलता है।

एस्बेस्टस : इसका इस्तेमाल व्यापक तौर से एक विशेष प्रकार का सीमेंट बनाने, ऑटोमोबाइल उद्योग में ऊष्मारोधन के लिए लाइनिंग हेतु किया जाता है। इसके निक्षेप आंध्र प्रदेश, झारखंड और कर्नाटक में मौजूद हैं।

परमाणु ऊर्जा हेतु खनिज : यूरेनियम : वर्तमान में यूरेनियम समृद्ध खनिजों का इस्तेमाल परमाणु ऊर्जा के उत्पादन हेतु किया जा रहा है। यूरेनियम का खनन मुख्य रूप से जायरे में किया जाता है। भारत में यूरेनियम झारखंड (जादुगोड़ा की खानें) में मिलता है।

थोरियम : यह भविष्य का सक्षम परमाणु ईंधन है। थोरियम का मुख्य अयस्क मोनाजाइट खनिज है जो केरल और तमिलनाडु के रेतीले तटों में मिलता है।

बेरिलियम : हालांकि यह रेडियोधर्मी पदार्थ नहीं है परंतु इसका परमाणु ऊर्जा के विकास में काफी महत्त्व है। वह इसलिए क्योंकि यह बिना अवशोषित किए न्यूट्रानों की गति को धीमा कर देता है। अत: एटामिक पाइल्स में मोडरेटर के रूप में इसका व्यापक इस्तेमाल किया जाता है। इसके निक्षेप राजस्थान, झारखंड और आंध्र प्रदेश में पाए जाते हैं।

कायनाइट : इसका इस्तेमाल मृत्तिका उद्योग में किया जाता है। इसके निक्षेप सिंहभूम जिला (झारखंड), मयूरगंज जिला (उड़ीसा) और आंध्र प्रदेश के नेल्लोर जिले में पाए जाते हैं।

जिरकॉन : इस दुर्लभ धातु का इस्तेमाल परमाणु ऊर्जा और ऐलॉय मेटालर्जी में किया जाता है। यह मालाबार और कोरोमंडल तटों की रेत में पाया जाता है।

सफेद संगमरमर : सफेद संगमरमर मकराना की खानों (राजस्थान) और जबलपुर (मध्य प्रदेश) से प्राप्त होता है।

हीरा : हीरे किम्बरले की खानों (दक्षिण अमेरिका) घाना और कांगो में पाए जाते हैं। भारत में हीरे पन्ना की खानों (मध्य प्रदेश) से प्राप्त किए जाते हैं। पन्ना की खानों से प्राप्त कर भारत ने कुछ ऐतिहासिक हीरे निर्मित किए हैं जैसे कि कोहिनूर।

वस्तुनिष्ठ प्रश्न

1. अफ्रीका महाद्वीप में विश्व का 90 प्रतिशत हीरा पाया जाता है। यहाँ संसार का कितना प्रतिशत सोना पाया जाता है?
A. 65 प्रतिशत B. 75 प्रतिशत
C. 70 प्रतिशत D. 85 प्रतिशत

2. लौह-अयस्क के उत्पादन में संसार में किसका स्थान प्रथम है?
A. पूर्व सोवियत संघ का
B. भारत का
C. कनाडा का
D. संयुक्त राज्य अमेरिका का

3. ऑस्ट्रेलिया का कालगुर्ली किसलिए विख्यात है?
A. सोने की खानों के लिए
B. मूंगे की चट्टानों के लिए
C. डेयरी उद्योग के लिए
D. उपर्युक्त में से किसी के लिए नहीं

4. पूर्व सोवियत रूस में लौह-अयस्क की खानें मुख्यतः किस क्षेत्र में पायी जाती हैं?
A. बाल्टिक क्षेत्र में B. साइबेरिया क्षेत्र में
C. यूराल पर्वतीय क्षेत्र में D. यूक्रेन में

5. खनिज निकालने के लिए कम गहराई पर जो खानें खोदी जाती हैं उन्हें क्या कहा जाता है?
A. कूप खदान B. छिछली खदान
C. खुली खदान D. उपर्युक्त में से कोई नहीं

6. निम्नलिखित में से कौन-सा जोड़ा गलत है?
A. मैंगनीज – अलौह धात्विक खनिज
B. हीरा – अधात्विक खनिज
C. कोयला – खनिज ईंधन
D. सोना – धात्विक खनिज

7. लौह मात्रा की उपलब्धता के आधार पर लौह-अयस्क चार प्रकार के होते हैं। कौन-सा लौह-अयस्क का प्रकार नहीं है?
A. हेमेटाइट B. लिग्नाइट
C. लिमोनाइट D. मैग्नेटाइट

8. संसार के प्रमुख लौह-अयस्क क्षेत्रों तथा उनके देशों के जोड़ों में से गलत जोड़ा बताइये?
A. कनाडा – मिशिगन
B. संयुक्त राज्य अमेरिका – मेसाबी
C. भारत – छोटा नागपुर पठार
D. किर्वाई रॉग – स्वतंत्र देशों के राष्ट्रकुल

9. विश्व का सबसे बड़ा लौह-अयस्क आयातक देश है–
A. अमेरिका B. चीन
C. जापान D. दक्षिण अफ्रीका

10. निम्नलिखित देशों में यूरेनियम का सर्वाधिक भंडार किस देश में है?
A. भारत B. कनाडा
C. संयुक्त राज्य अमेरिका D. फ्रांस

11. जस्ते का सर्वाधिक उत्पादन करने वाला देश कौन-सा है?
A. कनाडा　B. मैक्सिको
C. पूर्व सोवियत संघ　D. संयुक्त राज्य अमेरिका

12. एशिया का सर्वाधिक लौह-अयस्क उत्पादक देश कौन-सा है?
A. चीन　B. ईरान
C. भारत　D. जापान

13. एशिया के विभिन्न खनिजों का सर्वाधिक उत्पादन करने वाले देशों सूची-II में तथा खनिजों के नाम सूची-I में दिये गये हैं। इन्हें सुमेलित कीजिए–

सूची-I	**सूची-II**
(क) खनिज तेल	1. जापान
(ख) चाँदी	2. सऊदी अरब
(ग) तांबा	3. फिलीपीन्स
(घ) बाक्साइट	4. भारत
(ङ) टंग्सटन	5. चीन

कूट :

	(क)	(ख)	(ग)	(घ)	(ङ)
A.	2	1	3	4	5
B.	2	3	5	4	1
C.	3	4	2	1	5
D.	4	2	1	3	5

14. अभ्रक उत्पादन में भारत का कौन-सा स्थान है?
A. चतुर्थ　B. द्वितीय
C. प्रथम　D. तृतीय

15. किस प्रकार के कोयले में कार्बन की सर्वाधिक मात्रा होती है?
A. लिग्नाइट　B. बिटुमिनस
C. एन्थ्रेसाइट　D. पीट

16. स्त्रातजिक खनिज कहा जाता है–
A. परमाणु शक्ति से संबंधित खनिज
B. लौह-अयस्क
C. खजिन तेल
D. हीरा एवं सोना

17. कोयला उत्पादन में "रूर बेसिन" विश्व का एक महत्त्वपूर्ण क्षेत्र है। यह क्षेत्र किस देश में आता है?
A. हंगरी　B. फ्रांस
C. जर्मनी　D. पोलैण्ड

18. भारत की किस कोयला खान से सर्वाधिक कोयला निकाला जाता है?
A. सिंगरैनी　B. सिंगरौली
C. झरिया　D. रानीगंज

19. किन शैलों से खनिज तेल (पेट्रोलियम) प्राप्त होता है?
A. परतदार　B. आग्नेय
C. कायान्तरित　D. उपर्युक्त में से सभी में

20. संसार के किस महाद्वीप में सर्वाधिक खनिज तेल निकाला जाता है?
A. दक्षिण अमेरिका　B. ऑस्ट्रेलिया
C. एशिया　D. यूरोप

21. कौन-सा देश सर्वाधिक तेल का उत्पादन करता है?
A. सऊदी अरब　B. ब्राजील
C. चीन　D. इंडोनेशिया

22. संसार के खनिज तेल निर्यातक देशों में कौन-सा देश शामिल नहीं है?
A. जापान　B. सऊदी अरब
C. वेनेजुएला　D. इन्डोनेशिया

23. संसार के किस देश में सबसे ज्यादा जल विद्युत उत्पन्न की जाती है?
A. जापान　B. नॉर्वे
C. कनाडा　D. संयुक्त राज्य अमेरिका

24. निम्नलिखित में से कौन-सा ईंधन कम खर्चीला है?
A. प्राकृतिक गैस　B. कोयला
C. जल विद्युत　D. अणु ऊर्जा

25. विश्व में सबसे अधिक प्राकृतिक गैस का उत्पादन कहाँ किया जाता है?
A. कनाडा　B. संयुक्त राज्य अमेरिका
C. मैक्सिको　D. फ्रांस

उत्तरमाला

1	2	3	4	5	6	7	8	9	10
A	A	A	C	C	A	B	A	C	B
11	**12**	**13**	**14**	**15**	**16**	**17**	**18**	**19**	**20**
C	C	A	C	A	A	C	C	A	C
21	**22**	**23**	**24**	**25**					
A	A	A	A	B					

कृषि

कृषि भारत में आर्थिक गतिविधियों का एक महत्त्वपूर्ण क्षेत्र है, जिसका सकल घरेलू उत्पाद में 17 प्रतिशत का योगदान है तथा कृषि और संबंधित उद्योगों से देश की कुल श्रम शक्ति के लगभग 54.6 प्रतिशत हिस्से को रोजगार मिलता है। अत: अर्थव्यवस्था की प्रगति इस क्षेत्र के निष्पादन पर निर्भर करती है। कृषि उत्पादन में उतार-चढ़ाव राष्ट्रीय आय की स्थिति में महत्त्वपूर्ण भूमिका निभाती है, जन्म लेने वाले लाखों बच्चों का भविष्य अविच्छिन्न रूप से इस क्षेत्र की सतत् वृद्धि पर निर्भर करता है।

कृषि के प्रकार

धरातल, मिट्टी, जलवायु तथा अन्य भौतिक एवं आर्थिक दशाएँ कृषि को प्रभावित करती हैं। तदनुसार अनेक प्रकार की कृषि विकसित होती है। भारत में भौतिक व आर्थिक दशा की विविधता पाई जाती है। अतएव यहाँ अनेक प्रकार की कृषि प्रचलित है। भारतीय कृषि के वर्गीकरण के अनेक आधार हैं। भारत में निम्न प्रकार की कृषि प्रचलित है :

I. फसल व्यवस्था के आधार पर

1. एक फसली कृषि : साल भर में एक ही फसल प्राप्त की जाती है। असम में चाय उत्पादक क्षेत्र, पश्चिमी उत्तर प्रदेश में गन्ना उत्पादक क्षेत्र एवं राजस्थान के शुष्क क्षेत्रों में इस प्रकार की कृषि होती है।

2. दो फसली कृषि : उत्तरी मैदान तथा प्रायद्वीपीय पठार के मध्य पश्चिमी भाग में वर्ष में दो फसलें (रबी तथा खरीफ) प्राप्त की जाती हैं।

3. बहुफसली कृषि : पूर्वी बिहार, प. बंगाल तथा सिंचाई की सुविधाओं वाले उर्वर क्षेत्रों में वर्ष में तीन फसलें तक प्राप्त की जाती हैं। रबी, खरीफ के अतिरिक्त जायद की फसल भी पैदा की जाती है।

II. तर प्राप्ति एवं आर्द्रता के आधार पर:

1. तर कृषि: काँप मिट्टी के क्षेत्रों में जहाँ 200 सेमी. से अधिक वार्षिक वर्षा होती है, (प. बंगाल, असम, पश्चिमी तटीय क्षेत्रों में) यह कृषि व्यवस्था प्रचलित है। यहाँ वर्ष में एक से अधिक फसलें प्राप्त की जाती हैं। चावल व जूट यहाँ की प्रमुख फसलें हैं।

2. आर्द्र कृषि: काँप व काली मिट्टी के उन क्षेत्रों में जहाँ 100 से 200 सेमी. वार्षिक वर्षा होती है (गंगा का मध्यवर्ती घाटी तथा प्रायद्वीपीय पठार के उत्तरी-पूर्वी भागों में) यह कृषि प्रचलित है। यहाँ भी वर्ष में दो तथा कहीं-कहीं तीन फ़सलें तक प्राप्त की जाती हैं।

3. सिंचित कृषि: 50 से 100 सेमी. वर्षा वाले काँप, काली व लाल तथा पीली मिट्टी के भागों (पंजाब, हरियाणा, पश्चिमी उत्तर प्रदेश, तमिलनाडु, आन्ध्र प्रदेश) में यह कृषि प्रचलित है। यहां की प्रमुख फसलों में चावल, गन्ना व गेहूँ मुख्य उपजें हैं, जिनके लिए सिंचाई की आवश्यकता पड़ती है।

4. शुष्क कृषि: दक्षिणी-पश्चिमी उत्तर प्रदेश, महाराष्ट्र, राजस्थान, गुजरात, कर्नाटक आदि में जहाँ वार्षिक वर्षा की मात्रा 50 सेमी. से कम होती है, शुष्क कृषि की जाती है। इस कृषि में वर्षा से पूर्व खेतों को जोत दिया जताा है। मिट्टी गीली होने पर ज्वार, बाजरा, चना, गेहूँ, जौ, कपास आदि की कृषि की जाती है।

III. भूमि की उपलब्धता के आधार पर

1. सघन कृषि: भारत में शताब्दियों से कृषि का प्रचलन रहा है। सघन आबादी के कारण कृषि भूमि पर भार अधिक है। अत: सीमित भूमि पर अधिकतम उपज प्राप्त करने का उद्देश्य रहता है। इसके अधिकतर भाग पर यहीं कृषि की जाती है।

2. विस्तृत कृषि: इस प्रकार की कृषि उन क्षेत्रों में की जाती है जहाँ जनसंख्या कम होती है। राजस्थान के उत्तरी-पश्चिमी भाग तथा उत्तरी गुजरात में इसी प्रकार की कृषि होती है। वर्ष में प्राय: एक ही फसल प्राप्त होती है।

IV. धरातल अथवा भूमि की विशेषता के आधार पर

1. पहाड़ी अथवा सोपानी कृषि: पर्वतीय ढालों पर सोपानी (सीढ़ियाँ) बनाकर कृषि की जाती है। हिमालयीय क्षेत्र में इसी प्रकार की कृषि की जाती है।

2. मैदानी तथा डेल्टाई कृषि: भारत में अधिकतर कृषि इसी प्रकार की होती है।

V. फसलों की उत्पादन तथा उद्देश्य के आधार पर

1. आदिम निर्वहन कृषि: विकास की अवस्था के आधार पर इसे दो वर्गों में रखा जा सकता है:

***(a)* स्थानान्तरित कृषि:** मेघालय, असम, त्रिपुरा, मिजोरम, अरुणाचल प्रदेश, उड़ीसा, आन्ध्र प्रदेश, तथा मध्य प्रदेश के वनों में यह कृषि प्रचलित है। वनों को काटकर, जलाकर, साफ करके, दो-तीन वर्षों तक फसलें उगाई जाती हैं, फिर भूमि की उर्वरता नष्ट होने पर उसे परती छोड़ दिया जाता है। यहाँ मुख्य रूप से खाद्यान्न फसलें ही उगाई जाती हैं। यह कृषि पद्धति असम में **झूम** (Jhoom), केरल में **पोनम** (Ponam), आन्ध्र प्रदेश व उड़ीसा में **पोदू** (Podu), मध्य प्रदेश में **बेवर** (Bewar), **पेन्डा** (Penda), डाह्या (Dahya), तथा **बीरा** (Beera), पश्चिमी घाट में **कुमारी** (Kumari), हिमालय में खील (Khil), तथा दक्षिणी-पूर्वी राजस्थान में **वालरा** (Valara), आदि अनेक स्थानीय नामों से पुकारी जाती हैं।

(b) **स्थायी निर्वाहन कृषि:** आदिवासी क्षेत्रों में जहां भूमि पर जनसंख्या का भार बढ़ गया है वहाँ स्थानान्तरणशील कृषि का स्थान स्थायी कृषि ने ले लिया है। यह गहन निर्वाहन कृषि का ही आरम्भिक रूप है। मध्य हिमालय तथा प्रायद्वीप के उत्तरी-पूर्वी भागों में इसका प्रचलन है।

2. गहन निर्वाहन कृषि: इस कृषि में स्थानीय उपयोग हेतु खाद्यान्न उगाया जाता है। विशाल व तटीय मैदानों में यह कृषि की जाती है। यहाँ की मुख्य उपज चावल है। कम वर्षा वाले स्थानों पर गेहूँ व अन्य फसलें उगाई जाती हैं। यह कृषि श्रम गहन है। अब मशीनों के उपयोग में वृद्धि हुई है। फसल शस्यावर्तन (Crop rotation) भी किया जाता है। भारत में अधिकतर क्षेत्रों में यह कृषि प्रचलित है। फसल की प्रधानता के आधार पर इसे दो वर्गों में विभक्त किया जा सकता है :

(a) **चावल प्रधान गहन निर्वाहन कृषि :** इस चावल प्रधान कृषि को **सवाह** (Savah) कहते हैं।

(b) **चावल विहीन निर्वाहन कृषि**

3. बागाती कृषि: यह कृषि सर्वाधिक विकसित कृषि है जो कि व्यापारिक उद्देश्य की पूर्ति हेतु की जाती है। इसमें रबड़, नारियल, चाय, कहवा आदि बागाती फसलों का उत्पादन किया जाता है। फलों का उत्पादन भी किया जाता है।

I. ई.एच. डोबी के अनुसार कृषि प्रकार: डोबी ने अपनी पुस्तक (Monsoon Asia) में भारत की कृषि को चार प्रकार का बताया हैं। उन्होंने एक मानचित्र बनाकर इस प्रकारों के वितरण में बताया है, जो इस प्रकार है :

1. पशुचारण: प. राजस्थान, उ.प्र. गुजरात व कश्मीर में इसका विस्तार पाया जाता है।

2. आर्द्र चावल निर्वाहक कृषि: भारत के पूर्वी राज्यों प.बंगाल, पूर्वी व पश्चिमी तटीय मैदानों में इस प्रकार की कृषि की जाती है। यह आर्द्र क्षेत्र तथा चावल इस क्षेत्र की प्रमुख फसल हैं।

3. गेहूँ के साथ मिश्रित निर्वाहक कृषि: अधिककांश भारत में इस कृषि का विस्तार है। विशेष रूप से सम्पूर्ण पश्चिम, मध्य व दक्षिणी भारत को इस कृषि के अन्तर्गत रखा जाता है। गेहूँ यहाँ का प्रमुख खाद्यान्न है। इसके अलावा यहाँ विविध प्रकार की फसलें भी साथ में उगाई जाती हैं। कृषि-कार्य जीवन निर्वाह की दृष्टि से किया जाता है।

4. बागाती कृषि: द. भारत के पहाड़ी ढालों पर इस प्रकार की कृषि की जाती है।

II. व्हिटलसी के अनुसार कृषि प्रकार: व्हिटलसी महोदय ने विश्व के मानचित्र में कृषि प्रकारों को बताया है। इस मानचित्र में भारत में चार प्रकार की कृषि बताई गई है :

1. चलवासी पशुचारण (Nomading herding)
2. चावल प्रधान गहन निर्वाहक कृषि (Intensive Sub-stance farming with Paddy dominant)
3. चावल विहीन गहन निर्वाहक कृषि (Intensive Substance farming without Paddy dominant)
4. प्रारंभिक स्थायी कृषि (Rudimental Sedimentary Farming)

उपर्युक्त दोनों विद्वानों द्वारा बताए गए कृषि प्रकारों में प्रमुख अन्तर यह है कि व्हिटलसी ने पशुचारण के अन्तर्गत केवल उन क्षेत्रों को रखा है जहाँ पर पशुचारण की क्रिया मौलिकता के अनुसार अपने स्थान में परिवर्तन कर लेती है। डोबी ने चौथा प्रकार बागाती कृषि का बताया है जबकि व्हिटलसी ने इस पर कोई ध्यान नहीं दिया है। इन्होंने चौथे प्रकार में उन क्षेत्रों को शामिल किया है जहाँ पर पूर्व में स्थानान्तरित कृषि की जाती थी लेकिन अब वहाँ इसका स्थान स्थायी प्रारम्भिक कृषि ने लेना प्रारंभ कर दिया है।

भारत की महत्त्वपूर्ण फसलें

भौतिक एवं जलवायु की विविधता के फलस्वरूप यहाँ अनेक प्रकार की फसलें उत्पन्न की जाती हैं। भारत की फसलें निम्न हैं:

1. खाद्यान्न : गेहूँ, चावल, मक्का, ज्वार, बाजरा, जौ, रागी, जौ, मकई, दालें।

2. पेय पदार्थ : चाय, कहवा, तंबाकू।

3. व्यावसायिक और मुद्रादायिनी फसलें : गन्ना, तिलहन, गर्म मसाले, रबड़, फल व सब्जियाँ।

4. रेशेदार पौधे : कपास, जूट, मेस्टा, सन, पटुआ।

सम्पूर्ण देश में दो या कहीं-कहीं तीन फसलें उगाई जाती हैं:

1. रबी की फसलें : शीतकाल के प्रारंभ में अक्टूबर से दिसम्बर तक यह फसल बोई जाती है और अप्रैल में काटी जाती है। यह फसल मुख्यत: सिंचाई पर निर्भर करती है। गेहूँ, जौ, चना, सरसों, मटर, अरहर, मसूर आदि रबी की फसलें हैं।

2. खरीफ की फसलें : यह मानसून के आगमन से पूर्व जून-जुलाई में बोई जाती है और अक्टूबर में काटी जाती है। चावल, ज्वार, बाजरा, मक्का, कपास, जूट, मूँगफली, तिल, तंबाकू, गन्ना, उड़द, मूँग, मोंठ, आदि प्रमुख खरीफ की फसलें हैं।

3. जायद की फसलें : यह मार्च में बोई जाती है और जून में काट ली जाती है। इसमें खरबूज, तरबूज, ककड़ी तथा तरकारियाँ पैदा की जाती हैं।

भारतीय कृषि की विशेषताएँ

कृषि भारत का प्राचीन व्यवसाय है। विश्व के कृषि प्रधान देशों में भारत की गणना होती है। वर्तमान युग में कृषि का आधुनिकीकरण तथा विज्ञानीकरण हो गया है, लेकिन भारतीय कृषि अभी भी परंपरागत स्थिति है। भारतीय कृषि की विशेषताएँ/महत्त्व निम्नलिखित हैं :

1. कृषि उद्योग भारत की अधिकांश जनसंख्या को रोजगार उपलब्ध कराता है। इस देश की न केवल 69 प्रतिशत जनसंख्या ही कृषि पर प्रत्यक्ष रूप से निर्भर है बल्कि बहुत से लोग कृषि पदार्थों का व्यापार कर अपनी आजीविका कमाते हैं। कृषि उत्पादों का कच्चे माल के रूप में अनेक उद्योगों में प्रयुक्त कर अन्य लाखों व्यक्तियों को रोजगार दिलाते रहे हैं। इसके अलावा परिवहन कंपनियों को भी कृषि पदार्थ स्थानान्तरित करने पर पर्याप्त आय होती है। इस तरह भारतीय कृषि देश के निवासियों के लिए जीवन निर्वाह का सबसे महत्त्वपूर्ण साधन है।
2. देश की खाद्यान्न आवश्यकताओं का लगभग 96 प्रतिशत की पूर्ति भारतीय कृषि द्वारा ही की जाती है। इसके अलावा चीनी, वस्त्र, पटसन, तेल आदि उद्योग पूर्णतया कृषिगत कच्चे माल पर आधारित होते हैं।

3. भारत की कुल राष्ट्रीय आय का एक बड़ा हिस्सा लगभग 36 प्रतिशत कृषि उत्पादन से प्राप्त होता है, जो कि अपने-आप में महत्त्वपूर्ण है।
4. भारतीय कृषि मानसून का जुआ है। मानसून के समय पर व पर्याप्त मात्रा में आने पर कृषि उत्पादन भी अच्छा होता है, जिससे देश में खाद्यान्नों की आवश्यकता की पूर्ति हो जाती है और उद्योगों का पर्याप्त कृषिगत कच्चे माल की आपूर्ति हो जाती है।
5. भारत के कुल निर्यात व्यापार में कृषि वस्तुओं का प्रतिशत भाग काफी ऊँचा पाया जाता है।
6. भारत में कृषि का महत्त्व इस कारण विशेष रूप से है क्योंकि इससे देश के अनेक प्रमुख उद्योगों का कच्चे माल की आपूर्ति होती है। सूती वस्त्र, पटसन, चीनी, वनस्पति आदि उद्योग कृषि गत कच्चे मालों पर निर्भर करते हैं।
7. भारतीय कृषि पर जलवायु का प्रभाव महत्त्वपूर्ण है। यहाँ की जलवायु कृषि कार्यों के लिए वर्ष भर उत्तम पाई जाती है। कृषि में तापमान व वर्षा का योगदान उल्लेखनीय है।
8. भारतीय कृषि में **फसलों की विविधता** पाई जाती है। देश में जलवायु की विविधता के कारण उष्ण, उपोष्ण तथा शीतोष्ण कटिबंधीय सभी प्रकार की फसलें उत्पन्न की जाती हैं।
9. भारतीय कृषि में **खाद्यान्नों की प्रधानता** पाई जाती हैं। कुल कृषित भूमि के 72 प्रतिशत भाग पर खाद्यान्न फसलें एवं 28 प्रतिशत भाग पर व्यापारिक फसलें उगायी जाती हैं।
10. देश के लगभग 47 प्रतिशत क्षेत्रफल पर कृषि संपन्न की जाती है। कृषि भूमि का यह प्रतिशत विश्व के अनेक विकसित देशों की अपेक्षा काफी अधिक है।
11. भारत में लगभग 37 प्रतिशत कृषित भूमि पर सिंचाई की सुविधा उपलब्ध है जो कि विश्व में चीन के बाद सर्वाधिक है।
12. अधिकांश देश में एक वर्ष में दो फसलें (रबी एवं खरीफ) होती हैं। कहीं-कहीं वर्ष में तीन फसलें (जायद फसल) भी प्राप्त की जाती हैं।

भारतीय कृषि की समस्याएँ

भारत कृषि प्रधान देश है, लेकिन यहाँ की कृषि की दशा सोचनीय है। इस वैज्ञानिक युग में भारतीय कृषि रूढ़िवादी ही है। भारतीय कृषक अशिक्षित तथा निर्धन है, वह कृषि को जीवन निर्वाह के लिए अपनाता है, व्यवसाय मानकर नहीं। कृषि की पुरानी परम्परागत विधियों, पूँजी की कमी, भूमि सुधार की अपूर्णता, विपणन एवं वित्त संबंधी कठिनाइयों आदि के कारण भारतीय कृषि की उत्पादकता अत्यन्त न्यून है। अब नई पीढ़ी में शिक्षा एवं कृषि को कमाई का साधन मानने की प्रवृत्ति से भी कृषि एवं कृषक ही आर्थिक दशा में सुधार आने लगा है।

भारतीय कृषि की प्रमुख निम्न समस्याएँ ऐसी हैं जिनसे भारतीय कृषि शताब्दियों से पीड़ित है :

1. भूमि पर जनसंख्या का निरन्तर बढ़ता हुआ भार।
2. कृषि जोतों का छोटा आकार तथा भूमि का असन्तुलित वितरण।
3. कृषि की न्यून उत्पादकता।
4. उत्तम बीजों की कमी।
5. खादों व उर्वरकों के प्रयोग का अभाव।
6. सिंचाई सुविधाओं का अभाव।
7. भूमि अपरदन की समस्या।
8. कृषि के विविध रोग।
9. पूँजी का अभाव।
10. कृषि शिक्षा, प्राविधिकी (Technology) एवं अनुसंधान की कमी।
11. अन्न भण्डारण व वितरण व्यवस्था संबंधी सुविधाओं का अभाव।
12. पशुओं हेतु चारे का अभाव।

प्रमुख फसलें और उनके उत्पादन-क्षेत्र

फसल	प्रमुख उत्पादन-क्षेत्र
1. **चावल**	पश्चिम बंगाल, उत्तर प्रदेश, पंजाब
2. **गेहूं**	उत्तर प्रदेश, मध्य प्रदेश, पंजाब
3. **मक्का**	महाराष्ट्र, कर्नाटक, मध्य प्रदेश
4. **जोड़-मोटे अनाज**	महाराष्ट्र, राजस्थान, कर्नाटक
5. **चना**	मध्य प्रदेश, महाराष्ट्र, राजस्थान
6. **तूर**	महाराष्ट्र, कर्नाटक, मध्य प्रदेश
7. **जोड़-दालें**	मध्य प्रदेश, महाराष्ट्र, राजस्थान
8. **जोड़-खाद्यान्न**	उत्तर प्रदेश, मध्य प्रदेश, पंजाब
9. **मूंगफली**	गुजरात, राजस्थान, आंध्र प्रदेश
10. **रेपसीड और सरसों**	राजस्थान, मध्य प्रदेश, हरियाणा
11. **सोयाबीन**	मध्य प्रदेश, महाराष्ट्र, राजस्थान
12. **सूरजमुखी**	कर्नाटक, ओडिशा, आंध्र प्रदेश
13. **कुल-तिलहन**	मध्य प्रदेश, राजस्थान, महाराष्ट्र
14. **गन्ना**	उत्तर प्रदेश, महाराष्ट्र, कर्नाटक
14. **कपास**	महाराष्ट्र, गुजरात, तेलंगाना
16. **जूट और मेस्ता**	पश्चिम बंगाल, बिहार, असम
17. **चाय**	असम, प. बंगाल, तमिलनाडु, केरल।
18. **कॉफी**	कर्नाटक, केरल, तमिलनाडु।
19. **मसाले**	*(i)* **काली मिर्च**—केरल, कर्नाटक, तमिलनाडु। *(ii)* **लाल मिर्च**—तमिलनाडु, आन्ध्र प्रदेश, महाराष्ट्र। *(iii)* **हल्दी**—आन्ध्र प्रदेश, तमिलनाडु। *(iv)* **अदरक**—केरल, प. बंगाल, कर्नाटक, हिमाचल प्रदेश। *(v)* **इलायची**—केरल, कर्नाटक, तमिलनाडु।
20. **रबर**	केरल। रबर के कुछ बागान तमिलनाडु में भी हैं।

प्रमुख कृषि पद्धति

- **एपीकल्चर (Apiculture):** मधुमक्खी पालन।
- **अर्बरीकल्चर (Arboriculture):** वृक्षों तथा झाड़ियों की कृषि।
- **फ्लोरीकल्चर (Floriculture):** फूलों की कृषि।
- **हॉर्टीकल्चर (Horticulture):** फलों की कृषि।
- **मेरीकल्चर (Maryculture):** समुद्री जीवों का उत्पादन।
- **ऑलेरीकल्चर (Olericulture):** जमीन पर फैलने वाली सब्जियों की कृषि।
- **ऑलवीकल्चर (Olviculture):** जैतून (Olive) की कृषि।
- **पिसीकल्चर (Pisciculture):** व्यापारिक मत्स्य पालन।
- **सेरीकल्चर (Sericulture):** सिल्क (रेशम) का उत्पादन।
- **सिल्वीकल्चर (Silviculture):** वनों की कृषि
- **विटीकल्चर (Viticulture):** अंगूर की कृषि।

वस्तुनिष्ठ प्रश्न

1. कल्याण, सोना एवं सोनालिका-ये तीनों हैं–
A. चावल की उन्नत किस्म
B. गेहूँ की उन्नत किस्म
C. आई॰ सी॰ ए॰ आर॰ द्वारा विकसित फसल
D. मक्के की उन्नत किस्म

2. भारत में जूट का प्रमुख उत्पादक है–
A. प॰ बंगाल B. उड़ीसा
C. बिहार D. असोम

3. भारत में कॉफी का प्रमुख उत्पादक है–
A. केरल B. तमिलनाडु
C. कर्नाटक D. महाराष्ट्र

4. निम्नलिखित में से कौन एक रबी फसल नहीं है?
A. गेहूँ B. चना
C. ईख D. धान

5. चावल का सर्वाधिक उत्पादन तथा प्रति इकाई उत्पादन पाया जाता है–
A. शरदकालीन फसल से B. ग्रीष्मकालीन फसल से
C. शीतकालीन फसल से D. बसंतकालीन फसल से

6. निम्नलिखित में से कौन 'दक्षिण भारत का अन्नभंडार' कहलाता है?
A. तिरुचिरापल्ली B. तंजावुर
C. कोयम्बटूर D. कुर्ग

7. भारत में नारियल तेल का प्रमुख उत्पादक है–
A. केरल B. महाराष्ट्र
C. गुजरात D. पंजाब

8. वर्जीनिया तंबाकू का उत्पादन कौन करता है?
A. गुजरात B. तमिलनाडु
C. प॰ बंगाल D. आंध्र प्रदेश

9. छंटाई किसके उत्पादन का एक आवश्यक अंग माना जाता है?
A. कॉफी B. चाय
C. तमाकू D. रबड़

10. भारत में सर्वाधिक चाय का उत्पादन करता है–
A. असम B. उत्तर प्रदेश
C. कर्नाटक D. बिहार

11. पूर्णतः स्वदेशी किस्म के तीन रेशम के कीड़े हैं–
A. ज्वार, बाजरा, एवं रागी
B. सर्प-मीन, मिलेट एवं कार्प
C. मूर्रा, साहिवाल एवं इरी
D. तसर, मुगा एवं इरी

12. काजू का सबसे बड़ा उत्पादक राज्य है–
A. तमिलनाडु
B. कर्नाटक
C. आंध्र प्रदेश
D. केरल

13. निम्नलिखित राज्यों को फसलों की सघनता की दृष्टि से घटते हुए क्रम में सजायें–
A. पंजाब, हरियाणा, उत्तर प्रदेश, प॰ बंगाल
B. हरियाणा, पंजाब, प॰ बंगाल, उत्तर प्रदेश
C. प॰ बंगाल, उत्तर प्रदेश, हरियाणा, पंजाब
D. पंजाब, हरियाणा, पं॰ बंगाल, उत्तर प्रदेश

14. फसलों की सघनता को निम्नलिखित में से कौन-सा कारक प्रभावित करता है?
A. सिंचाई का विस्तार
B. चयनित मशीनीकरण
C. अच्छी किस्मों का प्रयोग
D. उपरोक्त सभी

15. निम्नलिखित में से कौन शुष्क भूमि से संबंधित समस्या नहीं है?
A. शुष्क भूमि की मिट्टियों की संरचना भिन्न-भिन्न होती है
B. मिट्टियाँ वृहद अपरदन योग्य होती हैं
C. इस क्षेत्र में निम्न एवं अनियमित वर्षा होती है
D. इस क्षेत्र के लोग काफी संपन्न होते हैं

16. हरित क्रांति (Green Revolution) का तात्पर्य है–
A. सड़क के दोनों ओर घास का रोपण
B. फल वाले वृक्षों का और अधिक रोपण
C. भारतीय कृषि का विकास जिसके चलते अधिक तथा अच्छी किस्म की फसलों का उत्पादन संभव हो सका
D. बढ़ती हुई जनसंख्या को खिलाने के लिए अधिक खाद्यान्न फसलों का उत्पादन

17. हरित क्रांति किन राज्यों में काफी सफल रही है?
A. आंध्र प्रदेश एवं उड़ीसा
B. पंजाब एवं हरियाणा
C. हरियाणा एवं राजस्थान
D. राजस्थान एवं मध्य प्रदेश

18. पंजाब एवं हरियाणा में हरित क्रांति की सफलता के पीछे वहाँ पर सिंचाई की अच्छी व्यवस्था का होना माना जाता है। ऐसा संभव हो सका–

A. सिर्फ नहर सिंचाई के कारण
B. कूप एवं नलकूप के कारण
C. गहरे विद्युतीय नलकूप के कारण
D. नहर एवं विद्युतीय नलकूप के कारण

19. हरित क्रांति ने जिन समस्याओं को जन्म दिया है, उनमें से एक है–

A. परंपरागत फसल पद्धति का विनाश
B. वृहद पैमाने पर लवणीकरण की प्रक्रिया
C. कीटों के आक्रमण में वृद्धि
D. उपरोक्त सभी

20. भारत में सबसे अच्छी प्रजाति की भेड़ें कहाँ पर पायी जाती हैं?

A. कुल्लू एवं कश्मीर घाटियों में
B. राजस्थान में
C. पंजाब में
D. हरियाणा में

उत्तरमाला

1	2	3	4	5	6	7	8	9	10
B	A	C	D	B	B	A	D	A	A
11	**12**	**13**	**14**	**15**	**16**	**17**	**18**	**19**	**20**
D	D	D	D	D	D	B	D	D	A

SECTION C

सामाजिक एवं राजनीतिक जीवन

विविधता एवं लोकतंत्र

विविधता का स्वरूप

विविधता की उत्पत्ति आमतौर पर सामाजिक विभाजन से संबद्ध होता है। सामान्यतः अपना समुदाय चुनना हमारे वश में नहीं होता। हम सिर्फ इस आधार पर किसी खास समुदाय के सदस्य हो जाते हैं कि हमारा जन्म उस समुदाय के एक परिवार में हुआ है। जन्म पर आधारित सामाजिक विभाजन का अनुभव हमें अपने दैनिक जीवन में अक्सर देखने को मिलता है। हम अपने आसपास देखते हैं कि चाहे कोई स्त्री हो या पुरुष, लंबा हो या छोटा सभी की चमड़ी का रंग अलग-अलग हैं, उनकी शारीरिक क्षमताएं या अक्षमताएं अलग-अलग हैं। बहरहाल, सभी किस्म के सामाजिक विभाजन सिर्फ जन्म पर आधारित नहीं होते। कुछ चीजें हमारी पसंद या चुनाव के आधार पर भी तय होती हैं। हम सभी अपनी अभिरुचियों, पेशों और अन्य कार्यों का चुनाव अपनी पसंद पर करते हैं। इन सभी के आधार पर भी सामाजिक समूह बनते हैं लेकिन ये जन्म पर आधारित नहीं होते।

इस तरह स्पष्ट है कि प्रत्येक सामाजिक विभिन्नता सामाजिक विभाजन का रूप नहीं लेती। सामाजिक विभिन्नताएं लोगों के बीच बंटवारे का एक बड़ा कारण होती जरूर हैं लेकिन यही विभिन्नताएं कई बार अलग-अलग तरह के लोगों के बीच सेतु (Bridge) का भी काम करती हैं। विविध सामाजिक समूहों के लोग अपने समूहों की सीमाओं से परे भी समानताओं और असमानताओं का अनुभव करते हैं।

अक्सर यह देखा जाता है कि एक धर्म को मानने वाले लोग खुद को एक ही समुदाय का सदस्य नहीं मानते क्योंकि उनकी जाति या उनका पंथ अलग होता है। यह भी संभव है कि अलग-अलग धर्म के अनुयायी होकर भी एक जाति वाले लोग खुद को एक-दूसरे के ज्यादा नजदीक महसूस करें। एक ही परिवार के अमीर और गरीब ज्यादा घनिष्ठ संबंध नहीं रख पाते, क्योंकि सभी अलग-अलग तरीके से सोचने लगते हैं। इस प्रकार हम सभी की एक से ज्यादा पहचान होती है। इसी तरह लोग एक से ज्यादा सामाजिक समूहों का हिस्सा हो सकते हैं। दरअसल हर संदर्भ में हमारी पहचान एक अलग रूप धारण करती है।

विभिन्नताओं में सामंजस्य एवं टकराव

सामाजिक विभाजन तब होता है जब कुछ सामाजिक अंतर दूसरी अनेक विभिन्नताओं से ऊपर और बड़े हो जाते हैं। अमरीका में श्वेत और अश्वेत का अंतर एक सामाजिक विभाजन भी बन जाता है क्योंकि अश्वेत लोग आमतौर पर गरीब हैं, बेघर हैं, भेदभाव का शिकार हैं। ऐसी स्थिति भारत में भी देखने को मिलती है। यहां के दलित आमतौर पर गरीब और भूमिहीन हैं। उन्हें भी अक्सर भेदभाव और अन्याय का शिकार होना पड़ता है। जब एक तरह का सामाजिक अंतर अन्य अंतरों से ज्यादा महत्वपूर्ण बन जाता है और लोगों को यह महसूस होने लगता है कि वे दूसरे समुदाय के हैं तो इससे एक सामाजिक विभाजन की स्थिति पैदा होती है।

अगर एक-सी सामाजिक असमानताएं कई समूहों में मौजूद हों तो फिर एक समूह के लोगों के लिए दूसरे समूहों से अलग पहचान बनाना मुश्किल हो जाता है। इसका मतलब यह है कि किसी एक मुद्दे पर कई समूहों के हित एक जैसे हो जाते हैं जबकि किसी दूसरे मुद्दे पर उनके नजरिए में अंतर हो सकता है। उदाहरणार्थ उत्तरी आयरलैंड और नीदरलैंड दोनों ही ईसाई बहुल देश हैं लेकिन यहां के लोग प्रोटेस्टेंट और कैथोलिक गुटों में बंटे हुए हैं। उत्तरी आयरलैंड में वर्ग और धर्म के बीच गहरी समानता है। वहां का कैथोलिक समुदाय गरीब है। लंबे समय से उसके साथ भेदभाव होता आया है। नीदरलैंड में वर्ग और धर्म के बीच ऐसा मेल दिखाई नहीं देता। वहां कैथोलिक और प्रोटेस्टेंट दोनों में अमीर और गरीब हैं। परिणाम यह है

कि उत्तरी आयरलैंड में कैथोलिकों और प्रोटेस्टेंटों के बीच भारी मारकाट चलती रही है पर नीदरलैंड में ऐसा नहीं होता। जब सामाजिक विभिन्नताएं एक-दूसरे से गुंथ जाती हैं तो एक गहरे सामाजिक विभाजन की जमीन तैयार होने लगती है। जहां ये सामाजिक विभिन्नताएं एक साथ कई समूहों में विद्यमान होती हैं वहां संभालना अपेक्षाकृत आसान होता है।

आज अधिकतर समाजों में कई प्रकार के विभाजन दिखाई देते हैं। इस विभाजन का देश के आकार-प्रकार से कोई मतलब नहीं है। भारत काफी बड़ा देश है और इसमें अनेक समुदायों के लोग रहते हैं। बेल्जियम छोटा देश है पर वहां भी अनेक समुदायों के लोग हैं। जर्मनी और स्वीडन जैसे समरूप समाज में भी मोटे तौर पर अधिकतर लोग एक ही नस्ल और संस्कृति के हैं, लेकिन दुनिया के अन्य हिस्सों से पहुंचने वाले लोगों के कारण तेजी से बदलाव हो रहा है। ऐसे लोग अपने साथ अपनी संस्कृति लेकर पहुंचते हैं। उनमें अपना अलग समुदाय बनाने की प्रवृत्ति होती है। इस दृष्टिकोण से आज दुनिया के अधिकतर देश बहु-सांस्कृतिक हो गए हैं।

सामाजिक विभाजन एवं लोकतंत्र

सामाजिक विभाजन राजनीति को किस प्रकार प्रभावित करते हैं? राजनीति का इन सामाजिक विभाजनों से क्या लेना-देना है? ये प्रश्न काफी विवादास्पद हैं। पहली नजर में तो राजनीति और सामाजिक विभाजनों का मेल बहुत खतरनाक और विस्फोटक लगता है। लोकतंत्र में विभिन्न राजनीतिक पार्टियों के बीच प्रतिद्वंद्विता का माहौल होता है। इस प्रतिद्वंद्विता के कारण कोई भी समाज फूट का शिकार बन सकता है। अगर राजनीतिक दल समाज में मौजूद विभाजनों के हिसाब से राजनीतिक होड़ करने लगे तो इससे सामाजिक विभाजन राजनीतिक विभाजन में बदल सकता है और ऐसे में देश विखंडन की तरफ जा सकता है। ऐसा कई देशों में हो चुका है।

उपर्युक्त में वर्णित उत्तरी आयरलैंड जैसे कुछ देशों के उदाहरणों के आधार पर लोग यह निष्कर्ष निकालते हैं कि राजनीति और सामाजिक विभाजन के बीच मेल नहीं होना चाहिए। उनका विचार है कि सर्वश्रेष्ठ स्थिति तो यह है कि समाज में किसी प्रकार का विभाजन ही न हो। अगर किसी देश में सामाजिक विभाजन है तो उसे राजनीति में अभिव्यक्त ही नहीं होने देना चाहिए।

यद्यपि इन बातों में सच्चाई है किंतु इसके साथ यह भी सच्चाई है कि हर अभिव्यक्ति फूट पैदा नहीं करती। दुनिया के अधिकतर देशों में किसी न किसी प्रकार का सामाजिक विभाजन है और ऐसे विभाजन राजनीतिक शक्ल भी अख्तियार करते ही हैं। लोकतंत्र में राजनीतिक दलों के लिए सामाजिक विभाजनों की बात करना तथा विभिन्न समूहों से अलग-अलग वायदे करना बड़ी स्वाभाविक बात है, विभिन्न समुदायों को उचित प्रतिनिधित्व देने का प्रयास करना और विभिन्न समुदायों की उचित मांगों और जरूरतों को पूरा करने वाली नीतियां बनाना भी इसी कड़ी का हिस्सा है। अधिकतर देश में मतदान के स्वरूप और सामाजिक विभाजनों के बीच एक प्रत्यक्ष संबंध दिखाई देता है। इसके तहत एक समुदाय के लोग आमतौर पर किसी दल को दूसरों के मुकाबले ज्यादा पसंद करते हैं और उसी को वोट देते हैं। कई देशों में ऐसी पार्टियां हैं, जो सिर्फ एक ही समुदाय पर ध्यान देती हैं और उसी के हित में राजनीति करती हैं। पर इस सबकी परिणति देश के विखंडन में नहीं होती।

सामाजिक विभाजन के राजनीतिक परिणाम

सामाजिक विभाजनों की राजनीति का परिणाम तीन बातों पर निर्भर करता है। ये तीन बातें निम्नवत् हैं–

1. **लोगों में अपनी पहचान के प्रति आग्रह की भावना :** अगर लोग खुद को सबसे विशिष्ट और अलग मानते हैं तो उनके लिए दूसरों के साथ तालमेल बैठाना बहुत मुश्किल हो जाता है। उदाहरणार्थ जब तक उत्तरी आयरलैंड के लोग खुद को सिर्फ प्रोटेस्टेंट या कैथोलिक के तौर पर देखते रहेंगे तब तक उनका शांत हो पाना संभव नहीं है। अगर ये लोग अपनी बहु-स्तरीय पहचान के प्रति सचेत होकर उन्हें राष्ट्रीय पहचान का हिस्सा समझेंगे तब समस्याएं स्वतः सुलझ जाएगी।
2. **समुदाय की मांगों को राजनीतिक दलों द्वारा उठाने के तरीके :** किसी समुदाय की मांगों को राजनीतिक दलों द्वारा उठाने के तरीके भी सामाजिक विभाजनों की राजनीति का एक परिणाम है। संविधान के दायरे में आने वाली और दूसरे समुदाय को नुकसान न पहुंचाने वाली मांगों को मान लेना आसान है। श्रीलंका में 'श्रीलंका केवल सिंहलियों के लिए' की मांग तमिल समुदाय की पहचान और हितों के खिलाफ थी। यही कारण था कि वहां के तमिलों ने एक अलग देश, 'तमिल ईलम' की स्थापना हेतु अपना संगठन 'लिट्टे' (LTTE) की स्थापना की। यद्यपि कुछ वर्ष पूर्व इसके नेता के मारे जाने के बाद यह आंदोलन समाप्त हो गया है।
3. **सरकार का रूख :** राजनीतिक दलों द्वारा उठाए गए मांगों पर सरकार की क्या प्रतिक्रिया होगी यह भी एक महत्वपूर्ण बात है। अगर शासन सत्ता में साझेदारी करने को तैयार हो और अल्पसंख्यक समुदाय की उचित मांगों को पूरा करने का प्रयास ईमानदारी से किया जाए तो सामाजिक विभाजन मुल्क के लिए खतरा नहीं बनते। अगर शासन राष्ट्रीय एकता के नाम पर किसी ऐसी मांग को दबाना शुरू कर देता है, तो अक्सर उलटे और नुकसानदेह परिणाम ही निकलते हैं। ताकत के बल पर एकता बनाए रखने का प्रयास प्रायः विभाजन की ओर ले जाती है।

उपर्युक्त बातों से स्पष्ट है कि किसी देश में सामाजिक विभिन्नताओं पर जोर देने की बात को हमेशा खतरा मानकर नहीं चलना चाहिए। लोकतंत्र में सामाजिक

विभाजन की राजनीतिक अभिव्यक्ति एक सामान्य बात है और यह एक स्वस्थ राजनीति का लक्षण भी हो सकता है। इसी से विभिन्न छोटे सामाजिक समूह अपनी निचले पायदान की जरूरतों और परेशानियों को व्यक्त करते हैं एवं सरकार का ध्यान अपनी तरफ खींचते हैं। राजनीति में विभिन्न तरह के सामाजिक विभाजनों की अभिव्यक्ति ऐसे विभाजनों के बीच संतुलन पैदा करने का काम भी करती हैं। इसके चलते कोई भी सामाजिक विभाजन एक हद से ज्यादा उग्र नहीं हो पाता। इस स्थिति में लोकतंत्र मजबूत ही होता है।

पर विभिन्नता के प्रति सकारात्मक नजरिया रखना और सभी चीजों को समाहित करने की इच्छा रखना इतना आसान मामला नहीं है। जो लोग खुद को वंचित, उपेक्षित और भेदभाव का शिकार मानते हैं उन्हें अन्याय से संघर्ष भी करना पड़ता है। ऐसी लड़ाई अक्सर लोकतांत्रिक रास्ता ही अख्तियार करती है। लोग शांतिपूर्ण और संवैधानिक तरीके से अपनी मांगों को उठाते हैं और चुनावों के माध्यम से उनके लिए दबाव बनाते हैं, इसका समाधान पाने का प्रयास करते हैं। कई बार सामाजिक असमानताएं इतनी ज्यादा गैर बराबरी और अन्याय वाली होती हैं कि उनको स्वीकार करना असंभव है। ऐसी गैर-बराबरी और अन्याय के खिलाफ होने वाला संघर्ष कई बार हिंसात्मक रूप अपना लेता है और शासन के खिलाफ उठ खड़ा होता है। इतिहास इस बात का गवाह है कि ऐसी तमाम गड़बड़ियों की पहचान करने और विविधता को समाहित करने का लोकतंत्र ही सबसे अच्छा तरीका है।

वस्तुनिष्ठ प्रश्न

1. विविधता की उत्पत्ति निम्न में से किससे मानी जाती है?
A. वंश परंपरा से
B. धार्मिक विधान से
C. सामाजिक विभाजन से
D. इनमें से कोई नहीं

2. किस प्रकार के सामाजिक विभाजन हमारे दैनिक जीवन में अक्सर दिखाई देते हैं?
A. कर्म आधारित B. जन्म आधारित
C. धर्म आधारित D. नस्ल आधारित

3. निम्न में से किसके आधार पर सामाजिक समूह बनते हैं?
A. अभिरुचि B. पेशा
C. कार्य एकरूपता D. इनमें से सभी

4. व्यक्ति के भिन्न-भिन्न पहचान के क्या आधार हैं?
A. आर्थिक स्थिति B. सोच का अंतर
C. सांस्कृतिक विभिन्नता D. इनमें से सभी

5. उत्तरी आयरलैंड में धर्म एवं वर्ग के बीच गहरी समानता के बावजूद कैथोलिक एवं प्रोटेस्टेंट समुदायों में टकराव के क्या कारण हैं?
A. आर्थिक स्थिति का अंतर
B. धार्मिक विचारों का अंतर
C. नस्लीय भिन्नता
D. इनमें से कोई नहीं

6. बहु-सांस्कृतिक (Multi-Cultural) समाज के उदय के क्या कारण हैं?
A. प्रवसन
B. पृष्ठभूमि की विभिन्नता
C. पृथक समुदाय बनाने की प्रवृति
D. इनमें से सभी

7. सामाजिक विभाजनों का परिणाम निम्न में से किस बात पर निर्भर करता है?
A. स्वयं के पहचान के प्रति आग्रह
B. राजनीतिक दलों द्वारा लोगों के मुद्दों के उठाने के तरीके
C. सरकार की प्रतिक्रिया
D. समाज में जन-संचार की पहुंच

8. विविधता/विभिन्नता के प्रति किस प्रकार का दृष्टिकोण अपनाया जाना चाहिए?
A. सकारात्मक दृष्टिकोण B. नकारात्मक दृष्टिकोण
C. तटस्थ दृष्टिकोण D. इनमें से कोई नहीं

9. उपेक्षित और वंचित लोगों के अधिकारों को किस प्रकार के माध्यम से प्राप्त किया जा सकता है?
A. लोकतांत्रिक B. राजतांत्रिक
C. निरंकुशता D. साम्यवादी

10. लोकतंत्र में निम्न में से किस प्रकार की विविधता पाई जाती है?
A. अभिव्यक्ति की स्वतंत्रता होती है
B. विभिन्नता के प्रति सकारात्मक विचार होता है
C. चुनावों के माध्यम से सरकार पर दबाव बनाया जाता है
D. इनमें से सभी

उत्तरमाला

1	2	3	4	5	6	7	8	9	10
C	B	D	D	A	D	D	A	A	D

सरकार

हर एक देश को विभिन्न निर्णय लेने एवं काम करने के लिए सरकार की जरूरत होती है। ये निर्णय कई विषयों से संबंधित हो सकते हैं–सड़कें और स्कूल कहां बनाए जाएं, बहुत ज्यादा महँगी हो जाने पर किसी चीज के दाम कैसे घटाए जाएं अथवा बिजली की आपूर्ति को कैसे बढ़ाया जाए। सरकार कई सामाजिक मुद्दों पर भी कार्रवाई करती है। उदाहरण के लिए सरकार गरीबों की मदद करने के लिए कई कार्यक्रम चलाती है। इनके अलावा यह अन्य महत्वपूर्ण काम भी करती है, जैसे डाक एवं रेल सेवाएँ चलाना।

सरकार का काम देश की सीमाओं की सुरक्षा करना और दूसरे देशों से शांतिपूर्ण संबंध बनाए रखना भी है। उसकी जिम्मेदारी यह सुनिश्चित करना है कि देश के सभी नागरिकों को पर्याप्त भोजन और अच्छी स्वास्थ्य सुविधाएं मिलें। जब प्राकृतिक विपदा घेरती है, जैसे सुनामी या भूकंप, तो मुख्य रूप से सरकार ही पीड़ित लोगों की सहायता करती है। अगर कहीं कोई विवाद होता है या कोई अपराध करता है तो लोग न्यायालय जाते हैं। न्यायालय भी सरकार का ही अंग है।

सरकार इतना सब कुछ कैसे कर पाती है और सरकार के लिए इन कामों को करना क्यों जरूरी है। यह जानकर आश्चर्य होता है। जब लोग इकट्ठे रहते हैं और काम करते हैं तो कुछ हद तक एक व्यवस्था की जरूरत होती है जिससे आवश्यक निर्णय लिए जा सकें। कुछ नियमों की जरूरत होती है जो सब पर लागू हों। उदाहरण के लिए संसाधनों के नियंत्रण और देश की सीमा की सुरक्षा की जरूरत होती है ताकि लोग स्वयं को सुरक्षित महसूस कर सकें। लोगों के लिए सरकार कई तरह के काम करती है। वह नियम बनाती है, निर्णय लेती है और अपनी सीमा में रहने वाले लोगों पर उन्हें लागू करती है।

सरकार के स्तर

सरकार अलग-अलग स्तरों पर काम करती है–स्थानीय स्तर पर, राज्य स्तर पर एवं राष्ट्रीय स्तर पर। स्थानीय स्तर का मतलब आपके गाँव, शहर या मोहल्ले से है। राज्य स्तर का मतलब है जो पूरे राज्य को ध्यान में रखे, जैसे हरियाणा या असम की सरकार पूरे राज्य में काम करती है। राष्ट्रीय स्तर की सरकार का संबंध पूरे देश से होता है।

सरकार एवं कानून

सरकार कानून बनाती है और देश में रहने वाले सभी लोगों को वे कानून मानने होते हैं। केवल यही वह तरीका है जिससे सरकार काम कर सकती है। सरकार के पास जैसे कानून बनाने की ताकत होती है वैसे ही यह भी ताकत होती है कि लोगों को कानून मानने के लिए बाध्य करे। उदाहरणार्थ गाड़ी चलाने वाले के पास लाइसेंस होना चाहिए। अगर कोई लाइसेंस के बिना गाड़ी चलाते हुए पकड़ा जाए तो उसे जेल की सजा काटनी पड़ती है या जुर्माना भरना पड़ता है।

सरकार जो कार्रवाई कर सकती है, उसके अलावा अगर लोगों को लगे कि किसी कानून का ढंग से पालन नहीं हो रहा है तो वे भी कुछ कदम उठा सकते हैं। उदाहरणार्थ अगर किसी व्यक्ति को यह लगे कि उसको उसके धर्म या उसकी जाति के कारण किसी नौकरी में नहीं लिया गया तो वह न्यायालय जा सकता है और यह दावा कर सकता है कि कानून का पालन नहीं हो रहा है। तब न्यायालय आदेश देगा कि क्या कदम उठाने की जरूरत है।

सरकार के प्रकार

सरकार को निर्णय लेने और कानूनों का पालन करवाने यानी उन्हें बाध्य बनाने की शक्ति कौन देता है? इस प्रश्न का उत्तर इस बात पर निर्भर करता है कि उस देश में कैसी सरकार है। शासन करने के प्रकृति के आधार सरकार के मुख्यतः निम्न प्रकार हैं :

- **लोकतांत्रिक सरकार :** लोकतंत्र में लोग ही सरकार को यह शक्ति देते हैं। लोग ऐसा चुनाव के माध्यम से करते हैं। वे अपनी पसंद के नेता को वोट देकर चुनते हैं। एक बार चुन लिए जाने के बाद यही लोग सरकार बनाते हैं। लोकतंत्र में सरकार को अपने निर्णयों एवं उठाए गए कदमों का आधार बताना होता है और सफाई देनी होती है।
- **राजतंत्रीय सरकार :** इसमें राजा या रानी के पास निर्णय लेने और सरकार चलाने की शक्ति होती है। राजा के पास सलाहकारों का एक छोटा-सा समूह होता है, जिससे वह विभिन्न मुद्दों पर चर्चा कर सकता है। अंतिम निर्णय लेने की शक्ति उसी के पास रहती है। लोकतंत्र के समान राजतंत्र में राजा या रानी को अपने निर्णय के आधार नहीं बताने पड़ते और न ही अपने निर्णयों की सफाई देनी पड़ती है।
- **कुलीनतंत्रीय सरकार :** जब शासन कुछ कुलीन और बुद्धिमानों के हाथों में रहता है तो उसे कुलीनतंत्र कहा

जाता है। कुलीनतंत्र का जन्म किसी अत्याचारी शासक से जनता को उबारने के लिए होता है। कुछ कुलीन और बुद्धिमान लोग अत्याचारी शासक को निकाल बाहर कर शासन-सत्ता पर अपना अधिकार जमा लेते हैं। ऐसी सरकार का आधार जनकल्याण होता है। परंतु धीरे-धीरे कुलीनों का काम जनता की भलाई करना नहीं रहकर, अपना घर भरना रह जाता है। आधुनिक युग में इस तरह की सरकारें लुप्तप्राय हो गई हैं।

- **तानाशाही सरकार :** इस प्रकार की सरकार में संपूर्ण शक्ति किसी एक व्यक्ति या दल में निहित होती है और वह राज्य का सर्वेसर्वा होता है। मनुष्य के समस्त जीवन पर राज्य का ही अधिकार होता है। इस प्रकार के सरकार में न तो जनता सरकार के निर्माण में हिस्सा लेती है और न सरकार अपने कार्यों के लिए जनता के प्रति उत्तरदायी होती है।
- **संसदीय सरकार :** इस प्रकार के सरकार में व्यवस्थापिका और कार्यपालिका में अटूट संबंध होता है। राज्य का प्रधान नाममात्र का प्रधान होता है। व्यवस्थापिका में बहुमत दल का नेता ही कार्यपालिका का वास्तविक प्रधान होता है। वह अपने कार्यों के लिए संसद या व्यवस्थापिका के प्रति उत्तरदायी होता है। भारत में राष्ट्रपति कार्यपालिका का औपचारिक रूप से प्रधान है। कार्यपालिका की वास्तविक शक्ति प्रधानमंत्री के हाथों में है। प्रधानमंत्री जो मंत्रीपरिषद् का प्रधान है, अपने कामों के लिए संसद के निम्न सदन (लोकसभा) के प्रति उत्तरदायी होता है। अविश्वास का प्रस्ताव पास कर लोकसभा के सदस्य सरकार को हटा सकते हैं।
- **अध्यक्षात्मक सरकार :** अध्यक्षात्मक सरकार, सरकार का वह रूप है जिसमें कार्यपालिका और व्यवस्थापिका एक-दूसरे से स्वतंत्र होती हैं। इस व्यवस्था में राज्य का प्रधान तो राष्ट्रपति होता ही है, वही कार्यपालिका का वास्तविक प्रधान भी होता है। वह अपने कार्यों के लिए व्यवस्थापिका के प्रति उत्तरदायी नहीं होता है। अमेरिका में अध्यक्षात्मक सरकार है।
- **एकात्मक सरकार :** एकात्मक सरकार, वह सरकार है जिसमें शासन की समस्त शक्तियां एक केंद्रीय सरकार में निहित होती हैं। अन्य शब्दों में एकात्मक सरकार में एक केंद्र से ही समूचे देश की शासन व्यवस्था चलाई जाती है।
- **संघीय सरकार :** संघीय सरकार में दो स्तरों पर सरकार चलाई जाती है—केंद्र और राज्य। दोनों सरकारों के बीच अधिकारों का विभाजन संविधान के द्वारा किया जाता है। इस प्रकार के सरकार में संविधान को ही सर्वोच्च माना जाता है। भारत और अमेरिका में संघीय सरकार है।

लोकतांत्रिक सरकार की विशेषताएँ

1. लोकतंत्र की मुख्य बात यह है कि लोगों के पास अपने नेता को चुनने की शक्ति होती है। इसलिए एक अर्थ में लोकतंत्र लोगों का ही शासन होता है।
2. लोकतंत्र में मूलभूत विचार यह है कि लोग नियमों को बनाने में भागीदार बनकर खुद ही शासन करें। आज के समय में लोकतांत्रिक सरकार को प्रायः प्रतिनिधि लोकतंत्र कहते हैं।
3. प्रतिनिधि लोकतंत्र में लोग सीधे भाग नहीं लेते हैं, बल्कि चुनाव की प्रक्रिया के द्वारा अपने प्रतिनिधि को चुनते हैं। ये प्रतिनिधि मिलकर सारी जनता के लिए निर्णय लेते हैं।

वस्तुनिष्ठ प्रश्न

1. निम्न में से कौन सरकार के प्रकार हैं?
A. कुलीन तंत्र
B. राजतंत्र
C. तानाशाही
D. इनमें से सभी

2. निम्न में से कौन सरकार का सबसे लोकप्रिय रूप है?
A. राजतंत्र
B. प्रजातंत्र
C. संसदीय
D. अध्यक्षात्मक

3. सरकार के कार्यों में निम्न में से किसे शामिल करते हैं?
A. आंतरिक सुव्यवस्था
B. बाह्य आक्रमणों से रक्षा
C. आर्थिक सुधार
D. इनमें से सभी

4. विभिन्न कार्यों को सम्पन्न करने के आधार पर सरकार को कितने भागों में बांटा गया है?
A. दो B. तीन
C. चार D. पांच

5. सरकार के विभिन्न जनकल्याणी कार्य कौन-कौन से हैं?
A. शिक्षा प्रचार
B. सार्वजनिक स्वास्थ्य
C. समाज सुधार
D. इनमें से सभी

6. वह सरकार जिसमें सर्वोच्च शक्तियां एक केंद्रीय सरकार में निहित होती है, कहलाती है–
A. संघीय सरकार
B. एकात्मक सरकार
C. संसदीय सरकार
D. अध्यक्षीय सरकार

7. भारत में निम्न में से किस प्रकार की सरकार है?
A. एकात्मक B. संघीय
C. अध्यक्षीय D. इनमें से कोई नहीं

8. सरकार निम्न में से कितने स्तरों पर कार्य करती है?

A. एक B. दो
C. तीन D. चार

9. सरकार निम्न में से किस तरीके से कार्य कर सकती है?

A. कानून बनाकर
B. अनुचित पर कार्रवाई से
C. कानून का भय दिखाकर
D. इनमें से सभी

10. लोकतांत्रिक सरकार की कौन-कौन सी विशेषताएं हैं?

A. इसमें लोगों को अपने नेता के चुनाव की शक्ति होती है
B. इसमें प्रतिनिधिक सरकार होती है
C. लोगों की नियमों के निर्माण में भागीदारी होती है
D. इनमें से सभी

उत्तरमाला

1	2	3	4	5	6	7	8	9	10
D	B	D	B	D	B	B	C	D	D

❑❑❑

स्थानीय सरकार

पंचायती राज

भारत में पंचायत व्यवस्था अत्यंत प्राचीन संस्था हैं। इस संस्था के अंतर्गत गांवो में कुछ प्रमुख व्यक्तियों को पंच बनाकर सामाजिक समस्याओं का निदान करने तक सीमित था, लेकिन अंग्रेजी शासन ने इस पंचायत व्यवस्था को पूर्णतः नष्ट कर दिया और इसके स्थान पर प्रांतीय सरकारें स्थापित की गई। लेकिन आजादी के उपरांत तत्कालीन बुद्धिजीवियों का ध्यान पंचायत व्यवस्था की तरफ गया और उन्होंने इस व्यवस्था का समर्थन किया। वास्तव में स्वतंत्रता प्राप्ति के पश्चात देश के समुचित आर्थिक विकास के लिए क्षेत्रीय असमानता को दूर करना जरूरी था और इसके लिए जनता की भागीदारी की आवश्यकता थी।

तत्कालीन प्रधानमंत्री जवाहर लाल नेहरू ने भारत के ग्रामीण विकास में नागरिकों की सहभागिता के लिए अमरीका के 'ब्लाक मॉडल' को भारत में अपनाया। उनकी पहल पर ही भारत में 1952 से 1957 तक ब्लाक विकास अधिकारी (Block Development Officers) ग्रामीण विकास के लिए सामुदायिक कार्यक्रम के अंतर्गत कार्य करते रहे, लेकिन यह सामुदायिक विकास कार्यक्रम विकास अधिकारियों तक सीमित रहा और जनता की सहभागिता को सुनिश्चित नहीं कर पाया।

अतः इसकी कार्य प्रणाली तथा उपलब्धियों को ध्यान में रखते हुए ग्रामीण विकास के लिए एक सुनियोजित कार्यक्रम एवं व्यवस्था पर विचार-विमर्श करने के लिए भारत सरकार ने बलवंत राय मेहता की अध्यक्षता में 1956 में एक समिति का गठन किया।

बलवंत राय मेहता समिति

1956 में बलवंत राय मेहता की अध्यक्षता में एक समिति का गठन किया गया। इस समिति का मुख्य कार्य यह अध्ययन करना था कि कार्य सम्पादन में अधिक तीव्रता लाने के उद्देश्य से कार्यक्रम का संगठनात्मक ढांचा तथा कार्य करने के तरीके कहां तक उपयुक्त थे। इस समिति ने विकास कार्यक्रम की इस त्रुटि को भी उजागर किया कि इसे जनता का सहयोग प्राप्त नहीं हो पाया जिसके कारण यह अपने लक्ष्य प्राप्ति में असफल रहा। 1957 में इस समिति ने अपनी संस्तुतियां सरकार को दी।

बलवंत राय मेहता समिति के द्वारा प्रजातांत्रिक विकेन्द्रीयकरण के विषय में जो संस्तुति प्रस्तुत किया गया उसमें निम्नलिखित बातों का उल्लेख था–

1. यह स्थानीय स्वशासन की गांव से लेकर जिला स्तर तक परस्पर संबद्ध त्रिस्तरीय रचना होनी चाहिए अर्थात् गांव स्तर पर एक संगठन, जिला स्तर पर एक संगठन तथा एक संगठन मध्य में होना चाहिए जैसे-गांव स्तर पर ग्राम सभा तथा ग्राम पंचायत निम्न स्तर पर, जिला परिषद उच्चतर स्तर पर तथा इन दोनों स्तरों के मध्य में पंचायत समितियां या जनपद पंचायते।
2. स्थानीय प्रशासन की इन संस्थाओं को प्रशासन की वास्तविक शक्तियां तथा उतरदायित्व प्रदान करना चाहिए।
3. इन संस्थाओं को पर्याप्त संसाधन प्रदान करना चाहिए।
4. आयोजना के द्वारा बनाए गए आर्थिक एवं सामाजिक विकास के कार्यक्रमों को इन संस्थाओं के माध्यम से चलाया जाना चाहिए।

इस समिति में सर्वाधिक बल ग्राम पंचायतों पर दिया गया था तथा इस निम्न स्तर ईकाई के माध्यम से सामुदायिक विकास को चलाने का उतरदायित्व सौंपा गया।

पंचायतीराज की संस्थाएं निर्वाचित होती हैं। अतः जनसहयोग बना रहता हैं तथा कार्यक्रमों को कार्यान्वित करने में सुविधा रहती हैं। स्थानीय लोग स्थानीय समस्याओं को भली भांति समझते हैं, अतः उचित समाधान भी कर सकते हैं।

12 जनवरी, 1958 को राष्ट्रीय विकास परिषद (NDC) ने बलवंत राय मेहता समिति की प्रजातांत्रिक विकेन्द्रीयकरण की सिफारिशों को स्वीकार करते हुए राज्यों से इसे कार्यान्वित करने के लिए कहा । सर्वप्रथम आन्ध्रप्रदेश में प्रयोग के विचार से अगस्त 1958 में कुछ भागों में लोकतांत्रिक विकेन्द्रीकरण को लागू किया गया। 2 अक्टूबर, 1959 को जवाहरलाल नेहरू ने राजस्थान के नागौर जिले में प्रजातांत्रिक विकेन्द्रीकरण की योजना का श्रीगणेश किया और इसी दिन संपूर्ण राजस्थान में लागू कर दिया गया।

इस लोकतांत्रिक विकेन्द्रीयकरण को ही पंचायती राज कहा जाने लगा। इस प्रकार राजस्थान में सर्वप्रथम पंचायती राज की स्थापना की गई।

अशोक मेहता समिति

पंचायती राज व्यवस्था को और अधिक प्रभावी बनाने के लिए जनता सरकार द्वारा 12 सितम्बर, 1977 में अशोक मेहता समिति

का गठन किया गया। इस समिति द्वारा 1978 में प्रतिवेदन प्रस्तुत किया गया जिसमें निम्नलिखित बातों का उल्लेख था–

1. पंचायती राज संस्थाओं में त्रिस्तरीय संगठन के स्थान पर द्विस्तरीय संगठन होना चाहिए, जिला स्तर पर जिला परिषद तथा निम्न स्तर पर मण्डल पंचायत जो कई गांवों को मिलाकर बनेगी। इस समिति द्वारा ग्राम पंचायत को समाप्त करने की बात कही गई।
2. जिला परिषद में छः प्रकार के सदस्य होगें जिसमें पंचायत समिति के अध्यक्ष, सहकारी समितियों एवं म्यूनिसिपलिटीज के प्रतिनिधि, 2 महिला सदस्य, अनुसूचित जाति तथा जनजाति के सदस्य, क्षेत्र के निर्वाचित एम.एल.ए. तथा एम.पी. जिला परिषद के पदेन सदस्य होंगें। जिला परिषद के अध्यक्ष का चुनाव उसके सदस्यों द्वारा चार वर्ष के लिए किया जाएगा।
3. पंचायती राज संस्थाओं को करारोपण की अनिवार्य शक्ति प्रदान करनी चाहिए जिससे वह राज्य सरकार के अनुदान पर निर्भर न रहे तथा स्वयं आय के स्त्रोत बना सके।
4. मंडल पंचायत में 15 सदस्य होंगे जो गांव की जनगणना के आधार पर ग्रामीणों द्वारा प्रत्यक्ष रूप से चुने जाएंगे।
5. पंचायती राज संस्थाओं के चुनावों में राजनीतिक दलों को भाग-लेना चाहिए।
6. राज्य सरकारें राजनीतिक आधार पर पंचायती राज संस्थाओं का विघटन न करे यदि ऐसा होता है तो उन संस्थाओं का चुनाव छः माह के अंदर हो जाने चाहिए।

इस प्रकार अशोक मेहता समिति द्वारा बलवंत राय मेहता के प्रतिमानों में कुछ परिवर्तन किया गया लेकिन सरकार ने इनमें से एक भी संस्तुति को स्वीकार नहीं किया।

आज भी भारत में पंचायत राज व्यवस्था बलवंत राय मेहता द्वारा सुझाए गए प्रतिमान पर ही कार्य कर रही है।

ग्राम पंचायत का संगठन

पंचायती राज व्यवस्था के अंतर्गत आने वाले त्रिस्तरीय स्थानीय स्वशासन की इकाईयों की स्थापना व उनकी शक्तियों का उल्लेख निम्न प्रकार से किया जा सकता है–

ग्राम सभा : जिस किसी ग्राम की जनसंख्या 200 अथवा 200 से अधिक हो, सरकार उसको ग्राम सभा क्षेत्र घोषित करती है। यदि किसी ग्राम की जनसंख्या 200 से कम हो तो साथ के ग्राम अथवा ग्रामों को मिलाकर एक ग्राम सभा क्षेत्र सरकारी सूचना द्वारा बना दिया जाता है। वे समस्त नागरिक जिनका नाम विधान सभा की चुनाव सारणी में होता है, ग्राम सभा के सदस्य होते हैं। ग्राम पंचायतें, अपनी सत्ता और शक्ति ग्राम सभा से प्राप्त करती हैं और उसी के प्रति उत्तरदायी होता है।

ग्राम पंचायत : गांवों में स्थानीय स्वशासन की मुख्य इकाई ग्राम पंचायत है । इस समय देश में दो लाख से अधिक ग्राम-पंचायतें हैं। एक ग्राम पंचायत एक ग्राम समूह के लिए बनाई जाती है।

ग्रामसभा और ग्राम पंचायत में अंतर

1. ग्राम सभा संपूर्ण गांव के निवासियों की सभा है जिसके व्यस्क नागरिक सदस्य होते हैं, ग्राम पंचायत ग्रामसभा द्वारा मतदान से चुनी जाती है।
2. ग्राम पंचायत का कार्यकाल निश्चित होता हैं जबकि ग्रामसभा स्थाई संस्था हैं जो सदैव बनी रहती हैं।
3. ग्राम पंचायत ग्रांम सभा की कार्यकारी संस्था है तथा ग्राम सभा ग्रांम पंचायत के कार्य का निरीक्षण तथा मूल्यांकन करती है।

पंचायत समिति

ग्राम पंचायत तथा जिला परिषद् के मध्य में स्थानीय निकाय के संगठन को विभिन्न राज्यों में विभिन्न नामों जैसे पंचायत समिति, क्षेत्र समिति, आंचलिक परिषद आदि में जाना जाता हैं अन्य स्थानीय संस्थाओं की भांति ही इसका भी कार्यकाल पांच वर्ष का निश्चित किया गया है। पंचायत समिति गांवों और जिले के बीच संपर्क स्थापित करती है। पंचायत समिति के क्षेत्र में 60 से 100 तक ग्राम पंचायतें आती हैं।

जिला परिषद्

जिला स्तर पर पंचायती राज की यह अंतिम इकाई है। प्रत्येक जिले में एक जिला परिषद् की व्यवस्था है। यह क्षेत्र समिति और ग्राम पंचायतों तथा राज्य सरकार के मध्य तालमेल बिठाने का कार्य करती हैं। 73 वें संशोधन द्वारा जिला परिषदें स्थापित की गई हैं।

पंचायती राज व्यवस्था और 73 वां संविधान संशोधन

संसद ने 24 अप्रैल 1993 को 73 वां संविधान संशोधन अधिनियम पारित कर राज्यों को निर्देश दिया गया कि वे एक वर्ष में इस संशोधन के अनुसार पंचायती राज कानून बनाए। 17 राज्यों व केन्द्र शासित प्रदेशों द्वारा उपर्युक्त निर्देशानुसार कानून बनाए गए। अतः 24 अप्रैल 1994 को यह अधिनियम पूरे देश में लागू हो गया। इस अधिनियम के पारित हो जाने से ही पंचायती राज संस्थाओं को अब सवैधानिक दर्जा प्राप्त हो गया है और निचले स्तर पर भी लोकत्रंत को मान्यता प्राप्त हुई है।

इस अधिनियम द्वारा संविधान में एक नया अध्याय 9 जोड़ा गया है जिसके अंतर्गत 16 अनुच्छेद और एक अनुसूची ग्यारहवीं अनुसूची जोड़ी गयी हैं। इस संशोधन द्वारा पंचायत राज व्यवस्थाओं के लिए किए प्रावधानों का वर्णन निम्न प्रकार से किया जा सकता है–

1. ग्राम सभा : इस संविधान संशोधन के अनुच्छेद 243 (b) के अनुसार पंचायत के अधिकार क्षेत्र में आने वाले गांव या गांवों के मतदाता ही ग्राम सभा के सदस्य हो सकते हैं और यही सारे सदस्य मिलकर ग्राम सभा का निर्माण करेगें। ग्राम सभा का निर्माण राज्य विधान मंडल द्वारा निर्धारित कानून के अनुसार ही किया जाएगा।

2. संरचना संबंधी : संविधान के 73 वें संशोधन द्वारा यह भी स्पष्ट किया गया कि प्रत्येक स्तर की पंचायत की रचना राज्य विधान मंडल द्वारा ही निर्धारित की जाएगी।

3. संवैधानिक मान्यता : इस संविधान संशोधन के द्वारा स्थानीय शासन की संस्थाओं को अब संवैधानिक मान्यता प्राप्त हो गई है।

4. सदस्यों का चुनाव : 73 वें संविधान द्वारा यह व्यवस्था की गई है कि पंचायत के सदस्य के चुनाव के लिए पंचायत क्षेत्र को निर्वाचित क्षेत्रों में बांट दिया जाएगा और इन निर्वाचन क्षेत्रों में से ही पंचायत के सदस्यों का मतदाताओं द्वारा प्रत्यक्ष रूप से चुनाव किया जाएगा।

5. पंचायतों के चुनाव : 73 वें संशोधन द्वारा यह व्यवस्था की गई कि पंचायतों के चुनाव राज्य चुनाव आयोग की देख-रेख, नियंत्रण एवं निर्देशन में होगें। चुनाव आयोग पंचायती राज संस्थाओं के चुनावों से संबंधित अधिसूचना जारी होने के बाद चुनावों की तिथि निश्चित करता है, नामांकन पत्रों की छानबीन करता है, चुनाव चिह्न जारी करता है और स्वतंत्र व निष्पक्ष चुनावों की व्यवस्था करता है इसके लिए राज्य चुनाव आयोग की व्यवस्था की गई है। राज्य चुनाव आयुक्त की नियुक्ति राज्यपाल द्वारा की जाएगी और उसकी सेवा शर्तें एवं कार्यकाल राज्य विधानमंडल द्वारा निर्धारित किए जायेंगे। कार्यकाल के दौरान चुनाव आयुक्त की सेवा शर्तें में कोई ऐसा परिवर्तन नहीं किया जाएगा जो उसके लिए अहितकर हो। चुनाव आयुक्त को उसी प्रक्रिया द्वारा हटाया जा सकेगा जिस प्रक्रिया द्वारा उच्च न्यायालय के न्यायधीशों को हटाया जाता है।

6. 73वें संशोधन के अनुसार संसद सदस्यों तथा विधानमंडल के सदस्यों के लिए प्रतिनिधित्व :

1. पंचायत समिति और जिला परिषद् के चुनाव क्षेत्र में आने वाले लोक सभा और राज्य विधान सभा के सदस्यों को इन संस्थाओं में प्रतिनिधित्व दिया जाएगा।
2. राज्य विधानसभा और विधानपरिषद् उन सदस्यों को जिनका नाम पंचायत समिति और जिला परिषद् के चुनाव क्षेत्र की मतदाता सूची में अंकित है प्रतिनिधित्व दिया जाएगा।

   लेकिन संसद तथा राज्य विधान मंडलों के सदस्यों को ग्रांम पंचायत में कोई प्रतिनिधित्व नहीं दिया गया है। इन सदस्यों को पंचायत समिति और जिला परिषद् में मत देने का अधिकार दिया गया है।

7. पंचायत के अध्यक्ष का चुनाव तथा पदच्युत : अब पंचायत के अध्यक्ष यानि सरपंच का चुनाव ग्राम सभा के सदस्यों द्वारा प्रत्यक्ष रूप से किया जाएगा। अध्यक्ष को उसका कार्यकाल पूरा होने से पूर्व भी हटाने की व्यवस्था की गई है इसके लिए आवश्यक है कि पंचायत अपने कुल सदस्यों के बहुमत और उपस्थित तथा मत देने वाले सदस्यों के बहुमत से अध्यक्ष को हटाने संबंधी प्रस्ताव पास करेगी। ग्राम पंचायत द्वारा पारित किया गया ऐसा प्रस्ताव ग्राम सभा के विचार के लिए भेजा जाएगा। ग्राम सभा इस प्रस्ताव पर विचार करने के लिए एक विशेष बैठक बुलाएगी जिसमें ग्राम सभा के 50% सदस्यों का उपस्थित होना अनिवार्य है। यदि इस बैठक में ग्राम सभा पंचायत के अध्यक्ष को पद से हटाने संबंधी प्रस्ताव को उपस्थित तथा मत देने वाले सदस्यों के बहुमत से पास कर दे तो अध्यक्ष को उसके पद से अलग कर दिया जाएगा।

8. पंचायत समिति और जिला परिषद् के अध्यक्षों का चुनाव व पदच्युत : 73 वें संवैधानिक संशोधन के अनुसार, यह व्यवस्था की गई है कि मध्य स्तरीय पंचायतों और जिला परिषदों के अध्यक्षों का चुनाव संबंधित पंचायतों के निर्वाचित सदस्यों द्वारा अपने में से ही किया जाएगा। यदि संबंधित पंचायत समिति के सदस्य उपस्थित तथा मत देने वाले सदस्यों के 2/3 बहुमत, जो कुल सदस्यों का बहुमत भी होना चाहिए, से अध्यक्ष को हटाने संबंधी प्रस्ताव पास कर दे तो अध्यक्ष को अपना पद त्यागना पड़ता है।

9. आरक्षण : 73 वें संविधान संशोधन द्वारा पंचायती राज व्यवस्था में आरक्षण की निम्नलिखित व्यवस्था की गई है-

(*i*) **अनुसूचित जातियों, अनुसूचित जन-जातियों तथा पिछड़े वर्गों के लिए :** पंचायती राज संस्थाओं में उनकी जनसंख्या के अनुपात में आरक्षण दिया जाएगा।

(*ii*) **महिलाओं के लिए भी आरक्षण :** सभी स्तर की पंचायतो के कुल स्थानों का 1/3 भाग महिलाओं के लिए आरक्षित होगा। यह आरक्षण अनुसूचित जातियों तथा अनुसूचित जनजातियों की स्त्रियों के लिए आरक्षण सहित होगा।

(*iii*) विभिन्न स्तरों की पंचायत संस्थाओं के अध्यक्षों तथा उपाध्यक्षों की कुल संख्या का 1/3 भाग महिलाओं के लिए आरक्षित होगा, जिसमें अनुसूचित जातियों और अनुसूचित जनजातियों की महिलाओं के लिए आरक्षण भी शामिल है।

(*iv*) सभी पंचायती राज की संस्थाओं में अध्यक्षों तथा उपाध्यक्षों के पदों में से कुछ स्थान अनुसूचित जाति तथा अनुसूचित जनजाति के सदस्यों के लिए आरक्षित रखें जाएगें।

10. चुनाव और निश्चित अवधि : 73 वें संविधान संशोधन के अनुसार पंचायती राज की प्रत्येक संस्था का कार्यकाल 5 वर्ष निश्चित किया गया है। यह कार्यकाल पंचायत की प्रथम बैठक से प्रारम्भ माना जाएगा। पंचायत का कार्यकाल समाप्त होने से पहले ही नई पंचायत के लिए चुनाव करवाने अनिवार्य हैं। राज्य सरकार पंचायत संस्थाओं को इनके निर्धारित कार्यकाल से पूर्व भी भंग कर सकती हैं। यदि पंचायत को भंग कर दिया जाता है तो 6 माह के भीतर नई पंचायत के लिए चुनाव करवाना अनिवार्य है।

11. सदस्यों की योग्यताएं : पंचायती राज की विभिन्न संस्थाओं का सदस्य बनने के लिए वही योग्यताएं होंगी जो राज्य विधानमंडल का सदस्य बनने के लिए निर्धारित की गई हैं। उल्लेखनीय है कि 73 वें संशोधन द्वारा पंचायती राज संस्थाओं का सदस्य बनने के लिए आयु 21 वर्ष निर्धारित की गई है।

वित्त आयोग : पंचायती राज अधिनियम में पंचायती संस्थाओं को वित्तीय संसाधनों के हस्तांतरण की एक अनिवार्य व्यवस्था लागू करने तथा इसके लिए उचित कसौटियां सुझाने के लिए हर वर्ष एक वित्त आयोग गठित करने का भी प्रावधान है।

शक्तियाँ व कार्य : 73 वें संविधान संशोधन द्वारा संविधान में एक नई अनुसूची (11 वीं अनुसूची) जोड़ी गई है जिसमें

पंचायती राज व्यवस्था की शक्तियों व कार्यों का वर्णन किया गया है। जिसमें से कुछ इस प्रकार हैं–

1. खेती बाड़ी 2. सिचाई और जल प्रबंधन 3. भूमि सुधार 4. वन उत्पादन 5. पशुपालन, मुर्गी व डेयरी पालन 6. लघु उद्योग 7. ग्रामीण आवास 8. सड़कों तथा पुलों का निर्माण व यातायात के साधनों का प्रबंध 9. तकनीकी व रोजगार शिक्षा 10. समाज कल्याण 11. कमजोर वर्गों विशेष रूप से अनुसूचित जातियों व जनजातियों का कल्याण आदि।

नगरीय स्थानीय सरकार

नगरों में स्वशासन की स्थापना के लिए नगरीय निकायों की स्थापना की गई है। वर्तमान में भारतीय नगरीय शासन में नगर निगम, नगर पालिकायें, नगर क्षेत्र समितियाँ, छावनी बोर्ड, अधिसूचित क्षेत्र समितियाँ आदि सम्मिलित हैं।

संविधान के 74 वें संविधान संशोधन द्वारा नगर निकायों को पंचायती राज व्यवस्था की भांति संवैधानिक दर्जा प्रदान किया गया है। संविधान के भाग 9-क में अनुच्छेद 243-त से लेकर अनुच्छेद 243-य-छ तक नगरपालिका के लिए उपबधों का समावेश किया गया है इसके साथ ही संविधान में एक नई अनुसूची (12वीं अनुसूची) का समावेश किया गया है जिसमें इसके कार्यक्षेत्र से संबंधित 18 विषय सम्मिलित किए गए हैं।

नगरीय स्थानीय शासन और 74वां संविधान संशोधन

74 वें संविधान संशोधन के माध्यम से नगरीय स्थानीय संस्थाओं के लिए निम्न प्रावधान किए गए हैं–

1. इस संविधान संशोधन द्वारा जनसंख्या के कम-अधिक के अनुसार तीन प्रकार की नगरीय निकायों की स्थापना की गई है :

(*i*) **नगर पंचायत :** यह उन कस्बों में स्थापित की जाएगी जहां ग्रामीण क्षेत्र से नगरीय क्षेत्र में परिवर्तन की प्रक्रिया चल रही होती है।

(*ii*) **नगर पालिका परिषद् :** यह छोटे शहरों अर्थात् लघुतर नगरीय क्षेत्र में स्थापित की जाएगी।

(*iii*) **नगर निगम :** यह बड़े शहरों अर्थात् बड़े नगरीय क्षेत्र में स्थापित की जाएगी।

लेकिन जिस क्षेत्र को राज्य का राज्यपाल यदि औद्योगिक नगरी के रूप में विनिर्दिष्ट कर दे तो वहां यह संस्था स्थापित नहीं की जाएगी। इसके साथ-साथ किसी नगरीय क्षेत्र को यह संक्रमणशील क्षेत्र, लघुतर नगरीय क्षेत्र निश्चित करने का अधिकार राज्य के राज्यपाल को है। राज्यपाल ही उस क्षेत्र की जनसंख्या उसमें जनसंख्या का घनत्व या सघनता, स्थानीय प्रशासन के लिए उत्पन्न राजस्व, कृषि से भिन्न क्रियाकलापों में नियोजन की प्रतिशतता, आर्थिक महत्व या ऐसी अन्य बातों को आधार बनाकर लोक अभिसूचना द्वारा निश्चित करेगा।

2. निर्वाचन : नगरपालिकाओं के लिए निर्वाचन का निर्धारण राज्य निर्वाचन आयुक्त द्वारा किया जाता है। इसके अतिरिक्त स्थानों, चुनाव प्रक्रिया आरक्षण आदि से संबंधित नियम राज्य विधानमंडल द्वारा बनाये जाते हैं।

3. कार्यकाल : इन संस्थाओं का कार्यकाल प्रथम अधिवेशन की नियत तारीख से पांच वर्ष का है। कार्यकाल के पूर्व विघटन की स्थिति में विघटन के छः माह की अवधि के पूर्व निर्वाचन पूरा करा लिया जाएगा।

4. आरक्षण : इन संस्थाओं में जनसंख्या के अनुपात में अनुसूचित जातियों, जनजातियों एवं पिछड़े वर्गों के लिए आरक्षण की व्यवस्था की गई है।

महिलाओं के लिए कुल संख्या में एक-तिहाई स्थान आरक्षित किए गए हैं। इन संस्थाओं में आरक्षण में चक्रानुक्रम अपनाया जाता है।

5. नगर पालिका के सदस्य एवं अध्यक्ष निर्वाचन क्षेत्रों से प्रत्यक्ष रूप से चुने जाएगें जो वार्ड कहलाएगें।

6. नगरपालिका का सदस्य बनने के लिए न्यूनतम आयु 21 वर्ष है।

7. नगरपालिका के अधिकार व कार्य : 74 वें संविधान संशोधन के द्वारा संविधान में 12 वीं अनुसूची का समावेश किया गया, जिसमें नगरपालिका के कार्य-क्षेत्र से संबंधित 18 विषय सम्मिलित किए गए हैं अनुच्छेद 243-ब निम्नलिखित कार्यों का उल्लेख किया गया है-

1. नगरीय योजना, जिसके अंतर्गत नगर योजना भी है
2. भूमि उपयोग का विनियमन और भवनों का निर्माण
3. आर्थिक और सामाजिक विकास योजना
4. सड़के और पुल
5. घरेलू, औद्योगिक और वाणिज्यिक प्रयोजनों के लिए जल प्रदाय
6. लोक स्वास्थ्य, स्वच्छता, सफाई और कूड़ा करकट प्रबंध।
7. अग्निशमन सेवाएं
8. नगरीय वानिकी, पर्यावरण का संरक्षण और परिस्थितिक आयामों की अभिवृद्धि।
9. समाज के दुर्बल वर्गों के, जिनके अंतर्गत विकलांग और मानसिक रूप से मंद व्यक्ति भी हैं, हितों की रक्षा।
10. गंदी बस्ती सुधार
11. नगरीय निर्धनता उन्मूलन
12. नगरीय सुख-सुविधाओं जैसे पार्क उद्यान, खेल व मैदानों की व्यवस्था।
13. सांस्कृतिक शैक्षणिक और सौंदर्यपरक आयामों की अभिवृद्धि।
14. शव गाड़ना और कब्रिस्तान, शवदाह और श्मशा और विद्युत शवगृह ।
15. काजी हाउस, पशुओं के प्रति क्रूरता का निवारण
16. जन्म मरण सांख्यिकी, जिसके अंतर्गत जन्म और मृ रजिस्ट्रीकरण भी है।
17. सार्वजनिक सुख-सुविधाएं, जिनके अंतर्गत सड़कों प प्रकाश, पार्किंग स्थल, बस स्टाप और जनसुविधा भी हैं।
18. वधशालाओं और चर्मशोधनशालाओं का विनियमन

वस्तुनिष्ठ प्रश्न

1. 'धरातलीय प्रजातंत्र' के लिए कौन-सी संस्था आवश्यक है?
A. लोकसभा B. राज्यसभा
C. ग्राम पंचायत D. मंत्रिमंडल

2. "प्रजातंत्र की सफलता के लिए स्थानीय शासन सर्वश्रेष्ठ विद्यालय है।" यह किसने कहा है?
A. डी॰ टॉकविले B. लॉस्की
C. लार्ड ब्राइस D. विल्सन

3. किस विद्वान ने स्थानीय स्वशासन को 'केन्द्रीय व्यवस्था का एक भाग मात्र' माना है?
A. जी॰ हैरिस B. जी॰ डी॰ एच॰ कोल
C. लॉस्की D. फाइनर

4. भारत के शहरी क्षेत्र के स्थानीय शासन का ढ़ांचा किस देश से मिलता जुलता है?
A. ब्रिटेन
B. सं॰ रा॰ अमेरिका
C. ऑस्ट्रेलिया
D. उपर्युक्त में से किसी से नहीं

5. भारत में कौन सा शहरी क्षेत्र स्थानीय स्वशासन से सम्बन्धित नहीं है?
A. निगम B. नगरपालिका
C. क्षेत्र समिति D. नगर क्षेत्र समिति

6. भारत में क्षेत्र समितियों तथा पंचायतों पर किसका नियंत्रण होता है?
A. जिला बोर्डों का B. नगर निगमों का
C. नगर महापालिकाओं का D. उपर्युक्त सभी

7. भारत में जिला बोर्डों की स्थापना किस वर्ष की गयी?
A. 1865 ई॰ B. 1870 ई॰
C. 1868 ई॰ D. 1968 ई॰

8. भारत में जिला बोर्डों की स्थापना किसके द्वारा की गयी?
A. लार्ड रिपन B. लार्ड डलहौजी
C. लार्ड मेयो D. लार्ड विलियम बैंटिंग

9. किस देश में स्थानीय शासन पर अधिक न्यायिक नियंत्रण प्रणाली नहीं है?
A. इंग्लैंड B. फ्रांस
C. भारत D. उपर्युक्त सभी

10. ब्रिटिश सरकार ने सबसे पहले 1687 में भारत के किस शहर में नगर निगम स्थानीय संस्था की स्थापना की?
A. कलकत्ता B. दिल्ली
C. मद्रास D. बम्बई

11. निम्नलिखित में से कौन.सा घटक भारतीय नगर निगम का घटक नहीं है?
A. परिषद् B. मेयर या महापौर
C. निगम आयुक्त D. निगम अध्यक्ष

12. विकेन्द्रीकरण पर रॉयल कमीशन की रिपोर्ट किस वर्ष में आयी थी?
A. 1904 ई॰ B. 1909 ई॰
C. 1919 ई॰ D. 1914 ई॰

13. स्थानीय शासन की शक्तियाँ किसके द्वारा प्रदत्त होती हैं?
A. कानून द्वारा B. राज्यशासन
C. केन्द्रीय शासन D. संविधान

14. निम्न में से किस देश के राज्य स्थानीय निकायों पर न्यूनतम नियंत्रण रखता है?
A. भारत B. फ्रांस
C. सं॰ रा॰ अमेरिका D. ग्रेट-ब्रिटेन

उत्तरमाला

1	2	3	4	5	6	7	8	9	10
C	C	A	A	C	A	B	C	C	C
11	**12**	**13**	**14**						
D	B	A	A						

❑❑❑

जीवन शैली

जीवन शैली

जीवन शैली को सामान्यतः रहन-सहन के रूप में परिभाषित किया जाता है। अन्य शब्दों में, वह तरीका जिसमें हम जीवनयापन के लिए धन अर्जन करते हैं जीवन शैली कहलाता है। इस तरह स्पष्ट है कि जीवन शैली, जिसमें लोग रहते हैं का सीधा संबंध आर्थिक साधन प्राप्त करने का एक तरीका है ताकि जीवनयापन हो सके। तकनीकी रूप में जीवनशैली के तहत क्षमताओं, परिसंपत्तियों और उन गतिविधियों को शामिल किया जाता है जो कि व्यक्ति के रहने के लिए साधन के रूप में आवश्यक हैं।

जीवन शैली के घटक

जीवनशैली के अनेक घटक हैं उनमें से सबसे जटिल परिसंपत्ति विभाग है, जिसमें लोग अपने रहन-सहन का निर्माण करते हैं। परिसंपत्ति विभाग के दो प्रकार हैं–

(*i*) **मूर्त परिसंपत्ति (Tangible Assets):** यह उस प्रकार की परिसंपत्तियां होती हैं, जिन्हें देखा, छुआ तथा अनुभव किया जा सकता है। जैसे–भूमि, भवन, मशीनरी, माल, रोकड़, फर्नीचर, मोटरगाड़ियां आदि।

(*ii*) **अमूर्त परिसंपत्ति (Intangible Assets):** इन परिसंपत्तियों का कोई भौतिक अस्तित्व नहीं होता अर्थात् इनका आंतरिक मूल्य कुछ नहीं होता, किंतु इनका मूल्य स्वामित्व एवं कब्जे (Ownership and Possession) के द्वारा प्रदत्त अधिकारों से प्राप्त किया जाता है। जैसे–ख्याति, व्यापारिक चिन्ह् एवं कॉपीराइट आदि।

प्राथमिक, द्वितीयक एवं तृतीयक क्षेत्र

जो कार्य हम लोग अपने जीवनयापन के लिए करते हैं उसे पेशा कहते हैं। इसे सामान्यतः तीन वर्गों में बांटा जाता है :

प्राथमिक क्षेत्र : (1) कृषि, (2) वानिकी, (3) मछली पालन, (4) खनन।

द्वितीयक क्षेत्र : (1) विनिर्माण, (2) निर्माण, (3) बिजली, गैस और जल आपूर्ति।

तृतीयक क्षेत्र : **(A) परिवहन, संचार और व्यापार–** (1) परिवहन, भण्डारण और संचार, (2) व्यापार, होटल और रेस्टोरेंट।

(B) वित्त और वास्तविक सम्पदा– (1) बैंकिंग तथा बीमा, (2) वास्तविक सम्पदा, भवनों का स्वामित्व तथा व्यावसायिक सेवाएं।

सामुदायिक व निजी सेवाएं– (1) सार्वजनिक प्रशासन और सुरक्षा (2) अन्य सेवाएं।

विदेशी संघ– विदेशी क्षेत्र।

अन्तिम क्षेत्र को छोड़कर अन्य सभी क्षेत्रों में उत्पादित कुल उत्पादन को जोड़ने से साधन लागत पर सकल घरेलू उत्पाद (gross domestic product at factor cost) प्राप्त होता है।

प्रवसन

जनसंख्या का स्थानान्तरण, देशान्तरण या प्रवसन से तात्पर्य मानव–समूह अथवा व्यक्ति के भौगोलिक स्थान संबंधी परिवर्तन से है। **संयुक्त राष्ट्र संघ** के अनुसार, ''प्रवसन एक प्रकार की भौगोलिक स्थान संबंधी प्रवासिता है जो एक भौगोलिक इकाई के बीच देखने को मिलती है, जिनमें रहने और पहुँचने का स्थान दोनों भिन्न–भिन्न होते हैं। इस तरह का प्रवसन स्थायी होता है क्योंकि इसमें मानव का निवास स्थायी रूप से परिवर्तित हो जाता है।''

प्रवसन किसी देश–विशेष की जनसंख्या के आकार, वितरण, संरचना की तुरन्त प्रभावित करने वाला घटक है। प्रवसन किसी राष्ट्र के आर्थिक उतार–चढ़ाव एवं राष्ट्रीय घटनाओं से गहन रूप से संबंधित होता है। व्यक्ति का एक स्थान से दूसरे स्थान अथवा देशों को जाना जनसंख्या एवं संरचना में परिवर्तन है।

प्रवसन के कारण

सम्मिलित रूप से स्थानान्तरण के निम्नलिखित चार प्रमुख कारण हैं :

1. भौतिक कारण : भौतिक कारणों में जलवायु संबंधी परिवर्तन तथा भूकम्प, ज्वालामुखी, हिमराशियों का घटना–बढ़ना, मिट्टी का अनुपजाऊ होना, समुद्री तटों का निमज्जन या उन्मज्जन होना शामिल किया जाता है।

2. आर्थिक कारण : आर्थिक कारणों में मुख्यतः जनसंख्या का भार, भोजन सामग्री का अभाव, नयी और उपजाऊ भूमि का आकर्षण, सिंचाई की सुविधा तथा खनिज और वन सम्पत्ति की उपलब्धि आदि मुख्य हैं।

3. सामाजिक सांस्कृतिक कारण : धार्मिक संकटों के कारण भी अधिक संख्या में स्थानान्तरण होता है। 16वीं तथा 17वीं शताब्दी में हांगनॉट लोगों ने फ्रांस से भागकर इंग्लैण्ड

बेल्जियम तथा यहूदियों ने जर्मनी से पलायन कर इजरायल में शरण ली थी। इसी प्रकार भारत के विभाजन (1947) से उत्पन्न स्थिति के कारण करोड़ों हिन्दू भारत आए थे और लाखों मुस्लिम भारत छोड़कर पाकिस्तान गए थे। यह जनसंख्या परिवर्तन ऐतिहासिक काल का सबसे बड़ा परिवर्तन माना जाता है। यूनान और तुर्की के मध्य हुए मनमुटाव के कारण जनसंख्या का आदान-प्रदान हुआ था।

4. राजनीतिक कारण : राजनीतिक कारण भी मानव स्थानान्तरण में सहायक होते हैं। आक्रमण, विजय, नए देशों की खोज, उपनिवेशों की स्थापना अथवा बलात् स्थानान्तरण प्रमुख राजनीतिक कारण माने गए हैं।

प्रवसन के परिणाम

प्रवसन के परिणाम मुख्यतः निम्नलिखित हैं :

1. जनसंख्या के भार में परिवर्तन : जिस प्रदेश से जनसंख्या जाती है वहाँ जनसंख्या का भार कम हो जाता है और आर्थिक स्थिति नीचे गिरने से रुक जाती है। नए प्रदेश में जनसंख्या पहुँचने पर वहाँ उसका भार बढ़ता है। इसके अच्छे व खराब दोनों प्रकार के परिणाम होते हैं।

2. सांस्कृतिक समेकन: यूरोपीय देशों से बाहर जाने वाले मनुष्य अपने साथ यूरोपीय सभ्यता भी लेते गए और नए देशों में तथा उपनिवेशों में उन्होंने अपनी सभ्यता का प्रसार किया। भारत, म्यांमार, इण्डोनेशिया, ईरान आदि देशों की सभ्यता पर यूरोपीय सभ्यता की गहरी छाप लग गई है। इन देशों में पूर्वी सभ्यता और पश्चिमी सभ्यता का सम्मिश्रण और समेकन हुआ है।

3. नए देशों का आर्थिक विकास : यूरोपीय देशों से गए मनुष्यों ने उत्तरी अमेरिका, दक्षिणी अमेरिका, दक्षिणी आस्ट्रेलिया आदि देशों में जाकर, वहाँ के प्राकृतिक संसाधनों (Natural Resources) का उपयोग करके विज्ञान और टेक्नोलॉजी द्वारा ही इन देशों की आर्थिक उन्नति की है।

4. अन्तर्राष्ट्रीय सद्भावना में वृद्धि : प्रवास का प्रभाव वर्तमान में मानवता के लिए बहुत ही हितकर हो रहा है। विभिन्न राष्ट्रों के मनुष्यों में आपस में एक-दूसरे राष्ट्र के प्रति जानकारी बढ़ती है। इसमें पारस्परिक सहानुभूति, मित्रता और सहायता बढ़ रही है।

5. विज्ञान की उन्नति : पारस्परिक विचारों के आदान-प्रदान से अपने-अपने आविष्कारों को एक-दूसरे को बताने से वर्तमान काल में वैज्ञानिक उन्नति भी बड़ी तीव्र गति से हो रही है। यदि इन आविष्कारों का सदुपयोग होता रहे तो इससे भविष्य में मानव के कल्याण की बड़ी आशा है।

वस्तुनिष्ठ प्रश्न

1. जीवनशैली को मुख्यतः किस रूप में परिभाषित किया जा सकता है?
A. आचार-विचार B. रहन-सहन
C. घूमना-फिरना D. इनमें से कोई नहीं

2. निम्न में से कौन-सा मूर्त परिसंपत्ति (Tangible Assets) का उदाहरण हैं?
A. खाद्यान्न भंडारण
B. सोना-चांदी
C. आभूषण
D. इनमें से सभी

3. पेशा (Occupation) के आधार पर जीवनयापन के आर्थिक क्षेत्रों को कितने भागों में बांटा जा सकता है?
A. एक B. दो
C. तीन D. चार

4. कृषि को निम्न में से किस पेशागत क्षेत्र में रखा जाता है?
A. प्राथमिक क्षेत्र B. द्वितीयक क्षेत्र
C. तृतीयक क्षेत्र D. चतुर्थक क्षेत्र

5. निम्न में से कौन-सा अचल परिसंपत्ति (Intangible Assets) का उदाहरण है?
A. घर B. जमीन
C. केवल A D. A और B दोनों

6. यूरोपीय देशों में 16वीं तथा 17वीं शताब्दी में प्रवसन का कारण क्या था?
A. राजनीतिक
B. आर्थिक
C. सांस्कृतिक व सामाजिक
D. भौतिक

7. यहूदी लोग मूलतः कहां के निवासी थे?
A. बेल्जियम B. जर्मनी
C. ब्रिटेन D. यूनान

8. निम्न में से कौन प्रवसन का प्रमुख परिणाम है?
A. सांस्कृतिक समेकन
B. आर्थिक विकास
C. अंतर्राष्ट्रीय सद्भाव में वृद्धि
D. इनमें से सभी

उत्तरमाला

1	2	3	4	5	6	7	8
B	D	C	A	D	C	B	D

❑❑❑

राज्य सरकार

राज्यपाल

भारतीय संविधान के अनुसार प्रत्येक राज्य के लिए एक राज्यपाल होगा। यदि आवश्यकता पड़े तो एक ही व्यक्ति दो या दो से अधिक राज्यों के लिए भी राज्यपाल बनाया जा सकता है। प्रत्येक राज्य की कार्यपालिका संबंधी शक्तियां वहां के राज्यपाल में निहित होती है। वह इन शक्तियों का प्रयोग प्रत्यक्ष अथवा अधीनस्थ अधिकारियों के माध्यम से करता है।

राज्यपालः नियुक्ति, योग्यताएं तथा कार्यकाल

किसी राज्य के राज्यपाल की नियुक्ति भारत के राष्ट्रपति द्वारा की जाती है। किसी राज्यपाल को उसी राज्य में या किसी दूसरे राज्य में पुनः नियुक्ति करने पर कोई पाबंदी नहीं है। इससे यह पता चलता है कि राज्यपाल निर्वाचित नहीं होता परंतु नियुक्त किया जाता है। राज्यपाल बनने के लिए निम्नलिखित योग्यताएं होनी चाहिए :

1. उसे भारत का नागरिक होना चाहिए।
2. उसे कम से कम 35 वर्ष का होना चाहिए, और
3. वह अपने कार्यकाल में किसी अन्य लाभ वाले पद पर नहीं रह सकता।

किंतु यदि कोई व्यक्ति संसद के किसी सदन अथवा राज्य विधायिका का अथवा राष्ट्रीय या राज्य स्तर पर मंत्रिपरिषद का सदस्य है और उसे राज्यपाल नियुक्त कर दिया जाता है तो वह मंत्रीपरिषद का सदस्य नहीं रहता अर्थात पदमुक्त माना जाता है। राज्यपाल की नियुक्ति पांच वर्ष के लिए की जाती है परंतु प्रायः राष्ट्रपति की इच्छा तक अपने पद पर बना रहता है। वह अपना कार्यकाल समाप्त होने से पूर्व त्यागपत्र दे सकता है अथवा राष्ट्रपति द्वारा समय से पहले हटाया भी जा सकता है। वास्तव में राज्यपाल की नियुक्ति सरकार की संरचना करते समय या उसे पदच्युत करते समय राष्ट्रपति प्रधानमंत्री के परामर्श को मानता है। उसे निशुल्क आवास दिया जाता है, जिसे राजभवन कहते हैं। उसके वेतन, भत्ते, तथा अन्य सुविधाओं का निर्धारण समय-समय पर कानून बना कर किया जाता है किंतु उन्हें किसी भी राज्यपाल के कार्यकाल के दौरान कम नहीं किया जा सकता।

राज्यपाल के कार्य एवं शक्तियां

(क) कार्यकारी शक्तियाँ

राज्य में सभी कार्यपालिका संबंधी कार्य राज्यपाल के नाम से ही होते हैं। वह न केवल मुख्यमंत्री की नियुक्ति करता है बल्कि मुख्यमंत्री की सलाह से अन्य मंत्रियों की भी नियुक्ति करता है।

स्थापित परम्परा के अनुसार विधान सभा में बहुमत प्राप्त दल के नेता को अथवा किसी भी दल को स्पष्ट बहुमत न मिलने की स्थिति में कुछ दलों के गठबंधन के नेता को वह सरकार बनाने के लिए आमंत्रित करता है।

वह मुख्यमंत्री की सलाह से अन्य मंत्रियों में विभागों का विभाजन करता है। राज्यपाल राज्य के महान्यायवादी और राज्य के लोक सेवा आयोग के अध्यक्ष एवं सदस्यों की नियुक्ति भी करता है।

वह उच्च न्यायालय को छोड़कर राज्य के सभी न्यायालयों के न्यायाधीशों की नियुक्ति करता है किन्तु उच्च न्यायालय के न्यायाधीशों की राष्ट्रपति द्वारा नियुक्ति करते समय राज्यपाल से परामर्श लिया जाता है। राज्य की कार्यपालिका का प्रमुख होने के नाते अपने कर्तव्यों का निर्वहन करने के लिए राज्यपाल मुख्यमंत्री के नेतृत्व में मंत्रिपरिषद से परामर्श एवं सहायता लेता है।

(ख) विधायी शक्तियाँ

राज्यपाल राज्य विधान सभा का एक अभिन्न अंग है तथा उसकी अनेक विधायी शक्तियां भी हैं। उसे राज्य विधान मंडल की बैठक बुलाने या स्थगित करने का अधिकार है। वह चाहे तो मुख्यमंत्री एवं मंत्रिपरिषद के परामर्श पर विधान सभा को भंग भी कर सकता है।

वह राज्य की विधान सभा को अथवा दोनों सदनों की संयुक्त बैठक को सम्बोधित कर सकता है। वह किसी एक सदन अथवा दोनों सदनों को संदेश भेज सकता है।

जिन राज्यों में विधान परिषद है, वहां का राज्यपाल विधान परिषद की कुल सदस्य संख्या के 1/6 सदस्यों को मनोनीत करता है। ये मनोनीत सदस्य साहित्य, कला, विज्ञान, सहकारिता अथवा समाज सेवा में ख्याति प्राप्त व्यक्ति होते हैं।

किसी भी विधेयक को कानून बनने के लिए राज्यपाल की स्वीकृति आवश्यक है। इस संबंध में राज्यपाल के पास निम्नलिखित विकल्प हैं:

(*i*) राज्यपाल विधेयक को स्वीकृति प्रदान करे, ऐसा होने पर विधेयक कानून बन जाता है।

(*ii*) वह विधेयक को स्वीकृति देने की बजाए अपने पास रख ले तो इस स्थिति में विधेयक कानून नहीं बन पाता।

(*iii*) राज्यपाल कुछ संशोधनों सहित विधेयक को पुनर्विचार के लिए वापस भेज सकता है। यदि सदन इस विधेयक को संशोधित करके या मूल रूप से पारित कर राज्यपाल के पास भेज दे, तो वह स्वीकृति देने से मना नहीं कर सकता।

(*iv*) वह विधेयक को राष्ट्रपति के विचारार्थ सुरक्षित रख सकता है। यदि राज्य विधायिका का अधिवेशन न चल रहा हो, तो राज्यपाल को अध्यादेश जारी करने का अधिकार है किंतु इस प्रकार के अध्यादेश को विधान मण्डल की अगली सभा प्रारम्भ होने के छह सप्ताह के अंदर स्वीकृति मिलना आवश्यक है, अन्यथा अध्यादेश प्रभावी नहीं रहता। राज्य विधान सभा अध्यादेश के स्थान पर निर्धारित अवधि में एक नया कानून बना सकती है। कार्यपालिका संबंधी शक्तियों की तरह विधायी शक्तियों का प्रयोग भी वास्तव में मुख्यमंत्री के नेतृत्व में मंत्रिपरिषद द्वारा किया जाता है।

(ग) वित्तीय शक्तियां

(*i*) राज्यपाल की पूर्व अनुमति के बिना कोई धन विधेयक राज्य विधान सभा में प्रस्तुत नहीं किया जा सकता।

(*ii*) राज्य का वार्षिक बजट तथा अनुपूरक बजट, राज्यपाल के नाम से ही, विधान सभा में प्रस्तुत किया जाता है।

(*iii*) राज्य की आकस्मिक निधि पर राज्यपाल का नियंत्रण होता है।

(घ) क्षमादान की शक्ति

राज्यपाल के पास न्यायालय द्वारा दण्डित किसी अपराधी को उस राज्य के किसी कानून के विरुद्ध अपराध करने पर मिले दण्ड को माफ, स्थगित अथवा कम करने की शक्ति है।

(ङ) स्वविवेक की शक्तियां

राज्यपाल अपनी कार्यकारी संबंधी, विधायी, वित्तीय तथा न्यायिक शक्तियों का प्रयोग करते समय मुख्यमंत्री के नेतृत्व में मंत्रिपरिषद से परामर्श तथा सहयोग लेता है। उसे यह शक्तियां अपने राज्य के अध्यक्ष के नाते मिली हुई है। उसकी कुछ अन्य शक्तियां भी हैं जो उसे केंद्रीय सरकार के प्रतिनिधि के रूप में मिली हुई है। इन शक्तियों को स्वविवेक की शक्तियां भी कहते हैं। ऐसा कुछ विशिष्ट परिस्थितियों में होता है जब राज्यपाल मंत्रिपरिषद के परामर्श के बिना कोई कार्य करता है। दूसरे शब्दों में यह कहा जा सकता है कि राज्यपाल की ऐसी शक्तियों का प्रयोग उसकी इच्छा पर निर्भर करता है। ये शक्तियां हैं:

(*i*) यदि राज्यपाल के विचार में राज्य में संवैधानिक तंत्र विफल हो चुका हो तो वह उसकी सूचना तुरंत राष्ट्रपति को देकर, राष्ट्रपति शासन लागू करने की सिफारिश कर सकता है। ऐसी स्थिति में मंत्रिपरिषद की सलाह न लेकर, राज्यपाल स्वयं निर्णय करता है। इसलिए इसे स्वविवेक संबंधी शक्ति कहा जाता है। यदि राज्यपाल की सिफारिश राष्ट्रपति द्वारा स्वीकार कर ली जाती है तो अनुच्छेद 356 के अंतर्गत राष्ट्रपति संकट काल की घोषणा करता है और मंत्रिपरिषद को भंग कर दिया जाता है। विधान सभा भी या तो भंग कर दी जाती है अथवा स्थगित कर दी जाती है। इस काल में राज्यपाल राष्ट्रपति के अभिकर्ता के रूप में शासन करता है।

(*ii*) एक परिस्थिति यह भी हो सकती है कि राज्यपाल किसी विधेयक को राष्ट्रपति के विचारार्थ सुरक्षित सरकार की रखे। क्योंकि राज्यपाल यह निर्णय स्वयं अपने आप लेता है, इसलिए यह भी उसकी स्वविवेक की शक्ति है। राज्यपाल की स्वविवेक की शक्तियां असामान्य और संकट काल के लिए रखी गई हैं। किंतु देखा यह गया है कि इन शक्तियों का प्रयोग न केवल ऐसी परिस्थितियों में हुआ है बल्कि सामान्य परिस्थितियों में भी विवादास्पद तरीके से किया गया है, जिससे केंद्र और राज्यों के संबंध में तनाव पैदा हुआ है।

राज्यपाल की भूमिका तथा स्थिति

राज्यपाल की शक्तियों की सूची पर दृष्टि डालने से यह स्पष्ट होता है कि राज्यपाल राज्य में एक शक्तिशाली व्यक्ति है। संसदीय शासन प्रणाली में मंत्रिपरिषद राज्य विधायिका के प्रति उत्तरदायी होती है। इसलिए वास्तविक शक्तियों का प्रयोग मंत्रिपरिषद द्वारा किया जाता है न कि राज्यपाल द्वारा। राष्ट्रपति की तरह वह भी मुख्यमंत्री के नेतृत्व में मंत्रिपरिषद के परामर्श से कार्य करता है इसलिए सामान्यतया राज्यपाल एक संवैधानिक औपचारिक मुखिया के रूप में कार्य करता है। किंतु असाधारण परिस्थितियों में राज्यपाल को अपनी शक्ति का प्रयोग अपने विवेक के आधार पर करने का अवसर मिल जाता है। संविधान विशेषज्ञों के अनुसार तीन क्षेत्रों में राज्यपाल की भूमिका बहुत विवादास्पद हो गई है। ये क्षेत्र हैं–राष्ट्रपति को संकटकाल की घोषणा करने के लिए सिफारिश करना, किसी भी राजनीतिक दल को स्पष्ट बहुमत प्राप्त न होने पर मुख्यमंत्री की नियुक्ति और दल बदल की स्थिति में मुख्यमंत्री के भविष्य का फैसला करना। इन विवादों के पीछे कई राज्यों में बहुदलीय मंत्रिपरिषदों का निर्माण, दलगत राजनीति, दल बदल की समस्या तथा दलों का विघटन मुख्य कारण रहे हैं। प्रशासनिक सुधार आयोग तथा सरकारिया आयोग द्वारा भेजी गई सिफारिशें तथा सुझाव कागजों तक सिमट कर रह गए हैं जबकि वास्तविकता यह है कि इन सिफारिशों पर काम करने से राज्यपाल के काम में पक्षपात करने की सम्भावना कम हो सकती थी।

मुख्यमंत्री

प्रत्येक राज्य में राज्यपाल के दायित्व निर्वहन में सहयोग और सहायता के लिए एक मंत्रिपरिषद होती है। मुख्यमंत्री के नेतृत्व में मंत्रिपरिषद राज्य स्तर पर वास्तविक शक्तियों का प्रयोग करती है। मुख्यमंत्री राज्य में सरकार का मुखिया होता है।

मंत्रिपरिषद का गठन

मुख्यमंत्री की नियुक्ति राज्यपाल द्वारा की जाती है। विधान सभा में बहुमत प्राप्त दल के नेता को राज्यपाल द्वारा मुख्यमंत्री नियुक्त किया जाता है। मुख्यमंत्री की सिफारिश पर बाकी

मंत्रियों की नियुक्ति की जाती है। मंत्रिपरिषद में शामिल किए जाने वाले मंत्रियों के लिए राज्य विधायिका के किसी एक सदन का सदस्य होना आवश्यक है। कोई व्यक्ति जो राज्य विधायिका का सदस्य नहीं है उसे मंत्री नियुक्ति किया जा सकता है परंतु उसे छह महीने के अंदर राज्य विधायिका का सदस्य निर्वाचित होना अनिवार्य है अन्यथा उसका मंत्री पद समाप्त हो जाता है। मंत्रियों में विभागों का विभाजन, मुख्यमंत्री की सलाह से राज्यपाल द्वारा किया जाता है।

मुख्यमंत्री के कार्य

मुख्यमंत्री राज्य की मंत्रिपरिषद का मुखिया होता है। मुख्यमंत्री की संवैधानिक स्थिति लगभग प्रधानमंत्री जैसी होती है। राज्य के प्रशासन में मुख्यमंत्री की भूमिका बड़ी महत्वपूर्ण है। उसके कार्यों की चर्चा हम इस प्रकार कर सकते हैंः

1. मुख्यमंत्री राज्य सरकार का वास्तविक मुखिया होता है। उसी की सिफारिश पर मंत्रियों की नियुक्ति राज्यपाल द्वारा की जाती है। राज्यपाल मंत्रियों के विभागों का विभाजन भी मुख्यमंत्री की सलाह पर ही करता है।
2. मुख्यमंत्री मंत्रिमण्डल की बैठकों की अध्यक्षता करता है। वह विभिन्न मंत्रालयों में समन्वय बनाता है तथा मंत्रिपरिषद का मार्ग दर्शन करता है।
3. राज्य सरकार के कानून तथा नीतियां बनाने में मुख्यमंत्री की भूमिका प्रमुख होती है। उसकी स्वीकृति से ही कोई मंत्री सदन में विधेयक प्रस्तावित करता है। वह विधान सभा के अंदर तथा बाहर, दोनों जगह सरकार की नीतियों का मुख्य प्रवक्ता होता है।
4. संविधान के अनुसार प्रशासन, राजकीय मामले तथा प्रस्तावित विधेयकों के बारे में राज्यपाल को जानकारी देने का दायेत्व मुख्यमंत्री का है।
5. जब भी राज्यपाल चाहता है, मुख्यमंत्री को उपरोक्त विषयों के बारे में राज्यपाल को जानकारी देनी होती है।
6. ऐसा कोई विषय या मामला जिस पर किसी मंत्री ने निर्णय लिया हो परंतु उस पर मंत्रिपरिषद ने विचार नहीं किया हो, राज्यपाल की इच्छा पर मुख्यमंत्री द्वारा मंत्रिपरिषद में विचारार्थ रखा जाता है।
7. राज्यपाल और मंत्रिमण्डल के बीच संचार का एक मात्र सेतु मुख्यमंत्री होता है। मंत्रिपरिषद द्वारा लिए गए सभी निर्णयों के बारे में जानकारी प्राप्त करने का अधिकार राज्यपाल को है।

उपरोक्त कार्यों से यह पता चलता है कि वास्तविक शक्तियां, मुख्यमंत्री के नेतृत्व में मंत्रिपरिषद के पास होती हैं। मंत्रिपरिषद राज्य की वास्तविक कार्यपालिका है। राज्य मंत्रिपरिषद की स्थिति मुख्यतया इस बात पर निर्भर करती है कि सत्ताधारी दल की विधान सभा में क्या शक्ति है और मुख्यमंत्री का व्यक्तित्व कैसा है। मुख्यमंत्री की स्थिति और भी शक्तिशाली हो जाती है यदि उसी का राजनीतिक दल केन्द्र में भी सत्ता में हो। जब तक मुख्यमंत्री और मंत्रिपरिषद को विधान सभा में बहुमत का विश्वास प्राप्त है, वे राज्य में वास्तविक शक्तियों का प्रयोग करते हैं।

राज्य विधान मण्डल की संरचना

अधिकतर राज्यों के विधान मण्डल में राज्यपाल तथा विधान सभा होती है। इसका अर्थ यह है कि इन राज्यों में एकसदनीय विधायिका है। कई राज्यों में विधान मण्डल के दो सदन होते हैं-विधान सभा और विधान परिषद। जहां दो सदन होते हैं उसे द्विसदनीय विधायिका कहते हैं।

छह राज्यों में द्विसदनीय विधानमंडल हैं। ये राज्य हैं–बिहार, उ.प्र., कर्नाटक, महाराष्ट्र, तेलंगाना और आन्ध्रप्रदेश। विधान सभा को निचला सदन या लोकप्रिय सदन कहा जाता है। विधान परिषद को उपरी सदन कहते हैं। जिस प्रकार केन्द्रीय स्तर पर लोकसभा को अत्यंत शक्तिशाली बनाया गया है उसी प्रकार राज्यों में विधान सभा को शक्तिशाली बनाया गया है।

विधान सभा

प्रत्येक राज्य में एक विधान सभा होती है। यह राज्य की जनता का प्रतिनिधित्व करती है। विधान सभा के सदस्य सार्वभौमिक वयस्क मताधिकार के आधार पर प्रत्यक्ष रूप से जनता द्वारा निर्वाचित किए जाते हैं। उनका निर्वाचन राज्य में पंजीकृत सभी वयस्क नागरिक मतदाताओं द्वारा प्रत्यक्ष रूप से होता है। 18 वर्ष या उससे ऊपर की आयु के सभी स्त्री और पुरुष मतदाता सूची में शामिल होने के योग्य होते हैं। वे राज्य विधान सभा के सदस्यों को चुनने के लिए मतदान करते हैं। सदस्य निर्वाचन क्षेत्रों के आधार पर निर्वाचित किए जाते हैं। प्रत्येक राज्य को उतने ही एक सदस्यीय निर्वाचन क्षेत्रों में बांटा जाता है जितने सदस्य चुने जाने हैं। लोकसभा की तरह यहां भी कुछ स्थान अनुसूचित जातियों तथा कुछ स्थान अनुसूचित जनजातियों के लिए आरक्षित किए जाते हैं। यह उस राज्य में इन वर्गों की जनसंख्या पर निर्भर करता है।

राज्य विधान सभा का सदस्य बनने के लिए एक व्यक्ति में निम्नलिखित योग्यताएं होनी चाहिएः

- वह भारत का नागरिक हो;
- वह 25 वर्ष का हो;
- उस का नाम मतदाता सूची में होना चाहिए;
- किसी लाभ के पद पर अथवा सरकारी पद पर कार्यरत न हो।

विधान सभा के सदस्यों की संख्या 500 से अधिक तथा 60 से कम नहीं हो सकती। किंतु बहुत छोटे राज्यों को न्यूनतम संख्या से भी कम सदस्य रखने की स्वीकृति दी गई है। सिक्किम, मिजोरम, गोवा और पुडुचेरी की विधान-सभाओं में 60 से कम सदस्य हैं। लोकसभा की तरह यहां भी कुछ स्थान अनुसूचित जातियों व जनजातियों के लिए

आरक्षित होते हैं। विधान सभा का कार्यकाल पांच वर्ष का होता है। परंतु मुख्यमंत्री की सलाह पर राज्यपाल अवधि पूरा होने से पहले भी इसको भंग कर सकता है। अनुच्छेद 356 के अंतर्गत यदि राष्ट्रपति किसी राज्य में संवैधानिक संकट की स्थिति में आपातकाल की घोषणा करे तो भी राष्ट्रपति विधान सभा को भंग कर सकता है। अनुच्छेद 352 के अंतर्गत राष्ट्रीय आपातकाल की घोषणा होने पर संसद विधान सभा के कार्यकाल को एक बार में एक वर्ष तक बढ़ा सकती है।

विधानसभा अध्यक्ष

विधान सभा के सदस्य अपना सभापति निर्वाचित करते हैं जिसे अध्यक्ष कहा जाता है। अध्यक्ष सदन के बैठकों का सभापतित्व करता है एवं इसकी कार्यवाही को चलाता है। वह सदन में अनुशासन बनाए रखता है तथा सदस्यों को प्रश्न पूछने तथा बोलने की स्वीकृति प्रदान करता है। वह विधेयकों तथा अन्य प्रस्तावों पर मतदान कराता है तथा परिणाम घोषित करता है। किंतु मत समान होने की स्थिति में वह अपना निर्णायक मत दे सकता है। अध्यक्ष की अनुपस्थिति में उपाध्यक्ष बैठकों का सभापतित्व करता है। उपाध्यक्ष भी सदस्यों द्वारा अपने में से ही चुना जाता है।

विधान परिषद

विधान परिषद राज्य विधायिका का उच्च सदन है। अधिकतर राज्यों में विधान परिषद नहीं हैं। बहुत कम राज्यों में द्विसदनीय विधायिका है। वर्तमान में छह राज्यों, जैसे उत्तर प्रदेश, बिहार, कर्नाटक, महाराष्ट्र, आन्ध्रप्रदेश, तथा तेलंगाना में विधान परिषद हैं जबकि 22 राज्यों में केवल एक सदन है अर्थात केवल विधान सभा। विधान परिषद ब्रिटिश काल की विरासत है। यदि किसी राज्य की विधान सभा जहां विधान परिषद नहीं है, अपनी कुल सदस्य संख्या के बहुमत तथा उपस्थित एवं मतदान में भाग लेने वाले सदस्यों के दो तिहाई बहुमत से पारित करके द्वितीय सदन अर्थात विधान परिषद बनाने का प्रस्ताव संसद के पास भेजे, तो संसद उस स्थिति में विधान परिषद का निर्माण कर सकती है। इसी प्रकार यदि किसी राज्य में विधान परिषद है परंतु वे चाहते हैं कि इसे समाप्त कर दिया जाए तो संबंधित राज्य को विशेष बहुमत से एक प्रस्ताव पारित कर संसद को भेजना होता है। तब संसद एक प्रस्ताव पारित करेगी कि दूसरा सदन समाप्त कर दिया जाए। इसी तरीके से पंजाब तथा पश्चिम बंगाल से विधान परिषद समाप्त कर दी गई है। संविधान के अनुसार विधान परिषद के सदस्यों की कुल संख्या विधान सभा की कुल सदस्य संख्या के एक तिहाई से अधिक नहीं होनी चाहिए परंतु यह संख्या कम से कम 40 होनी चाहिए।

विधान परिषद का सदस्य बनने के लिए निम्नलिखित योग्यताएं होनी चाहिए:

- वह भारत का नागरिक हो;
- 30 वर्ष की आयु प्राप्त कर चुका हो;
- राज्य का पंजीकृत मतदाता हो;
- उसके पास कोई लाभ का पद न हो।

विधान परिषद आंशिक रूप से निर्वाचित तथा आंशिक रूप से मनोनीत होती है। अधिकतर सदस्य आनुपातिक प्रतिनिधित्व के आधार पर एकल संक्रमणीय मत प्रणाली द्वारा अप्रत्यक्ष रूप से चुने जाते हैं। विधान परिषद की रचना इस प्रकार है:

- परिषद के एक तिहाई (1/3) सदस्य विधान सभा के सदस्यों द्वारा चुने जाते हैं।
- इसके एक तिहाई (1/3) सदस्य एक निर्वाचक मण्डल द्वारा निर्वाचित होते हैं जिसमें नगर निगम, नगर परिषद, जिला बोर्ड तथा राज्य की अन्य स्थानीय शासन की संस्थाओं के प्रतिनिधि होते हैं।
- कुल सदस्यों का 12वां भाग राज्य के स्नातकों द्वारा निर्वाचित होता है जिन को स्नातक बने कम से कम तीन वर्ष हो चुके हों।
- कुल सदस्यों का बारहवां (12वां) भाग राज्य के उन अध्यापकों द्वारा निर्वाचित होता है जिनका अध्यापन का अनुभव कम से कम तीन वर्ष का हो तथा वे उच्च माध्यमिक या उससे ऊपर के स्तर के शैक्षणिक संस्थाओं में पढ़ाते हों।
- शेष, लगभग छठा भाग राज्यपाल द्वारा मनोनीत किए जाते हैं। ये वे लोग होते हैं जो साहित्य, विज्ञान, कला, सहकारी तथा सामाजिक क्षेत्र में ख्याति प्राप्त व्यक्ति हों। केन्द्र में राज्यसभा की तरह, विधान परिषद भी एक स्थाई सदन है। यह कभी भंग नहीं होता है। इसके सदस्यों का कार्यकाल 6 वर्ष है। प्रत्येक दो वर्ष के पश्चात इसके एक तिहाई सदस्य सेवानिवृत हो जाते हैं। सेवानिवृत होने वाले सदस्य पुनः चुनाव लड़ सकते हैं। यदि किसी सदस्य के मरने से अथवा त्याग पत्र देने से कोई स्थान रिक्त होता है तो उसका चुनाव केवल बचे हुए कार्यकाल के लिए होता है।

विधान परिषद के सभापति

विधान परिषद का अध्यक्ष सभापति कहलाता है जिसे सदस्यों द्वारा ही चुना जाता है। विधान परिषद की कार्यवाही सभापति चलाता है। वह बैठकों की अध्यक्षता करता है और सदन में अनुशासन बनाए रखता है। सदस्य होने के नाते मताधिकार के अतिरिक्त गतिरोध की स्थिति में वह अपना निर्णायक मत भी दे सकता है। उसकी अनुपस्थिति में, उपसभापति सदन की अध्यक्षता करता है। उसका निर्वाचन भी सदस्यों में से उन्हीं के द्वारा किया जाता है।

विधान मण्डल के सत्र

राज्य विधान मण्डल का सत्र वर्ष में कम से कम दो बार अवश्य होता है और दोनों सत्रों के बीच छः महीने से अधिक का अंतर नहीं होना चाहिए। राज्य विधान मण्डल का सत्र राज्यपाल बुलाता है तथा स्थगित भी कर सकता है। वह विधान सभा

अथवा दोनों सदनों को (यदि राज्य में विधान परिषद है) आम चुनाव के पश्चात् पहले सत्र की प्रारम्भिक बैठक में और प्रत्येक वर्ष के पहले सत्र के पहले दिन सम्बोधित करता है। इस सम्बोधन में सरकार की उन नीतियों की चर्चा होती है जिन पर विधान मण्डल में बहस होनी है। राज्य विधान मण्डल के सदस्यों के विशेषाधिकार संसद सदस्यों जैसे ही होते हैं।

राज्य विधान मण्डल के कार्य एवं शक्तियां सरकार की संरचना

कानून बनाने संबंधी कार्य

संसद की तरह, राज्य विधान मण्डल का कार्य भी कानून बनाना है। इसको राज्य सूची तथा समवर्ती सूची में वर्णित किसी भी विषय पर कानून बनाने का अधिकार है। संसद तथा राज्य विधायिका दोनों को समवर्ती सूची के किसी भी विषय पर कानून बनाने का अधिकार प्राप्त है। परंतु यदि एक ही विषय पर संसद द्वारा बनाए गए कानून और विधान मण्डल द्वारा बनाए गए कानून में विरोध हो, तो संसद द्वारा बनाया गया कानून प्रभावी माना जाएगा। विधेयक दो प्रकार के होते हैं, साधारण विधेयक तथा धन विधेयक। साधारण विधेयक दोनों में से किसी भी सदन में प्रस्तावित किया जा सकता है। परंतु धन विधेयक पहले विधान सभा में ही प्रस्तावित किया जाता है। दोनों सदनों से विधेयक पारित होने के पश्चात राज्यपाल के पास उसे स्वीकृति के लिए भेज दिया जाता है। राज्यपाल चाहे तो विधेयक को पुनर्विचार के लिए वापस भेज सकता है परंतु यदि विधान मण्डल इसे पुनः पारित कर दे तो राज्यपाल को स्वीकृति प्रदान करनी पड़ती है। विधान मण्डल के सत्र के न होने की स्थिति में, राज्यपाल भी किसी राज्य विषय के लिए अध्यादेश जारी कर सकता है। अध्यादेश में कानून का बल होता है। जारी किए गए अध्यादेश को विधान मण्डल की बुलाई गयी बैठक में रखा जाता है। यह बैठक बुलाए जाने के छः सप्ताह बाद निष्प्रभावी हो जाती है यदि विधान मण्डल इसको इससे पूर्व अस्वीकार न कर दे।

वित्तीय शक्तियां

विधान मण्डल राज्य के वित्त पर नियंत्रण बनाए रखता है। कोई भी धन विधेयक पहले विधान सभा में प्रस्तावित किया जाता है। धन विधेयकों में सरकार द्वारा व्यय किए जाने वाले धन की स्वीकृति, करों को लगाने अथवा हटाए जाने संबंधी प्रस्ताव, तथा ऋण संबंधी प्रस्ताव आते हैं। ऐसे विधेयक मंत्री द्वारा राज्यपाल की पूर्व अनुमति से प्रस्तावित किए जाते हैं। धन विधेयक किसी सदस्य द्वारा निजी रूप में प्रस्तावित नहीं किया जा सकता है। कोई विधेयक धन विधेयक है अथवा नहीं, यह निर्णय विधान सभा का अध्यक्ष देता है।

विधान सभा द्वारा धन विधेयक पारित होने के पश्चात विधान परिषद में भेज दिया जाता है जिसे 14 दिन के अंदर पारित करके या बिना पारित किए विधेयक वापस भेजना होता है। इस स्थिति में धन विधेयक दोनों सदनों द्वारा पारित माना जाता है। अब विधेयक को राज्यपाल के पास उसकी स्वीकृति के लिए भेज दिया जाता है। राज्यपाल स्वीकृति देने से मना नहीं कर सकता क्योंकि विधेयक प्रस्तावित करने से पूर्व उसकी अनुमति ले ली जाती है।

कार्यपालिका पर नियंत्रण

संघ सरकार की तरह, राज्य विधायिका भी कार्यपालिका पर नियंत्रण रखती है। राज्य की मंत्रिपरिषद सामूहिक रूप से विधान सभा के प्रति उत्तरदायी होती है और जब तक उसे विधान सभा में बहुमत का समर्थन प्राप्त होता है मंत्रिपरिषद अपने पद पर बनी रहती है। इसे केवल तभी अपदस्थ किया जा सकता है जब विधान सभा इसके विरुद्ध अविश्वास का प्रस्ताव पारित करे अथवा किसी सरकारी विधेयक को रद्द करे। अविश्वास प्रस्ताव के अतिरिक्त प्रश्न तथा पूरक प्रश्न पूछकर, काम रोको प्रस्ताव द्वारा अथवा ध्यानाकर्षण प्रस्ताव द्वारा विधायिका कार्यपालिका पर नियंत्रण बनाए रखती है।

चुनाव संबंधी कार्य

विधान सभा के सभी निर्वाचित सदस्य राष्ट्रपति का निर्वाचन करने के लिए निर्वाचक मंडल के सदस्य होते हैं। इस प्रकार वे भारतीय गणतंत्र के राष्ट्रपति के चुनाव में अपनी हिस्सेदारी निभाते हैं। विधान सभा के सदस्य अपने-अपने राज्यों से राज्यसभा के लिए सांसदों का भी निर्वाचन करते हैं। जिन राज्यों में विधान परिषद है, वहां इसके एक तिहाई सदस्यों का निर्वाचन भी विधान सभा के सदस्य ही करते हैं। इन सभी निर्वाचनों में विधानसभा के सदस्य एकल संक्रमणीय मत प्रणाली के आधार पर मतदान करते हैं।

संवैधानिक कार्य

संघीय विषयों में संशोधन के लिए संसद के दोनों सदनों में विशेष बहुमत तथा आधे से अधिक राज्यों का समर्थन होना चाहिए। समर्थन का प्रस्ताव राज्य विधान मण्डल द्वारा साधारण बहुमत से पारित किया जाता है। विधान मण्डल के समर्थन के बिना संविधान में किसी प्रकार संशोधन संभव नहीं है।

विधान मण्डल के दोनों सदनों की तुलना

लोकसभा की तरह, विधान सभा भी अधिक प्रभावशाली सदन है। विधान सभा की तुलना में विधान परिषद की शक्तियां काफी कम है चाहे साधारण विधेयक का ही प्रश्न क्यों न हो। धन विधेयक के अतिरिक्त बाकी सभी विधेयकों के पारित करने में भी विधान परिषद की शक्तियां काफी कम है। विधान सभा तथा विधान परिषद की तुलनात्मक स्थिति इस प्रकार हैः

साधारण विधेयक के संबंध में

संसद में यदि दोनों सदनों के बीच किसी साधारण विधेयक को लेकर सहमति न हो तो राष्ट्रपति दोनों सदनों की संयुक्त बैठक बुलाता है और यदि वहां बहुमत से विधेयक पारित हो जाए तो उसे दोनों सदनों से पारित समझा जाता है। परंतु संयुक्त बैठक की यह व्यवस्था राज्यों में नहीं है।

यद्यपि साधारण विधेयक विधान मण्डल के किसी भी सदन में प्रस्तावित किया जा सकता है तथापि दोनों सदनों की शक्तियां समान नहीं हैं। यदि कोई विधेयक विधान सभा से पारित होता है, तो उसे विचारार्थ विधान परिषद में भेज दिया जाता है। जब विधान परिषद बिना किसी संशोधन के इसे पारित कर देती है तो विधेयक राज्यपाल के पास उसकी स्वीकृति के लिए भेज देता है। यदि विधेयक परिषद द्वारा रद्द कर दिया जाता है अथवा विधेयक पर परिषद तीन महीने तक विचार न करे अथवा कुछ संशोधन करके विधेयक पारित कर दे जिससे विधान सभा सहमत न हो, तो विधान सभा उसी सत्र में या अगले सत्र में विधेयक को पुनः पारित कर सकती है। इसके पश्चात विधेयक फिर विधान परिषद को भेज दिया जाता है। यदि विधान परिषद एक महीने के अंदर विधेयक पारित कर के नहीं भेजती तो इसे दोनों सदनों से पारित माना जाता है और राज्यपाल की स्वीकृति के लिए भेज दिया जाता है। इसका अर्थ यह हुआ कि विधान परिषद किसी विधेयक को अधिकतम चार महीने तक रोक सकती है।

वित्त विधेयक के संबंध में

लोकसभा की तरह कोई भी वित्त विधेयक पहले विधान सभा में रखा जाता है। यह विधान परिषद में प्रस्तावित नहीं किया जा सकता। विधान सभा अध्यक्ष यह प्रमाणित करता है कि कोई विधेयक धन विधेयक है अथवा नहीं। विधान सभा से विधेयक पारित होने के पश्चात विधान परिषद को भेज दिया जाता है। विधान परिषद को इस पर चर्चा के लिए 14 दिन मिलते हैं। यदि विधान परिषद विधेयक पारित कर दे तो इसे राज्यपाल के पास स्वीकृति के लिए भेज दिया जाता है। यदि विधान परिषद द्वारा 14 दिनों के अंदर विधेयक वापस नहीं भेजा जाता तो इसे विधान परिषद द्वारा भी पारित माना जाता है। यदि विधान परिषद विधेयक में कुछ परिवर्तन/संशोधन सुझाती है और विधान सभा को भेज देती है तो विधान सभा उन सुझावों को स्वीकार कर भी सकती है और नहीं भी। इसके पश्चात विधेयक राज्यपाल को उसकी स्वीकृति के लिए भेज दिया जाता है जिसे मानने के लिए वह बाध्य होता है।

कार्यपालिका पर नियंत्रण

राज्य मंत्रिपरिषद केवल विधान सभा के प्रति उत्तरदायी होती है और तब तक अपने पद पर बनी रहती है जब तक उसे विधान सभा के बहुमत का विश्वास प्राप्त रहता है। यद्यपि विधान परिषद के सदस्य प्रश्न पूछ सकते हैं, काम रोको या स्थगन प्रस्ताव रख सकते हैं अथवा ध्यानाकर्षण प्रस्ताव भी ला सकते हैं तथापि विधान परिषद मंत्रिपरिषद को अपदस्थ नहीं कर सकती।

चुनाव संबंधी कार्य

केवल विधान सभा के निर्वाचित सदस्य ही राष्ट्रपति के निर्वाचन में भाग ले सकते हैं। वे निर्वाचक मण्डल का सदस्य होने के नाते मतदान कर सकते हैं। परंतु विधान परिषद के सदस्य राष्ट्रपति के निर्वाचन में मतदान नहीं कर सकते। सभी राज्यों में राज्य सभा के सदस्यों का निर्वाचन भी विधान सभा के सदस्य ही करते हैं, विधान परिषद के नहीं।

उपरोक्त चर्चा से एक बात तो स्पष्ट हो जाती है कि विधान परिषद शक्तिहीन, प्रभावहीन एवं एक गौण सदन है। इसीलिए अधिकतर राज्य एक सदनीय विधायिका के पक्ष में हैं। परंतु परिषद बिल्कुल दिखावा मात्र भी नहीं है। यह विधान सभा द्वारा जल्दबाजी में लाए गए विधेयकों पर अंकुश का कार्य करती है और विधेयकों की कमियों तथा कमजोरियों को उजागर करती है। यह विधान सभा के बोझ को भी कम करती है क्योंकि कई विधेयक विधान परिषद में प्रस्तावित किए जाते हैं।

वस्तुनिष्ठ प्रश्न

1. वर्तमान समय में द्विसदनात्मक विधानमंडल है-
A. बिहार में
B. महाराष्ट्र में
C. उ. प्र. और कर्नाटक में
D. उपर्युक्त सभी

2. जम्मू-कश्मीर विधानसभा की अवधि है–
A. 5 वर्ष B. 6 वर्ष
C. 3 वर्ष D. 4 वर्ष

3. विधान परिषद् साधारण विधेयक को अधिक से अधिक कितने दिन तक पास होने से रोके रख सकती है?
A. 14 महीना B. 6 महीना
C. 4 महीना D. 1 महीना

4. भारत में विधान परिषद् की रचना सर्वप्रथम किस अधिनियम के तहत की गई?
A. 1953 के अधिनियम B. 1853 के अधिनियम
C. 1858 के अधिनियम D. 1661 के अधिनियम

5. वह आखिरी राज्य/केन्द्रशासित प्रदेश कौन-सा है जहाँ विधान परिषद् को समाप्त किया गया है?
A. उत्तर प्रदेश B. आन्ध्र प्रदेश
C. मध्य प्रदेश D. जम्मू-कश्मीर

6. विधान परिषद् के सदस्य निर्वाचित होते हैं–
A. 4 वर्ष के लिए B. 5 वर्ष के लिए
C. 6 वर्ष के लिए D. 7 वर्ष के लिए

7. विधान परिषद् की सदस्य संख्या किस राज्य में सर्वाधिक है?
A. उत्तर प्रदेश B. बिहार
C. मध्य प्रदेश D. तेलंगाना

8. निम्नांकित किस संघ शासित क्षेत्र में विधानसभा की व्यवस्था है?
A. दिल्ली B. अण्डमान व निकोबार
C. पुडुचेरी D. A और C दोनों

9. संविधान के अनुसार एक वर्ष में कम से कम विधानसभा के कितने सत्र होने चाहिए?
A. 1 B. 2
C. 3 D. 4

10. विधानसभा के अध्यक्ष का निर्वाचन किसके द्वारा होता है?
A. राज्यपाल द्वारा
B. सदन द्वारा
C. सदन के पूर्व अध्यक्ष द्वारा
D. सदन के उपाध्यक्ष द्वारा

11. किसी भारतीय राज्य के राज्यपाल से सम्बन्धित निम्नलिखित कथनों में कौन-सा कथन सत्य नहीं है?
A. वह भारत के राष्ट्रपति द्वारा नियुक्त हो सकता है
B. वह एक से अधिक राज्यों का राज्यपाल हो सकता है
C. वह पाँच वर्षों तक पद पर रहता है
D. यदि सम्बन्धित राज्य की व्यवस्थापिका उसे पद से हटाये जाने का प्रस्ताव स्वीकार करती है तो वह पदावधि के पूर्व भी पद-मुक्त किया जा सकता है

12. किस राज्य के राज्यपाल को अनुसूचित जनजातियों के संदर्भ में विशेष शक्तियाँ प्रदान की गई हैं?
A. बिहार B. असम
C. महाराष्ट्र D. पश्चिम बंगाल

13. निम्नलिखित में कौन-सा अधिकार राज्यपाल को प्राप्त नहीं है?
A. कार्यपालिका शक्ति का अधिकार
B. न्यायिक शक्ति का अधिकार
C. विधायी शक्ति का अधिकार
D. सैन्य एवं राजनयिक शक्ति का अधिकार

14. "राज्यपाल सोने के पिंजरे में निवास करने वाली चिड़िया के समान है" उक्त कथन किसका है?
A. सरोजनी नायडू B. पट्टाभि सितारमैय्या
C. अशोक मेहता D. एच. पी. मोदी

15. राज्यपाल की नियुक्ति में भारतीय संविधान ने किस संविधान का अनुकरण किया है?
A. ब्रिटेन B. कनाडा
C. फ्रांस D. आयरलैण्ड

16. राज्यपाल को सहायता और सलाह देने के लिए मंत्रिपरिषद् होगी। संविधान में यह व्यवस्था है-
A. अनुच्छेद 163 में B. अनुच्छेद 166 में
C. अनुच्छेद 170 में D. उपर्युक्त किसी में नहीं

17. मंत्रिपरिषद् का गठन किया जाता है-
A. राज्यपाल द्वारा
B. राज्यपाल द्वारा मुख्यमंत्री के परामर्श पर
C. मुख्यमंत्री द्वारा राज्यपाल के परामर्श पर
D. मुख्यमंत्री द्वारा

18. मंत्रिपरिषद् का विघटन हो जाता है-
A. मुख्यमंत्री के बर्खास्त होने या त्यागपत्र देने पर
B. एक भी मंत्री के त्याग पत्र देने पर
C. राज्यपाल के पदमुक्त होने पर
D. उपर्युक्त सभी स्थितियों में

19. मुख्यमंत्री को पद एवं गोपनीयता की शपथ कौन दिलवाता है?
A. राज्यपाल
B. राज्य का मुख्य न्यायाधीश
C. महाधिवक्ता
D. प्रधानमंत्री

20. विधानमंडल की बैठक सामान्यतः वर्ष में कितनी बार सम्पन्न होती है?
A. एक बार B. दो बार
C. तीन बार D. चार बार

उत्तरमाला

1	2	3	4	5	6	7	8	9	10
D	A	C	B	D	C	A	D	B	B
11	**12**	**13**	**14**	**15**	**16**	**17**	**18**	**19**	**20**
D	B	D	A	B	A	B	A	A	B

□□□

मीडिया की समझ

मीडिया (Media) का सामान्य अभिप्राय लोगों का आपस में विचार, आचार, ज्ञान तथा भावनाओं का कुछ संकेतों द्वारा आदान-प्रदान है। मीडिया क्या है? कैसे होता है? किससे होता है? किन माध्यमों से होता है? तथा उनका क्या प्रभाव होता है? आदि सवालों के जवाब मीडिया प्रक्रिया तथा प्रभाव को समझने में मदद करते हैं। मीडिया का अध्ययन सद्भावपूर्ण जीवन के लिए भी जरूरी है।

जनसंचार

कोई भी यंत्र जो संदेश को बढ़ाता है तथा एक साथ एक बहुत बड़े मिश्रित जनसमूह को पहुंचाता है, उसे जनसंचार कहते हैं। जैसे–रेडियो, टी.वी., फिल्म, समाचार-पत्र, किताबें आदि। यह एक संस्था है जो संदेश को बनाने तथा उसको संप्रेषित करने में लगी रहती है।

जनसंचार माध्यम (मीडिया)

जनसंचार माध्यम हमारे चारों तरफ हैं। वास्तव में हम जनसंचार माध्यम के सैटेलाइट युग में रह रहे हैं। पहले कभी मनुष्य ने इतना समय, शक्ति, प्रतिभा, शब्दों, ध्वनियों तथा चित्रों पर नहीं लगाया था। उसका सारा प्रयास यही रहा है कि कैसे कुछ क्षण में ज्यादा से ज्यादा लोगों तक सूचना पहुंचाई जाए, जिसे प्राप्त कर लोग महत्वपूर्ण मसलों पर विचार कर निर्णय ले सकें। आज की बढ़ती आबादी और तनाव की संभावनाओं में करोड़ों लोगों के बीच संचार जरूरी हो गया है क्योंकि टेक्नोलॉजी के युग में मनुष्य खबरों, तथ्यों, आंकड़ों, विचारों तथा सूचना के बिना उन्नति नहीं कर सकता। इस संदर्भ में संचारक या मीडिया उपभोक्ता के लिए जनसंचार माध्यमों का अध्ययन महत्वपूर्ण हो जाता है।

आजादी के बाद भारत में मीडिया सुविधाओं का काफी विस्तार हुआ, जिनमें समाचार-पत्र (प्रेस), रेडियो, टेलीविजन तथा फिल्म प्रमुख हैं। प्रत्येक का प्रभाव व पहुंच, विशेषता व लाभ तथा कमियों का वर्णन इस प्रकार है :

समाचार-पत्र (प्रेस)

समाचार-पत्र, पत्रिकाएं किताबें आदि प्रिंट मीडिया के अंतर्गत आती हैं यानी वे सभी चीजें जो प्रिंटिंग प्रेस में छपती हैं, वे प्रिंट मीडिया हैं।

प्रभाव व पहुंच : समाचार-पत्र (प्रेस) जनमत के गठन में एक महत्वपूर्ण भूमिका निभाते हैं। समाचार-पत्र लोगों के लिए एक आइने की तरह है, जिसमें वे अपने को व संसार को देख व जान पाते हैं तथा अपनी आवाज लोगों तक पहुंचा पाते हैं।

समाचार-पत्र भिन्न लोगों के लिए भिन्न मतलब रखता है, जैसे पत्रकारों के लिए यह रोजी-रोटी का साधन है। पाठकों के लिए समाचार-पत्र सूचना, सेवा तथा मनोरंजन का एक स्रोत है। बुद्धिजीवी इसको लोकतंत्री समाज का अत्यावश्यक अंग मानते हैं। इतिहासकार के लिए समाचार-पत्र की खबरें और सामयिक घटनाओं का विश्लेषण कच्चे माल का काम करती हैं।

विशेषताएं व लाभ : समाचार-पत्र का मुख्य कार्य है लोगों को बिना पक्षपात तथा बिना तोड़े-मरोड़े खबर देना। हर समाज के लिए सूचना अत्यावश्यक है और यह समाचार-पत्र प्रदान कर सकता है। सूचना प्राप्त कर लोग देश के विकास में सक्रिय हिस्सा ले सकते हैं। यह पारस्परिक समझ कायम करने का जरिया है। इससे शिक्षा भी मिलती है और देश के विकास की खबरें बड़ी तेजी से मिलती हैं।

समाचार-पत्र का सामाजिक तथा सांस्कृतिक प्रभाव होता है जो आचार-व्यवहार बनाने, मूल्यों को स्थापित करने तथा परिवर्तन का वातावरण पैदा करने में मदद करता है। यह माध्यम है विचारों के दोतरफा बहाव का नेताओं से लोगों तक तथा लोगों की आवाज वापस सरकार को।

इसके अलावा समाचार-पत्रों का विज्ञापन बाजार (मार्केट) का प्रतिरूप है– उन लोगों के लिए जो बेचना या खरीदना चाहते हैं। समाचार-पत्र विज्ञापन की आमदनी पर बहुत आश्रित है। पर्याप्त विज्ञापन के अभाव में यह बन्द भी हो सकता है। आज के समाचार पत्र का जीवित रहना विज्ञापन पर निर्भर करता है।

प्रेस की कुछ कमियाँ : 1. साक्षरता जरूरी है, 2. इसकी पहुंच अधिकतर शहरों तक है, तथा 3. यह तात्कालिक नहीं है, प्रायः एक दिन देरी से मिलता है।

रेडियो

प्रभाव व पहुंच : रेडियो दूसरा सबसे पुराना जनसंचार माध्यम है, जो ध्वनि पर आधारित है। यह तुरन्त खबरें प्रसारित करता है। भारतवर्ष में रेडियो सबसे शक्तिशाली जनसंचार माध्यम है। यह भारत जैसे विकासशील देश के लिए और भी महत्वपूर्ण है क्योंकि यहां प्रेस की पहुंच बहुत व्यापक नहीं है तथा जनसंख्या का बहुत बड़ा हिस्सा निरक्षर, बिखरा हुआ व अपेक्षाकृत अलग गांव समुदायों में रहता है। अतः रेडियो का ग्रामीण विकास के सभी जनसंचार माध्यमों में विशेष गौरव का स्थान है।

रेडियो की पहुंच देश के 95 प्रतिशत क्षेत्र में है तथा 98 प्रतिशत जनसंख्या इसका फायदा उठाती है यानी रेडियो की पहुंच लगभग पूरे देश में है। यकीनन, रेडियो को देश का सबसे महत्त्वपूर्ण जनसंचार माध्यम समझा जाता है।

विशेषताएं व लाभ : इसकी सबसे बड़ी विशेषता यह है कि रेडियो (ट्रांजिस्टर) को कहीं भी उठाकर ले जाया जा सकता है यानी यह उतनी ही चलन है, जितना कि सुनने वाला।

टेलीविजन

प्रभाव व पहुंच : यह दृष्टि तथा ध्वनि (Visual and Audio) माध्यम है। यह भी खबर, सूचना, शिक्षा तथा मनोरंजन के लिए इस्तेमाल होता है। इसका दृश्य प्रस्तुतीकरण के जादुई आकर्षण के कारण सभी जनसंचार माध्यमों में सर्वश्रेष्ठ माना जाता है।

जनसंचार माध्यम का महत्त्व

सभी जन माध्यम विभिन्न रूप से समाज के लिए काम करते हैं। यह देश के सम्पूर्ण विकास में एक निश्चित भूमिका अदा करते हैं। इसके कई महत्वपूर्ण कार्य पहचाने जा सकते हैं, जो वास्तव में जन माध्यम के विषय-वस्तु के प्रकार हैं :

- **समाचार तथा सूचना या जानकारी :** जन माध्यम का उपयोग सामयिक तथा महत्वपूर्ण तथ्यों को प्रचारित प्रसारित करने के लिए किया जाता है जिसका हमारे दैनिक जीवन के लिए महत्व हो।
- **विश्लेषण तथा प्रतिपादन :** मीडिया घटना का मूल्यांकन उचित परिप्रेक्ष्य में रखकर हमें देता है।
- **शिक्षा :** शैक्षिक क्रिया सम्पन्न करने के लिए मीडिया का उपयोग किया जाता है जैसे- समाजीकरण, सामान्य शिक्षा, क्लास रूम प्रशिक्षण आदि। मीडिया पैतृक समाज की सांस्कृतिक परम्परा को सुदृढ़ रूपांतरित तथा प्रतिस्थापित करने का काम करता है।
- **प्रत्यायन तथा जनसंपर्क :** मीडिया जन प्रत्यायन तथा प्रोपेगैंडा के उपकरण की तरह कार्य करता है। सरकार, व्यवसाय, निगम तथा व्यक्ति जन माध्यम के द्वारा अपने संबंधों को स्थापित या रूपांतरित करने का प्रयत्न करते हैं।
- **सेल्स तथा विज्ञापन :** आर्थिक व्यवस्था में मार्केटिंग तथा वितरण प्रक्रिया में मीडिया का उपयोग किया जाता है। विज्ञापन जनता को नये प्रोडक्ट की जानकारी देते हैं, उनके मूल्यों के बारे में विश्वास उत्पन्न करते हैं तथा उनको खरीदने के लिए राजी कराते हैं।
- **मनोरंजन :** मीडिया लोगों को फुरसत के समय मन बहलाव में मदद करता है। इस पलायनवादी उपयोग के साथ मीडिया मनोरंजन करते हुए लोगों को सूचना देने, विश्लेषण करने, राजी करने, शिक्षित करने तथा बेचने का काम भी करता है।

वस्तुनिष्ठ प्रश्न

1. निम्नलिखित में से कौन-सा संदेश बहुत कम लागत पर श्रोता या दर्शक समूह तक पहुंचाया जा सकता है?

A. आलू 'चिप्स' का एक विज्ञापन
B. पोलियो अभियान का एक 'शेड्यूल'
C. केंद्रीय मंत्रालय के विस्तार का समाचार
D. शहर के थियेटरों में एक नई फिल्म दिखाए जाने से संबंधित जानकारी

2. निम्नलिखित में से कौन जन संचार का कार्य नहीं करती है?

A. एक गाड़ी एक गांव में घूमती है और गाड़ी पर रखी पी ए प्रणाली गांव के लोगों को एड्स से ग्रस्त होने के खतरों के बारे में बताती है।
B. एक विक्रेता टेलीफोन पर अपने ग्राहक से बात करता है और उससे भुगतान के लिए कहता है।
C. एक इंटरनेट वेबसाइट मल्टीमीडिया प्रस्तुति की तकनीक का एक एम सी जी उत्पादों को प्रोत्साहित करने के लिए इस्तेमाल करता है
D. एक रेडियो उद्घोषक एफ एम चैनल पर 10 बजे सुबह संक्षेप में समाचार सुनाता है

3. निम्नलिखित में से सही कथन की पहचान करें-

A. रेडियो एक श्रव्य माध्यम है
B. टेलीविजन एक दृश्य माध्यम है
C. किसी व्यक्ति और समूह के मध्य संप्रेषण द्विकीय संप्रेषण कहलाता है
D. राष्ट्र की प्रतिरक्षा की दृष्टि से संवेदनशील क्षेत्रों का दौरा करने की अनुमति पत्रकार को निश्चित रूप से मिलनी चाहिए

4. निम्नलिखित में से सही कथन की पहचान करें-

A. 'होर्डिंग' एक श्रव्य-दृश्य संचार माध्यम है
B. 'लीफलेट्स' और लघु दस्तावेज एक छोटे ऑफसेट प्रेस से छापे जा सकते हैं
C. अखबारों में निम्न गुणवत्ता वाले न्यूजप्रिंट का प्रयोग होता है क्योंकि वे उच्च गुणवत्ता वाले न्यूजप्रिंट का आयात नहीं करते
D. डॉ. श्याम आनन्द झा ने कभी 'द' हिंदुस्तान टाइम्स समाचार-पत्र के लिए काम नहीं किया

5. निम्नलिखित में से सही कथन की पहचान करें-

A. एक स्टार नेटवर्क में सभी 'मोड्स' एक सामान्य केंद्र या 'नोड' से संयोजित होते हैं
B. जेम्स मर्डोक जी-थीनर समूह से संबद्ध हैं
C जर्नल सामान्य पत्रिकाएं हैं जिनमें कारोबार से संबंधित विशिष्ट जानकारियां नहीं होती हैं
D. मार्क टुली ने बीबीसी के लिए कभी काम नहीं किया

6. निम्नलिखित में से सही कथन की पहचान करें–
A. श्रव्य-दृश्य माध्यम की अपेक्षा प्रिंट माध्यम में संदेश को अधिक बेहतर ढंग से मौलिक रूप में बनाए रखा जा सकता है
B. प्रिंट माध्यम के संदर्भ में संपादक संवाददाताओं से भिन्न होते हैं
C. दूरदर्शन की पहुंच भारतीय आबादी के 60 प्रतिशत भाग तक है
D. हमारे देश में इंटरनेट के 'कनेक्शंस' की संख्या तेजी से बढ़ रही है

7. निम्नलिखित में से सही कथन की पहचान करें–
A. बहुकीय संप्रेषण की पद्धतियों द्वारा श्रोता या दर्शक समूह से संपर्क स्थापित किया जा सकता है
B. शैली तथा विषय-वस्तु किसी संचार माध्यम के दो अत्यंत महत्वपूर्ण तत्व हैं
C. 'रिअलिटी' टी.वी. जी-टर्नर के स्वामित्व में है
D. 'हाफ-टोन' विज्ञापनों की अपेक्षा चार रंगों का विज्ञापन अधिक सस्ता है

8. निम्नलिखित में से सही कथन की पहचान करें–
A. खराब टेलीफोन लाइन संप्रेषण या संचार में एक व्यवधान है
B. 'सेमैंटिक्स' नए शब्द और मुहावरे बनाने की तकनीक है
C. सी.एन.एन. का पूर्ण रूप कैलीफॉर्निया नेटवर्क एंड न्यूज है
D. 'नेशनल हेराल्ड' समाचार पत्र कभी 'टाइम्स ऑफ इंडिया' समूह से संबद्ध था

9. निम्नलिखित में से सही कथन की पहचान करें–
A. राजदीप प्रिंट माध्यम के एक समाचार रिपोर्टर हैं
B. कार्यक्रम आंखों देखी दूरदर्शन द्वारा प्रस्तुत की जाती है
C. नब्बे के दशक में जब 'द वर्ल्ड दिस वीक' आरंभ किया गया तो इसकी मेजबानी श्रीनिवास जैन की थी
D. सरकार की योजना थी कि वर्ष 2007 तक सभी बच्चों को स्कूल भेजा जाए

10. 'प्रेस' शब्द में सामान्यतः शामिल नहीं होते हैं–
A. पत्रिकाएं B. इंटरनेट वेब साइट
C. अखबार D. जर्नल

11. निम्नलिखित में से कौन-सा जन-संचार माध्यम आंखों और कानों का एक साथ प्रयोग करता है?
A. एम.एम.एस B. सिनेमा
C. एस.एम.एस. D. टेलीविजन विज्ञापन

12. प्रिंट माध्यम में जी.आर.पी.एस. समान होता है–
A. एक अभियान में विज्ञापन के सन्निवेशों या अंतर्वेशनों के
B. परिवार के औसत आकार और आवृत्ति के गुणनफल के
C. परिवार के औसत आकार और प्रसार या 'रीच' के गुणनफल के
D. इनमें से कोई नहीं

13. श्रव्य-दृश्य माध्यम के परिप्रेक्ष्य में प्रसार (Reach) पद से क्या तात्पर्य है?
A. छह माह की एक निश्चित अवधि के दौरान किसी 'सोप' को देखने वाले लोगों/परिवारों की संख्या
B. एक निश्चित समय सीमा के दौरान किसी विज्ञापन अभियान को देख रहे लोगों/परिवारों की संख्या
C. आवृत्ति और परिवार के औसत आकार का गुणनफल
D. इनमें से कोई नहीं

14. 'मीडिया प्लान' या जनसंचार माध्यम योजना क्या है?
A. किसी विज्ञापन अभियान के क्रियान्वयन के कालक्रम का एक ब्लूप्रिंट
B. किसी 'मीडिया ब्रीफ' का एक परिशिष्ट
C. किसी 'मीडिया ब्रीफ' का एक लागत पत्र (Costing Sheet)
D. किसी विज्ञापन अभियान का दूसरा नाम

15. पाकिस्तान में उग्रवादियों ने किसकी हत्या कर दी थी?
A. श्री देवेश B. डेनियल पर्ल
C. शिवानी भटनागर D. प्रदीप भाटिया

16. 'द सन' एक लघु पत्रिका (Tabloid) है जो प्रकाशित होती है–
A. कोलकाता से B. सैन फ्रांसिस्को से
C. लंदन से D. दरभंगा से

17. विशेष संवाददाता हमेशा होते हैं–
A. उच्च शिक्षा प्राप्त पत्रकार
B. (राजनैतिक) शक्ति के उच्चतम सोपान से अच्छी तरह जुड़े हुए
C. वे व्यक्ति जिन्हें अर्थव्यवस्था, उद्योग तथा आधारभूत विज्ञान से संबंधित विषयों पर लिखने को कहा जाता है
D. वे व्यक्ति जो क्षेत्रीय, राष्ट्रीय एवं वैश्विक राजनीति के क्षेत्रों में हस्तक्षेप करने के लिए उत्सुक नहीं होते

18. सबसे पुराना जनसंचार माध्यम निम्न में से कौन हैं?
A. रेडियो B. टेलीविजन
C. समाचार पत्र D. इनमें से कोई नहीं

उत्तरमाला

1	2	3	4	5	6	7	8	9	10
C	B	B	B	A	B	C	A	B	B
11	12	13	14	15	16	17	18		
C	A	B	A	B	C	B	C		

लैंगिक भेदभाव

व्यक्ति एवं व्यक्ति, समुदाय एवं समुदाय, जाति एवं जाति के बीच पाई जाने वाली भिन्नता अथवा भेदभाव एक वैश्विक घटना है। ऐसे में एक प्रश्न उठता है कि आखिर ये भेद क्यों है एवं इसके लक्षण क्या हैं? इस प्रकार के भेदों का मापन शारीरिक तथा मनोवैज्ञानिक आधार पर किस प्रकार किया जाए? इसके क्या गुण-दोष हैं? आदि जैसे प्रश्न मानसिक पटल पर सहज ही उभर आते हैं।

लिंग और उसकी भूमिका

जब वर्ग भेद की चर्चा की जाती है जो उसके गुण-दोष एवं लक्षण आदि की भी चर्चा जरूरी है। इस वर्ग का कुछ आधार भी हो सकता है। यथा–व्यक्तित्त्व, सामाजिक-आर्थिक स्तर, जाति, लिंग अवस्था आदि। यदि हम इन समूहों के मध्य व्याप्त वर्गीकरण अथवा भेदों को जानने की रुचि रखते हैं तो हमें दैनिक जीवन की समस्याओं को सुलझाने में सहायता मिलती है।

वर्तमान परिदृश्य में समानता की मांग सामयिक मुद्दा है। इस समानता का तात्पर्य नकारात्मक न होकर सकारात्मक है। यहां समानता का तात्पर्य समान शैक्षिक योग्यता, समान क्षमता, समान अधिकार, समान कुशलता तथा पढ़ाई एवं कार्य के समान अवसर से है। अन्य शब्दों में कहा जा सकता है कि हम स्त्री-पुरुष में वर्ग के आधार पर लिंग भेद को मान्यता नहीं देते हैं। लिंग भेद का सिद्धांत मूलतः भेद पर ही आधारित है, अर्थात् स्त्री तथा पुरुष में कुछ भेद पाए जाते हैं भले ही हम कहें कि इनके बीच सामाजिक तथा शैक्षिक आधार पर कोई भेद नहीं है। इस भेद से एक महत्त्वपूर्ण प्रश्न उत्पन्न होता है कि क्या महिलाएं शारीरिक लक्षण, कौशल, जीवन मूल्य, दक्षता के आधार पर पुरुषों से कुछ भिन्न हैं अथवा नहीं? यदि इस आधार पर इनमें कोई भिन्नता नहीं पाई जाती है तो इस बात की जांच-पड़ताल आवश्यक है कि क्यों इनके साथ कुछ क्षेत्रों में भेद-भाव किया जाता है?

लैंगिक भेद-भाव

मनोविज्ञान के अध्ययन के क्षेत्र में लिंग भेद पर आधारित विषय अन्य विषयों की तुलना में काफी रुचिकर विषय हैं। शिक्षा, वैवाहिक संबंधों की सफलता, रहन-सहन तथा कार्यक्षेत्र संबंधी अनेक सामाजिक समस्याओं का संबंध इनके सफलता से संबद्ध है। अनेक शिक्षाविदों तथा शिक्षा मनोवैज्ञानिकों ने महिला तथा पुरुषों की उपलब्धि की तुलना को अपने अनुसंधान का विषय-वस्तु बनाया है। इन्होंने अपने नमूनों (samples) को दो भागों–महिला और पुरुष में बांटा है। इन शोधों से प्राप्त तथ्यों के अनुसार सामाजिक तथा शारीरिक आधार पर महिला और पुरुष में भिन्नता है। इस अनुसंधान का मुख्य लक्ष्य था महिला और पुरुष के भेद को लिंग व्यवहार के आधार पर समुचित रूप से समझना। इस अनुसंधान का आधार सामान्यतः मनोवैज्ञानिक ही था। ये तथ्य इस अवधारणा की पुष्टि करते हैं कि शारीरिक बनावट के अनुसार स्त्री-पुरुष के संवेगों में भी अंतर होता है। हालांकि इस भेद का आधार सामाजिक न होकर लक्षण विशेष पर आधारित अनुसंधान है जिसमें बाह्य कारकों तथा अन्य लक्षणों के अंतःसंबंधों के परस्पर संबंधों को भी जानने एवं समझने का प्रयत्न किया गया है।

इन वर्ग भेदों में कौन-से मुख्य हैं और कौन-से गौण यह कहना बहुत मुश्किल है। जहां तक सामान्य बुद्धि की बात है वहां महिला और पुरुष वर्गों में समानता देखने को मिलती है। इनमें भेद कुछ विशेष योग्यताओं या लक्षणों को लेकर है। सामान्यतः पुरुषों में महिलाओं की तुलना में तर्क करने, वस्तुओं में समानता संबंधी खोज करने तथा सामान्य ज्ञान के क्षेत्र में कुछ श्रेष्ठता के संकेत पाए जाते हैं। पुरुष जहां स्थानिक संबंध की दृष्टि से भेद की सूक्ष्मता को पहचानने में अधिक सक्षम है वहां शाब्दिक अभिक्षमता तथा स्मरण शक्ति के क्षेत्र में महिलाएं अधिक सक्षम हैं। अनुसंधानों से यह बात भी सामने आयी है कि छात्राओं का भाषायी विकास छात्रों की तुलना में अल्पायु से ही अधिक होता है। अनुसंधानों से इस बात की भी पुष्टि हुई है कि विद्यालयपूर्व आयु वर्ग की बालिकाओं की शब्दावली इस आयुवर्ग के बालकों की तुलना में अधिक सक्षम होती है। इतना ही नहीं छात्राओं की पठन गति भी छात्रों से अधिक होती है। सामान्यतः दोनों वर्गों की बुद्धि अथवा शैक्षिक क्षमता में इतना भेद नहीं होता है कि वे किसी प्रदत्त कार्य को न्यूनाधिक क्षमता से सम्पन्न न करें। इन तथ्यों के आधार पर यही निष्कर्ष निकलता है कि शैक्षिक कार्यक्रम तथा पाठ्यक्रम के समायोजन के समय छात्र-छात्राओं में कोई भेदभाव नहीं बरतना चाहिए। छात्र-छात्राओं की पाठ्यचर्या में अंतर जन्मजात बौद्धिक स्तर के कारण नहीं होता है। उनमें अंतर का मुख्य कारण भावी जीवन की आवश्यकताओं के अनुसार निर्धारित होता है।

शैक्षिक अभ्यास

वर्तमान सामाजिक ढांचे में भी लड़की एवं लड़के में भिन्नता देखने को मिलती है। समाज लड़की को लड़के से कमतर आंकता है तथा उसे निश्चित रूढ़िगत कामों में लगा देता है। शिक्षण के दौरान शिक्षक भी लड़कियों पर अवांछित टिप्पणी करते हैं जो शिक्षण की नीति के प्रतिकूल है। ऐसे शिक्षकों में प्रायः यह धारणा होती है कि लड़कियों के लिए ऐसी शिक्षा व्यवस्था होनी चाहिए जो उन्हें सद्‌गृहिणी तथा आदर्श माता बनने के लिए प्रेरक का कार्य करे। इस प्रकार का विचार न केवल व्यक्तित्त्व की भिन्नता संबंधी गुणों की अवहेलना करता है अपितु इस तथ्य की भी उपेक्षा करता है कि बालक-बालिकाओं को कुछ समान कौशल सिखाने की भी आवश्यकता है। जैसा कि पहले भी बताया जा चुका है कि बालक तथा बालिकाएं कुछ क्षेत्रों या योग्यताओं में अवश्य भिन्न हैं और इन क्षेत्रों में ये एक-दूसरे से आगे भी निकल जाते हैं। इसी आधार पर जन्मजात योग्यताओं के अधिकतम विकास के लिए विशेष शिक्षण रीति-नीति अपनाने की आवश्यकता है तथा अभाव के क्षेत्र को भी प्रबल करने के लिए विशेष पद्धतियों का आश्रय लेने की आवश्यकता है। एक अध्यापक को अध्यापक के नाते लिंग भेद आधारित भावना के विरुद्ध साहसिक कदम उठाना चाहिए। इसके साथ-साथ लड़के-लड़कियों के बीच पाए जाने वाले वास्तविक भेदों को भी पहचानना तथा उन्हें स्वीकार करना चाहिए। साथ ही साथ अध्ययन के समय उसी प्रकार की रीति-नीति का उपयोग करना चाहिए।

आज भी लड़कियों के प्रति सामाजिक दृष्टिकोण परंपरागत ही है। इसका महत्त्वपूर्ण प्रमाण उनके प्रति अपनाए जाने वाले व्यवहार और उनकी शिक्षा-दीक्षा के संबंध में देखने को मिलता है। यद्यपि ये बातें सभी जगह लागू नहीं होती किंतु यह प्रायः देखा जाता है। इस संबंध में भी वर्ग भेद पर्याप्त रूप से देखने को मिलता है। समाज के उच्च वर्ग की अपेक्षा निम्न वर्ग से आने वाली लड़कियों के संदर्भ में इस स्तर पर और भी भेद पाया जाता है। अनुसूचित जातियों, अनुसूचित जनजातियों तथा अन्य अभावग्रस्त व सुविधाविहिन सामाजिक स्तर से आने वाली लड़कियों को कुछ अन्य टिप्पणियों से भी दो-चार होना पड़ता है, जैसे- यह कि ये अभावग्रस्त परिवारों से हैं तथा यह कि ये आर्थिक दृष्टि से पिछड़े तथा दलित हैं। ऐसे में ये बातें उन्हें शैक्षिक तथा सामाजिक दृष्टिकोण से विकसित बनने में बाधा उत्पन्न करता है। इतना ही इस समुदाय के लोग यह भी सोचते हैं कि लड़कियों की पढ़ाई पर किए जाने वाले खर्च को यदि उनके विवाह पर खर्च किया जाए तो वह अधिक लाभप्रद और उपयोगी होगा। हालांकि वर्तमान में कई राज्य सरकारों ने लड़कियों की शिक्षा के लिए अनेक कल्याणकारी योजनाओं का शुभारंभ किया है फिर भी लड़कियों की एक बड़ी आबादी अभी भी विद्यालय तक नहीं पहुंच पाई है। ऐसे में लड़कियों की शिक्षा से संबंधित विभिन्न पहलुओं, यथा–सामाजिक, शैक्षिक एवं आर्थिक पर चिंतन करना शिक्षक का महत्त्वपूर्ण दायित्व बन जाता है।

वस्तुनिष्ठ प्रश्न

1. समाज में वर्ग भेद के क्या आधार हो सकते हैं?
A. सामाजिक-आर्थिक स्तर
B. जातिगत स्थिति
C. लैंगिक अवस्था
D. इनमें से सभी

2. 'लिंग' (Gender) को जीव-वैज्ञानिक स्तर पर कितने भागों में बांटा जा सकता है?
A. एक B. दो
C. तीन D. चार

3. वर्तमान समय में भी लड़के-लड़कियों में शिक्षा के स्तर पर काफी अंतर होने के क्या कारण हैं?
A. पूर्वाग्रहपूर्ण दृष्टिकोण
B. आर्थिक स्थिति
C. सामाजिक संरचना
D. इनमें से सभी

4. सामाजिक-सांस्कृतिक सौहार्द के लिए निम्न में से क्या आवश्यक है?
A. सामाजिक समानता
B. आर्थिक समानता
C. लैंगिक समानता
D. इनमें से कोई नहीं

5. लैंगिक समानता के लिए स्थानीय शासन में महिलाओं के लिए लगभग कितने प्रतिशत सीटों के आरक्षण का प्रावधान किया गया है?
A. 10 प्रतिशत B. 20 प्रतिशत
C. 30 प्रतिशत D. 40 प्रतिशत

6. महिलाओं को घरेलू हिंसा से संरक्षण प्रदान करने के लिए महिला घरेलू हिंसा संरक्षण अधिनियम 2005 कब लागू किया गया?
A. 2005 में B. 2006 में
C. 2007 में D. 2008 में

7. लैंगिक संवेदनशीलता के तहत निम्न में से किस गतिविधियों के अंदर पुरुष एवं महिला के बीच के अंतर को समाप्त करने के लिए कदम उठाए जाने चाहिए?
A. सामाजिक
B. सांस्कृतिक
C. राजनीतिक
D. इनमें से सभी

8. एक कानून के रूप में निम्न में से किसे यौन उत्पीड़न गतिविधि माना गया है?

A. मौखिक रूप से परेशान करना
B. अमौखिक रूप से परेशान करना
C. शारीरिक रूप से परेशान करना
D. इनमें से सभी

9. लैंगिक भेदभाव रोकने में कौन-सा कदम ज्यादा कारगर हो सकता है?

A. शिक्षा का व्यापक प्रचार करके
B. नैतिकता का विकास करके
C. पुलिस बल तैनात करके
D. इनमें से कोई नहीं

10. सर्वोच्च न्यायालय ने कर्म स्थल और शैक्षणिक संस्थानों में महिलाओं के साथ होने वाली यौन-उत्पीड़न के रोकथाम के लिए कब दिशा-निर्देश जारी किए?

A. 1995 में
B. 1996 में
C. 1997 में
D. 1998 में

उत्तरमाला

1	2	3	4	5	6	7	8	9	10
D	B	D	C	C	B	D	D	A	C

संविधान

भारतीय संविधान का निर्माण

संविधान किसी देश द्वारा प्राप्त किए जाने वाले आदर्शों और लक्ष्यों से परिपूर्ण होता है। इसके साथ-साथ उसमें शासन व्यवस्था, सरकार का स्वरूप, शक्तियों का नियंत्रण, अधिकार व मौलिक कर्तव्य आदि विषयों का भी विस्तृत वर्णन होता है। वास्तव में किसी भी देश में संविधान एक दर्पण की भांति कार्य करता है। जो उस देश की शासन व्यवस्था एवं राज्य के स्वरूप को परिलक्षित करता है। संविधान लिखित भी होता है और अलिखित भी। सर्वप्रथम संसार में लिखित संविधान के रूप में अमरीकी संविधान का निर्माण (1789) हुआ। जिसका निर्माण संविधान सभा द्वारा किया गया। जबकि ब्रिटेन का संविधान सबसे प्राचीन अलिखित संविधान है जोकि मुख्यतः प्रथाओं व रीति रिवाजों से संचालित होता है। लेकिन अलिखित संविधान का तात्पर्य यह नहीं है कि ब्रिटेन का संविधान कमजोर या निष्क्रिय है। सर्वश्रेष्ठ संविधान वही होता है जिसके आदर्शों व लक्ष्यों को जनता हृदयगमन कर, उनकी प्राप्ति के प्रति सतत प्रयत्नशील हो। इस दृष्टि से संविधान का लिखित या अलिखित रूप महत्व नहीं रखता बल्कि किसी कानून को लिपिबद्ध करने से अच्छा उनकी छाप लोगों के मन मस्तिष्क में अंकित हो।

भारत में संविधान सभा की मांग

भारत के लोग स्वयं अपने राजनीतिक भविष्य का निर्धारण कर सकें इसलिए भारतीय नेताओं द्वारा संविधान सभा के गठन की मांग ब्रिटिश शासन से समय-समय पर की गई। अमेरिका की स्वतंत्रता, उनके द्वारा संविधान निर्माण (1789) और फ्रांस की राज्य क्रांति तथा अन्य विश्व की लोकतांत्रिक घटनाओं ने भारतीय लोगों को स्वशासन प्राप्ति के लिए और अधिक प्रेरित किया। 19 वीं शताब्दी में सर्वप्रथम तिलक ने संविधान सभा के गठन की मांग को 1895 में अपने स्वराज्य विधेयक में उठाया। 1922 में गाँधी जी ने भी संविधान सभा की मांग की और कहा कि भारतीय संविधान भारतीयों की इच्छानुसार ही होगा। इसके पश्चात् तो संविधान सभा के विचार ने एक व्यापक रूप धारण कर लिया। विभिन्न प्रस्तावों और सभाओं में संविधान के निर्माण की मांग को दोहराया जाने लगा। सर्वप्रथम औपचारिक रूप से भारत के संविधान निर्माण के लिए संविधान सभा के गठन का विचार एम॰ एन॰ राय द्वारा प्रस्तुत किया गया जिसे मूर्त्तरूप देने का कार्य जवाहरलाल नेहरू द्वारा किया गया। 1935 ई॰ में भारतीय राष्ट्रीय कांग्रेस ने बड़े जोर से संविधान सभा की स्थापना के लिए प्रस्ताव पास किया और घोषणा की गई कि "यदि भारत को आत्म निर्णय का अवसर मिलता है तो भारत के सभी विचारों के लोगों की प्रतिनिधि सभा बुलाई जानी चाहिए, जो सर्वसम्मत संविधान का निर्माण कर सके, यही संविधान सभा होगी। दिसम्बर 1936 के लखनऊ कांग्रेस अधिवेशन में संविधान सभा के अर्थ और महत्व की व्याख्या की गई। 1938 में कांग्रेस के अध्यक्ष पंडित जवाहरलाल नेहरू ने इस मांग को दोहराया तथा वयस्क मताधिकार के आधार पर चुनी हुई एक संविधान सभा का विचार प्रस्तुत किया, जो बिना किसी बाह्य हस्तक्षेप के स्वतंत्र भारत का संविधान बनाए। गाँधीजी सहित अन्य लोगों का भी मानना था कि संविधान सभा से इस देश की साम्प्रदायिक अशांति दूर होगी और वह देश को उचित राजनीतिक दिशा प्रदान करेगा।

लेकिन जहां एक तरफ भारतीय राष्ट्रीय कांग्रेस संविधान सभा के गठन की मांग को बार-बार दोहरा रही थी, वहीं, दूसरी तरफ मुस्लिम लीग ने ब्रिटिश शासन की भांति इस मांग का विरोध किया। संविधान सभा की स्थापना के विषय में मुस्लिम लीग का दृष्टिकोण आरंभ से ही अलग था। मुस्लिम लीग ने कांग्रेस द्वारा मांगी हुई संविधान सभा के प्रति न ही कोई सहानुभूति तथा न ही कोई सहयोग दिया क्योंकि उनके विचार में संविधान सभा एक ऐसा साधन बन सकती थी जो हिन्दू शासन को सारे देश में फैला देगा। 1940 में लाहौर में हुए सम्मेलन में मुस्लिम लीग ने पाकिस्तान की स्थापना को अपना राजनीतिक लक्ष्य घोषित किया जिसे *जिन्ना के द्विराष्ट्र के सिद्धांत* के नाम से जाना जाता है जिसमें उन्होंने एक पृथक मुस्लिम राज्य की मांग की। अपने इसी उद्देश्य या मांग को ध्यान में रखकर मुस्लिम लीग संविधान सभा के बारे में सहमत हो गई लेकिन उसने मुसलमानों के बहुसंख्यक क्षेत्रों के लिए पृथक संविधान सभा की मांग भी उठाई।

क्रिप्स मिशन : हालांकि 1940 के पूर्व तक ब्रिटिश सरकार का दृष्टिकोण 'संविधान सभा' के गठन के प्रति नकारात्मक व विरोधात्मक रहा। लेकिन 1940 के बाद उनके इस दृष्टिकोण में परिवर्तन देखने को मिला जिसके मुख्यतः दो कारण रहे। **प्रथम,** अब कांग्रेस के साथ-साथ मुस्लिम लीग ने भी संविधान सभा की मांग की तो उसका व्यापक प्रभाव पड़ा, **दूसरे** द्वितीय विश्व युद्ध की आवश्यकताओं और राष्ट्रीय तथा अंतर्राष्ट्रीय शक्तियों ने उसे ऐसा करने के लिए विवश कर दिया। 8 अगस्त, 1940 को वाइसराय लार्ड लिनलिथगो ने घोषणा की

कि द्वितीय विश्व युद्ध के पश्चात् भारत में एक पूर्ण उत्तरदायी सरकार की स्थापना की जाएगी तथा साथ ही एक संविधान सभा की स्थापना का प्रबंध किया जाएगा।

अतः हम देखते हैं कि द्वितीय विश्व युद्ध के पश्चात् क्रिप्स योजना के अनुसार संविधान सभा का निर्माण इस दिशा में अगला कदम था। सर स्टॅफर्ड क्रिप्स ने ब्रिटिश कॉमन सभा में कहा था कि मेरा मत है कि *भारत की राजनीतिक समस्याओं का समाधान एक संविधान सभा की रचना के माध्यम से ही संभव है।* क्रिप्स योजना के अनुसार भारतीय संघ की स्थापना उस संविधान पर आधारित थी, जो भारतीय संविधान सभा द्वारा तैयार किया जाएगा। इस योजना में संविधान सभा की रचना की विधि की भी चर्चा की गई थी। इस सभा में दो प्रकार के प्रतिनिधि होने थे। **प्रथम,** प्रांतीय व्यवस्थापिकाओं द्वारा निर्वाचित प्रतिनिधि **द्वितीय,** भारतीय रियासतों के शासकों द्वारा मनोनीत प्रतिनिधि।

लेकिन दुर्भाग्यपूर्ण क्रिप्स मिशन योजना दोषों से अछूती नहीं थी। जिसके कारण इसे भारतीय जनता की आलोचना का सामना करना पड़ा। सर्वप्रथम इसकी आलोचना इस आधार पर की गई की संविधान सभा में रियासतों के सदस्यों की संख्या तो रियासतों की जनसंख्या पर आधारित थी, पर उनमें रहने वाले 9 करोड़ व्यक्तियों को अपने प्रतिनिधि चुनने का कोई अधिकार नहीं था। इससे भी अधिक निराशाजनक बात यह थी कि भारतीय राजाओं द्वारा मनोनीत सदस्यों का रूढ़िवादी तथा लोकतंत्र का विरोधी होना स्वाभाविक ही था। ऐसे व्यक्ति भारत की संवैधानिक उन्नति में रूकावट डाले बिना नहीं रह सकते थे। पं. नेहरू ने इसकी कटु आलोचना करते हुए कहा-एक ओर प्रगतिशील तत्व ब्रिटिश प्रांत तथा दूसरी ओर रूढ़िवादी तत्व (रियासतों द्वारा मनोनीत सदस्य), जो एक दूसरे से अनेक बातों में भिन्न है, इकट्ठे होकर शक्तिशाली प्रगतिशील, स्वतंत्र राज्य के विकास के प्रयत्नों को निष्फल कर देंगे।

कैबिनेट मिशन योजना और संविधान सभा का निर्माण

क्रिप्स योजना के असफल होने के बाद 1945 ई. में दूसरा महायुद्ध समाप्त होने तक स्थिति पहले के समान ही रही। युद्ध के पश्चात् ब्रिटेन में होने वाले आम चुनावों में श्रमिक दल को बहुमत प्राप्त हुआ। श्रमिक दल भारत की राजनीतिक समस्या को सुलझाने के लिए वचनबद्ध था। 9 फरवरी, 1946 ई. में ब्रिटिश प्रधानमंत्री एटली ने भारत में एक कैबिनेट मिशन भेजने की घोषणा की जो 24 मार्च, 1946 को भारत पहुंचा। जिसमें निम्नलिखित तीन सदस्य थे-

1. सर स्टैफफोर्ड क्रिप्स
2. ए. वी. अलैक्जैंडर
3. सर पैथिक लारेंस

कैबिनेट मिशन ने एक योजना पेश की जिसकी मुख्य विशेषता यह थी कि इसने भारत के विभाजन को अस्वीकार कर दिया। साथ ही साथ इसने देशी रियासतों तथा ब्रिटिश भारत को मिलाकर एक भारतीय संघ बनाने का सुझाव दिया। इस योजना में संविधान सभा के निर्माण के बारे में मूल चार व्यवस्थाएँ थीं-

1. इसमें कुल 389 सदस्य होंगे, जिनमें से 292 प्रांतों से 4 सदस्य चीफ कमिश्नर प्रांतों के तथा 93 सदस्य भारतीय रियासतों के होंगे।
2. प्रत्येक प्रांत द्वारा भेजे गए सदस्यों की संख्या उनकी जनसंख्या के आधार पर निश्चित की जाएगी। प्रत्येक दस लाख जनसंख्या पर एक सदस्य निर्वाचित होगा।
3. प्रांतों को दिए स्थान तथा उनमें रहने वाली मुख्य जातियों में उन्हीं की संख्या के आधार पर विभक्त किये जाएं। इनमें प्रत्येक जाति के लोग अपने प्रतिनिधि चुनेंगे।
4. भारतीय रियासतों से भी जनसंख्या के आधार पर प्रतिनिधि आने थे किंतु उनके चुनने की विधि का निर्णय शासकों के परामर्श से करना था।

इस प्रकार कैबिनेट मिशन योजना एक व्यापक तथा महत्वपूर्ण योजना थी, जिसमें अखंड भारत के लिए संविधान सभा के गठन के सुझाव दिए गए थे। वास्तव में इसने भारतीयों की दीर्घकालीन इच्छा की ही पूर्ति की थी लेकिन दूसरी तरफ यह योजना क्रिप्स मिशन योजना की भांति दोषरहित नहीं थी, फिर भी सवैधानिक प्रगति में यह एक बड़ा महत्वपूर्ण कदम था। कांग्रेस और मुस्लिम लीग के साथ-साथ सभी राजनीतिक दलों ने इस योजना को स्वीकार कर लिया कांग्रेस ने संविधान सभा द्वारा स्वतंत्र, अखंड तथा लोकतंत्रीय भारत के संविधान के बनने की आशा से प्रेरित होकर इसको स्वीकार कर लिया वहीं मुस्लिम लीग ने इस योजना में पाकिस्तान के बनने के बीज उपस्थित देखकर इसको स्वीकार करने में अपनी भलाई समझी।

संविधान सभा की रचना और उसका स्वरूप

जुलाई, 1946 में, कैबिनेट मिशन योजना के तहत अप्रत्यक्ष चुनाव प्रणाली द्वारा चुनाव हुए। इस चुनाव में ब्रिटिश भारत के 296 स्थानों में से कांग्रेस ने 208, मुस्लिम लीग ने 73, 7 निर्दलीय सदस्यों तथा 4 स्थान सिखों ने प्राप्त किए। इन चुनावों में कांग्रेस की भारी सफलता को देख मुस्लिम लीग ने संविधान सभा का बहिष्कार कर दिया और पाकिस्तान के लिए एक पृथक संविधान सभा की मांग प्रारंभ कर दी। मुस्लिम लीग के इस रवैये के कारण स्थिति और अधिक बिगड़ गई हालांकि इस समस्या को दूर करने के लिए ब्रिटिश सरकार ने लंदन में एक सम्मेलन बुलाया। जिसमें पं. नेहरू तथा मि. जिन्ना तथा सिखों की ओर से सरदार बलदेव सिंह सम्मिलित हुए। लेकिन इस सम्मेलन का कोई परिणाम नहीं निकला। इसका परिणाम वही हुआ जो होना था। लीग ने संविधान सभा में संयुक्त होना आवश्यक नहीं समझा और "मुस्लिम भारत" के लिए संविधान सभा की मांग करती रही। दूसरी तरफ ब्रिटिश सरकार ने जून 1948 तक भारत छोड़ने की घोषणा कर दी।

मुस्लिम लीग के बहिष्कार के बावजूद संविधान सभा ने अपना कार्य आरंभ किया जिसमें देश के बड़े-बड़े नेता, वकील व राजनीतिज्ञ शामिल हुए। इसमें भाग लेने वालों में पं. जवाहरलाल नेहरू, सरदार बल्लभ भाई पटेल, डा. भीमराव

अंबेडकर, के॰ एम॰ मुंशी, गोपालास्वामी, आयंगर, अल्लादि कृष्णास्वामी अय्यर, डा॰ राजेन्द्र प्रसाद, अबुल कलाम आचार्य कृपालानी, डा॰ श्यामा प्रसाद मुखर्जी, प्रो॰ के॰टी॰ शाह आदि का महत्वपूर्ण योगदान रहा। भारतीय स्त्रियों की ओर से श्रीमति सरोजनी नायडू, श्रीमति हंस मेहता, श्रीमति दुर्गाबाई देशमुख आदि संविधान सभा की सदस्या थी।

संविधान सभा यथाशीघ्र संविधान निर्माण कर सके इसके लिए पं॰ नेहरू ने एक समिति नियुक्त की जिसके द्वारा संविधान सभा के कार्य संचालन की आवश्यक प्रक्रिया तय की गई।

9 दिसंबर, 1946 को संविधान सभा का प्रथम अधिवेशन शुरू हुआ जिसकी अध्यक्षता श्री सच्चिदानन्द सिन्हा द्वारा की गई जोकि संविधान सभा के अस्थायी अध्यक्ष चुने गये। लेकिन शीघ्र ही डा॰ राजेन्द्र प्रसाद को स्थायी अध्यक्ष के रूप में चुना गया। 13 दिसम्बर 1946 को पं॰ नेहरू द्वारा एक प्रस्ताव लाया गया जो संविधान निर्माण की दिशा में प्रथम कदम के रूप में जाना जाता है। इस प्रस्ताव को संविधान सभा में प्रस्तुत करते हुए नेहरू ने कहा "मैं आपके सामने जो प्रस्ताव प्रस्तुत कर रहा हूँ उसमें हमारे उद्देश्यों की व्याख्या की गई है, योजना की रूपरेखा दी गई है और बताया गया है कि हम किस रास्ते पर चलने वाले हैं।" यह प्रस्ताव बड़ा ही महत्वपूर्ण था जिसमें निम्नलिखित बातों का उल्लेख था-

1. भारत में एक स्वतंत्र तथा सार्वभौम गणराज्य स्थापित किया जाए।

2. इस गणराज्य में भारत के समस्त व्यक्तियों को राजनीतिक, आर्थिक तथा सामाजिक समानता प्राप्त होगी।

3. उनको बोलने तथा लिखने, संस्था बनाने, कोई भी व्यवसाय करने, किसी भी धर्म तथा मत को अपनाने तथा छोड़ने की पूर्ण स्वतंत्रता होगी।

4. अल्पसंख्यकों, अनुसूचित जातियों तथा पिछड़े वर्गों के हितों की आवश्यक सुरक्षा का प्रबंधं किया जाएगा।

इस प्रकार पं॰ नेहरू द्वारा प्रस्तुत प्रस्ताव में उपर्युक्त बातों का उल्लेख किया गया था। जिस पर गहन विचार-विमर्श के पश्चात संविधान सभा के सदस्यों द्वारा स्वीकार कर लिया गया। श्री॰ के॰एम॰ मुंशी ने इस प्रस्ताव के बारे में कहा *"यह प्रस्ताव हमारे गणतंत्र की जन्मपत्री थी"*

प्रस्ताव के समर्थन के पश्चात विभिन्न विषयों पर विचार विमर्श हेतु विभिन्न समितियों का गठन किया गया। जिनमें प्रमुख समितियाँ थी-1. संघ संविधान समिति 2. प्रांतीय संविधान समिति 3. संघ शक्ति समिति 4. मूल अधिकारों, व अल्पसंख्यकों से संबंधित परामर्श समिति 5. प्रारूप समिति आदि। देशी रियासतों से बातचीत करने के लिए संविधान सभा ने एक वार्ता समिति पहले ही गठित कर दी थी। इन समितियों ने विचार विमर्श के पश्चात अपनी रिपोर्ट संविधान सभा के सम्मुख प्रस्तुत की। उन पर वाद-विवाद के पश्चात सदस्यों द्वारा आवश्यक संशोधन रखे गए।

इन समितियों के केंद्र में प्रारूप समिति थी। डा॰ भीम राव अम्बेडकर इस समिति के अध्यक्ष चुने गये जिनमें अन्य संदस्य मोहम्मद सादुल्ला, के॰एम॰ मुंशी, बी॰एल॰ मित्तर, एन गोपालास्वामी आयंगर, अल्लादी कृष्णास्वामी, तथा डी॰पी॰ खेतान थे। बाद में मित्तर और खेतान के स्थानों पर एन॰ माधवराव तथा टी॰टी॰ कृष्णामाचारी को नियुक्त किया गया। इस प्रारूप समिति का मुख्य कार्य यही था कि वह संविधान सभा की परामर्श शाखा द्वारा तैयार किए गए संविधान का परीक्षण करे और फिर संविधान को विचार के लिए संविधान सभा के सम्मुख प्रस्तुत करे। 21 फरवरी 1948 को यद्यपि संविधान का प्रारूप तैयार हो चुका था किंतु संविधान सभा ने 4 नवम्बर 1948 से इस पर विचार करना प्रारंभ किया। इस समय सामान्य जनता, पत्रकारों तथा विधानसभाओं ने प्रारूप पर विभिन्न दृष्टिकोणों से विचार किया और जनमत तैयार किया। संविधान सभा ने इस प्रारूप का तीन बार वाचन किया तथा लगभग एक वर्ष तक गंभीर विचार विमर्श के पश्चात 26 नवम्बर 1949 को इस पर संविधान सभा के अध्यक्ष डा॰ राजेन्द्र प्रसाद ने हस्ताक्षर किए इस प्रकार स्वतंत्र भारत का संविधान पूर्णरूप से तैयार हो गया। अपने अंतिम रूप में संविधान में 395 अनुच्छेद और 8 अनुसूचियाँ थी।

संविधान निर्माण कार्य संविधान सभा ने ग्यारह अधिवेशनों में किया जिनमें कुल 114 दिन सभा की बैठक हुई। संविधान के प्रारूप में हजारों संशोधन प्रस्तावित किए गए जिनमें से केवल 2474 संशोधनों पर विचार किया गया। संपूर्ण संविधान के निर्माण में 2 वर्ष 11 महीने और 18 दिन का समय लगा। इस कार्य पर लगभग 64 लाख रूपये व्यय हुए।

24 जनवरी 1950 को संविधान सभा का अंतिम अधिवेशन हुआ जिसमें संविधान सभा ने सर्व-सहमति से डा॰ राजेन्द्र प्रसाद को भारत का प्रथम राष्ट्रपति चुना। संविधान सभा के सभी सदस्यों ने संविधान पर हस्ताक्षर किए। पं॰ जवाहरलाल नेहरू हस्ताक्षर करने वाले प्रथम व्यक्ति थे। हालांकि 26 नवम्बर 1949 को जब संविधान पूर्ण हुआ तो नागरिकता, निर्वाचन और अंतरिम संसद से संबंधित उपबंधों को तुरंत लागू कर दिया गया। लेकिन संविधान को 26 जनवरी 1950 को पूर्ण रूप से लागू किया गया। संविधान को लागू करने लिए 26 जनवरी का दिन इस लिए चुना गया। क्योंकि संविधान निर्माता भारत के प्रथम स्वतंत्रता दिवस 26 जनवरी, 1930 की पुण्य स्मृति को सम्मानित करना चाहते थे।

भारतीय संविधान के स्रोत

भारतीय संविधान निर्माण के लिए जिन विभिन्न संविधानों का अध्ययन व उनसे जो उपबंध लिये गए उनका संक्षिप्त परिचय इस प्रकार है:

उपबंध	स्रोत
1. संसदीय प्रणाली	यूनाइटेड किंगडम (ब्रिटेन)
2. मौलिक अधिकार	यू॰एस॰ए॰ (अमेरिका)
3. सर्वोच्च न्यायालय का संगठन व शक्तियाँ	यू॰एस॰ए॰

4. गणतंत्र	फ्रांस
5. संसद तथा विधानमंडल की प्रक्रिया	यूनाइटेड किंगडम
6. उपराष्ट्रपति का पद	यू.एस.ए.
7. आपातकालीन उपबंध	जर्मनी तथा 1935 का भारत अधिनियम
8. राज्य के नीति निर्देशक तत्व	आयरलैंड
9. मौलिक कर्तव्य	पूर्व सोवियत संघ
10. समवर्ती सूची	आस्ट्रेलिया
11. संसदीय विशेषाधिकार	यूनाइटेड किंगडम

संविधान की विशेषताएं

हमारे संविधान-निर्माताओं ने भारत गणराज्य के लिए जिस संविधान की रचना की, वह संसार में अनूठा है। इसमें संसार के अनेक संविधानों तथा भारत की प्राचीन परम्पराओं से अच्छे गुणों को ग्रहण कर एक आदर्श शासन प्रणाली की नींव रखने का प्रयत्न किया गया है। भारतीय संविधान की कुछ मुख्य विशेषताएं निम्न प्रकार हैं—

1. **सम्पूर्ण प्रभुत्त्व-सम्पन्न गणराज्य :** भारत एक सर्व प्रभुत्त्व-सम्पन्न गणराज्य है। आन्तरिक और वैदेशिक नीति के निर्माण तथा परिपालन में यह पूर्णतया स्वतन्त्र है।
2. **लोकतंत्रात्मक धर्म निरपेक्ष समाजवादी गणराज्य :** भारतीय संविधान पूर्णरूपेण लोकतन्त्रीय है। इसकी सारी शक्ति का स्रोत जनता है। इसका निर्माण जनता के चुने प्रतिनिधियों द्वारा किया गया है। देश में सब धर्मावलम्बियों को समान दर्जा प्राप्त है तथा धनी व निर्धन सभी व्यक्ति संविधान की दृष्टि में समान हैं। 'धर्म निरपेक्ष समाजवादी' शब्द संविधान की प्रस्तावना में 42वें संविधान संशोधन द्वारा दिसम्बर, 1976 में जोड़े गए।
3. **वयस्क मताधिकार :** मूल संविधान में ऐसे प्रत्येक बालिग स्त्री व पुरुष को मतदान का अधिकार दिया गया था जिसकी आयु 21 वर्ष की हो चुकी हो। किन्तु बाद में 1988 में संसद ने एक कानून पास करके (61वें संविधान संशोधन के तहत) मतदान के लिए आयु 21 से घटाकर 18 वर्ष कर दी है।
4. **संघात्मक शासन :** भारत राज्यों का संघ है। संघात्मक शासन के लक्षणों के अनुसार यहाँ पर दो समान सत्ताएं हैं—केन्द्र और राज्य। दोनों समान सत्ताओं के मध्य विषयों का बंटवारा है तथा एक स्वतंत्र न्यायपालिका है। संघात्मक शासन होने के बावजूद आपातकाल में इसे एकात्मक शासन में परिवर्तित किया जा सकता है।
5. **लिखित तथा निर्मित संविधान :** भारत का संविधान लिखित तथा निर्मित है। निर्मित इसलिए है कि इसे हमारी संविधान सभा ने बनाया है।
6. **परिवर्तनशील :** यह न तो इंग्लैंड के संविधान की तरह लचीला है और न अमेरिका के संविधान की तरह कठोर।
7. **मूल अधिकारों की व्यवस्था :** भारतीय संविधान में मूल अधिकारों की व्यवस्था की गई है। नागरिकों को छः मूल अधिकार (पहले सात मूल अधिकार थे, जिनमें से सम्पत्ति के अधिकार को 1978 में समाप्त कर दिया गया) प्राप्त हैं।
8. **मूल कर्त्तव्यों की व्यवस्था :** दिसम्बर, 1976 में पारित संविधान के 42वें संशोधन द्वारा भारत के नागरिकों के लिए दस मूल कर्त्तव्य निर्धारित किए गए हैं। अब इनकी संख्या 11 हो गई है।
9. **धर्म निरपेक्ष राज्य :** संविधान के अनुसार भारत एक धर्म-निरपेक्ष राज्य (Secular State) है इसका अर्थ यह नहीं है कि सरकार धर्म विरोधी या नास्तिक है या ईश्वर या किसी धर्म में विश्वास नहीं करती। इसका अर्थ केवल इतना है कि सरकार स्वयं किसी नागरिक को किसी एक विशेष धर्म में विश्वास रखने के लिए बाध्य नहीं करती। वह किसी धर्म या सम्प्रदाय विशेष के मंदिरों, मस्जिदों, पूजा स्थलों या शिक्षा सम्बन्धी संस्थाओं इत्यादि को विशेष सुविधाएं प्रदान नहीं करती। वह इस सिद्धान्त में विश्वास करती है कि धर्म प्रत्येक मनुष्य का वैयक्तिक प्रश्न है, सरकार का उसके साथ कोई सम्बन्ध नहीं।
10. **एक राजभाषा :** भारतीय संविधान में सब भारतीयों के लिए एक राजभाषा तथा एक लिपि का सिद्धान्त स्वीकार किया गया है।
11. **अल्पसंख्यकों के अधिकारों की रक्षा :** संविधान में केवल बहुसंख्यक जातियों के अधिकारों की ही रक्षा नहीं की गई, वरन् प्रत्येक अल्पसंख्यक जाति के धार्मिक, सांस्कृतिक, आर्थिक तथा राजनीतिक अधिकारों की रक्षा भी की गई है।
12. **संसदीय पद्धति :** भारत का संविधान इंग्लैंड जैसी, संसदीय शासन पद्धति की स्थापना करता है।
13. **आपातकालीन स्थिति :** भारतीय संविधान में आपातकालीन स्थिति की व्यवस्था की गई है। राष्ट्रपति निम्नांकित परिस्थितियों में आपातकाल की उद्घोषणा कर सकते हैं यदि उनसे सारे देश या देश के किसी भी भाग की सुरक्षा को खतरा हो :
   (क) युद्ध, बाह्य, आक्रमण तथा आंतरिक सशस्त्र विद्रोह* (या आन्तरिक उपद्रव*) की दशा में, संविधान (59वें) संशोधन द्वारा 1988 में यह व्यवस्था कर दी गई है कि 'आंतरिक उपद्रव' के आधार पर भी आपातकाल की घोषणा की जा सकती है।
   (ख) किसी राज्य में संवैधानिक व्यवस्था के असफल हो जाने पर;
   (ग) वित्तीय संकट के समय।

   आपातकालीन स्थिति में संघात्मक शासन एकात्मक हो जाता है। नागरिकों के मूल अधिकार स्थगित किए जा सकते हैं तथा राज्यों की स्वायत्तता समाप्त की जा सकती है। संविधान के 42वें संशोधन के अनुसार राष्ट्रपति देश के किसी भी भाग में आपातकालीन स्थिति की घोषणा कर सकते हैं।
14. **स्वतंत्र न्यायपालिका :** भारत में स्वतंत्र न्यायपालिका की स्थापना की गई है। न्यायाधीशों की नियुक्ति राष्ट्रपति करते हैं।

15. **संशोधन विधि :** हमारा संविधान ऐसा है कि आवश्यकता के अनुसार उसमें संशोधन किया जा सकता है। संविधान के विभिन्न भागों के संशोधन के लिए पृथक्-पृथक् विधियों का संविधान में ही उपबन्ध कर दिया गया है।

मूल अधिकार

मूल अधिकार वे हैं, जो मनुष्य की सर्वतोन्मुखी उन्नति के लिए अनुकूल स्थिति का निर्माण करते हैं। ये अधिकार सभी नागरिकों को—चाहे वे किसी भी धर्म, जाति, लिंग, समुदाय या रंग के हों—प्राप्त हैं।

भारत के संविधान में वर्णित नागरिकों के मूल अधिकार इस प्रकार हैं—

1. **समता का अधिकार (Right of Equality) अनुच्छेद 14-18:** नागरिकों के बीच समता स्थापित करने के उद्देश्य से हमारे संविधान में कहा गया है कि धर्म, नस्ल, जाति, लिंग और जन्म-स्थान के आधार पर किसी भी नागरिक के साथ भेदभाव नहीं किया जायेगा। संविधान में कहा गया है कि सरकारी नौकरियों में सब नागरिकों को समान अवसर दिया जायेगा। सामाजिक समता लाने के उद्देश्य से हमारे संविधान ने सब प्रकार की देसी व विदेशी पदवियों, जैसे राय बहादुर, राय साहब आदि, का उन्मूलन कर दिया है। इसके अन्तर्गत ये अधिकार आते हैं : (i) विधि के समक्ष समता, (ii) सरकारी नौकरी के लिए समता, (iii) सार्वजनिक स्थानों का उपयोग करने का समान अधिकार, (iv) अस्पृश्यता का अन्त।
2. **स्वतंत्रता का अधिकार, अनुच्छेद 19-22:** इसके अंतर्गत ये अधिकार सम्मिलित हैं :
   (i) भाषण देने और विचार प्रकट करने की स्वतंत्रता, (ii) शान्तिपूर्वक बिना हथियार सभा करने की स्वतंत्रता, (iii) संस्था या संघ बनाने की स्वतंत्रता, (iv) देश में भ्रमण की स्वतन्त्रता, (v) देश के किसी भी भाग में निवास की स्वतंत्रता, (vi) अपनी पसंद की वृत्ति, व्यवसाय की स्वतंत्रता, (vii) जीवन जीने की स्वतंत्रता, अनिवार्य एवं निःशुल्क प्राथमिक शिक्षा का अधिाकार (21क)।
3. **शोषण के विरुद्ध अधिकार, अनुच्छेद 23-24:** इसके अंतर्गत गुलामी-प्रथा, बंधुआ मजदूरी प्रथा की और 14 वर्ष से कम आयु के बच्चों को ख़तरनाक कारखाने या कोयले की खानों में काम पर लगाने को गैर-कानूनी घोषित कर दिया गया है।
4. **धार्मिक स्वतंत्रता का अधिकार, अनुच्छेद 25-28:** इस अधिकार के अधीन हर नागरिक अपनी पसन्द वाले धर्म को अपना सकता है।
5. **संस्कृति और शिक्षा का अधिकार, अनुच्छेद 29-30:** नागरिकों को अपनी भाषा, लिपि और संस्कृति को अपनाये रहने की स्वाधीनता है।
6. **संवैधानिक उपचारों का अधिकार, अनुच्छेद 32:** संविधान में मूल अधिकारों की रक्षा हेतु उपाय भी बताये गये हैं। यदि किसी नागरिक के मूल अधिकारों को छीना जाता है, तो वह नागरिक अदालत की सहायता लेकर अपने अधिकारों की रक्षा कर सकता है। अदालतों का कर्त्तव्य है कि वे नागरिकों के मूल अधिकारों की रक्षा करें।

राज्य के नीति-निर्देशक तत्व

डॉ. अम्बेडकर ने राज्य के नीति निर्देशक सिद्धांतों को संविधान की अनोखी विशेषता बताई है। संविधान में कहा गया है कि ये देश का शासन चलाने में मूलभूत (Fundamental) हैं और राज्य का कर्त्तव्य है कि वह देश में कानून बनाते समय इनको ध्यान में रखे। संविधान की प्रस्तावना (Preamble) में निहित भावों को व्यावहारिक रूप देने के लिए इन सिद्धांतों को संविधान में रखा गया है। ये सिद्धांत एक प्रकार से कार्यपालिका और विधानमण्डल के लिए निर्देश (Direction) हैं कि उन्हें किन सिद्धांतों को ध्यान में रखते हुए कानून बनाने हैं और शासन चलाना है।

इन सिद्धांतों को संविधान में रखने की प्रेरणा आयरलैण्ड के संविधान से ली गई है।

राज्य के नीति-निर्देशक तत्वों को मोटे तौर से पांच वर्गों में विभाजित किया जा सकता है:

1. **आर्थिक सुरक्षा संबंधी निर्देशक तत्व :** इस वर्ग में जो तत्व सम्मिलित हैं वे इस प्रकार हैं :
   (1) राज्य प्रत्येक स्त्री व पुरुष को समान रूप से जीविका के साधन प्रदान करने का प्रयत्न करेगा।
   (2) देश के भौतिक साधनों के स्वामित्व पर इस प्रकार नियंत्रण करने की चेष्टा करेगा जिससे अधिकाधिक सार्वजनिक हित हो।
   (3) साधनों का केन्द्रीकरण भी नहीं होने देगा।
   (4) समान कार्य के लिए स्त्री व पुरुष दोनों को समान वेतन दिया जायेगा।
   (5) राज्य किसी की भी शारीरिक शक्ति व बालकों की कोमल उम्र का दुरुपयोग न होने देगा।
   (6) बच्चों व युवकों का शोषण नहीं करने दिया जायेगा।
   (7) राज्य अपने आर्थिक साधनों की सीमाओं में सबको रोजगार दिलाने का प्रयास करेगा।
   (8) राज्य प्रयास करेगा कि प्रत्येक व्यक्ति को अनुकूल अवस्था में ही कार्य करना पड़े और प्रसूतावस्था में स्त्रियों से काम न लिया जाए।
   (9) राज्य कुटीर उद्योगों को प्रोत्साहन देगा।
   (10) कृषि का संचालन वैज्ञानिक आधार पर करने का प्रयास करेगा।
   (11) राज्य कृषि और उद्योगों में लगे हुए श्रमिकों को उचित वेतन दिलाने का प्रयास करेगा।
   (12) राज्य प्रयास करेगा कि न्याय सभी को सुलभ हो और कमजोर वर्गों को कानूनी सलाह निःशुल्क मिल सके।
   (13) राज्य पशुओं के सुधार हेतु पशुपालन की अच्छी व्यवस्था करेगा और दूध देने वाले पशुओं की नस्ल में सुधार के साथ-साथ उनके बध को रोकने का प्रयास करेगा।

(14) राज्य औद्योगिक संस्थानों के प्रबंध में उनके कर्मचारियों को भी भागीदार बनाने का प्रयास करेगा।

(15) 44वें संविधान संशोधन द्वारा यह भी व्यवस्था कर दी गई है कि राज्य विभिन्न व्यवसायों में व्याप्त वेतन आदि की असमानताओं को भी कम करने का प्रयास करेगा।

2. सामाजिक हित सम्बन्धी निर्देशक तत्व : इस क्षेत्र में राज्य निम्नांकित कार्य करने का प्रयास करेगा :

(1) राज्य लोगों के जीवन स्तर एवं स्वास्थ्य को सुधारने का प्रयास करेगा और इस हेतु हानिकारक एवं मादक पदार्थों के सेवन पर प्रतिबंध लगाएगा।

(2) राज्य देश के कमजोर वर्गों विशेषतः अनुसूचित जातियों एवं जन जातियों के शैक्षिक एवं आर्थिक हितों की रक्षा करेगा और उनका शोषण नहीं होने देगा।

3. न्याय, शिक्षा, प्रजातंत्र आदि सम्बन्धी निर्देशक तत्व : इस वर्ग के अन्तर्गत निम्नांकित तत्वों को स्थान दिया गया है :

(1) सभी को न्याय दिलाने हेतु राज्य समान कानून बनायेगा और न्यायपालिका को कार्यपालिका से अलग करने का प्रयास करेगा।

(2) राज्य संविधान लागू होने से 10 वर्ष की अवधि में 6 से 14 वर्ष के बच्चों के लिये अनिवार्य एवं निःशुल्क शिक्षा प्रदान करने का प्रयास करेगा।

(3) राज्य ग्राम पंचायतों के गठन हेतु कदम उठायेगा।

4. प्राचीन स्मारकों की रक्षा एवं पर्यावरण तथा वनों से संबंधित निर्देशक तत्व: इस वर्ग में निम्नांकित तत्व सम्मिलित किये गये हैं :

(1) राज्य प्रत्येक स्मारक, कलात्मक एवं ऐतिहासिक महत्त्व के स्थानों (जिन्हें संसद ने राष्ट्रीय महत्त्व का घोषित कर दिया हो) की रक्षा का प्रयत्न करेगा।

(2) 42वें संविधान संशोधन द्वारा यह व्यवस्था भी कर दी गयी है कि राज्य देश के पर्यावरण की रक्षा एवं उसमें सुधार का प्रयास करेगा। राज्य, वनों और वन्य जीवों की सुरक्षा का भी प्रयास करेगा।

5. अंतर्राष्ट्रीय शान्ति और सुरक्षा संबंधी निर्देशक तत्व : इसमें निम्नांकित तत्व सम्मिलित किये गये हैं:

(1) राज्य अंतर्राष्ट्रीय शान्ति और सुरक्षा में वृद्धि के प्रयास करेगा।

(2) विभिन्न राष्ट्रों के मध्य न्यायपूर्ण एवं सम्मानजनक सम्बंध स्थापित करने की चेष्टा करेगा।

(3) राष्ट्रों के पारस्परिक व्यवहार में अंतर्राष्ट्रीय कानून और संधियों के प्रति सम्मान बढ़ाने का प्रयास करेगा।

(4) राज्य अंतर्राष्ट्रीय झगड़ों को मध्यस्थता द्वारा सुलझाने का प्रयास करेगा।

मूल कर्त्तव्य

1976 में संविधान के 42वें संशोधन द्वारा भारत के नागरिकों के लिए दस मूल कर्त्तव्य निर्धारित किये गये। बाद में संविधान संशोधन द्वारा एक और मूल कर्त्तव्य जोड़ा गया। अब मूल कर्त्तव्यों की संख्या 11 है। ये मूल कर्त्तव्य नई धारा 51(क) में दिये गये हैं, जिनका वर्णन नीचे दिया गया है :

1. संविधान का पालन करें और उसके आदर्शों, संस्थाओं, राष्ट्रध्वज और राष्ट्रगान का आदर करें।
2. स्वतंत्रता के लिए हमारे राष्ट्रीय आंदोलन को प्रेरित करने वाले उच्च आदर्शों को हृदय में संजोए रखें और उनका पालन करें।
3. भारत की प्रभुत्ता, एकता और अखण्डता की रक्षा करें और उसे अक्षुण्ण रखें।
4. देश की रक्षा करें और आह्वान किए जाने पर राष्ट्र की सेवा करें।
5. भारत के सभी लोगों में समरसता और समान भ्रातृत्व की भावना का निर्माण करें, जो धर्म, भाषा और प्रदेश या वर्ग पर आधारित सभी भेदभाव से परे हो तथा ऐसी प्रथाओं का त्याग करें जो स्त्रियों के सम्मान के विरुद्ध हैं।
6. अपनी सामाजिक संस्कृति की गौरवशाली परम्परा का महत्त्व समझें और उसको सुरक्षित रखें।
7. प्राकृतिक पर्यावरण की जिसके अंतर्गत वन, झील, नदी और वन्य जीव भी हैं, रक्षा करें और उसका संवर्धन करें तथा प्राणिमात्र के प्रति दयाभाव रखें।
8. वैज्ञानिक दृष्टिकोण, मानववाद और ज्ञानार्जन तथा सुधार की भावना का विकास करें।
9. सार्वजनिक सम्पत्ति को सुरक्षित रखें और हिंसा से दूर रहें।
10. व्यक्तिगत और सामूहिक गतिविधियों के सभी क्षेत्रों में उत्कर्ष की ओर बढ़ने का सतत् प्रयास करें जिससे राष्ट्र निरंतर आगे बढ़ते हुए उपलब्धि की नयी ऊंचाइयों को छू सके।
11. प्रत्येक माता-पिता/अभिभावक अपने 6-14 वर्ष के बच्चों की शिक्षा का प्रबंध करें।

नोटः संविधान में न तो मूल कर्त्तव्यों के प्रवर्तन (enforcement) के बारे में कुछ कहा गया है और न इनके उल्लंघन पर किसी प्रतिबन्ध या दण्ड का स्पष्ट प्रावधान है।

वस्तुनिष्ठ प्रश्न

1. किस एक्ट द्वारा भारतीय सचिव की स्थापना हुई?
A. पिट्स इण्डिया एक्ट 1784
B. रेग्यूलेटिंग एक्ट 1773
C. भारतीय परिषद् अधिनियम 1861
D. भारत सरकार अधिनियम 1858

2. कैबिनेट मिशन भारत कब आया?
A. 1942 B. 1946
C. 1931 D. 1945

3. किस अधिनियम द्वारा देशी रियासतों का अधिराज्य समाप्त हो गया?

A. भारतीय संविधान द्वारा
B. 1935 के अधिनियम द्वारा
C. प्रिवीपर्स उन्मूलन द्वारा
D. इण्डियन इण्डिपेन्डेण्ट एक्ट 1947

4. संविधान की अवधारणा सर्वप्रथम कहाँ उत्पन्न हुई?
A. ब्रिटेन B. अमेरिका
C. चीन D. भारत

5. आधुनिक अर्थ में संविधान शब्द का सर्वप्रथम प्रयोग किस शताब्दी में हुआ था?
A. 17वीं B. 19वीं
C. 18वीं D. 20वीं

6. संविधान बनाने के लिए संविधान सभा ने 13 समितियों का गठन किया। उनमें से ही एक प्रारूप समिति का अध्यक्ष किसे चुना गया?
A. डॉ॰ गोपाल स्वामी आयंगर
B. के॰ एम॰ मुंशी
C. डॉ॰ भीम राव अम्बेडकर
D. कृष्णास्वामी अय्यर

7. प्रारूप समिति द्वारा तैयार संविधान के पहले प्रारूप में कितने अनुच्छेद और अनुसूचियाँ थीं?
A. 290 अनुच्छेद 13 अनुसूचियाँ थी
B. 395 अनुच्छेद 8 अनुसूचियाँ
C. 293 अनुच्छेद 13 अनुसूचियाँ
D. 295 अनुच्छेद 10 अनुसूचियाँ

8. नेहरू द्वारा प्रस्तुत उद्देश्य प्रस्ताव को 'स्वतंत्रता गणराज्य की जन्म कुण्डली' की संज्ञा प्रदान की—
A. डॉ॰ के॰ एम॰ मुंशी B. वी॰ आर॰ अम्बेडकर
C. जवाहरलाल नेहरू D. महात्मा गाँधी

9. भारतीय संविधान सभा ने देश का राष्ट्रीय झंडा कब बनाया?
A. 23 जून, 1946 B. 22 जनवरी, 1947
C. 22 जुलाई, 1947 D. 26 जनवरी, 1947

10. 9 दिसम्बर, 1946 को संविधान सभा की प्रथम बैठक में किसने भाग नहीं लिया?
A. हैदराबाद रियासत B. पंजाब रियासत
C. कश्मीर रियासत D. उपर्युक्त सभी

11. भारतीय संविधान सभा के सवैधानिक सलाहकार थे-
A. जे॰ एल॰ नेहरू
B. डी॰ बी॰ एन॰ राव
C. पट्टाभि सीतारमैया
D. मौलाना अबुल कलाम आजाद

12. कैबिनेट मिशन योजना के अन्तर्गत संविधान सभा में कितने सदस्यों की व्यवस्था की गई?
A. 500 B. 389
C. 379 D. 388

13. अन्तरिम सरकार की व्यवस्था 2 सितम्बर, 1946 को की गई। यह व्यवस्था किस योजना के तहत की गई?
A. कैबिनेट मिशन B. क्रिप्स मिशन
C. बैवेक मिशन D. उपर्युक्त कोई नहीं

14. स्वतंत्रता के बाद संविधान सभा की प्रथम बैठक किस दिन सम्पन्न हुई?
A. 9 दिसम्बर, 1946 B. 11 दिसम्बर, 1946
C. 31 दिसम्बर, 1946 D. 31 अक्टूबर, 1947

15. संविधान सभा की प्रारूप समिति की स्थापना कब की गई?
A. 29 अगस्त, 1947 B. 26 नवम्बर, 1949
C. 9 दिसम्बर, 1946 D. 16 जून, 1946

16. संविधान का अनुच्छेद .... सामाजिक समानता का अधिकार प्रदान करता है–
A. 12 B. 13
C. 14 D. 18

17. अनुच्छेद-15 के अनुसार राज्य किसी नागरिक के विरूद्ध विभेद नहीं कर सकता–
A. जन्म के आधार पर
B. जाति के आधार पर
C. लिंग के आधार पर
D. उपर्युक्त सभी

18. अनुच्छेद 17 के द्वारा अस्पृश्यता का अंत कर दिया गया है। अतः इसी अनुच्छेद के तहत संसद ने अस्पृश्यता (अपराध) अधिनियम किस वर्ष पारित किया?
A. 1955 B. 1956
C. 1953 D. 1954

19. संविधान के किस अनुच्छेद में प्रेस की स्वतंत्रता का उल्लेख मिलता है?
A. अनुच्छेद 17 (i) क B. अनुच्छेद 18 (i) क
C. अनुच्छेद 19 (i) क D. अनुच्छेद 20 (i) क

20. भारत के अलावा और किन देशों के संविधान में वृत्ति, उपजीविका, व्यापार या कारोबार की स्वतंत्रता को संविधान में शामिल किया गया है?
A. स्विट्जरलैंड B. आयरलैण्ड
C. A और B दोनों D. उपर्युक्त किसी में नहीं

उत्तरमाला

1	2	3	4	5	6	7	8	9	10
D	B	D	B	C	C	C	A	C	A
11	**12**	**13**	**14**	**15**	**16**	**17**	**18**	**19**	**20**
B	B	A	D	A	C	D	A	C	C

❑❑❑

संसदीय सरकार

संसद

संविधान की धारा 79 में कहा गया है कि संघ की एक संसद होगी; जिसमें राष्ट्रपति, लोकसभा और राज्यसभा को सम्मिलित माना जायेगा।

राष्ट्रपति को संसद का अंग इसलिए बनाया गया है कि वह संसद को संबोधित करता है, संसद के पास संदेश भेज सकता है, संसद द्वारा पास किये गये बिलों पर अपनी स्वीकृति प्रदान करता है, लोकसभा को भंग कर सकता है, संसद के दोनों सदनों की संयुक्त बैठक बुला सकता है और संसद का सत्रावसान करता है।

राज्यसभा

संविधान की धारा 80 में व्यवस्था है कि राज्य सभा में सदस्यों की अधिकतम संख्या 250 होगी । इनमें से 238 सदस्य राज्यों और संघ शासित प्रदेशों से चुने हुए तथा 12 सदस्य राष्ट्रपति द्वारा मनोनीत होंगे। राष्ट्रपति को कला, साहित्य, विज्ञान, समाज सेवा, सहकारिता आदि के विशेषज्ञ के रूप में 12 सदस्यों को राज्यसभा में मनोनीत करने का अधिकार है। 238 चुने हुए सदस्य राज्यों एवं केन्द्रशासित प्रदेशों से जनसंख्या के आधार पर निर्धारित सीटों के अनुसार निर्वाचित होते हैं। इनका चुनाव राज्यों की विधानसभाओं के निर्वाचित सदस्यों द्वारा आनुपातिक प्रतिनिधित्व प्रणाली के आधार पर एकल संक्रमणीय मत द्वारा किया जाता है। मतदान गुप्त होता है। कोई भी व्यक्ति—(1) जो भारत का नागरिक है, (2) जो 30 वर्ष का हो चुका है, (3) जिसमें संसद द्वारा समय-समय पर निर्धारित योग्यतायें हैं, और (4) जो 10वीं अनुसूची के तहत अनर्ह घोषित नहीं है—राज्यसभा के लिये चुनाव लड़ सकता है। राज्यसभा एक स्थायी संस्था है, इसे भंग नहीं किया जा सकता और इसके 1/3 सदस्य हर दो वर्ष पश्चात् अवकाश ग्रहण कर लेते हैं और उनके स्थान पर नया चुनाव होता है। सन् 1951 के जन प्रतिनिधित्व कानून में कहा गया है कि जो व्यक्ति जिस राज्य से राज्य सभा का चुनाव लड़ना चाहता है उसे उस राज्य में संसद (लोकसभा) का मतदाता भी होना चाहिए। राज्य सभा का सभापति भारत का उपराष्ट्रपति होता है। राज्य सभा अपना एक उपसभापति स्वयं चुनती है।

लोकसभा

संविधान में लोकसभा की अधिकतम सदस्य संख्या 552 हो सकती है। इनमें 550 सदस्य राज्यों और केन्द्रशासित प्रदेशों का प्रतिनिधित्व करते हैं। राष्ट्रपति को आंग्ल-भारतीय समुदाय के दो व्यक्तियों का मनोनयन करने का अधिकार है। (राष्ट्रपति द्वारा आंग्ल भारतीय समुदाय के दो व्यक्तियों के मनोनयन की व्यवस्था को 104वें संविधान संशोधन अधिनियम 2020 द्वारा समाप्त कर दिया गया है।) इस समय लोकसभा में 543 सदस्य हैं जो राज्यों और केन्द्रशासित प्रदेशों से चुने गए हैं। राज्यों के प्रतिनिधि वयस्क मताधिकार के आधार पर राज्यों के निर्वाचन क्षेत्रों से प्रत्यक्ष ढंग से चुने जाते हैं। केन्द्र शासित प्रदेशों के प्रतिनिधि संसद द्वारा निर्धारित विधि से चुने जाते हैं। प्रत्येक राज्य के सदस्यों की संख्या निर्धारित है। लोकसभा के सदस्यों का चुनाव पांच वर्ष के लिये किया जाता है किंतु राष्ट्रपति अवधि से पहले भी लोकसभा को भंग कर सकता है।

लोकसभा के सदस्य बनने के लिए यह आवश्यक है कि व्यक्ति—(1) भारत का नागरिक हो (2) 25 वर्ष की उम्र पूरी कर चुका हो और (3) उसमें वे समस्त योग्यतायें हों जिन्हें संसद द्वारा समय-समय पर निर्धारित किया गया हो। पागल, दिवालिये, विदेशी और लाभ के पद पर कार्य कर रहे व्यक्ति लोक सभा या राज्यसभा का चुनाव नहीं लड़ सकते हैं। यदि कोई सदस्य 10वीं अनुसूची के तहत अनर्ह हो जाता है या त्यागपत्र दे देता है अथवा बिना सदन की अनुमति के 60 दिन तक लगातार सदन की बैठकों से अनुपस्थित रहता है तो सदन की स्वीकृति से उसका स्थान रिक्त हो जाता है।

संसद की शक्तियां और कार्य

संसद की शक्तियों और कार्यों को निम्नांकित शीर्षकों में वर्गीकृत किया जा सकता है:

1. **विधायी शक्तियां :** भारतीय संसद संघ सूची, समवर्ती सूची, अवशेष विषयों तथा विशेष परिस्थितियों में राज्य सूची के विषयों पर नया कानून बना सकती है, पुराने कानून को पूरी तरह रद्द कर सकती है। कोई भी सामान्य विधेयक किसी भी सदन में पहले प्रस्तुत किया जा सकता है। यदि किसी बिल पर दोनों सदनों में मतभेद हो तो राष्ट्रपति बिल पर विचार करने हेतु दोनों सदनों की संयुक्त बैठक बुला सकता है। दोनों सदनों की सयुंक्त बैठक में सामान्य बहुमत से बिल पास होगा।
2. **वित्तीय शक्तियां :** वित्त संबंधी विधेयक केवल लोकसभा में ही प्रस्तुत किया जा सकता है। संघ सरकार का वर्ष भर का आय-व्यय का लेखा (बजट) भी लोकसभा में ही वित्त मंत्री द्वारा प्रस्तुत किया जाता है। बिना संसद की स्वीकृति के सरकार न तो नये कर लगा सकती है और न किसी मद पर एक पैसा भी व्यय कर सकती है। बजट एवं अन्य वित्त विधेयकों को लोकसभा द्वारा पारित हो जाने के पश्चात् राज्यसभा के विचारार्थ भेजा जाता है। राज्यसभा के लिये यह

आवश्यक है कि वह वित्त विधेयक को प्राप्त होने की तिथि से 14 दिन के अंदर उसे लोकसभा को लौटा दे। यदि वह 14 दिन तक बिल को नहीं लौटाती है तो वह बिल दोनों सदनों द्वारा स्वीकृत मान लिया जाता है। 14 दिन के भीतर वह अपनी सिफारिशों (संशोधन प्रस्तावों) सहित उसे लौटा सकती है। किंतु लोकसभा को यह अधिकार है कि वह राज्यसभा की सिफारिशों को माने या न माने। इस प्रकार वित्तीय शक्तियां मुख्य रूप से लोक सभा के पास ही हैं।

3. **कार्यपालिका पर नियंत्रण संबंधी शक्तियां :** देश की कार्यपालिका अर्थात् मंत्रिपरिषद् लोकसभा के प्रति उत्तरदायी हैं। संसद के दोनों सदन, प्रश्न पूछकर, कार्य स्थगन प्रस्ताव रख कर मंत्रिपरिषद् के कार्यों पर नियंत्रण रखते हैं।
4. **संविधान संशोधन संबंधी शक्तियां :** संविधान संशोधन की दृष्टि से संसद के दोनों सदनों की शक्तियां समान हैं। संविधान संशोधन का अधिकार संसद को ही है, किंतु संविधान संशोधन संबंधी कानून दोनों सदनों में अलग-अलग कुल सदस्यों के दो-तिहाई बहुमत से स्वीकृत होना चाहिए। इसके साथ ही कतिपय मामलों में संविधान संशोधन हेतु आधे राज्यों की विधानसभाओं का अनुमोदन भी आवश्यक है।
5. **निर्वाचक मंडल के रूप में कार्य :** संसद के दोनों सदन राष्ट्रपति और उप-राष्ट्रपति के चुनाव में निर्वाचक मंडल का भी कार्य करते हैं।

इन शक्तियों के अतिरिक्त राष्ट्रपति, उप-राष्ट्रपति, सर्वोच्च न्यायालय एवं उच्च न्यायालय के न्यायाधीशों पर महाभियोग लगाने, आपातकाल की घोषणा का अनुमोदन करने आदि के कार्य भी संसद के दोनों सदन ही करते हैं। राज्यों की सीमाओं, नामों आदि में परिवर्तन संसद ही करती है।

राष्ट्रपति

ारतीय संविधान की धारा 52 और 53 में कहा गया है कि भारत ़ संघ शासन के प्रधान राष्ट्रपति हैं। भारत के राष्ट्रपति की स्थिति सी है, जैसी ब्रिटिश शासन में ब्रिटिश सम्राट की। ब्रिटिश सम्राट ी ही भांति भारत का राष्ट्रपति भी राष्ट्र का प्रतिनिधि है—राष्ट्र ा शासक नहीं है। शासन में उसका स्थान अत्यन्त गौरव तथा ोभा का है लेकिन उसकी वास्तविक स्थिति रबर की मुहर के मान है। संघ की सम्पूर्ण शक्तियां उसको समर्पित हैं। वह देश ी रक्षा सेनाओं का भी प्रधान है। संघ सरकार के समस्त कार्य सी के नाम पर किए जाते हैं, परन्तु वास्तव में वह शासन नहीं रता, राज करता है। वह राज्य का प्रधान है, किन्तु शासन तरकार) का प्रधान नहीं है। शासन की वास्तविक शक्ति त्रमण्डल के हाथ में निहित है। राष्ट्रपति को उसी के परामर्श कार्य करना पड़ता है। दूसरे शब्दों में, मंत्रिमंडल जो भी निश्चय रता है उसे ही राष्ट्रपति के नाम से जारी कर दिया जाता है। का मुख्य कारण यह है कि हमारे देश में संसद प्रधान शासन ाली (Parliamentary Form of Government) है; राष्ट्रपति प्रधान शासन प्रणाली (Presidential Government) नहीं है। प्रधानमंत्री का कर्त्तव्य है कि वह शासन के सभी महत्त्वपूर्ण निर्णयों के बारे में राष्ट्रपति को सूचित करता रहे।

कार्यकाल

राष्ट्रपति का सामान्य कार्यकाल 5 वर्ष होता है, किन्तु वह इससे पहले भी त्यागपत्र दे सकता है उस पर महाभियोग चलाकर भी उसे पद से हटाया जा सकता है। राष्ट्रपति अपना त्यागपत्र उप-राष्ट्रपति को सम्बोधित करके देता है। जब तक नया राष्ट्रपति न चुन लिए जायें, पहले राष्ट्रपति ही कार्यकाल की समाप्ति पर भी पद को सम्भाले रहेंगे। एक बार चुन लिए जाने के पश्चात् भी वही व्यक्ति दुबारा और तिबारा भी राष्ट्रपति पद के लिए खड़ा हो सकता है। अपना पद ग्रहण करने से पूर्व राष्ट्रपति को संविधान की रक्षा करने की शपथ लेनी पड़ती है।

महाभियोग

संविधान की धारा 61 में राष्ट्रपति पर महाभियोग लगाने की विधि का प्रावधान है। राष्ट्रपति को उनके पद से हटाने के सम्बन्ध में संविधान में इस बात का प्रबन्ध किया गया है कि यदि कोई राष्ट्रपति संविधान को भंग करे तो संसद का कोई एक सदन दो-तिहाई बहुमत से प्रस्ताव पास करके दूसरे सदन से यह प्रार्थना कर सकेगा कि राष्ट्रपति के विरुद्ध लगाए गए अभियोगों की जांच-पड़ताल करे। ऐसा प्रस्ताव पेश करने के लिए किसी सदन में कुल सदस्यों की संख्या के एक-चौथाई सदस्यों के हस्ताक्षर तथा 14 दिन पूर्व सूचना आवश्यक है। राष्ट्रपति को यह अधिकार होगा कि अभियोगों की जांच-पड़ताल करने वाले सदन में जांच के दौरान स्वयं उपस्थित होकर या प्रतिनिधि के द्वारा अपना पक्ष प्रस्तुत कर सके और सफाई दे सके। यदि पूरी जांच के पश्चात् दूसरा सदन दो-तिहाई बहुसंख्या से अभियोगों की पुष्टि कर दे, तो राष्ट्रपति को उसी दिन उनके पद से हटा दिया जाएगा।

सामान्यतया राष्ट्रपति के कार्यकाल की समाप्ति से पहले ही नये राष्ट्रपति का निर्वाचन हो जाना चाहिए। परन्तु यदि मृत्यु, त्यागपत्र अथवा महाभियोग के कारण नए चुनाव से पहले ही राष्ट्रपति का स्थान खाली हो जाए, तो छः माह के अन्दर नया चुनाव हो जाना चाहिए। चुनाव चाहे किसी कारण से हो, नव निर्वाचित राष्ट्रपति का कार्यकाल 5 वर्ष ही होगा।

राष्ट्रपति के अधिकार

राष्ट्रपति को निम्न अधिकार प्राप्त हैं—

कार्यपालिका अधिकार : राष्ट्रपति राज्यपालों, राज्य के उच्च न्यायालयों के न्यायाधीशों, सर्वोच्च न्यायालय के न्यायाधीशों, केन्द्रीय लोक सेवा आयोग के सदस्यों, ऑडीटर जनरल, कम्पट्रोलर जनरल और अटॉर्नी जनरल की नियुक्ति करते हैं। राष्ट्रपति भारत की रक्षा सेनाओं के सर्वोच्च अधिकारी हैं। विदेशी राजदूतों की नियुक्ति भी राष्ट्रपति करते हैं। वह लोकसभा में बहुमत वाले दल के नेता को मंत्रिमंडल बनाने का निमंत्रण देते हैं। राष्ट्रपति उसे प्रधानमंत्री नियुक्त करते हैं और उसकी

सलाह पर अन्य मंत्रियों को नियुक्त करते हैं। केन्द्रशासित प्रदेशों का शासन राष्ट्रपति के हाथ में होता है जो चीफ कमिश्नरों और उप राज्यपालों की सहायता से पूरा होता है।

वैधानिक अधिकार : राष्ट्रपति के हस्ताक्षरों के बिना संसद द्वारा पास कोई भी बिल कानून नहीं बन सकता। जब संसद का अधिवेशन न हो रहा हो तो राष्ट्रपति आवश्यकता पड़ने पर अध्यादेश जारी कर सकते हैं। राष्ट्रपति संसद के दोनों सदनों की बैठक बुलाता और उनका सत्रावसान करता है। वह लोकसभा को भंग करके नये सिरे से चुनाव करा सकता है। वह संसद के किसी भी सदन में भाषण कर सकता है और किसी भी बिल को पुनर्विचार के लिए सदन में वापस भेज सकता है।

आर्थिक अधिकार : कोई भी धन विधेयक और अनुदान की मांग राष्ट्रपति की सिफारिश के बिना संसद में पेश नहीं हो सकता।

न्यायिक संबंधी : राष्ट्रपति किसी भी अपराधी को क्षमा कर सकते हैं, सजा कम कर सकते हैं अथवा मृत्यु दंड को रद्द कर सकते हैं।

आपातकालीन अधिकार : संविधान में तीन प्रकार के आपातकाल की कल्पना की गई है। आपातकाल के दौरान राष्ट्रपति सारे देश का या देश के किसी भाग का शासन सीधे अपने हाथ में ले सकता है। तीन प्रकार के आपातकाल ये हैं—(i) युद्ध, आक्रमण, देश के भीतर सशस्त्र विद्रोह (या आन्तरिक उपद्रव) से उत्पन्न आपातकाल, (ii) राज्य में संवैधानिक व्यवस्था टूट जाने पर आपातकाल, और (iii) आर्थिक अस्थिरता से उत्पन्न आपातकाल।

आपातकाल की घोषणा के संबंध में राष्ट्रपति स्वेच्छाधारी नहीं है। वह इसकी घोषणा तभी जारी करेगा जब उसके पास कैबिनेट का लिखित फैसला (कि आपातकाल की घोषणा कर दी जाये) पहुंच जायेगा।

मंत्रिपरिषद्

संविधान में कहा गया है कि राष्ट्रपति को सहायता व परामर्श देने के लिए एक मंत्रिपरिषद् होगी, जिसका मुखिया प्रधानमंत्री होगा और राष्ट्रपति अपनी मंत्रिपरिषद् की सलाह के मुताबिक ही कार्य करेगा। प्रधानमंत्री की नियुक्ति राष्ट्रपति द्वारा की जाती है। प्रधानमंत्री ऐसा व्यक्ति होना चाहिए जिसे संसद के निचले सदन अर्थात् लोकसभा के बहुसंख्यक सदस्यों का विश्वास प्राप्त हो। दूसरे मंत्रियों की नियुक्ति भी राष्ट्रपति ही करता है, परन्तु प्रधानमंत्री की सिफारिश के अनुसार। यद्यपि संविधान में कहा गया है कि मंत्रिपरिषद् तभी तक अपने पद पर रहेगी, जब तक राष्ट्रपति चाहे; किन्तु वास्तविकता यह है कि मंत्रिपरिषद् तब तक अपने पद पर रहती है जब तक उसे संसद का विश्वास प्राप्त रहे। सच तो यह है कि एक बार प्रधानमंत्री नियुक्त हो जाने के बाद प्रधानमंत्री की स्थिति इतनी मजबूत हो जाती है कि राष्ट्रपति भी उसका मुखापेक्षी बन जाता है और संसद भी उसकी अनुगामिनी बन जाती है।

मंत्रिपरिषद् में कैबिनेट स्तर के मंत्री, राज्य मंत्री और उपमंत्री होते हैं। राज्य मंत्री कैबिनेट के सदस्य नहीं होते। प्रत्येक मंत्री के लिए संसद का सदस्य होना/बनना जरूरी होता है। उसे अपने पद और गोपनीयता की शपथ लेनी पड़ती है।

मंत्रियों के वेतन, भत्ते आदि संसद द्वारा निर्धारित किये जाते हैं।

मंत्रिपरिषद् के कार्य

1. सरकार की नीति संबंधी सभी महत्त्वपूर्ण मुद्दों पर निर्णय करना।
2. सरकार की गृह एवं विदेश नीति तय करना।
3. यह निश्चय करना कि संसद में कौन-से बिल (Legislative Programme) किस क्रम में उपस्थित किए जायेंगे।
4. प्रधानमंत्री की आर्थिक एवं वित्तीय नीति निश्चित करना।
5. शासन संबंधी अन्य महत्त्वपूर्ण विषयों पर निर्णय लेना।
6. दूसरे देशों के साथ युद्ध अथवा सुलह के संबंध में संसद को सलाह देना।
7. उच्च अधिकारियों की नियुक्ति के संबंध में राष्ट्रपति को परामर्श देना।
8. संसद का नेतृत्व करना।

प्रधानमंत्री

प्रधानमंत्री मंत्रिपरिषद् का नेता होता है। उसी के परामर्श से राष्ट्रपति द्वारा सारे मंत्रियों की नियुक्ति होती है। वह लोकसभा में बहुमत दल का नेता होता है।

प्रधानमंत्री राष्ट्रपति और मंत्रिपरिषद् के मध्य एक कड़ी होता है तथा सरकार के प्रत्येक कार्य से राष्ट्रपति को अवगत कराता रहता है। मंत्रिपरिषद् का नेता होने के नाते, वह राष्ट्रपति का प्रधान सलाहकार होता है। वही राष्ट्रपति के नीति संबंधी भाषण तथा दूसरे वक्तव्यों को स्वीकृति प्रदान करता है। वह संसद में सरकार का मुख्य प्रवक्ता होता है।

प्रधानमंत्री की पदावधि निश्चित नहीं है। उसे जब तक लोकसभा का विश्वास प्राप्त रहता है, वह प्रधानमंत्री रहता है। साधारणत: लोकसभा की अवधि पांच वर्ष है, अत: उसकी पदावधि भी 5 वर्ष मानी जा सकती है किन्तु किसी भी समय उसे पद त्याग करना पड़ सकता है। उसे संसद द्वारा निर्धारित वेतन और रहने के लिए सुसज्जित निवास-स्थान मिलता है।

वस्तुनिष्ठ प्रश्न

1. भारत का राष्ट्रपति–

A. सरकार का प्रमुख है
B. राष्ट्र का प्रमुख है
C. सरकार एवं राष्ट्र दोनों का प्रमुख है
D. उपर्युक्त किसी का नहीं

2. राष्ट्रपति पर महाभियोग का प्रस्ताव लाया जा सकता है

A. चोरी के लिए
B. दाण्डिक अपराध के लिए
C. संविधान के अतिक्रमण के लिए
D. कर्त्तव्य की अवहेलना के लिए

3. 26 जनवरी, 1950 से राष्ट्रपति पद के लिए प्रथम चुनाव होने तक भारत का अंतरिम राष्ट्रपति कौन था?
A. डॉ॰ राधा कृष्णन
B. राजेन्द्र प्रसाद
C. जाकिर हुसैन
D. सी॰ आर॰ राजगोपालाचारी

4. निम्नलिखित में से कौन.सा कार्य राष्ट्रपति से संबंधित है–
A. लोक सभा को विघटित करना
B. संसद के दोनों सदनों को आहूत करना
C. संसद के दोनों सदनों का सत्रावसान करना
D. उपर्युक्त सभी

5. राष्ट्रपति को निम्नलिखित किस सूची के विषय पर अध्यादेश जारी करने का अधिकार नहीं है-
A. संघ सूची B. राज्य सूची
C. समवर्ती सूची D. A और B दोनों पर

6. निम्नलिखित कौन-सा विधेयक बिना राष्ट्रपति के पूर्वानुमति लिये संसद में पेश नहीं किया जा सकता है?
A. वित्त विधेयक B. साधारण विधयेक
C. A और B D. उपर्युक्त कोई नहीं

7. निम्नलिखित किस संघ शासित क्षेत्र के संबंध में अंतिम विधायी शक्ति राष्ट्रपति में निहित है?
A. लक्षद्वीप
B. दादर एवं नगर हवेली और दमन एवं दीव
C. दिल्ली
D. अंडमान व निकोबार द्वीप समूह

8. राष्ट्रपति द्वारा आपात काल की उद्घोषणा के कितने दिनों के अंदर संसदीय स्वीकृति आवश्यक होती है?
A. 14 दिन B. 15 दिन
C. 1 माह D. 2 माह

9. राष्ट्रपति किसी राज्य में राष्ट्रपति शासन की उद्घोषणा किसके प्रतिवेदन पर करता है?
A. राज्य के मुख्यमंत्री
B. राज्य के राज्यपाल
C. राज्य के मुख्य न्यायाधीश
D. उपर्युक्त में से कोई नहीं

10. संसद द्वारा प्रस्ताव पारित हो जाने पर किसी भी राज्य में राष्ट्रपति शासन एक बारे में कितने समय तक के लिए लागू होता है?
A. 3 माह B. 6 माह
C. 12 माह D. 1 माह

11. प्रधानमंत्री किस सदन का मंत्री होता है?
A. लोक सभा B. राज्य सभा
C. A और B दोनों D. उपर्युक्त किसी का नहीं

12. प्रधानमंत्री एवं उनके द्वारा नियुक्त मंत्री को शपथ कौन दिलाता है?
A. राष्ट्रपति B. उपराष्ट्रपति
C. लोक सभाध्यक्ष D. मुख्यन्यायाधीश

13. संघ का आर्थिक मंत्रिमंडल है-
A. नीति आयोग B. केन्द्रीय मंत्रिपरिषद्
C. संसद D. राष्ट्रीय विकास परिषद्

14. भारत में राष्ट्रपति की मृत्यु, पदत्याग अथवा हटाए जाने पर पद में हुई रिक्ति को भरने की समय-सीमा क्या है?–
A. एक माह B. नौ माह
C. तीन माह D. छः माह

15. मंत्रिपरिषद् निम्नलिखित में से किसके प्रसाद पर्यंत पदासीन रहता है?
A. लोक सभा B. राज्य सभा
C. प्रधानमंत्री D. राष्ट्रपति

16. संसद के संयुक्त अधिवेशन की अध्यक्षता कौन करता है?
A. राष्ट्रपति B. लोकसभाध्यक्ष
C. उपराष्ट्रपति D. उपर्युक्त कोई नहीं

17. लोकसभा के प्रत्येक राज्य के प्रतिनिधित्व का आधार निम्नलिखित में किसे समझा जाता है?
A. व्यक्तित्व B. धन
C. जनसंख्या D. उपर्युक्त सभी

18. लोकसभा के अध्यक्ष को अध्यक्ष पद की शपथ कौन दिलाता है?
A. राष्ट्रपति
B. प्रधानमंत्री
C. उच्चतम न्यायालय का न्यायाधीश
D. उपर्युक्त में से कोई नहीं

19. राज्यसभा के सदस्य मनोनीत किये जाते हैं–
A. प्रधानमंत्री के द्वारा
B. उपराष्ट्रपति के द्वारा
C. राष्ट्रपति के द्वारा
D. लोकसभा अध्यक्ष द्वारा

20. संसदीय प्रणाली निर्भर है-
A. एकदलीय प्रणाली पर
B. राजनीतिक दलों पर
C. नागरिकों द्वारा निर्मित संस्थाओं पर
D. मूल अधिकारों पर

उत्तरमाला

1	2	3	4	5	6	7	8	9	10
B	C	B	D	B	A	C	C	B	B
11	**12**	**13**	**14**	**15**	**16**	**17**	**18**	**19**	**20**
C	A	A	D	D	B	C	D	C	B

❑❑❑

न्यायपालिका

हमारी न्यायपालिका की यह विशिष्टता है कि पूरे देश के लिए एक ही एकीकृत न्याय प्रणाली है। एकल न्यायपालिका श्रेणीबद्ध न्यायालयों का प्रतिनिधित्व करती है। इसमें एकल एकीकृत न्याय प्रणाली के शीर्ष पर सर्वोच्च न्यायालय है तथा राज्यों के स्तर पर उच्च न्यायालय है। उच्च न्यायालयों के नीचे अनेक अधीनस्थ न्यायालय हैं जैसे जिला न्यायालय तथा सेशन जज का न्यायालय जो क्रमशः दीवानी तथा फौजदारी मुकदमें सुनते हैं।

भारतीय न्याय प्रणाली

भारत का सर्वोच्च न्यायालय

↓

उच्च न्यायालय

↓

अधीनस्थ न्यायालय

सर्वोच्च न्यायालय

सर्वोच्च न्यायालय भारत का उच्चतम न्यायिक प्राधिकरण है। इसमें मुख्य न्यायाधीश के अतिरिक्त 33 अन्य न्यायाधीश होते हैं। यदि संसद आवश्यक समझे तो न्यायाधीशों की संख्या बढ़ा सकती है। समय-समय पर संसद ने न्यायाधीशों की संख्या बढ़ाई है। प्रारम्भ में उच्चतम न्यायालय में एक मुख्य न्यायाधीश तथा सात अन्य न्यायाधीश थे। मुख्य न्यायाधीश को भारत का मुख्य न्यायाधीश भी कहा जाता है। जब कभी भी सर्वोच्च न्यायालय में कोई स्थान खाली होता है अथवा उसके खाली होने की संभावना होती है तो मुख्य न्यायाधीश सहित चार अन्य वरिष्ठ न्यायाधीश, कई नामों पर चर्चा करने के पश्चात उन नामों की सिफारिश करते हैं जिन्हें सर्वोच्च न्यायालय का न्यायाधीश नियुक्त किया जा सकता है। यह व्यवस्था सर्वोच्च न्यायालय के संविधान पीठ द्वारा 1993 और फिर 1999 में दिए गए निर्णय पर आधारित है। संविधान के अनुसार सर्वोच्च न्यायालय के न्यायाधीशों की नियुक्ति का अधिकार अभी भी राष्ट्रपति के पास है, परंतु सर्वोच्च न्यायालय के 1999 के निर्णय ने राष्ट्रपति को मुख्य न्यायाधीश की सलाह मानने को बाध्य कर दिया है। अब यह शक्ति न्यायाधीशों के समूह के पास चली गई है जिसे कालीजियम कहा जाता है। राष्ट्रपति की भूमिका औपचारिक रह गई है कि वह विधि मंत्रालय द्वारा भेजे गए एवं सर्वोच्च न्यायालय द्वारा नामित व्यक्ति की नियुक्ति करे।

योग्यताएं, कार्यकाल तथा पदच्युति

कोई भी व्यक्ति सर्वोच्च न्यायालय का न्यायाधीश बनने के योग है यदि वह भारत का नागरिक है तथा निम्नलिखित शर्तों को पू करता हैः

योग्यता

वह कम से कम पांच वर्ष के लिए किसी एक या एक अधिक उच्च न्यायालयों का न्यायाधीश रह चुका हो।

अथवा

वह कम से कम दस वर्ष तक किसी एक या एक से अधि उच्च न्यायालय का उच्चतम न्यायालय में वकालत कर चुका हो

अथवा

राष्ट्रपति की दृष्टि में कोई प्रख्यात न्यायाविद् हो।

कार्यकाल

सर्वोच्च न्यायालय के मुख्य न्यायाधीश तथा अन्य न्यायाधी 65 वर्ष की आयु तक अपने पद पर बने रहते हैं। कोई न्यायाधी कार्यकाल पूरा होने से पहले भी त्यागपत्र दे सकता है।

पदच्युति

असाधारण स्थिति में, किसी न्यायाधीश को सेवानिवृति की अ पूरी होने से पहले भी अपदस्थ किया जा सकता है परन्तु इस लिए निर्धारित प्रक्रिया को अपनाना होगा। अतः सर्वोच्च न्यायाल के किसी न्यायाधीश को उसकी असक्षमता व कदाचार के आध पर राष्ट्रपति द्वारा हटाया जा सकता है यदि संसद के दोनों सद अलग-अलग प्रस्ताव पारित कर दें जिसके लिए एक ही सत्र उपस्थित तथा मतदान करने वाले सदस्यों की कुल संख्या का 2 बहुमत होना आवश्यक है। अभी तक सर्वोच्च न्यायालय के कि न्यायाधीश को हटाने के लिए ऐसी प्रक्रिया का प्रयोग केवल ए बार किया गया है। परंतु फिर भी उसे हटाया नहीं जा स क्योंकि संसद उस प्रस्ताव को पारित नहीं कर सकी। इससे स्पष्ट हो जाता है कि सर्वोच्च न्यायालय के न्यायाधीशों कार्यकाल सुरक्षित है और कार्यपालिका उन्हें अपनी इच्छा अनु नहीं हटा सकती। कोई व्यक्ति जो सर्वोच्च न्यायालय में न्यायाध के रूप में कार्यरत रहा है देश भर में कहीं भी वकालत नहीं सकता। सर्वोच्च न्यायालय के न्यायाधीशों को संसद द्वारा समय-स पर निर्धारित वेतन भत्ते दिए जाते हैं।

अभिलेख न्यायालय

सर्वोच्च न्यायालय एक प्रकार का अभिलेख न्यायालय है। यह प्रकार से है। इसके सभी निर्णय और फैसले यहां पर संजोकर

जाते हैं जिन्हें देश के सभी न्यायालयों द्वारा संदर्भ के रूप में प्रयोग किया जाता है एवं इन्हें कानून के समान मान्यता प्राप्त है। अभिलेख न्यायालय के रूप में इसे किसी भी व्यक्ति को न्यायालय का निरादर या मानहानि करने पर दंड देने का अधिकार है।

सर्वोच्च न्यायालय का अधिकार क्षेत्र

सर्वोच्च न्यायलय द्वारा मुकदमों को सुनने और फैसला करने के अधिकार या शक्ति को न्यायिक अधिकार क्षेत्र कहते हैं। सर्वोच्च न्यायालय के **तीन** प्रकार के अधिकार क्षेत्र हैं।

प्रारम्भिक अथवा मूल क्षेत्राधिकार

कुछ मुकदमें ऐसे हैं जो केवल सर्वोच्च न्यायालय के न्यायक्षेत्र में ही आते हैं। इससे यह अभिप्राय है कि ऐसे मुकदमें केवल सर्वोच्च न्यायालय में ही प्रारम्भ होते हैं अर्थात जिन्हें पहली बार केवल सर्वोच्च न्यायालय में ही दायर किया जाता है, तथा वे किसी अन्य न्यायालय में दायर नहीं किए जा सकते। मूल न्यायाधिकार में आने वाले मुदकमें इस प्रकार हैं:

(*i*) (क) ऐसे मुकदमें जिनमें एक ओर केन्द्रीय सरकार तथा दूसरी ओर एक या एक से अधिक राज्य सरकारें हों।

(ख) ऐसे मुकदमें जिनमें एक ओर केन्द्रीय सरकार के अतिरिक्त एक या एक से अधिक राज्य सरकारें हों और दूसरी ओर एक या एक से अधिक राज्य सरकारें हों।

(ग) ऐसे मुकदमें जिनमें दो या दो से अधिक राज्यों के बीच विवाद हो।

(*ii*) मौलिक अधिकारों के संरक्षण तथा लागू करने के लिए सर्वोच्च न्यायालय को विशेष अधिकार दिए गए हैं जिसके लिए उसे निर्देश अथवा आदेश देने का अधिकार है।

(*iii*) जनहित याचिकाएं (PIL) भी सीधे सर्वोच्च न्यायालय में सुनी जा सकती हैं। (यह एक ऐसा अधिकार है जो संविधान में वर्णित नहीं है)।

अपील संबंधी क्षेत्राधिकार

किसी भी निचली अदालत द्वारा दिए गए निर्णय के विरुद्ध की गई अपील को किसी उच्च अदालत द्वारा सुनने की शक्ति को अपील संबंधी न्यायाधिकार कहा जाता है। सर्वोच्च न्यायालय का अपील संबंधी अधिकार क्षेत्र बहुत विशाल है। यह उच्च न्यायालयों के निर्णयों के विरुद्ध अपील सुन सकता है। अतः सर्वोच्च न्यायालय में की गई अपील अंतिम अपील होती है। यदि किसी मुकदमे में उच्च न्यायालय द्वारा दिए गए निर्णय से कोई एक पक्ष संतुष्ट नहीं है, तो वह सर्वोच्च न्यायालय में उस निर्णय के विरुद्ध अपील कर सकता है। यह अपीलें दीवानी, फौजदारी तथा संवैधानिक मामलों से संबंधित हो सकती हैं।

(i) दीवानी मामले

सम्पत्ति, विवाह, धन, समझौते या किसी सेवा संबंधी झगड़ों के मामले दीवानी मुकदमें कहलाते हैं। यदि किसी दीवानी मामलों में लोक महत्व का कोई ऐसा प्रमुख कानूनी बिन्दु है जिसकी व्याख्या सर्वोच्च न्यायालय द्वारा वांछित है, तो उच्च न्यायालय के निर्णय के विरुद्ध सर्वोच्च न्यायालय में अपील की जा सकती है। पहले ऐसे दीवानी मामलों की वित्तीय सीमा केवल 20,0000 रु. तक थी परंतु 1972 में किए गए संविधान के तीसवें संशोधन के अनुसार अब सर्वोच्च न्यायलाय में की जाने वाली दीवानी अपील के लिए कोई निम्नतम राशि निर्धारित नहीं है।

(ii) फौजदारी मामले

- कई परिस्थितियों में फौजदारी मामलों में उच्च न्यायालय के निर्णय के विरुद्ध सर्वोच्च न्यायालय में अपील की जा सकती है।
- यदि कोई उच्च न्यायालय निचली अदालत द्वारा दोषमुक्त घोषित किए गए व्यक्ति को मृत्यु दंड सुना दे, तो ऐसे व्यक्ति को इस निर्णय के विरुद्ध सर्वोच्च न्यायालय में अपील करने का अधिकार है।
- यदि उच्च न्यायालय किसी निचली अदालत से किसी मुकदमे को अपने यहां मंगा ले और उस व्यक्ति को दोषी करार देते हुए मृत्यु दंड सुना दे, तो ऐसे मामले में भी सर्वोच्च न्यायालय में अपील की जा सकती है। ऐसी स्थिति में भी अधिकार स्वरूप और उच्च न्यायालय से बिना किसी प्रमाणपत्र के अपील दायर की जा सकती है।
- उपरोक्त दो स्थितियों के अतिरिक्त भी सर्वोच्च न्यायालय में अपील की जा सकती है यदि कोई उच्च न्यायालय यह प्रमाणपत्र दे कि मुकदमा सर्वोच्च न्यायालय में अपील करने योग्य है।
- यदि कोई उच्च न्यायालय किसी मामले में यह प्रमाणित करने से इंकार कर दे कि मामला सर्वोच्च न्यायालय में अपील के योग्य है, तो संबंधित व्यक्ति सर्वोच्च न्यायालय में अपील दायर करने के लिए सर्वोच्च न्यायालय से ही विशेष अनुमति प्राप्त कर सकता है। परंतु सर्वोच्च न्यायालय इस प्रकार की विशेष अनुमति बहुत ही कम मामलों में देता है।

(iii) संवैधानिक मामले

- संवैधानिक मामले न तो दीवानी झगड़े होते हैं और न ही फौजदारी अपराध। यह ऐसा मुकदमा है जिसके कारण संविधान की भिन्न-भिन्न प्रकार से व्याख्या करना होता है, विशेषतौर पर मौलिक अधिकारों से संबंधित व्याख्या अथवा अर्थ निकालना। ऐसे मामलों की सुनवाई सर्वोच्च न्यायलाय में केवल तभी हो सकती है यदि उच्च न्यायालय यह प्रमाणित करे कि मामला संवैधानिक सवालों से संबंधित है।
- यदि उच्च न्यायलय यह प्रमाणित करने से मना कर दे कि मामला सर्वोच्च न्यायालय में जाने योग्य है, तो सर्वोच्च न्यायालय अपनी स्वैच्छिक शक्ति का प्रयोग

करते हुए ऐसे किसी मामले में जिसे वह उचित समझता है, अपील के लिए विशेष अनुमति दे सकता है।

मंत्रणा संबंधी क्षेत्राधिकार

इस अधिकार का अर्थ यह है कि सर्वोच्च न्यायालय को परामर्श देने का अधिकार है, यदि उससे परामर्श मांगा जाए। मंत्रणा संबंधी अधिकार क्षेत्र के अंतर्गत राष्ट्रपति किसी भी कानून संबंधी अथवा लोक महत्व के प्रश्न पर सर्वोच्च न्यायालय से परामर्श मांग सकता है। परंतु सर्वोच्च न्यायालय परामर्श देने के लिए बाध्य नहीं है। दूसरी ओर, यदि परामर्श या मत भेज दिया जाए, तो उसे मानना या न मानना राष्ट्रपति के लिए भी बाध्यकारी नहीं है। आज तक जब भी सर्वोच्च न्यायालय ने कोई परामर्श दिया है, राष्ट्रपति ने उसे सदैव स्वीकार किया है। अयोध्या में जिस स्थान पर बाबरी मस्जिद बनाई गई थी, उस स्थान पर पहले मंदिर था या नहीं, जब इस पर सर्वोच्च न्यायालय की राय मांगी गई तो उसने अपनी राय देने से इंकार कर दिया था।

उच्च न्यायालय

वर्तमान में 28 राज्यों तथा 8 केन्द्र शासित प्रदेशों के लिए 25 उच्च न्यायालय हैं। उच्च न्यायालय राज्य-स्तर पर सबसे बड़े होते हैं, परन्तु भारतीय न्यायिक प्रणाली का एक अंग होने के कारण ये सर्वोच्च न्यायालय के दिशा-निर्देशों का पालन करते हैं।

संगठन

प्रत्येक राज्य का एक उच्च न्यायालय होता है। दो या दो से अधिक राज्यों के लिए एक संयुक्त उच्च न्यायालय भी हो सकता है। उदाहरणार्थ, पंजाब, हरियाणा और केन्द्र शासित प्रदेश चंडीगढ़ के लिए केवल एक उच्च न्यायालय, चंडीगढ़ में है। इसी प्रकार गुवाहाटी में स्थित उच्च न्यायालय उत्तर-पूर्वी राज्यों–असम, नागालैंड, मिजोरम और अरुणाचल प्रदेश के लिए है। यद्यपि दिल्ली एक राज्य नहीं है परन्तु इसका एक अलग उच्च न्यायालय है। प्रत्येक उच्च न्यायालय में एक मुख्य न्यायाधीश और अन्य न्यायाधीश होते हैं। न्यायाधीशों की संख्या अलग-अलग राज्य में भिन्न-भिन्न हो सकती है। उच्च न्यायालय के न्यायाधीश भारत के राष्ट्रपति द्वारा नियुक्त किये जाते हैं तथा न्यायाधीशों की संख्या भी राष्ट्रपति ही निर्धारित करते हैं।

किसी राज्य के उच्च न्यायालय के मुख्य न्यायाधीश की नियुक्ति, राष्ट्रपति सर्वोच्च न्यायालय के मुख्य न्यायाधीश और उस राज्य के राज्यपाल की सलाह से करता है। अन्य न्यायाधीशों की नियुक्ति के लिए राष्ट्रपति सर्वोच्च न्यायालय के मुख्य न्यायाधीश, उस राज्य के उच्च न्यायालय के मुख्य न्यायाधीश तथा उस राज्य के राज्यपाल से सलाह लेता है। न्यायाधीशों को एक उच्च न्यायालय से दूसरे उच्च न्यायालय में भी स्थानांतरित किया जा सकता है। स्थानांतरण में भी राष्ट्रपति को सर्वोच्च न्यायालय के मुख्य न्यायाधीश से सलाह लेनी होती है। संवैधानिक रूप से राष्ट्रपति ही ये नियुक्तियां करता है। परन्तु 1993 में सर्वोच्च न्यायालय द्वारा दिए गए फैसले के अनुसार वास्तविक चयन तो सर्वोच्च न्यायालय के वरिष्ठ न्यायाधीशों द्वारा मुख्य न्यायाधीश की अध्यक्षता में सर्वोच्च न्यायालय ही करता है। इसकी सिफारिशों को राष्ट्रपति नकार नहीं सकता।

योग्यता, कार्यकाल तथा न्यायाधीशों को पद से हटाना

योग्यता

उच्च न्यायालय में किसी व्यक्ति को न्यायाधीश होने के लिए उसमें निम्न योग्यताएं होनी चाहिए:

(*i*) वह भारत का नागरिक हो।

(*ii*) जिला या उससे निम्न स्तर के न्यायालय में कम से कम दस वर्षों तक वह न्यायाधीश के पद पर रहा हो।

अथवा

किसी एक या अधिक उच्च न्यायालयों या उच्चतम न्यायालय में उसने लगातार दस वर्षों तक वकालत की हो।

कार्यकाल

एक बार उच्च न्यायालय का न्यायाधीश नियुक्त होने के बाद वे 62 वर्ष की आयु तक पद पर बने रहते हैं। सेवानिवृति के बाद उन्हें या तो सर्वोच्च न्यायालय में न्यायाधीश नियुक्त किया जा सकता है या वे उच्चतम न्यायालय या किसी ऐसे उच्च न्यायालय में वकालत कर सकते हैं जिसमें वे न्यायाधीश न रह चुके हों।

पदच्युति

किसी भी उच्च न्यायालय के न्यायाधीश को 62 वर्ष की आयु से पहले भी हटाया जा सकता है यदि वह असक्षम है अथवा उसका दुर्व्यवहार सिद्ध हो जाये। यदि संसद के दोनों सदन अलग-अलग एक ही सत्र में कुल सदस्य संख्या के पूर्ण बहुमत तथा उपस्थित सदस्यों के दो-तिहाई बहुमत से प्रस्ताव पारित कर दें तो न्यायाधीश को पद से हटाया जा सकता है। ऐसा प्रस्ताव राष्ट्रपति को पेश किया जाता है और फिर राष्ट्रपति उस न्यायाधीश को हटा देता है। यह प्रक्रिया ठीक वैसी ही जिसके द्वारा सर्वोच्च न्यायालय के न्यायाधीशों को हटाया जाता है।

उच्च न्यायालय का अधिकार क्षेत्र

उच्च न्यायालय के पास कुछ मामलों में सीधी सुनवाई और फैसले का अधिकार है। इसे प्रारम्भिक क्षेत्राधिकार कहते हैं। जब किसी निचले स्तर के न्यायालय के फैसले के विरुद्ध सुनवाई उच्च न्यायालय में होती है तो इसे अपीलीय क्षेत्राधिकार कहते हैं। उच्च न्यायालय अपील करने का न्यायालय है। निचले स्तर के न्यायालयों के फैसले के विरुद्ध सिविल और फौजदारी मामले उच्च न्यायालय में लाए जा सकते हैं।

प्रारम्भिक क्षेत्राधिकार

उच्च न्यायालय का प्रारम्भिक क्षेत्राधिकार काफी सीमित है। मूल अधिकारों के हनन संबंधी मामले उच्च न्यायालयों या सर्वोच्च न्यायालय में प्रारम्भ किये जा सकते हैं। उच्च न्यायालय इन अधिकारों को पुनः लागू करने का आदेश दे सकता है।

उच्च न्यायालय अपने प्रारम्भिक क्षेत्राधिकार के अंतर्गत किसी भी सांसद या विधायक के चुनाव के विरुद्ध की गई याचिका पर सुनवाई कर सकता है। उच्च न्यायालय यदि पाता है कि उस सांसद या विधायक ने भ्रष्ट प्रकार से चुनाव जीता है तो वह उस चुनाव को रद्द कर सकता है। राज्य के सभी निम्न-स्तरीय न्यायालय उस राज्य के उच्च न्यायालय के निर्देशों पर कार्य करते हैं।

निम्न स्तरीय न्यायालयों के फैसलों के विरुद्ध मामलों की सुनवाई उच्च न्यायालय करता है। सिविल मामलों में जिनकी अनुमानित राशि 5 लाख से ऊपर हो उनकी सुनवाई उच्च न्यायालय में होती है। कोई भी पार्टी जो जिला-स्तर न्यायालय के फैसले से असहमत हो, वह उच्च न्यायालय में अपील कर सकता है। पेटेन्ट और डिजाईन, उत्तराधिकार, भूमि-अधिग्रहण तथा अभिभावक बनने संबंधी मामले भी उच्च न्यायालय में सुनी जाती हैं।

उच्च न्यायालय सेशन कोर्ट के आपराधिक मामलों की सुनवाई करता है। यदि सेशन कोर्ट में कोई व्यक्ति अपराधी साबित होता है तो वह इसके विरुद्ध अपील कर सकता है। कभी-कभी राज्य भी सजा बढ़ाने के लिए सेशन कोर्ट से अपील कर सकता है। उच्च न्यायालय सेशन कोर्ट के फैसले स्वीकार भी कर सकता है या सजा के प्रकार को बदल सकता है या दोषी को मुक्त भी कर सकता है। परन्तु यदि सेशन कोर्ट किसी दोषी को सजा-ए-मौत देता है तो अभियुक्त को फांसी देने से पहले उच्च न्यायालय से पुष्टि करायी जाती है। दोषी द्वारा अपील न किये जाने के बाद भी राज्य उस मामले को उच्च न्यायालय में पुष्टि के लिए भेज देता है।

उच्च न्यायालय में मामलों का स्थानांतरण

यदि उच्च न्यायालय को यह संतुष्टि हो जाये कि अधीनस्थ न्यायालय के समक्ष प्रस्तुत मुकदमे में संविधान की व्याख्या की आवश्यकता है तो ऐसे मामलों को उच्च न्यायालय स्वयं ही उस अधीनस्थ न्यायालय से अपने हाथ में ले लेता है। मामले की जांच के बाद या तो उच्च न्यायालय उसका निपटारा स्वयं करता है या निर्देशों के साथ उसी अधीनस्थ न्यायालय को उस मामले को सौंप देता है।

अधीनस्थ न्यायालयों का अधीक्षण

न्यायिक अथवा प्रशासनिक सभी मामलों में उच्च न्यायालय अपने अधीनस्थ सभी न्यायालयों पर निरीक्षण एवं नियंत्रण का अधिकार रखता है। अपनी इन शक्तियों के अन्तर्गत यह अपने अधीनस्थ किसी भी न्यायालय से कुछ भी जानकारी मांग सकता है; अधीनस्थ न्यायालय की कार्य-प्रणाली के लिए सामान्य दिशा-निर्देश जारी कर सकता है। यह सब उच्च न्यायालय समय-समय पर कर सकता है। यदि आवश्यक हो तो यह अधीनस्थ न्यायालय के पदाधिकारियों की नियुक्ति, पदावनति, पदोन्नति एवं अवकाश से संबंधित नियम कानून बनाता है।

अभिलेख न्यायालय

सर्वोच्च न्यायालय की तरह उच्च न्यायालय भी एक अभिलेख न्यायालय है। उच्च न्यायालय के फैसलों को निचले स्तर के न्यायालय मानने के लिए बाध्य हैं। अपनी उपेक्षा और अवमानना के लिए उच्च न्यायालय दंड देने की भी शक्ति रखता है।

अधीनस्थ न्यायालय

भारत के प्रत्येक जिले में विभिन्न प्रकार के अधीनस्थ या निम्न-स्तरीय न्यायालय हैं। ये सिविल कोर्ट, फौजदारी कोर्ट्स तथा राजस्व कोर्ट्स हैं। इनमें निम्न से संबंधित मामलों की सुनवाई होती है–

सिविल मामले वे मामले हैं जिनमें दो या दो से अधिक व्यक्तियों में जायदाद को लेकर झगड़ा है। किसी समझौते का उल्लंघन, तलाक या मकान मालिक-किरायेदार के झगड़ों का भी सिविल कोर्ट में निपटारा किया जाता है। इनमें किसी प्रकार की सजा नहीं दी जाती क्योंकि कानून का कोई उल्लंघन इन मामलों में नहीं किया जाता।

आपराधिक मामले कानून के उल्लंघन से संबंधित होते हैं। इनमें चोरी, डकैती, बलात्कार, जेबकतरी, शारीरिक आघात तथा हत्या, आदि आते हैं। ये मामले राज्य की तरफ से पुलिस द्वारा अभियुक्त के खिलाफ निचली अदालतों में दायर किये जाते हैं। इस प्रकार के मामलों में यदि अभियुक्त को दोषी पाया जाता है तो उसे दंड के रूप में हर्जाना, जेल या मौत की सजा भी हो सकती है।

राजस्व मामले जिले में कृषि भूमि पर राजस्व से संबंधित मामले हैं।

न्यायाधीशों की नियुक्ति और योग्यता

अधीनस्थ न्यायालयों के न्यायाधीशों की नियुक्ति उस राज्य का राज्यपाल उस राज्य के उच्च न्यायालय के मुख्य न्यायाधीश की सलाह पर करता है। आजकल, अधिकांश राज्यों में न्यायिक अधिकारियों का चयन राज्य लोक सेवा आयोग द्वारा आयोजित प्रतियोगिता परीक्षाओं के माध्यम से होता है। उन्हें राज्यपाल द्वारा अंतिम रूप से नियुक्त किया जाता है।

कोई भी व्यक्ति जो कम से कम 7 वर्षों से वकालत कर रहा हो या राज्य अथवा केन्द्रीय सरकार में कार्यरत हो, वह जिला न्यायालय का न्यायाधीश बनने का पात्र है बशर्ते कि वह वांछनीय न्यायिक योग्यता रखता हो।

सिविल कोर्ट्स

दीवानी मामलों की सुनवाई के लिए जिला जज न्यायालय किसी जिले का सर्वोच्च सिविल न्यायालय होता है। इसे हम बहुधा सेशन जज या जिला न्यायालय के नाम से भी जानते हैं, जब यह जिला स्तर पर दीवानी और आपराधिक मामलों की सुनवाई करता है। इस न्यायालय के न्यायाधीश राज्य के राज्यपाल द्वारा नियुक्त किये जाते हैं।

जिला जज न्यायालय के नीचे अन्य उप-न्यायाधीश के एक या अधिक न्यायालय भी हो सकते हैं। पारिवारिक न्यायालय भी स्थापित किए गए हैं जो पारिवारिक मामलों जैसे–तलाक, बच्चों की अभिभावकता, आदि मामलों की सुनवाई करते हैं। उनके नीचे मुंसिफ न्यायालय तथा सूक्ष्म मामले के कोर्ट स्थापित होते हैं जिनमें कम राशि से संबंधित मामलों की सुनवाई होती है। सूक्ष्म मामले

न्यायालयों के फैसलों के विरुद्ध और कहीं अपील नहीं की जा सकती। ये सभी न्यायालय दीवानी झगड़ों की सुनवाई करके फैसला सुनाते हैं।

जिला न्यायालय केवल उप-न्यायाधीश के फैसलों के विरुद्ध की गई अपीलें ही नहीं सुनता बल्कि बिल्कुल नये मामले भी सीधे यहाँ प्रारम्भ होते हैं। इस न्यायालय के फैसलों के विरुद्ध राज्य के उच्च न्यायालय में अपील की जा सकती है।

फौजदारी न्यायालय

सेशन जज का न्यायालय (जिसे सेशन कोर्ट भी कहते हैं) जिले में फौजदारी मामलों की सुनवाई का सबसे बड़ा न्यायालय है। इस न्यायालय के नीचे प्रथम, द्वितीय व तृतीय श्रेणी मजिस्ट्रेटों की अदालतें होती हैं। महानगरीय शहरों जैसे–दिल्ली, मुंबई, कोलकाता, चेन्नई, आदि में इन्हें मैट्रोपोलिटन मजिस्ट्रेट कहते हैं। इन सभी फौजदारी न्यायालयों में अभियुक्त पर मुकदमा चलाया जा सकता है और दोषी पाये जाने पर कानून के तहत सजा भी दी जा सकती है।

आपराधिक न्यायालयों में कानून के उल्लंघन से संबंधित मामलों की सुनवाई होती है। इनमें चोरी, डकैती, बलात्कार, जेबकतरी, शारीरिक आघात और हत्या, आदि शामिल हैं। इन मामलों में दोषी को सजा दी जाती है जो कि जुर्माना, जेल या मृत्युदंड हो सकती है।

सामान्यतः प्रत्येक अभियुक्त को पुलिस द्वारा मजिस्ट्रेट के समक्ष पेश किया जाता है। मजिस्ट्रेट छोटे-मोटे मामलों का तुरंत निपटारा कर सकता है। परन्तु यदि मजिस्ट्रेट मामले को गंभीर समझता है तो वह अभियुक्त पर सेशन कोर्ट में मुकदमा चलाता है।

यदि किसी अपराधी को सेशन कोर्ट द्वारा मृत्युदंड दिया गया है तो केवल उच्च न्यायालय द्वारा सजा की पुष्टि के बाद ही उसे मृत्यु दंड दिया जा सकता है।

राजस्व न्यायालय

राजस्व न्यायालय राज्य में भूमि राजस्व से संबंधित मामलों को देखते हैं। राज्य में सबसे ऊँचा राजस्व न्यायालय राजस्व बोर्ड होता है। इसके अन्तर्गत आयुक्त न्यायालय, कलैक्टर्स, तहसीलदार और सहायक तहसीदलदार होते हैं। राजस्व बोर्ड उन सभी मामलों की सुनवाई करता है जिनमें निचली अदालत के फैसले के विरुद्ध अपील की जाती है।

वस्तुनिष्ठ प्रश्न

1. सर्वोच्च न्यायालय में निम्नांकित कौन से मामले आते हैं?
A. अपीलीय क्षेत्राधिकार B. परामर्शीय क्षेत्राधिकार
C. प्रारम्भिक क्षेत्राधिकार D. उपर्युक्त सभी

2. सर्वोच्च न्यायालय का प्रधान कार्यालय स्थित है–
A. इलाहाबाद B. लखनऊ
C. नई दिल्ली D. हेग

3. मूल संविधान में सर्वोच्च न्यायालय में मुख्य न्यायाधीश के अलावा और कितने न्यायाधीशों की व्यवस्था की गई थी?
A. 25 B. 12
C. 7 D. 18

4. सर्वोच्च न्यायालय में तदर्थ न्यायाधीशों की नियुक्ति कौन करता है?
A. राष्ट्रपति
B. मुख्य न्यायाधीश
C. राष्ट्रपति की अनुमति से सर्वोच्च न्यायालय का मुख्य न्यायाधीश
D. संसद

5. निम्नांकित में सर्वोच्च न्यायालय के प्रथम मुख्य न्यायाधीश के रूप में कौन प्रतिष्ठित है?
A. हीरालाल जे. कीनिया B. मेहरचन्द महाजन
C. बी. के मुखर्जी D. उपर्युक्त कोई नहीं

6. सर्वोच्च न्यायालय द्वारा निर्णीत आदेश आवश्यक रूप से मान्य है–
A. उच्च न्यायालय B. जिला न्यायालय
C. मुन्सिफ न्यायालय D. उपर्युक्त सभी

7. सर्वोच्च न्यायालय में न्यायिक कार्यों हेतु किस भाषा को प्रयोग में लाया जाता है?
A. हिन्दी B. अंग्रेजी
C. A और B दोनों D. उपर्युक्त कोई नहीं

8. उच्च न्यायालय के न्यायाधीशों की नियुक्ति कौन करता है?
A. राष्ट्रपति B. मुख्य न्यायाधीश
C. राज्यपाल D. प्रधानमंत्री

9. किसी उच्च न्यायालय में किसी भी काम के अस्थायी वृद्धि के कारण दो वर्ष तक के लिए अपर न्यायाधीशों की नियुक्ति की जाती है। यह नियुक्ति किसके द्वारा होती है?
A. प्रधानमंत्री B. राष्ट्रपति
C. मुख्य न्यायाधीश D. राज्यपाल

10. भारत में उच्च न्यायालयों की कुल संख्या कितनी है?
A. 25 B. 24
C. 15 D. 28

उत्तरमाला

1	2	3	4	5	6	7	8	9	10
D	C	C	C	A	D	B	A	B	A

सामाजिक न्याय एवं निचले पायदान के लोग

यापक अर्थ में 'सामाजिक न्याय' शब्दावली से सामाजिक, ार्थिक और राजनीतिक तीनों तरह के न्याय का बोध हो जाता ः। सीमित अर्थ में सामाजिक न्याय का तात्पर्य यह है कि ामाजिक जीवन में सब मनुष्यों की गरिमा स्वीकार की जाए, त्री-पुरुष, गोरे-काले या जाति, धर्म, क्षेत्र इत्यादि के आधार पर केसी व्यक्ति को बड़ा-छोटा या ऊँचा-नीचा न माना जाए, शिक्षा और उन्नति के अवसर सबको समान रूप से प्राप्त हों, और ब लोग मनुष्य-मनुष्य के नाते मिल-जुलकर साहित्य, कला, ांस्कृति और तकनीकी साधनों का उपयोग कर सकें।

न्याय के सामाजिक-आर्थिक आधारों की चर्चा हॉबहाऊस, ार्कर, मैकाइवर और लास्की जैसे सुधारवादी लेखक और कार्ल ार्क्स, ऐंजेल्स तथा लेनिन के साथ नौजिक जैसे क्रांतिकारी वेचारक समान रूप से करते हैं। इसके साथ ही प्राचीन वेचारकों ने भी सामाजिक न्याय के विषय में बहुत कुछ लिखा ः।

भारतीय संविधान के प्रस्तावना में भी 'सामाजिक न्याय' ाब्द का उल्लेख किया गया है। भारतीय नागरिकों को प्राप्त ूलाधिकार समता या समानता के अधिकार (अनु. 14-18) में ी सामाजिक न्याय के दर्शन होते हैं। अनुच्छेद 14 में विधि के समक्ष समता की बात कही गई है। इसका अर्थ यह है कि राज्य सभी व्यक्तियों के लिए एक समान कानून बनाएगा था उन पर एक समान लागू करेगा। अनुच्छेद 17 के तहत स्पृश्यता को दंडनीय अपराध घोषित किया गया है तथा सका अंत कर दिया गया है। शोषण के विरुद्ध अधिकार अनु. 23-24) के अनुच्छेद 23 के तहत मानव के दुर्व्यापार और बलात् श्रम का प्रतिषेध किया गया है। इसके द्वारा किसी यक्ति की खरीद-बिक्री, बेगारी तथा इसी प्रकार का अन्य तरह जबरदस्ती लिया हुआ श्रम निषिद्ध ठहराया गया है, जिसका ल्लंघन विधि के अनुसार दंडनीय अपराध है।

भारतीय संविधान के मूलाधिकार एवं राज्य के नीति नेर्देशक सिद्धांत से संबंध विभिन्न उपबंधों में समाज के निचले ायदान के लोगों के विषय में भी कुछ प्रावधान किए गए । संस्कृति एवं शिक्षा संबंधी अधिकार (अनु. 29-30) के नुच्छेद 29 के तहत अल्पसंख्यक वर्गों के हितों के संरक्षण ी बात कही गई है। इसमें इस बात का उल्लेख है कि कोई ी अल्पसंख्यक वर्ग अपनी भाषा, लिपि और संस्कृति को ुरक्षित रख सकता है और केवल भाषा, जाति, धर्म और ांस्कृति के आधार पर उसे किसी भी सरकारी शैक्षिक संस्था प्रवेश से नहीं रोका जा सकता।

अनुच्छेद 46 के तहत अनुसूचित जातियों, अनुसूचित जनजातियों और अन्य दुर्बल वर्गों के शिक्षा और अर्थ संबंधी हितों की अभिवृद्धि का निर्देश राज्य को दिया गया है।

समाज के निचले पायदान के लोगों के लिए संवैधानिक उपाय

राष्ट्रीय अनुसूचित जाति आयोग

यह एक संवैधानिक संस्था है जो अनुसूचित जातियों के लिए उपलब्ध कराई गई सुरक्षा पर निगरानी रखती है और उनके कल्याण से संबंधित मुद्दों की समीक्षा करती है। अनुसूचित जातियों के हितों को बढ़ावा देने और उनकी सुरक्षा के उपायों के लिए आयोग को व्यापक अधिकार प्राप्त है। आयोग को वे सभी अधिकार दिए गए हैं जो किसी भी मामले की सुनवाई कर रहे सिविल न्यायाल के होते हैं। इस अधिकार के अंतर्गत वह देश के किसी भी भाग से किसी भी व्यक्ति को सम्मन जारी कर बुला सकता है और शपथ पत्र की जांच के लिए साक्ष्य मांग सकता है।

राष्ट्रीय पिछड़ा वर्ग आयोग

1992 में उच्चतम न्यायालय के मंडल निर्णय को लागू करते हुए वर्ष 1993 में राष्ट्रीय पिछड़ा आयोग की स्थापना एक संस्था के रूप में की गई। इसका उद्देश्य अन्य पिछड़े वर्ग की सूची में नागरिकों को सम्मिलित करने और सूची से हटाने संबंधी शिकायतों को निपटाने तथा उनकी जांच के बारे में सरकार को सलाह देना है। अधिनियम में प्रावधान है कि सरकार आयोग के परामर्श को मानने के लिए साधारणतया बाध्य होगी।

राष्ट्रीय अल्पसंख्यक आयोग

गृह मंत्रालय द्वारा पारित प्रस्ताव के आधार पर जनवरी 1978 में स्थापित अल्पसंख्यक आयोग गैर-राष्ट्रीय अल्पसंख्यक आयोग अधिनियम, 1992 लागू होने के बाद संवैधानिक निकाय बन गया और इसका नाम राष्ट्रीय अल्पसंख्यक आयोग कर दिया गया। पहला संवैधानिक राष्ट्रीय आयोग 17 मई, 1993 को गठित किया गया। यह संशोधन अधिनियम की धारा 2(B) और 3(2) में दिया गया और इसके तहत आयोग में उपाध्यक्ष के पद का सृजन किया गया। अधिनियम की धारा 3(2) के तहत प्रावधान किया गया है कि अध्यक्ष सहित पांच सदस्य अल्पसंख्यक समुदाय से होंगे।

राष्ट्रीय अल्पसंख्यक आयोग के अतिरिक्त कुछ राज्यों में राज्य अल्पसंख्यक आयोग का भी गठन किया गया है।

विकलांग व्यक्ति अधिनियम, 1995

विकलांग व्यक्ति (समान अवसर, अधिकारों की रक्षा और पूर्ण सहभागिता) अधिनियम, 1995 नामक व्यापक कानून फरवरी 1996 में लागू किया गया। इस कानून के तहत केंद्र और राज्य पर विकलांगों के पुनर्वास को बढ़ावा देने वाले कार्यक्रमों जैसे शिक्षा, रोजगार और व्यावसायिक प्रशिक्षण, अनुकूल परिवेश का निर्माण, विकलांगों के लिए पुनर्वास सेवाओं का प्रावधान, संस्थागत सेवाएं और सहायक सामाजिक सुरक्षा उपाय जैसे केंद्र और राज्य दोनों स्तरों पर बेरोजगारी भत्ता तथा शिकायत निवारण तंत्र आदि बातों पर ध्यान दिया गया है।

राष्ट्रीय महिला आयोग

इस आयोग का गठन राष्ट्रीय महिला आयोग अधिनियम, 1990 के तहत 31 जनवरी, 1992 को किया गया। आयोग का मुख्य उद्देश्य महिलाओं की सुरक्षा करने वाले संवैधानिक और सभी कानूनों के प्रावधानों का अध्ययन और निगरानी करना और जरूरी संशोधनों की सिफारिश करना है।

राष्ट्रीय बाल अधिकार संरक्षण आयोग

राष्ट्रीय बाल अधिकार संरक्षण आयोग, 2006 का काम बच्चों के अधिकारों का सही रूप से उपयोग करना, कानूनों और कार्यक्रमों पर प्रभावी रूप से अमल कराना है। आयोग का काम बच्चों से जुड़े सभी मामलों की ईमानदारी से समीक्षा करना भी है। आयोग में एक अध्यक्ष होता है और छह सदस्य होते हैं, जिनमें दो महिलाएं होती हैं।

आयोग का एक सदस्य सचिव भी होता है। इस आयोग के सदस्यों को बाल स्वास्थ्य, शिक्षा, बाल देखभाल और विकास, किशोर न्याय, विकलांग बच्चे, बाल श्रम को दूर करने, बाल मनोविज्ञान और समाजशास्त्र और बच्चों से जुड़े कानूनों का विशेषज्ञ होना चाहिए।

महिला घरेलू हिंसा संरक्षण अधिनियम, 2005

महिलाओं को घरेलू हिंसा से संरक्षण के लिए निर्मित यह कानून 26 अक्टूबर, 2006 से पूरे देश में लागू कर दिया गया। इस कानून के तहत महिलाओं पर होने वाले किसी प्रकार के हिंसा, यथा–शारीरिक, मानसिक और आर्थिक पर कड़े दण्ड का प्रावधान है।

वस्तुनिष्ठ प्रश्न

1. भारतीय संविधान में सर्वप्रथम 'सामाजिक न्याय' शब्द का उल्लेख संविधान के किस भाग में मिलता है?
A. नागरिकता B. प्रस्तावना
C. मौलिक अधिकार D. मौलिक कर्त्तव्य

2. निम्न में से किस अनुच्छेद में सामाजिक न्याय के दर्शन होते हैं?
A. अनुच्छेद-5-8 B. अनुच्छेद-9-12
C. अनुच्छेद-14-18 D. अनुच्छेद-19-22

3. अनुच्छेद 17 के तहत समाज में व्याप्त किस बुराई की दंडनीय अपराध घोषित किया गया है?
A. अस्पृश्यता B. चोरी
C. बलात् श्रम D. इनमें से सभी

4. मनुष्यों की खरीद-बिक्री को किस अनुच्छेद के तहत दंडनीय अपराध घोषित किया गया है?
A. अनुच्छेद-21 B. अनुच्छेद-22
C. अनुच्छेद-23 D. अनुच्छेद-24

5. अनुच्छेद-29 के तहत अल्पसंख्यक वर्गों के निम्न में किस तरह के हितों की संरक्षण की बात कही गई है?
A. भाषा B. लिपि
C. संस्कृति D. इनमें से सभी

6. संविधान का कौन-सा अनुच्छेद अनुसूचित जातियों, अनुसूचित जनजातियों एवं अन्य पिछड़े वर्गों के शिक्षा और अर्थ संबंधी हितों की अभिवृद्धि का निर्देश राज्यों को देता है?
A. अनुच्छेद-44 B. अनुच्छेद-45
C. अनुच्छेद-46 D. अनुच्छेद-47

7. अनुसूचित जातियों के हितों के निगरानी हेतु गठित संस्था राष्ट्रीय अनुसूचित जाति आयोग निम्न में से किस प्रकार की संस्था है?
A. गैर-सरकारी B. गैर-संवैधानिक
C. संवैधानिक D. इनमें से कोई नहीं

8. राष्ट्रीय पिछड़ा वर्ग आयोग की स्थापना कब की गई थी?
A. 1992 B. 1993
C. 1994 D. 1995

9. राष्ट्रीय अल्पसंख्यक आयोग में कुल सदस्यों की संख्या कितनी होती है?
A. तीन B. चार
C. पांच D. सात

10. विकलांग व्यक्ति अधिनियम, 1995 कब लागू किया गया?
A. 1995 में B. 1996 में
C. 1997 में D. 1998 में

उत्तरमाला

1	2	3	4	5	6	7	8	9	10
B	C	A	C	D	C	C	B	C	B

SECTION d शिक्षाशास्त्रीय मुद्दे

सामाजिक अध्ययन की संकल्पना

सामाजिक अध्ययन के विस्तृत आयाम हैं। इस तरह इसके अध्ययन की प्रकृति में विविधता है। सामाजिक अध्ययन की संकल्पना को निम्नलिखित तथ्यों के आधार पर स्पष्ट किया जा सकता है–

1. **आधुनिक शिक्षा के एक अंग के रूप में :** सामाजिक अध्ययन वर्तमान शिक्षा का एक आधुनिक एवं नवीनतम अंग है। शिक्षा विज्ञानी फोरेस्टर के शब्दों में–"सामाजिक अध्ययन शिक्षा की आधुनिक दृष्टिकोण का एक अंश है, जिसका उद्देश्य तथ्यात्मक सूचनाओं को संग्रहित या एकत्रित करने की अपेक्षा मानदण्डों, वृत्तियों, आदतों तथा रुचियों का निर्माण करना है।"
2. **सामाजिक तथा भौतिक वातावरण के अध्ययन के रूप में :** सामाजिक अध्ययन की संकल्पना के तहत सामाजिक तथा भौतिक वातावरण की विवेचना की जाती है। शिक्षा विज्ञानी जॉन यू. माइकेलिस के अनुसार, 'सामाजिक अध्ययन का कार्यक्रम मनुष्य और अतीत, वर्तमान तथा विकसित होने वाले भविष्य के सामाजिक और भौतिक पर्यावरणों के प्रति उनके द्वारा की गई पारस्परिक क्रिया का अध्ययन है।
3. **मानवीय संबंधों के निर्माण के अध्ययन के रूप में :** सामाजिक अध्ययन की संकल्पना के तहत ही मानवीय संबंधों का विवेचन किया जाता है। मानवीय संबंधों से तात्पर्य उन संबंधों से है, जो मनुष्य और समुदायों, संस्थाओं, राज्यों आदि के बीच स्थित रहते हैं। मनुष्य के व्यक्तिगत, पारस्परिक एवं सामूहिक संबंध भी सामाजिक अध्ययन के अंतर्गत ही आते हैं। इस तरह सामाजिक अध्ययन ज्ञान के उस क्षेत्र का नाम है, जिसमें मानवीय संबंधों एवं उनके स्पष्टीकरण के लिए विभिन्न पर्यावरणों का अध्ययन किया जाता है। शिक्षा विज्ञानी ई.बी. वेस्ले के अनुसार, "सामाजिक अध्ययन नामक पद उन विद्यालय विषयों की ओर संकेत देता है, जो मानवीय संबंधों का विवेचन करते हैं। यह अध्ययन क्षेत्र, विषयों के एक संघ तथा पाठ्यक्रम के एक खंड का निर्माण करता है। यह वह खंड है, जो प्रत्यक्ष रूप से मानवीय सम्बन्धों से संबंधित है।"
4. **नए ज्ञान पर आधारित होने के रूप में :** सामाजिक अध्ययन अपनी विषय-वस्तु से आज के जटिल विश्व को सरल एवं स्पष्ट बनाने के लिए शिक्षण का नवीन आधार प्रदान करता है। शिक्षा विज्ञानी बाइनिंग एवं बाइनिंग के अनुसार, "सामाजिक अध्ययन की विषय-वस्तु द्वारा एक ऐसा आधार प्रदान किया जाता है, जिसके द्वारा हम अपने छात्रों के समक्ष आज के विश्व को स्पष्ट एवं सरल बना सकें। इसके द्वारा छात्रों को अनिवार्य आदतों तथा कुशलताओं में प्रशिक्षित तथा उनमें ऐसी वृत्तियों एवं आदर्शों को विकसित किया जाता है, जो बालक तथा बालिकाओं को लोकतंत्रीय समाज में प्रभावकारी सदस्यों के रूप में उचित स्थान ग्रहण करने योग्य बनाएंगे।"
5. **मानव जीवन का वातावरण से अनुकूलन के रूप में :** सामाजिक अध्ययन के तहत मानव जीवन का वातावरण से अनुकूलन किया जाता है। शिक्षा विज्ञानी जेम्स के अनुसार, "सामाजिक अध्ययन के अंतर्गत हम जिस तथ्य का अध्ययन करते हैं, वह मनुष्य का जीवन है। परंतु इसका अध्ययन निश्चित स्थान तथा समय के संदर्भ में किया जाता है। सामाजिक अध्ययन में प्रमुख रूप से इन प्रसंगों का अध्ययन किया जाता है। मनुष्य ने अतीत तथा वर्तमान में अपने वातावरण से किस प्रकार संघर्ष किया, उसने अपनी शक्तियों का उपयोग व दुरुपयोग कैसे किया तथा उसने अपने संसाधनों, विकास तथा सभ्यता की आवश्यक एकता को किस प्रकार प्राप्त किया है।"
6. **आधुनिक सभ्यता के वाहक के रूप में :** सामाजिक अध्ययन के माध्यम से आधुनिक सभ्यता का विकास किया जाता है। शिक्षा विज्ञानी एम.पी. मुफात के अनुसार, "सामाजिक अध्ययन ज्ञान का वह क्षेत्र है, जो युवकों को आधुनिक सभ्यता के विकास को समझने में सहायता देता है। ऐसा करने के लिए यह अपनी विषय-वस्तु समाज, विज्ञान तथा समसामयिक जीवन से प्राप्त करता है।"

7. **एक स्वतंत्र विषय के रूप में :** सामाजिक अध्ययन परंपरागत विषय नहीं है, वरन् एक स्वतंत्र विषय है। शिक्षा विज्ञानी एम.पी. मुफात के अनुसार, ''सामाजिक अध्ययन वह क्षेत्र है, जो मूलभूत मूल्यों, वांछित आदतों, स्वीकृत वृत्तियों तथा उन महत्वपूर्ण कुशलताओं के निर्माण के लिए आवश्यक है, जिनको प्रभावशाली नागरिकता का आधार माना जाता है।''
8. **मानव का अध्ययन एक सामाजिक प्राणी के रूप में :** सामाजिक अध्ययन मानव का एक सामाजिक प्राणी के रूप में अध्ययन करता है। इसकी विषय सामग्री मानव समाज के संगठन एवं विकास से संबंधित है। इस बात की पुष्टि 'राष्ट्रीय शैक्षिक समुदाय आयोग' के टिप्पणी से होती है। इस आयोग के अनुसार, ''सामाजिक अध्ययन वह विषय-वस्तु है, जो मानव समाज के संगठन एवं विकास से संबंधित है और मनुष्य के सामाजिक समूहों के रूप में अध्ययन करती है।''

राष्ट्रीय शैक्षिक समुदाय आयोग के उपर्युक्त बातों की पुष्टि 'शैक्षिक अनुसंधान विश्वकोश' ने भी की है। विश्वकोश के अनुसार, ''सामाजिक अध्ययन वह अध्ययन है, जो मानव जीवन के रहन-सहन के ढंगों, मूलभूत आवश्यकताओं, क्रियाओं; जिनमें मानव अपनी आवश्यकताओं की पूर्ति के लिए संलग्न रहता है तथा संस्थाओं, जिनका उसने विकास किया है का ज्ञान प्रदान करता है।''

सामाजिक अध्ययन एवं सामाजिक विज्ञान में अंतर

सामाजिक अध्ययन एवं सामाजिक विज्ञान दोनों के ही अध्ययन का केंद्रीय विषय मानवीय संबंध है। बाहरी तौर पर दोनों में कोई अंतर देखने को नहीं मिलता है। परंतु विषय के स्तर, उसकी गहनता और प्रयोजन जैसे तथ्यों के संबंध में दोनों में व्यापक अंतर है। दोनों के मध्य अंतर को निम्नलिखित तालिका में स्पष्ट किया गया है–

सामाजिक अध्ययन	सामाजिक विज्ञान
1. सामाजिक अध्ययन अधिक व्यावहारिक है।	1. सामाजिक विज्ञान सैद्धांतिक है।
2. सामाजिक अध्ययन छात्र-केंद्रित है।	2. सामाजिक विज्ञान शिक्षक केंद्रित है।
3. सामाजिक अध्ययन का क्षेत्र संकुचित होता है।	3. सामाजिक विज्ञान का क्षेत्र व्यापक होता है।
4. सामाजिक अध्ययन के अंतर्गत विषय-वस्तु या बौद्धिक स्तर सामाजिक विज्ञान की अपेक्षा निम्न होता है।	4. सामाजिक विज्ञान के अंतर्गत विषय-वस्तु का बौद्धिक स्तर उच्च होता है।
5. सामाजिक अध्ययन प्राथमिक, जूनियर तथा उच्च माध्यमिक स्तर तक के बालकों के लिए है।	5. सामाजिक विज्ञान बी.ए., एम.ए. आदि कक्षाओं के विद्यार्थियों एवं शिक्षकों के लिए उपयुक्त है।
6. सामाजिक अध्ययन के लिए विद्यालय पाठ्यक्रम में विधियों एवं अनुसंधानों का सरलतम रूप शिक्षण सुविधानुसार रखा जाता है।	6. सामाजिक विज्ञान के लिए अनुसंधान एवं प्रयोग उच्चतर तथा अध्ययन विद्वतापूर्ण है।
7. सामाजिक अध्ययन तथ्यों का व्यावहारिक रूप हमारे समक्ष प्रस्तुत करता है।	7. सामाजिक विज्ञान तथ्यों का सैद्धांतिक रूप हमारे समक्ष प्रस्तुत करता है।
8. सामाजिक अध्ययन बहुत सीधा, सरल, स्पष्ट एवं बोधगम्य विषय है तथा हमें साधारण ज्ञान प्रदान करता है।	8. सामाजिक विज्ञान एक गंभीर विषय है तथा इससे गहन एवं गूढ़ ज्ञान की प्राप्ति होती है।
9. सामाजिक अध्ययन का प्रमुख तत्व निर्देशात्मक उपयोगिता है।	9. सामाजिक विज्ञान का प्रमुख तत्त्व विद्वता और सामाजिक उपयोगिता है।
10. सामाजिक अध्ययन विद्यालय के छात्रों के लिए होता है।	10. सामाजिक विज्ञान का अध्ययन वयस्कों के लिए होता है।

सामाजिक अध्ययन के संकल्पना की विशेषताएं

1. इसका मुख्य उद्देश्य मनुष्यों तथा उसके समुदायों का अध्ययन करना है।
2. इसमें विभिन्न विषयों का ज्ञान समन्वित दृष्टिकोण (Integrated Approach) द्वारा प्रदान किया जाता है।
3. यह सामाजिक जीवन की विभिन्न क्रियाओं पर बल देता है।
4. यह विषयों के समन्वित उपागम तथा ज्ञान की सापेक्षता (Relativity) पर बल देता है।
5. इसके तहत ज्ञान के नवीनतम दृष्टिकोण पर बल दिया जाता है।
6. इसमें विभिन्न सामाजिक क्रियाओं, उपागमों, समस्याओं तथा ढांचों (Patterns) के अध्ययन पर बल दिया जाता है।
7. इसके तहत समग्र ज्ञान की महत्ता की विवेचना की जाती है।
8. इसकी मान्यता है कि मानव स्थानीय, राष्ट्रीय तथा अंतर्राष्ट्रीय स्तरों पर एक साथ मिलकर जीवन-यापन तथा समन्वित रूप में कार्य करता है।

9. यह मनुष्य तथा उसके भौतिक पर्यावरण के बीच होने वाली अंतःक्रिया का अध्ययन करता है।
0. यह इस तथ्य को स्पष्ट करता है कि मानवीय जीवन की घटनाओं का क्या प्रभाव पड़ता है।

ामाजिक अध्ययन का स्वरूप

ध्यमिक शिक्षा पर गठित मुदालियर आयोग (1952-53) ने ामाजिक अध्ययन के स्वरूप का प्रतिपादन किया। इस आयोग सामाजिक अध्ययन के एकीकृत प्रकृति (Integrated Nature) बल दिया है। सामाजिक अध्ययन के स्वरूप के संबंध में ा माध्यमिक शिक्षा आयोग ने लिखा है कि "इतिहास, भूगोल, र्थशास्त्र, नागरिकशास्त्र आदि को एक पूर्ण इकाई के रूप में ड़ना चाहिए। इस एकीकृत स्वरूप की विषय-सामग्री ऐसी हो, छात्रों को सामाजिक पर्यावरण में व्यवस्थित करा सके।" ायोग ने उल्लेख किया है कि सामाजिक पर्यावरण को ठ्यक्रम में स्थान दिया जाना चाहिए, ताकि छात्र उन ामाजिक शक्तियों एवं आंदोलनों के विषय में जान सकें, जिनमें रहते हैं। आयोग के सुझाव पर इस विषय को भारतीय द्यालयों की पाठ्यचर्या में स्थान प्रदान किया गया है। आरंभ इसको इतिहास, भूगोल तथा नागरिकशास्त्र के गणितीय ामात्र के रूप में ग्रहण किया गया। परंतु अब इसके एकीकृत रूप को ग्रहण करने के लिए केंद्रीय तथा राज्य सरकारें त्वपूर्ण कदम उठा रही हैं। इस तरह आशा है कि निकट विष्य में सामाजिक अध्ययन को उसकी नवीन धारणा के ुसार ग्रहण करने में हम सफल हो सकेंगे।

ामाजिक अध्ययन के कारक

ाजिक अध्ययन एक विशाल किंतु विशिष्ट शब्द है, जिसकी ृति विशाल है। यही कारण है कि सामाजिक अध्ययन को ालयी पाठ्यक्रम में काफी महत्वपूर्ण स्थान दिया जा रहा है। सामान्य शिक्षा का अभिन्न अंग बने लगभग 40 वर्ष से धिक हो चुके हैं, लेकिन अभी तक अध्यापक इसे विभिन्न यों का एकीकरण मानते हैं। अध्यापक इन्हें पढ़ाते समय हास तथा भूगोल को भिन्न-भिन्न विषय के रूप में पढ़ाते उन्हें कभी भी सामाजिक तथा भौगोलिक परिस्थितियों से धित करके नहीं पढ़ाते। इसी प्रकार एक धारणा यह भी कि सामाजिक अध्ययन का अर्थ सामाजिक समस्याओं तथा ाजिक घटनाओं का अध्ययन है, जो कि सही नहीं है।

सामाजिक अध्ययन विभिन्न विषयों का मिश्रण नहीं है, तु एक अलग विषय है, जो मानवीय संबंधों तथा वातावरण सामंजस्य की जानकारी देता है। यह लोकतांत्रिक नागरिकों निर्माण करता है, देश-प्रेम की भावना को विकसित करता तथा राष्ट्रीय एवं अंतर्राष्ट्रीय सद्भावना को विकसित करता यह एक स्वतंत्र विषय है।

'सामाजिक अध्ययन' दो शब्दों के मेल से बना है। ये शब्द सामाजिक तथा अध्ययन। सामाजिक अध्ययन में सभी ाजिक क्रियाओं का अध्ययन किया जाता है। इससे तात्पर्य समाज का समाज के लिए, समाज द्वारा अध्ययन अर्थात् समाज संबंधी सभी संस्थाओं व संगठनों का अध्ययन, जिससे समाज की प्रगति होती है। अध्ययन शब्द से तात्पर्य है प्राप्त ज्ञान को व्यावहारिक रूप से जीवन में प्रयुक्त करना। इस प्रकार हम कह सकते हैं कि सामाजिक अध्ययन मानव के सभी दृष्टिकोणों से संपूर्ण अध्ययन प्रस्तुत करता है। इसे मानव सभ्यता के विकास की श्रृंखला समझी जाती है। इसका स्वरूप जटिल तथा विशाल है। इसमें सभी सामाजिक संस्थाओं व संगठनों का अध्ययन किया जाता है। यह मानव जीवन के अतीत, वर्तमान तथा भविष्य का अध्ययन करवाता है। इसमें सभी विषयों राजनीतिशास्त्र, समाजशास्त्र, अर्थशास्त्र, इतिहास, भूगोल के आधारभूत सिद्धांतों का अध्ययन किया जाता है। इस तरह यह एक एकीकृत (Integrated) विषय है, जिसकी सामग्री मानव ज्ञान एवं अनुभवों पर आधारित है।

सामाजिक अध्ययन व अन्य विषयों से उसका संबंध

विद्यालय स्तर पर लगभग प्रत्येक विषय एवं कार्यक्षेत्र सामाजिक अध्ययन से संबद्ध है। वस्तुतः सामाजिक परिप्रेक्ष्य में मानव का अध्ययन करना ही सामाजिक अध्ययन का मुख्य उद्देश्य है, क्योंकि सभी विषय किसी न किसी रूप में मानवीय जीवन के साथ संबंधित हैं। सामाजिक अध्ययन का अन्य विषयों से संबंध को निम्न रूप में वर्णित किया जा सकता है–

1. **सामाजिक अध्ययन का विज्ञान से संबंध :** आज का समय विज्ञान एवं तकनीकी का समय है। आज मनुष्य को आधुनिक युग के विभिन्न कार्य-क्षेत्रों को समझने तथा उसे विकास में सहयोगात्मक भूमिका निभाने के योग्य बनाने के लिए उसे विज्ञान की शिक्षा देना आवश्यक है। यही कारण है कि शिक्षाविद् तथा सामाजिक नेता प्राथमिक स्तर पर विज्ञान की शिक्षा देने पर जोर देते हैं, परंतु विज्ञान की शिक्षा केवल विज्ञान के लिए नहीं दी जाती अपितु मानवीय तत्त्वों को सामने रखकर इसकी शिक्षा दी जाती है। छात्रों को केवल विज्ञान के विभिन्न सिद्धांतों, सूत्रों तथा अनुसंधानों का ही ज्ञान प्रदान नहीं किया जाता, बल्कि उन्हें यह भी समझाया जाता है कि विज्ञान मानवता के लिए कितना उपयोगी है और कितना हानिकारक। अणुबम बनाना विज्ञान का विषय है, परन्तु इसी परमाणु शक्ति के सकारात्मक उपयोग ने विश्व को औद्योगीकरण की ओर अग्रसर किया। इस प्रकार औद्योगीकरण से मानव समाज को कितना लाभ हुआ, यह सामाजिक अध्ययन का विषय है। रेडियो, दूरदर्शन, फिल्म, कंप्यूटर, प्रेस आदि विज्ञान के महत्वपूर्ण आविष्कार हैं, परंतु मानव समाज पर इनका क्या प्रभाव पड़ा, इस प्रश्न का उत्तर विज्ञान को सामाजिक अध्ययन के निकट ले जाता है। इससे स्पष्ट है कि विज्ञान और सामाजिक विज्ञान परस्पर संबद्ध है।
2. **सामाजिक अध्ययन का कला से संबंध :** विद्यालय स्तर के पाठ्यक्रम में विभिन्न प्रकार की कलाओं का भी महत्वपूर्ण स्थान है। पेंटिंग, ड्रॉइंग, संगीत तथा अन्य ललित कलाओं का विद्यार्थियों को शिक्षण प्रदान किया

जाता है, परंतु कक्षाओं का अध्ययन केवल कक्षाओं के लिए नहीं किया जाता है, अपितु उनके माध्यम से विद्यार्थियों में निर्माणात्मक प्रवृत्तियों को विकसित किया जाता है, उनके सौन्दर्यात्मक बोध को उन्नत किया जाता है। इस कला के माध्यम से विद्यार्थियों की भावनाओं में उदारता का समावेश किया जाता है और उसे समाज का एक उपयोगी सदस्य बनने में सहायता प्रदान की जाती है। कला-शिक्षण के यह सभी उद्देश्य सामाजिक अध्ययन के उद्देश्यों से मेल खाते हैं। कला एवं सामाजिक अध्ययन दोनों मानव विकास के लक्ष्य पर केंद्रित हैं। सामाजिक अध्ययन की शिक्षा प्रदान करते समय अध्यापक उन संगीतज्ञों, मूर्तिकारों, चित्रकारों, शिल्पकारों एवं कलाकारों की उपेक्षा नहीं कर सकता, जिन्होंने मानवीय सभ्यता और संस्कृति के विकास में महत्वपूर्ण भूमिकाएं निभाई हैं। विभिन्न स्थलों से प्राप्त कला-कृतियों के ध्वंसावशेष उन युगों की विशेषताओं को समझने में अत्यंत महत्वपूर्ण भूमिका निभाते हैं। सामाजिक अध्ययन का कुशल अध्यापक इन ध्वंसावशेषों के माध्यम से सामाजिक अध्ययन की शिक्षा को विद्यार्थियों के लिए सुबोध एवं प्रभावपूर्ण बनाता है। कला सामाजिक अध्ययन के शिक्षण को सरलता, सरसता एवं सुंदरता प्रदान करती है। क्रियात्मक दृष्टिकोण से कला का सामाजिक अध्ययन से घनिष्ठ संबंध है।

सामाजिक अध्ययन विषय का अध्ययन करते समय विद्यार्थी केवल पाठ्य-पुस्तक तथा मौखिक शिक्षण तक ही सीमित नहीं रहते बल्कि उन्हें कई प्रकार के मॉडल, चित्र, मानचित्र आदि भी बनाने होते हैं और इन सभी का संबंध कला के साथ है। आजकल इस बात पर बल दिया जा रहा है कि शिक्षण क्रिया-आधारित होनी चाहिए। कला सामाजिक अध्ययन के शिक्षण को क्रिया का आधार प्रदान करती है। यह नहीं कि सामाजिक अध्ययन को कलाओं से ही शिक्षण-सामग्री तथा प्रेरणा मिलती है, कला भी सामाजिक अध्ययन से बहुत कुछ प्राप्त करती है। कलाकारों को सामाजिक विषय से रचनात्मक प्रेरणा मिलती है। कलाकारों की कृतियों से यदि संबंधित युग की छाया झलकती है तो यह इस बात का सशक्त प्रमाण है कि उन्होंने अपने समय की सामाजिक समस्याओं, चेतावनियों, चुनौतियों तथा उपलब्धियों से प्रेरित होकर अपनी कृतियों को जन्म दिया होगा। कला शिक्षक विभिन्न कलाकारों की कलाओं का उल्लेख करते समय कलाकारों के युग की सामाजिक, आर्थिक, राजनीतिक तथा सांस्कृतिक स्थितियों का उल्लेख अवश्य करता है। ऐसा करके वह अपने शिक्षण को सार्थक तथा प्रभावपूर्ण बनाता है। सामाजिक अध्ययन तथा कला का परस्पर आदान-प्रदान इस बात को सिद्ध करता है कि दोनों में गहरा संबंध है।

3. **सामाजिक अध्ययन का भाषा से संबंध :** भाषा विचारों को अभिव्यक्त करने एवं ग्रहण करने का सशक्त माध्यम है। भाषा साहित्य का माध्यम है जबकि साहित्य समाज का दर्पण है। भाषा की पाठ्य-पुस्तक में संग्रहित कहानियां कविताएं आदि समाज के विविध पहलुओं को ही प्रकट करती हैं। भाषा के बिना अध्यापक के लिए सामाजिक अध्ययन की शिक्षा देना असंभव है। वह बोलकर या प्रश्नोत्तर के माध्यम से ही विद्यार्थियों को समाज की रचना तथा उसकी परिवर्तन प्रक्रिया का ज्ञान प्रदान करता है। भाषा द्वारा ही विद्यार्थी सामाजिक प्रश्नों पर चिंतन करके उन पर अपने विचार प्रकट करते हैं। भाषा के अध्यापक को केवल व्याकरण का ही ज्ञान देना होता है, जबकि सामाजिक अध्ययन के शिक्षक को अपनी विषय-सामग्री उन लेखकों के रचनाओं से भी लेनी पड़ती है, जिन्हें साहित्यिक क्षेत्र में ख्याति प्राप्त है। इस तरह स्पष्ट है कि भाषा एवं सामाजिक अध्ययन में गहरा संबंध है।

4. **सामाजिक अध्ययन का गणित से संबंध :** वैज्ञानिक विषयों के साथ-साथ गणित की शिक्षा भी प्राथमिक कक्षाओं से प्रारंभ हो जाती है। यह समाज में गणित के अत्यंत महत्वपूर्ण स्थान का द्योतक है। जीवन का कोई भी क्षेत्र ऐसा नहीं है, जहां गणित की आवश्यकता न हो। अत गणित को केवल गणित के लिए नहीं पढ़ाया जाता, बल्कि उसकी सामाजिक उपयोगिता को दृष्टि में रखकर उसक शिक्षण दिया जाता है। जीवन की विभिन्न स्थितियों के साथ गणित को संबंधित करके पढ़ाने से विद्यार्थियों को समाज का उपयोगी सदस्य बनाने में सहायता मिलती है घरेलू बजट बनाने, बैंकिंग कामकाजों की जानकारी प्राप्त करने तथा लेन-देन आदि का हिसाब रखने में गणित सहायक होता है। समाज की विभिन्न समस्याओं को समझने, उनका विश्लेषण करने तथा उनका उचित समाधा ढूंढने में गणित का ज्ञान अत्यंत आवश्यक है।

कक्षा-कक्ष प्रक्रिया

एक शिक्षक को सामाजिक विषय के शिक्षण हेतु कक्षा-क (Classroom) में उन प्रक्रियाओं को अपनाना चाहिए ज शैक्षिक पर्यावरण की दृष्टि से कक्षा-कक्ष के वातावरण को सुग बनाती हो। इनमें से कुछ प्रक्रियाएँ निम्नवत् हैं–

1. **कार्यक्रमबद्ध शिक्षण :** इस शिक्षण पद्धति में इस बात प बल दिया जाता है कि व्यावहारिक अधिगम (Learning तभी संभव है जब उसको तत्काल पुनर्बलित या परिपु कर दिया जाए। इसलिए इसके पाठ्य-निर्मा (Programmery) का मुख्य काम यह है कि वह पुनर्बल संबंधी प्रासंगिक सामग्री भी उसमें सम्मिलित करें ता पूछे गए प्रश्नों के सही उत्तर देने पर उत्तरदाता अथ शिक्षार्थी को तुरंत शाबाशी दी जा सके और जिन प्र के उत्तर ठीक न हों उन्हें नजर-अंदाज किया जा सव
2. **व्यक्तिमूलक शिक्षण :** व्यक्तिमूलक अनुदेश से हम तात्पर्य उस अधिगम प्रक्रम (Learning Process) से जिसमें शिक्षार्थी अपनी आयु, अपनी अभिक्षमता या रूझ और अपनी योग्यताओं के अनुसार खुद-ब-खुद सीखता

अध्यापक द्वारा प्रदत्त एक समान अध्यापन-अध्ययन कार्यक्रम भिन्न-भिन्न प्रकार के अध्येताओं की अधिगम आवश्यकताओं की पूर्ति शायद ही कर पाता हो।

प्रमुख व्यक्तिमूलक शिक्षण-विधियां हैं–परियोजना प्रणाली, यन्त्र कार्य आदि।

3. **कंप्यूटर द्वारा कक्षा-कक्ष में शिक्षण :** सामाजिक अध्ययन विषयों के अध्यापक के लिए कंप्यूटर एक बहुत ही उपयोगी यंत्र है। इसकी सहायता से विविध प्रकार की सूचनाएं तथा जानकारियां दी जा सकती हैं। इससे छात्रों को अभिप्रेरित करने में मदद मिलती है तथा इसका उपयोग व्यक्तिमूलक अनुदेशों के लिए किया जा सकता है। प्रश्नावलियां तैयार करने, सर्वेक्षण का काम करने रिपोर्ट तैयार करने, रूप-रेखाएं बनाने, सारणियों और आलेखों के रूप में आधार-सामग्री का सार-संक्षेप तैयार करने तथा आधार-सामग्री का विश्लेषण करने के लिए आवश्यक गणना आदि करने के काम के लिए यह एक बहुत ही उपयोगी साधन है। कंप्यूटर चालित शिक्षण-पद्धति में कंप्यूटर सीधे छात्र को अनुदेश देता है, उसमें निहित पाठ-संबंधी प्रक्रिया का उपयोग कर छात्र कंप्यूटर से ही अंतःक्रिया (विचार-विमर्श या सवाल-जवाब) करता है। छात्र कुंजीपटल (Keyboard) पर टाइप कर कंप्यूटर से ही प्रश्न पूछते हैं और अपने उत्तर टाइप कर अपना मूल्यांकन भी करते हैं। छात्रों की निष्पादन क्षमता को ध्यान में रखते हुए आवश्यक प्रतिपुष्टि (Feedback) कंप्यूटर ही करता है। अध्यापक अधिगम के इस प्रकार्य को पूरा करते समय कंप्यूटर कई प्रकार की शैक्षणिक पद्धतियों का उपयोग करता है।

क्षा-कक्ष में गतिविधियां

माजिक अध्ययन शिक्षण हेतु कक्षा-कक्ष में आवश्यक तिविधियां निम्नवत् हैं–

दर्शन

माजिक अध्ययन विषयों का अध्यापन करते समय जो योगी शैक्षणिक तकनीकें अपनाई जाती हैं उनमें से एक -निदर्शन तकनीक (Sampling Technique)। निदर्शन से त्पर्य है कोई काम कैसे करना चाहिए और कैसे नहीं–प्रत्यक्ष म में यह दिखाना या बताना। निदर्शन तकनीक का प्रयोग र प्रस्तुतीकरण, विश्लेषण और संश्लेषण कैसे किया जाता है, ध्यापक इनका आदर्श रूप छात्रों के सामने रखता है। ऐसा रते समय छात्र की भूमिका सूचना और कौशलों के प्रेक्षक ा अभिलेखक की होती है। विद्यालयों में अध्यापक सामाजिक ध्ययन विषय पढ़ाते समय इस तकनीक का विशेष रूप से ोग तभी करते हैं जब वे कौशलों के विकास से संबंधित ई बात कहना चाहते हैं।

त्र-कार्य

माजिक अध्ययन में क्षेत्र-कार्य का महत्वपूर्ण स्थान है। यह णिक पद्धति है। अन्य शब्दों में क्षेत्र-कार्य का अर्थ है–वास्तविक जगत में कक्षा लेना अर्थात् जीवन की वास्तविक परिस्थितियों में पढ़ाना ही सामाजिक अध्ययन में क्षेत्र-कार्य कहलाता है। ऐसा करते समय किसी घटना को देखकर उससे संबंधित आधार-सामग्री को इकट्ठा किया जाता है। फिर उसका विश्लेषण कर उसके बारे में निष्कर्ष निकाला जाता है। इसलिए क्षेत्र-कार्य को किसी अविरत चलते रहने वाले काम से जानना चाहिए।

अतिथि वक्ता

अतिथि वक्ताओं (Guest Lecturers) को कक्षा में आमंत्रित कर उनसे व्याख्यान दिलाना सामाजिक अध्ययन विषयों के अध्यापन की कार्य-नीति का एक प्रभावी तरीका है। संबंधित विषय के सुप्रसिद्ध विद्वानों के ज्ञान-भंडार और सुदीर्घ अनुभवों से लाभ उठाना शिक्षण-कार्यकलाप के लिए निस्संदेह उपयोगी है। इस प्रकार के व्याख्यानों से छात्रों को न केवल वास्तविक दुनिया के अनुभवों से परिचित होने का सुअवसर मिलता है अपितु उन्हें प्रभावी दृष्टिकोण (Approach) के लिए अभिप्रेरणा (Motivation) भी मिलती है। उदाहरण के लिए भारत के राष्ट्रीय चरित्र या देश की एकता में बाधक शक्तियों जैसे विषयों पर व्याख्या देने के लिए किसी सुप्रसिद्ध राजनीतिक कार्यकर्ता या नेता को आमंत्रित किया जा सकता है।

कभी-कभी अथिति-वक्ता छात्रों के लिए अनुकरणीय आदर्श का काम भी करते हैं। उदाहरणार्थ–यदि आप 'भारत के स्वतंत्रता आंदोलन में स्वाधीनता सेनानियों का योगदान' विषय पर बोलने के लिए किसी प्रसिद्ध स्वतंत्रता सेनानी को आमंत्रित करें तो वह निश्चय ही छात्रों के लिए आदर्श सिद्ध होगा। उस स्वतंत्रता सेनानी के जीवन और कार्यों से प्रेरणा प्राप्त करते हुए छात्रों के मन में राष्ट्रभक्ति के गुण विकसित होंगे और वे अपने चरित्र को तदनुसार ढालने और राष्ट्र के प्रति समर्पित होने के लिए तत्पर हो जाएंगे। अतिथि वक्ता का चयन किसी भी विद्याशाखा या किसी भी मानवीय व्यवसाय से संबंधित व्यक्तियों में से किया जा सकता है।

व्याख्यान

माध्यमिक विद्यालय स्तर पर सामाजिक अध्ययन की कक्षा में अध्यापन के लिए अध्यापक जिस शिक्षण विधि का उपयोग सर्वाधिक करता है, वह है व्याख्यान या भाषण विधि। यह विधि 'प्रतिपादक' या 'व्याख्यात्मक' अध्यापन का एक उदाहरण है। अध्यापन की इस विधि से अध्यापक किसी भी नई सूचना या प्रक्रम को स्वयं छात्रों तक पहुंचाता है। व्याख्यान का मुख्य प्रयोजन तो सूचना देना है, किंतु यह कुछ ऐसा अनोखा कार्य भी करता है जो सामान्यतः अन्य प्रकार के निर्जीव स्रोतों से संपादित नहीं हो पाता। अध्यापक दो कारणों से व्याख्यान/भाषणशैली को अपनाता है। **प्रथम,** छात्रों को अभिप्रेरित करने के प्रयोजन से अध्यापक व्याख्यान शैली का प्रयोग करता है। व्याख्यानों/भाषणों को सुनकर ही छात्र सामाजिक अध्ययन के विभिन्न विषय-क्षेत्रों की ओर आकृष्ट होते हैं। **द्वितीय,** सूचना के विभिन्न अंशों को मिलाकर उन्हें समन्वित रूप में प्रस्तुत करने के लिए भी अध्यापक व्याख्यान का उपयोग कर सकता है।

व्याख्यान के दो आयाम हैं–**प्रथम**, उसका नियोजन अर्थात् उसकी योजना बनाना और **द्वितीय**, उसकी प्रस्तुति/व्याख्यान। प्रस्तुति को भी तीन उपचरणों में बांटा गया है। ये हैं–भूमिका, विकास और समाहार।

व्याख्यान हेतु योजना : सामान्यतः यह माना जाता है कि व्याख्यान के लिए योजना बनाना आवश्यक नहीं है किंतु यह धारणा सही नहीं है। व्याख्यान के लिए भी व्यवस्थित योजना तैयार करना जरूरी है। व्याख्यान की तैयारी करते समय अनेक चरणों से गुजरना पड़ता है। अध्यापक को चाहिए कि वह जिस विषय पर व्याख्यान देना चाहे, उसकी तैयारी पहले अवश्य कर ले। कहने का तात्पर्य यह है कि व्याख्यान के लिए भी अध्यापक को पाठ-योजना तैयार कर लेनी चाहिए। अध्यापक द्वारा तैयार किए गए पाठ-योजना का संबंध निम्नलिखित बातों से होनी चाहिए–

(*i*) अध्यापक व्याख्यान के माध्यम से कौन-कौन से शैक्षणिक उद्देश्यों को प्राप्त करना चाहता है?

(*ii*) वह (अध्यापक) व्याख्यान में विषय-वस्तु की कितनी मात्रा सम्मिलित करना चाहता है?

(*iii*) कौन-कौन से अतिरिक्त अंतः क्रियात्मक तरीके अपनाए जाने चाहिए?

(*iv*) प्रतिपुष्टि (Feedback) की क्या क्रियाविधि होनी चाहिए?

(*v*) किन-किन दृश्य-श्रव्य (Visual-Audio) साधनों का उपयोग किया जाएगा?

व्याख्यान के लाभ : व्याख्यान विधि के तहत कुछ अच्छाइयां पाई जाती हैं। इन्हें ध्यान में रखते हुए ही सामाजिक अध्ययन के अध्यापन में व्याख्यान विधि का उपयोग किया जाता है। इन अच्छाइयों में कुछ प्रमुख निम्नवत् हैं–

(*i*) इसे अपनाकर सामाजिक अध्ययन की सभी शाखाओं से संबद्ध ज्ञान छात्रों को दिया जा सकता है।

(*ii*) यह वह विधि है जिसे जब चाहे और जैसा चाहे, अनेक तरह की व्यक्तित्व संबंधी विशेषताओं के अनुरूप ढाला जा सकता है। इस तरह इनका अनुकूलन किया जाना अपेक्षाकृत सरल है।

(*iii*) अध्यापकों और छात्रों के बदलते अनुपात के अनुसार इस विकल्प का अनुकूलन किया जा सकता है।

(*iv*) व्याख्यान तकनीक बहुत ही कम खर्च वाली होती है। यदि सही योजना बनाई जाए और सही रूप में उसका क्रियान्वयन किया जा सके तो यह तकनीक बहुत ही प्रभावशाली सिद्ध हो सकती है।

गंभीर सोच का विकास

छात्रों में सामाजिक विषय के प्रति गंभीर सोच का विकास करने के लिए एक शिक्षक को विभिन्न आधुनिक तथा तकनीकी माध्यमों का सहारा लेकर सामाजिक विषय को रोचक तथा सरल बनाना चाहिए ताकि छात्रों में सामाजिक विषय के प्रति गंभ सोच का विकास हो सके। सामाजिक विषय के प्रति छात्रों गंभीर सोच विकसित करने के लिए निम्नलिखित माध्यमों सहारा लिया जाना चाहिए :

(*i*) **आरेख (Graph) :** आरेख मात्रा-सूचक आधार-साम (आंकड़ों) को प्रस्तुत करने का उत्तम साधन है। इ माध्यम से छात्र मूलभूत संबंधों को अच्छी तरह से सम सकते हैं। सामाजिक अध्ययन विषय पढ़ाते समय अ प्रकार के आरेखों का प्रयोग किया जाता है। आरेखों प्रभावी व्याख्या के लिए जिन मूलभूत कौशलों की आवश्यक होती है, उनमें से कुछ प्रमुख निम्नवत् हैं–

(*a*) शीर्षक के महत्व को समझने की योग्यता रख

(*b*) आरेख चित्रांकन में प्रयुक्त माप-तौल की बुनिय इकाइयों को समझना।

(*c*) प्रदर्शित संबंधों की व्याख्या करना।

(*d*) प्रस्तुत आधार सामग्री को ध्यान में रखते अनुमान लगाना एवं महत्वपूर्ण सामान्यीकरण कर

(*e*) आरेखों से मिलने वाली सूचनाओं और पाठ्य सा एवं अन्य सूचना-स्रोतों से मिलने वाली सूचनाओं बीच तालमेल बिठाना।

(*ii*) **चर्चा-परिचर्चा (Discussion) :** शिक्षण तकनीक का स सरल तरीका है–चर्चा-परिचर्चा करना अर्थात् पर विचार-विनिमय करना। माध्यमिक विद्यालयों के संदभ वहां की विभिन्न परिस्थितियों में इस शिक्षण-तकनीक प्रयोग किया जा सकता है। इस शिक्षण तकनीक का म मुख्यतः इस तथ्य पर आधारित है कि यह एक प्र का ऐसा सामूहिक बौद्धिक कार्य है जो यह मानकर च है कि एक व्यक्ति विशेष की तुलना में कई लोगों प्राप्त जानकारियों, विचारों और भावनाओं का अधिक उपयोगी या लाभप्रद होता है। समूह के सदस्य मिलकर विचारों का आदान-प्रदान करते हैं। चर्चा-परिचर्चा की सबसे बड़ी खूबी है। इस तकनीक अनुसार सभी छात्र और अध्यापक मिल-बैठकर विषय-विशेष पर खुलकर अपने विचार प्रकट करते यदि सामूहिक चर्चा-परिचर्चा न हो और केवल एक व्यक्ति या वर्ग की चले और निष्कर्ष को प्रभावित तो यह शिक्षण तकनीक असफल हो जाएगी। प चर्चा-परिचर्चा की शृंखला की कड़ी बीच में ही जाएगी। अतः शिक्षक का यह कर्त्तव्य है कि सामान्यतः सभी छात्रों को और विशेषतः अधिक जान रखने वाले छात्रों को चर्चा-परिचर्चा में भागीदारी के लिए प्रोत्साहित करता रहे, जिससे कि छात्रों में सोच का विकास हो सके।

(*iii*) **चार्ट (Chart) :** सामाजिक अध्ययन से संबंधित का अध्यापन के समय सारणी बहुत ही महत्वपूर्ण बनते हैं। सारणी एक सीधी-सादी और सपाट चित्र प्रदर्शन-वस्तु होती है। यदि इसका उपयोग ठीक त

किया जाए तो प्रदर्शित सूचना बहुत ही प्रभावी ढंग से दर्शकों तक पहुंचाई जा सकती है। महत्वपूर्ण सूचनाओं को वर्गीकृत करने के उत्तम साधन के रूप में सारणियों का प्रयोग होता है। पुस्तकें पढ़ते समय कई ऐसे जटिल विचार छात्रों के दिमाग में आते हैं, जो उन्हें परेशान करते हैं। इन जटिल विचारों को संक्षिप्त और सार रूप में सारणियों के माध्यम से प्रस्तुत किया जा सकता है तथा उनमें विषय के प्रति गंभीर सोच का विकास किया जा सकता है।

(*iv*) **प्रतिरूप (Model) :** छात्रों में सामाजिक विषय के संबंध में गंभीर सोच विकसित करने के एक माध्यम के रूप में प्रतिरूप त्रिविम (3-D) दृश्य-साधनों का काम करते हैं। आकार-प्रकार को छोड़कर ये प्रतिरूप सभी प्रकार से वास्तविक वस्तुओं का प्रतिनिधित्व करते हैं। वास्तविक जीवन में बड़े आकार वाली वस्तुओं को इसमें छोटा करके दिखाया जाता है ताकि छात्र उनका बारीकी से निरीक्षण कर सकें। प्रतिरूप सीधे (स्थिर) कार्यकारी यानी काम करते हुए दिखाए गए हों, जिससे कि छात्रों की मनोवृत्ति पर उसका प्रभाव लंबे समय तक पड़ता रहे।

(*v*) **मानचित्र/ग्लोब (Map/Globe) :** हम अपने दैनिक जीवन में किसी न किसी प्रकार के मानचित्र का उपयोग करते हैं। जब हम किसी नई जगह की यात्रा पर जाते हैं तो हम मानचित्र की मदद लेते हैं। कागज की समतल सतह पर पृथ्वी या उसके किसी हिस्से का चित्रण मानचित्र कहलाता है। मानचित्र पर पृथ्वी की आकृति रेखाओं, बिंदुओं, रंगों, शब्दों और संकेतों से उकेरी जाती है। सामाजिक अध्ययन में अनेक भौगोलिक, ऐतिहासिक और आर्थिक संकल्पनाओं को सीखने के लिए मानचित्र अत्यंत उपयोगी साधन है।

ग्लोब पृथ्वी का त्रिविमीय (3-D) माप प्रतिरूप है। यही एक ऐसा मानचित्र है, जो छात्रों को भौगोलिक संबंधों की सही जानकारी देता है। मुख्य रूप से मानचित्रों का वर्गीकरण नीचे लिखे गए तरीकों से किया जाता है–

(*a*) **आर्थिक मानचित्र :** इन मानचित्रों में देश-विशेष की फसलों, व्यापार, उनके लिए प्रयुक्त भू-भाग, रेलों आदि की जानकारी दी जाती है।

(*b*) **सामाजिक मानचित्र :** इस प्रकार के मानचित्रों से जनसंख्या वितरण, भाषाओं, विभिन्न प्रांतों/राज्यों की साक्षरता की दरों आदि की जानकारी मिलती है।

(*c*) **ऐतिहासिक मानचित्र :** इन मानचित्रों में किसी साम्राज्य विशेष की भौगोलिक सीमाओं, संधियों आदि की जानकारी दी जाती है।

(*d*) **प्राकृतिक मानचित्र :** इस प्रकार के मानचित्र से क्षेत्र विशेष की जलवायु, संसाधन, औसत वर्षा, मिट्टी की किस्म आदि की जानकारी मिलती है।

(*e*) **राजनीतिक मानचित्र :** इस प्रकार के मानचित्रों में संबंधित देश के राजनीतिक विभाजन, प्रांतों, राज्यों आदि के बारे में सूचनाएं दी जाती हैं।

अन्वेषण करना/जांचना

सामाजिक अध्ययन के अध्यापन में अन्वेषण को एक अत्यंत महत्वपूर्ण तकनीक माना जाता है। इस तकनीक के माध्यम से अध्यापक कई अधिगम (Learning) अनुभवों का आदान-प्रदान करता है। अध्यापक छात्रों से प्रश्न पूछकर, छात्रों की ओर से उनके जो उत्तर मिलते हैं उन्हें ध्यान में रखते हुए वह छात्रों के विषय-संबंधी ज्ञान को और अधिक सुदृढ़ तथा व्यापक बनाता है। शिक्षा विज्ञानी लोर्बर और पियर्स के अनुसार प्रश्न इसलिए पूछे जाते हैं ताकि यह जानकारी प्राप्त की जा सके कि छात्रों ने सूचना के किसी खंड विशेष को कितनी अच्छी तरह से समझा है। जिससे कि एक ज्ञान-बिंदु से दूसरे ज्ञान-बिंदु की ओर छात्रों का ध्यान ले जाया जा सके, और महत्वपूर्ण बिंदुओं को अलग करके, उनपर विशेष बल देकर उनके बारे में छात्रों की संकल्पना शक्ति (Concept Power) को और अधिक बढ़ाया जा सके। साथ ही दिए गए कार्य को शुरू करने से पहले उन्हें सही दिशा की ओर बढ़ने के लिए निर्देशित किया जा सके। इस तकनीक का सबसे सरल तरीका प्रश्न पूछने की तकनीक है। अध्यापक अपने प्रश्नों के माध्यम से विश्लेषण, संश्लेषण और मूल्यांकन जैसे उच्चकोटि के चिंतनों का अन्वेषण, सरलता से कर लेता है। अन्वेषण करने के लिए प्रश्नों का वर्गीकरण कई प्रकार से किया जाता है। प्रश्नों के इस वर्गीकरण में ब्लूम का वर्गीकरण सबसे अधिक प्रमुख है। उनमें से कुछ निम्नवत् हैं–

(*i*) **विश्लेषणात्मक प्रश्न :** "स्वाधीन भारत पर ब्रिटिश शासन का क्या प्रभाव पड़ा?"

(*ii*) **संश्लेषणात्मक प्रश्न :** "ब्रिटिश युद्ध के दौरान जर्मनी ने जो रणनीति अपनाई थी, उसे देखते हुए आपके विचार से उसमें क्या परिवर्तन-परिवर्द्धन अपेक्षित था?"

(*iii*) **मूल्यांकनपरक प्रश्न :** "क्या आप लोकतांत्रिक शासन को अच्छा मानते हैं?" यदि 'हां', तो क्यों और 'नहीं', तो क्यों नहीं।

(*iv*) **अनुप्रयोगपरक प्रश्न :** "जब नई दिल्ली में दिन के 12 बजे हों तो बताइए कि लंदन में उस समय कितने बजे होंगे?"

(*v*) **ज्ञानपरक प्रश्न :** "भारतीय संविधान की प्रमुख विशेषताएं क्या हैं?"

अथवा

भारतीय संविधान के प्रमुख लक्षणों का उल्लेख करें।

(*vi*) **बोधपरक प्रश्न :** "ज्वालामुखी का अर्थ स्पष्ट करें।"

अथवा

ज्वालामुखी किसे कहते हैं?

सामाजिक अध्ययन के शिक्षण की समस्याएं

सामाजिक अध्ययन का शिक्षण एक बहुत ही जटिल मानवीय क्रियाकलाप है। इसका आरंभिक बिंदु राष्ट्रीय लक्ष्य निर्धारण से लेकर कक्षा के सबसे कम आयु के बच्चे के दैनिक क्रियाकलाप वाले समाप्ति सूचक बिंदु तक फैला हुआ है।

सामाजिक अध्ययन कोई एक विषय नहीं बल्कि कई विभिन्न विषयों का सम्मिश्रण है तथा इसकी विषय-वस्तु में भी विविधता दिखाई देती है, अर्थात् सामाजिक अध्ययन पाठ्यचर्या का व्यवस्थापन किसी एक निश्चित उपागम (Approach) का अनुकरण करके नहीं किया जाता। यही विविधता सामाजिक अध्ययन के शिक्षण को जटिल बना देते हैं। सामाजिक अध्ययन के शिक्षण में आने वाली मुख्य समस्याएं निम्नलिखित हैं–

1. **संसाधनों की अनुपलब्धता :** संसाधनों की उपलब्धता भी स्थानीय परिस्थितियों और विशिष्ट स्थितियों पर आधारित होती है, जो सुसंगत संसाधन विद्यालयों में और उनके आस-पास उपलब्ध हों उनका उपयोग करते हुए सामाजिक अध्ययन के विषय को पढ़ाया जा सकता है। लेकिन वर्तमान में विद्यालय में संसाधनों की उपलब्धता का अभाव पाया जाता है। इसके लिए अध्यापक को चाहिए कि वह पाठ्यचर्या विषयक प्रक्रियाओं की रूपरेखा तैयार करते समय उपलब्ध संसाधनों के संबंध में छात्रों के बीच जागरूकता विकसित करें।
2. **छात्रों के अभिलक्षण :** छात्रों के स्तर, आयु, अनुभव, उद्भासन (exposure), ग्रामीण या शहरी वातावरण, सामाजिक-आर्थिक स्थिति, सांस्कृतिक पृष्ठभूमि आदि में अंतर होने के कारण भी सामाजिक अध्ययन के शिक्षण में समस्याओं का सामना करना पड़ता है। इसके लिए अध्यापक को चाहिए कि वह छात्रों की मानसिक स्थिति के आधार पर उन्हें अलग-अलग समूहों में बांटकर सामाजिक अध्ययन के अध्यापन की योजना बनाएं।
3. **अध्यापक शिक्षा की समस्या :** सामाजिक अध्ययन शिक्षण की समस्याओं में से एक अच्छे शिक्षक की समस्या भी प्रमुख रही है। भारतवर्ष में अध्यापक शिक्षा की वर्तमान स्थिति काफी दयनीय है। अध्यापक शिक्षा के कार्य में संलग्न शिक्षा संस्थाएं भावी व कार्यरत अध्यापकों को पुरानी घिसी-पिटी शिक्षण कला की शिक्षा प्रदान करके अपने कर्त्तव्य की इतिश्री समझ लेती हैं। इन शिक्षण संस्थाओं को समसामायिक और वांछनीय बनाने की नितांत आवश्यकता है।
4. **पाठ्यक्रम में लचीलापन का अभाव :** सामाजिक अध्ययन शिक्षण की एक प्रमुख समस्या है इसके पाठ्य विवरण का लचीला नहीं होना। इसके लिए आवश्यक है कि सामाजिक अध्ययन का पाठ्य विवरण लचीला हो ताकि उसमें छात्रों के अनुभवों के लिए स्थान रहे। साथ ही परिस्थिति की आवश्यकताओं के अनुसार अध्यापक को पाठ्यचर्या विषयक अनुभवों के नियोजन में अपेक्षित स्वतंत्रता मिल सके।
5. **सामुदायिक संसाधनों का उपयोग न होना :** संसाधनों को अनेक वर्गों में बांटा जाता है, यथा–विद्यालयी संसाधन, सामुदायिक संसाधन आदि। कुछ समुदाय संसाधनों के मामले में अत्यंत समृद्ध हो सकते हैं और ऐसी स्थिति में सभी संसाधनों का उपयोग सामाजिक अध्ययन का अध्यापन करते समय किया जाना चाहिए। ये संसाधन हैं–तारामंडल, चिड़ियाघर, संग्रहालय, नदियां, स्मारक आदि। इन सभी उपलब्ध संसाधनों का लाभप्रद तरीके से उपयोग किया जा सकता है।
6. **निजी अनुभवों का उपयोग होना :** सामाजिक अध्ययन के शिक्षण में निजी अनुभवों का प्रयोग आवश्यक है। परंतु विद्यालयी स्तर पर सामाजिक अध्ययन के अध्यापन की यह एक प्रमुख समस्या है। सामाजिक अध्ययन के अध्यापकों के लिए बहुत जरूरी है कि वे छात्रों और अध्यापकों के निजी अनुभवों पर भी ध्यान दें तथा उनसे प्राप्त अनुभवों को यथासंभव पाठ्य सामग्री का अंग बना लें। ऐसा करने से छात्रों के मन में सामाजिक विषयों के प्रति संकल्पनाएं स्पष्ट हो जाएंगी और वे उन्हें ठीक तरह से समझ भी सकेंगे।

प्राथमिक एवं द्वितीयक स्रोत

प्राथमिक स्रोत

प्राथमिक स्रोत अपने मौलिक रूप में एवं प्रथमतः प्राप्त वास्तविक सूचना या दस्तावेज है। जिसको आवश्यकतानुसार विश्लेषण कर अभीष्ट निष्कर्ष प्राप्त किया जा सकता है। प्राथमिक स्रोत के तहत ऐतिहासिक एवं कानूनी कागजात, आंखों देखा घटनाक्रम, प्रयोग का परिणाम, सांख्यिकीय आंकड़े, सृजनात्मक लेखन के अंश आदि को शामिल किया जाता है। सामाजिक एवं प्राकृतिक विज्ञान में प्राथमिक स्रोत प्रायः जांच करने का अध्ययन है, जहां प्रयोग अथवा प्रत्यक्ष अनुमान किया जाता है। जांच के अध्ययन का परिणाम सम्मेलनों में प्रस्तुत लेखों अथवा पेपरों में पाया जाता है। इसीलिए इन लेखों एवं पेपरों को प्राथमिक स्रोत कहा जाता है।

प्राथमिक स्रोत की शक्तियां एवं कमजोरियां

बहुत से क्षेत्र एवं संदर्भ में, जैसे ऐतिहासिक लेखन में यह लगभग हमेशा सलाह दी जाती है कि "जहां तक हो सके प्राथमिक स्रोतों का उपयोग किया जाए यदि ऐसा न हो तभी द्वितीयक स्रोतों का उपयोग किया जाए।" इसके अतिरिक्त प्राथमिक स्रोत, द्वितीयक स्रोत में अंतर्निहित समस्याओं से बचने की कोशिश करते हैं। वहीं प्रत्येक नए लेखक तथ्यों को तोड़-मरोड़कर पेश करने की कोशिश कर सकते हैं और विचारों को पहले वाले की अपेक्षा ज्यादा मजबूती से रख सकते हैं यद्यपि यह जरूरी नहीं है कि प्राथमिक स्रोत, द्वितीयक स्रोत से अच्छा है। यह एकपक्षीय और अन्य दांव-पेंच का प्रयोग करके ऐतिहासिक सूचना को तोड़-मोड़कर उपयोग करता है

प्राथमिक स्रोत के उपर्युक्त गलतियों को द्वितीयक स्रोत में सुधार किया जाता है। इसमें प्रायः विषयों की ध्यानपूर्वक समीक्षा की जाती है। यह प्रायः अनुसंधानकर्ता द्वारा लिखा गया अच्छा दस्तावेज होता है। ये अनुसंधानकर्ता वैसे संस्थाओं में कार्य करते हैं जहां सिद्धांत की यथार्थता लेखक के भविष्य और प्रतिष्ठा के लिए महत्वपूर्ण है। अन्य अनुसंधानकर्ता प्राथमिक स्रोतों की यथार्थता व वस्तुनिष्ठता पर विचार करता है और विषय की प्राथमिक एवं द्वितीयक दोनों स्रोतों के लिए उच्च स्तर पर जांच-पड़ताल करता है।

प्राथमिक स्रोत एक प्रकार के पत्रिका का पर्याय है। सही मायने में यह केवल एक व्यक्ति विशेष के विचार को दर्शाता है। ऐसा भी हो सकता है कि वह विश्वसनीय, यथार्थपरक अथवा पूर्ण न हो। भाग लेने वाले और आंखों देखी घटनाओं का वर्णन करने वाले घटनाओं की गलत समझ अथवा तथ्यों को तोड़-मरोड़कर रिपोर्ट कर अपनी छवि को बढ़ाने के लिए प्रयत्न करते हैं। ऐसा प्रभाव समय के अनुसार बढ़ते जा रहा है। ऐसे में लोग जिस संक्षिप्त कथन का निर्माण करते हैं वह यथार्थ नहीं है। स्रोत चाहे प्राथमिक हो या द्वितीयक, शोधार्थी के लिए यह जरूरी है कि वह मूल्यांकन की मात्रा और निर्देशन के पक्षपातपूर्ण स्थिति की जांच करे।

द्वितीयक स्रोत

द्वितीयक स्रोत, प्राथमिक स्रोत के संबंध में कुछ लिखित तथ्य होता है। द्वितीयक स्रोतों के तहत वास्तविक वस्तुओं पर की गई टिप्पणियों, व्याख्या एवं परिचर्चा को शामिल किया जाता है। द्वितीयक स्रोत प्रायः प्रकाशकीय कार्यों यथा, पत्रिका लेख या पुस्तक के रूप में रहते हैं। इसमें रेडियो, टी.वी. दस्तावेज अथवा सम्मेलन आदि का भी कार्य किया जाता है।

स्रोतों के रूपरेखा के संबंध में प्राथमिक और द्वितीयक स्रोत का उदय सर्वप्रथम इतिहास लेखन के क्षेत्र में हुआ। ऐसे में इतिहासकार इतिहास लेखन के स्रोतों की पहचान व वर्गीकरण करते हैं। विद्वतापूर्ण लेखन में स्रोतों के वर्गीकरण का महत्वपूर्ण उद्देश्य स्रोतों की विश्वसनीयता व स्वतंत्रता का निर्धारण करना होता है। यद्यपि इतिहास लेखन के संदर्भ में यह सुझाव है कि जहां तक संभव हो सके प्राथमिक स्रोतों का उपयोग किया जाए। यदि प्राथमिक स्रोत उपलब्ध नहीं है तो सावधानीपूर्वक द्वितीयक स्रोत का उपयोग किया जाए। बहुत से इतिहासकारों का विश्वास है कि प्राथमिक स्रोतों का महत्वपूर्ण उद्देश्य भविष्य से संबद्ध है। वे स्वयं से कहते हैं कि इस तरीके से शुद्ध द्वितीयक स्रोतों पर अधिकार नहीं किया जा सकता।

बहुत से विद्वान द्वितीयक स्रोतों के कथनों/लेखों का कच्चा आंकड़ा तैयार करने पर टिप्पणी करते हैं, क्योंकि इसमें कठिनाई होती है। यह आंकड़ा भविष्य के लिए तैयार किया जाता है। हैडेन ह्वाइट (Hayden White) ने साहित्यिक कौशल के संदर्भ में विस्तृत रूप से लिखा है, "इतिहासकार भविष्य के संबंध में कथन का निर्माण करते हैं और उनमें समय से संबद्ध मान्यताओं, इतिहास और घटनाओं को ऐतिहासिक कथन के रूप में प्रारंभिक स्तर पर सन्निहित कर देते हैं।" ऐसी स्थिति में 'ऐतिहासिक तथ्यों' और 'लिखित इतिहास' में वास्तविक संबंध का प्रश्न 19वीं सदी से इतिहासकारों के बीच चर्चा का विषय बना हुआ है।

सामान्यतः यदि प्राथमिक स्रोत उपलब्ध होता है तो आधुनिक इतिहासकार उसे ही चुनना पसंद करते हैं। साथ ही दूसरे नए स्रोतों पर भी ध्यान रखते हैं, क्योंकि प्राथमिक स्रोत की यथार्थता संदिग्ध होती है। ऐतिहासिक प्रश्नों में नए आगतों का समावेश होता है और अधिकांश आधुनिक इतिहासकारों का जोर प्राथमिक स्रोतों की उपयोगिता को प्राप्त करने पर होता है।

दूसरी तरफ अधिकांश अंतः स्नातकीय (Undergraduate) अनुसंधान परियोजना को द्वितीयक स्रोतों तक सीमित कर दिया गया।

वस्तुनिष्ठ प्रश्न

1. सामाजिक अध्ययन की मुख्य विशेषता है, इसकी–
A. विविधता B. एकबद्धता
C. स्थानबद्धता D. इनमें से कोई नहीं

2. "सामाजिक अध्ययन का कार्यक्रम मनुष्य और अतीत, वर्तमान तथा विकसित होने वाले भविष्य के सामाजिक और भौतिक पर्यावरणों के प्रति उनके द्वारा की गई पारस्परिक क्रिया का अध्ययन है।" यह कथन है–
A. फोरेस्टर B. यू. माइकेलिस
C. ई.बी. वेस्ले D. जे.एन. वास्ले

3. सामाजिक अध्ययन की संकल्पना में शामिल तथ्य हैं–
A. सामाजिक तथा भौतिक वातावरण
B. मानवीय संबंधों का निर्माण
C. मानव जीवन का वातावरण
D. इनमें से सभी

4. सामाजिक विज्ञान, सामाजिक अध्ययन की अपेक्षा है–
A. सैद्धांतिक B. व्यावहारिक
C. संकुचित D. इनमें से सभी

5. सामाजिक अध्ययन की संकल्पना के तहत विभिन्न विषयों का ज्ञान किस दृष्टिकोण के तहत प्रदान किया जाता है?
A. एकल B. समन्वित
C. बहुद्देश्यीय D. इनमें से कोई नहीं

6. मुदालियर आयोग का संबंध किस स्तर के शिक्षा से था?
A. प्राथमिक स्तर B. माध्यमिक स्तर
C. उच्च माध्यमिक स्तर D. महाविद्यालय स्तर

7. सामाजिक अध्ययन के तत्व की उपयोगिता की प्रकृति है–
A. सहयोगात्मक B. निर्देशात्मक
C. सामाजिक D. इनमें से सभी

8. मुदालियर आयोग का गठन किया गया था–
A. 1950-51 में B. 1951-52 में
C. 1952-53 में D. 1953-54 में

9. सामाजिक अध्ययन की विषय सामग्री निम्न में से किस पर आधारित है?
A. मानवीय ज्ञान B. मानवीय अनुभव
C. मानवीय व्यवहार D. इनमें से सभी

10. निम्न में से किस शिक्षाशास्त्री ने सामाजिक अध्ययन को मानव जीवन के वातावरण के अनुकूलन के रूप में वर्णित किया है?
A. बाइनिंग एवं बाइनिंग B. एम.पी. मुफात
C. ई.बी. वेस्ले D. जेम्स

11. कक्षा-कक्ष प्रक्रिया में शामिल तत्त्व हैं–
A. कार्यक्रमबद्ध शिक्षण
B. व्यक्तिमूलक शिक्षण
C. कंप्यूटर आधारित शिक्षण
D. इनमें से सभी

12. कक्षा-कक्ष प्रक्रिया में कंप्यूटर (Computer) किस प्रकार से सहायक है?
A. प्रश्नावली तैयार करने में
B. सर्वेक्षण कार्यों में
C. सारणी एवं आलेख निर्माण में
D. इनमें से सभी

13. सामाजिक अध्ययन के शिक्षण हेतु कक्षा-कक्ष में आवश्यक गतिविधियां कौन-कौन-सी हैं?
A. निदर्शन (Sampling)
B. क्षेत्रकार्य (Fieldwork)
C. अतिथि वक्ता (Guest Lecturer)
D. इनमें से सभी

14. कक्षा-कक्ष प्रक्रम में निदर्शन तकनीक (Sampling Technique) का प्रयोग निम्न में से किस हेतु किया जाता है?
A. प्रस्तुतीकरण B. विश्लेषण
C. संश्लेषण D. इनमें से सभी

15. माध्यमिक विद्यालय स्तर पर सामाजिक अध्ययन के अध्यापन के लिए शिक्षक किस शिक्षण विधि का उपयोग सर्वाधिक करता है?
A. लेखन विधि (Writing Method)
B. व्याख्यान विधि (Discourse Method)
C. गृहकार्य विधि (Homework Method)
D. इनमें से कोई नहीं

16. व्याख्यान के लिए अध्यापक द्वारा तैयार पाठ-योजना का संबंध किन बातों से होनी चाहिए?
A. शैक्षणिक उद्देश्य की स्पष्टता
B. विषय-वस्तु की उपस्थिति की मात्रा
C. प्रयुक्त दृश्य-श्रव्य साधनों के प्रकार
D. इनमें से सभी

17. व्याख्यान प्रस्तुति के तहत शामिल उप-चरण (Sub-stage) कौन-कौन से हैं?
A. भूमिका B. विकास
C. समाहार D. इनमें से सभी

18. व्याख्यान विधि शिक्षण से सामाजिक अध्ययन के क्षेत्र में कौन-से लाभ नहीं हैं?
A. इससे सामाजिक अध्ययन की सभी शाखाओं का ज्ञान नहीं दिया जा सकता है
B. विभिन्न व्यक्तित्व के अनुरूप ढाला जा सकता है
C. अध्यापकों और छात्रों के अनुपात का अनुकूलन किया जा सकता है
D. इनमें से सभी

19. सामाजिक विषय के प्रति छात्रों में गंभीर सोच विकसित करने के लिए निम्न में से किस माध्यम का सहारा लिया जाता है?
A. आरेख B. चर्चा-परिचर्चा
C. सारणी D. इनमें से सभी

20. निम्न में से किस प्रकार के मानचित्र स्थान-विशेष की फसलों, व्यापार एवं परिवहन आदि की जानकारी देते हैं?
A. सामाजिक मानचित्र B. आर्थिक मानचित्र
C. प्राकृतिक मानचित्र D. राजनीतिक मानचित्र

21. आंकड़ों के प्रस्तुतीकरण के लिए निम्न में से कौन-सा माध्यम उपयुक्त होता है?
A. चर्चा-परिचर्चा B. सारणी
C. आरेख D. इनमें से सभी

22. निम्न में से कौन-सा माध्यम गंभीर सोच के विकास में सबसे सरल है?
A. आरेख चित्रांकन B. चर्चा-परिचर्चा
C. सारणी-चित्रण D. इनमें से सभी

23. गंभीर सोच के विकास में निम्न में से कौन सामूहिक बौद्धिक कार्य का अंग है?
A. भ्रमण की प्रक्रिया B. चर्चा-परिचर्चा
C. कक्षा-कक्ष प्रक्रिया D. इनमें से कोई नहीं

24. ग्लोब पृथ्वी का किस तरह का मानचित्र प्रस्तुत करता है?
A. एकलविमीय (1-D) B. द्विविमीय (2-D)
C. त्रिविमीय (3-D) D. इनमें से सभी

25. निम्न में से किस प्रकार के मानचित्रों के माध्यम से जनसंख्या का वितरण दर्शाया जाता है?
A. आर्थिक मानचित्र B. सामाजिक मानचित्र
C. राजनीतिक मानचित्र D. प्राकृतिक मानचित्र

26. निम्न में से कौन-सा मानचित्र किसी साम्राज्य विशेष की भौगोलिक सीमाओं तथा संधियों आदि की जानकारी देता है?
A. ऐतिहासिक मानचित्र B. प्राकृतिक मानचित्र
C. राजनीतिक मानचित्र D. सामाजिक मानचित्र

27. किसी स्थान विशेष के औसत वर्षा की जानकारी के लिए सबसे उपयुक्त कौन-सा मानचित्र होता है?
A. आर्थिक मानचित्र B. प्राकृतिक मानचित्र
C. राजनीतिक मानचित्र D. सामाजिक मानचित्र

28. किसी देश के प्रांतों तथा उनकी राजधानियों के विषय में जानकारी निम्न में से किस प्रकार के मानचित्र से प्राप्त किया जा सकता है?
A. राजनीतिक मानचित्र B. सामाजिक मानचित्र
C. प्राकृतिक मानचित्र D. इनमें से सभी

29. सामाजिक अध्ययन के अध्यापन में शिक्षक निम्न में से किसके माध्यम से उच्चकोटि के चिंतनों का अन्वेषण करता है?
A. विश्लेषण B. संश्लेषण
C. मूल्यांकन D. इनमें से सभी

30. सामाजिक अध्ययन के अध्यापन में अन्वेषण हेतु प्रश्नों के वर्गीकरण में किसका मत सबसे प्रसिद्ध है?
A. ब्लूम का B. जेम्स का
C. टेम्स का D. चेम्स का

31. "भारतीय संविधान की प्रमुख विशेषताएं क्या हैं?" इस प्रकार के प्रश्नों को किस श्रेणी में रखा जा सकता है?
A. ज्ञानपरक प्रश्न B. बोधपरक प्रश्न
C. अनुप्रयोगपरक प्रश्न D. मूल्यांकनपरक प्रश्न

32. "कक्षा-कक्ष में छात्रों के आपसी वार्तालाप को आप कैसे हतोत्साहित करेंगे?" यह किस प्रकार का प्रश्न है?
A. मूल्यांकन परक B. अनुप्रयोगपरक
C. ज्ञानपरक D. बोधपरक

33. यदि कोई लोकतंत्र के विषय में आपके नकारात्मक और सकारात्मक विचार को जानना चाहता है तो इस प्रश्न को आप किस वर्ग में रखेंगे?
A. संश्लेषणात्मक प्रश्न B. मूल्यांकनपरक प्रश्न
C. विश्लेषणात्मक प्रश्न D. इनमें से कोई नहीं

34. "भूकंप किसे कहते हैं? स्पष्ट करें।" इस प्रश्न को आप किस वर्ग में रखेंगे?
A. ज्ञानपरक प्रश्न B. बोधपरक प्रश्न
C. अनुप्रयोग परक प्रश्न D. इनमें से कोई नहीं

35. निम्न में से किसने छात्रों से प्रश्न पूछने को उनके ज्ञान बिंदु की प्रगति की जानकारी कहा है?
A. लोर्बर एवं पियरे B. पियर्स एवं ब्लूम
C. ब्लेश एवं ब्लूम D. लोर्बर एवं पियर्स

36. सामाजिक अध्ययन के अध्यापन में अन्वेषण का सबसे उपयुक्त तरीका क्या है?
A. प्रश्न पूछना B. विश्लेषण करना
C. मूल्यांकन करना D. अनुप्रयोग करना

37. सामाजिक अध्ययन संबंधी शिक्षण निम्न में से किस प्रकार की मानवीय क्रिया-कलाप है?
A. एक सुगम B. एक जटिल
C. एक मिश्रित D. इनमें से कोई नहीं

38. सामाजिक अध्ययन की विषय-वस्तु में पाई जाती है–
A. एकरसता B. विविधता
C. नीरसता D. इनमें से कोई नहीं

39. सामाजिक अध्ययन के अध्यापन से संबद्ध मुख्य समस्याएं हैं–
A. संसाधनों की अनुपलब्धता
B. छात्रों के अभिलक्षण
C. पाठ्यक्रम का अलचीलापन
D. इनमें से सभी

40. वर्तमान में संसाधनों की अनुपलब्धता सामाजिक अध्ययन के अध्यापन की प्रमुख समस्या है। ऐसी स्थिति में अध्यापक को चाहिए कि संसाधनों के संबंध में वह–
A. पाठ्यक्रम की रूपरेखा बनाए
B. छात्रों के बीच जागरूकता विकसित करें
C. छात्रों से विचार विमर्श करें
D. इनमें से सभी

41. सामाजिक अध्ययन के अध्यापन में छात्रों के अभिलक्षण से संबद्ध मुख्य समस्याएं हैं–
A. छात्रों का स्तर B. सामाजिक/आर्थिक स्तर
C. सांस्कृतिक पृष्ठभूमि D. इनमें से सभी

42. निम्न में से कौन सामुदायिक संसाधन के उदाहरण हैं–
A. तारामंडल B. चिड़ियाघर
C. संग्रहालय D. इनमें से सभी

43. अध्यापक शिक्षा की समस्या के मुख्य संस्थागत कारण हैं–
A. संस्थानों की दोषपूर्ण शिक्षण पद्धति
B. पाठ्यक्रमों में नवीनता का अभाव
C. परंपरागत शिक्षण पद्धति
D. इनमें से सभी

44. अध्यापकों को छात्रों के साथ निजी अनुभवों को क्यों बांटना चाहिए?
A. संकल्पना की स्पष्टता के लिए
B. पाठ्यक्रम की जानकारी के लिए
C. सांस्कृतिक जानकारी के लिए
D. इनमें से कोई नहीं

45. प्राथमिक स्रोत के तहत शामिल चीज निम्न में से कौन-कौन से हैं?
A. ऐतिहासिक दस्तावेज B. आंखों देखा हाल
C. प्रयोगात्मक परिणाम D. इनमें से सभी

46. सामाजिक एवं प्राकृतिक विज्ञान में प्राथमिक स्रोत प्रायः अध्ययन है–
A. जांच का B. अनुमान का
C. प्रत्यक्षीकरण का D. इनमें से सभी

47. सम्मेलन में प्रस्तुत लेख अथवा दस्तावेज कहलाते हैं–
A. प्राथमिक स्रोत B. द्वितीयक स्रोत
C. तृतीयक स्रोत D. इनमें से कोई नहीं

48. प्राथमिक स्रोत की अपेक्षा द्वितीयक स्रोत को अच्छा माना जाता है क्योंकि–
A. विषयों की ध्यानपूर्वक समीक्षा की जाती है
B. इतिहासकारों द्वारा लिखित दस्तावेज है
C. इतिहासकार प्रतिष्ठित संस्थाओं से संबद्ध होता है
D. इनमें से सभी

49. द्वितीयक स्रोत निम्न में से किस रूप में होता है?
A. पत्रिका लेख B. पुस्तक
C. रेडियो D. इनमें से सभी

50. प्राथमिक एवं द्वितीयक स्रोत का उदय सर्वप्रथम किस क्षेत्र में हुआ?
A. इतिहास लेखन B. भूगोल लेखन
C. विज्ञान लेखन D. सूत्र लेखन

51. विद्वतापूर्ण लेखन में स्रोतों के वर्गीकरण का महत्व किसके कारण है?
A. विश्वसनीयता B. परिचर्चा
C. आरेख D. इनमें से कोई नहीं

52. आधुनिक इतिहासकार आमतौर पर किस तरह के स्रोत को चुनना पसंद करते हैं?
A. तृतीयक स्रोत B. द्वितीयक स्रोत
C. प्राथमिक स्रोत D. इनमें से कोई नहीं

53. किस स्रोत के संसाधित आंकड़ों का प्रयोग द्वितीयक स्रोत के रूप में होता है?
A. प्राथमिक स्रोत B. द्वितीयक स्रोत
C. उपर्युक्त दोनों D. इनमें से कोई नहीं

54. ऐतिहासिक तथ्य एवं लिखित इतिहास में वास्तविक संबंध का प्रश्न इतिहासकारों के बीच कब से चर्चा का विषय रहा है?
A. 17वीं सदी B. 18वीं सदी
C. 19वीं सदी D. 20वीं सदी

उत्तरमाला

1	2	3	4	5	6	7	8	9	10
A	B	D	A	C	B	B	C	D	D
11	**12**	**13**	**14**	**15**	**16**	**17**	**18**	**19**	**20**
D	D	D	D	B	D	D	A	D	B
21	**22**	**23**	**24**	**25**	**26**	**27**	**28**	**29**	**30**
C	B	B	C	B	A	B	A	D	A
31	**32**	**33**	**34**	**35**	**36**	**37**	**38**	**39**	**40**
A	B	B	B	D	A	B	B	D	D
41	**42**	**43**	**44**	**45**	**46**	**47**	**48**	**49**	**50**
D	D	D	A	D	D	A	D	D	A
51	**52**	**53**	**54**						
A	C	D	C						

□□□

2301

हिन्दी

SECTION a भाषा बोध : गद्यांश

परिचय

भाषा बोध के द्वारा व्यक्ति की समग्र अवबोधन क्षमता का मूल्यांकन किया जाता है। इससे अभ्यर्थी की समझ क्षमता एवं दिए गए अवतरण में छुपे गूढ़ विचारों को ग्रहण करने की क्षमता आंकी जाती है। इसके द्वारा अभ्यर्थी के निर्णय लेने की क्षमता की भी जांच की जाती है। ऐसा दिए गए प्रतिपाद्य के हृदयंगम द्वारा ही संभव है। इस प्रकार भाषा बोध व्यक्तित्व के बहुआयामी पहलुओं के परीक्षण की पद्धति है। इसके द्वारा भाषा-ज्ञान, निहितार्थ की समझ एवं अवबोधन क्षमता, निर्णय क्षमता एवं सही निष्कर्ष तक पहुंचने की क्षमता की जांच एक साथ की जाती है। जाहिर है, इतने सारे परीक्षणों के द्वारा व्यक्तित्व का समग्र उभार एवं निखार प्रकट हो जाता है। ऐसे में भाषा बोध के प्रश्नों को हल करने में अतिरिक्त सावधानी एवं सचेतता आवश्यक है। इस प्रकार के प्रश्नों के सही उत्तर देने के लिए निरंतर अभ्यास की आवश्यकता होती है।

उद्धरण को पढ़कर उसके मूलभाव या निहितार्थ को समझने की कोशिश करनी चाहिए। एक बार पढ़कर मूलभाव को समझने में कठिनाई हो तो उसे एक से अधिक बार पढ़ें। जबतक निहितार्थ समझ में न आए उसे दुबारा एवं तिबारा पढ़ें। निहितार्थ समझ लेने पर प्रश्नों का उत्तर देना आसान हो जाता है।

उद्धरण को पढ़ते समय महत्वपूर्ण बिंदुओं को रेखांकित करते चलें। ऐसे में मूल बिंदुओं को शीघ्रता से दुहरा सकते हैं। हो सकता है समयाभाव के कारण मूल अवतरण को बार-बार पढ़ना संभव न हो।

प्रश्नों के उत्तर दिए गए अवतरण पर ही आधारित हों। अपनी पूर्व की जानकारी के आधार पर निष्कर्ष न निकालें। यह संभव है कि अवतरण में दी गई जानकारी आपकी पूर्व की जानकारी या राय से भिन्न हो। ऐसे में अपनी जानकारी को अवतरण में दी गई सूचना के साथ घालमेल न करें। ऐसा करना आत्मघाती कदम हो सकता है।

कभी-कभी अवतरण में किसी शब्द के समानार्थक या विपरीतार्थक शब्द पूछे जाते हैं। ऐसे प्रश्नों के उत्तर देने में जल्दबाजी न करें। जाहिर है किसी एक शब्द के कई समानार्थक एवं विपरीतार्थक शब्द हो सकते हैं। ऐसे में उपयुक्त शब्द का चुनाव आवश्यक है। इसके लिए लेखक के मूल कथ्य और विचार को समझना आवश्यक है।

दिए गए अवतरण के लिए उपयुक्त शीर्षक लिखना एक चुनौतीपूर्ण कार्य होता है। यह प्रश्न काफी आसान भी है और कठिन भी। आसान इसलिए कि इनका उत्तर दिए अवतरण के आधार पर ही देना होता है और कठिन इसलिए कि अवतरण के मूल भाव को समझे बिना विषयांतर हो जाने की संभावना अक्सर बनी रहती है।

और, सबसे जरूरी चीज है–अभ्यास! अभ्यास के बिना आसान प्रश्न भी कठिन लगने लगते हैं। भाषा-बोध के प्रश्नों को हल करने के लिए भाषा में अभिरुचि एवं समझ विकसित करनी चाहिए।

गद्यांश-1

समकालीन भारत की अर्थव्यवस्था एक बड़ा विरोधाभास है। वह उत्कृष्ट उपलब्धियों और गंभीर विफलताओं का विचित्र संयोग है। स्वतंत्रता के बाद से भारत ने अपने आर्थिक पिछड़ेपन से ऊपर उठने में उल्लेखनीय प्रगति की है। वह जो 1950 के दशक में एक अत्यंत निर्धन देश था और 1960 के दशक के मध्य में सहायतार्थी देश था, वही आज विश्व की चौथी सबसे बड़ी अर्थव्यवस्था (क्रय-शक्ति क्षमता के आधार पर) के रूप में उभरा है। हमारी अर्थव्यवस्था विश्व की सबसे तेजी से संवर्द्धित होने वाली अर्थव्यवस्थाओं में आ गई है। अब यह देश विश्व ज्ञान अर्थव्यवस्था में एक अग्रणी खिलाड़ी बन गया है, जिसके पास अपार बौद्धिक पूंजी और तेजी से बढ़ने वाली सॉफ्टवेयर और सूचना प्रौद्योगिकी सेवाएं हैं। यद्यपि हमारा देश

विश्व के पांच सबसे अधिक तेजी से संवर्धित होने वाली अर्थव्यवस्थाओं के समूह में शामिल हो गया है फिर भी हम मानव विकास सूचकांक (ह्युमन डेवलपमेंट इंडेक्स) की दृष्टि से सबसे निचले 20 देशों में हैं। यद्यपि देश अपनी संवृद्धि दर और प्रौद्योगिकीय करामातों का जश्न मना रहा है, फिर भी वह सामाजिक विरोधाभासों तथा विकास के विरोधाभास और विडंबनाओं से गुजर रहा है। इस प्रकार समकालीन भारत में 'दो भारत' हैं।

1. भारतीय अर्थव्यवस्था को 'एक बड़ा विरोधाभास' क्यों माना जाता है?
   A. वह साक्षरता का निम्न स्तर होने के बावजूद सूचना प्रौद्योगिकी सेवाओं में एक अग्रणी खिलाड़ी है।
   B. कृषि जन्य उत्पादन की विपुलता के बीच गरीबी है।
   C. यह निम्न मानव विकास वाली एक सबसे बड़ी अर्थव्यवस्था है।
   D. सामाजिक विरोधाभासों के साथ ही उसकी वैज्ञानिक उपलब्धियाँ हैं।

2. भारत को विश्व ज्ञान अर्थव्यवस्था में एक अग्रणी खिलाड़ी क्यों कहा जा रहा है?
   A. विज्ञान और प्रौद्योगिकी में भारत के ज्ञान का आधार विश्व के सर्वोत्तम में से है।
   B. भारत के पास मानव बौद्धिक पूंजियों और सूचना प्रौद्योगिकी सेवाओं के विशाल भंडार हैं।
   C. भारत विश्व की पांच सबसे तेजी से संवर्द्धित होने वाली अर्थव्यवस्थाओं तथा प्रौद्योगिक भंडारों में से एक है।
   D. भारत के पास मानव पूँजी और वैज्ञानिक ज्ञान निर्यात संभाव्यता का विशाल भंडार है।

3. लेखक का 'दो भारत' से क्या तात्पर्य है?
   A. एक भारत है जिसके पास अपार बौद्धिक पूंजी है जबकि एक दूसरा है जो मुख्यतया निरक्षर है।
   B. एक भारत है जहाँ संवृद्धि में उछाल है तो वहीं व्यापक अभाव और विपन्नता वाला भारत भी है।
   C. एक प्रगतिशील मानसिकता वाला भारत है तो वहीं वह भारत भी है जो सामाजिक तौर पर दकियानूसी है।
   D. एक ऐसा भारत है जिसमें विशिष्ट उपलब्धियों के साथ ही विशाल विफलताएं हैं।

गद्यांश-2

भारतीय गणतंत्र में कानून एवं व्यवस्था राज्यों का विषय है इसीलिए मुख्यमंत्रियों को केंद्रीय दृष्टिकोण से लैस करने के क्लास को जरूरी समझा जाता है। विकास की दिशा में असमानता को दूर करने की कोई कारगर योजना भले ही नहीं दिखती हो लेकिन नक्सलियों से निपटने के लिए विशेष पुलिस फोर्स का गठन जरूरी बताया गया है। अब तक नक्सल प्रभावित क्षेत्रों के बारे में सरकारी कार्रवाईयों का अनुभव भी यही रहा है कि यहां पुलिस एक्शन तो बड़े पैमाने पर शुरू हो जाते हैं लेकिन नक्सली गतिविधियों की जड़ों में जो आर्थिक, राजनैतिक, सामाजिक असमानता के कारण को सत्ता जिम्मेदार मानती है, उसे दूर नहीं कर पाती है। भारत में यह खास तौर से देखा जाना चाहिए कि नक्सलियों की गतिविधियां उन्हीं राज्यों में हैं जहां दूसरी हथियारबंद शक्तियां नहीं हैं और जहां क्षेत्र विशेष की चरित्र वाली संसदीय शक्तियां अपनी पहचान खो चुकी हैं। इस तरह देश में किसी न किसी रूप में हथियारबंद समूहों की मौजूदगी की स्थितियां लगातार न केवल बनी हुई हैं बल्कि अंग्रेजों के जाने के बाद से विकसित हुई हैं। इस समय आंतरिक सुरक्षा और आदिवासी को खासतौर से जोड़कर देखा जा रहा है।

1. भारत में नक्सलवाद
   A. कानून एवं व्यवस्था की समस्या है।
   B. राज्यों की समस्या है।
   C. आर्थिक पिछड़ेपन एवं सामाजिक असमानता से उपजी समस्या है।
   D. हथियारबंद समूहों की समस्या है।

2. उपर्युक्त उद्धरण के आधार पर सही कथन का चयन कीजिए।
   A. नक्सलवाद से निपटने के लिए राज्य सरकारों के पास कोई स्वतंत्र कार्य योजना नहीं है।
   B. आर्थिक विकास की तुलना में विशेष पुलिस फोर्स पर अधिक निर्भरता की सरकारी नीति।
   C. नक्सलवाद की समस्या अंग्रेजों की फूट डालो और राज करो की नीति का ही परिणाम है।
   D. A एवं B दोनों।

3. निम्न में से कौन नक्सलवाद के उदय का कारण है?
   A. आर्थिक पिछड़ापन
   B. सामाजिक असमानता
   C. क्षेत्र विशेष की चरित्र वाली संसदीय शक्तियों का पहचान खोना
   D. उपरोक्त सभी।

गद्यांश-3

भारत के पूर्वी एशिया से गहरे ऐतिहासिक और सांस्कृतिक संबंध रहे हैं। प्राचीन काल में कई भारतीय सम्राटों ने दक्षिण पूर्व एशियाई देशों में भारत की संस्कृति का प्रचार किया। बौद्ध धर्म भी सम्पर्क का एक माध्यम बना। ये संबंध अठारहवीं शताब्दी तक रहे, लेकिन ब्रिटेन के आधिपत्य में आने के बाद अंतर्राष्ट्रीय जगत् में भारत एक स्वतंत्र खिलाड़ी नहीं रहा।

आजादी के बाद भारत ने फिर से पूरब की ओर देखने का प्रयास किया और नई दिल्ली में अप्रैल 1947 में 'एशियाई

बंधुत्व' कायम करने की इन आरम्भिक कोशिशों की परिणति 'हिन्दी चीनी भाई-भाई' जैसे नारों और बांडुंग सम्मेलन व गुटनिरपेक्ष आंदोलन के रूप में सामने आई, लेकिन चीन के साथ 1962 के युद्ध और शीतयुद्ध कालीन घटनाओं ने भारत को एक बार फिर पूरब से दूर कर दिया। पिछली शताब्दी में कई भारतीय इतिहासकारों ने नये साक्ष्यों के आधार पर दक्षिण-पूर्वी एशियाई देशों को भारत के 'सांस्कृतिक उपनिवेश' के रूप में पेश करके उन देशों में गलत संदेश दिया, क्योंकि कुछ ही समय पहले औपनिवेशिक गुलामी से आजाद हुए इन देशों में राष्ट्रवादी भावनाएं उफान पर थीं। भारत की पूर्वोन्मुखी नीति का वर्तमान स्वरूप 1992 में सामने आया जब शीतयुद्ध की समाप्ति हो चुकी थी और भारत आर्थिक उदारीकरण का मार्ग अपना चुका था। इस बार व्यापार और वाणिज्य संबंध का मुख्य आधार बने।

1. प्राचीन काल में भारत के पूर्व एशियाई देशों के साथ संबंध का मुख्य आधार क्या था?
A. व्यापार B. राजनीतिक संबंध
C. धर्म D. A एवं C दोनों

2. उपरोक्त उद्धरण के आधार पर निम्न में से कौन-सा कथन सही है?
A. प्राचीन काल में भारत के पूर्वी एशियाई देशों के साथ घनिष्ठ व्यापारिक संबंध थे।
B. मुसलमानों के आगमन के बाद भारत अंतर्राष्ट्रीय जगत में अलग-थलग पड़ गया।
C. गुट निरपेक्ष आंदोलन द्वारा एशियाई बंधुत्व को बढ़ावा दिया गया।
D. भारत की पूर्वोन्मुखी नीति का वर्तमान स्वरूप 1980 के दशक में सामने आया।

3. सांस्कृतिक उपनिवेश से लेखक का क्या अभिप्राय है?
A. सांस्कृतिक तौर पर समान होना
B. दूसरे की संस्कृति से प्रभावित होना
C. सांस्कृतिक विसंक्रमण
D. सांस्कृतिक आच्छादन

4. एशियाई देशों के साथ भारत के संबंध में सबसे बड़ी बाधा रही है–
A. राजनीतिक प्रतिस्पर्धा
B. सीमित व्यापार
C. इतिहास की गलत व्याख्या
D. उपरोक्त सभी

गद्यांश-4

अंतर्राष्ट्रीय मुद्राकोष के एक अध्ययन के मुताबिक भारत में रेमिटेंस इसलिए बढ़ा है, क्योंकि भारत से ऑस्ट्रेलिया, कनाडा और अमेरिका जाने वाले भारतीय प्रवासियों की संख्या तेजी से बढ़ी है। इन प्रवासियों में कुशल पेशेवरों की संख्या काफी है, जिन्हें वहां ऊंचा वेतन हासिल होता है। इससे भारतीय प्रवासियों की औसत आय बढ़ी है, लिहाजा भारत में रेमिटेंस ज्यादा आने लगा है। इन दिनों दुनिया के विकसित देशों के आर्थिक विकास की जो रिपोर्टें प्रकाशित हो रही है, उनमें बताया जा रहा है कि प्रवासी भारतीय विकसित देशों के सबसे महत्त्वपूर्ण विकास सहभागी बन गये हैं। कारण यह है कि दुनिया के विकसित देश प्रवासी भारतीयों को अधिक सम्मान देते हुए उन्हें अपने देश में रोकने के लिए हरसंभव प्रयास कर रहे हैं। आर्थिक सहयोग और विकास संगठन (ओईसीडी) के द्वारा जारी की गयी प्रवासी रिपोर्ट में भारतीयों को दुनिया का सबसे योग्य प्रवासी बताया गया है। रिपोर्ट में कहा गया है कि विकसित देशों में जाने वाले विभिन्न देशों के प्रवासियों में सेवा भावना, परिश्रम और ईमानदारी के परिप्रेक्ष्य में सबसे ज्यादा योग्य समुदाय भारतीय समुदाय ही है। उच्च कौशल सम्पन्न लोगों में सबसे ज्यादा (40 प्रतिशत से भी ज्यादा) संख्या भारतीयों की है।

1. विकसित देशों में भारतीय प्रवासियों को सम्मान की दृष्टि से देखा जाता है, क्यों?
A. प्रवासी भारतीय इन देशों की विकास प्रक्रिया में सहभागी हैं।
B. प्रवासी भारतीय इन देशों में भारतीय संस्कृति एवं मूल्यों का प्रसार कर रहे हैं।
C. A एवं B दोनों
D. दोनों में से कोई भी नहीं।

2. उपरोक्त उद्धरण के आधार पर निम्न में से कौन-सा कथन सही है?
A. विकसित देश प्रवासी भारतीयों को अपने यहां रोकने का हर संभव प्रयास करते हैं।
B. अन्य देशों की तुलना में भारतीय प्रवासी उच्च कौशल से संपन्न हैं।
C. विदेशों में भारतीयों के साथ भेदभाव किया जाता है।
D. A एवं B सही हैं।

3. लेखक के अनुसार भारत में रेमिटेंस बढ़ने का मुख्य कारण है–
A. भारत में सेवा क्षेत्र का विकास
B. प्रवासी भारतीयों द्वारा देश में भेजा जाने वाला धन
C. भारत में विदेशी निवेश में वृद्धि
D. उपरोक्त सभी

4. भारतीयों को दुनिया का सबसे योग्य प्रवासी माना जाता है, क्यों?
A. ये उच्च कौशल संपन्न हैं।
B. ये परिश्रमी एवं ईमानदार हैं।
C. इनमें सेवा भावना अधिक दिखती है।
D. उपरोक्त सभी

गद्यांश-5

आतंकवाद और तोड़फोड़ की तमाम घटनाएं, जिन्हें देश की संप्रभुता और स्थायित्व के दुश्मनों द्वारा अंजाम दिया जाता है, आंतरिक सुरक्षा की समस्या पैदा करती हैं। व्यापक पैमाने पर

हिंसा, जैसे मजहबी या जातीय दंगे, लोक व्यवस्था की परिधि में एक व्यक्ति या व्यक्तियों के एक समूह द्वारा किये जा रहे अपराध आते हैं। इन दोनों वर्गों के अपराधों की जांच-पड़ताल अलग-अलग तरीके से की जाती है। सबसे पहले कानून एवं व्यवस्था के मुद्दे को लेते हैं। यह निराशाजनक है कि आपराधिक मामलों की संख्या और उनके घटित होने की आशंका बढ़ती जा रही है, लेकिन न तो जांच-पड़ताल और कानूनी कार्रवाई के तौर-तरीके में बदलाव आ पा रहा है और न ही पुलिस बल का आचार-व्यवहार बेहतर हुआ है।

देश में बहुत बड़ी संख्या में मामले दर्ज नहीं कराए जाते या फिर पुलिस दर्ज नहीं करती। भारत में हर मिनट भारतीय दंड संहिता से संबद्ध औसतन तीन अपराध और विशेष व स्थानीय कानूनों से संबंधित छह अपराध होते हैं। महिलाओं के साथ होने वाले अपराधों की स्थिति तो विचलित कर देने वाली है। हर 15 मिनट में एक महिला के साथ छेड़छाड़, हर 29 मिनट में एक दुष्कर्म की घटना और हर 77 मिनट में दहेज हत्या होती है। इनमें भी केवल 30 फीसदी दर्ज मामलों पर ही अदालती कार्रवाई होती है।

1. निम्न में से कौन-सी समस्या आंतरिक सुरक्षा के लिए खतरा है?

A. आतंकवादी घटनाएं B. मजहबी हिंसा
C. जातीय दंगे D. उपरोक्त सभी

2. उपरोक्त उद्धरण के आधार पर निम्न में से कौन-सा कथन सही नहीं है?

A. देश में आपराधिक मामलों की संख्या में वृद्धि हुई है।
B. पिछले कुछ वर्षों में कानूनी कार्रवाई के तौर तरीकों में बदलाव हुआ है।
C. पुलिस का नजरिया भी इन वर्षों में बदला है।
D. B एवं C दोनों

3. महिलाओं के साथ होने वाले अपराध मुख्य रूप से किस श्रेणी में आते हैं?

A. राजनीतिक अपराध B. कानूनी अपराध
C. सामाजिक अपराध D. B एवं C दोनों

4. देश में बढ़ते अपराध का मुख्य कारण है–

A. कानून एवं व्यवस्था की खामियां
B. अपराधियों का राजनीतिक संरक्षण
C. सामाजिक जागरूकता का अभाव
D. उपरोक्त सभी

गद्यांश-6

एडम स्मिथ को मुक्त बाजार की अवधारणा का प्रतिपादक माना जाता है। उनकी मान्यता थी कि यदि आर्थिक प्रक्रिया में राज्य कोई हस्तक्षेप न करे तो उत्पादन में विकास होता जायेगा और एक 'अदृश्य हाथ' उसके लाभों को निम्नतम स्तर तक पहुंचा देगा। आजकल जिस उदारीकरण की नीति का बोलबाला है, उसका अर्थशास्त्रीय तात्त्विक आधार एडम स्मिथ ने अपने प्रसिद्ध ग्रंथ 'वेल्थ ऑफ नेशंस' में 1776 में प्रस्तुत किया था। भूमंडलीकरण इस उदारीकरण का ही स्वाभाविक अनुज, बल्कि उदारीकरण का अंतर्राष्ट्रीय अवतार है। इसका सीधा तात्पर्य यह है कि आर्थिक प्रक्रिया एक स्वायत्त प्रक्रिया है और उसमें हस्तक्षेप विकास को बाधित करता है।

अर्थशास्त्रीय दृष्टि से भी मुक्त बाजार की प्रतिस्पर्धा कीमतों को कम रखने और आर्थिक सेवाओं को अधिक कुशल बनाने में सहायक होगी, जिसका स्वाभाविक परिणाम होगा उपभोक्ता अर्थात् समाज को कम कीमत में अधिक कुशल उत्पाद या सेवा मिलना। बाजार में प्रतिस्पर्धा की कमी एकाधिकारवादी आर्थिक प्रक्रिया का रास्ता सुगम करती है और इसके चलते वह उपभोक्ता के बजाय उत्पादक के लिए अधिक लाभकारी हो जाती है। आदर्श बाजार वह है जिसमें ग्राहक और उत्पादक दोनों पक्षों को मोलतोल करने की पूरी स्वतंत्रता और शक्ति हो और ऐसा केवल मुक्त बाजार की अर्थव्यवस्था में ही संभव है।

1. मुक्त बाजार की अवधारणा का क्या अभिप्राय है?

A. बाजार की गतिविधियों में सरकार का हस्तक्षेप न होना
B. बाजार की अंतःक्रिया में मांग एवं पूर्ति का हस्तक्षेप न होना
C. बाजार का बाह्य आर्थिक प्रभावों से मुक्त होना
D. A एवं C दोनों

2. उपरोक्त उद्धरण के आधार पर सही कथन का चयन कीजिए।

A. मुक्त बाजार की अवधारणा का प्रतिपादक एडम स्मिथ था।
B. वेल्थ ऑफ नेशंस का प्रकाशन 1876 में हुआ।
C. भूमंडलीकरण बाजार की गतिविधियों से स्वतंत्र आर्थिक क्रिया का समर्थक है।
D. A एवं C दोनों

3. आधुनिक आर्थिक तंत्र के बारे में निम्न में से कौन-सा कथन सही है?

A. बाजार प्रतिस्पर्धा के कारण कीमतों में कमी आती है।
B. भूमंडलीकरण के कारण बाजार की प्रतिस्पर्धा में कमी आई है, क्योंकि बड़ी कंपनियों ने बाजार पर अपना आधिपत्य कायम कर लिया है।
C. भूमंडलीकरण के कारण आर्थिक सेवाओं में अधिक कुशलता आई है।
D. A एवं C दोनों

4. एकाधिकारवादी आर्थिक क्रिया के लिए उत्तरदायी कारण है–

A. बाजार में प्रतिस्पर्धा की कमी
B. राज्य का आर्थिक क्रियाओं में हस्तक्षेप
C. बाह्य बाजार का हस्तक्षेप
D. A एवं C दोनों

गद्यांश-7

तिब्बत पर पूरी तरह शिकंजा कसने के लिए चीन सभी हथकंडे अपना चुका है। चीन ने बड़ी संख्या में हान वंशी चीनियों को तिब्बत में बसाया है। इससे वहां की जनांकिकी चीन के पक्ष में जाने का खतरा है। चीन जानबूझकर तिब्बत में हान वंशियों की वास्तविक संख्या नहीं बताता। यही सिलसिला चलता रहा तो वह दिन दूर नहीं जब तिब्बती बौद्ध अपने ही देश में अल्पसंख्यक बन कर रह जाएंगे। चीन ने 2006 में तिब्बत को चीन से जोड़ने वाले रेलमार्ग की शुरूआत की जिसका स्थानीय बौद्ध लोग काफी विरोध कर रहे हैं। उनका आरोप है कि नए रेलमार्ग से चीन को तिब्बत पर शिकंजा कसने में न केवल आसानी होगी, बल्कि तिब्बतवासी सांस्कृतिक और आर्थिक रूप से और अधिक हाशिये पर आ जाएंगे।

तिब्बतियों पर जिस तरह के कहर ढाये जा रहे हैं- उससे बहुत ज्यादा आश्चर्य नहीं करना चाहिए, क्योंकि साम्यवादी चीन को दमन के अलावा कोई दूसरा तरीका नहीं आता। चीन किसी भी लोकतांत्रिक आंदोलन को सख्ती से निपटाने में विश्वास करता है। दूसरी ओर भारत, बहुभाषी, बहुधर्मी और बहुसांस्कृतिक देश होने के कारण यह जानता है कि लोकतांत्रिक ढांचे के बिना स्थायी शांति संभव नहीं है। किसी आंदोलन को सैन्य शक्ति के सहारे दबाया तो जा सकता है, लेकिन उसे पूरी तरह खत्म नहीं किया जा सकता। चीन द्वारा तिब्बत पर अर्द्धशताब्दी से ज्यादा तक जबरन कब्जा करने के बावजूद तिब्बतियों के दिल में आजादी की ज्वाला अभी तक जल रही है और दलाई लामा के जीवित रहते हुए तो चीन अपनी साम्राज्यवादी मंशाओं को पूरा नहीं कर सकता।

1. तिब्बत पर अपना प्रभाव बढ़ाने के लिए चीन ने कौन-सा कदम उठाया है?
- A. तिब्बत में बड़ी संख्या में हानवंशी चीनियों को बसाया जा रहा है।
- B. तिब्बत के चीन में विलय का प्रस्ताव पारित कर दिया है।
- C. तिब्बत को चीन का स्वायत प्रदेश घोषित कर दिया है।
- D. उपरोक्त सभी

2. तिब्बत में चीन द्वारा निर्मित रेलमार्ग का विरोध किया जा रहा है, क्यों?
- A. इससे तिब्बत पर चीन के प्रभाव में वृद्धि होगी।
- B. तिब्बतवासी सांस्कृतिक एवं आर्थिक रूप से अधिक हाशिये पर चले जाएंगे।
- C. भारत के साथ तिब्बतियों का संबंध टूट जाएगा।
- D. A एवं B दोनों

3. तिब्बत में स्थायी शांति कैसे कायम हो सकती है?
- A. चीन के प्रभाव में कमी लाकर
- B. उसे चीनी प्रभाव से मुक्त स्वायत प्रदेश का दर्जा देकर
- C. लोकतांत्रिक ढांचे की स्थापना द्वारा
- D. B एवं C दोनों द्वारा

4. उपरोक्त उद्धरण के आधार पर सही कथन का चयन कीजिए।
- A. चीन तिब्बत में अपने सांस्कृतिक प्रभाव का विस्तार करना चाहता है।
- B. चीन ने तिब्बत में बड़ी संख्या में चीनियों को बसाना शुरू किया है।
- C. चीन अपने प्रभाव क्षेत्र में किसी भी प्रकार के लोकतांत्रिक आंदोलन का विरोधी है।
- D. उपरोक्त सभी

गद्यांश-8

आज की सियासत की सबसे बड़ी सच्चाई यह है कि हम गठबंधन यानी अलायंस के जमाने में चल रहे हैं। कोई नहीं जानता कि यह दौर कब खत्म होगा। ऐसे समय में गठबंधन धर्म को सबसे बड़े मंत्र की तरह दोहराया जाता है। गठबंधन बनाने और चलाने के चैलेंज का अहसास सबको है, लेकिन क्या वजह है कि इसके बावजूद हमारे देश में पॉलिटिकल अलायंस का कल्चर उस तरह से मजबूत नहीं हो पा रहा जैसा यूरोप के कई देशों में है। हमारे यहां अलायंस हमेशा कमजोर रहते हैं। उनका वजूद अक्सर खतरे में पड़ता दिखता है, जैसा हाल में दिखा। साझेदारी को लेकर तनाव पैदा होते रहते हैं और समर्थन के नाम पर सियासी ब्लैकमेलिंग का बोलबाला है। हमारे अलायंस रजामंदी का खेल नहीं मजबूरी का सौदा लगते हैं।

हमें यह नहीं भूलना चाहिए कि केंद्र में गठबंधन सरकारें कई कारकों का मिलाजुला नतीजा होती हैं। अगर कांग्रेस का कमजोर होना एक कारक है, तो बीजेपी को भी कुछ क्षेत्रों के अलावा पूरे देश में स्वीकार नहीं किया जाना गठबंधन सरकार को एक प्रभावी तंत्र के रूप में स्थापित करने वाला कारक है। इन दोनों विषयकों के अलावा अपने-अपने राज्यों में मजबूत जनाधार वाले क्षेत्रीय दलों का उभरना भी इन्हीं कारकों में शामिल है। यूपी में समाजवादी पार्टी, बहुजन समाज पार्टी, बिहार में जनता दल (एकीकृत), उड़ीसा में बीजू जनता दल, पंजाब में अकाली दल, आंध्र प्रदेश में तेलुगू देशम पार्टी, तमिलनाडु में एआईएडीएमके और डीएमके कुछ ऐसे क्षेत्रीय दलों के उदाहरण हैं जो क्षेत्रीय के साथ-साथ राष्ट्रीय राजनीति में भी अपनी महत्त्वपूर्ण भूमिका निभाते हैं। 2009 के लोकसभा चुनावों में क्षेत्रीय दलों का महत्व कुछ कम हुआ है और कांग्रेस पार्टी का विस्तार हुआ है। यह देश के लिए बहुत शुभ लक्षण है।

1. भारत में राजनीतिक गठबंधन की सबसे बड़ी कमी क्या है?
- A. इनमें बड़े और छोटे दल एक साथ शामिल होते हैं।
- B. हमारे यहाँ राजनीतिक गठबंधन वैचारिक समानता के आधार पर नहीं बनते बल्कि मजबूरी का सौदा होते हैं।

C. A एवं B दोनों।

D. दोनों में से कोई भी नहीं।

2. हाल ही में भारत में कई गठबंधन सरकारें बनी हैं। इसके लिए कौन-सा कारण उत्तरदायी है?

A. कांग्रेस का सिमटता जनाधार

B. कांग्रेस के प्रभावी विकल्प के रूप में किसी अन्य पार्टी का न उभर पाना

C. क्षेत्रीय पार्टियों का उभरना

D. उपरोक्त सभी

3. यूरोपीय देशों की तुलना में भारत में गठबंधन की संस्कृति कमजोर रही है, क्यों?

A. भारत में राजनीतिक दलों की बहुलता।

B. राजनीतिक दलों के बीच वैचारिक मतभेद।

C. संकीर्ण राजनीतिक हित एवं मानसिकता।

D. उपरोक्त सभी।

4. उपरोक्त उद्धरण के आधार पर सही कथन का चयन कीजिए।

A. 2009 के लोकसभा चुनाव में क्षेत्रीय दलों का महत्व कुछ कम हुआ हैं।

B. इस चुनाव में बिहार एवं बंगाल में कांग्रेस जनाधार का विस्तार हुआ है।

C. क्षेत्रीय पार्टियों को करारी हार का सामना करना पड़ा।

D. उपरोक्त सभी।

गद्यांश-9

कर्त्तव्य एक नैतिक बंधन है। यह एक तरह से ऋणी होने के समान है, जिस सामाजिक प्राणी के साथ हम रह रहे होते हैं। हमें अपने साथ रहने वालों के लिए इसकी अनुमति मिलनी चाहिए। हमारे जीवनवृत्ति का अधिकार संकेत देता है कि यह हमारा कर्त्तव्य है कि हम उन साथ रहने वाले प्राणियों को भी अपने समान ही जीवन की परिस्थितियां उपलब्ध कराएं। वास्तव में अधिकार और कर्त्तव्य परस्पर संबद्ध हैं। किसी एक के संबंध में अधिकार दूसरे का कर्त्तव्य हो सकता है। अधिकार और कर्त्तव्य एक सिक्के के दो पहलू हैं। हमें दूसरे के ओहदों का हमेशा ख्याल रखना चाहिए। नैतिक कर्त्तव्य, वैधानिक अधिकार की अपेक्षा ज्यादा प्रभावी होते हैं। नैतिक कर्त्तव्य वह कर्त्तव्य है जो लोगों को नैतिक स्तर पर बांध कर रखती है। यह हमारा नैतिक कर्त्तव्य है कि हम गरीबों की मदद करें क्योंकि वह एक प्राणी और समाज का अंग है।

हमें उन परिस्थितियों के निर्माण के लिए हमेशा प्रयास करना चाहिए जिनसे मानवता का कल्याण हो सके। यह हमारा अनुकरणीय कर्त्तव्य है कि हम अपने माता-पिता की आज्ञा मानें और उन्हें सम्मान दें। यह कर्त्तव्य जिम्मेवारी की चेतना से पैदा होता है जो कि प्रत्यक्षतः हमारे अंतःकरण से संबंधित है। इस प्रकार से यह एक नैतिक कर्त्तव्य है जिसमें कोई व्यक्ति बिना वैधानिक बंधन के ही ऋणी है। कर्त्तव्य की चेतना, सही तरीके से सभ्यता के विकास की सर्वश्रेष्ठता है। पाखंड कर्त्तव्य की चेतना के एकदम विपरीत है। पाखंड में जहां दुरात्मा का समावेश है, वहीं कर्त्तव्य में यथार्थता और विश्वस्तता का समावेश है।

1. गद्यांश के अनुसार वैधानिक कर्त्तव्य है:

A. नैतिक कर्त्तव्य की अपेक्षा अधिक महत्त्वपूर्ण

B. नैतिक कर्त्तव्य की अपेक्षा कम महत्त्वपूर्ण

C. नैतिक कर्त्तव्य की अपेक्षा अधिक प्रभावी

D. नैतिक कर्त्तव्य की अपेक्षा कम प्रभावी

2. निम्न में से कौन-सा वाक्य गद्यांश के अनुसार सही नहीं है?

A. पाखंड में दुष्टता का समावेश

B. पाखंड का कर्त्तव्य के विपरीत होना

C. कर्त्तव्य में यथार्थता का समावेश

D. कर्त्तव्य की चेतना का सभ्यता के विकास के लिए महत्त्वपूर्ण न होना

3. निम्न में से किन नैतिक कर्त्तव्यों का उल्लेख गद्यांश में नहीं किया गया है?

A. नैतिक कर्त्तव्य हमारी मातृभूमि से बढ़कर है

B. नैतिक कर्त्तव्य हमारे माता-पिता से बढ़कर है

C. नैतिक कर्त्तव्य गरीब से बढ़कर है

D. नैतिक कर्त्तव्य मानव-कल्याण में योगदान है

4. निम्न में से कौन नैतिक कर्त्तव्य से संबंधित नहीं है?

A. जिम्मेवारी की चेतना

B. सद्विचार

C. पाखंड

D. यथार्थता

5. हमें माता-पिता के प्रति आज्ञाकारी और सम्मानपूर्ण होना चाहिए, क्योंकि:

A. यह जिम्मेवारी की चेतना है

B. यह वैधानिक बाध्यता है

C. यह सभ्यता है

D. यह पाखंड है

गद्यांश-10

ऐसे महान् चिन्तकों को जिनकी शिक्षाएँ वैश्विक हैं, अपने समय के संदर्भ से ही समझा जा सकता है। बुद्ध को व्यापक रुप में गलत समझा गया है। व्यवहारवादियों, अज्ञेयवादियों, निरीश्वरवादियों तथा नैतिक मानवतावादियों ने उन्हें अपने दर्शन का प्रचार करने वाला माना है। बुद्ध की शिक्षाओं को भारत की ईसा-पूर्व छठी शताब्दी को समझकर ही ठीक प्रकार से समझा जा सकता है क्योंकि उनका आविर्भाव उसी शताब्दी में हुआ था किन्तु ऐसा करना अपेक्षाकृत कठिन कार्य है।

ईसा-पूर्व छठी शताब्दी के भारत में बहुत प्रकार की विचारधाराएँ और सम्प्रदाय थे तथापि सभी सम्प्रदाय आत्मा के पुनर्जन्म, कर्म के दर्शन एवं मानव के चरम लक्ष्य निर्वाण के

विषय में सहमत थे। बुद्ध ने इन सिद्धान्तों को स्वीकार किया है, यद्यपि उन्होंने धार्मिक सिद्धान्तवाद को अस्वीकार किया है, किन्तु उनका योगदान नैतिकता तथा सदाचार की उत्कृष्टता को महत्वपूर्ण मानने में था। उन्होंने हृदय को शान्ति प्रदान करने की आवश्यकता तथा नैतिकता के नियमों के अनुसरण पर विशेष बल दिया। दुःखों का अन्त शरीर की भूख को शान्त करने तथा हमारे संवेगों पर दृढ़ता से नियंत्रण करने से हो सकता है।

बुद्ध की रुचि ईश्वर में नहीं थी बल्कि मनुष्य और मानव-प्रयासों में थी। अपनी साधना और अपने प्रयत्नों से मानव अपने आपको देवत्व की ऊँचाई तक उठा सकता है, यद्यपि भक्ति-सम्बन्धी तत्त्वों के बिना भी बुद्ध की शिक्षाएँ मुख्य रूप से धार्मिक हैं। बुद्ध के अन्दर आध्यात्मिक गहराई, नैतिक दृढ़ता तथा बौद्धिक स्पष्टता का भण्डार समाहित है। समय के व्यतीत होने के साथ-साथ उनके द्वारा की गई मानवता की सेवा का विश्वव्यापी समादर हो रहा है। उनका संदेश सभी काल के लिए सार्थक है।

1. बुद्ध ने अधिक महत्व प्रदान किया
- A. ईश्वर को न कि मनुष्य को
- B. मनुष्य तथा ईश्वर दोनों को
- C. न ईश्वर को और न मनुष्य को
- D. मनुष्य-मात्र को न कि ईश्वर को

2. महान विचारकों को ठीक से किसके द्वारा समझा जा सकता है?
- A. ई. पू. छठी शताब्दी के भारत को समझने से
- B. जिस काल में वे रहे हैं उस काल की सापेक्षता में उन्हें समझने से
- C. बुद्ध की शिक्षाओं का ठीक-ठीक समादर करने से
- D. उनके विचारों और दर्शन का अध्ययन करने तथा समझने से

3. बुद्ध ने किस पर जोर दिया?
- A. ईश्वर की भक्ति पर
- B. कर्मकाण्ड पर
- C. प्रार्थना पर
- D. आचारशास्त्र तथा नैतिक नियमों पर

4. परिच्छेद के अनुसार बुद्ध की शिक्षाएँ मुख्य रूप से धर्मसम्बन्धी हैं,
- A. आध्यात्मिक गहराई के कारण
- B. नैतिक दृढ़ता के कारण
- C. क्योंकि विशुद्ध रूप से बौद्धिक नहीं हैं
- D. उपर्युक्त सभी के कारण

गद्यांश-11

मनुष्य का सुखी जीवन संतुलित प्राकृतिक पर्यावरण पर निर्भर करता है। मानव की बढ़ती जनसंख्या और तज्जन्य आवश्यकताएँ प्रकृति के संतुलन को बिगाड़ रही हैं। पर्यावरण में दूषित तत्त्वों की मात्रा आवश्यकता से अधिक बढ़ जाती है तो पर्यावरण का यह असन्तुलन प्रदूषण का रूप ले लेता है। मानव की आवासीय, औद्योगिक नगरीकरण, कृषि उत्पादन में वृद्धि करने की समस्याओं ने प्रकृति के संतुलन को बिगाड़कर प्रदूषण को बढ़ाया है। यातायात-साधनों की वृद्धि, वृक्षों की अंधाधुंध कटाई से वातावरण में ऑक्सीजन की कमी और कार्बन डाइ-आक्साइड की वृद्धि हो गई है। पॉप संगीत और रॉक संगीत तथा हॉर्न बजाने से ध्वनि प्रदूषण बढ़ रहा है। वातावरण को प्रदूषित कर हम अपनी मृत्यु को स्वयं ही निमंत्रण दे रहे हैं। प्रदूषण की वृद्धि के लिए मानव ही उत्तरदायी है। अतः इसके निवारण के लिए सर्वप्रथम अपने मानसिक प्रदूषण को दूर करना होगा। वृक्षारोपण, पेयजल-शुद्धीकरण, रासायनिक विस्फोटों पर नियंत्रण, कर्णभेदी ध्वनि विस्तारक यंत्रों, वाहनों और संगीत को रोकने के उपायों से मानव जीवन को प्रदूषण मुक्त बनाना होगा, तभी मानव जीवन सुखमय हो सकता है।

1. 'अपनी मृत्यु को स्वयं निमंत्रण देने' का अभिप्राय क्या है?
- A. आत्महत्या करना
- B. जीने की इच्छा छोड़ देना
- C. हताश हो जाना
- D. वातावरण को प्रदूषित करना

2. मानव जीवन को सुखी कैसे बनाया जा सकता है?
- A. औद्योगीकरण से
- B. जनसंख्या नियंत्रण से
- C. संतुलित पर्यावरण से
- D. यातायात साधनों की वृद्धि से

3. कर्णभेदी संगीत से किस प्रकार का प्रदूषण होता है?
- A. वायु प्रदूषण
- B. ध्वनि प्रदूषण
- C. पर्यावरण प्रदूषण
- D. मानसिक प्रदूषण

4. 'वृक्षारोपण' से प्रमुख लाभ क्या है?
- A. मृदा संरक्षण
- B. जड़ी-बूटियों, औषधियों की पूर्ति
- C. वातावरण में वायुशुद्धि
- D. रेगिस्तान वृद्धि की रोकथाम

5. पर्यावरण असन्तुलन के लिए कौन उत्तरदायी है?
- A. मानसिक प्रदूषण
- B. ध्वनि प्रदूषण
- C. वृक्षों की अंधाधुंध कटाई
- D. प्राकृतिक प्रकोप

गद्यांश-12

विकसित देशों के लोगों की अपेक्षा अविकसित देशों के लोगों की सोच ग्राम्यता के उत्प्रेरकों के सम्बन्ध में एकदम भिन्न है। वहाँ यह एक प्रकार से मानव के जीवित रहने की क्रिया के लिए केवल भौतिक आवश्यकता है। तीसरी दुनिया के देशों में, जो मुख्य रूप से ग्रामीण हैं, उनका एकमात्र आधार ग्रामीण

विकास ही है, जिसके द्वारा मानव जीवन को इसके वर्तमान अवमानव स्तर से ऊपर उठाया जा सकता है। उन देशों में शताब्दियों से ग्रामीण जीवन जहाँ का तहाँ खड़ा अवरोधित है। उस ग्रामीण जनसंख्या की दशाओं को सुधारने के लिए कुछ नहीं किया गया जो अन्य चार पैर वाले प्रतिरूपों की तुलना में मामूली ढंग से भिन्न है। अविकसित एवं अर्द्धविकसित देशों में अज्ञान, कुस्वास्थ्य तथा गरीबी ग्रामीण जीवन के पर्याय बन गये हैं। लेकिन सबसे दुःखद स्थिति यह है कि इस प्रकार की मानव जनसंख्या ने ऐसा स्वीकार कर लिया है कि यह दुरवस्था अपरिवर्तनीय है। यह एक ऐसी स्थिति है जिसकी कोई दवा नहीं है। उनके जीवन से आशा की सभी किरणें दूर हो गयी हैं। इस प्रकार के देशों में, ग्रामीण विकास किसी प्रकार की भौतिक अथवा अभौतिक विकास के लिए अपरिहार्य शर्त है। इसलिए इन सभी देशों का प्रबुद्ध वर्ग ग्रामीण विकास के प्रश्न पर निरन्तर बढ़-चढ़कर रुचि ले रहा है।

उनके स्वतंत्रता संघर्ष की विरासत का यह एक अंग भी था। भारत जैसे देश में, इस बात को सभी जानते हैं कि स्वतंत्रता आन्दोलन में ग्रामीण विकास की कोशिश एक अविभाज्य अंग था। गाँधीजी जैसे नेताओं को भली-भाँति यह एहसास था कि वास्तविक भारत अवरोधग्रस्त ग्रामों में निवास करता है। शहर जो ज्यादातर पश्चिमी उपनिवेशवाद की उपज हैं, केवल दिखावटी दर्शनीय वस्तुएँ हैं। तब भी दो प्रकार की दुनिया थी – वह जहाँ तड़क-भड़क के जीवन वाले जो शाही रुचियों के सुविधासम्पन्न कुछ गिने-चुने सम्भ्रान्त क्षेत्रवासी रहते थे। वे क्षेत्र छोटे-छोटे टापू जैसे थे जिनको धूल-मिट्टी और गंदगी के विशाल समुद्र ने घेर रखा है और बहुसंख्यक लोग उन स्थानों का प्रतिनिधित्व करते थे।

भारत नगरों से किसी भी तरह अपरिचित नहीं रहा। प्राचीन भारत में, नगर देश के अंगभूत भाग थे जो मूलरूप से शेष सारे देश और समग्र समाज से सम्बन्धित थे। वे संस्कृति के सुमन की भाँति तथा राष्ट्र की कलात्मक उत्कृष्टता के परिचायक थे। आधुनिक नगर केवल दूसरों के शिकार करने वाले परजीवीमात्र हैं जो देश को कमजोर बना रहे हैं।

इसीलिए गाँधीजी ने 'गाँवों की ओर लौट चलो' यह ग्राम आन्दोलन प्रारम्भ किया था। उनके मतानुसार यह आन्दोलन ही भारत को स्वतंत्रता दिलवा सकता था और स्वतंत्रता को सुरक्षित रख सकता था। राष्ट्र की स्वतंत्रता के लिए अपनायी गयी उनकी रणनीति में ग्रामीण विकास गर्व का स्थान रखता था। इस प्रकार ग्रामीण विकास का उद्गम स्वतंत्रता संग्राम के मूल में सन्निहित है।

1. इस परिच्छेद के सन्दर्भ में निम्नलिखित में से कौन-सा कथन सत्य नहीं है?
- A. तीसरी दुनिया के देशों की ग्रामीण जनता की यह सोच है कि उनकी अवमानवीय स्थिति सुधर नहीं सकती।
- B. तीसरी दुनिया के देशों के लोगों का जीवन-स्तर केवल ग्रामीण विकास द्वारा उठाया जा सकता है।
- C. आधुनिक नगरों में रहने वाले अधिकांश धनाढ्य लोग वास्तव में ग्रामीण विकास के सम्बन्ध में चिन्तित हैं।
- D. किसी भी प्रकार की अन्य उन्नति और विकास के लिए ग्रामीण विकास सर्वप्रथम आवश्यक है।

2. लोग ग्रामीण विकास में अत्यधिक रुचि ले रहे हैं क्योंकि–
- A. उन्हें इसकी अपरिहार्यता का अनुभव हो चुका है
- B. वे घोर स्वास्थ्य-समस्याओं से दुःखी हैं
- C. निकट भविष्य में कुछ भी सार्थक करना सम्भव नहीं है
- D. अब वे इसके सम्बन्ध में आशावादी हो गए हैं

3. ग्रामीण विकास को भारत के स्वातंत्र्य आन्दोलन का एक अंग समझा गया था, क्योंकि–
- A. केवल ग्रामों में ही शाही रुचि निवास करती थी
- B. देश मुख्य रूप से ग्रामों से बना था
- C. गाँधीजी पश्चिमी उपनिवेशवाद के विरुद्ध थे
- D. उस समय वास्तविक भारत ब्रिटिश हुकूमत के मातहत था

4. परिच्छेद के सन्दर्भ में निम्नलिखित में से कौन-सा कथन सत्य है?
- A. तीसरी दुनिया के अधिकांश देशों का त्वरित गति से नगरीकरण हो रहा है।
- B. भारत का स्वतंत्रता आन्दोलन ग्रामीण विकास का अंगभूत समझा जाता है।
- C. ग्रामीण जनता अपनी दशा सुधारने के बारे में बहुत आशावादी है।
- D. वर्तमान सन्दर्भ में अज्ञान, निर्धनता तथा रुग्ण-स्वास्थ्य ग्रामीण जीवन के अविभाज्य अंग हैं।

5. निम्नलिखित में कौन-सा कथन आधुनिक नगरों वाली दो विपरीत दुनिया का सबसे उपयुक्त वर्णन करता है?
- A. कुछ धनी लोग और अधिक गरीब लोग
- B. चमक-दमक का क्षेत्र और धनाढ्य लोग
- C. वाणिज्यिक तथा औद्योगिक शोषण
- D. पश्चिमी उत्पादों के संरक्षक तथा शाही रुचियों के पोषक

गद्यांश-13

शिष्टजनों द्वारा अनुष्ठित आचरण मात्र कल्पना-उद्भूत सामाजिक शिष्टाचार नहीं हैं अपितु गंभीर वैज्ञानिक रहस्यों से ओत-प्रोत ऐसा संस्कार है जो मानव जीवन में गुणाधान प्रक्रिया को प्रशस्त करता है। भारतीय संस्कृति में शिष्टाचार का श्रीगणेश सामाजिक व्यवहार के सिंहद्वार – अभिवादन से होता है। ईश्वराभिवादन, पूज्यजनों को प्रणाम, नमस्कार, प्राञ्जलि, अञ्जलिपुट, प्रणिपात, नामोच्चारणपूर्वक नमन, प्रदक्षिणापूर्वक सम्मान तथा साष्टांग प्रणाम पर्यायभेद से अभिवादन के ही विविध रूप हैं। प्रतिदिन

या विशिष्ट अवसरों पर कर्म में सफलता और दीर्घायुष्य-प्राप्ति हेतु माता-पिता तथा गुरुजनों को अभिवादन करना केवल भारतीय संस्कृति में ही विद्यमान है। अध्यात्म-विज्ञान की मान्यता है कि किसी वरेण्य व्यक्ति के आगमन पर प्राणस्पन्दन की गति ऊर्ध्वमुखी होकर ऊर्जस्वित हो जाती है। उनका आशीर्वाद प्राप्त कर प्राण ऊर्जावान् बन जाते हैं। आज अन्य क्षेत्रों की भाँति शिष्टाचार के विधि-विधान में प्रदूषण और अवमूल्यन निर्बाध गति से हो रहा है। 'हाय', 'ही', 'हेलो' करने वालों को भला हाथ जोड़कर मस्तक झुकाना कैसे रास आ सकता है? त्याग-वैराग्यसम्पन्न अल्पवयस्क या वयोवृद्धों को अभिवादन करना हमारी पुरातन आचार-पद्धति है।

1. शिष्टाचार का प्रथम सोपान क्या है?
A. कुशलक्षेम पूछना B. मुस्कराते हुए बात करना
C. अभिवादन करना D. भेंट देना

2. गुरुजनों को अभिवादन करने का कौनसा कृत्य विधिसम्मत नहीं है?
A. चरण स्पर्श करना
B. हाथ जोड़कर सिर झुकाना
C. साष्टांग प्रणाम करना
D. हाथ मिलाना

3. आशीर्वाद ग्रहण करने का वैज्ञानिक रहस्य क्या है?
A. मन प्रसन्न हो जाता है
B. प्राण ऊर्जस्वित हो जाते हैं
C. असम्भव कार्य सम्भव हो जाता है।
D. हमारा आत्मविश्वास बढ़ता है

4. सामाजिक कुशलता प्राप्त करने का सिंहद्वार क्या है?
A. श्रीगणेश का पूजन
B. सहभोज का आयोजन
C. प्रत्येक व्यक्ति को अपना गुरु मानना
D. विधिपूर्वक यथायोग्य अभिवादन

5. 'सबहिं मानप्रद आप अमानी' का अभिप्राय है–
A. स्वयं सम्मान की चाह न कर सबको सम्मान देना
B. सबके मान की परवाह करने से पहले अपनी चिन्ता करना
C. मान पाकर आपा न खोना
D. अपने सम्मान के समान दूसरों का भी सम्मान करना

गद्यांश-14

शैक्षिक योजना का उद्देश्य सभी उम्र के वर्ग समूहों की कुल जनसंख्या की शैक्षिक आवश्यकताओं की पूर्ति करना होना चाहिए। निस्संदेह प्राथमिक स्तर से विश्वविद्यालयी स्तर तक शिक्षा का तीन स्तरीय पदानुक्रम परम्परागत शिक्षा की संरचना का सार भाग है तथापित हमें परिधीय शिक्षा जो उतनी ही महत्त्वपूर्ण है, की अवहेलना नहीं करनी चाहिए। आधुनिक अवस्थाओं के अंतर्गत, कार्यकर्त्ताओं को अपने उत्साह को तरोताजा करने की आवश्यकता है अथवा उन्हें एक नई दिशा में बढ़ने या अपने कौशलों को विश्वविद्यालयी प्रोफेसर के स्तर तक बढ़ाने की आवश्यकता है। सेवानिवृत और वृद्धों की भी अपनी आवश्यकताएँ होती हैं। शैक्षिक योजना ऐसी होनी चाहिए जिसमें प्रत्येक की आवश्यकताओं को ध्यान में रखा जाए। शिक्षा की हमारी संरचना इस मान्यता पर आधारित है कि शिक्षा का एक सीमावर्ती बिन्दु होता है। आजकल यह मूलभूत त्रुटि और अधिक हानिकारक बन गई है। एडगर फौरे तथा अन्य सदस्यों द्वारा रचित युनेस्को का 'लर्निंग टू बी' नामक प्रतिवेदन, जो 1973 में प्रकाशित हुआ, यह दावा करता है कि बच्चों की शिक्षा द्वारा स्व-अधिगम के विभिन्न रूपों के लिए भावी प्रौढ़ तैयार होने चाहिएँ। एक व्यवहार्य भावी शिक्षा पद्धति में ऐसे मोड्यूल होने चाहिए जिसमें विभिन्न प्रकार के प्रकार्य सम्मिलित हों और वह विविध सामाजिक अवयवों के लिए उपयोगी हों। और प्रमाण-पत्रों का आधार अध्ययन अवधि न होकर निष्पादन होना चाहिए। इसकी इबारत पहले से ही दीवार पर लिखी हुई है।

इस बात या तथ्य को ध्यान में रखते हुए कि जीवन-पर्यन्त अधिगम या आजन्म शिक्षा के प्रति प्रतिबद्धता के महत्त्व को आजकल शैक्षिक रूप से विकसित देशों में भी विवेचित किया जा रहा है, परंतु इस बात की सम्भाव्यता कि यह विचार शैक्षिक चिंतन का अभिन्न अंग बन जाए बहुत दूर की बात है। क्योंकि इस दिशा में आगे बढ़ने का अर्थ है वर्तमान शैक्षिक संगठनों की पुनर्व्यवस्था से कुछ अधिक करना। कम-से-कम विभिन्न वर्गों के वयस्क अध्येताओं के लिए मुक्त विश्वविद्यालयी प्रोग्राम विकसित करके और परम्परागत महाविद्यालयों और विद्यालयों में प्रसार-सेवाएँ आरंभ करके इसका शुभारंभ किया जा सकता है। साथ ही इन संस्थाओं को चाहिए कि असंख्य सामुदायिक संगठनों, जैसे पुस्तकालय, संग्रहालय, म्युनिसिपल मनोरंजन कार्यक्रम, स्वास्थ्य सेवाएँ आदि, के साथ सहयोग करते रहें।

1. परिच्छेद के अनुसार, वर्तमान शैक्षिक संरचनाएँ निम्नलिखित में से किसको मान्यता देती हैं?
A. सभी व्यक्तियों को उनकी आवश्यकताओं के अनुसार शिक्षित किया जा सकता है
B. वर्तमान में शैक्षिक योजना बहुत अधिक व्यवहार्य है
C. शिक्षा एक निश्चित समय में पूर्ण होने वाली प्रक्रिया है
D. जीवन-पर्यन्त शिक्षा (अधिगम) पर चर्चाएँ चलती रहनी चाहिए

2. दिए गए परिच्छेद के संदर्भ में निम्नलिखित में से कौन-सा सही नहीं है?
A. जीवन-पर्यन्त शिक्षा एक आधुनिक अवधारणा है
B. कर्मियों का ज्ञान तथा उनके कौशलों का निरंतर रूप से अद्यतन होते रहना चाहिए
C. 'लर्निंग टू बी' नामक ग्रंथ इस बात का समर्थन करता है कि शिक्षा का एक सीमांत बिन्दु होता है
D. विद्यालयों तथा महाविद्यालयों में भी विस्तार सेवाएँ आरंभ की जानी चाहिए

3. जीवन-पर्यन्त शिक्षा को शैक्षिक संरचना के साथ समेकित करने का अभिप्रेत होगा–
   A. परम्परागत विद्यालयों और महाविद्यालयों को बंद कर देना
   B. सभी औपचारिक पाठ्यक्रमों के लिए अधिक समयावधि
   C. वर्तमान शैक्षिक संगठनों का सामान्य पुनर्व्यवस्थापन
   D. इनमें से कोई नहीं
4. लेखक का मुख्य बल किस बात पर है?
   A. परम्परागत पद्धतियों को सुदृढ़ किया जाना चाहिए।
   B. औपचारिक शिक्षा, गैर-औपचारिक शिक्षा से अधिक महत्त्वपूर्ण है
   C. व्यक्ति को सीखना कभी बंद नहीं करना चाहिए
   D. मुक्त शिक्षा प्रणाली का कोई विकल्प नहीं है
5. लेखक के अनुसार, 'जीवन-पर्यन्त शिक्षा' की अवधारणा है
   A. इतनी पुरानी जितनी परम्परागत शिक्षा होती है
   B. जो अभी भी निर्माण अवस्था में हो
   C. जो विकसित देशों में प्रचलित है
   D. जो व्यवहार्य अथवा वांछनीय न हो

गद्यांश-15

मानव-जीवन के सौ वर्षों को चार भागों में बाँटा गया है। वास्तव में सम्पूर्ण जीवन सतत प्रयत्न करते हुए व्यक्तित्व का विकास करने के लिए है। व्यक्तित्व के विकास की दिशा अवस्था के अनुसार बदलती है। विशेष प्रकार की योग्यताओं को विकसित करने के लिए अनुकूल वातावरण की आवश्यकता पड़ती है। आश्रम-व्यवस्था के अनुसार जीवन-भार श्रम करते हुए मानव अधिकाधिक सफलता प्राप्त कर सकता है। जीवन का प्रथम आश्रम ब्रह्मचर्य अधिक से अधिक ज्ञान करने के लिए था। ब्रह्मचर्याश्रम में जो ज्ञान प्राप्त किया जाता है उसी की मात्रा के अनुरूप जीवन की सफलता होती है। इसी के बल पर गृहस्थाश्रम में वह अधिक से अधिक धन कमा कर लोक-कल्याण कर सकता है। मनुष्य की आध्यात्मिक प्रवृत्तियाँ स्वान्तः सुखाय होती हैं। इनके द्वारा वह वानप्रस्थ और संन्यास में शान्ति प्राप्त करता है।

1. वास्तव में सम्पूर्ण जीवन किसलिए है?
   A. सतत प्रयत्न करते हुए व्यक्तित्व के विकास के लिए
   B. श्रम करते हुए सफलता प्राप्त करने के लिए
   C. अधिक से अधिक धन कमाने के लिए
   D. अधिक से अधिक ज्ञान प्राप्त करने के लिए
2. व्यक्तित्व के विकास की दिशा कैसे बदलती है?
   A. योग्यताओं के विकास के अनुसार
   B. अनुकूल वातावरण के अनुसार
   C. अवस्था के अनुसार
   D. सतत प्रयत्नों के अनुसार
3. प्राप्त ज्ञान की मात्रा के अनुरूप क्या होता है?
   A. जीवन की सफलता B. सुख की प्राप्ति
   C. धन की प्राप्ति D. शान्ति की प्राप्ति
4. लोक-कल्याण कब अधिक किया जा सकता है?
   A. ब्रह्मचर्याश्रम में B. वानप्रस्थ में
   C. गृहस्थाश्रम में D. संन्यास में
5. मनुष्य शान्ति किसके द्वारा प्राप्त करता है?
   A. ज्ञान के द्वारा
   B. धन के द्वारा
   C. लोक-कल्याण के द्वारा
   D. आध्यात्मिक प्रवृत्तियों के द्वारा

गद्यांश-16

इन्द्र यह सुनकर स्वयं महर्षि दधीचि के आश्रम में गए और उन्हें मजबूरी कह सुनायी। ऋषि जग-कल्याण के लिए सहर्ष अपना शरीर त्यागने के लिए तैयार हो गए। उनकी हड्डियों से त्वष्ठा ने वज्र बनाया। इस वज्र को हाथ में लेकर इन्द्र दुगुने उत्साह से वृत्रासुर के सम्मुख गए। उनके मेघरूपी रथ के गर्जन से एक बार वृत्रासुर का कलेजा काँप गया। उनके साथ चलते हुए मरुत जोर-जोर से उनकी जयजयकार कर रहे थे। इन्द्र ने सबसे पहले अपने वज्र से वृत्रासुर की माया को काट दिया। फिर भी वह दैत्य बड़ा शक्तिशाली था। अपनी माया से विछिन्न होकर भी वह बहुत देर तक इन्द्र से जूझता रहा। लेकिन अन्त में इन्द्र ने वज्र के प्रहार से वृत्रासुर का सिर काट दिया। वृत्रासुर के मरते ही रुका हुआ जल बह निकला, नदी-नाले फिर से भर उठे और देखते-ही-देखते खेत लहलहा उठे।

1. महर्षि दधीचि एक ऐसे ऋषि थे जिन्होंने :
   A. देवताओं की रक्षा के लिए अपने शरीर का त्याग किया था
   B. योग बल से अपने शरीर को त्याग कर वृत्रासुर के वध हेतु वज्र बनाने के लिए इन्द्र को अपनी अस्थियाँ सुलभ करा दी थीं
   C. वृत्रासुर के वध में इन्द्र की सहायता की थी
   D. वृत्रासुर का वध किया था
2. हमें इस अवतरण से यह प्रेरणा मिलती है कि परोपकार के लिए आवश्यकता पड़ने पर :
   A. अपने शरीर भी दे देना चाहिए
   B. अपना सर्वस्व दे देना चाहिए
   C. अपनी अस्थियाँ दे देनी चाहिए
   D. अपनी सम्पत्ति दे देनी चाहिए
3. इस गद्यांश का उपयुक्त शीर्षक हो सकता है :
   A. दधीचि का आत्मदान
   B. दधीचि का सर्वस्व दान
   C. वृत्रासुर वध
   D. इन्द्र का कोप
4. निम्नलिखित में से सही कथन पर निशान लगाइए :
   A. वृत्रासुर इन्द्र का प्रतिद्वन्द्वी था
   B. वृत्रासुर एक आततायी राक्षस था

C. वृत्रासुर एक महाप्रतापी राक्षस था, जिसने जलावरोध कर रखा था

D. वृत्रासुर उपर्युक्त में से कोई नहीं था

इस उद्धरण में प्रयुक्त निम्नलिखित शब्दों के सही अर्थों पर निशान लगाइए :

5. महर्षि

A. मुनि

B. ऋषि जो ब्राह्मण न हो

C. ऋषि जो ब्राह्मण हो

D. ऋषियों का एक पद विशेष

6. जगकल्याण :

A. संसार का हित

B. संसार की भलाई

C. संसार को सुख देना

D. संसार के लिए आनन्द की व्यवस्था करना

7. वज्र :

A. एक प्रकार का बाजा

B. एक प्रकार का शस्त्र

C. एक प्रकार का आघात

D. पत्थर गिरना या बिजली गिरना

गद्यांश-17

आचार्य शुक्ल जी के गंभीर निबंध 'चितामणि' में संग्रहीत हैं। उनमें दो प्रकार के निबंध हैं, एक तो भावों के विश्लेषण से सम्बन्ध रखने वाले निबंध जो भाव-विषयक होते हुए भी आवश्यक नहीं हैं वरन् उच्चकोटि के विचारात्मक हैं, दूसरे साहित्यिक जिनमें कुछ सैद्धांतिक आलोचना से संबंध रखते हैं, जैसे—'साधारणीकरण और व्यक्ति वैचित्र्यवाद' और कुछ व्यावहारिक आलोचनाओं के हैं, जैसे 'भारतेन्दु हरिश्चन्द्र'। आचार्य शुक्ल जी के मनोवैज्ञानिक निबंधों की भी अन्विति उनकी आलोचनाओं से की जा सकती है, वे भारतीय रस सिद्धान्त पर अवलम्बित हैं और उनका सम्बन्ध जीवन सागर के निजी अवगाहन से है। इन निबंधों के भावों का विश्लेषण पर्याप्त मात्रा में हुआ है किन्तु जीवन से चुने हुए उपयुक्त उदाहरणों के कारण यह विश्लेषण दुरूह नहीं होने पाया है। 'लज्जा और ग्लानि' का आधार भारत की आत्मग्लानि है, 'लोभ और प्रीति' का अन्तर समझ लेने पर जायसी के 'रत्नसेन' के प्रेम की आलोचना भली प्रकार समझी जा सकती है।

—काव्य के रूप, डॉ. गुलाब राय

1. उक्त गद्यांश का सम्यक् अनुशीलन करने से पता चलता है कि लेखक ने :

A. शुक्ल जी को समझने में काफी प्रयास किया था

B. शुक्ल जी के साहित्य का सम्यक् अध्ययन किया था

C. शुक्ल जी से दिशाबोध ग्रहण किया था

D. शुक्ल जी को समीप से देखा था

2. डॉ. गुलाब राय की शैली थी :

A. कथा शैली

B. भावना प्रवण शैली

C. विवेचना प्रधान शैली

D. विश्लेषणात्मक शैली

3. डॉ. गुलाब राय ने आचार्य शुक्ल की शैलियों का जो वर्गीकरण किया है वह :

A. अत्यन्त वैज्ञानिक है B. शोधपूर्ण है

C. सर्वांगीण है D. यथातथ्य है

4. उक्त गद्यांश के लिए उचित शीर्षक होगा :

A. आचार्य शुक्ल की निबंध-शैली

B. शुक्ल जी की निबंध-कला

C. निबंध कला और शुक्ल जी

D. हिन्दी के श्रेष्ठ निबंधकार शुक्ल जी

5. अन्विति का अर्थ है :

A. अनुरक्ति B. तालमेल

C. आलोचना D. अर्चना

गद्यांश-18

चीन में न तो वर्ण व्यवस्था थी न जाति-पाँति का भेदभाव। परम्परा के अनुसार सम्मान के मुख्य पात्र क्रमशः विद्वान्, राज्य पदाधिकारी, योद्धा और अध्यापक थे। साधारण लोगों में नौ श्रेणियाँ थीं। अन्न उत्पन्न करने वाले, माली, लकड़हारे, पशु-पक्षी पालने वाले, बुनकर, नौकर-चाकर, कारीगर, व्यापारी और फुटकर काम करने वाले। कुलीनों तथा साधारण लोगों में अथवा श्रेणियों और व्यवसायों में ऊँच-नीच का भेद कायम था। पर यह विभेद नगण्य-सा था। अपनी योग्यता के अनुसार मनुष्य का स्थान घटता-बढ़ता था। लोग आपस में विवाह आदि बिना किसी बाधा के करते थे। चीनियों में विद्वान् और सेनापति विशेष आदर के पात्र समझे जाते थे। हिजड़े, भाँड, गुलाम, हरकारे, वेश्याएँ नीचे के स्तर के लोग थे। चीन में गुलामों की दशा उतनी खराब नहीं थी जितनी रोम तथा यूरोप के देशों के मध्य युग में थी। गुलामों से घरेलू काम कराये जाते थे। उनकी विशेष जाति नहीं थी। उन्हें यद्यपि खरीदा-बेचा जा सकता था तथापि उनसे न तो नीच काम कराए जाते थे और न उन्हें सताया जाता था।

—विश्व इतिहास, डॉ. रामप्रसाद त्रिपाठी

1. उक्त उद्धरण के अध्ययन से पता चलता है कि मध्यकालीन चीन में :

A. जाति प्रथा प्रचलित थी

B. सामाजिक जीवन काफी समुन्नत था

C. सामाजिक जीवन वैभवपूर्ण था

D. वर्ण-व्यवस्था से रहित था

2. उक्त उद्धरण का उपयुक्त शीर्षक हो सकता है :

A. मध्यकालीन चीन का सामाजिक जीवन

B. मध्यकालीन चीन में सामाजिक व्यवस्था

C. चीनी समाज में विविधता

D. चीनी समाज में गिरावट

3. उक्त गद्य खण्ड का सारांश एक पंक्ति में इस प्रकार व्यक्त किया जा सकता है :

A. अन्य तत्कालीन समाजों की तुलना में मध्यकाल में चीन का सामाजिक जीवन समुन्नत था

B. चीन का मध्यकालीन समाज विकास के शिखर पर था
C. चीन मध्यकालीन राज्यों में अग्रणी था
D. मध्यकालीन चीन का सामाजिक जीवन विकासोन्मुख था

4. चीन के सामाजिक इतिहास का अनुशीलन करने से पता चलता है कि चीन में :
A. सामाजिक भेदभाव अवश्य था भले ही वहाँ वर्ण-व्यवस्था नहीं थी
B. समाज के सभी सदस्य एक-सा जीवन नहीं जीते थे
C. चीनी समाज गुलामों को उत्पीड़ित करता था
D. मध्यकालीन चीन में नागरिक सुविधाओं का अभाव था

5. चीन में विशेष आदर के पात्र समझे जाते थे :
A. हिजड़े और भाँड B. विद्वान् और वेश्याएँ
C. विद्वान् और सेनापति D. कारीगर और व्यापारी

गद्यांश-19

आज से सप्तदशक पूर्व सम्पादकाचार्य पराड़करजी ने कहा था—हम सब सम्पादक पत्रों की उन्नति चाहते हैं। पर हमें स्मरण रखना चाहिए कि इस उन्नति के साथ-साथ हमारी स्वातंत्र्य-हानि अवश्यम्भावी है। उन्नति व्यापारी ढंग से ही हो सकती हैं; इसके लिए पूँजीपति और संचालक व्यवसाय की आवश्यकता है। इनके कथनानुसार और भी पत्र का सम्पादन करना असम्भव हो जाता है। इंग्लैण्ड और अमेरिका के पत्रों में स्पष्ट देखा जाता है कि इनके समाचार स्तम्भ, मनोरंजन स्तम्भ जितने ही अच्छे हो रहे हैं, उनके सम्पादकीय स्तम्भ उतने ही निकम्मे बनते जा रहे हैं। लन्दन के 'टाइम्स' जैसे दो-तीन पत्र इसके अपवाद हैं। पर साधारण नियम वही है जो बताया जा चुका है। एडिटर की अपेक्षा मैनेजिंग एडिटर का प्रभाव और गौरव अधिक बढ़ गया है। भावी हिन्दी समाचार-पत्रों में ऐसा ही होगा। पत्र निकालकर सफलतापूर्वक चलाना बड़े-बड़े धनियों अथवा सुसंघटित कम्पनियों के लिए संभव होगा। पत्र सर्वांगसुन्दर होंगे। आकार बड़े होंगे, छपाई अच्छी होगी, मनोहर, मनोरंजक और ज्ञानवर्द्धक चित्रों से सुसज्जित होंगे, लेखों में विविधता होगी, कल्पकता होगी, गम्भीर गवेषणा की झलक होगी और मनोहारिणी शक्ति भी होगी, ग्राहकों की संख्या लाखों में गिनी जाएगी। यह सब कुछ होगा पर पत्र प्राणहीन होंगे। पत्रों की नीति देशभक्त, धर्मभक्त अथवा मानवता के उपासक महाप्राण सम्पादकों की नीति न होगी—इन गुणों से सम्पन्न लेखक विकृत मस्तिष्क समझे जाएँगे, सम्पादक की कुर्सी तक उनकी पहुँच भी न होगी। वेतनभोगी सम्पादक मालिक का काम करेंगे और बड़ी खूबी के साथ करेंगे। वे हम लोगों से अच्छे होंगे। पर आज भी हमें जो स्वतन्त्रता प्राप्त है वह उन्हें न होगी। वस्तुतः पत्रों के जीवन में यही समय बहुमूल्य है। इंग्लैण्ड और अमेरिका के पत्रों ने उन्हीं दिनों सच्चा काम किया था जब उनके आकार छोटे थे, समाचार कम होते थे, ग्राहक थोड़े होते थे पर सम्पादक की लेखनी में ओज था और प्राण था। उन देशों की इस उन्नति के बहुत कुछ कारण वे ही सम्पादक थे जिनसे धनी घृणा करते थे, शासक क्रुद्ध रहा करते थे और जो हमारे ही जैसे, एक पैर जेल में रखकर धर्मबुद्धि से पत्र सम्पादन किया करते थे। उनके परिश्रम से और कष्ट से पत्रों की उन्नति हुई पर उनके वंश का लोप हो गया। अब संचालक और व्यवस्थापक सर्वेसर्वा हैं, सम्पादक कुछ नहीं है।

(ध्रुवतारा, अप्रैल-जून, 1996 के सौजन्य से)

1. नीचे लिखे विकल्पों में से कौन-सा उपर्युक्त गद्यांश की विषयवस्तु का सही प्रतिपादन करता है?
A. समाचार-पत्र B. समाचार-पत्र के स्वामी
C. सम्पादक का महत्त्व D. लेखक

2. इंग्लैण्ड और अमेरिका के समाचार-पत्रों की क्या विशेषता है?
A. मनोरंजन स्तम्भ अच्छे हैं
B. सम्पादक स्तम्भ अच्छे हैं
C. रंग-बिरंगे हैं
D. सस्ते हैं

3. 'सर्वांगसुन्दर' का क्या तात्पर्य है?
A. सभी गुणों का होना
B. समाचार-पत्र हर प्रकार से अच्छा हो
C. सबसे श्रेष्ठ
D. सबको लुभाने वाला

4. समाचार-पत्रों की उन्नति कैसे हो सकती है?
A. अच्छी मशीन लगाने से
B. व्यापारी ढंग से
C. सम्पादक के कारण
D. पूँजी लगाने से

5. स्वातन्त्र्य-हानि का क्या अर्थ है?
A. स्वतन्त्रता का नाश
B. पराधीनता
C. मनमानी करने पर रोक
D. कृपा

गद्यांश-20

हम विज्ञान युग में जी रहे हैं। हमसे ये आशा नहीं की जाती कि हम अविश्वसनीय मतों अथवा एकांतिक दैवी-संदेशों को सोचे-समझे बगैर आसानी से स्वीकार कर लेंगे। आज के युग में विज्ञान और प्रौद्योगिकी के नित-नूतन आविष्कार हो रहे हैं। प्रकृति के रहस्यों पर से आवरण क्रमशः हटता जा रहा है। यह युग मानववाद का भी है, जिसमें वे धर्म जो मानवीय बुराइयों तथा सामाजिक अपराधों के प्रति संवेदनशील नहीं हैं, आधुनिक व्यक्ति के गले नहीं उतरते। वे धर्म जो विभेद, वैमनस्य और अनैतिकता को बढ़ावा देते हैं तथा एकता, सद्भावना और सामंजस्य को प्रोत्साहित नहीं करते, वे मनुष्य को मनुष्य से लड़ाकर धर्मद्रोहियों के हाथ में अस्त्र बन जाते हैं। विज्ञान की प्रकृति कभी धर्म-विरोधी नहीं

रही है। धार्मिक मतों के पक्ष में मुख्य तर्क प्राय: ब्रह्मांड संबंधी वस्तुपरक विचारों पर आधारित होते हैं। प्राकृतिक धर्म कभी भी किन्हीं आप्त स्रोतों, इल्हामों या परंपराओं पर निर्भर नहीं करता, वह तो अनुभूत अनुभव सिद्ध प्रत्यक्ष तथ्यों के अध्ययन और व्यावहारिकता पर अवलंबित होता है। वैज्ञानिक विधि का अनुसरण करते हुए, प्राकृतिक तथ्यों का सर्वेक्षण करके, युक्तियुक्त तर्क देकर परमसत्ता-विषयक सिद्धान्त का प्रतिपादन किया जाता है। वैज्ञानिक धर्म में ब्रह्मांड को समझने की जिज्ञासा पर बल दिया जाता है। प्राकृतिक ऊर्जा व पदार्थों के जन्म तथा विनाश को समझ सकने की इच्छा होती है। विकास का क्रम ऊर्ध्वमुखी रहा है : यह अप्राण से सप्राण तक; सप्राण से संवेदनशील तक; संवेदनशील से सज्ञान जीवन तक विकसित होता है। सज्ञान प्राणी को आध्यात्मिक प्राणी के रूप में आत्मविकास करना पड़ता है। आध्यात्मिक प्राणी–विशुद्ध ज्ञानी या विचारवान् प्राणी से उतना ऊँचा होता है जितना ज्ञानवान प्राणी संवेदनशील प्राणी से उन्नत होता है। विज्ञान की चेतना में कहीं यह संकेत नहीं मिलता कि पदार्थ से ही सृष्टि का आरंभ हुआ था। परमाणु को विखंडित करने वाले मनुष्य का मन निश्चय ही परमाणु से कहीं अधिक श्रेष्ठ है। प्रकृत की व्यवस्था और प्रगति के अवलोकन से स्पष्ट हो जाता है कि अगणित क्रमबद्ध प्रणालियों का संचालन, किसी सर्वद्रष्टा परम-आत्मा द्वारा किया जा रहा है।

—(ध्रुवतारा—जनवरी, मार्च, 1996 के सौजन्य से)

1. वर्तमान युग का मनुष्य कैसे धर्म को सही समझ सकता है?

A. जो भय पैदा करे

B. वैज्ञानिक व सद्भावना पैदा करने वाला हो

C. जो वैमनस्य और अनैतिक को बढ़ावा दे

D. जो परंपरा पर आधारित हो

2. 'संवेदनशील' का सही अर्थ चुन कर बताएँ।

A. दूसरे को दुःख देने वाला

B. दूसरे का कष्ट महसूस करने वाला

C. दूसरे का संदेश देने वाला

D. दूसरों की भलाई सोचने वाला

3. 'आशा', 'अविश्वसनीय', 'प्रोत्साहित' तथा 'यह' शब्दों को क्रिया, विशेषण, सर्वनाम तथा संज्ञा के क्रम में व्यवस्थित करिए।

A. आशा, अविश्वसनीय, प्रोत्साहित, यह

B. यह, आशा, अविश्वसनीय, प्रोत्साहित

C. अविश्वसनीय, प्रोत्साहित, यह, आशा

D. प्रोत्साहित, अविश्वसनीय, यह, आशा

4. 'सामंजस्य' शब्द का सही अर्थ चयन करें :

A. सामना करना

B. आलस्य दूर करना

C. भेद-भाव हटाकर एक करना

D. अपना पक्ष प्रबल करना

5. उपर्युक्त गद्यांश में से 'प्राचीन' शब्द का विलोम चुनिए।

A. आधुनिक B. नित-नूतन

C. पारंपरिक D. ऊर्ध्वमुखी

गद्यांश-21

शान्ति और विश्वकल्याण की इसी उदात भावना के कारण युगों-युगों से विश्व हमारी संस्कृति हमारे साहित्य और हमारे विश्वबंधुत्व की ओर आकर्षित रहा है। इसी से प्रेरित होकर लोग भारत से सम्पर्क बढ़ाने के लिए हमारी राष्ट्रभाषा को सीखते-पढ़ते रहे हैं। उसी का सुफल है कि सोवियत संघ से लेकर अमेरिका तक, दक्षिण अफ्रीका से लेकर एशिया तक, यूरोप से लेकर कनाडा तक लाखों-लाखों विदेशी भारत प्रेमी लोग आज हिन्दी पढ़-लिख रहे हैं। इसलिए नहीं कि हिन्दी विश्व की तीसरी सबसे बड़ी भाषा है, इसलिए भी नहीं कि भारत विश्व का सबसे बड़ा लोकतंत्रीय देश है, इसलिए भी अधिक नहीं वह निर्गुट राष्ट्रों का एक मुखिया देश है, बल्कि सबसे अधिक इसलिए कि भारत के प्रति समीपता से उन्हें आत्मिक शान्ति प्राप्त होती है। वे भौतिकता से आध्यात्मिकता की ओर उन्मुख होते हैं। वे मनोविकारों से ऊपर उठकर स्वस्थ चिंतन में प्रवृत्त होते हैं और सबसे अधिक इसलिए कि भौतिकवाद की जिस कुन्ठा ने उन्हें ग्रसित कर रखा है उससे त्राण पाने का मार्ग उन्हें भारतीय संस्कृति और भारत की वाणी से सहज में ही सुलभ हो जाता है। क्योंकि हिन्दी आक्रान्ताओं की नहीं, आक्रमणों से मुक्ति पाने का सन्देश है। वह विश्व के साम्राज्यवादियों की भाषा नहीं, उनके द्वारा शोषित, सताए, लूटे और दलित बनाए जाने वाले लोगों की आत्मा की अदमनीय अनुगूंज है। वह समता का सन्देश देती है। वह सहअस्तित्व का पाठ पढ़ाती है। विश्व को युद्धों की विभीषिका से बचाकर उन्हें शांति का कर्त्तव्य बोध कराती है।

विश्व के लोगों के लिए हिन्दी वह भाषा है जो उन्हें वही देती है जिसकी वे तलाश में हैं। इसीलिए हम हिन्दी को भाषा नहीं विचार कहते हैं, संस्कृति कहते हैं और हम उसे मानवता का शांतिपाठ मानते हैं क्योंकि हिन्दी तलवार के बल पर नहीं, संतों के वचनामृत से फैली है। उसने द्वेष और छल से राष्ट्रों और व्यक्तियों का शोषण नहीं किया है। उसके साहित्य की पंक्ति-पंक्ति में प्रेम का सन्देश बिखरा हुआ है। वह प्रेम जो मनुष्य को मनुष्य से जोड़ता है और आत्मा को परमात्मा से जोड़ता है। इसलिए हिन्दी को हम जोड़ने वाली कड़ी कहते हैं, तोड़ने वाली हथौड़ी या छैनी नहीं। पढ़िए सूर को, तुलसी को, गाइए मीरा को और गुनगुनाइए कबीरा को, सुनिए मैथिलीशरण गुप्त को, प्रसाद को, महादेवी या निराला को। इन सभी महात्मा कवियों में आपको मानवीय संवेदना और प्रेम का एक ऐसा मधुर संगीत सुनाई देगा जो आपकी आत्मा को रसविभोर कर देगा। हिन्दी के उदात्त साहित्य में रस है, कामुकता नहीं, बौद्धिकता है, परन्तु जड़ शुष्कता नहीं, आनन्द की अनुभूति है, विरह के आँसू हैं, लेकिन जीवन की दुखान्त परिणति और कलुषित आक्रोश नहीं।

हिन्दी अपने इन्हीं गुणों के कारण विश्वमंच पर आज आदर से प्रतिष्ठित है। स्वार्थ और स्वामित्व की कुटिल विश्वनीति कितनी ही उसके मार्ग में बाधाएं उपस्थित करे, उनका कुहासा हिन्दी के दिव्य प्रकाश को फैलने से नहीं रोक सकता। क्योंकि हिन्दी के पीछे अन्य साम्राज्यवादी भाषाओं की तरह परपीड़न और शोषण का इतिहास नहीं है। उसने उपनिवेशों का शोषण करके अपने देश

और अपनी भाषा को ज्ञान-विज्ञान के मारक अस्त्र प्रदान नहीं किए। साम्राज्यवादी भाषाओं ने औपनिवेशिक देशों को जनता को ही नहीं वहां की संस्कृति, कला और साहित्य को भी दबाया है तथा उनके उत्कर्ष और विकास की खिल्ली उड़ाई है। उनके बुद्धिजीवियों और रचनाधर्मियों को सदैव अपने से हीन समझा है। जहां-जहां ये साम्राज्यवादी गए वहां-वहां अपनी संस्कृति और भाषा को थोपते रहे। जब वहां से हटे तो ऐसा कुचक्र रच गए कि वहां के शासक, श्रीमंत और बुद्धिजीवी इस तरह मानसिक दासता के चक्र में फंस गए कि उन्हें अपनी भाषा, कला, साहित्य-संस्कृति सब दीन-हीन लगने लगे। लेकिन भारत और अन्य देशों के साम्राज्यशाही चुंगल से छूटने के बाद शनैः-शनैः यह व्यामोह छूटने लगा है। राष्ट्रों में स्वाभिमान और स्वावलम्बन की प्रवृत्तियां उभर रही हैं। यह प्रक्रिया भाषा के क्षेत्र में भी प्रारंभ हुई है। राष्ट्रों में अपनी-अपनी भाषाएं अपना स्थान बना रही हैं और सम्पर्क सूत्र के रूप में अब अंग्रेजी ही नहीं अनेक देशों में विशेषकर तीसरी दुनिया के देशों में हिन्दी की भी छवि निखर कर ऊपर आने लगी है।

1. विदेशी आज हिन्दी सीख-पढ़ रहे हैं, क्योंकि :
A. हिन्दी विश्व की तीसरी सबसे बड़ी भाषा है
B. विदेशी हमसे सम्पर्क बढ़ाना चाहते हैं
C. भारत विश्व का सबसे बड़ा लोकतंत्रीय देश है
D. भारत निर्गुट राष्ट्रों का एक मुखिया देश है

2. विश्व हमारी संस्कृति की ओर आकर्षित हुआ :
A. शान्ति और विश्वकल्याण की उदात्त भावना के कारण
B. हमारी परमाणु शक्ति के विकास के कारण
C. अन्तर्राष्ट्रीय व्यापार मेलों के आयोजन के कारण
D. अनेक धार्मिक स्थलों के संरक्षण के कारण

3. हिन्दी मनुष्य को वही देती है :
A. जिसे वह नहीं चाहता है
B. जिसकी उसे चाह नहीं है
C. जिसकी उसे तलाश है
D. जिसे वह चाहती है

4. हिन्दी भाषा नहीं विचार है क्योंकि :
A. वह विश्व को सह-अस्तित्व का पाठ पढ़ाती है
B. वह विश्व को संत बनने का उपदेश देती है
C. वह विश्व को असंत बनाती है
D. वह विश्व को शान्ति का कर्तव्य-बोध कराती है

5. हिन्दी का मुख्य सन्देश है :
A. आक्रान्ताओं से मुक्ति पाने का सन्देश
B. कुन्ठा से ग्रसित होने का सन्देश
C. आक्रमणों से मुक्ति पाने का सन्देश
D. अकर्मण्यता का सन्देश

गद्यांश-22

अभिप्रेरण की संकल्पना अत्यंत जटिल है। इसका संबंध अनेक अभिलाषाओं, इच्छाओं, आवश्यकताओं एवं अनुभूतियों से है। वस्तुतः अभिप्रेरण की पूरी संकल्पना इन्हीं बलों पर आधारित है। यदि अभिप्रेरणा के विविध पक्षों का गंभीर अध्ययन करें तो यह सहज ही स्पष्ट हो जाता है कि यह वस्तुतः एक प्रकार की वैयक्तिक एवं आंतरिक भावना है या व्यक्ति विशेष के अंतःकरण में उत्पन्न होने वाला एक तरह का मनोवैज्ञानिक क्रम है। यह एक व्यावहारिक संकल्पना है जिससे मनुष्य का व्यवहार किसी निश्चित लक्ष्य की ओर निर्देशित और अग्रसर होगा। यह एक निरंतर चलती रहने वाली प्रक्रिया है। पर यदि एक ओर यह सकारात्मक हो सकती है तो दूसरी ओर नकारात्मक भी हो सकती है। प्रेरणा से व्यक्ति का व्यवहार प्रभावित होता है। प्रेरणा अभिप्रेरण के मूल में है। दूसरे शब्दों में यह अभिप्रेरण का मूलतत्व है। प्रेरणा के कारण व्यक्ति को कार्य करने की दिशा मिलती है। अतः किसी लक्ष्य या पुरस्कार की प्राप्ति के लिए ऊर्जा बढ़ाने की चाहत ही अभिप्रेरण है। यह एक ऐसी शक्ति है जिससे सुप्त ऊर्जा सक्रिय हो जाती है और व्यक्ति कार्य के प्रति उत्साहित एवं उन्मुख हो उठता है। मस्तिष्क किस प्रकार कार्य करता है इसे पूरी तरह समझ पाना अब संभव नहीं हो पाया है।

किंतु यह अवश्य ही सत्य है कि किसी भी व्यवस्था/तंत्र में मानवीय अंतःक्रिया की गुणवत्ता से ही संतोषजनक परिणाम मिल पाना संभव होता है। यह किसी ऐसे प्रतिफल की मांग द्वारा निर्धारित नहीं होती जिसे समाज में अनिवार्यतः हमेशा महत्व दिया जाता है बल्कि इसके मूल में एक ऐसे प्रतिफल की मांग होती है जो किसी खास संदर्भ में आवश्यक होता है। अतः यह समझना अपरिहार्य है कि अभिप्रेरण की वास्तविक दिशा क्या है? इसके लिए विभिन्न प्रकार की पद्धतियां अपनाई जाती हैं जिन्हें सामूहिक रूप से अभिप्रेरण-निर्देश की संज्ञा दी जाती है। इनमें से सबसे महत्वपूर्ण निर्देश वह है जिसके द्वारा यह ज्ञात करने की चेष्टा की जाती है कि अभिप्रेरित व्यक्ति या व्यक्ति समूह दायित्व से दूर भाग रहा है अथवा दायित्व के प्रति अभिमुखन दर्शा रहा है।

इस प्रकार के निर्देशों की दूसरी कोटि वह है जिनके जरिए यह निर्धारित करने का प्रयास किया जाता है कि अभिप्रेरण का मूलभाव स्वःअंतर्मुखी है अथवा अन्य-बहिर्मुखी है। तात्पर्य यह है कि अभिप्रेरित व्यक्ति स्वकेन्द्रित, आत्मसंतुष्टि पर आधारित प्रयोजनों के लिए अभिप्रेरित होता है या दूसरे व्यक्ति अथवा व्यक्तियों के लिए अभिप्रेरित होता है। तीसरे अभिप्रेरण निर्देश का आधार समानता और अंतर तथा चौथे निर्देश का आधार समग्र विवरण है।

1. अभिप्रेरण एक व्यावहारिक संकल्पना है जिससे मनुष्य का व्यवहार किसी निश्चित लक्ष्य की ओर निर्देशित और :
A. आधारित होता है B. अग्रसर होता है
C. निर्धारित होता है D. रूपायित होता है

2. अभिप्रेरण का संबंध अनेक अभिलाषाओं, इच्छाओं, आवश्यकताओं एवं :
A. अनुभूतियों से है B. भावनाओं से है
C. प्रकृति से है D. उत्थान से है

3. प्रेरणा के कारण व्यक्ति को कार्य करने :
A. का आधार मिलता है B. की शक्ति मिलती है
C. की दिशा मिलती है D. की दृष्टि मिलती है

4. दूसरे अभिप्रेरण-निर्देश के मूल में है :
A. व्यक्ति का अभिमुखन
B. व्यक्ति का दृष्टिकोण
C. व्यक्ति का लक्ष्य
D. व्यक्ति की लक्ष्य चेतना

5. अभिप्रेरण निर्धारित होता है :
A. प्रतिकार की मांग से
B. प्रतिकृति की मांग से
C. आवश्यक प्रतिफल की मांग से
D. प्रतिवाद से

गद्यांश-23

शस्त्र की परंपरा आगे बढ़ती जाती है। मानव की मूल प्रकृति में असुरक्षा का भय समाया रहता है। इसी भय से शस्त्र और सेना का जन्म होता है। प्रत्येक मानव किसी देश का निवासी है। देश रक्षा उसका प्रमुख कर्त्तव्य है। वह जन-जीवन, आत्म सम्मान और अपने धर्म की रक्षा करना, सर्वोपरि मानता है। युद्ध एक आवेश और मजबूरी है। युद्ध दीर्घकालीन जीवन शैली नहीं होता। युद्ध द्वारा आवेश की उत्तेजना का विरेचन हो जाता है। युद्ध केवल राष्ट्र के लिए खतरे में ही प्रासंगिक होता है, युद्ध की हिंसा में विनाश है शांति की अहिंसा में ही विकास है। युद्ध के बिना सारे विश्व जीवन का कार्य संभव है पर शांति के बिना असंभव। जब तक शस्त्रों का अस्तित्व है तो उसकी परंपरा अनिवार्यत: बढ़ती जाएगी। पूर्व प्रस्तर एवं प्रस्तर युगों में पत्थर के चाकू, कुल्हाड़ी और गदा जैसे शस्त्र थे। कालांतर में तीरकमान, भाले, तलवार, बंदूक, तोप, बारूद व विस्फोटक बम एवं परमाणु बम की परंपरा चलती गई। सभी देश एक-दूसरे से भयभीत होकर, शस्त्र निर्माण पर, देश की संपत्ति लुटाते जा रहे हैं। हिंसा से भय और भय से हिंसा का अन्तहीन, गतिमान अधोगामी चक्र चलता रहता है। मौलिक शस्त्र तो हमारा मन है, जो वाणी और कर्म द्वारा शस्त्रों की परंपरा को चलाता है, क्रिया-प्रतिक्रिया की मानसिक चेतना ही शस्त्र और अशस्त्र होती है। डार्विन के विकासवाद की आधारशिला संघर्ष और आक्रामकता है। डार्विन 'अस्तित्व के लिए संघर्ष और श्रेष्ठ का कायम रहना' विकास की प्रक्रिया मानते हैं। इस विचारधारा को खंडित सत्य ही मानना होगा। संसार के अनेक धर्म, आत्मा, को जड़-द्रव्य की कारा से विमुक्ति के लिए, सतत संघर्षरत मानते हैं। जड़-द्रव्य के आवरणों का निरंतर विरल होते जाना ही चेतना का अंत: प्रकाशन है। यही मानव का सच्चा विकास है। सामाजिक चेतना की मूल प्रेरणा का स्रोत प्रेम और सहयोग में निहित है। शस्त्र द्वारा तो हम भयजनित तनावयुक्त संतुलन को अस्थायी आधार पर कायम रखने का प्रयास करते हैं। तनाव अपनी सीमा पार करके स्वयं अशांति व मरणेच्छा में बदल जाता है। यह मन का बांध टूटते ही विनाश जन्म ले लेता है। मन से भय भगाकर ही हम सचमुच नि:शस्त्र हो सकते हैं। मन के अभय होने पर सच्ची शांति प्राप्त होती है।

1. नीचे दिए विकल्पों में से कौन-सा उपयुक्त गद्यांश की विषय वस्तु का प्रतिपादन करता है?
A. शस्त्र परम्परा
B. वास्तविक विकास
C. नि:शस्त्रीकरण
D. शस्त्र और शांति

2. 'प्रासंगिक शब्द का सही अर्थ चुनकर बताएं।
A. तराजू की डंडी से संबंधित
B. दरबान
C. मामले से जुडा हुआ
D. साथ निभाने वाला

3. शस्त्र व सेना के जन्म का मूल कारण है :
A. असुरक्षा
B. शक्ति प्रदर्शन
C. वैभव एवं समपन्नता
D. साम्राज्यवादी महत्वाकांक्षाएं

4. शस्त्रों की परंपरा चलाने वाला वास्तविक शस्त्र क्या है?
A. ज्ञान
B. बल
C. उत्साह
D. मन

5. उपर्युक्त गद्यांश में से 'चेतन' का विलोम चुनिए।
A. विरेचन
B. गतिमान
C. जड़
D. जन्म

गद्यांश-24

भारत की सांस्कृतिक शक्ति लोगों को आकर्षित करती है। सिकन्दर पूरब की ओर आया, तो उसने राज कायम कर लौटने का रास्ता पकड़ा। बाबर आया, तो वह भी लौटने की तैयारी में था। फिर भी उसे भारत ने आकर्षित किया। भारत में पश्चिम के लोग अपने लिए बेहद शांतिप्रिय बसेरा पाते हैं। निकोलोई-श्वेतास्लाव रोरिख, नारा रिचर्ड, एल्फ्रेड बुर्फल ऐसे अनेक नामी गिरामी लोगों ने, जो बीसवीं शताब्दी में ऊँचाइयों पर पहुँचे, बिना किसी संकोच के भारत को अपना घर बनाया। सरला बहन और मीरा बहन गांधी जी की दो शिष्याएं थीं। मीरा बहन ने पक्षी कुंज में अपना निवास बनाया था, जहां से वह हर समय हिमालय की बर्फ से लदी चोटियां देखती थी। मुंबई शहर को एक जर्मन विद्वान लाइफर ने आवास चुना।

भारतीय संस्कृति अपनी शक्ति उस वैविध्य से पाती है, जिसे मोटे तौर पर हम बहुलतावाद के रूप में देखते हैं। तथापि वैविध्य में गुणसूत्रों में जो लोकव्यापी होने का सामर्थ्य रहता है, वही तत्व संस्कृति का जीवनदायी तत्व निर्धारित हो जाता है। यानी भारतीय संस्कृति को सजीव और सक्रिय रखने की प्रक्रिया के भीतर गुणों को आत्मसात कर अपना बनाने की जो प्रवृत्ति है, यही वह मूल बिंदु है, जिसका बोध कर हम आसानी से कह सकते हैं कि भारतीय संस्कृति वैश्वीकरण, विश्व बाजार या नयी प्रौद्योगिकी से जन्मे कल-पुर्जों के अति उपयोगकर्ता सभ्यता के हमले भी झेल लेगी।

1. पश्चिमी दुनिया के लोगों के भारत की ओर आकर्षित होने का मुख्य कारण क्या है?
A. भारत की संपदा
B. भारत की आकर्षक जलवायु
C. भारत की बहुलतावादी संस्कृति
D. उपरोक्त सभी

2. निम्न में से किसने मुम्बई को अपना आवास स्थल बनाया?

A. लाइफर B. सरला बहन
C. एल्फ्रेड बुर्फल D. उपरोक्त सभी

3. भारतीय संस्कृति को जीवनदायी तत्त्व मिलते हैं–

A. लोक जीवन से
B. सांस्कृतिक आदान-प्रदान से
C. सांस्कृतिक विक्षेप से
D. B एवं C दोनों से

4. उपरोक्त उद्धरण के आधार पर निम्न में से कौन-सा कथन सही है?

A. भारत की संस्कृति ने सर्वदा ही विदेशियों को अपनी ओर आकर्षित किया है।
B. भारत की संस्कृति अन्य संस्कृतियों से श्रेष्ठ है।
C. भारत की संस्कृति एक बंद संस्कृति रही है।
D. A एवं B दोनों

गद्यांश-25

अफ्रीका में चीन के बढ़ते हुए प्रभाव से अमेरिका को एक और चिंता ने घेर लिया है। इराक, ईरान और उत्तरी कोरिया के बारे में तो अमेरिकी शासक खुलकर बात करते आये हैं, किंतु चीन से मुचैटा लेने के मामले में वे भारी सावधानी बरतते हैं। आखिर वे चीन के भारी कर्जदार तो हैं ही और शायद ये भुलाना भी आसान नहीं है कि किस प्रकार दशकों तक चीन से शत्रुता रखने के बाद उन्हें शीतयुद्ध जीतने के लिए पाकिस्तान की मध्यस्थता के माध्यम से, चीन की ओर मित्रता का हाथ बढ़ाना पड़ा था। चीन जैसी बड़ी ताकत से अपने रिश्तों में विश्व की सोल-सुपरपावर भी वो रुख नहीं अपना सकती, जो वह इराक जैसे बरसों से पिटे-पिटाए देश के साथ अपना सका था, यह बात समझना कठिन नहीं है।

लेकिन फिर भी अगर खतरा बढ़ने लगे, प्रतिस्पर्धा से कतराना संभव न रहे और वामपंथियों का दबाव बढ़ता चला जाये तो आखिर कब तक उनका राष्ट्रपति हाथों पर हाथ रखकर बैठा रह सकता है? इसीलिए तमाम उलझनों के बावजूद पूर्व राष्ट्रपति बुश को चीन की चुनौती की ओर ध्यान देने के लिए विवश होना पड़ा।

1. अमेरिका के लिए सबसे बड़ी चुनौती क्या है?

A. चीन का बढ़ता आर्थिक प्रभाव
B. शीत युद्ध के बाद सुपर पावर बने रहने की चिंता
C. दक्षिण पंथ का विस्तार
D. उपरोक्त सभी

2. चीन से मुचैटा लेने में अमेरिका अक्सर सावधानी बरतता है, क्यों?

A. चीन की बड़ी पूँजी अमेरिका के बाजार में लगी हुई है।
B. अमेरिका चीन के साथ बेहतर संबंध बनाना चाहता है।
C. चीन शीत युद्ध के दौरान तटस्थ रहा था।
D. A एवं C दोनों

3. निम्न में कौन-सा कथन सही है?

A. चीन एशिया एवं अफ्रीका में अपने प्रभाव क्षेत्र का विस्तार कर रहा है।
B. अमेरिका चीन के साथ संबंध खराब न हो जाए, इसलिए उत्तरी कोरिया के खिलाफ खुलकर कुछ नहीं कहता।
C. शीत युद्ध के दौरान अमेरिका ने चीन की ओर मित्रता का हाथ बढ़ाया था।
D. अमेरिका को वास्तविक खतरा विश्व आतंकवाद से है।

4. अमेरिकी राष्ट्रपति बुश को चीन की चुनौती की ओर क्यों ध्यान देना पड़ा?

A. चीन के बढ़ते आर्थिक प्रभाव के कारण
B. चीन द्वारा पाकिस्तान को मिलने वाले समर्थन के कारण
C. उत्तरी कोरिया का चीन द्वारा समर्थन के कारण
D. वामपंथ के बढ़ते दबाव के कारण

गद्यांश-26

समकालीन विश्व राजनीति में पश्चिम एशिया एक ऐसे क्षेत्र के तौर पर कुख्यात हो चुका है जहां केवल आतंक, अशांति और अराजकता का बोलबाला है। दूसरे विश्व युद्ध के बाद से ही मिडिल ईस्ट या पश्चिम एशिया कई छोटे-बड़े युद्ध और अनगिनत हिंसक झगड़े झेल चुका है। हाल ही में फतह और हमास द्वारा फिलिस्तीन के अलग-अलग इलाकों पर कब्जा करने के बाद तो पश्चिम एशिया का सामरिक वातावरण और उलझ गया है। अगर आतंक के खिलाफ विश्वव्यापी जंग की बात करें तो वर्तमान हालात यही इशारा कर रहे हैं कि अगर अमेरिका यह जंग हार नहीं रहा तो जीत भी उससे कोसों दूर है। पूरा पश्चिम एशिया समस्याग्रस्त है और अमेरिकी विदेश नीति के पास इन समस्याओं से जूझने के लिए कोई ठोस रणनीति नहीं है।

फिलहाल सबसे विकट समस्या इराक को लेकर है। इराक पर हुए अमेरिकी हमलों के कई साल गुजर चुके हैं। लेकिन वहाँ अभी तक शांति कायम नहीं की जा सकी है। रोजमर्रा के शिया-सुन्नी झगड़ों और अमेरिकी आधिपत्य के खिलाफ जिहादी हिंसा ने इराक को जर्जर बना दिया है। दोनों प्रमुख सम्प्रदायों को समान रूप से स्वीकार्य एक राजनीतिक व्यवस्था अभी नहीं पनप पाई है। दरअसल इराक को शिया, सुन्नी और कुर्द इलाकों में बाँटने की केवल औपचारिक घोषणा होना ही शेष है। अमेरिका के लिए गले की फांस बन चुका इराक दुनिया भर में जिहादियों के लिए प्रशिक्षण केंद्र में तब्दील हो चुका है। सितम्बर 2010 में अमेरिकी राष्ट्रपति बराक ओबामा ने ऑपरेशन 'इराकी फ्रीडम' खत्म होने की घोषणा की है। अब वहाँ स्थिति और बिगड़ सकती है। आत्मघाती हमलों में बेगुनाह

इराकियों का मरना जारी है। अलकायदा दिन-प्रतिदिन अपनी ताकत में इजाफा कर रहा है। कट्टरपंथियों की फौज खड़ी हो रही है।

1. इराक में अमेरिका के लिए सबसे बड़ी चुनौती क्या है?
A. इराक में एक प्रतिनिधि सरकार स्थापित करना
B. इराक में शांति कायम करना
C. इराक में गठबंधन सेना के बीच समन्वय स्थापित करना
D. उपरोक्त सभी

2. उपरोक्त उद्धरण के आधार पर सही कथन का चयन कीजिए।
A. फतह एवं हमास गुट की सक्रियता के कारण पश्चिम एशिया की समस्या और भी उलझ गई है।
B. इराक में अमेरिका विरोधी जिहादी गुट लगातार सक्रिय हैं।
C. इराक पर अमेरिकी हमले के बाद वैश्विक आतंकवाद में कमी आई है।
D. A एवं B दोनों

3. इराक में शांति स्थापना में सबसे बड़ी बाधा क्या है?
A. अल कायदा की इस क्षेत्र में बढ़ती गतिविधियाँ
B. शिया-सुन्नी झगड़े
C. जिहादी हिंसा
D. A एवं C दोनों

4. पश्चिमी एशिया की पहचान निम्न में से किसके कारण है?
A. अरब-इजराइल युद्ध के कारण
B. इराक युद्ध के कारण
C. सीरिया में होने वाली शांति प्रक्रिया के कारण
D. उपरोक्त सभी के कारण

गद्यांश-27

किसी भी लोकतांत्रिक समाज का भविष्य, उसकी प्रगतिशीलता, वैज्ञानिकता और संवेदनशीलता पर निर्भर करता है। लोकतंत्र में मताधिकार योग्य व्यक्ति के चयन की कारगर व्यवस्था नहीं है। मतदाता की बौद्धिकता, वैज्ञानिकता और संवेदनशीलता ही सही निर्णय लेने में सहायक हो सकती है वरना चुनाव में तमाम हत्यारे, अपराधी और गुंडे चुने जा सकते हैं। हमारे देश के ज्यादातर मतदाताओं में इन गुणों का अभाव है। वह मोबाइल युग में परम अवैज्ञानिक है। हम मतदाताओं की बौद्धिकता का अंदाज ऐसे लोगों को देखकर आसानी से लगा सकते हैं जो ओझा-तांत्रिक और नीम-हकीमों के चक्कर में फंसकर तिल-तिल मरने को मजबूर हैं। वह यह समझ पाने की स्थिति में नहीं है कि ओझा-तांत्रिक, नीम- हकीम वगैरह उनकी अज्ञानता का लाभ उठाकर, शोषण कर रहे हैं।

हम वर्तमान शिक्षा व्यवस्था में पनपे उस गरीब समाज को देखकर बौद्धिकता की असलियत जान सकते हैं, जो अपनी औलादों की बलि देकर कल्याण ढूंढ़ता है। जो पढ़ने-पढ़ाने का हक मांगने के बजाय, उन्हें 'मिड-डे-मिल' खाना खिलाकर धन्य हो रहा है। बौद्धिकता की असलियत समाज के उन वयस्क मतदाताओं से जानी जा सकती है, जो असामाजिक तत्वों, अपराधियों के गले में माला डालकर उनकी जय-जयकार करते हैं। ये मतदाता वैज्ञानिकों या समाजशास्त्रियों को चुनने के बजाय फूलनदेवी, मलखान सिंह, मुख्तार अंसारी या शहाबुद्दीन जैसे लोगों को चुनते हैं।

1. उपरोक्त उद्धरण के आधार पर सही कथन का चयन कीजिए।
A. भारतीय मतदाता पिछड़ी सोच वाला और अवैज्ञानिक है।
B. भारतीय लोकतंत्र में मताधिकार, योग्य व्यक्ति के चयन की कारगर व्यवस्था नहीं है।
C. भारतीय मतदाता अशिक्षित है।
D. उपरोक्त सभी।

2. लोकतंत्र का भविष्य किस पर निर्भर करता है?
A. समाज की प्रगतिशीलता पर
B. सामाजिक संवेदनशीलता पर
C. A एवं B दोनों पर
D. सामाजिक सुव्यवस्था पर

3. भारतीय लोकतांत्रिक व्यवस्था का सबसे बड़ा अंतर्विरोध क्या है?
A. भारत में गरीबी एवं असमानता व्याप्त है।
B. समाज में भूखमरी एवं अज्ञानता है।
C. बौद्धिकता के युग में ज्यादातर मतदाता घोर अवैज्ञानिक हैं।
D. उपरोक्त सभी।

4. चुनाव में अपराधी किस्म के लोगों का चुना जाना किस बात का संकेत है?
A. जनता की तटस्थता का
B. जनता की अबौद्धिक निर्णय क्षमता का
C. जनता की सक्रिय भागीदारी का
D. प्रशासनिक विफलता का

गद्यांश-28

देह-प्रदर्शन स्वेच्छा से किया जाए या सामाजिक दबाव के कारण, लेकिन उसके दुष्प्रभावों को नजरअंदाज नहीं किया जा सकता है। नारियों से छेड़छाड़, अश्लील हरकतें, बलात्कार, यौन अपराध, देह व्यापार आदि बुराइयों की जड़ देह प्रदर्शन है। यदि पुरुषों से यह पूछा जाए कि क्या नारी के देह-प्रदर्शन से तुम को लज्जा महसूस नहीं होती है तो उनका तर्क होता है कि जब नारी को देह-प्रदर्शन करने में लज्जा नहीं आती है तो हमको देखने में लज्जा क्यों आएगी? देह-प्रदर्शन करने वाली नारी को समाज में हेय दृष्टि से देखा जाता है। ऐसी नारी को सिर्फ देह मानकर उसे इस्तेमाल किया जा रहा है।

आजकल माता-पिता के लिए लड़की की परवरिश करना चुनौतीपूर्ण होता जा रहा है क्योंकि यौन अपराधों की संख्या में वृद्धि होती जा रही है। माता-पिता सोचते हैं कि यदि हम

बेटी की इज्जत की रक्षा न कर पाए तो बेटी को जन्म देने का क्या फायदा होगा? माता-पिता की यह सोच कन्या भ्रूण-हत्या का महत्त्वपूर्ण कारण है। जो नारी आर्थिक लाभ के लिए अंग प्रदर्शन करती है उसका यौवन व आकर्षण समाप्त हो जाने पर वह कुंठित हो जाती है। विषादग्रस्त होकर वह आत्महत्या भी कर सकती है। नारी देह के प्रति पुरुषों का आकर्षण यौवनावस्था में होता है, इसमें स्थायित्व नहीं होता है। ऐसी नारियाँ आकर्षणहीन हो जाने पर स्वयं को एकाकी महसूस करती हैं तथा कई प्रकार के मानसिक रोगों से ग्रस्त हो जाती हैं।

1. नारी देह-प्रदर्शन का स्वाभाविक परिणाम है–
A. उनके साथ छेड़छाड़
B. अश्लील हरकतें
C. यौन अपराध
D. उपरोक्त सभी

2. नारी देह-प्रदर्शन की बढ़ती प्रवृत्ति का मुख्य कारण है–
A. नारी की स्व इच्छा
B. सामाजिक दबाव एवं लोलुपता
C. शिक्षा का माहौल
D. A एवं B दोनों

3. लेखक के अनुसार कन्या भ्रूण-हत्या का महत्वपूर्ण कारण क्या है?
A. महिलाओं के साथ होनेवाला यौन शोषण
B. बच्चियों का उचित परवरिश न हो पाना
C. सामाजिक असुरक्षा की भावना
D. उपरोक्त सभी

4. उपरोक्त उद्धरण के आधार पर सही कथन का चयन कीजिए।
A. आर्थिक लाभ के कारण नारी में शरीर-प्रदर्शन की प्रवृत्ति बढ़ती जा रही है।
B. नारी के देह-प्रदर्शन के पीछे सामाजिक दबाव एक मुख्य कारण है।
C. अंग-प्रदर्शन करनेवाली नारियों को यौवन का आकर्षण समाप्त हो जाने पर कुंठा का सामना करना पड़ता है।
D. उपरोक्त सभी।

गद्यांश-29

'वर्तमान इतिहास में दो प्रवृत्तियां दिखाई देती हैं। एक प्रवृत्ति की दिशा वर्चस्व (हेजीमनी) की ओर है जो मानव-अस्तित्व (सरवाइवल) के लिए खतरा बन कर पागलपन के सैद्धांतिक चौखटे में तर्कपूर्ण ढंग से काम कर रही है। दूसरी प्रवृत्ति इस विश्वास को समर्पित है कि 'एक नयी दुनिया संभव है', जिन शब्दों से विश्व सामाजिक मंच प्रेरित है, जो शासक विचारात्मक प्रणालियों को चुनौती दे रहा है और जो विचार, कर्म और संस्थाओं का नया सृजनात्मक विकल्प बनाना चाहता है। इनमें कौन-सी प्रवृत्ति जीतेगी, कोई इसकी भविष्यवाणी नहीं कर सकता है। यह प्रक्रिया समूचे इतिहास में दिखाई देती है।'

चोमस्की का कहना है कि अस्सी के दशक में मुख्यधारा के अमेरिका, खासकर मध्य अमेरिका से संबंधित जो मानव एकता आंदोलन चले उन्होंने साम्राज्यवाद के इतिहास में नयी जमीन जोड़ी। इससे पहले कभी भी शासक समाज के लोग बड़ी संख्या में दुष्टतापूर्ण हमले के शिकार लोगों के साथ रहने और उन्हें कुछ मात्रा में सुरक्षा प्रदान करने नहीं गये थे। वैसे आम जनता में मानव अधिकारों की यह जागरूकता 1960 के दशक में तेज हुई थी और कई क्षेत्रों में जन-सक्रियता ने अपना सभ्यताकारी प्रभाव डाला। इससे अल्पसंख्यक समूहों, स्त्रियों, भावी पीढ़ियों के अधिकारों के आंदोलन और फिर पर्यावरण सुरक्षा के आंदोलन विकसित हुए थे।

1. वर्तमान इतिहास की दो महत्वपूर्ण प्रवृत्तियाँ कौन-सी हैं?
A. आशा एवं निराशा की।
B. हिंसा एवं सभ्यता की।
C. विश्व वर्चस्व की एवं एक नई दुनिया बसाने की।
D. साम्राज्यवाद एवं उदारवाद की।

2. आज मानव अस्तित्व के लिए सबसे बड़ा खतरा क्या है?
A. वर्चस्व की प्रवृत्ति
B. हिंसा की प्रवृत्ति
C. अधीनस्थता की प्रवृत्ति
D. उपरोक्त सभी

3. मानव एकता आंदोलन ने किस रूप में सकारात्मक भूमिका निभाई?
A. इसने शासक वर्ग की मानसिकता में बदलाव लाया।
B. इसने साम्राज्यवाद के इतिहास में एक नई जमीन जोड़ी।
C. इसने मानव अधिकारों को और भी सशक्त बनाया।
D. उपरोक्त सभी।

4. उपरोक्त उद्धरण के आधार पर सही कथन का चयन कीजिए।
A. हेजीमनी मानव अस्तित्व को बनाए रखने में सहायक है।
B. 'एक नई दुनिया संभव है' का विचार शासक विचारात्मक प्रणाली के लिए खतरा है।
C. मानव एकता आंदोलन का आरंभ दक्षिण अमेरिका से हुआ।
D. उपरोक्त सभी।

गद्यांश-30

इंडिया के लिए कॉमनवेल्थ गेम्स की सफलता ने एक साथ कई काम किए हैं। गेम्स शुरू होने से पहले दुनिया भर में बनी देश की नेगेटिव छवि धुलकर पॉजिटिव हो गई। इंडिया में निवेश करने वाले इन्वेस्टर्स अब शायद बेधड़क यहां पैसा लगाएंगे। ऑस्ट्रेलियाई और अंग्रेज अब शायद एक हिंदुस्तानी को नीचे नजर से न देख पाएं। इस सफलता ने भविष्य में ओलंपिक गेम्स जैसे बड़े आयोजन को लेकर भारत की दावेदारी को भी पुख्ता किया है। भारतीय खिलाड़ियों ने 71 देशों में

दूसरा स्थान हासिल कर देश के युवाओं को दिखाया है कि कैसे खेल भी उसके लिए नाम और रुतबे का जरिया बन सकते हैं। खेलों के आयोजन में हजारों करोड़ रुपये खर्च जरूर हुए मगर इससे देश की दो पीढ़ियों के करोड़ों लोगों में खेलों के प्रति नया जज्बा भी पैदा हुआ है। इन खेलों ने हमारे कई खिलाड़ियों को गुमनामी से निकाल कर रोशनी के घेरे में खड़ा कर दिया। दीपिका कुमारी, कृष्णा पूनिया, सुरंजय, ओंकार सिंह, जिन्हें मुट्ठी भर लोग ही जानते थे, अब नेशनल हीरो बन गए हैं। इनमें कई खिलाड़ी ऐसे हैं जिन्होंने अपने माता-पिता की सुरक्षित और बेहतर करियर अपनाने की नसीहतों के खिलाफ जाकर खेलों को अपनाया। गेम्स ने देश को उनकी कामयाबी दिखाई, उन्हें अपने देशवासियों के सामने अपनी मेहनत और अपनी जिद का उत्सव मनाने का मौका दिया।

देश की गरीब जनता की जरूरतों को भुलाकर एक सर्कस शो पर करोड़ों रुपये फूंकने की दलील देने वाले गेम्स के आलोचक आगे की बजाय पीछे देखते हुए ऐसा कह रहे हैं। वे यह नहीं समझ रहे कि भारत का एक बड़ी ताकत बनने का दावा सिर्फ आंकड़ों में कैद नहीं रहना चाहिए, तमाम क्षेत्रों में दिखना चाहिए। गेम्स की कामयाबी ने यही किया है। उसने इंडिया के फ्यूचर की तस्वीर पेश की है–आत्मविश्वास से भरा, बुनियादी सुविधाओं से लैस, सफलता का जश्न मनाता हुआ इंडिया।

1. कॉमन वेल्थ गेम्स की सफलता का सबसे बड़ा लाभ क्या हुआ है?
- A. भारतीय खिलाड़ियों ने अंतर्राष्ट्रीय स्तर की खेल प्रतिभा का प्रदर्शन किया।
- B. खेल के आयोजन में करोड़ों रुपये का घोटाला हुआ।
- C. गेम्स के दौरान खिलाड़ियों को स्तरहीन सुविधाएँ उपलब्ध कराई गईं।
- D. भविष्य में ओलंपिक खेल जैसे बड़े आयोजन को लेकर भारत की दावेदारी पुख्ता हुई है।

2. आलोचकों की नजर में कॉमनवेल्थ गेम्स एक सर्कस शो क्यों था?
- A. क्योंकि इसमें सर्कस की तरह तमाशे हुए।
- B. आयोजन की तैयारी पूरी न हो पाने के कारण गेम्स एक तमाशा बनकर रह गया।
- C. इसमें देश की गरीब जनता की जरूरतों को भुलाकर अनावश्यक खर्च किए गए।
- D. उपरोक्त सभी

3. 'गुमनामी से निकालकर रोशनी के घेरे में खड़ा कर दिया' पदबंध का अर्थ बताइए–
- A. अचानक प्रसिद्धि मिलना
- B. अचानक बड़ी धनराशि मिलना
- C. रोशनी से चकाचौंध होना
- D. ऊँचा पद प्राप्त होना

4. उपरोक्त उद्धरण के आधार पर सही कथन का चयन कीजिए।
- A. कॉमनवेल्थ गेम्स से दुनिया भर में देश की अच्छी छवि बनी है।
- B. इससे दुनिया भर के निवेशक भारत में निवेश के लिए प्रोत्साहित होंगे।
- C. इससे युवाओं में एक नई स्फूर्ति पैदा हुई है।
- D. उपरोक्त सभी।

गद्यांश-31

देश में खाद्यान्न भंडारण की समस्या ने विकराल रूप धारण कर लिया है। इसकी भयावहता का अंदाजा इसी बात से लगाया जा सकता है कि एफसीआई के गोदामों में 67,542 टन अनाज नष्ट हो गया। इसकी कीमत 60 हजार करोड़ रुपए बताई गई है। सुप्रीम कोर्ट ने इसमें दखल देते हुए कहा है कि गोदामों में अनाज सड़ाने की जगह इसे गरीबों में बाँट देना चाहिए। सुप्रीम कोर्ट ने 12 अगस्त, 2010 को केन्द्र सरकार को आदेश देते हुए कहा कि वह फूड कॉरपोरेशन ऑफ इंडिया के गोदामों में अनाज सड़ाने की जगह गरीबों को मुफ्त बाँट दें।

जस्टिस दलवीर भंडारी और जस्टिस दीपक वर्मा की बेंच ने कहा कि और अनाज न सड़ने पाए, इसके लिए सरकार तुरंत कदम उठाए। वह उतने ही अनाज की खरीदारी करे, जितने को संभाल सकती है। साथ ही कोर्ट ने केन्द्र से प्रत्येक राज्य में एक बड़ा गोदाम और अलग-अलग जिलों व संभागों में विभिन्न गोदाम बनाने की व्यवस्था करने को कहा। इसके अलावा सरकार से यह सुनिश्चित करने को भी कहा कि उचित मूल्य की दुकानें पूरे महीने खुली रहें। कोर्ट ने सरकार को निर्देश दिया है कि वह 2010 के आंकड़ों के आधार पर बीपीएल (गरीबी रेखा से नीचे), एबीपीएल (गरीबी रेखा से ऊपर), एएवाई (अंत्योदय अन्न योजना) परिवारों का नए सिरे से सर्वे कराए। अधिकारी फायदे बांटने के लिए एक दशक पुराने आंकड़े पर भरोसा नहीं कर सकते।

बेंच ने अपना पहले का आदेश दोहराया कि एबीपीएल परिवार सब्सिडी वाला अनाज न हासिल करने पाएं। अगर सरकार उन्हें लाभ देना ही चाहती है तो उन परिवारों को दे, जिनकी सालाना आय 3 लाख रुपये से कम हो।

सुप्रसिद्ध अर्थशास्त्री डॉ. अमर्त्य सेन द्वारा 1981 में लिखी गई 'पावर्टी एंड फैमीन एंड एस्से ऑन इनटाइटिलमेंट एंड डिप्राइवेशन' (गरीबी और अकाल और पात्रता और वंचना पर निबंध) कृति में तर्क दिया गया कि अधिकांश मामलों में भूख और अकाल अनाज की उपलब्धता की कमी के कारण नहीं पड़ते, बल्कि उनका कारण असमानता और वितरण व्यवस्था की कमी होती है। उन्होंने जो बात 1981 में कही थी, संभवतः वह 2010 में भी सही है। हालांकि स्वतंत्रता प्राप्ति के बाद विगत तिरसठ वर्षों में भूख और वंचना से लड़ने के क्रम में हमने काफी अनुभव प्राप्त किया है।

1. अनाजों के भंडारण को लेकर सर्वोच्च न्यायालय ने कौन-से आदेश दिए हैं?
- A. सरकार भंडारण के बराबर क्षमता के अनाज का ही क्रय करे।

B. सरकार अलग-अलग जिलों एवं संभागों में गोदाम बनाने की व्यवस्था करे।
C. उचित मूल्य की दुकानें महीने भर खुली रहें।
D. उपरोक्त सभी

2. देश में खाद्यान्न भंडारण की समस्या का मुख्य कारण क्या है?
A. खाद्यान्न भंडारण की सीमित क्षमता
B. अत्यधिक खाद्यान्नों की खरीद
C. समय पर खाद्यान्नों का वितरण न हो पाना
D. उपरोक्त सभी

3. प्रसिद्ध अर्थशास्त्री अमर्त्य सेन के अनुसार भूख एवं अकाल का कारण है–
A. राष्ट्रीय कृषि उपज में कमी
B. कृषि निर्यात की असमानता
C. अनाजों के उपयुक्त वितरण की समस्याएं
D. A एवं C

4. कोर्ट ने किस आधार पर बीपीएल, एबीपीएल एवं एएवाई परिवारों का सर्वे कराने को कहा है?
A. 2011 की जनगणना के आधार पर
B. 2005 के आंकड़ों के आधार पर
C. 2007 के योजना आयोग के आंकड़ों के आधार पर
D. 2010 के आंकड़ों के आधार पर

गद्यांश-32

वैश्वीकरण की दौड़ में क्षेत्रीय संगठनों का महत्व बढ़ा है। आज विश्व की स्थिति यह है कि राष्ट्र अपने आपसी मतभेदों को भुलाकर व्यापार एवं आर्थिक क्षेत्रों में एक-दूसरे को सहयोग कर रहे हैं। राष्ट्रों की पारस्परिक निर्भरता पहले की अपेक्षा काफी बढ़ी है। सार्क विश्व की 22 प्रतिशत आबादी को अपने दामन में रखने वाला विश्व का सबसे बड़ा क्षेत्रीय संगठन है। भारत विश्व की उभरती हुई आर्थिक शक्ति है। सार्क के सदस्य देश आपस में एक-दूसरे का आर्थिक सहयोग करें तो इस क्षेत्र से गरीबी, भुखमरी, अशिक्षा को सदा के लिए समाप्त किया जा सकता है। आज यूरोपियन संघ एवं आसियान जैसे क्षेत्रीय संगठनों ने जो आर्थिक सफलता पायी है। उससे सार्क के नेताओं को प्रेरणा लेनी चाहिए। इन क्षेत्रीय संगठनों ने आर्थिक एकजुटता के बल पर काफी उपलब्धियाँ हासिल की हैं। अब यह स्थिति स्पष्ट हो चुकी है कि आर्थिक विकास में क्षेत्रीय वैश्वीकरण की भूमिका अतिमहत्वपूर्ण है।

जनवरी 2009 में इस्लामाबाद में हुए सम्मेलन में इस तरह की स्पष्ट अभिव्यक्ति सामने आई। इस सम्मेलन में सार्क देशों ने 2012 तक दक्षिण एशियाई स्वतंत्र व्यापार क्षेत्र (साफ्टा) बनाने की इच्छा व्यक्त की है, लेकिन इस दिशा में अभी तक कोई ठोस कार्य नहीं हुआ है। साफ्टा के बारे में छोटे-छोटे देशों को यह भ्रम पैदा हो गया कि इससे भारत को ही अधिक लाभ होगा, जबकि सच्चाई यह नहीं है। उदाहरणस्वरूप अभी हम भारत, श्रीलंका के मुक्त व्यापार को देखें। दोनों देशों के बीच मुक्त व्यापार पिछले तीन वर्ष से चल रहा है। श्रीलंका का भारत को निर्यात 135 प्रतिशत सालाना की दर से बढ़ा है। इस तुलना में भारत का श्रीलंका को निर्यात 32 प्रतिशत की दर से बढ़ा है। अपितु मुक्त व्यापार के होने से श्रीलंका भारत की अपेक्षा अधिक लाभ की स्थिति में है। यही बात नेपाल एवं भूटान के साथ हैं। पाकिस्तान एवं बांग्लादेश के साथ भारत का व्यापार उतना नहीं बढ़ा है जितना बढ़ना चाहिए। इन देशों के असहयोग के कारण भी साफ्टा को लागू करने में कठिनाई है।

1. वैश्वीकरण के कारण क्षेत्रीय संगठनों का महत्व बढ़ा है–
A. क्योंकि वैश्वीकरण के दौरान विभिन्न देशों के बीच व्यापार बढ़ा है।
B. राष्ट्र अपने आपसी मतभेद को भूलाकर आर्थिक क्षेत्र में एक-दूसरे को सहयोग कर रहे हैं।
C. सभी राष्ट्रों ने व्यापार को सीमाकर मुक्त कर दिया है।
D. अंतर्राष्ट्रीय बाजार में डॉलर का मूल्य घटा है।

2. उपरोक्त उद्धरण के आधार पर सही कथन का चयन कीजिए।
A. हाल के वर्षों में राष्ट्रों के बीच पारस्परिक निर्भरता बढ़ी है।
B. सार्क दुनिया का सबसे बड़ा क्षेत्रीय संगठन है।
C. सार्क देशों में दुनिया की लगभग 1/4 आबादी रहती है।
D. उपरोक्त सभी।

3. सार्क देशों के बीच आपसी व्यापार में पर्याप्त वृद्धि नहीं हुई है, इसका क्या कारण है?
A. सार्क देशों के बीच व्यापार प्रतिबंध
B. आपसी सहयोग का अभाव
C. पश्चिमी देशों पर अत्यधिक निर्भरता
D. व्यापारिक निवेश का अभाव

4. साफ्टा को लेकर सार्क देशों में कौन-सा भ्रम फैला हुआ है?
A. इससे भारत को अधिक लाभ होगा।
B. भारत एक आर्थिक महाशक्ति बन जाएगा।
C. भारत का प्रभाव दुनिया के अन्य देशों में बढ़ जाएगा।
D. भारतीय रुपया और भी मजबूत होगा।

गद्यांश-33

महामशीन के महाप्रयोग का उद्देश्य परमाणु कणों की आपसी टक्कर को देखना है, जिनसे नए कण बन सकते हैं। उनका वेग और ऊर्जा मापकर मालूम हो सकता है कि आखिर शुरू में ब्रह्माण्ड कैसे बना और बाद में कैसे उसकी उत्पत्ति हुई। एलएचसी के इस प्रयोग में परमाणु कणों की बहुत अधिक वेग से अब तक की सबसे अधिक ऊर्जा से टक्कर हुई। आशा की जा रही है कि अब वैज्ञानिक भौतिकी की अनेक गुत्थियों को सुलझा लेंगे।

50,000 करोड़ रुपए की लागत से बना लार्ज हैड्रॉन कोलाइडर (LHC) 2008 में असफल हो गया था। उस समय इस सबसे बड़े एटम स्मैशर में दो शक्तिशाली चुम्बकों के बीच विद्युत कनेक्शन फ्यूज हो गया था। इन चुम्बक प्रोटॉनों को स्टीआर कहते हैं। इस खराबी से सुरंग में बड़े जोर का विस्फोट हुआ था, लेकिन इस बार का प्रयोग सफल रहा। एलएचसी प्रसिद्ध ईश्वरीय कण 'हिग्स बोसोन' के चिह्न की भी पहचान करेगा। बताया जाता है कि इसी कण के कारण ब्रह्माण्ड की सभी चीजों को पिण्ड भार मिलता है। इसके अलावा रहस्यमयी 'ब्लैक होल' की भी पहचान की जाएगी, जिससे काफी हद तक ब्रह्माण्ड बना है, लेकिन इसमें अंधेरा होने के कारण अब तक इसके दर्शन नहीं हुए हैं। वैज्ञानिकों का कहना है कि एलएचसी में जब कणों की टक्कर हुई, तब अनेक ऐसे मिनी बिग बैंग बने, जैसे आज से 13 अरब, 70 करोड़ वर्ष पहले बने थे।

इन असाधारण खोजों के अतिरिक्त मशीन बिग बैंग के पहले और बाद के कणों की नकल करेगी। गुरुत्वाकर्षण के रहस्य भी जानने के प्रयत्न किए जाएंगे। इस अनुसंधान में लगे वैज्ञानिकों का कहना है कि जब कणों की बीमों की टक्कर हुई तब सभी डिटेक्टरों ने अपने परमाणु कणों के बहुरंगी मार्गों की पहचान की। ये कण प्रत्येक दिशा में कार्यशील थे। भौतिकविद् का कहना है कि जब उप परमाणु कण बड़े वेग से आपस में टकराते हैं तो वे टूटकर नए तत्व बनाते हैं। आशा की जा रही है कि इसमें से एक तत्व हिग्स बोसोन होगा जिससे हमारे ब्रह्माण्ड बनने की गुत्थी सुलझेगी। वैज्ञानिकों का कहना है कि प्रयोग में उत्सर्जित ऊर्जा फील्ड को यदि ऊष्मा में बदल दिया जाए तो यह सूर्य की सतह से भी ज्यादा गर्म होगा।

1. महामशीन ब्रह्माण्ड की उत्पत्ति की जाँच किस आधार पर करेगा?
   A. परमाणु कणों की आपसी टक्कर से उत्पन्न वेग के आधार पर
   B. परमाणु कणों के बीच आपसी आकर्षण के आधार पर
   C. परमाणु कणों की आपसी टक्कर से उत्पन्न वेग एवं ऊर्जा के आधार पर
   D. परमाणु कणों के गुरुत्वाकर्षण के आधार पर

2. लार्ज हैड्रॉन कोलाइडर की पिछली असफलता का क्या कारण था?
   A. चुम्बकीय विद्युत कनेक्शन का फ्यूज होना
   B. हिग्स बोसोन कण का रिसाव
   C. परमाणु कणों के बीच तीव्र विकर्षण
   D. परमाणु कणों का विस्फोट

3. ब्रह्मांड के पिंडों का पिंड भार किस पर निर्भर करता है?
   A. पिंड के द्रव्यमान पर
   B. पिंड के घनत्व पर
   C. हिग्स बोसोन कण पर
   D. A एवं B दोनों पर

4. हिग्स बोसोन कण का निर्माण होता है–
   A. जब उप परमाणु कण तीव्र वेग से आपस में टकराते हैं।
   B. परमाणु कणों के बीच तीव्र आकर्षण बल के कारण।
   C. परमाणु कणों के बीमों के साथ टक्कर से।
   D. A एवं B दोनों

गद्यांश-34

विज्ञान शब्द की परिभाषा तथा इसके विस्तार, और प्रौद्योगिकी से इसके भेद को भी स्पष्ट रूप से समझ लेना जरूरी है। मानव जाति के भविष्य की कुंजी जिन कुछ शक्तिशाली ताकतों के हाथ में है, उनमें से विज्ञान संभवतः एकमात्र ऐसी ताकत है, जिसे एक अनूठा स्थान प्राप्त है क्योंकि वस्तुतः निरपवाद रूप से इसे सभी स्वीकार करते हैं। उन गिने-चुने व्यक्तियों के मामले में भी, जो विज्ञान के प्रति नफरत रखने वाले दिखाई देते हैं, उनके साथ भी एक बार बातचीत करने पर यह तथ्य उभरकर सामने आएगा कि वे वास्तव में विज्ञान के विरुद्ध नहीं हैं, बल्कि प्रौद्योगिकी के विरुद्ध हैं, जिसका सम्बन्ध मानव की विविध जरूरतों को पूरा करने के लिए विज्ञान के निष्कर्षों के अनुप्रयोगों से है।

वर्तमान समय में विज्ञान से हमारा अभिप्राय है हमारे विश्व तथा इसके परिवेश का मौलिक ज्ञान, उस ज्ञान का इसके सभी पहलुओं में, नियंत्रित तथा निरन्तर अनुसरण करना, इसके लिये जरूरी नहीं कि उसका प्रयोग सार्वजनिक प्रयोजनों के लिए किया जाए। प्रौद्योगिकी से हमारा आशय विज्ञान को मानव सेवा में लगाने के विभिन्न तरीकों से है, उन तरीकों का संकेन्द्रित अध्ययन जिनमें चीजों को मानव-प्रयोजन के लिए रचा या बदला जा सकता है। दोनों में स्पष्ट अन्तर करने के लिए इस समय आण्विक विज्ञान तथा टेक्नोलॉजी के सर्वाधिक लोकप्रिय क्षेत्रों से उदाहरण दिए जा सकते हैं। जब भारी धात्विक तत्व यूरेनियम के केन्द्रक का विखंडन या विस्फोटन होता है तब उससे निःसृत होने वाले कणों की संख्या तथा प्रकृति का मापन विज्ञान द्वारा ही किया जाता है। लेकिन, जब इस वैज्ञानिक ज्ञान का प्रयोग विद्युत उत्पादन के लिये परमाणु बिजली घर डिजाइन करने तथा बनाने अथवा एक परमाणु बम डिजाइन करने और बनाने के लिए किया जाता है तो यह प्रौद्योगिकी होती है। इस प्रकार, यह प्रौद्योगिकी ही होती है जो नैतिक रंग ले लेती है और इसे नैतिक या अनैतिक कहा जा सकता है। विज्ञान तटस्थ या नैतिकता से परे होता है और वह नैतिक-आचार या मानव कल्याण के विरुद्ध नहीं होता, हालांकि एक वैज्ञानिक एक मनुष्य तथा टेक्नोलाजिस्ट होने के नाते इसके विरुद्ध हो सकता है।

1. लेखक
   A. विज्ञान के प्रति बेहतर रवैया अपनाये जाने के लिए वकालत करने की कोशिश कर रहा है
   B. यह सुझाव देने की कोशिश कर रहा है कि हम विज्ञान का सार्वजनिक हित के लिए प्रयोग करें
   C. भौतिक विज्ञान के बजाय नैतिक विज्ञान का अध्ययन करने की कोशिश कर रहा है

D. विज्ञान तथा प्रौद्योगिकी (टेक्नोलाजी) के बीच भेद करने की कोशिश कर रहा है

2. लेखक के अनुसार, विज्ञान

A. एकमात्र ऐसी ताकत है, जो मानवजाति के भविष्य का निर्धारण करती है

B. मानव की नियति को निर्धारित करने वाली चन्द एक ताकतों में से एक है

C. भविष्य में मानवजाति की एकमात्र चिन्ता होगी

D. उन अनेक बाधाओं में से एक है जो मनुष्य की प्रगति में रुकावट डालती है

3. यह अवतरण

A. आलंकारिक है B. वर्णनात्मक है

C. वृत्तात्मक है D. व्याख्यात्मक है

4. यूरेनियम केन्द्रक के विस्फोट के अध्ययन को

A. आधुनिक प्रौद्योगिकी (टेक्नोलाजी) का एक उदाहरण कहा जा सकता है

B. विद्युत-सिद्धांतों का एक अनुप्रयोग कहा जा सकता है

C. ऐसा अध्ययन कहा जा सकता है जिसके कोई भौतिक निहितार्थ नहीं हैं

D. समूची मानवजाति के कल्याण के लिए महत्त्वपूर्ण कहा जा सकता है

गद्यांश-35

बच्चे किसी देश के सामाजिक तथा राजनीतिक दर्शन का अंग होते हैं। उनके प्रति जो रवैये अपनाये जाते हैं वे इस बात का निर्धारण करने में महत्त्वपूर्ण कारक होते हैं कि क्या उनकी जरूरतें पूरी होंगी तथा उनके अधिकार उन्हें मिलेंगे। भविष्योन्मुख कोई भी समाज इस बात का ध्यान रखेगा कि विपदा के समय बच्चों का ख्याल रखा जाये। इस समय विश्व के अनेक भागों में बच्चों को शांति तथा भाई-चारे की भावना के साथ पाले-पोसे जाने का कोई अवसर प्राप्त नहीं है। युद्ध तथा आतंकवाद के जो अत्यधिक भयावह रिकार्ड मिलते हैं वे हमेशा अपने घरों के खण्डहरों तथा अपने परिवारों के शवों के पास रोने के लिए बचे हुए शिशुओं या छोटे बच्चों की (या इतने सहमे हुए बच्चों की जो रो भी नहीं पाते) तस्वीरें होती हैं। ऐसे देशों में जहां लड़ाई-झगड़ा चल रहा हो या ऐसे समाजों में जहां ऐसी कार्यवाहियों को मनमोहक ढंग से पेश किया जाता हो, वहां बच्चों का निर्बाध रूप से खेलना जीवन की घटनाओं तथा/या ऐसी घटनाओं की सामाजिक स्वीकृति को परिलक्षित करेगा, जो हम सभी को यह सोचने पर मजबूर कर देगा कि क्या इस प्रकार के राष्ट्रीय दर्शनों से प्रभावित करोड़ों बच्चों को शांति की भावना के साथ बड़े होने के उनके अधिकार मिलने की कोई संभावना है। और निश्चय ही, ''जाति, रंग, लिंग, राष्ट्रीय या सामाजिक मूल के धर्म'' पर अकेले या कुछेक के मेल पर आधारित भेदभाव करोड़ों बच्चों को, जरूरतों की सार्वत्रिकता के बावजूद, जिन पर अधिकार आधारित होते हैं, इन अधिकारों से वंचित रखता है।

1. निम्नलिखित में से कौन-सा कथन बच्चों में शांति तथा भाई-चारे की भावना के विकास के लिए सहायक नहीं है?

A. जब वयोवृद्ध बच्चों को युद्ध के संत्रासों का अनुभव करने के लिए छोड़ देते हैं

B. जब प्रौढ़ लोग जातीय भेद-भाव का व्यवहार करते हैं

C. जब किसी देश का राजनीतिक दर्शन विश्वव्यापी भाई-चारे की वकालत करता है

D. जब समाज युद्ध के कार्यकलापों को मनमोहक ढंग से पेश करता है

2. प्रौढ़ों का बच्चों के प्रति एक कर्त्तव्य है। किसी समाज विशेष में बच्चों की देखभाल कितनी अच्छी तरह से होती है इसका पता इस बात से चल सकता है कि

A. विपदा के समय उनके लिए क्या किया जाता है

B. वे प्रौढ़ों का कितना ख्याल रखते हैं

C. प्रौढ़ उनके अधिकारों के प्रति कितने संवेदनशील हैं

D. समाज कितना समृद्ध है

3. लेखक की धारणा है कि

A. युद्धों के बावजूद बच्चे शान्तिपूर्वक रहने के अपने अधिकारों को प्राप्त कर लेते हैं

B. बच्चों के अधिकार सामाजिक दशाओं पर निर्भर होने चाहिए

C. बच्चों को शांति की भावना के साथ बड़ा होने का अधिकार है

D. राष्ट्रीय दर्शन बच्चों के अधिकारों का समर्थन करते हैं

4. युद्ध सम्बन्धी कार्यकलापों

A. का समाजों द्वारा परिहार किया जाता है

B. को समाजों द्वारा परिलक्षित किया जाता है

C. की समाजों द्वारा निन्दा की जाती है

D. को समाजों द्वारा स्वीकार किया जाता है

गद्यांश-36

हम सभी चिकित्सा विज्ञान के क्षेत्र में हुई कतिपय उल्लेखनीय खोजों से परिचित हैं। मिसाल के तौर पर, हम वेक्सीनों की खोज के बारे में जानते हैं। हम चेचक तथा पोलियो जैसे रोगों की रोकथाम को समझ सकते हैं। हम अनेक साधारण एंटीबायोटिक्स के बारे में भी जानते हैं। यह जानकारी कि हम उपदंश रोग पर पेनिसिलीन और तपेदिक पर आइसोनाइजिड से काबू पा सकते हैं, कुछ हद तक आश्वासनदायक है। हम इस विश्वास के आधार पर निश्चय ही अपने आपको झूठी तसल्ली दे सकते हैं कि संक्रामक रोग अब कोई खतरा नहीं रहे हैं। लेकिन यह सत्य नहीं है और समाचारों तथा मेडिकल जर्नलों में हाल में छपे समाचार हमें संक्रामक रोगों के विभिन्न तथा कभी-कभी 'नए' खतरों की याद दिलाते हैं।

ऐसे समाचारों में अपेक्षाकृत अधिक यथार्थवादी दृष्टिकोण को स्वीकार किया गया है। इस दृष्टिकोण का निहितार्थ यह

है कि संक्रामक रोग बने रहेंगे और यह कि उनके अन्दर कुछ ऐसी क्षमताएं हैं कि वे उन्हें खत्म कर देने की हमारी कोशिशों के खिलाफ लड़ सकते हैं। कतिपय मानव-व्याधियों, जैसे सुजाक रोग, तत्त्व-गुण (Strains) विकसित हो गए हैं जिन पर कतिपय एंटीबायोटिक्स का कोई असर नहीं होता।

1. चेचक तथा पोलियो जैसे रोगों की रोकथाम किसकी खोज के कारण संभव हो सकी है?

A. पेनिसिलीन B. आइसोनाइजिड
C. वेक्सीन D. एंटीबायोटिक्स

2. चिकित्सा विज्ञान के क्षेत्र में खोजों के द्वारा अब तक क्या संभव नहीं हो पाया है?

A. चेचक तथा पोलियो की रोकथाम
B. पेनिसिलीन की सहायता से उपदंश रोग के फैलाव पर नियंत्रण करने की संभावना
C. संक्रामक रोगों का उन्मूलन
D. आइसोनाइजिड की सहायता से तपेदिक के फैलाव पर नियंत्रण करने की संभावना

3. कुछ संक्रामक रोग उन्हें खत्म कर देने के हमारे प्रयासों के खिलाफ कैसे लड़ते हैं?

A. अन्य क्षेत्रों में अंतरित होकर
B. वेक्सीनों को प्रभावहीन बनाने की शक्ति विकसित करके
C. पहले की तरह भ्रांतिजनक बने रहकर
D. मानव-तंत्रिका में गहरे पैठ कर

4. यह अवतरण

A. सूचना देने वाला है B. वृत्तात्मक है
C. नाटकीय है D. प्रोत्साहक है

गद्यांश-37

प्रत्येक व्यवसाय अथवा व्यापार, कला और विज्ञान की अपनी तकनीकी शब्दावली होती है, जिसका कार्य अंशतः उन प्रक्रियाओं और वस्तुओं को दर्शाना होता है जिनके नाम सामान्य अंग्रेजी में नहीं मिलते और अंशतः पारिभाषिक शब्दावली में पूर्ण यथार्थता प्राप्त करना होता है। किसी भी प्रकार की तकनीकी बातचीत में ऐसी विशिष्ट भाषिका अथवा शब्दजाल की आवश्यकता होती है। विज्ञान अथवा कला विशेष के अध्येताओं के लिए सर्वविदित होने के साथ-साथ गणितीय सूत्र जैसी सूक्ष्मता रखते हैं। साथ ही, वे समय बचाते हैं, किसी प्रक्रिया का वर्णन करने की अपेक्षा उसका नाम लेना अधिक किफायती है। ऐसे हजारों पारिभाषिक शब्द बहुत अच्छी तरह इन शब्दकोशों में संकलित किए गए हैं, फिर भी, कुल मिलाकर, वे अंग्रेजी भाषा की मूल शब्दावली के बजाय उसके आस-पास ही ठहरते हैं। फिर भी विभिन्न व्यवसाय अपनी विशिष्ट शब्दावली की दृष्टि से पर्याप्त भिन्नता लिए हुए हैं। व्यापार, हस्तकला, कृषि और मछलीपालन जैसे अन्य व्यवसायों में जहाँ लम्बे समय से भारी संख्या में लोग लगे हैं, तकनीकी शब्दावली बहुत पुरानी है। इसमें अधिकतर स्थानीय शब्द मिलते हैं अथवा ऐसे आयातित शब्द हैं जो हमारी भाषा में घुल-मिल गए हैं। अतः अनेक रूपों में पूर्णतः तकनीकी होते हुए भी ये शब्दावलियां बोलने में अधिक परिचित-सी हैं और अन्य अधिकांश तकनीकीय तुलना में अधिक सहजता से समझी जाती हैं।

कानून, औषधि, धर्मविज्ञान और दर्शन की विशिष्ट भाषिका भी अपने प्राचीन रूप में परिष्कृत व्यक्तियों में पर्याप्त परिचित हो गई है, और प्रचलित शब्दावली में काफी योगदान कर चुकी है फिर भी प्रत्येक व्यवसाय आज भी ऐसी बहुत-सी तकनीकी शब्दावली लिए हुए है जो मूलतः विदेशी हैं। यह अनुपात पिछले पचास वर्षों में अधिक बढ़ा है विशेषतः यांत्रिक कलाओं, प्राकृतिक विज्ञान और राजनीति विज्ञान के विभिन्न क्षेत्रों में। यहाँ पूरी आजादी से नए शब्दों को शामिल कर लिया गया है और व्यर्थ हो जाने पर छोड़ दिया गया है। अधिकतर नए पद विशिष्ट बातचीत तक सीमित रहे हैं, कभी-कभी ही सामान्य बातचीत अथवा साहित्य जुड़ पाए हैं। पर आज कोई भी व्यवसाय, जैसा कि पहले सभी थे बंद निकाय नहीं हैं। वकील, चिकित्सक, वैज्ञानिक और पादरी अपने साथी सृजनकर्त्ताओं से जुड़ता है और ऐसा नहीं है कि मात्र व्यावसायिक रूप से ही मिलता है। बल्कि आज का प्रचलित विज्ञान प्रत्येक व्यक्ति को आधुनिक विचारों और खोजों से जोड़ता है। कोई भी महत्त्वपूर्ण प्रयोग चाहे वह दूर अथवा क्षेत्रीय प्रयोगशाला में किया गया हो, समाचार-पत्रों में तुरंत प्रकाशित हो जाता है और हर एक व्यक्ति उसके बारे में ऐसे ही बात करना शुरू कर देता है जैसे विकिरण किरणों और बेतारी तार-संचार के बारे में बात करता है। अतः हमारी सामान्य बोली सदैव नए तकनीकी शब्दों को अपना रही है और उन्हें प्रचलित कर रही है।

1. तकनीकी शब्दावली बढ़ाई जा सकती है :

A. नए शब्द बनाकर, विदेशी भाषाओं से शब्द ग्रहण करके और पुराने हुए शब्दों को निकालकर
B. नई अवधारणाओं के लिए नए शब्द गढ़कर
C. नए शब्द ढालकर और विदेशी भाषाओं से शब्द आयात करके
D. विदेशी शब्दों का अपनी भाषा में अनुवाद करके

2. प्रचलित विज्ञान, प्रत्येक व्यक्ति को परिचित कराता है

A. आधुनिक विचारों और नवीन खोजों से
B. नवीन खोजों और आविष्कारों से
C. आधुनिक विचारों, नवीन खोजों और तकनीक से
D. विज्ञान और तकनीक में नए विकास से

3. तकनीकी शब्दावली सभी की भाषा का अंग बन गई है :

A. व्यावसायिकों के प्रयासों द्वारा
B. विदेशी भाषा पढ़कर
C. प्रचलित वैज्ञानिक लेखों और समाचारपत्रों द्वारा
D. भाषा के परिवर्तनों द्वारा

4. तकनीकी शब्द हैं :

A. संक्षिप्त, किफायती और नामात्मक
B. नवीन, कठिन पर आवश्यक
C. भाषा की मूल शब्दावली से चुने हुए
D. सभी द्वारा सामान्य रूप से समझे जाने वाले

गद्यांश-38

मैं इस अंधविश्वास को जानता हूँ कि आत्म-ज्ञान जीवन की चौथी अवस्था में ही सम्भव है और वह है संन्यास। पर इस बात को सभी जानते हैं कि जो इस अमूल्य अनुभव को जीवन के अन्तिम क्षणों के लिए टालते हैं वे आत्म-ज्ञान प्राप्त नहीं करते बल्कि द्वितीय और दयनीय बचपन के समान बुढ़ापे को प्राप्त करते हैं और पृथ्वी पर एक भार की तरह जीते हैं। मुझे पूरी तरह याद है कि जब मैं 1911-12 में पढ़ाता था तब भी इसी विचार को मानता था भले ही इसी तरह की भाषा में उसे अभिव्यक्त न किया हो।

तब किस प्रकार यह आध्यात्मिक प्रशिक्षण दिया जाना था? मैंने बच्चों को भजन याद कराये और उनका अभ्यास कराया और उन्हें नैतिक शिक्षा की पुस्तकों से पढ़कर सुनाया। पर यह सब मेरे लिए संतोषजनक नहीं था। जब मैं उनके और अधिक निकट आया तो पाया कि अध्यात्म का प्रशिक्षण केवल पुस्तकों के माध्यम से नहीं कराया जा सकता। उसी प्रकार जैसे शारीरिक प्रशिक्षण व्यायाम के माध्यम से दिया जाता है और बौद्धिक अभ्यास के द्वारा, अतः अध्यात्म का प्रशिक्षण भी अध्यात्म के अभ्यास से संभव था। और अध्यात्म का प्रशिक्षण पूर्णतः अध्यापक के जीवन और चरित्र पर निर्भर करता है। अध्यापक चाहे विद्यार्थियों के बीच में है अथवा नहीं उसे सदैव अपने व्यवहार और चरित्र का ध्यान रखना है।

1. ऊपर उधृत पाठ सामग्री के लिए सर्वाधिक उपयुक्त शीर्षक है :
   A. बौद्धिक अभ्यास B. अंधविश्वास
   C. आध्यात्मिक विकास D. प्रशिक्षण

2. व्यापक स्तर पर आत्म-ज्ञान के बारे में लोगों के बीच अंधविश्वास है कि यह
   A. अनवरत प्रक्रिया है
   B. केवल संन्यास द्वारा संभव है
   C. केवल आरम्भिक जीवन में संभव है
   D. एक मिथक है

3. लेखक के अनुसार बच्चों का आध्यात्मिक प्रशिक्षण मुख्यतः किसके चरित्र पर निर्भर है?
   A. अभिभावकों के B. अभिजात वर्ग के
   C. सामाजिक नेताओं के D. अध्यापकों के

4. लेखक का बुढ़ापे के बारे में पहले विचार था कि यह
   A. एक गुण है B. एक अभिशाप है
   C. विचारों की स्मृति है D. संतोष है

गद्यांश-39

क्या विद्यार्थियों द्वारा प्राप्त किये गये परिणामों से अध्यापन-कार्य का मूल्यांकन किया जा सकता है? कुछ हद तक अध्यापकों को इसी प्रकार आँका जाता है, प्रायः सामूहिक रूप से, किसी संस्थान की ख्याति के रूप में। परन्तु इसमें कुछ कठिनाइयाँ हैं। विशेष रूप से उल्लेखनीय कठिनाई, जिसे स्क्राइवन (1988) ने 'हार्वर्ड फैलेसी (भ्रामकता)' के नाम से वर्णित किया है, इस प्रकार है :

...यह मान लेने की भ्रामकता कि हार्वर्ड में पढ़ाई अच्छी होती होगी क्योंकि यहां के स्नातक अपने बाद के जीवन में अच्छी तरक्की करते हैं ...इन आँकड़ों से यही परिणाम निकाला जा सकता है कि हार्वर्ड में मस्तिष्क को स्थायी हानि नहीं पहुँचाई जाती–सामान्यतया। बाकी की युक्ति केवल इतनी-सी है कि प्रतिभाशाली विद्यार्थियों का चयन कर कक्षाओं में भेजा जाए और उनके मार्ग में कोई रुकावट खड़ी न की जाए। उन्हें पुस्तकालय, प्रयोगशाला, पीयर ट्यूटरिंग और परिवार के प्रभाव या नाम के प्रति आदर का उपयोग करने दिया जाए। अध्यापकों का योगदान यदि कोई है तो वह अवशेष जो दूसरे कारणों से अलग करने के बाद बचता है जैसे कि ...'पुराने विद्यार्थियों के जाल' और नाम की मान्यता का नौकरी के लिए चयन और पदोन्नति पर प्रभाव। यद्यपि हार्वर्ड प्रमाण्यतः एक महान विश्वविद्यालय है तथापि निश्चित रूप से यह प्रमाण्यतः एक महान अध्यापन विश्वविद्यालय नहीं है बल्कि केवल एक भव्य रूप से सुसज्जित विश्वविद्यालय।

दूसरे देशों के विश्वविद्यालयों को स्पष्टतः हार्वर्ड के स्थान पर रखा जा सकता है। लेकिन फिर भी यदि एक जैसे संस्थानों के एक जैसे पाठ्यक्रमों के परिणामों की तुलना करना सम्भव हो तो भी सफलता का श्रेय दूसरे कारणों को देने की बजाय अध्यापन को देने के बारे में स्क्राइवन का तर्क विचारणीय रहेगा। किसी प्रकार के 'मूल्य-जुड़े' पैमाने से भी यह सम्भव नहीं होगा और ऐसे पैमाने या तो इतने अपक्व होंगे कि उनका कोई अर्थ ही नहीं होगा या फिर इतने जटिल होंगे कि जाँचने और आँकने के लिए पढ़ाने और सीखने की केन्द्रित गतिविधियों के मुकाबले में बहुत अधिक समय की आवश्यकता होगी। एक ही संस्थान में एक वर्ष के परिणामों की अगले वर्ष के परिणामों से तुलना करने में भी कठिनाइयाँ सामने आती हैं क्योंकि विभागों में और विद्यार्थियों में परिस्थितियाँ बदलती रहती हैं।

1. इस परिच्छेद का शीर्षक क्या हो सकता है?
   A. हार्वर्ड विश्वविद्यालय में अध्यापन
   B. विद्यार्थियों के परिणामों से अध्यापन-कार्य का मूल्यांकन
   C. संस्थानों की प्रतिष्ठा
   D. अध्यापकों के मूल्यांकन के लिए अवशिष्ट पद्धति

2. हार्वर्ड फैलेसी (भ्रामकता) का अर्थ है :
   A. यह मान लेना कि प्रतिष्ठित संस्थानों में पढ़ाई अच्छी होती है
   B. जो कुछ हार्वर्ड में भ्रामक रूप से किया जा रहा है
   C. कि हार्वर्ड में प्रतिभाशाली विद्यार्थियों को दाखिला दिया जाता है और अच्छे परिणाम प्राप्त किये जाते हैं
   D. कि हार्वर्ड में जो अध्यापन कार्य होता है उसमें बहुत-सी भ्रामकतायें हैं

3. विद्यार्थियों की उपलब्धियों में अध्यापकों के योगदान को स्क्राइवन के अनुसार किस बात से आँका जाना चाहिए?
   A. स्नातकों द्वारा बाद के जीवन में अर्जित उपलब्धियों से
   B. विद्यार्थियों के दाखिले के लिए संस्थानों द्वारा निर्धारित मानदण्डों से

C. बाकी सभी कारणों को निकालने के बाद बचे अवशिष्ट प्रभाव से

D. संस्थानों में उपलब्ध सुविधाओं से

4. स्क्राइवन के अनुसार हार्वर्ड की प्रतिष्ठा किस कारण से है?

A. इसका प्रचुर मात्रा में सुविधाओं से सम्पन्न होना

B. प्रतिभाशाली विद्यार्थियों को दाखिला और उनके मार्ग में रुकावट न डालना

C. इसका एक महान अध्यापन विश्वविद्यालय होना

D. इसके अपक्व और अर्थहीन तरीके जिनसे अध्यापन-कार्य की प्रभाविकता को माना जाता है

गद्यांश-40

संतान को बुढ़ापे की लाठी माना जाता है, परन्तु ज़ब यह लाठी ही सहारा देने के बजाय मां-बाप को प्रताड़ना देने के लिए इस्तेमाल होने लगे तो संबंधों का क्या होगा? समाज और सरकार परम्पराओं को तोड़कर पैदा की जा रही विकृतियों की कब तक उपेक्षा कर सकते हैं? जाहिर है कि इन हालात में समाज व कानून के हस्तक्षेप की तैयारी पुख्ता हो जाती है। संसद द्वारा पारित द मेंटिनेन्स एंड वेलफेयर ऑफ पेरेंट्स एंड सीनियर सिटीजन बिल, 2007 एक प्रकार से ऐसा ही एक हस्तक्षेप है। बस देखना यही होगा कि इस हस्तक्षेप के लिए निर्धारित प्रावधानों का किस हद तक व कितना प्रभावी तरीके से इस्तेमाल होता है।

कानून तो बन गया है परन्तु इस पर अमल की चुनौतियां कम नहीं होंगी। कितने प्रताड़ित अभिभावक कानून के इस संरक्षण के प्रति जागरूक बन सकेंगे और कितने इस कानून के प्रावधानों के इस्तेमाल का संकल्प कर सकेंगे, उनका सचमुच इस्तेमाल कर न्याय हासिल कर सकेंगे? यहां पर समाज व सामाजिक एवं स्वयंसेवी संगठनों की भूमिका महत्त्वपूर्ण हो जाती है। उन्हें न केवल जागृति उत्पन्न करनी होगी बल्कि कानून के सदुपयोग के लिए सक्रिय भूमिका का निर्वाह भी करना होगा। यदि एक दफा इस कानून के अच्छे नतीजे सामने आने लगे तो ये मां-बाप की उपेक्षा की राह पर चलने वाली संतानों के लिए निषेधात्मक उपाय के रूप में भी प्रतिष्ठित हो सकेंगे।

1. सरकार को नया बिल संसद में क्यों लाना पड़ा?

A. इसके लिए सरकार पर दबाव डाला जा रहा था।

B. संसदीय समिति ने इस बारे में सुझाव सरकार के सामने रखे थे।

C. संतान द्वारा माता-पिता की उपेक्षा एक आम प्रचलन बनता जा रहा था।

D. A एवं C दोनों

2. नए कानून पर अमल के लिए सरकार को क्या करनी चाहिए?

A. न्यायिक प्रक्रिया में सुधार लानी चाहिए।

B. पुलिस कार्रवाई में तेजी लानी चाहिए।

C. जन-जागृति पैदा करनी चाहिए।

D. उपरोक्त सभी।

3. इस कानून को लागू करने में कौन-सी चुनौतियाँ हैं?

A. अभिभावकों को कानून के प्रति जागरूक बनाना।

B. कानून का सदुपयोग सुनिश्चित करना।

C. इससे जुड़े अपराध को रोकना।

D. A एवं B दोनों।

4. उपरोक्त उद्धरण के आधार पर सही कथन का चयन कीजिए।

A. संसद द्वारा पेरेंट्स एंड सीनियर सिटीजन बिल, 2008 में पारित किया गया।

B. यह कानून 65 वर्ष से अधिक उम्र के माता-पिता पर लागू होता है।

C. माता एवं पिता में से कोई भी इस कानून के तहत् अपना हक मांग सकता है।

D. इस कानून को सफल बनाने में स्वयंसेवी संगठनों को सक्रिय भूमिका निभानी होगी।

गद्यांश-41

भारत में नारी की स्तुति प्राचीनकाल से की जाती रही है ''यत्र नार्यस्तु पूज्यन्ते रमन्ते तत्र देवता,'' इत्यादि के रूप में। यहाँ तक कि असुरों पर विजय प्राप्त करने हेतु भी देवताओं को नारी की शरण में जाना पड़ा था और देवी दुर्गा ने ही असुरों का संहार किया था। विद्या की देवी महासरस्वती, धन की देवी महालक्ष्मी और दुष्टों का नाश करने वाली महाकाली की आराधना की जाती है।

आधुनिक काल में भारत की आजादी की लड़ाई में महिलाओं ने पर्दा-प्रथा का त्याग कर देश को स्वतंत्रता दिलाने हेतु बढ़-चढ़कर हिस्सा लिया। आजाद भारत में महिलाओं को वोट देने का समान अधिकार दिया गया। हम सब जानते हैं कि आज की महिला जीवन के किसी भी क्षेत्र में पुरुषों से पीछे नहीं है। सर्वत्र अपनी विजय पताका फहरा रही है। माता-पिता ने भी समयानुसार आकाश छूने की आजादी दे दी है।

यह तो है महिला की तस्वीरों का एक पहलू। अब जरा दूसरे पहलू पर भी दृष्टि डालें। आज भी महिला शोषण का शिकार हो रही है। आश्चर्य की बात तो यह है कि यह शोषण अनपढ़, गाँव की महिलाओं के साथ ही नहीं, पढ़ी लिखी, ऊँचे पदों पर प्रतिष्ठित महिलाओं के साथ भी जारी है। फिर चाहे वह यौन शोषण हो, समाज द्वारा किया गया शोषण हो, अंधविश्वास के कारण हो या पुरुषों द्वारा अपना वर्चस्व बनाए रखने के कारण हो, महिलाएँ इसे सहने को अभिशप्त हैं। वैज्ञानिक शोधों को नकारते हुए संतानहीनता का दोष उसे ही भोगना पड़ता है। विधवा नारी को दी जाने वाली प्रताड़ना भले ही पहले जैसी कठोर न हो, पर वह एक सामान्य नारी न रहकर अशुभ का सूचक बन जाती है, इसलिए शुभ कार्यों में उसकी उपस्थिति वर्जित है। हालाँकि अब इस सोच में परिवर्तन आने लगा है, पर यदि वह निःसंतान है, तो परिवार के कार्यों में हाथ बंटाने के सिवाय उसका महत्व नही आंका जाता।

1. आज समाज में किन महिलाओं को प्रताड़ना झेलनी पड़ती है?
   A. विधवा
   B. निःसंतान
   C. अशिक्षित
   D. A एवं B दोनों
2. निम्न में से कौन महिलाओं के शोषण का सर्वाधिक प्रमुख रूप है?
   A. यौन शोषण
   B. संपत्ति में हिस्सेदारी न मिलना
   C. उन्हें घर के कामों तक ही सीमित रखना
   D. A एवं C दोनों
3. आजादी के बाद महिलाओं की स्थिति में क्या बदलाव आया है?
   A. महिलाओं को वोट का अधिकार मिला।
   B. सती प्रथा का निषेध किया गया।
   C. शिक्षा एवं जीवन के अन्य क्षेत्रों में भी उन्हें समानता मिली।
   D. A एवं C दोनों
4. उपरोक्त उद्धरण के आधार पर सही कथन का चयन कीजिए।
   A. प्राचीन काल में नारी को सम्मान की दृष्टि से देखा जाता था।
   B. आजादी की लड़ाई में महिलाओं ने बढ़चढ़कर भाग लिया।
   C. आज भी महिलाएँ यौन शोषण से सर्वाधिक पीड़ित हैं।
   D. उपरोक्त सभी

गद्यांश-42

साठ के दशक में ही कनाडा के दार्शनिक मार्शल मक्लूहन ने कहा था कि संचार व्यवस्था में अभूतपूर्व प्रगति के कारण दुनिया एक 'वैश्विक गांव' में बदल जायेगी। वर्तमान भूमंडलीकरण मक्लूहन की इस भविष्यवाणी का कार्यान्वियन लगता है। उल्लेखनीय है कि भूमंडलीकरण का वर्तमान प्रयोग मूलरूप से इंटरनेट से प्रेरित है और यही इसे अतीत में भूमंडलीकरण की दिशा में किये गये अन्य प्रयोगों से भिन्न कर देता है। वर्तमान भूमंडलीकरण एक ऐसी घटना साबित हुई है, जिसे समझने के लिए दुनिया की विभिन्न भाषाओं में अब तक कुल सात हजार पुस्तकें प्रकाशित हो चुकी हैं। हालांकि अभी भी इस परिघटना के बारे में अंतिम रूप से कुछ कहना मुश्किल माना जाता है। केवल एक ही बात पर आम सहमति है कि यह एक पेचीदा और बहुआयामी विकास प्रक्रिया है।

अर्थशास्त्र के आधुनिक विद्यार्थी इसे आर्थिक संसाधनों का सबसे सुंदर और प्रभावी विनियोजन मानते हैं और दुनिया में संपन्नता की वर्तमान लहर के लिए भी जिम्मेदार मानते हैं। इतना ही नहीं, कुछ लोगों की राय में तो भूमंडलीकरण के कारण दुनिया से युद्ध के खतरे भी मिट जायेंगे, क्योंकि देशों के बीच पारस्परिक व्यापार की जड़ें गहरी होने से उनमें युद्ध के प्रति आकर्षण खत्म हो जायेगा। दुनिया में प्रतिष्ठा हासिल करने के प्रतिमान बदल रहे हैं और देशों की पहचान सैनिक उपलब्धियों के बजाए आर्थिक सफलताओं से होने लगी है। युद्ध का स्थान आर्थिक प्रतियोगिता ने ले लिया है।

लेकिन भूमंडलीकरण के विरोधी इसे यूरोपीय अमेरिकी विकास मॉडल का महज एक आरोपण मानते हैं। उनका मानना है कि भूमंडलीकरण दुनिया को पश्चिमी देशों के हितों के अनुरूप ढालने की कोशिश है। पश्चिमी देशों द्वारा प्रतिपादित यह एक नयी किस्म की बाजार विचारधारा है जो निष्ठुर, सर्वग्रासी और निरंकुश है और जिसकी इतिहास में कोई मिसाल नहीं है। यह यूरोप और अमेरिका के दुनिया के संसाधनों पर स्थायी नियंत्रण स्थापित करने की पहल है।

1. भूमंडलीकरण है–
   A. एक पेचीदा और बहुआयामी विकास प्रक्रिया।
   B. इंटरनेट आधारित व्यापार संजाल।
   C. गरीब देशों के शोषण का एक नवीन आर्थिक तंत्र।
   D. उपरोक्त में से कोई नहीं।
2. भूमंडलीकरण के कारण दुनिया में युद्ध का खतरा कम हुआ है, कैसे?
   A. सभी देश आर्थिक उन्नति में लग गए हैं।
   B. पारस्परिक व्यापार की जड़ें गहरी होने से उनमें युद्ध के प्रति आकर्षण कम हो रहा है।
   C. युद्ध के खिलाफ अंतर्राष्ट्रीय जनमत गोलबंद हो रहा है।
   D. उपरोक्त सभी
3. भूमंडलीकरण को निष्ठुर एवं सर्वग्राही व्यवस्था क्यों कहा जा रहा है?
   A. इसके अंतर्गत दुनिया को पश्चिमी देशों के हितों के अंतर्गत ढालने की कोशिश की जा रही है।
   B. इसका लाभ सिर्फ अमेरिका और पश्चिमी देशों को मिल रहा है।
   C. भूमंडलीकरण के कारण अंतर्राष्ट्रीय वित्तीय संस्थाओं की भूमिका घटी है।
   D. उपरोक्त सभी
4. निम्न में से कौन भूमंडलीकरण का प्रभाव नहीं है?
   A. आर्थिक संसाधनों का बेहतर विनियोजन
   B. आर्थिक समृद्धि
   C. प्रतियोगी अर्थव्यवस्था
   D. नियोजित अर्थव्यवस्था

गद्यांश-43

तकनीकी रूप से भारतीय करेंसी परिवर्तनीय नहीं है। वह रेवेन्यू में परिवर्तनीय है, कैपिटल में नहीं। अगर आप विदेशों में जाकर बैंकों से कहें कि आप के पास भारतीय करंसी है, उसके बदले आपको डॉलर चाहिए तो ऐसा नहीं होगा। आपको डॉलर खरीदना पड़ेगा। इसका मतलब यह हुआ कि पूंजी में भारतीय करेंसी परिवर्तनीय नहीं है। इसी तरह हमें विदेशों में बैंक खाता खोलने के लिए डॉलर या पाउंड की जरूरत होगी। हमें पहले

रुपये को डॉलर या पाउंड में उसे बदलना होगा, तब जाकर हम उसे जमा करा सकते हैं। इसी तरह से विदेशों में शॉपिंग से लेकर किसी वस्तु की खरीदारी, आप किसी भी देश में डॉलर या पाउंड में कर सकते हैं। लोग उसे स्वीकार कर लेंगे, मगर वे रुपये को स्वीकार नहीं करेंगे। मगर रुपए का सिंबल बनने के बाद रुपए की कैपिटल में पूर्ण परिवर्तनीयता जल्द हो जाएगी। जिस तरह से भारत में आज डॉलर को लेने में कोई परहेज नहीं करता, वैसे अमेरिका में रुपये को लेने में कोई परहेज नहीं करेगा।

सवाल यह उठता है कि आखिर इसकी जरूरत क्या है। एक समय ब्रिटेन का कारोबार विश्व में काफी फैला था। कारोबार ब्रिटिश मुद्रा में होता था। ब्रिटेन ने इस विशिष्टता को कायम करने के लिए उसका प्रतीक चिह्न बनाया। अमेरिका ने भी यही रणनीति अपनाई। अपनी मुद्रा डॉलर की पहचान और वर्चस्व अंतर्राष्ट्रीय बाजार में स्थापित करने के लिए उसने अपनी मुद्रा का प्रतीक चिह्न बनाया। कई अन्य देशों में डॉलर मुद्रा का प्रचलन है, जापान के बाद 1999 में यूरोपीय देशों ने अपनी नई मुद्रा यूरो का प्रचलन शुरू किया, अपने खास प्रतीक चिह्न के साथ।

यह कारोबार के वर्चस्व की लड़ाई है। जिन-जिन देशों की मुद्रा के प्रतीक चिह्न हैं, उनके साथ कारोबार की पहली शर्त यह है कि कारोबार उनकी मुद्रा में होगा। एक्सपोर्ट से लेकर इंपोर्ट सब कुछ उनकी मुद्रा में होगा। अमेरिकी डॉलर ने विदेशी मुद्रा विनिमय बाजार में अपनी धुरी इस कदर बना ली है कि अन्य देशों की मुद्राओं की कीमत डॉलर के मुकाबले ही तय होती है। हालांकि यूरोपीय देश यूरो के द्वारा इस मिथ को तोड़ने की कोशिश में हैं, मगर अन्य देशों के साथ अमेरिका का कारोबार यूरोपीय देशों की तुलना में इतना अधिक है कि डॉलर का वर्चस्व बना हुआ है।

1. भारतीय करेंसी परिवर्तनीय है–
A. अमेरिकी डॉलर के साथ
B. राजस्व खाते पर
C. पूँजी खाते पर
D. सभी पर

2. देश की अपनी करेंसी का क्या लाभ है?
A. इससे देश का कारोबार देश की मुद्रा में ही होगा।
B. इससे देश का निर्यात बढ़ेगा।
C. इससे देश का आयात प्रतिस्थापित होगा।
D. इससे राष्ट्रीय उत्पाद में वृद्धि होगी।

3. दुनिया में अमेरिकी डॉलर के वर्चस्व का क्या कारण है?
A. अमेरिकी डॉलर अन्य देशों की मुद्रा की तुलना में अधिक महँगा है।
B. अमेरिकी डॉलर अन्य देशों द्वारा स्वीकृत मुद्रा है।
C. अन्य देशों के साथ अमेरिका का कारोबार अधिक है।
D. विदेशी विनिमय बाजार में डॉलर का कोई प्रतिस्थापन नहीं है।

4. पूँजी खाते पर रुपये के परिवर्तनीय होने का क्या लाभ है?
A. इससे भारतीय रुपये को डॉलर एवं अन्य विदेशी मुद्राओं में बदलना आसान हो जाएगा।
B. इससे देश में निवेश को बढ़ावा मिलेगा।
C. भारतीय निर्यात में वृद्धि से व्यापार संतुलन देश के पक्ष में होगा।
D. उपरोक्त सभी

गद्यांश-44

'आधार' से जुड़े विचार नए नहीं हैं। अमेरिका में काफी समय पहले सामाजिक सुरक्षा कार्यक्रमों से संबंधित लोगों को 'सामाजिक सुरक्षा नंबर' देने की सोच ने आकार लिया था और वहां पचास वर्षों से भी अधिक समय से ऐसे पहचान पत्र का इस्तेमाल हो रहा है। हाल ही में वहां पर सीनेट के कुछ सदस्यों ने यह प्रस्ताव रखा कि देश में बायोमेट्रिक सामाजिक सुरक्षा कार्ड शुरू किया जाए। इस प्रस्ताव को अमेरिका के नागरिक समूहों एवं निजता संबंधी वकीलों के जबर्दस्त विरोध का सामना करना पड़ा। आज से कुछ समय पहले ब्रिटेन सरकार ने भी बायोमेट्रिक राष्ट्रीय पहचान योजना शुरू की थी, लेकिन ब्रिटेन की नई सरकार इस योजना को खत्म करने, बल्कि एकत्रित बायोमेट्रिक आंकड़ों को ध्वस्त करने की सोच रही है। वहां कहा जा रहा है कि यह पूरी कवायद निरर्थक, नौकरशाही संबंधी और निजता में हस्तक्षेप करने वाली थी।

भारत में 'आधार' को सरकारी सेवाओं के समस्त रोगों की रामबाण दवा के रूप में पेश किया जा रहा है। अपेक्षा की जा रही है कि यह पहचान पत्र शिक्षा के अधिकार के तहत दाखिले की निगरानी करेगा। यह सार्वजनिक वितरण प्रणाली की दरारों को बंद कर देगा और वित्तीय समायोजन, ग्रामीण रोजगार गारंटी योजना, प्रस्तावित खाद्य सुरक्षा कानून तथा गरीबी-उन्मूलन से जुड़ी अन्य योजनाओं को लागू कराने में भी अचूक साबित होगा। फर्जी लाभार्थियों को छांट सकने वाली अनूठी पहचान संख्या की अवधारणा यकीनन आकर्षक है, लेकिन चिंता की बात यह है कि यह नंबर गलत पहचान या योजनाओं के क्रियान्वयन के रिसाव की समस्या को हल करने में कितना कारगर होगा। एक ऐसी व्यवस्था, जिसमें सरकारी अनुदान संबंधी ज्यादातर लाभ परिवार केंद्रित हैं, बल्कि बड़ा परिवार एक नेमत-सा हो, उसमें निजी सूचनाओं पर आधारित 'आधार' कैसे लाभप्रद हो सकता है?

1. सामाजिक सुरक्षा से जुड़ी राष्ट्रीय पहचान योजना निम्न में से किस देश में लागू की जा चुकी है?
A. भारत   B. ब्रिटेन
C. संयुक्त राज्य अमेरिका   D. उपरोक्त सभी

2. अमेरिका में बायोमेट्रिक सामाजिक सुरक्षा कार्ड योजना का विरोध किया जा रहा है, क्यों?
A. इससे अमेरिका की राष्ट्रीय सुरक्षा खतरे में पड़ सकती है।
B. इंटरनेट आधारित योजनाओं में इसके दुरूपयोग की संभावना बढ़ सकती है।
C. इससे व्यक्ति की निजता प्रभावित होगी।

D. इससे अमेरिका की गोपनीय खुफिया रिपोर्ट सार्वजनिक हो सकती है।

3. उपरोक्त उद्धरण के आधार पर सही कथन का चयन कीजिए?
   A. अमेरिका के कुछ सीनेटरों ने देश में बायोमेट्रिक सामाजिक सुरक्षा कार्ड का विरोध किया है।
   B. अमेरिका के नागरिक समूह सुरक्षा कार्ड योजना का समर्थन कर रहे हैं।
   C. ब्रिटेन की नई सरकार कुछ समय पहले शुरू की गई बायोमेट्रिक राष्ट्रीय पहचान योजना खत्म करने पर विचार कर रही है।
   D. भारत सरकार ने भी इस योजना के खतरे को देखते हुए इसे स्थगित करने का निर्णय हाल ही में लिया है।

4. भारत में शुरू की गई आधार योजना का मुख्य लाभ क्या है?
   A. इससे सार्वजनिक वितरण प्रणाली की खामियों को दूर करने में मदद मिलेगी।
   B. इससे सरकारी खर्च पर नियंत्रण रखा जा सकेगा।
   C. इससे रोजगार गारंटी योजना के लाभार्थियों को उचित लाभ मिल सकेगा।
   D. A एवं C

गद्यांश-45

3जी मोबाइल सेवा टेलीकॉम जगत में क्रान्ति लेकर आई है। यह सेवा इन्टरनेट टेलीविजन, वीडियो ऑन-डिमांड, आडियो-वीडियो फोन कॉल और क्रांफ्रेंसिंग के साथ ही तीव्र गति डाटा आदान-प्रदान जैसे तेज सम्पर्क और एप्लीकेशन की सुविधा प्रदान करेगी। वीडियो फोन कॉल में एक-दूसरे को देखते हुए बातचीत की जा सकती है। कम्पनियों की योजना के अनुसार, शुरुआत में वे 100 चैनलों का लाइव टीवी शुरू करेंगी, जिसमें बाद में 100 और चैनल जोड़ दिए जाएंगे। तेज गति की ऑनलाइन गेमिंग, पिक्चर इन पिक्चर और फोटो अपलोडिंग भी सम्भव हो जाएगी। मोबाइल पर ईमेल एकाउंट या किसी वेबसाइट खुलने में देरी तब बीते जमाने की बात हो जाएगी। 2जी सेवाओं में फिलहाल प्रयुक्त किए जा रहे फोन सेटों में ईमेल एकाउंट का खुलना ज्यादा आसान हो जाएगा। चूंकि 3जी युक्त मोबाइल सेटों में सेवा प्रदाता कम्पनी से प्राप्त संकेत अधिक शक्तिशाली होंगे इसलिये सभी तरह की सेवाओं की गति अधिक होगी। जबकि 2जी सेवाओं में आडियो कॉल्स के साथ एमपीथ्री, एफएम, रिंगटोन और औसत गति का जीपीआरएस और टेक्स्ट मैसेजिंग (एसएमएस) का लाभ ही मिलता था। दूरसंचार विभाग के अनुसार, फिलहाल मोबाइल सेवा में उच्च श्रेणी के ब्रॉडबैंड इंटरनेट की गति 256 केबीपीएस होती है जबकि 3जी पर ब्रॉडबैंड की शुरुआत ही होगी 384 केबीपीएस से जो वर्तमान उपलब्ध संरचना में 3.2 एमबीपीएस तक जा सकती है। भारत में फिलहाल व्यापक रूप से जिस 3जी मोबाइल प्रौद्योगिकी की प्रतीक्षा की जा रही है, वह तीसरी पीढ़ी की है। इस समय बीएसएनएल और एमटीएनएल को छोड़कर सभी निजी मोबाइल ऑपरेटर कम्पनियाँ दूसरी पीढ़ी (2जी) प्रौद्योगिकी की सेवाएं उपलब्ध करा रही हैं।

1. 3जी मोबाइल सेवा को टेलीकॉम जगत में एक क्रान्ति के रूप में क्यों देखा जा रहा है?
   A. इससे तीव्र गति से डाटा का आदान-प्रदान संभव हो पाएगा।
   B. इससे ऑन लाइन टिचिंग संभव हो पाएगा।
   C. मानसून की सटीक भविष्यवाणी की जा सकेगी।
   D. उपरोक्त सभी

2. 3जी सेवा का प्रमुख लाभ क्या है?
   A. डाटा का शीघ्र आदान-प्रदान।
   B. टी.वी. चैनल सेवाओं का विस्तार।
   C. पिक्चर इन पिक्चर एवं फोटो अपलोडिंग।
   D. उपरोक्त सभी।

3. निम्न में से कौन-सी सुविधा 2जी सेवाओं पर आधारित नहीं है?
   A. टेक्स्ट मैसेजिंग B. जीपीआरएस
   C. एमपी थ्री D. वीडियो ऑन डिमांड

गद्यांश-46

बीपीओ के क्षेत्र में भारत जैसे देश की सफलता ने विकसित देशों को चौंका दिया। अमेरिका के राष्ट्रपति चुनाव में आउटसोर्सिंग एक बड़ा मसला बना। भारत के ज्ञान के आगे अमेरिका जैसा सशक्त देश सहम गया। अमेरिकी राष्ट्रपति बराक ओबामा कई बार अपने भाषण में भारत और चीन जैसे देश की उच्च स्तरीय बौद्धिक संपदा से खौफ जता चुके हैं। बराक ओबामा ने तो अमेरिकी कंपनियों को सख्त आदेश दिए कि बाहर नौकरी देने वाली कंपनियों को किसी तरह की सरकारी रियायत नहीं दी जाएगी, लेकिन विकसित देशों का यह खौफ आउटसोर्सिंग को रोक नहीं पाया, हां इसके लिए चुनौतियां जरूर बढ़ गई हैं। खासकर वैश्विक आर्थिक मंदी के बाद भारत की ओर ज़ा रही नौकरियों को लेकर पश्चिमी देश अपनी भौहें टेढ़ी करने लगे, लेकिन एक बार वैश्विक कारोबार में अपने पांव जमाने के बाद भारतीय श्रम शक्ति को नजरअंदाज करना आसान नहीं है। फिर भी यह सच है कि आज चुनौतियां ज्यादा बढ़ गई हैं। जरूरत है इन चुनौतियों का मुकाबला कर, वैश्विक कारोबार में अपने पांव जमाए रखने की। आज के भारतीय युवा को इस क्षेत्र से काफी उम्मीदें हैं। भारत केपीओ का भी अगुआ बन रहा है। कल के सॉफ्टवेयर कुली आज के परामर्शदाता हैं। विकसित दुनिया की एक बड़ी जरूरत बन गए हैं। इस कामयाबी को बरकरार रखने और बढ़ाने की जरूरत है। आशा की जानी चाहिए कि भारत आने वाले दिनों में दुनिया का सबसे बड़ा केपीओ बाजार बन जाएगा।

1. भारत की कौन-सी सफलता विकसित देशों को चौंकानेवाली है?
   A. एशिया में एक महत्वपूर्ण आर्थिक शक्ति के रूप में भारत का उभरना।

B. भारत द्वारा रुपये के नए चिह्न को अपनाना।
C. भारत में बीपीओ क्षेत्र की सफलता।
D. भारत का बढ़ता विदेशी मुद्रा भंडार।

2. अमेरिकी सरकार ने आउटसोर्सिंग को रोकने के लिए कौन-से कदम उठाए हैं?
A. आउटसोर्सिंग करनेवाली कंपनियों पर अतिरिक्त टैक्स
B. आउटसोर्सिंग करनेवाली कंपनियों को मिलने वाली सरकारी रियायत में कटौती
C. आउटसोर्सिंग पर पूर्ण प्रतिबंध
D. आउटसोर्सिंग रोकने के लिए यूरोपीय संघ के साथ समझौता

3. आनेवाले दिनों में भारत को दुनिया का सबसे बड़ा केपीओ बाजार बन जाने की संभावना व्यक्त की जा रही है, क्यों?
A. भारत को बीपीओ क्षेत्र की सफलता का लाभ मिलेगा।
B. भारत के पास उन्नत कोटि का मानव संसाधन उपलब्ध है।
C. केपीओ बाजार में भारत का कोई प्रतिद्वन्द्वी नहीं है।
D. उपरोक्त सभी

4. अमेरिका के राष्ट्रपति चुनाव का मुख्य मुद्दा क्या था?
A. इराक में शांति स्थापना
B. संयुक्त राष्ट्रसंघ की सुरक्षा परिषद् में सुधार
C. आउटसोर्सिंग
D. अमेरिकी राष्ट्रीय सुरक्षा

गद्यांश-47

विकास की दौड़ में देश का भीतरी संतुलन भी बहुत ही महत्वपूर्ण है। आज भारत के सन्दर्भ में परोक्ष रूप से संवैधानिक व्यवस्था के सामने समय की चुनौती है, परीक्षा है प्रजातन्त्र और गणतन्त्र की दुहाई देने वाले राजनीतिक दलों की, उनके निर्वाचित सदस्यों की और व्यवस्था का संचालन करने वाली शासकीय नौकरशाही की वे अपने कर्तव्यबोध में कितनी कर्मठता, पारदर्शिता, ईमानदारी और राष्ट्रीय भावना को तरजीह देते हैं।

हम कभी कर्ज से मुक्त और सम्पदा से युक्त एक राष्ट्र थे, हम समूचे विश्व को एक नई राह दिखाने की क्षमता वाले सक्षम राष्ट्र थे, परन्तु जो हुआ है और आज जो हो रहा है वह देश के हित में कम नेताओं के और उनके वंशजों के व पूँजीपतियों के हित में अधिक हो रहा है। देश का, जो विकास होना था वो हुआ या नहीं, न तो किसी को इसका ठीक-ठाक पता है और न ही किसी को यह सब देखने में रुचि है इतना तो अवश्य है कि नेताओं की स्वहितकारी पंचवर्षीय योजनाएं अच्छी तरह से बनती चली गई हैं और उनका भारी विकास होता चला गया है। एक अनुमान के अनुसार हमारे देश के नेताओं का एक लाख करोड़ रुपए से अधिक काला धन स्विस बैंकों में और छद्म सम्पत्तियों में रखा और निवेशित किया गया है। इतने धन से भारत की तस्वीर बदली जा सकती है, कुछ हद तक गरीबी दूर की जा सकती है, परन्तु यह धन आम जनता की गरीबी दूर करने के लिए नहीं है, बल्कि यही धन आम जनता से छीनकर उन्हें गरीब किया गया है इस देश को कर्जदार बनाया गया है और भारी विषमता की इस खाई को रचा गया है।

1. लेखक ने आम जनता की गरीबी का कारण किसे बताया है?
A. संसाधनों का सही उपयोग न हो पाने को।
B. धन के दुरूपयोग को।
C. जनता के धन के विदेशों में पलायन को।
D. उपरोक्त सभी।

2. लेखक ऐसा क्यों मानता है कि आज जो विकास हो रहा है वह देश का कम, नेताओं का ज्यादा है?
A. विकास का लाभ आम जनता को नहीं नेताओं को मिला है।
B. नेताओं ने विकास की प्रक्रिया को अपनी ओर मोड़ लिया है।
C. नेता ही विकास के सबसे बड़े नियंता हैं।
D. नेता देश का विकास नहीं चाहते।

3. भारत में विकास की सबसे बड़ी विसंगति क्या है?
A. देश में प्रजातंत्र की जड़ लगातार कमजोर हुई है।
B. संपदा से युक्त राष्ट्र आज सबसे बड़ा कर्जदार बन गया है।
C. देश का धन बड़ी मात्रा में विदेशों में भेजा जा रहा है।
D. A एवं C दोनों।

4. संवैधानिक व्यवस्था के सामने सबसे बड़ी चुनौती क्या है?
A. शासन में कर्तव्य बोध एवं पारदर्शिता का अभाव।
B. राष्ट्रीय भावना का कमजोर पड़ना।
C. नागरिकों में कर्मठता का अभाव।
D. उपरोक्त सभी।

गद्यांश-48

एक आर्थिक विचार के रूप में ब्रिक की धारणा का प्रतिपादन वर्ष 2001 में अमेरिका की वित्तीय कम्पनी गोल्डमैन सैच (Goldman Sachs) के अर्थशास्त्री जिम ओ नील (Jim O' Niel) ने किया था। नील ने इन चार देशों की उभरती अर्थव्यवस्थाओं को आगे आने वाले भविष्य के लिए महत्त्वपूर्ण माना था। इस धारणा का विधिवत् प्रतिपादन उनके द्वारा 2003 में लिखित रिपोर्ट 'Dreaming with BRICS : The path to 2050' में यह माना गया था कि इन चार देशों ने वैश्विक पूँजीवाद के आलोक में अपनी राजनीतिक व आर्थिक व्यवस्थाओं में परिवर्तन कर लिया है। इस रिपोर्ट के अनुसार वर्ष 2050 तक भारत व चीन विश्व में निर्मित वस्तुओं व सेवाओं के अग्रिम आपूर्तिकर्ता देश होंगे। इसी प्रकार रूस तथा ब्राजील

2050 तक विश्व में कच्चे माल के अग्रिम आपूर्तिकर्ता देश होंगे। इस प्रकार इन देशों की अर्थव्यवस्थाएं एक-दूसरे की पूरक होंगी। इसी प्रकार वर्ष 2005 में प्रकाशित गोल्डमैन सैच की एक अन्य रिपोर्ट में यह भविष्यवाणी की गई थी कि इन चारों देशों की अर्थव्यवस्थाएं इतनी तेजी से विकसित हो रही हैं कि वर्ष 2050 तक ये चारों अर्थव्यवस्थाएं वर्तमान विश्व के धनी देशों की अर्थव्यवस्थाओं से आगे निकल जाएंगी। लेकिन इस रिपोर्ट का तर्क यह नहीं था कि ये चारों अर्थव्यवस्थाएं एक आर्थिक सहयोग संगठन का निर्माण करेंगी।

वर्तमान में इन चारों देशों में विश्व की 40 प्रतिशत जनसंख्या निवास करती है तथा इन चारों का क्षेत्रफल विश्व के भौगोलिक क्षेत्रफल का 25 प्रतिशत है। साथ ही इन चारों का सकल राष्ट्रीय उत्पाद (GDP) 15.43 ट्रिलियन डॉलर है। इन चारों देशों में आपसी सहयोग की सम्भावना इसलिए अधिक है कि जहाँ रूस में तेल व प्राकृतिक गैस व ब्राजील में खनिज पदार्थों विशेषकर लौह अयस्क की अच्छी मात्रा है, वहीं भारत व चीन तकनीकी व निर्माण के क्षेत्र में आगे हैं।

1. लेखक ने किन अर्थव्यवस्थाओं को भविष्य के लिए महत्त्वपूर्ण माना है?
- A. ब्राजील, रूस भारत, चीन
- B. चीन, भारत, द. अफ्रीका, रूस
- C. ब्राजील, भारत, रूस, द. अफ्रीका
- D. रूस, भारत, चीन, जापान

2. 2050 तक किन देशों के निर्मित वस्तुओं एवं सेवाओं के अग्रिम आपूर्तिकर्ता होने की संभावना व्यक्त की गई है?
- A. भारत एवं ब्राजील B. भारत एवं चीन
- C. ब्राजील एवं रूस D. चीन एवं ब्राजील

3. निम्न में से कौन-सा कथन सही है?
- A. इस शताब्दी के अर्द्धांश तक ब्रिक राष्ट्रों की अर्थव्यवस्था विकसित देशों की अर्थव्यवस्था से आगे निकल जाएगी।
- B. ब्रिक राष्ट्रों के बीच आपसी व्यापारिक प्रतिस्पर्धा बढ़ेगी।
- C. ब्रिक राष्ट्र दुनिया के सर्वाधिक निर्यातक राष्ट्र के रूप में उभरेंगे।
- D. A एवं C दोनों

4. ब्रिक राष्ट्रों के बीच सहयोग की अधिक संभावना किस कारण से है?
- A. सभी राष्ट्र सहयोग के लिए प्रतिबद्ध हैं।
- B. इनकी अर्थव्यवस्था एक-दूसरे की पूरक है।
- C. इनकी अर्थव्यवस्था एक-दूसरे की प्रतिस्पर्धी है।
- D. सभी ने सीमा शुल्क रहित व्यापार का समर्थन किया है।

गद्यांश-49

भारत की सामाजिक संस्थाओं में जाति प्रणाली के घृणितम स्वरूप के दंश समाज के एक वर्ग ने शताब्दियों तक झेले हैं। जाति व्यवस्था से ही समाज में ऊँच-नीच की भावना पैदा हुई है। कर्म के आधार पर विकसित हुई वर्णव्यवस्था में बौद्धिक दृष्टि से श्रेष्ठतर तथा शिक्षा-दीक्षा का कार्य करने वाले लोग ब्राह्मण, समुदाय (राज्य) की रक्षा करने वाले लोग क्षत्रिय, कारोबारी लोग वैश्य तथा उत्पादन करने वाले लोग शूद्र कहलाए। यह वर्गीकरण जन्मगत न होकर कर्मगत था। कालान्तर में समाज में कर्म के ही आधार पर जातियाँ और उप-जातियाँ बनीं। बुद्धिबल, बाहुबल तथा धनबल के आधार पर कतिपय जातियों ने स्वयं को श्रेष्ठतम (ऊँचा) तथा अन्यों को निम्नतम (नीचा) मान लिया। तथाकथित नीची जातियों पर तरह-तरह की निर्योग्यताएं थोपी गईं यथा नीची जातियों के लोगों पर जूते पहनने, पगड़ी बाँधने पर प्रतिबन्ध लगा दिया गया। वे तथाकथित ऊँची जातियों के कुओं से पानी नहीं ले सकते थे; मन्दिरों में प्रवेश नहीं कर सकते थे; तथाकथित नीची जाति की महिलाएँ कमीज (ब्लाउज) नहीं पहन सकती थीं उन्हें साड़ी लपेट कर ही अपना शरीर ढंकना पड़ता था। तथाकथित नीची जातियों के लोग बराबरी के साथ चारपाई पर नहीं बैठ सकते थे। उनकी छाया तक पड़ जाने पर ब्राह्मण स्वयं को अशुद्ध मानकर स्नान करते थे। महाराष्ट्र में दलितों को सार्वजनिक स्थान, सड़क आदि पर थूकने के भी अधिकार नहीं थे। प्रताड़ना के विकृततम रूप में दलितों को अपने गले में कटोरा बाँधकर चलना पड़ता था ताकि यदि वे थूकें तो उसी कटोरे में थूकें और अपनी बस्ती में जाकर कटोरा साफ करें। कतिपय नीची जातियों के लोगों को अपनी कमर से एक झाड़ू बाँधकर चलना पड़ता था ताकि जिस रास्ते से वे चलें वह स्वतः ही साफ होता रहे। इस प्रकार की अमानवीय कुप्रथाओं तथा दलितों के सामाजिक उत्पीड़न के विरुद्ध उन्नीसवीं और बीसवीं शताब्दी में अनेक समाज सुधार आन्दोलन चले। महात्मा गांधी के अछूतोद्धार आन्दोलन तथा डॉ. बी.आर. अम्बेडकर के प्रयासों से स्वाधीनता आन्दोलन के दौरान ही जाति व्यवस्था पर कड़े प्रहार किए गए। भारतीय राष्ट्रीय कांग्रेस तथा अन्य समाज सुधारकों के प्रयास से जनगणना में जाति का उल्लेख किया जाना बन्द कर दिया गया। भारतीय जाति व्यवस्था की कुरीतियों को दास प्रथा, रंगभेद, सती प्रथा, बालिका भ्रूण हत्या के समकक्ष ही अमानवीय करार दिया गया। इन समस्त प्रयासों के चलते ही संविधान के मौलिक अधिकारों में समानता के अधिकार के तहत जाति, धर्म, लिंग, भाषा अथवा क्षेत्र के आधार पर किसी भी व्यक्ति के प्रति भेदभाव किए जाने को निषेध कर दिया गया। अस्पृश्यता को मौलिक अधिकारों के हनन की संज्ञा देते हुए एवं असवैधानिक मानते हुए एक संज्ञेय अपराध भी माना गया।

1. समाज में ऊँच-नीच की भावना का मुख्य आधार क्या है?
- A. जाति व्यवस्था B. वर्ण व्यवस्था
- C. सांप्रदायिक विभाजन D. उपरोक्त सभी

2. निम्न में से कौन सामाजिक श्रेष्ठता का आधार है?
- A. बुद्धि B. बाहुबल
- C. धन D. उपरोक्त सभी

3. भारतीय समाज में निचली जाति पर कौन-सी निर्योग्यता आरोपित नहीं की गई थी?
A. ऊँची जाति के कुओं से पानी न भरना
B. पगड़ी बाँधना
C. जूते पहनना
D. मंदिरों में प्रवेश

4. जाति-व्यवस्था को असंवैधानिक माना गया है–
A. संविधान की प्रस्तावना में।
B. मौलिक अधिकार खंड में।
C. राज्य के नीति निदेशक भाग में।
D. उपरोक्त सभी में।

गद्यांश-50

भारत में प्राचीन काल से ही उत्तम कोटि के सूती वस्त्रों का उत्पादन होता आया है। यहाँ का मलमल अपनी विशेषता के लिए विश्वविख्यात रहा है। 17वीं शताब्दी तक भारत में उत्तम कोटि के सूती वस्त्रों का बड़े पैमाने पर उत्पादन होता था। अंग्रेजी साम्राज्य ने अपने देश के प्रभुत्व को स्थापित करने के उद्देश्य से ब्रिटेन में उत्पादित वस्त्र को भारतीय बाजार में उतार कर भारतीय वस्त्र उद्योग को नष्ट कर दिया था। इसके फलस्वरूप भारत यूरोपीय देशों के कच्चे माल की पूर्ति का केन्द्रमात्र बनकर रह गया। धीरे-धीरे भारतीय ग्रामों में फैला परम्परागत वस्त्र उद्योग नष्ट होने लगा।

राष्ट्रपिता महात्मा गांधी की दृष्टि लुप्तप्राय होते जा रहे ग्रामीण उद्योगों की ओर गई। उन्होंने स्वदेशी वस्त्र उत्पादन के कार्य को पुनर्जीवित करने के उद्देश्य को ध्यान में रखते हुए वर्ष 1925 में अखिल भारत चरखा संघ की स्थापना से खादी कार्य का सूत्रपात किया। गांधीजी का लक्ष्य खादी उद्योग के माध्यम से शोषण मुक्त समाज की रचना करना था। एक बार गांधीजी ने कहा भी था, "यदि मुझे कोई हाथ-कताई से बेहतर सुविचारित व्यापक कार्यक्रम बतलाए तो मैं आज चरखा का त्याग कर दूँगा। परन्तु अभी तक न तो मैंने देखा है और न ही मुझे दिखाया गया है। यदि ऐसा कोई सुविचारित कार्यक्रम है, तो उसे जानने के लिए मैं उत्सुक हूँ।"

वर्ष 1947 तक यह उद्योग गांधीजी के मार्ग निर्देशन में रहा। स्वतंत्रता प्राप्त करने के पश्चात् सरकार ने इस उद्योग को आवश्यक संरक्षण प्रदान किया। खादी ग्रामोद्योग आयोग अधिनियम, 1946 द्वारा उद्योगों के विकास के लिए एक विशेष आयोग स्थापित किया गया। आयोग का काम खादी ग्रामोद्योग सम्बन्धी कार्यक्रमों की योजना बनाना तथा उनके कार्यान्वयन में सहायता देना है। खादी ग्रामोद्योग के क्षेत्र में काम करने वाले लोगों को प्रशिक्षण देने के अलावा आयोग ऐसी एजेंसियों के लिए वित्त की व्यवस्था करता है, जो इसकी पात्र होती हैं। उन्हें कच्चा माल जुटाता है तथा खादी ग्रामोद्योग के उत्पादों की बिक्री का प्रबन्ध करता है।

1. भारतीय वस्त्र उद्योग के नष्ट होने का मुख्य कारण क्या था?
A. भारतीय वस्त्र उद्योग की गुणवत्ता लगातार घटती जा रही थी।
B. भारतीय वस्त्रों की कीमत बाजार में लगातार बढ़ती जा रही थी।
C. भारतीय वस्त्र उद्योग को ब्रिटेन में उत्पादित सस्ते कपड़ों से मुकाबला करना पड़ रहा था।
D. B एवं C दोनों।

2. खादी उद्योग को बढ़ावा देने का गांधी का मुख्य उद्देश्य क्या था?
A. देशी उद्योग को बढ़ावा देना।
B. खादी को लोकप्रिय बनाना।
C. भारतीय उद्योग को आत्मनिर्भर बनाना।
D. शोषण मुक्त समाज की स्थापना करना।

3. 17वीं शताब्दी में भारत प्रसिद्ध था–
A. उन्नत कोटि के सूती वस्त्रों के लिए।
B. मलमल वस्त्र के लिए।
C. A एवं B दोनों के लिए।
D. रंगरेजी के लिए।

4. खादी ग्रामोद्योग आयोग का गठन किस उद्देश्य से किया गया?
A. खादी ग्रामोद्योग के विकास के लिए योजना बनाना।
B. इस उद्योग में काम करनेवाले लोगों को प्रशिक्षण देना।
C. इन उद्योगों में निर्मित वस्तुओं की बिक्री के लिए।
D. उपरोक्त सभी।

उत्तरमाला

गद्यांश-1

1	2	3
D	B	A

गद्यांश-2

1	2	3
C	D	D

गद्यांश-3

1	2	3	4
C	C	D	D

गद्यांश-4

1	2	3	4
A	D	B	D

गद्यांश-5

1	2	3	4
D	D	B	A

गद्यांश-6

1	2	3	4
A	A	D	A

गद्यांश-7

1	2	3	4
A	D	D	D

गद्यांश-8

1	2	3	4
B	D	D	A

गद्यांश-9

1	2	3	4	5
D	D	A	C	A

गद्यांश-10

1	2	3	4
D	B	D	B

गद्यांश-11

1	2	3	4	5
D	C	B	C	A

गद्यांश-12

1	2	3	4	5
C	A	B	D	A

गद्यांश-13

1	2	3	4	5
C	D	B	D	A

गद्यांश-14

1	2	3	4	5
A	C	D	C	B

गद्यांश-15

1	2	3	4	5
A	C	A	C	D

गद्यांश-16

1	2	3	4	5
B	B	C	C	C
6	7			
A	B			

गद्यांश-17

1	2	3	4	5
B	C	D	A	B

गद्यांश-18

1	2	3	4	5
D	B	A	A	C

गद्यांश-19

1	2	3	4	5
C	A	B	B	A

गद्यांश-20

1	2	3	4	5
B	B	D	C	A

गद्यांश-21

1	2	3	4	5
B	A	C	D	C

गद्यांश-22

1	2	3	4	5
B	A	C	A	C

गद्यांश-23

1	2	3	4	5
D	C	A	D	C

गद्यांश-24

1	2	3	4
C	A	A	A

गद्यांश-25

1	2	3	4
A	D	C	D

गद्यांश-26

1	2	3	4
B	D	B	A

गद्यांश-27

1	2	3	4
D	C	C	B

गद्यांश-28

1	2	3	4
D	D	A	D

गद्यांश-29

1	2	3	4
C	A	D	B

गद्यांश-30

1	2	3	4
D	C	A	D

गद्यांश-31

1	2	3	4
D	A	C	D

गद्यांश-32

1	2	3	4
B	D	B	A

गद्यांश-33

1	2	3	4
C	A	C	A

गद्यांश-34

1	2	3	4
A	B	D	C

गद्यांश-35

1	2	3	4
B	C	C	B

गद्यांश-36

1	2	3	4
C	C	B	A

गद्यांश-37

1	2	3	4
C	A	C	A

गद्यांश-38

1	2	3	4
C	B	D	B

गद्यांश-39

1	2	3	4
B	A	C	B

गद्यांश-40

1	2	3	4
C	C	D	D

गद्यांश-41

1	2	3	4
D	D	D	D

गद्यांश-42

1	2	3	4
A	B	A	D

गद्यांश-43

1	2	3	4
B	A	C	A

गद्यांश-44

1	2	3	4
D	C	C	D

गद्यांश-45

1	2	3
A	D	D

गद्यांश-46

1	2	3	4
C	B	B	C

गद्यांश-47

1	2	3	4
C	A	B	D

गद्यांश-48

1	2	3	4
A	B	A	B

गद्यांश-49

1	2	3	4
A	D	A	B

गद्यांश-50

1	2	3	4
C	D	C	D

SECTION b भाषा बोध : काव्यांश

काव्यांश-1

चौ.–एक पिता के बिपुल कुमारा।
होहिं पृथक गुन सील अचारा।।
कोउ पंडित कोउ तापस ग्याता।
कोउ धनवंत सूर कोउ दाता।।
कोउ सर्बग्य धर्मरत कोई
सब पर पितहि प्रीति सम होई।।
कोउ पितु भगत बचन मन कर्मा।
सपनेहुँ जान न दूसर धर्मा।।
सो सुत प्रिय प्रान समाना।
जद्यपि सो सब भाँति अयाना।।
एहि बिधि जीव चराचर जेते।
त्रिजग देव नर असुर समेते।।
अखिल बिस्व यह मोर उपाया।
सब पर मोहि बराबरि दाया।।
तिन्ह महँ जो परिहरि मद माया।
भजै मोहि मन बच अरु काया।।

दिए गए काव्यांश के आधार पर निम्नलिखित प्रश्नों के उत्तर दें।

1. दिए गए पद्यांश का शीर्षक हो सकता है–
A. पितृ वत्सलता B. पुत्र के गुण
C. पुत्र का धर्म D. इनमें से कोई नहीं

2. दिए गए पद्यांश के आधार पर पिता का प्यार–
A. ज्ञानी पुत्र को प्राप्त होता है
B. धनी पुत्र को प्राप्त होता है
C. पराक्रमी पुत्र को प्राप्त होता है
D. सभी को प्राप्त होता है चाहे वह मूर्ख, निर्बल या निर्धन हो

3. 'तापस' शब्द का अर्थ होगा–
A. सूर्य की गर्मी B. तपस्वी
C. बुखार से पीड़ित D. गर्मी का मौसम

4. 'चराचर' शब्द का संधि-विच्छेद होगा–
A. चरा + चर B. चर + आचर
C. चर + अचर D. इनमें से कोई नहीं

5. 'असुर' शब्द का पर्यायवाची शब्द होगा–
A. निशाचर B. दैत्य
C. दानव D. ये सभी

काव्यांश-2

तेरा जन एक आध है कोई।
काम-क्रोध अरु लोभ विसर्जित, ये सब तेरी माया।।
राजस-तामस-सातिग तीन्यू, ये सब तेरी माया।
चौथे पद कौं जे जन चीन्हैं, तिनहिं परम पद पाया।।
असतुति-निंदा-आसा छाड़ै, तजै मान अभिमाना।
लोहा-कंचन समिकरि च्यंतामणि हरिपद रमै उदासा।
त्रिसनां अरु-अभिमान रहित है कहै कबीर सो दासा।।

दिए गए काव्यांश के आधार पर निम्नलिखित प्रश्नों के उत्तर दें।

1. प्रस्तुत पद्यांश के आधार पर ईश्वर का सच्चा भक्त वह है जो–
A. ईश्वर की रात-दिन भक्ति करता है।
B. गरीबों की सेवा करता है।
C. तृष्णा व अभिमान से रहित है।
D. इनमें से कोई नहीं

2. पद्यांश के आधार पर तीन गुण हैं–
A. सात्विक, राजसी व तामसी
B. लोभ, मोह, अहंकार
C. काम, क्रोध, लोभ
D. इनमें से कोई नहीं

3. सच्चे भक्त संसार में–
A. पर्याप्त हैं।
B. जंगलों में मिलते हैं।
C. विरले पाए जाते हैं।
D. एक मात्र कबीर थे।

4. 'कंचन' शब्द का अर्थ होगा–

A. कोयला B. हीरा

C. सोना D. काला

5. 'अभिमान' शब्द का विपरीतार्थक शब्द होगा–

A. सम्मान B. घमंड

C. विनम्रता D. दयालुता

काव्यांश-3

भा भादों दूभर अति भारी।
कैसे भरौं रैनि अँधियारी।।
मँदिर सून पिउ अनतै बसा।
सेज नागिनी फिरि-फिरि डसा।।
रहौं अकेलि गहे एक पारी।
नैन पसारि मरौं हिय फारी।।
चमक बीजु, घन गरजि तरासा।
बिरह काल होइ जीउ गरासा।।
बरसै मघा झकोरी झकोरी।
मोर दुइ नैन चुवै जस ओरी।।
धनि सखैं भरे भादौं माहाँ।
अबहुँ न आएन्हि सी चेन्हि नाहाँ।।
पुरबा लाग भूमि जल पूरी।
आक जवास भई तस झूरी।।
थल जल भरे अपूर सब, धरती गगन मिलि एक।
जनि जोबन अवगाह महँ, दे बूड़त पिउ टेक।।

दिए गए काव्यांश के आधार पर निम्नलिखित प्रश्नों के उत्तर दें।

1. पद्यांश द्वारा वर्णन किया गया है–

A. वर्षा ऋतु का

B. भादव महीने का

C. प्रकृति का

D. वियोगिनी के विरह वेदना का

2. पद्यांश के अनुसार वियोगिनी को प्रियतम की अनुपस्थिति में सेज कैसा लगता है?

A. काँटे के समान B. फूलों के समान

C. नागिन के समान D. इनमें से कोई नहीं

3. नायिका के आँखों से बहते आँसू की उपमा किससे दी गई है?

A. नदियों की धारा से

B. वर्षा की बूँदों से

C. मघा नक्षत्र में होने वाली वर्षा से

D. इनमें से कोई नहीं

4. 'घन' शब्द का अर्थ होगा–

A. बादल B. पानी

C. लोहा D. पत्थर

5. 'धरती' शब्द के पर्यायवाची हैं–

(*i*) तरनी (*ii*) अवनि

(*iii*) वसुन्धरा (*iv*) मेदिनी

A. (*i*), (*ii*) एवं (*iii*)

B. (*ii*), (*iii*) एवं (*iv*)

C. (*i*), (*iii*) एवं (*v*)

D. उपर्युक्त सभी

काव्यांश-4

अँखिया हरि-दरसन की भूखी।
कैसे रहैं रूप रसराची ये बतियाँ सुनि रूखी।।
अवधि गनत इक टक मग जोवत तव एती नहिं झूखी।
अब इन जोग-संदेस ऊधो अति अकुलानी दूखी।।
वारक वह मुख फेरि दिखाओ दुहि पय पिवत पतूखी।
सूर सिकत हरि नाव चलायो ये सरिता हैं सूखी।।

दिए गए काव्यांश के आधार पर निम्नलिखित प्रश्नों के उत्तर दें।

1. प्रस्तुत पद्यांश के आधार पर इसके रचयिता हैं–

A. तुलसीदास B. केशवदास

C. रसखान D. सूरदास

2. पद्यांश के अनुसार गोपियों की आँखें किसकी भूखी हैं?

A. प्रकृति दर्शन की B. कृष्ण के दर्शन की

C. देवताओं के दर्शन की D. इनमें से कोई नहीं

3. गोपियों की बातचीत किसके साथ हो रही है?

A. देवदूत के साथ

B. कृष्ण के साथ

C. कृष्ण सखा उद्धव के साथ

D. सूरदास के साथ

4. 'अवधि' शब्द का अर्थ होगा–

A. एक भाषा का नाम B. एक स्थान का नाम

C. समयान्तराल D. इनमें से कोई नहीं

5. 'दरसन' शब्द है–

A. तद्भव B. तत्सम

C. देशज D. विदेशज

काव्यांश-5

तपस्वी ! क्यों इतने हो क्लांत? वेदना का यह कैसा वेग?
आह ! तुम कितने अधिक हताश, बताओ यह कैसा उद्वेग!
हृदय में क्या है नहीं अधीर, लालसा जीवन की निश्शेष !
कर रहा वंचित कहीं न त्याग तुम्हें, मन में धर सुंदर वेश?
दुःख के डर से तुम अज्ञात जटिलताओं का कर अनुमान;
काम से झिझक रहे हो आज, भविष्यत् से बनकर अनजान।
कर रही लीलायम आनंद, महाचिति सजग हुई सी व्यक्त;
विश्व का उन्मीलन अभिराम इसी में सब होते अनुरक्त !

दिए गए काव्यांश के आधार पर निम्नलिखित प्रश्नों के उत्तर दें।

1. पद्यांश में किस रस की अभिव्यक्ति है?

A. वीर रस B. शृंगार रस

C. करुण रस D. वीभत्स रस

2. काव्यांश के अनुसार कौन नायक को जीवन से विमुख कर रहा है?

A. हताशा B. वेदना

C. लालसा D. त्याग

3. नायक काम (जीवन) की उपेक्षा क्यों कर रहा है?

A. दुःख व जटिलताओं के भय से

B. पीड़ा व वेदना के भय से

C. निराशा और अधीरता के कारण

D. मौत के भय से

4. 'अभिराम' शब्द का अर्थ होगा–

A. राम का छोटा भाई B. सुन्दर

C. अनन्त D. इनमें से कोई नहीं

5. 'निश्शेष' कौन-सी संधि होगी?

A. दीर्घ स्वर संधि B. गुण स्वर संधि

C. व्यंजन संधि D. विसर्ग संधि

काव्यांश-6

फिर मधुर दृष्टि से प्रिय कपि को खींचते हुये
बोले प्रियतर स्वर से अन्तर सींचते हुए–
"चाहिए हमें एक सौ आठ, कपि, इन्दीवर,
कम-से-कम, अधिक और हों, अधिक और सुंदर,
जाओ देवीदह, उषःकाल होते सत्वर,
तोड़ो, लाओं वे कमल, लौटकर लड़ो समर।"
अवगत हो जाम्बवान से पथ, दूरत्व, स्थान,
प्रभु - पद - रज सिर धर चले हर्ष भर हनुमान।
राघव ने विदा किया सबको जानकर समय,
सब चले सदय राम की सोचते हुए विजय !

दिए गए काव्यांश के आधार पर निम्नलिखित प्रश्नों के उत्तर दें।

1. काव्यांश में उल्लिखित पात्र हैं–

A. राम कथा के B. कामायनी के

C. महाभारत के D. इनमें से कोई नहीं

2. राम हनुमान को क्या लाने को कहते हैं?

A. एक सौ आठ कपि

B. एक सौ आठ नील कमल

C. एक सौ आठ अनुचर

D. इनमें से कोई नहीं

3. राम हनुमान को जाम्बवान से क्या जानने की आज्ञा देते हैं?

A. स्थान B. रास्ता

C. दूरी D. ये सभी

4. 'रज' शब्द का अर्थ है–

A. पानी B. धूल

C. गगन D. इनमें से कोई नहीं

5. 'राघव' शब्द के पर्यायवाची हैं–

(*i*) राम (*ii*) वासुदेव

(*iii*) मुरारी (*iv*) रघुनाथ

A. (*i*) एवं (*ii*) B. (*ii*) एवं (*iii*)

C. (*iii*) एवं (*iv*) D. (*i*) एवं (*iv*)

काव्यांश-7

चौ.–कहेउँ परम पुनीत इतिहासा।
सुनत श्रवन छूटहिं भव पासा।।
प्रनत कल्पतरु करुना पुंजा।
उपजई प्रीति राम पद कंजा।।
मन क्रम बचन जनित अघ जाई।
सुनहिं जे कथा श्रवन मन लाई।।
तीर्थाटन साधन समुदाई।
जोग बिराग ग्यान निपुनाई।।
कर्म धर्म द्विज गुर सेवकाई।
बिद्या बिनय बिबेक बड़ाई।।
जहँ लगि साधन बेद बखानी।
सब कर फल हरिभगति भवानी।।
सो रघुनाथ भगति श्रुति गाई।
राम कृपाँ काहूँ एक पाई।।
दो.–मुनि दुर्लभ हरि भगति नर पावहिं बिनहिं प्रयास।
जे यह कथा निरंतर सुनहिं मानि बिस्वास।।

दिए गए काव्यांश के आधार पर निम्नलिखित प्रश्नों के उत्तर दें।

1. काव्यांश के अनुसार व्यक्ति भव बंधन से कैसे मुक्त होता है?

A. पावन राम कथा सुनकर

B. योग, वैराग्य एवं ज्ञान द्वारा

C. दरिद्रनारायण की सेवा कर

D. इनमें से कोई नहीं

2. काव्यांश द्वारा बतायी गयी है–

A. शिव भक्ति की महिमा

B. योग वैराग्य आदि का महत्व

C. राम भक्ति की महिमा

D. उपरोक्त सभी

3. 'द्विज' शब्द में कौन-सा समास है?

A. तत्पुरुष B. कर्मधारय

C. अव्ययीभाव D. बहुब्रीही

4. 'पुनीत' शब्द का अर्थ होता है–

A. पुराना B. पहला

C. पवित्र D. इनमें से कोई नहीं

5. 'रघुनाथ' में शब्द भेद है–

A. रूढ़ि B. यौगिक

C. योगरूढ़ D. भाववाचक संज्ञा

काव्यांश-8

"मैया कबहि बढैगी चोटी।
किती बार मोहिं दूध पिवत भई, यह अजहूँ है छोटी।।
तू जो कहति बल की बैनी ज्यों, हवै हैं लांबी मोटी।
कांची दूध पिवावत पचि-पचि, देत न माखन रोटी।।"

दिए गए काव्यांश के आधार पर निम्नलिखित प्रश्नों के उत्तर दें।

1. बालक अपनी माँ से किसके बढ़ने के बारे में पूछ रहा है?
A. पहाड़ की चोटी B. कदम्ब के पेड़ की चोटी
C. अपने बालों की चोटी D. माँ के बालों की चोटी

2. बालक माँ से क्या पाने की इच्छा रखता है?
A. दूध-मिस्त्री B. माखन-रोटी
C. दुलार D. इनमें से कोई नहीं

3. 'पचि-पचि' शब्द का अर्थ होगा–
A. बार-बार B. पचा-पचा कर
C. पचने के बाद D. इनमें से कोई नहीं

4. 'दूध' शब्द का शब्द भेद है–
A. तत्सम B. तद्भव
C. देशज D. विदेशज

5. बनावट के आधार पर 'माखन' शब्द है–
A. रूढ़ि B. यौगिक
C. योगरूढ़ D. इनमें से कोई नहीं

काव्यांश-9

प्रकृति जोई जाके अंग परी।
स्वान-पूँछ कोटिक जा लागै सुधि न काहू करी।
जैसे काग मच्छ नहिं छांड़ै जनमत जोन धरी।
धोये रंग जात कहु कैसे ज्यों कारी कमरी?
ज्यों अहि उसत उदर नहिं पूरत ऐसी धरनी धरी।
सूर होउ सो होउ सोच नहिं तैसे है एउ री।।

दिए गए काव्यांश के आधार पर निम्नलिखित प्रश्नों के उत्तर दें।

1. काव्यांश के अनुसार व्यक्ति का स्वभाव–
A. बदला जा सकता है
B. अपरिवर्तनीय है
C. अन्य व्यक्ति से प्रभावित होता है
D. इनमें से कोई नहीं

2. कवि ने अपने कथन की पुष्टि के लिए कौन-कौन से उदाहरण दिए हैं?
(*i*) कुत्ता (*ii*) कौआ
(*iii*) बिल्ली (*iv*) साँप
(*v*) कम्बल
A. (*i*), (*ii*) एवं (*iii*) B. (*ii*), (*iii*) एवं (*iv*)
C. (*iii*), (*iv*) एवं (*v*) D. (*i*), (*ii*), (*iv*) एवं (*v*)

3. कम्बल का स्वभाव है कि–
A. वह काला होता है
B. वह गर्म होता है
C. उसका कालापन नहीं जाता
D. इनमें से कोई नहीं

4. 'स्वान' शब्द का अर्थ होता है–
A. मोर B. हंस
C. बगुला D. कुत्ता

5. 'अहि' शब्द का पर्यायवाची शब्द है–
(*i*) चक्षुश्रवा (*ii*) सर्प
(*iii*) भुजा (*iv*) विषधर
A. (*i*), (*ii*) एवं (*iv*) B. (*i*), (*ii*) एवं (*iii*)
C. (*i*), (*iii*) एवं (*v*) D. उपरोक्त सभी

काव्यांश-10

हिम गिरी के उत्तुंग शिखर पर,
बैठ शिला की शीतल छाँह।
एक पुरुष भीगे नयनों से
देख रहा था प्रलय प्रवाह।।

ऊपर जल था नीचे हिम था,
एक तरल था एक सघन।
एक तत्व की ही प्रधानता,
कहो उसे जड़ या चेतन।।

दिए गए काव्यांश के आधार पर निम्नलिखित प्रश्नों के उत्तर दें।

1. काव्यांश के अनुसार हिमगिरि के ऊँचे शिखर पर कौन बैठा था?
A. शीला नामक युवती B. एक पुरुष
C. एक देवदूत D. इनमें से कोई नहीं

2. 'तरल' शब्द का विपरीतार्थक शब्द होगा–
A. द्रव B. तैरता हुआ
C. सघन D. गर्म

3. व्यक्ति की आँखें थी–
A. भेंगी B. झुकी हुई
C. सुन्दर D. भींगी

4. 'हिमगिरि' के पर्यायवाची शब्द हैं–
(*i*) हिमालय (*ii*) हिमगह्वर
(*iii*) नगाधिराज (*iv*) हिमाद्रि
A. (*i*), (*ii*) एवं (*iii*) B. (*ii*), (*iii*) एवं (*iv*)
C. (*i*), (*iii*) एवं (*iv*) D. (*i*), (*ii*) एवं (*iv*)

5. 'चेतन' का विपरीतार्थक शब्द होगा–
A. जड़ B. तना
C. सचेत D. बेहोश

काव्यांश-11

"रूद्ध कोष है क्षुब्ध तोष,
अंगना-अंग से लिपटे भी
आतंक-अंक पर काँप रहे हैं
धनी वज्र-गर्जन से बादल!
त्रस्त नयन-मुख ढाँप रहे हैं।
जीर्ण बाहु, है शीर्ण शरीर
तुझे बुलाता कृषक अधीर,
ऐ विप्लव के वीर!
चूस लिया है उसका सार,
हाड़ मात्र ही हैं आधार,
ऐ जीवन के पारावार।"

दिए गए काव्यांश के आधार पर निम्नलिखित प्रश्नों के उत्तर दें।

1. काव्यांश के अनुसार अधीर कृषक किसे बुला रहा है?

A. वीर पुरुष को B. अपने बेटे को

C. बादल को D. इनमें से कोई नहीं

2. कृषक का क्या आधार मात्र बचा है?

A. केवल खेत B. केवल हड्डी

C. केवल घर D. केवल शरीर

3. शरीर शब्द का पर्यायवाची है–

A. देह B. गात

C. तन D. ये सभी

4. 'विप्लव' का अर्थ है–

A. महाविनाश B. परिवर्तन

C. सम्पन्नता D. इनमें से कोई नहीं

5. 'वीर' शब्द का विपरीतार्थक होगा–

A. कायर B. डरपोक

C. आलसी D. साहसी

काव्यांश-12

अति खल की संगति करने से,
जग में मान नहीं रहता है।
लोहे के संग में पड़ने से,
घन की मार अनल सहता है।।
सबसे नीतिशास्त्र कहता है,
दुष्ट-संग दुख का दाता है।
जिस पय में पानी रहता है,
वही खूब औंटा जाता है।।

दिए गए काव्यांश के आधार पर निम्नलिखित प्रश्नों के उत्तर दें।

1. 'पय' शब्द का अर्थ है–

A. पानी B. बर्तन

C. दूध D. इनमें से कोई नहीं

2. खल की संगति करने से–

A. मार सहना पड़ता है।

B. सम्मान नहीं मिलता।

C. प्रताड़ित किया जाता है।

D. खूब लाभ मिलता है।

3. उपरोक्त काव्यांश का केन्द्रीय भाव है–

A. अच्छी संगति के परिणाम

B. बुरी संगति के परिणाम

C. बुरी संगति से लाभ

D. इनमें से कोई नहीं

4. 'अनल' शब्द के पर्यायवाची हैं–

(*i*) पावक (*ii*) पय

(*iii*) अग्नि (*iv*) हुताशन

A. (*i*), (*ii*) एवं (*iii*) B. (*ii*), (*iii*) एवं (*iv*)

C. (*i*), (*iii*) एवं (*iv*) D. (*i*), (*ii*) एवं (*iv*)

5. किस दूध को खूब खौलाया जाता है?

A. जिसे पहले नहीं खौलाया गया हो

B. जिस दूध के फटने की आशंका हो

C. जिस दूध से दही बनाना हो

D. जिसमें पानी मिला हो

काव्यांश-13

गन्ध-विहिन फूल हैं जैसे चन्द्र चन्द्रिका-हीन।
यों ही फीका है मनुष्य का जीवन प्रेम-विहीन।।
प्रेम स्वर्ग है, स्वर्ग प्रेम है, प्रेम अशंक अशोक।
ईश्वर का प्रतिबिम्ब प्रेम है, प्रेम हृदय-आलोक।।

दिए गए काव्यांश के आधार पर निम्नलिखित प्रश्नों के उत्तर दें।

1. काव्यांश का केन्द्रीय भाव है?

A. मनुष्य का जीवन B. स्वर्ग में प्रेम

C. ईश्वर का प्रेम D. प्रेम का महत्त्व

2. प्रेम विहीन जीवन की उपमा किससे दी गई है?

(*i*) गंधहीन फूल से (*ii*) चाँदनी रहित चन्द्रमा से

(*iii*) मनुष्य के जीवन से

A. (*i*) एवं (*ii*) B. (*ii*) एवं (*iii*)

C. (*i*) एवं (*iii*) D. (*i*), (*ii*) एवं (*iii*)

3. 'स्वर्ग' का विपरीतार्थक शब्द होगा–

A. धरती B. पाताल

C. नरक D. आकाश

4. काव्यांश के अनुसार प्रेम है–

A. स्वर्ग B. ईश्वरीय प्रतिबिम्ब

C. हृदय की रोशनी D. ये सभी

5. 'प्रतिबिम्ब' शब्द में प्रयुक्त उपसर्ग है–

A. प्र B. बिम्ब

C. प्रति D. प्रतिबि

काव्यांश-14

भड़क भुला दो भूतकाल की,
सजिये वर्तमान के साज।
फैसन फेर इंडिया भर के,
गोरे गॉड बनो ब्रजराज।।
गौर वर्ण वृषभानुसुता का,
काले-काले तन पर तोप।
नाथ उतारो मोर मुकुट को,
सिर पै सजो साहिबी टोप।।
पौडर चंदन पोंछ लपेटो,
आनन की श्री ज्योति जगाय।
अंजन अंखियों में मत आंजो,
आला ऐनक लेहु लगाय।।
रवधर कानों में लटका लो,
कुंडल काढ़ मेकराफून।

तज पीताम्बर कम्बल काला,
डालो कोट और पतलून।।

दिए गए काव्यांश के आधार पर निम्नलिखित प्रश्नों के उत्तर दें।

1. दिया गया पद्यांश है–
A. रीति-कालीन काव्यांश B. छायावाद युगीन काव्यांश
C. हास्य-व्यंग्य रचना D. इनमें से कोई नहीं

2. पद्यांश में ब्रजराज को क्या बनने की सलाह दी गई है?
A. अभिनेता B. गोरा गॉड
C. अंग्रेजी वक्ता D. इनमें से कोई नहीं

3. कविता द्वारा मजाक उड़ाया गया है–
A. विदेशी संस्कृति का
B. अपनी संस्कृति
C. पुराने विचारों का
D. विदेशियों की नकल करने वालों का

4. 'वृषभानुसुता' में समास है–
A. कर्मधारय B. द्विगु
C. बहुब्रीहि D. अव्ययीभाव

5. 'पीताम्बर' का संधि-विच्छेद है।
A. पीत + अम्बर B. पीता + म्बर
C. पीला + अम्बर D. पी + ताम्बर

काव्यांश-15

सच्चा प्रेम वही है जिसकी,
तृप्ति आत्म-बलि पर हो निर्भर।
त्याग बिना निष्प्राण प्रेम है,
करो प्रेम पर प्राण निछावर।।
देश प्रेम वह पुण्य-क्षेत्र है,
अमल असीम त्याग से विलसित।
आत्मा के विकास से जिसमें,
मनुष्यता होती है विकसित।।

दिए गए काव्यांश के आधार पर निम्नलिखित प्रश्नों के उत्तर दें।

1. पद्यांश के अनुसार सच्चा प्रेम निर्भर है–
A. आत्मोत्सर्ग पर B. सच्चे प्रेमी-प्रेमिका पर
C. अच्छे पड़ोसियों पर D. विकसित समाज पर

2. त्याग के बिना प्रेम–
A. बेकार है B. प्राण-रहित है
C. मजाक है D. इनमें से कोई नहीं

3. मनुष्यता का विकास होता है–
A. प्रेम से B. शिक्षा से
C. आत्मा के विकास से D. शौर्य से

4. पद्यांश के अनुसार प्रेम का मूल तत्व है–
A. सच्चाई B. उपहार
C. आत्मा D. त्याग

5. 'निष्प्राण' में संधि भेद होगा–
A. व्यंजन संधि
B. स्वर संधि
C. स्वर एवं व्यंजन संधि दोनों
D. विसर्ग संधि

काव्यांश-16

क्या? देख न सकती जंजीरों का गहना?
हथकड़ियां क्यों? यह ब्रिटिश राज्य का गहना,
कोल्हू का चर्रक चूं? जीवन की तान,
गिट्टी पर लिक्खे अंगुलियों ने गान?
हूं मोट खींचता लगा पेट पर जूआ,
खाली करता हूं ब्रिटिश अकड़ का कूआं।

दिए गए काव्यांश के आधार पर निम्नलिखित प्रश्नों के उत्तर दें।

1. दिए गए काव्यांश में ब्रिटिश राज्य का गहना कहा गया है–
A. कोल्हू को B. मोट को
C. हथकड़ियों को D. इनमें से कोई नहीं

2. कोल्हू की आवाज को कहा गया है–
A. जीवन का सत्य B. जीवन की तान
C. चर्रक चूं D. इनमें से कोई नहीं

3. उपरोक्त काव्यांश को पढ़ने पर मानस पटल पर किसका चित्र उभरता है?
A. भिखारी का B. कैदी का
C. अंग्रजों का D. हथकड़ियों का

4. 'गहना' का पर्यायवाची शब्द है–
A. आभूषण B. ग्रहण
C. संघन D. चमकना

5. 'अकड़' शब्द का अर्थ होगा–
A. अहंकार B. अत्याचार
C. अंधविश्वास D. हठ

काव्यांश-17

एक बार बस और नाच तू श्यामा!
सामान सभी तैयार,
कितने ही असुर, चाहिए कितने तुझको हार?
कर मेखला मुंड-मालाओं से बन-बन अभिरामा–
एक बार बस और नाच तू श्यामा!
भैरवी मेरी तेरी झंझा
तभी बजेगी मृत्यु लड़ाएगी जब तुझसे पंजा;
लेगी खड्ग और तू खप्पर,
उसमें रुधिर भरूंगा माँ
मैं अपनी अंजलि भर-भर...

दिए गए काव्यांश के आधार पर निम्नलिखित प्रश्नों के उत्तर दें।

1. 'श्यामा' शब्द का अर्थ होगा–
A. मेघ B. काली
C. धरती D. इनमें से कोई नहीं

2. 'रुधिर' के पर्यायवाची शब्द हैं–
   (i) दूध (ii) शोणित
   (iii) रक्त (iv) अम्बुधि
   A. (ii) एवं (iii) B. (ii) एवं (iv)
   C. (iii) एवं (iv) D. (i) एवं (iv)
3. काव्यांश के आधार पर 'हार' शब्द का अर्थ होगा–
   A. पराजय B. भय
   C. माला D. इनमें से कोई नहीं
4. कवि ने किससे नाचने का आह्वान किया है?
   A. नर्तकी से B. असुरों से
   C. काली से D. मृत्यु से
5. कवि ने श्यामा को कैसे सुन्दर बनने को कहा है?
   A. आभूषणों से B. अस्त्र-शस्त्रों से
   C. पुष्पमाला से D. मुंडमाला से

काव्यांश-18

घुन खाये शहतीरों पर की बारहखड़ी विधाता बांचे,
फटी भीत है, छत चूती है, आले पर बिस्तुइया नाचे,
बरसा कर बेबस बच्चों पर मिनट-मिनट में पाँच तमाचे,
इसी तरह से दुखरन मास्टर गढ़ता है आदम के साँचे।

दिए गए काव्यांश के आधार पर निम्नलिखित प्रश्नों के उत्तर दें।

1. काव्यांश द्वारा किस व्यवस्था पर व्यंग्य किया गया है?
   A. शिक्षा व्यवस्था पर B. शासन व्यवस्था पर
   C. अर्थव्यवस्था पर D. इनमें से कोई नहीं
2. काव्यांश के अनुसार आदम को किस प्रकार ढाला जा रहा है?
   A. अच्छी शिक्षा देकर B. दोषपूर्ण शिक्षा पद्धति द्वारा
   C. उपदेश देकर D. इनमें से कोई नहीं
3. काव्यांश द्वारा विद्यालय की किस कमी को दिखाया गया है?
   A. संसाधनों की कमी B. दोषपूर्ण पद्धति
   C. अयोग्य शिक्षक D. उपरोक्त सभी
4. 'शहतीर' का अर्थ होता है?
   A. लकड़ी का लम्बा लट्ठा जो नदी के किनारे पड़ा हो।
   B. लकड़ी का लम्बा लट्ठा जो नदी में किनारे-किनारे बह रहा हो।
   C. लकड़ी का लम्बा लट्ठा जिसका उपयोग गृह-निर्माण में किया जाता है।
   D. इनमें से कोई नहीं
5. 'बिस्तुइया' का अर्थ होता है–
   A. साँप B. छिपकली
   C. मकड़ी D. चींटी

काव्यांश-19

चेहरे थे असंख्य
आँखें थीं
दर्द सभी में था
जीवन का दंश सभी ने जाना था
पर दो
केवल दो
मेरे मन में कौंध गयीं
मैं नहीं जानता किसी वे आँखें थीं
नहीं समझता फिर उनको देखूँगा
परिचय मन ही मन चाहा तो उद्यम कोई नहीं किया
किन्तु उसी को कौंध
मुझे फिर फिर दिखलाती है।

× × ×

वही परिचित दो आँखें ही
चिर माध्यम हैं
सब आँखों से सब दर्दों से
मेरे चिर परिचय का।

दिए गए काव्यांश के आधार पर निम्नलिखित प्रश्नों के उत्तर दें।

1. काव्यांश के अनुसार दर्द किसमें था?
   (i) चेहरे में (ii) असंख्य आँखों में
   (iii) मन में (iv) जीवन में
   A. (i) एवं (ii) B. (ii) एवं (iii)
   C. (iii) एवं (iv) D. (ii) एवं (iv)
2. 'आँख' का पर्यायवाची शब्द **नहीं** है–
   A. चक्षु B. श्रवण
   C. नयन D. लोचन
3. 'चिर' शब्द का अर्थ है–
   A. कपड़ा B. चीरना
   C. एक पेड़ D. पुराना
4. कवि के अनुसार दर्दों से परिचय का माध्यम है–
   A. हृदय B. जीवन
   C. आँखें D. ये सभी
5. काव्यांश में वर्णित वे आँखें किसकी थी?
   A. कवि की
   B. पाठक की
   C. कवि नहीं जानता वह किसकी आँखे थी
   D. इनमें से कोई नहीं

काव्यांश-20

मुझे भ्रम होता है कि प्रत्येक पत्थर में
चमकता हीरा है
हर एक छाती में आत्मा अधीरा है
प्रत्येक सुस्मित में विमल सदानीरा है
मुझे भ्रम होता है कि प्रत्येक वाणी में
महाकाव्य-पीड़ा है
पल भर में सबसे गुजरना चाहता हूँ
इस तरह खुद को दिये फिरता हूँ
अजीब है जिन्दगी :

दिए गए काव्यांश के आधार पर निम्नलिखित प्रश्नों के उत्तर दें।

1. कवि को क्या भ्रम होता है?
   A. प्रत्येक पत्थर के हीरा होने का
   B. प्रत्येक पत्थर में हीरा होने का
   C. प्रत्येक हीरे में पत्थर होने का
   D. इनमें से कोई नहीं
2. कवि के अनुसार प्रत्येक वाणी में–
   A. महाकाव्य की शक्ति है
   B. महाकाव्य की संभावना है
   C. महाकाव्य की पीड़ा है
   D. इनमें से कोई नहीं
3. कवि को हर छाती में–
   A. रोग होने की आशंका है
   B. अधीर आत्मा होने का भ्रम है
   C. विद्रोह सुलगने का डर है
   D. इनमें से कोई नहीं
4. 'पत्थर' का पर्यायवाची ***नहीं*** है–
   A. पाषाण B. उपल
   C. प्रस्तर D. इनमें से कोई नहीं
5. 'आत्मा' एक शब्द है–
   A. स्त्रीलिंग B. पुल्लिंग
   C. उभयलिंग D. नपुंसकलिंग

काव्यांश-21

"अन्दर बाहर धींगामुश्ती। परमारथ में भारी सुस्ती।
स्वारथ में तो बेहद चुस्ती।
एक-दूसरे की जड़ काटों तकरीरों से अग-जग पाटें।
अँग्रेजी की धकापेल है।
हिन्दी-उर्दू खतम खेल है। नौजवान के लिए जेल है।
सेठों से ही दिली मेल है..."

दिए गए काव्यांश के आधार पर निम्नलिखित प्रश्नों के उत्तर दें।

1. प्रस्तुत काव्यांश एक–
   A. व्यंग्य रचना है B. यथार्थ रचना है
   C. शोक गीत है D. इनमें से कोई नहीं
2. काव्यांश के अनुसार हिन्दी-उर्दू की क्या दशा है?
   A. विकासशील B. पतनोन्मुख
   C. स्थिर D. उन्नत
3. दी गई पंक्तियाँ आज के किस चीज का सटीक उल्लेख करती हैं?
   A. राजनीति B. शिक्षा
   C. धर्म D. समाज
4. 'तकरीर' शब्द का अर्थ है–
   A. भाषण B. विवाद
   C. लड़ाई D. इनमें से कोई नहीं
5. 'एक-दूसरे की जड़ काटना' मुहावरे का अर्थ है :
   A. परस्पर निन्दा करना B. परस्पर नुकसान करना
   C. परस्पर विचार करना D. इनमें से कोई नहीं

काव्यांश-22

"मुझे कल्पवृक्ष नहीं चाहिए
नहीं चाहिए कामधेनु
इस पृथ्वी पर जिन्दा रहने के लिए
मुझे इतना ही अन्न चाहिए
जितना चींटी अपनी चोंच में ले कर चलती है
उतनी ही जमीन चाहिए कि पसर सके लौकी की लतर
और उतनी की कपास कि ढक जाये लाज।"

दिए गए काव्यांश के आधार पर निम्नलिखित प्रश्नों के उत्तर दें।

1. काव्यांश के अनुसार कवि को क्या नहीं चाहिए?
   A. कल्पवृक्ष B. अन्न
   C. कपास D. जमीन
2. कवि को क्या-क्या चाहिए?
   (*i*) कल्पवृक्ष (*ii*) जमीन
   (*iii*) अन्न (*iv*) कपास
   (*v*) कामधेनु
   A. (*i*), (*ii*) एवं (*iii*) B. (*i*), (*ii*) एवं (*v*)
   C. (*ii*), (*iii*) एवं (*iv*) D. (*iii*), (*iv*) एवं (*v*)
3. कवि को कपास की जरूरत है–
   A. कपड़ा मिल के लिए B. लाज ढकने के लिए
   C. चरखा चलाने के लिए D. इनमें से कोई नहीं
4. 'चीटीं' का पर्यायवाची शब्द है–
   A. तंतुवाय B. बिस्तुइया
   C. पिपीलिका D. इनमें से कोई नहीं
5. दिए गए काव्यांश का सबसे उपयुक्त शीर्षक हो सकता है–
   A. अभिलाषा B. जरूरत
   C. कटौती D. जीने का सामान

काव्यांश-23

ओ भिखमंगे, अरे पराजित, ओ मजलूम, अरे चिरदोहित,
तू अखंड भंडार शक्ति का, जाग अरे निद्रा-सम्मोहित!
प्राणों को तड़पाने वाली हुंकारों से जल-थल भर दे,
अंगारों के अंबारों में अपना ज्वलित पलीता धर दे।

दिए गए काव्यांश के आधार पर निम्नलिखित प्रश्नों के उत्तर दें।

1. दिए गए काव्यांश में किसको जगाने का प्रयास किया गया है?
   A. भिखमंगों को B. मज़लूमों को
   C. आम जनता को D. इनमें से कोई नहीं
2. अखंड शक्ति का भंडार किसके पास है?
   A. नेताओं के B. अधिकारियों के
   C. भिखमंगों के D. आम जनता के

3. कवि ने आम लोगों के लिए किन-किन शब्दों का प्रयोग किया है?

(*i*) पराजित (*ii*) अपमानित
(*iii*) मर्यादित (*iv*) भिखमंगे
(*v*) निद्रा-सम्मोहित

A. (*i*), (*iv*), (*v*) B. (*ii*), (*iii*), (*v*)
C. (*iii*), (*iv*) एवं (*v*) D. उपरोक्त सभी

4. 'मज़लूम' शब्द है–

A. तत्सम B. फारसी
C. अरबी D. तद्भव

5. 'जल' शब्द का पर्यायवाची है–

(*i*) नीड़ (*ii*) अम्बु
(*iii*) वारि (*iv*) सलिल

A. (*i*), (*ii*) एवं (*iii*) B. (*ii*), (*iii*) एवं (*iv*)
C. (*i*), (*iii*) एवं (*iv*) D. उपरोक्त सभी

काव्यांश-24

करेंगे क्या ले कर अपवर्ग,
हमारा भारत ही सुख-स्वर्ग।
नहीं है किसी लक्ष्य पर ध्यान,
चाहिए केवल स्वत्व समान।।
इसे तज कर क्या तरु निर्मूल,
करेंगे ले कर किंशुक फूल।
प्रकृत पुरुषों का जीवन-मूल,
चाहिए केवल घर का रूल।।

दिए गए काव्यांश के आधार पर निम्नलिखित प्रश्नों के उत्तर दें।

1. काव्यांश के आधार पर कवि को क्या चाहिए?

A. स्वर्ग-सुख B. किंशुकी फूल
C. स्वराज्य D. इनमें से कोई नहीं

2. काव्यांश का केन्द्रीय भाव है–

A. स्वहित B. देश प्रेम
C. सेवा D. इनमें से कोई नहीं

3. कवि के अनुसार प्रकृत पुरुषों का जीवन मूल क्या है?

A. स्वाभिमान B. उनका लक्ष्य
C. स्वर्ग-सुख की प्राप्ति D. स्वराज्य

4. ''अपवर्ग'' शब्द का अर्थ है–

A. मोक्ष B. परोपकार
C. देश प्रेम D. इनमें से कोई नहीं

5. 'निर्मूल' का संधि-विच्छेद होगा :

A. नीः + मूल B. निः + मुल
C. निः + मूल D. निर्मू + ल

काव्यांश-25

"मन करता है
मैं उस अगस्त्य सा पी डालू सारे समुद्र को अंजलि से
उस अतल वितल में तब मुझको
मुर्दा भगवान दिखाई दे
उस महामृतक को ले आऊँ फिर इस तट पर
अन्त्येष्टि करूँ, लकड़ी तो बेहद मंहगी है
इस बालू में दफना दूँ
नंगा करके"

दिए गए काव्यांश के आधार पर निम्नलिखित प्रश्नों के उत्तर दें।

1. पद्यांश के अनुसार कवि की इच्छा है कि–

A. वह समुद्र की पी जाय
B. भगवान का दर्शन करे
C. संसार में उथल-पुथल मचा दे
D. इनमें से कोई नहीं

2. कवि महामृतक को बालू में क्यों दफनाना चाहता है?

A. क्योंकि कवि मृतक से नाराज है
B. क्योंकि लकड़ी समुद्र के किनारे उपलब्ध नहीं है
C. क्योंकि लकड़ी महंगी है
D. इनमें से कोई नहीं

3. पद्यांश का मूलभाव किस पीड़ा की ओर इंगित करता है?

A. परतंत्रता B. सामाजिक विषमता
C. अभाव D. इनमें से कोई नहीं

4. इनमें से 'बालू' का पर्यायवाची शब्द है–

A. वीचि B. सिकता
C. कण D. इनमें से कोई नहीं

5. 'अन्त्येष्टि' का अर्थ है–

A. अंत्य परीक्षण B. अंतिम इच्छा
C. अंतिम संस्कार D. इनमें से कोई नहीं

काव्यांश-26

"अनोखी हवा हूँ बड़ी बावली हूँ
बड़ी मस्तमौला नहीं कुछ फिकर है
बड़ी ही निडर हूँ जिधर चाहती हूँ
उधर घूमती हूँ मुसाफिर अजब हूँ
न घर बार मेरा न उद्देश्य मेरा
न इच्छा किसी की न आशा किसी की
न प्रेमी न दुश्मन
जिधर चाहती हूँ उधर घूमती हूँ
हवा हूँ हवा मैं बसंती हवा हूँ"

दिए गए काव्यांश के आधार पर निम्नलिखित प्रश्नों के उत्तर दें।

1. पद्यांश के अनुसार बसंती हवा कहाँ घूमती है?

A. खेतों में B. बागों में
C. शहरों में D. जहां उसकी इच्छा हो

2. बसंती हवा की कौन-कौन सी विशेषताएँ हैं?

A. बावला B. मस्तमौला
C. निडर D. ये सभी

3. 'प्रेमी' शब्द का विपरीतार्थक शब्द होगा–

A. आशिक B. दोस्त
C. दुश्मन D. इनमें से कोई नहीं

4. 'आशा' शब्द का पर्यायवाची है?

A. इच्छा B. अभिलाषा

C. चाह D. उम्मीद

5. पद्यांश का केन्द्रीय भाव है?

A. मुक्ति की कामना B. चरित्र चित्रण

C. हास-परिहास D. इनमें से कोई नहीं

काव्यांश-27

"एक आदमी रोटी बेलता है
एक आदमी रोटी खाता है
एक तीसरा आदमी भी है
जो न रोटी बेलता है
न रोटी खाता है
वह सिर्फ रोटी से खेलता है
मैं पूछता हूँ यह तीसरा आदमी कौन है
मेरे देश की संसद मौन है।

दिए गए काव्यांश के आधार पर निम्नलिखित प्रश्नों के उत्तर दें।

1. पद्यांश के भावार्थ के अनुसार रोटी बेलने वाला कौन हो सकता है?

A. व्यवसायी B. रसोइया

C. मजूदर-किसान D. इनमें से कोई नहीं

2. पद्यांश के भावार्थ के अनुसार रोटी खाने वाला कौन है?

A. होटल का ग्राहक B. शोषक-वर्ग

C. आम आदमी D. इनमें से कोई नहीं

3. रोटी से खेलने वाला कौन हो सकता है?

A. शरारती बच्चे B. रसोइया

C. स्वार्थी नेता D. ये सभी

4. देश की संसद किस मुद्दे पर मौन है?

A. मजदूर-किसान के हितों को लेकर

B. शोषक वर्ग पर अंकुश लगाने को लेकर

C. रोटी से खेलने वालों को रोकने को लेकर

D. तीसरे आदमी के पहचान को लेकर

5. पद्यांश का केन्द्रीय भाव है–

A. सामाजिक कुव्यवस्था पर चोट

B. रोटी के महत्त्व पर प्रकाश

C. संसदीय व्यवस्था का वर्णन

D. इनमें से कोई नहीं

काव्यांश-28

चौ.–रहेउ एक दिन अवधि अधारा ।
समुझत मन दुख भयउ अपारा।।
कारन कवन नाथ नहिं आयउ ।
जानि कुटिल किधौं मोहि बिसरायउ।।
अहह धन्य लछिमन बड़भागी ।
राम पदारबिंदु अनुरागी।।
कपटी कुटिल मोहि प्रभु चीन्हा ।
ताते नाथ संग नहिं लीन्हा।।
जौं करनी समुझै प्रभु मोरी ।
नहिं निस्तार कलप सत कोरी।।
जन अवगुन प्रभु मान न काऊ ।
दीनबंधु अति मृदुल सुभाऊ।।
मोरे जियँ भरोस दृढ़ सोई ।
मिलिहहिं राम सगुन सुभ होई।।
बीतें अवधि रहहिं जौं प्राना ।
अधम कवन जग मोहि समाना।।

दिए गए काव्यांश के आधार पर निम्नलिखित प्रश्नों के उत्तर दें।

1. पद्यांश के भावार्थ के अनुसार इसका उपयुक्त शीर्षक होगा–

A. भरत का अनुताप B. राम वनगमन

C. लक्ष्मण का सौभाग्य D. इनमें से कोई नहीं

2. भरत ने लक्ष्मण को भाग्यवान क्यों माना है?

A. वन भ्रमण का अवसर मिलने के कारण

B. बड़े भाई राम की सेवा का अवसर पाने के कारण

C. लक्ष्मण की प्रशंसा करने के लिए

D. इनमें से कोई नहीं

3. भरत ने स्वयं को क्या-क्या कहा है?

(*i*) कपटी (*ii*) भाग्यवान

(*iii*) अपराधी (*iv*) कुटिल

A. (*i*) एवं (*ii*) B. (*ii*) एवं (*iii*)

C. (*iii*) एवं (*iv*) D. (*i*) एवं (*iv*)

4. भरत ने राम के क्या-क्या गुण बताये हैं?

(*i*) दीनबन्धु (*ii*) मृदुल स्वभाव वाला

(*iii*) अधम

A. (*i*) एवं (*ii*) B. (*ii*) एवं (*iii*)

C. (*i*) एवं (*iii*) D. ये सभी

5. 'दीनबन्धु' शब्द में कौन-सा समास है?

A. कर्मधारय B. अव्ययीभाव

C. तत्पुरूष D. द्विगु

काव्यांश-29

"मैया मोहि दाऊ बहुत खिझायौ।
मोसो कहत मोल को लीनो, तोहि जसुमति कब जायो"
कहा कहौ एहि रिस के मारे, खेलन हों नहिं जात।
पुनि-पुनि कहत कौन है माता, को है तुम्हरे तात।।
गोरे नंद जसोदा गोरी, तुम कत स्याम शरीर।
चुटकी दै दै हँसत ग्वाल सब, सिखै देत बलबीर।"

दिए गए काव्यांश के आधार पर निम्नलिखित प्रश्नों के उत्तर दें।

1. कृष्ण को कौन खिझाता है?

A. बड़े भैया B. गोपी

C. गोपियाँ D. यशोदा

2. बलराम कृष्ण को क्या कहकर खिझाता है?

A. कि उन्हें मोल खरीदा गया है, यशोदा ने उसे कब जन्म दिया?

B. कि उनका रंग सांवला है।

C. कि वह माखन चोर है।

D. कि उन्हें बाँसुरी बजाना नहीं आता।

3. ग्वालों को चुटकी दे-दे कर हँसने को कौन प्रेरित करता है?

A. एक ग्वाला　　B. स्वयं कृष्ण

C. बलराम　　D. यशोदा

4. 'रिस' शब्द का अर्थ होगा–

A. रिसना　　B. क्रोध

C. प्यार　　D. डर

5. कृष्ण क्यों खेलने नहीं जाते हैं?

A. लज्जा से

B. भय से

C. क्रोध से

D. क्योंकि खेलने का उनका मन नहीं है

काव्यांश-30

हरि बिनु कोऊ, काम न आयो।
यह माया झूठी प्रपंच लगि रतन सौ जनम गँवायो।
कंचन कलस विचित्र चित्रकारि रचि पचि भवन बनायो।
तेरे संग जरौगी यह कहि त्रिया पूत धनि खायो।
चलत रहे चित्त भोरि-भोरि मुख, एक न पग पहुँचायो।
बोलि-बोलि सुत स्वजन मित्र-जन, लीनों जी जेहि भायो।
परयो काज अब अंत की बिरियाँ, तिनही आनि बँधायो।

दिए गए काव्यांश के आधार पर निम्नलिखित प्रश्नों के उत्तर दें।

1. काव्यांश का स्थायी भाव है–

A. विरक्ति　　B. प्रेम

C. क्रोध　　D. शोक

2. काव्यांश के अनुसार अंत समय कौन काम आता है?

A. पुत्र　　B. पत्नी

C. ईश्वर　　D. इनमें से कोई नहीं

3. काव्यांश के अनुसार लोग कैसा घर बनाते हैं?

A. बहुमंजिली

B. सोने के कलश व चित्रकारी वाला

C. वातानुकूलित

D. इनमें से कोई नहीं

4. व्यक्ति किसके लिए अपना बहुमूल्य जीवन गवां देता है?

A. सत्कर्म　　B. समाज सेवा

C. माया और प्रपंच　　D. देश प्रेम

5. 'त्रिया' शब्द के पर्यायवाची है :–

(*i*) स्त्री　　(*ii*) दुहिता

(*iii*) कामिनी　　(*iv*) वनिता

A. (*i*), (*ii*) एवं (*iii*)　　B. (*ii*), (*iii*) एवं (*iv*)

C. (*i*), (*ii*) एवं (*iv*)　　D. (*i*), (*iii*) एवं (*iv*)

उत्तरमाला

काव्यांश-1

1	2	3	4	5
A	D	B	C	D

काव्यांश-2

1	2	3	4	5
C	A	C	C	C

काव्यांश-3

1	2	3	4	5
D	C	C	A	B

काव्यांश-4

1	2	3	4	5
D	B	C	C	A

काव्यांश-5

1	2	3	4	5
C	D	A	B	D

काव्यांश-6

1	2	3	4	5
A	B	D	B	D

काव्यांश-7

1	2	3	4	5
A	C	D	C	C

काव्यांश-8

1	2	3	4	5
C	B	A	B	A

काव्यांश-9

1	2	3	4	5
B	D	C	D	A

काव्यांश-10

1	2	3	4	5
B	C	D	C	A

काव्यांश-11

1	2	3	4	5
C	B	D	A	A

काव्यांश-12

1	2	3	4	5
C	B	B	C	D

काव्यांश-13

1	2	3	4	5
D	A	C	D	C

काव्यांश-14

1	2	3	4	5
C	B	D	C	A

काव्यांश-15

1	2	3	4	5
A	B	C	D	D

काव्यांश-16

1	2	3	4	5
C	B	B	A	D

काव्यांश-17

1	2	3	4	5
B	A	C	C	D

काव्यांश-18

1	2	3	4	5
A	B	D	C	B

काव्यांश-19

1	2	3	4	5
A	B	D	C	C

काव्यांश-20

1	2	3	4	5
B	C	B	D	A

काव्यांश-21

1	2	3	4	5
A	B	A	A	B

काव्यांश-22

1	2	3	4	5
A	C	B	C	C

काव्यांश-23

1	2	3	4	5
C	D	A	C	B

काव्यांश-24

1	2	3	4	5
C	B	D	A	C

काव्यांश-25

1	2	3	4	5
A	C	B	B	C

काव्यांश-26

1	2	3	4	5
D	D	C	D	A

काव्यांश-27

1	2	3	4	5
C	B	C	D	A

काव्यांश-28

1	2	3	4	5
A	B	D	A	C

काव्यांश-29

1	2	3	4	5
A	A	C	B	C

काव्यांश-30

1	2	3	4	5
A	C	B	C	C

English

SECTION a COMPREHENSION

INTRODUCTION

Comprehension determines the ability of an examinee to grapple with abstract thoughts hidden in the text. It also judges his ability to draw conclusions from the given set of information that is in the form of running text. This test can be solved by reading the given paragraph and answering the questions that are given below it. Answers may be given either by ticking the right choices in the question paper or filling the relevant boxes (showing options) in the answer sheet with pencil. The passage can vary in length; it could be as small as a paragraph of 50 words or, it could be a type of small essay of nearly 500 words, conveniently divided into some paragraphs. Single paragraphs are also given in many a test. The topic of the paragraph generally deals with abstract subjects whereas figures or tables are generally avoided.

While treating the test from an artistic viewpoint, readers will have to develop the sense of making logical conclusions. These conclusions must be based on the text given in the passage; they cannot imagine phenomenon, conclusions or facts. They have to limit their imagination and the power to comprehend the abstract points (the "fine things" stated in the topic) to the passage only.

In order to solve this test in a scientific manner, readers will have to proceed according to the following steps:

(1) Read the passage and try to grasp the main theme of the story.

(2) Underline the important points.

(3) Read those words carefully that are in bold face letters. Try to connect them to the lines in which, they have been carefully embed-ded.

(4) Read the questions given below the passage and tick the relevant option in the answer sheet.

(5) Many passages have tests of antonyms and synonyms appended in the end of their questions. Do not imagine the antonym or synonym of the given word or the bold-faced word of the passage. Instead, link that word to the line in which, it is embedded. Try to find out what the author is saying in that line. Now, answer the question (antonym or synonym) keeping in mind the "true spirit" of the word in its sentence.

(6) In many tests, you may be asked to give a suitable title to the passage. Scan through the passage quickly and read the underlined phrases carefully. Give such a title to the passage as would encompass all the vital points of the passage. Do not go beyond the "real essence" of the given passage. Do not use difficult words in the title decided by you.

As an artist, you have to comprehend the fine aspects of the text that you will read. As a logician, you will be required to deduct and conclude.

PASSAGE-1

The villager has customarily been very conservative in his attitude and approach. He is reluctant to change his traditional way of thinking and doing things. His attitude, in many respects, is: "home-made is best". For instance, most cattle-farmers in the villages, prefer to feed their cows and buffaloes with a home-mix comprising local oil-cakes like mustard or cottonseed, pulses, jaggery, salt, etc. It takes numerous visits, hard-convincing, daily trials and experiments to convince the rural cattle-farmer that compound feeds, scientifically formulated, improve the yields of milk, without any incremental costs.

The age-old values and attitudes towards caste, creed, women, time and money take time to change. The villager has traditionally been a believer in the philosophy of 'Karma or fate. He has found it more convenient to blame his economic destitution, poor living conditions, and straitened social status on 'bhagya', 'Karma' or 'fate'. The security that the villagers find in the 'status quo', acts as a disincentive to change and experiment, in the short-run. Many of these antiquated attitudes, value-system and outlooks are changing, due to improved levels of awareness and education. However, the rate of change is sluggish. Attitudes that have fossilised over the centuries, do take time to change.

1. What does the phrase "home-made is best" imply?
(*a*) The best should not be discarded.
(*b*) Whatever is being practised is better than what is new.
(*c*) People should go in for the Swadeshi because it is home-made
(*d*) Change for the sake of change is no good.

2. Which one of the following is not the usual reason offered by an average Indian villager for his poverty?
(*a*) It is God's will
(*b*) It is a result of some of his bad deeds committed in this or the previous birth.
(*c*) It is because of his resistance to new ideas.
(*d*) It is his destiny

3. When will you call a person conservative in his attitude and approach?
(*a*) When he sticks to old ways of thinking and doing.
(*b*) When he would like to try out every new idea before accepting it.
(*c*) When he imputes motives to change agents.
(*d*) When he solves his problems through tried out methods.

4. Why does a villager feel secure in maintaining 'status quo'?
(*a*) Because whatever is known should be the best.
(*b*) Because change is seldom for the better.
(*c*) Because too many people go about advising him.
(*d*) Because of the imagined risk involved in trying a new approach.

5. What is the best method to convince the average Indian villager about the superiority of a new cattle-feed?
(*a*) Discussion
(*b*) Field demonstration
(*c*) Distribution of related literature.
(*d*) Home-visits.

PASSAGE–2

I do not suggest that the cultural side of education should be ignored. On the contrary, I think, it is essential to the production of the sort of adult who best fits the modern world. But I think that what is important in cultural education should be conveyed, at any rate in the early stages, by methods far more attrractive than those now usual. History and Geography should be taught at first by means of the cinema. When taught this way, they will give pleasure; attention will be spontaneous and therefore the impression will be less temporary. In spite of reforming movements, there is still among educators a feeling that what is enjoyed without effort cannot have much educational value. I would have children made aware of the manners and customs of tribes and nations utterly remote from their own. Education conducted on these lines would do more than many books to cure provincialism in space and time and to make children realise that actual human beings with actual feelings can be outwardly very different from the people among whom they live, but inwardly composed of the same human material. A Zulu would not appear strange, remote or savage but one like themselves.

1. The writer criticised traditional educators for not
(*a*) using cinema as a method of teaching.
(*b*) making learning an enjoyable activity.
(*c*) imparting information about remote tribes.
(*d*) imparting information about various cultures.

2. The writer thinks that the cultural side of education is needed to make man
(*a*) appreciate one's heritage.
(*b*) appreciate other civilisations.
(*c*) suitable for modern civilisation.
(*d*) admire his environment.

3. The expression "to cure provincialism in space and time" means to get rid of
(*a*) regional feelings (*b*) obscure ideas
(*c*) narrow views (*d*) selfish opinion

4. One of the goals of education should be to make children realise that
(*a*) human culture is diverse.
(*b*) regional cultures should not be ignored.
(*c*) They must respect values of alien culture.
(*d*) there is a unified system of human values underneath cultural diversity.

5. The response of the learners to teaching through cinema is
(*a*) absorbing. (*b*) long-lasting.
(*c*) enthusiastic. (*d*) superficial.

PASSAGE-3

In the technological systems of tomorrow — fast, fluid and self-regulating — machines will deal with the flow of physical materials; men with the flow of information and insight. Machines will increasingly perform tasks. Machines and men both, instead of being concentrated in gigantic factories and factory cities, will be scattered across the globe, linked together by amazingly sensitive, near-instantaneous communications. Human work will move out of the factory and mass office into the community and the home. Machines will be synchronised, as some already are, to the billionth of a second; men will be desynchronised. The factory whistle will vanish. Even the clock, "the key machine of the modern industrial age," as Lewis Mumford called it a generation ago, will lose some of its power over humans, as distinct from purely technological affairs. Simultaneously, the organisation needed to control technology will shift from bureaucracy to Ad-hocracy, from permanence to transience, and from a concern with the present to a focus on the future.

In such a world, the most valued attributes of the industrial age become handicaps. The technology of tomorrow requires not millions of lightly lettered men, ready to work in unison at endlessly repetitive jobs, it requires not men who take orders in unblinking fashion, aware that the price of bread is mechanical submission to authority, but men who can make critical judgments, who can weave their way through novel environment, who are quick to spot new relationships in the rapidly changing reality. It requires men who, in C.P. Snow's compelling terms, "have the future in their bones."

1. The type of society which the author has mentioned makes a plea for
   (*a*) a mind assimilative of modern scientific ideas
   (*b*) a critical mind having insight into future
   (*c*) a mind well-versed in cultural heritage
   (*d*) a mind with firm principles of life
2. The future man, according to this passage, must be
   (*a*) most adaptative and intelligent
   (*b*) most capable of dealing with the changing reality
   (*c*) more concerned with the present than the future
   (*d*) trained and obedient
3. Near-instantaneous communications' may be regarded as a symbol of
   (*a*) anachronisation
   (*b*) mischronisation
   (*c*) desynchronisation
   (*d*) synchronisation
4. If a person believes that 'the price of bread is mechanical submission to authority', he is
   (*a*) a believer in devotion to duty
   (*b*) a believer in taking things for granted
   (*c*) a believer in doing what he is told, right or wrong
   (*d*) a believer in the honesty of machines
5. The technological system of tomorrow will be marked by
   (*a*) dehumanisation (*b*) perfection
   (*c*) automation (*d*) unpredictability

PASSAGE-4

Education, particularly higher education is the obvious but crucially important instrument for nation building. As Confucious has said;

If you are thinking of one year, plant rice. If you are thinking of a decade, plant trees. If you are thinking of a century, educate the people.

When we set about the task of higher education, we should be absolutely clear in our perception of the goals of education in the specific context of our nation's development. No doubt, one of the important aims of education would be to create the required range and nature of trained manpower assessed to be needed by different sectors of national growth. The entire educational apparatus must be geared progressively to fulfill the requirements of different phases of our growth in every sector—primary, secondary and tertiary. The aim must be to ensure that our country does not experience either paucity, or a surfeit, of trained manpower in any specific segment of our economy. The requirements of our country, as a free, democratic, secular, socialist, nation, aspiring for rapid development, entail a specific recipe for our educational institutions. Today's educational institutions must therefore be developed accordingly and must regulate themselves to give the country the precise nature and quantum of trained manpower as projected by the requirements of our planned economy.

1. The author has quoted thoughts of Confucious to stress
   (*a*) importance of planting trees for human beings
   (*b*) the worthless efforts in planting rice
   (*c*) the benefits of investing in education
   (*d*) the need for assessing manpower requirement
   (*e*) None of these
2. Which statement cannot be made on the basis of the passage?
   (*a*) Higher education should keep in view the requirements of national economy
   (*b*) Higher education has not been employed for nation building

(*c*) All levels of education have a role to play in nation's growth
(*d*) In our country we need to have a specially planned educational system
(*e*) The educational system should be modified to suit to our country's needs

3. The writer believes that
(*a*) there are no problems related to higher education
(*b*) investment in education is of long-range
(*c*) higher education should be used to assess manpower needs
(*d*) aims of higher education in India are absolutely clear
(*e*) None of these

4. The author's expectations from higher education are essentially
(*a*) unrealistic (*b*) confusing
(*c*) critical (*d*) vague
(*e*) reasonable

5. The writer indicates that
(*a*) higher education did not play any role in national growth
(*b*) primary education did not play any role in national growth
(*c*) our nation experiences paucity of trained manpower in many sectors
(*d*) today's higher education has no precise goals to achieve
(*e*) None-of these

PASSAGE–5

Using infant mortality as a key indicator of the status of children, we now begin to have the broad features of a hypothesis as to the causes of higher or lower mortality rates. One aspect is the **complex** of factors involving the **access** of mothers to trained personnel and other facilities for child delivery, the nutritional status of pregnant and nursing mothers and the quality of health-care and nourishment which babies receive. The other aspect, indicated by rural-urban differentials, is the possible importance of human settlement patterns in relation to the availability of health-care and related facilities such as potable water, excreta disposal systems, etc. Thus, in a special sense it is much cheaper to make health and other basic services available to a community when it is densely settled rather than widely dispersed.

It is possible to argue, however, that both these sets of factors are closely related to a third one, namely income levels. Poorer mothers and babies have less access to health-care facilities and nourishment than those who are better-off, urban communities are on an average much better-off than rural communities. That economic conditions play a crucial role in determining the status of both mother and child is beyond dispute. But the question really is whether this is the only decisive factor or whether factors such as the availability of medical facilities, health-care programmes and nutritional programmes have an independent role. If so, then the settlement patterns which affect service delivery to the mother and child target groups become a relevant consideration. These are clearly issues of some importance for policy and programme planning.

1. Which of the following can be inferred from the passage?
(*a*) Infant mortality rate is higher in rural areas as compared to that of urban areas
(*b*) Income level alone can predict the infant mortality rate
(*c*) There, now, is more population in urban areas as compared to rural areas
(*d*) Delivery of services to the mother and child does not depend on the settlement pattern
(*e*) The rural areas have now become densely-populated

2. Which of the following is the issue of importance for policy?
(*a*) Relationship of mortality and income levels
(*b*) Growing rural-urban differentials
(*c*) Infant-mortality rate and mortality rate inter-dependence
(*d*) Dependence of education level of the mother and infant mortality rate
(*e*) Independence of factors other than income on infant mortality

3. Which, according to the passage, is the other main indicator of the status of children, besides infant mortality?
(*a*) Educational level
(*b*) Nourishment level
(*c*) Weight at birth
(*d*) Not mentioned
(*e*) None of these

4. What is the advantage of providing services in the urban areas, as compared to that of rural areas?
(*a*) The services are cheaply available
(*b*) Per-capita expenditure for setting up services is much less
(*c*) There is more awareness about availability of services
(*d*) The investment can be received in short duration
(*e*) It is much easier to set up services

5. Which of the following is the **same** in meaning as the word "**access**" as used in the passage?
(*a*) Passage (*b*) Outburst
(*c*) Surplus (*d*) Demand
(*e*) Reach

PASSAGE-6

To open up a field of study, draw attention to its vital elements, the lecture is invaluable. To listen to a lecture can be thrilling experience from which the student may gain ideas obtainable in no other way. But possibly to a greater degree than other forms of instruction, lecturing presumes a high order of intellectual competence on the part of learners. The purposes of the lecture are to summarize, to clarify, to stimulate and to humanize the materials of the course. It should synthesize, evaluate, criticise and compare ideas and facts with which students have come in contact through out-of-class assignments.

The effectiveness of lectures could be enhanced by introducing the lecture with a brief review of the work preceding. It should also be indicated how the day's lecture fits into the course pattern. A lecture should seldom be presented in one unbroken discourse. Unless exceptionally interesting, a long lecture **strains** the capacity for concentrated listening, causing intermittent wandering of attention and loss of continuity in thought. The lecture should therefore be organized in a few block or units. As a rule, the exposition should be concluded before the end of the class period so as to allow some time for general discussion.

For students to obtain maximum benefit from a lecture, individual participation in study both precede and follow it. On their own initiative, most students would not engage in preparatory study, hence formal assignments may be necessary. The lecture should be concluded on the assumption that the assignment has been fulfilled. It pays to explore the aids available for teaching a course particularly through lectures, since verbal exposition alone, however **lucid**, has its shortcomings.

1. Which of the following is the best suited title for the passage?
(*a*) Methods of Teaching
(*b*) Effective Learning
(*c*) Contrast Programmes
(*d*) Lecture-Method
(*e*) Teaching Without Tears

2. Which of the following is the **same** in meaning as the word "**strains**" as used in the passage?
(*a*) Spoils
(*b*) Damages
(*c*) Drains energy from
(*d*) Requires greater effort
(*e*) Puts premium on

3. An uninterrupted discourse type method results into..........
(*a*) loss of attention
(*b*) a thrilling experience
(*c*) stimulation of interest
(*d*) humanising the course material
(*e*) None of these

4. Which of the following is **not true** in the context of the passage?
(*a*) Students on their own take up assignments
(*b*) Lecture method humanises the course content
(*c*) There are many methods of teaching
(*d*) Improvements can be made in the traditional lecture method of instruction
(*e*) Various aids can be used with lecture method

5. Compared to other methods, lecturing requires ....
(*a*) more competent trainer
(*b*) bigger number of students
(*c*) higher level of learner
(*d*) a new field of study
(*e*) better presentation of ideas

PASSAGE-7

Among the several citrus fruits, acid lime is one of the most, prolific yielder, and this crop can be profitably grown in the tropical plains and hill slopes with scant water resources. It comes up well in sandy loam rich in organic residues and endowed with adequate drainage. Good quality grafts are ideal for raising a healthy and productive lime garden. The grafts yield true-to-parent plants of high yielding potential, and are early bearers. They also bear big fruits all through the year.

However, the longevity of the grafts is less as compared with the trees developed from the seeds, according to experts. Seeds extracted from healthy fruits from proven mother plants will develop into robust plants with longer life. The main field should be thoroughly tilled, and ripe farm-yard manure should be incorporated well with the final ploughing and land levelling. Green manuring will also help in increasing the soil's organic matter content, and in improving the soil structure. A spacing of 6 m by 6 m is recommended for raising acid lime plantation. Pits of 90 cm by 90 cm are to be dug, and filled up with adequate quantities of vermin-compost, coir-pith compost and small amounts of powdered neem cake and bio-fertilizers. About 250 plants can be accommodated in a hectare.

Regular irrigation is essential in the early stages of crop establishment. Drip irrigation, pitcher irrigation and micro-sprinklers have been found to give good results, besides saving considerable quantities of water and energy. In the initial months after planting, sufficient shade should be provided to protect the tender seedlings and grafts from harsh sun. Planting Sesbania (agathi) around the young plants will be effective in ensuring the required shade, besides enriching the soil. Several annual crops such as pulses and vegetables, can be raised as intercrops in the initial years. The plants should be trained to grow vertically by discouraging the lateral shoots and other growths.

Regular pruning to get the desired dome-shape should be done when the plants are still young. The field should be kept free of weed and other unwanted vegetation. Regular manuring should be done twice annually. The nutrients, mostly organic in nature, should be incorporated at the base of the plants, and watered immediately. The plants particularly respond well to liberal application of organic amendments. The micro-nutrient deficiencies will not be noticed in acid lime plantations raised with rich organic nutrients. Plant protection is an important aspect in acid lime cultivation. The plants should be sprayed with cow's urine, vermin-wash and other botanical insecticides to ward off leaf-munching caterpillars and other sucking and chewing pests.

Need-based application after monitoring the field for pest incidence will be rewarding. Spraying should be taken up at an interval of ten days, and it will also improve the fruit setting and fruit development. The plants will establish well and start yielding from the second year of planting. Though the fruits can be had all round the year, some major flushes can be harvested in December-January and July-August seasons. A well nurtured grown-up tree can yield as high as 3000 fruits a year. The profit for the growers depends on the season and the prevailing market rate. With an average price of Rs. 0.35 a fruit, a farmer can realize about Rs. 2.5 lakhs from a hectare of a healthy and well-tended acid lime garden.

1. It can be inferred from the passage that

I. The quality and size of fruits depend upon the longevity of the plants.

II. The yield of grafts is less as compared to the trees developed from the seeds.

III. There is not much of a difference between grafts and the trees developed from the seeds, except in life.

Which of the above statements is/are true?

(*a*) Only III (*b*) Only II
(*c*) I and II (*d*) I, II and III

2. For a good growth of acid-lime crop, all of the following are essential *except,*
(*a*) water-logged tropical plains
(*b*) good irrigation with adequate drainage
(*c*) rich residues of orgainc nutrients
(*d*) hill slopes with poor water resources

3. The author of the passage could be
(*a*) an agricultural activist
(*b*) an agricultural expert
(*c*) a farmer
(*d*) an analyst

4. Which of the following is necessary for the nascent crop?
(*a*) Sufficient shade
(*b*) Regular inrrigation
(*c*) Regular manuring and application of organic nutrients
(*d*) Both (*a*) and (*b*)

5. The most appropriate insecticide for acid-lime crop is
(*a*) cow's urine
(*b*) powdered neem
(*c*) vermi-compost
(*d*) organic residue

PASSAGE–8

We should preserve Nature to preserve life and beauty. A beautiful landscape, full of green vegetation, will not just attract our attention but will fill us with infinite satisfaction. Unfortunately, because of modernization, much of nature is now yielding to towns, roads and industrial areas. In a few places some Natural reserves are now being carved out to avert the danger of destroying Nature completely. Man will perish without Nature, so modern man should continue this struggle to save plants, which give us oxygen, from extinction. Moreover, Nature is essential to man's health.

1. What does "Nature" in the passage mean?
(*a*) Countryside covered with plants and trees
(*b*) Physical power that created the world
(*c*) Inherent things that determine character
(*d*) Practical study of plants and animals

2. Which one of the following is the correct statement?
According to the passage
(*a*) Beauty is only skin-deep
(*b*) Everything is beautiful in its natural state
(*c*) There is beauty in Nature
(*d*) Nature is a moral teacher

3. What does the writer suggest?
(*a*) We should not modernize, so that Nature can be preserved
(*b*) While modernizing we should be careful not to destroy Nature completely
(*c*) All Nature has been destroyed by modern living
(*d*) Carving out Natural reserves will hamper the growth of industries

4. What does "Struggle" in the passage mean?
(*a*) Man's Struggle to exist in the world
(*b*) Man's Struggle to save Nature
(*c*) Man's Struggle to catch up with modern trends
(*d*) Man's Struggle to conserve oxygen

5. Why a beautiful landscape will fill us with infinite satisfaction'?
(a) We love beauty
(b) It is full of green vegetation
(c) It will ensure our future existence
(d) It will show our command over Nature

PASSAGE-9

Finally, there arises the question as to our leadership potential. Although the entire younger generation by the very definition is a potential storehouse of leadership, I feel that our universities provide the richest reservoir from which the future leaders of this country will be forthcoming. I have had occasion to travel fairly extensively and to visit a number of university centres in the country. It is deeply encouraging to see that despite the economic and other difficulties which these young men and women have to face they are full of energy and idealism. The real question is whether we have the ability and imagination to tap this reservoir, to fan the sparks of youthful idealism into bright flames that would illumine the future of India — the India of our dreams for the building of which countless generations have struggled and sacrifled; an India socially emancipated, economically prosperous, politically integrated, militarily strong and spiritually dynamic.

1. Which one of the following is correct?
The writer believes that India is
(a) socially emancipated
(b) economically prosperous
(c) spiritually dynamic
(d) None of the above

2. What is the author's tone in the passage?
(a) Optimistic (b) Autocratic
(c) Pessimistic (d) Partisan

3. Where will the future leaders of the country mainly come from?
(a) The families of present political leaders
(b) The community of social scientists
(c) The universities
(d) The entire younger generation

4. Which one of the following is correct?
For realizing the India of our dreams,
(a) we should have the imagination to exploit our budding leadership potential
(b) we should admire the sacrifices made by several generations
(c) we should bring about more technological advancements
(d) we should provide better facilities for sports

5. Which one of the following is correct?
What is deeply encouraging about educated young men and women of India is that
(a) they come from the richest reservoirs of potential leaders
(b) they are full of energy and idealism because of quality education
(c) they are full of youthful idealism and imagination
(d) they are full of energy and idealism in spite of economic and other difficulties they face as students

PASSAGE-10

My own recollection is that I had not had any high regard for my ability. I used to be astonished whenever I won prizes and scholarships. But, I very assiduously guarded my character. The least little blemish drew tears from my eyes. When I merited, or seemed to the teacher to merit, a rebuke, it was unbearable for me. I remember having once received corporal punishment. I did not so much mind the punishment, as the fact that it was considered my desert. I wept piteously. That was when I was in the first or second standard. There was another such incident during the time when I was in the seventh standard. Dorabji Edulji Gimi was the Headmaster then. He was popular among the boys, though he was a disciplinarian. He was a man of method and a good teacher. He had made gymnastics and cricket compulsory for the boys of the upper standards. I disliked both. I never took part in any exercise, cricket or football, before they were made com-pulsory. My shyness was one of the reasons for this aloofness, which I now see as wrong. I then had the false notion that gymnastics had nothing to do with education. Today I know that physical training should have as much place in the curriculum as mental training.

1. Why did the author say that he did ***not*** have any high regard for his ability?
(a) He was a dunce
(b) He always used to miss his classes
(c) He never did well in studies or sports
(d) He was full humility

2. The author's idea that character is a treasure is revealed in which of the statements?
(a) "I won prizes and scholarships"
(b) "When I merited, or seemed to the teacher to merit, a rebuke, it was unbearable for me"
(c) "I very assiduously guarded my character"
(d) "I wept piteously"

3. Why did the author weep piteously?
(a) He felt insulted
(b) Punishment was considered his due
(c) He felt the physical pain
(d) He took the punishment to heart

4. Why did the author dislike gymnastics and cricket?

(*a*) They cut into his study time

(*b*) He had to spend money in buying bats, etc.

(*c*) He felt that physical education could cause injury

(*d*) He was shy

PASSAGE-11

According to the research findings of a team of American scientists published recently, the sea waves contain as much energy as the world is consuming at present. Scientists have found that through the application of two major devices called land-based systems and offshore devices, this source of energy can provide huge amount of electricity without cooling towers and pollution.

Land-based systems include tapered channels and fixed oscillating water column (OWC) devices whereas offshore devices include floating OWC devices, buoys, etc. Through these devices the mechanical energy of ocean waves is absorbed and converted into electrical energy. The wave power potential depends on numerous factors such as the device's capability to harness long wavelengths, period of waves and depth of water where they arise.

Compared to conventional power stations which require greater space and are difficult to maintain in critical situations, wave power devices are highly modular, cost effective and easier to upgrade. As the recent findings suggest, sea wave energy has much greater potential to be used for electricity generation than the hitherto known sources of renewable energy. Moreover, most of the renewable energy systems require hundreds of square acres of useful land for their installation. But in case of wave energy devices, space crunch' can never be a serious problem.

1. Which one of the following statements is correct?

Harnessing energy from sea waves

(*a*) undermines ecological balance.

(*b*) requires huge capital.

(*c*) requires high technical expertise.

(*d*) results in saving of useful land area.

2. Which one of the following statements is correct?

Wave power devices

(*a*) convert wind energy into mechanical power.

(*b*) convert mechanical energy of ocean waves into electrical energy.

(*c*) require costly transmission mechanism

(*d*) entail risk to human life.

3. Which one of the following statements is correct?

(*a*) Fixed as well as floating oscillating water column devices are required to harness ocean wave energy.

(*b*) Fixed oscillating water column devices are required for off shore based system.

(*c*) Floating oscillating water column devices are required for land-based system.

(*d*) Electricity generated from oceans is independent of the depth of water where waves arise.

4. Which one of the following statements is correct?

The capacity of system to generate electricity from ocean waves

(*a*) can be increased only at exorbitant cost.

(*b*) can be easily upgraded.

(*c*) can be increased but it requires a great space.

(*d*) is only a few megawatts.

5. Which one of the following statements is ***not*** correct?

(*a*) Conventional power stations require cooling towers.

(*b*) Power generation from ocean waves also adds to pollution like conventional power stations.

(*c*) Ocean wave energy can meet all the present energy of the world.

(*d*) Period of waves is one of the relevant factors in power generation from ocean waves.

PASSAGE-12

The most important fact, which a leader who wishes to motivate others should bear in mind, is that an individual has an incessant and gnawing craving for importance. There is no exception to this psychological need. Barring his biological needs, practically all his actions are directed at satisfying his continuing need to feel important. According to William James, the deepest principle in human nature is the craving to be appreciated. The individual who can honestly satisfy this burning hunger for importance on the part of his fellow human beings can literally rule the world. He can motivate and influence any person, big or small, high or low, educated or uneducated, rich or poor, man or woman, provided he is capable of making the other person feel truly important. By discovering the special and particular gifts of an individual, by giving due recognition and sincere appreciation to that singular gift or talent, you can win him or her over to your side easily.

You have to create an eager want on the part of the other individual if you wish to motivate him. In other words, you have to make the horse feel thirsty if your aim is to make it drink. Fortunately for you, there is an inborn, ever-present, gnawing hunger on the part of every human being to gain recognition and appreciation. This want is already there and you don't have to create it. All you have to do is to satisfy this hunger. If you objectively analyse your own motives and needs you will find that this need for recognition is the strong driving factor behind your aspiration to become a leader. It was this urge for importance which made Alexander and Great embark on a world conquest, and made many emperors wage innumerable battles and wars. This urge has driven artists, authors, scientists, inventors and others to attain great heights in their chosen fields and produce the best results.

1. Which one of the following statements is correct?
(*a*) Many scientists and inventors have excelled because of the availability of research facilities.
(*b*) Artists and authors have made contribution to society because of their innate genius.
(*c*) Many athletes have won gold medals in the Olympics because of their coaches.
(*d*) People in different areas have been successful because of the need of recognition.

2. Which one of the following statements is ***not*** correct?
(*a*) Hunger for recognition has to be developed over the years in one's personality.
(*b*) Need to gain recognition is an inborn trait.
(*c*) Many wars have been waged to satisfy the need to get importance.
(*d*) Craving for importance is a natural psychological need of every human being.

3. Which one of the following statements is correct?
(*a*) A successful leader must be able to identify the need of importance of others.
(*b*) Need for recognition is a trait only of high professionals.
(*c*) To motivate a person, an increase of his salary is the best strategy.
(*d*) Monetary success is the driving force for a leader.

PASSAGE-13

Because goldfish can be kept easily in small ponds and aquariums, they make good pets, but like many other pets, they must have proper care and the right kind of place to live.

A two-inch fish requires a minimum of two gallons of water containing sufficient oxygen to support life. Some oxygen will make its way into the water of an aquarium from the air that touches the surface. Plants in an aquarium also help to furnish oxygen. Snails help to keep an aquarium clean. Thus, with plenty of plants and snails the water is an aquarium does not have to be changed frequently. A large lake may prove to be a quite unsuitable abode for goldfish.

It is important that goldfish not be overfed. They can be fed such things as dried insects in addition to commercially-prepared goldfish food, but they should never be fed more than once a day. Even then, they should not be given more food than can be consumed in about five minutes. This ensures prolonged life.

1. Which one of the following statements is correct?
(*a*) Snails eat up the goldfish in an aquarium
(*b*) A large lake may not be a suitable place for goldfish
(*c*) Plants provide food to the snails in an aquarium
(*d*) Goldfish come above the surface of water to get oxygen from air

2. Which one of the following statements is *not* correct?
(*a*) Goldfish can be made goods pets
(*b*) Plants in an aquarium provide oxygen to goldfish
(*c*) Goldfish must never be given too much food
(*d*) Snails make the aquarium clean by eating up goldfish

3. Which of the following helps supply goldfish with oxygen?
(*a*) Snails
(*b*) Dried insects
(*c*) Goldfish food
(*d*) Plants

4. Which one of the following statement is *not* correct?
(*a*) Water in an aquarium has to be changed frequently because of plants and snails
(*b*) Commercially-prepared goldfish is available
(*c*) The place for the goldfish should be selected with care
(*d*) Dried insects make good feed for goldfish

5. What is important to remember when feeding goldfish?
(*a*) Goldfish should be fed more than once a day at regular intervals
(*b*) Goldfish should be fed with plants and snails
(*c*) Goldfish should be fed only once a day
(*d*) Goldfish should be fed only in the evenings

PASSAGE-14

Ah ! whatever could be said was said. All held him guilty. Even his own mother who claimed to understand him the best. All had betrayed him in his hour of need. Yet, there he was, still with a sparkling hope and knew that the truth must prevail. In the cold, dark and damp cell he never for a moment lost faith in God and goodness and was waiting anxiously for an angel to come, plead non guilty for him and free him of his miseries.

1. Three of the following statements indicate that he had a sparkling hope. Which statement does not?
   (*a*) He had never lost faith in God.
   (*b*) He was sure there was goodness.
   (*c*) He could have evidence in his favour.
   (*d*) He knew that the truth must prevail.
2. Whatever others said about him, he
   (*a*) betrayed no one.
   (*b*) thought over the problem.
   (*c*) never lost faith in goodness.
   (*d*) raised his voice against injustice.
3. In the dark dungeon he always waited for
   (*a*) his mother.
   (*b*) the jailer.
   (*c*) the verdict freeing him of his miseries.
   (*d*) the angel to come and plead for him.
4. The truth must prevail means
   (*a*) he was true.
   (*b*) angel will reveal truth.
   (*c*) truth always wins in the end.
   (*d*) we must plead for the truth.

PASSAGE-15

Once while travelling by the local bus, I got a seat beside a very strange man. He seemed interested in every passenger aboard. He would stare at a person, scribble some odd mathematical notations on his long notebook and then move on to the next. Being quite interested in what he was doing I asked him what all those notations meant and then came the startling reply. He saw a man's face not as a single unit but as thousands of squares put together. He was in fact a statistical expert and a budding artist learning the art of graphics.

1. The man was scribbling down
   (*a*) the figures of co-passengers.
   (*b*) the details of thousands of squares put together.
   (*c*) some mathematical formulae and calculations.
   (*d*) some mathematical signs.
2. The man caught author's attention because
   (*a*) he was sitting next to him.
   (*b*) he was staring at every person in the bus.
   (*c*) he would stare at every person and then scribble down some mathematical notation.
   (*d*) he was a budding artist learning the art of graphics.
3. The author found that man's reply quite startling because
   (*a*) a statistical expert cannot be a budding scientist.
   (*b*) a budding artist cannot be a statistical expert.
   (*c*) graphics is still a rare art form and he was learning it while travelling in a bus.
   (*d*) the fact that "a man's face can be analysed as thousands of squares" was a strange concept.
4. From the passage we gather that
   (*a*) the author is very inquisitive.
   (*b*) the author tries to poke his nose in other people's business.
   (*c*) the author is interested in mathematical notations.
   (*d*) the author wants to talk to fellow passengers in the bus.

PASSAGE-16

With the inevitable growth of specialisation I see the universities facing two great dangers. First, it is very easy to get so involved in the technical details of education that the object of education is lost. And secondly, in an effort to condition a university to the needs of its students and to the needs of the state it may lose its power to make or mould those students into responsible men, capable of thinking for themselves and capable of expressing the results of their thoughts to others.

1. The author calls growth of specialisation 'inevitable'. Which one of the following statements is likely to be the most correct reason for this inevitability?
   (*a*) Universities give grants only to do specialised work in different disciplines.
   (*b*) The professors and researchers in universities are competent only for specialised work.
   (*c*) Specialisation helps economic growth of the nation.
   (*d*) In an age of science and technology specialisation becomes necessary.
2. Which one of the following statements most correctly suggests the central theme of the passage?
   (*a*) The aim of education is specialisation.
   (*b*) The aim of education is to mould the youth to work for the state.
   (*c*) The aim of education is to make the youth capable of independent thought and expression.
   (*d*) The aim of education is to enable the youth to earn a comfortable living.
3. Which one of the following statements most correctly suggests the warning implied in the passage?

(a) University education should not be concerned with technical details.

(b) Universities should not subordinate themselves to the interests of tile state.

(c) Universities should be concerned only with the needs of students.

(d) Universities should not go in for any specialisation.

PASSAGE-17

We shall go on to the end; we shall fight in France, we shall fight on the seas and oceans, we shall fight with growing confidence and strength in the air, we shall defend our island whatever the cost may be, we shall fight on the beaches, we shall fight on the landing grounds, we shall fight in the fields and in the streets, we shall fight in the hills. We shall never surrender, and even if this island or a large part of it were subjugated and starving, then our empire beyond the seas would carry on the struggle, untill the New World steps forth to the rescue and the liberation of the Old.

1. On the basis of the passage which of the following statements may be said to be correct?
   (a) The speaker is encouraging his men for the conquest of France
   (b) The speaker is aggressive and maniacal war-monger
   (c) The speaker is not satisfied with the conquest of the island
   (d) The speaker is a patriot urging the defence of his motherland
2. The speaker in the passage wants to go on fighting because
   (a) he is a raving lunatic
   (b) he is in a state of utter despair
   (c) he expects help from other quarters
   (d) he is the leader of a suicide squad
3. Which of the following pairs of the phrases helps best to bring out the intention of the speaker?
   (a) "Go on to the end"; "shall never surrender"
   (b) "Growing confidence"; "subjugated and starving"
   (c) "Subjugated and starving"; "fight on the landing ground"
   (d) "Fight in the streets"; "subjugated and starving"
4. The passage consists of repetitive patterns in syntax and vocabulary. The effect of this style is that it
   (a) reveals the speaker's defects in giving a speech
   (b) produces the impression of bad poetry
   (c) conveys the speaker's helpless situation
   (d) reinforces the speaker's basic intention

PASSAGE-18

It is said that once three old men set out on a Journey together. One of them was bald, the second was a philosopher and the third was a barber. At nightfall they decided that each one of them should sit for watch *turn* by turn. The *barber* was to keep watch first of all, the *philosopher* after that and the *bald* man last of all. So, the philosopher and the blad man went to sleep and the barber was on watch. For some time he kept awake but in the end, he felt tired of it and he thought of some *diversion* as otherwise it was difficult for him to *pass* time. Then he took out the razor from his box and shaved the head of the philosopher. At the fixed time he woke up the philosopher and himself went to sleep. when the philosopher got up and felt his head all over, he was startled and said in surprise, "It was my trun but this *wretched* fellow has *awakened* bald man."

1. Why did the philosopher get up?
   (a) He realised that his head was being shaved off
   (b) It was his turn to keep watch
   (c) He was awakened by the barber
   (d) he had a bad dream
2. Who went to sleep first?
   (a) The philosopher and the barber
   (b) The barber and the bald man
   (c) The bald man and the philosopher
   (d) The barber
3. Why did the barber shave off the head of the philosopher?
   (a) The barber was jealous of the philosopher
   (b) The barber wanted to indulge in some fun
   (c) The barber wanted the philosopher to keep watch
   (d) The barber was feeling drowsy
4. Which one of the following is the correct sequence decided upon the three to keep watch turn by turn?
   (a) Barber – bald man – philosopher
   (b) Bald man – philosopher – barber
   (c) Barber – philosopher – bald man
   (d) Bald man – barber – philosopher
5. Which one of the following statements is ***not*** correct?
   (a) All the three men decided to keep watch one by one
   (b) The barber woke up the bald man
   (c) The head of the philosopher was shaved off
   (d) The philosopher was startled on feeling his head all over

PASSAGE-19

There can be only two explanations why countries like UK, US, Germany and Japan are willing to spend up to 5.5 million to make the Next Generation Linear Collider (NGLC) : Intellectual snobbery or complete indifference to the problems of the real world. To plan a 20-mile-long tunnel merely to go about smashing atoms, so as to recreate the Big Bang, is a frightful waste of public money. The project has no foreseeable practical application. Already, cyber-savvy cosmologists are engaged in simulating the Big Bang, or the beginning of the universe, in the virtual world, through number crunching and reverse engineering. Thye have successfully created a black hole on the desktop. So why go in for prohibitively expensive experimentation, when the virtual world is just a mouse-click away? Scientific ingenuity, remember, is not confined to reallife experiments; many of today's break-throughs have been inspired by research conductd almost entirely in cyberspace. Moreover, virtual research is 'clean'— without such fallouts as lab accidents and chemical leakages—and costs next to nothing.

1. Countries like UK, US, Germany and Japan wish to spend lot of money.
(*a*) to attend to the problems of humanity.
(*b*) to control AIDS.
(*c*) for defence research.
(*d*) to carry out atomic research.

2. Virtual research is carried out
(*a*) on computers.
(*b*) by experimentation in the field.
(*c*) by spending up billions of dollars.
(*d*) by experimentation in space.

3. Scientific research is not prohibitively costly when conducted
(*a*) by simulation in the virtual world.
(*b*) smashing atoms in a tunnel.
(*c*) making real-life models.
(*d*) using satellites.

4. Reverse engineering
(*a*) is commonly practised in research.
(*b*) is prohibitively expensive experimentation.
(*c*) is not used by cosmologists in the virtual world.
(*d*) is independent of analysis using computers.

PASSAGE-20

Failure and success are the ways of life. Constant efforts despite initial setbacks have brought us from the chrysalis of failures into the bright opportunity of triumphs. The conquest of Everest is a fitting example. Success eluded men for nearly twenty-five years. The leader of an unsuccessful expedition started, "Everest cannot add to its height, but spirit of man heightens even under repulse." Subsequent conquest of Everest has proved the truth of this. Indeed every newborn day is in itself an opportunity teeming with splendid chances for those who are alert, wide awake and aspiring.

1. According to the writer, the conquest of Everest proves that
(*a*) the spirit of man heightens under demanding circumstances.
(*b*) man cannot attain the unattainable.
(*c*) success is always elusive.
(*d*) the nature is most potent.

2. In this passage, "chrysalis of failure" means that
(*a*) failure involves a closed situation from which one cannot escape.
(*b*) failure can be compared to the pupa of the gold-coloured butterflies.
(*c*) failure is a transitional state.
(*d*) as an insect emerges in a different shape from chrysalis, so a human being changes after every failure.

3. The very style of the prose suggests that the writer intends the last sentence of the passage to be
(*a*) poetic
(*b*) inspiring
(*c*) vague
(*d*) contradictory to the first sentence of the passage.

4. The expression "teeming with" in the passage can be replaced by
(*a*) multiplying (*b*) abounding
(*c*) fruitful (*d*) promising

5. Every new day brings fresh challenges for a person
(*a*) who is young
(*b*) whose head is teeming with bright ideas
(*c*) who has come out of the chrysalis of failure
(*d*) who is watchful and daring.

ANSWERS

PASSAGE-1

1	2	3	4	5
(*b*)	(*b*)	(*a*)	(*a*)	(*b*)

PASSAGE-2

1	2	3	4	5
(*b*)	(*a*)	(*c*)	(*d*)	(*b*)

PASSAGE-3

1	2	3	4	5
(*b*)	(*b*)	(*d*)	(*c*)	(*c*)

PASSAGE-4

1	2	3	4	5
(*c*)	(*b*)	(*c*)	(*e*)	(*e*)

PASSAGE-5

1	2	3	4	5
(*a*)	(*b*)	(*b*)	(*b*)	(*e*)

PASSAGE-6

1	2	3	4	5
(*d*)	(*c*)	(*a*)	(*a*)	(*e*)

PASSAGE-7

1	2	3	4	5
(*a*)	(*a*)	(*d*)	(*a*)	(*a*)

PASSAGE-8

1	2	3	4	5
(*a*)	(*c*)	(*b*)	(*d*)	(*c*)

PASSAGE-9

1	2	3	4	5
(*d*)	(*a*)	(*c*)	(*a*)	(*d*)

PASSAGE-10

1	2	3	4
(*d*)	(*c*)	(*a*)	(*d*)

PASSAGE-11

1	2	3	4	5
(*d*)	(*b*)	(*a*)	(*b*)	(*b*)

PASSAGE-12

1	2	3
(*d*)	(*a*)	(*a*)

PASSAGE-13

1	2	3	4	5
(*b*)	(*d*)	(*d*)	(*a*)	(*c*)

PASSAGE-14

1	2	3	4
(*c*)	(*c*)	(*d*)	(*c*)

PASSAGE-15

1	2	3	4
(*a*)	(*c*)	(*d*)	(*a*)

PASSAGE-16

1	2	3
(*d*)	(*c*)	(*b*)

PASSAGE-17

1	2	3	4
(*d*)	(*c*)	(*a*)	(*d*)

PASSAGE-18

1	2	3	4	5
(*c*)	(*c*)	(*b*)	(*c*)	(*b*)

PASSAGE-19

1	2	3	4
(*d*)	(*a*)	(*a*)	(*a*)

PASSAGE-20

1	2	3	4	5
(*a*)	(*d*)	(*b*)	(*b*)	(*d*)

□□□

SECTION b VOCABULARY

ONE WORD SUBSTITUTION

Ambiguous : (of a statement) having more than one meaning.

Ambidextrous : (of a person) who can write with both hands equally well.

Amphibian : an animal that can live both on earth and water.

Anaemia : deficiency of red blood cells or haemoglobin.

Andocracy : a social system dominated by men.

Anonymous : (of a person) of unknown name.

Anorexia : loss of appetite for food.

Anthology : a published collection of poems (from different poets).

Anthropophagy : the eating of human flesh by human beings.

Aquarium : a transparent bank of water in which the fish are kept.

Atheist : (of a person) who does not believe in the existence of God.

Archaeology : the study of science of historical relics or monuments.

Auditorium : a big hall, built for the gathering of people (audience).

Autograph : synatuses of an important person written as a memento for an admirer.

Bibliography : a list of books representing some scholarly work for reference.

Bibliomancy : the practice of foretelling the future with the help of the Bible.

Bibliomania : a great enthusiasm for collecting books.

Biblimetrics : a subject related to statistical analysis of books.

Bibliophile : a great lover of books.

Biography : life history of a person written by someone else.

Bioluminescence : the emission of light by an organism without producing heat.

Biology : the study of living organisms.

Botany : the science that deals with the study of plant life.

Bureaucracy : a government run by officials.

Cannibal : (a person) who eats human flesh.

Carnivorous : (of an animal) feeding on other animals.

Catalogue : a systematic complete list of items.

Catastrophe : an event that occurs suddenly causing a great damage or suffering.

Cavernows : cave-like shape or atmosphere.

Cholecystectomy : surgical removal of gall bladder.

Cholecystography : X-ray examination of the gall bladder.

Congenital : (of a physical abnormality) present from birth.

Contagious : (of a disease) spread from one person or organism to the other directly or in an indirect way.

Coprophagous : (of an organism) feeding on dung or faeces

Credulous : (of a person) easily ready to believe something.

Incredulous : (of a person) not ready to believe something or somebody.

Cruciform : having the shape of a cross.

Cryptology : art of writing and solving codes.

Cryptogram : a text written in codes.

Cacophony : a great discordant noise.

Cacography : bad handwriting.

Cosmology : the science of origin and development of universe.

Democracy : a government of people.

Dendrology : the scientific study of trees.

Deltiologist : a person having the hobby of collecting postcards.

Demonolatry : the worship of demons.

Diabolism : worship of the devil.

Ectomorph : a person with lean and delicate body.

Effulgent : shining brightly.

Egocentric : thinking only of oneself.

Endogamy : the practice or custom of marrying only within a local community.

Endomorph : a person with soft round body.

Epigraphy : the study and interpretation of ancient inscriptions.

Epilogue : a section or speech at the end of a book especially for giving the conclusion to what has been written.

Eponymous (of a person) giving his name to something.

Equinox : the time or date, when the day and night are of the same length.

Effervescent : giving off bubbles.

Fermentation : the chemical breakdown of a substance by yeasts or some bacteria, etc.

Fictitious : not real.

Folicide : the killing of one's son or daughter.

Floriferous : producing many flowers.

Fratricide : the killing of one's brother.

Fatal : a disease which ends in death.

Garrulous : excessively talkative.

Geophagy : the practice of eating earth.

Gigantic : of very big size.

Gluttonous : one who eats too much.

Gregarious : living in flocks or being fond of company.

Germicide : of something that kills germs.

Haemolysis : destruction of red blood cells.

Haemostasis : the stopping of flow of blood.

Hagiolatry : the worship of saints.

Homicide : the killing of human beings.

Horticulture : the art of garden cultivation.

Homogeneous : a combination of different elements.

Herbivorous : (of an animals) feeding on herbs.

Hypertension : pressure of blood more than normal.

Hypotension : pressure of blood less than normal.

Immiscible : (of a liquid) not forming a homogenous mixture with other liquids.

Immortal : never dying.

Impecunious : having little or no money.

Incorrigible : one which cannot be corrected.

Indolent : lazy; less active.

Kleptomania : a great desire of stealing things.

Loquacious : (a person) who talks excessively.

Lithography : the art of printing or drawing on stones.

Luxurious : extremely comfortable.

Matricide : killing of one's mother.

Misanthrope : a person who hates mankind.

Misogynist : a person who hates women.

Misogamist : a person who hates marriage.

Monogamy : the practice of marrying only one wife or husband.

Meticulous : a person who is very particular about every minute details.

Nepotism : the practice of providing opportunities to their friends or relatives by those who are in power.

Narcotic : a drug which is illegally sold and which causes addiction to the regular taker.

Nephrotoxic : destructive to the kidney.

Nascent : new and lacking in maturity.

Optimist : a person who looks at the bright side of things.

Omniscient : having unlimited knowledge.

Omnipotent : all powerful.

Omnipresent : present everywhere at the same time.

Opaque : a thing that cannot be seen through.

Polygamy : the practice of having more than one wife at the same time.

Pessimist : a person who always looks at the dark side of things.

Panacea : a remedy for all diseases.

Patricide : killing of one's father.

Regicide : killing of the king.

Remuneration : money paid for a work.

Simultaneous : an incident happening at the same time.

Scrupulous : (of a person or process) diligent and extremely attentive to details.

Sequacious : (of a person) lacking originality of thoughts.

Soliloqy : the act of speaking to oneself.

Teetotaller : a person who does not drink.

Theist : a person who believes in the existence of God.

Tenant : a person who stays in a house and pays rent for it.

Vociferous : (of a person) speaking loudly and vehemently.

Vivacious : (of a woman) attractive and sprightly.

Xenophobia : extreme fear from strangers.

Xylophagous (of an insect) : feeding on or boring into wood.

SYNONYMS & ANTONYMS

A. SYNONYMS

Ardent	eager, avid
Arduous	difficult, troublesome, tough
Aspire	hope, wish
Astonish	amaze, confound
Authentic	genuine, actual
Awesome	astonishing, amazing, awful, fearful
Ban	bar, debar
Bare	denuded exposed
Bear	carry, bring
Beautiful	attractive, charming
Becoming	attractive, graceful
Benchmark	model, example
Benevolent	bountiful, benign
Betwitch	attract, captivate
Boisterous	noisy, clamorous
Bonny	handsome, attractive, beautiful, healthy
Brave	bold, courageous
Break	crack, separate
Brief	laconic, curt
Bright	shining, flashing
Brisk	active, lively
Broad	generous, capacious
Build	assemble, construct
Busy	brisk, active
Cajole	Coax, dupe
Call	announce, shout
Calm	peaceful, mild
Candid	fair, frank
Capacious	spacious, roomy
Care	anxiety, concern
Catchy	attractive, captivating
Charming	attractive, appealing
Chief	main, key
Clean	pure, spotless
Clever	apt, intelligent
Clumsy	burgling, awkward
Colossal	giant, enormous
Compact	dense, condensed
Conspicuous	clear, apparent
Cordial	agreeable, cheerful
Credulous	trustful, unsuspicious
Cruel	atrocious, barbarous
Dangerous	alarming, hazardous
Dazzling	glorious, radiant
Deceive	cheat, betray
Deep	profound, bottomless
Delicate	fragile, weak, tender
Delight	ecstasy, happiness
Deny	disprove, rebuf
Eager	ardent, avid
Effective	active, capable
Elegant	beautiful, artistic
Emerge	arise, appear
Encouraging	cheerful, promising
Enormous	colossal, gigantic
Faded	dim, dull
Fair	clean, honest
Fascinating	attractive, bewitching
Foolish	imprudent, senseless
Frank	candid, ingenuous
Garrulous	chattering, gossiping
Generous	liberal, benevolent
Genuine	bonafide, authentic
Gloomy	dark, sad
Glorious	magnificent, excellent
Great	colossal, enormous
Haughty	assuming, arrogant
Hefty	big, robust
Humane	benign, gentle
Humble	modest, meek
Idle	lazy, inactive
Illogical	faulty, incorrect
Immense	enormous, colossal
Impudent	bold, brazen
Indolent	lazy, sluggish
Intelligent	clever, bright
Keen	ardent, arid
Kind	benevolent, benign
Laconic	brief, curt
Leading	dominating chief
Lively	agile, active
Lucid	evident, clear
Magnificent	excellent, glorious
Morose	gloomy, sad
Neglect	disdain, ignore
Obedient	submissive, amenable
Obscure	cloudy, vague
Obstinate	stubborn, firm
Opulent	lavish, affluent
Overnight	fault, mistake
Peaceful	harmonious, friendly
Polite	humble, civil
Prolific	teeming, bountiful
Radiant	bright, glorious
Rejoicing	delight, cheer
Sad	gloomy, depressed
Select	choose, opt
Silence	calm, peace

B. ANTONYMS

Abhor	Admire, love, adore
Adore	hate, abhor
Alert	listless, careless
Annex	remove, unfasten
Apex	bottom, nadir
Ban	allow, permit
Beautiful	awful, ugly
Benign	stern, harsh
Boisterous	quiet, peaceful
Brief	lengthy, extensive
Calm	stir, agitate
Careful	careless, unconcerned
Clear	cloudy, vague
Clever	clumsy, boring
Colossal	diminutive, small
Compatible	incompatible, inapt
Courageous	cowardly, timid
Damaging	useful, advantageous
Dangerous	safe, harmless
Deceit	honesty, candour
Delicate	harsh, indelicate
Deny	admit, accept
Dim	bright, clear
Eager	impassive, lazy
Efficient	inefficient, inept
Emerge	enter, fall
Encourage	deter, depress
Engaging	repulsive, unattractive
Fair	unfair, prejudiced
Fake	genuine, bonafide
Fascinating	unattractive, disgusting
Ferocious	mild, gentle
Gallant	cowardly, fearful
Gentle	aggressive, harsh
Gigantic	tiny, puny
Glorious	dull, dim
Handy	clumsy, inept
Happy	unhappy, gloomy
Hard	soft, flexible
Honset	dishonest, unfair
Huge	minute, puny
Idle	active, busy
Illogical	logical, coherent
Incorrect	correct, accurate
Indecent	decent, modest
Innocent	cunning, dishonest
Kind	unkind, cruel
Lazy	active, diligent
Like	unlike, diverse
Lovable	hateful, abhorrent
Major	minor, unimportant
Meek	arrogant, stubborn
Merry	sad, gloomy
Morose	happy, delightful
Nadir	bottom
Nonsense	sense, wisdom
Object	admire, accept
Obscure	clear, vivid
Overbearing	humble, modest
Peaceful	agitated, disturbed
Playful	gloomy, morose
Polite	impolite, ill-mannered
Proficient	incompetent, unskilled
Promising	unpromising, discouraging
Realistic	unrealistic, fanciful
Refined	unrefined, boorish
Reject	accept, select
Robust	feeble, frail
Secure	insecure, unsafe
Sensible	senseless, stupid
Sluggish	energetic, brisk
Tempting	untempting, unattractive
Tepid	zealous, eager
Timid	arrogant, bold
True	untrue, false
Ungainly	elegant, attractive
Unmannerly	mannerly, polite
Valid	invalid, illegal
Verbose	curt, brief
Violent	calm, quiet

IDIOMS AND PHRASES

1. **ABC** (basic principles) She does not know the ABC of photography.
2. **To cut a sorry figure** (present oneself in a bad way)
   She cut a sorry figure on the stage.
3. **Cut loose** (Keep away)
   India should cut loose from bad politics.
4. **To give a red carpet reception** (to give a warm welcome)
   The PM was given a red carpet reception in America.
5. **To dance one's tune** (to follow someone submissively)
   He always dances to his brother's tune.

6. **To turn a deaf ear to** (to disregard)
She turned a deaf ear to her parents' advice.
7. **To call a spade a spade** (to speak the truth)
Gandhiji always called a spade a spade.
8. **To bring to book** (to scold)
The naughty boy was brought to book by the teacher.
9. **From hand to mouth** (without any saving)
The poor factory worker is living from hand to mouth.
10. **Once in a blue moon** (seldom)
She visits her brother once in a blue moon.
11. **To cut short** (to reduce)
Smoking will cut short your life.
12. **By hook or by crook** (by any means fair or foul)
He wants to get money by hook or by crook.
13. **In the good books of** (be good in one's mind)
Jack is in the good books of his teachers.
14. **At sixes and sevens** (in disorder)
The drawing room articles were lying at sixes and sevens on the floor.
15. **To grease the palm of** (to bribe)
Rohit greased the palm of the clerk and got the file moved.
16. **Through thick and thin.** (under all circumstances)
We'll stand by you through thick and thin.
17. **At one's beck and call** (ready to obey)
He had a dozen men at his beck and call.
18. **To die by inches** (to die a painful death)
The old man died by inches.
19. **To eat one's words** (to retract one's statement)
You'll have to eat your words because you have spoken without thinking.
20. **To burn the midnight oil** (to work hard)
You'll have to burn the midnight oil if you want to get good marks.
21. **Fair and square** (clean)
One must be fair and square in one's dealing.
22. **To poke one's nose into** (to meddle with)
It is bad to poke your nose into others' affair.
23. **To fall flat** (to have no effect)
His father's advice fell flat on him.
24. **To make a clean breast of** (to confess)
He made a clean breast of his involvement in the bomb blast.
25. **To get the better of** (overcome)
Anger got the better of him.
26. **A wet blanket** (a discouraging person)
Don't allow Rakesh to accompany you to the hunting trip because he is a wet blanket.
27. **A big gun** (an important person)
Mr Smith is a big gun in our city.
28. **In black and white** (in written)
Don't give him anything in black and white.
29. **Neck and neck** (even)
There is a neck and neck fight between the two boxers.
30. **At a stone's throw** (at a short distance from)
My school is at a stone's throw from my house.
31. **Cut-throat competition** (a stiff competition)
There is a cut-throat competition among the publishers in the market.
32. **Black sheep** (a traitor)
Later on Mr XYZ proved a black sheep.
33. **By dint of** (by means of)
By dint of hard work, she earned a lot of money.
34. **A man of word** (a person who keeps his promise)
Mr Sharma is a man of word.
35. **A man of a few words** (a remarkable person)
Gandhiji was a man of a few words.
36. **In cold blood** (mercilessly)
The old woman was murdered in cold blood.
37. **At arm's length** (to keep away)
We should always keep bad boys at arm's length
38. **Keep the ball rolling** (to maintain the progress of some activity)
After the death of his father he had to take the charge of his office to keep the ball rolling.
39. **A bolt from the blue** (a sudden and unexpected event)
The news of my friend's death came to me like a bolt from the blue.
40. (i) **Break ones back** (to work hard to get something)
He broke his back to earn his livelihood.
(ii) **To break somebody's back** (to give too much work to him to do)
She broke his back by giving him so much hard work to do.
41. **Break the back of** (accomplish the hardest part of a certain job)
There is nothing to be worried about as we've already broken the back of the problem.
42. **Beat about the bush** (to go on talking on some worthless topic)
Stop this beating about the bush, come to the main task.
43. **Throw cold water on** (to discourage)
She tried to throw cold water on his plan but he was well-determined.
44. **Hard of hearing** (somewhat deaf)
She is a bit hard of hearing.
45. **Come what may** (no matter what happens)
I'll do it come what may.
46. **Beyond one's means** (beyond one's budget)
He is living beyond his means, therefore, he is sure to get ruined.

47. **A man of letters** (a scholar)
Radha Krishnan was a man of letters.

48. **Chips of the same block** (having the same taste)
They are the chips of the same block.

49. **The long and short of** (in brief)
The long and short of his lecture is that we should live like brothers.

50. **In full swing** (in full force)
The studies of the students are going on in full swing.

51. **To burn one's fingers** (to get oneself in trouble)
You have burnt your fingers by speaking against him.

52. **A hard nut to crack.** (a puzzling problem)
To get a win over American basket ball team is a hard nut to crack for India.

53. **To turn over a new leaf** (to change the course of life)
He has turned over a new leaf in his life.

54. **A yeoman's service** (service which is beneficial to the human beings)
He did yeoman's service through his life.

55. **To have one's own axe to grind** (to have vested interest)
He has his own axe to grind in this matter.

56. **To take to one's heels** (to run away)
The thief took to his heels as soon as he saw the policeman.

57. **A snake in the grass** (a hidden foe)
Beware of him because he seems to be a snake in the grass.

58. **To move heaven and earth** (to make too much effort)
The young man moved heaven and earth to find a job.

59. **To be caught red handed** (to be caught at the time of committing a crime)
The clerk was caught red handed when he was accepting bribe from Mr ABC.

60. **To receive with open arms** (to give a warm welcome)
The new president of the club was received with open arms by the members.

61. **Acid test** (hard test)
The election will be an acid test for the ruling party.

62. **A wolf in sheep's clothing** (a hypocrite)
You should not keep company with him because he is a wolf in sheep's clothing.

63. **To be born with a silver spoon in one's mouth** (to be born in a rich family)
Mr. J. L. Nehru was born with a silver spoon in his mouth.

64. **At the eleventh hour** (at the last moment)
The war was about to start but fortunately at the eleventh hour a messenger came to the PM with a message of peace.

65. **Drop someone a line** (send a letter, etc.)
Please drop me a line of your well-being.

66. **Dull the edge of** (reduce the intensity of)
Take this pill and it will dull the edge of pain.

67. **A fool of the first water** (one completely foolish)
Being a fool of the first water he could not solve even the simplest sum.

68. **To come to light** (to be known)
A new disease has recently come to light.

69. **To be the apple of one's eye** (be very dear)
He is the apple of his parent's eye.

70. **A bone of contention** (to be the cause of quarrel)
Kashmir is the bone of contention between India and Pakistan.

71. **To make fun of** (laugh at)
The children made fun of the waiter in the hotel.

72. **To let the cat out of the bag** (to divulge secret)
It was Sohan who let the cat out of the bag by telling the real matter.

73. **A great card** (an important person)
Mr Sood is a great card in the ministry of finance.

74. **To open a new chapter** (to start some habit, etc.
By drinking, you've opened a new chapter in your life.

75. **Under a cloud** (be in trouble or in a state of disgrace or suspicion)
His company seemed to be under a cloud as it had no funds to pay the wages to the workers.

76. **In a crack** (all of a sudden or rapidly)
The thief left the place in a crack.

77. **A green hand** (not very much experienced)
We shall pay a little to a green hand.

78. **To make the flesh creep** (to terrify)
The story made my flesh creep.

79. **To lose ground** (to retreat)
After fighting for some time the Pakistani army began to lose ground.

80. **All in all** (completely)
Rajesh is all in all in this office.

81. **An apple of discord** (to be the cause of)
Kashmir is an apple of discord between India and Pakistan.

82. **To bring to book** (to punish)
The student was brought to book by the teacher.

83. **A bed of roses** (a comfort)
Life is not a bed of roses.

84. **To show a clean pair of heels** (to run away)
The thief showed a clean pair of heels as soon as he saw the policeman approaching.

85. **A white elephant** (of no use)
This sort of glib talker always proves a white elephant in the end.

86. **In the twinkling of an eye** (quickly)
The monkey ate up grams in the twinkling of an eye.

87. **To gain ground** (to be established)
He gained ground in India in a few years.

88. **Slow and steady** (slowly but continually)
Slow and steady wins the race.

89. **A red letter day** (An important day)
15th August is a red letter day for the Indians.

90. **To get wind of** (to get information)
I got wind of his secret plans.

MULTIPLE CHOICE QUESTIONS

Directions (Qs. 1 to 50): *In the following questions choose the word which best expresses the meaning of the given word.*

1. INDICT
A. Condemn B. Reprimand
C. Accuse D. Allege

2. SCINTILLATING
A. Smouldering B. Gilittering
C. Touching D. Warming

3. REFECTORY
A. Restaurant B. Parlour
C. Living Room D. Dining Room

4. DISTINCTION
A. Diffusion B. Disagreement
C. Different D. Degree

5. IMPROVEMENT
A. Advancement B. Betterment
C. Promotion D. Preference

6. ADVERSITY
A. Failure B. Helplessness
C. Misfortune D. Crisis

7. TURN UP
A. Land up B. Show up
C. Crop up D. Come up

8. DEIFY
A. Flatter B. Challenge
C. Worship D. Face

9. ERROR
A. Misadventure B. Misgiving
C. Ambiguity D. Blunder

10. SHALLOW
A. Artificial B. Superficial
C. Foolish D. Worthless

11. MASSACRE
A. Murder B. Stab
C. Assissinate D. Slaughter

12. COMBAT
A. Conflict B. Quarrel
C. Feud D. Fight

13. VORACIOUS
A. Wild B. Hungry
C. Angry D. Quick

14. IMPROMPTU
A. Offhand B. Unimportant
C. Unreal D. Effective

15. RABBLE
A. Mob B. Noise
C. Roar D. Rubbish

16. TEPID
A. Hot B. Warm
C. Cold D. Boiling

17. MAYHEM
A. Jubilation B. Havoc
C. Excitement D. Defeat

18. TIMID
A. Fast B. Slow
C. Medium D. Shy

19. CANTANKEROUS
A. Quarrelsome B. Rash
C. Disrepectful D. Noisy

20. PRECARIOUS
A. Cautious B. Critical
C. Perilous D. Brittle

21. TACITURNITY
A. Dumbness B. Changeableness
C. Hesitation D. Reserve

22. INEBRIATE
A. Dreamy B. Stupefied
C. Unsteady D. Drunken

23. HARBINGER
A. Massenger B. Steward
C. Forerunner D. Pilot

24. INTIMIDATE
A. To hint B. Frighten
C. Bluff D. Harass

25. IRONIC
A. Inflexible
B. Bitter
C. Good-natured
D. Disguisedly sarcastic

26. STRINGENT
A. Tense B. Stringy
C. Strict D. Causing to shrink

27. ECSTATIC
A. Animated B. Bewildered
C. Enraptured D. Illful

28. COMMENSURATE
A. Measurable B. Proportionate
C. Beginning D. Appropriate

29. DESTITUTION
A. Humility B. Moderation
C. Poverty D. Beggary

30. ASCEND
A. Leap B. Grow
C. Deviate D. Mount

31. UNCOUTH
A. Ungraceful B. Rough
C. Slovenly D. Dirty

32. LYNCH
A. Hang B. Madden
C. Killed D. Shoot

33. LAUD
A. Lord B. Eulogy
C. Praise D. Extolled

34. CORRESPONDENCE
A. Agreements B. Contracts
C. Documents D. Letters

35. VENUE
A. Place B. Agenda
C. Time D. Duration

36. STERILE
A. Barren B. Arid
C. Childless D. Dry

37. SYNOPSIS
A. Index B. Mixture
C. Summary D. Puzzle

38. GERMANE
A. Responsible B. Logical
C. Possible D. Relevant

39. PONDER
A. Think B. Evaluate
C. Anticipate D. Increase

40. CANNY
A. Obstinate B. Handsome
C. Clever D. Stout

41. ABUNDANT
A. Ripe B. Cheap
C. Plenty D. Absent

42. CONSEQUENCES
A. Results B. Conclusions
C. Difficulties D. Applications

43. SHIVER
A. Shake B. Rock
C. Tremble D. Move

44. DILIGENT
A. Progressive B. Brilliant
C. Inventive D. Hard-working

45. DISTANT
A. Far B. Removed
C. Reserved D. Separate

46. FORAY
A. Excursion B. Contest
C. Ranger D. Intuition

47. FRUGALITY
A. Foolishness B. Extremity
C. Enthusiasm D. Economy.

48. GARNISH
A. Paint B. Garner
C. Adorn D. Abuse

49. VIGOUR
A. Strength B. Boldness
C. Warmth D. Enthusiasm

50. CANDID
A. Apparent B. Explicit
C. Frank D. Bright

Directions (Qs. 51 to 100): *In the following questions choose the word which is the exact OPPOSITE of the given words.*

51. EPILOGUE
A. Dialogue B. Prelude
C. Post script D. Epigram

52. FRAUDULENT
A. Candid B. Direct
C. Forthright D. Genuine

53. LOQUCIOUS
A. Reticent B. Talkative
C. Garrulous D. Verbose

54. NIGGARDLY
A. Frugal B. Thrifty
C. Stingy D. Generous

55. PERTINENT
A. Irrational B. Irregular
C. Insistent D. Irrelevant

56. FAINT-HEARTED
A. Warm-hearted B. Full-blooded
C. Hot-blooded D. Stout-hearted

57. VIOLENT
A. Humble B. Harmless
C. Gentle D. Tame

58. STATIONARY
A. Active B. Mobile
C. Rapid D. Busy

59. HONORARY
A. Dishonourable B. Reputed
C. Paid D. Official

60. COMMON
A. Rare B. Small
C. Petty D. Poor

61. FRUGAL
A. Copious B. Extravagant
C. Generous D. Ostentatious

ENGLISH

62. MALICIOUS
A. Kind B. Boastful
C. Generous D. Indifferent

63. FAMILIAR
A. Unpleasant B. Dangerous
C. Friendly D. Strange

64. PRELIMINARY
A. Final B. First
C. Secondary D. Initial

65. DOUBTFUL
A. Famous B. Certain
C. Fixed D. Important

66. REMISS
A. Forgetful B. Watchful
C. Dutiful D. Harmful

67. INDISCREET
A. Reliable B. Honest
C. Prudent D. Stupid

68. FRESH
A. Faulty B. Sluggish
C. Disgraceful D. Stale

69. ANNOY
A. Praise B. Rejoice
C. Please D. Reward

70. TRANSPARENT
A. Semi-transparent B. Muddy
C. Opaque D. Dark

71. REVEALED
A. Denied B. Concealed
C. Ignored D. Overlooked

72. EXTRAVAGANCE
A. Luxury B. Poverty
C. Economy D. Cheapness

73. CROWDED
A. Busy B. Congested
C. Quiet D. Deserted

74. SHRINK
A. Contract B. Spoil
C. Expand D. Stretch

75. ENMITY
A. Important B. Unnecessary
C. Friendship D. Likeness

76. EXODUS
A. Influx B. Home-coming
C. Return D. Restoration

77. CULPABLE
A. Defendable B. Blameless
C. Careless D. Irresponsible

78. SUBSERVIENT
A. Aggressive B. Straightforward
C. Dignified D. Supercilious

79. AWARE
A. Uncertain B. Ignorant
C. Sure D. Doubtful

80. GRACEFUL
A. Rough B. Expert
C. Miserable D. Awkward

81. AUTONOMY
A. Slavery B. Subordination
C. Dependence D. Submissiveness

82. NADIR
A. Modernity B. Zenith
C. Liberty D. Progress

83. CONCEDE
A. Object B. Refuse
C. Grant D. Accede

84. SUPPRESS
A. Encourage B. Grow
C. Praise D. Permit

85. FAMOUS
A. Disgraced B. Notorious
C. Evil D. Popular

86. EXPAND
A. Contract B. Condense
C. Congest D. Conclude

87. ARROGANT
A. Polite B. Cowardly
C. Meek D. Gentlemanly

88. ENORMOUS
A. Soft B. Average
C. Tiny D. Weak

89. URBANE
A. Illiterate B. Backward
C. Discourteous D. Orthodox

90. HOSTILITY
A. Courtesy B. Hospitality
C. Relationship D. Friendliness

91. BELITTLE
A. Praise B. Flatter
C. Exaggerate D. Adore

92. HAPLESS
A. Cheerful B. Consistent
C. Fortunate D. Shapely

93. HAPHAZARD
A. Fortuitous B. Indifferent
C. Deliberate D. Accidental

94. GREGARIOUS
A. Antisocial B. Glorious
C. Horrendous D. Similar

95. VALUABLE
A. Invaluable B. Worthless
C. Inferior D. Lowly

96. ABSOLUTE
A. Deficient B. Faulty
C. Limited D. Scarce

97. CONFESS
A. Deny B. Refuse
C. Contest D. Contend

98. GULLIBLE
A. Incredulous B. Fickle
C. Easy D. Stylish

99. HIRSUTE
A. Scaly B. Bald
C. Erudite D. Quiet

100. HINDRANCE
A. Aid B. Persuasion
C. Cooperation D. Agreement

Directions (Qs. 101 to 150): *In questions given below out of the four alternatives choose the one which can be substituted for the given words/sentence.*

101. Something that relates to everyone in the world.
A. General B. Common
C. Usual D. Universal

102. An expression of mild disapproval.
A. Warning B. Denigration
C. Impertinence D. Reproof

103. One who is not easily pleased by anything.
A. Maiden B. Mediaeval
C. Precarious D. Fastidious

104. Murder of a king
A. Infanticide B. Matricide
C. Genocide D. Regicide

105. A remedy for all diseases.
A. Stoic B. Marvel
C. Panacea D. Recompense

106. A dramatic performance
A. Mask B. Mosque
C. Masque D. Mascot

107. Study of birds
A. Orology B. Optology
C. Ophthalmology D. Ornithology

108. Ready to believe
A. Credulous B. Credible
C. Creditable D. Incredible

109. Incapable of being seen through.
A. Ductile B. Opaque
C. Obsolete D. Potable

110. One who eats everything—
A. Omnivorous B. Omniscient
C. Irresistible D. Insolvent

111. A place where bees are kept is called
A. An apiary B. A mole
C. A hive D. A sanctuary

112. One who cannot be corrected.
A. Incurable B. Incorrigible
C. Hardened D. Invulnerable

113. One who is in charge of a museum.
A. Curator B. Supervisor
C. Caretaker D. Warden

114. Continuing fight between parties, families, clans, etc.
A. Enmity B. Feud
C. Quarrel D. Skirmish

115. A voice loud enough to be heard.
A. Audible B. Applaudable
C. Laudable D. Oral

116. A paper written by hand.
A. Handicraft B. Manuscript
C. Handiwork D. Thesis

117. Habitually silent or talking little.
A. Serville B. Unequivocal
C. Taciturn D. Synoptic

118. To slap with a flat object.
A. Chop B. Hew
C. Gnaw D. Swat

119. A person who speaks many languages.
A. Linguist B. Monolingual
C. Polyglot D. Bilingual

120. A light sailing-boat built specially for racing.
A. Canoe B. Yacht
C. Frigate D. Dinghy

121. A fixed orbit in space in relation to earth.
A. Geological B. Geo-synchronous
C. Geo-centric D. Geo-stationary

122. A style in which a writer makes a display of his knowledge.
A. Pedantic B. Verbose
C. Pompous D. Ornate

123. A religious discourse.
A. Preach B. Stanza
C. Sanctorum D. Sermon

124. A place that provides refuge.
A. Asylum B. Sanatorium
C. Shelter D. Orphanage

125. Detailed plan of a journey.
A. Travelogue B. Travelkit
C. Schedule D. Itinerary

126. A person who insists on something.
A. Disciplinarian B. Stickler
C. Instantaneous D. Boaster

127. A drawing on transparent paper
A. Red print B. Blue print
C. Negative D. Transparency

128. One who believes that all things and events in life are predetermined is a
A. Fatalist B. Puritan
C. Egoist D. Tyrant

129. A school boy who cuts classes frequently is a
A. Defeatist B. Sycophant
C. Truant D. Martinet

130. The act of violating the sanctity of the church is

A. Blasphemy B. Heresy
C. Sacrilege D. Desecration

131. A place where monks live as a secluded community.
A. Cathedral B. Diocese
C. Convent D. Monastery

132. One who is fond of fighting
A. Bellicose B. Aggressive
C. Belligerent D. Militant

133. Tending to move away from the centre or axis.
A. Centrifugal B. Centripetal
C. Axiomatic D. Awry

134. Words inscribed on tomb.
A. Epitome B. Epistle
C. Epilogue D. Epitaph

135. Leave or remove from a place considered dangerous.
A. Evade B. Evacuate
C. Avoid D. Exterminate

136. Malafide case is one
A. which is undertaken in good faith
B. which is undertaken in bad faith
C. which is undertaken after a long delay
D. which is not undertaken at all

137. The *raison d'etre* of a controversy is
A. the enthusiasm with which it is kept alive
B. the finesse with which partici-pants handle it
C. the reason or justification of its existence
D. the unending hostility the parties concerned have towards each other

138. A prima facie case is such
A. as it seems at first sight
B. as it is made to seem at first sight
C. as it turns out to be at the end
D. as it seems to the court after a number of hearings

139. A person of good understanding, knowledge and reasoning power.
A. Expert B. Intellectual
C. Snob D. Literate

140. One absorbed in his own thoughts and feelings rather than in things outside.
A. Scholar B. Recluse
C. Introvert D. Intellectual

141. One who does not marry, especially as a religious obligation
A. Bachelor B. Celibate
C. Virgin D. Recluse

142. A person who tries to deceive people by claiming to be able to do wonderful things.
A. Trickster B. Impostor
C. Magician D. Mountebank

143. To take secretly in small quantities
A. Robbery B. Pilferage
C. Theft D. Defalcation

144. Policemen riding on motorcycles as guards to a VIP.
A. Outriders B. Servants
C. Commandos D. Attendants

145. The part of a government which is concerned with making of rules.
A. Court B. Tribunal
C. Bar D. Legislature

146. That which cannot be corrected-
A. Unintelligible B. Indelible
C. Illegible D. Incorrigible

147. A child born after the death of its fater-
A. Posthumous B. Orphan
C. Bastard D. Progenitor

148. Something that can be heard-
A. Auditory B. Audio-visual
C. Audible D. Audition

149. One who dabbles in fine arts for the love of it and not for monetary gains:
A. Connoisseur B. Amateur
C. Professional D. Dilettante

150. To accustom oneself to a foreign climate.
A. Adapt B. Adopt
C. Accustom D. Acclimatise

Directions (Qs. 151 to 170): *Some proverbs/idioms are given below together with their meanings. Choose the correct meaning of the proverb/idiom. If there is no correct meaning given, E i.e. 'None of these' will be the answer.*

151. To beg the question
A. To refer to
B. To take for granted
C. To raise objections
D. To be discussed
E. None of these

152. To drive home
A. To find one's roots
B. To return to place of rest
C. Back to original position
D. To emphasise
E. None of these

153. To hit the right nail on the head
A. To do the right thing
B. To destroy one's reputation
C. To announce one's fixed views
D. To teach someone a lesson
E. None of these

154. To pick holes
A. To find some reason to quarrel
B. To destory something

C. To criticise someone
D. To cut some part of an item
E. None of these

155. To smell a rat
A. To see signs of plague epidemic
B. To get bad smell of a dead rat
C. To suspect foul dealings
D. To be in a bad mood
E. None of these

156. A black sheep
A. An unlucky person
B. A negro
C. An ugly person
D. A partner who takes no share of the profits
E. None of these

157. To catch a tarter
A. To trap wanted criminal with great difficulty
B. To catch a dangerous person
C. To meet with disaster
D. To deal with a person who is more than one's watch
E. None of these

158. To be above board
A. To have a good height
B. To be honest in any business deal
C. To have no debts
D. To try to be beautiful
E. None of these

159. To keep one's temper
A. To become angry
B. To be in good mood
C. To preserve one's energy
D. To be aloof from
E. None of these

160. To have an axe to grind
A. A private end to serve
B. To fail to arouse interest
C. To have no result
D. To work for both sides
E. None of these

161. To cry wolf
A. to listen eagerly
B. to give false alarm
C. to turn pale
D. to keep off starvation
E. None of these

162. A man of straw
A. a man of no substance
B. a very active person
C. a worthy fellow
D. an unreasonable person
E. None of these

163. To make clean breast of
A. to gain prominence
B. to praise oneself
C. to confess without reserve
D. to destroy before it blooms
E. None of these

164. To end in smoke
A. to make completely understand
B. to ruin oneself
C. to excite great applause
D. to overcome someone
E. None of these

165. To leave someone in the lurch
A. to come to compromise with someone
B. constant source of annoyance to someone
C. to put someone at ease
D. to desert someone in his difficulties
E. None of these

166. To play second fiddle
A. To be happy, cheerful and healthy
B. To reduce importance of one's senior
C. To support the role and view of another person
D. To do back seat driving
E. None of these

167. To set one's face against
A. To oppose with determination
B. To judge by appearance
C. To get out of difficulty
D. To look at one steadily
E. None of these

168. To put one's hand to the plough
A. To take up agricultural farming
B. To take a difficult task
C. To get entangled into unnecessary things
D. Take interest in technical work
E. None of these

169. To join issue with
A. To cooperate with others for a cause
B. To join any voluntary organisation for good purpose
C. To resolve dispute and restore peace
D. To enter into argument over any issue
E. None of these

170. To do oneself justice
A. To dispense justice on our own
B. To treat others with due respect
C. To defend one's point of view
D. To follow the path of truth and justice
E. None of these

ANSWERS

1	2	3	4	5	6	7	8	9	10
C	B	D	C	B	C	B	C	D	B
11	12	13	14	15	16	17	18	19	20
D	D	B	A	A	B	B	D	A	B
21	22	23	24	25	26	27	28	29	30
D	D	C	B	D	C	C	B	C	D
31	32	33	34	35	36	37	38	39	40
A	C	C	D	A	A	C	D	A	C
41	42	43	44	45	46	47	48	49	50
C	A	C	D	A	A	D	C	A	C
51	52	53	54	55	56	57	58	59	60
B	D	B	D	D	D	C	B	C	A
61	62	63	64	65	66	67	68	69	70
B	C	D	A	B	C	C	D	C	C
71	72	73	74	75	76	77	78	79	80
B	C	D	D	C	A	A	C	B	A
81	82	83	84	85	86	87	88	89	90
C	B	B	B	B	B	A	C	C	D
91	92	93	94	95	96	97	98	99	100
C	C	C	A	B	C	A	A	B	A
101	102	103	104	105	106	107	108	109	110
D	D	D	D	C	C	D	A	B	A
111	112	113	114	115	116	117	118	119	120
A	B	A	B	A	B	C	D	A	B
121	122	123	124	125	126	127	128	129	130
D	A	D	A	D	B	D	A	C	C
131	132	133	134	135	136	137	138	139	140
D	A	A	D	B	B	C	A	B	C
141	142	143	144	145	146	147	148	149	150
B	A	B	A	D	D	A	C	B	D
151	152	153	154	155	156	157	158	159	160
B	D	A	C	C	E	B	B	B	A
161	162	163	164	165	166	167	168	169	170
B	A	C	E	D	C	A	B	B	E

□□□

SECTION C FUNCTIONAL GRAMMAR

ARTICLES

Articles are a kind of demonstrative Adjectives. Also being determiners, they precede nouns.

Kinds of Articles

There are two kinds of articles.

(a) Indefinite Articles
(b) Definite Article

(a) Indefinite Articles (a, an)

'A' and 'an' are called indefinite articles because they point out inanimate or animate objects in general. They do not particularize objects.

(i) A cat mews. (ii) An owl hoots.

(b) Definite Article (the)

'The' is called definite article because it points out (a) particular object/objects.

(i) A cat mews. **The cat** is black in colour.
(ii) Dogs are barking. **The dogs** are running after a beggar.

A and An Distinguished

(a) 'A' is used before a noun or adjective etc. which begins with a consonant sound, *e.g.,* a lion, a book, a table, a black cat, a brown bag, a university, a year, etc.
(b) 'An' is used before a noun or adjective etc which begins with a vowel sound, *e.g.,* an honest boy, an hour, an umbrella, an egg, an elephant, an MA, an MBBS, an FDR, etc.

Uses of Indefinite and Definite Articles

Definite and Indefinite articles are used,

1. Before a countable noun: **A cow** is grazing in the field. **A rhinoceros** can run as fast as man.
2. To convey the numerical value 'one'
   (i) Once there was a lion.
   (ii) She bought an umbrella.
3. To denote a whole class
   (i) A crow caws. (Every crow caws.)
   (ii) The camel is a beast of burden. (Every camel is a beast of burden.)
4. (i) He is a boy. (general use of an article)
   (ii) He is **the boy** who met us in the circus. (A particular boy)
   (iii) **The boys** who met us at the Paul Cafe were my classmates. (Particular boys)
5. A Proper name does not take an article.
   (i) His name is Jack. (ii) I am Girish.

   But when a proper noun is used as a common noun, it takes an article.
   (i) We need **a Kapil Dev** to win the match. (a player who can play well as Kapil Dev did.)
   (ii) Sohan is **the Kalidas** of our school. (He writes the plays well as Kalidas did.)
6. An abstract noun does not take an article
   (i) Give me more oil.
   (ii) Give me a litre oil.
   (iii) Milk is essential for health.
   (iv) She drank a little water.

   But 'the' is sometimes used with abstract nouns to give a particular sense.
   (i) **The Milk** of this cow is sweet.
   (ii) **The Water** in this jug seems to be contaminated.
7. To lay emphasis
   (i) Ashoka, **the Great** was kind and wise.
   (ii) Gandhi **the** peace lover, was the foremost freedom fighter.
8. An article is not used before the name of a disease, sport, subject, etc.

(i) Measles is not a fatal disease.
(ii) She died of cancer.
(iii) I like football. (sport)
(iv) He kicked the football. (an object to play)
(v) I have no taste for music/mathematics.

But sometimes an article is used before a disease to give a particular sense.

Corruption is **a** cancer in society

9. Definite Article is used before the superlatives:
   (i) He is **the** strongest boy in our class.
   (ii) Rohit is **the** tallest boy in our street.
10. The Germans usually speak in their mother tongue. (the people of Germany)
11. Sometimes an article is not used before a common noun when it is used in its widest sense.
    (i) Man is mortal.
    (ii) Woman is the creator of all mankind.

Definite Article is used in the followings manners:

1. Before the names of monuments
   (i) The Taj
   (ii) The Red Fort
2. Before the names of rivers, gulfs, mountain ranges, oceans, channels, etc.
   (i) The Himalayas (ii) The Alps
   (iii) The Ganga (iv) The Yamuna
   (v) The Bay of Bengal (vi) The Indian Ocean
   (vii) The Pacific Ocean
   (viii) The English Channel
3. Before the names of the newspapers, magazines & journals
   (i) The Hindu (ii) The Times of India
   (iii) The Sun (iv) The Sunday.
4. Before the names of the Holy Books
   (i) The Gita (ii) The Bible
   (iii) The Ramayana
5. Before the names of trains, ships, aeroplanes, missile etc.
   (i) The Rajdhani Express
   (ii) The Vikrant (iii) The MIG-22
   (iv) The Agni - II (v) The Prithvi
6. Before the names of musical instruments
   (i) The guitar (ii) The piano
   (iii) The violin (iv) The flute
7. Before the names of imaginary geographical lines and directions
   (i) The Longitude
   (ii) The Latitude
   (iii) The Tropic of Cancer
   (iv) The Tropic of Capricorn
   (v) The Equator
   (vi) The East
   (vii) The West
8. Before the names of races, political parties, movements, etc.
   (i) The Sikhs
   (ii) The Jews
   (iii) The BJP
   (iv) The Indian National Congress
   (v) The Quit India Movement
9. Before a comparative degree
   (i) The more you laugh, the more you look foolish.
   (ii) The more you work, the more you gain.

MODALS

A verb which is used to help the finite verb in a sentence is called an Auxiliary Verb.

You **should** help the poor.

In the aforesaid sentence 'help' is the finite verb whereas 'should' has been used as a helping verb so 'should' is an auxiliary.

The auxiliary verbs can be classified into two categories.

I Primary Auxiliaries

II Modal Auxiliaries

I. Primary Auxiliaries

The primary auxiliaries can be used either finite verbs or helping verbs. They are three in number.

Be = be, is, am, are, was, were, being, been
Do = do, does, did, done, doing
Have = have, has, had, having.

Be / Do / Have as helping verbs

(i) She is singing a song.
(ii) He does not know how to swim.
(iii) John has painted the pictures.

Be / Do / have as finite verbs

(i) She is an intelligent girl.
(ii) Anu will be doing her homework.
(iii) I have an exotic pen.

Modals Auxiliaries

The following are the commonly used modal auxiliaries:

Can, could, shall, should, will, would, may, might, must, mustn't, need, needn't, dare, daren't, ought to, used to, have to, had to.

Can

Can is used:

1. To express present ability
   (i) I can count upto 1000.
   (ii) I can speak French.
2. To make a request
   (i) Can I open the door?
   (ii) Can I switch on the light?
3. To give permission
   (i) You can go now.
   (ii) You can sit down now.
4. To express an impossibility
   (i) Who can defeat death?
   (ii) Who can reject God?

Could

Could is used:

1. As the past tense of 'can'.
   (i) She said that she could understand French.
   (ii) The boy said that he could solve all the sums.
2. To make polite requests
   (i) Could I use your bike?
   (ii) Could you help me?
3. To express past ability
   (i) Seema could work for ten hours a day at a stretch when she was young.
   (ii) He could read and write well when he was a student.

Shall

Shall is used:

1. To express a simple future tense with first person pronouns
   (i) I shall bring you something to eat.
   (ii) We shall buy a new house next year.
2. Used in questions indicating suggestions/offers
   (i) Shall I make you a cup of tea?
   (ii) Shall we play the piano in the evening?

Note: Shall is used with the second and third person as under:

(A) To express a strong assertion, determination, promise or intention
   (i) You shall have your will.
   (ii) He shall have his due.

(B) To express a threat
   (i) You shall be punished soon.
   (ii) He shall be taken to task by the officer.

(C) To express a legal obligation
   (i) All the candidates shall submit their resumes at time of interview.
   (ii) You shall return all your loans by the end of this year.

(D) To express a prohibition
   (i) You shall not stick bills on this wall.
   (ii) You shall not litter the room with the pieces of paper.

Should

Should is used:

1. As Past Tense of 'Shall'
   (i) She said she should not invest in that project.
   (ii) The old man said that he should try to bring round his son to his idea.
2. To express moral duty/obligation
   (i) We should love our countrymen.
   (ii) We should look after our elders.
3. To give a piece of advice or suggestion
   (i) Should you find something suspicious, phone me at once.
   (ii) Should you need something, call me without hesitation.
4. To express purpose with 'lest'
   (i) Walk fast lest you should miss the train.
   (ii) Work hard lest you should get poor marks.
5. To express assumption
   (i) It should be about I am.
   (ii) This book should be somewhere between a hundred and hundred fifty.

Will

Will is used:

1. To express plans for the future, when used with second and third persons
   (i) You will go to the station to receive the guests.
   (ii) They will join the army.
2. To express a request
   (i) Will you allow me to use your phone?
   (ii) Will you lend me some money?
3. To express determination
   (i) He will not open his mouth against you.
   (ii) She will do or die.
4. To express an invitation
   (i) Will you have some snacks?
   (ii) Will you dine at ours tonight?
5. To express a universal or habitual truth
   (i) The sun will set in the west.
   (ii) My brother will take a cup of tea after dinner.

Note: 'Will' is used with the First Person to express:

(A) A Promise

(i) I will suggest your name at today's meeting.

(ii) I will recommend your name to the manager.

(B) A threat

(i) I won't allow you to cross this road again.

(ii) I will pay you back in your own coin.

(C) A refusal

(i) I won't support you.

(ii) I won't lend you any money.

Would

Would is used:

1. as a Past Tense of 'will'

(i) She said that she would complete her post graduation.

(ii) He said that his uncle would start the sale and purchase of computers in America.

2. To express a wish

(i) Would that I were rich!

(ii) Would that I were the PM!

3. To make a polite offer

(i) Would you take a cup of tea?

(ii) Would you like to eat apples or oranges?

4. To express unreal condition in the past

(i) Had you run fast you would have won the match ?

(ii) Had she told us before, it would not have happened ?

5. To give advice

(i) I wouldn't bicker with you if I were you.

(ii) I wouldn't let him go if I were you.

6. To express consequence

(i) He would be dismissed if he was caught red handed.

(ii) He would be punished if the teacher saw him laugh.

7. To express willingness

(i) I would leave these premises if you wish so.

(ii) I would not come here again if you say so.

May

May is used:

1. To express wish/prayer

(i) May you live long!

(ii) May God help you!

2. To express possibility

(i) It may snow today.

(ii) It may rain today.

3. To seek permission

(i) May I come in, sir?

(ii) May I go now?

4. To give permission

(i) You may go in (come in).

(ii) You may go now.

Might

Might is used:

1. To express the past tense of 'may'

(i) He asked me if I might help him.

(ii) She asked him if she might lead him to the railway station.

2. To express remote possibility

(i) It might rain today.

(ii) It might snow tonight.

Note: Might expresses less possibility than 'may'.

3. To seek permission

(i) Might I come in, sir?

(ii) Might I go now?

4. To give permission

(i) You might come in.

(ii) You might go now.

Note: 'Might' is a softer word than 'may' but it is less frequently used than 'may'.

Must

Must is used:

1. To express compulsion

(i) You must learn this lesson.

(ii) You must work hard.

2. To express obligation

(i) You must speak the truth.

(ii) You must obey your teachers.

3. To express strong possibility

(i) It must rain today.

(ii) It must snow tonight.

4. To express determination

(i) I must win the match.

(ii) I must stand first in the class.

5. To give advice

(i) You must go to office in car.

(ii) You must take a bath daily.

Ought to

'Ought to' is used:

1. To express advice

(i) You ought to see a doctor.

(ii) You ought to reach the station in time.

2. To express moral obligation

(i) You ought to obey your teachers.

(ii) You ought to pay your taxes.

3. To express guess

(i) This food ought to be enough for three persons.

(ii) Four lakh ought to be money enough for buying a car.

Used to

'Used to' is used:

1. To depict existence of something in the past
   (i) There used to be a palace in this city.
   (ii) There used to be a zoo at that place.
2. To express some habit in the past
   (i) She used to eat some sugar after lunch.
   (ii) He used to smoke whenever he felt tense.

Note: 'used to' is always used in past tense. It does not have a present form.

Have to and Had to

'Have to' is used to express a compulsion in present time whereas 'had to' is used to express a compulsion in past time.

(i) She has to prepare a speech for the chair person.
(ii) You had to go to Shimla to meet the manager.
(iii) They have to sign the documents.
(iv) Deepak had to resign his job.

Note: A few modal auxiliaries like used to, had to, etc are always used in past tense but others may be used in present or past tense, *e.g.,*

(i) He can solve all the sums. (Present Tense)
He could solve all the sums. (Past tense)
(ii) She will sing a song. (Present Tense)
She would sing a song. (Past Tense).
(iii) I shall talk to you later on. (Future Tense)
I should talk to you later on. (Present or Past Tense).
(iv) You may go there. (Present tense)
(v) You might go there. (Present or past tense).

NOUN

A noun is the name of a person place or thing, *e.g.,*

(a) He is a boy. (Person)
(b) Let us go to the library. (Place)
(c) Where is my bag? (Thing)

All animals, insects and birds are also nouns.

Kinds of Noun

There are the following kinds of Noun:

1. Common Noun
2. Proper Noun
3. Collective Noun
4. Material Noun
5. Abstract Noun

1. Common Noun

A common noun begins with a small letter but if it is the sentence starting word then its first letter should be written capital. A common noun is the name of a person, place or thing, *e.g.,*

(i) A **crow** is black.
(ii) This **table** is expensive.

Some other common nouns:

(a) Persons: Man, woman, father, mother, cousin, postman, doctor, teacher, policeman
(b) Animals: Cow, sheep, elephant, tiger, lion, rabbit, etc.
(c) Birds: Peacock, sparrow, dove, pigeon, parrot, etc.
(d) Insects: Ant, mosquito, cockroach, wasp, etc.
(e) Sea Creatures: Dolphin, shark, starfish, octopus, snail, cod, etc.
(f) Places: School, hospital, office, bus stop, railway station, etc.

2. Proper Noun

A proper noun is the name of a particular person, place or thing. It always starts with a capital letters.

(a) **Mohit** is my classmate. (Person)
(b) **Delhi** is the capital of **India**. (Places)
(c) **Jacky**, my pet, seldom barks. (Animal)

When an article is used before a proper noun, it changes into a common noun, *e.g.*

(a) Rohit is **the Kalidas** of our class. (He writes plays as nicely as Kalidas wrote).
(b) We need a Gandhi to establish peace in the world. (A person who is as impressive as Gandhi was.)

3. A Collective Noun

A collective noun is the name of a group of persons, animals, birds, places or things taken together and regarded as one entity, *e.g.,*

(a) a bunch of grapes/keys
(b) a bouquet of flowers
(c) a fleet of ships/cars
(d) a galaxy of stars
(e) a class of students
(f) a block of birds/sheep
(g) a herd of cattle
(h) a swarm of bees/mosquitoes/flies
(i) an army of ants
(j) a band of musicians
(k) a gang of robbers
(l) a clutch of eggs
(m) a gaggle of geese
(n) an army of ants
(o) a troupe of dancers/actors/singers

4. Material Noun

The raw materials which are obtained from nature and the other things are made from them are known as material nouns, *e.g.,*

(a) **Cotton** is used to make cloth.
(b) **Honey** contains sugar and minerals.
(c) **Milk** is good for health.
(d) Woollen clothes are made of **wool**.
(e) **Wheat** is the staple food of the Punjabis.

We usually do not use an article with a material noun but when a material noun is used in a particular sense, the article 'the' is used e.g.,

(a) **Water** is essential for life.
The **water** of this well is sweet.
(b) **Milk** is a complete food.
The **milk** of this cow is full of fats.

5. An Abstract Noun

An abstract noun introduces us to some abstract idea, subject, action, state of being, etc. An abstract noun does not have a concrete shape.

(a) State of being: death, sleep, soundness, sickness, sadness, wilderness, calmness childhood, boyhood, etc.

(b) Quality: A person may either possess a good quality or, a bad one.

(i) Good qualities: bravery, gentleness, kindness, sincerity, faithfulness, etc.
(ii) Bad Qualities: laziness, cunningness, meanness,
(iii) Action: completion, objection, theft, recreation, meditation, etc.
(iv) Result of an action : excitement, punishment, etc.
(v) Ability: encourage, wisdom, intelligents, etc.
(vi) Names of various branches of science, arts, professions, etc: Physics, chemistry, zoology, botany, music, pharmacy, engineering, cooking, singing, dancing, yachting, etc

An abstract noun usually does not take an article, except sometimes when it is used before it to give a particular sense e.g.,

(a) **Love** begets love.
He is **the love** of her dreams. (A person whom she loves in the dreams.)
(b) **The love** of Laila for Majnu was immortal.
(c) She has a lack of **sensitivity**.
He has a **sensitivity** to citrus fruits.

Noun as a Subject

A noun can be used as a subject. A subject has a quality. It may be in a state of being; it may do some action or it may sometimes show an action taking place on it when the passive verb is used.

(i) Sumit plays the flute well. (Subject with an active verb.)
(ii) The boy was ill. (Subject in a state of being.)
(iii) The culprit was brought to book (Action taking place on the Subject.)

Noun as an Object of a Verb

A noun can be used as an object when the action of the subject passes over to it.

(i) He plucked flowers.
(ii) She sings a song.

Noun as an Indirect Subject (Dative Case)

Sometimes a noun is used as an Indirect Subject. Then it is said to be in the Dative Case.

(i) She gave John a purse.
(ii) She made Jack a cup of tea.
(iii) Mohit bought Ravi a bicycle.

Nouns in Apposition

When in order to explain a noun, another noun is used, the latter is said to be in apposition to the former:

(i) Mr Joshi, our neighbour, suffered a heart attack.
(ii) Sheila, my darling aunt, made me an Italian dish.

PRONOUN

The word which is used in place of a noun is known as a pronoun, *e.g.*,

(i) Rohit is my classmate. **He** is an intelligent boy.
(ii) Raveena is my neighbour. **She** sings well.

In sentence no. (i) 'He' is a pronoun because it stands for **Rohit** (a masculine noun).

In sentence no (ii) 'She' is a pronoun because it stands for **Raveena** (a feminine noun).

Kinds of Pronoun

There are following kinds of Pronoun :

I. Personal Pronouns
II. Reflexive Pronouns
III. Emphatic Pronouns
IV. Indefinite Pronouns
V. Demonstrative Pronouns
VI. Distributive Pronouns
VII. Reciprocal Pronouns
VIII. Interrogative Pronouns
IX. Relative Pronouns

I. Personal Pronouns

The personal pronouns stand for persons. Like nouns these pronouns also have their singular and plural forms and also have genders like nouns.

They can be read in the following ways:

Personal Pronoun: Subject of Sentences

The following pronouns can be used as subjects in sentences:

I, We, You, He, She, They.

Singular	Plural
(i) **I** am going to school.	(i) **We** are going to the market.
(ii) **He** is my best friend.	(ii) **You** are my best friend/friends.
(iii) (a) **He** knows how to swim.	(iii) (a) **They** know how to fly kites.
(b) **She** writes a letter.	(b) **They** sing songs.

Note: 'You' always takes a plural verb. It may stand for one person or more than one person.

I and we are known as the first person pronouns.

'I' is used by the speaker to describe himself.

'We' is used by more than one speaker to describe themselves.

'You' stands for one or more than one person close to the speaker.

'He' stands for a male singular noun usually not present at the place of speaking or who may be at a distance.

Note: 'You' is also used as object for one or more than one person close to the speaker.

Objective Case

Masculine	Feminine	Masculine	Feminine
me	me	us	us
you	you	him	her
them	them		

Personal Pronouns - Possessive Case

The following pronouns are used as possessive pronouns:

mine, ours, yours, his, hers, theirs

Singular	Plural
(i) This book is **mine**.	(i) Those shirts are **ours**.
(ii) It is **your** pen.	(ii) These pens are **yours.**
(iii) (a) The friend of **his** does not look active.	(iii) (a) Those pencils are **theirs**.
(b) This cat is **hers**.	(b) These dogs are **theirs**.

Note: 'Yours' is used to show the possession of one or more than one person.

'She' stands for a female singular noun usually not present at the place of speaking or who may be a distance.

Plural of 'He' and 'She' is 'They'.

For a small bird or animal 'It' word is used and the plural form of 'It' is 'They'.

Nominative Case

Masculine	Feminine	Masculine	Feminine
I	I	We	We
You	You	He	She
They	They		

Personal Pronouns:- Objects of Sentences

The following pronouns can be used as objects in sentences: **me, us, you, him, her, them**

Singular	Plural
(i) She is known to **me**.	(i) Don't try to cheat **us**.
(ii) I know **you**.	(ii) I know **your** parents.
(iii) (a) Somebody threw a stone at **him**.	(iii) (a) Nobody likes **them**.
(b) He promised **her** a grand birthday gift.	(b) Everybody loves **them**.

Possessive Case

Masculine	Feminine	Masculine	Feminine
mine	mine	ours	ours
yours	yours	his	hers
theirs	theirs		

II. Reflexive Pronouns

When the action of the subject reflects upon itself we have to use a reflexive pronoun, *e.g.,*

(i) I hurt myself.

(ii) She is sewing a dress for herself.

(iii) He baked a cake for himself.

(iv) They put by some money for themselves.

(v) We got a house built for ourselves.

Formation of Reflexive Pronouns

The suffix 'self' is added to some simple pronouns to make singular reflexive pronouns whereas the addition of 'selves' to some pronouns makes plural reflexive pronouns.

Reflexive Pronouns

Singular	Plural
my + self = myself	our + selves = ourselves
your + self = yourself	your + selves = yourselves
him + self = himself	them + selves = themselves
her + self = herself	them + selves = themselves

III. Emphatic Pronouns

When a reflexive pronoun is used to lay emphasis, it is known as an Emphatic Pronoun.

(i) I **myself** white washed the fence.

(ii) We **ourselves** repaired the bike.

(iii) You **yourself** wrote the poem. (one person)

(iv) You **yourselves** painted the doors of your house. (more than one person)

(v) She **herself** told the matter to her father.

Note: An Emphatic Pronoun cannot be used as the subject of a sentence.

(i) Myself oiled the old locks. (incorrect)
I myself oiled the old locks. (correct)

(ii) Himself prepared lunch. (incorrect)
He himself prepared lunch. (correct)

IV. Indefinite Pronouns

A pronoun which is not used for a particular person or thing but is instead used for a person or thing in a general way, it is called an Indefinite Pronoun, *e.g.,*

(i) **One** must obey one's parents.
(ii) **Nobody** is going to Switzerland this summer vacation.
(iii) **Somebody** told me about his bad health.
(iv) **All** are not kind to animals.
(v) **Few** know His way of working.
(vi) **Anyone** can solve this sum. It's so simple.
(vii) Look around for **anybody** who may help us.
(viii) **No one** has the right to stop him from going abroad.
(ix) **Something** is better than nothing.
(x) What do you want to eat? **Anything** will do.
(xi) **Some** have wisdom to live a good life.
(xii) **Everybody** advises him efforts.

Note: There are some indefinite pronouns which can be used as determiners when they are followed by nouns, *e.g.,*

(i) Some boys do not understand their teachers.
(ii) All people should work for mankind.

Most of the Indefinite Pronouns stand for persons. Only a few stand for things.

V. Demonstrative Pronouns

The pronouns which point out the objects are known as Demonstrative Pronouns:

This, That, These, Those.

(i) **This** is my purse.
(ii) **That** is your gun.
(iii) **These** are her shoes.
(iv) **Those** are his books.

The pronoun 'this' is used when an object close at hand is referred 'to' but for more than one object close at hand we should use 'these'.

The pronoun 'that' is used when an object at a distance is referred 'to' but for more than one object at a distance we should use 'those'.

VI. Distributive Pronouns

The following pronouns which are used to refer to persons or things are known as Distributive Pronouns:

either, neither, each, both, none, any

(i) **Either** of you can tell us a story.
(ii) **Neither** of you can be allowed to ramble over the fields.
(iii) **Each** of the girls was given a prize.
(iv) **Both** of you can come in.
(v) **None** of your schemes worked.
(vi) **Any** of you can recite this lesson.

Either and neither are used only when two persons have to be referred to. Neither is the opposite of either and is used to make a negative statement. To refer more than two persons none, or 'any' should be brought into use.

VII. Reciprocal Pronouns

These are :

each other, one another

'Each other' is used to refer to two persons/ things.

'One another' is used to refer to more than two persons/things.

(i) Two boys are quarrelling with **each other**.
(ii) All the candidates began to fight with **one another**.

VIII. Interrogative Pronouns

The pronouns which are used to ask questions, are known as Interrogative Pronoun, *e.g.,* **who, whose, whom, which, what**.

Such pronouns are used to ask direct as well as indirect questions.

(i) **Who** broke the windowpane?
(ii) **Whose** is this watch?
(iii) **Whom** do you want to see?
(iv) **Which** is your dog?
(v) **What** are you looking for?

The Interrogative Pronouns can denote persons, birds, animals, and things.

Who, **whose**, and **whom** are most often used for persons.

(i) **Who** is there on the roof?
(ii) **Whose** is this bike?
(iii) **Whom** did you see walking across the road?

'What' is used for things.

(iv) **What** is behind the curtain?
(v) **What** is there over the fields?

'What' sometimes is used for birds, animals and for persons' prefession.

(i) **What** is your brother? 'He is a teacher.'
(ii) **What** is bigger than a sparrow?
(iii) **What** is stronger than an elephant?

'Which' is used for both persons and things.

(i) **Which** is your book?
(ii) **Which** of the boys broke the chair?
(iii) **Which** of the girls is going to join the club?

IX. Relative Pronouns

A pronoun which refers to a preceding noun is called a Relative Pronoun. It acts as both a pronoun and a conjunction which joins the two clauses.

Relative Pronoun introduces us with Relative Clauses. Important Relative Pronouns are:

Who, Whose, Whom, Which, That, What (such) as, (same) as

Relative Pronoun 'who' has three forms

Nominative case : Who

Genitive case : Whose

Accusative case : Whom

ADJECTIVES

An Adjective is a word which qualifies a noun or pronoun. It adds something to its meaning, *e.g.,*

(i) Jyoti is an **intelligent** girl.

(ii) Somesh has a **black** dog.

In sentence no. (i) the word 'intelligent' shows the quality of the girl. So, it is an adjective.

In sentence no (ii) 'black' is the quality of the dog (which is a noun). So, 'black' is an adjective.

Kinds of Adjectives

I Adjectives of Quality

II Adjectives of Quantity

III Adjectives of Number

IV Demonstrative Adjectives

V Distributive Adjectives

VI Possessive Adjectives

VII Interrogative Adjectives

VIII Exclamatory Adjectives

IX Emphatic Adjectives

I. Adjectives of Quality

The adjectives which add some qualities to nouns and pronouns are known as Adjectives of Quality. Such adjectives supply the answer to the question: of what kind?

Examples

(i) This box is **big**.

(ii) That basket is **small**.

(iii) Rakesh is a **clever** boy.

(iv) John is **tall**.

(v) Riya is **fat**.

(vi) Mohit is a **brilliant** boy.

Note: When a noun or pronoun has more than one quality of the same kind, usually the conjunction 'and' is used to join them. If these qualities are contrasting, then the conjunction 'but' is used.

(i) Rajesh is **tall** and **handsome**.

(ii) Aman is **fat** but **active**.

(iii) Renu is **rich** and **kind**.

(iv) Sohan is **intelligent** but **rude**.

II. Adjectives of Quantity

The adjectives which show the quantity of a noun are known as Adjectives of Quantity. Such adjectives answer the question: How much?

(i) There is **a little** water in the pot.

(ii) There is **much** sugar in the box.

(iii) We do not have **enough** money to buy a car.

(iv) The child drank **some** milk and walked out of the house to play.

(v) Is there **any** ink in the pot?

(vi) There isn't **any** water in the jug.

(vii) There is **little** juice in the jug.

(viii) **The little** coffee in the cup has been drunk by Seema.

(ix) **All** the boys were singing a song.

Note:

(a) 'Any' is used in interrogative sentences or negative sentences.

(b) 'Some' is used to express a positive sense.

(c) 'Little' means near about nil.

(d) 'A little' means small in quantity.

(e) 'The little' means the consumption of the whole quantity of some thing which was not much.

(f) 'Enough' refers to something in a quantity which meets the demand.

(g) 'Much' refers to something abundant or in good quantity which may be more than necessary to meet the immediate demand.

Note: Most of the Adjectives of Quantity are used as adverbs and pronouns. It is important for a student to know their uses as different parts of speech.

III. Adjectives of Number

The adjectives which show the number of persons, things etc, are known as Adjectives of number. They answer the question: How many?

(i) There are **many** cows in the field.

(ii) There were only **a few** students in the class.

(iii) **Few** persons work honestly.

(iv) **The few** eggs on the shelf have been eaten by Rohit.

(v) **Some** oranges were sour.

(vi) Are there **any** mangoes in the basket?

(vii) There are **no** birds in the nest.

Note: The adjectives which refer to the exact numbers are known as Cardinals, *e.g.*, one, two, three........

But: First, second, third ...... are known as Ordinals.

IV. Demonstrative Adjectives

The Adjectives which straight away point out the things are known as Demonstrative Adjectives, *e.g.*,

(i) **This** pen is yours.

(ii) **That** book is hers.

(iii) **These** shirts are mine.

(iv) **Those** shoes are his.

The Demonstrative Adjectives can also be used as Demonstrative Pronouns.

Demonstrative Adjectives	**Demonstrative Pronouns**
1. This pen is hers.	1. This is her pen.
2. That bike is mine.	2. That is my bike.
3. These socks are his.	3. These are his socks.
4. Those shoes are yours.	4. Those are your shoes.

Note: 1. 'This' is used to refer to one object close to the speaker and 'these' is the plural form of 'this'.

2. 'That' is used to refer to one object at a distance from the speaker and 'those' is the plural form of 'that'.

V. Distributive Adjectives

These adjectives refer to each one of a number.

(i) **Neither** boy is intelligent.

(ii) On **either** side of the road there is a bed of flowers.

(iii) **Each** boy will be given a prize.

(iv) **Every** line he quoted was incorrect.

VI. Possessive Adjectives

The Adjectives which are used to show possession are known as Possessive Adjectives.

(i) This is **my** jacket.

(ii) That is **our** house.

(iii) These are **your** shoes.

(iv) This is **her** purse.

(v) That is **his** watch.

(vi) These are **their** pants.

Note: Mine, ours, yours, his, hers, theirs are possessive pronouns. But 'his' can be used both as a Possessive Adjective and a Possessive Pronoun.

(i) This is **his** book. (Possessive Adjective).

(ii) This book is **his.** (Possessive Pronoun).

VII. Interrogative Adjectives

The Adjectives which are used to ask questions are known as Interrogative Adjectives.

(i) Which bike is yours?

(ii) What kind of machine is this ?

(iii) Whose name is Tony?

VIII. Exclamatory Adjectives

In the following sentences 'what' has been used as an exclamatory adjective.

(i) What a bird! (ii) What luck!

(iii) What folly!

IX. Emphatic Adjectives

The Adjectives which are used to lay emphasis are known as Emphatic Adjectives.

(i) This is the **very** watch. I was looking for.

(ii) I saw him with my **own** eyes.

(iii) You have **every** reason to dismiss him.

ADVERBS

An Adverb modifies the meaning of an Adjective, a Verb or some other Adverbs. e.g.

(i) She sang **sweetly**.

(ii) The horse ran **fast**.

(iii) It was **extremely** cold outside.

(iv) She lived in a **very** big house.

Kinds of Adverbs

The following are Adverbs:

I Adverbs of Time
II Adverbs of Manner
III Adverbs of Place
IV Adverbs of Frequency
V Adverbs of Degree, Extent or Quantity
VI Adverbs of Reason
VII Adverbs of Assertion
VIII Interrogative Adverbs
IX Relative Adverbs

I. Adverbs of Time

The Adverbs which answer the question 'when'

(i) She gets up **early** in the morning.

(ii) You always come to school **late**.

(iii) I have **already** read this book.

(iv) Have you met him **before**?

(v) She was ten years old **then**.

II. Adverbs of Manner

The Adverbs which answer the question 'How?' are known as Adverbs of Manner.

(i) She speaks Hindi **fluently**.
(ii) The fire spread around **rapidly**.
(iii) He hit the child **violently**.
(iv) He works **diligently**.
(v) She knocked at/on the door **gently**.

III. Adverbs of Place

The Adverbs which answer the question 'where?' are known as Adverbs of Place.

(i) Come **here**, please.
(ii) Sit **there**.
(iii) **Everywhere** you will find these birds.
(iv) A violent mind never gets peace **anywhere**.
(v) He walked **forward**.

IV. Adverbs of Frequency

The Adverbs which answer the question 'How often?' are known as Adverbs of Manner.

(i) She **never** tells lies.
(ii) He **always** speaks the truth.
(iii) Jack **often** comes here to see his brother.
(iv) They **frequently** visit the Taj.
(v) I saw him **once**.

V. Adverbs of Degree, Extent or Quantity

The Adverbs which answer the questi-- 'What degree?' are known as the Adverbs of Degree, Extent or Quantity.

(i) He was **completely** convinced.
(ii) She is rich **enough** to buy a car.
(iii) The box was **too** heavy to carry.
(iv) It was **extremely** hot outside.
(v) Gama was a **very** strong wrestler.

VI. Adverbs of Reason

The Adverbs which show the reason are known as Adverbs of Reason.

(i) He fell down **therefore** unable to win the race.
(ii) She was hence not allowed to enter the hall.

VII. Adverbs of Assertion

(i) He was **certainly** not involved in the conspiracy.
(ii) John is **actually** looking for a big deal.
(iii) I do **not** have any idea of his wherabouts.

VIII. Interrogative Adverbs

The Adverbs which are used to ask questions are known as Interrogative Adverbs.

(i) **How** many students are there in your class? (Number)
(ii) **How** long was the snake? (Degree)
(iii) **How** did you manage to escape from that house?
(iv) **Why** are you late? (Time)
(v) **When** will you visit England? (Time)
(vi) **Where** did you find a 'cow'? (Place)

IX. Relative Adverbs

The Adverbs which modify some words and also refer back to the Antecedent are known as Relative Adverbs. The Relative Adverbs may refer to the place, time and cause.

Relative Adverbs referring to Place.

(i) I do not remember the place **where** we met last year.
(ii) You may go to the place **wherever** you like.

Relative Adverbs referring to Time.

I dont know the time when the earthquake struck the place.

Relative Adverb referring the Cause.

I do not know the reason **why** he hates you.

Placement of Adverbs

The placement of the Adverbs takes place as follows:

I. Adverbs of Manner

These Adverbs more often are preceded by verbs.

(i) She knocked on/at the door **softly**.
(ii) Hema laughed **heartily**.
(iii) John looked at her **contemptuously**.
(iv) She smiled **sweetly**.

Note 1: But most often they are followed by past participles.

(i) The doctor gave the patient a **sweetly** scented syrup.
(ii) I got a **badly** written letter.
(iii) The laboratory of our school is **fully** equipped.

Note 2: Sometimes Adverbs of Manner in phrases are put at the start of the sentences as to lay emphasis.

(i) **A sweetly** scented syrup is liked by the children.
(ii) **A badly** written letter, sometimes fails to convey the real message.
(iii) **A fully** equipped laboratory is the backbone of a school.

Note 3: Sometimes they are sandwiched between the helping verb and the finite verb.

(i) I shall **happily** carry this message. (It means: willingly)
(ii) We shall **merrily** play the pianos.

Note 4: Sometimes they are used before the finite verb.

(i) He **ceremoniously** folded his hands and greeted the guests.
(ii) The car **abruptly** turned away.

II. Adverbs of Time

Most of these adverbs follow the verbs.

(i) What do you say **now**?
(ii) Who opened the door **now**?

(iii) I'll inform you **then**.

(iv) He was strong **then**.

Note 1: Phrases containing adverbs of time sometimes are used to start sentences.

(i) **From now on** you won't sit in his company.

(ii) **Now then**, who wants to sit indoors?

(iii) **Just then**, a snake shot its head.

Note 2: Adverbs of time are sometimes used to start the sentence.

(i) **Now**, you should take some rest.

(ii) **Presently**, there was a knock on the door and he stood to open it. (**Presently** here shows that something happened after a short time.)

Note 3: Some phrases containing adverbs of time or those behaving as an adverb phrases follow the verbs.

(i) The firemen reached **late**. Everything was changed into ashes **by then**.

(ii) You want to see Mr Jack. He is in his dressing room. You may please stay in my room until then.

(iii) That's all **for now**.

(iv) She'll be in America **by now**.

(v) **At present** we should not tell the secret to anybody.

III. Adverbs of Place

Most often these adverbs follow the verbs.

(i) Please come **here**.

(ii) Don't go **there**.

(iii) Put this bag **here**.

Note 1: Sometimes these adverbs are used to start sentences:

(i) **Here** is the book you were looking for.

(ii) **There** lies the bag.

IV. Adverbs of Frequency

Most often these adverbs are used just after the subject when the sentence does not have any helping verb.

(i) He **always** speaks the truth.

(ii) She **sometimes** comes to see her ailing brother.

(iii) We **often** go to the municipal park in the evening.

Note 1: These adverbs are usually sandwiched between a helping verb and a finite verb.

(i) I've **always** wished you good luck.

(ii) We've **often** tried to bring him round to this view but in vain.

Note 2: End Position

(i) Try to solve puzzles more **often**.

(ii) She commits errors **sometimes**.

Note 3: Starting Position

(i) **Sometimes**, hunter misses his target.

(ii) **Rarely**, have you seen such a charming sight.

V. Adverbs of Degree or Extent

These adverbs are in fact used to lay emphasis..

Most of the adverbs of degree or extent precede an adjective.

(i) There was a **very** beautiful dress in the wardrobe.

(ii) The sum was **extremely** tough.

(iii) Their efforts are **highly** appreciable.

Note 1: Sometimes these adverbs take the end position.

The fire destroyed the crops **extensively**.

NARRATION

(Direct Speech and Indirect Speech)

The words spoken by the speaker are in Direct Speech.

The words spoken by somebody expressed by someone else with some modification are known as Indirect Speech.

(a) Rohit says to me, "You do not understand me."

(b) Rohit tells me that I do not understand him.

The sentence no. (a) shows the words spoken by Rohit. So, it is a sentence of direct speech.

The sentence no. (b) shows the words spoken by Rohit and they have been reported with certain modification. So, it is a sentence of Indirect Speech.

Important Rules Regarding the change of Direct Speech into Indirect Speech

(A) In the sentence of direct speech the verb outside the inverted commas is known as the Reporting Verb.

(B) The words inside the inverted commas are known as direct speech.

(C) When the sentence is indirect speech, it won't take a sign of exclamation or a sign of interrogation.

(D) The Reporting Verb can be given in Present, Past or Future Tense.

(E) When the Reporting Verb is in Present or Future Tense, there will be no change in the tense of direct speech while converting it into indirect speech.

(F) When the Reporting Verb is in Past Tense the tense of direct speech will be changed while converting it into Indirect Speech.

(G) The following adverbs and possessives should be changed as given:

(a) This into that
(b) These into those
(c) Here into there
(d) Now into then
(e) Today into that day
(f) Last night into the previous night
(g) Tomorrow into the next day
(h) The next day/week into the following day/week
(i) Hence into thence.

I. When the Reporting Verb is in Present or Future Tense

II. When the Reporting Verb is in Past Tense

I. When the Reporting Verb is in Present or Future Tense:

1. (a) Ajay says, "My brother lives in Australia."
(b) Ajay says that his brother lives in Australia.

2. (a) Vikas says to Amit, "We shall see a movie today."
(b) Vikas tells Amit that they shall see a movie today.

3. (a) Mohit will say, "My aunt died last night."
(b) Mohit will say that his aunt died last night.

4. (a) Sonu will say to Anu, "We have completed the first phase of the project."
(b) Sonu will tell Anu that they have completed the first phase of the project.

II. When the Reporting Verb is in Past Tense

Tensewise change. (Affirmative and Negative Sentences)

(A) When the Direct Speech is in Present Indefinite Tense it will change into Past Indefinite Tense.

1. (a) Rakesh said, "I write a letter to my friend."
(b) Rakesh said that he wrote a letter to his friend.

2. (a) Harish said to Mohan, "My brother does not take interest in studies."
(b) Harish told Mohan that his brother did not take interest in studies.

(B) When the Direct Speech is in Present Continuous Tense, it will change into Past Continuous Tense.

1. (a) Amar said to Sohan, "The dogs are barking at the stranger."
(b) Amar told Sohan that the dogs were barking at the stranger.

2. (a) Nina said to Pinki, "My father is not typing letters."
(b) Nina told Pinki that her father was not typing letters.

(C) When the Direct Speech is in Present Perfect Tense, it will change into Past Perfect Tense

1. (a) Mohit said to Krishan, "The workers have completed the construction work."
(b) Mohit told Krishan that the workers had completed the construction work.

2. (a) Gopal said, "I have not read this novel."
(b) Gopal said that he had not read that novel.

(D) When the direct speech is in Present Perfect Continuous, it will change to Past Perfect Continuous Tense.

1. (a) Meena said to Kuldeep, "It has been raining since morning."
(b) Meena told Kuldeep that it had been raining since morning.

2. (a) Hari said to Amarjeet, "The birds have not been chirping for three hours."
(b) Hari told Amarjeet that the birds had not been chirping for three hours.

(E) When the direct speech is in Past Indefinite Tense it will change into Past Perfect Tense.

1. (a) Vinod said to Deepak, "My cousin sold his old car yesterday".
(b) Vinod told Deepak that his cousin had sold his old car the previous day.

2. (a) Anil said, "I did not go to Mumbai to see my ailing aunt."
(b) Anil said that he had not gone to Mumbai to see his ailing aunt.

(F) When the direct speech is in Past Continuous Tense, it will change into Past Perfect Continuous Tense.

1. (a) Seema said to Tina, "Rita was rowing in the moonlight."
(b) Seema told Tina that Rita had been rowing in the moonlight.

2. (a) Ashok said, "My uncle was not telling a story to us."
(b) Ashok said that his uncle had not been telling a story to them.

(G) When the direct speech in Past Perfect Tense, there will be no change in its tense in Indirect Speech.

(H) When the direct speech is in Past Perfect Continuous Tense, there will be no change in its tense in Indirect Speech.

(I) When the direct speech is in, future tense, usually 'shall' and 'will' are changed into 'would'. (Sometimes 'shall' can be changed into should.)

1. (a) The officer said to Veena, "I shall grant you leave for three days."
(b) The officer told Veena that he would grant her leave for three days.

2. (a) Ali said, "My aunt will be sewing a table cloth."

(b) Ali said that his aunt would be sewing a table cloth.

3. (a) Tina said, "The boys will have been flying kites for three hours."

(b) Tina said that the boys would have been flying kites for three hours.

Interrogative Sentences

(A) Starting with Modals (Primary Auxiliary)

When the Interrogative Sentences start with modals, usually ask and 'if' are brought into with use in Indirect Speech. Can is changed into could, shall into should/would, and will into would, may into might.

1. (a) The army officer said to the soldier, "Can you climb up that wall?"

(b) The army officer asked the soldier if he could climb up that wall.

2. (a) The head-clerk said to the officer, "Could I use your pen?"

(b) The head-clerk asked the officer if he could use his pen. or him.

3. (a) The student said to the teacher "May I come in, sir?"

(b) The student asked the teacher respectfully if he might go in.

4. (a) Tina said to Hema, "Does your brother have a close association with this political group?"

(b) Tina asked Hema if her brother had a close association with that political group.

5. (a) Dinesh said to Kavita, "Are you joining the evening classes?"

(b) Dinesh asked Kavita if she was joining the evening classes.

6. (a) Jaswinder said to Ravinder, "Have you applied for this vacancy?"

(b) Jaswinder asked Ravinder if he had applied for that vacancy.

7. (a) Anju said, "Has the bee been humming around the flowers for three hours?"

(b) Anju asked somebody if the bee had been humming around the flowers for three hours.

8. (a) The bank officer said to the customer, "Did you get the cash yesterday?"

(b) The bank officer asked the customers if he had got the cash the previous day.

9. (a) Priya said to Preeti, "Was the cat prowling around the building?"

(b) Priya asked Preeti if the cat had been prowling around the building.

10. (a) The shopkeeper asked the customer, "Had you purchased a mineral water bottle before going to Shimla?"

(b) The shopkeeper said to the customer if he had purchased a mineral water bottle before going to Shimla.

(B) Interrogative Sentences starting with wh-words

When an interrogative sentence in Direct speech starts with any of the follwing words: What, Which, When, Why, Who, Whose, Whom, How in Indirect speech, we should not use if or whether clause with 'ask' e.g.

1. (a) Amit said to Sumit, "What do you like to drink?"

(b) Amit asked Sumit what he liked to drink.

2. (a) Pradeep said to Surendra, "Whom are you waiting for?"

(b) Pradeep asked Surendra whom he was waiting for.

3. (a) Anita said to Kavita, "Who has mistakenly left her purse in my room?"

(b) Anita asked Kavita who had mistakenly left her purse in her room.

4. (a) Sangeeta said to Anita, "Why have you been so sad since morning?

(b) Sangeeta asked Anita why she had been so sad since morning.

5. (a) Akash said to Veena, "Why didn't you dance at the party yesterday?"

(b) Akash asked Veena why she did not dance at the party the previous day.

Imperative Sentences

(a) As we know, these sentences do not begin with any subject. The subject 'you' is understood, therefore, these sentences usually start with verbs in a Direct Speech.

These sentences most often denote request, advice, suggestion, order, command, instruction, permission, etc.

(b) In order to change these sentences into the Indirect Speeches the following words are needed to be introduced in place of "said":

Order	Request	Suggest	Beg
Prompt	Command	Warn	Forbid
Plead	Instruct	Inform	Propose
Threaten	Entreat	Pardon	Persuade

Some Examples

1. (a) The officer said to the clerk, "Read the file once again."

(b) The officer ordered the clerk to read the file once again.

2. (a) The peon said to the Principal, "Please grant me leave for two days."

(b) The peon requested the Principal to grant him leave for two days."

3. (a) The teacher said to the students, "Work hard."

(b) The teacher advised the students to work hard.

4. (a) The convict said to the judge, "Please take mercy on me."

(b) The convict begged the judge for mercy.

5. (a) The gardener said to the children, "Don't pluck flowers."

(b) The gardener forbade the children to pluck flowers.

Note: With 'forbid' the word 'not' should not be used because it itself conveys the negative sense.

6. (a) Hari said to his friend, "Let us take a cup of tea."

(b) Hari suggested that they should take a cup of tea.

or

Hari Proposed that his friend and he should have a cup of tea.

Exclamatory Sentences

(a) These sentences are used to express sudden emotions like joy, sorrow, contempt, regret, surprise, etc. These sentences take the mark of exclamation at the end.

(b) In order to convert these sentences into Indirect Speech the following expressions are most often introduced in place of said: exclaimed with, toy, exclaimed with surprise, exclaimed with contempt, exclaimed with sorrow.

The sign of exclamation is also replaced with the full stop.

Some examples

1. (a) The child said, "What a beautiful flower it is!"

(b) The girl exclaimed with joy that the flower was extremely beautiful.

2. (a) The girl said, "How wonderful these insects are!"

(b) The girl exclaimed with surprise that those insects were extremely wonderful.

3. (a) The coach said, "What a bad shot it is!"

(b) The coach exclaimed with disappointment that the shot was extremely bad.

4. (a) Hari said, "Hurrah! I have won the match!"

Hari exclaimed with joy that he had won the match.

Optative Sentences

(a) These sentences are used to express a wish, prayer, desire or a curse. These sentences take the sign of exclamation at the end.

(b) In order to convert them in Indirect Speech the following expressions are introduced in place of 'said': wished that, prayed that, cursed that, bade good night, etc.

Some examples

1. (a) The old woman said to me, "May God bless you!"

(b) The old woman wished/prayed that God might bless me.

2. (a) The old man said, "O for a glass of water!"

(b) The old man wished for a glass of water.

3. (a) I said to my mother, "Good morning, mom."

(b) I wished good morning to my mother.

Note: (a) With "good morning" and "good evening" use ..... wished good morning–evening to my mother/father, etc.

(b) With 'good night' and 'good bye' use ..... bade good night to my father/mother, etc.

(c) Some grammarians prefer to place the optative sentences in the category of exclamatory sentences.

Universal Truth, Habitual Truth, Historical Truth

In Sentences containing the idea of any universal truth, habitual truth or historical truth, the tense of the Indirect Speech remains the same as in Direct Speech.

1. (a) The teacher said to the students, "The sun rises in the east." (Universal truth).

(b) The teacher told the students that the sun rises in the east.

But when there is a general talk a change in the tense takes place in the Indirect Speech.

2. (a) Rohit said to Narender, "The sun will set soon."

(b) Rohit told Narender that the sun would set soon. (Don't use 'will)

3. (a) Sonu said to Amar, "My father daily walks five kilometres."

(b) Sonu told Amar that her father daily walks five kilometres.

(The sentence shows the daily routine of Sonu's father).

4. (a) The Principal said to the students, "India got its freedom in 1947." (Historical Truth)

(b) The Principal told the students that India got its freedom in 1947.

PREPOSITIONS

Read the following sentences:

(i) She is employed **in** a bank.

(ii) I daily get up **at** 6 o'clock.

In sentence no. (i) the word 'in' joins the noun phrase 'a bank' with the rest of the sentence.

In sentence no. (ii) the word 'at' joins '6 o'clock' with the rest of the sentence.

Both these words are prepositions.

A preposition is a word which joins a noun, a pronoun or their equivalents with the rest of the sentence.

Classification of Prepositions

The prepositions can be classified in the following ways.

I Prepositions pertaining to Place.

II Prepositions pertaining to Time.

III Prepositions expressing cause, reason, purpose, etc.

IV Prepositions expressing manner.

V Prepositions expressing method, intrumentality.

VI Prepositions expressing measure, quantity, rate.

I. *Prepositions Pertaining to Place*

The following are a few prepositions which pertain to place: In, at, on, behind, under, in front of, above, below, beneath, over, from Examples:

(i) He lives **in** Russia.
(ii) I live **at** Rampur.
(iii) There is an oak tree **in front** of my house.
(iv) The dog was lying **under** the table.
(v) She raised her hand **above** the head.
(vi) She was lying asleep **behind** a cart.
(vii) There was a red patch of mark **below** his left eye.
(viii) He hailed **from** Africa.
(ix) I saw a hawk flying **over** the hill.

Note: The preposition 'in' is used when somebody is living in a big city or a country, etc. But the preposition 'at' is used when somebody is living in a small town, village, etc.

II. *Preposition Pertaining to Time*

The following prepositions pertain to time:

at, on, in, from, by, after, before, within between. Examples

(i) She got up **at** 9 o'clock.
(ii) The train reached the station **on** time.
(iii) I reached the airport **before** time.
(iv) We'll go back home **after** the sun sets.
(v) You are **in** time.
(vi) I'll return **within** an hour.
(vii) He'll be here **by** the evening.
(viii) She lived in American **from** 1980 to 2000.
(ix) I went to England twice **between** 1980 to 1999.

Note: 'On time' means on the time which was scheduled. 'In time' means before the scheduled time. The Preposition 'from' in sentence no (viii) shows the continuity of an action whereas the preposition 'between' in sentence no (ix) shows that I visited England twice during the period given without specifying when either visit took place.

III. *Preposition Expressing Cause, Reason, Purpose, etc.:* to, with, of, from, for

(i) Drinking is injurious **to** health.
(ii) She died **of** cancer.
(iii) The boy was trembling **with** fear.
(iv) His uncle died **from** overwork.
(v) She is struggling **for** her livelihood.

IV. *Preposition Expressing Manner:* with, by

(i) The old woman was dying **by** inches.
(ii) The soldiers moved forward with great courage.

V. *Preposition Expressing Method, Instrumentality:* with, from, by, of

(i) She killed the snake **with** a rod.
(ii) I caught him **by** the collar.
(iii) I heard it **from** him.

VI. *Prepositions Expressing Measure, Rate, Quantity:* at, by

(i) This shirt is dirt cheap **at** fifty rupees.
(ii) The cloth is sold **by** metre.

TENSES

Tenses tell us the time of actions.

There are three kinds of Tenses.

I Present Tense II Past Tense
III Future Tense

I. Present Tense

The tense which shows action in the present time is known as the present tense. It is of the following kinds :

(A) Present Indefinite Tense or Simple Present Tense
(B) Present Continuous Tense
(C) Present Perfect Tense.
(D) Present Perfect Continuous Tense.

(A) *Present Indefinite Tense or Simple Present Tense*

This tense is used:

1. To show an action in the present time without referring to its finishing time

(i) I write a letter to my friend.
(ii) She helps the old man lift the bag.

Note: With I, we, you, they or Plural Noun the first form of the Verb is used. But with He, She, It, or Singular Noun, first form of the verb + s/es is used.

2. To show a habit or liking or disliking in the present time
   (i) She hates meat.
   (ii) We like singing and dancing.
   (iii) I daily go out for a walk.
   (iv) My uncle daily drinks a cup of tea after dinner.
3. To refer to a universal truth
   (i) The sun rises in the east.
   (ii) A bat flies better when it is dark around.
   (iii) The stars twinkle at night.

Negative and Interrogative Sentences

With I, we, you, they or Plural Nouns: do not + 1st form of the verb is used.

In case of interrogative sentences Do + subject + 1st form of the verb + object is used.

With He, She, It, or a Singular Noun does not + 1st form of the verb is used.

In case of interrogative sentences Does + Subject + 1st form of the verb + object is used.

(i) He does not borrow anything from anybody.
(ii) I do not advise you to do this job.
(iii) Do they know how to write business letters?
(iv) Does she understand French?

(B) ***Present Continuous Tense***

It is used to show the continuity of an action in the present time.

Affirmative Sentences

(i) I am sending a telegram to Jack.
(ii) You are admiring my opponent.
(iii) She is speaking for the manager.

Note: When 'I' is the Subject of the sentence use an + present participle.

When 'we, you, they or a Plural Noun is the Subject of sentence 'are + present participle' is used. But if 'he, she, it or a Singular Noun' is the Subject of the sentence 'is + present participle' is used.

Negative and Interrogative Sentences

(i) I am not trying to find out errors in your essay.
(ii) Am I trying to find out errors in your essay?
(iii) He is not creating any problem to the children.
(iv) Is he creating any problem to the children?
(v) They are not decorating the room.
(vi) Are they decorating the room?

(C) ***Present Perfect Tense***

The tense which shows the completion of an action in the present tense is known as the Present Perfect Tense.

Affirmative Sentence

(i) I have eaten/ taken breakfast.
(ii) She has mixed up the ingredients to bake a cake.

When the subject of the sentence is I, we, you, they or a plural noun use have + past participle.

When the subject of the sentence is 'he, she, it or a singular noun, use has + past participle.

Negative and Interrogative Sentences

(i) The officer has not granted leave to the clerk.
(ii) Has the officer granted leave to the clerk?
(iii) They have not shovelled snow on to the truck yet.
(iv) Have they shovelled snow on to the truck?

(D) ***Present Perfect Continuous Tense***

The tense shows a part of an action having been completed and another part of it still being done in the Present Tense.

(i) He has been mending the shoes since morning.
(ii) We have been flying kites for three hours.

Note: Preposition 'since' is used when the point of time is given *i.e.* since 1965, since 5 o'clock, since morning, since evening etc.

Preposition 'for' is used when the period of time is given, e.g. for two weeks, for three days, for five years, etc.

Negative and Interrogative Sentences

(i) The peon has not been ringing the bell for two hours.
(ii) Have the firemen been trying to extinguish fire since morning?

II. Past Tense

The tense which shows action in the past time is known as Past Tense. It is of the following kinds.

(A) Past Indefinite Tense or Simple Past Tense
(B) Past Continuous Tense
(C) Past Perfect Tense
(D) Past Perfect Continuous Tense

(A) ***Past Indefinite or Simple Past Tense***

It is used:

Affirmative Sentences

1. To show an action in the past time without referring to its finishing time
   (i) The scientist found the food contaminated with bacteria.
   (ii) The calves frisked in the courtyard.
   (iii) He typed three letters this morning.

Note: Subject + IInd form of verb + Object is used.

2. To show a habit in the past time
   (i) She used to go to temple daily.
   (ii) He daily prayed to God before going to office.
   (iii) They most often took a long walk in the morning.
3. To show historical truth
   (i) India got its freedom on 15 August, 1947.
   (ii) Mr. J.L. Nehru was elected the first Prime Minister of India.

Negative and Interrogative Sentences

(i) She did not attend the meeting.
(ii) We did not allow the children to play in the lawn.
(iii) Did he complain to the officer against you?

With 'did' first form of the verb is used.

With some Adverbs e.g. yesterday, ago, etc. Past Indefinite Tense is used.

(i) My father bought me a new bicycle five days ago.
(ii) A thief broke into my neighbour's last night.
(iii) We saw a movie yesterday.

(B) *Past Continuous Tense*

This tense shows the continuity of an action in the past.

Affirmative Sentences

(i) He was driving a car.
(ii) I was memorizing the lesson.
(iii) The workers were building the flyover.

Subject + was/were + Present Participle + object (if any)

Negative and Interrogative Sentences

(i) They were not planning to go to Sweden in Summer.
(ii) Was he advising his friends to help the poor?
(iii) Were the mechanics repairing the machines?
(iv) She was not any taking any interest in houshold chores.

(C) *Past Perfect Tense*

This tense shows the completion of an action in the past time.

Affirmative Sentences

(i) She had finished painting the pictures.
(ii) We had planted the saplings of mango plants.
(iii) The doctor had operated upon the patient.

Subject + had + Past Participle + Object.

Negative and Interrogative Sentences

(i) Had she applied for the past of a clerk?
(ii) He had not reserved a berth in the Rajdhani Express.

(D) *Past Perfect Continuous Tense*

This tense shows the part completion of an action/work when the other part of the action/work is still continuing in the Past Tense.

Affirmative Sentences

(i) She had been working in that office for five years.
(ii) They had been living in that house since 1968.

Negative and Interrogative Sentences

(i) Had the gardener been watering the plants since morning?
(ii) The birds had not been chirping on the branches of the tree for three hours.

III. Future Tense

The tense which used to express the actions in future time is known as the future tense. It is of the following kinds:

(A) Future Indefinite Tense or Simple Future Tense
(B) Future Continuous Tense.
(C) Future Perfect Tense.
(D) Future Perfect Continuous Tense.

(A) *Future Indefinite Tense*

It is used to indicate the actions planned for future.

Affirmative Sentences

(i) I shall write a letter to my mother.
(ii) The maid will wash the clothes after the sunrise.
(iii) They will varnish the chairs.

Subject + Will/Shall + 1st form of the verb + Object

Note: For the usage of 'shall and will' read the chapter "Modals."

Negative and Interrogative Sentences

(i) He will not associate with those boys.
(ii) We shall not walk over the slippery snowy path.

(B) *Future Continuous Tense*

It is used to show a continuous action in the future time.

Affirmative Sentences

(i) She will be planning to meet the P.M.

The policeman will be standing on guard at the check post.

Negative and Interrogative Sentences

(i) They will not be carrying coal to the city from the mine.
(ii) Will you be singing on radio the next month?

(C) *Future Perfect Tense*

It is used to show the completion of an action in the future.

Affirmative Sentences

(i) You will have got admission in the new school by then.

(ii) He will have joined the army by then.

Negative and Interrogative Sentences

(i) She will not have told you the story of a lion and a mouse.

(ii) Shall we have reserved two berths in the Janata Express by then?

(D) *Future Perfect Continuous Tense*

It is used to show the part completion of a work/action and the continuity of the other part in the Future Tense.

Affirmative Sentences

(i) He will have been working in the office for five years.

(ii) They will have been painting the pictures since morning.

Negative and Interrogative Sentences

(i) She will not have been discussing the matter with her friends for two hours.

(ii) Will they have been begging for food since morning ?

TRANSFORMATION OF SENTENCES

By 'Transformation' we usually means the following grammatical drills.

- Removal of "too".
- Insertion of "too".
- Change of Voice.
- Change of Narration.
- Change of Degrees of Comparison.
- Interchange of Kinds of Sentence.
- Interchange of Principal and Subordinate Clauses.
- Interchange of Different Parts of Speech in Sentences.
- Expression of Condition.
- Expression of Contrast or Conversion.
- Conversion of Simple, Compound and Complex Sentences from one to the other.
- Completion of Incomplete Sentences.
- Use of Modals, Conjunctions, Preposition, Articles etc. for specific purposes.

Explanation

1. Removal of 'too'

(i) He is too weak to walk.

He is so weak that he cannot walk.

(ii) She is too proud to listen to you.

She is so proud that she will not listen to you.

(iii) He was too poor to buy a house.

He was so poor that he could not buy a house.

(iv) It is too cold outside.

It is cold outside beyond the proper limit.

Or

It is extremely cold outside.

2. Insertion of "too".

(i) She is so lazy that she will not do any work.

She is too lazy to do any work.

(ii) He is so weak that he cannot lift this box.

He is too weak to lift this box.

(iii) He ran so slowly that he could not catch the train.

He ran too slowly to catch the train.

3. Interchange of Kinds of Sentence

(i) Change of Affirmative Sentences into Negative Sentences:

(a) He is a dull boy.

He is not an intelligent boy.

(b) He told the truth.

He did not tell a lie.

(c) He runs fast.

He does not run slowly.

(ii) Change of Negative Sentences into Affirmative Sentences:

(a) The earth is not flat.

The earth is round.

(b) No sooner did the train arrive then the passengers rushed towards it.

As soon as the train arrived, passengers rushed towards it.

This glass is so hot that I cannot touch it.

This glass is so hot for me to touch it.

(iii) Change of Assertive Sentences into Interrogative Sentences:

(a) He is not lazy.

Is he lazy?

(b) Everybody wants peace.

Doesn't everybody want peace? **Or** Who does not want peace?

(iv) Change of Interrogative Sentences into Assertive Sentences:

(a) Where can peace be found?

Peace can't be found anywhere.

Or Peace can be found nowhere.

(b) What if we lose the match? **Or** What does it matters if ......?

Or Does it matter if ....?

It does not matter if ....

(v) Change of Assertive Sentences into Imperative Sentences:

(a) You are advised to Work hard.

(b) You are requested to sit down.

Sit down, please.

4. Interchange of Principal and Subordinate Clauses:

(i) I like him because he is a good person.

He is a good person for which I like him.

(ii) The bus was moving fast such that I couldn't alight from it.

I couldn't alight from the bus as it was moving fast.

(iv) As I love my country, I'm ready to die for it.

I'm ready to die for my country because I love it.

(v) If you work hard, you'll pass.

Work hard lest you should fail.

5. Interchange of Different Parts of Speech

(i) He likes to see clouds. (verb)

He has a great liking for seeing clouds. (noun).

(ii) His face expresses that he is happy. (Adj.)

There is an expression of happiness on his face. (noun).

(iii) One who is cruel can be punished.

Cruelty can lead one to punishment.

6. Conversion of Simple, Compound and Complex Sentences from one to the other.

(i) (a) In spite of working hard, he failed. (Simple)

(b) He worked hard, still or but he failed. (Compound).

(ii) (a) Unless you work hard, you cannot pass. (Complex).

(b) You should work hard and then you will pass. (Compound).

(c) You cannot pass without working hard. (Simple)

7. Completion of Incomplete Sentences:

(i) (a) .... is a happy child.

He is a happy child.

(b) **He** helped ....

He helped **me**. (by supplying subject/object).

(ii) The book ....

The book **lies on the table**. (by supplying Predicate).

(iii) She is ....

She is **happy**. (by supplying complement).

(iv) They are ....

They are **busy**. (by supplying a word).

(v) I love ....

I love **animals**. (by supplying a noun).

(vi) The stars are very ....

The stars are very **beautiful**. (by supplying an adjective).

(vii) She .... to God.

She **prays** to God. (by supplying a verb)

(viii) You .... I are friends.

You **and** I are friends. (by supplying a conjunction).

(ix) He runs ....

He runs **fast**. (by supplying adverb).

(x) He inserted .... going with me.

He inserted **on** going with me. (by supplying a preposition)

8. Interchange of non-finites in sentences:

(i) I love **writing** (books). (gerund).

(ii) The pen is to **write** with. (Infinitive).

(iii) The pen is **used** for writing purposes. (Participle).

VOICE

A sentence is said to be active when its subject does some action. e.g.

Ajay flies a kite.

The subject 'Ajay' is doing the action of flying a kite. So, it is a sentence in the active voice.

But if the subject is being acted upon then the sentence is said to be in the passive voice e.g.

A kite is flown by Ajay.

The subject 'A kite' is being acted upon by Ajay's act of flying it.

A. Tense wise (Active to Passive Voice)

I. Present Indefinite Tense

1. (a) Meena bakes a cake.

(b) A cake is baked by Meena.

2. (a) They do not invest money in business.

(b) Money is not invested in business by them.

3. (a) Does he scrape some carrots?

(b) Are carrots scraped by him?

II. Present Continuous Tense

1. (a) She is plucking vegetables.

(b) Vegetables are being plucked by her.

2. (a) They are not pricking holes in the paper.

(b) Holes in the paper are not being pricked by them.

3. (a) Is he whitewashing the fence?

(b) Is the fence being whitewashed by him?

III. Present Perfect Tense

1. (a) She has learnt her lesson.

(b) Her lesson has been learnt by her.

2. (a) The maid has not removed the dust from the sill.

(b) The dust from the sill has not been removed by the maid.

3. (a) Have you greased the bike?

(b) Has the bike been greased?

IV. Persent Perfect Continuous Tense

No Passive Voice

V. Past Indefinite Tense

1. (a) The carpenter shaved a plank.

(b) A plank was shaved by the carpenter.

2. (a) He did not read the new law book.

(b) The new law book was not read by him.

3. (a) Did they prepare an Italian sauce?

(b) Was an Italian sauce prepared by them?

VI. Past Continuous Tense

1. (a) She was consulting a physician.

(b) A physician was being consulted by her.

2. (a) The workers were not building a tower.

(b) A tower was not being built by the workers.

3. (a) Were the farmers harvesting the crops?

(b) Were the crops being harvested by the farmers?

VII. Past Perfect Tense

1. (a) He had already taken the measurements of the room.

(b) The measurements of the room had already been taken by him.

2. (a) The workers had not shovelled snow.

(b) Snow had not been shovelled by the workers.

3. (a) Had Leena admitted her mistake?

(b) Had her mistake been admitted by Leena?

VIII. Past Perfect Continuous Tense

No Passive voice

IX. Future Indefinite Tense

1 (a) The teacher will draw circles and parallel lines on the blackboard.

(b) Circles and parallel lines will be drawn on the blackboard by the teacher.

2. (a) Seema will not compile a dictionary.

(b) A dictionary will not be compiled by Seema.

3. (a) Will the police conduct a raid on his premises?

(b) Will a raid be conducted by the police on his premises?

X. Future Continuous Tense

No Passive Voice

XI. Future Perfect Tense

1. (a) Rohit will have decorated the room.

(b) The room will have been decorated by Rohit.

2. (a) We shall not have boiled the potatoes.

(b) The potatoes will not have been boiled by us.

XI. Future Perfect Continuous Tense

No Passive Voice.

B. Double Object

The sentences which have two objects can be written in passive voice in the following two ways.

1. (a) She gave me a book.

(b) I was given a book by her.

(c) A book was given to me by her.

2 (a) He did not tell a story to us.

(b) We were not told a story by him.

(c) A story was not told to us by him.

C. Infinitives

1. (a) It is time to open the gate of the museum.

(b) It is time for gate of the museum to be opened.

2. (a) She is a girl to trust.

(b) She is a girl to be trusted.

D. Imperative Sentences

1. (a) Do it.

(b) Let it be done or It should be done.

2. (a) Don't pluck flowers.

(b) You are forbidden to pluck flowers.

Or

(c) You are advised not to pluck flowers.

3. (a) Post letter at once.

(b) You are ordered to post this letter at once.

4. (a) Kindly help me.

(b) You are requested to help me.

5. (a) Let us take some rest.

(b) It is proposed that we should take some rest.

6. (a) Let him come in.

(b) You are ordered to let him come in.

E. Quasi–Passive Verbs

Intransitive verbs usually cannot be converted into passive verbs but there are some sentences (as given below) that can be written in their passive forms.

1. (a) Quinine tastes bitter

(b) Quinine is bitter when tasted.

MULTIPLE CHOICE QUESTIONS

Directions (Qs. 1 to 50): *Read each sentence to find out whether there is any grammatical error in it. The error, if any, will be in one part of the sentence. The letter of that part is the answer. If there is no error, the answer is 'D'. (Ignore the errors of punctuation, if any).*

1. (A) The brakes and steering failed/(B) and the bus ran down the hill/(C) without anyone being able to control it./(D) No error.

2. (A) The polling was marred/(B) at many a place/(C) by attempts at rigging./(D) No error.

3. (A) He wanted to work all right/(B) but we saw that he was completely worn/(C) and so we persuaded him to stop./(D) No error.

4. (A) When a whale is washed ashore by the tide,/(B) the people flock together to see it./(C) wondering how so huge an animal can swim about in the water./(D) No error.

5. (A) Few scientists changed/(B) people's ideas as much as/(C) Darwin with his Theory of Evolution./(D) No error.

6. (A) Were he/(B) to see you,/(C) he would have been surprised./(D) No error.

7. (A) The number of marks carried by each question/(B) are indicated/(C) at the end of the question./(D) No error.

8. (A) An animal/(B) can be just as unhappy in a vast area/(C) or in a small one/(D) No error.

9. (A) It is time/(B) we did something/(C) to stop road accidents./(D) No error.

10. (A) A free press is not a privilege/(B) but the organic necessity/(C) in a free society./(D) No error.

11. (A) The Indian radio./(B) which was previously controlled by the British rulers./(C) is free now from the narrow vested interests./(D) No error.

12. (A) Because of the emergency help/(B) that the patient received./(C) he would have died/(D) No error.

13. (A) At present juncture,/(B) however, the supercomputer/(C) would be a costly toy./(D) No error.

14. (A) Students should not take part/(B) in party politics and political demonstrations/(C) as they interfere in serious study./(D) No error.

15. (A) Wherever they go/(B) Indians easily adapt to/(C) local circumstances./(D) No error.

16. (A) According to the Bible/(B) it is meek and humble/(C) who shall inherit the earth./(D) No error.

17. (A) I was there/(B) many a time/(C) in the past./(D) No error.

18. (A) As much as I admire him for his sterling qualities./(B) I cannot excuse him for/(C) being unfair to his friends./(D) No error.

19. (A) Were you/(B) given a choice/(C) or you had to do it?/(D) No error.

20. (A) When he was asked what is wrong with him,/(B) he said that he was not well,/(C) and asked for leave of absence for one day./(D) No error.

21. (A) At the end of the year/(B) every student who had done adequate work/(C) was automatically promoted./(D) No error.

22. (A) Many times the news has been published/(B) in the papers that the end of the world will be certain/(C) if a nuclear war breaks out./(D) No error.

23. (A) Happily, zoos were/(B) unwilling to cooperate/(C) in a scheme that was potentially harmful to animal welfare./(D) No error.

24. (A) We discussed about the problem so thoroughly/(B) on the eve of the examination/(C) that I found it very easy to work it out./(D) No error.

25. (A) She reluctantly said that/(B) if nobody else was doing it/(C) she will do it./(D) No error.

26. (A) He will end up his work/(B) in the city/(C) by the end of the year./(D) No error.

27. (A) Though child marriage/(B) has been banned,/(C) the custom still prevailed among some groups in India./(D) No error.

28. (A) Supposing if/(B) there is no bus,/(C) how will you get there?(D) No error.

29. (A) At the moment the house/(B) was burgled the family/(C) attended a night party in the neighbourhood./(D) No error.

30. (A) On a holiday/(B) Sudha prefers reading/(C) than going out visiting friends/(D) No error.

31. (A) Neither he/(B) nor his father is interested/(C) in joining the party./(D) No error.

32. (A) A group of friends/(B) want to visit/(C) the new plant as early as possible./(D) No error.

33. (A) May I/(B) know who you want/(C) to see please/(D) No error.

34. (A) Myself and Gopal/(B) will take care of/(C) the function on Sunday./(D) No error.

35. (A) I could not put up in a hotel/(B) because the boarding and lodging charges/(C) were exorbitant./(D) No error.

104. a. seen b. going
c. you d. him
e. have
A. cebad B. ceadb
C. cbead D. ceabd
E. ecabd

105. a. of b. capable
c. he d. mean
e. anything f. is
A. edfcba B. cfdbae
B. cfebad C. cdfbae
E. cfbaed

106. a. make b. others
c. weak d. fun
e. of f. people
A. fadfcb B. cbadfe
C. fdebac D. cfadeb
E. cfadbe

107. a. killed b. a
c. Jaswant d. bear
e. wild
A. cabed B. ecabd
C. bcade D. dcabe
E. aebcd

108. a. medicine b. a
c. Neeta d. given
e. was
A. eadbc B. bedca
C. aedbc D. dbeca
E. cedba

109. a. him b. the
c. to d. charge
e. handover
A. dbeca B. eacdb
C. daceb D. debca
E. ebdca

110. a. at b. it
c. take d. once
e. away
A. bcead B. adceb
C. cbead D. ecbad
E. dbcae

111. a. you b. this
c. ready d. are
e. do f. to
A. dacfeb B. adcebf
C. dcafeb D. adbcfe
E. febadc

112. a. get b. meet
c. soon d. to
e. him f. we
A. eadbfc B. cfadbe
C. cfbdea D. adbcfe
E. dbecaf

113. a. bag b. you
c. seen d. have
e. my
A. eadcb B. dceab
C. dbcea D. dbaec
E. badce

114. a. of b. we
c. heard d. him
e. had
A. dbcea B. ebcda
C. becda D. bedca
E. becad

115. a. perfection b. the
c. take d. step
e. first f. to
A. bafced B. cbedfa
C. cabedf D. fedcba
E. cfbdea

116. a. left b. the
c. house d. he
e. suddenly
A. adbce B. baced
C. deabc D. ebcda
E. bdace

117. a. not b. Hari
c. away d. run
e. did
A. acedb B. cedab
C. ebdca D. beadc
E. bacde

118. a. I b. immediately
c. salary d. my
e. want
A. dcaeb B. aedcb
C. beadc D. dbcea
E. deacb

119. a. not b. hotel
c. comfortable d. was
e. the
A. cdeba B. ecdab
C. cdaeb D. daceb
E. ebdac

120. a. was b. and
c. Satish d. kind
e. loving
A. cadbe B. ebdac
C. cdbea D. aebdc
E. abcde

Directions (Qs. 121 to 140): *Which of the phrases given below each sentence should replace the phrase printed in* **bold** *type to make the sentence grammatically correct? If the sentence is correct as it is, mark 'E' as the answer.*

121. The research study is an eye-opener and **attempts to acquaint** us with the problems of the poor nations.
A. attempted to acquaint
B. attempts at acquainting

ENGLISH

ENGLISH

C. attempt to acquaint
D. attempting to acquaint
E. No correction required

122. The man who has committed such a serious crime must **get the mostly severe** punishment.
A. be getting the mostly severely
B. get the most severe
C. have got the most severely
D. have been getting the severemost
E. No correction required

123. Acquisition of certain specific skills **can be facilitated from** general awareness, education and exposure to novel situations.
A. can be facilitated by
B. may facilitate through
C. can be felicitated with
D. may be felicitated with
E. No correction required

124. He confidently asked the crowd if they thought he was right and the crowd shouted **that they did.**
A. that he did
B. that they had
C. that he is
D. that he didn't
E. No correction required

125. If he has to spend five hours in the queue, it **was really a wastage.**
A. is a really wastage
B. is real a wastage
C. has really a wastage
D. is really a wastage
E. No correction required

126. Why **did you not threw** the bag away?
A. did you not throw
B. had you not threw
C. did you not thrown
D. you did not thrown
E. No correction required

127. They **are not beware of** all the facts
A. are not aware for
B. are not aware of
C. are not to be aware
D. must not to be aware for
E. No correction required

128. **If I would have** realised the nature of the job earlier, I would not have accepted it.
A. If I have had
B. In case I would have
C. Had I been
D. Had I
E. No correction required

129. The moment they saw me, they **were delight**
A. had delighted
B. were delighted
C. are delighted
D. have been delighted
E. No correction required

130. The small child does whatever his father **was done.**
A. has done
B. did
C. does
D. had done
E. No correction required

131. It was unanimously resolved that the parties **should unitedly undertook** launching of popular programmes–
A. should be united undertook
B. should be unitedly undertaken
C. should be unitedly undertake
D. should unitedly undertake
E. No correction required

132. One of my drawbacks is that **I do not have to** tolerance of ambiguity.
A. do not have
B. cannot have to
C. am not
D. did not have to
E. No correction required

133. They **should have calmly thought of** the advantages that would accrue to them.
A. should have been calm in thinking about
B. should be calmly thought of
C. shall have to calmly thought of
D. should have calmly think of
E. No correction required

134. Their earnings are such that they find it difficult **to make both ends to meet.**
A. to making both ends meet
B. to make both ends for meeting
C. to make both ends meet
D. for making both ends to meet
E. No correction required

135. They **were all shocked at** his failure in the competition.
A. were shocked at all
B. had all shocked at
C. had all shocked by
D. had been all shocked on
E. No correction required

136. He is too impatient **for tolerating** any delay.
A. to tolerate
B. to tolerating
C. at tolerating
D. with tolerating
E. No correction required

137. Why **should the candidates be** afraid of English Language is not clear.
A. the candidates should be

B. do the candidates be
C. should be the candidates
D. are the candidates
E. No correction required

138. Ramesh is **as tall if not,** taller than Mahesh.
A. not as tall but
B. not so tall but as
C. as tall as, if not
D. as if not
E. No correction required

139. The easiest **of the thing to do** is to ask the address to the postman.
A. of the things to do
B. among the things did
C. of the thing to be done
D. of all the things done
E. No correction required

140. The player was asked **that why he had not** attended the prayer.
A. why had he not
B. that why had he not
C. why he was not
D. is hesitated to listen to
E. No correction required

ANSWERS

1	2	3	4	5	6	7	8	9	10
C	D	B	D	A	A	B	C	D	B
11	12	13	14	15	16	17	18	19	20
C	A	A	C	B	B	A	A	A	A
21	22	23	24	25	26	27	28	29	30
D	D	C	A	C	A	C	A	A	C
31	32	33	34	35	36	37	38	39	40
D	B	B	A	A	C	A	A	C	A
41	42	43	44	45	46	47	48	49	50
C	C	A	B	A	A	D	C	C	B
51	52	53	54	55	56	57	58	59	60
C	C	B	C	C	B	C	B	B	C
61	62	63	64	65	66	67	68	69	70
B	A	C	A	D	C	A	D	D	B
71	72	73	74	75	76	77	78	79	80
B	A	C	B	C	B	D	A	D	B
81	82	83	84	85	86	87	88	89	90
A	C	D	C	A	D	D	C	C	A
91	92	93	94	95	96	97	98	99	100
D	A	D	A	D	B	C	D	D	D
101	102	103	104	105	106	107	108	109	110
A	B	C	B	E	D	A	E	E	C
111	112	113	114	115	116	117	118	119	120
A	B	C	E	B	C	D	B	E	A
121	122	123	124	125	126	127	128	129	130
B	B	A	E	D	A	B	D	B	C
131	132	133	134	135	136	137	138	139	140
D	A	E	C	E	A	A	C	A	D

SECTION d WRITING ABILITY

FACTUAL DESCRIPTION

EXAMPLE-1

The two great epics of ancient India—The Ramayana and the Mahabharata—probably took shape in the course of several hundred years, and even subsequently additions were made to them. They deal with the early days of the Indo-Aryans, their conquests and civil wars, when they were expanding and consolidating themselves, but they were composed and compiled later. I do not know of any books anywhere which have exercised such a continuous and pervasive influence on the mass mind as these two Dating back to a remote antiquity, they are still a living force in the life of the Indian people, not in the original Sanskrit, except for a few intellectuals, but in translations and adaptations, and in those innumerable ways in which tradition and legend spread and become a part of the texture of a people's life. They represent the typical Indian method of catering all together for various degrees of cultural development, from the highest intellectual to the simple unread and untaught villager. They make us understand somewhat the secret of the old Indians in many ways and graded in castes, in harmonizing their discords, and giving them a common background of heroic tradition and ethical living. Deliberately they tried to build up a unity of outlook among the people which was to survive and overshadow all diversity

----- J.L. Nehru

Factual Description

The Ramayana and the Mahabharata

The two great epics of ancient India are the Ramayana and the Mahabharata. Their subject matter is the Indo-Aryan exploits for conquest, expansion and consolidation, though the books were compiled later. They are the unique books written in Sanskrit which has had such a forceful influence on the Indian mass mind since antiquity. They are available in several translations and adaptations. They express the unity in diversity of the Indian culture in all its graded forms.

EXAMPLE-2

Habits of idleness once firmly fixed cannot be suddenly thrown off. The man who has wasted precious hours of life's seed–time finds that he cannot reap a harvest in life's autumn. Lost wealth may be replaced by industry, lost knowledge by study, lost health by temperance or medicine, but lost time is gone for ever. In the long list of excuses for neglect of duty, there is none which drops oftener from men's lips, which is founded on more of self-delusion than the want of leisure. People are always cheating themselves with the idea that they would do this or that desirable thing 'if only they had time'. It is thus that the lazy and the selfish excuse themselves from a thousand things which conscience dictates to be done. Remember that the men who have done the most for their own and the general good are not the wealthy, leisurely people who have abundance of time to themselves and nothing to do. They are the men, who are in ceaseless activity from January to December – men, however, pressed with business, are always found capable of doing a little more. You may rely on them in their fullest seasons with ten times more assurance than on idle men.

Factual Description

Idleness is a Curse

Habits of idleness once formed cannot be easily got rid of. Lost wealth, knowledge and health can be retrieved but not the lost time. Many people make the excuse of want of leisure to neglect their duty. It is not the lazy rich who have done any good to society, but the busy, active ones. It is the men of the latter kind who are more reliable ones.

EXAMPLE-3

There is no doubt that pollution is playing havoc with environment. Almost always man himself is responsible for this criminal act. Tonnes of slag or waste generated when the iron scrap is melted in the foundries, is dumped at random on roadsides, open grounds and drains.

Even a monument of the stature of the Taj is not spared from being polluted. Those who visit the Taj tell a story of their own. If the multi–coloured plastic bags behind the eastern walls of the great mausoleum are an eyesore, the non–biodegradable slag is bound to contaminate the soil and the already highly–polluted water of the Yamuna. Like the ash from the thermal plants, the slag is everywhere.

The problem of flash ash is being tackled in certain states, no doubt. The brick kiln owners are being asked by the state governments to use it in the moulding of bricks, so that it does not choke the rivers, canals and other water channels. But the brick kiln owners too have a point. They say that the use of fly ash in brick making is very uneconomical. It pushes up the labour cost and hence of the prices of bricks, such that the consumers are the sufferers in the long run. The owners of factories might be asked to pay for this usage so that prices of bricks have not to be raised. But will the government do so? As the matter stands today, the consumers are destined to suffer.

Factual Description

Environmental Pollution

Environmental pollution is a big problem. Wastes from factories can be seen on roadsides, open grounds and drains. Plastic bags and slag can be seen everywhere even around the Taj. Thus, the Yamuna is also getting polluted.

Similarly, there is the problem of the disposal of fly ash released by factories. It chokes the water channels. The government have ordered that it should be used in brick making. But that increases costs and the consumers are the sufferers.

EXAMPLE-4

Forest fires should be taken up with all the seriousness they deserve. Particularly, in the forest tracts where pine trees have a growth, forest fires are frequent. It has been reported that just in one state, 4500 cases of forest fires were there in four years. It is mostly in the dry season of summer when these fires take place.

It is very important to take proper precautions to prevent these fires. Many of these fires take place because of human negligence. According to the Forest Department instructions, a fire near or in a forest should not be lighted, especially during summer. This fact should be brought to the notice of those who are ignorant of it. Whenever a fire in a forest is noticed, it should be beaten down at once. The brooms used for the purpose should be made of brushwood having green leaves.

It becomes the duty of all concerned to report the matter to the nearest officials of the department whenever a forest fire is noticed. All concerned should also consider it their sacred duty to cooperate with forest officials in preventing and extinguishing forest fires. It becomes the particuler duty of those who own a piece of land on the periphery of a forest to be extremely careful in the use of fire for the disposal of the waste material on their plot. It should be borne in mind that such an action of theirs can cause a major forest fires. Particularly, when a strong wind is blowing, the lighting of fire should be avoided.

Factual Description

Preventing Forest Fires

Forest fires are frequent, particularly in areas where there is dense growth of pine trees and that mostly during summer. To a great extent, these fires can be prevented by conscious efforts. The lighting of a fire in or near a forest, especially in summer should be avoided. If still a fire is noticed, it should be beaten down immediately. If need be, it should be reported to the nearest forest authorities. Those owning land near a forest should avoid lighting a fire there especially on a windy day.

EXAMPLE-5

According to a specialist in international affairs, both global terrorism and weapons of mass destruction pose a danger to humanity. At the same time, the use of force by a super power in the garb of fighting global war against terrorism without U.N. Security Council's express authorisation is of doubtful legality. It is hard to challenge this view.

According to the said specialist, war is also strategically counter–productive. There is no denying the fact that global terrorism poses a great danger to mankind. But it has to be fought somehow. The best way to fight global terrorism for all nations of the world is to unite under the hammer of U.N. Security Council. After all, global terrorism has been making more and more countries its targets in the recent past. This is what is now being witnessed in many parts of India, in Russia, West Asia, Saudi Arabia etc.

After 9/11, the world seemed to have waken up to reality. It appeared that the world might after all unite vigorously and whole-heartedly to fight with this dangerous menace. Then the world witnessed train bombing in Madrid and certain happenings in Chechneya, Indonesia, Saudi Arabia and Nepal and even Pakistan.

Neither Afghanistan nor Iraq has so for recovered from the after-effects of war. Nobody can even claim that these countries have been ridden of the menace of terrorism. It means there is something wrong in choosing war as a means for eradicating terrorism. Some other ways and means will have to be found out to get rid of this menace.

Factual Description

Fighting Global Terrorism

Global terrorism and weapons of mass destruction pose a great danger to mankind. But meeting the challenge of terrorism is not possible through war especially when it is not authorized by the U.N. security council.

After 9/11, the world seemed to have united for eradicating this menace. But the events in several countries have belied the hopes of the international community.

Even after Afghanistan and Iraq wars, there seems to be no improvement in the situation. So, war is not the solution to this problem.

EXAMPLE-6

If someone were inclined to know what the all-time favourite drink with most Indians is, of course, one would name tea. Tea is of several varieties. It is said that tea of all varieties is beneficial to human health if taken in moderation, but green tea is said to be the best for the heart.

India is one of the largest tea producers of the world and that is good for India as well as the whole world. In the matter of exporting tea, she has to compete with countries like Sri Lanka and China mainly. In India, the Assam hill region is the largest tea producing area. The Assam tea is said to be very pungent in taste.

As far as the point of flavour of tea is concerned, the Darjeeling tea is the most famous all over the world. Tea plantations are there in the Brahmputra valley, in Himachal Pradesh, in the southern parts of the Western Ghats and in some parts of South India.

Now, tea tasting is a skill for which there are specific institutions. Each tea company employs tea tasters to obtain high standards of their product. These tea tasters can tell the kind and quality of tea just by tasting. They can tell the region to which the tea they have tasted belongs. Tea tasters are not required to have high essential educational qualification, perhaps not higher than 10 + 2, but they must have the required aptitude and inclination to acquire the skill.

It is said that slower growth of tea plants improves tea flavour. Not only tea tasting but also tea growing as well as tea plucking is now considered an art which is beyond the approach of anybody and everybody.

Factual Description

Tea As a Drink

Tea is the favourite drink with most Indians. It is a health beverage. In India, tea is planted in several regions, but the Darjeeling tea is considered to be the best in flavour.

Tea tasting is now considered an important skill which is taught in several institutions. Tea tasters are employed by all the tea companies to maintain the quality of their products. Tea tasters don't have high educational qualifications but they can tell much about the kind, quality and region of the tasted tea. Like tea tasting, tea growing and plucking are also skilful arts.

EXAMPLE-7

A giant tsunami struck South Asia after a high intensity earthquake of 9 degree magnitude on Richter scale on 26th December, 2004. The tsunami struck several countries including Indonesia, India, Maldives, Mayanmar, Thailand, Malaysia, Sri Lanka etc. Some people were killed even in Bangladesh, Kenya, Tanzania and some other countries. A total number of about 1,60,000 were said to have died in the tsunami and thousands of people were reported missing.

The maximum number of casualities took place in Indonesia where about 1,10,000 people were said to have been killed as high sea waves struck the country at an incredibly high speed. Not to speak of human beings even tall concrete buildings which were both builders' and owners' pride fell like houses of cards.

The Indonesians called it "Mata'ie" which in Indonesian means "tears". It was the Aceh province in Indonesia which was the most affected area in the entire region. According to a report published in "The Independent", "When an earthquake and tidal waves destroyed vast swaths of the Indonesian province on Boxing Day, survivors from coastal areas near Banda Aceh, the capital, fled to higher ground and found themselves in Mata' ie, in the shadow of Aceh's hills."

"The Independent" further reported, "Now 3,000 homeless and destitute people are living in a crowded camp on the outskirts of the town, where they spend their days reliving the nightmare unleashed by the tsunami and searching fruitlessly for relatives and friends."

"The camp's front fence has become a wall of despair, where hundreds of messages scrawled on fragments of cardboard beg for information on missing people. Many of them are children, washed to oblivion by the giant walls of water that swept away their flimsy homes."

It was rightly described by many as the greatest human tragedy in history. Although massive aid from various sources arrived within a few days, the loss to human life and property could never be accurately measured, much less repaired.

Factual Description

Tsunami in South Asia

On December 26, 2004, a powerful tsunami struck several countries of South Asia after a massive earthquake in the Indian Ocean. About 1,60,000 were reported dead and thousands were missing.

Indonesia bore the brunt of tsunami with about 1,10,000 casualities. In Indonesia, the province of Aceh was the most seriously hit. The Indonesians called it "Matai' ie" which in Indonesian means "tears."

"The Independent" reported the condition of 3000 homeless people in Aceh who led a miserable life in a relief camp on the outskirts of the capital. They are searching fruitlessly for their lost friends and relatives. But the total loss to life and property will ever remain inestimable.

EXAMPLE-8

In the matter of eating habits, animals can be divided into two broad kinds. Animals who eat flesh are known as carnivores. Those who eat grass, leaves of plants, etc. are called herbivores.

Carnivores usually have long canine teeth. They use these teeth for catching and tearing up their prey. These animals belong to the category of hunters among the mammals.

Basically, lions, leopards and tigers belong to the same family as the domestic pussy cat. This may seem strange but it is true. In our daily life, we frequently come across cats. They are carnivores and belong to the category of hunters. They often run after their prey such as mice, sparrows, pigeons, etc. from dawn to dusk.

It is commonly believed that cats can see in darkness. This is only partly true. It is true that their eyes are especially designed by nature to enable them to see in darkness. But even cats may not see quite well in total darkness.

Cats have an excellent way of hunting. They indulge in this activity as if they were pursuing consciously and vigorously some art. They can be seen lazily sitting at a shady place under an undergrowth or near a terrace with their eyes half-closed. But this laziness is only on the surface. They may be inwardly as alert as ever. It is their way of allowing their prey to come and sit close to them without being alarmed. They make no noise even while walking. They go close to the prey, say a sparrow, creating the least stir or disturbance. As they reach within the pouncing distance, they pounce upon the prey in one swoop and capture the prey. Often their grip is so strong that the poor prey cannot escape it. The prey flutters and writhes in their mouth but within minutes the matter is over with it. Soon, what one can find at the place is a heap of feathers and claws.

Factual Description

Cats as Hunters

Cats are among the mammals. They belong to the category of hunters. They are relentless, but cleve hunters. They hunt their prey from morning to evening. They can see in darkness, though not quite well in total darkness.

They have the art of hunting their prey. Often they sit lazily at a vantage place. They give no clue of their presence to their prey. Their unsuspecting prey comes to a place close to where a cat is sitting.

As a cat walks towards the prey, it makes no noise or disturbance. Slowly it comes very close to the prey, and pounces upon it and captures it.

ESSAY WRITING

INTRODUCTION

The term 'essay', for examination purposes, can be applied to a composition in which the writer states his knowledge of, and gives his opinions about, a certain topic. An essay, in this sense, will contain narrative and descriptive elements as well as comments and criticism representing the writer's own point of view. Thus, an essay becomes a test, not only of knowledge, but of thought and imagination. It reflects the writer's personality as well as his or her ability to weave disintegrated bits of information into a thread of unity.

Essentials of a Good Essay

1. An essay must be a unity, developing one theme with a definite purpose.
2. The essay should follow a certain ordered line of thought and come to a definite conclusion. The matter— the ideas/facts,— should be arranged into an attractive design.

ENGLISH

3. The presentation of the matter should be clear. Language and sentence construction should be simple and lucid.
4. An essay should reveal the personal feelings and opinions of the writer.

However, idiosyncrasies had better not be expressed. Nor should extreme or dangerous opinions be expressed.

TOURISM

Tourism is a growing industry in India. Hoteliering and tourism account for major foreign revenues of our nation. The declining value of the rupee and a good image of India as an exotic tourist destination have boosted the tourism and hotel industry in India during the last decade.

It is surprising to note that small nations like Thailand, Hongkong, Malaysia, Seyshells, Mauritius, and Indonesia have been able to do very well on the tourism front. India is the ancient cultural cradle of the world. It has fascinating tourist destinations like the Taj (Agra), Khajuraho Temples (Khajuraho), Marble mountains (Jabalpur), Gateway of India (Mumbai), Red Fort and Qutab Minar (New Delhi), Amar Vilas Palace (Jaipur), Bharatpur Bird Sanctuary (Bharatpur), the city of canals (Alleppey), and many attractive hill spots in the North. We Indians are also not aware of the beauty of our nation. Our ancient cities, lakes, mountains, palaces, temples, mosques, minarets and gardens are thrilling experiences for all the visitors. Almost every foreign tourist longs for a tryst with the beauty of India and loves to visit each and every corner of this vast nation.

Goa, Khajuraho, New Delhi, Mumbai, Kolkata, north-eastern states, and Pondicherry are the most popular tourist destinations. Rajasthan is a paradise for the foreingers and this state offers a wide range of cultural and ethnic diversities to the visitors.

Foreign tourists are appalled at the state of Indian roads, hotels, motels, guide services, catering services, transportation services and environment of the Indian subcontinent. We would have to provide four-star amenities to the tourists at the prices of three-star standards. If we do not follow this norm, we would lose tourists, who would move to the USA, Europe, Japan, Hongkong, Thailand, Singapore, Mauritius, and Seychells. These nations offer good quality rooms, food, liquor, entertainment, and transportation at the most competitive prices. They follow international tourism norms in terms of hygiene, hospitality and catering. We do not follow these norms and this leads to apathetic attitudes of tourists towards India.

It is fortunate to note that tourism and hotel management have become serious subjects and vocations. The government and private institutions have launched many courses in hotel management and tourism. Tourism professionals are required by tour operators and airlines. The airlines and sea cruisers also need hospitality staff. Finally, chefs are required around the world. Hotel professionals are also in great demand. This would boost the hotel industry and hence the economy.

The services of telecommunications, sea ferries sanitation, air travel, roads, catering and tourist guides would have to be operated on professional grounds. The international agency, the IATA, is doing well to promote and regulate air travel around the world. Government of India is also doing its best. Participation of the private firms has also increased. However, a lot needs to be done in this crucial area. We can earn the much coveted foreign exchange through tourism and hotel industries. Our outlook and approach would have to be made professional, if we want to achieve concrete results in this fastest growing industry.

UNEMPLOYMENT

Unemployment is actually a global problem but it is most serious in India. We have here in our country unemployment of various kinds and varying degrees. There is white-collar and blue-collar unemployment. Many highly educated degree holders in electronics, engineering, management and other disciplines are also unemployed or only semi-employed. Nearly 5 crore educated people of our country are fully unemployed; this number is growing at a fast pace.

There are both skilled and unskilled workers who are unemployed on a large scale. There are unemployed people both in rural and urban areas. There are both agricultural and industrial unemployed workers. The more serious thing is that the problem is being aggravated day by day.

On the surface of it there seem to be many jobs available through Business Process Outsourcing (BPO) and overseas, but that are available only to a handful of highly skilled personnel and a vast majority of people remains unemployed. Jobs available through BPO, though welcome, are mostly concerned with such disciplines as financing, accounting, designing, medical transcription etc. These are not so many in number, considering the vastness of our country and the mammoth population and gigantic problem of unemployment that we are facing. These jobs touch only the tip of our problem. Our government and private sectors must try to answer the problem adequately to check the growing number of tables, which is rising among all sections of society.

Unemployment is, no doubt, a serious problem all over the world. Says an analyst:

"The worst victims of the marketisation rush have been the lower strata of the population. Competition and efficiency, the two hallmarks of the neo-capitalism, essentially mean job cuts." Europe is reeling under the anachronism of more investment, more production and more loss of employment. Upgradation of the quality of labour has been an inseparable aspect of the efficient production line. So, less intelligent ones fall by the way side.

In India, globalisation and modernisation have taken their toll. Now, few jobs are there only for the highly skilled ones and they are given to those people who have some recommendation and, better still, if they can cough up a considerable amount as hush money. The VRS has further added to vows of some people. Many, particularly the illiterate, unskilled people take recourse to the weird route of crime and not only they themselves suffer but also cause suffering to many others.

The jobless are being offered various schemes to combat the menace. The JRY was in vogue recently. In rural areas, the new employment guarantee scheme is bring implemented (read about it in this volume). The private sector does not take unskilled poorly trained personnel. Hence, job reservation in the private sector is nothing but a Utopian dream. Even the government cannot force the private sector firms to accept poorly performing people in its fold. If that is done, the efficiency and profit–making prowess of the corporate sector firms would be reduced. That is what we do not want at any cost, for the private sector is the primary growth engine of our economy now-a-days.

The situation is even worse now when with the advent of multinational giants like LG, Samsung, etc. Several Indian companies including some quite prestigious ones as Voltas, Crompton Greaves, Glaxo Pharma etc. have virtually closed shop. Lakhs of workers have been thrown in the streets. As the President CITU pointed out:

"Post-liberalisation has seen workers lose jobs on a daily basis in the textiles, coal, manufacturing and steel industry. No safety nets have been put in place, and there is a sense of desperation and fear in the homes of all the workers we visit today. There are no regular salaried jobs available in these sectors anymore."

A very dismal position was depicted by the President of the federation of 750 Maharashtra based trade, transport and small scale industries associations:

"Land in and around Mumbai has become a prised commodity. Most of the industrialist groups have sold their units at whopping profits to land sharks. They pocket all that money without giving workers any compensation. They then borrow crores of rupees from institutional lending groups at concessional rates to set up alterative industries in places like Gujarat etc, where workers are being hired at Rs. 2,000 per month. They are akin to slaves toiling in sweetshops. The government has just turned a blind eye to all these goings on."

Surely, the situation is very explosive and if some concrete steps are not taken expeditiously, there can arise some serious socio-economic and political upheaval. No doubt there are some schemes like Nehru Rozgar Yojna and others on paper. But they are not enough and are not implemented sincerely.

Most state-controlled enterprises and corporation are being privatised now-a-days. So, the number of jobs is less in the government-run departments and companies. The youth are advised to be on their own and start small enterprises, they would certainly do well in their own firms. They will be the masters of their destiny. They will earn more that way. Moreover, self-employment would also help them realise their cherished dreams. They can also export their goods.

In sum, unemployment is a major challenge for our planners and the youth alike. We must meet this challenge with zest and determination if we want to become a high-performing economy of the new century.

HUMAN RIGHTS

The concept of Human Rights lays stress on respect for the human-beings, regardless of the considerations of colour, race, sex, religion, etc. These are fundamental rights to which, every man or women is entitled merely by virtue of having been born as a human being. The preamble to the Universal Declaration of Human Rights (1948) states, "recognition of the inherent dignity and of the equal and inalienable rights of all the members of the human family is the foundation of freedom, justice and peace in the world."

Human rights are categorized as civil, political, economic, social and cultural. Sometimes, their particular components are specified as the right to live, right to liberty and security of person and so on but all sets of rights, irrespective of categorization, constitute one indivisible whole. Denial of one specific right impinges upon the fulfilment of other rights.

Most of the violations of human rights take place in the management of law and order, either by police or by armed forces. So, the State may be held responsible for violation of human rights when the State, by its acts of omission and commission, allows human rights to be violated. There may also be situations in which, breach of human rights takes place for reasons that cannot be said to originate due to actions of the State.

ENGLISH

The terrorist activities in various parts of the world, which take innocent lives, presecution of undertrial POWs (Prisoners of War), incarceration of national leaders fighting for Independence (for example, Nelson Mandela in South Africa and Aung San Suu Kyi in Burma), use of child labour at low wages, atrocities inflicted by the police on liberal authors like Taslima Nasreen in Bangladesh are some types of human rights violations.

India is the only Asian nation in which, the Parliament passed the Human Rights Act in 1993 which had only a few amendments since March 1, 1994. The National Human Rights Commission of India is headed by retired Chief Justice K.G. Balakrishnan. The head office of the Commission is in New Delhi. The other members of the Commission are the dignitaries who had held the positions of the Judges of High Courts and who are well versed with issues related to human rights.

Thus, it is not the executive of the country but the judiciary, which controls the Human Rights Commission. In addition to a National Commission, there is a provision in the Act for the Constitution of State Human Rights Commissions. These are headed by the Judges of State High Courts or the Supreme Court. Such a person has the status of the secretary of a state. Human rights violation cover, in general, acts of unprovoked violence against a person, persecution, molestation, public insult, etc. Although these seem to overlap the Fundamentals Rights granted under Article (21), yet the Human Rights Act is specific about those acts, which ultimately culminate in the violation of human rights. The Commission has powers to investigate those acts, which have been mentioned in the Indian Criminal Procedure Code. The Commission has become popular and a large number of cases is being brought to the human rights courts. These courts try cases of police atrocities and the maltreatment of undertrial prisoners. These courts, supported by the judicial system, have been asked to deliver justice in many a case.

On the global level, human rights violation pivots on the issue of atrocities committed by terrorists. Terrorism is now prominent in a number of countries including Britain, the USA, Canada, India, Spain, Sri Lanka and many developing nations. In India, terrorism with financial and material support from abroad, seeks to decimate her secular, democratic and pluralistic civil order.

At its meeting in Geneva in March 1994 the UN finally recognized that terrorism poses a major threat to human rights. The UN Human Rights Commission unequivocally described terrorism as a heinous activity, aimed at destroying human integriy. The historic resolution called upon all the States to take all necessary and effective measures to "prevent, combat and eliminate terrorism." However, it also stipulated a controversial clause, stating that measures taken against terrorists must conform to international standards of human rights. This is viewed by many experts as a weak clause; while the terrorist outfit employs all available means of warfare, the target State will have to abide by constitutional guarantees. Thus, the militant group will use the alibi human rights to promote her nafarious designs!

However, containing of terrorism by State-sponsored acts of official terrorism would only suppress the problem and may not solve it. Freedom is man's most prized possession. The Human Rights Declaration was drafted by the Nobel Prize Laureate Rene Cassin in 1968 and is the hallmark of the civilized society, which guarantees freedom from fear to everyone. Pragmatists find such an idealist interpretation slightly irrational and demand logical thinking and pragmatic steps in this regard. Terrorist states, aided by petro-Dollars and lucrative trafficking activities in narcotics, have resources at their disposal. Thus, they can easily harm the targeted State if it has to observe human rights standards. Further, every burst of fire has to be justified in a court of law. When an emergency occurs, fundamental rights of the common citizens are suspended. Why cannot it be done in the case of regions dominated by terrorists? All these questions make the UNHRC controversial and debatable.

While a democratic government system is vital for the protection of human rights, the fact remains that human rights are essentially the rights of the people, both as individuals and as groups. Hence, persistent vigilance of people themselves, to safeguard their right has to be developed as the guiding tenet. In this connection, the roles of media and free Press are also important.

Free market forces would lead to exploitation of poor masses. The role of the national and international human rights agencies would be to protect the interests of the common man. The tasks is Herculean, but the common man cannot be left at the mercy of those who are cruel, influential, and rich beyond imagination.

SPREADING TENTACLES OF TERRORISM

The new century has taken the legacy of terrorism from the previous one. In the new century, the forces of terrorism have taken all democratic forces for a ride. Sadly, there seems to be no solution in sight and the war against terrorism is likely to be bitter in the years to come. Let us take a look at the nefarious designs of the forces of terrorism that are a threat to the peoples of most nations, law-enforcing agencies and judicial systems alike.

Aum Shinrikyo was a cult set up in 1987 in Japan. It was started by Aum Asahara. It wanted to take over Japan and later, the entire world. On March 20, 1995, the members of this cult released a chemical nerve agent (called Sarin) in many suburban trains of Tokyo. Twelve people were killed in these trains and more than 6,000 people were injured. This cult mainly operates in Japan. The name of the LTTE is well-known. It was founded in 1976. It wants to set up a separate Eelam (State) within the boundary of Sri Lanka. The LTTE cadres are ruthless to the core. Their suicide bombers are called Black Tigers. The LTTE uses bombs and human bombs to kill and terrorise people, politicians and security forces. The Late Rajiv Gandhi was the victim of a human bomb. He was killed on May 21, 1991 by a human bomb when he was addressing an election rally in Sriperambadur (Tamil Nadu). The LTTE is also responsible for killing many political leaders and heads of previous governments of Sri Lanka. It has been alleged that it has been receiving the support from some politicians of Tamil Nadu.

Another organisation to be carefully monitored is the Basque Fatherland and Liberty. It was founded in 1959. Its objective is to establish an independent homeland for those people who nurture the Marxist ideology. It operates in northern Spain and south-western France. In one major incident, this organisation killed 38 people and injured several others. The Basques are a powerful entity in Spain. The Irish Republican Army (IRA) was created in 1998. Its aim is to remove the British from Ireland. It aims to unite Ireland. This group is famous for its car bomb attacks and building explosions. On August 15, 1998, it attacked through a car bomb in Omagh and killed 29 people, injuring 220 others. In 2000 and 2001, it resumed its spate of violence. The British government is trying to chalk out a peace plan in consultation with the IRA cadres. However, the situation is not fully under control. Bobby Sands, an IRA cadre, gave his life for the cause of free Ireland when he went on hunger strike. This organisation is active in Britain and Ireland.

The National Liberation Army of Colombia is a Marxist insurgent group. It was created in 1965. The chief supporters and promotors of this group were Fidel Castro (of Cuba) and Che Guevara. It kidnaps people for getting ransom. It often targets foreign employees of large corporations. It operates in Colombia. Another organisation, the National Liberation Army of Colombia, is also an active organisation of Colombia. In February, 2003, it was responsible for killing 30 persons through a car-bomb attack in Bogota.

Further, there are many other organisations operating in Europe and South America that attack people and security personnel off and on. We have mentioned the names and activities of only important organisations in this text.

The rebels of Chechnya are hell-bent upon making Chechnya a free State. They are Muslim guerillas and have give enough tantrums to the Russians. Recently, they took over a theatre in Moscow and held several hundred people as hostages. The Russian armed forces swiftly moved in and killed 41 of these insurgents. However, 128 hostages were also killed. The problem of Chechen rebels is proving to be a great headache for Mr. Putin and his colleagues. The Russian government has imprisoned many top-line leaders of this rebel group and a few of them have died in prison. However, the Chechens are not in a mood to shed their claim. The head of Chechen rebels is Mr Mousar Basayev.

Al-Qaeda is a baby of Osama-bin-Laden. His most trusted deputy is Aimaan-al-Zawahiri. Both of them are at large and could not be traced by the forces of the UK and USA operating in Afghanistan. Osama bin Laden was a stooge of the Americans during the time when Russia had occupied Afghanistan (during the eighties). He was trained by the Americans to put up fight against the Russian forces operating in Afghanistan. Ironically, the same Osama has become a headache for the Americans. He is always elusive, thanks to his well-created and finely maintained intelligence network. Osama was responsible for the 9/11 carnage that had shaken America and the world. A war against terrorists ensured in 2001. It was won by the US-led forces. The Taliban is another organisation that was working in collusion with Al-Qaeda. The Taliban was wiped out from Afghanistan. However, we have many reasons to believe that the Taliban is down but not out. That is why, Mr Hamid Karzai and his cohorts are being incessantly protected by the forces led by the Americans. Karzai has also won the first ever democratic election held in Afghanistan. Her population is based on several tribes that operate and kill to survive in the tough terrain of the wild cold mountaions. Although Afghanistan is trying to become fully democratic, Al-Qaeda and the Taliban can strike back at any point of time. In a video released by Al Jazeera TV, Mr Laden announced that he would repeat the incident of 9/11 time and again. He was seen in perfect health which means that he is fit enough to fight and lead his cadres against Uncle Sam. Mr Barak Obama would find it difficult to contain Al-Qaeda because the latter is not in a mood to compromise. If an incident like 9/11 is repeated, the USA may retaliate with an untold vigour against Al-Qaeda. This organisation operates in Afghanistan and Pakistan, although it has supporters and deadly links in many countries. Experts aver that Osama may be hiding in Kashmir or in a border district of Pakistan. The Pakistani government denies that it has links with this organisation. However, the world refuses to accept this logic. In the past, the Pakistani army was hands in glove with the Taliban and Al-Qaeda. It cannot shift its stand in a few years. The Pakistani army has launched many campaigns to capture Al-Qaeda cadres and also succeeded in some of its campaigns. However, there may be a covert understanding between the Pakistani army (and its generals) and the cadres of Al-Qaeda. Pakistan was directly responsible for supporting and protecting many terrorist groups. The Taliban is the brainchild of the Pakistani army. In fact, the Taliban was created because the Pakistani army could not overtly fight the forces of the West. Hence, it created a pawn to unleash a wave of terror on the Afghan people and security forces. The Taliban and Al-Qaeda consider India as their opponent. This fact has brought the USA and India closer than ever.

The Indonesian *Jehadi* group is a close associate of Al-Qaeda. In October, 2002, it attacked two night clubs in Bali, killing 200 people. Most of the victims were Australians. In August, 2003, it struck again. It attacked Hotel Jakarta Marriott in Jakarta.

Finally, the latest spate of violence was observed when Chechen rebels had attacked a school near the Russian border. Several children and their teachers were killed. This bloodbath stunned the world. The total toll of the dead was 338. The school was located in Beslan, near the border of Russia. The incident took place on September 1, 2004. On September 9, 2004, a car bomb exploded near the Australian embassy in Jakarta. Eleven persons were killed in this attack while 160 persons were wounded.

In Kashmir, several terrorist organisations are operating. The Hizbul Mujahiddeen (HM) was founded by Sayyed Salahuddin. He was released by the Indian government in exchange for the hostages taken by Kashmiri militants in 1999. They had hijacked an Air India aircraft and taken it to Kandahar. The then foreign minister of India had to intervene and personally visit Kandhar to ensure a smooth exchange of hostages with the terrorists released from Indian jails. The other militant organisations of Kashmir are Dukhtaran-e-Millet and Lashkar-e-Taiyyaba. Besides, many other Kashmiri militant organisations are also operating on a small scale. They are demanding the liberation of Kashmir. Most of Kashmiri militant groups are operating from Muzaffarabad, which is located in Pak-Occupied-Kashmir (POK). India has time and again told Pakistan to demolish terrorist training camps operating on her soil but to no avail. The Kashmir imbroglio could not be resolved because of this very reason. The Kashmiri terrorist cadres cross the border from some points in POK and attack civilians and military forces in the Indian part of Kashmir. Since the eighties, this spate of violence has continued.

The logical, justified demands of every terrorist organisation should be accepted and that organisation should be allowed to join the mainstream. However, the unjustified polarised demands of any organisation must be rubbished. The PLO was once a terrorist organisation but it is a peaceful group now. Its demands and suggestions are heard by the world community. The Israelis are leaving no stone unturned to decimate the Palestinian masses and rebels. The message is clear—killing innocent people cannot help any person or group achieve his or its goals, howsoever pious they may be. Solutions can be found through across-the-table negotiations, not through car bombs, attacks on civilians and guerilla wars.

EMPOWERMENT OF WOMEN

Women are the companion of man, gifted with equal mental capabilities. She has the right to participate in every minute detail of the activites of man and she has an equal right of freedom and liberty with him. She is entitled to a supreme place in her own sphere of activity as men is in his. The Constitution of India ensures a place of dignity and honour for all women.

The last five decades have witnessed some basic changes in the status and the role of women in our society. Today this processes has been further accelerated with some women becoming increasingly self-conscious of discrimination against them in several areas of family and public life. Unlike the pre-independence period, a girl is sent to school right from the nursery class. She even studies in a boarding school and thus stays away from her parents. Even after her education is complete, she does not stay back home but looks forward for a bright career. By doing so she even helps her parents financially. She walks shoulder to shoulder with her male counterpart. She is no more illiterate, backward, ignorant or suppressed in the urban areas. But still a large section are still not literate and the government is doing its best to educate and uplift them. Inspite of all these the mentality of the parent has changed. In most countries of the world, there are approximately 105 female births for every 100 males. But in India there are less than 93 women for every 100 men in the population. The accepted reason for such disparity is the practice of female infanticide in India.

According to UNICEF, the problem is getting worse as scientific methods of detecting the sex of a baby and of performing abortions are improving.

These methods are becoming increasingly available in rural areas of India, fuelling fears that the trend towards the abortion of female foetuses is on the rise. According to a report in Asian Age, there are atleast 70,000 women sex workers in Delhi, Chennai, Kolkata, Bangalore and Hyderabad. Majority of these women are from the weaker sections of the society.

Women have played a silent, self effacing role to sustain Indian civilization down the ages. But since independence her image has changed. All our political and social leaders have always insisted on education and equal rights for women. Because of their education and advancement, women today accompany the exploration team to Antartica. Kalpana Chawla proved that women were in no way inferior to men even in space shuttle area. Today women are competing with men in each and everysphere, be it politics, armed forces, police force, management, banking or the judicial sector. Our country has seen one of the most intelligent lady–Smt. Indira Gandhi during whose Prime Ministership the country flourished. The whole world became aware of Indra's capability. Women are also excelling in sports like P.T. Usha and in beauti contests like Sushmita Sen and Aishwarya Rai.

The Constitution has not only provided for equal rights and privileges for both men and women but has also made special provisions for women. Inspite of so many laws, the female still lives under great stress and strain under the male dominated society.

With the process of industrialisation, globalisation and modernisation showing its deep import on the human society all over the world, the role and responsibility of women has attained a new dimension. The educational and occupational patterns have also changed and widened with women entering the domains, which till decade back was considered to be dominated by men. Unless women throw off shackles which ignore their talent, their skill and their spirit, women cannot be empowered. And unless they are empowered to take a decisive part in the social political and economic life of the country, the very development of the country may be adversely affected.

SECULARISM

Before Independence, Nationalist leaders of India envisaged a nation which must be democratic, socialist, republic in which all sections of the society and people of all caste, creed and region should enjoy freedom, equality and justice and shall have the equal opportunity in government jobs and private enterprises. To turn this commitment that India should be secular state, the government established a legislation in the Parliament and added the word 'secular' in the constitution through 42nd Amendment act.

India as a nation shall have no religion, however, the Constitution confers religious freedom to all and shall have no religion be given priority over others vis-a-vis state promulgamations. In fact, India shall have no state religion which means no particular religion will be given preference. The framers of our Constitutions the intellectual elite and the political stalwarts keeping in mind the diversity of the country, proposed and created a nation which has no religion.

The state considers religion as individual's private belief and faith wherein the state shall have no objection in following propagating and organising religious assemblies. No individual shall be discriminated or favoured because of his or her religion and that an Indian identity will not be a religious identity. However Indian identity is the first and fore-most identity.

Secularism has always been a subject of debate among leaders, intellectuals and clerics. Fundamentalist group and narrow-minded demagogues vehemently oppose India being called a secular state. There has been hue and cry over this issue but as a concept of a healthy nation, securlism is widely accepted principle. And the people of this country, the masses and the youths inspect of their religious affiliations are all secular by nature.

Not only this bold and wise step of making India a secular state, the great Indian leaders have placed this country on a very higher and honourable position among the democratic states in the world. Such is the superiority of secularism that a demagogue like 'Jinnah', the chief architect of the division of this country, proposed Pakistan as a secular state, though the fundamentalist could not swallow this idea.

The constitution of India provided enough security and safety to the minorities of this country secularism is the best ideal to safeguard the interest of such communities.

This is an outstanding feature of India that a nation which has the most number of religious followers and the people most religious and pious that not a single country in the world has this honour. Even though the state is under the influence of no single religion.

Here Muslims enjoy full rights of the citizens as their Hindu brothers; a Buddhist, a Jain, a Christian or a Sikh a Marxist or Heathen—all enjoy the rights provided by the constitution.

In a world full of ideological strifes and conflicts, India stands tall as it honours all religious but favours none and to be a strong nation it is a wise move to have the state free from religious narrow-mindedness. And to be the most powerful nation, the people of this country must maintain this ideal which can hold the nation in one binding code emits many discodes.

ROLE OF MEDIA IN EDUCATION

The media scenario in India has undergone spectacular changes since independence. From the era of the ubiquitous bullock cart, we have travelled to the modern age of satellite technology, Internet and digital devices. Ever since the beginning of planned development in the country, the role of the media in the process of development has been recognized. The growth of media means the development of society as a whole and of all of its economic, social and political engines. It calls for the improvement in the standards of the poor masses through an equitable distribution of resources. Education is an important weapon in the hands of poor, which can be used for reaching new heights in life.

As per 2011 census, India had a literacy rate of only 74.04 per cent for the entire population. As compared to the situation at the time of Independence, India has made rapid progress in the field of education for her citizens. But increased population and a lack of the resources and voluntary organisations during the initial periods have been the major limitations. The major initiative to eradicate illiteracy began during the 1980s. The Human Resource Development ministry was constituted to harmonize all the inputs required for proper education of Indian masses. The national Adult Education Programme was launched by many voluntary agencies, educational institutions, local bodies and government departments for adult education. In 1988 the National Literacy Mission was constituted to tackle with the challenge of achieving complete literacy, *i.e.*, this mission launched the total literacy campaign. Indian Census (2011) has shown us good percentages of literacy. Now, the government plans to make the nation fully literate by the end of Eleventh Five year Plan.

The National Educational Policy (1986) reinforced the importance of media for perpetuating and supporting educational processes. The diffused, inflexible and hackneyed structures in villages provided immense communication barriers with the outside world. Realising the problem, SITE (Satellite Instructional Television Experiment) programme was launched during 1970s. It was the most advanced technological experiment ever conducted for such a large population which utilized community television sets for teaching modern methods of production, process of fertilization and technologies, soil and water conservation methods, crop patterns, seeds, dairy development and animal husbandry. The brain behind the experiment, Dr Vikram Sarabhai, commented, "Mass media is an indispensable condition for rural development in modern times. Through the process of communication, the new ideology of equality, human dignity, social justice, etc., had to be spread across." The BJP government launched schemes like Sankhya Vahani and TRYSEM. These essentially involved the use of modern training tools and computers.

The number of journals and newspapers has multiplied since the dawn of independence. Newspapers are being brought out in 96 languages and dialects. The combined circulation of the Press is several crore per day. An educated person can go through the newspaper and inform the illiterates. Since the message is in black and white, the communicator has the option of reading in detail. However, the newspapers and other print media have the limitation, which cannot communicated directly to the illiterate masses. Most of these papers are sold in large towns and cities. However, local and vernacular papers have a great utility in rural areas.

Radio is by far the most extensive network of communication for our people. Technically, the radio signals cover almost the whole country. According to an estimate, there are about 8 crore radio sets in the country. The message is conveyed directly and in a spoken language. Radio has been broadcasting educational programmes including news-bulletins, talks, panel discussions, quiz contests, commentaries, classroom lectures, discussions and face-to-face interviews with the audience. It is a participative medium and can be used for educating and developing the masses in general and for primary education. FM channel has revolutionized the entertainment scenario. In the four metropolises, one-way information exchanges regarding traffic, national news and leisure are effected through the radio.

The relevance of media in imparting education is quite obvious. However, proper choice of the medium, framing of strategy, designing of message and effective utilization of resources are vital for success. Huge sums of money are wasted because the beneficiaries were not aware of the literary campaigns. In the field of education, it is necessary to estimate their requirements, decide the media to convey the message and implement the media strategy. Finally, media can only prepare suitable conditions and inspire people but ground realities must meet the promises and projections otherwise the credibility of the media would go down. The media will have to play an important role for achieving the coveted target.

PANCHAYAT SYSTEM IN INDIA

The village Panchayat system has been an integral part of the Indian administration since times immemorial. A village is a self-contained social microcosm, a composite peasant society representing different communities and rural cultural hues. It does not have irritant elements but represents an integrated composite culture, free to a greater extent from the penetration of urban cultural patterns into village life.

The importance of village with its headman, called *Gramani*, can be traced to the Rig Vedic times; and this headman figures in later Vedic literature as one of the jewels of *Ratnas* of State administration. The decimal system of classification of villages into units of ten, twenty, hundred and thousand is well-known. According to Vinaya, the heads of villages (*Gramikas*) are stated to be meeting in an assembly of their own.

Narada supervised the appointment of five officials in each village. The State took full responsibility for rural development, particularly for constructing roads for traffic, setting up of markets, etc. References were also made village elders — *Gamma-vriddhas and Grama-mahattaras* — who were the prominent persons of a village and were associated with the village administration.

An account of the Panchayat system comparing five persons (official and non-official) in districts as well as in subdivisions is afforded by the inscriptions of the Gupta period. At the district level, the *Vishayapati* or its head had a non-official advisory council representing different interests in the locality. These included the *Nagara-sresthin*—the chief banker representing the commercial interests; the *Sarthavaha* or caravan—the chief of the leader of the trading community; the *Prathama Kulika* —the chief of the heads of the families or the community head; and the *Prathama Kayastha*— the chief scribe or the official administrator.

The assistance of the council was sought in matters of alienation of lands and other allied matters of community interest. At the subdivision (*Vithi*) and village level, there was a council of those persons who were not officials. Such a council comprised *Vithi-mahattaras* and *Kutumbins*, representing the elders and the agricultural households, respectively. The *Kulikas* represented the unofficial elements in advisory capacity.

At the village level, the *Gramika* or the headman and his council settled land disputes by fixing boundaries; they also maintained law and order. His advisory council comprised the *Mahattaras* — the village elders and the *Astha-kuladhikaranas* — the eight heads of the families and other leading men of good experience and high social status. The village elders in Southern India were known as the *Mahajanas*. They used to regulate the socio-economic activities in the village and assisted equally in administration. Their concurrence was necessary before the completion of the alienation procedure. There are evidences of reference to charters of rights and responsibilities of the *Mahajanas*.

The Panchayat system was prevalent in the urban context as well. The local body was called *Uttara-sabha*, *Goshthi*, *Panchakula* and a board of *Sauvayika*. The *Panchakula* signified a body of five persons who were appointed by the provincial head. They deliberated in the townhall, called *Mandapika*. The committee looked after proper realization of grants and rent from the endowed property. An inscription of the period from Gwalior mentions a *Sresthin* — the headman in the city with the caravan trader and other leading members of the board lof *Sauvayikas* administering the city. There are also evidences of references to the constitution of the *Sabhas* comprising both official and unofficial elements.

The election procedure of the Panchayats is recorded in the *Utaramalure* inscription of Rajaraja Chola of Tamil Nadu. In the South, the Panchayat body was known as *Sabha* or *Ur*. It functioned in the village as the most important elective body, entrusted with the task of administering the village at all the levels. The Panchayat also managed temples and other assets as well as their funds.

The local bodies constituting the Panchayats varied in nature and functions in Tamil Nadu and Karnataka. In Tamil Nadu, 20-30 members in the council were elected by people, unlike the whole of adult population in Karnataka or just a few in Maharashtra and Gujarat. There was a number of subcommittee in charge of different departments.

The popular element in the village councils was the uniform feature of all the village councils in the South. Property qualifications, academic acumen and experience were the prerequistes for membership of this body of councillors (*Variyam*) of the assembly. The election procedure, as described in the famous *Uttaramalure* inscription, is very interesting. A small boy picked up names from the basket and the election officer announced the result at the spot. The eligibility qualifications of membership further demanded that the person would have a break for a period of ten years before seeking re-election. He had to be of plus forty years of age, learned and impartial and none of his relatives was to be found guilty convicted of any crime, including robbery or involved in any case of bribery.

There are reference to 36 *Pariharas*, the types of levies which, these village bodies could impose. These included marriage tax as well. The duties and remunerations of members of the local bodies were fixed by the assembly itself, which worked in close harmony with the central administration.

The village panchayats have a long history. It was pointed out by Munro in 1815 that any attempt to restrain the Panchayat, by rules unknown to their ancient forms, would render them as redundant. Nothing can tend more strongly to raise men in their own estimation than to make them act according to it and no motives can be more poweful than the consciousness that they are not neglected by the administration and form a vital part of the same.

On May 15, 1989 the then Prime Minister Rajiv Gandhi introduced a Constitutional Amendment Bill in the Lok Sabha. This was introduced to make the Panchayati Raj in India a truly representative and effective system. For the last four decades, Panchayat elections were not being held regularly. Therefore, the neglected rural population was unable to exercise their rights. The Bill could not become a law as it was not passed by the Rajya Sabha. The Congress party had a majority in Lok Sabha and so, the Bill was cleared easily. In the Upper House, the opposition stalled the Bill. The Bill was again introduced in the new Parliament by the Narasimha Rao government.

This Bill, the Seventy-third Amendment Act, 1992 passed by Parliament, was made effective on April 24, 1993. It elaborates the Constitution of Panchayats. It also delineates the election procedure for Chairpersons of Panchayats and their powers. It stipulates proportionate reservation of seats for Scheduled Castes, Scheduled Tribes and women. The Act further outlines the financial powers, authorities of the panchayats, Constitution of Finance Commission to review and audit their financial position and terms and powers of State Election Commissioners.

Madhya Pradesh was the first state in the country to comply with the letter and spirit of the act. Elections were held to the Panchayati Raj bodies and powers and responsibilities were conferred upon them to undertake the economic and social upliftment of the area. Other state followed suit. With the exception of a couple of states, most of them constituted the laws governing the Panchayati Raj bodies. The central government used carrot and stick policy to make the state conform to the Seventy-third Amendment Act.

There are 2.20 lakh village Panchyats, 5,500 Panchayat Samitis and 375 Zila Parishads. These institutions have been granted statutory authority in many states for raising of finance through taxation, cess, land and fairs. The Ninth Five Year Plan has ambitious plans for Panchayati system reforms. These bodies would take into account local aspirations, resources and recommend programmes and methodologies to match them.

CONSUMERS' RIGHTS

It has been rightly said that today, we are living in a consumer age. Never before in man's social life, have supermarkets and business centres been so dominant with their consumer food items and durables. Some 'malls' or markets of Western countries have arrived in multi-storeyed buildings of our cities. You get everything from pins to paste, household appliances to machine parts under one roof. There could be a whole floor dedicated to different types of perfumes, books and music systems.

While the manufacturers cater to every palate and taste, the consumer finds himself inundated with so much products that his powers of discrimination are challenged. It is obvious that many manufacturers take consumers for a ride. By advertising aggressively through media such as TV, the manufacturers almost hypnotize consumers into buying their brands. The goods are presented in such an artistic style as to suggest everything a consumer wants to make his life worthwhile — economy, grace, elegance and luxury. Life seems to be miserable for a housewife unless she buys "ultra-whiteners" for her husband's clothes. For the working woman or man, fast food has arrived as a boon. "Two minute noodles" is a blessing when the mother is exhausted and all the children demand food! There lies the trap. The consumer does not take the trouble to ascertain various facts about the food he or she buys. A consumer has the following rights : *(a)* right to choose; *(b)* right to accept or reject the offer; *(c)* right to complain in an appropriate court of law for settlement of a dispute; *(d)* right to get information about the product / service; and *(e)* right to get good quality products.

Consumer awareness cells of the government have laid down guidelines to save the innocent and unwary consumer as follows:

(1) Always ask for a bill for goods, which you have bought. This should mention properly the date, the name of the product and the price paid. You can use this bill to report a case of food-poisoning or of overcharging which you could discover later.

(2) Look at the expiry date of a product marked on the tin or on the packet. Do not buy anything — drugs, foods, etc. — for which, the expiry date is almost near the date of your purchase.

(3) You must ask for the guarantee card for the consumer durables you buy. You can claim for damage or can ask for a replacement later if need be.

(4) Note the ingredients of a food item. Do they suit your health? In Western countries, it is mandatory to mention salt, sugar and fat contents on the label. Are the artificial colours used in the food item permitted? Quite often, artificial colours cause vomiting and stomach upsets. Certain types of ghee and some vegetable oils contain high contents of fats and salts which could harm heart patients.

Consumer courts all most active in the Indian subcontinent today, thanks to the efforts of the State and NGOs. Today, our consumers can go to a consumer court to seek compensation for financial losses incurred by them, if any particular product or service (purchased by them) ever led to such losses.

In the West, not only is there very strict quality check on manufactured items but, also the compensation for damage could be exorbitant. A mother of a child, who eats a chewing gum which chokes the child, can sue the gum manufacturing company and can claim heavy compensation. We are lenient in India about such incidents. If we discover a spurious item or a food that was stale, we consume it as we are short on time or we grumble a little and forget. This has encouraged unscrupulous manufacturers and sellers to work in collusion and dupe the buyers. Consumer Cells remind you to bring every such case to their notice. Even collective protests by housewives or consumers can prevent such types of crimes.

Consumer courts have been set up in almost all the towns to redress such grievances. Usually, they have senior or retired judges and listen to pros and cons of each case and penalize the guilty manufacturer. Cases at those courts are decided summarily within a one and two years. Constituted both at the state and district levels, these fora have statutory powers and legal status.

The agencies of the government like the Departments of Health, Food Agriculture, Social Welfare, etc., support consumers and protect their interests indirectly. These agencies have comparative rates of products advertized regularly in the newspapers. Consumers can read them, compare them and decide the product quality, price and the place of purchase. The print media include newspapers, magazines, handbills, pamphlets, etc., Radio and TV have a special roles to play in educating the illiterate masses. These awareness cells also build awareness about foods by pointing out age-old misconceptions about fast foods and dieting. Thus, costly foods are not necessarily the most nutritious ones. The humble sprouted gram and the soyabean are far more nutritious than costly almonds and fruits. Seasonal fruits, which are usually cheap, are the best to eat. Mother's milk is the best for the baby and it does not spoil mother's health but improves it if she suckles her baby quite often. Certain food items like betelnut and other mouth freshners are carcinogenic. Some soft drinks are habit-forming. All these facts help to make the consumer aware about the products that flood the markets and are advertized by multinationals and Indian corporate houses.

The Prevention of Food Adulteration Act (1954) makes the usage of harmful additives and preservatives a legal offence. Such additives cause chemical reactions in the foodstuffs. The cumulative effect of small doses of these additives may lead to serious debilitating diseases. There is no restriction on traditional preservatives like salt, sugar or spices but there is a restriction on the usage of sulphur dioxide which makes food toxic and may lead to vitamin deficiency. Sulphur dioxide is also the leading cause of rising number of cases of asthma. Too much of nitrites in food find their way into the bloodstream, which may prove to be fatal. Anti-oxidants like Butylated Hydroxy Toluene (BHT) in ghee and butter are banned in many countries as they lead to asthma or dermatitis. However, they are allowed in India. Such types of adulteration have serious implications for the masses on the health front. Artificial sweeteners like saccharine have lethal effects on the digestive system and cause several abnormalities. So, care has to be taken while buying processed foods. Consumer rights must be exercised in case of TVs, food items, clothes, toys, petroleum products and medicines as these products affect our lives everyday.

LETTER/APPLICATION

The following points should be borne in mind while writing a letter.

1. A letter should contain all the necessary parts which normally and formally it is required to contain.
2. It should follow the pattern according to the nature of the letter whether it is personal, impersonal, to the editor, to some official, customer, etc.
3. It should contain no irrelevant matter.
4. Normally it should indicate the date of writing.
5. In English most of the letters start in a direct way and there is not much scope for introductory words except in letters of particular nature.

ENGLISH

Personal Letters

The following are commonly accepted parts of a personal letter:-

1. The Heading.
2. The Salutation.
3. The Body
4. The Subscription.
5. The Superscription.

Explanation

1. The Heading

It has two sub-parts.

(i) Address of the writer.

(ii) Date.

In traditional way of writing the Heading is written in the right hand top corner of the letter, but nowadays it is increasingly being written on the left hand top corner. In business and commercial letter-writing, this is generally the practice.

2. The Salutation

(i) It is written on the left hand starting from near the margin on a line or little below the Heading.

(ii) Generally, the salutation is written in the following way.....

(a) My dear Father/ Mother/Brother/Sister/ Uncle....(Relatives).

(b) My dear Umesh/Rani/Ali/Gopi, ...(Friends).

(c) Dear Sonu/Guleri/Mukherjee/Murthy ....(Acquaintances)

(d) Dear Sir/Madam,
(those not well-acquainted)
(Also to government and other officials)

(e) Sir/Madam (To Editor), Principal, Teachers, etc.)

(iii) In the traditional way of writing we put a comma after the salutation, but it is generally omitted in the modern style of letter-writing.

3. The Body

There are no hard and fast rules for the Body. Still, the following points should be borne in mind -----

(i) There should be a direct start and no beating about the bush.

(ii) The language used must be simple, interesting, idiomatic, clear and easily intelligible.

(iii) There may be one or more than one paragraph depending on the nature of message to be conveyed.

(iv) There should be no unnecessary details and digressions unless required by the nature of the letter.

(v) The language in the letter must be natural, spontaneous, sincere and logical.

(vi) Each paragraph must contain a substantial idea which leads spontaneously to the next.

4. The Subscription

In traditional letters it is written on the right hand side just below the body. However, in modern style of letter writing, it is being written increasingly on the left hand side.

In this connection, the following points should be borne in mind:

(i) Yours affectionately, (To relatives) or we may write.........
Your loving son/daughter/nephew/niece, etc.

(ii) Yours sincerely, (To friends) or we write........
Your friend, or Yours ever, etc.

(iii) Yours faithfully, (to officials or strangers)

(iv) Yours truly, or Yours faithfully, (To editors)

(v) Yours obediently, (or faithfully) (To Principal)

Note: Generally, after the subscription we write a comma, but it is being omitted increasingly in the modern style of letter writing.

5. The Superscription

It comprises the name and address of the addressee and is written on the envelope below the postage stamp.

Other Letters

Other kinds of letters are written in slightly modified form. Some other kinds of letters (including applications) are ------

1. Applications to the Principal.
2. Business Letters.
3. Letters to officials.
4. Letters to the Editor, etc.

1. Write a letter to your friend congratulating him on his grand success in the matriculation examination.

Examination Hall

x y z

6 April.....

My dear Rohit,

I have just received a letter from your father. He has written that you have got 90% marks in your matriculation examination. You stand first in your town. Please accept my heartiest congratulations.

No doubt, you have always been an intelligent student. Your father has written that this year you studied much harder than usual. It is a true saying that hard work is the key to success.

I request you to write to me at the earliest about your future plans.

Please convey my best wishes to respectable uncle and aunt.

Yours sincerely,

ABC.

2. Write a letter to your friend describing the value of sports.

Examination Hall,

PQR

14 December, ...

My dear Anurag,

It will make you happy to learn that I have just understood the real value of sports. Sports are not only for entertainment and improving health, but also for development of personality and infusing the spirit of cooperation. They teach us discipline and brotherhood. While playing a match no one is asked to tell his, caste or religion.

Playing one or the other sport regularly keeps us fit. It is a true saying that health is wealth. Only a healthy person enjoys himself in life. He can do more work than a weak person. Therefore, he can earn a lot.

What I am going to say–take it as a request or a piece of advice that you should also start to play one or the other sport.

Convey my compliments to your revered parents.

Yours sincerely,

STU.

3. Write a letter to your younger brother advising him to take part in games.

Examination Hall,

PQR City

15 October, ...

My dear Satnam,

Today I received your first House Examination Report from the Principal of your college. I am very glad to learn that you have stood first in the aggregate in your class.

One thing, however, has greatly pained me. It is that you do not take part in any game and have become very weak. It is clear from a remark given by the Principal in the "Remarks" column.

Dear Satnam, I am your elder brother. So, I can give you a piece of sound advice and I hope you will take it seriously. It is that studies are all right, but health is no less important. It is rightly said that a sound mind lives only in a sound body. If you are not physically strong, you will not be able to face the world as you grow up.

So, please start playing one or the other game right from today and write to me as you start it.

Love from father and mother.

Yours affectionately,

(Gurnam)

4. Write a letter to your uncle thanking him for the birthday gift.

Examination Hall,

TUV.

6 July, ...

My dear uncle,

I thank you very much for the watch that you have just sent as my birthday gift. It is really a beautiful watch. It keeps correct time. I will never be late for college now. My friends also like it very much.

I request you to attend my birthday party in person the next year. Don't forget to bring aunt and kids.

Your affectionate nephew

ABC.

5. Write a letter to your father requesting him to allow you to join a historical tour of your college.

Examination Hall,

ABC city

September 15, ...

My dear Father,

A historical tour of our college is going to visit historical places of north India during the first week of the next month. It is being led by our teacher of history, Mrs. Sujata Kulkarni, who is a great scholar. She will explain the real historical importance of every historical building.

The tour will go to Amritsar, Kurukshetra, Delhi, Mathura and Agra. It will include thirty students in all. One who wants to join it has to deposit Rs. 1000/- before 25th instant. This amount includes boarding, lodging and travelling expenses.

Dear father, it is a golden opportunity. So, please allow me to join this tour and send Rs. 1000/– as early as possible. Love to dear mother and naughty Kittu.

Yours affectionately,

(Sangeeta).

6. Write a letter to your younger brother advising him to give up bad company and take more interest in studies.

Examination Hall,

XYZ city

18 November, ...

My dear Deepak,

Yesterday, I received the report of your first house examination from the Principal of your college. I was shocked to read that you have failed in almost every subject.

Some of your friends have also told me that you take no interest in studies but keep moving in bad company. It is a pity to learn that you have started drinking, gambling and smoking. You frequently see movies and just loiter on roads with your friends.

Dear Deepak, if you waste your precious youth time in this manner, you will have to repent your whole life. I therefore, advise you to give up bad company right from today and start taking more interest in your studies. I wish to get a much letter report from your college Principal in future.

Love from papa and mamma.

Yours affectionately,
(Gurdip)

7. Write a letter to your mother describing the Annual Prize Distribution in your college.

Examination Hall,
XYZ city
12 February, ...

My dear Mother,

The Annual Prize Distribution function was celebrated in our college yesterday. Mrs. Triveni Goyal, the Deputy Commissiner, was the Chief Guest.

The function was held in the college hall. Preparation had started a few days earlier. The hall was well-decorated. The Chief Guest arrived at 10 am sharp. The function started soon thereafter.

At first, the President of the Managing Committee read out the welcome address. Then the cultural show started. It included songs, hymns, skits, jokes, bhangra, giddha and a fancy dress show.

Then the prizes were distributed by the Chief Guest. I got the first prize for standing first in English in the house test. The Principal read out the Annual Report. It highlighted the achievements of the college during the year. During his speech, the Chief Guest appreciated them. The President of the Students' Committee thanked the Chief Guest. Then the function was over at about 12 : 30 pm. Thereafter, the Chief Guest took tea with the members of the staff and the prize winners.

Regards to papa and love to little Dipu.

Your loving daughter,
(Simpy).

8. Write a letter to your uncle telling him what profession you want to choose after completing your studies.

Examination Hall,
XYZ
17 March, ...

My dear Uncle,

In your last letter, you asked me what I want to do after completing my studies. The completion of my studies will take a number of more years. It is because I want to do M.A. (English).

After completing my studies, I intend to become a college teacher. For this, I'll have to clear the UGC test NET. I hope I'll be able to do so. If for any reason I fail to become a college lecturer, then I shall like to become a school lecturer.

Teaching is a noble profession. Teachers are nation builders. Students are future leaders and the best service for anyone is to give proper guidance to students and that is what I want to do.

Convey my regards to dear aunt.

Your loving nephew,
(Kuldip)

9. Write a letter to your friend inviting him to the marriage of your sister.

Examination Hall,
XYZ
15 May, ...

My dear Pankaj

You will be glad to know that the marriage of my sister comes off on 5th June this year.

You are invited to attend the marriage of my sister. You should come at least a week earlier. It is because I have to seek your advice at every step.

Convey my regards to your parents.

Yours sincerely,
(Ravinder)

10. Place an order for books with a book-seller.

15, Boy's Hostel – II,
A.P. Convent School,
Mayur Vihar, Phase I, Delhi.
Date ....

To

ABC Booksellers,
44/E, Daryaganj,
New Delhi

Dear Sirs,

Please send us the following books one copy each via V.P.P. All the books must be in a good condition. Send us the books of the latest editions. We are your old customer. So, please offer us the maximum possible discount.

1. 'Treasure Island' by R.L. Stevenson.
2. 'Gulliver's Travels' by Jonathan Swift.
3. 'The Gitanjali' by R.N. Tagore
4. 'The Discovery of India' by J.L Nehru.

Thank you.

Yours faithfully
(Avinash Ghosh).

11. Write a letter to a book-seller informing him of the wrong supply of books and asking him to take back the books at his own cost and supply the correct ones.

15, Boy's Hostel II,
A. P. Convent School
Mayur Vihar Phase–I
Delhi
(Dt) ....

To

ABC Booksellers,
44/E Daryaganj,
New Delhi.

Sir,

Please refer to our order for books dated -------------------. I am sorry to bring to your kind notice that in your registered parcel dated ------------------ you have supplied wrong books.

It appears books ordered by some other customer have been wrongly despatched to me. You are requested to take back books at your own cost and supply to me the books ordered by me in my order mentioned above at an early date.

Yours faithfully,
(Avinash Ghosh).

12. Write an application for the position of manager in a hotel.

758, Gola Park,
Lawrence Road,
Amritsar
Date ....

To

The ITC Hotels
Malcha Marg
New Delhi.

Sir,

With reference to your advertisement in The Tribune of 30 January I wish to apply for the position of manager in your hotel. I did degree course in hotel management in 1980. I have been working in a reputed hotel as manager for a few years. I did my matric in 1955 with 95% marks. I am good at spoken and written English. Besides I can speak Hindi, Punjabi and French well. I have a pleasing personality and have the decision-making quality. My employers are happy with me.

If appointed, I promise to work sincerely. Wish you all the best.

Yours faithfully
(PP ARORA)
Contact Number
Phone No. 2456901
Mobile Phone : 98104/49797.

13. Write a letter to the Editor of a newspaper bringing to the notice of the public the hazards of rash driving.

To

The Editor
The Hindustan Times
Chandigarh

Sir,

I shall feel obliged if you publish the following lines in your newspaper for the benefit of the public.

Now-a-days so many road accidents are reported daily in newspapers. These accidents in many cases result in loss of precious human life.

Most of these accidents take place because of rash driving. In many cases, the drivers are dead drunk.

It is very important that the speed limit for driving on all important roads is fixed. Those who cross this limit should be heavily fined and even imprisoned.

Yours faithfully,
(xyz)

14. Write a letter to the editor of a newspaper expressing your views against the menace of dowry system.

To

The Editor
The Indian Express
Mumbai

Sir,

Kindly publish the following lines in your newspaper to make the people aware about the menace of dowry system.

Dowry system has created a big problem for the people these days. Particularly, the poor people are at a great disadvantage. In order to arrange the marriage of their daughters, many of them have to incur heavy debts.

Most of the boys and their parents are greedy. They want a rich dowry even when the girl is beautiful and is highly educated. Sometimes, the girls who fail to bring a rich dowry are tortured and even burnt alive.

Young boys and girls in all educational institutions should be taught to reject dowry. Mass media should start a compaign against this menace.

Yours truly,
(xyz)
Date ....

15. Write a letter to the SHO of your town complaining him about the theft of your motorbike.

Examination Hall
xyz ....
Date ....

To

The SHO

Sadar Police Station

xyz

Sir,

I wish to draw your attention towards the theft of my black motorbike bearing number plate 48E 4949. Yesterday I parked it outside the Plaza Shopping Complex. I locked it properly and went inside the Plaza to make some purchases. I spent not more than fifteen minutes there and as I went outside the Plaza I found my motorbike missing. I asked many persons around if they could tell me anything about its whereabouts. But none of them seemed to have any useful information about it.

I request you to look into the matter and solve my problem at your earliest.

Yours faithfully

(PK KAPOOR)

16. Write a letter to the Post Master complaining against the Post man.

18, Krishan Nagar,

Ludhiana

Date ....

To

The Post Master,

The Main Post Office,

Ludhiana

Dear Sir,

It is a matter of deep concern that the postman of our locality is not worthy of the job he has been appointed for. Either he is absent–minded or he enjoys harassing others. He most often delivers the dak on the wrong addresses. When he is requested to mend his way of working he talks rudely.

We shall be thankful to you if you appoint a responsible person in our locality in his place.

Yours faithfully,

Arun Sharma.

17. Write a letter to the Editor of a newspaper expressing your views on the harm being done by cell phones to students.

To

The Editor,

The Tribune,

Chandigarh

Sir,

Subject: Harm being done by cell phones to the students

Kindly allow me to a ventilate through your esteemed daily my views regarding the harm being done by the cell phones to the students.

There is no denying the fact that twenty first century is an age of information technology. India has not lagged behind to ride this wave. Though it is a boon for the society, certain aspects of it are decidely harmful. Take the case of cell phones. This revolution of telecommunications has made communication very easy, but it also has harmed our society. It has taken the students community in its grip. We can see students of all ages flaunting their cell phones at every pertext. This evil has even entered the class rooms. The students do not give attention to their lectures and are often found absorbed in their cell phone talks. Even while driving they are busy in their cell phone talks. So it invites many accidents.

Excessive use of cell phones is not good for students. The parents and teachers should take quick remedial steps before it is too late.

Yours faithfully,

XYZ

Date ....

18. Write a letter to an old customer of yours explaining to him the reason for delay in executing his order and asking for extension of period for the purpose.

Zobog Plastic Agency

15, Esplanade Road

Kolkata,

Date ....

To

M/S Lovely Toy House,

89, Mukherjee Mar,

Hawrah.

Dear Sirs,

Reg.: Extension of Delivery Period for goods.

Ref: Your order for supply of goods dated ......

Please refer to your order for supply of goods mentioned above.

We are grateful to you for the said order but at the same time we regret to point out that we are not in a position to meet the dead line set by you for the execution of the order. It is because the supply of raw material to us has been unduly delayed by the supplier.

Today we have received the raw material and we are going to start the manufacturing of goods ordered by you right from today.

We shall, therefore, be thankful if you extend the delivery period of goods by seven days and inform us telegraphically in this regard.

Thank you.

Yours faithfully,

(Baldev Raj)

Manager

19. Write a circular letter to your customers asking them to make bulk purchases of some goods as you are offering a grand clearance sale at a big discount for a specified period.

Soloman Textile Manufacturers
11, Industrial Estate
Panipat
Date ....

Circular Letter

To
M/S ....
....

Dear Sirs,

Reg.: Grand Clearance Sale of Cotton Goods.

You will be glad to know that we are offering a special discount of 20% besides the usual discount on all cotton goods till the end of the current month.

You are, therefore, advised to make a bulk purchase of all such goods as the prices of such goods may be greatly enhanced during the next month.

Thank you.
Yours faithfully,
Sales Manager.

20. Application for the position of English Teacher.

62, Trilok Nath Street
Jajpur Road
Bhavnagar
(Gujarat)
(Dt.)

To
The Director
Institute for Destitute Women
Lakhya Ram Trust,
Ahmedabad

Dear Madam

With reference to your advertisement in the Times of India of ...., I hereby apply for the post of an english teacher for middle classes.

As regards my academic and other qualification, I may mention that I'm a young, energetic B.A. B.Ed. of 23 years with an experience of about one year as an English teacher in a local primary school here.

My date of birth is 15 March 1982. I passed my Matriculation examination in the first division from the local Shiv Shakti High School in 1997. Then I shifted to the local D.A.V. School from where I passed the 10 + 2 examination with English as an elective subject in 1999.

I did B.A. from the Gujarat University in 2002. I had again English as an elective subject. Then I passed B.Ed. from Sewagram National College of Education, Surat in 2004 and soon got appointment as a primary teacher in the local Purshottam Das Primary School.

At present I am getting a salary of Rs. 4000/- per month. I expect an enhancement of the least 3000/- at your end.

If appointed, I would work most diligently. I'm sure of delivering the goods as a I find my students and their parents and school authorities here fully satisfied with my work.

I'm enclosing photostat copies of my testimonials.

Yours sincerely
(Kirti Bhardwaj)

21. Application for the position of Vice Principal.

24, Sir Chhotu Ram Street
Saraswati Mohalla
Johana
(Haryana)
(Dt.)

To
The Director
Holy Angels Playway School
Mehrauli
Delhi

Respected Madam

I am writing in response to your advertisement in the Patriot of .... for the position of Vice-Principal in your school.

I am a young, energetic trained postgraduate with a pleasing personality. I'm about 26 years, my date of birth being.......... .

I did my post-graduation in English in the second division in .... from Delhi University. Earlier I did graduation from the same university in first division in .... I did B.Ed. from Desh Bhagat Institute of Education, Ambala in ....

Besides B.Ed. I also did the Nursery Teacher's Training (NTT) Course from Guru Agarsen Nursery Training School, Karnal in ....

I've got about two year teaching experience as a teacher in a nursery school here. At present I'm getting a salary of Rs. 8000/- per month but expect an enhancement of an equal amount if I'm selected for the post at your end.

I'm enclosing copies of testimonials for persual.

Hoping early hearing from you.

Yours faithfully
(Rita Kulkarni)

22. Application for the position of a Company Legal Advisor.

27A, Megha Appartments
Near Darpan Photos
Hoshiarpur (Pb.)
(Dt.)

To

M/s Canda Cycle Parts Ltd.
G.T. Road, Shispur Chowk
Ludhiana (Pb.)

Dear Sirs

With reference to your advertisement in 'The Tribune' of 22nd May, I hereby apply for the post of a 'Company Legal Advisor'. Please find enclosed a copy of my CV.

I am currently employed in a small company. I've a rich experience in the field. My employers are all praise for me.

If appointed, I promise to work sincerely.

I look forward from a hearing from you.

Yours faithfully
Jagroop Arora.

23. Application for the position of School Cashier.

43, Sutlej Avenue
Peshawari Mohalla
Noor Mahal
(Dt.)

To

The Principal
Doaba Model School
Nakodar
Jalandhar

Dear Sir

With reference to your advertisement in Tribune of .... for the position of cashier, I hereby apply for the same.

I was born at Noot Mahal in .... After passing matric and 10 + 2 from PSEB in .... and .... respectively, I joined B.Com. classes at DAV College Jalandhar. I passed B.Com. from GNDU in ....

Thereafter, I joined the famous Punjab Accountancy & Finance Institute, Capurthala, run by Punjab Technical University. I completed the Accountance & Finance course last year and got the appointment of a cashier in a local bank here on purely temporary basis. The appointment was for on year only.

So, it ended on .... I was, however, called again by the bank for the same job at few days later. But since the appointment is only on adhoc basis, I want some job where I can find stability, continuity and confirmation after the due probationary period. Since your advertisement holds a promise in this regard, I'm applying for the same.

I'm adept in all accounts matters, especially cash and financial matters. I hope I'll prove an asset to your institution.

Please find enclosed photocopies of all the relevant testimonials. Hoping to get an early response.

Yours faithfully
(Samita Trikha)

24. Application for the position of Supervisor for old age home.

12, Santosh Nagar
Ganguli Marg
Jamshedpur
(Dt.)

To

The President
Dowell Old Age Home Society
53 Gurudev Colony
Bhagalpur

Dear Sir

With reference to your advertisement in the Horizon of .... for the position of supervisor for an old age home in Bhagalpur, I hereby apply for the same.

I was born on .... at Jamshedpur. It was here that I passed matric and 10 + 2 from WB School Education Board in .... and .... respectively.

Then I joined the army and served the country for many years. I retired from service last month. I've no liability, my children having well-settled. Thus, I can look after an old age home with a spirit of dedication and service.

I'll feel satisfied with a reasonable remuneration as I will also get pension from the government.

I hope I'll given an opportunity to serve the old people for whom I have great regard and affection. Moreover, I'd find my own self in them as I'm myself fast approaching the same silver state.

Please find enclosed photocopies of my matric, 10+2 and other relevant certificates for persual.

Yours faithfully
M.T. Chatterjee

सामान्य ज्ञान, तार्किक योग्यता एवं आंकिक योग्यता

सामान्य ज्ञान

1. मोहनजोदड़ो और हड़प्पा के प्राचीन नगर अब कहाँ स्थित हैं?
A. भारत में B. पाकिस्तान में
C. बांग्लादेश में D. तिब्बत में

2. सिन्धु सभ्यता से प्राप्त मुहरें निम्नलिखित में से किससे बनी थीं?
A. लाजवर्द B. कांस्य
C. रजत D. स्टेटाइट

3. निम्नलिखित में से कौन-सा वेद गद्य एवं पद्य में रचित है?
A. ऋग्वेद B. यजुर्वेद
C. सामवेद D. अथर्ववेद

4. ऋग्वैदिककालीन आर्यों के युद्ध के देवता कौन थे?
A. मंगल B. इन्द्र
C. रुद्र D. शिव

5. महावीर स्वामी को किस स्थान पर ज्ञान प्राप्त हुआ?
A. ऋजुपालिका नदी के तट पर
B. पुनपुन नदी के तट पर
C. गंगा नदी के तट पर
D. कोसी नदी के तट पर

6. अशोक के अभिलेखों को पढ़ने का प्रथम श्रेय प्राप्त है–
A. विल्किन्स को B. विलियम जोन्स को
C. जेम्स विलियम को D. जेम्स प्रिंसेप को

7. किसने भारत में सर्वप्रथम स्वर्ण सिक्के को चलाया था?
A. कुषाण B. मौर्य
C. हिन्द यवन D. गुप्त

8. गुप्तकाल में प्रमुख गणितज्ञ एवं खगोलशास्त्री था–
A. वराहमिहिर B. आर्यभट्ट
C. रामानुजाचार्य D. उपर्युक्त सभी

9. निम्नलिखित का काल क्रम है–
1. हल्दीघाटी युद्ध 2. बैरम खाँ का पतन
3. असीरगढ़ की विजय 4. अबुल फजल की हत्या
A. 1, 2, 3, 4 B. 3, 2, 4, 1
C. 1, 4, 2, 3 D. 2, 4, 3, 1

10. विदेशी आक्रमणकारियों को ऐतिहासिक क्रम में लिखिए–
1. मुहम्मद-बिन-कासिम 2. मुहम्मद गोरी
3. महमूद गजनवी 4. चंगेज खाँ
A. 1, 3, 4, 2 B. 4, 3, 2, 1
C. 1, 3, 2, 4 D. 4, 2, 3, 1

11. किस शासक के दरबार में सर्वाधिक हिन्दू पदाधिकारी थे?
A. अकबर B. शाहजहाँ
C. जहाँगीर D. औरंगजेब

12. किस शासक ने सिंचाई कर लगाया था?
A. मुहम्मद तुगलक B. फिरोज तुगलक
C. अलाउद्दीन खिलजी D. सिकन्दर लोदी

13. कबीर की मृत्यु किस स्थान पर हुई?
A. प्रयाग B. काशी
C. मगहर D. मथुरा

14. अंग्रेजों ने सर्वप्रथम अपना व्यापारिक कारखाना लगाया था–
A. मुम्बई में B. हुगली में
C. सूरत में D. बंगलौर में

15. भारतीय राष्ट्रीय कांग्रेस के प्रथम मुस्लिम अध्यक्ष थे–
A. बदरुद्दीन तैयबजी B. मौलाना अबुल कलाम आजाद
C. सर सैयद अहमद खाँ D. मो. जिन्ना

16. ऑल इण्डिया ट्रेड यूनियन के प्रथम अध्यक्ष थे–
A. लाला लाजपत राय B. एम.एन. जोशी
C. स्वामी सदानन्द D. बाल गंगाधर तिलक

17. भारत में सर्वप्रथम टेलीग्राफ व्यवस्था प्रारम्भ हुई थी–
A. 1850 में B. 1853 में
C. 1854 में D. 1856 में

18. असहयोग आन्दोलन वापस ले लिया गया था–
A. रौलट एक्ट के बाद
B. प्रथम विश्व युद्ध के बाद
C. जलियाँवाला बाग हत्याकाण्ड के बाद
D. चौरी-चौरा घटना के बाद

19. क्रिप्स मिशन को किसने 'उत्तर तिथिय चैक' की संज्ञा दी?
A. महात्मा गांधी B. पं. जवाहर लाल नेहरू
C. राजेन्द्र प्रसाद D. मोतीलाल नेहरू

20. थियोसोफिकल सोसाइटी का अन्तर्राष्ट्रीय मुख्यालय है–
A. अड्यार B. सैनफ्रांसिस्को
C. न्यूयार्क D. जेनेवा

21. सत्यशोधक समाज की स्थापना किसने की थी?
A. गोपाल कृष्ण गोखले B. महादेव गोविन्द रानाडे
C. ज्योतिबा फूले D. गोपाल हरि देशमुख

22. तैमूर ने किसके शासनकाल में भारत पर आक्रमण किया था?
A. बलबन B. इल्तुतमिश
C. फिरोजशाह तुगलक D. नासिरुद्दीन महमूदशाह तुगलक

23. समुद्रगुप्त ने अपने दक्षिण अभियान में किस वेंगी शासक को हराया था?
A. नंदी वर्मन B. हस्ती वर्मन
C. देव वर्मन D. नीरू वर्मन

24. मुहम्मद-बिन-तुगलक द्वारा अपनाया गया सांकेतिक मुद्रा किस धातु का बना हुआ था?
A. कांसा B. पीतल और तांबा
C. चाँदी D. लोहा

25. अकबर के शासन काल में मुगल सेना का सेनापति कौन था?
A. राजा मान सिंह B. टोडरमल
C. भगवंत दास D. फकीर अजीउद्दीन

26. इनमें से दिल्ली के सिंहासन पर बैठने वाला पहला अफगान शासक कौन था?
A. सिकन्दर लोदी B. शेरशाह
C. बहलोल लोदी D. इनमें से कोई नहीं

27. महमूद गवाँ का सम्बन्ध निम्नलिखित में किस दक्षिण राज्य से था?
A. बीजापुर B. वारंगल
C. काकतीय D. बहमनी

28. राष्ट्रीय कांग्रेस ने किस वर्ष "पूर्ण स्वराज्य" का प्रस्ताव पारित किया?
A. 1929 में B. 1916 में
C. 1924 में D. 1930 में

29. कांग्रेस तथा मुस्लिम लीग के बीच लखनऊ समझौता कब हुआ था?
A. 1906 में B. 1916 में
C. 1924 में D. 1929 में

30. सुभाष चन्द्र बोस के राजनीतिक गुरु कौन थे?
A. चित्तरंजन दास B. अरविन्द घोष
C. महात्मा गांधी D. बाल गंगाधर तिलक

31. पाकिस्तान के प्रथम प्रधानमंत्री कौन थे?
A. मुहम्मद अली जिन्ना B. लियाकत अली खाँ
C. फीरोज खाँ नून D. मौलाना मुहम्मद अली

32. भारतीय स्वतंत्रता के समय ब्रिटेन का प्रधानमंत्री कौन था?
A. लॉर्ड एटली B. विंस्टन चर्चिल
C. रैम्से मैक्डोनाल्ड D. रॉबर्ट वॉलपोल

33. 15 अगस्त, 1947 से 26 जनवरी, 1950 तक भारत का राजनीतिक दर्जा क्या था?
A. ब्रिटिश उपनिवेश B. ब्रिटिश न्यास क्षेत्र
C. ब्रिटिश संरक्षण प्रदेश D. ब्रिटिश राष्ट्रमंडल का एक अधिराज्य

34. किस वायसराय ने 1878 में भारतीय भाषाओं के समाचार-पत्रों पर अंकुश लगाया था?
A. लॉर्ड रिपन B. लॉर्ड नार्थबुक
C. लॉर्ड लिटन D. लॉर्ड एलगिन

35. निम्नलिखित में से किस अधिवेशन में राष्ट्रीय कांग्रेस के नरम एवं गरम दलों का पुनः विलय हो गया?
A. लाहौर (1929) B. पुणे (1917)
C. लखनऊ (1916) D. मद्रास (1915)

36. मुस्लिम लीग द्वारा "प्रत्यक्ष कार्यवाही दिवस" कब मनाया गया था?
A. 24 मार्च, 1946 B. 30 मार्च, 1946
C. 17 जून, 1946 D. 16 अगस्त, 1946

37. सिन्धु घाटी सभ्यता के लोग किस धातु से परिचित नहीं थे?
A. लोहा B. चाँदी
C. ताँबा D. सोना

38. सिन्धु घाटी सभ्यता का वह नगर कौन-सा है जहाँ बृहत् स्नानागार (Great Bath) के अवशेष मिले हैं?
A. लोथल B. मोहनजोदड़ो
C. कालीबंगा D. हड़प्पा

39. विक्रम संवत् कब-से प्रारम्भ हुआ?
A. 38 ई.पू. B. 58 ई.पू.
C. 78 ई.पू. D. 87 ई.पू.

40. पंचमार्क सिक्के सर्वाधिक रूप से किस धातु के बने थे?
A. सोना B. चाँदी
C. ताँबा D. काँच

41. निम्नलिखित में से कौन-सा ग्रह सबसे कम समय में सूर्य का चक्कर लगाता है?
A. शुक्र B. बुध
C. पृथ्वी D. शनि

42. पृथ्वी के अलावा किस आकाशीय पिंड पर जीवन की सम्भावना है, क्योंकि वहाँ का पर्यावरण जीवन के लिए अनुकूल है–
A. बृहस्पति
B. मंगल
C. यूरोपा-बृहस्पति का चन्द्रमा
D. चन्द्रमा-पृथ्वी का चन्द्रमा

43. दो ग्रह जिनके उपग्रह नहीं हैं, वे हैं–
A. पृथ्वी एवं बृहस्पति B. बुध एवं शुक्र
C. बुध एवं शनि D. शुक्र एवं मंगल

44. मानक समय क्या होता है?
A. किसी देशान्तर का सूर्य के अनुसार समय
B. ग्रीनविच औसत का समय
C. देश के लगभग बीच से गुजरने वाले देशान्तर का स्थानीय समय
D. उपर्युक्त में से कोई नहीं

45. रात और दिन होने की प्रक्रिया में कौन-सा तथ्य सही है?
A. पृथ्वी का अक्ष का 66½° अंश का झुका होना
B. पृथ्वी का सूर्य के चारों ओर परिक्रमण
C. पृथ्वी का अपनी (अक्ष) धुरी पर घूमना
D. उपर्युक्त में से कोई नहीं

46. ओजोन परत अवस्थित है–
A. क्षोभमंडल में B. क्षोभसीमा में
C. समतापमंडल में D. प्रकाशमंडल में

47. विली-विली है–
A. एक प्रकार का वृक्ष जो शीतोष्ण कटिबंध में उगता है
B. एक प्रकार की हवा जो मरुस्थल में चलती है
C. उत्तर-पश्चिम आस्ट्रेलिया का उष्णकटिबंधीय चक्रवात
D. लक्षद्वीप समूह के निकट सामान्यतः पाई जाने वाली मछली का एक प्रकार

48. चावल की खेती के लिए आदर्श जलवायु परिस्थितियाँ हैं–
A. 100 सेमी. से ऊपर वर्षा और 25°C से ऊपर ताप
B. फसल की पूरी अवधि के लिए ठण्डी और नम जलवायु
C. 100 सेमी. से कम वर्षा व 25°C से कम ताप
D. पूरी फसल अवधि में कुछ गरम और शुष्क जलवायु

49. सदाबहार वर्षा वन पाए जाते हैं–
A. आस्ट्रेलिया में B. ब्राजील में
C. कनाडा में D. फ्रांस में

50. सूची-I तथा सूची-II को सुमेलित कीजिए तथा सूचियों के नीचे दिए गए कूट का प्रयोग कर सही उत्तर चुनिए–

सूची-I (अग्रणी उत्पादक देश)	सूची-II (पदार्थ)
(a) चीन	1. प्राकृतिक रबड़
(b) भारत	2. दूध
(c) सउदी अरब	3. लौह-अयस्क
(d) थाइलैण्ड	4. पेट्रोलियम

कूट :

	(a)	(b)	(c)	(d)
A.	1	2	3	4
B.	4	3	2	1
C.	3	2	4	1
D.	2	3	1	4

51. किस घास के मैदान में वृक्ष नहीं पाए जाते हैं?
A. लैनॉस B. पम्पास
C. सवाना D. स्टेपी

52. माओरी जनजाति का निवास स्थान है–
A. इंग्लैण्ड B. न्यूजीलैण्ड
C. ग्रीनलैण्ड D. आयरलैण्ड

53. क्षेत्रफल की दृष्टि से भारत का सबसे बड़ा राज्य है–
A. बिहार B. पंजाब
C. राजस्थान D. उत्तर प्रदेश

54. पश्चिमी घाटों के मालाबार तट पर स्थित माहे निम्नलिखित में से किसका भाग है?
A. केरल B. महाराष्ट्र
C. पुदुचेरी D. तमिलनाडु

55. निम्नलिखित में से कहाँ प्राचीन चट्टानें पाई जाती हैं?
A. अरावली B. हिमालय
C. शिवालिक D. उपर्युक्त सभी

56. भारत में 'मरुस्थल की राजधानी' किसे कहते हैं?
A. उदयपुर B. जैसलमेर
C. जयपुर D. पालामऊ

57. 'मानसून प्रस्फोट' से क्या तात्पर्य है?
A. वर्षा की कृत्रिम वैज्ञानिक प्रक्रिया
B. आकाश में बादलों का गलत सघन रूप में आच्छादित होना
C. मेघाच्छन्न मौसम, जिसमें एक लम्बे समय तक वर्षा होती रहे
D. मानसून के समय विद्युत चमकने, बादल गरजने के साथ तीव्र मूसलाधार वर्षा

58. भारत में उगाई जाने वाली अधिकतर कॉफी की किस्म है–
A. ओल्ड चिक्स B. कुर्गुस
C. अरेबिका D. केन्ट्स

59. सूची-I को सूची-II से सुमेलित कीजिए तथा सूचियों के नीचे दिए गए कूट का प्रयोग कर सही उत्तर चुनिए–

सूची-I	सूची-II
(a) कोयम्बटूर	1. तेलशोधन
(b) राउरकेला	2. रेल डिब्बा
(c) कपूरथला	3. लौह-इस्पात
(d) बरौनी	4. सूती वस्त्र

कूट :

	(a)	(b)	(c)	(d)
A.	4	3	2	1
B.	1	2	3	4
C.	2	3	4	1
D.	4	2	3	1

60. 'दचिगाम अभयारण्य' निम्न में से कहाँ स्थित है?
A. जम्मू कश्मीर B. महाराष्ट्र
C. हिमाचल प्रदेश D. उत्तराखण्ड

61. भारत में राष्ट्रीय राजमार्गों का सबसे लम्बा तंत्र किस राज्य में है?
A. पंजाब B. महाराष्ट्र
C. उत्तर प्रदेश D. बिहार

62. भारत का सुदूर दक्षिण-बिन्दु कौन है?
A. कन्याकुमारी B. लक्षद्वीप
C. रामेश्वरम् D. ग्रेट निकोबार स्थित इंदिरा प्वाइंट

63. 'हजार झीलों की भूमि' किसे कहा जाता है?
A. स्वीडन B. फिनलैण्ड
C. डेनमार्क D. फ्रांस

64. नागार्जुन सागर बाँध किस नदी पर बनाया गया है?
A. कृष्णा (आन्ध्र प्रदेश) B. गोदावरी (महाराष्ट्र)
C. कृष्णा (कर्नाटक) D. गोदावरी (गुजरात)

65. निम्नलिखित में से किस प्रदेश में काली मिट्टी वाले क्षेत्र में सबसे अधिक खेती होती है?
A. बिहार B. उत्तर प्रदेश
C. महाराष्ट्र D. गुजरात

66. भू-वैज्ञानिकों की दृष्टि में भारत में सबसे पुरानी पर्वतमालाएँ कौन-सी हैं?
A. विन्ध्य B. सतपुड़ा
C. हिमालय D. अरावली

67. निम्नलिखित में से कौन-सी नदी समुद्र में नहीं मिलती है?
A. गंगा B. यमुना
C. नर्मदा D. गोदावरी

68. मानसून निवर्तन से अधिकतम वर्षा कहाँ पर होती है?
A. मुम्बई B. चेन्नई
C. दिल्ली D. कोलकाता

69. प्राचीन भारतीयों को वर्मा (म्यांमार) किस नाम से ज्ञात था?
A. सुवर्णभूमि B. सुवर्णद्वीप
C. यवद्वीप D. मलयमण्डलम्

70. विश्व का सबसे खारापन किस झील में है?
A. चाड झील (नाइजीरिया) B. बैकाल झील (रूस)
C. वॉन झील (टर्की) D. ग्रेट बियर झील (कनाडा)

71. चाय की खेती निम्नलिखित में से किसका उदाहरण है?
A. बृहत् कृषि B. सघन कृषि
C. जीविकोपार्जन कृषि D. रोपण कृषि

72. मानचित्र में समुद्र तल से समान ऊँचाई वाले स्थानों को दर्शाने वाली रेखाओं को कहते हैं–
A. आइसोनेफ B. कंटूर रेखा
C. आइसोबार D. आइसोहेल

73. ब्राजील स्थित अमेजन बेसिन के वन कहलाते हैं–
A. पम्पास B. सेल्वास
C. कैम्पोस D. लानोस

74. किस महासागर में द्वीपों की संख्या सर्वाधिक है?
A. प्रशान्त महासागर में
B. हिन्द महासागर में
C. उत्तरी अटलाण्टिक महासागर में
D. दक्षिण अटलाण्टिक महासागर में

75. लूनी नदी किस राज्य में प्रवाहित होती है?
A. महाराष्ट्र B. बिहार
C. पंजाब D. राजस्थान

76. सम दिवारात्रि (Equinox) कब होता है?
A. 21 जून B. 22 दिसम्बर
C. 21 मार्च एवं 22 सितम्बर D. 21 जून एवं 22 दिसम्बर

77. दक्षिणी अमरीका के वृक्ष रहित घास के मैदान को क्या कहते हैं
A. पम्पास B. डाउन्स
C. प्रेयरीज D. लानोस

78. मिट्टी का वैज्ञानिक एवं क्रमबद्ध अध्ययन कहलाता है–
A. विश्व रचना विज्ञान B. भौतिक भूगोल
C. मृत्तिका विज्ञान D. इनमें से कोई नहीं

79. गोबी रेगिस्तान कहाँ है?
A. पश्चिमी अफ्रीका में B. दक्षिणी अमरीका में
C. दक्षिणी आस्ट्रेलिया में D. मंगोलिया में

80. सौरमण्डल का सबसे बड़ा उपग्रह कौन-सा है?
A. टाइटन (बृहस्पति) B. गनिमेड (बृहस्पति)
C. मिरांडा (यूरेनस) D. ओबेरॉन (यूरेनस)

81. भारत की संविधान सभा का प्रथम अधिवेशन कब शुरू हुआ?
A. 10 जून, 1946 B. 9 दिसम्बर, 1946
C. 19 दिसम्बर, 1947 D. 30 जून, 1949

82. भारतीय संविधान सभा के किस अनुच्छेद में देवनागरी लिपि में हिन्[illegible] को भारत की राजकीय भाषा के रूप में मान्यता दी गई है?
A. अनुच्छेद 343 B. अनुच्छेद 345
C. अनुच्छेद 348 D. अनुच्छेद 347

83. भारत के संविधान में अंतर्राष्ट्रीय शान्ति और सुरक्षा की अभिवृ[illegible] का उल्लेख है–
A. संविधान की उद्देशिका में
B. राज्य की नीति के निर्देशक तत्वों में
C. मूल कर्त्तव्यों में
D. नवीं अनुसूची में

84. सूची-I को सूची-II से सुमेलित कीजिए तथा सूचियों के नीचे दिए ग[illegible] कूट का प्रयोग कर सही उत्तर चुनिए–

सूची-I	सूची-II
(*a*) अन्तर्राज्यीय परिषद्	1. अनुच्छेद 315
(*b*) वित्त आयोग	2. अनुच्छेद 280
(*c*) प्रशासनिक अधिकरण	3. अनुच्छेद 263
(*d*) संघ लोक सेवा आयोग	4. अनुच्छेद 323(ए)

कूट :

	(*a*)	(*b*)	(*c*)	(*d*)
A.	2	4	3	1
B.	3	2	1	4
C.	1	2	4	3
D.	3	2	4	1

85. राष्ट्रपति के उम्मीदवार के लिए क्या आवश्यक नहीं है?
A. आयु 35 वर्ष हो
B. पढ़ा-लिखा हो
C. सांसद चुने जाने की योग्यता रखता हो
D. देश का नागरिक हो

86. सर्वसम्मति से निर्वाचित भारत के राष्ट्रपति थे–
A. एस. राधाकृष्णन B. वी.वी. गिरि
C. एन. संजीवारेड्डी D. ज्ञानी जैल सिंह

87. संसद/विधान सभा के किसी सदस्य की सदस्यता तब समाप्त समझी जाती है, यदि वह बिना सदन को सूचित किए अनुपस्थित रहता है–
A. 60 दिन B. 90 दिन
C. 120 दिन D. 150 दिन

88. किस सभा का सभापति उसका सदस्य नहीं होता है?
A. राज्य सभा B. लोक सभा
C. विधान सभा D. विधान परिषद्

89. शिक्षा का विषय–
A. संघीय सूची में B. राज्य सूची में
C. समवर्ती सूची में है D. अवशिष्ट विषयों में है

90. सूची-I को सूची-II से सुमेलित कीजिए तथा सूचियों के नीचे दिए गए कूट का प्रयोग कर सही उत्तर चुनिए–

सूची-I (स्थापना वर्ष)	**सूची-II (राज्य)**
(*a*) 1960	1. सिक्किम
(*b*) 1962	2. गोवा
(*c*) 1975	3. महाराष्ट्र
(*d*) 1987	4. नगालैण्ड

कूट :

	(*a*)	(*b*)	(*c*)	(*d*)
A.	2	4	3	1
B.	3	4	1	2
C.	4	3	1	2
D.	3	4	2	1

91. प्रथम पंचायती राजव्यवस्था का उद्घाटन पं. जवाहर लाल नेहरू द्वारा 2 अक्टूबर, 1959 को किया गया था–
A. साबरमती में B. वर्धा में
C. नागौर में D. सीकर में

92. निम्नलिखित विधेयकों में से किसी एक का भारतीय संसद के दोनों सदनों द्वारा अलग-अलग विशेष बहुमत से पारित होना आवश्यक है?
A. साधारण विधेयक B. धन विधेयक
C. वित्त विधेयक D. संविधान संशोधन विधेयक

93. भाषा के आधार पर राज्यों के गठन हेतु राज्य पुनर्गठन आयोग की स्थापना कब की गई थी?
A. 1856 B. 1956
C. 1957 D. 1960

94. पंचायतों के निर्वाचन में चुनाव लड़ने के लिए उम्मीदवार की न्यूनतम आयु कितनी होनी चाहिए?
A. 21 वर्ष B. 18 वर्ष
C. 25 वर्ष D. 30 वर्ष

95. भारतीय संविधान के किस अनुच्छेद के तहत् जीवन रक्षा तथा व्यक्तिगत स्वतंत्रता का प्रावधान है?
A. अनुच्छेद 20 B. अनुच्छेद 21
C. अनुच्छेद 22 D. अनुच्छेद 23

96. संविधान निर्माण का कार्य पूरा करके संविधान सभा ने संविधान को कब स्वीकार किया?
A. 15 अगस्त, 1947 को B. 26 जनवरी, 1950 को
C. 26 नवम्बर, 1949 को D. 24 जनवरी, 1950 को

97. निम्नलिखित में से किस संविधान संशोधन के अनुसार राष्ट्रपति निर्वाचन के निर्वाचक मण्डल में पांडिचेरी तथा दिल्ली विधान सभा के निर्वाचित सदस्यों को भी रखा गया है?
A. 71वाँ B. 42वाँ
C. 73वाँ D. इनमें से कोई नहीं

98. भारतीय संविधान के किस भाग को उसकी 'आत्मा' की संज्ञा दी जाती है?
A. मौलिक अधिकारों को
B. राज्य के नीति-निर्देशक सिद्धान्तों को
C. संविधान की प्रस्तावना को
D. अनुसूचियों को

99. भारत की संचित निधि से धन का व्यय निम्नलिखित में से किस माध्यम से किया जा सकता है?
A. संसद की अनुमति से
B. नीति आयोग की अनुमति से
C. भारत के नियंत्रक एवं महालेखा परीक्षक की अनुमति से
D. राष्ट्रपति की अनुमति से

100. योजना आयोग की स्थापना हुई थी–
A. 26 नवम्बर, 1950 B. 15 जून, 1950
C. 15 मार्च, 1950 D. 15 जनवरी, 1950

101. भारत में संविधान के किस अनुच्छेद में अस्पृश्यता समाप्त की गई है?
A. अनुच्छेद 42 B. अनुच्छेद 15
C. अनुच्छेद 14 D. अनुच्छेद 17

102. वह रिट, जो भारत में उच्च न्यायालय अथवा सर्वोच्च न्यायालय द्वारा किसी व्यक्ति अथवा व्यक्ति समुदाय को आदेश देती है कि वह अपना कर्त्तव्य पालन करे, है–
A. बन्दी प्रत्यक्षीकरण रिट B. उत्प्रेक्षण रिट
C. परमादेश रिट D. इनमें से कोई नहीं

103. संविधान में जोड़ी गई दसवीं अनुसूची किससे सम्बन्धित है?
A. मिजोरम राज्य के लिए विशेष प्रावधानों से
B. दल-बदल के आधार पर अयोग्यता सम्बन्धी प्रावधानों से
C. सिक्किम के स्तर से सम्बन्धित शर्तों से
D. उपर्युक्त में से किसी से नहीं

104. राज्यसभा के सदस्यों की कुल संख्या .... हो सकती है।
A. 240 B. 260
C. 241 D. 250

105. सर्वोच्च न्यायालय के न्यायाधीशों की नियुक्ति के पूर्व मुख्य न्यायाधीश से विचार-विमर्श करना राष्ट्रपति के लिए–
A. बाध्यकारी है
B. बाध्यकारी नहीं है
C. विवेक का प्रश्न है
D. संविधान इस विषय पर मौन है

106. निम्नलिखित में से कौन-सा पदाधिकारी संसद के किसी भी सदन की कार्यवाही में भाग ले सकता है?
A. भारत का मुख्य न्यायाधीश
B. भारत का महान्यायवादी (एटॉर्नी जनरल)
C. भारत का रक्षा सचिव
D. भारत का गृह सचिव

107. 15वें वित्त आयोग के अध्यक्ष कौन थे?
A. वाई.वी. रेड्डी B. एन.के. सिंह
C. अरविन्द सुब्रमण्यन D. राजीव कुमार

108. भारतीय संविधान की कौन-सी विशेष व्यवस्था इंग्लैंड से ली गई है?
A. संसदीय प्रणाली B. संघीय प्रणाली
C. मूल अधिकार D. सर्वोच्च न्यायपालिका

109. संविधान के किस संशोधन द्वारा सम्पत्ति के अधिकार को मूल अधिकारों की श्रेणी से निकाल दिया गया है?
A. 42वें संशोधन B. 44वें संशोधन
C. 48वें संशोधन D. 24वें संशोधन

110. भारत के राष्ट्रपति की मर्जी तक निम्नलिखित में से कौन अपने पद पर रह सकता है?
A. सर्वोच्च न्यायालय के न्यायाधीश
B. चुनाव आयुक्त
C. राज्यपाल
D. लोकसभा अध्यक्ष

111. निम्न में से किसका उपयोग ऊँचाई नापने के लिए होता है?
A. बैरोमीटर B. प्लानोमीटर
C. अल्टीमीटर D. हाइड्रोमीटर

112. फ्लक्स घनता और चुम्बकीय क्षेत्र की क्षमता का अनुपात किसी माध्यम में होता है उसका–
A. चुम्बक की घनता B. ग्रहणशीलता
C. सम्बन्धित व्याकता D. पारगम्यता

113. ध्वनि तरंगें हैं–
A. अनुदैर्ध्य
B. अनुप्रस्थ
C. आंशिक लम्बवत्, आंशिक अनुदैर्ध्य
D. कभी-कभी अनुदैर्ध्य, कभी-कभी अनुप्रस्थ

114. कैमरे में किस प्रकार का लेन्स उपयोग में लाया जाता है?
A. उत्तल B. अवतल
C. वर्तुलाकार D. समान मोटाई का

115. एक स्वतंत्र रूप से लटका हुआ चुम्बक सदा ठहरता है (स्थिर होता है) वह दिशा है–
A. पूर्व-उत्तर B. उत्तर-पश्चिम
C. उत्तर-दक्षिण D. दक्षिण-पश्चिम

116. प्रकाश संश्लेषण में पौधे कौन-सी गैस का अवचूषण करते हैं?
A. CO_2 B. O_2
C. N_2 D. H_2

117. विद्युत मात्रा की इकाई है–
A. ऐम्पियर B. ओम
C. वोल्ट D. कूलॉम

118. 1 किग्रा. राशि का वजन है–
A. 1 न्यूटन B. 10 न्यूटन
C. 9.8 न्यूटन D. 9 न्यूटन

119. एक्स-रे के आविष्कारक थे–
A. आइन्स्टीन B. डब्ल्यू.एच. ब्रॅग
C. रॉन्जन D. हेनरी बेकरेल

120. नाड़ी गति द्वारा डॉक्टर ज्ञात करता है–
A. रक्तचाप B. साँस गति
C. हृदय की धड़कन D. उपर्युक्त में से कोई नहीं

121. निम्न में से कौन आवेश की इकाई नहीं है?
A. फैराडे B. फ्रेंकलीन
C. कुलम्ब D. एम्पीयर/सेकण्ड

122. मानव शरीर में क्रोमोसोम की संख्या होती है–
A. 46 B. 48
C. 49 D. 50

123. एक प्रकाशवर्ष इससे सर्वाधिक समीप है–
A. 10^8 मीटर B. 10^{12} मीटर
C. 10^{16} मीटर D. 10^{20} मीटर

124. हवाई जहाज के 'ब्लैक बॉक्स' का क्या रंग होता है?
A. काला B. लाल
C. बैंगनी D. नारंगी

125. निम्नांकित में से कौन एक कीट के शरीर से निकला स्राव है?
A. मोती B. मूँगा
C. लाख D. गोंद

126. निम्नांकित में से कौन-सी धातु किसी नगर की वायु को, जहाँ बहुत अधिक संख्या में मोटर कारें आदि हों, प्रदूषित करती है?
A. कैडमियम B. क्रोमियम
C. सीसा D. ताँबा

127. परमाणु के नाभिक में होते हैं–
A. इलेक्ट्रॉन तथा न्यूट्रॉन B. इलेक्ट्रॉन तथा प्रोट्रॉन
C. प्रोट्रॉन तथा न्यूट्रॉन D. प्रोट्रॉन तथा रेडान

128. निम्नांकित में कौन कठोरतम है?
A. सोना B. हीरा
C. लोहा D. टंगस्टन

129. शरीर के किस भाग में पित्त का निर्माण होता है?
A. यकृत B. तिल्ली
C. पित्ताशय की थैली D. पैन्क्रियाज

130. एन्जाइम मूलतः क्या है?
A. वसा B. शर्करा
C. प्रोटीन D. विटामिन

131. मानव शरीर में सबसे छोटी ग्रन्थि कौन है?
A. एड्रीनल B. थाइरॉइड
C. पैन्क्रियाज D. पिट्यूटरी

132. रेफ्रीजरेटर में थर्मोस्टेट का कार्य है–
A. तापमान को कम करना
B. हिमायन ताप को बढ़ाना
C. एक समान तापमान को बनाए रखना
D. गलनांक को घटाना

133. सूर्य की ऊर्जा उत्पन्न होती है–
A. आयनन द्वारा B. नाभिकीय संलयन द्वारा
C. नाभिकीय विखण्डन द्वारा D. ऑक्सीकरण द्वारा

134. द्रव क्रिस्टल प्रयुक्त होते हैं–
A. कलाई घड़ियों में B. प्रदर्शन युक्तियों में
C. पॉकेट कैलकुलेटरों में D. उपर्युक्त सभी में

135. निम्नांकित में से कौन-सा उर्वरक मृदा में सर्वाधिक अम्ल छोड़ता है?
A. यूरिया B. अमोनियम सल्फेट
C. अमोनियम नाइट्रेट D. कैल्सियम अमोनियम नाइट्रेट

136. खाद्य पदार्थों के संरक्षण हेतु निम्नांकित में से कौन-सा प्रयुक्त होता है?
A. सोडियम कार्बोनेट B. एसीटिलीन
C. बेंजोइक अम्ल D. सोडियम क्लोराइड

137. कृष्ण-छिद्र सिद्धान्त को प्रतिपादित किया था–
A. सी.वी. रमन ने B. एच.जे. भाभा ने
C. एस. चन्द्रशेखर ने D. हरगोविन्द खुराना ने

138. साइनोकोबालमिन है–
A. विटामिन सी B. विटामिन बी-2
C. विटामिन बी-6 D. विटामिन बी-12

139. निम्नांकित जोड़ों में किसका सुमेल है?
A. निमोनिया–फेफड़े B. मोतियाबिन्द–थायराइड ग्रन्थि
C. पीलिया–आँख D. मधुमेह–यकृत

140. दूध उदाहरण है–
A. एक शिलिषि का B. एक पायस का
C. एक निलम्बन का D. एक फेन का

141. भारत के राष्ट्र ध्वज में केसरिया, सफेद और हरे रंग की तीन–
A. आड़ी पट्टियाँ हैं
B. खड़ी पट्टियाँ हैं
C. एक दूसरे को काटती हुई पट्टियाँ हैं
D. तिरछी पट्टियाँ हैं

142. हमारे राष्ट्र ध्वज की लम्बाई और चौड़ाई का अनुपात–
A. 2 : 3 है B. 3 : 4 है
C. 4 : 3 है D. 3 : 2 है

143. भारत के राष्ट्र ध्वज के बीच में एक गोल चक्र है; यह चक्र–
A. तीनों रंग की पट्टियों पर है
B. केसरिया रंग की पट्टी पर है
C. सफेद रंग की पट्टी पर है
D. हरे रंग की पट्टी पर है

144. किसी भाषा को किसी राज्य की राजभाषा के रूप में अंगीकार करने का अधिकार किसे है?
A. राष्ट्रपति B. संसद
C. राज्य विधान सभा D. राजभाषा आयोग

145. हमारे राष्ट्र ध्वज में तीन पट्टियाँ हैं; उनमें सबसे नीचे वाली पट्टी किस रंग की है?
A. केसरिया B. सफेद
C. हरे D. इनमें से कोई नहीं

146. हमारे राष्ट्रगान 'जन-गण-मन' में कुल कितने पद हैं?
A. तीन B. पाँच
C. चार D. दो

147. राष्ट्र गीत 'वन्देमातरम्', 'आनन्दमठ' नामक ग्रंथ से लिया गया है, जिसके लेखक हैं–
A. बंकिम चन्द्र चटर्जी B. रवीन्द्र नाथ टैगोर
C. व्योमेश चन्द्र बनर्जी D. सुरेन्द्रनाथ बनर्जी

148. हमारे राज चिह्न में ऊपर तीन सिंह बने हैं और उनके नीचे देवनागरी लिपि में 'सत्यमेव जयते' लिखा है। यह 'सत्यमेव जयते' कहाँ से उद्धृत किया गया है?
A. भगवद्गीता से B. मुण्डक उपनिषद से
C. ऋग्वेद से D. स्कन्द पुराण से

149. भारत का राष्ट्रीय पंचांग–
A. शक् संवत् पर आधारित है
B. हिजरी संवत् पर आधारित है
C. विक्रमी संवत् पर आधारित है
D. विक्रमांक-चालुक्य संवत् पर आधारित है

150. भारत का राष्ट्रीय पशु है–
A. गाय B. हाथी
C. अश्व D. बाघ

151. होमगार्ड का गठन कब हुआ था?
A. 1972 B. 1962
C. 1968 D. 1965

152. स्थल सेना के निम्नलिखित पदों में सबसे छोटा कौन-सा है?
A. लेफ्टीनेंट B. ब्रिगेडियर
C. कर्नल D. कैप्टन

153. प्रादेशिक सेना का गठन कब हुआ था?
A. 1949 B. 1957
C. 1962 D. 1972

154. प्रादेशिक सेना में भर्ती होने के लिए क्या आयु होनी चाहिए?
A. 21 से 30 वर्ष B. 21 से 35 वर्ष
C. 18 से 35 वर्ष D. 20 से 35 वर्ष

155. एन.सी.सी. में कितने डिवीजन हैं?
A. चार B. पांच
C. तीन D. दो

156. एयरफोर्स अकादमी कहां है?
A. बेलगाम B. कोयम्बटूर
C. हैदराबाद D. सिकन्दराबाद

157. असम राइफल्स का मुख्यालय कहाँ है?
A. इंफाल B. आइजोल
C. दिसपुर D. शिलांग

158. हर साल 7 दिसम्बर को भारत में मनाया जाता है–
A. वायु सेना दिवस B. झंडा दिवस
C. नौसेना दिवस D. कोस्ट गार्ड दिवस

159. भारत में नौसेना दिवस किस दिन मनाया जाता है?
A. 8 अक्टूबर B. 15 जनवरी
C. 21 दिसम्बर D. 7 दिसम्बर

160. भारत की सेना के प्रथम भारतीय सेनापति थे–
A. जनरल के.एम. करियप्पा
B. फील्ड मार्शल मानेकशा
C. जनरल राजेन्द्र सिंह
D. उपरोक्त में से कोई भी नहीं

161. वीटो का अधिकार–
A. संयुक्त राष्ट्र के सभी सदस्यों को प्राप्त है
B. सुरक्षा परिषद् के सभी सदस्यों को प्राप्त है
C. सुरक्षा परिषद् के सभी स्थायी सदस्यों को प्राप्त है
D. सुरक्षा परिषद् के सभी अस्थायी सदस्यों को प्राप्त है

162. संयुक्त राष्ट्र का मुख्यालय कहाँ है–
A. वाशिंगटन B. न्यूयार्क
C. बोस्टन D. शिकागो

163. संयुक्त राष्ट्र का ध्वज किस रंग का है?
A. हल्के नीले रंग का
B. हल्के गुलाबी रंग का
C. गहरे केसरिया रंग का
D. आधा हल्के रंग का और आधा केसरिया रंग का

164. संयुक्त राष्ट्र की बैठकों में आमतौर से काम-काज किस भाषा में होता है?
A. अंग्रेजी B. रूसी
C. फ्रेंच D. अंग्रेजी और फ्रेंच

165. अंतर्राष्ट्रीय न्यायालय का मुख्यालय कहाँ है?
A. हेग B. जेनेवा
C. रोम D. बर्न

166. राष्ट्रमंडल के सदस्य वे देश हैं, जो–
A. ब्रिटेन के अधीन हैं
B. ब्रिटेन से आर्थिक सहायता पाते हैं
C. पहले ब्रिटेन के अधीन थे किन्तु अब स्वाधीन हैं
D. ब्रिटेन से अस्त्र-शस्त्र प्राप्त करते हैं

167. सार्क (दक्षिण एशियाई सहयोग संगठन) में कितने देश सदस्य हैं?
A. पांच B. छः
C. आठ D. सात

168. निम्नलिखित देशों में से कौन-सा देश सार्क (SAARC) का सदस्य नहीं है?
A. भारत B. पाकिस्तान
C. बांग्लादेश D. म्यांमार

169. पहला गुट निरपेक्ष सम्मेलन कब शुरू हुआ था?
A. 1955 में B. 1961 में
C. 1983 में D. 1976 में

170. गुट निरपेक्ष आन्दोलन के सदस्य देश–
A. शक्तिशाली देशों के गुटों से दूर रहते हैं
B. परस्पर एक-दूसरे की रक्षा के लिए वचनबद्ध हैं
C. एक दूसरे को सैनिक सहायता देते हैं
D. एक सैनिक संधि के सदस्य हैं

171. जमनालाल बजाज पुरस्कार किस क्षेत्र में सराहनीय योगदान के लिए प्रदान किया जाता है?
A. शांति व निःशस्त्रीकरण B. कृषि
C. रचनात्मक कार्य D. साहित्य

172. भारत वर्ष में प्रथम रेमन मैग्सेसे पुरस्कार विजेता कौन था?
A. सी.डी. देशमुख B. जय प्रकाश नारायण
C. डॉ. वर्गीज कुरियन D. आचार्य विनोबा भावे

173. भारतीय ज्ञानपीठ पुरस्कार किसे प्रदान किया जाता है?
A. उत्कृष्ट हिन्दी कविता के लिए
B. भारतीय साहित्य में उत्कृष्ट योगदान के लिए
C. हिन्दी साहित्य में उत्कृष्ट योगदान के लिए
D. भारतीय दर्शन की उत्कृष्ट समीक्षा के लिए

174. अध्यापकों के लिए राष्ट्रीय पुरस्कारों की घोषणा कब की जाती है?
A. 14 नवम्बर B. 5 सितम्बर
C. 30 जनवरी D. 26 जनवरी

175. निम्नलिखित में से किस विषय पर नोबेल पुरस्कार नहीं दिया जाता है?
A. चिकित्सा B. गणित
C. अर्थशास्त्र D. रसायन शास्त्र

176. बुकर पुरस्कार किस क्षेत्र में प्रदान किया जाता है?
A. कल्पना साहित्य लेखन B. औषधि
C. साहस के कार्य D. विज्ञान

177. हर गोविन्द खुराना को नोबेल पुरस्कार किस क्षेत्र में योगदान के लिए मिला था?
A. चिकित्सा शास्त्र B. भौतिक शास्त्र
C. अर्थशास्त्र D. शांति

178. सर्वोच्च शौर्य पुरस्कार 'परमवीर चक्र' के प्रथम विजेता कौन थे?
A. मेजर ध्यान सिंह B. के. गुरुवचन सिंह
C. मेजर शैतान सिंह D. मेजर सोमनाथ शर्मा

179. धन्वन्तरि पुरस्कार किस क्षेत्र में विशिष्ट योगदान के लिए दिया जाता है?
A. संगीत B. नृत्य
C. दर्शन D. चिकित्सा

180. कलिंग पुरस्कार किस क्षेत्र में दिया जाता है?
A. साहित्य के क्षेत्र में
B. विज्ञान के क्षेत्र में
C. सामाजिक कल्याण के लिए किए गए कार्य के लिए
D. अन्तर्राष्ट्रीय शान्ति एवं सद्भावना के लिए

181. नोबेल पुरस्कार का आरम्भ कब से हुआ?
A. सन् 1901 से B. सन् 1905 से
C. सन् 1896 से D. सन् 1934 से

182. अर्थशास्त्र के लिए नोबेल पुरस्कार कब से आरम्भ हुआ?
A. सन् 1969 ई. से B. सन् 1939 ई. से
C. सन् 1901 ई. से D. सन् 1935 ई. से

183. निम्नलिखित किस अफ्रीकी नेता को भारत-रत्न से सम्मानित किया गया है?
A. होस्नी मुबारक B. जोमो केन्योटा
C. अनवर सादात D. नेल्सन मंडेला

184. विज्ञान को सर्वसुलभ व सर्वोपयोगी बनाने में सर्वाधिक योगदान देने वाले व्यक्ति को भारतीय नाम वाले किस अन्तर्राष्ट्रीय पुरस्कार से सम्मानित किया जाता है?
A. कालिंजर पुरस्कार
B. कलिंग पुरस्कार
C. मानवता पुरस्कार
D. ऐसा कोई पुरस्कार नहीं है

185. नेहरू पुरस्कार कौन-सी संस्था प्रदान करती है?
A. इंडियन कौंसिल ऑफ कल्चरल रिलेशन्स
B. इंडो-सोवियत कल्चरल सोसाइटी
C. भारतीय राष्ट्रीय कांग्रेस
D. भारतीय ज्ञानपीठ

186. वीरता का सर्वोच्च सम्मानसूचक पदक जो शत्रु के सामने असीम शौर्य और अदम्य साहस दिखाने या आत्म-बलिदान करने पर भेंट किया जाता है, उसका क्या नाम है?
A. चक्रव्यूह B. अशोक चक्र
C. महावीर चक्र D. परमवीर चक्र

187. प्रथम मरणोपरान्त 'भारत-रत्न' अलंकरण किसे प्रदान किया गया था?
A. के. कामराज नाडार B. आचार्य विनोबा भावे
C. लाल बहादुर शास्त्री D. एम.जी. रामचन्द्रन

188. निम्नलिखित में से कौन-सा पुरस्कार केवल एशियावासियों को दिया जाता है?
A. नेहरू सद्भावना पुरस्कार
B. पुलित्जर पुरस्कार
C. इन्दिरा गांधी शान्ति पुरस्कार
D. मैग्सेसे पुरस्कार

189. अर्जुन पुरस्कार कब से प्रारम्भ हुए?
A. 1961 ई. से B. 1962 ई. से
C. 1963 ई. से D. 1964 ई. से

190. ऑस्कर अवॉर्ड जीतने वाले पहले भारतीय थे–
A. नरगिस दत्त B. शशि कपूर
C. सत्यजीत रे D. भानु अथैया

191. 'अपर कट' शब्द किस खेल में प्रयोग किया जाता है?
A. टेनिस B. वॉलीबॉल
C. क्रिकेट D. बॉक्सिंग

192. निम्नलिखित में से कौन-सा कप/ट्रॉफी फुटबॉल से सम्बन्धित नहीं है?
A. मर्डेका कप B. डूरण्ड कप
C. सन्तोष ट्रॉफी D. दिलीप ट्रॉफी

193. 'फिनिस' शब्द का प्रयोग किस खेल में होता है?
A. शतरंज B. ब्रिज
C. बिलियड्‌र्स D. रग्बी

194. एक दिवसीय क्रिकेट तथा टेस्ट मैचों में सर्वाधिक रन बनाने का रिकॉर्ड किसके नाम है?
A. सौरभ गांगुली B. सचिन तेन्दुलकर
C. डॉन ब्रैडमैन D. ब्रायन लारा

195. निम्नलिखित में से कौन-सी अन्तर्राष्ट्रीय टेनिस खेल प्रतियोगिता घास के मैदान पर खेली जाती है?
A. यू.एस. ओपन B. फ्रेंच ओपन
C. विम्बलडन D. ऑस्ट्रेलियाई ओपन

196. 'विम्बलडन ट्रॉफी' का सम्बन्ध किस खेल से है?
A. पोलो (इंग्लैंड) से B. समुद्री दौड़ से
C. घुड़दौड़ से D. टेनिस से

197. निम्नलिखित में से किस पदक का सम्बन्ध हॉकी से नहीं है?
A. आगा खां कप B. वर्दवान ट्रॉफी
C. ध्यानचन्द ट्रॉफी D. बम्बई गोल्ड कप

198. 'रिवर्स स्विंग' एवं 'बीमर' नामक शब्दावलियां किस खेल से संबंधित हैं?
A. नौकायन B. क्रिकेट
C. फुटबॉल D. हॉकी

199. निम्नलिखित में से किस ट्रॉफी का सम्बन्ध हॉकी से है?
A. सिन्धिया गोल्ड कप B. संतोष ट्रॉफी
C. रोहिंगटन बेरिया ट्रॉफी D. सुब्रतो मुखर्जी ट्रॉफी

200. 'ज्यूल्स रिमेट ट्रॉफी का सम्बन्ध किस खेल से है?
A. फुटबॉल (विश्व) से B. गोल्फ से
C. हॉकी (भारत) से D. लॉन टेनिस (विश्व) से

201. 'मर्डेका' का सम्बन्ध किस खेल से है?
A. फुटबॉल (विश्व) से B. फुटबॉल (भारत) से
C. फुटबॉल (एशिया) से D. क्रिकेट (आस्ट्रेलिया-इंग्लैंड) से

202. प्रथम ओलम्पिक खेल ओलम्पिया (ग्रीस) में कब खेले गए थे?
A. 233 ई.पू. में B. 1500 ई.पू. में
C. 500 ई.पू. में D. 776 ई.पू. में

203. 394 ई. में रोम के बाद एक सम्राट ने ओलम्पिक खेलों को बंद कर दिया था। इसको पुनः किसने शुरू किया?
A. मि. स्पोर्ट्समैन ने B. बैरन पीयरे डी कोबर्टिन ने
C. जनरल फ्रेंको ने D. अब्राहम लिंकन ने

204. सर्वप्रथम आधुनिक ओलिम्पिक ध्वज कब फहराया गया?
A. 1896 में B. 1908 में
C. 1920 में D. 1924 में

205. 'ग्रैंड स्लेम' निम्नलिखित में से किस खेल से सम्बन्धित है?
A. फुटबॉल B. टेनिस
C. हॉकी D. पोलो

206. प्रथम आधुनिक ओलम्पिक खेल कब और कहां खेले गए?
A. रोम, 1894 ई. में B. मैड्रिड, 1840 ई. में
C. लिस्बन, 1800 ई. में D. एथेन्स, 1896 ई. में

207. आस्ट्रेलिया का राष्ट्रीय खेल क्या है?
A. हाराकीरी B. क्रिकेट
C. निप्पोन D. टोजो

208. भारत में खेल सम्बन्धी दो राष्ट्रीय इंस्टीट्यूट हैं। एक नेताजी सुभाष बोस के नाम से पटियाला में है, दूसरा किसके नाम से ग्वालियर में है?
A. राणा प्रताप B. पृथ्वीराज चौहान
C. शिवाजी D. रानी लक्ष्मीबाई

209. सबसे बड़े मैदान में खेला जाने वाला खेल कौन-सा है?
A. हॉकी B. क्रिकेट
C. पोलो D. कबड्डी

210. लॉन टेनिस जाल की ऊँचाई कितनी होती है?
A. 2 फुट 6 इंच B. 3 फुट 6 इंच
C. 4 फुट D. 2 फुट 2 इंच

211. 'ए सूटेबल ब्वाय' पुस्तक का लेखक कौन है?
A. खुशवंत सिंह B. अरुण शोरी
C. विक्रम सेठ D. उपरोक्त में से कोई नहीं

212. 'कैन्टरबरी टेल्स' पुस्तक का लेखक कौन है?
A. ज्योफरी चासर B. लियो टॉलस्टाय
C. गुन्नार मिर्डल D. विलियम शेक्सपियर

213. निम्नलिखित में से कौन-सी पुस्तक प्रेमचन्द द्वारा रचित नहीं है?
A. गोदान B. गबन
C. प्रेम पचीसी D. आनंदमठ

214. बांग्लादेश की लेखिका तस्लीमा नसरीन को किस पुस्तक से ख्याति मिली?
A. शर्म B. लज्जा
C. नारी स्वातंत्र्य D. अबला

215. 'पावर्टी एण्ड अन-ब्रिटिश रूल इन इण्डिया' का लेखक कौन है?
A. लाला लाजपत राय
B. लाला हरदयाल
C. विनायक दामोदर सावरकर
D. दादाभाई नौरोजी

216. 'मुद्राराक्षस' ग्रंथ का लेखक कौन है?
A. विशाखदत्त B. कालिदास
C. भारवि D. माघ

217. 'माई प्रेसिडेंशल ईयर्स' पुस्तक का लेखक कौन है?
A. ज्ञानी जैल सिंह B. वी.वी. गिरि
C. आर. बेंकटरमन D. डॉ. शंकर दयाल शर्मा

218. 'जय सोमनाथ' किसकी कृति है?
A. के.एम. मुंशी B. वृन्दावन लाल वर्मा
C. अमृत लाल नागर D. मदन मोहन मालवीय

219. वर्शिपिंग फाल्स गॉड्स पुस्तक के लेखक हैं–
A. विक्रम सेठ B. अरुण शौरी
C. सलमान रुश्दी D. खुशवन्त सिंह

220. निम्नलिखित पुस्तकों में से कौन-सी पुस्तक सलमान रुश्दी की है?
A. दि वर्ल्ड ऑफ फतवाज B. दि मूर्स लास्ट साई
C. दि अदर हॉफ D. फूल्स पैराडाइज

221. मार्ग्रेट थैचर द्वारा रचित पुस्तक है–
A. लांग वॉक टु फ्रीडम B. दि पाथ टु पावर
C. इमेज एंड इमेजिनेशन D. 10 डाउनिंग स्ट्रीट

222. 'फ्रीडम एट मिडनाइट' के लेखक कौन हैं?
A. जवाहरलाल नेहरू तथा डॉ. राजेन्द्र प्रसाद
B. एम.ओ. मथाई तथा फ्रैंक मोरेस
C. मैक्सिम गोर्की तथा दोस्तोवस्की
D. लैरी कॉलिन्स और डोमिनिक लापियर

223. 'अंकल टॉम्स केबिन' के लेखक का क्या नाम है?
A. एच.बी. स्टोव B. एडम स्मिथ
C. टॉल्स्टॉय D. थामस मूर

224. 'वार एण्ड पीस' और 'अन्ना कैरेनिना' दोनों एक ही अन्तर्राष्ट्रीय ख्याति प्राप्त लेखक की कृतियाँ हैं; उस लेखक का क्या नाम है?
A. ओलीवर गोल्डस्मिथ B. श्वेतलाना
C. लुई ब्रोमफील्ड D. लियो टाल्स्टॉय

225. बोरिस पास्तरनाक ने एक बहुत ही विवादास्पद पुस्तक लिखी थी। उस पुस्तक का क्या नाम है?
A. डॉन क्विक्जोट B. फॉस्ट
C. डॉक्टर्स डिलेमा D. डॉ. जिवागो

226. 'दास कैपिटल' के लेखक कौन हैं?
A. शेक्सपियर B. कौटिल्य
C. कर्नल जॉन हण्ट D. कार्ल मार्क्स

227. 'मदर' के लेखक का क्या नाम है?
A. मैक्सिम गोर्की B. पर्ल एस. बक
C. कैथराइन मेयो D. टी.एस. इलियट

228. 'कलम का सिपाही' में किसकी जीवनी प्रस्तुत की गई है?
A. शरतचन्द्र B. प्रेमचन्द
C. राहुल सांकृत्यायन D. जोश मलीहाबादी

229. 'झण्डा ऊँचा रहे हमारा' गीत किस कवि की रचना है?
A. श्यामलाल गुप्त 'पार्षद' B. मैथिलीशरण गुप्त
C. सोहनलाल द्विवेदी D. रामधारी सिंह 'दिनकर'

230. 'आइने अकबरी' का लेखक कौन था?
A. इब्न बतूता B. अकबर
C. अबुल फजल D. अकबर मुरादाबादी

231. कम्प्यूटर–
A. एक उपकरण है जो गणितीय और तार्किक संक्रियायें सम्पन्न करता है
B. एक उपकरण है, जो केवल गणितीय संक्रियायें सम्पन्न करता है
C. एक स्मृति उपकरण है
D. एक गणना उपकरण है

232. 'PC' का अर्थ है–
A. प्राइवेट कम्प्यूटर B. पर्सनल कल्कुलेटर
C. पर्सनल कम्प्यूटर D. प्रोफेसनल कम्प्यूटर

233. 'बाइनरी अंक प्रणाली' में अधिकतम अंक (digit) कितने होते हैं?
A. 1 B. 10
C. 2 D. 4

234. निम्नलिखित में से कौन-सा 'इनपुट' उपकरण है?
A. मॉनीटर B. प्रिंटर
C. प्लॉटर D. माउस

235. CPU का पूरा नाम है–
A. सेन्ट्रल प्रोग्रामिंग यूनिट
B. सेन्ट्रल प्रोसेसिंग यूनिट
C. सेन्ट्रल प्रोग्रामिंग अण्डरस्टैंडिंग
D. सेन्ट्रल प्रोसेसिंग अण्डरस्टैंडिंग

236. गणना हेतु प्रयोग में लाया गया पहला उपकरण था
A. ENIAC B. ABACUS
C. एनालिटिकल इंजन D. EDSAC

237. ABACUS का प्रयोग कब शुरू हुआ था?
A. 250 ई. B. 450 ई.पू.
C. 1200 ई.पू. D. 1200 ई.

238. किस अंग्रेज को 'कम्प्यूटर का जनक' कहा जाता है?
A. ब्लेज पास्कल B. लेबनित्ज
C. चार्ल्स बैबेज D. जे.पी. एकर्ट

239. निम्नलिखित में से कौन-सी कम्प्यूटर की सेकेण्डरी मेमोरी है?
A. RAM B. ROM
C. रजिस्टर्स D. फ्लॉपी

240. निम्नलिखित में से कौन पैकेज नहीं है?
A. BASIC B. dBASE
C. वर्ड परफेक्ट D. पेज मेकर

241. कौन-सा बेमेल है?
A. वर्ड स्टार B. वर्ड परफेक्ट
C. DOS Editor D. विण्डो

242. डाटा के समुच्चय (Set) को क्या कहते हैं?
A. फील्ड B. रेकार्ड
C. फाइल D. इनमें से कोई नहीं

243. Keyboard है?
A. इनपुट यूनिट है
B. आउटपुट यूनिट है
C. इनपुट यूनिट और आउटपुट यूनिट दोनों हैं
D. उपरोक्त में से कोई भी नहीं हैं

244. प्रिंटर–
A. आउटपुट यूनिट है B. इनपुट यूनिट है
C. उपरोक्त दोनों हैं D. उपरोक्त में से कोई भी नहीं है

245. फ्लॉपी–
A. इनपुट यूनिट है
B. आउटपुट यूनिट है
C. इनपुट यूनिट और आउटपुट यूनिट दोनों हैं
D. उपरोक्त में से कोई भी नहीं है

246. कम्प्यूटर की विशेषताएं हैं–
1. तेज रफ्तार 2. स्वचालन
3. कार्यशीलता 4. परिवर्तनशीलता
निम्नलिखित में से कौन-सी विशेषता सही है?
A. 1 और 2 सही हैं B. 1, 2 और 4 सही हैं
C. 1, 2 और 3 सही हैं D. उपरोक्त सभी सही हैं

247. 1 बाइट बराबर है–
A. 8 बिट B. 16 बिट
C. 36 बिट D. 64 बिट

248. असंसाधित तथ्य को क्या कहा जाता है?
A. डाटम B. डाटा
C. फाइल D. फील्ड

249. कम्प्यूटर–
A. सूचना ग्रहण करता है
B. सूचना को निर्दिष्ट प्रयोजन के लिए अनुकूल बनाता है
C. परिणाम प्रदर्शित करता है
D. उपरोक्त सभी बातें सही हैं

250. डाटा क्या है–
A. संसाधित तथ्य B. असंसाधित तथ्य
C. अंक और अक्षर D. उपरोक्त में से कोई भी नहीं

251. मध्य प्रदेश के भोपाल जिले के किस गांव को पूर्णत: सौर ऊर्जा पर आधारित बनाया गया है?
A. शाजपुर B. पिपरिया गांव
C. कस्तूरबा ग्राम D. पीथमपुर

252. निम्न में से कौन सी नदी पचमढ़ी के महादेव पर्वत से निकल कर नर्मदा नदी में मिलती है?
A. हसदो नदी B. बैनगंगा नदी
C. तवा नदी D. बनास नदी

253. बताइए निम्न में से कौन–सा युग्म असत्य है?
A. कृषि कॉम्पलैक्स – छिंदवाड़ा
B. हाई टेक कॉम्पलेक्स – ग्वालियर
C. चर्म कॉम्पलैक्स – देवास
D. इलेक्ट्रॉनिक्स कॉम्पलैक्स – इन्दौर

254. मध्य प्रदेश के किस विश्वविद्यालय का नाम बदल कर सुप्रसिद्ध क्रांतिकारी मौलाना बरकतुल्ला के नाम पर रखा गया है?
A. भोपाल विश्वविद्यालय
B. जीवाजी विश्वविद्यालय
C. देवी अहिल्या विश्वविद्यालय
D. विक्रम विश्वविद्यालय

255. निम्नलिखित में से किस क्षेत्र की खान से हीरा निकाला जाता है?
A. झिलमिली B. बिलोधी
C. मझगवाँ D. सिंगरौली

256. समारोह और उनके आयोजन स्थल का कौन–सा जोड़ा असत्य है?
A. ध्रुपद संगीत समारोह – भोपाल
B. अलाउद्दीन खां संगीत समारोह – देवास
C. कालिदास समारोह – उज्जैन
D. तानसेन समारोह – ग्वालियर

257. मध्य प्रदेश के सर्वाधिक क्षेत्र में कौन–सी मिट्टी पाई जाती है?
A. काली मिट्टी B. लाल-पीली मिट्टी
C. कछारी मिट्टी D. जलोढ़ मिट्टी

258. अमरकंटक को .... के नाम से भी जाना जाता है।
A. सतपुरा B. तीर्थराज
C. अवन्ती D. पुष्कर

259. फासिल राष्ट्रीय उद्यान मध्य प्रदेश के किस जिले में है?
A. मण्डला B. धार
C. सीधी D. सिवनी

260. 2011 की जनगणना के अनुसार मध्य प्रदेश में साक्षरता का प्रतिशत कितना है?
A. 75.32 B. 69.3
C. 78.24 D. 80.11

261. मध्य प्रदेश की उत्तरी सीमा चंबल नदी द्वारा बनती है। इस प्रदेश की दक्षिणी सीमा किस नदी से बनती है?
A. नर्मदा B. गोदावरी
C. ताप्ती D. महानदी

262. मध्य प्रदेश सरकार द्वारा राज्य के आदिवासी क्षेत्र में चलायी जा रही 'कल्पवृक्ष' नामक योजना का प्रमुख उद्देश्य क्या है?
A. अनुसूचित जाति के पुरुषों के लिए रोजगार योजना
B. अनुसूचित जाति की महिलाओं के लिए रोजगार योजना
C. अनुसूचित जनजाति के पुरुषों के लिए रोजगार योजना
D. अनुसूचित जनजाति की महिलाओं के लिए रोजगार योजना

263. मध्य प्रदेश की रेलवे लाइनें निम्न में से किसके अंतर्गत नहीं पड़ती हैं?
A. मध्य रेलवे B. पश्चिमी रेलवे
C. पूर्वी रेलवे D. दक्षिणी–पूर्वी रेलवे

264. कठोरता की दृष्टि से हीरे के बाद कोरण्डम का स्थान है। यह खनिज मध्य प्रदेश के किस जिले में सर्वाधिक मात्रा में पाया जाता है?
A. सीधी B. पन्ना
C. शहडोल D. दमोह

265. 'विन्ध्य का पठार' मध्य प्रदेश के किस प्राकृतिक प्रभाग को कहा जाता है?
A. बघेलखण्ड का पठार B. रीवा का पठार
C. बुन्देलखण्ड का पठार D. मध्य भारत का पठार

266. 'मध्य प्रदेश की जीवन-रेखा' नाम से निम्न में से कौन-सी नदी विख्यात है?
A. गोदावरी B. महानदी
C. ताप्ती D. नर्मदा

267. 'पुष्प की अभिलाषा' नामक रचना मध्य प्रदेश के किस प्रसिद्ध कवि की है?
A. गजानन माधव मुक्तिबोध
B. हरिशंकर परसाई
C. नाथूराम प्रेमी
D. माखन लाल चतुर्वेदी

268. मध्य प्रदेश द्वारा प्रदत्त कालिदास सम्मान निम्न में से किन क्षेत्रों में दिया जाता है?
(*a*) शास्त्रीय संगीत (*b*) शास्त्रीय नृत्य
(*c*) रंगकर्म (*d*) रूपंकर कला
A. (*a*) (*b*) (*c*) (*d*) B. (*b*) (*c*) (*d*)
C. (*a*) (*b*) (*c*) D. (*a*) (*b*)

269. भरोतिया और नाहर किस जनजाति की उपजातियाँ हैं?
A. बैगा B. कोरकू
C. भील D. गोंड

270. निम्न में से कौन-सा जोड़ा बेमेल है?
A. उदयगिरि की गुफाएं – विदिशा
B. जहाज महल – मांडव
C. भर्तृहरि की गुफाएं – उज्जैन
D. ज्योतिर्लिंग – अमरकंटक

271. मध्य प्रदेश उच्च न्यायालय जबलपुर में स्थित है। इसके दो खंडपीठ हैं। एक खंडपीठ इन्दौर में है, दूसरा कहां स्थित है?
A. जबलपुर B. भोपाल
C. सागर D. ग्वालियर

272. प्राकृतिक गैस पर आधारित देश का प्रथम उर्वरक संयंत्र मध्य प्रदेश के विजयपुर नामक स्थान में स्थित है। यह किस जिले में स्थित है?
A. गुना B. शाजापुर
C. राजगढ़ D. सीहोर

273. मध्य प्रदेश का राज्यवृक्ष 'बरगद' है और राज्य पक्षी 'दूधराज' है। प्रदेश का राज्य पशु कौन-सा है?
A. चीता B. बारहसिंगा
C. सांभर D. तेंदुआ

274. अमरकंटक की पहाड़ी से निम्न में से कौन-सी दो नदियां निकलती हैं?
(*a*) सोन (*b*) क्षिप्रा
(*c*) महानदी (*d*) नर्मदा
A. (*a*) (*b*) B. (*a*) (*d*)
C. (*c*) (*d*) D. (*b*) (*d*)

275. मध्य प्रदेश के किस दुर्ग (किले) को 'भारत का जिब्राल्टर' की संज्ञा प्रदान की गयी है?
A. ग्वालियर B. चन्देरी
C. मन्दसौर D. मांडु

276. 8 वीं से 12वीं शताब्दी के मध्य चंदेलों द्वारा खजुराहो में निर्मित 85 मन्दिरों में से अब कितने मन्दिर बचे हुए हैं?
A. 29 B. 13
C. 16 D. 22

277. मध्य प्रदेश में पंचायती राज व्यवस्था का कौन-सा ढांचा अपनाया गया है?
A. एक-स्तरीय B. दो-स्तरीय
C. तीन-स्तरीय D. चार-स्तरीय

278. देश में सफेद शेर मध्य प्रदेश के किस राष्ट्रीय उद्यान में पाए जाते हैं?
A. बांधवगढ़ राष्ट्रीय उद्यान B. कांकेर राष्ट्रीय उद्यान
C. माधव राष्ट्रीय उद्यान D. पेंच राष्ट्रीय उद्यान

279. निम्न में से कौन सा जोड़ा सुमेलित नहीं है?
A. उज्जैन - क्षिप्रा B. विदिशा - बेतवा
C. पंचमढ़ी - तवा D. देवास - इन्द्रावती

280. निम्न में से कौन बेमेल है?
A. बाण सागर बांध – सोन नदी
B. बारना बांध – नर्मदा नदी
C. गांधी सगार बांध – चम्बल नदी
D. राजघाट बांध – बेतवा नदी

281. मध्य प्रदेश में विश्वविख्यात चन्देरी की साड़ियां निम्नलिखित में से कहां बनाई जाती हैं?
A. जबलपुर B. शहडोल
C. टीकमगढ़ D. देवास

282. मध्य प्रदेश के किस नगर का प्राचीन नाम अवन्ति है?
A. इन्दौर B. उज्जैन
C. विदिशा D. दतिया

283. मध्य प्रदेश के प्रसिद्ध जलप्रपातों में निम्नलिखित में से कौन-सा नहीं है?
A. चंचाई B. धुंआधार
C. टौंस जलप्रपात D. बोग्रा

284. मध्य प्रदेश के जलप्रपात व उनसे सम्बन्धित नदियों के जोड़े नीचे दिए गए हैं। इनमें से गलत जोड़ा बताइए।
A. धुंआधार – नर्मदा नदी
B. चंचाई – बीहड़ नदी
C. भालकुण्ड – बेतवा नदी
D. कपिलधारा – ताप्ती नदी

285. मध्य प्रदेश में चांदनी तापीय विद्युत केन्द्र निम्नलिखित में से किस स्थान पर स्थापित हुआ है?
A. अमरकंटक B. भोपाल
C. नेपानगर D. सीधी

286. कान्हा टाइगर रिजर्व के आधिकारिक शुभंकर का क्या नाम है?
A. भूरसिंह B. शेर खान
C. बरसिंह D. बघीरा

287. नर्मदा नदी का उद्गम स्थल है?
A. अमरकंटक B. इन्दौर
C. जबलपुर D. भोपाल

288. मध्य प्रदेश में जनसंख्या की दृष्टि से सबसे बड़ा नगर निम्नलिखित में से कौन-सा है?
A. ग्वालियर B. भोपाल
C. इन्दौर D. उज्जैन

289. मध्य प्रदेश के किस प्रसिद्ध व्यक्तित्व को 'बुलेट' कहा जाता है?
A. विजयाराजे सिंधिया B. आचार्य केशवदास
C. अनिल काकोडकर D. शंकर लक्ष्मण

290. सिक्यूरिटी पेपर मिल कहां है?
A. देवास B. नेपानगर
C. होशंगाबाद D. अमलाई

291. राष्ट्रीय पत्रकारिता विश्वविद्यालय संस्थान, भोपाल की स्थापना कब की गई?

A. 16 जनवरी, 1991 को B. 16 जनवरी, 1990 को
C. 17 मार्च, 1991 को D. 17 मार्च, 1990 को

292. भागोरिया नृत्य किस जिले के आदिवासियों का है ?
A. झाबुआ B. खण्डवा
C. मण्डला D. बालाघाट

293. मध्य प्रदेश के किस पुलिस महाविद्यालय में अपराध अनुसंधान का प्रशिक्षण दिया जाता है ?
A. इन्दौर B. रीवा
C. जबलपुर D. सागर

294. मध्य प्रदेश के निम्नलिखित में से किस जिले में ब्रजभाषा नहीं बोली जाती है ?
A. मुरैना B. ग्वालियर
C. दतिया D. भिण्ड

295. मध्य प्रदेश के निम्नलिखित में से किस साहित्यकार को लोकसभा में सर्वाधिक समय का अवसर मिला था ?
A. द्वारिका प्रसाद मिश्र B. बाल कवि बैरागी
C. सेठ गोविन्ददास D. माखन लाल चतुर्वेदी

296. मध्य प्रदेश सरकार द्वारा दिए जाने वाले पुरस्कारों/सम्मानों में कौन-सा सम्मिलित नहीं किया जा सकता है ?
A. कालिदास सम्मान B. तानसेन सम्मान
C. आर्यभट्ट सम्मान D. तुलसी सम्मान

297. मध्य प्रदेश की बहुप्रतीक्षित 'नर्मदा सागर' परियोजना कब प्रारम्भ हुई ?
A. 18 नवम्बर, 1987 B. 19 नवम्बर, 1987
C. 17 नवम्बर, 1987 D. 20 नवम्बर, 1987

298. 'भोपाल ट्रेजेडी' नामक पुस्तक के रचयिता हैं :
A. डेविड वियर B. एम. अरुण सुब्रह्मण्यम
C. एन.के. चोपड़ा D. खुशवंत सिंह

299. 'करमा नृत्य' किस जाति से सम्बन्धित है ?
A. भील B. गोंड
C. मारिया D. कोल

300. निम्नलिखित में से मध्य प्रदेश के किस मुख्यमंत्री का कार्यकाल सबसे कम रहा है ?
A. पं. रविशंकर शुक्ल B. वीरेन्द कुमार सकलेचा
C. गोविन्द नारायण सिंह D. राजा नरेशचन्द्र

301. मध्य प्रदेश का 'राज्य वृक्ष' क्या है ?
A. बरगद B. पीपल
C. शीशम D. बबूल

302. मध्य प्रदेश का खेल-कूद साप्ताहिक समाचार पत्र 'खेल हलचल' कहां से प्रकाशित होता है ?
A. भोपाल B. ग्वालियर
C. इन्दौर D. जबलपुर

303. मध्य प्रदेश का 52वाँ जिला कौन है?
A. जबेरा B. निवाड़ी
C. पटेरा D. अमनगंज

304. 'राष्ट्रीय रामलीला मेला' मध्य प्रदेश के किस नगर में आयोजित किया जाता है ?
A. भोपाल B. बालाघाट
C. राजगढ़ D. शिवपुरी

305. नर्मदा घाटी विकास निगम किस वर्ष गठित किया गया ?
A. 1980 में B. 1981 में
C. 1982 में D. 1983 में

306. ग्वालियर स्थित एशिया के प्रथम शारीरिक प्रशिक्षण महाविद्यालय का क्या नाम है ?
A. सिन्धिया कॉलेज ऑफ फिजिकल एजुकेशन
B. लक्ष्मीबाई कॉलेज ऑफ फिजिकल एजुकेशन
C. जवाहरलाल नेहरू कॉलेज ऑफ फिजिकल एजूकेशन
D. महात्मा गांधी कॉलेज ऑफ फिजिकल एजूकेशन

307. मध्य प्रदेश का एकमात्र यूनानी चिकित्सा महाविद्यालय कहां स्थित है ?
A. ग्वालियर B. कांकेर
C. बुरहानपुर D. होशंगाबाद

308. कर्क रेखा मध्य प्रदेश के किस भाग से गुजरती है?
A. पूर्वी भाग B. पश्चिमी भाग
C. दक्षिणी भाग D. मध्य भाग

309. डॉ. हरि सिंह गौर राज्य पुरस्कार मध्य प्रदेश सरकार द्वारा किस क्षेत्र में दिया जाता है?
A. सामाजिक विज्ञान B. इन्जीनियरिंग विज्ञान
C. आधारभूत विज्ञान D. चिकित्सा विज्ञान

310. मध्य प्रदेश सरकार लोक कलाओं के लिए निम्नलिखित में से कौन-सी फैलोशिप प्रदान करती है ?
A. अमृता शेरगिल फैलोशिप
B. चक्रधर फैलोशिप
C. श्रीकांत वर्मा फैलोशिप
D. अलाउद्दीन खां फैलोशिप

311. मध्य प्रदेश में सबसे बड़ी अनुसूचित जनजाति कौन-सी है ?
A. भील B. गोंड
C. कोल D. सहरिया

312. मध्य प्रदेश में किस जिले की जनसंख्या में अनुसूचित जनजातियों का सर्वाधिक प्रतिशत है ?
A. छिंदवाड़ा B. मण्डला
C. अलीराजपुर D. भिण्ड

313. जय विलास महल कहाँ स्थित है?
A. भोपाल B. इन्दौर
C. जबलपुर D. ग्वालियर

314. वास्तुकला की प्रमुख पुस्तक 'समरागण सूत्र' के लेखक कौन हैं?
A. श्री हर्ष B. हेमचन्द्र
C. क्षेमेन्द्र D. राजा भोज

315. मध्य प्रदेश के किस क्षेत्र का लोक नाट्य 'काठी' है?

A. बघेलखंड B. निमाड़
C. मालवा D. बुन्देलखंड

316. 'नौरता' मध्य प्रदेश के किस क्षेत्र में अविवाहित लड़कियों द्वारा किया जाने वाला नृत्य है?

A. बघेलखंड B. चित्रकूट
C. मालवा D. बुंदेलखंड

317. निम्न में से कौन मध्य प्रदेश का मुख्यमंत्री नहीं रहा है?

A. बाबूलाल गौर B. उमा भारती
C. कमलनाथ D. सुमित्रा महाजन

318. मध्य प्रदेश में भारत की जनसंख्या का कितने प्रतिशत निवास करते हैं?

A. 6.00 B. 6.88
C. 6.35 D. 4.82

319. मध्य प्रदेश में 2011 की जनगणना के अनुसार जनसंख्या घनत्व क्या है?

A. 100 B. 236
C. 149 D. 174

320. 2011 की जनगणना के अनुसार मध्य प्रदेश का देश में जनसंख्या के दृष्टिकोण से कौन-सा स्थान है?

A. प्रथम B. द्वितीय
C. पांचवां D. आठवां

321. सतपुड़ा राष्ट्रीय उद्यान किसलिए प्रसिद्ध है?

A. कृष्णमृगों हेतु B. पक्षियों हेतु
C. शेरों हेतु D. सांप व रेंगने वाले प्राणियों हेतु

322. मकबूल फिदा हुसैन का संबंध निम्नलिखित में से किससे था?

A. संगीत B. रंगमंच
C. चित्रकला D. बाँसुरी वादन

323. भारत के प्रथम 'पर्यटन नगर' का निर्माण प्रदेश में कहां किया गया है?

A. भोपाल B. ग्वालियर
C. शिवपुरी D. खण्डवा

324. महात्मा गाँधी चित्रकूट ग्रामोदय विश्वविद्यालय किस वर्ष स्थापित किया गया?

A. 1985 B. 1991
C. 1983 D. 1989

325. इन्दौर में स्थापित किए गए भाभा परमाणु केन्द्र के प्रथम औद्योगिक केन्द्र का क्या नाम है?

A. टाइगर B. कैट
C. लाइफ D. प्रोग्रेस

326. रानी लक्ष्मीबाई की समाधि किस नगर में है?

A. ग्वालियर B. झांसी
C. इन्दौर D. शिवपुरी

327. मध्य प्रदेश के वनों में सबसे अधिक पेड़ किसके पाए जाते हैं?

A. सागौन B. शीशम
C. साल D. आम

328. कान्हा-किसली किस वर्ष राष्ट्रीय उद्यान बना था?

A. 1953 B. 1954
C. 1955 D. 1956

329. मध्य प्रदेश में सिंचाई का सबसे प्रमुख साधन क्या है?

A. नलकूप B. नहरें
C. रहट D. कुएं

330. मध्य प्रदेश में विधानसभा सीटों की कुल संख्या कितनी है?

A. 220 B. 400
C. 300 D. 230

331. मध्य प्रदेश में वह कौन सा स्थान है जहां जनश्रुतियों के अनुसार ब्रह्मा, विष्णु और महेश ने बाल अवतार लिया था?

A. अमरकंटक B. महेश्वर
C. चित्रकूट D. ओंकारेश्वर

332. मध्य प्रदेश में बाघ की गुफाएं किस स्थान के समीप हैं?

A. धार B. रायसेन
C. राजगढ़ D. विदिशा

333. मध्य प्रदेश में पर्यटकों का प्रमुख आकर्षण का केन्द्र खजुराहो के मन्दिर निम्नलिखित में से किस जिले में हैं?

A. विदिशा B. पन्ना
C. रीवा D. छतरपुर

334. मध्य प्रदेश में स्थित खजुराहो के मन्दिरों का निर्माण किस वंश के शासकों ने कराया था?

A. चोल B. पल्लव
C. चन्देल D. चालुक्य

335. निम्नलिखित का मेल कराएं :

(*a*)	तानसेन का मकबरा	1.	विदिशा
(*b*)	सांची के स्तूप	2.	ग्वालियर
(*c*)	महाकालेश्वर	3.	खण्डवा
(*d*)	ओंकारेश्वर	4.	उज्जैन

	(*a*)	(*b*)	(*c*)	(*d*)
A.	1	2	3	4
B.	4	3	2	1
C.	2	1	4	3
D.	1	4	2	3

336. निम्नलिखित में से कौन बेमेल है ?

A. अजयगढ़ B. गिन्नौरगढ़
C. बांधवगढ़ D. मुक्तागिरि

337. निम्नलिखित में से कौन-सा स्थान सम्राट अशोक से सम्बन्धित है?

A. भर्तृहरि गुफाएं B. सांची
C. मोतीमहल D. बावनगजा

338. मालवा का पठार मध्य प्रदेश के किस भाग में है?

A. दक्षिणी-पूर्वी भाग B. उत्तरी-पश्चिमी भाग
C. पूर्वी-उत्तरी भाग D. मध्य भाग

339. बघेलखंड क्षेत्र के बसदेवा निम्नलिखित में से कौन-से पौराणिक पात्र/देवता के बारे में गाते हैं?

A. श्रवण कुमार B. शिव
C. कृष्ण D. अर्जुन

340. मध्य प्रदेश में पत्रकारिता विश्वविद्यालय की कहां स्थापना की गई है?

A. इन्दौर B. उज्जैन
C. भोपाल D. जबलपुर

341. 'ऑल इंडिया टाइगर एस्टीमेशन 2018' के अनुसार भारत के किस राज्य को टाइगर राज्य के रूप में मान्यता प्राप्त हुई है?

A. उत्तर प्रदेश B. मध्य प्रदेश
C. असम D. राजस्थान

342. 2011 की जनगणना के अनुसार मध्य प्रदेश में पुरुष साक्षरता का प्रतिशत क्या है?

A. 68.11 B. 78.70
C. 75.12 D. 80.21

343. 2011 की जनगणना के अनुसार 2001 की तुलना में मध्य प्रदेश के जनसंख्या घनत्व में कितनी बढ़ोत्तरी हुई है?

A. 25 B. 40
C. 35 D. 28

344. निम्नलिखित में से किस स्थान के निकट (लगभग 2 किमी. दूर) दो प्रमुख नदियों का उद्गम है?

A. महू B. अमरकंटक
C. ग्वालियर D. छिंदवाड़ा

345. आदिम जनजाति कोरकू मध्य प्रदेश के किस भाग में मुख्यतः पाई जाती है?

A. दक्षिणी B. उत्तर-पश्चिमी
C. पूर्वी D. उत्तर-पूर्वी

346. 2011 की जनगणना के अनुसार मध्य प्रदेश में किस जिले का जनसंख्या घनत्व सर्वाधिक था?

A. इन्दौर B. भोपाल
C. जबलपुर D. भिण्ड

347. मध्य प्रदेश की जनसंख्या में 2001-2011 के दशक में कितने प्रतिशत की वृद्धि हुई है?

A. 23.50 B. 20.30
C. 27.52 D. 36.69

348. मध्य प्रदेश में ऐशबाग स्टेडियम कहाँ स्थित है?

A. इन्दौर B. सतना
C. जबलपुर D. भोपाल

349. मध्य प्रदेश के किस स्थान पर जोगेश्वरी देवी का मेला आयोजित होता है?

A. चन्देरी (गुना) B. घोघरा (सीधी)
C. पोरसा (मुरैना) D. माण्डेर (ग्वालियर)

350. प्रसिद्ध ध्रुपद गायक कुमार गन्धर्व किस स्थान से संबंधित थे?

A. खण्डवा B. ग्वालियर
C. मैहर D. देवास

351. मध्य प्रदेश के निम्नलिखित जिलों में से किसमें बुन्देली भाषा प्रयो नहीं की जाती है?

A. रीवा B. गुना
C. दतिया D. शिवपुरी

352. मध्य प्रदेश में किस नदी पर बोधघाट जलविद्युत परियोजना स्थि है?

A. नर्मदा नदी B. महानदी
C. बेतवा नदी D. इन्द्रावती नदी

353. मध्य प्रदेश साहित्य परिषद् द्वारा अखिल भारतीय महाराज वीरसि देव पुरस्कार किस विधा के लिए दिया जाता है?

A. कविता B. समाज विज्ञान
C. आलोचना D. उपन्यास

354. मध्य प्रदेश में ओरछा किस नदी के किनारे बसा हुआ है?

A. सोन B. बेतवा
C. तवा D. पार्वती

355. नर्मदा नदी के शुद्धिकरण के अंतर्गत निम्नलिखित में से कौन-र स्थान नहीं शामिल है?

A. अमरकंटक B. होशंगाबाद
C. ओंकारेश्वर D. महेश्वर

356. नर्मदा की 41 सहायक नदियां हैं। इन सभी नदियों का जल किस गिरता है?

A. बंगाल की खाड़ी B. खम्भात की खाड़ी
C. कच्छ की खाड़ी D. मन्तार की खाड़ी

357. मध्य प्रदेश फिल्म विकास निगम की स्थापना कब की गई थी?

A. 1972 B. 1980
C. 1981 D. 1986

358. मध्य प्रदेश की प्रमुख अकादमियों व उनके स्थ ों के युग्मों कौन-सा गलत है?

	अकादमी	*स्थापना*
A.	उर्दू अकादमी	1976
B.	कालिदास अकादमी	1974
C.	संगीत अकादमी	1978
D.	सिन्धी अकादमी	1983

359. मध्य प्रदेश में स्थित 'भारत भवन' किस से सम्बन्धित है?

A. ललित कला B. प्रदर्शनकारी कला
C. साहित्य D. उपर्युक्त सभी

360. मध्य प्रदेश के भोपाल नगर में स्थित रवीन्द्र भवन क्या है?

A. विशाल संग्रहालय
B. विशाल भवन
C. विशाल सभागृह
D. उपर्युक्त में से कुछ भी नहीं

उत्तरमाला

1	**2**	**3**	**4**	**5**	**6**	**7**	**8**	**9**	**10**
B	D	B	B	A	D	C	B	A	C
11	**12**	**13**	**14**	**15**	**16**	**17**	**18**	**19**	**20**
D	B	C	C	A	A	B	D	A	A
21	**22**	**23**	**24**	**25**	**26**	**27**	**28**	**29**	**30**
C	D	B	B	C	C	D	A	B	A
31	**32**	**33**	**34**	**35**	**36**	**37**	**38**	**39**	**40**
B	A	D	C	C	D	A	B	B	B
41	**42**	**43**	**44**	**45**	**46**	**47**	**48**	**49**	**50**
B	B	B	C	C	C	C	A	B	C
51	**52**	**53**	**54**	**55**	**56**	**57**	**58**	**59**	**60**
D	B	C	C	A	B	D	C	A	A
61	**62**	**63**	**64**	**65**	**66**	**67**	**68**	**69**	**70**
B	D	B	A	C	D	B	B	A	C
71	**72**	**73**	**74**	**75**	**76**	**77**	**78**	**79**	**80**
D	B	B	A	D	C	A	C	D	B
81	**82**	**83**	**84**	**85**	**86**	**87**	**88**	**89**	**90**
B	A	B	D	B	C	A	A	C	B
91	**92**	**93**	**94**	**95**	**96**	**97**	**98**	**99**	**100**
C	D	B	A	B	C	D	C	A	C
101	**102**	**103**	**104**	**105**	**106**	**107**	**108**	**109**	**110**
D	C	B	D	A	B	B	A	B	C
111	**112**	**113**	**114**	**115**	**116**	**117**	**118**	**119**	**120**
C	B	A	A	C	A	D	C	C	C
121	**122**	**123**	**124**	**125**	**126**	**127**	**128**	**129**	**130**
D	A	C	D	C	C	C	B	A	C
131	**132**	**133**	**134**	**135**	**136**	**137**	**138**	**139**	**140**
D	C	B	D	B	C	C	D	A	B
141	**142**	**143**	**144**	**145**	**146**	**147**	**148**	**149**	**150**
A	D	C	C	C	B	A	B	A	D
151	**152**	**153**	**154**	**155**	**156**	**157**	**158**	**159**	**160**
B	A	A	C	C	C	D	B	C	A
161	**162**	**163**	**164**	**165**	**166**	**167**	**168**	**169**	**170**
C	B	A	D	A	C	C	D	B	A
171	**172**	**173**	**174**	**175**	**176**	**177**	**178**	**179**	**180**
C	D	B	B	B	A	A	D	D	B
181	**182**	**183**	**184**	**185**	**186**	**187**	**188**	**189**	**190**
A	A	D	B	A	D	C	D	A	D
191	**192**	**193**	**194**	**195**	**196**	**197**	**198**	**199**	**200**
D	D	B	B	C	D	B	B	A	A
201	**202**	**203**	**204**	**205**	**206**	**207**	**208**	**209**	**210**
C	D	B	B	B	D	B	D	C	B

211	212	213	214	215	216	217	218	219	220
C	A	D	B	D	A	C	A	B	B
221	222	223	224	225	226	227	228	229	230
B	D	A	D	D	D	A	B	A	C
231	232	233	234	235	236	237	238	239	240
A	C	C	D	B	B	A	C	D	A
241	242	243	244	245	246	247	248	249	250
D	A	A	A	C	D	A	B	D	B
251	252	253	254	255	256	257	258	259	260
C	C	B	A	C	B	B	B	A	B
261	262	263	264	265	266	267	268	269	270
B	D	C	A	C	D	D	A	A	D
271	272	273	274	275	276	277	278	279	280
D	A	B	C	A	D	C	A	D	B
281	282	283	284	285	286	287	288	289	290
C	B	D	D	C	A	A	C	D	C
291	292	293	294	295	296	297	298	299	300
A	A	D	C	C	C	A	B	B	D
301	302	303	304	305	306	307	308	309	310
A	A	B	A	B	B	C	D	A	B
311	312	313	314	315	316	317	318	319	320
B	C	D	D	C	D	D	A	B	C
321	322	323	324	325	326	327	328	329	330
A	C	C	B	B	A	C	C	D	D
331	332	333	334	335	336	337	338	339	340
C	A	D	C	C	D	B	A	A	C
341	342	343	344	345	346	347	348	349	350
B	B	B	B	A	B	B	D	A	D
351	352	353	354	355	356	357	358	359	360
A	D	D	B	A	B	C	C	D	C

तार्किक योग्यता

निर्देश (प्र.सं. 1–5) : *नीचे दी गई प्रत्येक शृंखला में अक्षरों का क्रम निर्धारित करें। तत्पश्चात् दिए गए विकल्पों में से उस विकल्प का चयन करें जिससे दी गई शृंखला में प्रश्न चिह्न प्रतिस्थापित होता हो।*

1. B Y C X D W E ?
A. S B. T
C. U D. V

2. A D C G E ?
A. G B. J
C. I D. L

3. X O I F ?
A. D B. F
C. B D. E

4. Z A A Y B B X C ?
A. W B. C
C. V D. D

5. A Z Y B X W C V U D T S E ?
A. RS B. ST
C. RQ D. QR

निर्देश (प्र.सं. 6–10) : *नीचे के प्रत्येक प्रश्न में दी गई अक्षर-शृंखला में कौन-सा अक्षर या अक्षर-समूह गलत या बेमेल है?*

6. C H M S W B
A. C B. S
C. B D. W

7. Z A W B X C
A. D B. C
C. X D. W

8. D K R Y F L
A. L B. D
C. R D. Y

9. XW, DC, CB, NM, PQ
A. NM B. CB
C. PQ D. XW

10. Z T P K H F
A. Z B. P
C. T D. F

निर्देश (प्र.सं. 11–15) : *शृंखलाओं को पूरा करने के लिए दिए गए विकल्पों में से लुप्त पद/संख्या ज्ञात करें।*

11. 1, 6, 12, 19, 27, ?
A. 38 B. 35
C. 36 D. 54

12. 2, 3, 6, 18, 108, ?
A. 1944 B. 1658
C. 648 D. 1008

13. 3, 8, 13, 24, 41, ?
A. 65 B. 75
C. 70 D. 80

14. 0, 5, 22, 57, ?, 205
A. 198 B. 116
C. 172 D. 92

15. 1, 2, 5, 12, 27, 58, 121, ?
A. 246 B. 247
C. 248 D. 249

निर्देश (प्र.सं. 16–20) : *दी गई अक्षर-शृंखलाओं को पूरा करने के लिए दिए गए अक्षर-समूहों के विकल्पों में से सही विकल्प का चयन करें।*

16. ab---b-bbaa-
A. babba B. abaab
C. abbab D. baaab

17. aa-ab--aaa-a
A. baaa B. abab
C. aaab D. aabb

18. -baa-aab-a-a
A. baab B. abab
C. aaba D. aabb

19. -a cca-ccca-acccc-aaa
A. ccaa B. acca
C. caac D. caaa

20. c-bbb--abbbb-abbb-
A. abccb B. bacbb
C. aabcb D. abacb

निर्देश (प्र.सं. 21–25): *पूछे गए प्रत्येक प्रश्न में पहले दिए गए दो शब्दों के बीच संबंध स्थापित करें। तत्पश्चात् दिए गए विकल्पों में से उस विकल्प का चयन करें जिसके शब्द और प्रश्न में दिए गए तीसरे शब्द के बीच ठीक वैसा ही संबंध या सादृश्य हो जैसा कि पहले के दो शब्दों के बीच है।*

21. जो संबंध 'उन्माद' और 'सनक' में है वही संबंध 'भय' और निम्नलिखित में से किसमें है?
A. इच्छा B. शौक
C. आवश्यकता D. डर

22. 'हकलाना' जिस प्रकार 'वाणी' से संबंधित है उसी प्रकार 'बहरापन' का संबंध निम्नलिखित में से किससे है?

A. कान B. सुनना
C. शोर D. चुप्पी

23. जिस प्रकार 'नेता', 'अनुयायी' से संबंधित है, उसी प्रकार .... संबंधित है सिपाही से।
A. कैप्टन B. यूनिट
C. सेना D. बैरक

24. जिस प्रकार 'चिल्लाहट', 'फुसफुसाहट' से संबंधित है, उसी प्रकार 'मारना' निम्नलिखित में से किससे संबंधित है?
A. थप्पड़ मारने B. छूना
C. क्रोध D. शोरगुल

25. जिस प्रकार 'पंजा', 'बिल्ली' से संबंधित है उसी प्रकार 'खुर' निम्नलिखित में से किससे संबंधित है?
A. घोड़ा B. मेमना
C. हाथी D. शेर

निर्देश (प्र.सं. 26–30): *नीचे दिए गए प्रत्येक प्रश्न में :: चिह्न की बाईं ओर दो शब्द दिए गए हैं। इन दोनों शब्दों में कुछ संबंध है। वैसा ही संबंध :: चिह्न की दाईं ओर के दो शब्दों में है जिनमें से एक शब्द के स्थान पर प्रश्नवाचक चिह्न (?) है। प्रश्नवाचक चिह्न (?) के स्थान पर दिए गए विकल्पों में से एक उपयुक्त विकल्प का चयन करें।*

26. शिकारी : बंदूक :: लेखक : ?
A. पुस्तक B. कलम
C. कविता D. पृष्ठ

27. भोजन : आमाशय :: ईंधन : ?
A. इंजन B. ऑटोमोबाइल
C. रेल D. वायुयान

28. जल : रेत :: महासागर : ?
A. द्वीप B. नदी
C. मरुभूमि D. तरंगें

29. वयस्क : बच्चा :: फूल : ?
A. बीज B. कली
C. फल D. तितली

30. मोती : कंठहार :: फूल : ?
A. पौधा B. बगीचा
C. पँखुड़ी D. गुलदस्ता

निर्देश (प्र.सं. 31–35): *दिए गए विकल्पों में से उस शब्द-युग्म का चयन कीजिए जिसमें युग्म के शब्दों के बीच ठीक उसी प्रकार का संबंध हो जिस प्रकार का संबंध प्रश्न में दिए गए मूल शब्द-युग्म के बीच है।*

31. राज्य : निर्वासन
A. पुलिस : गिरफ्तार
B. न्यायाधीश : अभियुक्त
C. संविधान : संशोधन
D. चर्च : धर्म-बहिष्करण

32. चंचलता : विश्वसनीयता
A. तात्कालिक : भविष्य सूचक
B. अविश्वसनीय : अमानवीय
C. दृढ़निश्चयी : व्यवहार्यता
D. स्वेच्छाचारी : सनकी

33. अनिच्छुक : बल-प्रयोग
A. घृणित : दुलारा B. चिढ़ना : प्यार करना
C. क्रुद्ध : प्रतिरोध D. विमुख : मान-मनोव्वल

34. शल्क : मछली
A. महिला : ड्रेस B. पेड़ : पत्तियां
C. पक्षी : पंख D. त्वचा : मुनष्य

35. वृक्ष : बालवृक्ष
A. झोंपड़ी : महल B. लंबा-तगड़ा : बौना
C. घोड़ा : बछेड़ा D. चींटी : हाथी

निर्देश (प्र.सं. 36–40): *नीचे के प्रत्येक प्रश्न में एक लुप्त पद है। प्रश्न में :: चिह्न की बायीं ओर के दो अक्षर-समूहों में जो समानता या सादृश्य है वैसी ही समानता या सादृश्य :: चिह्न की दायीं ओर के दो अक्षर समूहों में है जिनमें से एक अक्षर समूह के स्थान पर प्रश्नवाचक चिह्न (?) लगा है। प्रश्न-वाचक चिह्न (?) के स्थान पर लुप्त पद ज्ञात करें।*

36. BCF : DEG : : MNQ : ?
A. OPR B. PQS
C. OPP D. QRT

37. NATION : ANITNO : : HUNGRY : ?
A. HNUGRY B. UNHGYR
C. YRNGUH D. UHGNYR

38. ACE : FGH : : LNP : ?
A. QRS B. PQR
C. QST D. MOQ

39. BOQD : ERTG : : ANPC : ?
A. DQSF B. FSHU
C. SHFU D. DSQF

40. RUX : TRP : : BEH : ?
A. SQN B. QON
C. QOM D. QNL

निर्देश (प्र.सं. 41–45) : *नीचे के प्रत्येक प्रश्न में चिह्न ': :' के पहले दो संख्याएं दी गई हैं जिनमें आपस में एक संबंध है तथा ': :' चिह्न के बाद में एक तीसरी संख्या दी गई है। दिए गए विकल्पों में से उस संख्या का चयन करें जिसका तीसरी संख्या के साथ वैसा ही संबंध हो जैसा संबंध संख्याओं के पहले जोड़े के बीच है।*

41. 14 : 20 : : 16 : ?
A. 23 B. 10
C. 48 D. 32

42. 0.16 : 0.0016 : : 1.02 : ?
A. 10.20 B. 0.102
C. 0.0102 D. 1.020

43. 5 : 24 : : 8 : ?
A. 65 B. 63
C. 62 D. 64

44. 65 : 30 : : 44 : ?
A. 79 B. 62
C. 28 D. 16

45. 30 : 42 : : 56 : ?
A. 92 B. 21
C. 38 D. 72

निर्देश (प्र.सं. 46–50) : *यहां दिए गए प्रत्येक प्रश्न में तीन शब्द किसी न किसी प्रकार से समान हैं और इस कारण वे एक समूह बनाते हैं जबकि एक शब्द अन्य तीनों से भिन्न है। इस भिन्न या विजातीय शब्द को ज्ञात करें।*

46. A. अस्तबल B. बिल
C. डोंगी D. सूअर-बाड़ा

47. A. खुश B. उदास
C. प्रसन्नचित्त D. प्रसन्न

48. A. सीसा B. पारद
C. तांबा D. लोहा

49. A. अतिवृष्टि B. अनावृष्टि
C. भूस्खलन D. युद्ध

50. A. सिंहशावक B. चूजा
C. सूअर D. पिल्ला

निर्देश (प्र.सं. 51–55) : *नीचे के प्रत्येक प्रश्न में अक्षर समूहों के रूप में चार विकल्प दिए गए हैं जिनमें से तीन में किसी न किसी प्रकार की समानता है और इस कारण वे एक समूह बनाते हैं। उस अक्षर समूह का चयन करें जो समूह से संबंधित नहीं है।*

51. A. ACE B. LOR
C. GIK D. VXZ

52. A. EFLM B. KJSR
C. XWHG D. EDYX

53. A. JOPK B. BOPC
C. QOPR D. TOPS

54. A. BdfH B. FHJL
C. RTvX D. uVwX

55. A. MKGA B. PNID
C. RPLF D. VTPJ

निर्देश (प्र.सं. 56–60) : *यहां प्रत्येक प्रश्न में चार विकल्प दिए गए हैं जिनमें से तीन किसी न किसी रूप में आपस में संबंधित होते हुए एक समूह बनाते हैं, जबकि शेष एक संख्या अन्य से भिन्न है। उस भिन्न संख्या का चयन करें जो समूह से संबंधित नहीं है।*

56. A. 1948 B. 2401
C. 966 D. 1449

57. A. 182 B. 169
C. 130 D. 158

58. A. 3215 B. 9309
C. 4721 D. 2850

59. A. 1776 B. 2364
C. 1976 D. 3776

60. A. 7658 B. 1234
C. 9876 D. 6543

निर्देश (प्र.सं. 61–65) : *नीचे के प्रत्येक प्रश्न में शब्दों के उस जोड़े का चयन करें जो शेष तीन जोड़ों से भिन्न हो।*

61. A. कुर्सी-फर्नीचर B. शर्ट-वस्त्र
C. कंठहार-आभूषण D. बोगी-इंजन

62. A. चित्रांकनी-कागज B. पेंसिल-लेड
C. कलम-स्याही D. बुरुश-रंग

63. A. युद्ध-शांति B. वास्तविक-सहज
C. अग्रगण्य-प्रथम D. क्रोध-गुस्सा

64. A. दिन-रात B. चालाक-मूर्ख
C. स्पष्ट-धुंधला D. पहुंचना-आना

65. A. भतीजी-भतीजा B. भाई-बहन
C. पति-पत्नी D. पिता-माता

निर्देश (प्र.सं. 66–70) : *निम्नलिखित प्रश्नों में दिए गए शब्दों या अक्षरों के लिए इंगित कूटभाषा के शब्द या अक्षर ज्ञात करें।*

66. यदि किसी कूट भाषा में CHAIR को FKDLU के रूप में लिखा जाए तो उसी कूटभाषा में RAID शब्द को किस प्रकार लिखा जाएगा?
A. ULGD B. ULKG
C. ULDG D. UDLG

67. किसी कूटभाषा में COME को XLNV और ABLE को ZYOV लिखा जाता है। इसी कूटभाषा में MOLLY किस प्रकार लिखा जाएगा?
A. NLOBO B. NLBOO
C. LNOOB D. NLOOB

68. यदि किसी कूटभाषा में ACTION को ZXGRLM लिखा जाता हो तो उसी कूटभाषा में HEALTH को कैसे लिखा जाएगा?
A. SVZOGS B. TVZOGT
C. RUZPGR D. QVGOZQ

69. यदि PHILOSOPHY को HPLISOPOYH लिखा जाता हो तो ORNAMENTAL कैसे लिखा जाएगा?
A. ROANEMNTLA
B. ONRAMNEALT
C. ROANEMTNLA
D. ROANEMNATL

70. यदि किसी कूटभाषा में लिखे गए शब्द OPFGBCST का अर्थवाचन NEAR के रूप में किया जाता हो तो उसी कूटभाषा में कूटबद्ध IJVWHI का अर्थ निम्नलिखित में से क्या होगा?
A. HAG B. HUG
C. HUT D. KEG

निर्देश(प्र.सं. 71–75) : *प्रत्येक प्रश्न में दी गई कूटबद्ध सूचना को अच्छी तरह समझें और दिए गए विकल्पों में से सही उत्तर का चयन करें।*

71. यदि किसी कूटभाषा में 'पानी' को 'नीला', 'नीला' को 'लाल', 'लाल' को 'सफेद', 'सफेद' को 'आकाश', 'आकाश' को 'वर्षा', 'वर्षा' को 'हरा', 'हरा' को 'हवा' और 'हवा' को 'मेज' कहा जाए, तो इस कूटभाषा में दूध के रंग को क्या कहेंगे?

A. सफेद B. वर्षा
C. आकाश D. हरा

72. यदि किसी कूटभाषा में 'प्रकाश' को 'अंधकार', 'अंधकार' को 'हरा', 'हरा' को 'नीला', 'नीला' को 'लाल', 'लाल' को 'सफेद' और 'सफेद' को 'पीला' कहा जाता हो तो इस कूटभाषा में रक्त का रंग क्या कहलाएगा?

A. लाल B. अंधकार
C. सफेद D. पीला

73. यदि किसी कूटभाषा में 'आकाश' को 'समुद्र', 'समुद्र' को 'पानी', 'पानी' को 'हवा', 'हवा' को 'बादल' और 'बादल' को 'नदी' कहा जाता हो तो प्यास लगने पर इस कूटभाषा में पीने के लिए किस चीज की मांग करेंगे?

A. आकाश B. हवा
C. पानी D. समुद्र

74. यदि किसी कूटभाषा में 'पीला' का अर्थ 'लाल', 'सफेद' का अर्थ 'हरा', 'लाल' का अर्थ 'नारंगी', 'नीला' का अर्थ 'सफेद' और 'हरा' का अर्थ 'नीला' हो तो उस कूटभाषा में आकाश का रंग क्या है?

A. सफेद B. हरा
C. नीला D. पीला

75. यदि किसी कूटभाषा में 'घर' को 'झोपड़ी', 'झोपड़ी' को 'नहर', 'नहर' को 'स्कूल', 'स्कूल' को 'मैदान', 'मैदान' को 'सुराही' और 'सुराही' को 'तार' कहा जाए तो इस कूटभाषा में छात्रों के पढ़ने की जगह को क्या कहेंगे?

A. मैदान B. सुराही
C. झोपड़ी D. स्कूल

निर्देश(प्र.सं. 76–80) : *प्रत्येक प्रश्न में दी गई सूचना को अच्छी तरह समझें और दिए गए विकल्पों में से सही उत्तर का चयन करें।*

76. A, B, C, D और E पांच मित्र हैं जिनमें से A का वजन B से अधिक है, C का वजन D से कम है, B का वजन D से कम है किंतु E से अधिक है। इनमें से किसका वजन सबसे अधिक है?

A. B B. C
C. A D. कहा नहीं जा सकता

77. विपुल, हंस से लंबा है। हंस, आनंद से लंबा है। आलोक, अशोक से लंबा है। अशोक, हंस से लंबा है। इन पांचों मित्रों से कौन सबसे अधिक लंबा है?

A. विपुल B. आलोक
C. अशोक D. कहा नहीं जा सकता

78. प्रमोद, गोपाल से लंबा है। गोपाल, मधु से कम लंबा है। यह जानने के लिए कि इनमें सबसे अधिक लंबा कौन है, निम्नलिखित में से कौन-सी अतिरिक्त जानकारी आवश्यक है?

A. मधु, गोपाल से लंबी है
B. मधु, प्रमोद के भाई से कम लंबी है
C. प्रमोद, मधु से लंबा है
D. प्रमोद, मधु के भाई से लंबा है

79. विक्रम की लंबाई राजन से अधिक किंतु ऐनी से कम है। जमाल, ऐनी से अधिक लंबा है। सीता, विक्रम से अधिक लंबी है। राजन, सीता से कम लंबा है। इस समूह में सबसे कम लंबाई किसकी है?

A. सीता B. राजन
C. विक्रम D. कहा नहीं जा सकता

80. प्रमोद आयु में जयेश और सुधीर से बड़ा है। विकास, अनिल से छोटा है। इनमें किसकी आयु सब से अधिक है, यह जानने के लिए निम्नलिखित में से कौन-सी अतिरिक्त जानकारी अपेक्षित है?

A. सुधीर, जयेश से बड़ा है
B. अनिल, जयेश से बड़ा है
C. विकास, प्रमोद से बड़ा है
D. विकास, प्रमोद से छोटा है

निर्देश (प्र.सं. 81 और 82): *(A) गोपाल की लंबाई अशोक से कम किंतु केशव से अधिक है; (B) नवीन की लंबाई केशव से कम है; (C) जयेश की लंबाई नवीन से अधिक है; (D) अशोक की लंबाई जयेश से अधिक है।*

81. इनमें सबसे अधिक लंबा कौन है?

A. गोपाल B. अशोक
C. जयेश D. नवीन

82. उपर्युक्त प्रश्न का उत्तर देने के लिए निम्नलिखित में से कौन-सी सूचना आवश्यक नहीं है?

A. A B. B
C. C D. D

निर्देश (प्र.सं. 83–85): *नीचे उल्लिखित कथन को ध्यानपूर्वक पढ़ें और पूछे गए प्रश्नों के उत्तर दें:*

एक समूह में A, B, C, D और E पांच व्यक्ति हैं। इनमें से दो पुरुष हैं। केवल तीन व्यक्ति तैरना जानते हैं जिनमें एक पुरुष है। इस समूह में एक विवाहित जोड़ा भी है जिसमें पति को तैरना आता है। A, D की छोटी बहन है और B, E का पति है। C तैराकी का चैम्पियन है।

83. समूह में अविवाहित पुरुष कौन है?

A. C B. B
C. A D. D

84. निम्नलिखित में से कौन-सी दो महिलाएं तैरना जानती हैं?

A. A और C B. C और D
C. D और E D. A और E

85. निम्नलिखित में से किन दो व्यक्तियों को तैरना नहीं आता?

A. B और D B. D और E
C. A और E D. A और D

निर्देश (प्र.सं. 86–88): *निम्नलिखित प्रश्नों में व्यवस्थीकरण के पैटर्न को समझें और तत्पश्चात् दिए गए विकल्पों में से सही उत्तर का चयन करें:*

86. मिनी, रजनी के दाएं और अनंता के बाएं बैठी है। सत्या, मिनी के दाएं बैठी है किंतु वह जया के बाएं है। यदि सभी लड़कियां उत्तर दिशा की ओर मुंह किए बैठी हों तो इनमें से सबसे बाएं छोर पर कौन बैठी है?

A. जया B. मिनी
C. रजनी D. सत्या

87. A, B, C, D और E एक दूसरे के पीछे दौड़ रहे हैं। C, E के निकट नहीं है और A, D के निकट नहीं है। B, A के पीछे है और E, D के निकट नहीं है। इनके बीच में कौन व्यक्ति है?

A. B B. E
C. A D. कहा नहीं जा सकता

88. O, P, Q, R, S और T एक बेंच पर अपनी लंबाई के घटते क्रम में खड़े हैं। P, O से अधिक लंबा है किंतु S से उसकी लंबाई कम है। केवल S ही T से अधिक लंबा है। R, P से कम लंबा है किंतु वह Q से अधिक लंबा है। इनमें किसकी लंबाई सबसे कम है?

A. O B. Q
C. P D. कहा नहीं जा सकता

निर्देश (प्र.सं. 89 और 90): *निम्नलिखित कथनों को सावधानी पूर्वक पढ़ें और पूछे गए प्रश्नों के उत्तर दें :*

एक शेल्फ में पांच कमीजें एक ढेर में एक के ऊपर एक रखी हुई हैं। इस ढेर में लाल कमीज नीली कमीज के ऊपर रखी गई है और हरे रंग की कमीज नारंगी रंग की कमीज के नीचे रखी गई है। नीली कमीज नारंगी रंग की कमीज के ऊपर तथा सफेद कमीज हरी कमीज के नीचे रखी गई है।

89. लाल और नारंगी रंग की कमीजों के बीच रखी कमीज किस रंग की है?

A. सफेद रंग की B. हरे रंग की
C. नीले रंग की D. आंकड़े अपर्याप्त हैं

90. सबसे नीचे किस रंग की कमीज है?

A. लाल B. सफेद
C. नारंगी D. कहा नहीं जा सकता

निर्देश (प्र.सं. 91–95) : *नीचे के प्रत्येक प्रश्न में सही दिशा/ दूरी दर्शाने के लिए दिए गए विकल्पों से सही उत्तर का चयन करें।*

91. एक व्यक्ति पश्चिम दिशा में अपनी गाड़ी चला रहा है। वह दक्षिण दिशा में चले इसके लिए उसे निम्नलिखित में से कौन से मोड़ मुड़ने चाहिए?

A. बायीं ओर, दायीं ओर, दायीं ओर
B. दायीं ओर, दायीं ओर, बायीं ओर
C. बायीं ओर, बायीं ओर, बायीं ओर
D. दायीं ओर, दायीं ओर, दायीं ओर

92. ऋचा अपनी गाड़ी से दक्षिण दिशा में 8 किमी आगे चलकर बायीं ओर मुड़ जाती है और 5 किमी. आगे चलती है। वहां वह एक बार फिर से बायीं ओर मुड़कर 8 किमी. आगे चलती है। अब वह अपने शुरू के स्थान से कितनी दूरी पर है?

A. 3 किमी. B. 5 किमी.
C. 8 किमी. D. 13 किमी.

93. देबू पहले पूर्व की ओर और तब उत्तर की ओर चलता है तथा वहां वह 45° दायें मुड़कर कुछ देर आगे चलता है और अंतत: बायीं ओर मुड़ जाता है। अब वह किस दिशा में चल रहा है?

A. उत्तर B. पूर्व
C. दक्षिण-पूर्व D. उत्तर-पश्चिम

94. मैं अपने घर से उत्तर दिशा में चला और तब बायीं ओर मुड़ गया। अब कुछ देर तक आगे चलने के बाद मैं फिर से बायीं ओर मुड़ा और तब दायीं ओर मुड़ गया। बाद में आगे चलते हुए मैं बायीं ओर और एक बार फिर से बायीं ओर मुड़ा। बताइए कि अब मैं किस दिशा में चल रहा हूँ?

A. उत्तर B. दक्षिण
C. पूर्व D. पश्चिम

95. राज पश्चिम दिशा में चल रहा है। वह आगे चलते हुए अपने दाएं, फिर दाएं और तब बाएं, हर बार 45° के कोण पर मुड़ा। बताइए कि अब वह किस दिशा में चल रहा है?

A. उत्तर-पूर्व B. दक्षिण-पूर्व
C. पूर्व D. पश्चिम

निर्देश (प्र.सं. 96–100) : *नीचे के प्रत्येक प्रश्न में व्यक्तियों के बीच उल्लिखित संबंधों को सावधानीपूर्वक समझें और तब दिए गए विकल्पों में से सही उत्तर का चयन करें:*

96. A, B और C का पिता है। B, A का पुत्र है किंतु C, A का पुत्र नहीं है। C का A से क्या संबंध है?

A. पुत्री B. पुत्र
C. भतीजी D. भतीजा

97. एक महिला ने कहा, ''वहां खड़ी लड़की मेरे दादा जी के एकमात्र पुत्र की पुत्री है''। उस महिला का उस लड़की से क्या संबंध है?

A. बहन B. मां
C. चाची D. भतीजा

98. अजय, विजय का भाई है। शुभा, अजय की बहन है। संजय, राहुल का भाई है और मेहुल विजय की पुत्री है। संजय का चाचा कौन है?

A. राहुल B. अजय
C. मेहुल D. दी गई सूचना अपर्याप्त है

99. आदित्य, रवि का भाई है। भरत, जयंत के पिता हैं। ईला, रवि की मां है। आदित्य और जयंत आपस में भाई हैं। ईला का भरत से क्या संबंध है?

A. बहन B. मां
C. पुत्री D. पत्नी

100. वरुण ने अरुण की ओर संकेत करते हुए कहा, ''वह मेरी बहन के एकमात्र भाई का पुत्र है।'' अरुण का वरूण से क्या संबंध है?

A. पुत्र B. भाई
C. भतीजा D. दी गई सूचना अपर्याप्त है

निर्देश (प्र.सं. 101–103): *निम्नलिखित सूचना को ध्यानपूर्वक पढ़ें और नीचे पूछे गए प्रश्नों के उत्तर दें :*

101. यदि परसों बृहस्पतिवार था तो रविवार कब होगा ?

A. कल B. परसों
C. आज D. आज से दो दिन बाद

102. किसी कार्यालय में बीस व्यक्ति कार्य करते हैं। इनमें से पांच व्यक्तियों का पहला समूह प्रात: 8:00 बजे से दोपहर बाद 2:00 बजे तक काम करता है। दस व्यक्तियों का दूसरा समूह प्रात: 10:00 बजे से शाम 4:00 बजे तक काम करता है तथा पांच व्यक्तियों का तीसरा समूह दोपहर 12:00 बजे से संध्या 6:00 बजे तक काम करता है। इस कार्यालय में तीन कंप्यूटर हैं जिन्हें सभी कर्मचारी बार-बार प्रयोग में लाते हैं। बताइए कि निम्नलिखित में से किस समय के दौरान कंप्यूटर पर सर्वाधिक काम होगा ?

A. दोपहर बाद 1:00 बजे से 3:00 बजे के बीच
B. दोपहर 12:00 बजे से दोपहर बाद 2:00 बजे के बीच
C. दोपहर बाद 2:00 बजे से शाम 4:00 बजे के बीच
D. प्रात: 10:00 बजे से दोपहर 12:00 बजे के बीच

103. यदि किसी माह का सातवां दिन शुक्रवार से तीन दिन पहले का दिन हो तो उस माह का उन्नीसवां दिन सप्ताह का कौन-सा दिन होगा ?

A. रविवार B. सोमवार
C. बुधवार D. शुक्रवार

निर्देश (प्र.सं. 104 और 105): *निम्नलिखित सूचना को ध्यानपूर्वक पढ़ें और नीचे पूछे गए प्रश्नों के उत्तर दें :*

(i) एक सिटी बस कंपनी M, N, O, P, Q, R और S सात बसें चलाती है जिनमें से प्रत्येक बस शहर के दर्शनीय स्थलों के टूर पर प्रतिदिन एक बार 4 घंटे के लिए रवाना होती है।

(ii) सोमवार से शुक्रवार तक पहली बस ठीक आठ बजे रवाना होती है जिसके बाद की बसें बारी-बारी से 45 मिनट, जिसके बाद 30 मिनट और फिर 45 मिनट, जिसके बाद 35 मिनट और फिर 45 मिनट और उसके बाद 40 मिनट के अंतराल पर रवाना होती हैं।

(iii) शनिवार और रविवार को पहली बस प्रात: 7:30 बजे रवाना होती है और उसके बाद की बसें बारी-बारी से एक-एक घंटे के अंतर पर रवाना होती हैं।

(iv) बस 'Q' बस 'M' के ठीक बाद रवाना होती है जिसके ठीक बाद बस 'S' रवाना होती है।

(v) बस 'O' अंतिम बस है जिसके बाद और कोई बस नहीं जाती।

(vi) बस 'R' बस 'M' से ठीक पहले रवाना होती है किंतु यह बस 'P' के ठीक बाद नहीं जाती।

104. शनिवार को बस 'M' कितने बजे रवाना होती है ?

A. प्रात: 10 बजे
B. प्रात: 9:45 बजे
C. प्रात: 10:30 बजे
D. सूचना अपर्याप्त है

105. रविवार को बस 'P' द्वारा अपना टूर पूरा कर लेने के बाद निम्नलिखित में से कौन-सी बस रवाना होती है ?

A. Q B. S
C. O D. सूचना अपर्याप्त है

निर्देश (प्र.सं. 106–110): *निम्नलिखित सूचना को ध्यानपूर्वक पढ़ें और नीचे पूछे गए प्रश्नों के उत्तर दें :*

106. पेड़ों की एक पंक्ति में कोई एक पेड़ पंक्ति के दोनों छोरों से पांचवें स्थान पर है। इस पंक्ति में कुल कितने पेड़ हैं ?

A. 11 B. 8
C. 10 D. 9

107. 53 छात्रों की एक कक्षा में जया का योग्यता-क्रम में 5 वां स्थान है। कक्षा में योग्यता-क्रम में नीचे से उसका क्रम-स्थान क्या है ?

A. 49 वां B. 48 वां
C. 47 वां D. 50 वां

108. पैंसठ छात्रों की एक कक्षा में योग्यता-क्रम में मोहन का क्रम स्थान इक्कीसवां है। यदि योग्यता-क्रम में सबसे नीचे के छात्र का क्रम-स्थान 1 माना जाए तो योग्यता-क्रम में नीचे से मोहन का क्रम-स्थान क्या होगा ?

A. 44 वां B. 45 वां
C. 46 वां D. दी गई सूचना अपर्याप्त है

109. लड़कों की एक पंक्ति में राहुल दाहिने से 12 वें स्थान पर और बाएं से चौथे स्थान पर खड़ा है। इस पंक्ति में और कितने लड़कों को शामिल करने पर पंक्ति में लड़कों की कुल संख्या 28 हो जाएगी ?

A. 12 B. 14
C. 20 D. 13

110. लड़कों की एक पंक्ति में राजन दाहिने से दसवें स्थान पर है और सूरज बाएं से दसवें स्थान पर है। यदि राजन और सूरज आपस में अपना स्थान बदल लें तो सूरज बाएं से सताइसवें स्थान पर आ जाएगा। राजन अब पंक्ति में दाहिने से कितने स्थान पर खड़ा है ?

A. दसवें B. छब्बीसवें
C. उन्तीसवें D. सताइसवें

निर्देश (प्र.सं. 111–115): *प्रत्येक दिए गए विकल्पों से उस एक शब्द का चयन करें जिसे प्रश्न में दिए गए शब्द के अक्षरों का प्रयोग करके लिखा नहीं जा सकता।*

111. ROTATION

A. TORN B. NOTE
C. TART D. RAIN

112. INSUFFICIENT

A. ENTICE B. SCENT
C. SUFFICE D. THENCE

113. CATASTROPHE

A. TASTE B. CHEAP
C. POUCH D. STARE

114. MASTERPIECE

A. MINCE B. TRAMP
C. PESTER D. SPRITE

115. PROGNOSTICATION

A. RONTGEN B. SPITOON
C. ROGATION D. START

निर्देश (प्र.सं. 116–120): *यहाँ प्रत्येक प्रश्न में दिए गए विकल्पों से उस एक शब्द का चयन करें जिसे प्रश्न के आरंभ में दिए गए शब्द के अक्षरों का प्रयोग करके लिखा जा सकता है।*

116. INVESTIGATE

A. INVERT B. GLIDE
C. STING D. ACTED

117. ADVENTURE

A. AWARE B. EVENT
C. TRUCE D. DRIED

118. THANKSGIVING

A. AVENGE B. HAUNTS
C. GRAINS D. SAVING

119. BLANDISHMENT

A. BOARD B. METAL
C. SHAPE D. CRASH

120. UNDISCHARGED

A. CHANGED B. DISARMED
C. GROUNDED D. SHARPEN

निर्देश (प्र.सं. 121–125): *निम्नलिखित सूचना को ध्यानपूर्वक पढ़ें और नीचे पूछे गए प्रश्नों के उत्तर दें :*

121. यदि "+" का अर्थ "–" हो; "–" का अर्थ "×" हो; "×" का अर्थ "÷" हो और "÷" का अर्थ "+" हो, तो

$15 \times 5 \div 10 + 5 - 3 = ?$

A. 9.5 B. 0
C. – 2 D. 24

122. यदि "+" का अर्थ "–" हो; "–" का अर्थ "×" हो; "×" का अर्थ "÷" हो; और "÷" का अर्थ "+" हो, तो

$15 \times 3 \div 15 + 5 - 2 = ?$

A. 0 B. 10
C. 20 D. 6

123. यदि "+" का अर्थ "÷" हो; "×" का अर्थ "–" हो; "÷" का अर्थ "+" हो और "–" का अर्थ "×" हो, तो

$16 \div 8 \times 6 - 2 + 12 = ?$

A. 22 B. 24
C. 23 D. 20

124. यदि "+" का अर्थ "×" हो; "–" का अर्थ "÷" हो; "×" का अर्थ "–" हो और "÷" का अर्थ "+" हो, तो

$5 + 8 - 4 \times 2 \div 9 = ?$

A. 15 B. 13
C. 17 D. 11

125. यदि × का आशय जोड़ की संक्रिया से हो, ÷ का आशय घटाव की संक्रिया से हो, + का आशय गुणा की संक्रिया से हो और – का आशय भाग की संक्रिया से हो तो $(20 \times 6 \div 6 \times 4)$ निम्नलिखित में से किसके बराबर है ?

A. 5 B. 24
C. 25 D. 80

निर्देश (प्र.सं. 126–130): *नीचे दिए गए प्रत्येक प्रश्न में बताएँ कि प्रश्न चिह्न (?) के स्थान पर कौन-सी संख्या रखी जा सकती है ?*

126.

A. 693 B. 939
C. 981 D. 993

127.

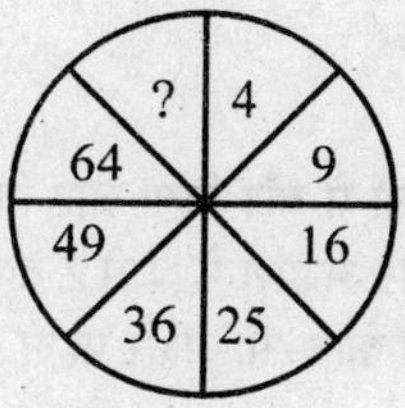

A. 68 B. 100
C. 72 D. 81

128.

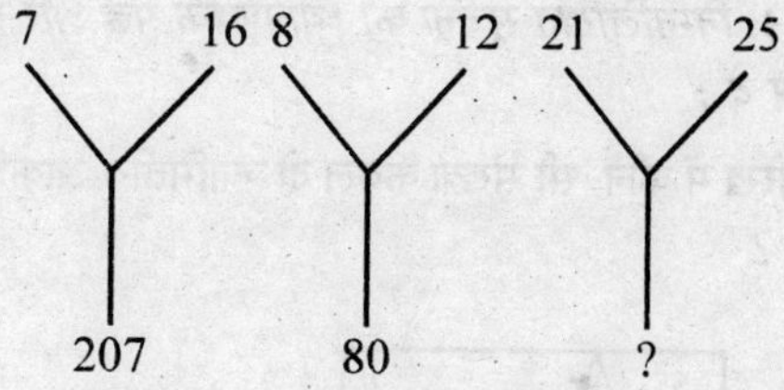

A. 425 B. 184
C. 241 D. 210

129.

A. 35 B. 37
C. 45 D. 48

130.

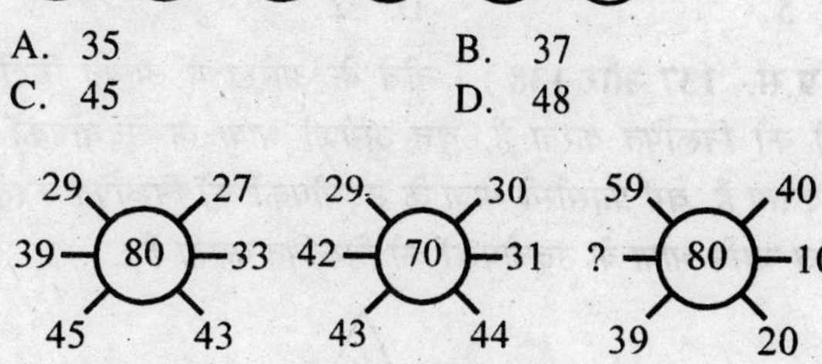

A. 69 B. 49
C. 50 D. 60

निर्देश (प्र.सं. 131–135): *निम्नलिखित प्रश्न वर्णमाला के सीधे या उलटे क्रम में लिखी गई श्रृंखला पर तथा दिए गए शब्द में अक्षरों के स्थान परिवर्तन पर आधारित हैं।*

131. वर्णमाला के सीधे क्रम में लिखी गई शृंखला में बाएँ छोर से छठे अक्षर के ठीक पहले कौन-सा अक्षर होता है ?

A. U　　B. E
C. F　　D. V

132. यदि अंग्रेजी वर्णमाला में प्रथम अर्द्धांश के अक्षरों को उलटे क्रम में लिखा जाए तो दायीं ओर से नौवें अक्षर की बायीं ओर का नौवाँ अक्षर कौन-सा होगा ?

A. I　　B. D
C. F　　D. E

133. यदि अंग्रेजी वर्णमाला को उलटे क्रम में लिखा जाए, तो दायीं ओर से सातवें अक्षर की बायीं ओर का आठवाँ अक्षर कौन-सा होगा ?

A. O　　B. P
C. N　　D. Q

134. यदि अंग्रेजी वर्णमाला को उलटे क्रम में लिखा जाए तो P के दाएँ से छठा अक्षर कौन-सा होगा ?

A. J　　B. W
C. K　　D. V

135. यदि अंग्रेजी वर्णमाला को दो बराबर हिस्सों में बाँट दिया जाए जिनमें पहले अर्द्धांश में A से M तक के और दूसरे अर्द्धांश में N से Z तक के अक्षर निहित हों, तो बाद वाले अर्द्धांश का कौन-सा अक्षर पहले वाले अर्द्धांश के J अक्षर के संगत होगा ?

A. W　　B. Q
C. V　　D. R

निर्देश (प्र.सं. 136): *निम्नलिखित सूचना को ध्यानपूर्वक पढ़ें और नीचे पूछे गए प्रश्न का उत्तर दें :*

136. निम्नलिखित आरेख में कौन-सी संख्या केवल दो ज्यामितीय आकृतियों में उभयनिष्ठ है ?

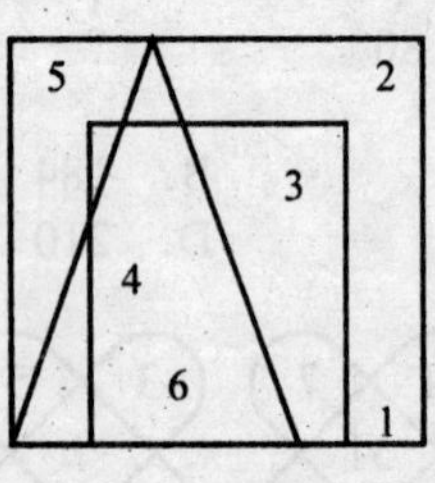

A. 4　　B. 3
C. 5　　D. 2

निर्देश (प्र.सं. 137 और 138) : *नीचे के आरेख में आयत हिंदी के उद्घोषकों को निरूपित करता है, वृत्त अंग्रेजी भाषा के उद्घोषकों को निरूपित करता है, वर्ग फ्रांसीसी भाषा के उद्घोषकों को निरूपित करता है और त्रिभुज जर्मन भाषा के उद्घोषकों को निरूपित करता है।*

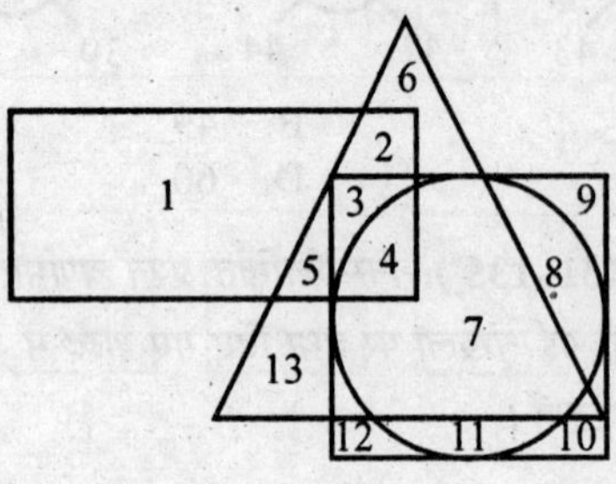

137. कौन-सा क्षेत्र उन उद्घोषकों को निरूपित करता है जो हिंदी, फ्रांसीसी और जर्मन भाषाओं में कार्यक्रम प्रस्तुत कर सकते हैं ?

A. 1　　B. 2
C. 3　　D. 4

138. कौन-सा क्षेत्र उन उद्घोषकों को निरूपित करता है जो केवल फ्रांसीसी और अंग्रेजी भाषा में कार्यक्रम प्रस्तुत कर सकते हैं ?

A. 7
B. 9
C. 11
D. 13

निर्देश (प्र.सं. 139 और 140) : *नीचे दिए गए आरेख के आधार पर प्रश्न संख्या 4 और 5 के उत्तर दें :*

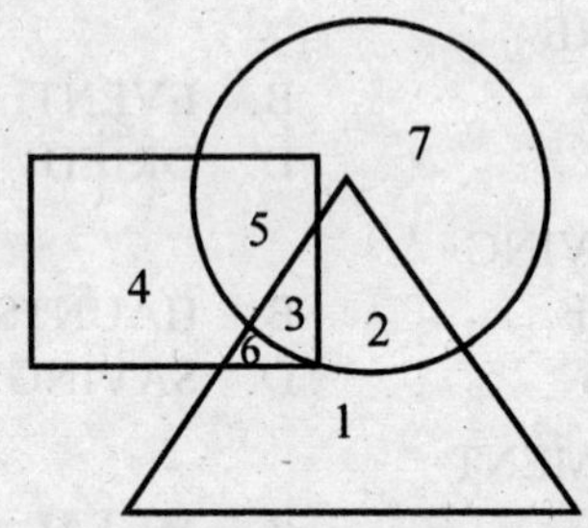

139. कौन-सी संख्या सभी ज्यामितीय आकृतियों में अंतर्निहित है ?

A. 5　　B. 6
C. 2　　D. 3

140. संख्या 6 निम्नलिखित में से किसमें अंतर्निहित है ?

A. आयत और त्रिभुज
B. वृत्त और त्रिभुज
C. आयत और वृत्त
D. केवल आयत

निर्देश (प्र.सं. 141-150) : *नीचे दिए गए पाँच तर्क आरेखों में से उस आरेख (आकृति) का चयन करें जो प्रश्न में दिए गए तीनों वर्गों के बीच संबंध को सर्वाधिक सुस्पष्ट रूप में प्रदर्शित करता है।*

A. 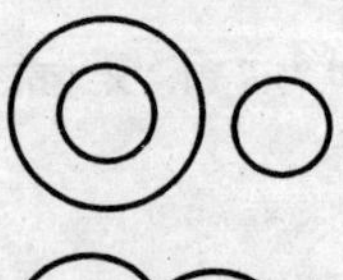　　B. 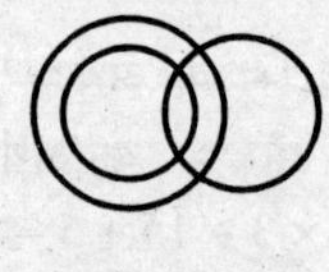

C. 　　D. 

E. 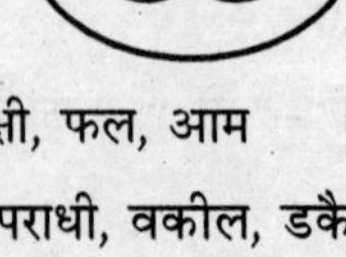

141. पक्षी, फल, आम

142. अपराधी, वकील, डकैत

143. तैराक, कुँआरा, पुरुष

144. स्मार्ट, इंजीनियर, महिला

145. सब्जियाँ, आलू, बैंगन

146. अंगूर, मीठा, फल

147. डॉक्टर, वास्तुकार, मनुष्य

148. विद्वान, व्यक्ति, भारतीय

149. बच्चे, शरारती, अध्ययनशील

150. कलम, पेंसिल, स्टेशनरी

निर्देश (प्र.सं. 151-155) : *नीचे के प्रत्येक प्रश्न में आकृतियों के दो समुच्चय दिए गए हैं जिनमें से एक समुच्चय को* ***प्रश्न आकृतियों*** *का समुच्चय और दूसरे समुच्चय को* ***उत्तर आकृतियों*** *का समुच्चय कहा गया है। प्रश्न आकृतियों के समुच्चय से किसी न किसी प्रकार से एक शृंखला बनती है। उत्तर आकृतियों के समुच्चय से उस एक आकृति का चयन करें जिससे प्रश्न आकृतियों के समुच्चय की शृंखला संतत हो जाए।*

151. प्रश्न आकृतियां

उत्तर आकृतियां

A. B. C. D.

152. प्रश्न आकृतियां

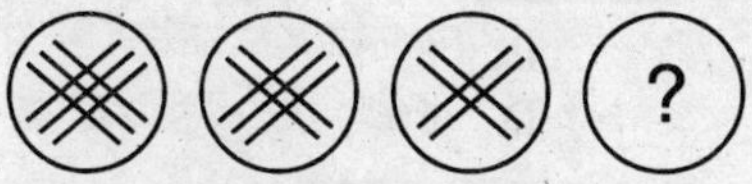

उत्तर आकृतियां

A. B. C. D.

153. प्रश्न आकृतियां

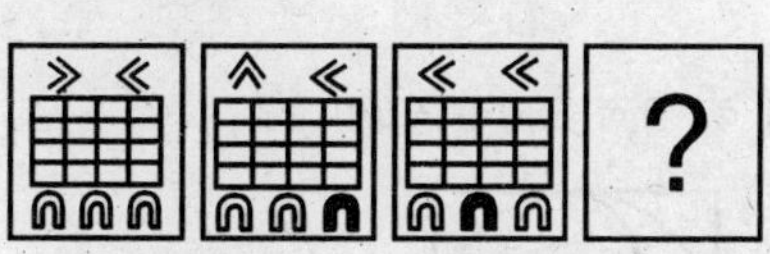

उत्तर आकृतियां

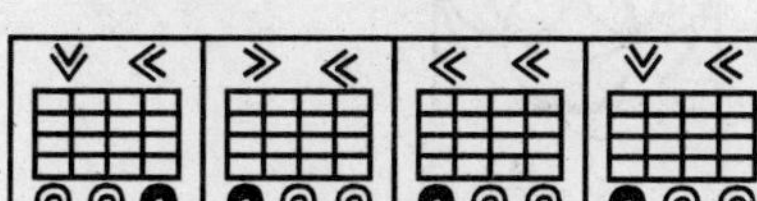

A. B. C. D.

154. प्रश्न आकृतियां

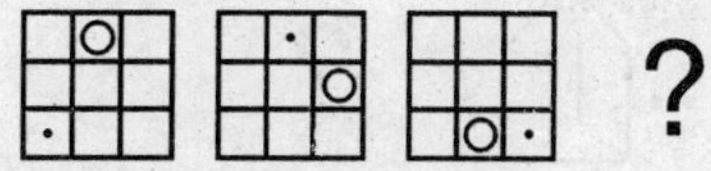

उत्तर आकृतियां

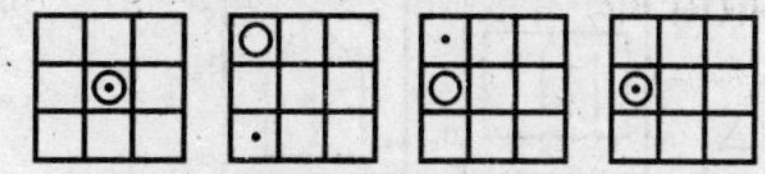

A. B. C. D.

155. प्रश्न आकृतियां

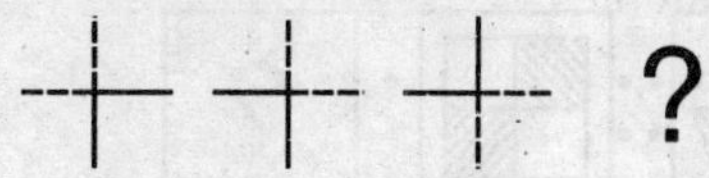

उत्तर आकृतियां

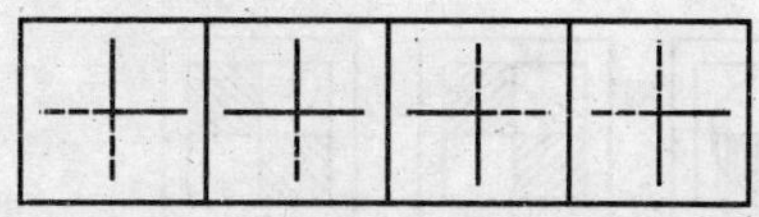

A. B. C. D.

निर्देश (प्र.सं. 156-160) : *प्रश्न आकृतियों में :: चिह्न के बाएं दी गई दो आकृतियों में से दूसरी आकृति का पहली आकृति के साथ एक विशेष संबंध है। :: चिह्न की दाईं ओर की दो आकृतियों के बीच भी ऐसा ही संबंध है। दिए गए विकल्पों से उस आकृति का चयन करें जिसे प्रश्न आकृतियों में प्रश्न चिह्न के स्थान पर रखा जा सकता है और जिसका :: चिह्न की दाईं ओर की पहली आकृति के साथ ठीक वैसा ही संबंध है जैसा कि :: चिह्न की बाईं ओर की दो आकृतियों के बीच है।*

156. प्रश्न आकृतियां

उत्तर आकृतियां

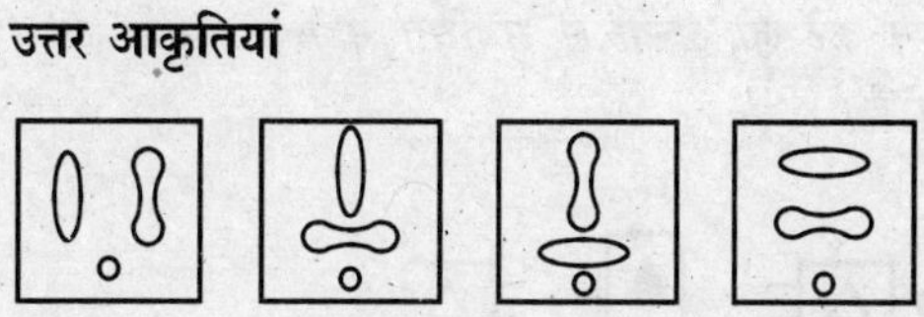

A. B. C. D.

157. प्रश्न आकृतियां

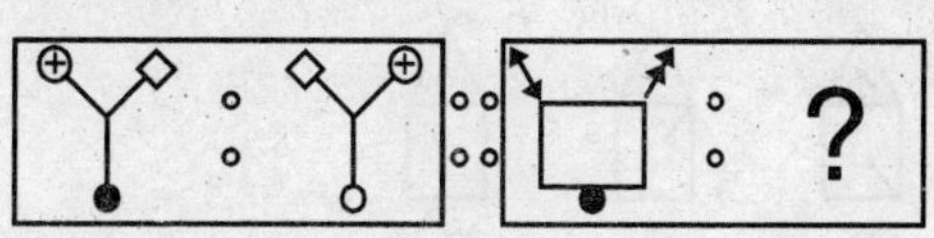

उत्तर आकृतियां

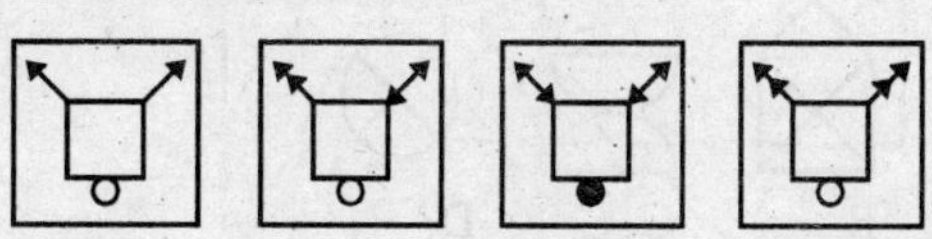

A. B. C. D.

158. प्रश्न आकृतियां

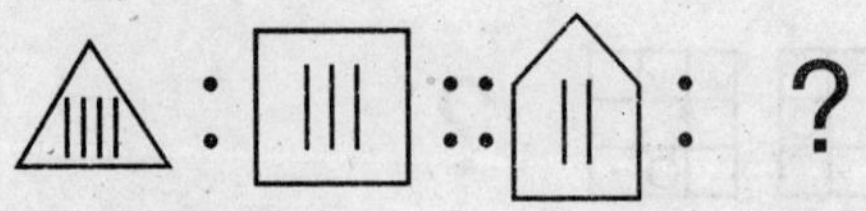

उत्तर आकृतियां

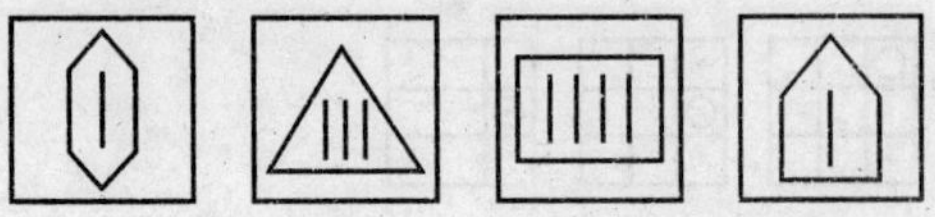

A. B. C. D.

159. प्रश्न आकृतियां

उत्तर आकृतियां

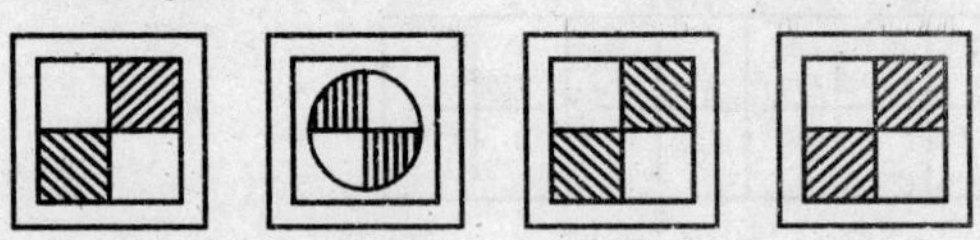

A. B. C. D.

160. प्रश्न आकृतियां

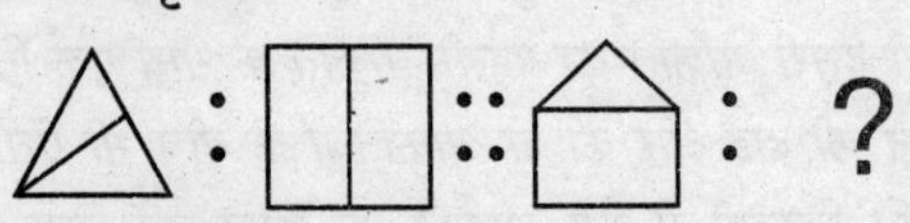

उत्तर आकृतियां

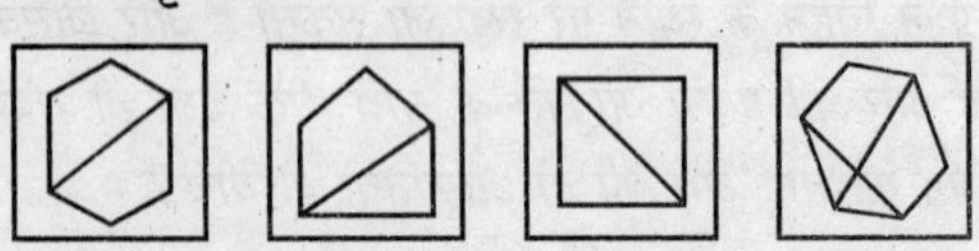

A. B. C. D.

निर्देश (प्र.सं. 161-165) : *नीचे के प्रत्येक प्रश्न में एक आकृति को छोड़कर अन्य सभी आकृतियाँ किसी-न-किसी रूप में आपस में संबंधित हैं और इस कारण वे एक समूह बनाती हैं। प्रत्येक प्रश्न में उस एक भिन्न आकृति का चयन करें जो अन्यों से संबंधित नहीं है अर्थात् जो भिन्न अथवा विजातीय है।*

161.

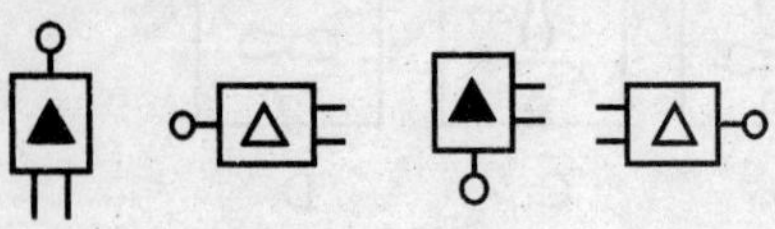

A. B. C. D.

162.

A. B. C. D.

163.

A. B. C. D.

164.

A. B. C. D.

165.

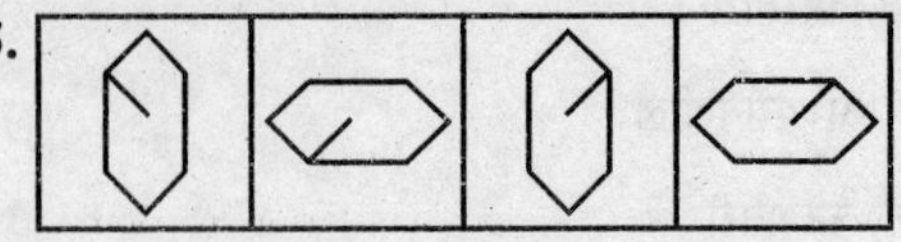

A. B. C. (*d*)

166. नीचे दी गई आकृति में कुल कितने त्रिभुज हैं?

A. 24 B. 27
C. 25 D. 26

167. इस आकृति में कुल कितने त्रिभुज हैं?

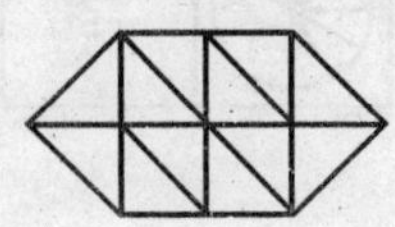

A. 16 B. 17
C. 18 D. 19

168. इस आकृति में कुल कितने वर्ग छिपे हैं?

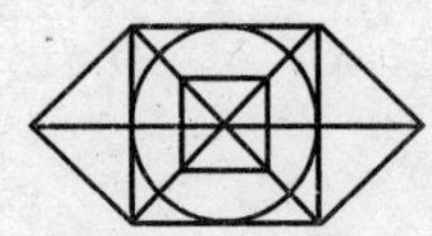

A. 7 B. 8
C. 9 D. 10

169. इस आकृति में निहित त्रिभुजों की संख्या कितनी है?

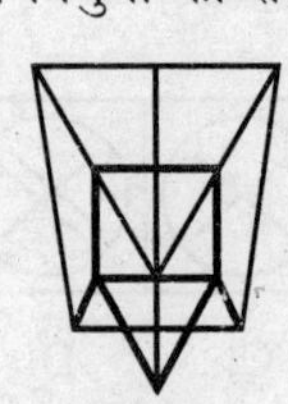

A. 19 B. 16
C. 21 D. 15

170. इस आकृति में वृत्तों की कुल कितनी संख्या है?

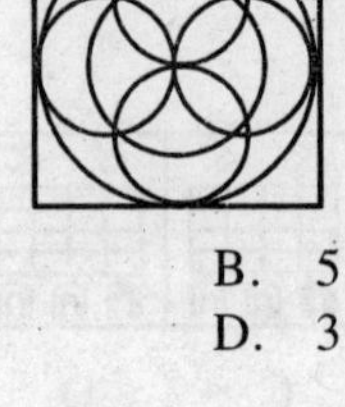

A. 6 B. 5
C. 2 D. 3

उत्तरमाला

1	2	3	4	5	6	7	8	9	10
D	B	B	B	C	B	D	A	C	B
11	**12**	**13**	**14**	**15**	**16**	**17**	**18**	**19**	**20**
C	A	C	B	C	D	C	B	D	A
21	**22**	**23**	**24**	**25**	**26**	**27**	**28**	**29**	**30**
D	B	A	B	A	B	A	C	B	D
31	**32**	**33**	**34**	**35**	**36**	**37**	**38**	**39**	**40**
D	D	D	D	C	A	D	A	A	C
41	**42**	**43**	**44**	**45**	**46**	**47**	**48**	**49**	**50**
A	C	B	D	D	C	B	B	D	C
51	**52**	**53**	**54**	**55**	**56**	**57**	**58**	**59**	**60**
B	A	D	D	B	A	D	B	B	A
61	**62**	**63**	**64**	**65**	**66**	**67**	**68**	**69**	**70**
D	A	A	D	A	D	D	A	C	B
71	**72**	**73**	**74**	**75**	**76**	**77**	**78**	**79**	**80**
C	C	B	A	A	D	D	C	B	C
81	**82**	**83**	**84**	**85**	**86**	**87**	**88**	**89**	**90**
B	C	D	A	B	C	A	D	C	B
91	**92**	**93**	**94**	**95**	**96**	**97**	**98**	**99**	**100**
D	B	D	C	A	A	A	D	D	A
101	**102**	**103**	**104**	**105**	**106**	**107**	**108**	**109**	**110**
A	B	A	C	A	D	A	B	D	D
111	**112**	**113**	**114**	**115**	**116**	**117**	**118**	**119**	**120**
B	D	C	A	A	C	B	D	B	A
121	**122**	**123**	**124**	**125**	**126**	**127**	**128**	**129**	**130**
C	B	C	C	B	C	D	B	B	A
131	**132**	**133**	**134**	**135**	**136**	**137**	**138**	**139**	**140**
B	D	A	A	A	B	C	C	D	A
141	**142**	**143**	**144**	**145**	**146**	**147**	**148**	**149**	**150**
A	A	B	C	D	B	D	E	C	D
151	**152**	**153**	**154**	**155**	**156**	**157**	**158**	**159**	**160**
C	D	D	D	A	B	B	A	A	A
161	**162**	**163**	**164**	**165**	**166**	**167**	**168**	**169**	**170**
C	C	C	D	C	B	A	D	B	A

आंकिक योग्यता

1. 1 से 100 के बीच अभाज्य संख्याएं होंगीः
A. 20 B. 30
C. 22 D. 25

2. ऐसी संख्या जो अभाज्य भी है और सम भीः
A. 1 B. 2
C. 98 D. 79

3. निम्न में से कौन-सी संख्या अभाज्य संख्या होगी?
A. 149 B. 159
C. 117 D. 147

4. चार अंकों की छोटी-से-छोटी संख्या होगी?
A. 1002 B. 1001
C. 9999 D. 1000

5. 43014 में 3 का स्थानीय मान क्या होगा?
A. 3 B. 3000
C. 300 D. 30

6. 81752 में 2 के स्थानीय मान और जातीय मान में अन्तर क्या होगा?
A. 2 B. 0
C. 1 D. 20

7. संख्या 3125 में से क्या घटाया जाए ताकि शेष संख्या 13 से पूर्णतः विभाजित हो सके?
A. 5 B. 8
C. 10 D. 12

8. निम्नलिखित में से कौन-सी संख्या 3 से पूर्णतः विभाजित होगी?
A. 491 B. 371
C. 591 D. 571

9. भाग के प्रश्न में भाजक 16, भागफल 9 तथा शेष 1 हो, तो भाज्य कितना होगा?
A. 145 B. 136
C. 144 D. 152

10. 1 से 50 तक पूर्णांकों का योग कितना होगा?
A. 1275 B. 1375
C. 1225 D. 1365

11. संख्या 30, 70, 584 में अंक 7 के स्थानीय मान लिखो।
A. 700 B. 7000
C. 70,000 D. 700,000

12. 3589 में क्या जोड़ें कि यह पांच अंकों की सबसे छोटी संख्या बन जाए?
A. 6413 B. 6412
C. 6411 D. 6311

13. 2756 और तीन अंकों की सबसे बड़ी संख्या का योगफल ज्ञात करो।
A. 3655 B. 3755
C. 3756 D. 3656

14. पांच अंकों की सबसे बड़ी और छः अंकों की सबसे छोटी संख्याओं का अन्तर ज्ञात करो।
A. 1 B. 2
C. 3 D. 4

15. संख्या 36795 में अंक 6 के स्थान पर 9 तथा 9 के स्थान पर 6 बदल देने से इन संख्याओं के मान में कितना अन्तर हो जाएगा।
A. 2970 B. 3071
C. 2971 D. 3017

16. चार अंकों की बड़ी-से-बड़ी व छोटी-से- छोटी संख्याओं का योग ज्ञात करो।
A. 10990 B. 11999
C. 10909 D. 10999

17. कौन-सी भिन्न $\frac{15}{25}$ के समान है?
A. $\frac{150}{25}$ B. $\frac{15}{250}$
C. $\frac{3}{5}$ D. $\frac{60}{75}$

18. कौन-सी भिन्न $\frac{13}{20}$ के समान नहीं है?
A. $\frac{26}{40}$ B. $\frac{130}{200}$
C. $\frac{39}{60}$ D. $\frac{52}{60}$

19. एक घंटे के $\frac{5}{6}$ भाग का मान हैः
A. आधा घण्टा B. 40 मिनट
C. 50 मिनट D. 55 मिनट

20. एक वायुयान 1250 कि.मी. यात्रा में 2/5 भाग ईंधन खपत करता है। शेष ईंधन में यात्रा पूरी करेगाः
A. 1875 कि.मी. B. 2125 कि.मी.
C. 250 कि.मी. D. 475 कि.मी.

21. निम्नलिखित में से कौन-सी भिन्न सबसे बड़ी है?

A. $\frac{3}{15}$ B. $\frac{5}{20}$

C. $\frac{8}{64}$ D. $\frac{25}{1000}$

22. निम्नलिखित में से कौन-सी भिन्न सबसे छोटी है?

A. $\frac{1}{10}$ B. $\frac{1}{100}$

C. $\frac{9}{1000}$ D. $\frac{500}{10,000}$

23. $.001 \times 1000 = ?$

A. .1 B. 1
C. .01 D. 10

24. $1.01 \times .1 = ?$

A. 1.01 B. 10.1
C. .101 D. .0101

25. $\frac{20 + 8 \times 0.5}{20 - ?} = 12$

A. 12 B. 4
C. 18 D. 2

26. $.01 \times 100 \div 2.5 = ?$

A. 4 B. .4
C. .04 D. 5

27. दी हुई भिन्नों $\frac{5}{8}, \frac{21}{35}, \frac{9}{16}, \frac{6}{7}$ में सबसे बड़ी और सबसे छोटी भिन्न के बीच अन्तर है?

A. $\frac{33}{112}$ B. $\frac{112}{33}$

C. $\frac{32}{112}$ D. $\frac{112}{32}$

28. यदि किसी संख्या तथा उसके $\frac{1}{5}$ भाग में अन्तर 20 है, तो वह संख्या क्या है?

A. 23 B. 25
C. 24 D. 26

29. $\frac{7}{4} - \frac{4}{7} = \frac{5}{28} + ?$

A. 2 B. $\frac{1}{7}$

C. $\frac{2}{9}$ D. 1

30. $22 \times 5 = 22$ का $?\%$

A. 4500 B. 5000
C. 500 D. 750

31. 200 का $\frac{1}{25} \div 8 = ?$

A. 1 B. 3
C. 8 D. 5

32. $\frac{40 \times 0.4 \times 0.04}{4 + 4 \div 4} = ?$

A. .128 B. .148
C. .15 D. .248

33. $50 \div 5 \div 5 = ?$

A. 2 B. 10
C. 1/5 D. 4

34. $\frac{40 \times 15 + 25}{26 + 4 + 4 \div 4 - 2} = ?$

A. 25 B. 30
C. 31 D. 42

35. $\frac{1.4 \times 3.6 - 1.2}{0.4 \times 1.2} = ?$

A. 8 B. 2
C. 4 D. 3

36. $14 \times 3.2 - 2 \times 2.1 + 0.8 = ?$

A. 1.08 B. 2.18
C. 1.18 D. 2.08

37. $5 \div \frac{3}{4} + \frac{2}{3} \times \frac{3}{4} - \frac{2}{3}$ का $\frac{13}{7} = ?$

A. $4\frac{12}{11}$ B. $5\frac{13}{14}$

C. $5\frac{13}{17}$ D. $6\frac{13}{14}$

38. $(9 + 9 + 9) \div 9 \times 9 = ?$

A. 27 B. 24
C. 21 D. 32

39. $2 - \left[3 - \left\{6 - \left(5 - \overline{4 - 3}\right)\right\}\right]$ को सरल करो।

A. 1 B. 2
C. 3 D. इनमें से कोई नहीं

40. सरल करो—

$$\frac{3}{11} + \frac{4}{3} \div \frac{10}{11} \times \frac{5}{11} - \frac{28}{33} \text{ का } 1\frac{2}{7}$$

A. $\frac{5}{13}$ B. $\frac{-5}{33}$

C. $\frac{5}{33}$ D. $\frac{-5}{13}$

41. $4.51 \times \frac{2}{5} + \frac{3}{5} \times 4.51 + 4.51$ को सरल करो।

A. 9.02 B. 90.2
C. 0.902 D. 902

42. $\frac{15.72 \times 15.72 - 5.72 \times 5.72}{15.72 + 5.72}$ को सरल करो।

A. 9 B. 10
C. 8 D. 11

43. 12, 24 व 36 का महत्तम समापवर्तक कितना होगा?

A. 16 B. 18
C. 12 D. 36

44. 70, 20 व 14 का लघुत्तम समापवर्त्य क्या है?

A. 120 B. 140
C. 280 D. 70

45. दो संख्याओं का अनुपात 11 : 15 है। यदि उनका म.स. 13 हो, तो वे संख्याएं क्रमशः क्या होंगी?

A. 143 व 195 B. 195 व 143
C. 110 व 150 D. 121 व 165

46. वह छोटी-से-छोटी पूर्ण वर्ग संख्या क्या होगी जो 56, 21 तथा 36 से पूर्णतः विभाजित हो सके?

A. 7056 B. 8056
C. 7040 D. 8100

47. वह बड़ी-से-बड़ी संख्या क्या होगी, जिससे यदि 27, 33 तथा 39 को भाग दें तो क्रमशः 2, 3 तथा 4 शेष बचे?

A. 4 B. 5
C. 3 D. 7

48. 5 अंकों की वह छोटी-से-छोटी संख्या क्या होगी जो 12, 15 तथा 18 से पूर्णतः विभाजित हो?

A. 10080 B. 10800
C. 11820 D. 12080

49. दो संख्याओं का गुणनफल 27 है। उनका महत्तम समापवर्तक 3 है, तो उनका लघुत्तम समापवर्त्य क्या होगा?

A. 81 B. 54
C. 9 D. 6

50. चार अंकों की वह बड़ी-से-बड़ी संख्या क्या है जो 2, 3, 4, 5, 6 और 7 से पूरी-पूरी विभाजित हो जाती है?

A. 9729 B. 9760
C. 9579 D. 9660

51. दो संख्याओं का गुणनफल 54 है। उनका महत्तम समापवर्तक 3 है, तो उनका लघुत्तम समापवर्त्य क्या होगा?

A. 18 B. 21
C. 9 D. 24

52. $\frac{10}{21}, \frac{25}{27}$ और $\frac{35}{24}$ का महत्तम समापवर्तक क्या है?

A. $\frac{5}{216}$ B. $\frac{5}{1080}$
C. $\frac{5}{1512}$ D. $\frac{5}{638}$

53. 27, 15, 72 का लघुत्तम ज्ञात करो।

A. 1020 B. 1080
C. 1050 D. 1060

54. 77, 88, 132 का लघुत्तम ज्ञात करो।

A. 1860 B. 1858
C. 1850 D. 1848

55. 135, 120, 90 का लघुत्तम ज्ञात करो।

A. 1050 B. 1020
C. 1080 D. 1060

56. 4, 6, 9, 12 का लघुत्तम ज्ञात करो।

A. 36 B. 38
C. 34 D. 40

57. $a^5 \times a^7$ का मान कितना होगा?

A. a^{35} B. a^2
C. a^{12} D. $a^{5/7}$

58. $(x^{2/3})^{-3/4}$ का मान कितना होगा?

A. $\frac{1}{x}$ B. $\frac{1}{\sqrt{x}}$
C. $\frac{1}{x^2}$ D. $\frac{1}{x^{-2}}$

59. 4 की घात 3 निम्न में से किस संख्या के बराबर होगी?

A. 64 B. 81
C. 12 D. 49

60. 2 की घात 3 तथा 3 की घात 2 में कितना अन्तर होगा?

A. 2 B. 5
C. 3 D. 1

61. $\left(-\frac{1}{125}\right)^{-\frac{2}{3}}$ का मान कितना होगा?

A. $\frac{1}{25}$ B. 25
C. 5 D. $\frac{1}{5}$

62. $(8)^{-\left(2^{-2}\right)}$ का मान कितना होगा?

A. $2^{-1/4}$ B. $2^{-3/4}$
C. $2^{3/4}$ D. $2^{-1/2}$

63. यदि $\sqrt{2^n} = 64$ है, तो n का मान क्या होगा?

A. 8 B. 4
C. 12 D. 16

64. $(100)^0$ का मान कितना होगा?

A. 0 B. 10
C. 1 D. 100

65. यदि $10^{2/5} \times 10^{8/5} = 10^n$ है, तो n का मान क्या होगा?

A. 2 B. 3
C. 6 D. 4

66. $27^3 \times 3^4 \div 3^{10}$ का मान कितना होगा?

A. 9 B. 27
C. 81 D. $\frac{1}{27}$

67. व्यंजक $\frac{(-1)^{132}}{5^{-1} + 3^{-1}}$ का मान कितना होगा?

A. $\frac{16}{9}$ B. $-\frac{15}{8}$
C. $\frac{15}{8}$ D. $\frac{17}{8}$

68. $6a^3b^3c^2 \div 2ab^2c$ का मान कितना होगा?

A. $3a^2bc$ B. $3ab^2c$
C. $3a^2b^2c^2$ D. $3a^3b^3c^3$

69. $\sqrt{\dfrac{1}{\left(\dfrac{3}{4}\right)^{-2}}}+\sqrt[3]{\dfrac{27}{64}}$ का मान क्या होगा ?

A. $\dfrac{2}{3}$ B. $\dfrac{4}{5}$

C. $\dfrac{13}{12}$ D. $\dfrac{3}{2}$

70. $\dfrac{1}{\sqrt{3}}$ का मान दशमलव के तीन स्थानों तक होगा—

A. 0.577 B. 0.477

C. 0.673 D. 0.575

71. यदि $\sqrt{2}=1.4142$ हो, तो $\dfrac{1}{2}\left(\dfrac{\sqrt{2}-1}{\sqrt{2}+1}\right)$ का मान कितना होगा ?

A. .0768 B. .0658

C. .0858 D. .0458

72. यदि $\sqrt{1936}=44$ हो, तो $\sqrt{19.36}+\sqrt{0.1936}+\sqrt{.001936}$ का मान दशमलव के तीन स्थानों तक होगा—

A. 5.679 B. 4.884

C. 9.884 D. 6.778

73. $\sqrt{\left(5+\dfrac{4}{9}\right)}$ का मान होगा ?

A. $3\dfrac{1}{3}$ B. $2\dfrac{1}{6}$

C. $4\dfrac{1}{3}$ D. $2\dfrac{1}{3}$

74. $\dfrac{\sqrt{2}-1}{\sqrt{2}+1}$ का मान दशमलव के तीन स्थानों तक होगा—

A. 0.172 B. 0.158

C. 0.176 D. 0.188

75. $\sqrt[3]{8^4}$ का मान कितना होगा ?

A. 15 B. 9

C. 16 D. 25

76. यदि $\sqrt{6}=2.45$, तो $\sqrt{\dfrac{2}{3}}+3\sqrt{\dfrac{3}{2}}$ का मान किसके बराबर होगा ?

A. 3.942 B. 4.492

C. 4.942 D. 9.345

77. $\sqrt{72}$ का मान किसके बराबर होगा ?

A. $3\sqrt{5}$ B. $6\sqrt{2}$

C. $8\sqrt{2}$ D. $7\sqrt{3}$

78. हर के परिमेयीकरण के पश्चात व्यंजक $\dfrac{\sqrt{2}}{\sqrt{2}+\sqrt{3}-\sqrt{5}}$ का रूप होगा—

A. $\dfrac{3+\sqrt{6}+\sqrt{15}}{6}$ B. $\dfrac{3-\sqrt{6}-\sqrt{5}}{6}$

C. $\dfrac{3+\sqrt{6}+\sqrt{5}}{3}$ D. $\dfrac{2+\sqrt{6}-\sqrt{15}}{6}$

79. $\left(\sqrt{80}+3\times\sqrt{245}-\sqrt{125}\right)$ का मान कितना होगा ?

A. $18\sqrt{5}$ B. $20\sqrt{5}$

C. $22\sqrt{5}$ D. $28\sqrt{2}$

80. $\left(\dfrac{\sqrt{5}+\sqrt{3}}{\sqrt{5}-\sqrt{3}}\right)$ का मान कितना होगा ?

A. $4+\sqrt{15}$ B. $3-\sqrt{15}$

C. $2+\sqrt{15}$ D. $4-\sqrt{15}$

81. $3^{\frac{1}{5}}, 5^{\frac{3}{5}}, 7^{\frac{4}{5}}$ को आरोही क्रम में किस प्रकार से लिखा जा सकता है ?

A. $5^{\frac{3}{5}}<3^{\frac{1}{5}}<7^{\frac{4}{5}}$ B. $3^{\frac{1}{5}}<5^{\frac{3}{5}}<7^{\frac{4}{5}}$

C. $7^{\frac{4}{5}}<3^{\frac{1}{5}}<5^{\frac{3}{5}}$ D. $3^{\frac{1}{5}}<7^{\frac{4}{5}}<5^{\frac{3}{5}}$

82. 5 विद्यार्थियों की ऊँचाइयां (सेंमी में) 140, 135, 142, 138 व 140 है। उनकी औसत ऊँचाई है:

A. 136 B. 138

C. 139 D. 140

83. 10 विद्यार्थियों द्वारा प्राप्तांक 22, 35, 37, 38, 29, 27, 34, 36, 28 और 34 हैं। उनके औसत अंक हैं:

A. 30 B. 31

C. 32 D. 34

84. एक लड़का जिसकी ऊँचाई 165 सेंमी है, के स्थान पर नया लड़का आ जाने से 34 लड़कों के एक समूह की औसत ऊँचाई 1 सेंमी कम हो जाती है। नये लड़के की ऊँचाई है:

A. 132 सेंमी B. 129 सेंमी

C. 130 सेंमी D. 131 सेंमी

85. 2 से प्रारम्भ करके पांच लगातार सम संख्याओं का औसत है:

A. 4 B. 6

C. 7 D. 5

86. 5 गेंदों का भार (ग्राम में) क्रमशः 50, 54, 53, 56 और 52 है। उनका औसत भार है:

A. 53 B. 54

C. 52 D. 51

87. एक रस्सी के 5 टुकड़ों की लम्बाइयां (सेंमी में) 5, 5.2, 6.3, 7.2 और 6.3 हैं। टुकड़े की औसत लम्बाई है:

A. 5.8 B. 6.0

C. 6.1 D. 6.2

88. 7 के प्रथम पांच गुणजों (Multiples) का औसत क्या होगा?

A. 21 B. 23

C. 24 D. 28

89. चार संख्याओं का औसत 18 है। यदि उनमें से पहली तीन संख्याएं क्रमशः 16, 22 व 28 हों, तो बताइये अन्तिम संख्या क्या होगी?

A. 5 B. 8
C. 6 D. 9

90. 12 संख्याओं का औसत मान 30 है। यदि प्रत्येक संख्या में 3 से गुणा कर दिया जाये, तो बताइये नई संख्याओं का औसत मान कितना होगा?

A. 70 B. 80
C. 90 D. 100

91. एक व्यक्ति ₹ 50 प्रति पुस्तक के हिसाब से 4 पुस्तकें, ₹ 60 प्रति पुस्तक के हिसाब से 5 पुस्तकें, तथा ₹ 70 प्रति पुस्तक के हिसाब से 6 पुस्तकें खरीदता है। बताइये पुस्तक का औसत मूल्य कितना होगा?

A. ₹ 62.33 B. ₹ 41.50
C. ₹ 61.33 D. ₹ 61.75

92. 25 राशियों का औसत 15 है, उनमें से 15 राशियों का औसत 17 है, तो शेष राशियों का औसत ज्ञात करो।

A. 10 B. 13
C. 11 D. 12

93. एक कक्षा में 23 छात्रों की औसत आयु 16 वर्ष है। यदि अध्यापक की आयु भी सम्मिलित कर ली जाए, तो औसत आयु एक वर्ष बढ़ जाती है। अध्यापक की आयु क्या है?

A. 35 वर्ष B. 40 वर्ष
C. 50 वर्ष D. 30 वर्ष

94. निम्नलिखित में से 20% का मान किसके बराबर होगा?

A. $\frac{1}{4}$ B. $\frac{1}{2}$
C. $\frac{1}{5}$ D. $\frac{1}{8}$

95. 36% का मान दशमलव भिन्न में होगा–

A. .36 B. .036
C. 3.6 D. .0036

96. $\frac{4}{5}$ को प्रतिशत भिन्न में बदलने पर मान होगा–

A. 80% B. 70%
C. 60% D. 40%

97. 36 का कितने %, 24 के बराबर होगा?

A. $16\frac{2}{3}\%$ B. $66\frac{2}{3}\%$
C. $11\frac{1}{9}\%$ D. $31\frac{1}{9}\%$

98. 3 मीटर का 15%, किसके बराबर होगा?

A. 44 सेंमी B. 45 सेंमी
C. 40 सेंमी D. 38 सेंमी

99. 26 का 18% = ?

A. 4.88 B. 4.65
C. 3.68 D. 4.68

100. 10% का 10% कितने % होगा?

A. 7 B. 6
C. 1 D. 5

101. किसी शहर की जनसंख्या 50,000 से बढ़कर 52,000 हो जाती हो, तो बताइये कितने प्रतिशत की वृद्धि होगी?

A. 3% B. 6%
C. 4% D. 5%

102. एक आदमी अपने वेतन का 75% खर्च करता है और ₹ 150 मासिक बचाता है तो उसका मासिक वेतन है:

A. ₹ 750 B. ₹ 600
C. ₹ 400 D. ₹ 300

103. किसी विद्यालय में 97% विद्यार्थी उपस्थित थे और 18 विद्यार्थी अनुपस्थित थे। विद्यालय में कुल विद्यार्थियों की संख्या है:

A. 400 B. 450
C. 500 D. 600

104. किसी राशि का 7%, ₹ 35 है तो वह राशि ज्ञात कीजिए।

A. ₹ 550 B. ₹ 700
C. ₹ 600 D. ₹ 500

105. 3 किग्रा. कितने किग्रा. का 5% है:

A. 60 किग्रा. B. 50 किग्रा.
C. 65 किग्रा. D. 70 किग्रा.

106. किसी राशि का 5%, ₹ 500 के 12% के बराबर है तो राशि ज्ञात कीजिए।

A. ₹ 1100 B. ₹ 1200
C. ₹ 1150 D. ₹ 1250

107. अनिल ने अपनी पूंजी का 65% मशीनरी में तथा 20% कच्चा माल खरीदने में खर्च कर दिया। यदि उसके पास अब ₹ 1305 बचे हों, तो उसने कितना खर्च कर दिया?

A. ₹ 7395 B. ₹ 7350
C. ₹ 7390 D. ₹ 7380

108. किसी पुस्तकालय में 20% पुस्तकें अंग्रेजी भाषा में हैं तथा शेष की 50% पुस्तकें हिन्दी भाषा में हैं। यदि शेष 900 पुस्तकें अन्य क्षेत्रीय भाषा में हैं, तो पुस्तकालय में कुल कितनी पुस्तकें हैं?

A. 2300 B. 2250
C. 2290 D. 2280

109. किस धनराशि पर 4% वार्षिक ब्याज की दर से 5 वर्ष का साधारण ब्याज ₹ 64 होगा?

A. ₹ 220 B. ₹ 280
C. ₹ 320 D. ₹ 300

110. 450 रु. पर 6% वार्षिक ब्याज दर से 4 मास का ब्याज कितना होगा?

A. ₹ 9 B. ₹ 8
C. ₹ 6 D. ₹ 5

111. कितने समय में ₹ 3600 पर 6% वार्षिक दर से साधारण ब्याज ₹ 432 होगा?

A. 1 वर्ष B. 2 वर्ष

C. $1\frac{1}{2}$ वर्ष D. $2\frac{1}{4}$ वर्ष

112. किस राशि पर 3% वार्षिक ब्याज की दर से 2 वर्ष का ब्याज ₹ 36 होगा?

A. ₹ 500 B. ₹ 575

C. ₹ 590 D. ₹ 600

113. ब्याज की किस दर से कोई राशि 16 वर्षों में दोगुनी हो जाएगी?

A. $5\frac{1}{2}\%$ B. $6\frac{1}{4}\%$

C. $4\frac{1}{3}\%$ D. $2\frac{1}{2}\%$

114. ₹ 5000 की राशि पर 10% वार्षिक दर से 5 वर्ष का साधारण ब्याज कितना होगा?

A. ₹ 2200 B. ₹ 2500

C. ₹ 2300 D. ₹ 2600

115. किस राशि का 6% वार्षिक ब्याज दर से 10 वर्ष का साधारण ब्याज ₹ 3 होगा?

A. ₹ 4 B. ₹ 8

C. ₹ 5 D. ₹ 6

116. कितने वर्षों में कोई राशि 10% वार्षिक दर से अपने से दोगुनी हो जाएगी?

A. 10 वर्ष B. 8 वर्ष

C. 5 वर्ष D. 12 वर्ष

117. किस राशि का 5% दर से 5 वर्ष का साधारण ब्याज ₹ 80 होगा?

A. ₹ 330 B. ₹ 320

C. ₹ 340 D. ₹ 380

118. यदि ₹ 5000 पर 2 वर्ष का साधारण ब्याज ₹ 500 हो, तो समस्त धन अर्थात् मिश्रधन कितना होगा?

A. ₹ 5600 B. ₹ 5800

C. ₹ 5500 D. ₹ 6000

119. ₹ 2000 पर $6\frac{1}{2}$ प्रतिशत वार्षिक ब्याज की दर से 8 महीने का साधारण ब्याज ज्ञात कीजिए।

A. ₹ $86\frac{2}{3}$ B. ₹ $86\frac{3}{4}$

C. ₹ $86\frac{1}{3}$ D. ₹ $86\frac{1}{2}$

120. कितने समय में ₹ 450 का 8% वार्षिक ब्याज की दर से साधारण ब्याज ₹ 90 हो जाएगा?

A. 2 वर्ष B. $2\frac{3}{4}$ वर्ष

C. $2\frac{1}{2}$ वर्ष D. 3 वर्ष

121. घनश्याम ने ₹ 2000 अपने मित्र से 5% सालाना ब्याज पर लिए और उसने पूरा पैसा 8 माह बाद चुका दिया। बताइये उसने कुल कितना धन चुकाया?

A. ₹ 2060.66 B. ₹ 2066.66

C. ₹ 2066 D. ₹ 2060

122. एक आदमी ने ₹ 600, 6 प्रतिशत वार्षिक ब्याज पर उधार लिए। 5 वर्ष बाद उसने ₹ 300 कीमत की एक घड़ी व कुछ धन उसको लौटाया तो बताओ उसने कितना धन लौटाया।

A. ₹ 480 B. ₹ 485

C. ₹ 490 D. ₹ 500

123. ₹ 400 की राशि पर 5% प्रतिवर्ष की दर से 2 वर्ष का चक्रवृद्धि ब्याज कितना होगा?

A. ₹ 40 B. ₹ 41

C. ₹ 42 D. ₹ 43

124. किसी राशि पर 6% चक्रवृद्धि ब्याज की दर से पहले वर्ष का ब्याज ₹ 60 है, तो दूसरे वर्ष का ब्याज कितना होगा?

A. ₹ 120 B. ₹ 66.60

C. ₹ 63.60 D. ₹ 63

125. वह धनराशि ज्ञात करो, जिसका 5% ब्याज की दर से 2 वर्ष का चक्रवृद्धि ब्याज तथा साधारण ब्याज का अन्तर ₹ 3 हो?

A. ₹ 1400 B. ₹ 1500

C. ₹ 1350 D. ₹ 1200

126. किस धन का 10% प्रतिवर्ष चक्रवृद्धि ब्याज की दर से 3 वर्ष में मिश्रधन ₹ 1331 होगा?

A. ₹ 2000 B. ₹ 1500

C. ₹ 1000 D. ₹ 800

127. ₹ 2500 का 6% ब्याज की दर से 2 वर्ष का चक्रवृद्धि ब्याज कितना होगा?

A. ₹ 306 B. ₹ 150

C. ₹ 309 D. ₹ 300

128. कोई राशि चक्रवृद्धि ब्याज की दर से 2 वर्ष में चार गुनी हो जाती है, तो कितने वर्ष में वह राशि 8 गुनी हो जायेगी?

A. 4 वर्ष B. $2\frac{1}{2}$ वर्ष

C. 3 वर्ष D. $3\frac{1}{2}$ वर्ष

129. ₹ 2400 पर 5% प्रतिवर्ष ब्याज की दर से 2 वर्ष में साधारण ब्याज तथा चक्रवृद्धि ब्याज का अन्तर होगा?

A. ₹ 8 B. ₹ 10

C. ₹ 9 D. ₹ 6

130. ₹ 8000 की राशि पर 5% प्रतिवर्ष ब्याज की दर से 3 वर्ष का चक्रवृद्धि ब्याज कितना होगा?

A. ₹ 1361 B. ₹ 1261

C. ₹ 1141 D. ₹ 1241

131. ₹ 2000 का 2 वर्ष में किस चक्रवृद्धि ब्याज की दर से मिश्रधन ₹ 2205 हो जायेगा?

A. 3% B. 4%
C. 5% D. 6%

132. ₹ 3200 का 10% प्रतिवर्ष चक्रवृद्धि ब्याज की दर से कितने समय में चक्रवृद्धि ब्याज ₹ 672 हो जायेगा?

A. 2½वर्ष B. 1½वर्ष
C. 2 वर्ष D. 3½वर्ष

133. एक आदमी कोई वस्तु ₹ 25 में खरीदकर ₹ 30 में बेचता है। तो बताइये उसका लाभ क्या होगा?

A. ₹ 6 B. ₹ 7.50
C. ₹ 5 D. ₹ 8.10

134. यदि ₹ 15 वाली कोई वस्तु ₹ 12 में बेच दी जाए, तो कितने प्रतिशत हानि होगी?

A. 20% B. 16%
C. 22% D. 25%

135. यदि किसी वस्तु को ₹ 21 में बेचने पर 12% का लाभ होता हो, तो बताइये उस वस्तु का क्रय मूल्य कितना होगा?

A. ₹ 15.50 B. ₹ 20.15
C. ₹ 18.75 D. ₹ 17.50

136. यदि किसी वस्तु को ₹ 2040 में बेचने पर 15% की हानि होती हो, तो बताइये उस वस्तु का क्रय मूल्य कितना होगा?

A. ₹ 2300 B. ₹ 2400
C. ₹ 2475 D. ₹ 2800

137. एक वस्तु का क्रय मूल्य ₹ 150 है। यदि इसे 13% लाभ पर बेचा जाए, तो बताइये वस्तु का विक्रय मूल्य कितना होगा?

A. ₹ 170.75 B. ₹ 169.50
C. ₹ 160.50 D. ₹ 174.75

138. किसी वस्तु को ₹ 250 में खरीदकर ₹ 300 में बेच दिया गया। बताइये उस पर कितने प्रतिशत लाभ हुआ?

A. 16% B. 20%
C. 18% D. 17%

139. एक वस्तु को ₹ 38 में बेचने पर 5% हानि होती है। यदि इसे ₹ 42 में बेचा जाए, तो कितने प्रतिशत लाभ या हानि होगी?

A. 6% लाभ B. 5% लाभ
C. 8% हानि D. 4% हानि

140. यदि किसी वस्तु को 5% हानि पर बेचने पर ₹ 3990 मिले हों, तो उस वस्तु का क्रय मूल्य कितना होगा?

A. ₹ 4100 B. ₹ 4200
C. ₹ 3890 D. ₹ 4400

141. यदि 10 पेनों का क्रय मूल्य, 8 पेनों के विक्रय मूल्य के बराबर हो, तो प्रतिशत लाभ कितना होगा?

A. 20% B. 16%
C. 25% D. 30%

142. राम ने एक टी.वी. ₹ 2475 में खरीदकर उसे ₹ 3090 में बेच दिया हो, तो उसे कितने प्रतिशत लाभ हुआ?

A. 23.8% B. 34.5%
C. 37.6% D. 24.8%

143. एक फल विक्रेता ने 20 दर्जन केले ₹ 100 में खरीदकर ₹ 6 प्रति दर्जन के भाव से बेच दिए। उसका लाभ अथवा हानि ज्ञात करो।

A. ₹ 20 B. ₹ 30
C. ₹ 25 D. ₹ 35

144. एक ठेकेदार ने ₹ 7500 में एक खाली जमीन खरीदी और उस पर ₹ 2,65,000 खर्च कर मकान तैयार किया। यदि अब उस मकान को ₹ 3,25,000 में बेच दिया, तो उसका लाभ अथवा हानि ज्ञात करो।

A. ₹ 15550 हानि B. ₹ 15550 लाभ
C. ₹ 15000 हानि D. ₹ 15000 लाभ

145. यदि 3 : 8 = 9 : x, तो x का मान कितना होगा?

A. 20 B. 27
C. 24 D. 25

146. यदि A : B = 3 : 4 तथा B : C = 5 : 6, तो A : B : C में क्या अनुपात होगा?

A. 20 : 15 : 24 B. 15 : 20 : 24
C. 15 : 24 : 20 D. 20 : 24 : 15

147. यदि 18 : x = x : 8 हो, तो x किसके बराबर होगा?

A. 11 B. 10
C. 16 D. 12

148. 8 : 12 : 10 : : ? है, तो प्रश्न चिन्ह् (?) के स्थान पर क्या मान होगा?

A. 14 B. 15
C. 16 D. 18

149. 5 और 125 का मध्य समानुपात कितना है?

A. 20 B. 25
C. 28 D. 27

150. 3, 4 और 15 का चौथा अनुपात होगा?

A. 16 B. 18
C. 20 D. 15

151. 12 और 30 का तृतीय समानुपात कितना होगा?

A. 75 B. 125
C. 60 D. 70

152. दो संख्याओं का अनुपात 3 : 4 है। यदि दोनों संख्याओं का योग 490 हो, तो वे संख्याएं क्रमशः क्या होंगी?

A. 220, 270 B. 210, 280
C. 120, 160 D. 180, 290

153. यदि एक त्रिभुज के कोणों में 1 : 2 : 3 का अनुपात हो, तो उस त्रिभुज के सबसे बड़े कोण का मान होगा।

A. 90° B. 70°
C. 105° D. 110°

154. यदि किसी अनुपात का दूसरा पद 15 तथा अनुपात का मान $\frac{3}{5}$ हो, तो उस अनुपात का पहला पद क्या होगा?

A. 8 B. 14
C. 9 D. 12

155. ₹ 1100 को सुधा, कमला और सलमा में इस प्रकार बांटो कि उनके धन में $\frac{1}{3}:\frac{2}{5}:\frac{1}{2}$ का अनुपात हो, तो सुधा को मिलने वाला धन क्या है?

A. ₹ 300 B. ₹ 350
C. ₹ 250 D. ₹ 200

156. एक मिश्रधातु में तांबा, जस्ता और लोहा 7 : 6 : 9 के अनुपात में हैं। यदि मिश्रण में तांबे की मात्रा 560 ग्राम हो, तो मिश्रधातु का कुल भार ज्ञात करो।

A. 1 किग्रा॰ 600 ग्रा॰ B. 2 किग्रा॰ 760 ग्रा॰
C. 1 किग्रा॰ 760 ग्रा॰ D. 1 किग्रा॰ 700 ग्रा॰

157. एक गतिमान कार की चाल 36 कि॰मी॰ प्रति घंटा है। इसकी चाल मी॰/से॰ में है:

A. 10 मी॰/से॰ B. 15 मी॰/से॰
C. 20 मी॰/से॰ D. 25 मी॰/से॰

158. दो रेलगाड़ियां एक ही समय दो स्टेशनों X तथा Y से, जिनके मध्य 900 कि॰मी॰ की दूरी है, एक-दूसरे की ओर चलना शुरू करती हैं। यदि उनकी औसत चाल क्रमशः 38 तथा 22 कि॰मी॰/घं॰ हो, तो वे एक-दूसरे को कितने समय बाद मिलेंगी?

A. 12 घण्टे B. 13 घण्टे
C. 14 घण्टे D. 15 घण्टे

159. 100 मी॰ लम्बी रेलगाड़ी 60 कि॰मी॰ प्रति घंटा की चाल से जा रही है। इसे एक तार चौकी को पार करने में समय लगेगा:

A. 4 सेकेण्ड B. 5 सेकेण्ड
C. 6 सेकेण्ड D. 8 सेकेण्ड

160. 150 मी॰ लम्बी एक रेलगाड़ी 90 कि॰मी॰ प्रति घंटा की चाल से जा रही है। इसे एक पेड़ को पार करने में समय लगेगा:

A. 3 सेकेण्ड B. 4 सेकेण्ड
C. 6 सेकेण्ड D. 8 सेकेण्ड

161. 100 मी॰ लम्बी एक रेलगाड़ी 65 कि॰मी॰ प्रति घंटा की चाल से जा रही है। यह एक व्यक्ति को जो 5 कि॰मी॰/घंटा की चाल से रेलगाड़ी की दिशा में जा रहा है, कितने समय में पार करेगी?

A. 8 सेकेण्ड B. 6 सेकेण्ड
C. 4 सेकेण्ड D. 2 सेकेण्ड

162. एक व्यक्ति नदी के बहाव की दिशा में 6 कि॰मी॰ प्रति/घं॰ तथा विपरीत दिशा में 3 कि॰मी॰ प्रति/घं॰ की चाल से नाव चलाता है। स्थिर पानी में नाव की चाल है:

A. 9 कि॰मी॰/घं॰ B. 4.5 कि॰मी॰/घं॰
C. 1.5 कि॰मी॰/घं॰ D. 1.0 कि॰मी॰/घं॰

163. प्रश्न 6 में नदी के बहाव की चाल है

A. 1.5 कि॰मी॰/घं॰ B. 2.5 कि॰मी॰/घं॰
C. 4.5 कि॰मी॰/घं॰ D. 18.0 कि॰मी॰/घं॰

164. एक साइकिल सवार 3 मिनट में 1.2 किलोमीटर दूरी तय करता है, तो उसकी गति प्रति घंटा क्या होगी?

A. 24 कि॰मी॰/घंटा B. 24 मी॰/घंटा
C. 24 मी॰/से॰ D. 24 कि॰मी॰/मिनट

165. एक 100 मीटर लम्बी गाड़ी 90 कि॰मी॰/घ॰ की चाल से चल रही है। गाड़ी को पेड़ को पार करने में कितना समय लगेगा?

A. 4 से॰ B. 8 से॰
C. 11 से॰ D. 12 से॰

166. एक रेलगाड़ी जो 90 कि॰मी॰/घं॰ की गति से चली जा रही है। एक खम्भे को पार करने में 10 सेकेण्ड का समय लेती है। बताइये उस रेलगाड़ी की लम्बाई (मीटर में) कितनी होगी?

A. 250 B. 240
C. 280 D. 270

167. 18 किमी प्रति घंटा की चाल को मीटर प्रति सेकेण्ड में बदलिए।

A. 7 मी॰/से॰ B. 4 मी॰/से॰
C. 6 मी॰/से॰ D. 5 मी॰/से॰

168. 3 मीटर प्रति सेकेण्ड की चाल को किमी प्रति घण्टा में बदलिए।

A. 10 किमी॰/घंटा B. 10.8 किमी॰/घंटा
C. 8 किमी॰/घंटा D. 8.10 किमी॰/घंटा

169. 500 मीटर लम्बी रेलगाड़ी 220 मीटर लम्बे प्लेटफार्म को 36 सेकेण्ड में पार कर लेती है, तो गाड़ी की चाल किमी प्रति घण्टा ज्ञात करो

A. 60 किमी॰/घंटा B. 65 किमी॰/घंटा
C. 72 किमी॰/घंटा D. 70 किमी॰/घंटा

170. एक आदमी 5 किमी प्रति घण्टा की चाल से P से Q स्थान तक जाता है और 3 किमी प्रति घण्टा की चाल से Q से P स्थान पर वापस आ जाता है। उसकी सारी यात्रा में औसत चाल क्या रही?

A. $4\frac{3}{4}$ किमी॰/घंटा B. $3\frac{3}{4}$ किमी॰/घंटा
C. 4 किमी॰/घंटा D. 3 किमी॰/घंटा

171. A एक काम को 6 दिन में तथा B उसे 10 दिन में कर सकता है। A तथा B मिलकर उसे पूरा करेंगे।

A. 10 दिन से कम तथा 6 दिन से अधिक दिनों में
B. 10 दिन से अधिक दिनों में
C. 6 दिन से कम दिनों में
D. 2 दिन में

172. A एक मेज को 3 दिन में तथा उसका मित्र उसे 6 दिन में बना सकता है। A और उसका मित्र मिलकर उसे पूरा बनाएंगे:

A. 3 दिन में B. 2 दिन में
C. 1 दिन में D. $\frac{1}{2}$ दिन में

173. X और Y मिलकर किसी कार्य को 10 दिन में कर सकते हैं। X अकेला उसे 15 दिन में कर सकता है, तो Y उसे कितने दिन में करेगा?
A. 15 दिन B. 20 दिन
C. 25 दिन D. 30 दिन

174. 24 आदमी एक मशीन को 12 दिन में तैयार करते हैं, तो 36 आदमी उसे कितने दिनों में तैयार करेंगे?
A. 8 दिन B. 12 दिन
C. 16 दिन D. 20 दिन

175. X, Y और Z किसी काम को क्रमशः 8, 10 और 8 दिन में कर सकते हैं। तीनों मिलकर उस कार्य को कितने दिनों में कर सकेंगे?
A. $2\frac{1}{7}$ दिन B. $2\frac{3}{7}$ दिन
C. $2\frac{5}{7}$ दिन D. $2\frac{6}{7}$ दिन

176. A एक काम को 5 दिन में तथा B उसी काम को 10 दिन में पूरा करता है, तो बताइये (A + B) उस काम को कितने दिनों में पूरा करेंगे?
A. $2\frac{3}{4}$ दिन B. $3\frac{3}{4}$ दिन
C. $3\frac{1}{3}$ दिन D. $2\frac{1}{4}$ दिन

177. 3 पेन और 5 पेन्सिलों का मूल्य ₹ 14 है। 12 पेन और 20 पेन्सिलों का क्या मूल्य होगा?
A. ₹ 42 B. ₹ 56
C. ₹ 20 D. ₹ 112

178. *x*, *y* और *z* मिलकर एक कार्य को 8 दिन में पूरा कर सकते हैं। यदि *x* और *z* मिलकर उस कार्य को 12 दिन में पूरा कर सकते हों, तो बताइये *y* अकेला उस कार्य को पूरा कितने दिन में करेगा?
A. 22 दिन B. 24 दिन
C. $17\frac{1}{4}$ दिन D. 23 दिन

179. यदि 75 संतरों की एक पेटी का मूल्य ₹ 60 है, तो 50 संतरों का मूल्य होगाः
A. ₹ 30 B. ₹ 40
C. ₹ 50 D. ₹ 60

180. एक नल एक हौज को 4 घण्टे में तथा दूसरा नल उस हौज को 5 घण्टे में भर सकता है। यदि दोनों नल एक साथ खोल दिए जाएं, तो हौज को भरने में कितने घण्टे लगेंगे?
A. $3\frac{2}{9}$ घण्टे B. $2\frac{2}{9}$ घण्टे
C. $2\frac{1}{9}$ घण्टे D. $3\frac{5}{9}$ घण्टे

181. यदि ₹ 210 में 6 बाल्टियां खरीदी जा सकती हैं, तो ₹ 140 में कितनी बाल्टियां खरीदी जा सकेंगी।
A. 4 B. 3
C. 5 D. 6

182. गणित की 14 पुस्तकों का मूल्य ₹ 105 है, तो बताइए ऐसी ही 24 पुस्तकों के लिए क्या मूल्य देना होगा?
A. ₹ 170 B. ₹ 175
C. ₹ 180 D. ₹ 185

183. वैशाली सुपर फास्ट गाड़ी दिल्ली से 19:45 बजे रवाना होती है और अगले दिन 15:20 बजे मुज़फ्फरपुर पहुंचती है। बताओ यह मुज़फ्फरपुर पहुंचने में कितना समय लेती है?
A. 19 घंटा 25 मिनट B. 18 घंटा 35 मिनट
C. 19 घंटा 35 मिनट D. 18 घंटा 20 मिनट

184. मनु किसी सोमवार को रात में 9:30 पर सोया और अगले दिन 5:50 पर जागा। उसके सोने की अवधि कितनी थी?
A. 8 घंटे 20 मिनट B. 8 घंटे 10 मिनट
C. 7 घंटे 40 मिनट D. 7 घंटे 20 मिनट

185. इन्टरसिटी रेलगाड़ी रक्सौल से सुबह 9:15 पर चलती है तथा उसी दिन 11 बजे पीपरा पहुंचती है। रेलगाड़ी द्वारा यात्रा में लिया गया कुल समय है?
A. 1 घंटा 15 मिनट B. 10 घंटे 45 मिनट
C. 1 घंटा 45 मिनट D. 10 घंटे 15 मिनट

186. यदि किसी दिन सूर्य 6:20 पूर्वाह्न पर उदय हो तथा 6:57 अपराह्न पर अस्त हो, तो उस दिन की लम्बाई होगी।
A. 12 घंटे 27 मिनट B. 12 घंटे 17 मिनट
C. 12 घंटे 37 मिनट D. 12 घंटे

187. 9 घंटे 30 मिनट बराबर है।
A. 0.90 बजे B. 9:30 पूर्व. के
C. 8 घंटे 90 मिनट के D. 9:30 अप. के

188. एक बस शिमला से दिल्ली के लिए 7:20 बजे प्रातः प्रस्थान करती है और दिल्ली पहुंचने में 9 घंटे का समय लेती है। बस कितने बजे दिल्ली पहुंचती है?
A. 4:20 बजे अप. B. 3:30 बजे अप.
C. 6:30 बजे अप. D. 7:30 बजे अप.

189. एक वायुयान मुम्बई से 7:50 बजे उड़ान भरता है। यह चेन्नई 10:30 बजे हवाई हड्डे पर उतरता है। यह चेन्नई पहुंचने में कितना समय लेता है।
A. 2 घंटे 30 मिनट B. 2 घंटे
C. 3 घंटे लगभग D. 2 घंटे 40 मिनट

190. एक लड़का रात्रि 8:30 बजे सोने के लिए गया तथा प्रातः 6:15 पर जागा। वह लड़का कितनी देर तक सोया?
A. 9 घंटे 45 मिनट B. 9 घंटे 15 मिनट
C. 2 घंटे 15 मिनट D. 4 घंटे 45 मिनट

191. एक छात्र अपने घर से विद्यालय के लिए प्रातः 8:30 बजे साइकिल से चला। वह विद्यालय से पढ़ाई करने के बाद सांय 4:50 बजे घर वापस आया। वह कितने समय तक घर से बाहर रहा।

A. 7 घंटे 20 मिनट B. 8 घंटे 20 मिनट
C. 9 घंटे 20 मिनट D. 7 घंटे 90 मिनट

192. एक स्कूल की वार्षिक परीक्षा 18 मार्च, 2002 को आरम्भ हुई और 23 मार्च, 2002 को समाप्त हुई। परीक्षा कितने दिन तक चली?

A. एक सप्ताह B. 8 दिन
C. 6 दिन D. 1 महीना

193. एक आयत की लम्बाई व चौड़ाई क्रमशः 50 सेंमी. व 25 सेंमी. है, तो उसका क्षेत्रफल कितना होगा?

A. 1150 वर्ग सेंमी. B. 1250 वर्ग सेंमी.
C. 1275 वर्ग सेंमी. D. 1280 वर्ग सेंमी.

194. एक वर्गाकार मैदान का परिमाप 580 मी. है, तो बताइये उस मैदान का क्षेत्रफल कितना होगा?

A. 21025 वर्ग मी. B. 20225 वर्ग मी.
C. 30025 वर्ग मी. D. 19975 वर्ग मी.

195. एक वर्ग की प्रत्येक भुजा 20 सेंमी. है, तो इसका क्षेत्रफल कितना होगा?

A. 300 वर्ग सेंमी. B. 380 वर्ग सेंमी.
C. 360 वर्ग सेंमी. D. 400 वर्ग सेंमी.

196. एक वृत्त का क्षेत्रफल 154 वर्ग सेंमी. है। वृत्त की परिधि कितनी होगी?

A. 44 सेंमी. B. 48 सेंमी.
C. 54 सेंमी. D. 68 सेंमी.

197. यदि किसी त्रिभुज का आधार 8 सेमी तथा ऊंचाई 10 सेंमी. हो, तो उस त्रिभुज का क्षेत्रफल कितना होगा?

A. 40 वर्ग सेंमी. B. 20 वर्ग सेंमी.
C. 49 वर्ग सेंमी. D. 64 वर्ग सेंमी.

198. एक समलम्ब चतुर्भज की समान्तर भुजाएं क्रमशः 15 मी. तथा 25 मी. हैं तथा उनके बीच की दूरी 10 मी. है, तो इसका क्षेत्रफल क्या होगा?

A. 150 वर्ग मी. B. 225 वर्ग मी.
C. 200 वर्ग मी. D. 270 वर्ग मी.

199. एक आयताकार खेत का परिमाप 760 मी. है तथा उसकी लम्बाई व चौड़ाई में 11 : 8 का अनुपात है। तो बताइये आयताकार खेत का क्षेत्रफल क्या होगा?

A. 35200 वर्ग मी. B. 34700 वर्ग मी.
C. 35600 वर्ग मी. D. 45200 वर्ग मी.

200. यदि किसी वर्ग की भुजा में 50% की कमी कर दी जाये, तो उसका क्षेत्रफल कितने प्रतिशत घट जायेगा?

A. 50% B. 75%
C. 80% D. 60%

201. उस वर्ग की एक भुजा की लम्बाई क्या होगी जिसका क्षेत्रफल क्रमशः 6.4 मी. लम्बे तथा 2.5 मी. चौड़े आयत के क्षेत्रफल के बराबर हो?

A. 8 मी. B. 5.4 मी.
C. 3.8 मी. D. 4 मी.

202. यदि एक समकोण त्रिभुज का परिमाप उसकी सबसे छोटी भुजा का छः गुना हो, तो उस त्रिभुज की तीनों भुजाओं के बीच क्या अनुपात होगा?

A. 13 : 5 : 12 B. 13 : 12 : 5
C. 12 : 5 : 13 D. 13 : 5 : 10

203. एक घनाभ की कोरें क्रमशः 4 सेंमी., 3 सेंमी. तथा 2 सेंमी. हैं, तो उस घनाभ का आयतन कितना होगा?

A. 20 घन सेंमी. B. 22 घन सेंमी.
C. 28 घन सेंमी. D. 24 घन सेंमी.

204. एक टंकी 3 मी. लम्बी, 2 मी. चौड़ी तथा 1 मी. गहरी है। उसकी क्षमता (ली. में) क्या होगी?

A. 8000 ली. B. 10000 ली.
C. 6500 ली. D. 6000 ली.

205. एक घन का पृष्ठ क्षेत्रफल 1014 वर्ग सेंमी. है। इसका आयतन कितना होगा?

A. 2197 घन सेंमी. B. 2297 घन सेंमी.
C. 2179 घन सेंमी. D. 2117 घन सेंमी.

206. यदि दो घनाकृतियों के आयतन में 8 : 1 का अनुपात हो, तो उनकी कोरों में क्या अनुपात होगा?

A. 1 : 2 B. 2 : 1
C. 4 : 1 D. 2 : 3

207. दो गोलों के पृष्ठ क्षेत्रफल में 9 : 16 का अनुपात है, तो बताइये उनके आयतनों में क्या अनुपात होगा?

A. 64 : 27 B. 27 : 64
C. 16 : 27 D. 11 : 27

208. एक कमरे की लं., चौ. व ऊँ. क्रमशः 12 मी., 9 मी. तथा 8 मी. है, तो बताइये उस छड़ की अधिक-से-अधिक लम्बाई क्या होगी जो कमरे में ठीक प्रकार रखी जा सके?

A. 17 मी. B. 18 मी.
C. 25 मी. D. 16 मी.

209. किसी लम्बवृत्तीय शंकु की त्रिज्या तथा ऊंचाई में 3 : 5 का अनुपात है। यदि शंकु का आयतन 120π घन मी. हो, तो उसकी तिरछी ऊँचाई कितनी होगी?

A. $3\sqrt{34}$ मी. B. $2\sqrt{28}$ मी.
C. $2\sqrt{44}$ मी. D. $2\sqrt{34}$ मी.

210. यदि किसी बेलन के आधार की परिधि 88 सेंमी. तथा ऊंचाई 42 सेंमी. हो, तो उस बेलन का आयतन कितना होगा?

A. 25872 घन सेंमी. B. 28572 घन सेंमी.
C. 25870 घन सेंमी. D. 22584 घन सेंमी.

उत्तरमाला

1	2	3	4	5	6	7	8	9	10
D	B	A	D	B	B	A	C	A	A
11	12	13	14	15	16	17	18	19	20
C	C	B	A	A	D	C	D	C	A
21	22	23	24	25	26	27	28	29	30
B	C	B	C	C	B	A	B	D	C
31	32	33	34	35	36	37	38	39	40
A	A	A	A	A	A	B	A	A	B
41	42	43	44	45	46	47	48	49	50
A	B	C	B	A	A	B	A	C	D
51	52	53	54	55	56	57	58	59	60
A	C	B	D	C	A	C	B	A	D
61	62	63	64	65	66	67	68	69	70
B	B	C	C	A	B	C	A	D	A
71	72	73	74	75	76	77	78	79	80
C	B	D	A	C	B	B	A	B	A
81	82	83	84	85	86	87	88	89	90
B	C	C	D	B	A	B	A	C	C
91	92	93	94	95	96	97	98	99	100
C	D	B	C	A	A	B	B	D	C
101	102	103	104	105	106	107	108	109	110
C	B	D	D	A	B	A	B	C	A
111	112	113	114	115	116	117	118	119	120
B	D	B	B	C	A	B	C	A	C
121	122	123	124	125	126	127	128	129	130
B	A	B	C	D	C	C	C	D	B
131	132	133	134	135	136	137	138	139	140
C	C	C	A	C	B	B	B	B	B
141	142	143	144	145	146	147	148	149	150
C	D	A	C	C	B	D	B	B	C
151	152	153	154	155	156	157	158	159	160
A	B	A	C	A	C	A	D	C	C
161	162	163	164	165	166	167	168	169	170
B	B	A	A	A	A	D	B	C	B
171	172	173	174	175	176	177	178	179	180
C	B	D	A	D	C	B	B	B	B
181	182	183	184	185	186	187	188	189	190
A	C	C	A	C	C	B	A	D	A
191	192	193	194	195	196	197	198	199	200
B	C	B	A	D	A	A	C	A	B
201	202	203	204	205	206	207	208	209	210
D	B	D	D	A	B	B	A	D	A